高等学校教材

Organic Chemistry

有机化学（下册）

南开大学有机化学教研室　编著

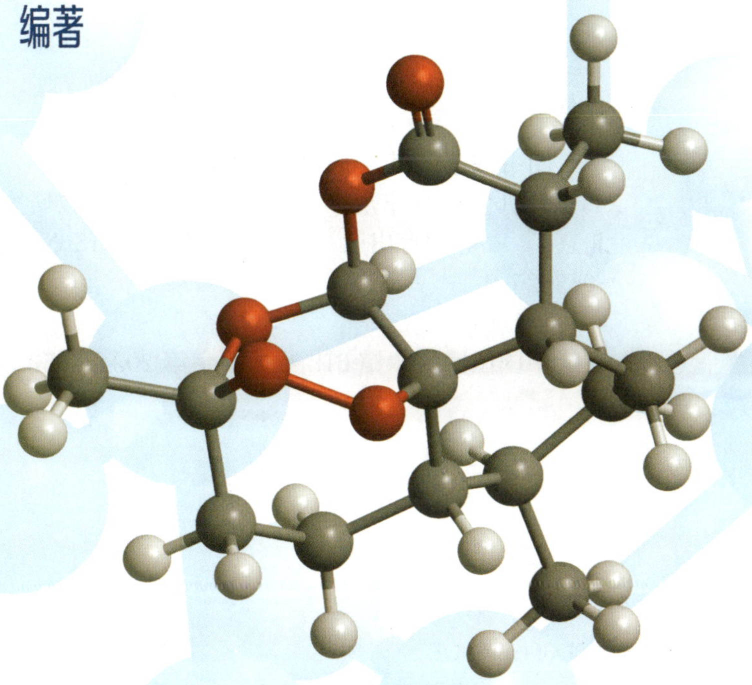

中国教育出版传媒集团
高等教育出版社·北京

内容提要

本书突出有机化学核心知识点，注重概念和原理，强调反应的机理和立体化学，提供含特征官能团的有机化合物的分析谱图和有机化合物的基本性质参数，涵盖有机合成新方法和新概念；同时，各章还提供了与生活相关的拓展知识，以便读者能够更直观地理解相关内容。

全书共31章，分上、下两册出版。上册16章，主要介绍常见有机化合物与常见官能团，重点介绍有机化合物的命名、结构、性质和制备方法等；下册15章，主要介绍几类重要的有机化合物、有机合成反应及新的合成方法和概念。各章都配备了“本章学习要点”（除绪论）和“习题”，便于读者巩固所学知识。

本书可作为高等学校化学化工类专业有机化学课程教材，也可供其他相关专业师生和科研人员参考使用。

图书在版编目（CIP）数据

有机化学．下册 / 南开大学有机化学教研室编著．北京 ：高等教育出版社，2025．7．-- ISBN 978-7-04-063325-2

Ⅰ．O62

中国国家版本馆 CIP 数据核字第 2024BK8832 号

YOUJI HUAXUE

策划编辑 张 政 曹 瑛　责任编辑 张 政　封面设计 王 鹏　版式设计 徐艳妮
责任绘图 黄云燕　责任校对 张 薇　责任印制 张益豪

出版发行 高等教育出版社
社　　址 北京市西城区德外大街4号
邮政编码 100120
印　　刷 三河市宏图印务有限公司
开　　本 889 mm × 1194 mm　1/16
印　　张 34
字　　数 1150千字
购书热线 010-58581118
咨询电话 400-810-0598
网　　址 http://www.hep.edu.cn
　　　　 http://www.hep.com.cn
网上订购 http://www.hepmall.com.cn
　　　　 http://www.hepmall.com
　　　　 http://www.hepmall.cn
版　　次 2025年7月第1版
印　　次 2025年7月第1次印刷
定　　价 106.00元

物 料 号　63325-00

前 言

2020年伊始，一场突如其来的新型冠状病毒感染席卷全球，世界各地人民的生活和工作都受到了巨大影响，南开大学也未能幸免。在居家工作期间，我想起一件以前一直想做而没有时间去做的事情——编写一本《有机化学》教材。这个想法立即得到了同事们的响应，于是我们就在这个特殊时期开始了本书的编写。现在疫情已经基本结束，而我们的教材编写工作也已完成。三年的教材编写工作陪伴我们度过了艰难的岁月，减少了我们对疫情的恐慌和焦虑，使生活变得充实。

南开大学很早就开始编写《有机化学》教材。在南开大学编写的《有机化学》教材中，以王积涛先生等编著的教材影响力最大，应用面最广。但是这本教材已经很长时间没有修订，再加上有机化学学科近年来发展迅速，涌现出许多新的知识和新的研究方法，这促使我和同事们决定重新编写一本能够反映有机化学最新发展水平的教材。

有机化学是研究有机化合物的结构、性质、反应和合成的一门科学。但是由于有机化合物的种类繁多，数量巨大，有必要对其进行分类介绍。本书按照官能团分类，对各种有机化合物进行介绍。全书分为上、下册，上册主要介绍烷烃、烯烃和芳烃等常见有机化合物，以及醇、酚、醚、醛、酮、酸和胺等常见官能团，重点介绍有机化合物的命名、结构、性质和制备方法等；下册主要介绍几类重要的有机化合物，如杂环化合物、碳水化合物、氨基酸和蛋白质、核酸和遗传物质、生物碱等，几类重要的有机合成反应，如周环反应、氧化还原反应、重排反应等，以及几类新的合成方法和概念，如逆合成分析、不对称合成、有机光化学、有机电化学、金属有机化学、元素有机化学、绿色化学等。教师可以根据授课对象、课时数选取有关内容进行讲授。学生和科研人员可以根据自己的需要和兴趣选读有关内容。

有机化学知识浩如烟海，任何一本教材都必须对内容做出选择，或追求内容广博，或追求简明扼要。我们在本书编写过程中力求做到以下几点，也可以说是本书的特点：(1) 对有机化学的核心知识点讲解透彻，有时还会反复讲解；(2) 介绍有机化学知识时注重概念和原理，不追求多而全；(3) 介绍有机化学反应时强调反应机理和立体化学，这是学习有机化学知识的“钥匙”；(4) 给出了含特征官能团化合物的分析谱图，帮助学生掌握官能团的表征方法；(5) 编列了一些有机化合物的基本性质参数，方便读者查找；(6) 编入了有机合成新方法和新概念，反映有机化学的发展前沿；(7) 各章还提供了拓展知识，特别是与人们生活相关的实例，帮助读者获得直观认识。

本书第1章绪论由周其林编写；第2章烷烃和自由基取代反应，第16章胺，第29章金属有机化学由唐良富编写；第3章立体化学，第24章不对称合成由朱守非编写；第4章卤代烃和亲核取代反应，第5章醇、酚、醚由渠瑾编写；第6章核磁共振谱，第9章红外光谱、紫外–可见吸收光谱和质谱由陈莉编写；第7章烯烃和亲电加成反应，第8章炔烃和二烯烃，第25章氧化还原反应由周正洪编写；第10章苯、芳烃和芳香性，第 11 章芳香化合物的亲电取代反应，第 17 章杂环化合物由庞美丽编写；第 12 章芳香化合物的亲核取代及其他反应由叶萌春编写；第 13 章醛酮和亲核加成反应，第 26 章重排反应由贺峥杰编写；第 14 章羧酸和羧酸衍生物，第 15 章烯醇、烯醇盐和 α,β- 不饱和羰基化合物，第 30 章元素有机化学由苗志伟编写；第 18 章碳水化合物，第 19 章氨基酸和蛋白质，第 22 章周环反应由陈弓编写；第 20 章核酸和遗传物质由周传政编写；第 21 章脂质、生物碱等天然产物，第 23 章有机合成与逆合成分析由汤平平编写；第 27 章有机光化学由王飞编写；第 28 章有机电化学由仇友爱编写；第 31 章绿色化学由何良年编写。周其林、唐良富和汤平平对全书进行了统稿。高等教育出版社曹瑛和张政承担了本书的编辑工作。在此，我向所有参与本书编写和编辑工作的老师们，向所有给予支持和帮助的朋友们表示衷心的感谢。

本书署名南开大学有机化学教研室而没有署编著者名的主要原因是，这本教材是教研室集体智慧的结晶，所有授课教师都参与了教材的讨论。我希望这本教材今后修订时也能保持这个传统，集大家的智慧，不断完善和更新教材内容，美化版面，使之成为有机化学专业学生和工作者喜爱的教材和参考书。另外，署名南开大学有机化学教研室也赋予了教研室的教师（包括将来的教师）责任和义务，今后要定期对教材进行修订，使之永葆青春。

本书虽然已经定稿出版，但是一定还存在诸多瑕疵甚至错误，恳请广大读者朋友批评指正，以便我们再版时加以更正。

周其林

2023 年 12 月于南开园

目录

第 **17** 章

杂环化合物

第 17 章　杂环化合物

17.1　杂环化合物的分类和命名

环状化合物中环上的原子如果都为碳原子，称为碳环 (carbocycle) 化合物；如果环上含有一个或多个杂原子 (通常为氮、氧、硫等原子)，称为杂环化合物，简称杂环 (heterocycle)。很多杂环化合物具有生理活性。杂环在自然界中分布很广，很多药物、染料中含有杂环结构。例如，奎宁 (quinine)、退烧药物安替比林 (antipyrine)、抗生素 (antibiotic) 类药物磺胺吡啶 (sulfapyridine)、抗癌药物 5-氟尿嘧啶 (5-fluorouracil)、治疗十二指肠溃疡的药物奥美拉唑 (omeprazole)、靛蓝类染料 (indigoid dyes) 等均含有杂环结构。生命遗传物质 DNA 和 RNA 中的碱基，都是含氮杂环。

从 16 世纪开始，奎宁就被用于治疗疟疾 (malaria)，尽管当时对奎宁的结构还不是很了解。1887 年，首次人工合成了退烧药物安替比林。1938 年制备了抗生素类药物磺胺吡啶。5-氟尿嘧啶是重要的抗代谢药物，可用于治疗多种恶性肿瘤。奥美拉唑可以抑制胃酸分泌，用于治疗各种消化性溃疡，还可与抗生素联合使用，用于幽门螺杆菌的清除。靛蓝类染料在 2000 多年前中国古籍中即有记载。

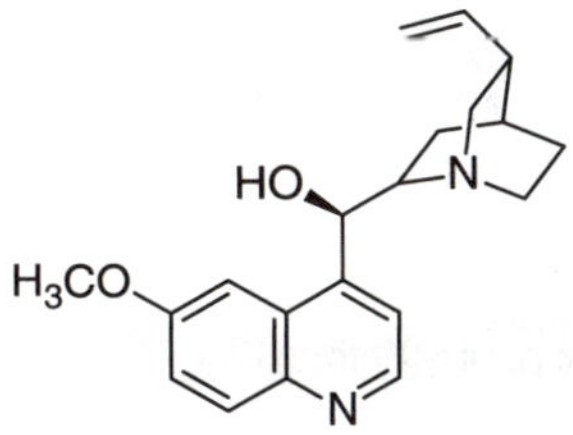

奎宁

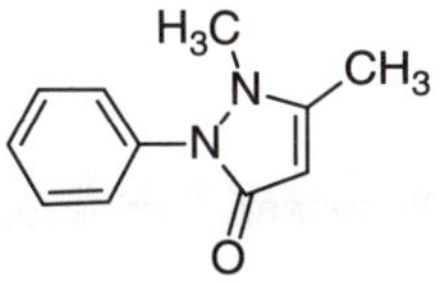

安替比林

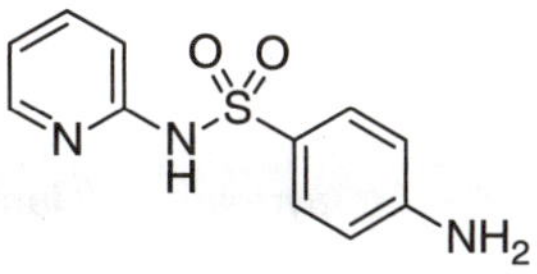

磺胺吡啶

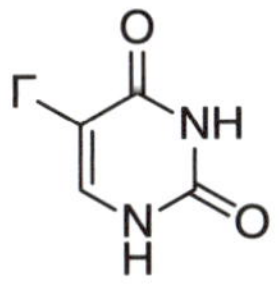

5-氟尿嘧啶

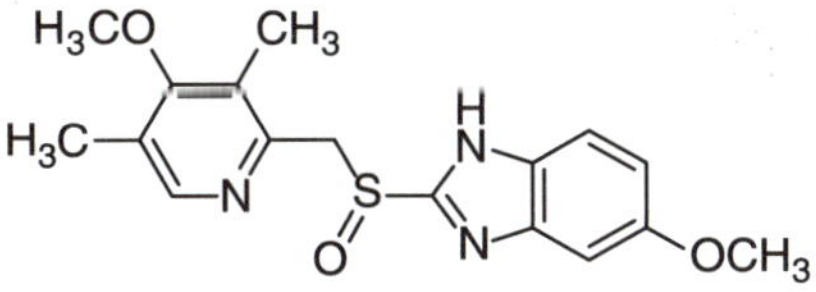

奥美拉唑

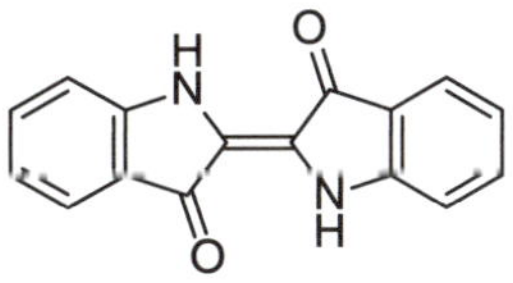

靛蓝

脂肪族杂环化合物 (aliphatic heterocycle) 有多种命名方式，可以从相应的芳香杂环化合物 (aromatic heterocycle) 衍生物进行命名，如四氢呋喃；可以把杂原子当作取代基命名，也可以把杂原子当作母体命名，如环氧乙烷；也有的采用普通命名，如二噁烷。文献中各种类型的命名都可能看到。比较简单的命名方法是参考脂肪族碳环化合物进行命名，同时加前缀表示杂原子的位置。例如氮杂 (aza-)、氧杂 (oxa-)、硫杂 (thia-)、磷杂 (phospha-) 等前缀分别表示杂环中含有氮、氧、硫、磷等原子。脂肪族杂环母核编号从杂原子开始。

氧杂环丙烷，oxocyclopropane
亚乙基氧化物，ethylene oxide
环氧乙烷，epoxy ethane

四氢呋喃，tetrahydrofuran
氧杂环戊烷，oxacyclopentane

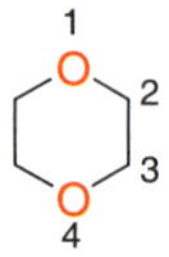

二噁烷，dioxane
1,4- 二氧杂环己烷，1,4-dioxacyclohexane

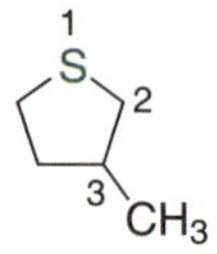

3- 甲基四氢噻吩，3-methyltetrahydrothiophene
3- 甲基硫杂环戊烷，3-methylthiacyclopentane

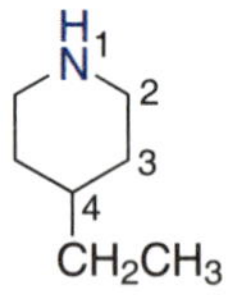

4- 乙基哌啶，4-ethylpiperidine
4- 乙基六氢吡啶，4-ethylhexahydropyridine
4- 乙基氮杂环己烷，4-ethylazacyclohexane

芳香杂环化合物通常都有自己特定的名称，具有特定的编号，通常尽可能照顾杂原子的编号更小。根据环上碳原子数的不同和环的稠合情况，可以分为以下几类：

1. 五元杂环化合物

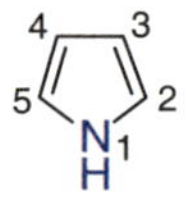

吡咯 pyrrole

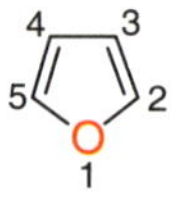

呋喃 furan

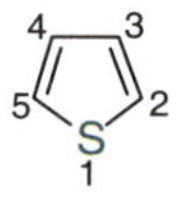

噻吩 thiophene

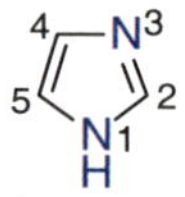

咪唑 imidazole

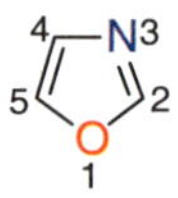

噁唑 oxazole

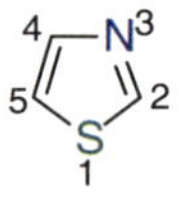

噻唑 thiazole

2. 六元杂环化合物

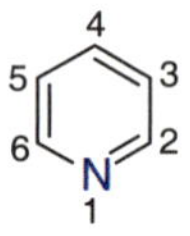

吡啶 pyridine

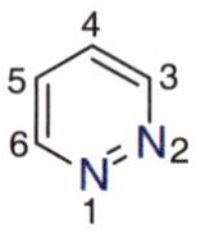

哒嗪 pyridazine

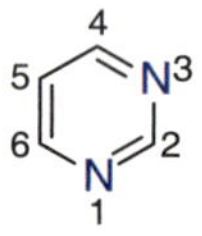

嘧啶 pyrimidine

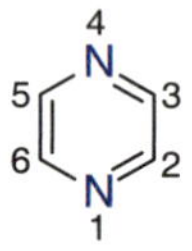

吡嗪 pyrazine

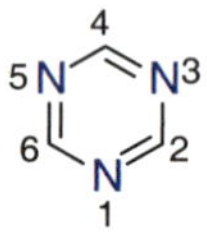

1,3,5-三嗪 1,3,5-triazine

3. 稠杂环化合物

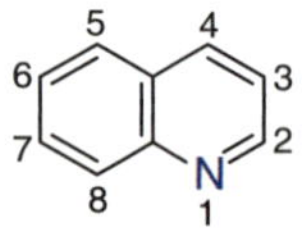

喹啉 quinoline

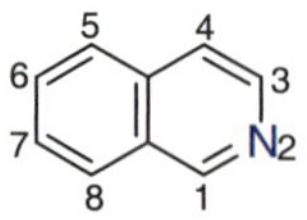

异喹啉 isoquinoline

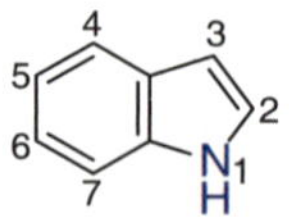

吲哚 indole

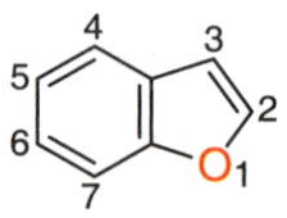

苯并呋喃 benzofuran

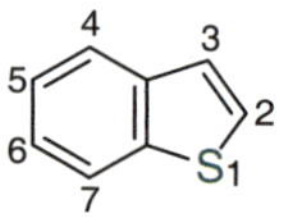

苯并噻吩 benzothiophene

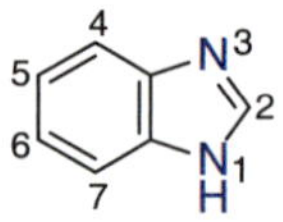

苯并咪唑 benzimidazole

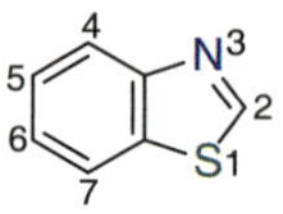

苯并噻唑 benzothiazole

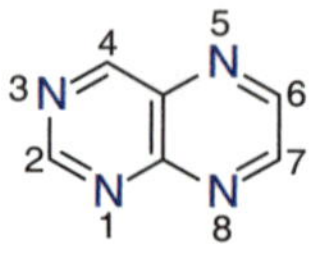

蝶啶 pteridine

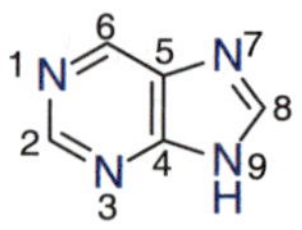

嘌呤 purine

本章主要介绍的是具有一定芳香性的杂环化合物。

17.2 五元单杂环化合物

17.2.1 吡咯、呋喃、噻吩的结构

吡咯 (pyrrole)、呋喃 (furan)、噻吩 (thiophene) 都是含有单个杂原子的五元环化合物，其结构类似于具有芳香性的环戊二烯负离子 (cyclopentadienyl anion)。这些五元单杂环化合物用一个杂原子 (N、O、S) 替代了环戊二烯负离子中的碳负离子结构，为了达到最大程度的轨道重叠，杂原子均采用 sp^2 杂化，p 轨道被一对孤对电子占据，通过 p-π 共轭和五元环上另外两个双键共轭，形成 π_5^6 离域体系。和环戊二烯负离子类似，它们的离域 π 电子数为 $4n+2$，符合 Hückel 规则，具有芳香性。

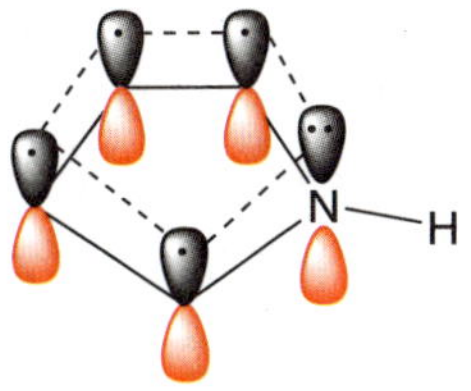

吡咯

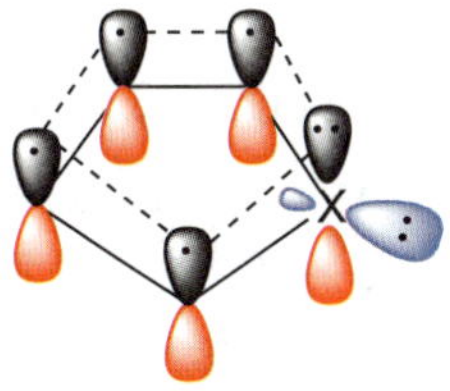

呋喃 (X = O)
噻吩 (X = S)

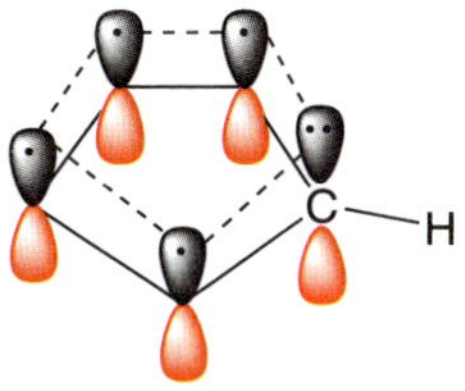

环戊二烯负离子

吡咯、呋喃、噻吩体现了典型的芳香化合物的性质，如这些化合物具有较高的稳定性；在 ^{1}H NMR 谱图中，由于环电流产生的磁各向异性效应，导致五元环上的氢原子有较大的化学位移，处于去屏蔽区；容易发生亲电取代反应，不容易发生加成反应等。

吡咯可以通过如下方式进行共振（呋喃、噻吩类似），从共振结构可以看出，由于共振，杂原子上的电子云密度降低。

吡咯的各种共振形式：

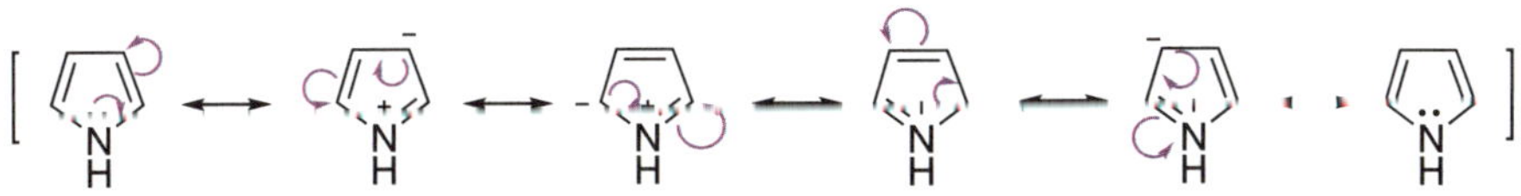

思考题 17.1

分别画出吡咯和四氢吡咯的偶极矩方向。吡咯和四氢吡咯的偶极矩值哪个大？为什么？

17.2.2 吡咯、呋喃、噻吩的化学性质

五元单杂环化合物的亲电取代反应

吡咯、呋喃、噻吩及其衍生物具有芳香性，和苯类似，容易发生亲电取代反应，不容易发生亲电加成反应。吡咯、呋喃、噻吩中的杂原子均含有孤对电子，6 个 π 电子分散在 5 个原子组成的共轭体系中，电子云密度较大，其化学反应性类似于苯酚和苯胺。

五元单杂环化合物和亲电试剂反应的机理如下：

C2 位进攻亲电试剂：

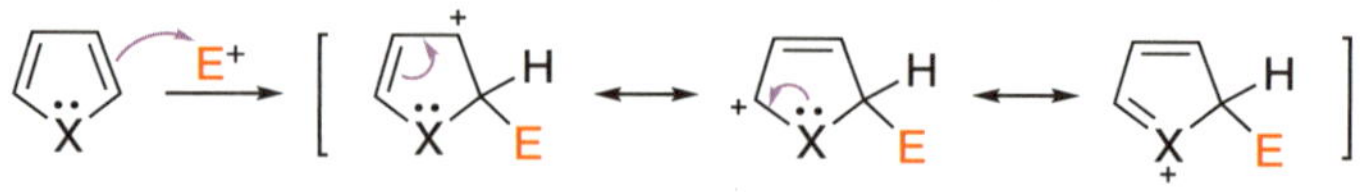

碳和杂原子都满足八隅体
最稳定

C3 位进攻亲电试剂：

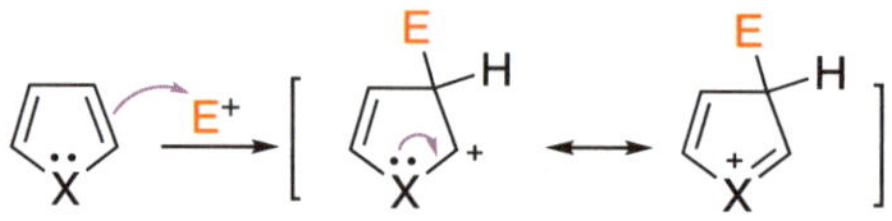

碳和杂原子都满足八隅体
最稳定

五元单杂环上有两个位置(C2 位和 C3 位)可能进攻亲电试剂，从反应中间体共振结构看，C2 位进攻得到的正离子有 3 个共振结构，正电荷可以分散在 C3 位、C5 位和杂原子上；C3 位进攻得到的正离子只有 2 个共振结构，正电荷只能分散在 C2 位和杂原子上。C2 位进攻得到的正离子中间体更稳定，因此在亲电取代反应过程中 C2 位活性更高，更容易发生反应。但是根据反应条件、反应底物、亲电试剂的不同，反应有可能得到 C2 位和 C3 位取代的混合物。

和苯相比，由于杂原子孤对电子的共轭给电子作用，五元单杂环上的电子云密度增加，致活了亲电取代反应，其反应条件相对比较温和。亲电取代反应活性次序为苯 << 噻吩 < 呋喃 < 吡咯。该反应活性次序和反应底物的芳香性及反应过程中正离子中间体的稳定性相关。噻吩的亲电取代反应活性低于吡咯和呋喃，主要是由于硫原子的孤对电子通过 3*p* 轨道和碳原子的 2*p* 轨道共轭，轨道匹配性较差，共轭给电子能力较低。

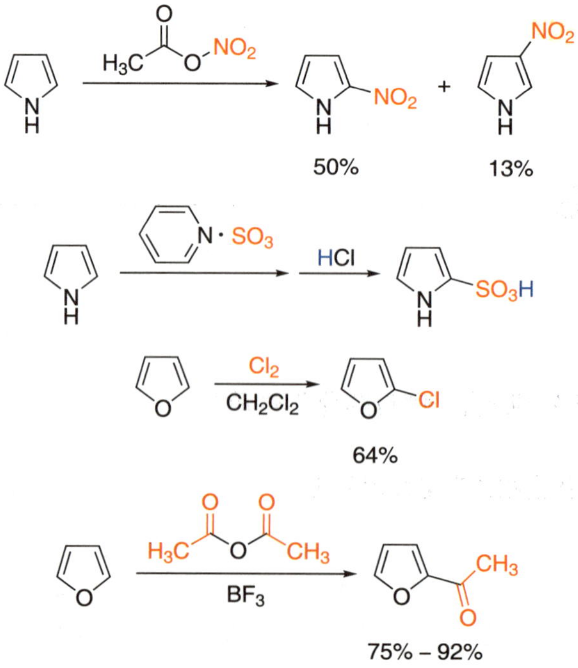

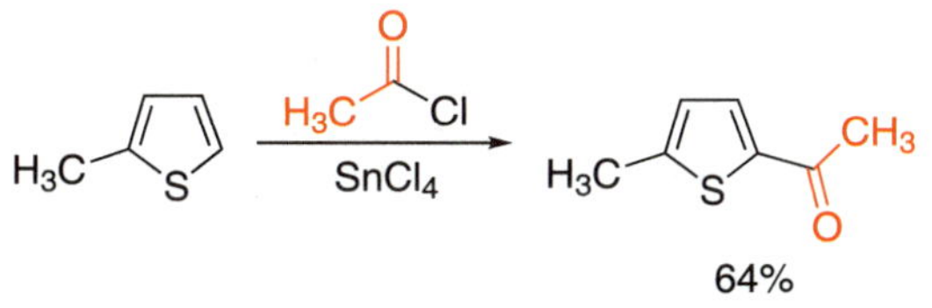

吡咯环上具有较高的电子云密度，亲电取代反应活性高。在溴化反应过程中，即使不加 Lewis 酸催化剂，也很快生成四溴代吡咯。亲电取代活性较差的碘，在碱催化剂存在下，也可以与吡咯顺利发生亲电取代反应。

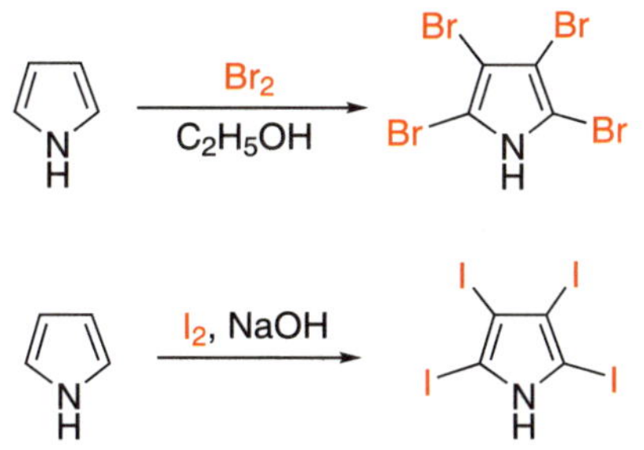

在吡咯和呋喃相关的反应中，不能采用强酸性条件。因为呋喃在酸性条件下发生水解开环反应，得到 1,4-二羰基化合物。该水解反应可以看作 Paal-Knorr 呋喃合成的逆反应。

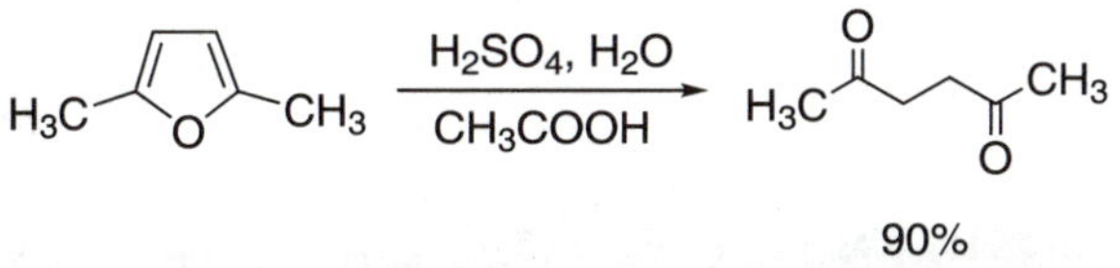

吡咯在酸性条件下，主要发生聚合反应，得到多聚吡咯。虽然吡咯氮原子没有明显碱性，不容易发生质子化，但是质子化可能发生在电子云密度大的碳原子上，进而通过如下亲电取代反应机理，生成吡咯聚合物。

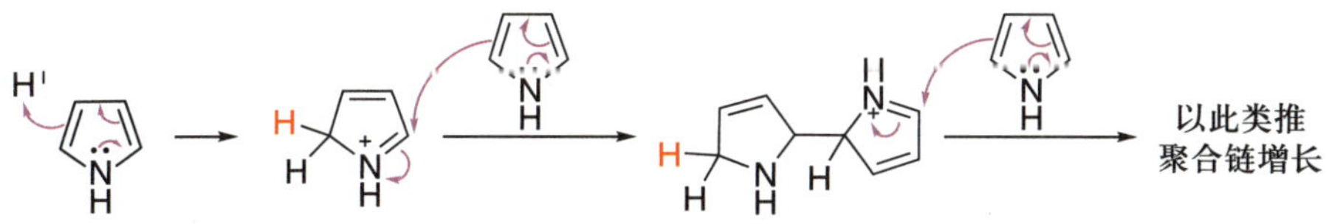

噻吩由于 C–S 键较长，缓解了环张力，具有较好的稳定性，能够耐受一定的酸性。例如，噻吩可以在 95% 硫酸中发生磺化反应，而呋喃和吡咯不能直接用浓硫酸磺化，通常采用反应条件更温和的吡啶三氧化硫加合物作为磺化试剂。

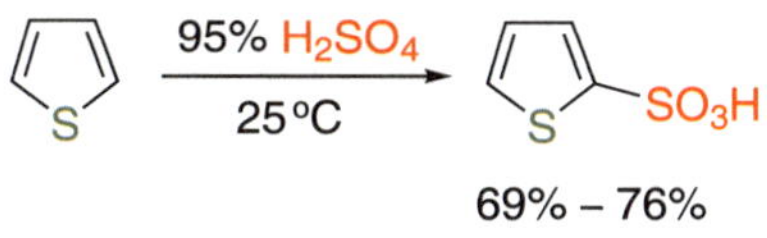

Vilsmeier-Haack 甲酰化反应可以在电子云密度比较大的吡咯环上发生单取代甲酰化反应。反应过程中没有用到 Lewis 酸和强酸性条件，利用 *N*,*N*-二甲基甲酰胺和 $POCl_3$ 配合，主要在吡咯的 α 位引入酰基，其反应过程类似于 Friedel-Crafts 酰基化反应。

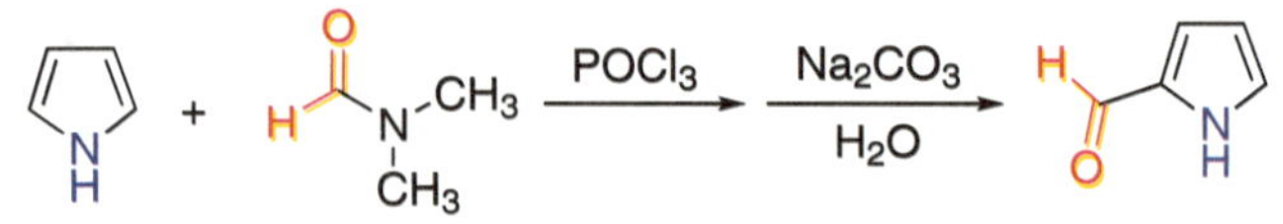

Vilsmeier-Haack 甲酰化反应的机理如下所示：

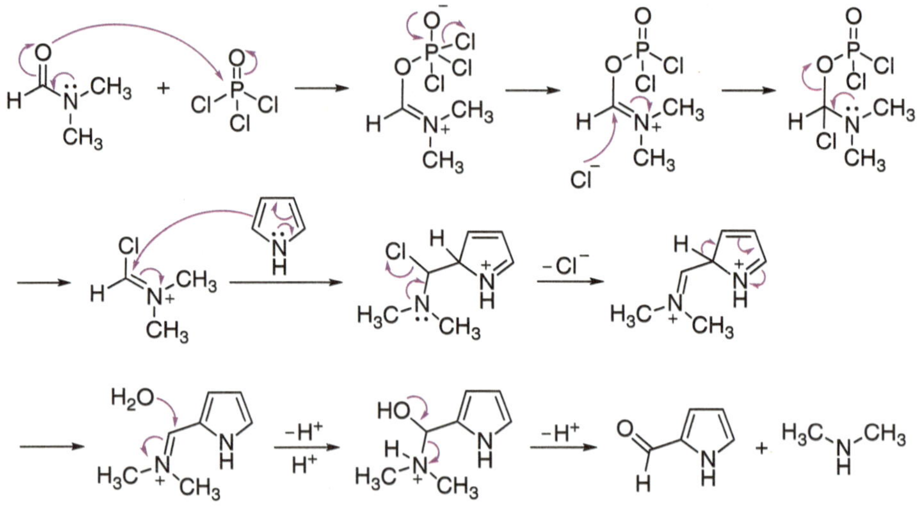

制备不对称卟啉的重要原料，可以通过如下的 Vilsmeier-Haack 甲酰化反应制备得到。

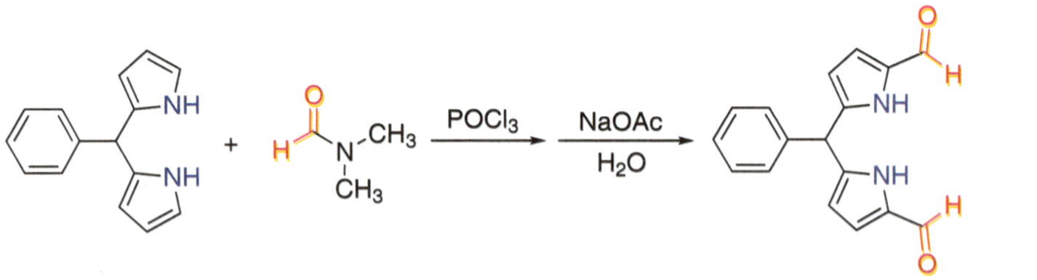

制备不对称卟啉的重要原料

五元单杂环 C3 位如果已经带有一个取代基，第二个基团进入的位置由第一个取代基的性质和五元单杂环的 C2 位共同决定。如果第一个基团为给电子基团或卤素，第二个基团主要上到 C2 位；如果第一个基团为吸电子基团，第二个基团主要上到 C5 位。

噻吩-3-甲酸进行亲电取代反应，C2 位和 C5 位进攻亲电试剂得到的正离子分别有三个共振结构，C3 位和 C4 位进攻亲电试剂得到的正离子分别只有两个共振结构。另外，C2 位进攻亲电试剂时，有一个共振结构中吸电子基的羧基和碳正离子直接相连，通过羧基的诱导吸电子和共轭吸电子作用，降低了正离子中间体的稳定性。C5 位进攻亲电试剂，没有羧基和碳正离子直接相连的共振结构，稳定性较好。综合比较，C5 位进攻亲电试剂得到的正离子中间体最稳定，噻吩-3-甲酸亲电取代反应主要发生在 C5 位碳原子上。

C2 位进攻：

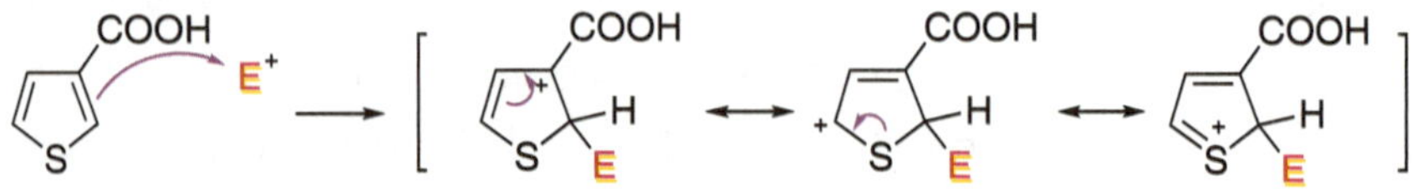

羧基和正离子直接相连
稳定性差

C5 位进攻：

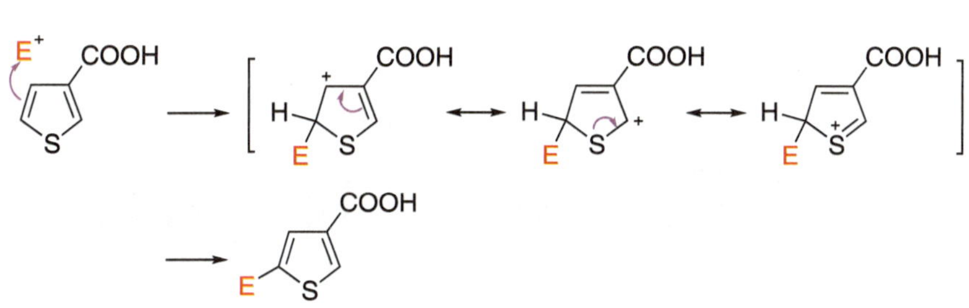

在 3-甲基呋喃的亲电取代反应中，C2 位和 C5 位进攻亲电试剂得到的正离子分别有三个共振结构，C3 位和 C4 位进攻亲电试剂得到的正离子分别只有两个共振结构。另外，C2 位进攻亲电试剂时，有一个共振结构中给电子的甲基和碳正离子直接相连，通过甲基的诱导给电子和超共轭给电子作用，可以直接稳定碳正离子。C5 位进攻亲电试剂，没有甲基和碳正离子直接相连的共振结构，稳定性较差。综合比较，C2 位进攻亲电试剂得到的正离子中间体最稳定，3-甲基呋喃亲电取代反应主要发生在 C2 位碳原子上。

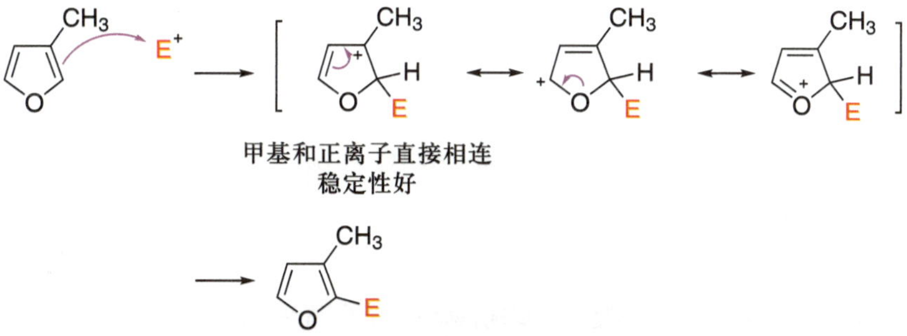

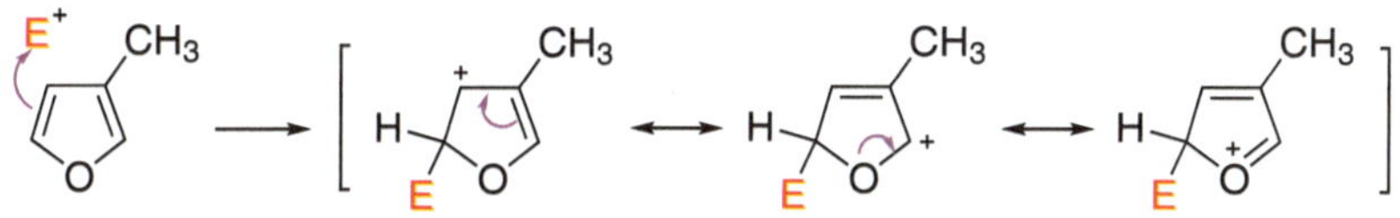

五元单杂环 C2 位如果已经有一个取代基，第二个基团的反应位置比较复杂。对于 C2 位取代的呋喃，不论取代基性质如何，第二个基团都主要在 C5 位反应。对于 C2 位取代的吡咯和噻吩，第二个基团的反应位置由五元单杂环的 C5 位或第一个取代基的性质决定。如果第一个取代基为给电子基团或卤素，第二个基团可能进入 C3 位或 C5 位；如果第一个取代基为吸电子基团，第二个基团可能进入 C4 位或 C5 位。两种产物的选择性不明显。综合来说，C2 位取代五元单杂环的亲电取代反应有如下位置选择性：

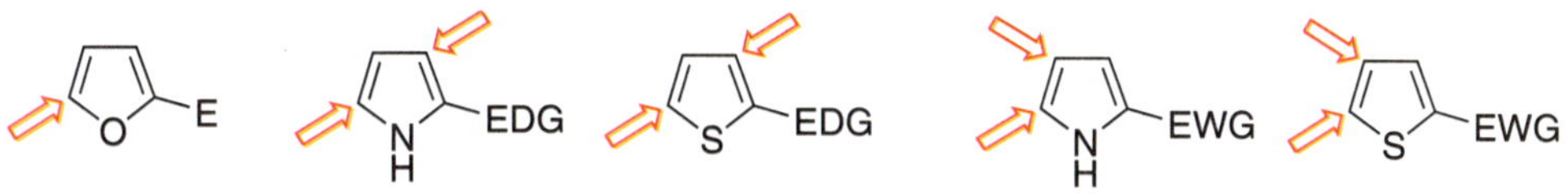

EDG 为给电子基团，EWG 为吸电子基团。

五元单杂环化合物的加成反应

芳香化合物进行催化氢化的难易程度和化合物本身的稳定性相关，热力学稳定性好的化合物催化氢化更困难。一些具有芳香性的化合物离域能大小顺序如下：

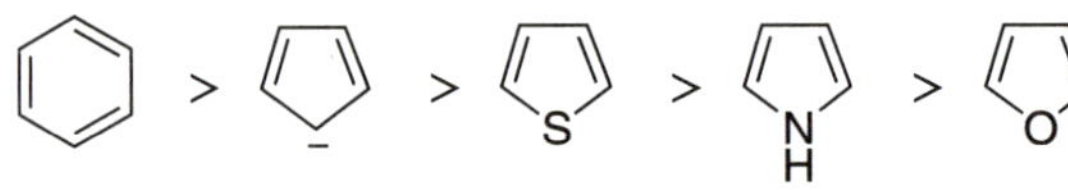

苯和环戊二烯负离子具有较大的共轭能，因为其每个共振结构都是等价的。在噻吩、吡咯和呋喃三种五元单杂环化合物中，噻吩中的硫原子具有最小的电负性，氮原子的电负性居中，氧原子具有最大的电负性。由于五元单杂环化合物主要的共振结构中，杂原子上带有正电荷，而电负性大的原子上带有正电荷的共振结构稳定性最差，因此含有电负性最大的氧原子的呋喃共轭能最小。

五元单杂环化合物的共振结构：

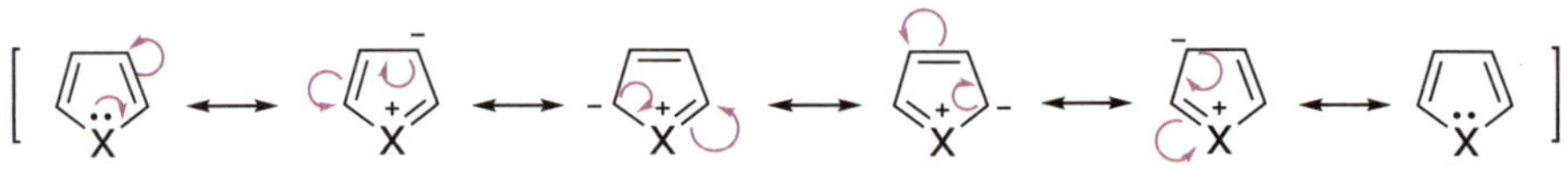

X = NH, O, S

呋喃和吡咯在较为温和的条件下，可以发生催化加氢反应。

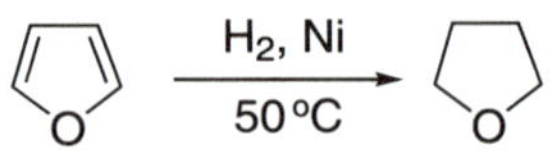

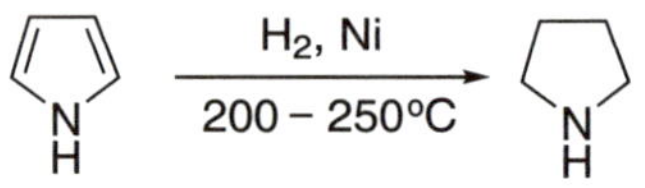

噻吩中含有硫，可能毒化某些催化剂，催化氢化时需要采用特殊的催化剂。

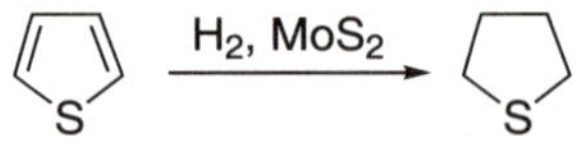

呋喃结构和环戊二烯类似，容易和其他各种亲双烯体发生 Diels-Alder 反应。

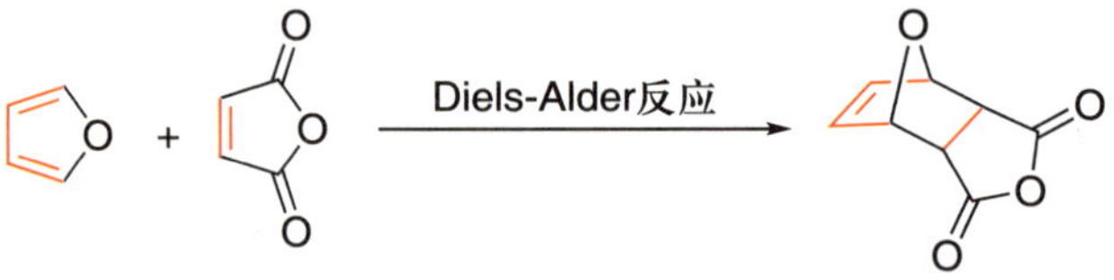

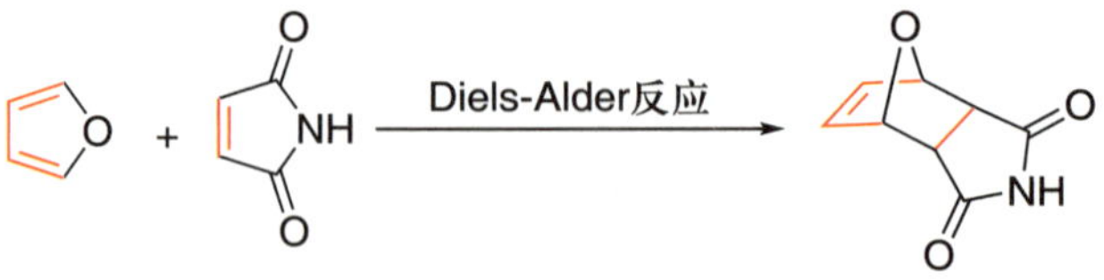

吡咯环上电子云密度较大，氮原子上含有氢，可能对亲双烯体发生亲核加成反应。

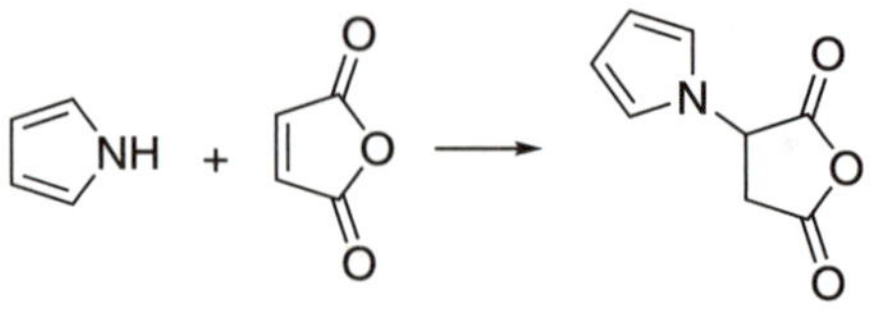

加成产物

更活泼的亲双烯体 (如苯炔)，可以与吡咯顺利发生 Diels-Alder 反应。

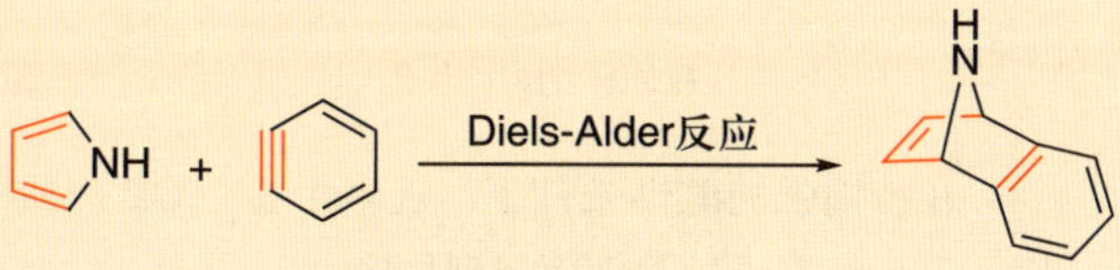

在下列结构中，在氮原子上烃基化或酰基化，降低吡咯的亲核性，可以顺利地和亲双烯体发生 Diels-Alder 反应。

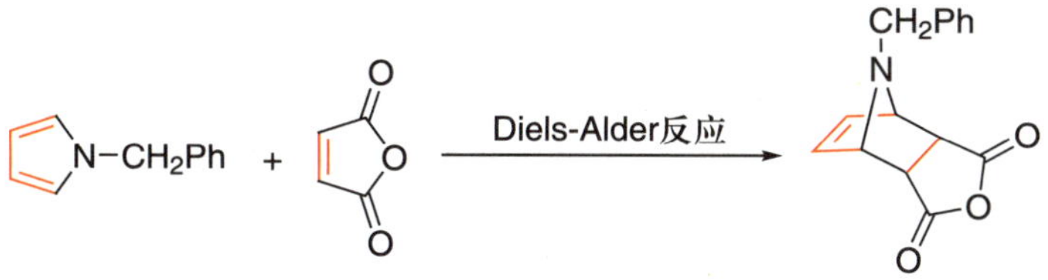

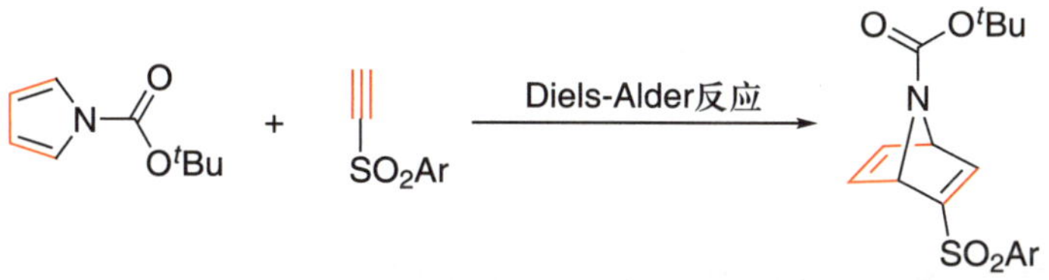

和呋喃、吡咯相比，噻吩具有更好的芳香性，不容易发生 Diels-Alder 反应。噻吩和亲双烯体炔烃的环加成产物通常稳定性较差，容易脱去硫而得到苯的衍生物。

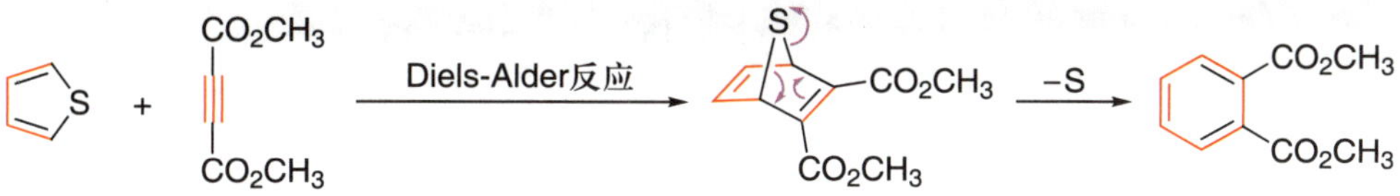

当噻吩被氧化为砜结构后，破坏了五元环的芳香性，可以和炔发生 Diels-Alder 反应，得到的中间产物桥环砜脱去 SO_2，得到取代苯化合物。

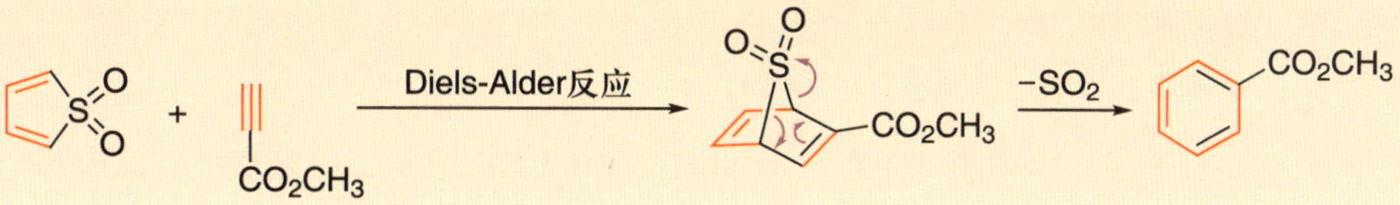

吡咯的弱碱性、弱酸性和特殊的化学反应

吡咯中氮原子上的孤对电子和两个双键通过共轭形成非常稳定的芳香体系，氮原子上的电子云通过离域分布在五元环内，与普通的脂肪胺相比，吡咯几乎没有明显的碱性。如果对吡咯氮原子进行质子化，质子化的吡咯中，氮原子采取 sp^3 杂化，氮原子不能再提供孤对电子参与共轭，因此质子化的吡咯不是一个闭合的 π 体系，不具有芳香性。

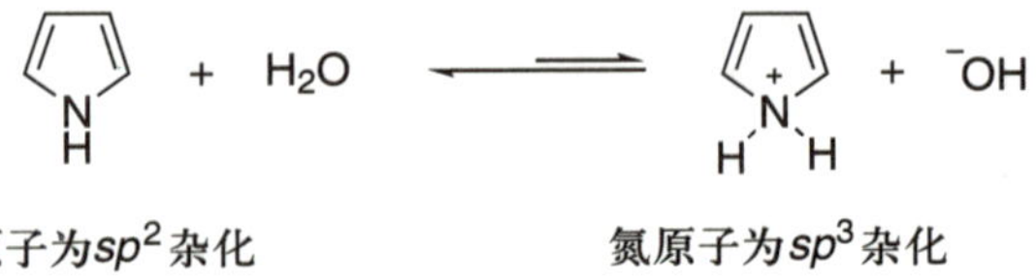

在特别强的酸性条件下，吡咯主要在 C2 位质子化，得到的正离子可以通过和氮原子上孤对电子的共轭而得到稳定。

吡咯氮原子上的氢具有明显的酸性，其 pK_a 16.5，比水的酸性（pK_a 15.7）弱，比大部分醇（pK_a 16－18）的酸性强。吡咯酸性强的原因，可能是脱去氢后生成的氮负离子采用 sp^2 杂化，通过和环上另外两个双键共轭，可以形成类似环戊二烯负离子的特别稳定的芳香体系。

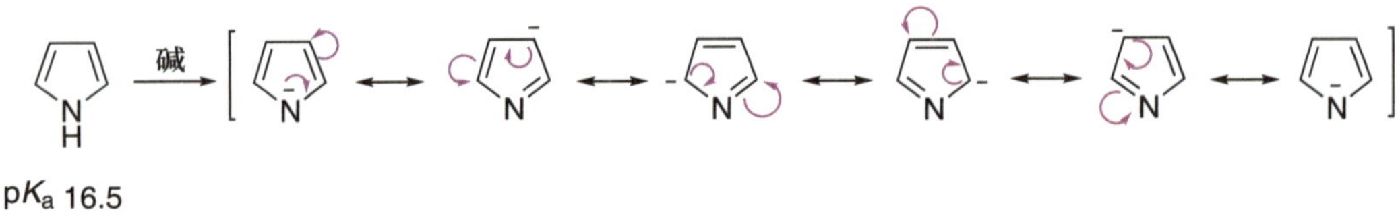

吡咯、环戊二烯、四氢吡咯的 pK_a 数据如下：

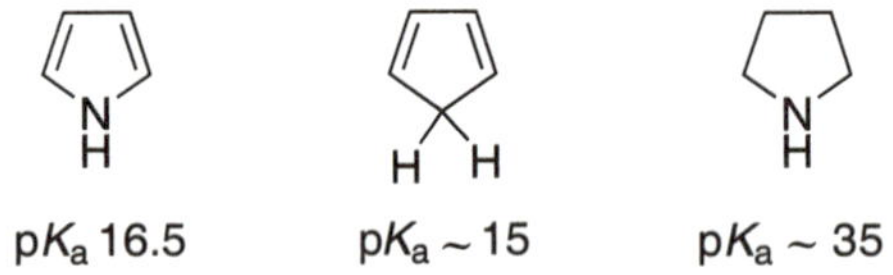

四氢吡咯酸性较弱的原因：脱去 H^+ 后得到的氮负离子不能通过共轭而稳定。环戊二烯酸性比吡咯强的原因：环戊二烯负离子的多个共振结构均为等价结构，稳定性比吡咯氮负离子更好。

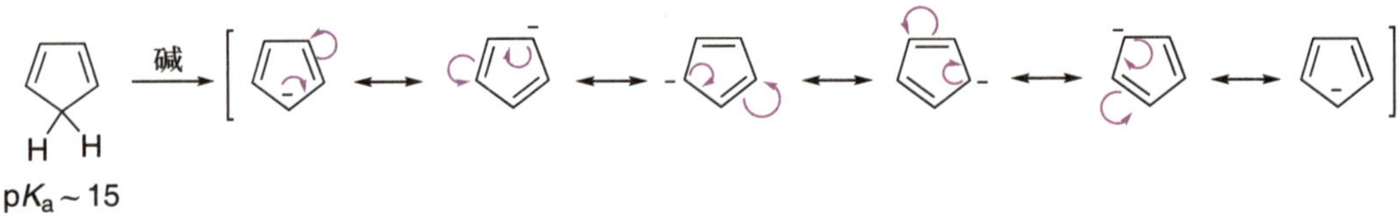

在强碱［通常用 NaH，固体 KOH 或对二甲氨基吡啶（DMAP）等］存在下，吡咯可以转化为吡咯氮负离子，进一步进行酰基化或磺酰化反应，得到 *N*-酰基化吡咯或 *N*-磺酰基化吡咯衍生物。

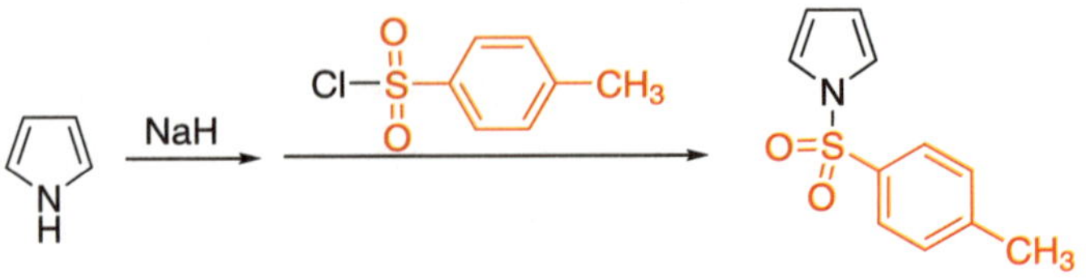

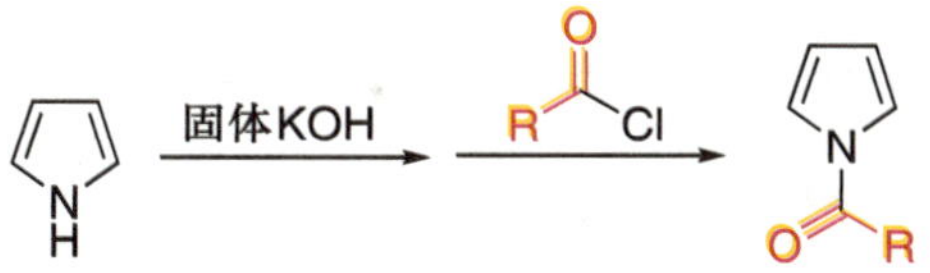

可以通过吡咯钾盐制备 α-取代吡咯。

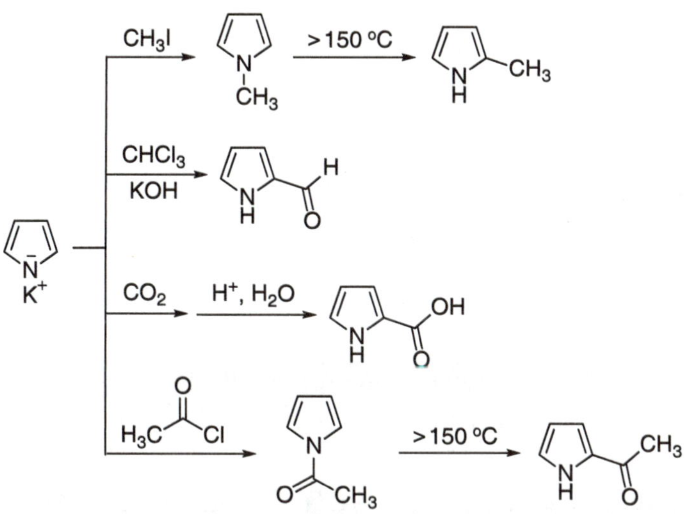

17.2.3 吡咯、呋喃的重要衍生物

吡咯和苯甲醛在硫酸或丙酸存在的条件下可以反应生成四苯基卟啉原(tetraphenylporphyrinogen)，进一步氧化脱氢，可以以较高的产率，制备得到深红色晶体四苯基卟啉(tetraphenylporphyrin)。卟啉原主要通过吡咯和苯甲醛之间的 Friedel-Crafts 烷基化反应合成，每一个质子化的苯甲醛，作为亲电试剂，分别和两个吡咯分子的 C2 位发生亲电取代反应。

在卟啉结构中，如果忽略连有氢的两个单键氮原子，则 9 个双键的环状轮烯共轭体系中含有 18 个 π 电子，符合 4n+2 规则。通常认为卟啉具有芳香性。

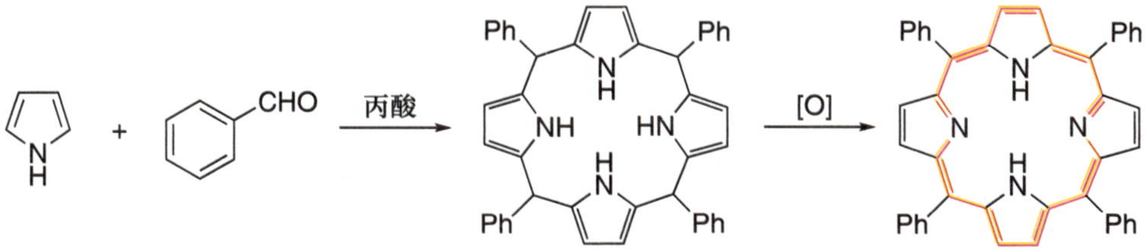

四苯基卟啉原
tetraphenylporphyrinogen

四苯基卟啉
tetraphenylporphyrin

胆色素原 (porphobilinogen) 具有如下取代的吡咯结构，为组成亚铁血红素 (heme) 的重要结构单元。亚铁血红素含有卟啉结构，可以从血红蛋白 (hemoglobin) 和肌红蛋白 (myoglobin) 中分离得到。亚铁血红素可以传输和储存氧气，具有重要的生理功能。

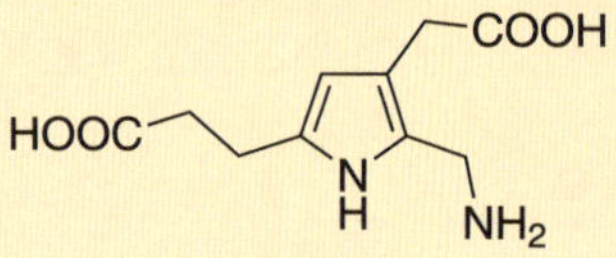

胆色素原
porphobilinogen

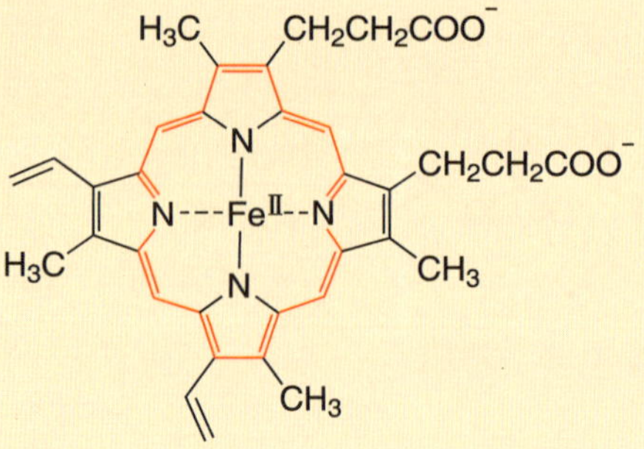

亚铁血红素
heme

思考题 17.2

尝试画出苯甲醛和吡咯在丙酸存在的条件下制备得到四苯基卟啉原的详细反应机理。

糠醛 (furfural) 即 2-呋喃甲醛，最初由米糠和稀酸加热得到，所以称为糠醛。糠醛主要由各种农副产品 (如玉米穗轴、麦麸、锯木屑等) 萃取制得，反应原理为戊聚糖 (pentosan) 在酸性条件下水解成单戊糖，然后脱水环化。糠醛是一种无色透明油状液体，沸点 162 ℃，有类似于苯甲醛的特殊气味。糠醛的化学性质活泼，在反应性上类似苯甲醛，可以制备众多衍生物，被广泛应用于农药、医药、高分子材料等领域。

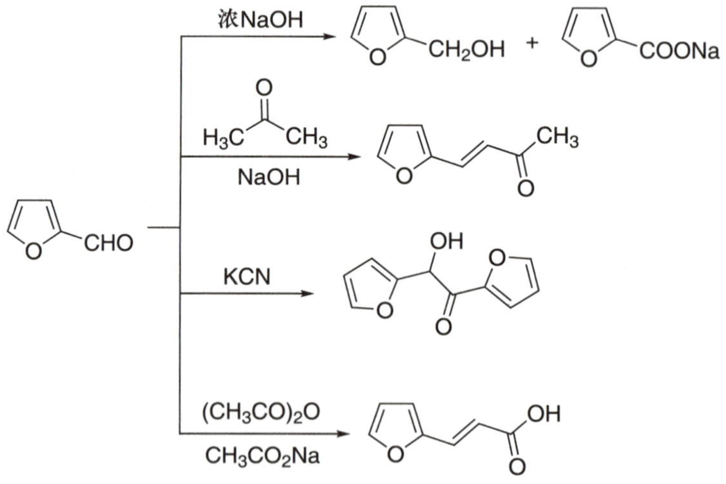

17.2.4 五元单杂环化合物的合成

五元单杂环化合物 (吡咯、呋喃、噻吩) 通常通过 Paal-Knorr 合成法进行制备。1,4-二羰基化合物用氨或胺衍生物处理可以得到吡咯，用 P_2O_5 处理可以得到呋喃，用 P_2S_2 处理可以得到噻吩。

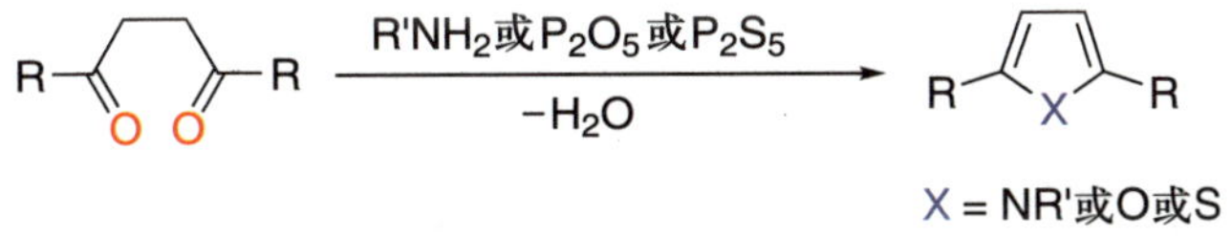

反应实例如下：

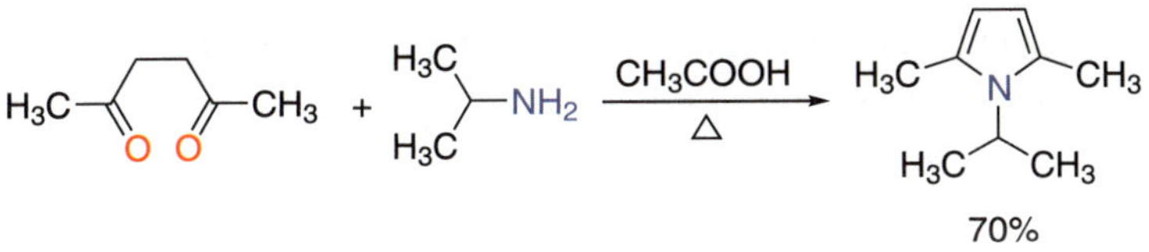

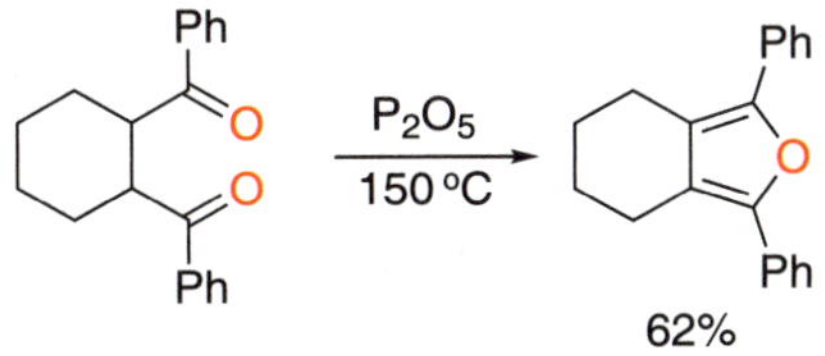

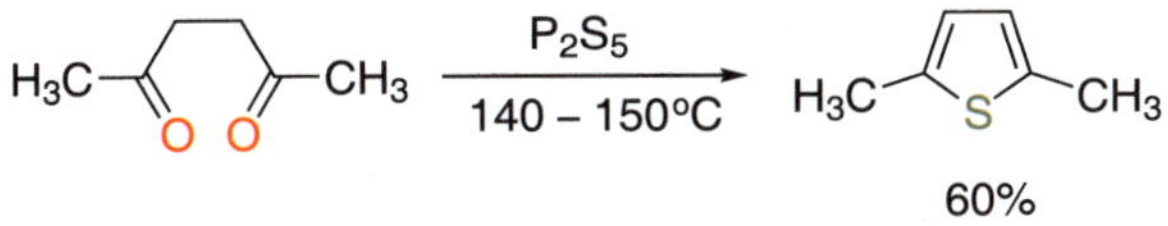

Paal-Knorr 合成法制备吡咯的反应原料为 1,4-二羰基化合物和氨或含有$-NH_2$结构的胺衍生物（如伯胺、羟胺、甘氨酸、肼、苯肼等）。由己-2,5-二酮和氨反应可以制备 2,5-二甲基吡咯。

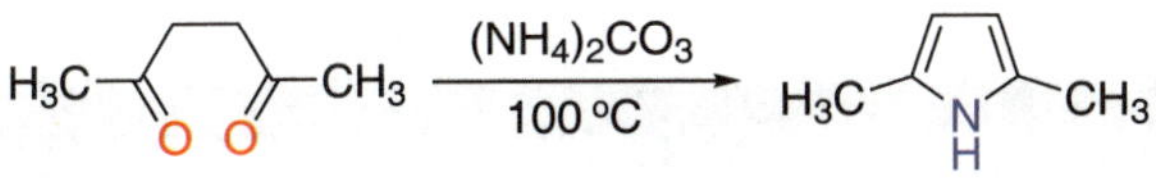

其反应机理如下：

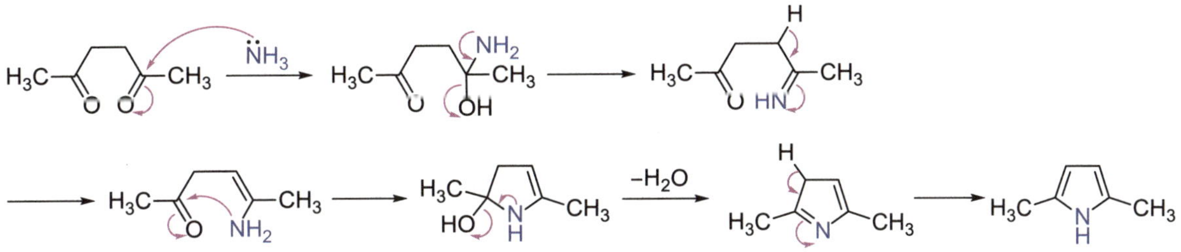

17.3 吲哚

吲哚是苯并吡咯，具有稠环结构。吲哚为白色片状结晶，具有强烈的粪臭味，在高度稀释后，具有素馨花的香味，可以作为香料使用。

吲哚的性质和吡咯类似，氮原子上碱性极弱。在富电子的吡咯环上，容易发生亲电取代反应。

吲哚可以通过如下共振，将吡咯氮原子上的电子分散到稠环的其他碳原子上。

吲哚的共振结构：

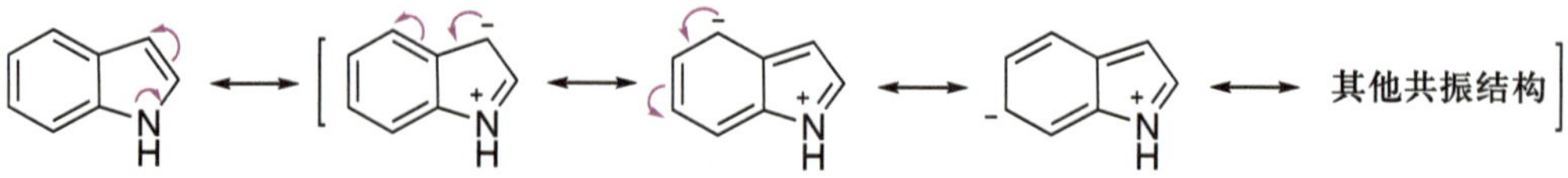

吲哚进行亲电取代反应时，如果 C4，C5，C6，C7 位进攻，得到的正离子中间体破坏了完整的苯环，不稳定。如果 C2 位进攻，得到的正离子中间体中只含有一个不破坏苯环的共振结构；如果 C3 位进攻，得到的正离子中间体中含有两个不破坏苯环的共振结构，同时在 C3 位进攻得到正离子中间体中，有一个共振结构既保留了完整的苯环，同时碳原子和氮原子都满足八隅体结构，特别稳定。综合来看，C3 位进攻得到的正离子中间体更稳定，因此吲哚进行亲电取代反应时，主要反应位置在吲哚的 C3 位。

吲哚进行亲电取代，C2 位进攻的中间体共振结构：

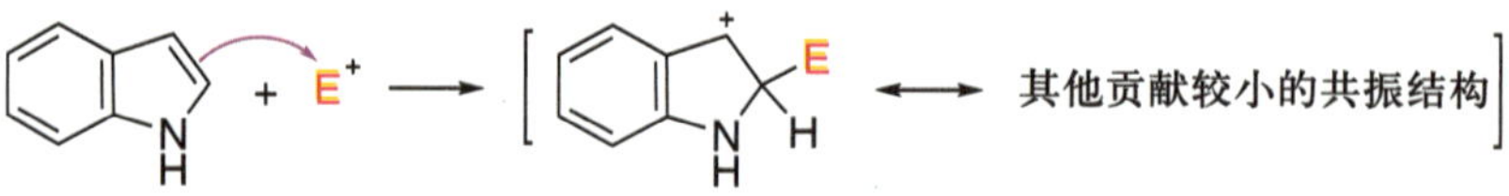

吲哚进行亲电取代，C3 位进攻的中间体共振结构：

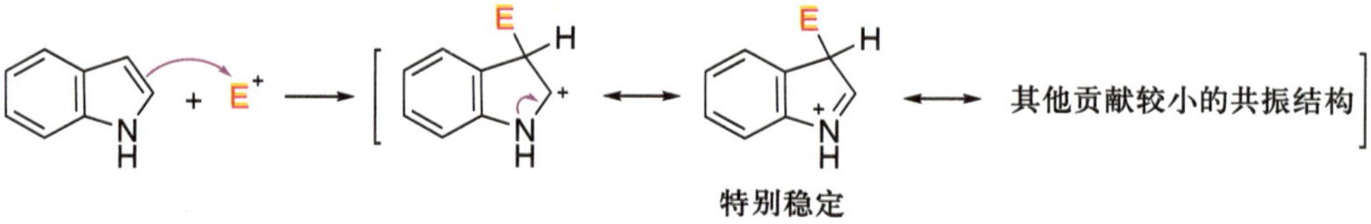

吲哚环上电子云密度较大，其亲电取代反应条件比苯温和。例如，吲哚的溴化和硝化反应可以在 0 ℃下进行。

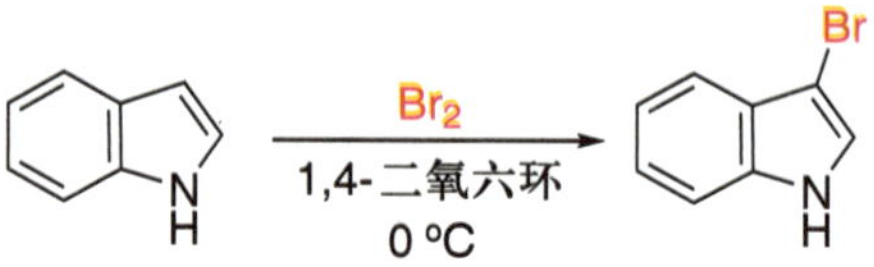

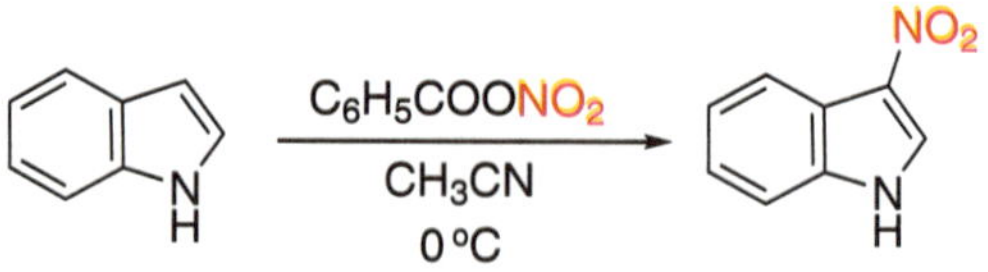

吲哚合成主要采用 Fischer 吲哚合成法（Fischer indole synthesis）。经典的 Fischer 吲哚合成法，首先由脂肪醛或酮与苯肼衍生物（要求肼基的邻位至少有一侧没有取代基）缩合生成苯腙，然后在浓硫酸、多聚磷酸等质子酸，或者 $ZnCl_2$ 等 Lewis 酸存在的条件下加热制备得到吲哚。

以下是 Fischer 吲哚合成法的反应和反应机理，反应中的关键步骤为 3,3-σ 迁移。

Fishcher 吲哚合成：

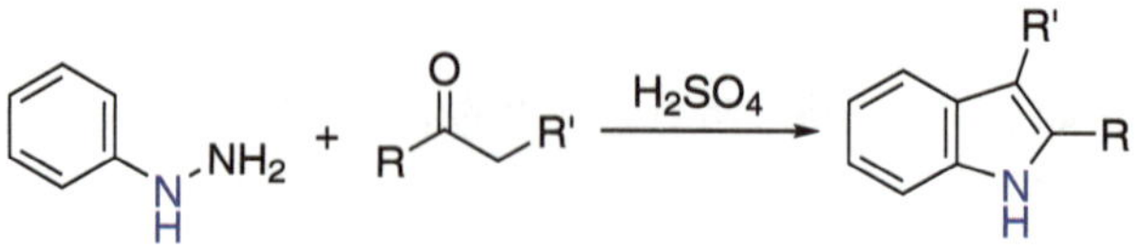

Fischer 吲哚合成反应机理：

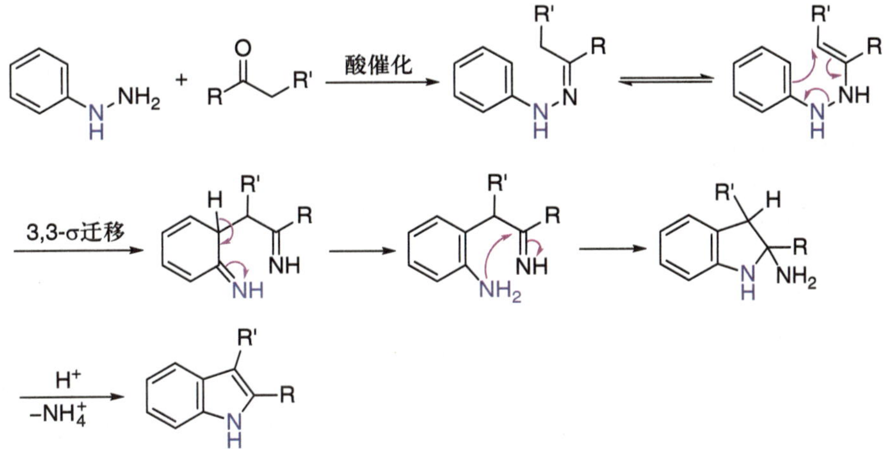

Fischer 吲哚合成法是构建取代吲哚的重要方法，该反应最早由 E. Fischer 和 F. Jourdan 于 1883 年发现。随着偶联反应的开发，1998 年，麻省理工学院（MIT）的 Stephen Buchwald 报道了芳基溴化物在钯和 BINAP 催化的条件下，可以与腙反应制备吲哚，该方法被称为 Buchwald 改进法。

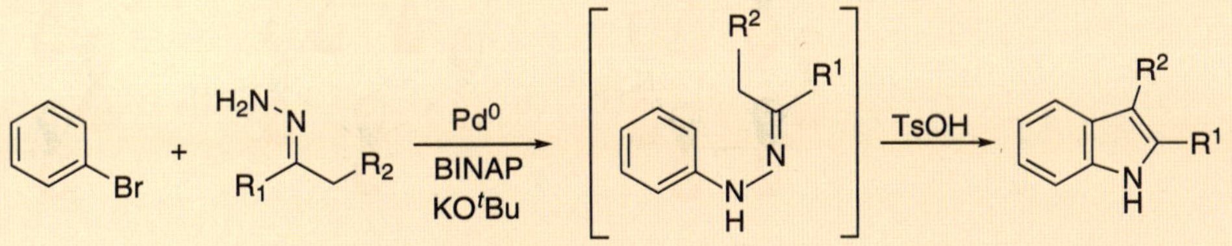

Fischer 吲哚合成法被广泛应用于生物碱和医药合成领域，例如治疗偏头痛的曲坦类药物，很多就是通过上述方法合成的。

吲哚具有重要的生理活性，含吲哚的生物碱（如镇静剂利血平）广泛存在于自然界中。氨基酸中的色氨酸，以及与神经系统活动相关的 5-羟基色氨酸等也含有吲哚结构。

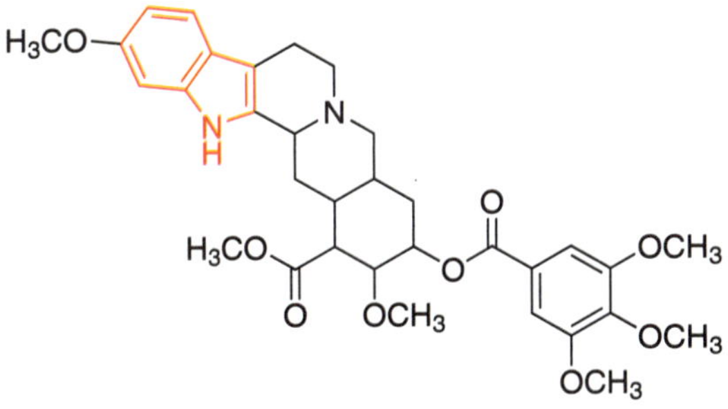

利血平
reserpine

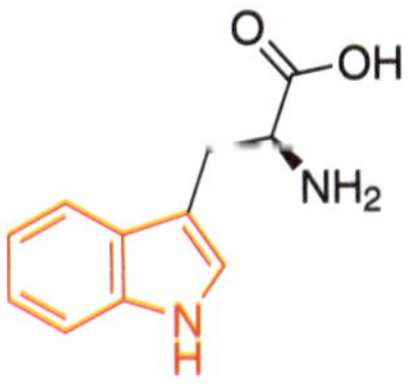

色氨酸
tryptophan

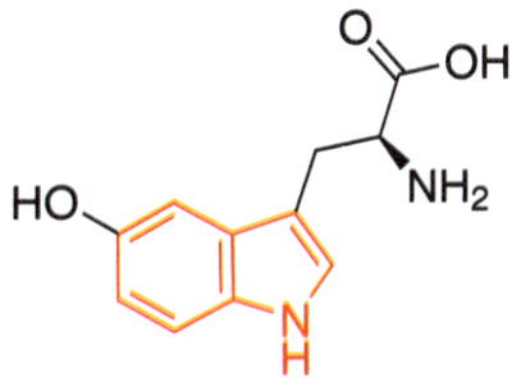

5-羟基色氨酸
5-hydroxytryptophan

思考题 17.3

查阅文献和参考资料，给出吲哚三种以上的制备方法和相应的反应机理。

17.4 吡啶

17.4.1 吡啶的结构

吡啶是含有一个氮原子的六元杂环化合物，可以看作氮杂苯，由一个氮原子替代了苯环中的一个 CH 单元。和苯类似，吡啶也具有芳香性，但受到电负性强的氮原子影响，吡啶环上的电子云密度分布不均匀。

和亚胺中的氮原子类似，吡啶中的氮原子为 sp^2 杂化。和吡咯不同的是，吡啶中的氮原子通过双键和共轭体系相连，只提供了 1 个 p 轨道电子进入具有芳香性的 π_6^6 离域体系。和苯基负离子类似，吡啶氮原子的孤对电子占据了氮原子的 1 个 sp^2 杂化轨道，和 π_6^6 离域体系垂直，因此吡啶氮原子并没有提供多余的电子进入共轭体系。由于氮原子具有较强的电负性，可以通过诱导吸电子和共轭吸电子作用降低芳环上的电子云密度，吡啶的性质类似于硝基苯。

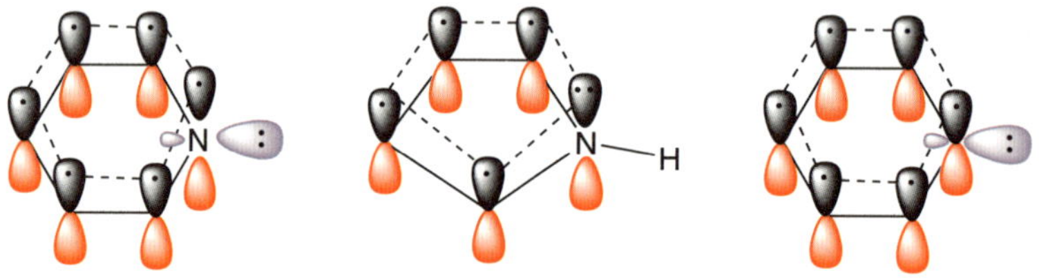

吡啶 吡咯 苯基负离子

吡啶的共振结构：

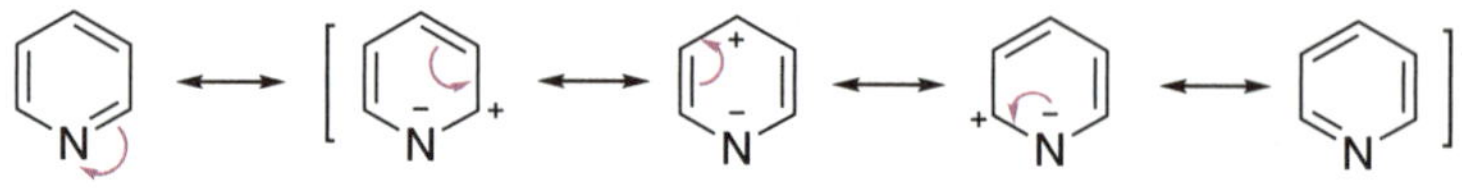

由于 π_6^6 离域体系环电流各向异性效应的影响，吡啶环上氢原子的 ^{1}H NMR 化学位移值都超过了 7 ppm，具有典型的芳香化合物的特征。由于邻位和对位的碳原子受到氮原子诱导吸电子和共轭吸电子作用的影响，具有更强的正电性，邻位和对位碳上氢原子周围的电子云密度降低，具有更高的化学位移值。

苯和吡啶的 ^{1}H NMR 化学位移：

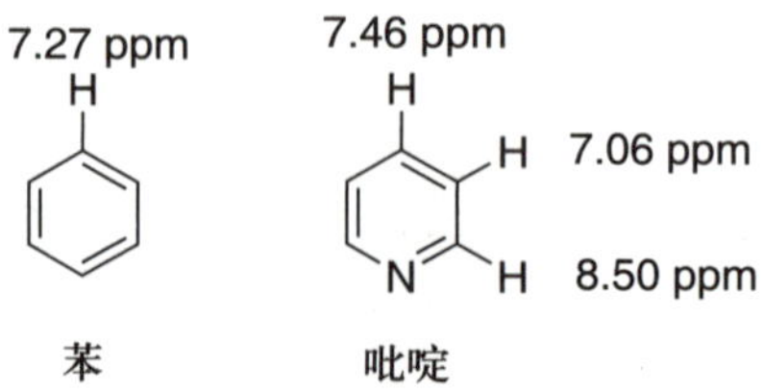

苯 吡啶

思考题 17.4

分别画出吡啶和六氢吡啶的偶极矩方向。吡啶和六氢吡啶的偶极矩值哪个大？为什么？

17.4.2 吡啶的化学性质

吡啶的碱性和亲核性

吡啶氮上的孤对电子不在 π_6^6 离域体系中，未受到共轭体系的束缚，可以给出电子和其他酸或亲电试剂结合，体现出明显的碱性和亲核性。和脂肪胺相比，由于吡啶环上的碳原子为 sp^2 杂化，比脂肪胺中 sp^3 杂化的碳原子具有更强的吸电子能力，因此吡啶的碱性要弱于脂肪胺。吡啶的共轭酸吡啶阳离子（pyridinium ion）的 pK_a 为 5.29，大致相当于羧酸的酸性。吡啶的碱性是吡咯的 10^{17} 倍。其原因在于，吡啶氮原子上的孤对电子未参与共轭，质子化的吡啶还保留了完整的芳香结构，稳定性较好。而吡咯如果在氮原子上质子化，质子化吡咯中的氮原子采取 sp^3 杂化，破坏了吡咯原有的芳香体系，稳定性较差。

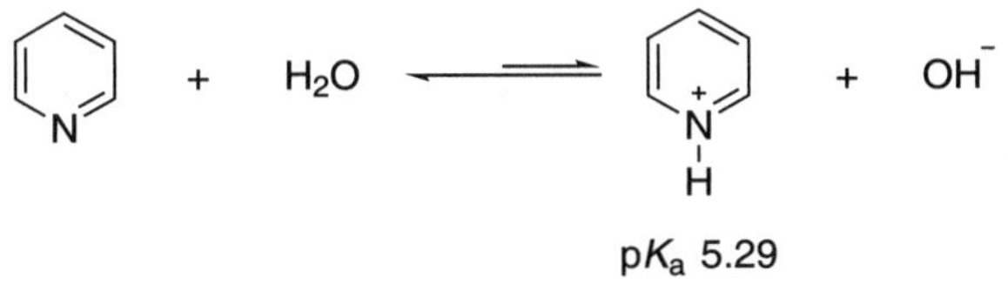

哌啶（piperidine，六氢吡啶）的碱性是吡啶的 10^6 倍。其原因在于，与吡啶相比，哌啶中的氮原子采取 sp^3 杂化，对孤对电子的束缚力较弱，碱性增强。吡啶中的氮原子采取 sp^2 杂化，对孤对电子的束缚力更强，碱性减弱。同时吡啶环中其他 sp^2 杂化的碳原子也可以通过诱导吸电子作用，降低了吡啶氮原子上的电子云密度。从如下共轭酸的 pK_a 值也可以看出，吡啶共轭酸的酸性强于六氢吡啶共轭酸的酸性，因此哌啶的碱性要强于吡啶的碱性。

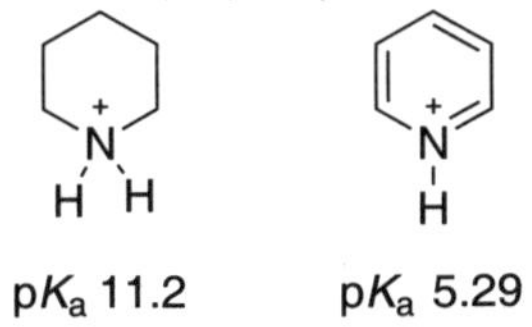

吡啶中的氮原子具有亲核性，可以与卤代烃发生亲核取代反应。例如吡啶和碘甲烷反应，可以得到季铵盐。

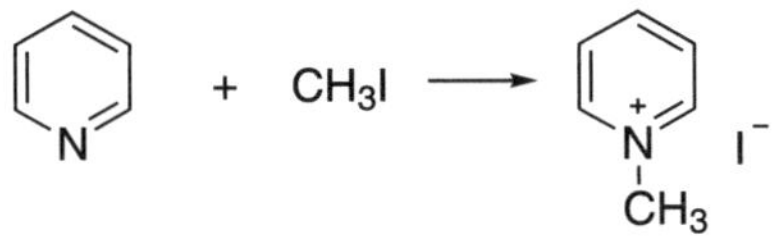

吡啶可以用作酰化反应的催化剂。例如在酰氯和醇的反应中，吡啶具有比醇更强的亲核性，在反应过程中首先和酰氯进行亲核取代反应，得到具有高亲电性的酰基吡啶正离子（氮原子上的正电荷增加了羰基碳的电正性），酰基吡啶正离子和醇进行亲核取代反应，得到产物酯。在反应过程中，需要加超过 1 当量的吡啶，用于中和反应过程中产生的 HCl，使得反应平衡右移。通常该反应可以在吡啶溶剂中进行。

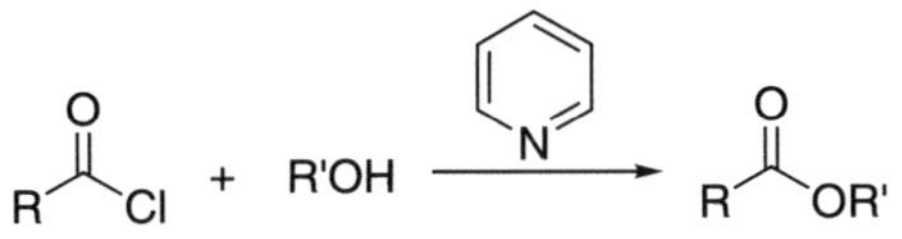

吡啶催化酰氯与醇的反应机理：

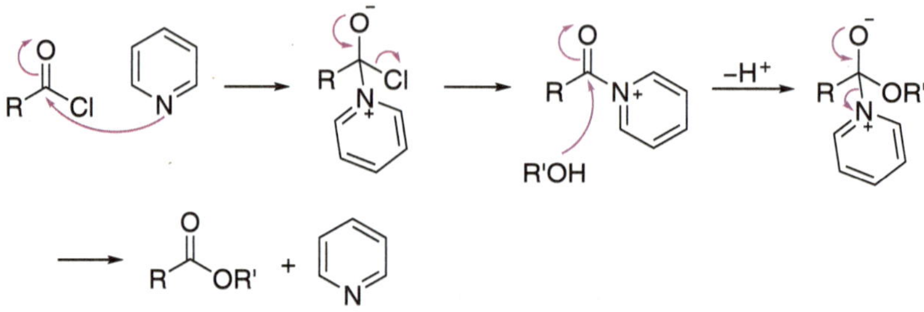

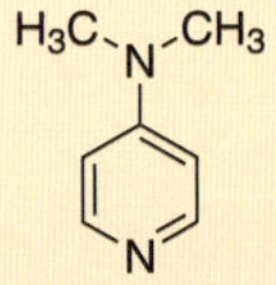

对二甲氨基吡啶

DMAP

有机合成中，经常采用一个特殊的吡啶化合物——对二甲氨基吡啶（*N*,*N*-dimethylaminopyridine，DMAP），作为酰化反应的催化剂。二甲氨基的强共轭给电子能力增加了吡啶氮原子的亲核性，催化能力增强。用吡啶作为酰化反应催化剂，通常需要在吡啶溶剂中进行反应；如果在其他溶剂中进行酰化反应，只需要加入催化量的 DMAP，即可起到和吡啶类似的催化效果。

吡啶的亲电取代反应

吡啶环上电子云密度较低，进行亲电取代反应的活性较低，其反应性类似于硝基苯。在吡啶环上不能进行 Friedel-Crafts 烷基化反应和 Friedel-Crafts 酰基化反应，但在比较强烈的条件下，可以发生卤代、磺化和硝化等反应。

如果在吡啶的 C2 位或 C4 位发生亲电取代反应，形成的碳正离子中间体的正电荷可以共振到电负性大的氮原子上，非常不稳定。如果在吡啶的 C3 位发生亲电取代反应，碳正离子中间体的正电荷可以避开电负性大的氮原子，稳定性相对较好。因此吡啶亲电取代反应主要发生在 C3 位碳原子上。

C2 位和 C4 位进攻亲电试剂的中间体共振结构：

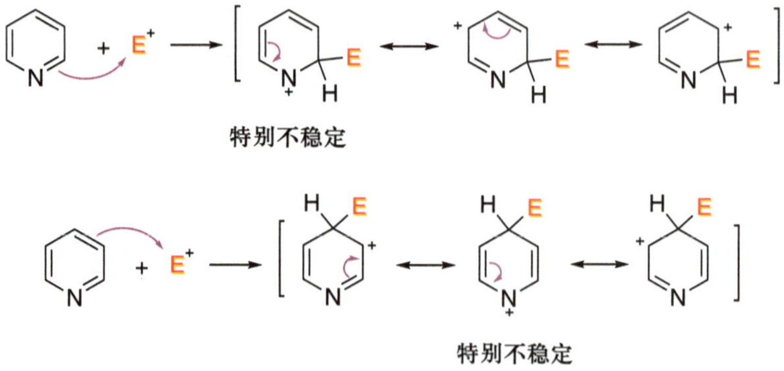

C3 位进攻亲电试剂的中间体共振结构：

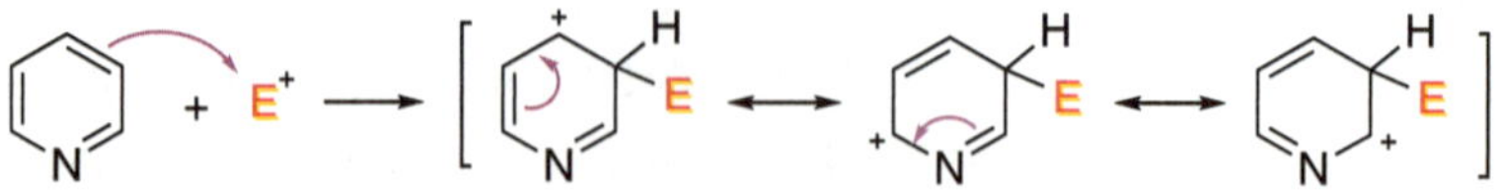

亲电取代反应通常为酸性条件，如通过 HNO_3/H_2SO_4 混酸进行硝化反应。和苯的亲电取代反应不同的是，吡啶氮原子具有明显的碱性和亲核性，在用 HNO_3/H_2SO_4 混酸进行硝化反应的过程中，会首先发生吡啶氮原子的质子化，得到吡啶阳离子，进一步降低了芳环上的电子云密度，在通常的亲电取代反应条件下反应很难发生。

其他通过含金属的 Lewis 酸催化剂催化的亲电取代反应，在反应过程中，吡啶的氮原子可能和金属空轨道 [如 Al (Ⅲ)，Sn (Ⅳ)] 发生配位，生成吡啶-Lewis 酸配合物，同样使得氮原子具有正电性，亲电取代反应很难进行。

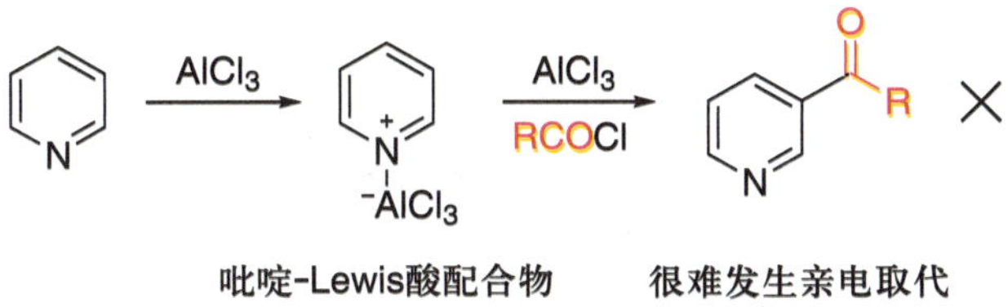

吡啶进行亲电取代反应需要比苯更苛刻的反应条件。

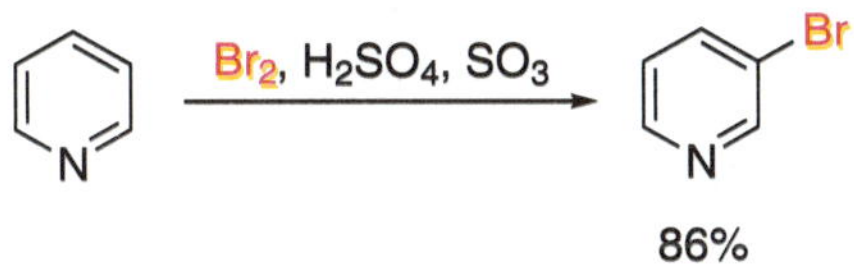

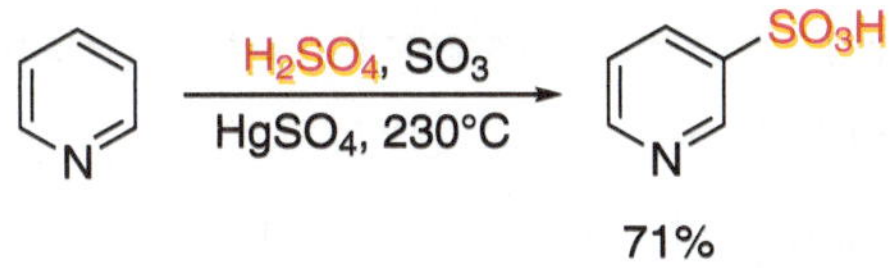

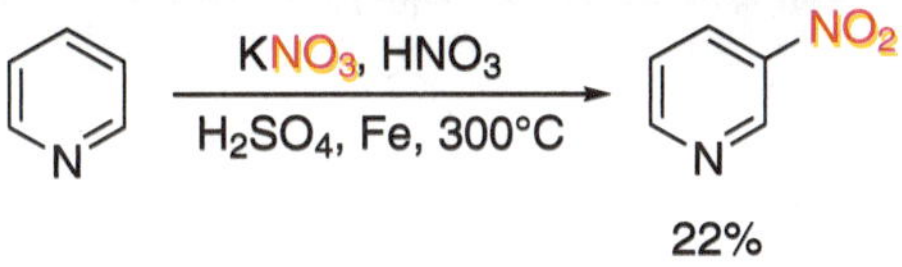

吡啶环上如果连有给电子基团，如甲基、甲氧基、氨基等，可以致活亲电取代反应，反应条件更温和，产率提高。

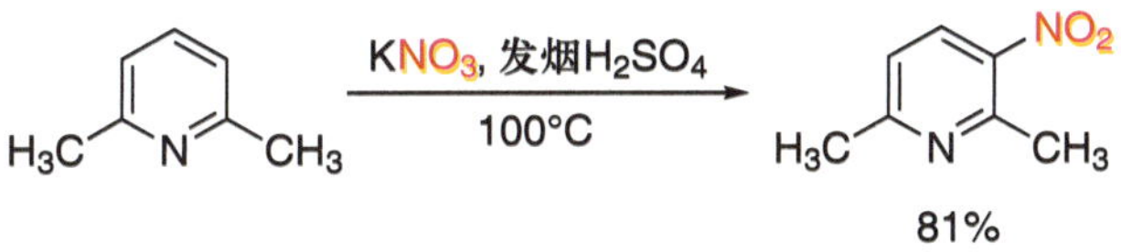

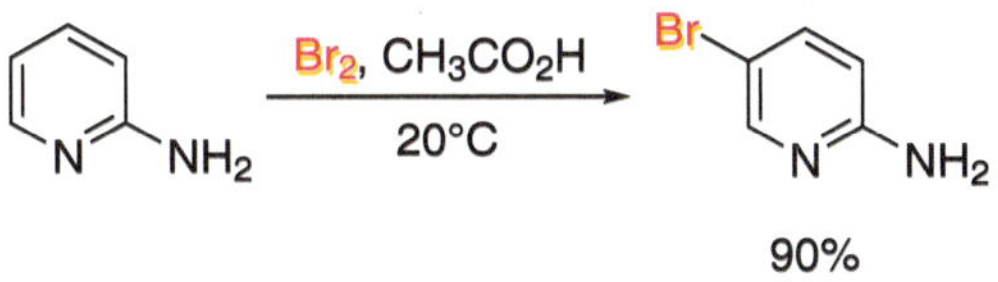

工业上制备镇痛剂氟吡汀 (flupirtine) 的过程中，由于有甲氧基和氨基对吡啶的 C3 位的致活作用，可以很方便地在吡啶的 C3 位进行硝化。

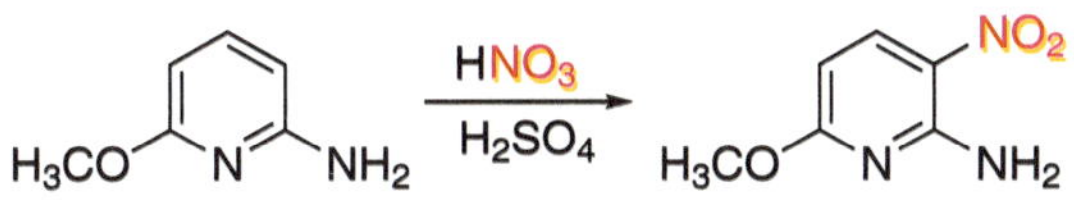

如果吡啶环上没有给电子基团，可以通过如下途径增加亲电取代反应的活性。由于吡啶氮原子具有明显的亲核性，可以通过过氧酸或 H_2O_2 在乙酸中进行氧化，得到吡啶氮氧化物 (pyridine *N*-oxide)。吡啶氮氧化物主要以偶极离子的形式存在，由于氧负离子的共轭给电子作用，增大了吡啶环上的电子云密度，可以顺利进行亲电取代反应。反应位置主要在 C2 位和 C4 位。为了减少带有正电荷的氮原子吸电子作用的影响，亲电取代反应更多地发生在 C4 位碳原子上。

吡啶氮氧化物
pyridine *N*-oxide

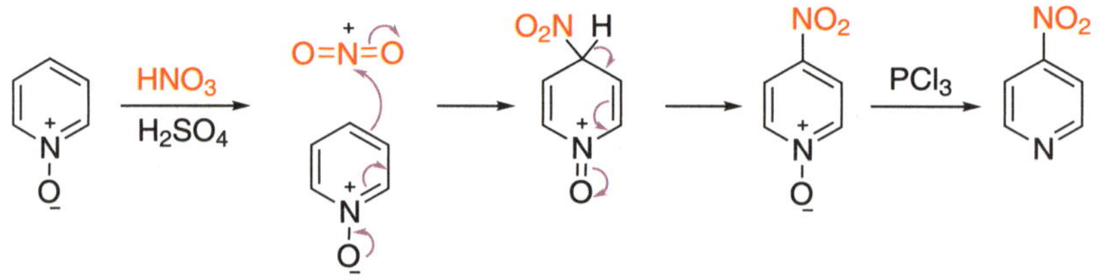

吡啶氮氧化物亲电取代反应完成后，可以通过 PCl_3 脱除氧原子，恢复吡啶结构。其反应过程如下所示。在反应过程中，磷原子作为亲电试剂接受氧负离子进攻而形成配位键，同时提供孤对电子作为亲核试剂取代氧原子上连的吡啶环结构，通过形成含有稳定 P=O 键的 $POCl_3$，脱除吡啶氮氧化物上的氧原子。

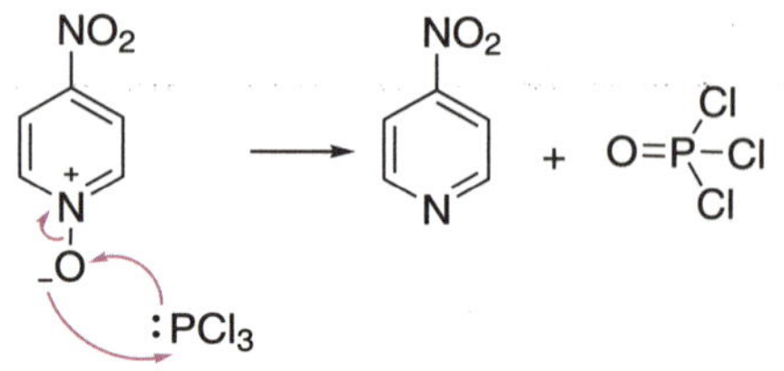

莫斯科大学的齐齐巴宾教授 [Alexei E. Chichibabin (1871 – 1945)] 对杂环化合物和生物碱都有深入的研究。因 2-硝基吡啶很难通过硝化反应制备，因此很难用硝基还原法制备 2-氨基吡啶。1914 年，齐齐巴宾教授报道了吡啶用氨基钠处理生成 2-氨基吡啶的氨基化反应 (Chichibabin 反应)。C2 位的氨基可以通过重氮化反应等转化为其他很多官能团，在有机合成中有重要的应用。吡啶、喹啉、异喹啉、其他氮杂芳环及它们的衍生物也可以进行 Chichibabin 反应。

吡啶的亲核取代反应

吡啶环上电子云密度较小，容易被强亲核试剂进攻，发生亲核取代反应。例如吡啶和氨基钠在液氨中反应，主要得到 2-氨基吡啶，该反应称为 Chichibabin 反应。

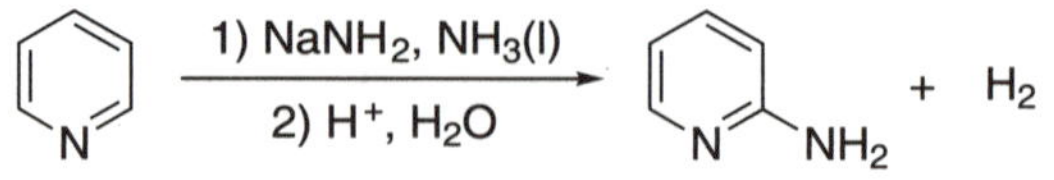

70%

该反应机理如下所示。氨基负离子进攻吡啶的 C2 位，相当于氨基负离子对亚胺碳氮双键的亲核加成反应，得到氮原子上带负电荷的稳定中间体。然后氢负离子离去，恢复芳香性，得到 2-氨基吡啶。离去的氢负离子和液氨进行酸碱交换反应，又得到氨基负离子，同时释放出氢气。

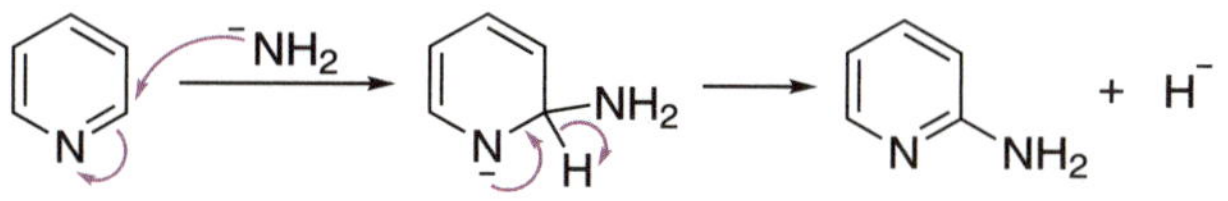

吡啶和格氏试剂或锂试剂的反应与 Chichibabin 反应类似。

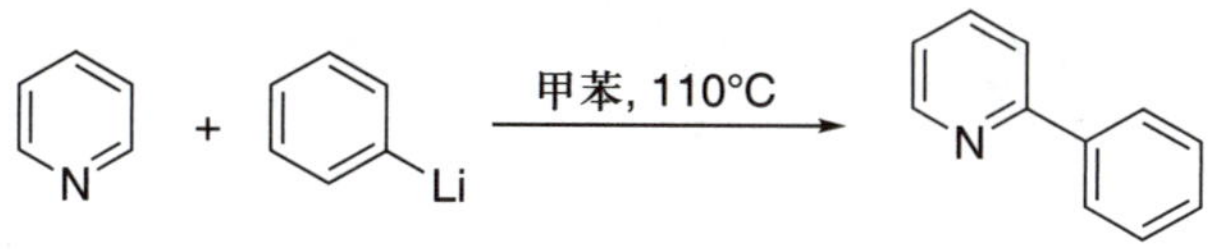

49%

吡啶环 C2 位或 C4 位如果连有容易离去的基团（如卤素、OTs 等），特别容易发生亲核取代反应。

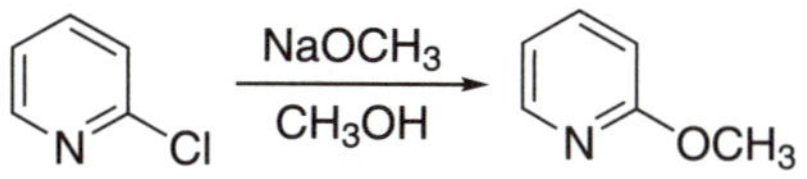

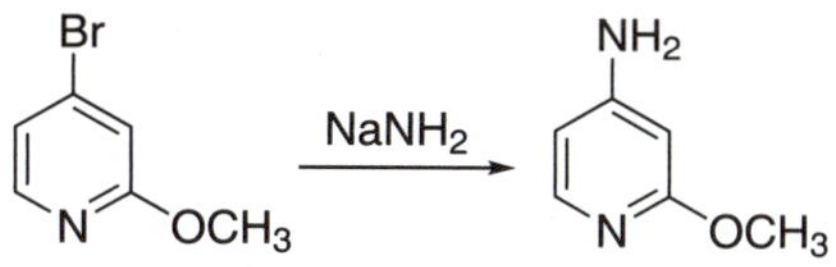

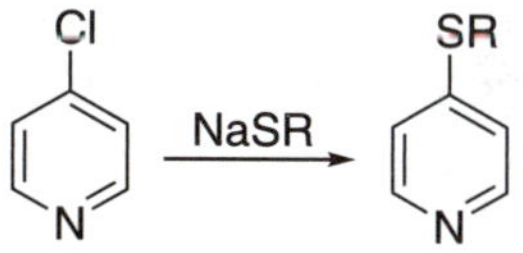

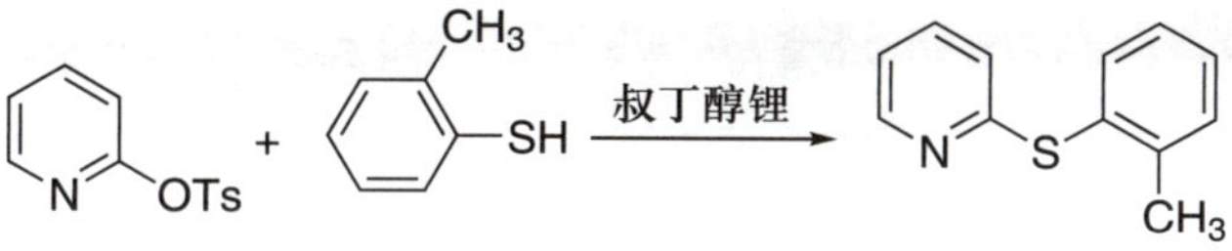

该亲核取代反应过程为：亲核试剂首先进攻离去基团所连的碳原子，得到碳负离子中间体，然后中间体脱去最容易离去的基团，恢复稳定的芳香体系，完成亲核取代反应。该反应机理和酰卤的亲核取代反应机理类似。亲核试剂进攻 C2 位或 C4 位连有好的离去基团的碳原子，得到的碳负离子中间体的负电荷可以共振到电负性大的氮原子上，非常稳定。C3 位取代吡啶，不能得到类似的稳定中间体，亲核取代反应活性较差。所以亲核取代反应主要发生在 C2 位或 C4 位。

亲核试剂进攻 C2 位和 C4 位的中间体共振结构：

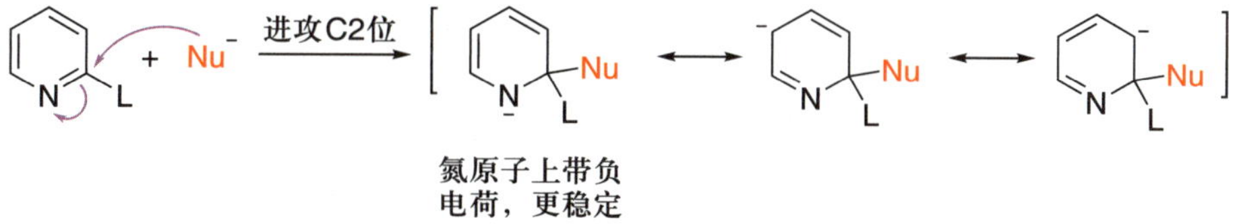

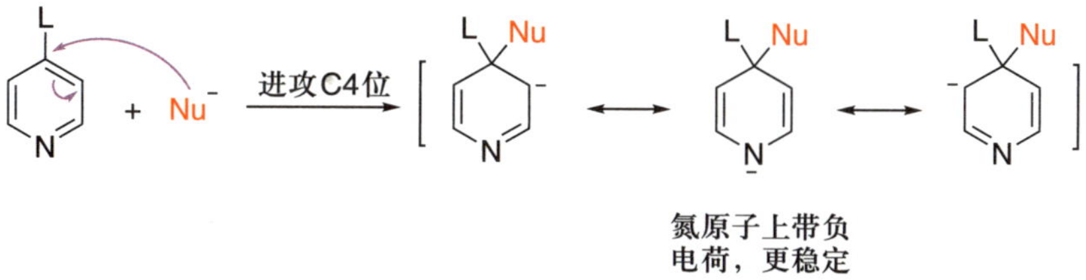

亲核试剂进攻 C3 位的中间体共振结构：

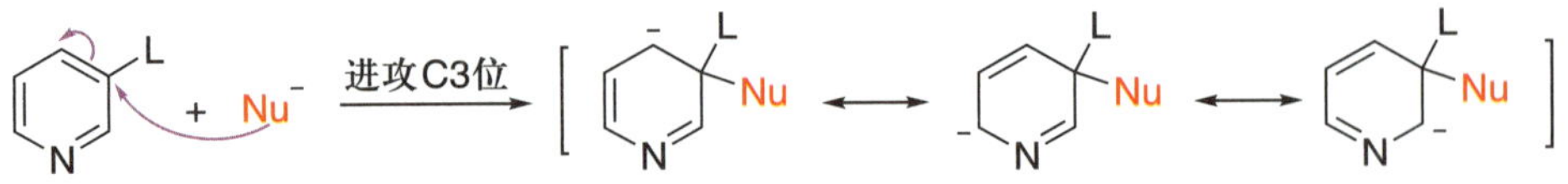

用于活化亲电取代反应的吡啶氮氧化物，也可以用于活化吡啶环上的亲核取代反应。例如对烟酸 (nicotinic acid) 的 C2 位进行氯化。

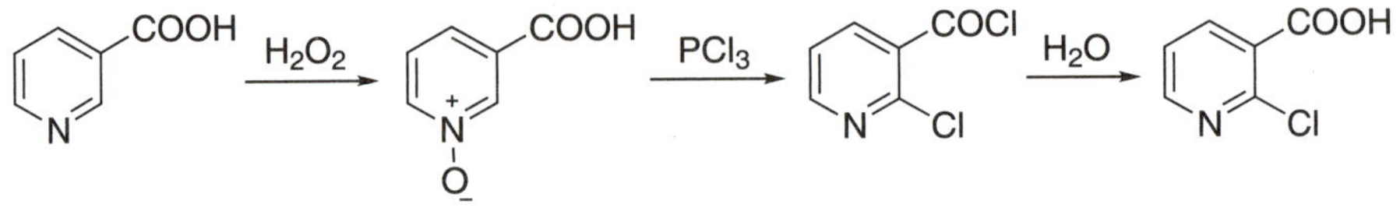

在反应过程中，吡啶氮氧化物的氧原子首先和 PCl_3 发生亲核取代反应，由于吡啶氮原子上带有正电荷，增加了吡啶 C2 位碳原子的亲电性，可以被 Cl^- 亲核加成，然后脱去 H^+ 并离去二氯亚磷酸结构，恢复芳香体系，即可得到 C2 位取代的吡啶衍生物。在反应过程中，烟酸中的 COOH 结构转化为酰氯，亲电取代反应完成后水解可以恢复羧基结构。

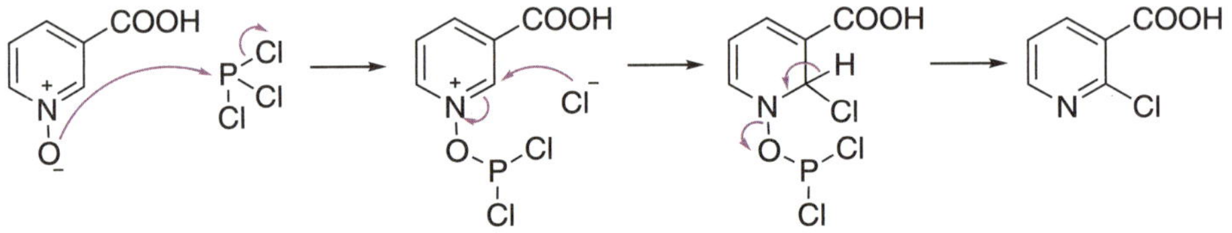

2-氯代烟酸是一个很重要的有机原料，可以通过亲核试剂取代 C2 位的氯原子，制备各种具有生理活性的有机化合物，如镇痛药尼氟酸 (nifluminic acid) 的制备。

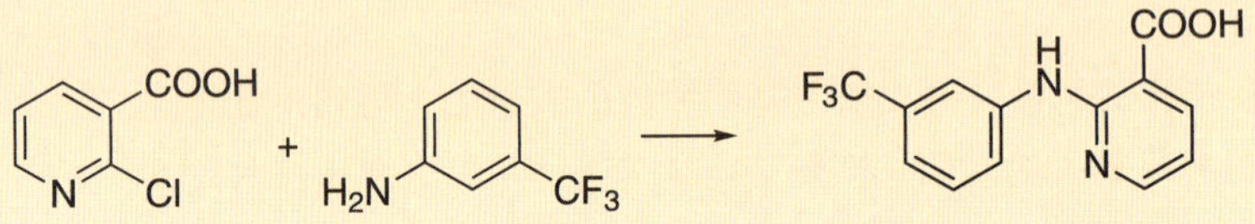

镇痛药尼氟酸
nifluminic acid

吡啶进行亲核取代反应时，不一定需要卤素负离子这样容易离去的基团，例如在镇痛剂氟吡汀 (flupirtine) 制备的过程中，甲氧基取代的吡啶 (也叫吡啶醚，pyridyl ether)，虽然反应活性低于卤代吡啶，但也可以和胺进行亲核取代反应。反应机理为加成-消去机理，反应过程类似于通过酯的胺解制备酰胺的反应。第三步亲核取代反应主要发生在 C3 位的氨基上，主要是由于吡啶氮的诱导吸电子和共轭吸电子作用，降低了 C2 位和 C6 位两个氮原子的亲核性。

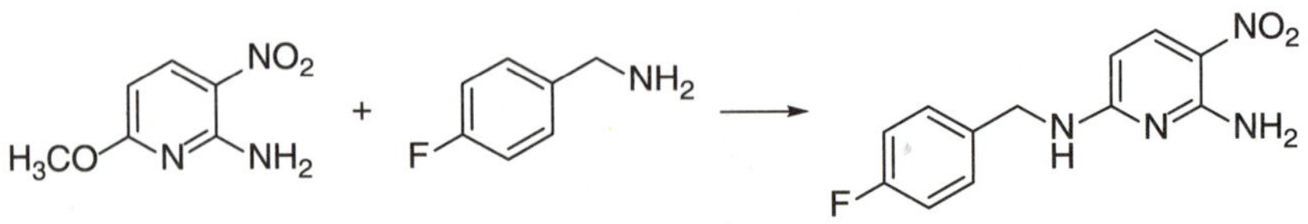

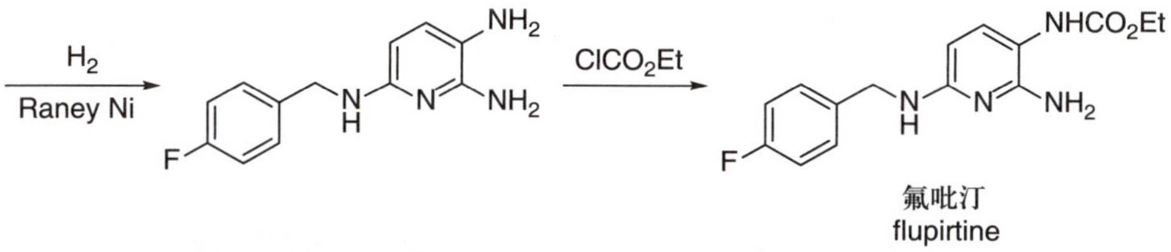

其中甲氧基吡啶被亲核试剂取代的反应机理如下：

吡啶C2位或C4位带有羟基，也可以作为亲核取代反应的底物，用于制备2-氯吡啶或4-氯吡啶。

2-羟基吡啶具有芳香性，其酰胺互变异构体由于氮原子提供一对孤对电子进入共轭体系，满足芳香性的条件，同样具有芳香性。由于C=O键的高稳定性，2-羟基吡啶主要以2-吡啶酮(2-pyridone)的形式存在(2-吡啶酮中存在一个稳定的酰胺结构)。4-羟基吡啶的情况和2-羟基吡啶类似，主要以4-吡啶酮的形式存在。3-羟基吡啶由于羟基的酸性不够强，不容易互变异构成吡啶酮的形式，主要以烯醇结构存在。

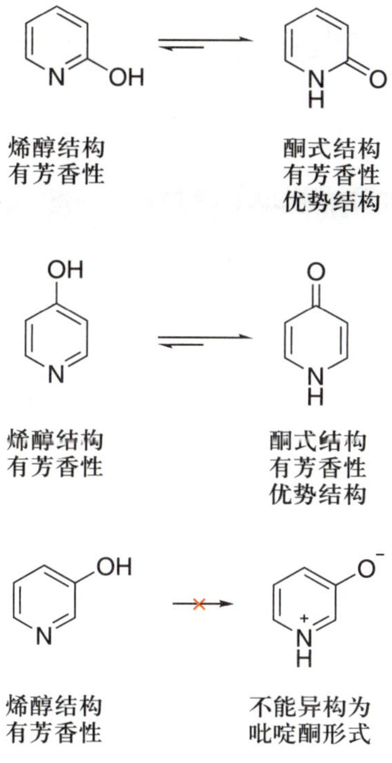

如果把2-羟基吡啶的C=N当作C=O，其结构类似于羧酸，在$POCl_3$存在的条件下，可以发生不饱和碳原子的亲核取代反应，制备得到2-氯吡啶，反应过程类似于通过羧酸制备酰卤的反应。其反应和反应机理如下所示：

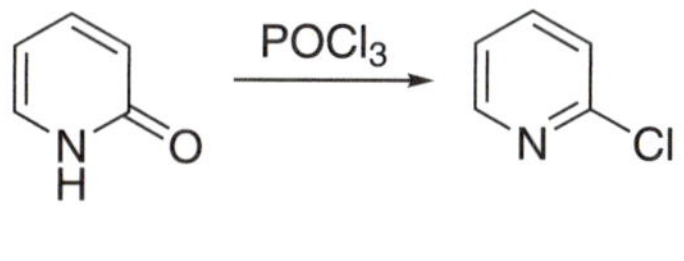

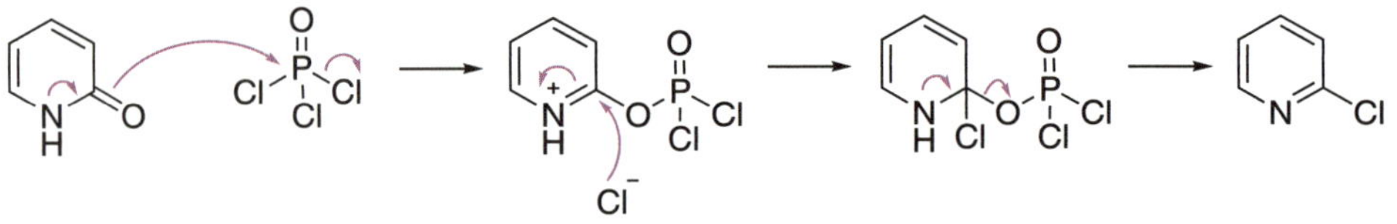

4-羟基吡啶也可以发生类似的取代反应，其反应机理和 2-羟基吡啶类似。

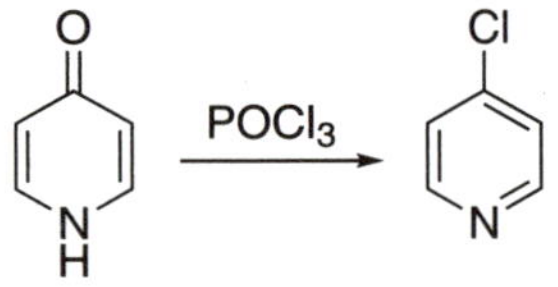

2-羟基吡啶和 4-羟基吡啶可以通过相应的氨基化合物合成。

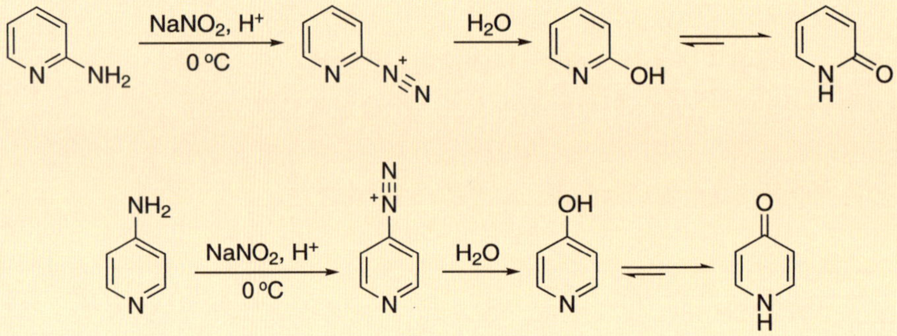

吡啶侧链 α 碳上氢的酸性和相关化学反应

吡啶 C2 位和 C4 位烷基侧链的 α 氢具有明显酸性，在强碱存在的条件下，2-烷基吡啶和 4-烷基吡啶可以分别生成如下负离子，其中分别有一个电负性大的氮原子上带有负电荷的特别稳定的共振结构。吡啶 C3 位烷基侧链的 α 氢不具有明显酸性，3-烷基吡啶在碱性条件下生成的负离子，不能得到氮原子上带有负电荷的特别稳定的共振结构，酸性较弱。

2-烷基吡啶和 4-烷基吡啶离去 H^+ 后产生的负离子共振结构：

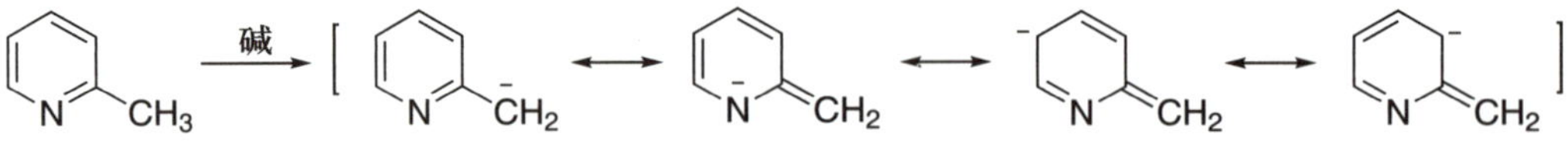

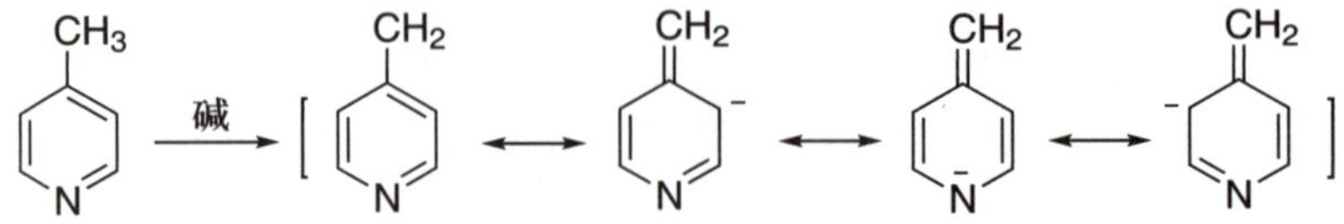

3-烷基吡啶离去 H^+ 后产生的负离子共振结构：

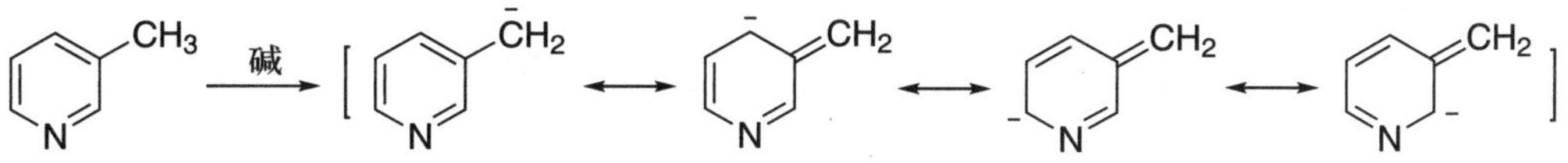

2-烷基吡啶和 4-烷基吡啶在强碱或 Lewis 酸存在的条件下，可以生成 α 碳负离子或烯胺结构，进而发生取代、加成等化学反应。3-烷基吡啶在类似的反应条件下，很难发生化学反应。

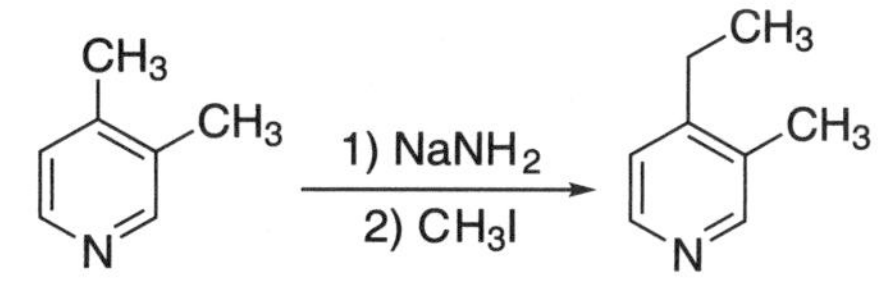

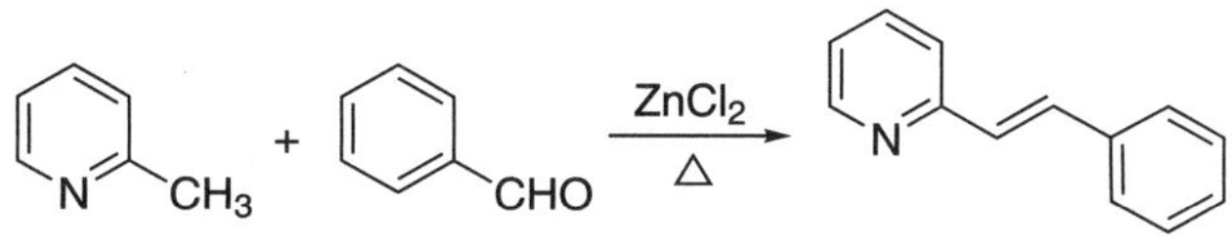

17.4.3 吡啶的应用及其衍生物

吡啶可以用作酰化反应中的催化剂，这在前面已有叙述。例如在如下反应中，利用吡啶氮原子的碱性，中和反应中生成的 HCl；同时利用吡啶氮原子的亲核性，通过生成酰基吡啶正离子，增加羰基碳原子的电正性。

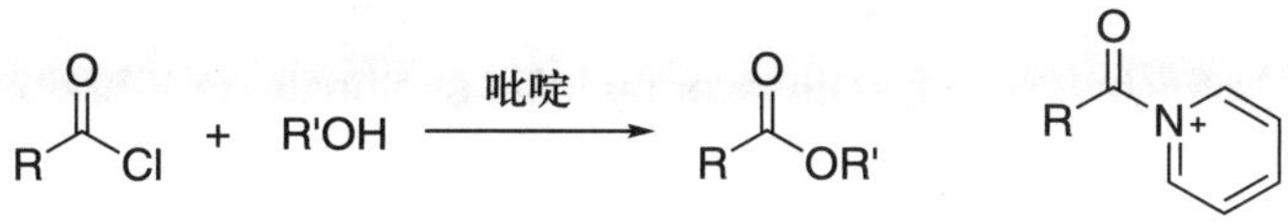

酰基吡啶正离子

吡啶可以和 Cr (VI) 配位，形成温和的氧化剂。常用的有重铬酸吡啶 (pyridinium dichromate，PDC)、氯铬酸吡啶 (pyridinium chlorochromate，PCC)、沙瑞特试剂 (Sarett reagent) 等。这些氧化剂的反应条件温和，可以在不影响双键的情况下将伯醇氧化成醛，将仲醇氧化成酮。

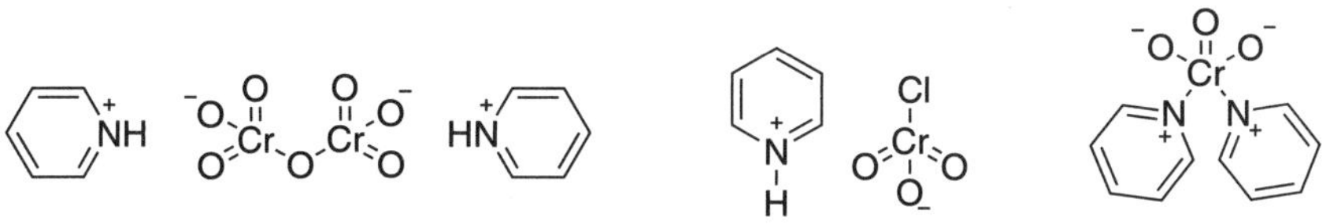

PDC PCC Sarett试剂

氧化反应实例如下：

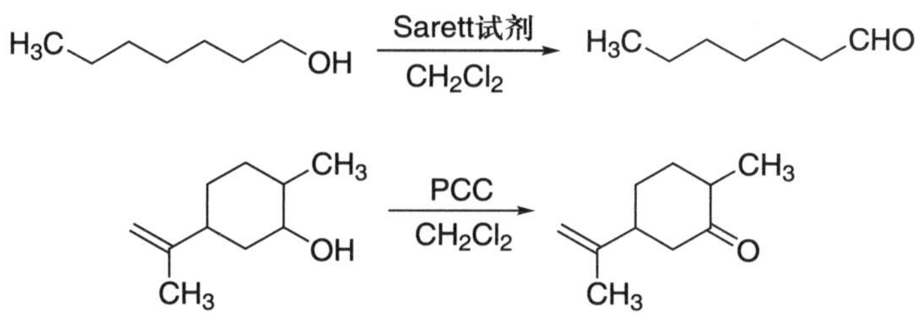

自然界中有很多含有吡啶的化合物。

尼古丁（nicotione，烟碱）存在于香烟中，具有较强的毒性，曾被用作杀虫剂。

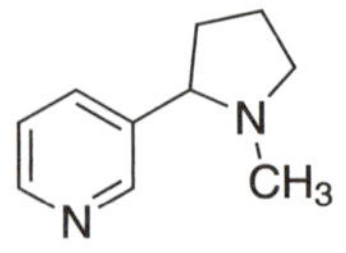

尼古丁

蛙皮素（epibatidine）是一种从树蛙皮肤中提取分离得到的化合物，其镇痛效果是吗啡（morphine）的几百倍，但由于其毒性太强，在治疗过程中很少使用。

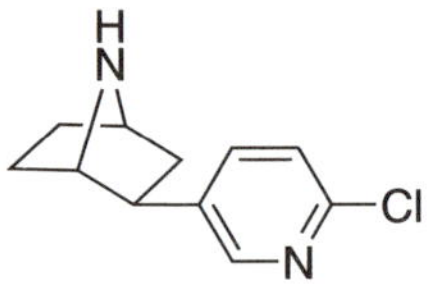

蛙皮素

思考题 17.5

吡咯和吡啶分子的偶极矩方向相反，为什么？请从分子结构的角度，总结吡咯和吡啶化学反应活性和位置选择性的特征，并进行合理的解释。

17.4.4 吡啶的合成

吡啶可通过如下方法（Hantzsch-Beyer pyridine synthesis）制备得到。

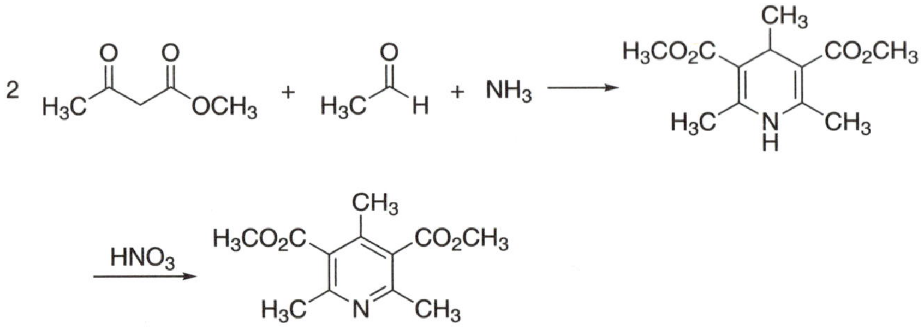

反应通过 2 mol β-二羰基化合物与醛和氨进行缩合得到二氢吡啶衍生物，然后经过氧化脱氢得到吡啶衍生物。其反应机理主要过程如下所示：

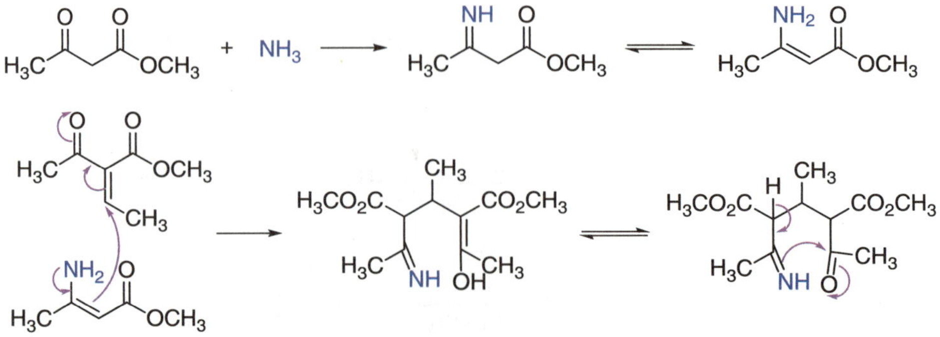

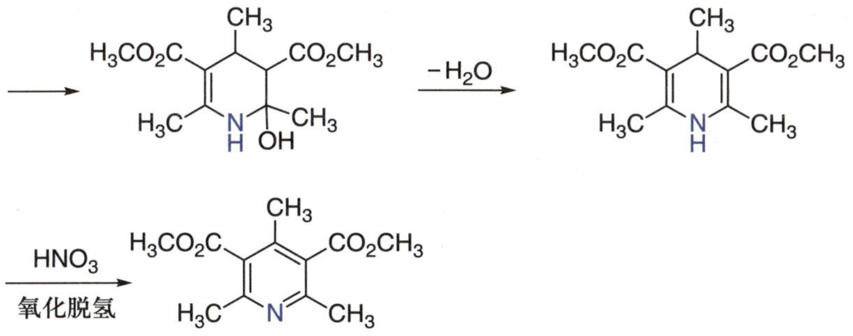

思考题 17.6

查阅文献和参考资料，给出吡啶三种以上的制备方法及其相应的反应机理。

17.5 喹啉和异喹啉

喹啉 (quinoline) 和异喹啉 (isoquinoline) 相当于苯并吡啶结构。喹啉和异喹啉都为高沸点的液体，具有一定的生理活性，自然界中很多化合物都含有喹啉和异喹啉结构。

奎宁 (quinine) 也称金鸡纳霜或金鸡纳碱，是一类重要的天然生物碱。奎宁中含有喹啉结构，是最古老的抗疟疾药物之一。早在 15 世纪，含有奎宁的金鸡纳树皮，就被广泛应用于疟疾的治疗。

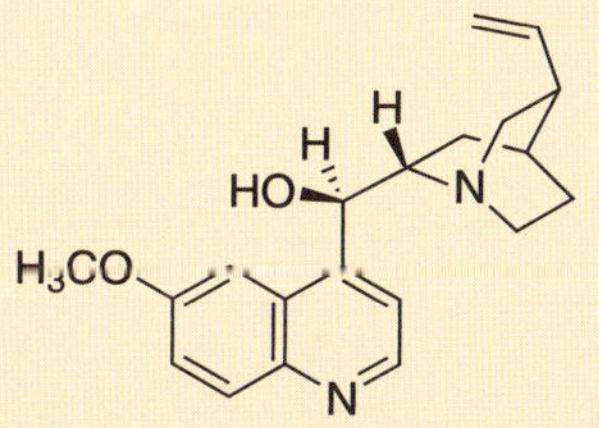

奎宁
quinine

17.5.1 喹啉和异喹啉的化学性质

喹啉和异喹啉与吡啶类似，氮原子上的孤对电子没有参与共轭，具有碱性和亲核性。

喹啉和异喹啉进行亲电取代反应，其反应活性介于苯和吡啶之间。在喹啉和异喹啉中，吡啶环比苯环的电子云密度小，因此喹啉和异喹啉发生亲电取代反应时，反应主要发生在苯环上。和萘环类似，亲电取代反应主要发生在 α 位，即喹啉和异喹啉的 C5 位和 C8 位。

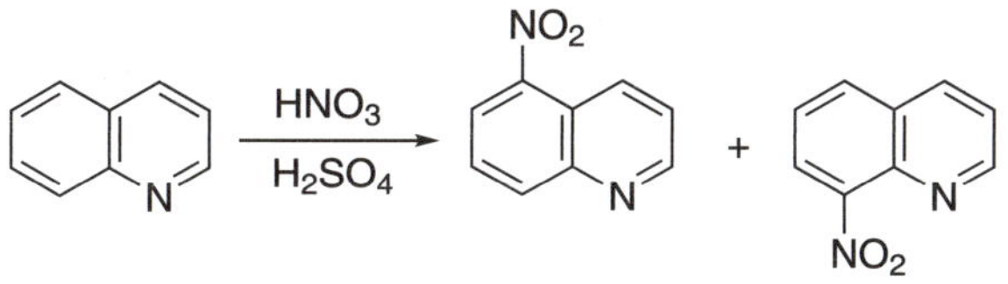

35%　　43%

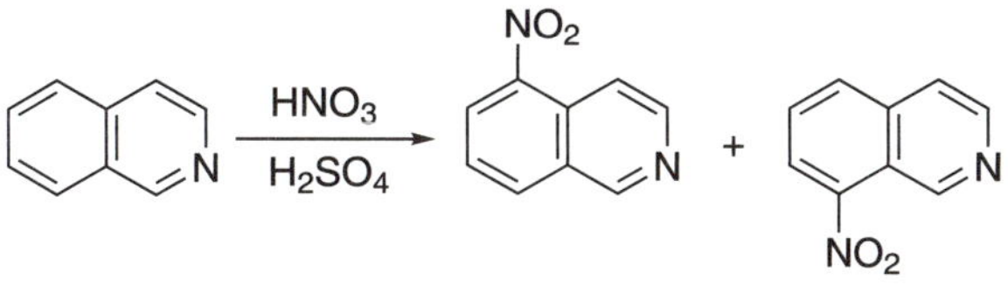

72%　　8%

吖啶为两个苯环并一个吡啶环的结构。

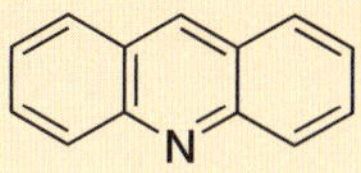

如果希望在喹啉和异喹啉的吡啶环上发生亲电取代反应，可以采用吡啶氮氧化物的方法。例如吖啶 (acridine) 进行硝化反应时，主要发生在苯环上，并且有 4 种可能的单硝化产物，但如果采用过氧酸将吖啶氧化成氮氧化物，再进行硝化，这时反应主

要发生在吖啶的 C9 位，生成 9-硝基吖啶氮氧化物。反应过后，加入 PCl_3，可以通过形成稳定的 $POCl_3$，脱除 9-硝基吖啶氮氧化物中的氧原子，生成 9-硝基吖啶。

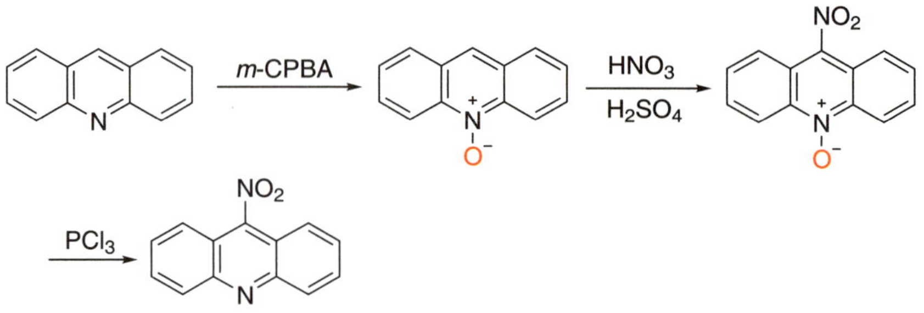

和亲电取代反应不同，喹啉和异喹啉的亲核取代反应，主要发生在电子云密度较小的吡啶环上。亲核取代反应机理和吡啶类似。

喹啉和异喹啉环上没有容易离去的基团，可以在强碱性和强亲核试剂存在的条件下，发生 Chichibabin 反应。

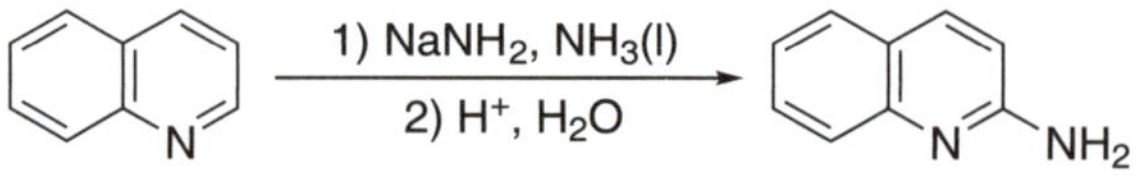

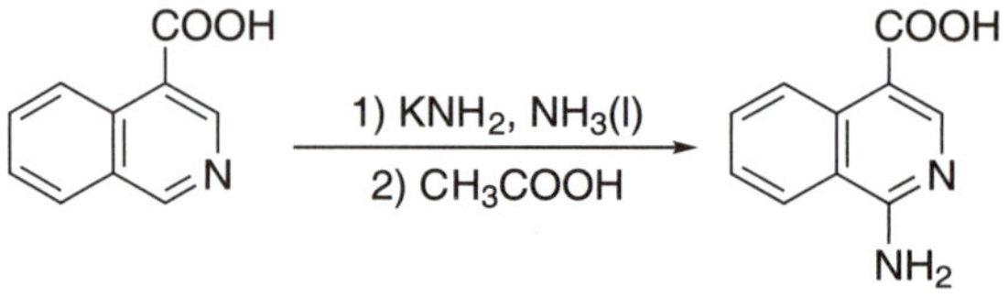

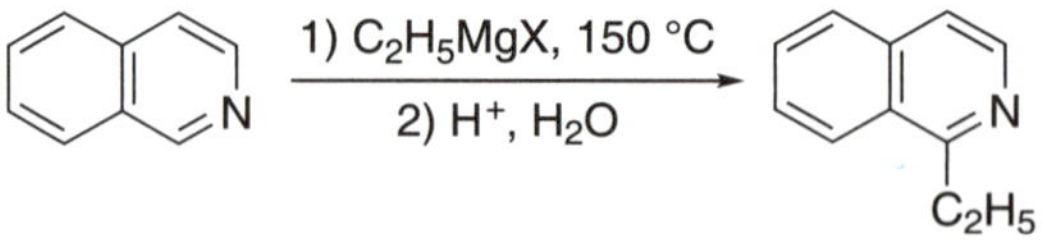

喹啉 C2 位和 C4 位有容易离去的基团，容易通过 S_N2Ar 机理，发生亲核取代反应。

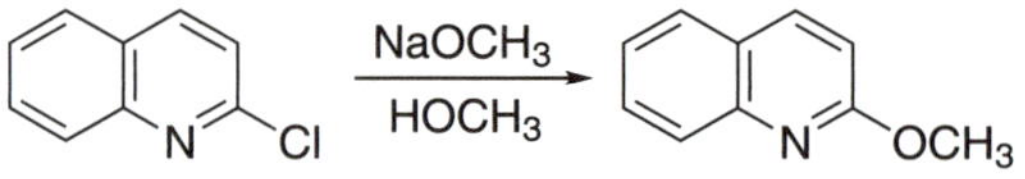

异喹啉的 C1 位和 C3 位同时连有容易离去的基团，C1 位比 C3 位更容易发生亲核取代，其反应机理如下所示。亲核试剂进攻 C1 位，可以得到既不破坏苯环，同时电负性大的氮原子带有负电荷的特别稳定的中间体；亲核试剂进攻 C3 位，当负电荷共振到电负性大的氮原子上，左侧的苯环被破坏，稳定性较差。因此异喹啉的亲核取代反应主要发生在 C1 位。

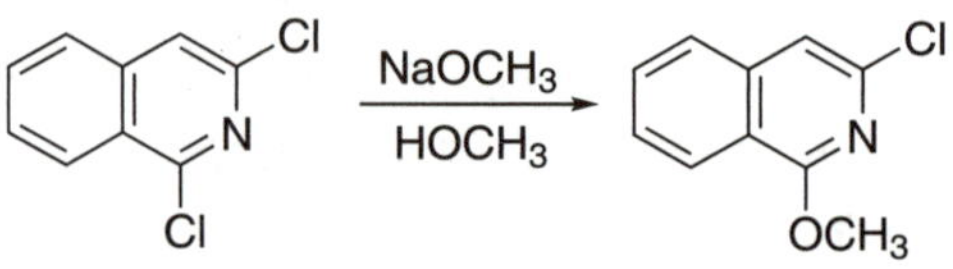

进攻 C1 位得到的中间体共振结构：

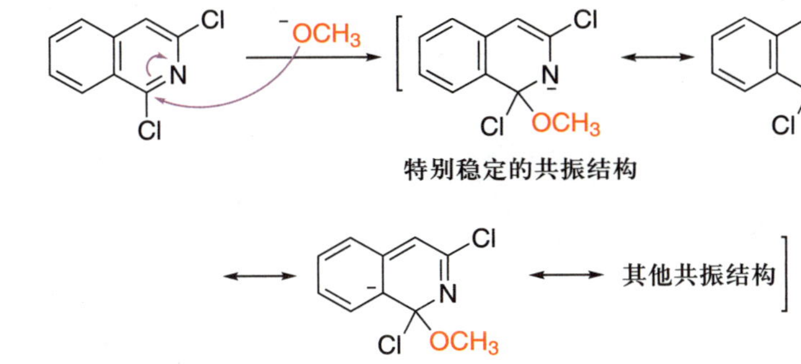

进攻 C3 位得到的中间体共振结构：

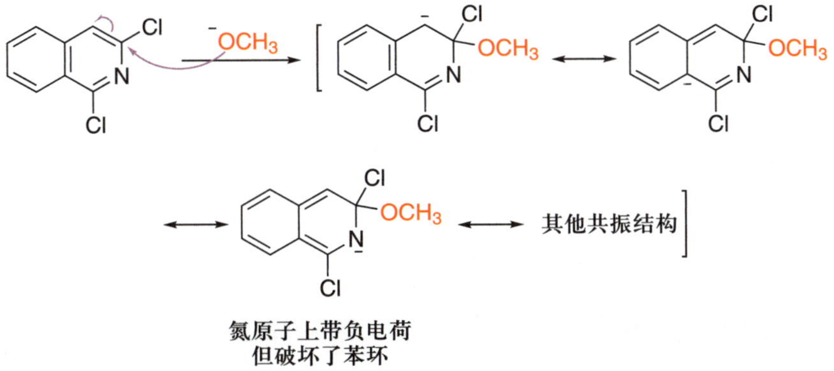

和吡啶类似，喹啉也可以先形成氮氧化物，然后在酰氯或磺酰氯存在下活化喹啉，发生吡啶环上的亲核取代反应。例如：

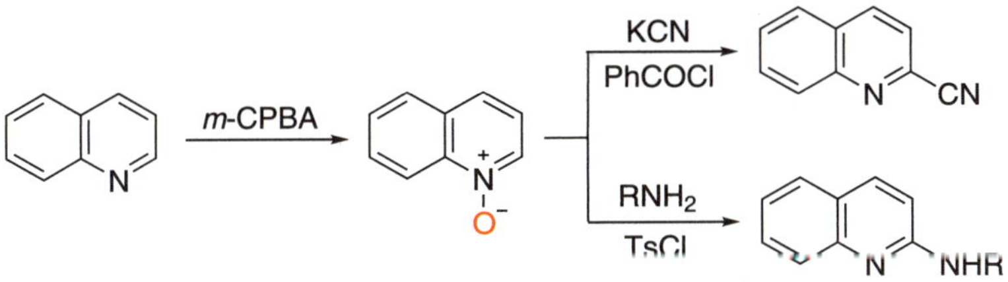

其反应机理如下所示：

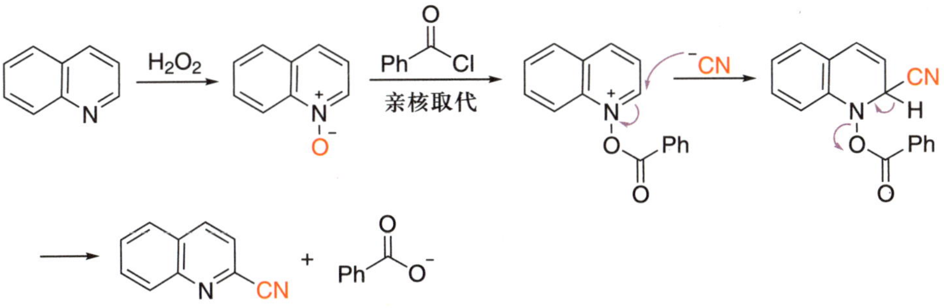

和吡啶类似，喹啉的 C2 位和 C4 位，以及异喹啉的 C1 位侧链上有 α 氢原子，可以在碱性条件下生成负离子，进而进行缩合或取代等化学反应。

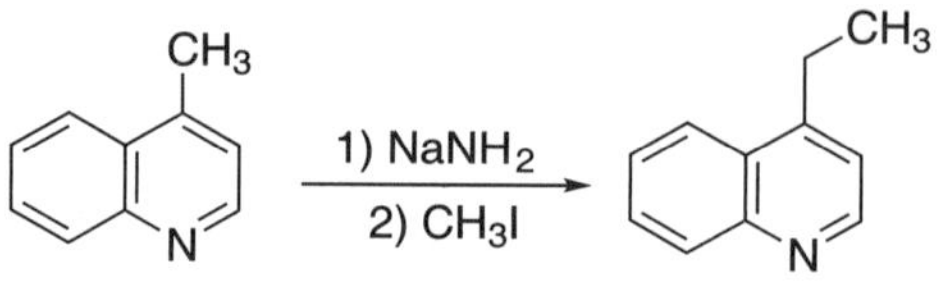

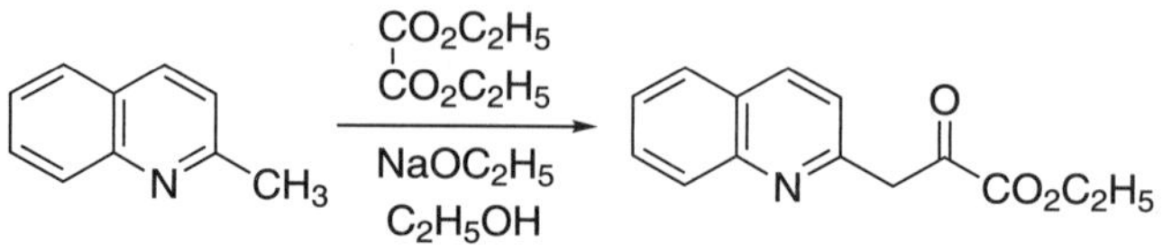

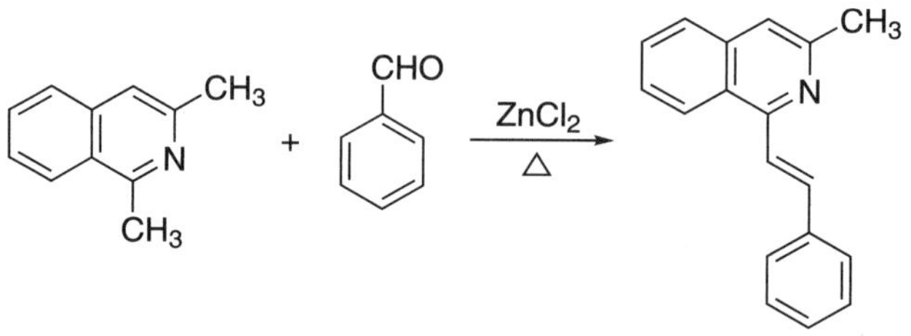

异喹啉的 C1 位和 C3 位同时有侧链 α 氢，C1 位碳负离子可以共振得到不破坏苯环，同时电负性大的氮原子上带有负电荷的特别稳定的中间体；C3 位如果变成碳负离子，当负电荷共振到电负性大的氮原子上，左侧的苯环被破坏，稳定性较差。因此异喹啉 C1 位侧链 α 氢酸性更强，在碱或 Lewis 酸存在的条件下首先发生化学反应。

异喹啉 C1 位碳负离子的共振结构：

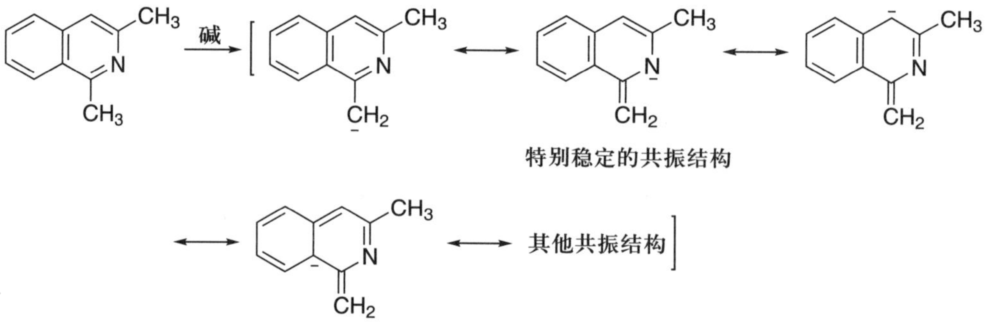

异喹啉 C3 位碳负离子的共振结构：

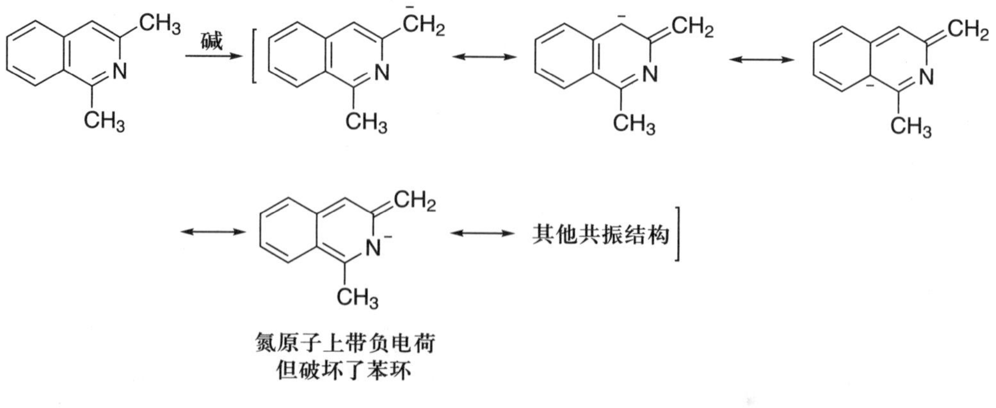

在强氧化剂存在的条件下，喹啉可以发生氧化反应，反应位置主要发生在电子云密度较大的苯环上。在还原剂存在的条件下，电子云密度较小的吡啶环首先被还原。

例如：

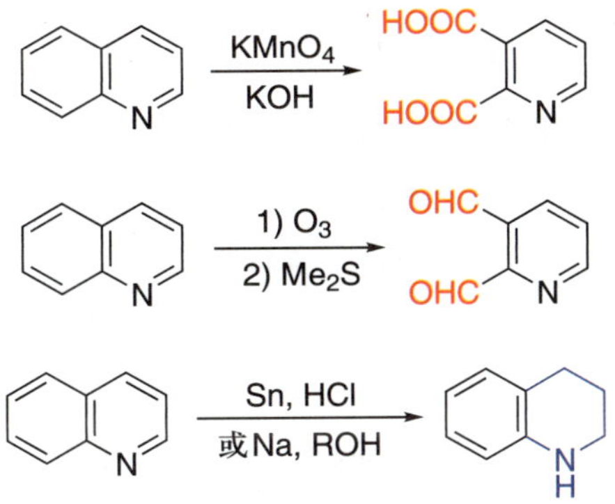

思考题 17.7

分别总结吡啶、喹啉、异喹啉进行亲电取代和亲核取代反应的主要反应位置，并对反应的区域选择性进行解释。

17.5.2 喹啉和异喹啉的合成

喹啉最常用的制备方法为 Skraup 合成法。反应原料为至少有一侧邻位未取代的芳香伯胺、甘油（也可以为 α,β-不饱和醛或酮）、硫酸或磺酸、氧化剂（和芳香伯胺对应的硝基苯、五氧化二砷、三氯化铁等）。该反应强烈放热，通常需要加入硫酸亚铁、硼酸等缓解剂（moderator），使得反应在较温和的条件下进行。

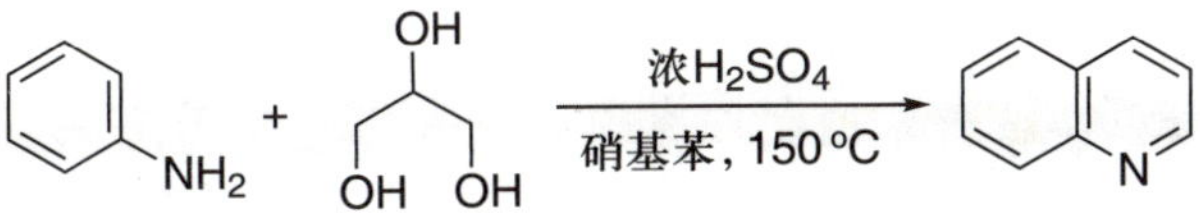

Skraup 合成反应主要包括以下 4 步反应。

(1) 甘油在浓硫酸存在下加热脱水，得到丙烯醛。也可以直接用 α,β-不饱和醛或酮作为下一步的反应原料。

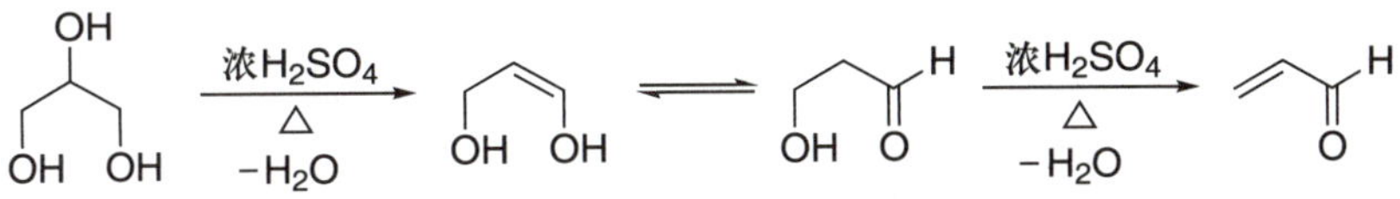

(2) 芳香伯胺与丙烯醛进行 Michael 加成反应。

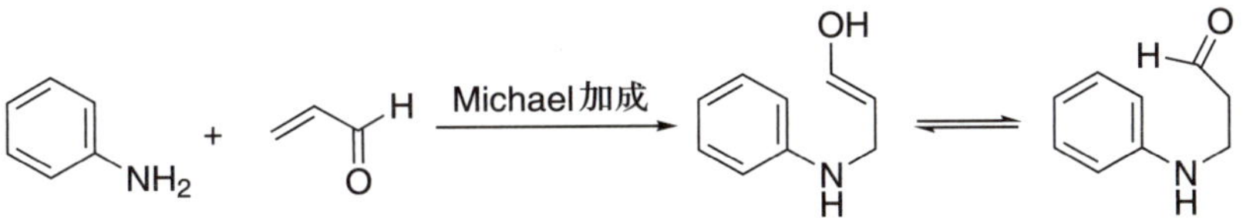

(3) 质子化的醛基作为亲电试剂，对富电子的苯环进行亲电取代反应，然后脱水得到 1,2-二氢喹啉。

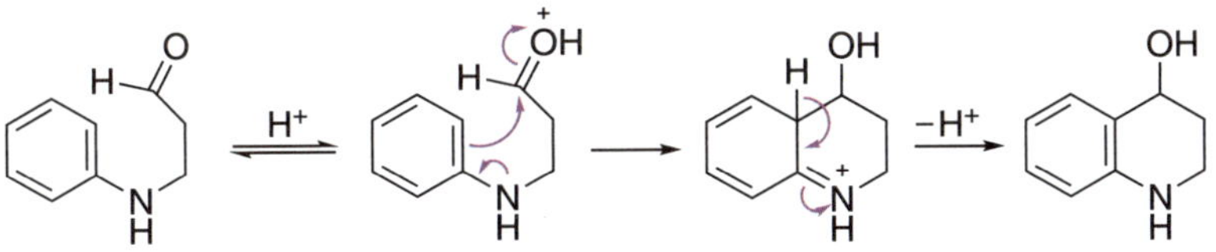

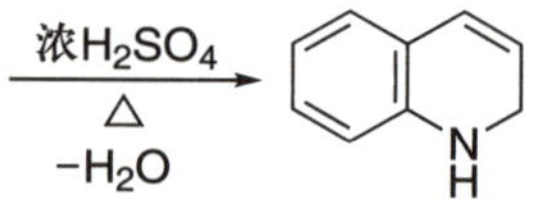

(4) 1,2-二氢喹啉经氧化剂氧化脱氢得到喹啉。

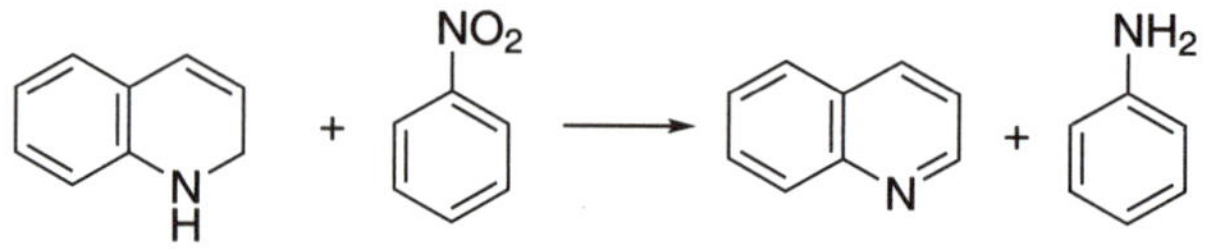

如果用硝基苯衍生物作为氧化剂，要求硝基苯和起始原料苯胺在相同位置带有相同的取代基，这样氧化后产生的取代苯胺可以作为原料循环再利用。

治疗阿米巴痢疾的特效药喹碘方 (chiniofonum) 的合成应用了喹啉的 Skraup 合成。

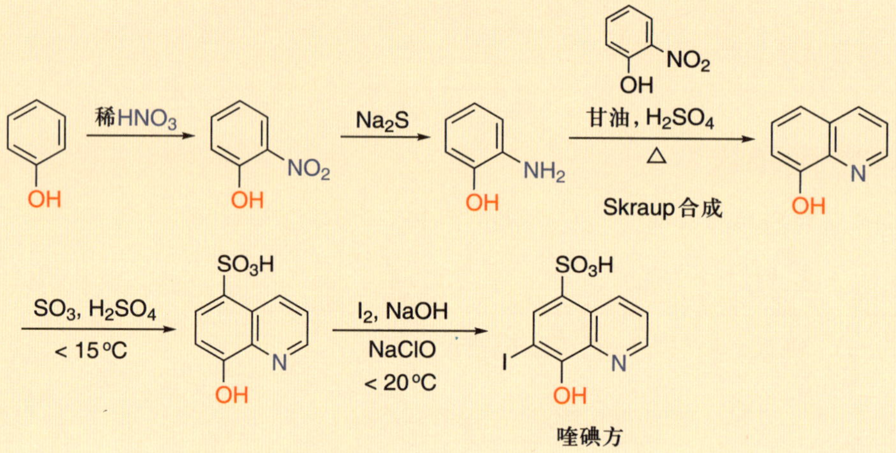

喹啉也可以通过 Friedländer 合成法制备。在酸或碱催化的条件下，邻氨基芳香醛或邻氨基芳香酮和至少有一侧有两个α氢的醛或酮通过两次缩合反应，可以得到喹啉衍生物。

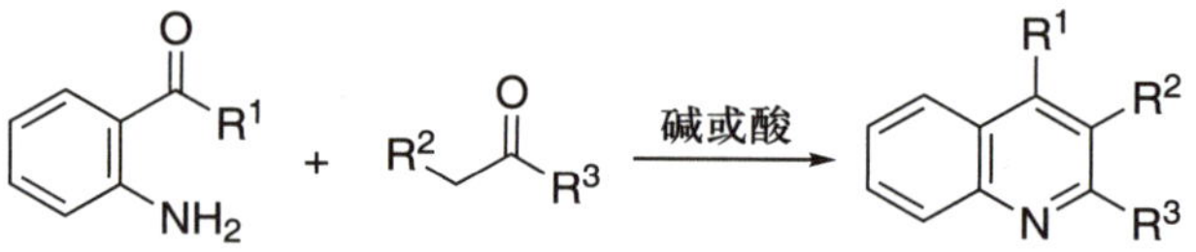

反应机理有如下两种可能的途径。

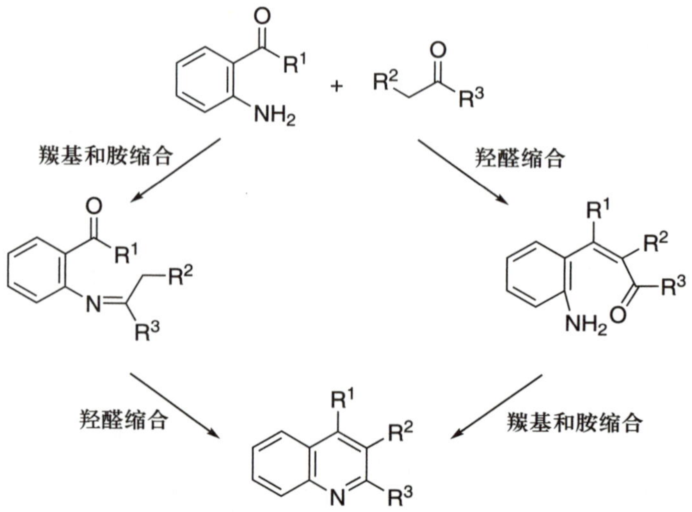

改变邻氨基芳香醛（酮）和具有两个 α 氢的酮（醛）上的取代基种类，可以制备各种取代的喹啉衍生物。在制备 C3 位取代喹啉的过程中，Friedländer 合成法具有特殊的优越性。

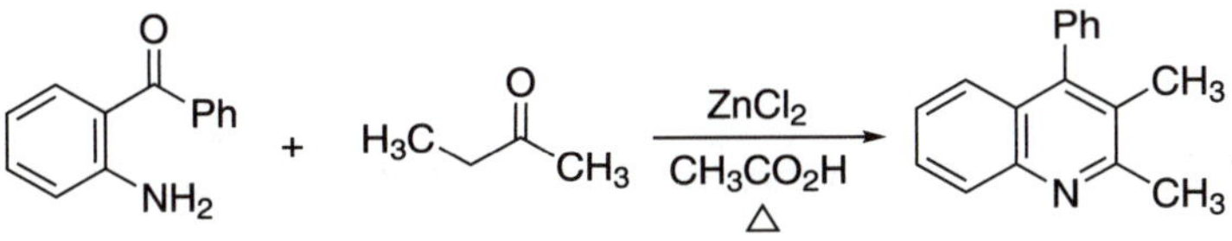

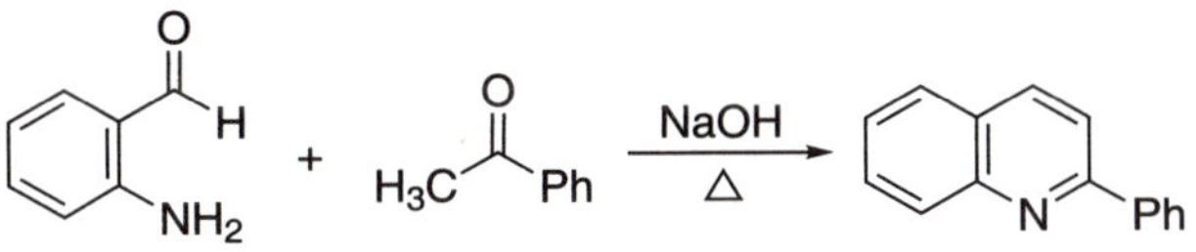

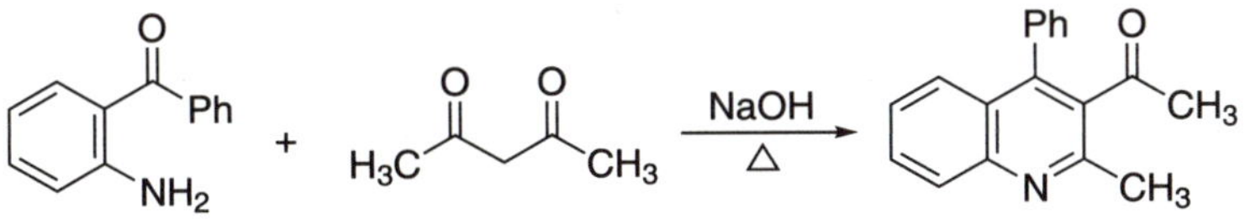

异喹啉主要通过 Bischler-Napieralski 合成法制备。β-苯乙基酰胺在 $POCl_3$、P_2O_5、PCl_5、多聚磷酸、无水 $ZnCl_2$ 等脱水剂存在的条件下脱水关环得到二氢异喹啉，然后在氧化剂（$KMnO_4$、O_2/Pd 等）存在的条件下氧化脱氢得到异喹啉衍生物。

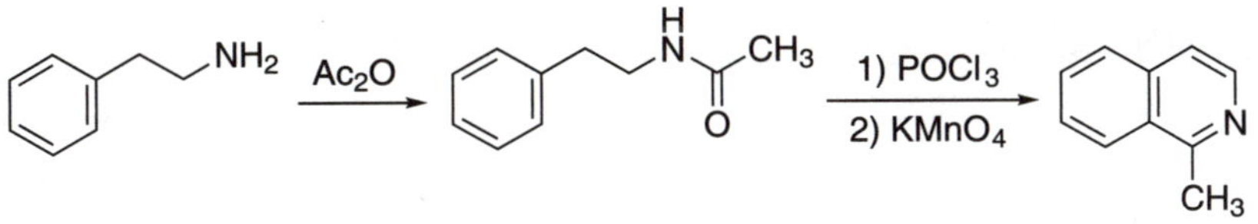

脱水关环反应机理如下：

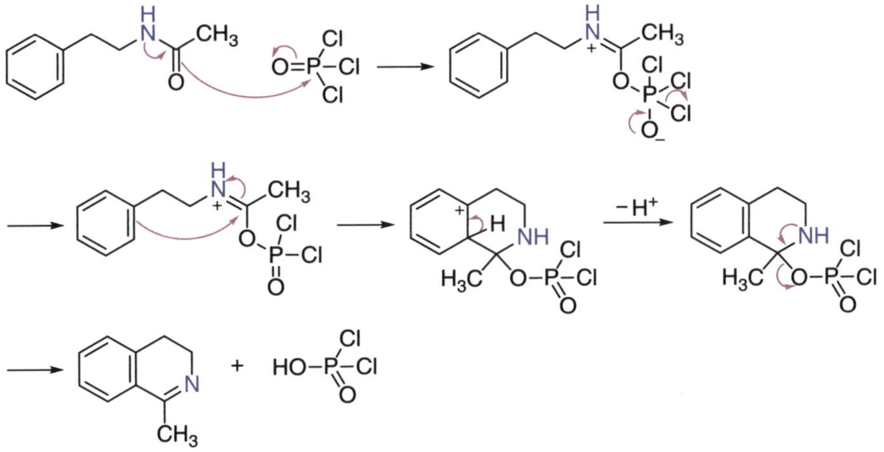

思考题 17.8

查阅文献和参考资料，分别给出喹啉和异喹啉三种以上的制备方法及其相应的反应机理。

17.6　含有多个杂原子的五元杂环化合物

五元杂环化合物中可以含有多个杂原子，可以包含一个或多个 sp^2 氮原子，但最多有一个氧原子、一个硫原子、或一个 sp^3 氮原子，如噁唑 (oxazole)、噻唑 (thiazole)、咪唑 (imidazole)，以及它们相对应的异构体异噁唑 (isoxazole)、异噻唑 (isothiazole)，吡唑 (pyrazole)。其中异噁唑 (N–O)、异噻唑 (N–S)、吡唑 (N–N) 分别含有氮原子和氧、硫、氮原子直接相连的化学键，此类化学键稳定性较差，容易被还原，导致分子稳定性降低。

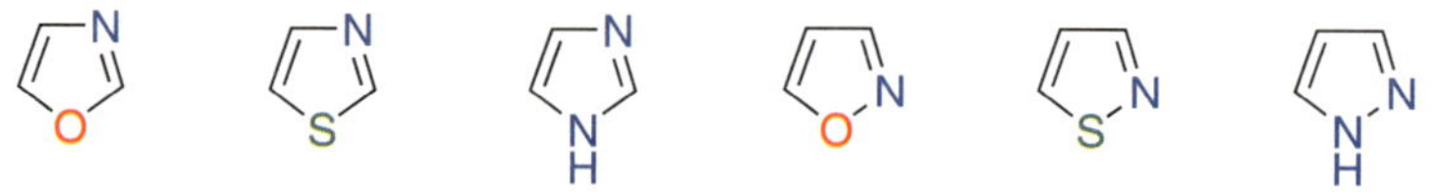
噁唑　噻唑　咪唑　异噁唑　异噻唑　吡唑

吡咯的 2-位和 3-位，分别被氮原子取代，即称为吡唑和咪唑。吡唑和咪唑的 1-位氮原子，提供一对电子进入芳香体系，其性质类似于吡咯。吡唑的 2-位氮原子和咪唑的 3-位氮原子上的孤对电子是在 sp^2 轨道上，与共轭体系垂直，定域在氮原子上，具有明显的碱性和亲核性，其性质类似于吡啶。可以想象，吡唑和咪唑的化学反应性，介于吡咯和吡啶之间。

咪唑碱性大于吡咯和吡啶。可以理解为，咪唑共轭体系中的 1-位氮原子孤对电子通过如下方式共振，增加了 3-位氮原子上的电子云密度，增强了其碱性。也可以理解为：咪唑的 3-位氮原子质子化后得到的咪唑正离子 (imidazolium cation)，由于具有两个等价的共振结构，具有特殊的稳定性，所以咪唑具有更强的碱性。在咪唑正离子结构中，两个氮原子是等价的，每一个氮原子都可以脱去一个质子恢复咪唑结构。

咪唑的碱性：

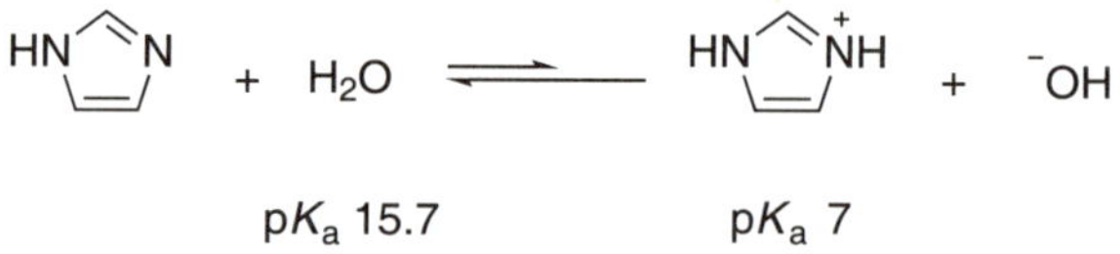

吡咯型氮原子的共轭给电子作用增加了吡啶型氮原子的碱性：

咪唑正离子两个等价的共振结构：

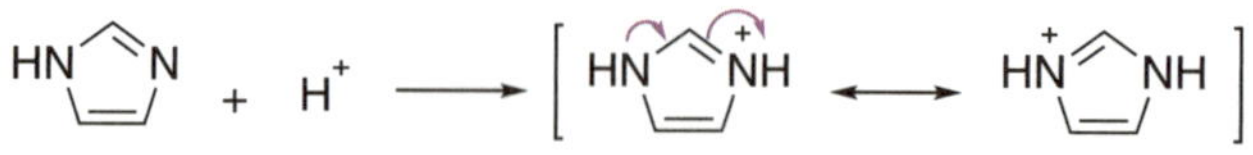

咪唑正离子两个等价的共振结构

咪唑 (pK_a 14.5) 的酸性大于吡咯 (pK_a 16.5)。可以理解为：3-位的氮原子通过诱导吸电子和共轭吸电子作用，增加了咪唑脱 H^+ 后得到的咪唑负离子 (imidazole anion) 的稳定性。也可以理解为：咪唑的 1-位氮原子脱质子后得到咪唑负离子，由于其具有两个等价的共振结构，具有特殊的稳定性，所以咪唑具有更强的酸性。

咪唑的酸性：

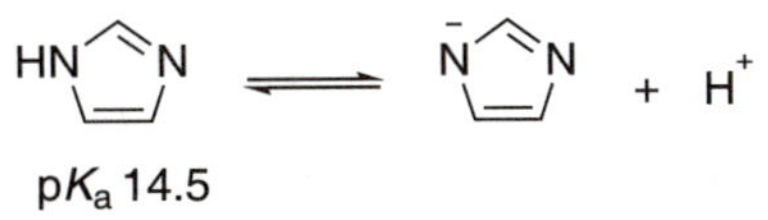

吡啶型氮原子的共轭吸电子作用增加了吡咯型氮原子的酸性：

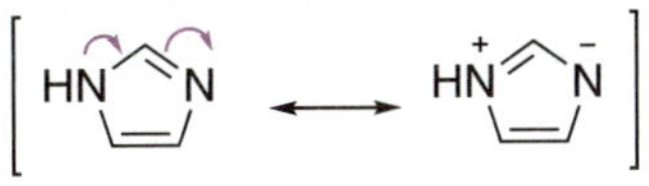

咪唑负离子两个等价的共振结构：

咪唑负离子两个等价的共振结构

咪唑具有两个相同的互变异构体（tautomer），其互变过程类似于烯胺和亚胺的互变异构，它们在室温下可以快速地相互转化。

2-烃基咪唑进行硝化反应，可以得到两个不同的硝基咪唑互变异构体。硝化反应最初发生在 1-位氮原子的邻位，硝化反应完成后，通过快速的互变异构，得到一对不可分离的互变异构体。

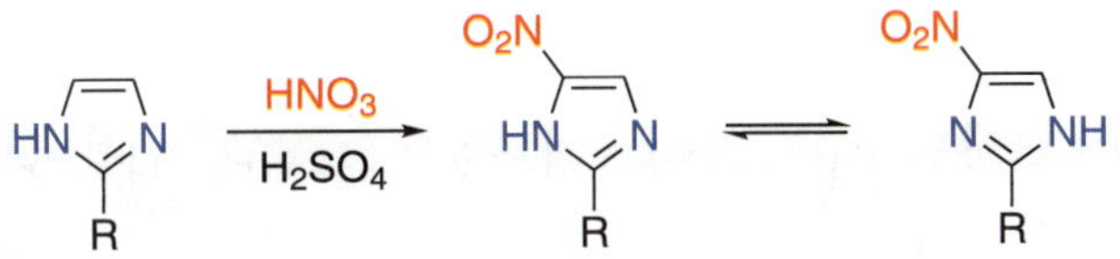

2-烃基咪唑进行硝化反应和互变异构反应机理如下：

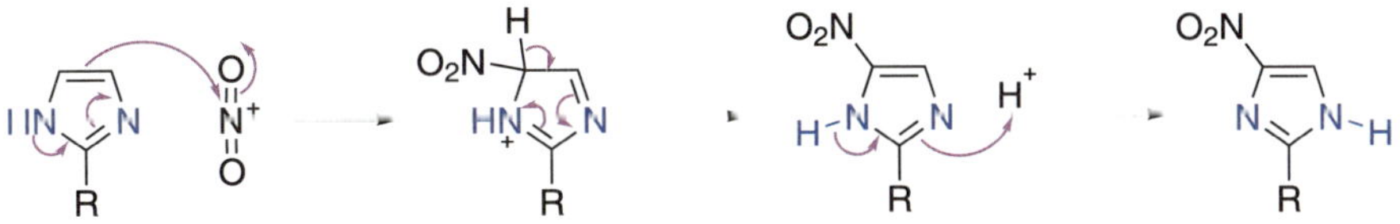

如果在硝基咪唑的其中一个氮原子上进行烷基化，可以分离得到 2-硝基咪唑衍生物，在碱性条件下，烷基化反应主要发生在硝基邻位的氮原子上。该反应机理如下：

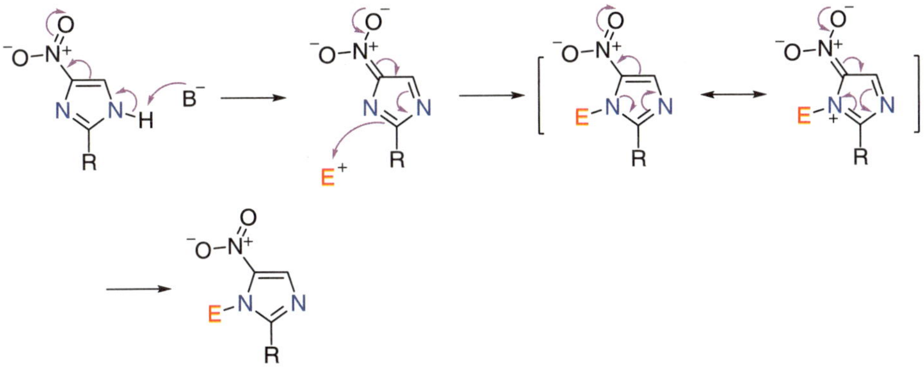

2-硝基咪唑衍生物

甲硝唑 (metronidazole) 是重要的抗菌药物，可用于治疗或预防厌氧菌引起的系统或局部感染。以 2-甲基咪唑为原料，经硝化反应和环氧乙烷烃基化反应，可以制备得到甲硝唑。

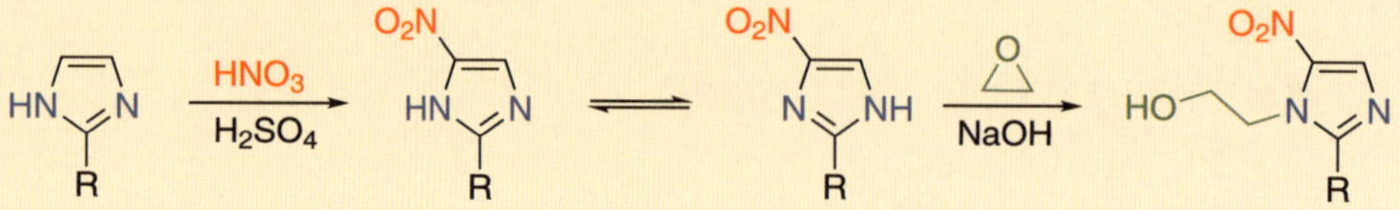

甲硝唑

咪唑有两种重要的衍生物，组氨酸 (histidine) 和组胺 (histamine)。其中组氨酸是用于构建蛋白质的一种重要氨基酸，与质子转移过程密切相关；组胺则与受惊状态下血管膨胀导致的血压降低过程有关。

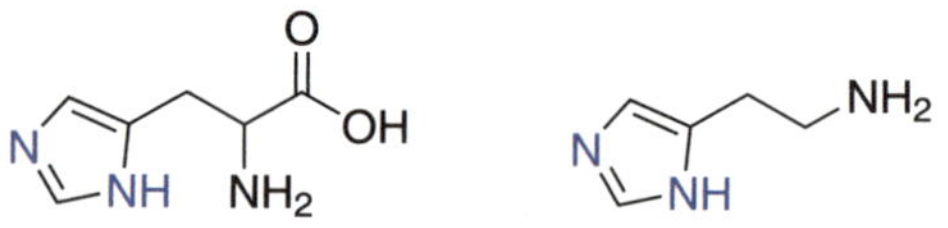

组氨酸　　组胺

西咪替丁 (cimetidine) 中含有一个咪唑结构，可以抑制胃酸的分泌，用于治疗胃溃疡。苯并咪唑 (benzimidazole) 是组成维生素 B_{12} 的重要结构单元。萤火虫萤光素 (firefly luciferin) 中含有一个苯并噻唑结构。萤光素存在于萤火虫中，可以在萤光素酶的存在下发光。

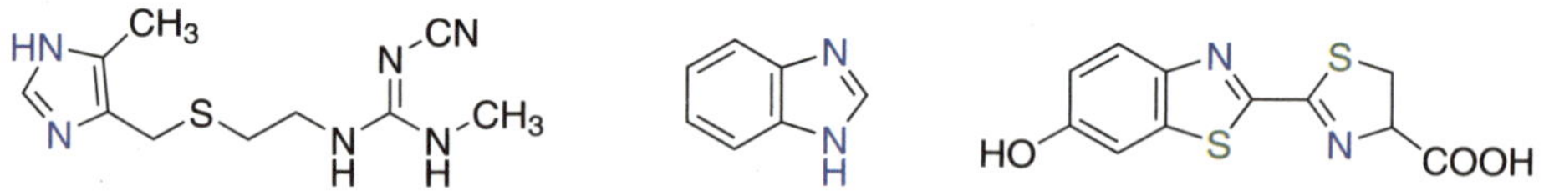

西咪替丁　　苯并咪唑　　萤火虫萤光素

17.7　含有多个杂原子的六元杂环化合物

苯环上的 CH 被 2 个氮原子替代，因位置不同可以分别得到哒嗪 (pyridazine)，嘧啶 (pyrimidine)，吡嗪 (pyrazine)。它们的氮原子和吡啶的氮原子类似，孤对电子处于 sp^2 轨道上，与芳杂环平面垂直，没有参与共轭。和吡啶类似，哒嗪、嘧啶、吡嗪的氮原子具有一定的碱性和亲核性，但由于第二个氮原子吸电子作用的影响，其碱性和亲核性比吡啶的要弱。

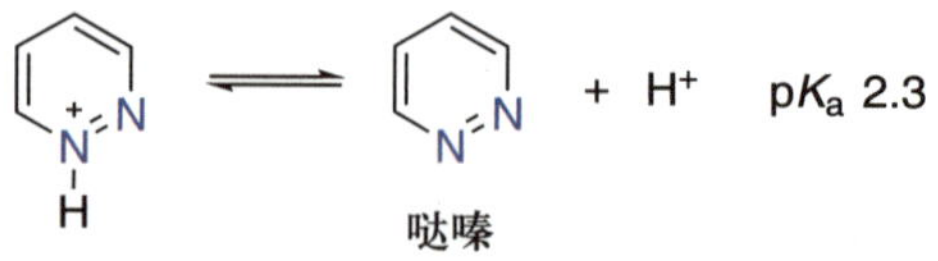

哒嗪

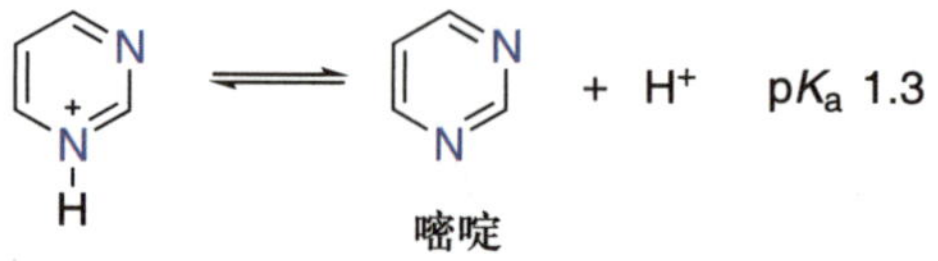

嘧啶

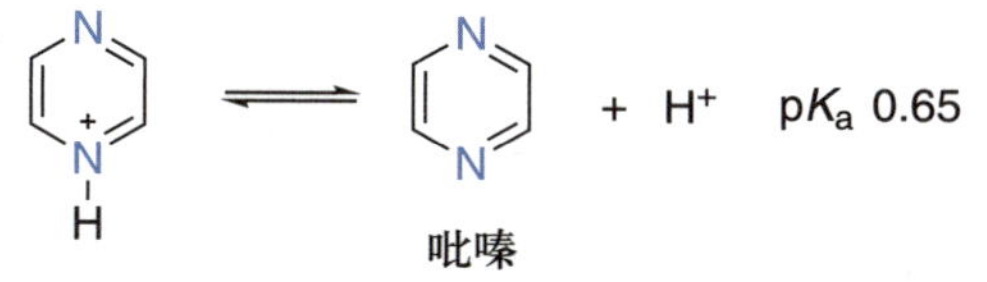

芳香环上具有缺电子性，如果芳环上有容易离去的基团（如氯原子），则容易发生亲核取代反应。反应主要发生在氮原子的邻位或对位，例如：

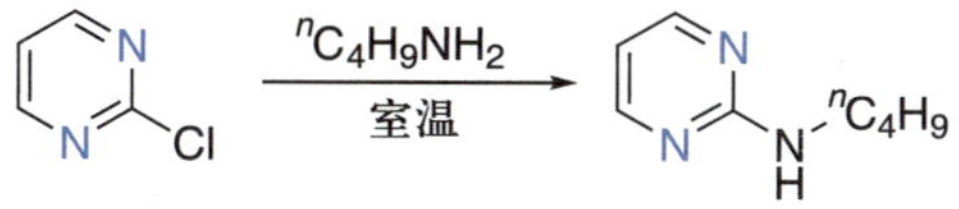

芳香环上如果连有更多的吸电子基团，可以促进亲核取代反应的进行，例如化合物 4-氯-5-氰基-2-乙硫基嘧啶，氯原子可以同时受到 2 个吡啶型氮原子和 1 个邻位 CN 诱导吸电子和共轭吸电子作用的影响，亲核加成反应过程中的碳负离子中间体非常稳定（负电荷可以通过共振，分散在 2 个吡啶型氮原子和 1 个邻位 CN 的氮原子上），很容易发生亲核取代反应，在 0 ℃条件下反应即可获得 96% 的高产率。

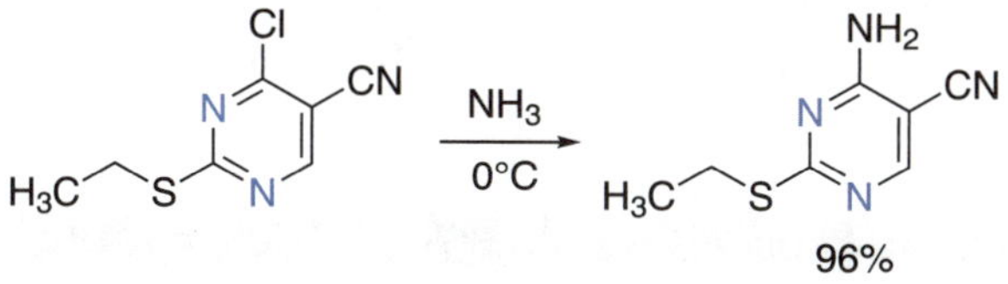

4-氯-5-氰基-2-乙硫基嘧啶亲核取代反应中的中间体共振结构：

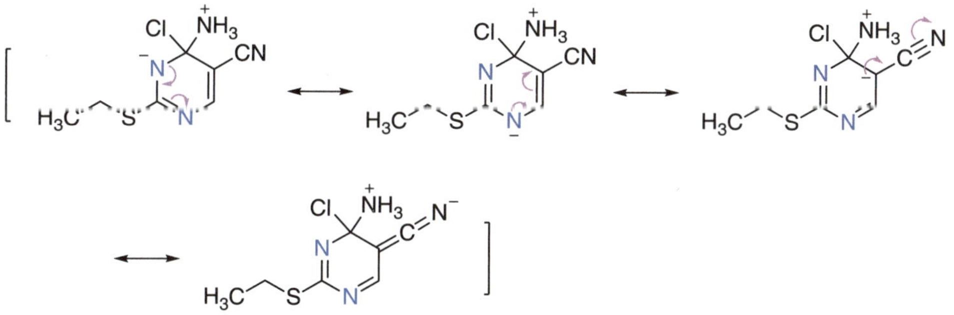

顺丁烯二酸酐（马来酸酐，maleic anhydride）和肼通过两次亲核取代反应，可以很方便地制备得到马来酰肼（maleic hydrazide），其互变异构体之一即为 3,6-二羟基哒嗪（3,6-dihydroxypyridazine）。3,6-二羟基哒嗪和 $POCl_3$ 反应，通过和 2-羟基吡啶类似的过程，可以转化为 3,6-二氯哒嗪（该转化过程和羧酸变成酰氯的过程类似）。

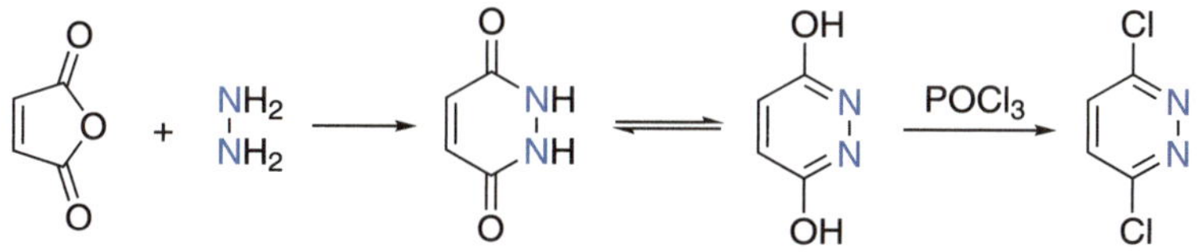

3,6-二氯哒嗪可以依次和两个不同的亲核试剂进行亲核取代反应。以如下反应为例，反应的第一阶段，主要得到一个氯原子被 NH_2 取代的化合物，其主要原因是，氯原子是一个好的离去基团，第一个氯原子被亲核试剂 NH_3 取代后，由于亲核试剂具有强的共轭给电子能力，降低了哒嗪环上的亲电性，使得第二个氯原子的亲核取代反应较难发生。第二阶段，可以根据反应的不同要求，采用和第一阶段相同或不同的亲核试剂（如 $^-OCH_3$）继续进行亲核取代，得到相同或不同亲核试剂取代的哒嗪衍生物。

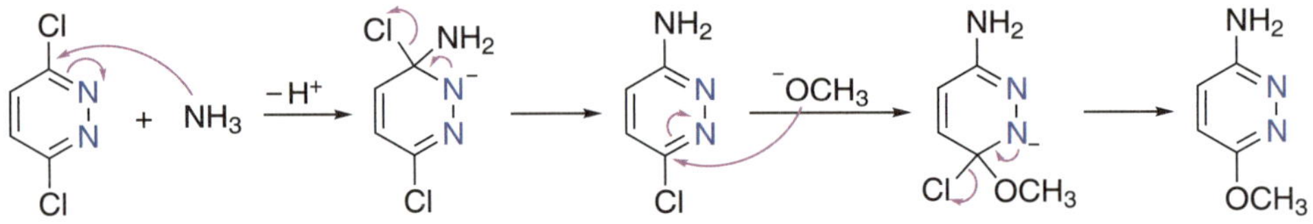

具有对称结构的二氯代苯并哒嗪、二氯代嘧啶、二氯代吡嗪，也可以发生类似的亲核取代反应，得到相同或不同亲核试剂分别取代两个氯原子的杂环衍生物。

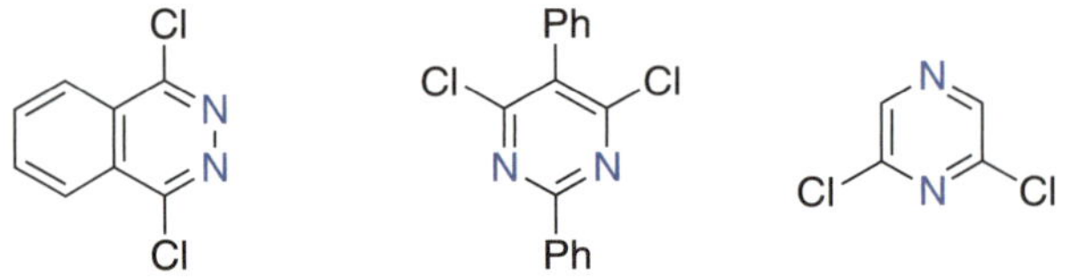

二氯代苯并哒嗪　　二氯代嘧啶　　二氯代吡嗪

嘌呤（Purine）为嘧啶并咪唑结构。嘌呤含有 3 个具有明显碱性的氮原子（1-位、3-位、7-位）和 1 个碱性很弱的吡咯型氮原子（9-位）。

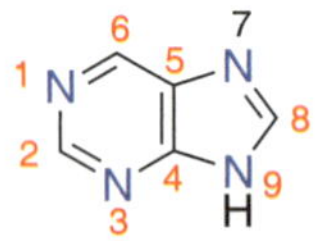

嘌呤

自然界中含有很多嘌呤和嘧啶的衍生物。值得一提的是，在嘌呤和嘧啶上带有氨基和羟基时，其结构特征明显不同。和苯胺类似，氨基可以直接连在具有芳香性的嘌呤环或嘧啶环上，如 4-氨基嘧啶（4-aminopyrimidine）和 6-氨基嘌呤（6-aminopurine）。

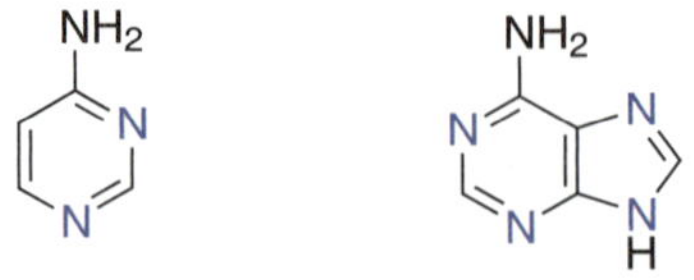

4-氨基嘧啶　　6-氨基嘌呤

如果羟基连在嘌呤环或嘧啶环上，形成的烯醇结构往往通过互变异构以酰胺结构存在。嘌呤环或嘧啶环上连有羟基时，互变异构形成的酰胺结构可以通过如下方式进行共振，同样保留了芳香性，因此 4-羟基嘧啶和 6-羟基嘌呤主要以更稳定的酰胺结构存在。在组成 DNA 和 RNA 的碱基结构中，上述规律普遍适用。

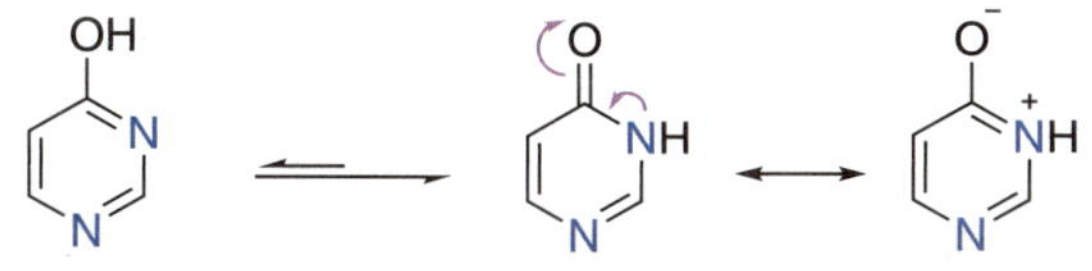

4-羟基嘧啶　　4-羟基嘧啶的酮式结构　　共振后具有芳香性

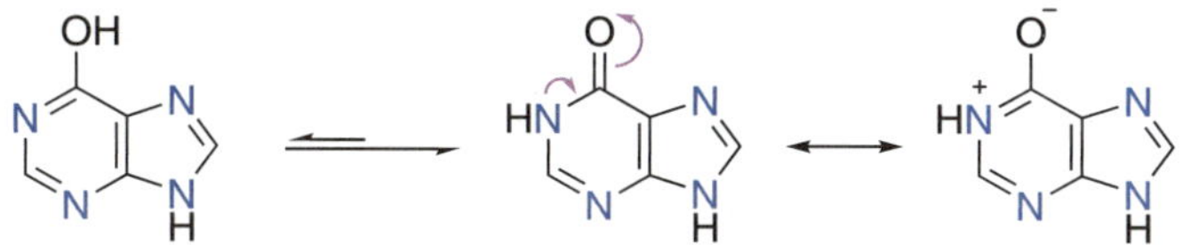

6-羟基嘌呤　　6-羟基嘌呤的酮式结构　　共振后具有芳香性

嘌呤和嘧啶结构也存在其他天然化合物中，例如茶叶中存在的咖啡因 (caffeine) 和可可碱 (theobromine) 均含有嘌呤结构，并且主要以更稳定的酰胺形式存在。

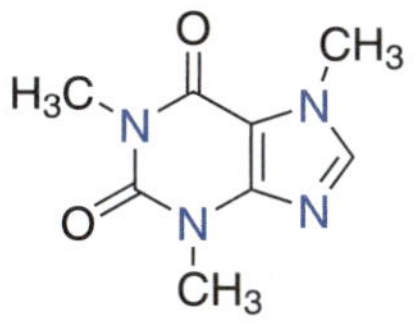

咖啡因

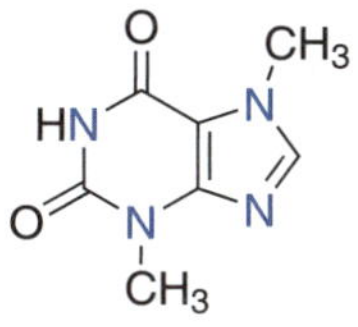

可可碱

1988 年的诺贝尔生理学或医学奖被授予了两位美国科学家 Gertrude B. Elion 和 George H. Hitchings，以表彰其在新药开发方面的重要贡献。其研究工作包括阿昔洛韦 (Acyclovir，主要用于疱疹病毒的治疗) 和 6-巯基嘌呤 (6-mercaptopurine，主要用于儿童白血病治疗)。

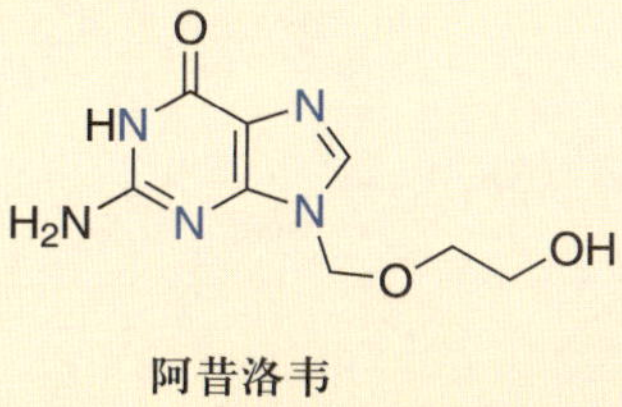

阿昔洛韦

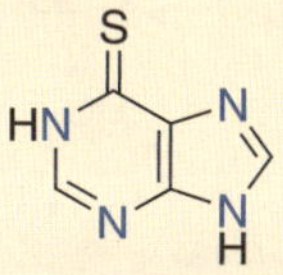

6-巯基嘌呤

本章学习要点

(1) 常见脂肪杂环化合物和芳香杂环化合物的分类和命名。
(2) 五元单杂环化合物的结构特征及其稳定性解释。
(3) 五元单杂环化合物的亲电取代反应，环加成反应，吡咯的弱酸性、弱碱性和相关化学反应。
(4) 五元单杂环化合物的合成。
(5) 吲哚的亲电取代反应，吲哚的合成。
(6) 吡啶的结构特征，吡啶的碱性和亲核性。
(7) 吡啶、喹啉、异喹啉的亲电取代反应与亲核取代反应，侧链 α 氢的化学反应。
(8) 吡啶、喹啉、异喹啉的合成。
(9) 咪唑的结构特征、弱碱性和弱酸性；哒嗪、嘧啶、吡嗪的结构特征、碱性和合成。

习题

17.1　给出下列杂环化合物的英文和中文命名。

(1) 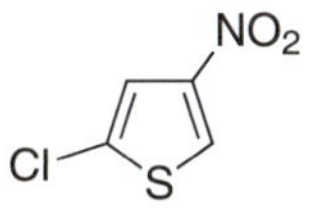

(2) 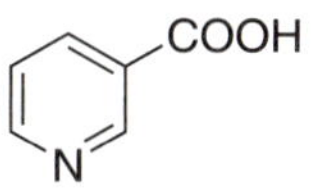

(3) 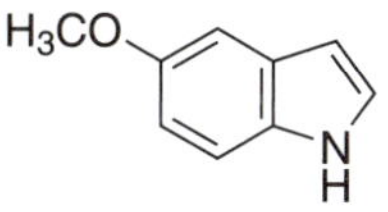

(4) 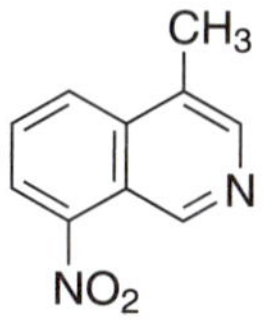

(5) 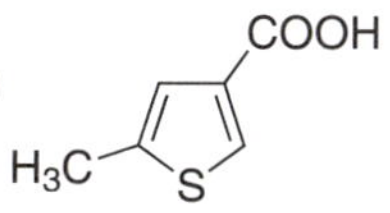

(6) 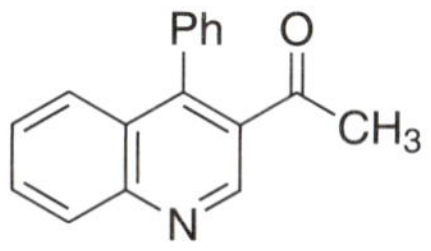

17.2　完成下列反应式。

(1)  $\xrightarrow[CH_3COOH]{Br_2}$ (?)

(2) 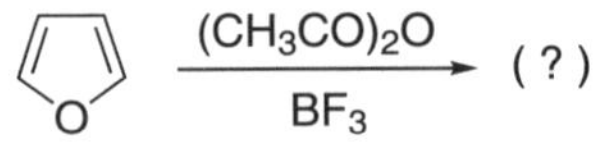

(3) 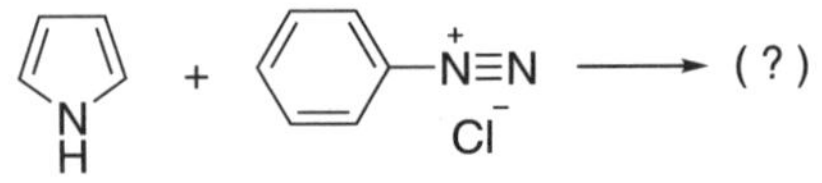

(4) 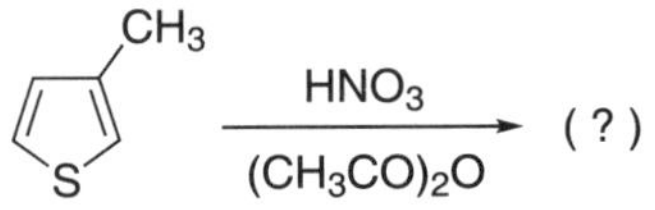

(5) 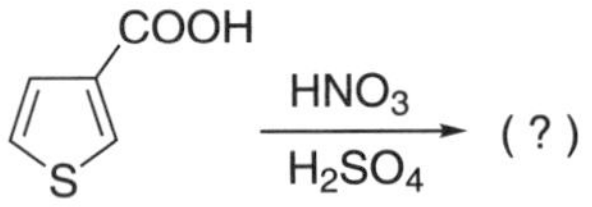

(6) 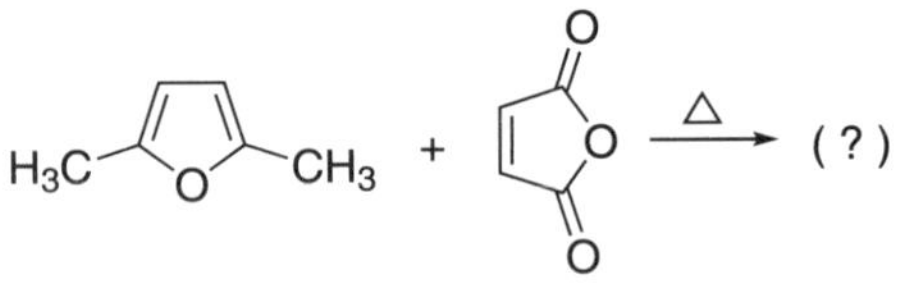

(7) 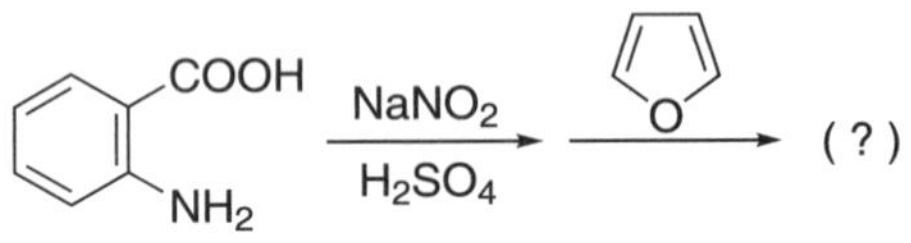

(8) 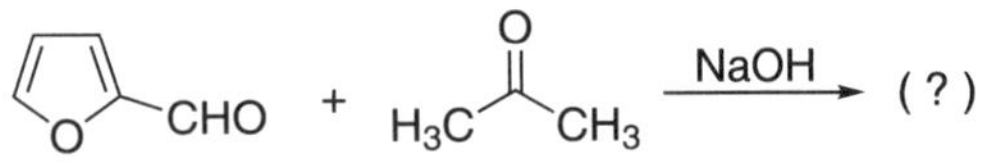

17.3　在酸催化的条件下，*N*-甲基吡咯的 2-位氢原子比 3-位氢原子更容易被氘原子取代。请通过反应机理对该实验结果进行解释。

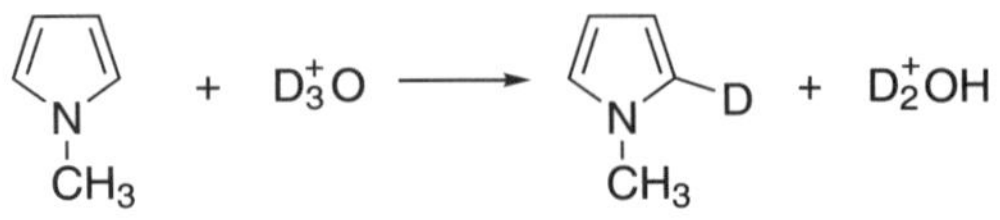

17.4　苯乙酮和 3-乙酰基吲哚分别用 $LiAlH_4$ 进行还原，得到不同类型的还原产物。请通过反应机理进行解释。

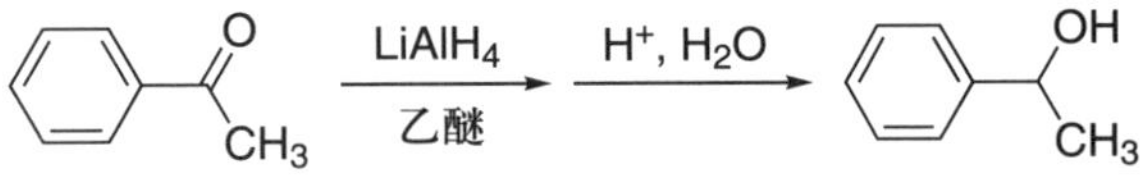

苯乙酮

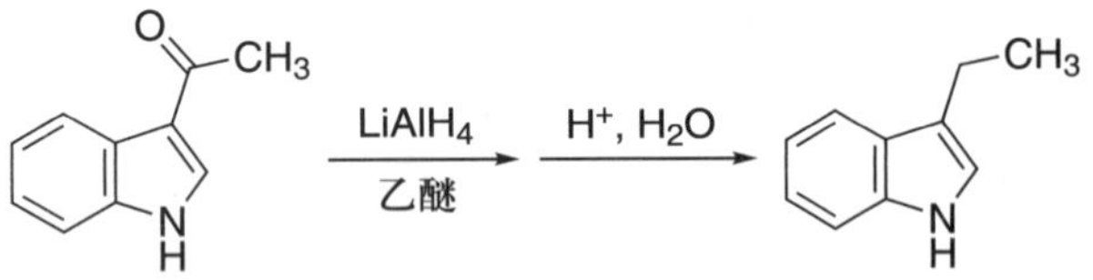

3-乙酰基吲哚

17.5　喹啉和异喹啉都具有较好的稳定性，而吲哚和异吲哚的稳定性具有较大的差异。请比较吲哚和异吲哚的稳定性高低，并对其稳定性差异的原因进行解释。

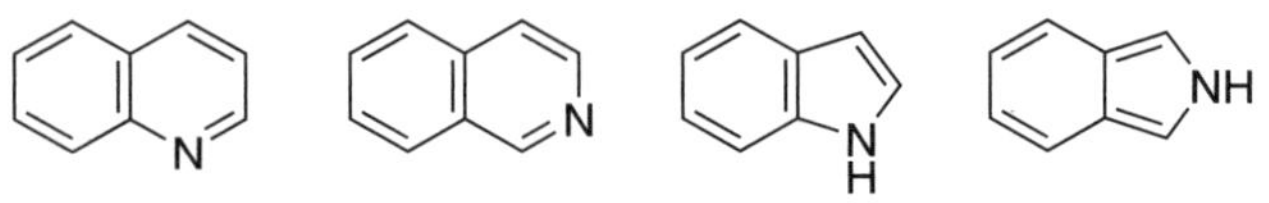

喹啉　　异喹啉　　吲哚　　异吲哚

17.6　由苯甲酸乙酯和不超过 4 个碳的有机原料，以及其他必要试剂合成 2,5-二苯基呋喃。

17.7　二吡咯甲烷衍生物是制备卟啉及其衍生物的重要前体。请画出如下制备苯基二吡咯甲烷的详细反应机理。

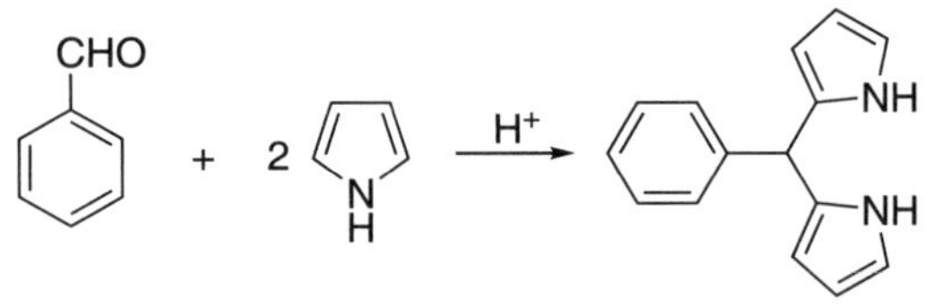

苯基二吡咯甲烷

17.8　画出如下反应的详细机理。

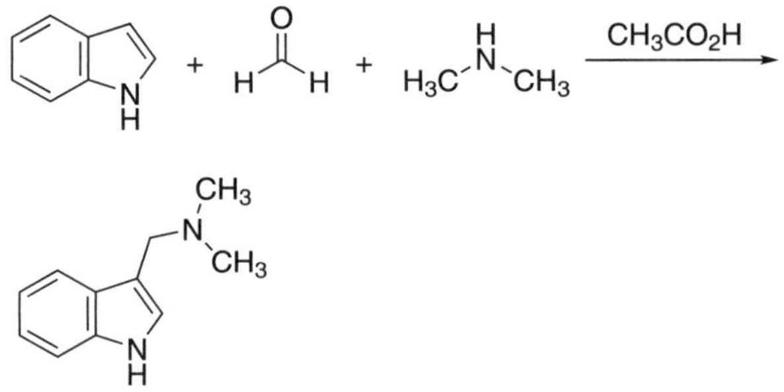

98%

17.9　由不超过 3 个碳的有机原料，以及其他必要试剂合成如下化合物。

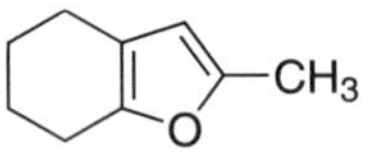

17.10　请分析利用 Fischer 吲哚合成法合成如下化合物，需要用到哪两个关键原料（芳香肼衍生物 A，醛或酮 B）？请画出 A 和 B 在乙酸溶剂中生成如下化合物的详细反应机理。

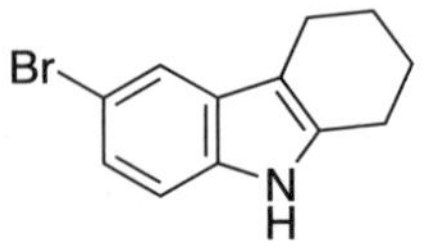

17.11　以下是 Reissert 吲哚合成法实例。请通过详细的反应机理，解释产物生成的过程。

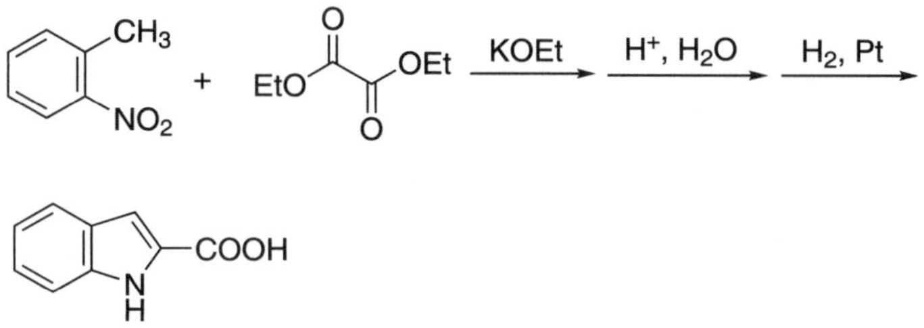

17.12 完成下列反应式。

(1) 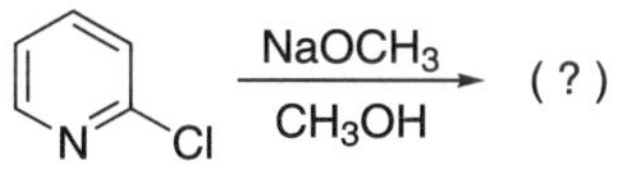

(2) 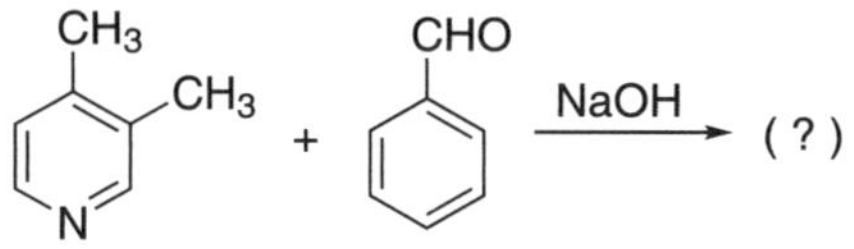

(3) 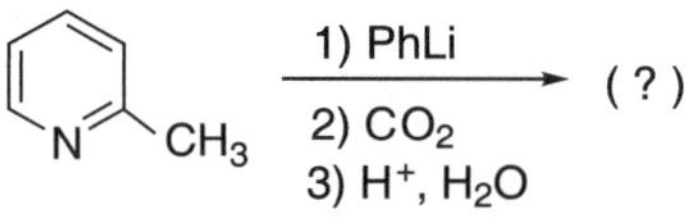

(4) 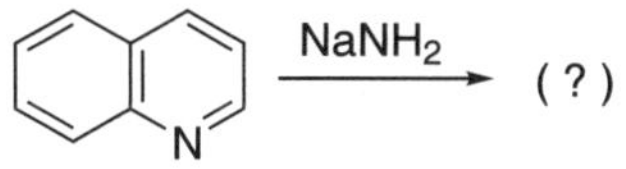

(5) 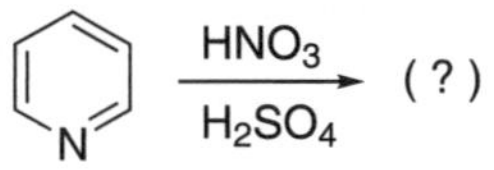

(6) 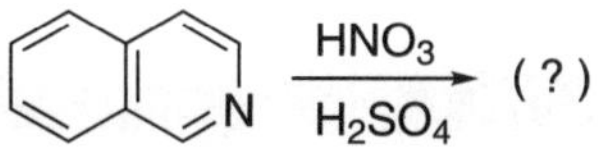

(7) 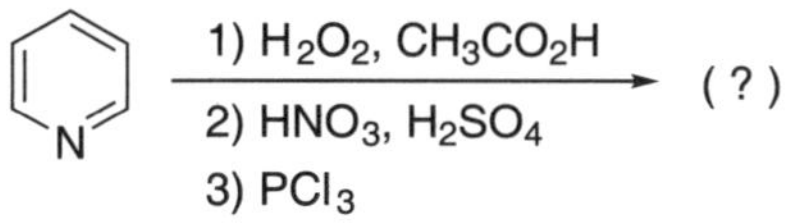

(8) 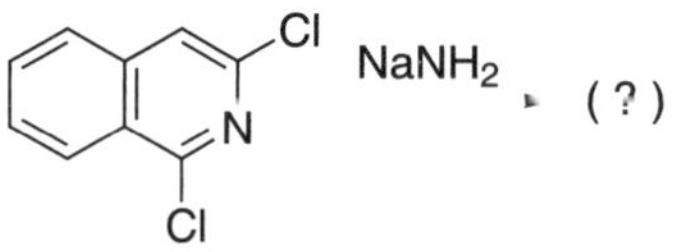

(9) 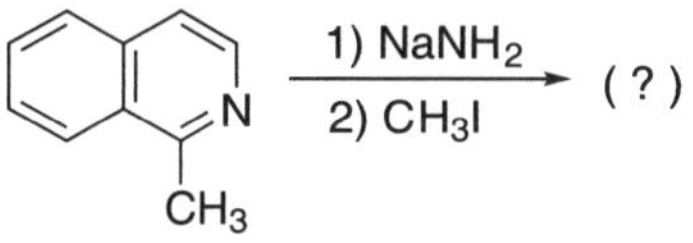

(10) 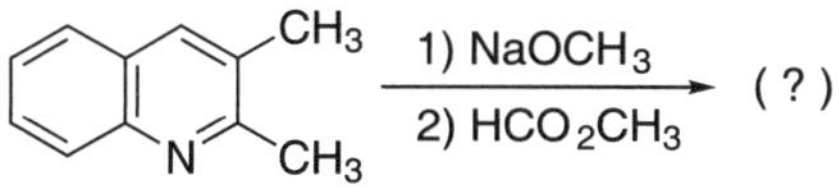

(11) 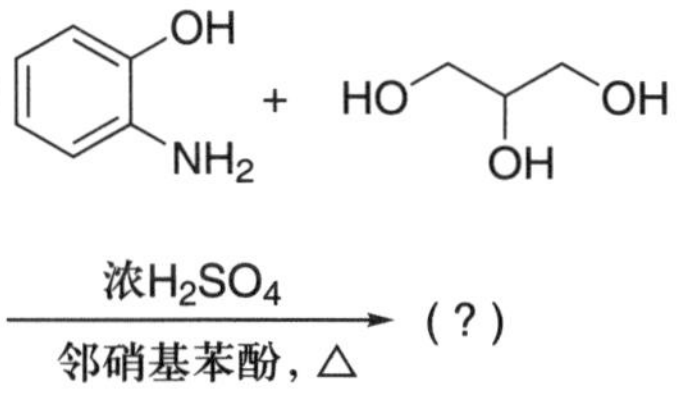

(12) 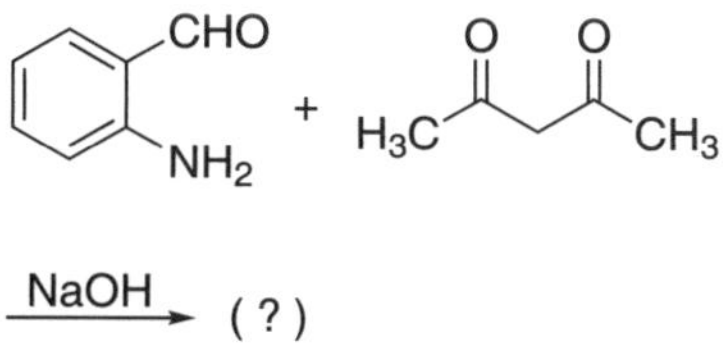

17.13 由苯、甲苯和其他必要试剂合成如下化合物。

(1) 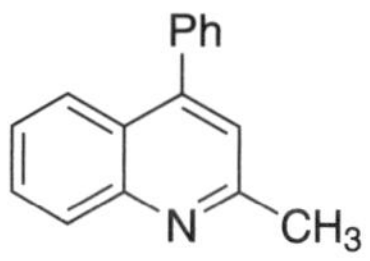

(2) 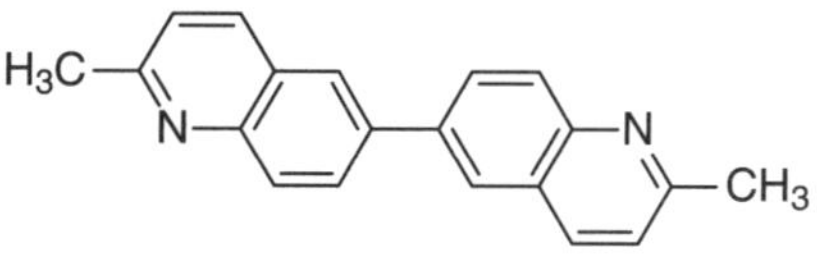

(3) 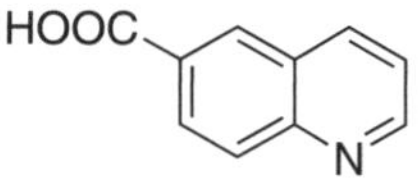

(4) 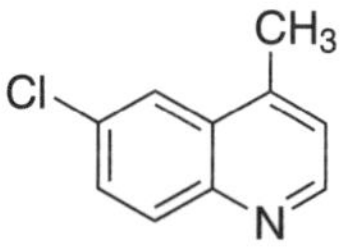

17.14 喹啉可以通过 Friedländer 合成法制备得到。Friedländer 合成法通过邻氨基芳香醛或邻氨基芳香酮和一侧有两个α氢的酮在酸或碱的催化下缩合而得。请给出通过 Friedländer 合成法制备如下化合物所需的两个主要原料。

(1) 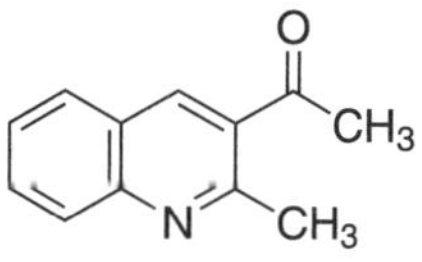 (2) 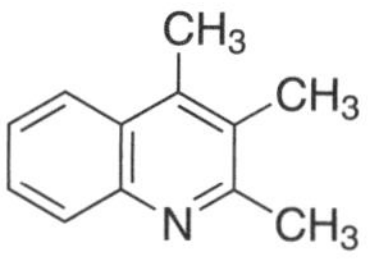

(3) 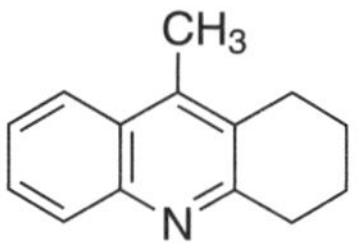 (4) 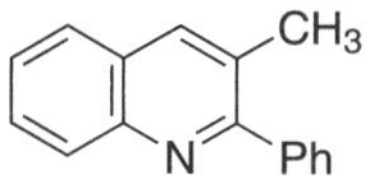

17.15 硝羟喹啉(nitroxoline，化学名称为 8-羟基-5-硝基喹啉)是一种用于治疗尿路感染的抗菌药物。写出硝羟喹啉的结构，并给出苯作原料制备硝羟喹啉的途径。

17.16 分别比较如下化合物的碱性强弱，并简要解释原因。

(1) 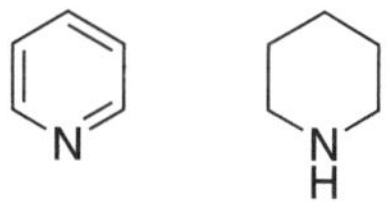

(2) 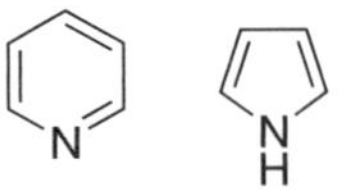

(3) 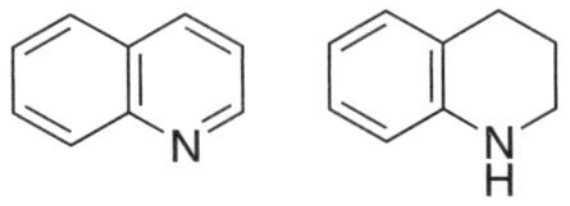

(4) 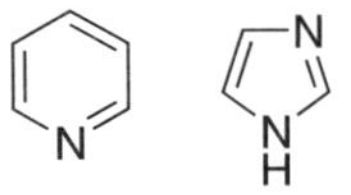

17.17 写出如下反应的主要产物，并对反应的区域选择性进行解释。

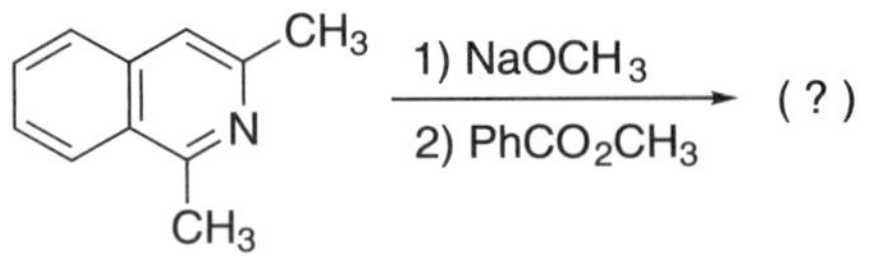

17.18 化合物的酮式和烯醇式之间存在相互转化的化学平衡。判断如下转化平衡偏左还是偏右，并简要解释原因。

(1) 

(2) 

(3) 

17.19 如下方法可用于制备吡啶衍生物。请给出该反应的详细机理。

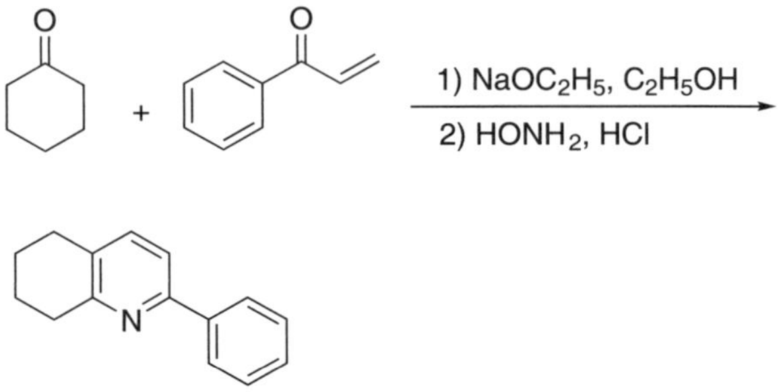

17.20 吡唑啉(4,5-二氢吡唑)和吡唑可通过如下方法制备。请给出如下反应的详细机理。

(1) 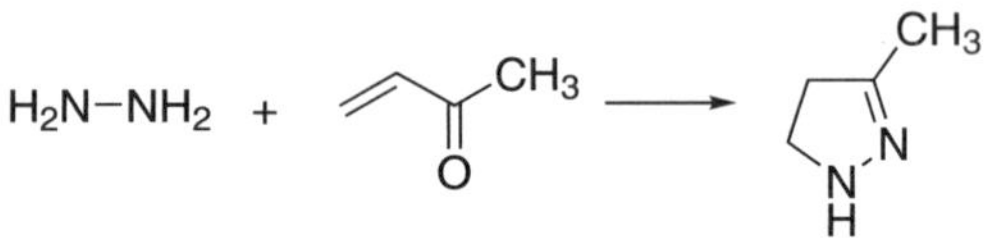

(2) 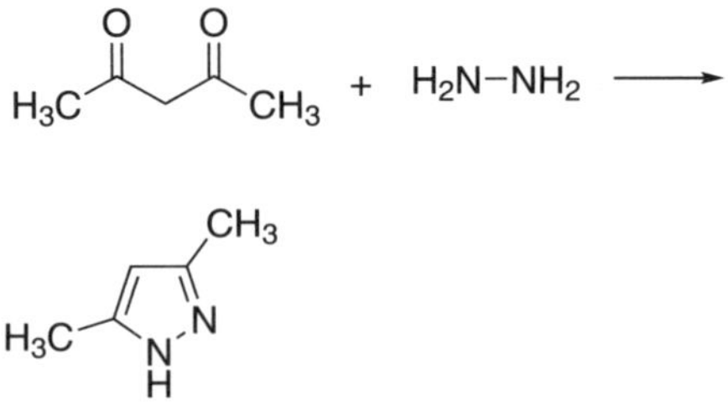

第 18 章

碳水化合物

第 18 章 碳水化合物

碳水化合物俗称“糖”，普遍存在于自然界中，是生命体运转中所必需的能源、结构与信息化合物。在历史上，人类很早就开始利用糖制作各类产品。但直到 18 世纪，科学家才开始对糖类物质的结构及其化学反应性进行研究。1747 年，德国科学家马格拉夫 (Andreas S. Marggraf) 从甜菜中分离得到了甜菜糖，这是现代制糖工业的起源。19 世纪，化学家发现植物中的淀粉经稀酸水解可以得到葡萄糖。随着研究的深入，化学家逐渐发现糖类化合物均含有碳、氢、氧三种元素，且可用通式 $C_n(H_2O)_m$ 表示。因此，化学家将糖类化合物定义为“碳水化合物”。随着科学的发展，化学家陆续发现许多糖类化合物并不符合 $C_n(H_2O)_m$ 的通式，有些糖类化合物甚至含有氮原子和磷原子等。符合 $C_n(H_2O)_m$ 通式的有机化合物也未必都是糖。因此，“碳水化合物”这一名称不精确，但由于沿用已久，至今仍在使用。

20 世纪 80 年代以来，科学家逐渐认识到糖类化合物在生命体中的重要作用，参与几乎所有的生理活动。糖类化合物的研究涉及化学、生物学、药学的学科交叉，已经成为化学生物学的重要前沿领域。

18.1 糖的分类

18.1.1 单糖与多糖

从结构上讲，碳水化合物属于多羟基的醛、酮或者相应醛、酮的聚合物。碳水化合物可以按照结构单元个数、所包含官能团及所含碳数进行分类。碳水化合物中最简单的分子称为**单糖** (monosaccaride)。单糖不能被水解为更小的糖分子。由两个或三个单糖 (结构相同或不同) 通过特定羟基位点失水聚合得到的聚合物分别称为**双糖** (disaccarides) 或**三糖** (trisaccarides)。由四到十个单糖组成的聚合物则称为**寡糖** (oligosaccharides)。寡糖也称为低聚糖。由十个以上，乃至成百上千单糖聚合得到的聚合物则是**多糖** (polysaccharides)。常见的多糖包括**淀粉** (starch)、**糖原** (glycogen)、**纤维素** (cellulose)、**甲壳素** (chitin) 等。

18.1.2 其他分类方式

基于所含官能团的不同，碳水化合物也可以分为**醛糖** (aldoses) 与**酮糖** (ketoses)。含有甲酰基的糖类化合物称为醛糖，含有酮羰基的糖类化合物称为酮糖。按照所含碳原子数，糖也可以分为三碳糖、四碳糖、五碳糖及六碳糖。下面列出一些常见的单糖。单糖可以基于官能团与碳数同时进行分类。核糖 (ribose) 为五碳醛糖，果糖 (fructose) 为六碳酮糖。

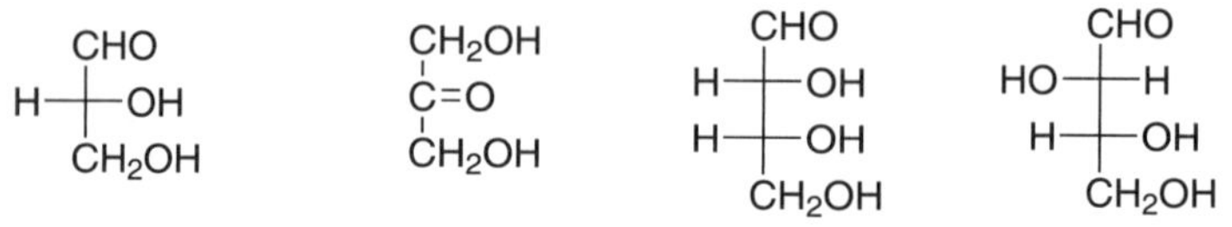

D-(+)-甘油醛 (glycidaldehyde) 三碳糖；醛糖　　二羟丙酮 (dihydroxy acetone) 三碳糖；酮糖　　*D*-(–)-赤藓糖 (erythrose) 四碳糖；醛糖　　*D*-(+)-苏阿糖 (threose) 四碳糖；醛糖

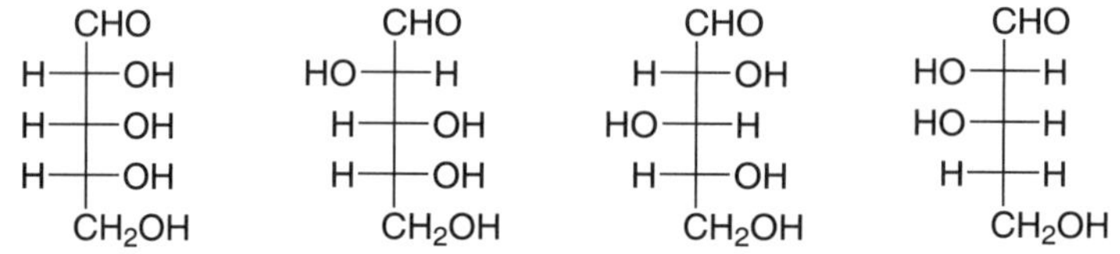

D-(–)-核糖 (ribose) 五碳糖；醛糖　　*D*-(–)-阿拉伯糖 (arabinose) 五碳糖；醛糖　　*D*-(–)-木糖 (xylose) 五碳糖；醛糖　　*D*-(–)-来苏糖 (lyxose) 五碳糖；醛糖

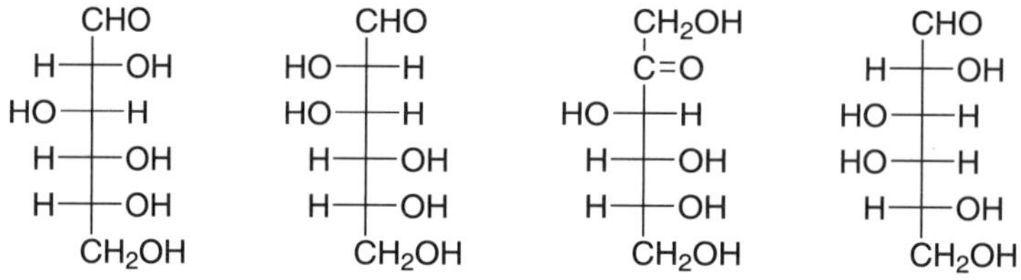

D-(+)-葡萄糖 (glucose) 六碳糖；醛糖　　*D*-(+)-甘露糖 (mannose) 六碳糖；醛糖　　*D*-(–)-果糖 (fructose) 六碳糖；酮糖　　*D*-(+)-半乳糖 (galactose) 六碳糖；醛糖

18.2 糖的立体化学

18.2.1 Fischer 投影式

糖类化合物多数具有连续多个手性中心，常采用 Fischer 投影式（见上册第 3 章　立体化学）表示其结构。Fischer 投影式是一种表示全重叠构象的方式，投影中水平位置的两根键均是朝向纸面外的。

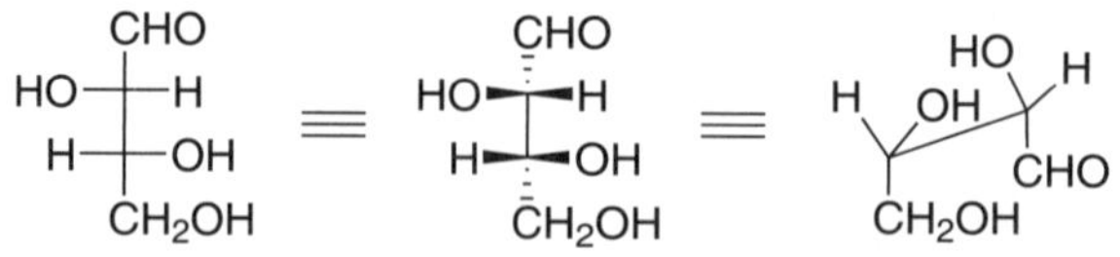

Fischer投影式　　　　全重叠构象

18.2.2 *D* 糖与 *L* 糖

由于传统原因，糖类化合物的立体化学并不采取 *R*/*S* 的方式命名，而是采取了 *D* 与 *L* 来描述一对对映异构体。这种立体化学的描述方法最初由费歇尔 (Emil Fischer) 提出。*D*/*L* 的定义方式是基于甘油醛的 Fischer 投影式。受当年的结构鉴定技术所限，Fischer 无法验证光学纯甘油醛的绝对构型，只能猜测其立体化学结构。如下所示，他假定 (+)-甘油醛中的 C2 位羟基构型在投影式的右侧，并命名为 *D*

型 (dexter，右边)；并假定 (−)-甘油醛中的 C2 位羟基构型在投影式的左侧，并命名为 *L* 型 (laevus，左边)。1951 年，X-射线衍射验证了 (+)-甘油醛的绝对构型，证明了 Fischer 当年的猜想恰好是正确的。

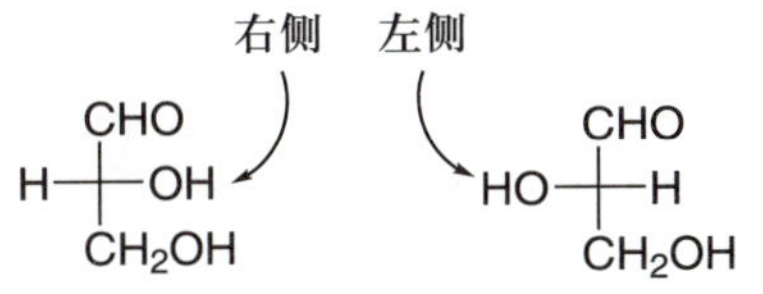

D-(+)-甘油醛　　*L*-(−)-甘油醛

在其他糖类化合物的立体化学命名中，距离甲酰基或酮羰基最远的手性中心构型与 *D*-(+)-甘油醛一致则为 *D* 型糖，与 *L*-(−)-甘油醛一致则为 *L* 型糖。以葡萄糖为例，星号位点距离甲酰基最近。对比此处手性中心与甘油醛的关系，即可分辨 *D*-葡萄糖与 *L*-葡萄糖。自然界存在的糖类化合物多数为 *D* 构型。

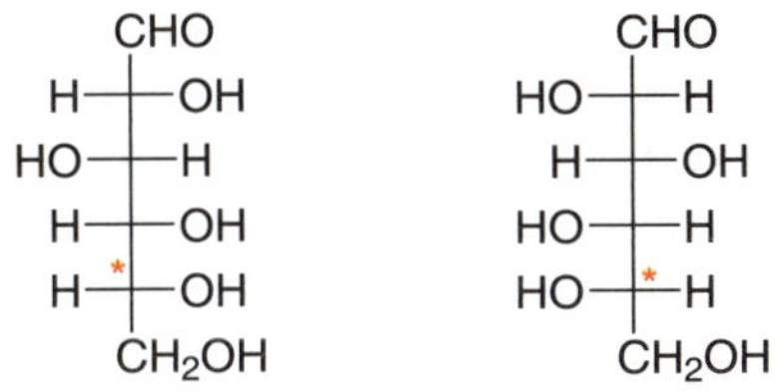

D-(+)-葡萄糖　　*L*-(−)-葡萄糖

18.3 糖的构型与环状结构

18.3.1 呋喃糖与吡喃糖

由于羰基与羟基同时存在于一个分子中，糖类化合物可以发生分子内缩合得到环状的半缩醛或半缩酮结构。这种结构称为糖的环状结构。尽管糖分子中的任何一个羟基均有可能与分子内的羰基发生环化，但受动力学和热力学因素的影响，生成五元环与六元环产物更加有利。五元环糖与呋喃有着类似的环状骨架，所以称为**呋喃糖** (furanose)；六元环糖和吡喃有着类似的环状骨架，所以称为**吡喃糖** (pyranose)。环状结构中的半缩醛或半缩酮位点称为糖的异头位 (anomeric center)。异头位上的羟基可采取两种不同的立体构型，分别用 α 与 β 表示。**环状结构中异头位羟基与 C5 位置上的 CH_2OH 处于反式的定为 α 异构体，处于顺式的则定为 β 异构体**。在糖类化合物中，仅在异头位手性中心相反的非对映异构体称为**端基异构体** (anomers)。

如下列出了葡萄糖和果糖的链状与环状结构。葡萄糖倾向形成吡喃糖结构，其中 C1 羟基与 C5 取代基处于反式的为 α-吡喃葡萄糖，处于顺式的为 β-吡喃葡萄糖。果糖则倾向于形成呋喃糖结构，C2 羟基与 C5 位点 CH_2OH 处于反式的是 α-呋喃果糖，处于顺式的为 β-呋喃果糖。

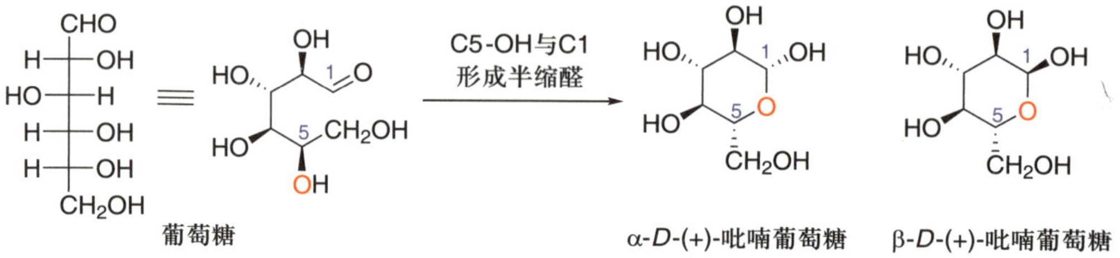

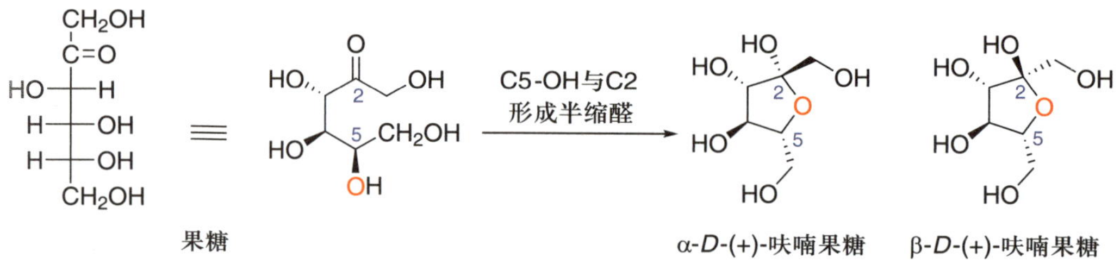

思考题 18.1

请画出 *D*-甘露糖与 *D*-半乳糖的环状结构。

18.3.2　糖的哈沃斯式

Fischer 投影式为链状糖的结构提供了一个简洁清楚的描述方式，但难以展示环状糖的结构。哈沃斯（Haworth）式画法给糖环结构提供了更好的立体化学表达方式。

以 *D*-(+)-葡萄糖为例展示吡喃糖的哈沃斯式画法。首先将 *D*-(+)-葡萄糖的 Fischer 投影式顺时针旋转 90°，并将碳链画成六元环形式。随后旋转 C4−C5 键。C5 位上的羟基进攻 C1 醛羰基，得到两种互为端基异构体的吡喃葡萄糖。在哈沃斯式中，半缩醛位点羟基在环下的异构体称为 α 型，在环上的称为 β 型。

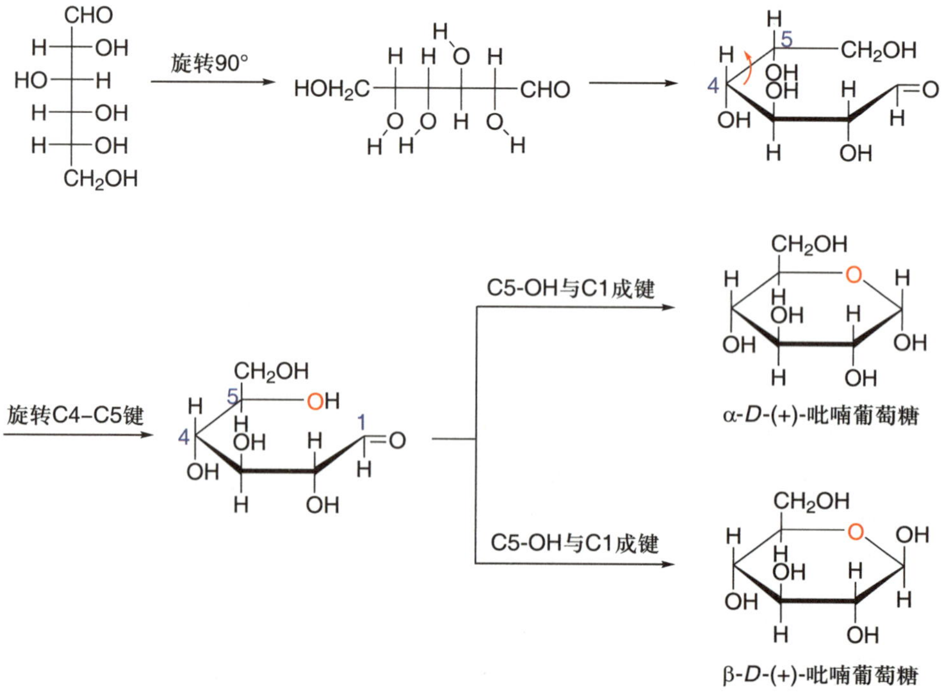

以果糖为例展示呋喃糖的哈沃斯式画法。同样，将果糖的 Fischer 投影式顺时针旋转 90°，并将碳链画成六元环形式。随后旋转 C4−C5 键，令 C5 位羟基与 C2 位酮羰基形成半缩酮结构，即可得到呋喃果糖的 α 与 β 两种结构。

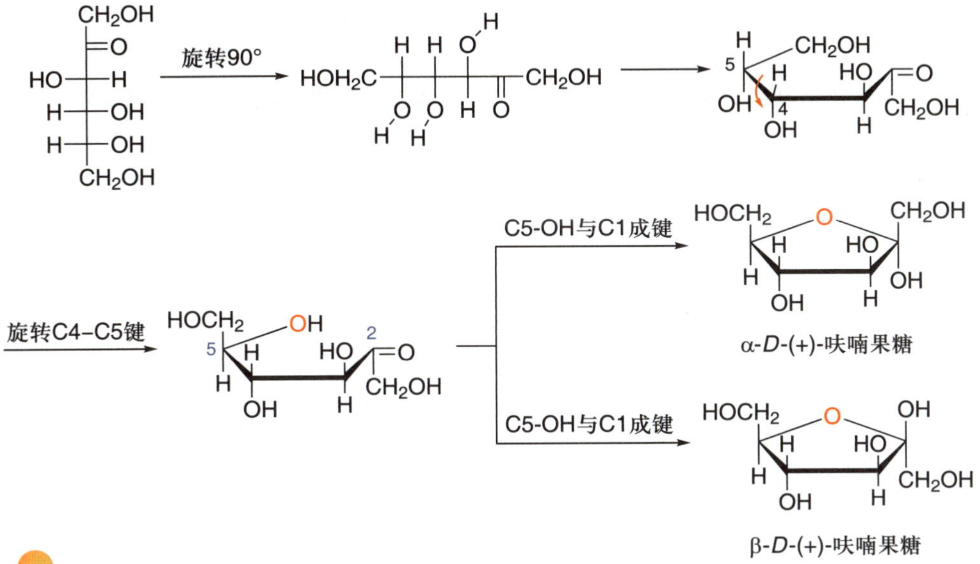

思考题 18.2

请画出 *D*-阿拉伯糖与 *D*-核糖的哈沃斯式。

18.3.3 糖的变旋现象

糖类化合物的开链结构与环状结构之间可以进行平衡转化。因此，糖类化合物可以是多个结构并存的。在糖的环状结构中，α 与 β 两个端基异构体可以通过开链结构中间体进行相互转化，转化过程中比旋光度会产生变化。这一现象称为糖的**变旋现象** (mutarotation)。以葡萄糖为例，葡萄糖在室温下可以从其饱和水溶液中结出熔点为 146 ℃的晶体。X 射线衍射表明，晶体中仅含 α-*D*-(+)-吡喃葡萄糖。将该晶体溶于水中并立即测定比旋光度，其数值为 +112°。而随着室温放置时间延长，溶液的比旋光度逐渐下降至恒定值 +52.7°。同样，将比旋光度为 +18.7°的 β-*D*-(+)-吡喃葡萄糖溶于水溶液中，溶液的比旋光度随着时间的推移也会最终恒定为 +52.7°。

比旋光度的定义见上册第 3 章 立体化学。

这一特殊现象便是由溶液中的 α-*D*-(+)-吡喃葡萄糖与 β-*D*-(+)-吡喃葡萄糖通过开链状态实现热力学平衡所导致的。最终的平衡数值 +52.7°为 α 与 β 端基异构体实现平衡之后的数值。此时，葡萄糖中 63.6% 为 β-吡喃糖状态，36.4% 为 α-吡喃糖状态，仅有痕量处于开链状态。

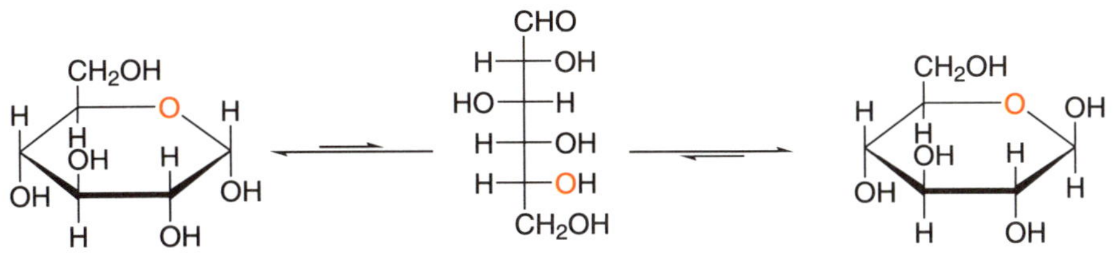

α-*D*-(+)-吡喃葡萄糖 36.4% $[\alpha]_D^{25}$=+112°

开链葡萄糖 0.0026%

β-*D*-(+)-吡喃葡萄糖 63.6% $[\alpha]_D^{25}$=+18.7°

18.3.4　糖的环状构象

异头位效应

1969 年诺贝尔化学奖被授予巴顿 (Derek H. R. Barton，1918－1988) 与哈赛尔 (Odd Hassel，1897－1981)，以表彰他们在有机化合物构象分析上的贡献。

哈沃斯式可以清楚地表达糖环状结构的立体化学，但并不能准确地展示糖环的三维构象。哈赛尔 (Odd Hassel) 在 20 世纪 30 年代提出吡喃糖的构象类似于椅式环己烷。吡喃糖的骨架就是环己烷中的**一个甲叉基被氧原子替代**，其构象会略微区别于标准的椅型构象。氧原子替代会对六元环的构象产生一定影响，但其椅型构象基本得到保持。

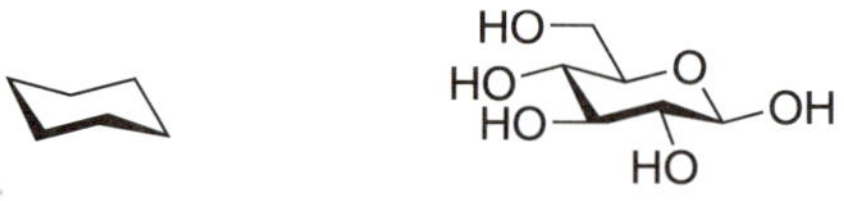

环己烷的椅型构象　　β-D-葡萄糖的椅型构象

在环己烷的椅型构象中，取代基处于平伏键比处于直立键在热力学上更稳定 (见上册第三章)。然而在吡喃糖中，多数情况下，当 C1 异头位的吸电子取代基处于直立键时反而是热力学更为稳定的状态。这一现象在糖化学中被称为**异头位效应** (anomeric effect)。2-甲氧基四氢吡喃可以看作吡喃糖环剔除了 C2－C5 位上所有取代基的糖类似物，也表现出了同样的异头位效应——甲氧基处于直立键的构象更加稳定。

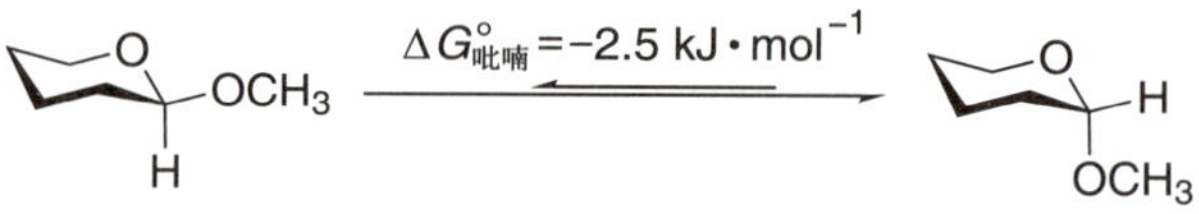

异头位效应的产生机制目前主要归结为**超共轭效应**和**偶极效应**。超共轭效应主要涉及四氢吡喃环中氧原子的孤对电子和 C1－X 键 (X 为杂原子) 的反键轨道的相互作用。当 C1－X 键处于直立键时，σ* 反键轨道与氧原子处于直立键上的孤对电子恰好处于共平面位置，便于产生轨道相互作用。由孤对电子与能量较为接近的 σ* 空轨道所产生的超共轭效应 (n → σ*)，实现了最大程度上的电子离域，从而稳定了分子的构象。

从分子轨道角度考虑，氧上孤对电子所处轨道 n° 可以与 C1－X 键的 σ* 反键轨道发生重组形成新的分子轨道。这是一个两电子两轨道之间的作用，其总结果为成键作用，因而使分子的整体能量降低。

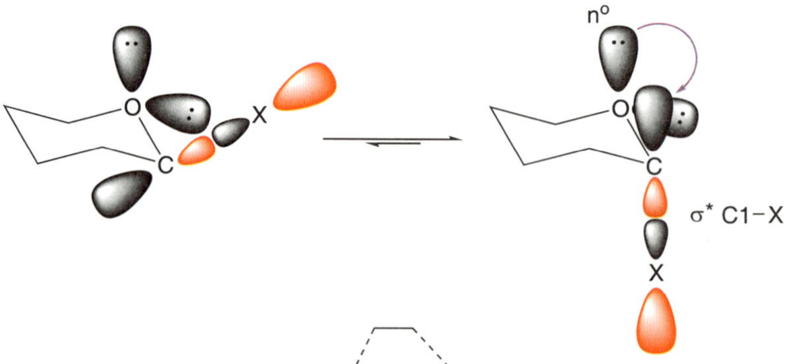

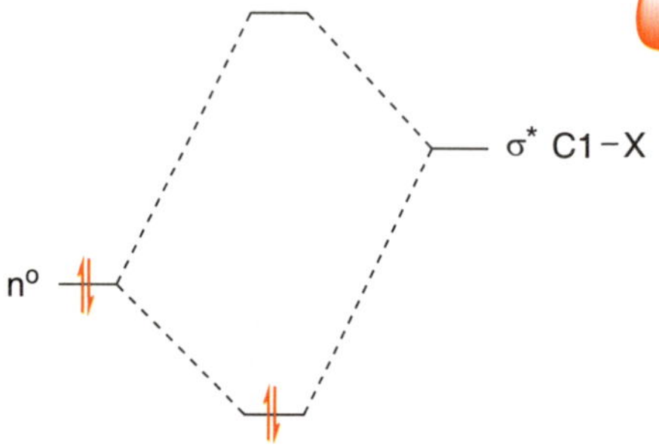

从偶极效应考虑，分子整体偶极的下降有利于分子稳定性的提高。当吸电子基处于平伏键时，该基团与环内氧原子的偶极方向大致相同，增加了分子的整体极性。而当吸电子基团处于直立键时，该基团的偶极方向与吡喃环上氧原子的偶极方向相反，降低了分子的整体偶极，因此直立键状态更为稳定。

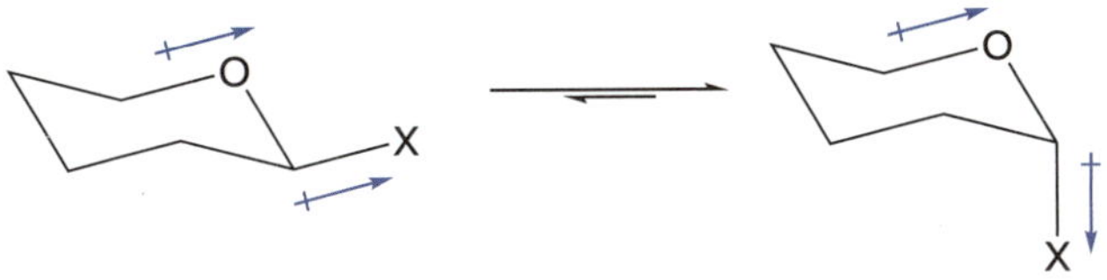

外侧异头位效应： 利用超共轭效应解释异头位效应时，着重探讨的是环上氧的孤对电子作为电子给体对 C1 位离去基 σ* 反键轨道的作用。如果 C1 位基团具有孤对电子（如烷氧基），则该孤对电子所在轨道与吡喃环上 C1–O 键的 σ* 反键轨道也可以处于共平面的构象，从而实现超共轭稳定作用。这一作用称为**外侧异头位效应 (exo-anomeric effect)**。外侧异头位效应会限制 C1 位点 O–R 键的旋转。以下两种构象均可以产生外侧异头位效应。其中，第一个构象由于避开了 R 基团与六元环的张力，是热力学更为稳定的构象。

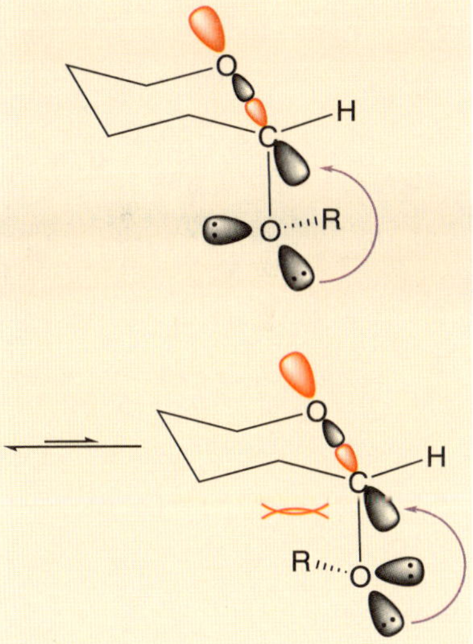

思考题 18.3

在下面的结构中，直立 C–F 键比平伏 C–F 键的键长长 0.015Å。试解释造成这种差异的原因。

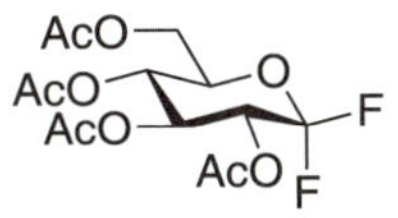

18.4 单糖的反应

18.4.1 单糖的酯化与醚化

作为多羟基化合物，糖具有醇类化合物的普遍反应性，如生成醚或酯。以葡萄糖为例，葡萄糖中的五个羟基均可发生酯化反应或醚化反应。

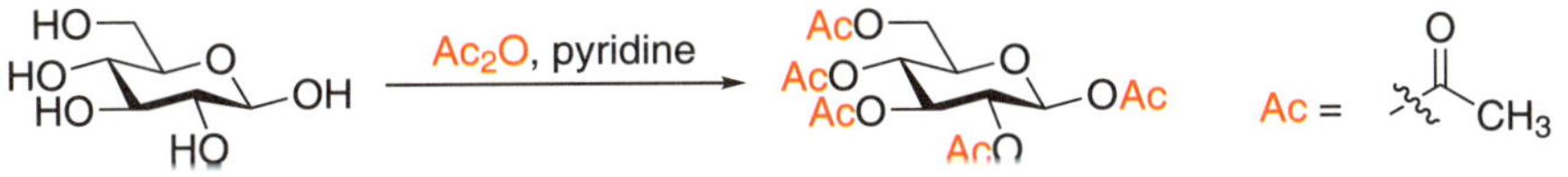

D-(+)-葡萄糖

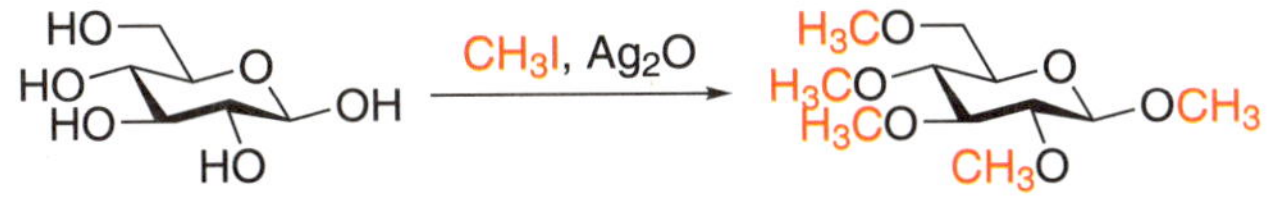

D-(+)-葡萄糖

在糖类化合物的多个羟基中，糖环状结构中半缩醛/半缩酮羟基的反应性有所不同。在酸性条件下，异头位羟基被质子化后，容易在邻位吡喃氧原子的孤对电子推动下离去，生成一个相对稳定的氧鎓阳离子中间体。氧鎓阳离子可以和合适的亲核试剂发生 S_N1 类型反应，在异头位引入新的基团。例如，葡萄糖在盐酸/甲醇的作用下，可以通过碳正离子中间体化学选择性地实现 C1 位点的甲醚化。而 1-甲氧基葡萄糖在酸性水溶液中，可脱除甲氧基生成氧鎓阳离子中间体，然后和水反应得到葡萄糖。

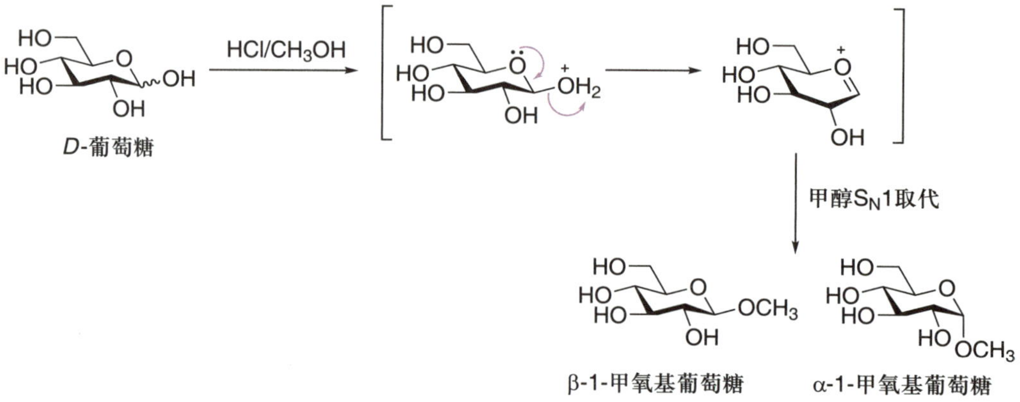

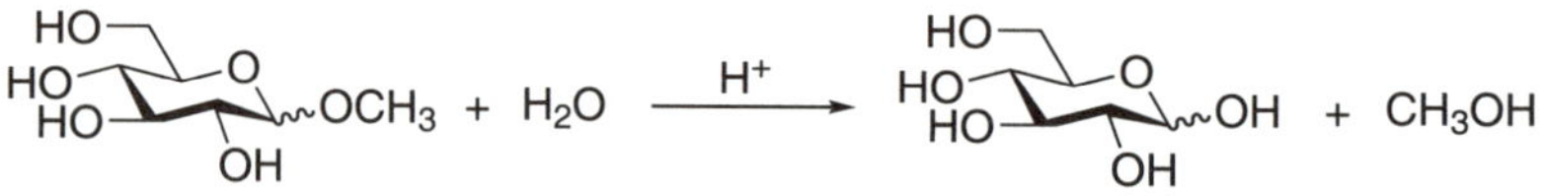

18.4.2　单糖的糖苷化

环状糖的半缩醛或半缩酮与醇或酚的羟基经失水得到的缩醛或缩酮类衍生物称为**糖苷** (glycoside)，也称**甙**。糖苷的结构可以分为两部分，糖残基 (糖片段) 与糖配基 (C1 位所连接的非糖部分)。糖残基与糖配基之间相连的化学键称为糖苷键。

糖苷键的构建称为糖苷化反应，是糖化学的重点研究内容。糖苷键的构建方法大多是通过生成糖环氧𬭩阳离子中间体，然后发生 S_N1 亲核取代反应。基于协同的 S_N2 反应构筑糖苷键的方法很少见。提供糖残基的前体称为**糖给体** (glycosyl donor)，亲核试剂部分称为**糖受体** (glycosyl acceptor)。在糖苷化反应中，糖给体的活化方法及糖苷键的立体化学控制是核心研究内容。下面简要介绍一些常见的糖苷键的构建方法。

天然糖苷具有广泛的生物活性。乌本 (箭毒) 苷 (ouabain) 隶属于强心苷 (cardiac glycoside)，可以用于治疗低血压与心律不齐。甜菊苷 (stevioside) 是一种天然的低热量甜味剂，其甜度是蔗糖的 10 – 15 倍。

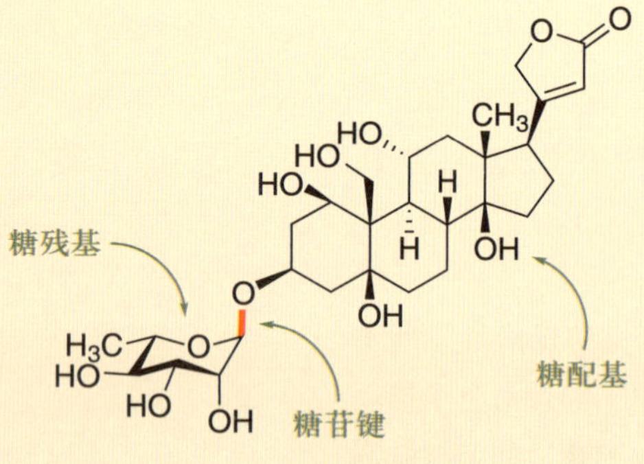

乌本(箭毒)苷
(ouabain)

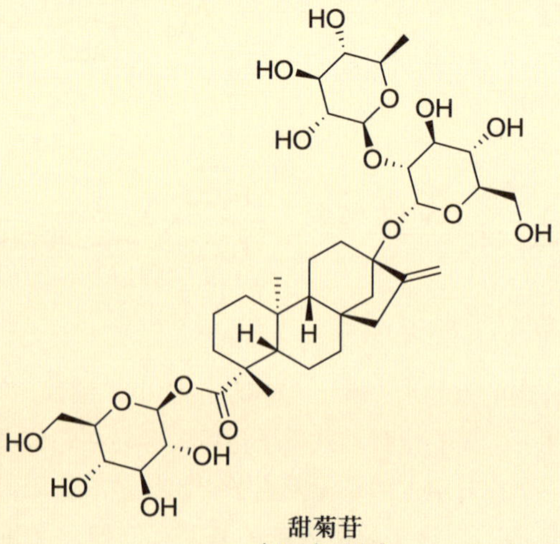

甜菊苷
(stevioside)

Koenigs-Knorr 糖苷化

Koenigs-Knorr 糖苷化是最为古老的糖苷化方法之一。在这种方法中，糖给体为卤代糖（卤苷，C1 位为溴或氯），其在 Lewis 酸的活化下可以生成氧鎓阳离子中间体，然后与适当的受体反应形成糖苷产物。银盐可以通过生成难溶性卤化银沉淀的方式选择性地活化碳卤键，因而是 Koenigs-Knorr 糖苷化中最常用的 Lewis 酸活化试剂。

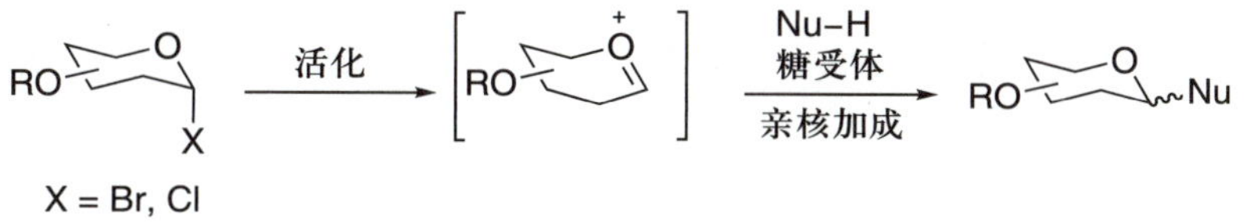

当糖的 C2 位为酯基时，它可以对氧鎓阳离子中间体发生邻基参与反应。邻基参与会促使亲核试剂从 C2 位酯基的反方向进攻异头位，从而控制糖苷键的立体化学。

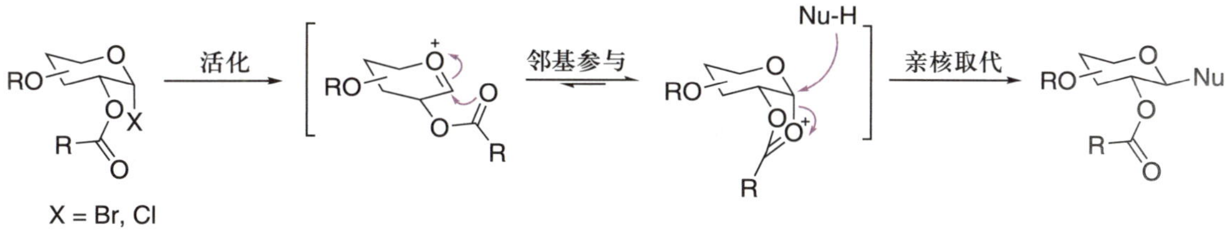

Schmidt 糖苷化

环状单糖 C1 位上的羟基不是一个理想的离去基团，但其可以在特定条件下转化为高效离去的基团，生成更加好用的糖给体。三氯乙酰亚胺酸酯糖给体是该类策略最重要的代表，以其为糖给体的糖苷化反应称为 Schmidt 糖苷化。该给体可以通过糖底物 C1 位羟基与三氯乙腈在碱性条件下反应而高效制备，在 Lewis 酸促进的温和条件下可与多种受体反应生成相应的糖苷。与 Koenigs-Knorr 糖苷化相比，Schmidt 糖苷化仅需要催化量的 Lewis 酸即可实现。

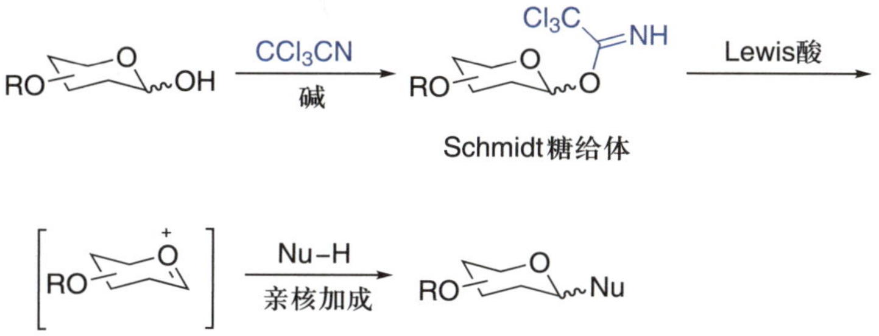

Schmidt 糖苷化也可以通过邻基参与实现糖苷键的立体选择性合成。例如，Schmidt 糖苷化以较好产率得到单一 β 选择性的糖苷化产物。其 β 选择性是因为 C2 位乙酰基邻基参与的影响。

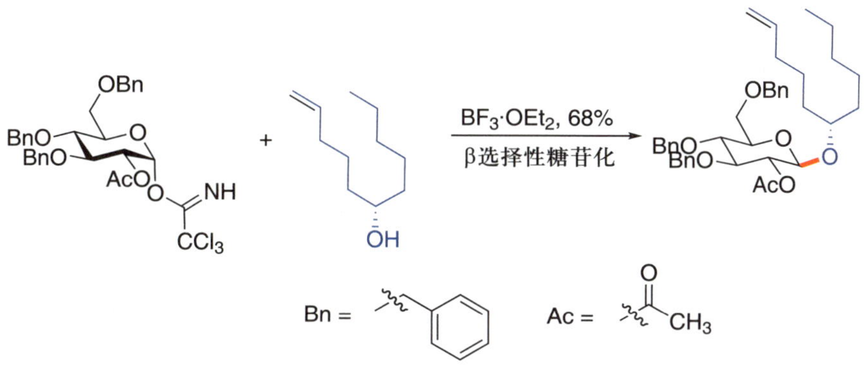

硫苷的糖苷化

硫苷是另一类常用的糖给体，硫苷可以通过硫酚与糖发生 S_N1 反应后得到。

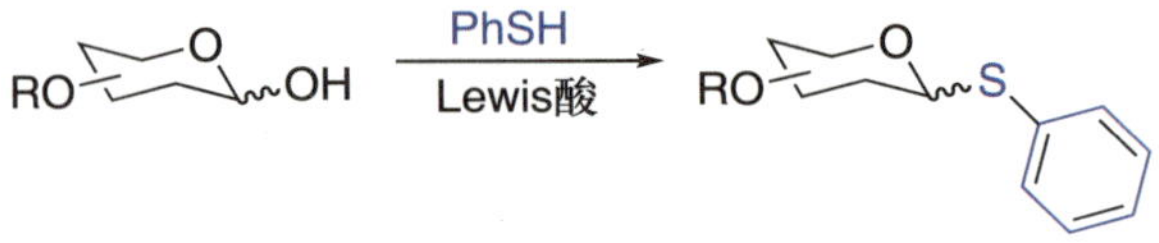

硫苷中硫原子具有很强的亲核性，也是一个“软”的亲核试剂。因此，采用“软”的亲电试剂可以选择性地对硫苷进行活化得到氧鎓阳离子。常用的“软”的亲电试剂有 Br_2、NBS（*N*-溴代琥珀酰亚胺）及 NIS（*N*-碘代琥珀酰亚胺）。

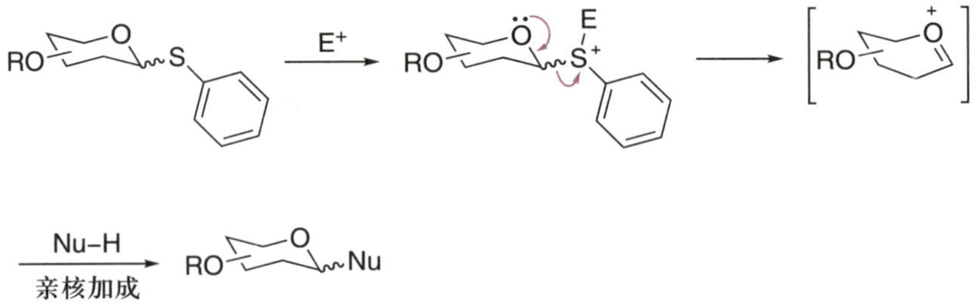

思考题 18.4

4-戊烯基糖苷也是一种常见的糖给体，其可以通过 Br^+ 的活化得到氧鎓离子并与糖受体反应。请画出如下反应的反应机理，并解释所生成糖苷键的立体化学。

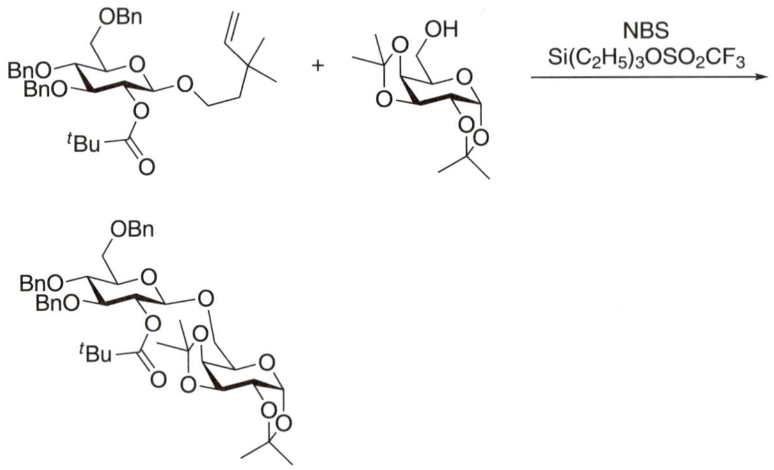

18.4.3　单糖的差向异构化

单糖中的羰基官能团具有一般醛酮的性质。在**碱性**条件下，单糖的羰基可以烯醇化，使羰基 α 碳失去手性。烯醇式中间体再次转化为羰基时，羰基 α 碳的构型可能会发生改变，导致原始的单糖转变为其他类型的单糖。这一过程称为单糖的**差向异构化**（epimerization）。例如，D-(+)-葡萄糖在碱性条件下可以得到 D-(+)-葡萄糖、D-(+)-甘露糖和 D-(−)-果糖的混合物。下面，我们将具体介绍这一过程。

D-(+)-葡萄糖的醛基在碱性条件下可以转化为烯醇式，此时得到的双烯醇结构既可以发生 C1 质子化，也可以发生 C2 质子化。若烯醇式质子化发生在 C1 位，此过程不涉及立体选择性，所得到的产物为 D-(−)-果糖。若烯醇式质子化发生在 C2 位，此过程涉及立体选择性，*si* 面质子化得到 D-(+)-葡萄糖，而 *re* 面质子化得到 *D*-(+)-甘露糖。

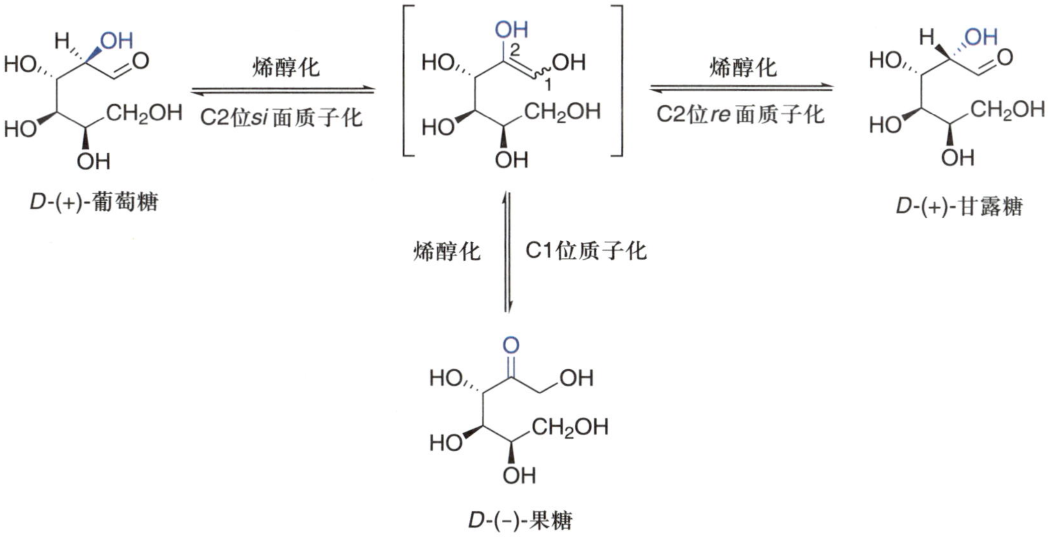

6-磷酸葡萄糖的差向异构化是生物体代谢葡萄糖中的关键步骤（以环状结构表示）。催化该过程的酶称为磷酸己糖异构酶。磷酸己糖异构酶的活性位点包含一个组氨酸和一个谷氨酸，这两个残基侧链的羧酸负离子与咪唑基团负责异构化过程中的质子转移过程。

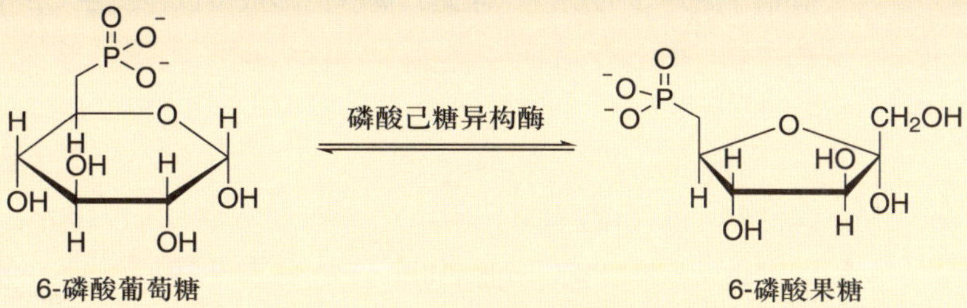

18.4.4 单糖的成脎反应

单糖的醛/酮羰基可以与苯肼反应生成腙。在过量苯肼的存在下，生成的腙的 α 羟基会转化为酮羰基并与另一分子苯肼反应得到双腙化合物。此化合物称为**糖脎**（osazone）。虽然糖多为浆状物质，但糖脎为容易结晶的淡黄色晶体，这一特点为早期确定糖类化合物的结构提供了极大的便利。由于糖的 C1 位与 C2 位均变为了苯腙结构，因此两个仅在 C2 位互为立体异构体的单糖可以得到同样的糖脎，只需知道其中一个单糖的结构便可推断另一个单糖的结构。*D*-(+)-葡萄糖、*D*-(−)-果糖、*D*-(+)-甘露糖会得到相同的糖脎，而已知 *D*-果糖为酮糖，以此为基础，仅需知道 *D*-(+)-葡萄糖的结构，便可判断出 *D*-(−)-果糖与 *D*-(+)-甘露糖的结构。

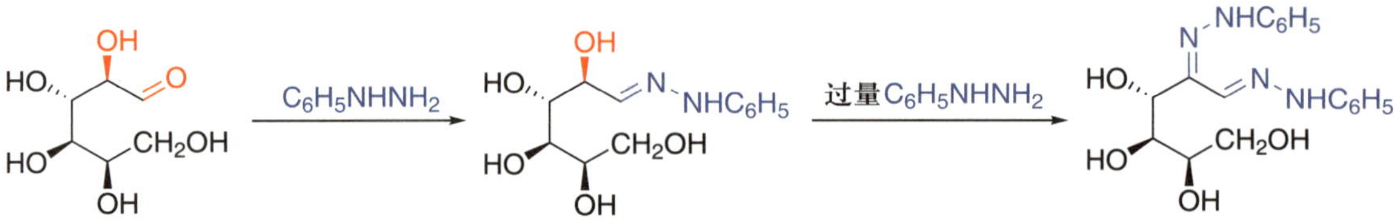

D-(+)-葡萄糖　　　　*D*-葡萄糖糖脎

糖脎的生成机理为两步过程。以葡萄糖为例，苯肼首先与羰基反应生成腙。腙进行互变得到烯基肼后，可以脱除一分子苯胺得到邻亚胺酮结构。此结构可以与两分子苯肼发生缩合反应得到糖脎。

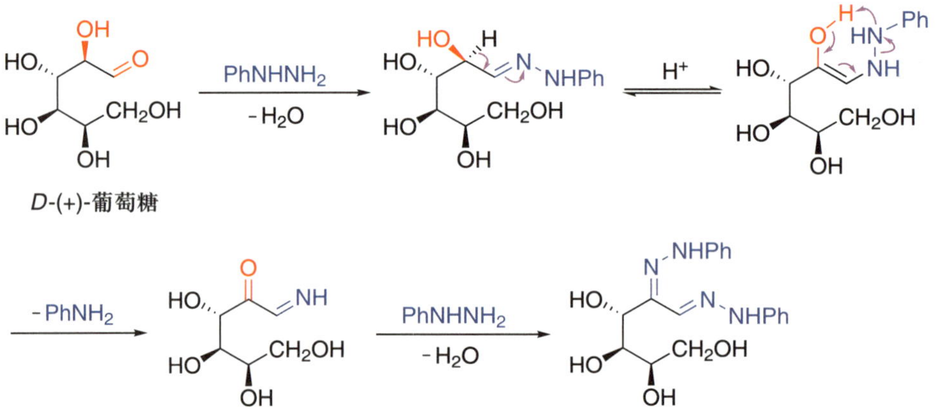

D-(+)-葡萄糖

邻亚胺酮　　　　*D*-葡萄糖糖脎

糖脎中的邻双腙结构可以通过分子内氢键的作用形成热力学稳定的六元环结构，抑制了进一步的反应。因此，糖脎的形成可以停留在 C2 位，而 C3 位不会进一步发生上述过程。

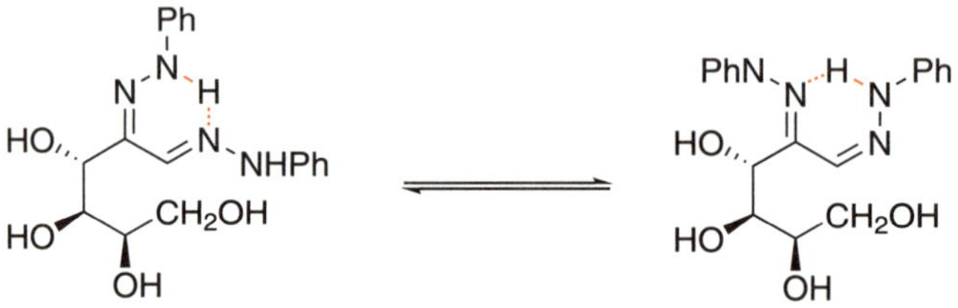

D-葡萄糖糖脎

思考题 18.5

试比较 *D*-葡萄糖、*D*-甘露糖与 *D*-半乳糖所得糖脎的结构区别。

18.4.5 单糖的氧化反应

醛糖具有醛类化合物的一般性质，可以被氧化成相应的羧酸，称为糖酸 (aldonic acid)。费林试剂 (Fehling reagent)、托伦试剂 (Tollen reagent) 均可以将醛糖氧化成糖酸。可以与费林试剂或托伦试剂反应的糖称为还原性糖 (reducing sugar)。

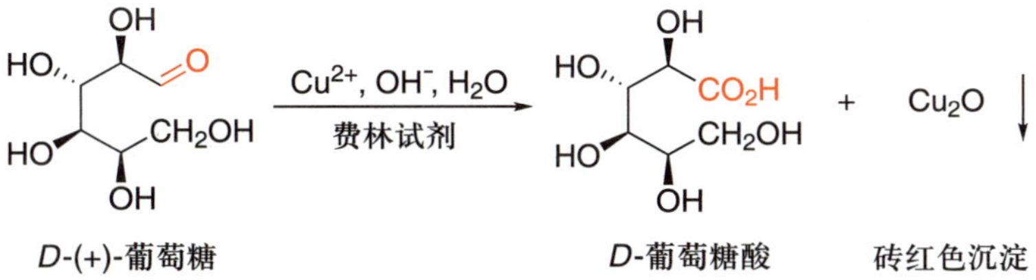

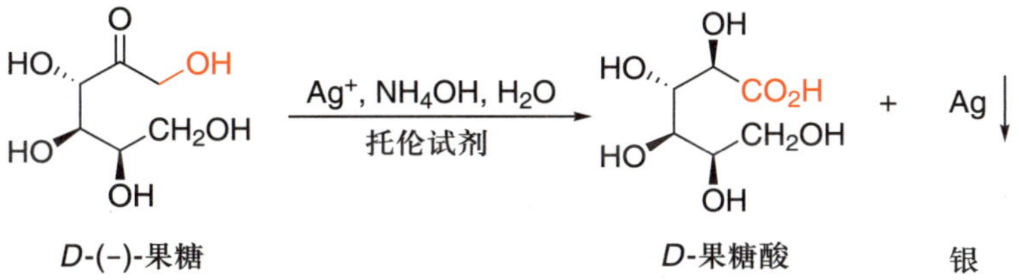

在弱酸性条件下 (pH 5)，醛糖可以被溴水氧化为糖酸。酮糖在弱酸条件下无法发生差向异构化，不会被溴水氧化。因此，溴水的氧化可以用于区分醛糖与酮糖。糖酸在加热条件下可以发生分子内缩合得到内酯。

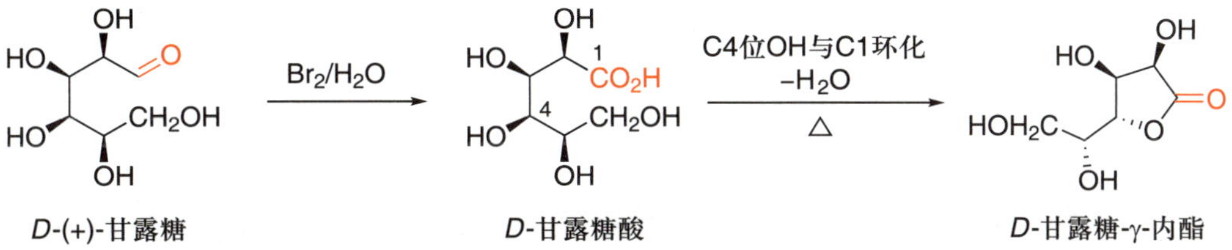

在更剧烈的氧化条件下，单糖末端的伯醇也可以被氧化。如在硝酸加热的条件下，甘露糖的醛羰基和伯醇同时被氧化成了羧基。

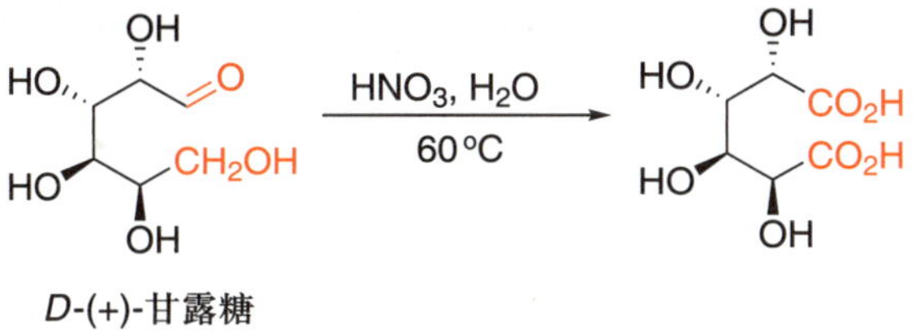

上述的氧化反应均有着很高的化学选择性，C2 位 – C5 位连续的二级醇均未发生氧化反应。这是由于醛基相较于羟基有着更高的反应活性，且中间的二级醇位阻较大，较难参与反应。

单糖的另一种氧化反应为 C–C 键的氧化断裂反应。高碘酸可以与邻二醇作用，将邻二醇中的 C–C 键断裂为两个羰基。其反应机理如下：高碘酸可以与邻二醇作用得到高碘环状中间体。该中间体随后发生裂解，得到两个醛或酮产物，以及碘酸。高碘酸也可以与邻羟基醛酮发生 C–C 键断裂反应，得到一分子醛与一分子羧酸。

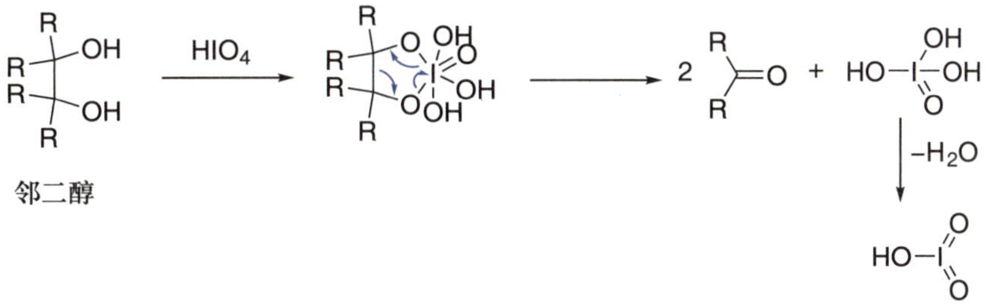

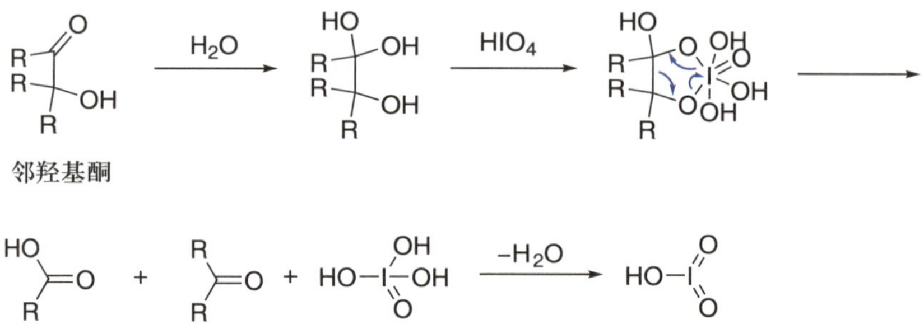

由于单糖中存在大量相邻的C–O键,高碘酸可以将单糖完全氧化降解为单碳分子。以 *D*-甘油醛为例，当底物为醛糖时，反应经历如下过程：C1 经历水合反应后，与高碘酸发生 C–C 键氧化断裂反应，C1 转化为一分子甲酸；剩余的邻羟基乙醛随后再次经历水合反应及高碘酸的 C–C 键氧化断裂反应，C2 转化为另一分子甲酸而 C3 转化为一分子甲醛。总体而言，*D*-甘油醛的三个碳原子共转化为了两分子甲酸与一分子甲醛。

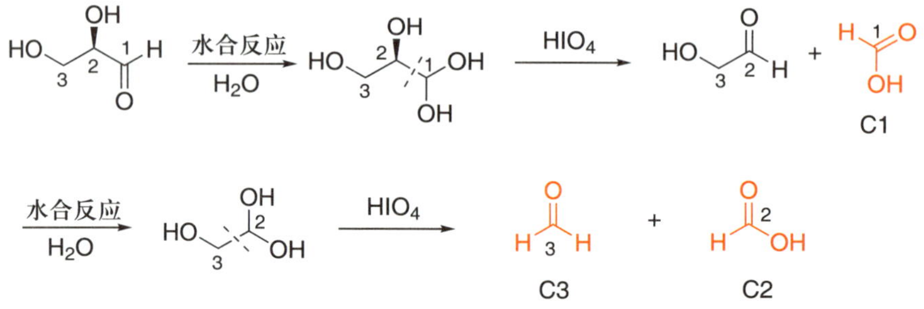

再以 1,3-二羟丙酮为例介绍酮糖 C–C 键的氧化断裂反应。酮羰基经历水合反应后，发生 C–C 键氧化断裂反应，C1 转化为甲醛。剩余的羟基乙酸可以再次发生氧化断裂反应，将 C2 转化为二氧化碳而 C3 转化为另一分子甲醛。

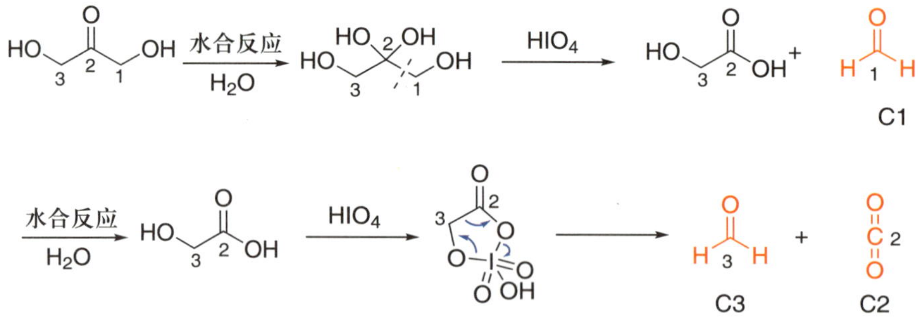

由以上反应历程可得到如下结论：(1) 断裂每根 C–C 键需要一分子高碘酸的参与；(2) 断裂产物中，醛羰基与二级醇将转化为甲酸，伯醇将转化为甲醛，而酮羰基会转化为二氧化碳。利用该氧化断裂反应，可以判断糖结构所含碳数并区分醛糖与酮糖。

思考题 18.6

请画出 α-甲基呋喃葡萄糖苷经高碘酸钠氧化断裂后所得到的产物。

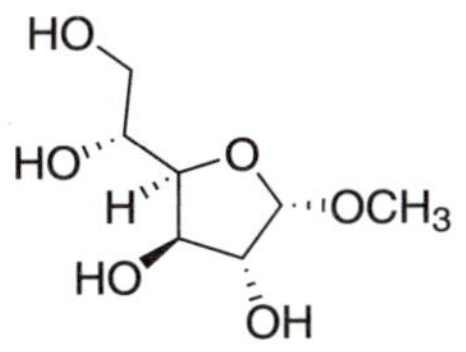

α-甲基呋喃葡萄糖苷

18.4.6 单糖的还原反应

单糖的醛/酮羰基可以发生还原反应得到相应的醇。这类产物称为**糖醇** (alditol)。*D*-(+)-葡萄糖可通过催化氢化或者与金属氢化物反应得到糖醇。

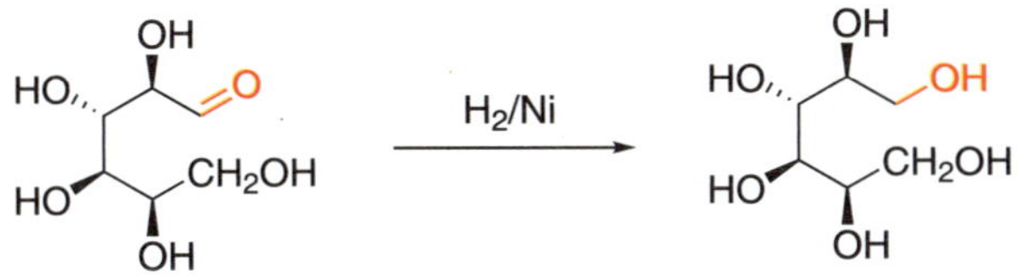

D-(+)-葡萄糖

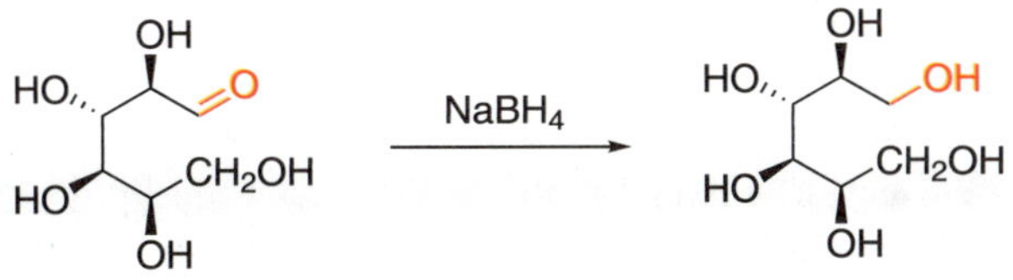

D-(+)-葡萄糖

思考题 18.7

比较 *D*-半乳糖与 *D*-葡萄糖经 $NaBH_4$ 还原后的产物，哪一个产物是手性化合物？

18.4.7 单糖的链增长反应

单糖化合物可以通过增碳反应实现碳链的延长，这是一种合成高级糖类化合物的常规策略。常用的方法是 Kiliani-Fischer 增碳反应，该反应可以实现单糖的单碳延长。以 *D*-(+)-阿拉伯糖为例简单介绍单糖的链增长反应，其具体路线如下：首先，HCN 对 *D*-(+)-阿拉伯糖的醛基发生加成，这一步反应会产生新的手性中心，得到两个**非对映异构体**的氰醇。随后，氰基发生水解得到六碳糖酸；此六碳糖酸容易发生分子内环化得到 γ-内酯。最后，γ-内酯经钠汞齐还原即可得到 *D*-(+)-葡萄糖或 *D*-(+)-甘露糖。以 *D*-(+)-葡萄糖或 *D*-(+)-甘露糖为起始原料，可以重复 Kiliani-Fischer 反应继续实现链增长得到七碳糖、八碳糖等。Kiliani-Fischer 增碳反应得到的是在 C2 位上互为非对映异构体的两个糖，为得到单一异构体，需要进行化合物的拆分。糖酸相对容易进行拆分，因此通常是在水解氰基之后将两个异构体进行分离。

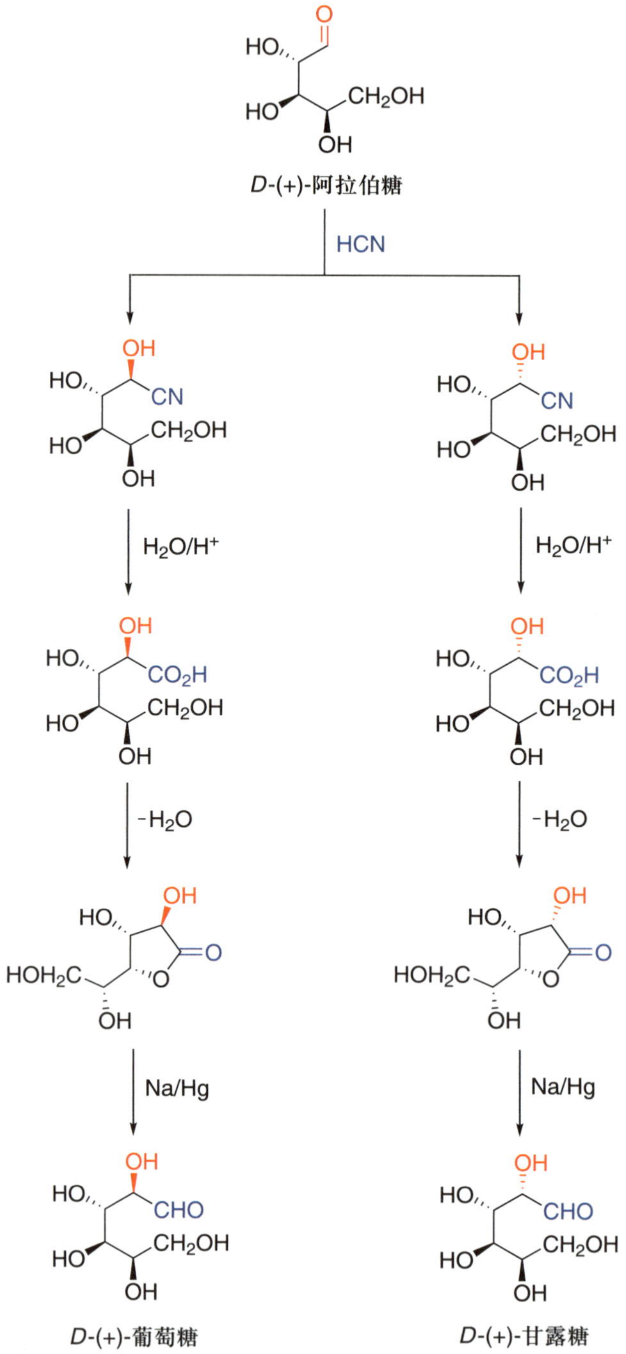

18.4.8　单糖的链缩短反应

糖常用的链缩短反应有 Wohl 反应和 Ruff 反应。这两个反应可以一次降解一个碳，得到少一个碳的醛糖。

Wohl 反应

醛糖与羟胺可以形成**肟** (oxime)。例如，*D*-(+)-葡萄糖与羟胺缩合得到葡萄糖肟。在醋酸酐作用下，肟羟基发生乙酰化，随后发生分子内的顺式协同消除，脱除一分子醋酸得到氰醇。氰醇在碱性条件下消除，即得到缩短一个碳的 *D*-(+)-阿拉伯糖。

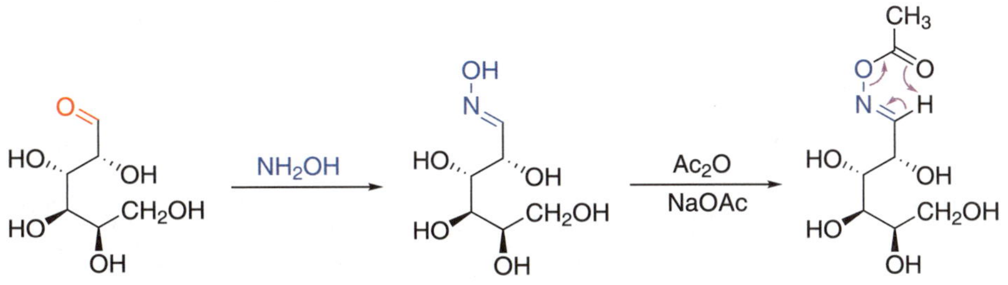

D-(+)-葡萄糖

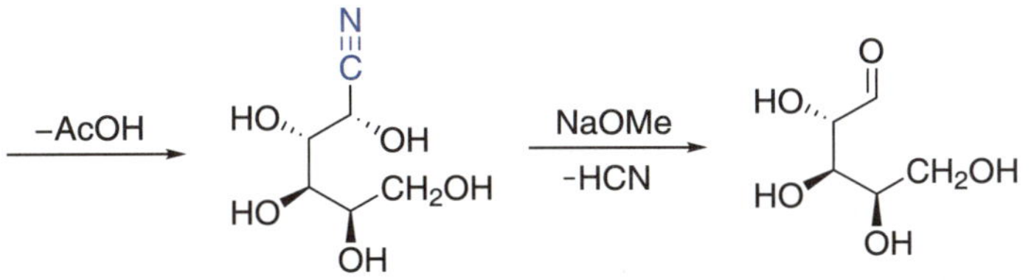

D-(+)-阿拉伯糖

Ruff 反应

Ruff 反应是醛糖上的氧化脱羧反应。醛糖经溴水氧化可以得到糖酸。糖酸在 H_2O_2/Fe^{3+} 的氧化作用下可以发生脱羧反应得到少一个碳的醛糖。在反应中，碳酸钙作为弱碱与羧酸发生酸碱反应得到羧酸负离子；该羧酸负离子经历单电子氧化得到羧基自由基，随后脱羧失去二氧化碳得到碳自由基；该碳自由基再次经历单电子氧化得到碳正离子，脱除质子后得到减少一个碳的醛糖。

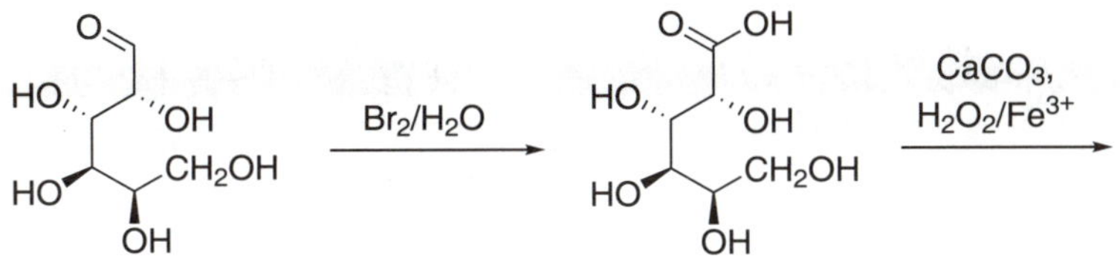

D-(+)-葡萄糖

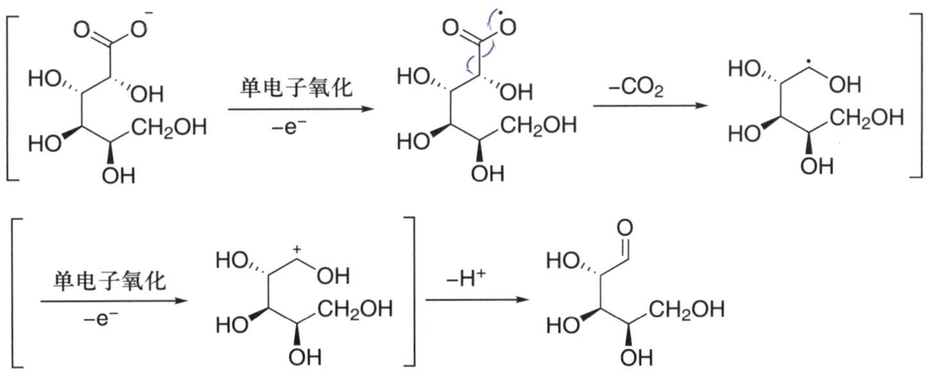

D-(+)-阿拉伯糖

Wohl 反应与 Ruff 反应均是降解了 C1 位醛羰基并将 C2 位转化为新的羰基。在此过程中，原料中单糖的 C2 位失去了手性中心。因此，仅 C2 位立体化学不同的单糖经 Wohl 反应或 Ruff 反应可以得到同一产物。

18.5　双糖

双糖的生物活性

在亿万年的进化过程中，许多植物进化出了自身的化学防御机制以抵御病虫害。其中，番茄用于化学防御的有机分子同时也可用于不同番茄之间的信息交流。当切根虫侵染番茄时，番茄可以产生一种二糖糖苷：*Z*-己-3-烯基巢菜糖甙(简称 HexVic)。HexVic 是一种昆虫拒食剂。拒食剂可以使昆虫无法正常识别食物，最终导致其因饥饿而死。有趣的是，被感染的番茄可以向空气中分泌 *Z*-己-3-烯-1-醇。邻近的其他番茄可以有效吸收分泌出的 *Z*-己-3-烯-1-醇从而促进合成自身的 HexVic。这种互相传递式的化学防御机制在植物中很常见。这种机制的研究也有助于新型杀虫剂的开发。

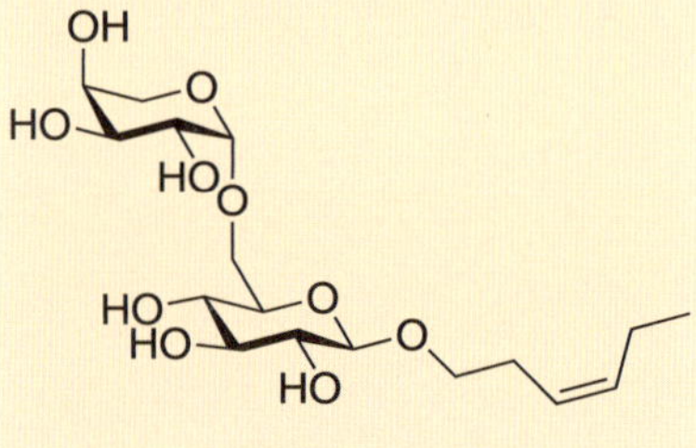

Z-己-3-烯基巢菜糖甙
Z-hex-3-enykvicianoside

双糖是两个单糖分子之间脱水缩合的产物，是最简单的低聚糖。双糖在酸性条件下水解可以得到两分子的单糖。自然界存在大量的双糖，且许多双糖与人类的饮食密切相关。双糖也具有类似单糖的反应性，可以进行醚化、酯化，进一步得到低聚糖或多糖等。根据其与氧化剂的反应性，双糖也可以分为还原性糖和非还原性糖。本节着重介绍一些重要双糖的结构与性质。

18.5.1　纤维二糖与麦芽糖

纤维二糖(cellobiose)是纤维素水解的产物；麦芽糖(maltose)则是淀粉水解的产物。二者经水解后均可以得到两分子的 *D*-(+)-葡萄糖。纤维二糖与麦芽糖均可以与托伦试剂和费林试剂反应，因此二者均为还原性糖。纤维二糖与麦芽糖经高碘酸氧化都可以得到二醛，因此二者中的单糖均为吡喃葡萄糖。二者的区别在于：纤维二糖可以被 β-葡萄糖苷酶水解，而麦芽糖能被 α-葡萄糖苷酶水解。

如下所示，纤维二糖与麦芽糖的糖苷键均是由葡萄糖 C4 位的羟基与另一分子葡萄糖的异头位相连而形成的(称为 1,4-糖苷键)。二者的区别仅在于糖苷键立体化学的不同。纤维二糖为 β 构型，而麦芽糖为 α 构型。两个二糖在生理功能上有很大的差异。麦芽糖有甜味(甜度约为蔗糖的 1/3)，很容易在体内降解；而纤维二糖无味，难以被人体消化吸收。

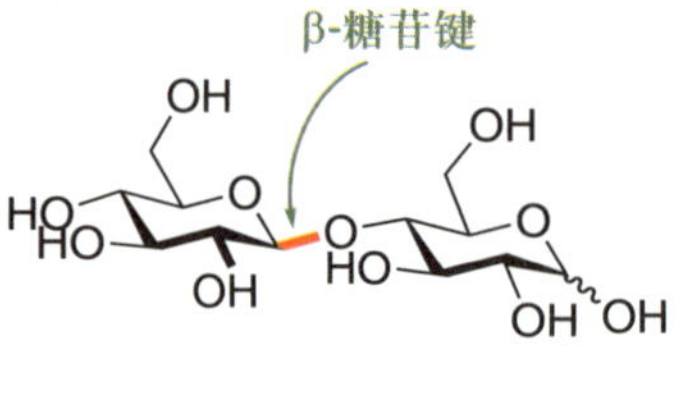

纤维二糖

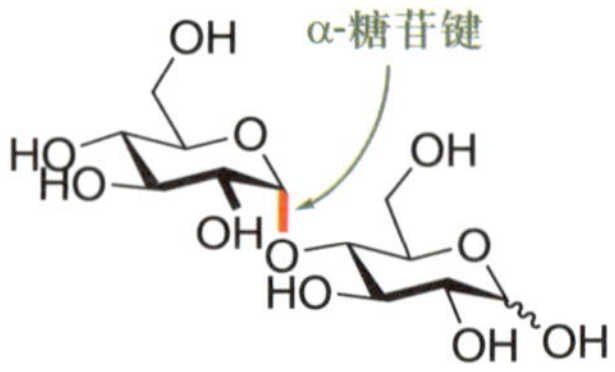

麦芽糖

18.5.2　乳糖

乳糖(lactose)是一分子半乳糖和一分子葡萄糖通过 β-1,4-糖苷键连接而成的双糖，主要存在于哺乳动物的乳液中。人乳中乳糖的含量为 6%－8%，牛乳中乳糖的含量为 4%－6%。乳糖是奶酪生产中的副产物，甜度约为蔗糖的 70%。乳糖经酸性水解可以得到一分子半乳糖和一分子葡萄糖。乳糖经溴水氧化后水解可以得到半乳糖与葡萄糖酸，这表明乳糖的糖苷键是由半乳糖的异头位与 *D*-(+)-葡萄糖结合而形成的。乳糖的结构如下：

长时间放置的牛奶会逐渐变酸是因为牛奶中的乳糖容易被氧化而得到相应的糖酸。

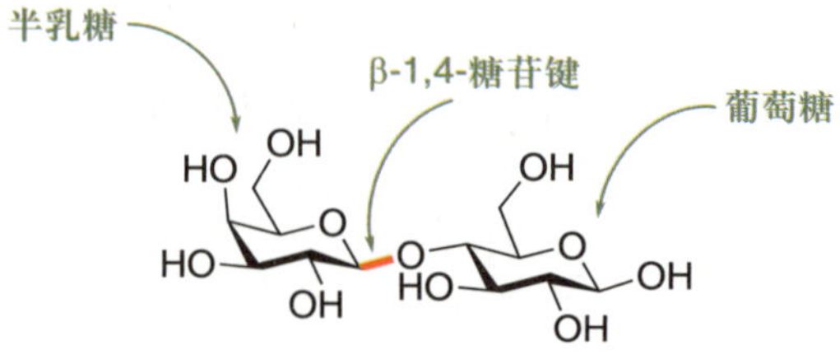

乳糖

人体分解乳糖的第一步是在乳糖酶的作用下将乳糖水解为半乳糖与葡萄糖。乳糖酶的缺失会导致人体无法有效吸收乳糖，从而产生乳糖不耐受的症状。

18.5.3 蔗糖

蔗糖 (sucrose) 是人类用量最大的双糖之一，也是最早以纯化合物的形式分离出的糖。自然界中蔗糖主要存在于甘蔗和甜菜中。蔗糖的结构如下所示，是由葡萄糖与果糖形成的非还原性双糖，不具有半缩醛结构。因此，蔗糖无法被托伦试剂或费林试剂氧化，既无变旋现象也无法成脎。

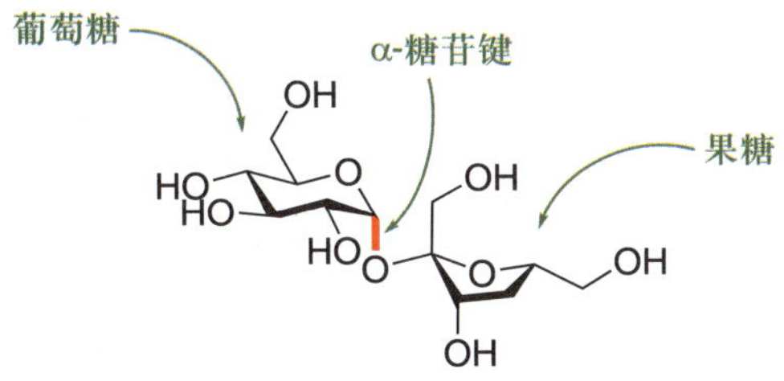

蔗糖

蔗糖的甜味主要源于其结构中的果糖单元。果糖具有常见糖中最高的甜度 (约为蔗糖的两倍)。蔗糖是右旋糖，其比旋光度为 +66°。蔗糖的水解产物中，葡萄糖的比旋光度为 +52.6°而果糖为−92.4°。由于果糖比旋光度的绝对值大于葡萄糖比旋光度的绝对值，因此蔗糖水解之后的混合物是左旋的。这种现象称为**转化糖** (invert sugar)。

人工甜味剂

人工甜味剂广泛应用于食品、饮料和药物中，是蔗糖及其他天然甜味剂的人工合成代替物。人工甜味剂可以使人们在不摄入高能碳水化合物的同时享受含有甜度的饮食。

人工甜味剂普遍具有远高于天然糖类的甜度，在食物中仅需少量的添加即可满足人类对甜味的需求。新型人工甜味剂的发展不仅需要合成出具有高甜度的有机化合物，同时也要保证其摄入对人类的健康没有副作用。每一款上市的人工甜味剂均经过了严格的生物活性测试以保证其安全性。目前，常见的人工甜味剂有糖精钠 (sodium saccharin)、阿斯巴甜 (aspartame)、三氯蔗糖 (sucralose) 等。

这三种人工甜味剂均是在实验中意外发现的。三位发明人均是意外品尝到了实验样品，并进一步验证其甜度后将其开发为人工甜味剂。在早期化学研究中，许多文献会报道新化合物的味道。当代化学研究**禁止**直接品尝新化合物的味道。

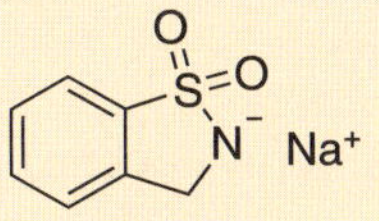

糖精钠
1879年发现
甜度为蔗糖的300倍

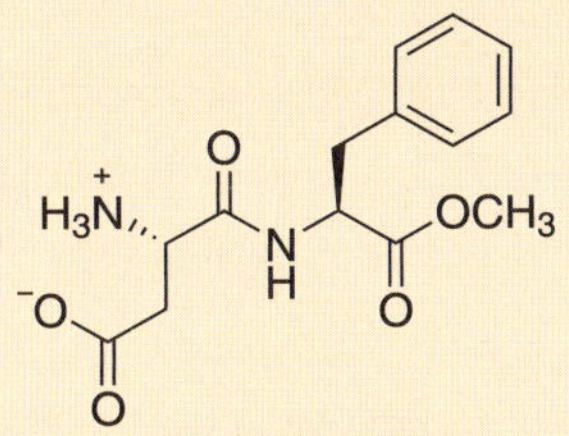

阿斯巴甜
1965年发现
甜度为蔗糖的180倍

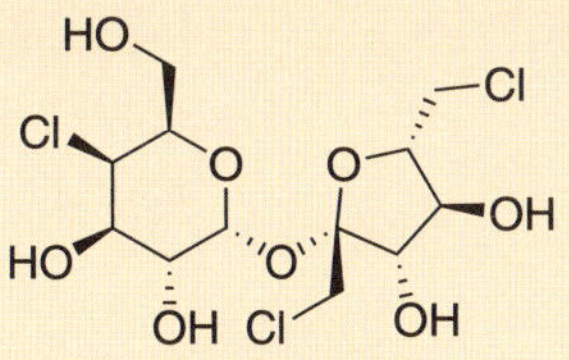

三氯蔗糖
1989年发现
甜度为蔗糖的600倍

18.6 环糊精

淀粉经环糊精糖基转化酶水解，可得到一种叫作环糊精 (cyclodextrins) 的环状低聚糖。环糊精通常含有 6–12 个葡萄糖单元，每个单元均为吡喃糖，通过 α-1,4-糖苷键进行连接。常见的环糊精为 α-环糊精（六个葡萄糖单元）、β-环糊精（七个葡萄糖单元）和 γ-环糊精（八个葡萄糖单元）。

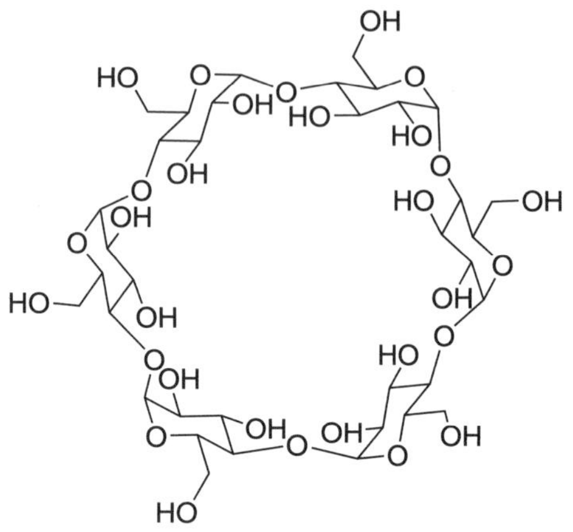

α-环糊精

环糊精的结构具有一定的刚性，对碱稳定，对酸也有一定的耐受性。在三维结构上，环糊精环中央的空腔可以选择性地嵌入有机物而形成包合物。这种嵌套关系也被称为**主–客体关系**。由于环糊精含有的葡萄糖数不同，其中间的空腔孔径也各不相同。环糊精的外侧为极性环境而内部为非极性环境。环糊精能有效结合非极性化合物，同时自身溶于极性溶剂。

18.7 多糖

多糖（polysaccharides）是单糖的高聚物，通常具有几百个乃至上千个单糖单元。自然界中常见的多糖有淀粉（starch）、糖原（glycogen）、纤维素（cellulose）、甲壳素（chitin）等。

18.7.1 淀粉

淀粉是由 *D*-(+)-葡萄糖以 α-1,4-糖苷键聚合而成的白色无定形粉末。淀粉作为多聚物没有确切的分子量。淀粉是人类饮食中葡萄糖的重要来源。淀粉在体内消化会先形成麦芽糖，进一步水解后得到葡萄糖。

淀粉包括直链淀粉（amylose）与支链淀粉（amylopectin）两种类型。两种类型的比例因淀粉来源的植物品种而异，一般淀粉中直链淀粉占 10%–30%，支链淀粉占 70%–90%。两者在结构和性质上有一定的区别。

直链淀粉能溶于热水不成糊状。直链淀粉并不是一根直链，而是因分子内氢键作用而盘旋成螺旋状。每一圈螺旋约含有六个葡萄糖单元。直链淀粉遇碘显蓝色，这是由于碘分子进入了螺旋空隙中而形成了复合物。直链淀粉含有数百个葡萄糖单元，分子量在 150000–600000 之间。

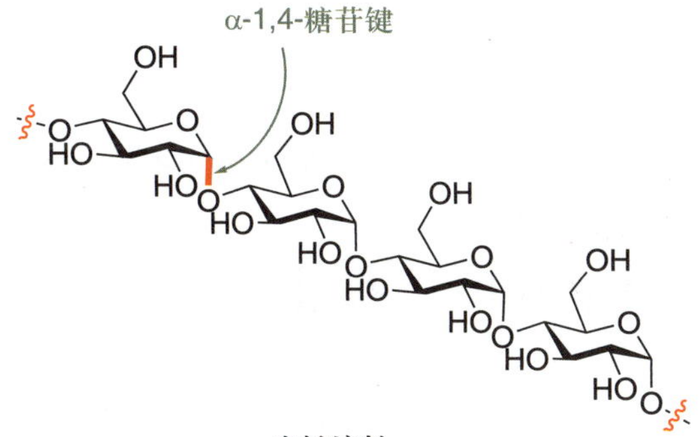

直链淀粉

支链淀粉是分支的，每 24 – 30 个葡萄糖单元中，会有一个葡萄糖的 C6 位连接另一个链的 C1 位，形成 α-1,6-糖苷键。支链淀粉的结构呈树枝状分支结构。支链淀粉的分子量要远大于直链淀粉，通常可达几百万。支链淀粉不溶于热水，而是成糊状。

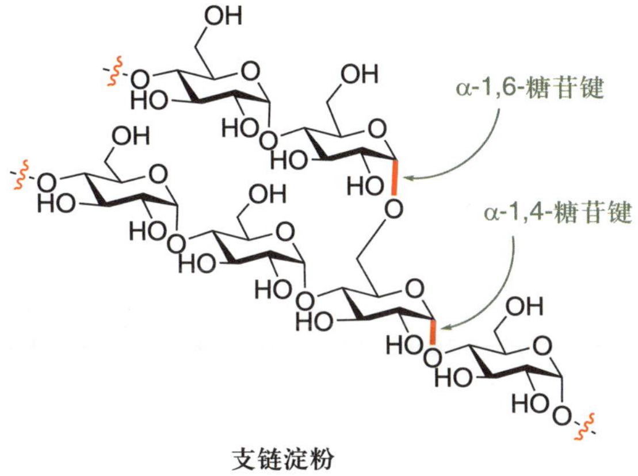

支链淀粉

18.7.2 糖原

糖原也是由 *D*-(+)-葡萄糖组成的高聚物。糖原的结构与支链淀粉类似，也同时具有 α-1,4-糖苷键与 α-1,6-糖苷键。相比支链淀粉，糖原的分支更多，每 8 – 12 个葡萄糖单元中即有一个分支。糖原主要存在于动物的肝脏和肌肉中，所以也被称为动物淀粉。糖原的主要生理作用是在剧烈运动的过程中迅速为机体提供葡萄糖，从而提供足够的能量。

当机体需要糖原提供能量时，**糖原磷酸化酶**（glycogen phosphorylase）可以将糖原末端的非还原性葡萄糖单元分解为 α-*D*-葡萄糖-1-磷酸酯。由于糖原富含支链结构，因此分子中有很多可以发生水解的末端葡萄糖，从而能为机体提供足够的能量。

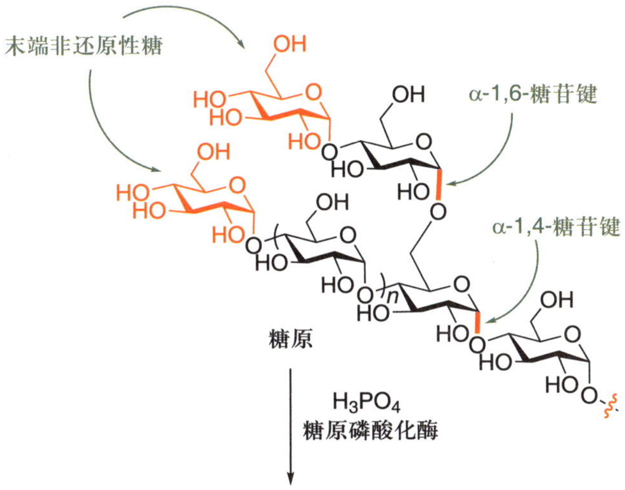

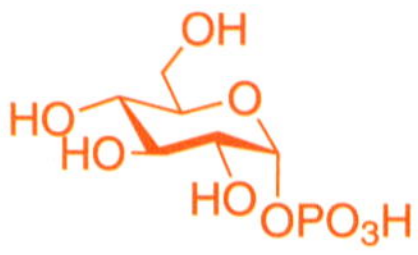

α-*D*-葡萄糖-1-磷酸酯

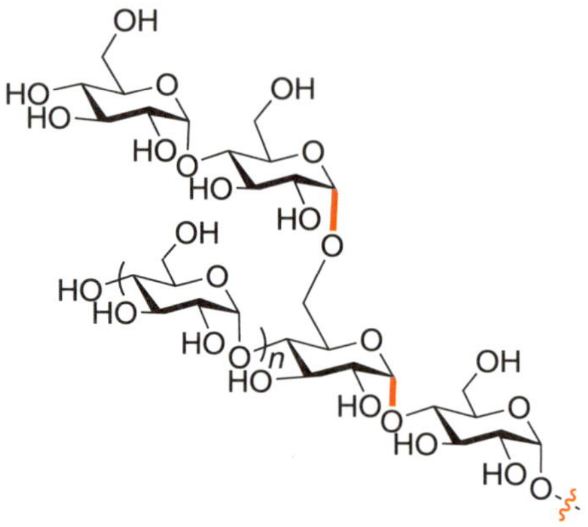

18.7.3　纤维素

纤维素是植物细胞壁的主要组分，也是自然界含量最丰富的有机化合物。纤维素含有 10000－15000 个葡萄糖单元。棉纤维基本由纤维素组成，木材和稻草中约 50% 的成分也是纤维素。纤维素不存在支链，其结构是一束一束的，每束之间由多个氢键相连接，所以纤维素具有较为刚性、难以降解的结构特点。

纤维素也是由 *D*-(+)-葡萄糖脱水缩合形成的多糖。但是与淀粉不同，纤维素中的葡萄糖单元之间是以 β-1,4-糖苷键相连接的。纤维素不能被淀粉酶水解，因此不能作为人类的营养物质。然而纤维素可以调节肠道菌群，也是人类饮食中必不可少的物质。食草动物的消化道中存在的某些微生物可以分泌纤维素水解酶，所以食草动物可以从纤维素中获取营养。

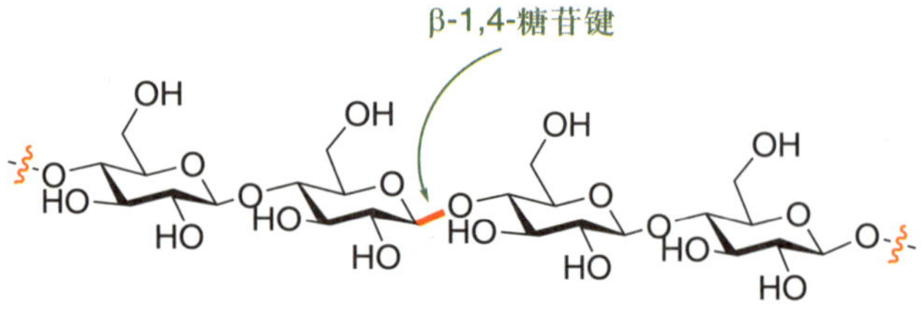

纤维素

纤维素及其衍生物在工业上具有广泛的用途。纤维素本身是造纸的主要原材料。纤维素在碱性条件下发生烷基化反应可以得到纤维素醚，是纺织、胶片、塑料工业的重要原材料。纤维素与乙酸酐发生酰化反应得到的产物是醋酸纤维，醋酸纤维可用于制造人造丝或电影胶片。纤维素与硫酸、硝酸反应可以得到羟基硝化的产物，即硝化纤维。高度硝化的硝化纤维也叫火棉，可以用于制备无烟火药。低度硝化的硝化纤维也叫火棉胶。火棉胶与樟脑等一起加热可以得到坚韧的塑料——赛璐珞 (celluloid)，可用来制造乒乓球、钢笔杆、玩具等。

18.7.4　甲壳素

甲壳素主要存在于节肢动物的外骨骼中。蟹的壳几乎全部由甲壳素组成。甲壳素是 *N*-乙酰-*D*-葡萄糖胺 (2-乙酰氨基-2-脱氧-*D*-葡萄糖) 的聚合物。甲壳素的单体以 β-1,4-糖苷键相连，并且没有支链。

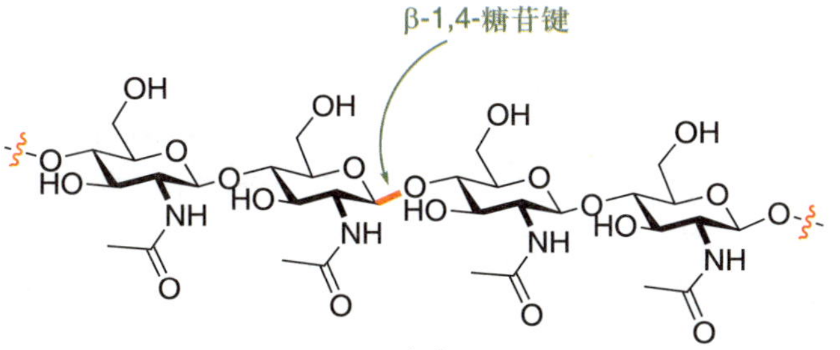

甲壳素

18.8 糖在化学生物学中的识别作用

在生物体中，糖类化合物除了提供能量，也是重要的信号分子。生物体的正常运转需要大量的细胞识别过程。细胞识别通常是通过细胞表面间的非共价键作用实现的。细胞表面的糖类化合物可以通过羟基形成大量氢键，在细胞识别中起到了重要作用。

糖类化合物可以与脂类或蛋白质相结合，得到糖脂（glycolipid）或糖蛋白（glycoprotein）。糖基结构上的不同会造成糖脂与糖蛋白在功能上的差异。人类的血型就是由红细胞表面的糖蛋白所决定的，这些糖蛋白称为抗原（antigen）。人类共有 A、B、O 三种血抗原。1960 年，A. Watkins 首次鉴定了 A、B、O 血抗原的结构，发现三种血抗原均为糖类化合物。

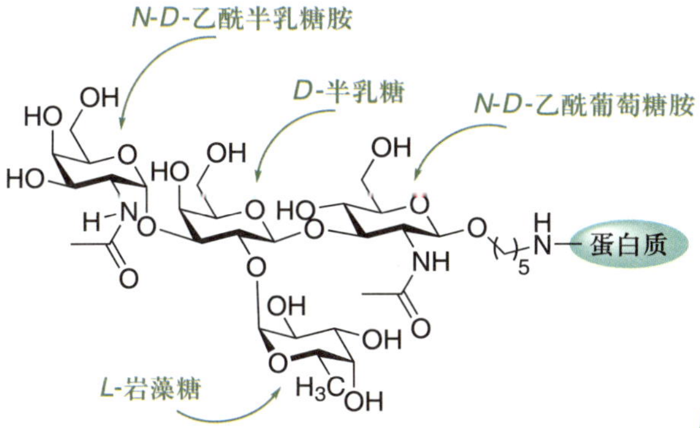

A型血抗原

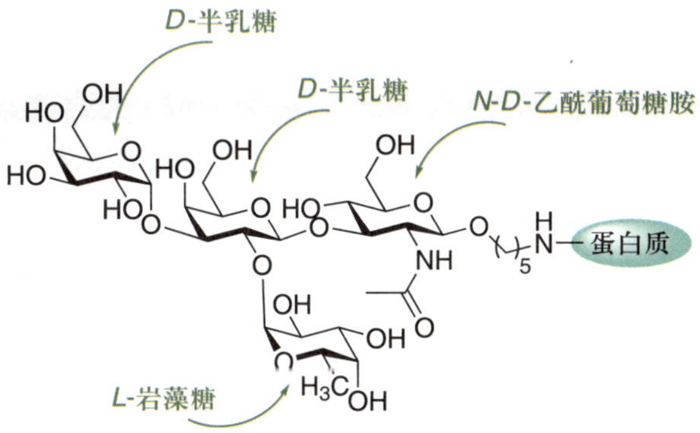

B型血抗原

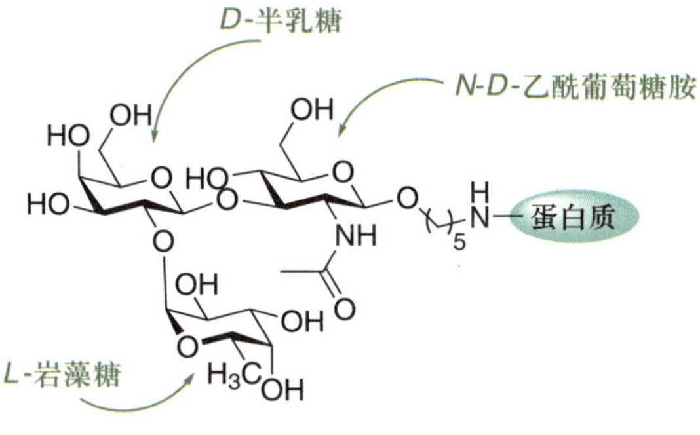

O型血抗原

三种血抗原的结构具有相似性。A 型血抗原和 B 型血抗原的区别在于末端半乳糖的 C2 位为羟基或 *N*-乙酰基。O 型血抗原则只有三个糖片段，没有末端的半乳糖。血清中除抗原外还具有抗体（antibody）。抗体与抗原可以产生互相识别作用。A 型血具有 A 型血抗原和 B 型血抗体；B 型血具有 B 型血抗原和 A 型血抗体；AB 型血具有 A 型血和 B 型血两种抗原，而没有任何一种抗体；O 型血仅有 O 型血抗原，但同时具有 A 型血和 B 型血两种抗体。若抗体与抗原相遇，会发生抗原抗体结合从而导致红血球凝结，造成致命的溶血反应。因此输血的时候必须保证抗原与抗体之间无免疫排斥反应。

治疗流感的药物也是基于糖类结构设计的。流感病毒有两个核心蛋白质：血球凝集素（hemagglutinin，HA）和神经氨糖苷酶（neuraminidase，NA）。目前已发现 16 种 HA 与 9 种 NA。不同的流感病毒也因此被标记为 H_aN_b。

早期研究表明，糖类衍生物 *N*-乙酰神经氨酸可以与 NA 作用抑制流感病毒的复制，而 2,3-脱氢-2-脱氧-*N*-乙酰神经氨酸（DANA）可以更好地与 NA 相结合。X 射线单晶衍射表明 DANA 的 C4 位羟基与 NA 表面上的羧酸负离子之间产生的氢键作用是 DANA 与 NA 结合的关键。因此，基于 DANA 的结构和作用机制可以设计出针对流感病毒的药物。

根据 DANA 与 NA 的作用模型，科学家在保留 DANA 环状烯基醚结构的同时，开始了对 C4 位不同取代基与 NA 结合性的研究。研究发现，C4 位上的羟基变成氢键作用更强的氨基可以显著提高 DANA 与 NA 的结合能力，而将 C4 位上的羟基换成能形成两个氢键的胍基，其结合效果优于氨基。以此为基础，Roche 公司与 GSK 公司分别开发出了抗流感药物奥司他韦（Oseltamivir）与扎那米韦（Zanamivir）。

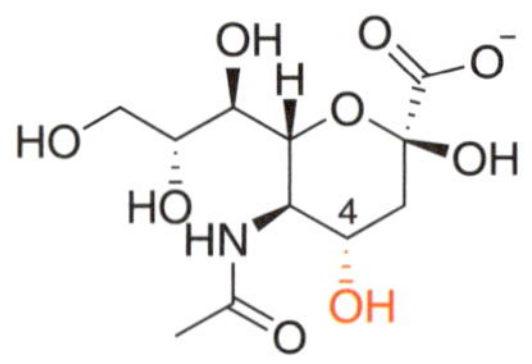

N-乙酰神经氨酸

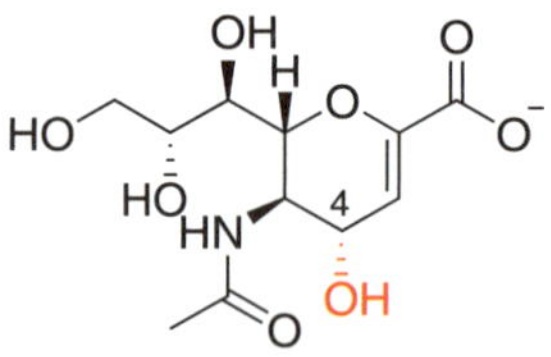

2,3-脱氢-2-脱氧-
N-乙酰神经氨酸
(DANA)

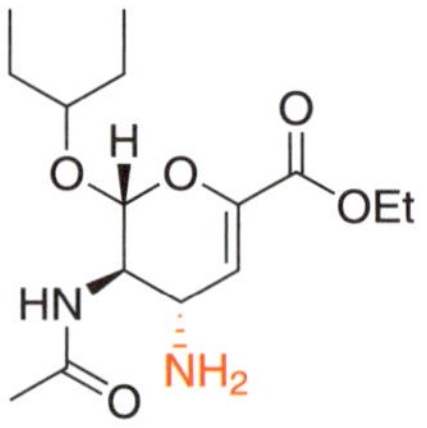

奥司他韦
Oseltamivir

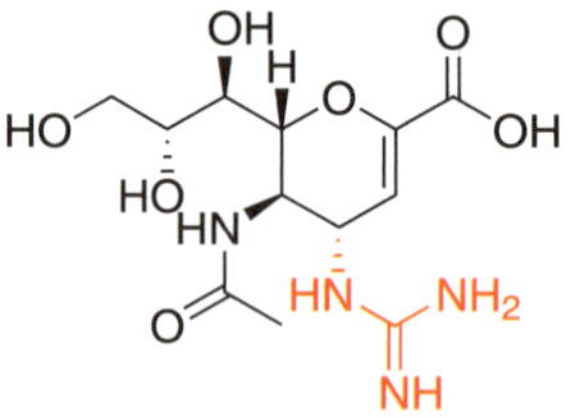

扎那米韦
Zanamivir

本章学习要点

(1) 糖的链状与环状结构；糖的构象与立体化学。
(2) 单糖的基础化学反应；糖苷化的几种基本反应。
(3) 多糖的基本性质。
(4) 糖在生物体中的识别作用。

习题

18.1 下列单糖中哪些属于醛糖，哪些属于酮糖？分别属于几碳糖？

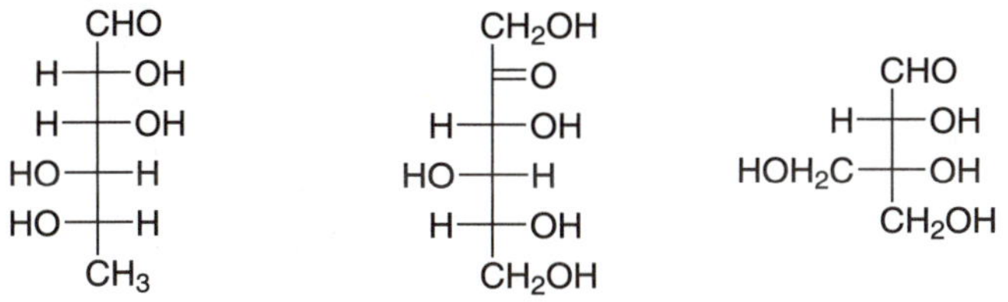

鼠李糖 rhamnose　　山梨糖 sorbose　　芹菜糖 apiose

18.2 请画出下列糖的开链状态时的 Fischer 投影式。

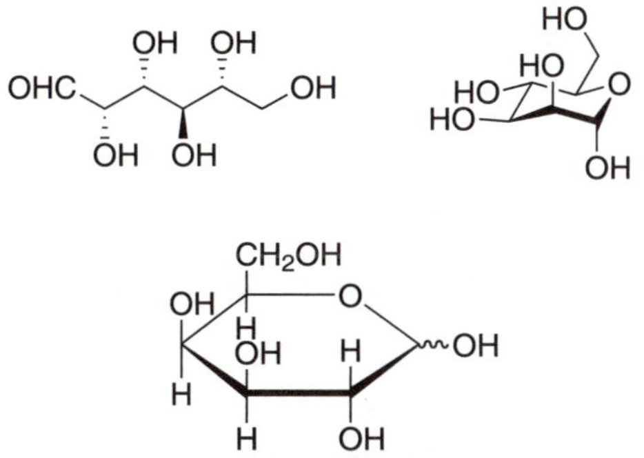

18.3 请画出下列单糖成环后的椅式构象（可忽略异头位的手性）。

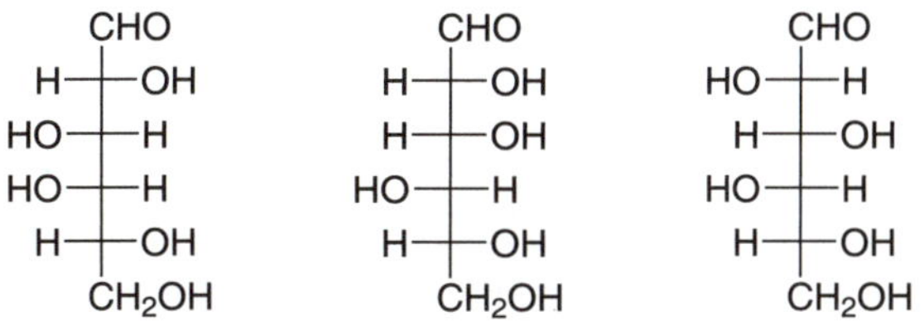

D-(+)-半乳糖　　*D*-(−)-古罗糖　　*D*-(−)-艾杜糖

18.4 Lewis X 三糖是一种具有抗炎症作用的三糖分子。(1) 此三糖是还原性糖还是非还原性糖？(2) 请标示结构中糖苷键的 α、β 构型。

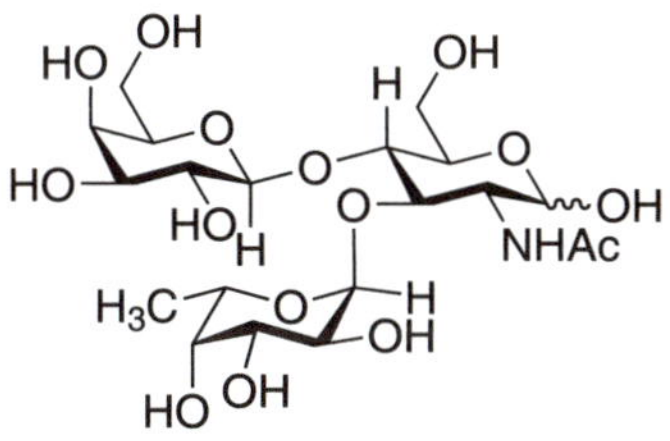

Lewis X 三糖

18.5 在酸性条件下，葡萄糖可以不经历开环醛糖状态而通过氧鎓离子中间体实现变旋。请阐述这一过程的反应机理。

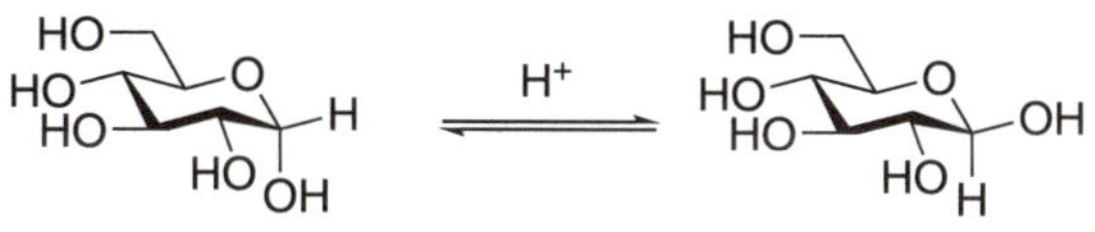

α-*D*-葡萄糖　　β-*D*-葡萄糖

18.6 如下结构中标记了 C–O 键与 C–Cl 键的键长。试解释为何蓝色 C–O 键的长度小于红色 C–O 键，而蓝色 C–Cl 键的长度长于红色 C–Cl 键？

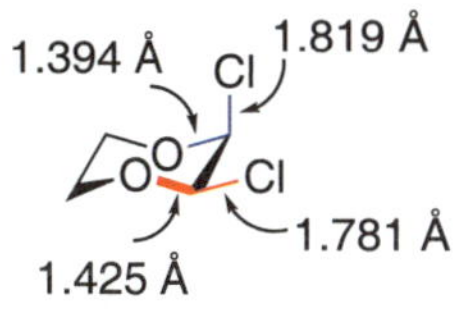

18.7 化合物 A 在三氟乙酸的条件下可以转化为化合物 B。(1) 试画出该反应可能的反应机理。(2) 化合物 A 比化合物 B 的能量高 10 kJ·mol^{-1}。试通过构象分析的方法解释为何化合物 B 具有更高的稳定性。

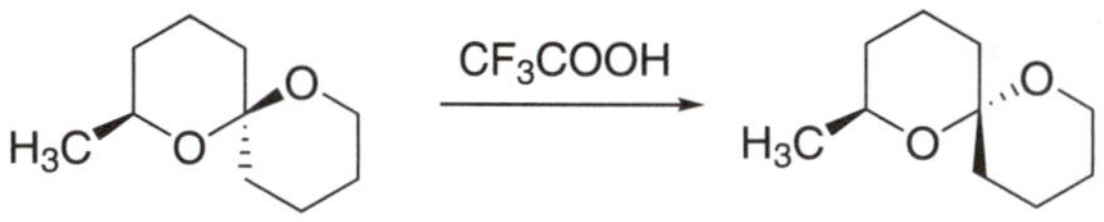

化合物A　　化合物B

18.8 D-(+)-甘露糖与 D-(+)-半乳糖经如下反应后，分别生成什么产物？(1) HNO_3，60℃；(2) $NaBH_4$，CH_3OH；(3) Br_2，H_2O；(4) $C_6H_5NHNH_2$，C_2H_5OH。

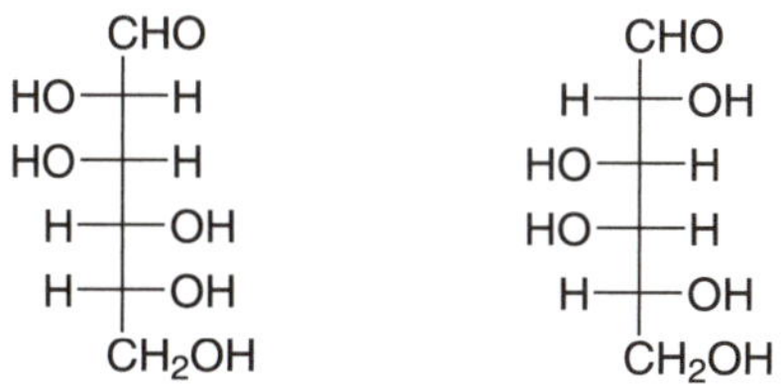

D-(+)-甘露糖　　*D*-(+)-半乳糖

18.9 请写出 D-(+)-葡萄糖与 D-(−)-果糖分别经高碘酸钠切断后所得到的产物。

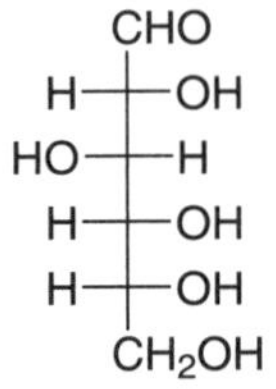

D-(+)-葡萄糖

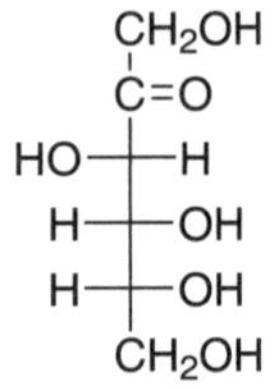

D-(-)-果糖

18.10 如下所示的葡萄糖衍生物经高碘酸钠切断得到化合物 $C_7H_{14}O_6$。此化合物不含羰基，却可以与 $NaBH_4$ 发生反应。试画出产物的结构。

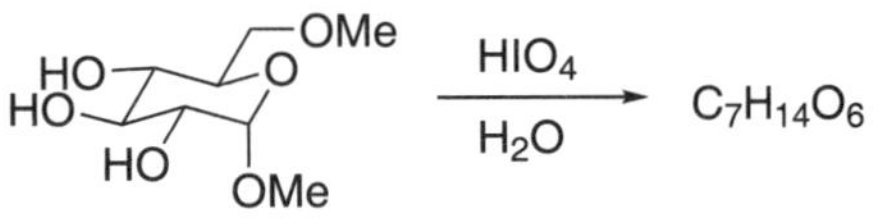

18.11 如下所示的糖苷化反应中[$(CH_3)_3SiOSO_2CF_3$ 为促进糖苷化的 Lewis 酸]仅得到 α 构型的糖苷键，试解释该反应的立体选择性。

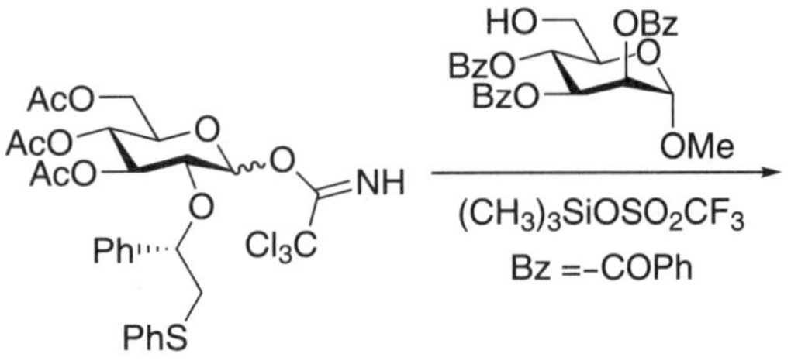

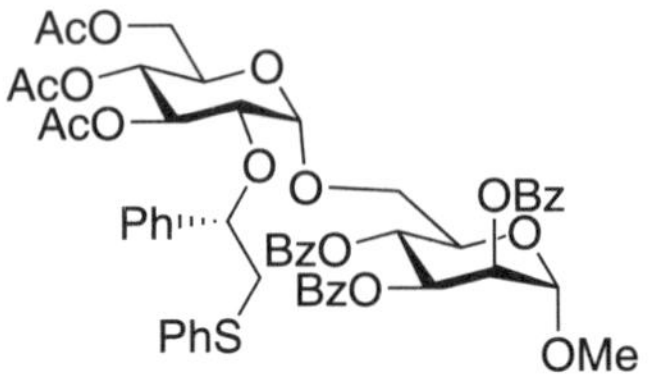

88%

仅生成α糖苷键

18.12 (1) 如何利用 *D*-(–)-赤藓糖合成 *D*-(–)-核糖与 *D*-(–)-阿拉伯糖？(2) 如何利用化学方法与旋光仪区分 *D*-(–)-阿拉伯糖与 *D*-(–)-核糖？

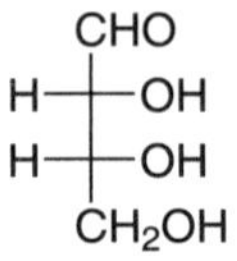

D-(-)-赤藓糖

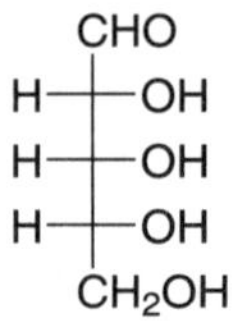

D-(-)-核糖

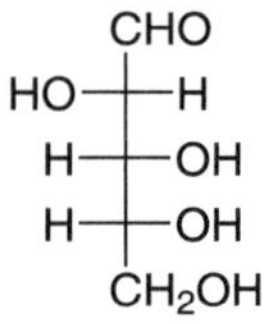

D-(-)-阿拉伯糖

18.13 请写出条件 A，以及化合物 B 与 C 的化学结构。

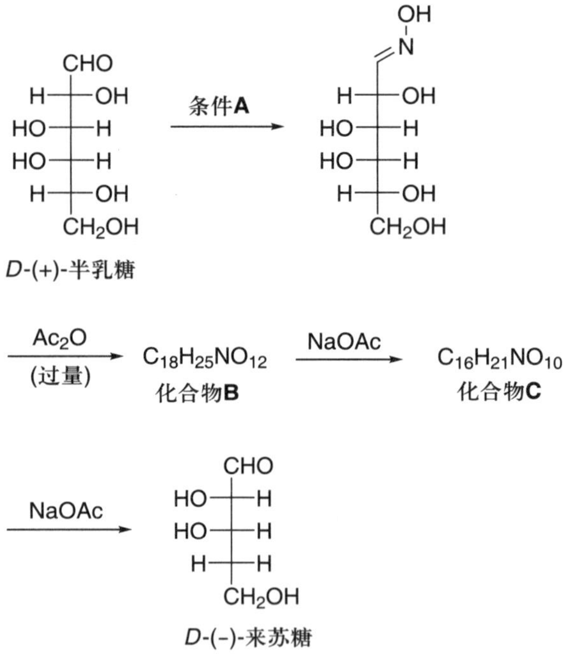

18.14 用氢氧化钠水溶液处理 *D*-氨基葡萄糖时，反应体系生成氨气。试解释该反应的反应机理。

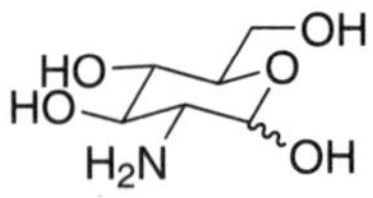

D-氨基葡萄糖
D-glucosamine

第 19 章

氨基酸与蛋白质

第 19 章　氨基酸与蛋白质

氨基酸 (amino acid) 在自然界广泛存在，是构建生命体最重要的模块分子之一。氨基酸单元经过酰胺键连接可以生成不同长度的链状聚合物——**肽** (peptide)。通常来说，由 2－10 个氨基酸组成的肽称为**寡肽** (oligopeptide)；10－50 个氨基酸组成的肽称为**多肽** (polypeptide)；50 个以上氨基酸组成的肽称为**蛋白质** (protein)。寡肽和多肽是生命体系中多种生理过程的重要参与者，为多种药物开发提供了重要的蓝本。蛋白质是生物体内最重要的生物大分子之一，具有多样的结构和功能，可以起到催化反应、传递信号、构建结构等作用。

19.1　氨基酸

19.1.1　氨基酸的结构

分子中同时含有氨基与羧基的有机化合物称为氨基酸。根据氨基和羧基在母体骨架上的相对位置，氨基酸可以分为 α-氨基酸、β-氨基酸、γ-氨基酸等。自然界中最为常见的氨基酸是 α-氨基酸。α-氨基酸（除甘氨酸）都是手性化合物，可以用通式 $RCH(NH_2)CO_2H$ 表示。由于历史原因，氨基酸的手性通常用 *D* 与 *L* 来表示，其规则与糖类化合物的相同。在 Fischer 投影式中，氨基酸的氨基与 *D*-甘油醛羟基处于同侧的为 *D*-氨基酸，与 *L*-甘油醛处于同侧的为 *L*-氨基酸。天然 α-氨基酸多数为 *L* 型。

D-甘油醛　　*L*-甘油醛

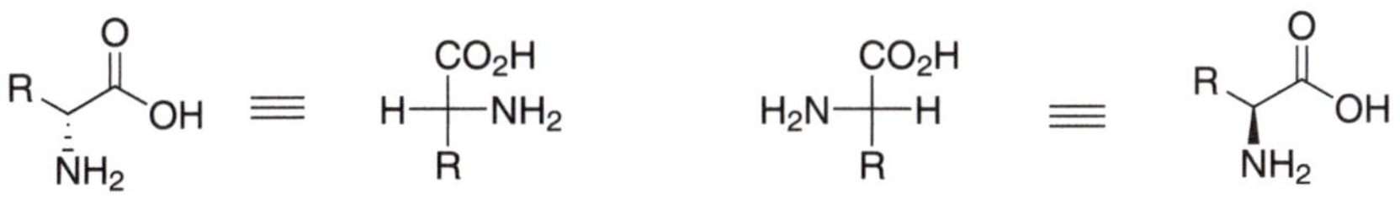

D-氨基酸　　*L*-氨基酸

19.1.2　蛋白质氨基酸

α-氨基酸是蛋白质的基本构成单元。自然界中有上千种 α-氨基酸，但组成蛋白质的氨基酸仅有 20 种，称为**蛋白质氨基酸** (protein amino acid)。这 20 种氨基酸之外的天然氨基酸称为**非蛋白质氨基酸** (nonprotein amino acid)。人体仅能合成这 20 种蛋白质氨基酸中的 12 种，且其中两种的合成量并不能满足人体需要。因此，人体必最初的 20 种蛋白质氨基酸中，最先被科学家鉴定的是天冬酰胺 (1806 年)，最后一个被发现的是苏氨酸 (1938 年)。这 20 种氨基酸均有俗名，大多源自其最初的分离来源。如天冬氨酸最初分离于芦笋 (天门冬属植物)，谷氨酸最初分离于谷物，酪氨酸最初分离于奶酪。α-氨基酸的三字码基本源于其英文名的三个首字母。氨基酸的单字码是由戴霍夫 (Margaret Dayhoff，1925－1983) 发明的。戴霍夫是生物信息学领域的先驱，被公认为生物信息学之母。戴霍夫发明单字码的初衷是为减少描述氨基酸序列所需的数据体积。

须从额外的膳食中获取这 10 种氨基酸。这 10 种氨基酸被称为**必需氨基酸** (essential amino acid)。

氨基酸的命名通常用俗名表示。表 19-1 列出了 20 种蛋白质氨基酸的结构、名称与酸碱性。此外，氨基酸还有一个三字母的缩写符号 (三字码) 与单字母的代号 (一字码)。根据侧链取代基的不同，氨基酸可以分为**中性氨基酸**、**酸性氨基酸** (侧链含有羧基) 和**碱性氨基酸** (侧链含有碱性基团)。

表 19-1　20 种蛋白质氨基酸的结构、名称与酸碱性

结构	名称	三字码	一字码	羧酸 pK_a	氨基共轭酸 pK_a	等电点
中性氨基酸						
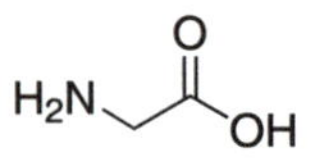	甘氨酸 (glycine)	Gly	G	2.34	9.60	5.97
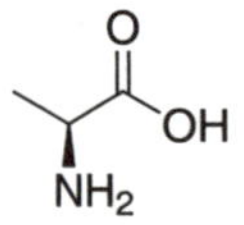	丙氨酸 (alanine)	Ala	A	2.35	9.69	6.02
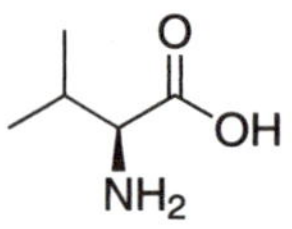	缬氨酸[a] (valine)	Val	V	2.32	9.62	5.97
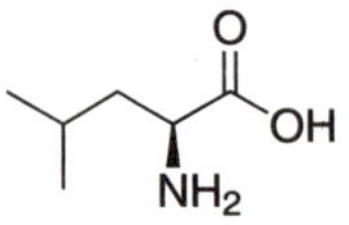	亮氨酸[a] (leucine)	Leu	L	2.36	9.60	5.98
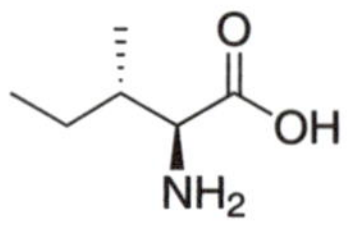	异亮氨酸[a] (isoleucine)	Ile	I	1.83	9.13	6.02
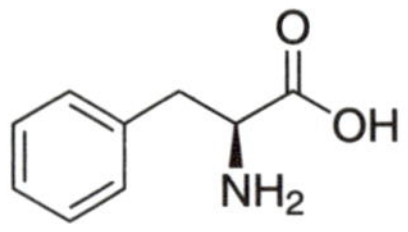	苯丙氨酸[a] (phenylalanine)	Phe	F	2.58	9.24	5.48
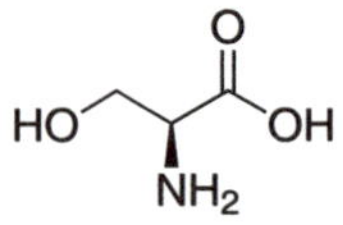	丝氨酸 (serine)	Ser	S	2.21	9.15	5.68
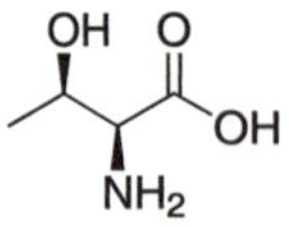	苏氨酸[a] (threonine)	Thr	T	2.09	9.10	5.60
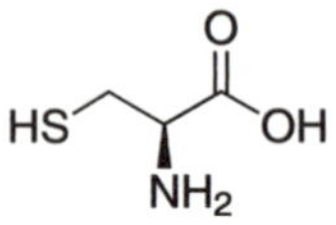	半胱氨酸 (cysteine)	Cys	C	1.86	8.35	5.10
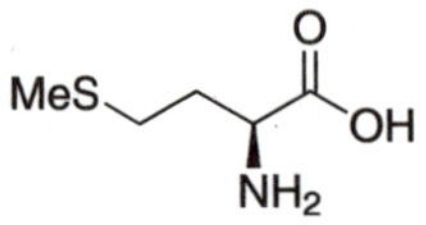	蛋氨酸[a] (methionine)	Met	M	2.28	9.21	5.74

续表

结构	名称	三字码	一字码	羧酸 pK_a	氨基共轭酸 pK_a	等电点
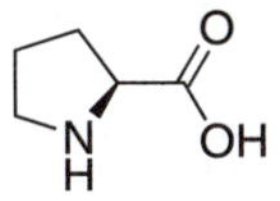	脯氨酸 (proline)	Pro	P	1.99	10.60	6.30
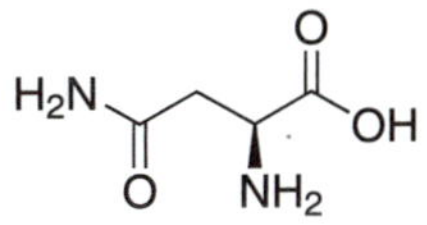	天冬酰胺 (asparagine)	Asn	N	2.02	8.80	5.41
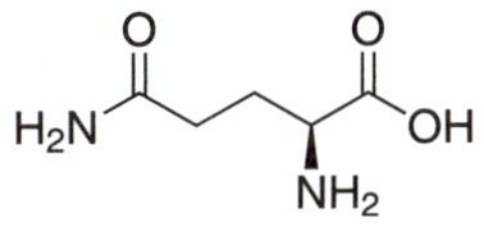	谷酰胺 (glutamine)	Gln	Q	2.17	9.13	5.65
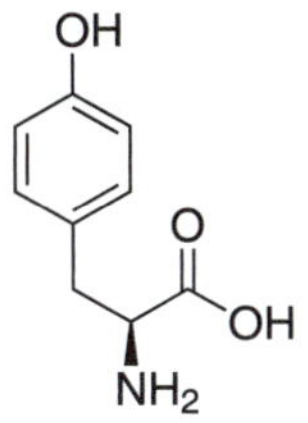	酪氨酸 (tyrosine)	Tyr	Y	2.20	9.11 10.07[c]	5.66
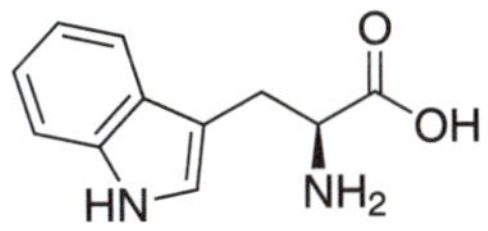	色氨酸[a] (tryptophan)	Trp	W	2.38	9.39	5.89
	酸性氨基酸					
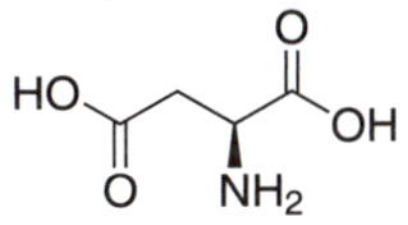	天冬氨酸 (aspartic acid)	Asp	D	1.88 3.65[b]	9.60	2.77
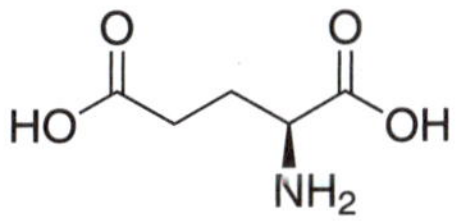	谷氨酸 (glutamic acid)	Glu	E	2.16 4.32[b]	9.67	3.22
	碱性氨基酸					
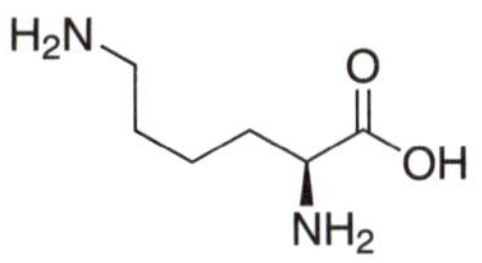	赖氨酸[a] (lysine)	Lys	K	2.18	9.12 10.53[c]	9.82
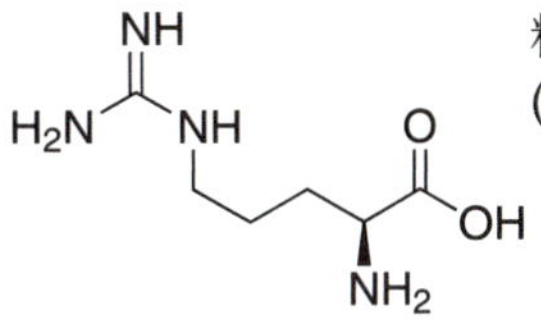	精氨酸[a] (arginine)	Arg	R	2.17	9.04 12.48[c]	10.76
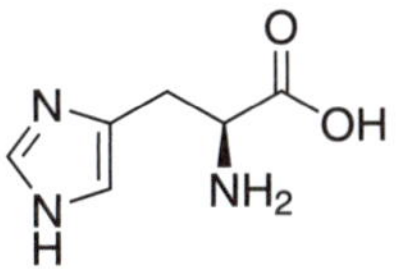	组氨酸[a] (histidine)	His	H	1.81	6.00 9.17[c]	7.59

a：必需氨基酸；b：非 α 羧基位点 pK_a；c：非 α 氨基位点 pK_a

硒代半胱氨酸与吡咯赖氨酸

蛋白质中除常见的 20 种蛋白质氨基酸外，在个别情况下也会包含**硒代半胱氨酸** (selenocysteine, Sec) 与**吡咯赖氨酸** (pyrrolysine, Pyl)。

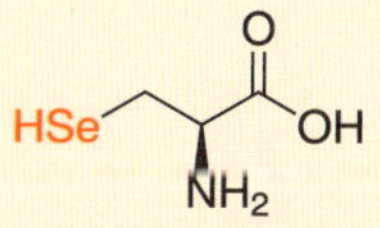

硒代半胱氨酸

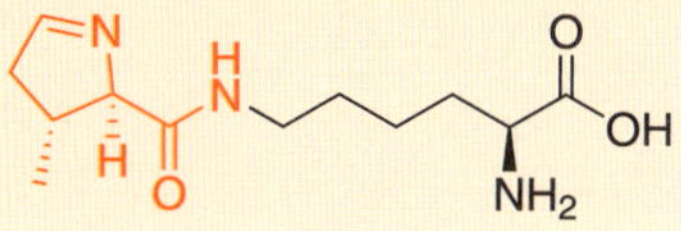

吡咯赖氨酸

硒代半胱氨酸只在极少数细菌和真核生物 (包括人类) 的蛋白质中出现，是第二十一种被确认的蛋白质氨基酸。吡咯赖氨酸目前仅在产甲烷菌与少数细菌中发现，是第二十二种蛋白质氨基酸。

19.1.3　非蛋白质氨基酸

非蛋白质氨基酸在微生物体系中尤为常见，为多肽天然产物的生物合成提供了丰富的手性模块单元。

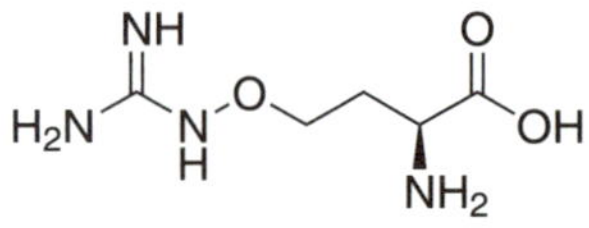

L-刀豆氨酸

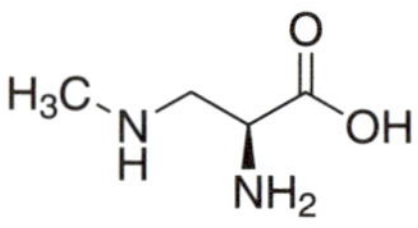

β-甲氨基-*L*-丙氨酸

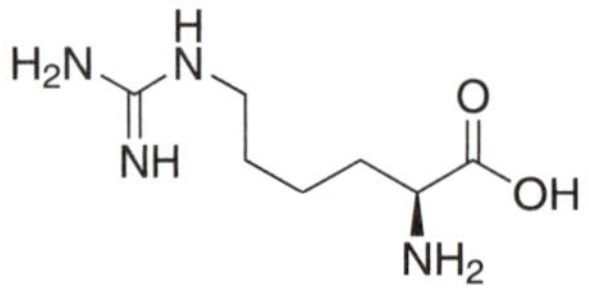

L-高精氨酸

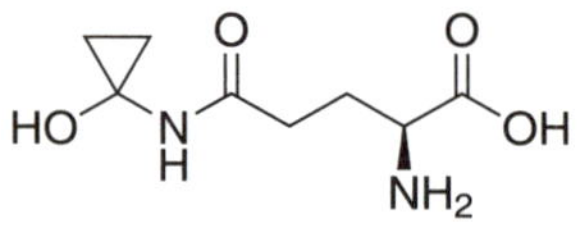

L-墨盖蘑菇氨酸

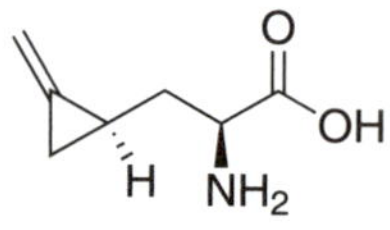

L-降血糖氨酸

思考题 19.1

请画出 *L*-苏氨酸与 *L*-异亮氨酸的 Fischer 投影式。

19.2　氨基酸的性质

19.2.1　两性离子性

α-氨基酸的 α 碳上同时含有氨基与羧基两个官能团，其羧基的 pK_a 2−2.4，其相应的铵根离子的 pK_a 10−11。氨基酸的羧基可以将氨基质子化，生成内盐形式的**两性离子** (zwitterion)。

19.2.2　等电点

氨基酸的氨基能结合 H^+ 形成正离子，羧基能解离出 H^+ 形成负离子，其侧链也可以带有酸性或碱性的基团。在强酸溶液中 (pH<1)，氨基酸主要以羧酸/铵根离子形式存在；在强碱溶液中 (pH>13)，氨基酸则主要以羧酸负离子/氨基形式存在。因此，氨基酸分子的整体电荷与溶液的 pH 有关，改变溶液的 pH 可以使氨基酸带上正电荷或负电荷，或者正好处于净电荷为零的状态。零电荷状态时的 pH 称为氨基酸的**等电点** (isoelectric point，pI)。在等电点处，氨基酸两性离子的浓度达到最大，比较 pH 与 pI 即可得出氨基酸此时的离子化状态。此外，不同 pH 条件下不同氨基酸的离子化程度也可用于氨基酸化合物的分离。

电泳技术可以利用不同氨基酸之间等电点的差异对氨基酸其进行分离。

氨基酸的等电点可以通过氨基酸官能团的 pK_a 进行计算。中性氨基酸在等电点时以两性离子形式存在，其质子化倾向与去质子化倾向是相同的。如下所示，等电点时，[A]=[C]，且 K_1=[B][H$^+$]/[A]，K_2=[C][H$^+$]/[B]。利用 [A]=[C] 可得到 K_1K_2=[H$^+$]^2。两边同取以 10 为底的负对数可得 pH=1/2 (pK_1+pK_2)。因此，等电点为两个 pK_a 的平均值。

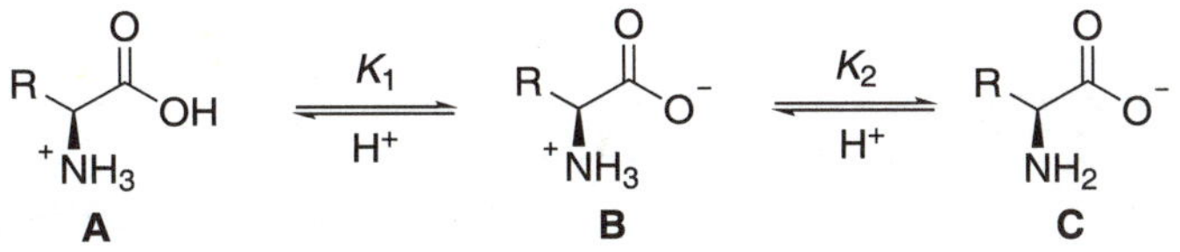

等电点时，有 [A]=[C]

又因为 $K_1=\dfrac{[B][H^+]}{[A]}$　$K_2=\dfrac{[C][H^+]}{[B]}$

即 $K_1K_2=[H^+]^2$

同取以 10 为底的负对数 pK_1+pK_2=2 pH

即 $\dfrac{pK_1+pK_2}{2}=pH$

碱性氨基酸含有一个可带正电荷的额外基团。以赖氨酸为例，其具有三个 pK_a，因此具有三个电离平衡。其中，C 结构为净电荷为零的偶极子。因此，计算赖氨酸的等电点只需考虑 K_2 与 K_3 两个过程：pI=pH=(pK_2+pK_3)/2。对于碱性氨基酸，其等电点为两个高 pK_a 值的平均值。

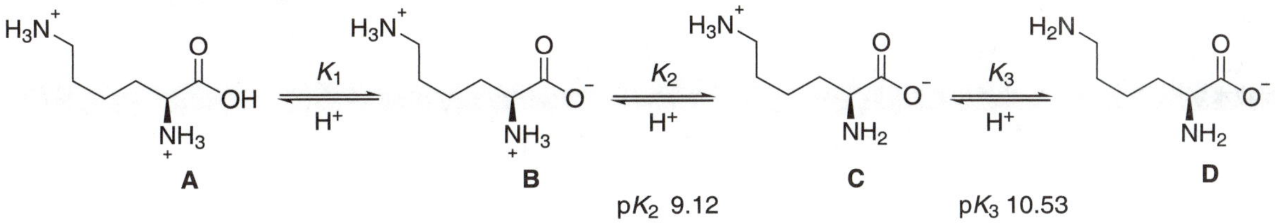

pI = (9.12 + 10.53)/2 = 9.82

酸性氨基酸含有一个可带负电荷的额外基团。以天冬氨酸为例，其具有三个电离平衡。其中，B 结构为净电荷为零的偶极子。因此，计算天冬氨酸的等电点只需考虑 K_1 与 K_2 两个过程：pI=pH=(pK_1+pK_2)/2。对于酸性氨基酸，等电点为两个低 pK_a 值的平均值。

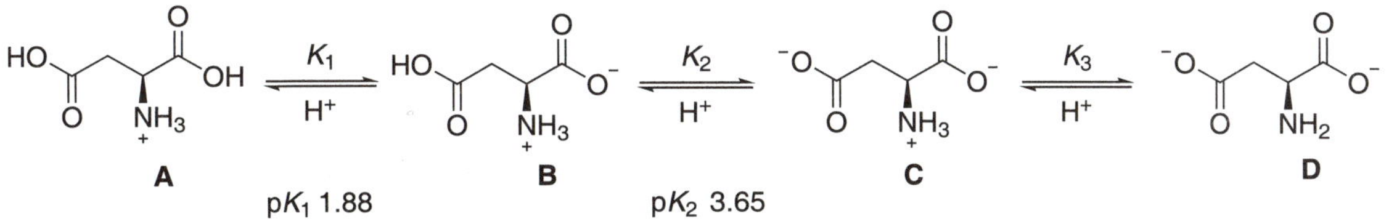

pI = (1.88 + 3.65)/2 = 2.77

思考题 19.2

请计算 *L*-精氨酸的等电点。

19.3　氨基酸的反应性

19.3.1　化学反应

α-氨基酸含有羧基与氨基两个官能团，因此也具备这两个官能团的反应特性。常规的羧酸和胺的反应在上册的第 14 章与第 16 章中已有介绍，此章不做赘述。

少数反应物如茚三酮可与 α-氨基酸发生特征性反应。茚三酮与 α-氨基酸在水溶液中加热可以得到一种紫色化合物，为 α-氨基酸的显色检验提供了简单灵敏的方法。反应机理如下所示，茚三酮与 α-氨基酸缩合后得亚胺；亚胺随后发生脱羧并水解得到氨基茚满二酮。氨基茚满二酮与另一分子茚三酮再次发生缩合，经互变异构后得到含有多共轭体系的紫色的最终产物。

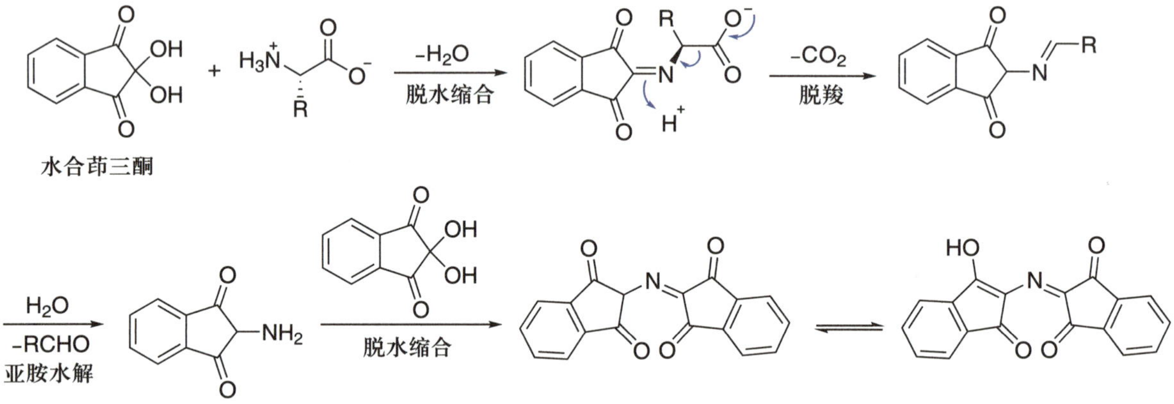

19.3.2　生化反应

α-氨基酸有着较高的化学稳定性，通常情况下与 α 碳相连的 C–N 键和 C–C 键不易断裂。但是在生物体内，α-氨基酸可以在酶的催化作用下克服这些化学惰性，进行多种高效的化学转化，如转氨化，脱羧和消旋化等。这些转化在生物体内有着重要的代谢功能。

转氨基化 (transamination) 是氨基酸在生物体内最重要的一类代谢过程。在转氨基化反应中，α-氨基酸与 α-酮戊二酸发生反应，该 α-氨基酸转化为 α-羰基酸谷氨酸。谷氨酸可作为氨基给体，与其他 α-羰基酸发生转氨基化反应，得到 α-酮酸和新的 α-氨基酸。

α-氨基酸　　α-酮戊二酸　　α-酮酸　　*L*-谷氨酸

生物体内的氨基酸转氨基化反应主要是通过**转氨酶** (transaminase) 的催化来实现的。这个转氨酶催化还需要一个特殊的小分子 **5′-磷酸吡哆醛** (pyridoxal 5′-phosphate，简称 PLP) 来协同促进转氨基化反应，PLP 在转氨基化反应中起到氨基中转站的作用。

如下所示，PLP 可以从 α-氨基酸中接受其氨基基团转化为 5′-磷酸吡哆胺，并将氨基酸转化为 α-酮酸；而 5′-磷酸吡哆胺则可以将氨基再转移到另一个 α-酮酸上并得到新的氨基酸，而自身转化回 PLP。

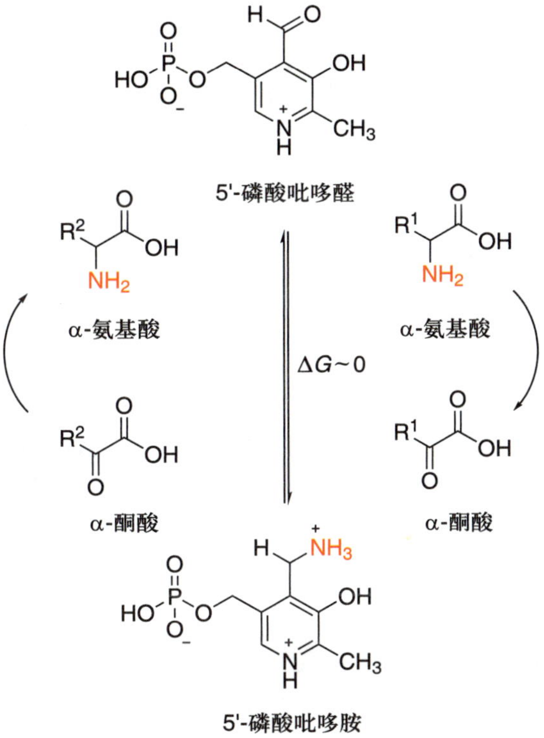

PLP 促进的转氨基化反应的主要步骤如下所示。首先，氨基酸与 PLP 缩合得到吡啶亚胺。由于 PLP 中吡啶在质子化后的强吸电子效应，氨基酸的 α 碳氢键有较强酸性，容易发生去质子化，并发生 E1 消除反应并产生吡啶醌式结构。此结构可在吡啶苄基位重新质子化，从而实现亚胺双键的迁移。新的亚胺水解后，即得到 α-酮酸与 5′-磷酸吡哆胺。5′-磷酸吡哆胺可以与另一分子 α-酮酸反应得到相应的氨基酸并自身转化为 PLP。

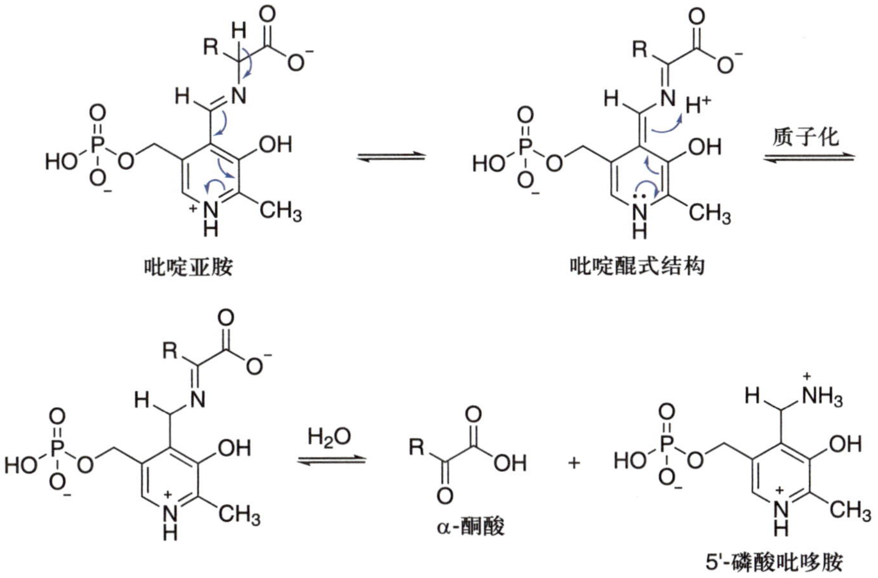

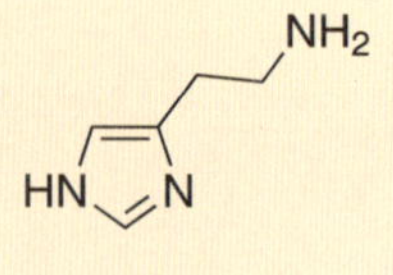

组氨

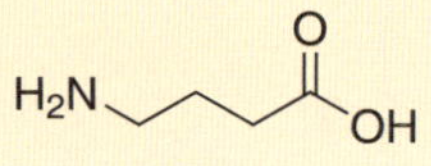

γ-氨基丁酸

在转氨基化反应之外，PLP 还可以促进氨基酸的**脱羧反应**。如下所示，氨基酸与 PLP 结合后，通过脱羧的方式得到吡啶醌式结构。吡啶醌式结构发生质子化后再水解，即得到 5′-磷酸吡哆醛与脱羧后的胺。氨基酸脱羧为生物体内多种胺类信号分子如组胺、γ-氨基丁酸提供了关键的生物合成途径。

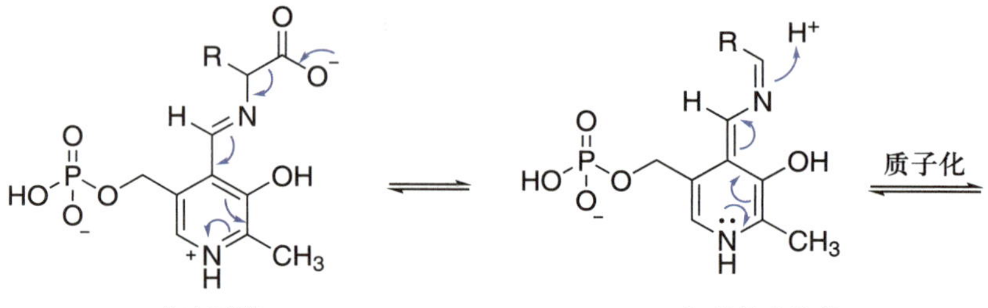

吡啶亚胺　　吡啶醌式结构

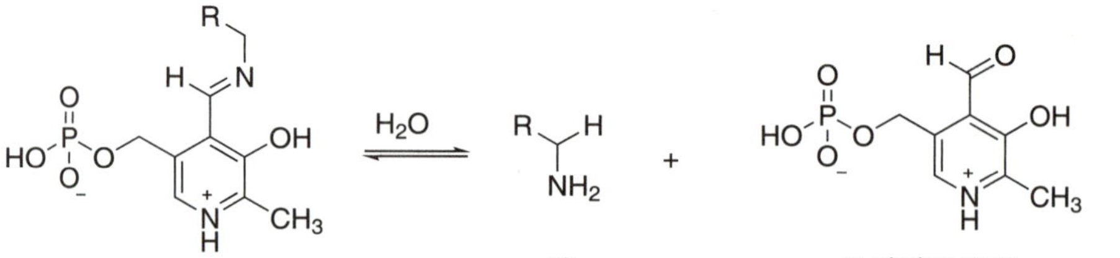

胺　　5′-磷酸吡哆醛

思考题 19.3

多巴胺是经 *L*-多巴脱羧生成的。请画出 *L*-多巴的化学结构。

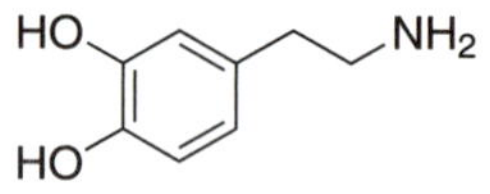

多巴胺
(dopamine)

19.4　氨基酸的合成

氨基酸在生物、医药和食品领域中有着广泛应用，下面介绍几种常用的氨基酸合成方法。

19.4.1　α-卤代酸的氨化

α-卤代酸通过与胺类亲核试剂发生 S_N2 反应可以得到 α-氨基酸。α-卤代酸可以通过羧酸的 Hell-Volhard-Zelinsky 溴化反应得到。由于胺的烷基化会出现多烷基化的问题（上册第 16 章），因此该反应需要大过量的氨气以抑制胺的多烷基化副反应。

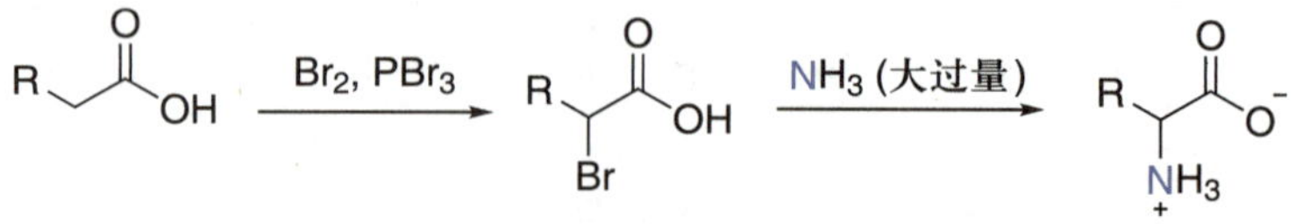

另一种避免多烷基化的方法是使用 Gabriel 伯胺合成法：使用邻苯二甲酰亚胺钾

作为亲核试剂与α-卤代酸反应。产物中的邻苯二甲酰亚胺保护基可在酸性水解条件下脱除。

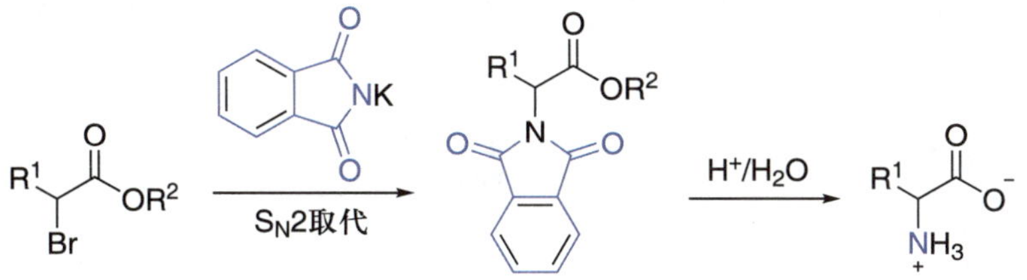

19.4.2 氨基丙二酸酯的烷基化

丙二酸酯的烷基化反应可以用于制备α-氨基酸。起始原料通常为氨基丙二酸酯。在碱的作用下，1,3-二羰基化合物可以与卤代物发生烷基化反应。得到的烷基化中间体在酸性条件下发生水解并脱除一个羧基，即可得到α-氨基酸。

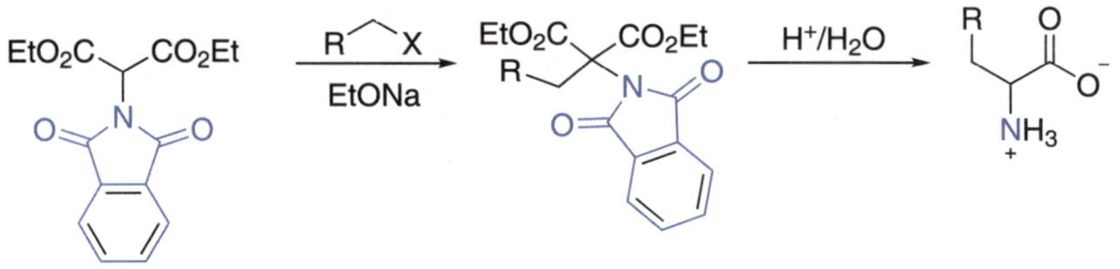

除烷基化反应之外，氨基丙二酸酯可以通过 Michael 加成反应等其他亲核加成的方式引入氨基酸侧链。使用双卤代物作为烷基化试剂可以得到环状氨基酸。此合成方法属于丙二酸酯合成法在氨基酸合成中的应用。

19.4.3 Strecker 反应

醛与 HCN、NH_3 反应可以得到氰胺，氰胺经过水解可以得到氨基酸。此反应称为 Strecker 反应。

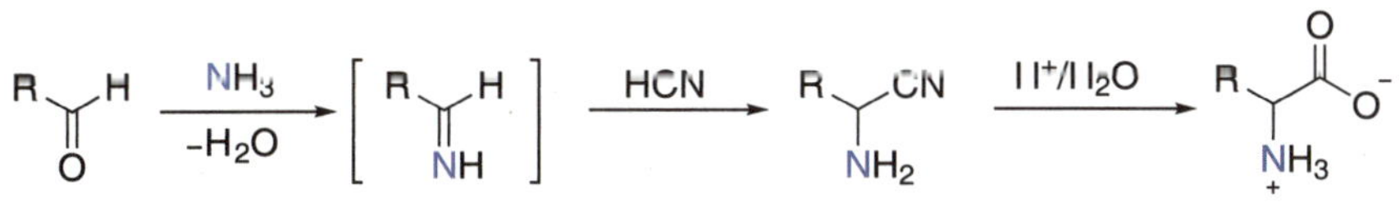

19.4.4 不对称氢化法

以上介绍的几种方法得到的都是消旋的氨基酸。近年来，化学家发展了多种不对称选择性的方法来制备光学纯氨基酸。其中，基于α-乙酰氨基丙烯酸（酯）的金属催化不对称氢化为光学纯α-氨基酸的制备提供了一种高效便捷的方法。

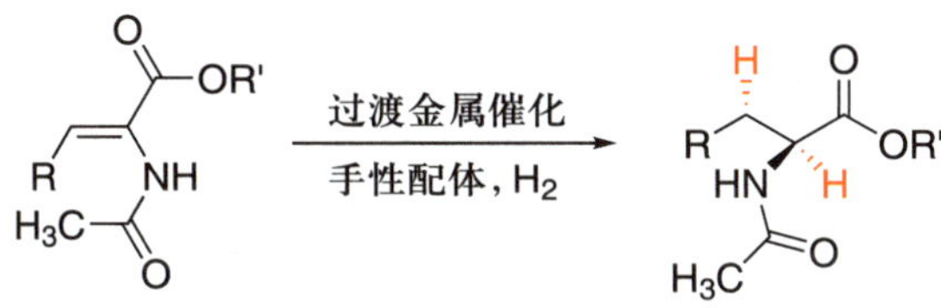

思考题 19.4

若用上述四种方法合成如下氨基酸，请画出相应的起始原料。

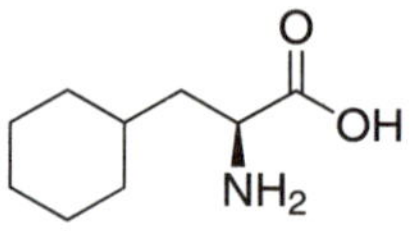

19.5　多肽

19.5.1　多肽的结构与命名

通过 α-氨基酸的氨基与羧基脱水缩合形成的酰胺键链接的化合物称为**肽** (peptide)。肽中的酰胺键也被称为**肽键** (peptide bond)，每个氨基酸结构称为氨基酸**残基** (residue)。肽可含有两个或两个以上的氨基酸残基。由两个或三个氨基酸形成的肽分别被称为**二肽** (dipeptide) 或**三肽** (tripeptide)。

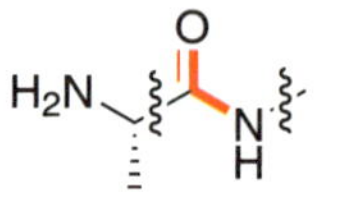

肽键

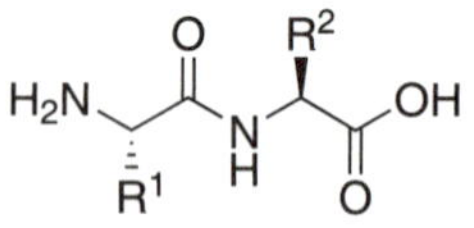

二肽

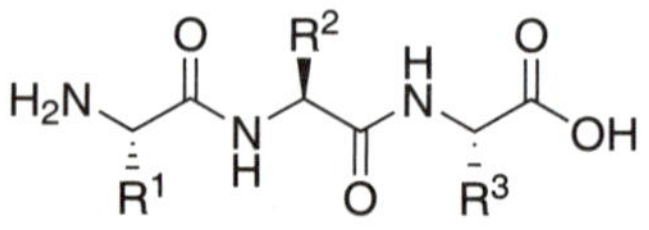

三肽

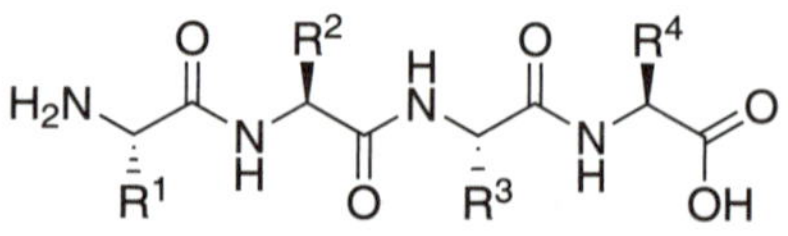

四肽

多肽中含有所有酰胺键的链称为**主链** (backbone) 或骨架，残基上的取代基则称为**侧链** (side chain)。连接侧链的碳称为 Cα。开链的肽分子具有**氮端** (N terminus) 与**碳端** (C terminus) 两个末端，分别对应末端的氨基与羧基。在描述多肽结构时，通常将氮端写在左边而碳端写在右边。肽的命名从氮端开始，从左到右依次将每个氨基酸单元写成“某酰胺”，最后一个氨基酸单元写为“某氨酸”。例如，下面的结构可以称为丙酰胺-甘酰胺-苯丙氨酸，简称丙-甘-苯丙。肽的命名也可以用英文缩写来表达，下面的结构也可以写作 Ala-Gly-Phe，或 AGF。

氮端

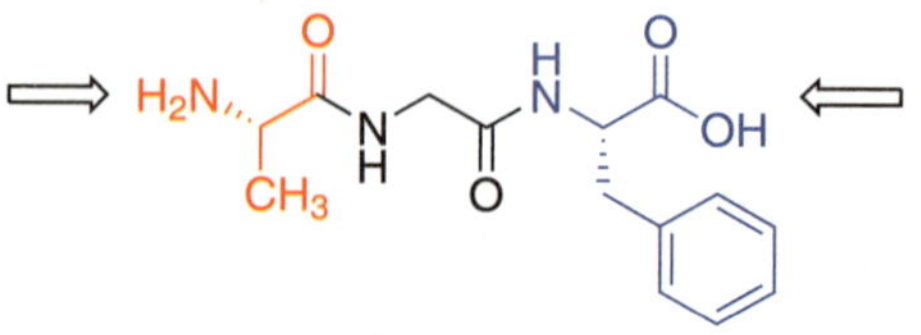

碳端

Ala-Gly-Phe

多肽的结构具有丰富的多样性。谷胱甘肽是一个存在于所有活体细胞中的三肽。与一般多肽不同，谷胱甘肽的半胱氨酸与谷氨酸之间的肽键是通过半胱氨酸的氨基与谷氨酸的侧链 γ-羧基组成的。谷胱甘肽是生物体内重要的抗氧化剂，其巯基可以与氧化剂作用得到 S–S 键。肽胰岛素是一个具有 51 个氨基酸残基的多肽。胰岛素分为 A 链与 B 链两条侧链：A 链含有 21 个氨基酸残基，B 链含有 30 个氨基酸残基。A 链与 B 链通过半胱氨酸形成的 S–S 键相连。我国科学工作者于 1956 年首次实现了具有全部生理活性的牛胰岛素的合成。这是我国科学史上的一项重大成就。

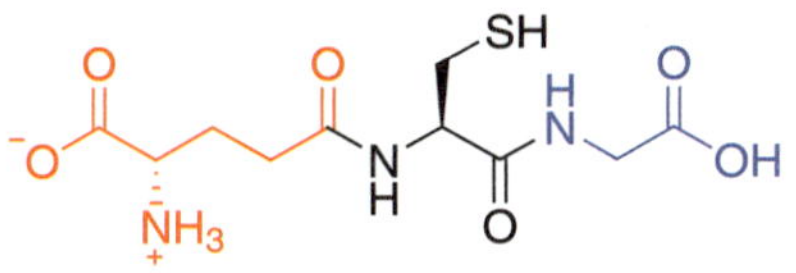

谷胱甘肽

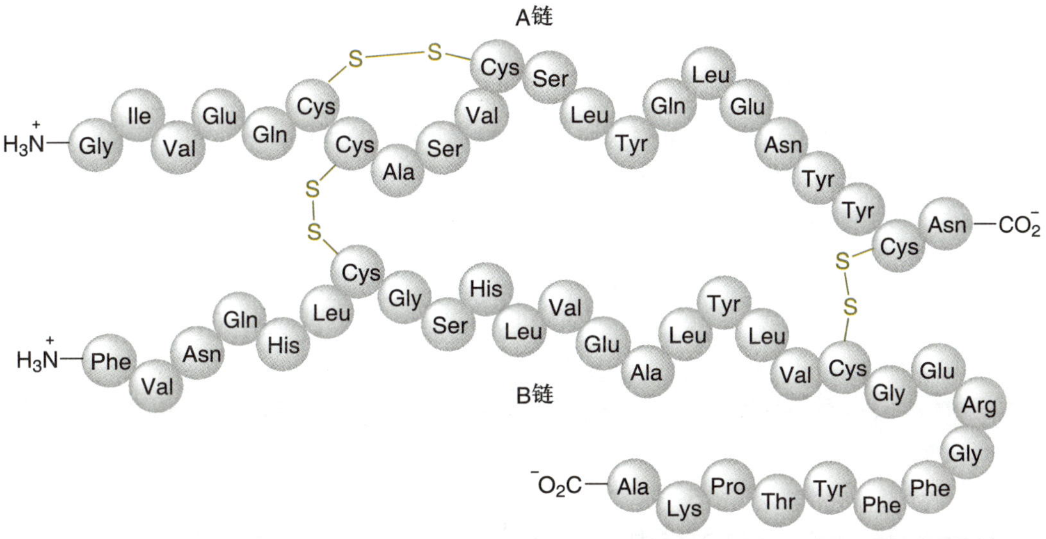

胰岛素

思考题 19.5

请画出如下多肽的化学结构：(1) His-Gly-Glu；(2) WYNA。

19.5.2 多肽的分离纯化

天然提取和人工合成的多肽通常需要纯化才能得到符合纯度要求的产品。目前已有多种适用于多肽纯化的分析分离方法，主要包括**凝胶过滤色谱**（也称为排阻色谱）、**离子交换色谱**、**亲和色谱**与**电泳**。凝胶过滤色谱是利用分子体积的大小不同进行分离；离子交换色谱是利用分子的电性不同进行分离；亲和色谱是利用配体与目标化合物形成非共价键连接而实现选择性分离。电泳则是利用带有电荷的多肽分子在电场中的移动速率不同进行分离。

19.5.3 多肽结构的测定

多肽和蛋白质最重要的结构信息是其氨基酸组分的**序列**（sequence）。虽然蛋白质氨基酸单元仅有 20 余种，但其组合排列后可产生巨大的序列多样性。仅以二肽为例，20 种氨基酸组成的二肽就具有 20^2 种可能性。多肽或蛋白质的氨基酸序列测定曾经是个困难的技术挑战。在过去几十年里，化学家发展了多种便捷高效的方法，完美地解决了这个问题，大大推动了多肽和蛋白质研究。下面介绍几类常用的多肽与蛋白质测序方法。

氨基酸分析

氨基酸分析是指分析多肽中所含有的各种氨基酸及其含量，但不解析序列。多肽的酰胺骨架在高温强酸下水解，分解为游离的氨基酸混合物，然后通过色谱分析完成单个氨基酸组分的定性定量测定。

氮端分析

为了解析多肽序列，化学家开发了专门的试剂，其可与多肽的氮端氨基特异性反应，然后在特定条件下把最外端的氨基酸从肽链上选择性剥离并进行鉴定，通过多次重复实验直至完成这个肽链的降解，这类降解测序策略称为氮端分析。氮端分析的常用方法有 Sanger 降解与 Edman 降解。

1. Sanger 降解

桑格（Frederick Sanger）发现 **2,4-二硝基氟苯**（DNFB）可与多肽氮端氨基发生高效的芳香亲核取代反应（S_NAr）生成多肽苯胺衍生物。该衍生物的末端氨基酸在酸性条件下可被选择性水解切除，生成带有 DNP 取代的端基氨基酸和缩短后的肽链。

Sanger（1918－2013）凭借在蛋白质结构，尤其是胰岛素结构上的研究，荣获 1958 年诺贝尔化学奖。1980 年，Sanger 因在 DNA 碱基测序方面的研究而再次获得诺贝尔化学奖。

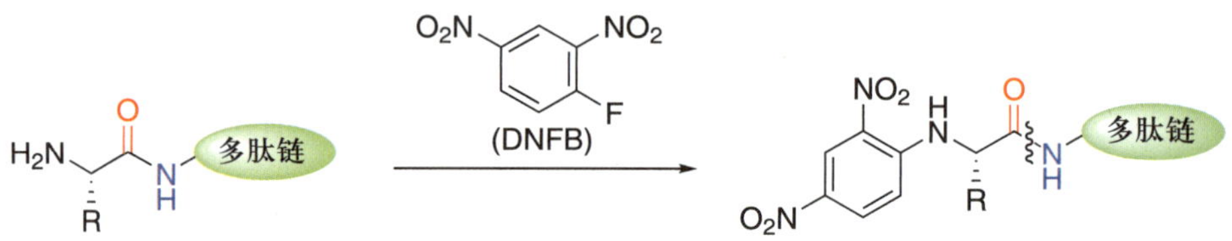

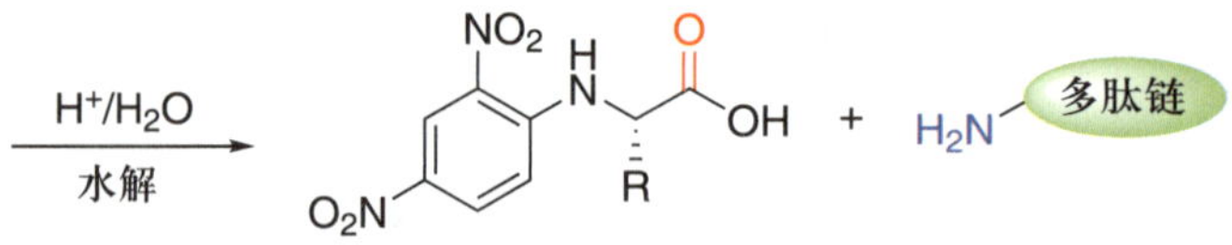

Sanger 成功展示了 DNFB 试剂在牛胰岛素的氨基酸测序中的应用，开辟了多肽氮端分析方法。然而，Sanger 降解在第二步水解过程需要较为剧烈的反应条件，容易造成多肽链的破坏，因此难以普及和自动化。

2. Edman 降解

埃德曼（Pehr V. Edman）发明了基于**异硫氰酸苯酯**的 Edman 降解。该试剂先与多肽氮端氨基反应生成稳定的硫脲化合物。硫脲基团在酸性条件下与最靠近的酰胺基团发生分子内亲核取代反应，切断酰胺键，生成由氮端氨基酸构成的噻唑酮五元环和缩短的多肽链。噻唑酮在热酸性条件下重排为更加稳定的内酰硫脲衍生物。与 Sanger 降解相比，Edman 降解可在较为温和的条件下高选择性地剥离氮端氨基酸，从而可以完整地保留剩余肽链以便重复操作完成多步测序。基于 Edman 降解设计的自动化仪器给蛋白质测序带来了极大的便利。

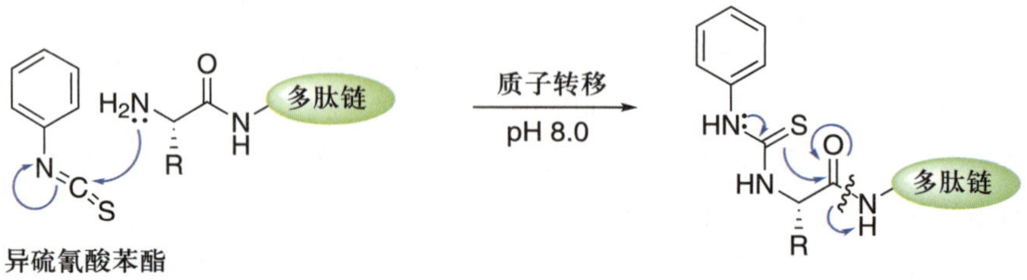

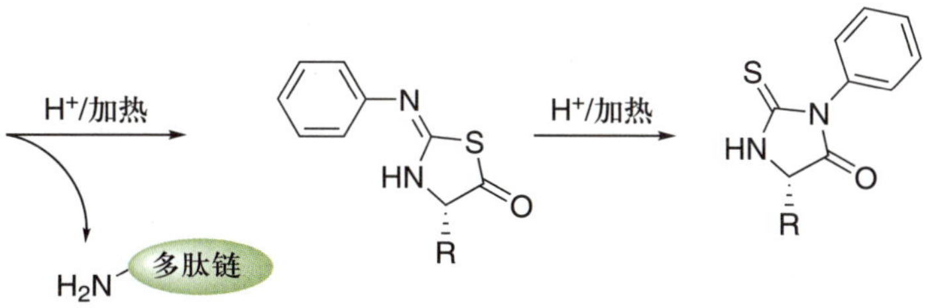

碳端分析：羧肽酶法

羧肽酶（carboxypeptidase）可以从肽链的碳端开始逐个水解切断多肽骨架的酰胺键，释放出游离的氨基酸，用于进一步解析多肽的序列。与 Edman 降解相比，该酶水解的方法会对多肽进行连续切断，序列推断较为复杂烦琐。

蛋白酶催化的部分水解

不同的蛋白酶可以特异性地水解特定的肽键。使用不同的蛋白酶处理多肽可以分析出多肽链中所含和不含的氨基酸残基。水解之后的短肽链也可以采取氮端分析等方法进一步解析多肽的序列。

质谱法

20 世纪 80 年代末发展的**基质辅助激光解吸电离**（matrix-assisted laser desorption ionization，MALDI）和**电喷雾电离**（electrospray ionization，ESI）使质谱技术在蛋白质结构分析应用上发生了革命性的飞跃。**串联质谱**（tandem MS）技术通过对两类质谱技术的一体化联合使用，为多肽测序提供了简便高效的新方法。串联质谱通常含有两级装置：一级质谱选定肽段母离子并将其导入二级质谱，在二级质谱中肽段与惰性气体碰撞发生具有规律性的化学键断裂，根据所得到的系列碎片信号的差值可推断出肽段序列。

2002 年诺贝尔化学奖授予田中耕一（1959－）、芬恩（John Fenn，1917－2010）和维特里希（Kurt Wüthrich，1938－），以表彰他们在发展生物大分子鉴定和结构分析方法上的贡献。田中耕一与芬恩因发展质谱技术获奖，维特里希因发展三维核磁共振技术获奖。

19.6 多肽的化学合成

多肽的化学合成关键在于主链酰胺键的连接顺序。由于α-氨基酸同时含有α氨基、α羧基，还有各种亲核性的侧链基团，因此需要多种灵活和正交的保护基团来控制反应的化学选择性。由于α-氨基酸的手性特征，其α位的手性保持也是多肽合成的要点。

19.6.1 氨基保护

氨基甲酸酯（carbamate）是氨基酸中氨基最重要的一类保护基。甲酸酯上的氧原子可带有不同的烷基取代基，最常见的是**苄氧羰基**（Cbz 或 Z）、**叔丁氧羰基**（Boc）和 **9-芴甲氧基甲酰基**（Fmoc）。这三类保护基有着不同的化学反应性，可分别在特定条件下选择性脱除。

叔丁氧羰基保护

氨基上的叔丁氧羰基保护基可通过氨基与**二碳酸二叔丁酯**（Boc_2O）反应引入。叔丁氧羰基对于碱和各种亲核试剂有很好的耐受性，但是对酸敏感，可在较为温和的酸性条件下脱除。如下所示，在三氟乙酸的作用下，氨基甲酸叔丁酯发生碳氧键断裂产生氨基甲酸和叔丁基碳正离子。叔丁基碳正离子快速发生 E1 消除得到异丁烯副产物。氨基甲酸不太稳定，很容易在该反应条件下进一步脱羧生成自由的胺产物和一分子二氧化碳。

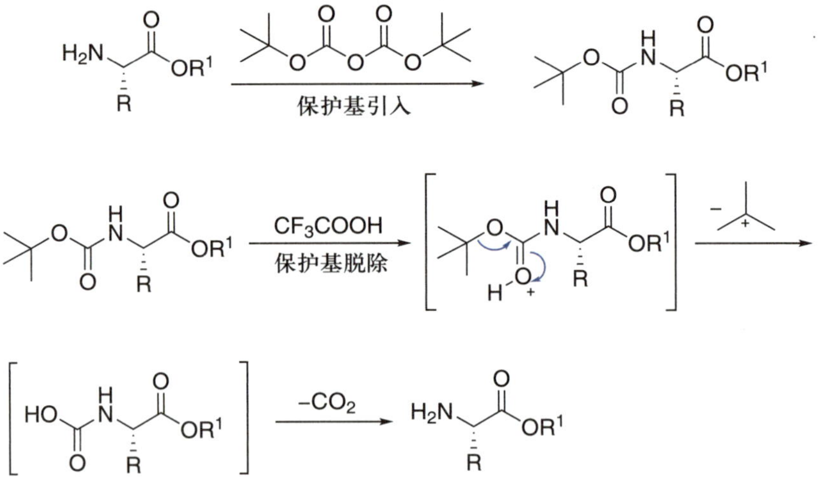

9-芴甲氧羰基保护

氨基上的 9-芴甲氧羰基保护基 (Fmoc) 可以通过氨基与 **9-芴甲氧羰酰氯** (FmocCl) 反应引入。Fmoc 保护基在酸性条件较为稳定，但是容易在碱的作用下发生 E1cb 消除反应，生成 9-亚甲基芴、二氧化碳和脱保护的胺。由于拔氢后的碳负离子中间体具有芳香性，9-芴甲基的 sp^3 C−H 键具有较强的酸性。有机碱哌啶是 Fmoc 脱保护最常用的试剂。9-亚甲基芴具有一定的亲电性，可与哌啶进一步发生加成反应。

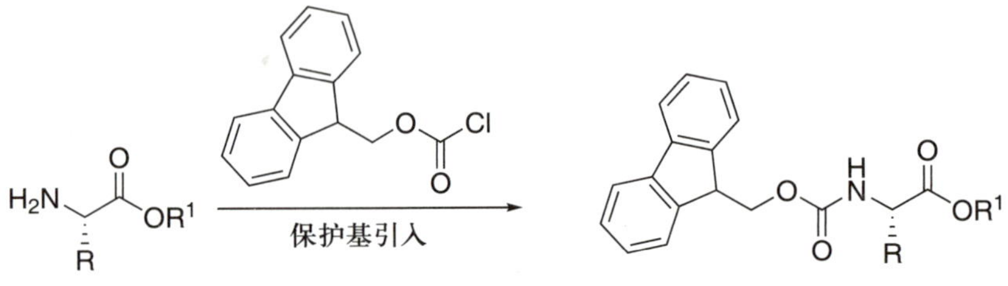

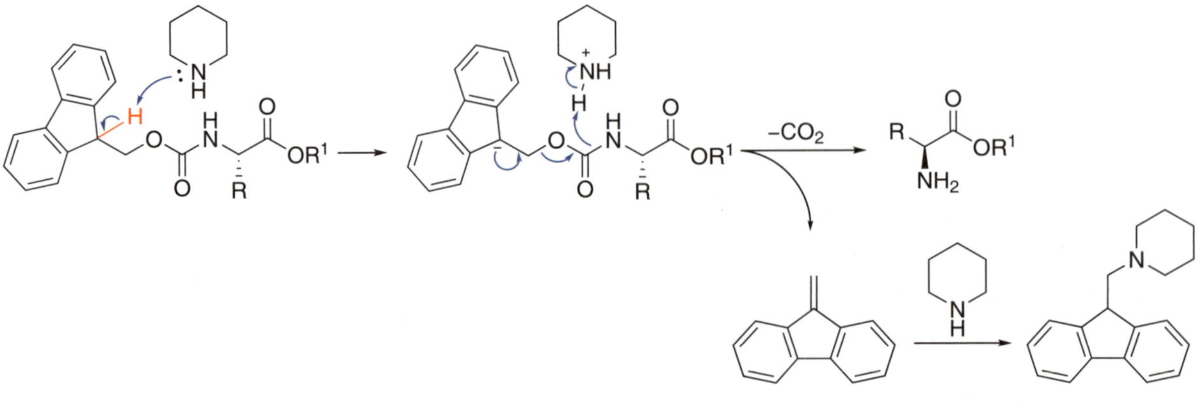

苄氧羰基保护

胺上的苄氧羰基保护基通常通过氨基与**氯甲酸苄酯** (CbzCl) 发生取代反应引入。

该保护基可以在催化氢化条件下脱除，产生一分子甲苯和一分子二氧化碳。

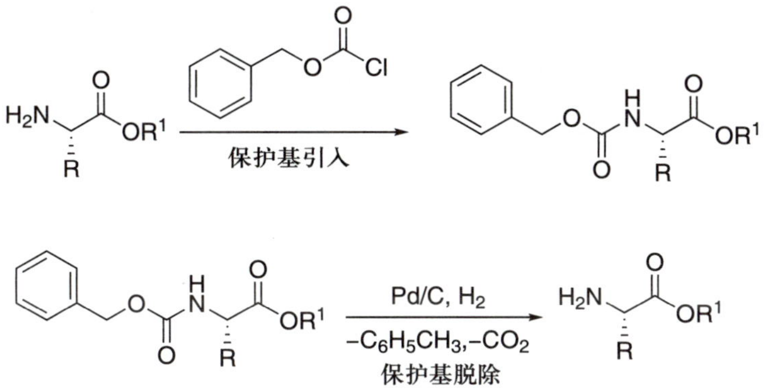

思考题 19.6

叔丁氧羰基 (Boc) 保护的胺在强热条件下也可以脱除保护基释放游离氨基。试阐述该反应过程可能的机理（提示：可能与 ene 反应有关）。

19.6.2 羧基保护

甲酯、叔丁酯、苄酯等烷基酯是氨基酸的羧基最常用的保护基。甲酯可通过皂化水解，而叔丁酯与苄酯则与叔丁氧羰基、苄氧羰基类似，可以分别通过酸性条件或催化氢化脱除。

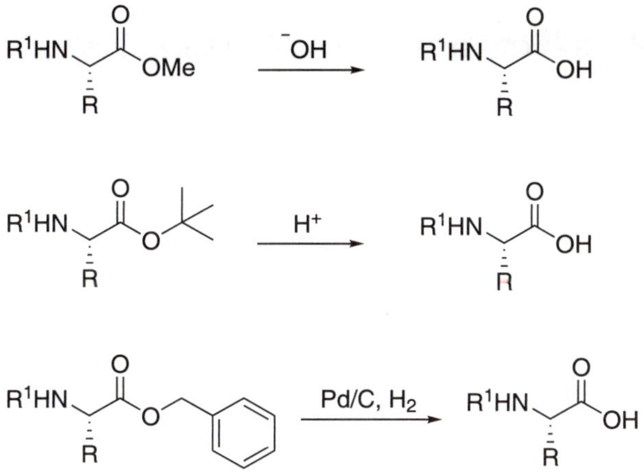

19.6.3 肽键的构筑

最常见的肽键构筑策略是先将 α-氨基酸的羧基转化为带有更强离去基团的活化酯中间体，然后与另外一个 α-氨基酸的氨基进行亲核取代反应。大多数 α-氨基酸的碳 α 位是手性中心，在其羧基端进行酰胺缩合时可发生消旋。特别是当 α-氨基酸的氨基以酰胺键存在时，其相应的活化酯中间体可与该酰胺键发生分子内取代反应生成五元杂环噁唑酮（oxazolone）。该噁唑酮中间体可通过其羰基的烯醇互变发生构型翻转。由于该噁唑酮的烯醇式具有芳香性，这个互变较容易发生。构型翻转后的噁唑酮再与另外一个 α-氨基酸的氨基进行开环缩合生成消旋的酰胺缩合产物。当 α-氨基酸的氨基被氨基甲酸酯保护时，保护基羰基上的氧原子亲核性降低，不易生成相应的噁唑酮中间体，因此可以很好地抑制消旋。化学家发明了一系列的酰胺缩合试剂和添加剂来实现高效和抑制消旋的酰胺缩合。

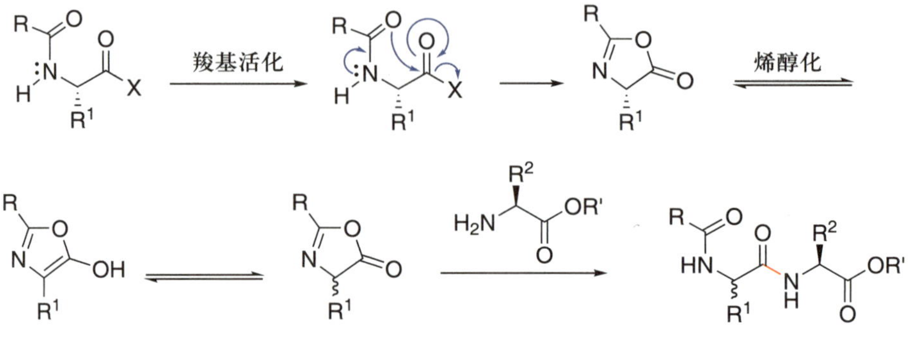

碳二亚胺（carbodiimide）含有 N=C=N 官能团，是最经典的羧酸活化试剂之一。碳二亚胺中间的碳原子在两个氮原子的活化作用下具有强亲电性，其氮原子质子化后进一步增强中间碳原子的反应活性，与羧基发生加成形成 *O*-酰基异脲活性中间体。该活性中间体可与胺发生亲核酰基取代反应生成酰胺缩合产物和副产物脲。脲具有高化学稳定性，为该脱水缩合反应提供了强劲的驱动力。最常用的碳二亚胺试剂有**二环己基碳二亚胺**（*N,N′*-dicyclohexylcarbodiimide，DCC）、**二异丙基碳二亚胺**（DIC）及**1-乙基-(3-二甲基氨基丙基）碳二亚胺盐酸盐**（EDCI）。相比于 DCC 与 DIC，EDCI 可较好地溶于水中，并能促进水相中的酰胺缩合。

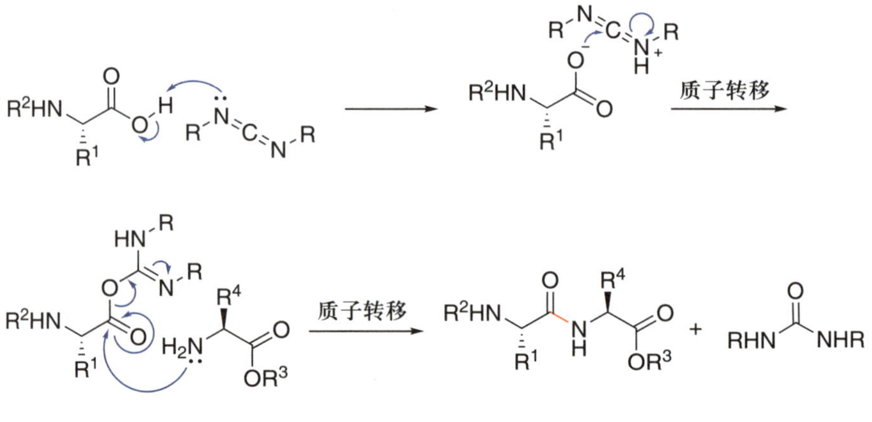

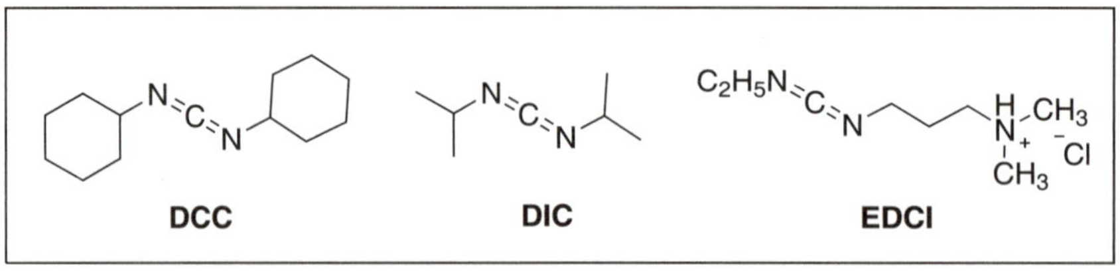

19.6.4　多肽的固相合成

多肽链合成的方式是有序重复地添加氨基酸残基。因为在多肽的碳端羧基进行酰胺缩合时容易发生消旋，所以多肽的延伸通常在氮端进行。为了抑制消旋，一般使用氨基甲酸酯保护的氨基酸模块，每次肽链延伸只安装一个氨基酸。如下所示，氨基保护的氨基酸与带有游离氨基的氨基酸或多肽进行酰胺缩合。随后，产物脱除新的氮端的氨基保护基，并与下一个氨基保护的氨基酸再进行缩合，以此往复。

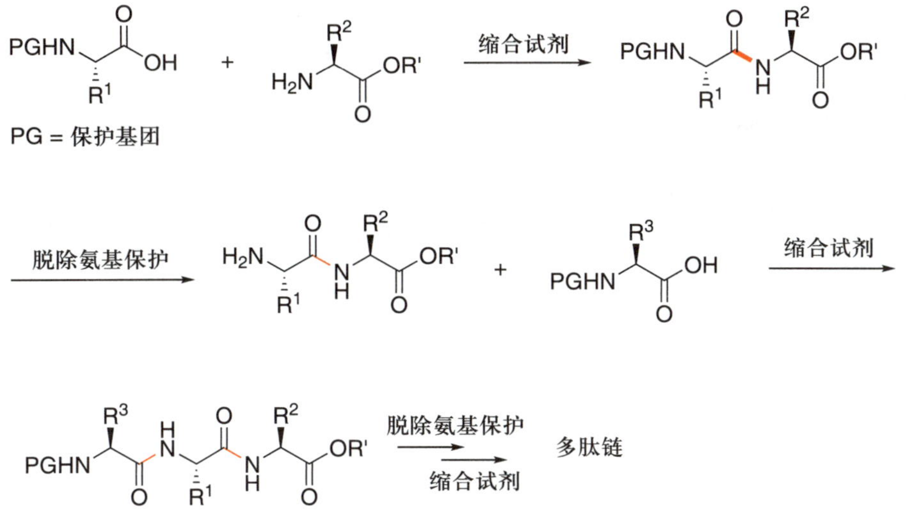

常规的溶液相多肽合成需要纯化每一步酰胺缩合后的中间产物，操作烦琐，总体效率低下。梅里菲尔德（Robert B. Merrifield）发展了多肽的**固相肽合成法**（solid phase peptide synthesis，SPPS），极大提高了多肽合成的效率。梅里菲尔德也因发展了固相肽合成法获得了 1984 年的诺贝尔化学奖。

固相肽合成法的关键是把起始反应物通过共价键连接到特殊的高分子固相载体上，并在载体上进行多步化学反应，最后切断连接，从载体上释放出结构扩增后的产物。高分子固相载体通常为微型小球，其不溶于溶液相，但可在溶液中有效溶胀。在溶胀时，溶液中的小分子反应物可自由进出高分子载体内部，并和负载化合物的活性基团进行反应。高分子小球可以通过简单过滤实现与溶液相的分离，再对小球进行溶剂洗脱以去除过量的试剂和副产物。过滤和洗脱操作取代了传统的色谱分离纯化，且不会影响负载于固相上的产物，因此可以简化多肽产物的纯化，提升多肽合成的效率。

然而，过滤与洗脱无法去除连接在固相上的副产物，每一步副产物的累积会严重影响固相肽合成法的产率。因此，固相肽合成法中的每一步反应必须非常高效，最大程度地避免副反应的干扰。为确保固相上反应物的高效转化，通常在溶液相中使用过量的反应试剂。

如下所示，固相肽合成法常用的固相载体是带有部分氯甲基修饰的**聚苯乙烯树脂**。固相肽合成法的第一步是将氨基保护的氨基酸单元与氯甲基聚苯乙烯树脂之间通过酯键连接，实现第一个氨基酸的负载。Fmoc 是固相肽合成法中最常用的 α 氨基保护基，可加入哌啶使其从固相上脱除。负载后的氨基酸脱除氨基保护后可以与下一个氨基保护的氨基酸发生缩合和 Fmoc 脱保护。之后，继续在固相上重复脱除氨基保护与连接氨基酸的操作即可实现肽链的增长。当肽链合成完毕后，加酸处理可以将产物从树脂上解离下来，得到目标多肽。目前，多肽的固相合成已经可以通过自动化进行。

第一步：氨基酸负载

第二步：脱除氨基保护

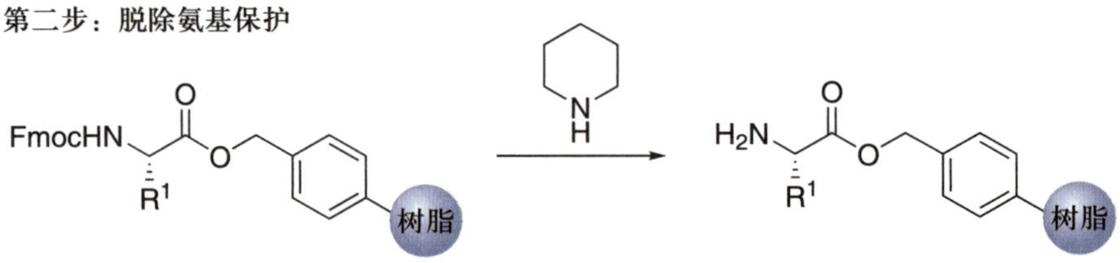

第三步：氨基酸连接

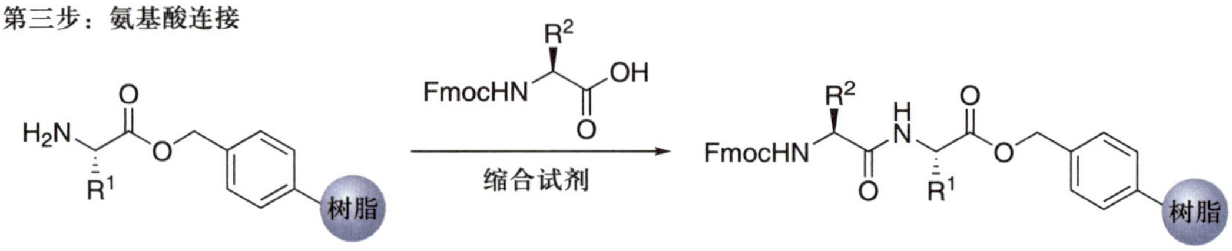

按顺序重复第二步–第三步–第二步

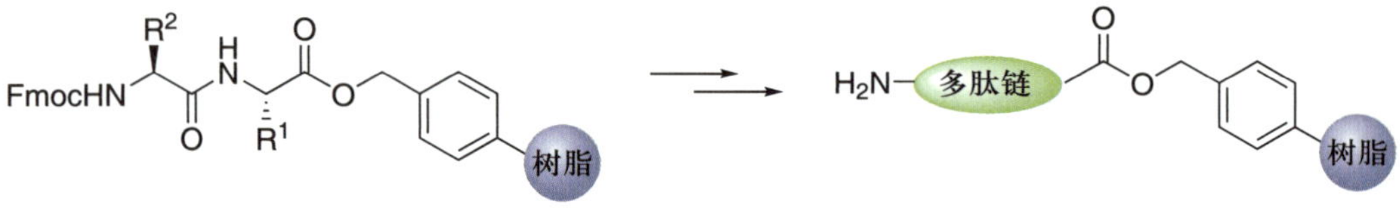

第四步：多肽的解离

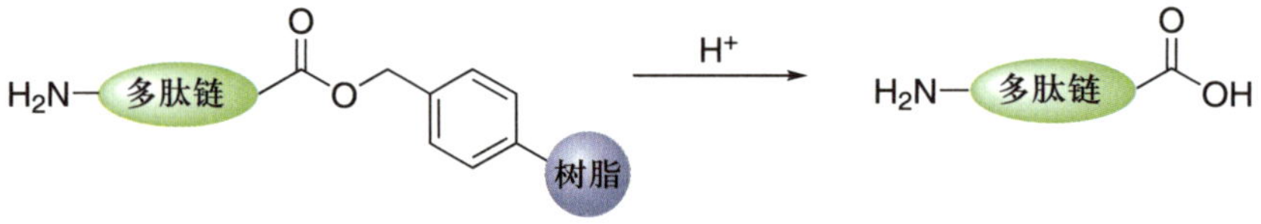

思考题 19.7

若多肽的固相合成每一步的产率为 90%，试计算合成五肽的总产率。

19.6.5　自然化学连接

目前的多肽固相合成技术可以较为高效地一次性制备含有 50 个以下氨基酸残基的肽链。随着多肽长度的进一步增加，其固相合成的效率会显著降低并带来更为困难的分离纯化问题。为了合成更长的多肽甚至蛋白质，可将固相合成好的多肽链通过酰胺键缩合进行肽链拼接。美国化学家肯特 (Stephen B. H. Kent) 发展了一种可以高效高选择性连接两条非保护多肽链的**自然化学连接** (native chemical ligation，NCL)，为长链多肽和蛋白质的化学合成提供了重要方法。如下所示，该方法需要两条多肽底物：其中的一条在氮端含有半胱氨酸，另外一条需要在碳端羧基上通过化学方法连接上较为活泼的硫酯。在反应中，氮端半胱氨酸的强亲核性侧链巯基可选择性地与碳端硫酯发生可逆的亲核取代反应生成新的硫酯。随后，新生成的硫酯可与半胱氨酸的氨基发生 *S*-酰基至 *N*-酰基的转移，形成稳定的酰胺键，实现两个肽链的连接。由于第一步硫酯交换的高特异性和第二步分子内酰基迁移的高反应活性，自然化学连接方法有着优异的化学选择性，在温和的水溶液条件下也可高效进行。

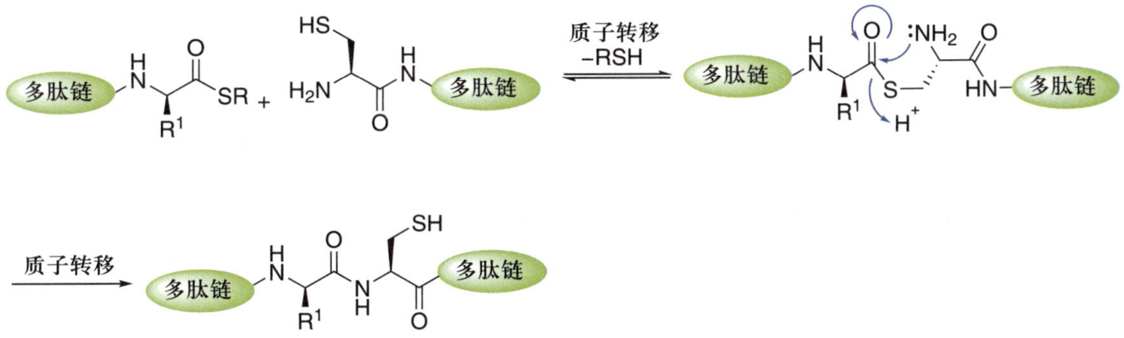

19.7 多肽与蛋白质的生物合成

19.7.1 核糖体肽合成与非核糖体肽合成

多肽与蛋白质的合成是一个核心生物过程。生物体系已经进化出非常高效与可靠的机制来实施该过程。多肽的生物合成有两种途径，**核糖体肽合成**（ribosomal peptide synthesis，RPS）和**非核糖体肽合成**（non-ribosomal peptide synthesis，NRPS）。

蛋白质的合成都是通过核糖体进行的，依照中心法则可以大致分为两个阶段——**转录**（transcription）与**翻译**（translation）。在转录过程中，一段编码蛋白质的 DNA 片段（称为基因）被转化为信使 RNA（mRNA）。mRNA 是蛋白质合成的模板。在翻译过程中，核糖体根据 mRNA 的核苷酸序列来匹配带有相应氨基酸单元的氨酰转运 RNA（aminoacyl tRNA），并通过催化酰胺键缩合将氨基酸单元逐步连接，依次延伸肽链。

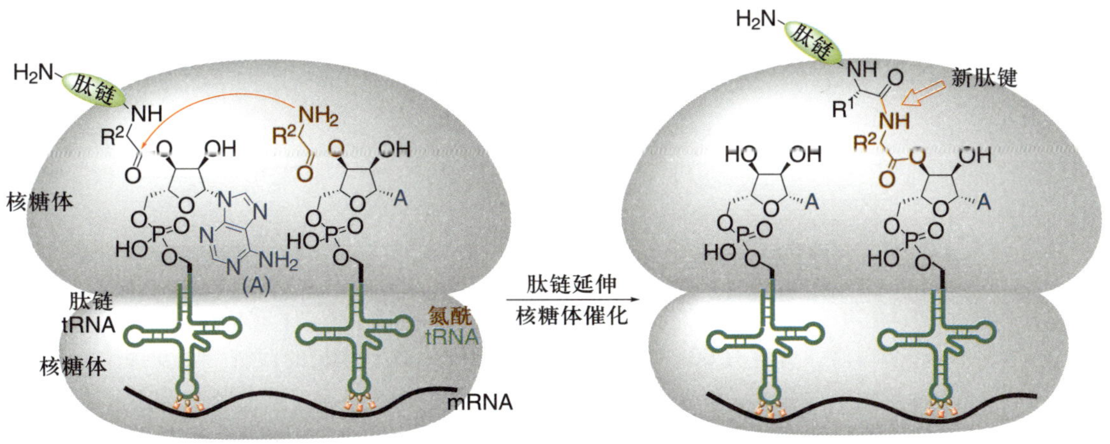

在核糖体肽合成之外，微生物体系还演化出了多种非核糖体肽合成来合成具有高度结构多样性的多肽天然产物。非核糖体肽合成不需要核糖体，也不以 mRNA 为模板，而是通过多个**非核糖体多肽合成酶**（non-ribosomal peptide synthetase，NRPSs）的协作来完成非核糖体多肽的合成。非核糖体多肽经常含有非蛋白质氨基酸单元，带有环状结构和糖链、脂肪链等化学修饰，具有丰富的生物和药理活性。环孢素（cyclosporin，免疫抑制剂）、万古霉素（vancomycin，抗生素）等非核糖体多肽为药物的开发提供了宝贵的蓝本。

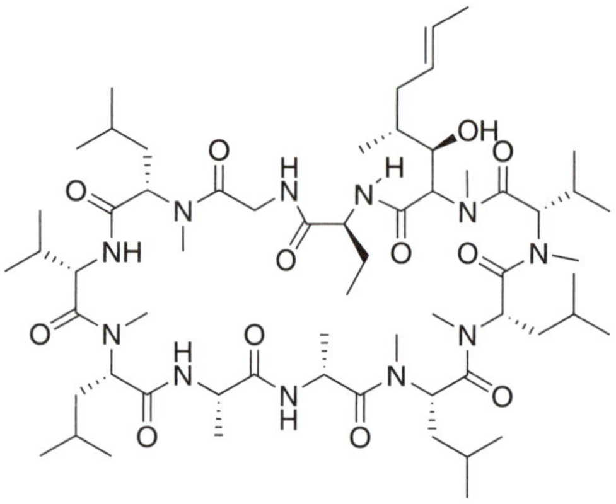

环孢素

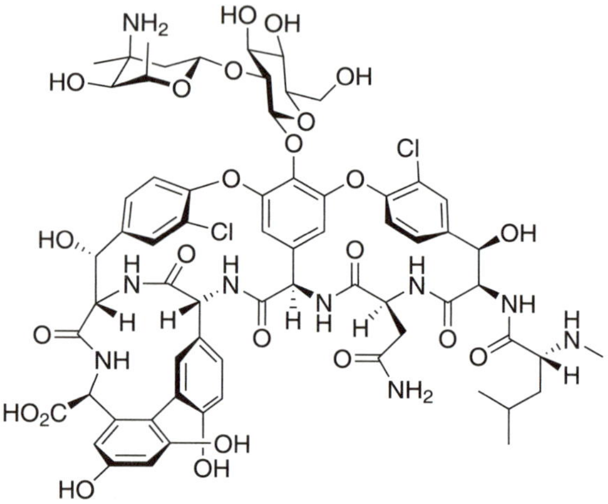

万古霉素

19.7.2 蛋白质的翻译后修饰

许多蛋白质在翻译后还会进行多种化学修饰，这些修饰统称为**翻译后修饰**(post-translational modification，PTM)。PTM 发生在不同的氨基酸侧链或肽键上，通常由酶催化介导。常见的翻译后修饰包括磷酸化、糖基化、甲基化、乙酰化、脂质化和蛋白水解等，这些修饰会影响蛋白质的结构、稳定性、活性、细胞定位或底物特异性。PTM 与众多生物的病理过程有着密切关联，对疾病诊断和药物开发有着重要意义。

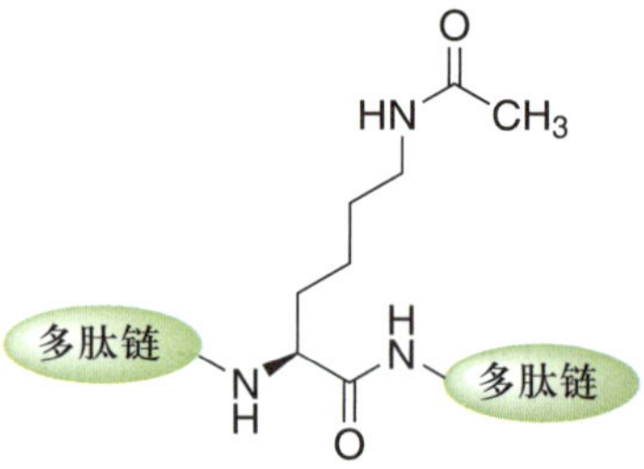

酰基化

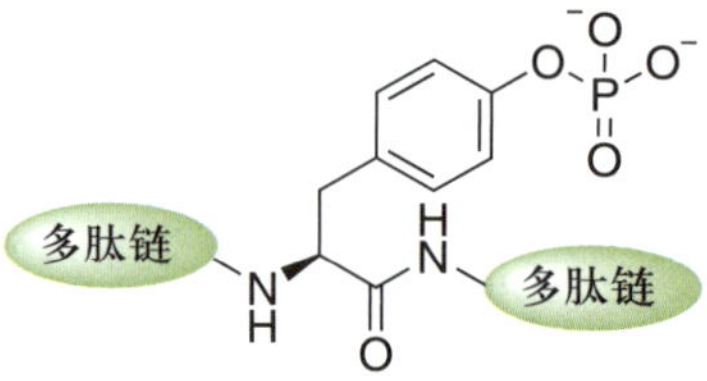

磷酸化

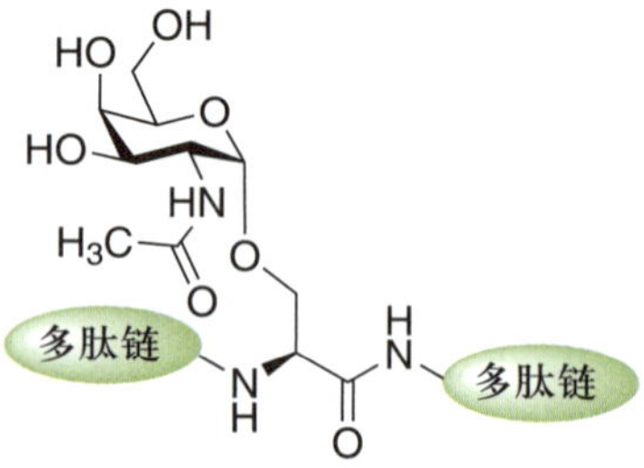

糖苷化

19.8 蛋白质

蛋白质通常含有 50 个以上的氨基酸单元，具有较长的肽链。要发挥生物功能，蛋白质的肽链需要折叠为特定的三维结构。蛋白质折叠主要是通过大量的非共价相互作用如氢键、离子键、范德华力和疏水作用来实现；在一些蛋白质中，两个半胱氨酸之间的二硫键(-S-S-)也对其折叠起到重要作用。蛋白质的分子结构可划分为四级：**一级结构**展示多肽链的氨基酸序列；**二级**、**三级**和**四级结构**展示不同层次的三维结构特征。

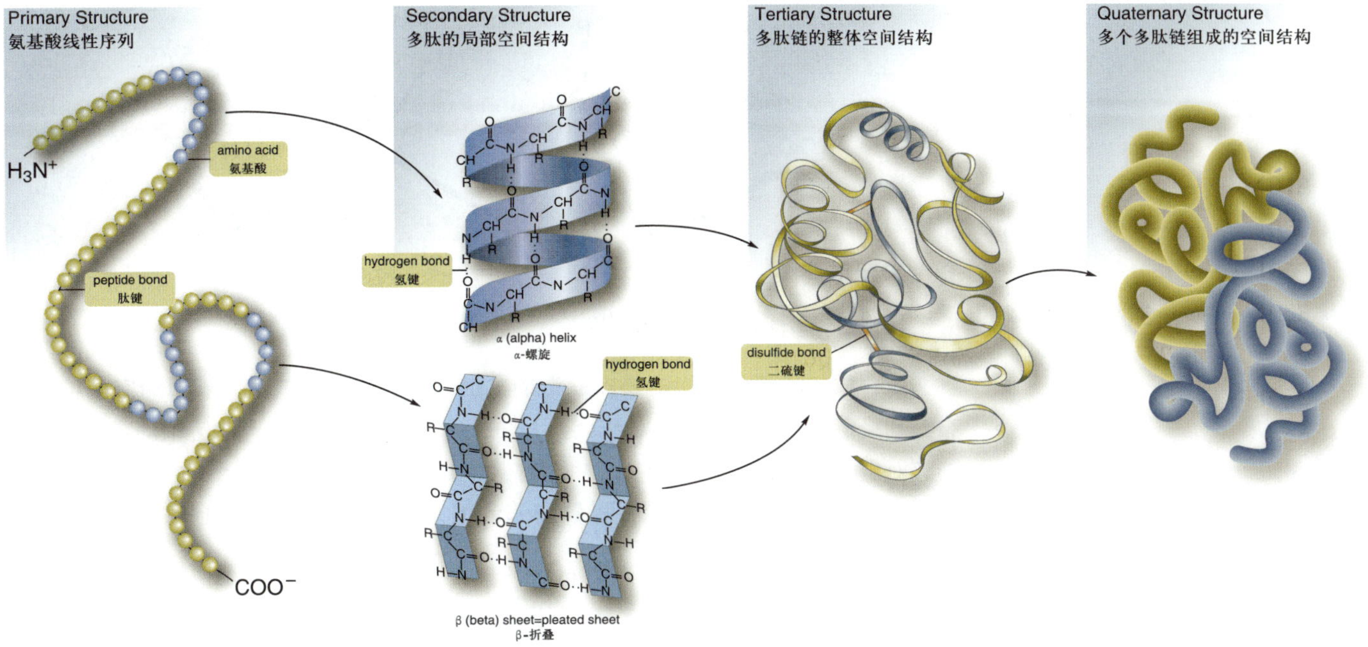

19.8.1 蛋白质的一级结构

蛋白质的一级结构是指蛋白质的氨基酸序列。氨基酸连接形成多肽会产生多个肽键，即酰胺键。酰胺键的一个重要特征就是平面性，其 C–N 键有部分双键特征。该双键特征限制了酰胺的旋转，给多肽结构带来了显著的刚性。酰胺键的平面性主要受到两大因素的影响：(1) 氮原子上的孤对电子与羰基的双键产生共轭作用，促使其孤对电子离域和氮原子的 sp^2 杂化，该离域作用可用如下的共振结构表示。(2) C=O 键和 N–H 键的偶极相互作用也对其平面结构有着一定的贡献。当酰胺键处于 *Z* 式结构时，其 C=O 键与 N–H 键处于反式共平面，C=O 键与 N–H 键的偶极同向前后平行排列，从而形成有利的偶极相互作用。当酰胺键处于 *E* 式结构时，C=O 键与 N–H 键的偶极无法以最有利的方式相互作用。在偶极作用之外，*Z* 式酰胺键结构中的两个取代基团 R 和 R′之间的位阻也小于 *E* 式酰胺键中的位阻。位阻和偶极相互作用导致了酰胺键的 *Z* 式结构更加稳定。

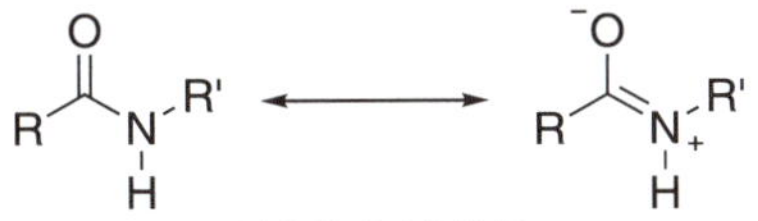

肽键的离域结构

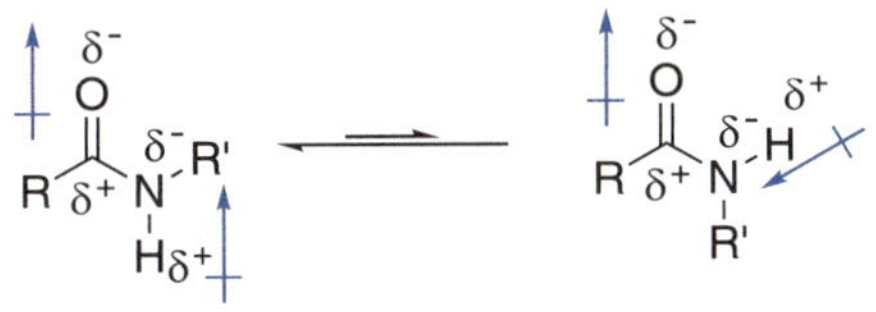

Z-肽键
肽键的偶极分布

E-肽键
肽键的偶极分布

如下所示，肽链中每个酰胺键中 Cα–C (=O)–N–Cα 连接组成一个平面结构。旋转 Cα–N 键或者 Cα–C 键可以改变相邻两个肽键平面的二面角，从而改变肽链的构象。其中，Cα–N 键的旋转角度称为 φ，而 Cα–C 键的旋转角度称为 ψ。

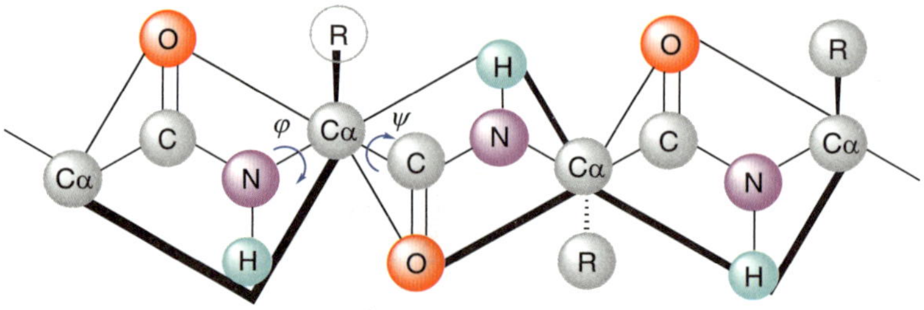

19.8.2　蛋白质的二级结构

蛋白质的二级结构指的是多肽链的主链部分在局部形成的有规律的空间位置排布。其稳定性主要由主链上 C=O 键和 N–H 键之间的**氢键**决定。肽键中的氢键是由氧的孤对电子（氢键受体）与 N–H 键（氢键给体）之间的静电作用而形成的。最常见的二级结构是 **α-螺旋**（α-helix）和 **β-折叠**（β-sheet），这两种二级结构均是由分子内氢键形成的。

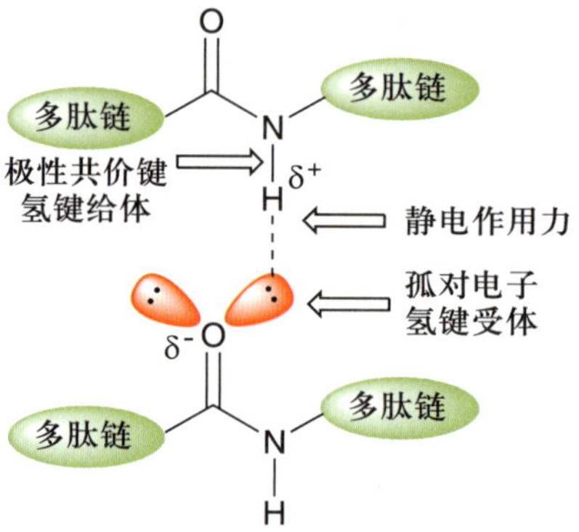

α-螺旋

α-螺旋是指多肽链围绕中心轴呈有规律的螺旋式盘绕。天然蛋白质的 α-螺旋多为右手螺旋。螺旋结构中，每个氨基酸残基沿着螺旋的长轴上升 1.5 Å，每 3.6 个残基螺旋上升一圈，平移高度或螺距为 5.4 Å。α-螺旋主要靠肽链骨架上酰胺键之间的系列氢键来维持，第 *n* 个位置氨基酸残基的羰基与多肽链碳端方向第 4+*n* 位置氨基酸残基的酰胺氮氢键之间形成氢键。氨基酸残基的侧链基团位于螺旋的外侧，不参与螺旋的形成，但其大小、形状和带电状态却能影响螺旋的形成和稳定。举例来说，脯氨酸由于其不规则的几何形状会破坏 α-螺旋的稳定性。肽链中脯氨酸的 α-氨基缺乏氮氢键，无法形成氢键作用，会导致 α-螺旋的中断。

β-折叠

β-折叠，又称 β 片层结构，是由两条或两条以上肽链，或一条肽链的不同部分通过横向位置进行平行或反平行排列，形成褶状片层结构。β-折叠是一种近似平面的伸展结构，主要依赖平行肽链之间的系列氢键作用，氢键方向与肽链骨架接近垂直。若两条肽链均为氮端到碳端走向，则称为平行 β-折叠；若两条肽链走向相反，则称为反平行 β-折叠。反平行 β-折叠构象中氢键上的 N、H、O 处于同一直线上，氢键最强，因此反平行 β-折叠具有更高的热力学稳定性，在蛋白质中更为常见。

平行β-折叠

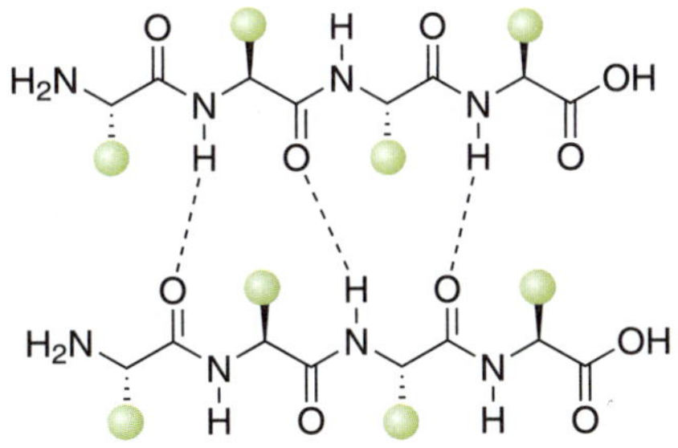

反平行β-折叠

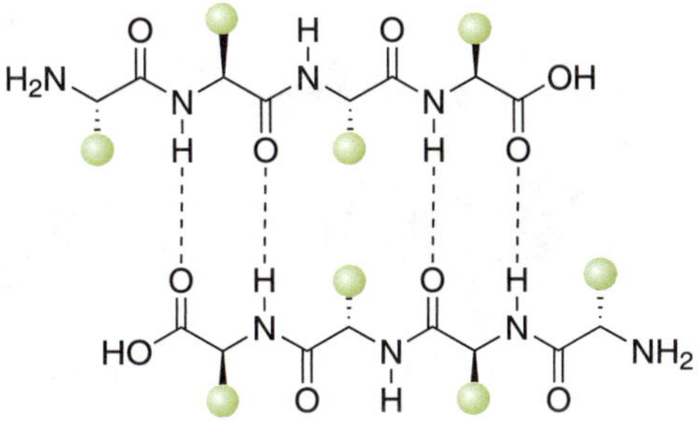

19.8.3 蛋白质的三级结构

蛋白质的三级结构指的是整条肽链的三维空间结构，包含所有氨基酸残基的相对空间位置。三级结构是肽链在二级结构的基础上进一步弯曲折叠形成的。如下所示的为肌球蛋白的三级结构。三级结构主要是通过各氨基酸残基侧链之间的弱相互作用（如氢键、静电作用、疏水作用等）来调控。二硫键是调控蛋白质三级结构唯一的一种共价键，对整体三维构象的维持也起到重要作用。三级结构是蛋白质功能的关键基础。在某些物理和化学因素作用下，正常折叠的蛋白质的二级结构和三级结构会有所改变或遭到破坏，从而导致其理化性质的改变和生物活性的丧失。该过程称为蛋白质**变性**（denaturation），分为可逆变性和不可逆变性。

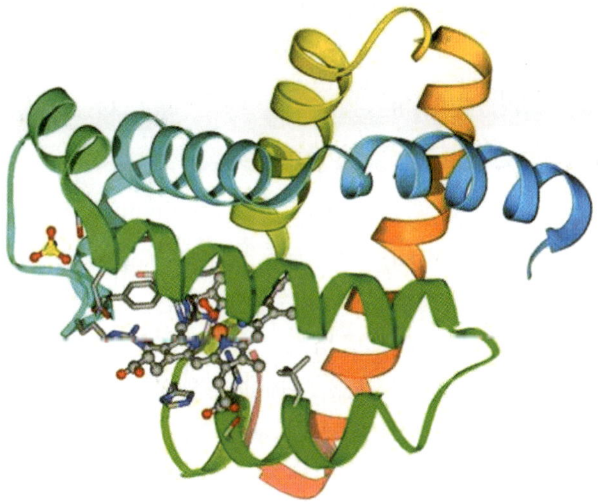

19.8.4 蛋白质的四级结构

蛋白质是由两条或多条长肽链组装成的蛋白质复合体（protein complex）。复合体中的每一个长肽链称为亚基（subunit）。**蛋白质的四级结构是指几个具有独立三级结构的亚基结合组装成更高层次的大分子蛋白质的空间构象**。其主要描述蛋白质亚基的空间排列、连接和相互作用，不涉及亚基内部结构。蛋白质亚基之间主要通过疏水作用、氢键、离子键等作用力形成四级结构，其中最主要的是疏水作用。

如下所示的是一个分子量为 65000 左右的血红蛋白复合体，含有四个以不同颜色显示的亚基。每个亚基均包含一个负责运输氧气的**血红素**（heme）。血红素具有一个含有铁原子的卟啉结构。

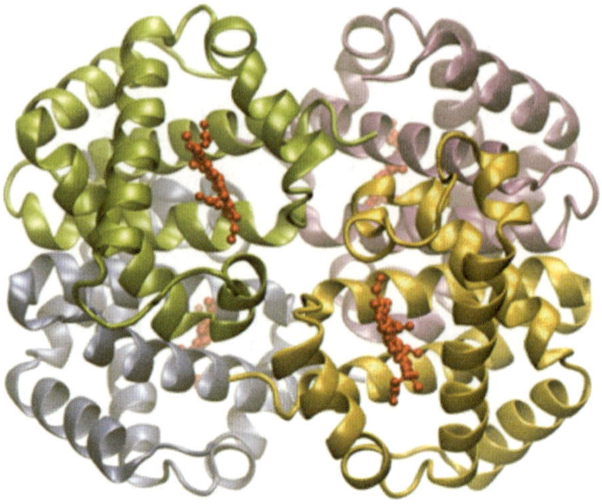

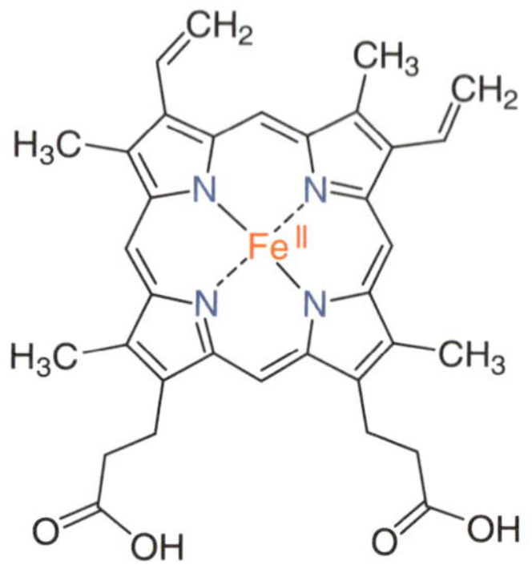

19.8.5 酶

蛋白质的一项重要功能就是作为生物大分子催化剂来催化生物体内的各种化学反应，具有此功能的蛋白质称为**酶**(enzyme)。绝大多数酶属于蛋白质。部分 RNA 分子也具有催化活性，这类 RNA 分子称为**核酶**(ribozyme)。细胞内几乎所有的代谢过程都离不开酶。酶按其分子组成的不同可分为**单纯酶**和**结合酶**。单纯酶仅通过蛋白质组分就能完全发挥功能。结合酶在蛋白质组分之外，还需和相应的**辅助因子**(cofactor)或**辅酶**(coenzyme)结合才能工作。辅助因子在酶促反应中主要起着传递氢、电子及化学基团的作用。常见的辅助因子为金属离子和一些有机小分子。19.3.2 节中介绍的 5′-磷酸吡哆醛 (PLP) 就是一种辅酶。

酶的催化特性

酶作为生物大分子催化剂，具有**高效性**和**专一性**的特点。和其他催化剂相同，酶通过提供替代反应路线及稳定中间产物的方法，降低反应活化能来加快化学反应的速率，一些酶可以将底物转化为产物的速率提高数百万倍。酶的蛋白质结构很复杂，但与催化活性相关的往往只是其中的部分结构，该部分称为酶的**活性中心**(active site)。活性中心负责与反应底物的选择性结合，并促进底物的化学反应。在大多数情况下，酶通过一系列非共价相互作用(如氢键、离子键及疏水作用等)与底物进行结合。酶与底物之间通过非共价键结合释放的自由能称为结合能。酶反应动力学中的过渡态稳定学说认为，和与反应物的结合相比，**酶与反应过渡态的结合能力更为关键**，可以有效降低反应的活化能，提高反应速率。

酶抑制剂

酶催化生命体内众多的生物化学反应，调节多种生理过程，其活性和许多疾病紧密关联，因此是一类重要的药物作用靶点。药物可对酶靶点进行抑制、诱导或激活等作用，其中对酶的抑制是目前最成熟的一个药物设计手段。**酶抑制剂**是一类可以与酶结合并降低其催化活性的分子，可分为可逆酶抑制剂或不可逆酶抑制剂两大类。可逆酶抑制剂通过非共价相互作用与酶进行特异性结合。不可逆酶抑制剂通常通过与酶的活性中心的氨基酸残基侧链形成的共价键来抑制酶的活性。

美伐他汀(mevastatin)是一种天然存在的可以用于降低胆固醇的活性生物分子，

是第一个他汀类药物（statins）。美伐他汀可以与 3-羟基-3-甲基戊二酸单酰辅酶 A 还原酶（简称 HMG-CoA 还原酶）形成非共价相互作用从而抑制其活性，是一种可逆酶抑制剂。

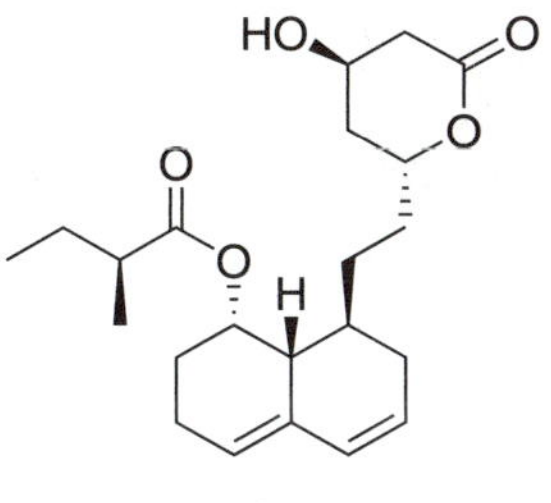

美伐他汀

青霉素（penicillins）是一类作用于细菌转肽酶的抗生素，属于不可逆酶抑制剂。转肽酶的活性中心是一个丝氨酸残基上的亲核性羟基。青霉素的 β-内酰胺结构具有较强的亲电性，与转肽酶结合后可以被此羟基进攻发生开环反应，形成青霉素与转肽酶共价键连接的产物。共价修饰后的转肽酶失去了催化能力，其活性被有效抑制。

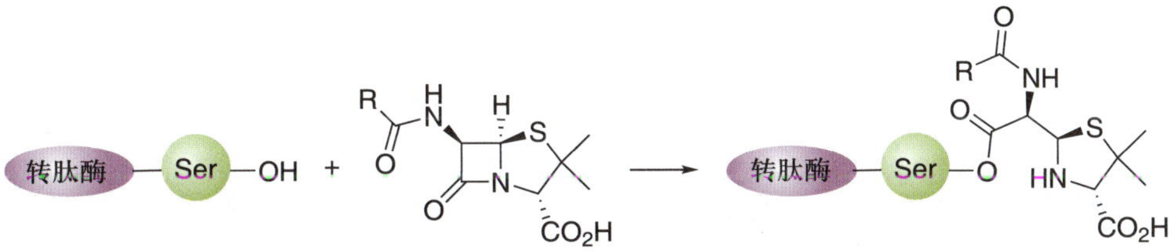

青霉素　　　　不可逆共价连接
无活性酶

19.8.6 抗体

抗体（antibody）是指机体免疫系统在外来细菌、病毒及其他病原体等抗原的刺激下产生的一种具有保护作用的特殊蛋白质——免疫球蛋白（immunoglobulin，Ig）。抗体分子形状大体相似，呈 Y 形，其功能由可变区和恒定区两结构域来实现。在 Y 形分叉的两个顶端有一小部分可以发生非常丰富的变化，实现与不同抗原的特异性非共价键结合。抗体在现代生物研究和疾病的诊断和治疗中有着重要的用途。在治疗方面，抗体可独立作为药物使用。例如，抗体可以标记细菌等外来抗原来诱导其他免疫机制对其进行攻击，或直接中和其目标。抗体还可与小分子药物以共价键连接，生成**抗体偶联药物**（antibody-drug conjugates，ADCs）。该类药物在肿瘤的靶向治疗中已经取得巨大成功。**吉妥珠单抗**（gemtuzumab ozogamicin）是第一个被批准上市的抗体偶联药物，用来治疗急性髓细胞白血病。吉妥珠单抗与某些类型白血病细胞中称为 CD33 的蛋白结合，并将一种名为卡利奇霉素（calicheamicin）的化疗药物 [所谓的弹头（warhead）] 输送到细胞中，从而定向杀死该白血病细胞。

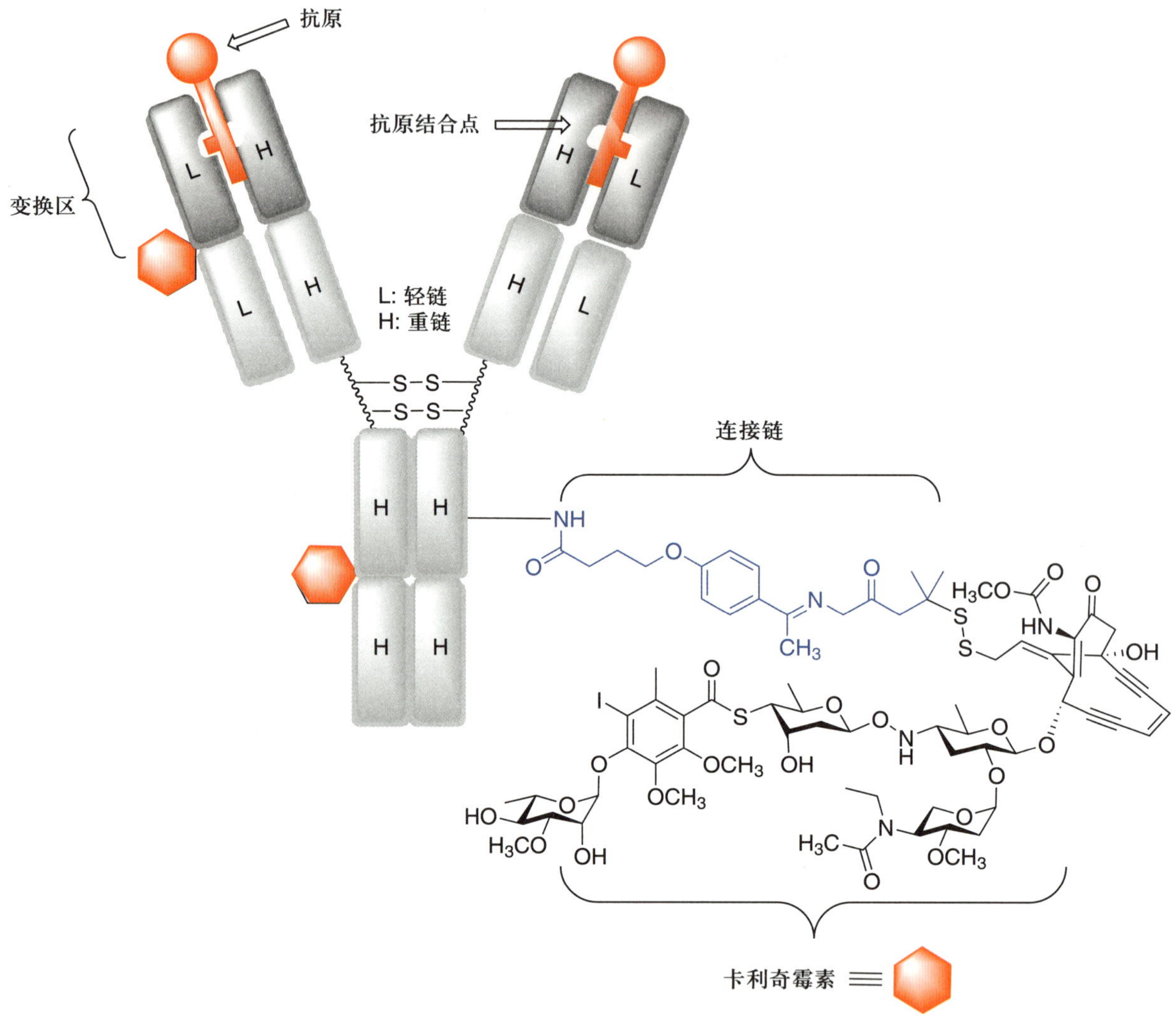

吉妥珠单抗

本章学习要点

(1) 氨基酸的基本结构特征、化学性质和合成方法。

(2) 多肽的结构特点，初步了解多肽中氨基酸序列的解析方法。

(3) 多肽的合成方法，初步掌握固相合成的基本思路。

(4) 蛋白质的一级结构、二级结构、三级结构和四级结构；酶与抗体的基本性质。

习题

19.1　请画出 pH 12 时，酪氨酸与精氨酸的结构。

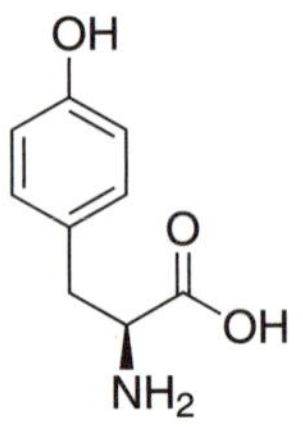

酪氨酸

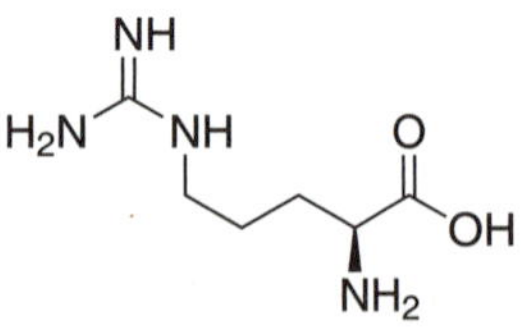

精氨酸

19.2　在生理条件下 (pH 7.4)，蛋白质中组氨酸的咪唑基团可以起到质子转移的作用。试从等电点分析生理条件下组氨酸的质子化状态。

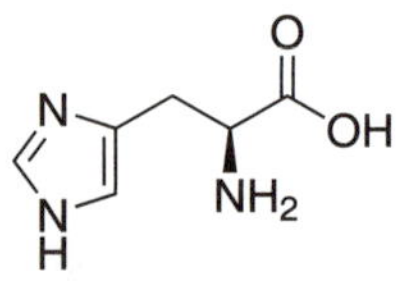

组氨酸
(histidine)

19.3 请设计合理路线合成如下氨基酸。

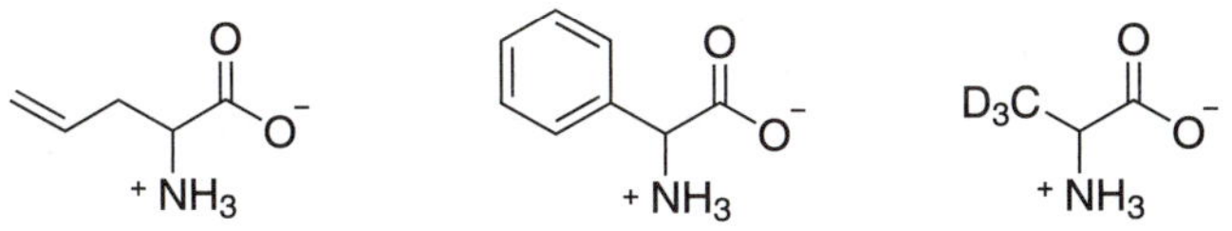

19.4 氨基酸作为手性分子，在不对称合成中具有重要的应用。如下所示，谷氨酸在 $NaNO_2/HCl$ 的作用下，可以得到五元环内酯。请写出该过程的反应机理。

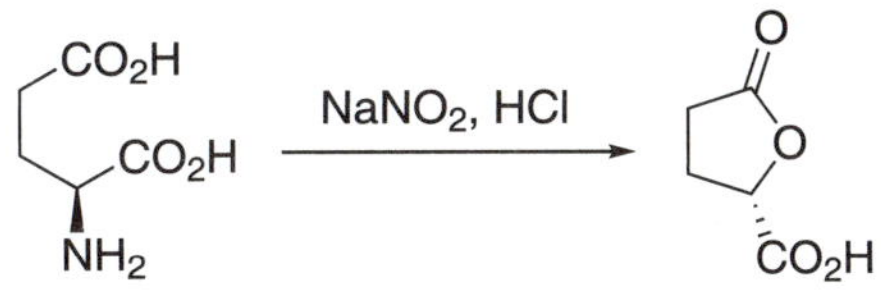

谷氨酸
(glutamic acid)

19.5 甲硫氨酸经过氧化氢氧化可以将侧链硫醚氧化为亚砜。结构鉴定显示得到了一对非对映异构体。试解释这一现象。

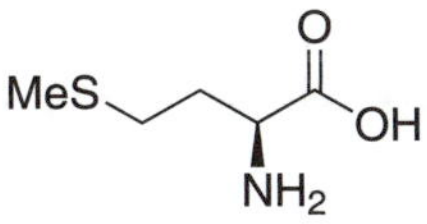

甲硫氨酸
(methionine)

19.6 催产素是一个环肽激素分子。请写出催产素中所有的氨基酸残基。

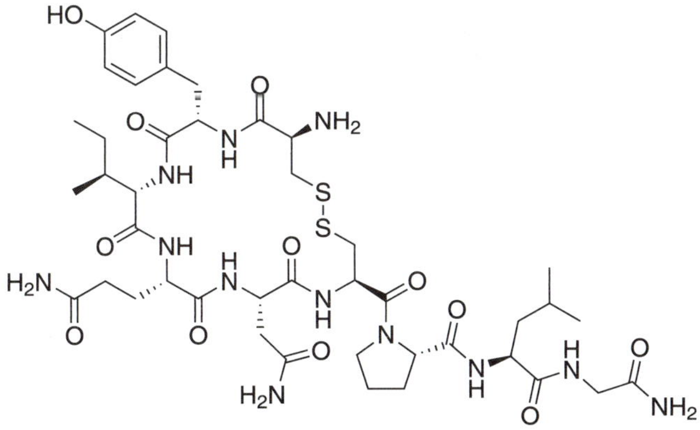

催产素
(oxytocin)

19.7 一多肽链利用 Sanger 降解得到了如下产物。请画出此肽链的氨基末端残基。

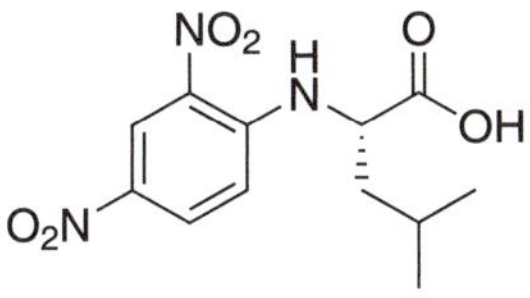

19.8 一多肽链经过一轮 Edman 降解得到了如下产物。请画出此肽链的氨基末端残基。

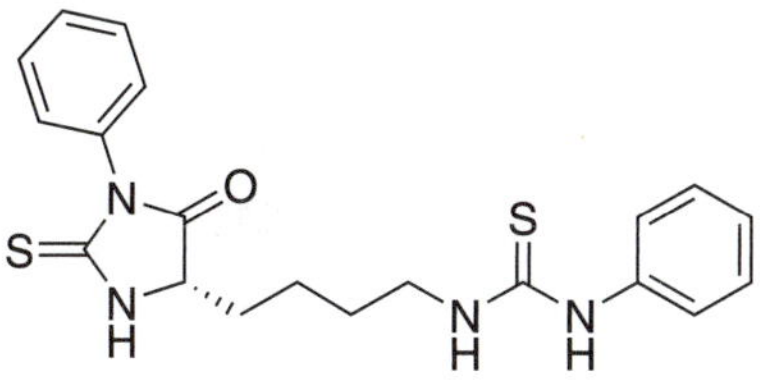

19.9 在多肽序列分析中，溴化腈可以选择性切断甲硫氨酸碳端的 C−N 键。试画出该过程的反应机理。

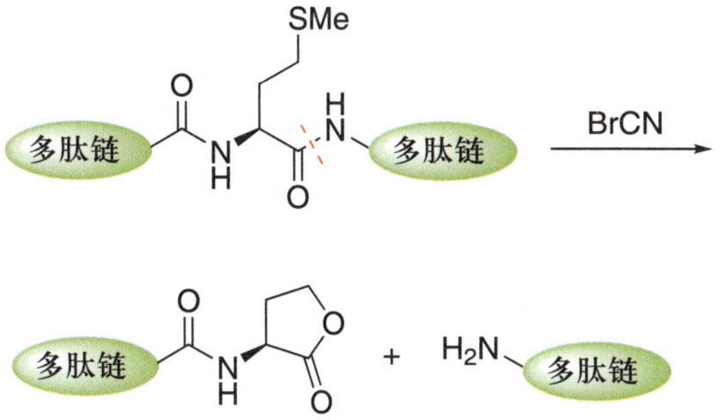

19.10 二羰基咪唑 (CDI) 也是一种常用的多肽缩合试剂。请画出 CDI 作为缩合试剂的反应机理。

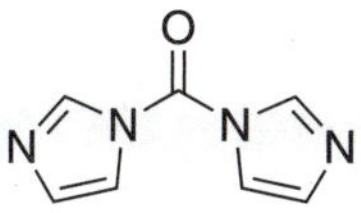

二羰基咪唑
(CDI)

19.11 阿斯巴甜是食品工业中一种常用的甜味剂。(1) 试用三字码方式表达阿斯巴甜的结构。(2) 若利用缩合方法合成阿斯巴甜，请写出相应的起始原料。

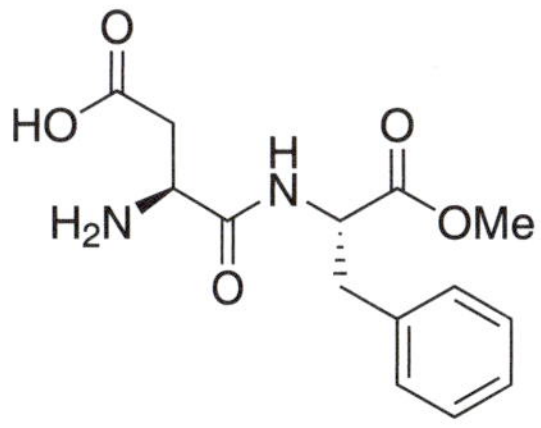

阿斯巴甜
(aspartame)

19.12 近年来，我国化学家发展了一种基于丝氨酸/苏氨酸的化学连接技术 (serine/threonine ligation，STL)。请画出化合物 A 的结构和化合物 A 转化为最终产物的反应机理。

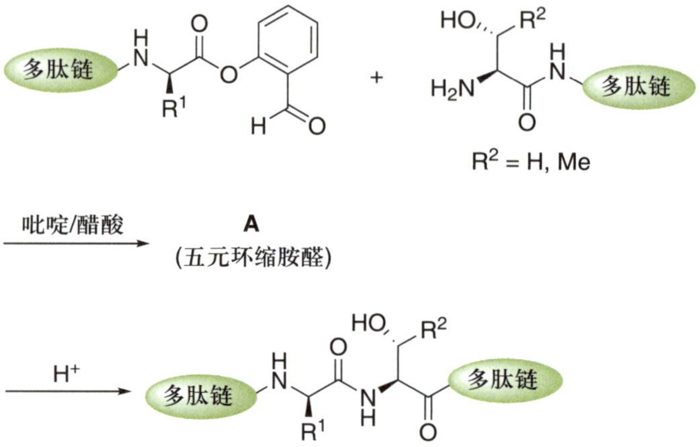

19.13 研究多肽与蛋白质的功能，有时需要对蛋白质与多肽中特定的氨基酸进行化学修饰。赖氨酸的侧链氨基与半胱氨酸的侧链巯基是常用的修饰位点。请写出下列两个反应的反应机理。

(1)

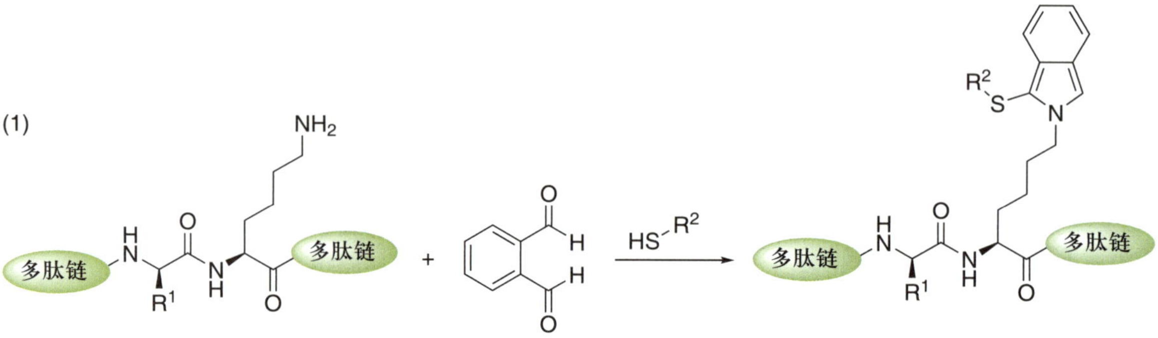

(2)

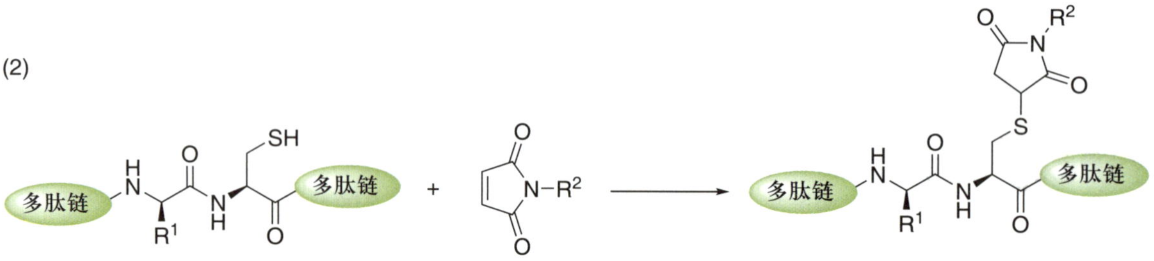

第 20 章

核酸和遗传物质

第 20 章 核酸和遗传物质

核酸 (nucleic acid) 是生命的基本物质之一。根据结构和功能的不同，生命体中的核酸可以分为两类：脱氧核糖核酸 (deoxyribonucleic acid，DNA) 和核糖核酸 (ribonucleic acid，RNA)。DNA 是遗传信息的载体，在细胞分裂过程中，母细胞通过 DNA 的半保留复制将遗传信息完整地传递给子细胞。DNA 通过转录生成信使 RNA (messenger RNA，mRNA)、核糖体 RNA (ribosomal RNA，rRNA)、转运 RNA (transfer RNA，tRNA)、长链非编码 RNA (long non-coding RNA，lncRNA) 等多种 RNA 分子，在生命过程中发挥遗传信息传递、生命过程调控、结构支撑、催化等功能。

世界上首个分离核酸的科学家是米歇尔 (Friedrich Miescher)，他于 1868 年从绷带上附着的脓细胞中分离出一种含磷的物质，在酸性溶液中沉淀，能够溶于碱性溶液。由于该物质是从细胞核中分离出来的，因此他将其命名为核素 (nuclein)。米歇尔后来发现核素是一种含蛋白质的复合体。在此基础上，奥特曼 (Richard Altman) 于 1889 年分离出不含蛋白质的核素组分，命名为 nucleic acid。之后，科塞尔 (Albrecht Kossel，1910 年诺贝尔生理学或医学奖获得者) 和他的学生利文 (Phoebus Levene) 揭示了核酸的化学组成。核酸的化学组成与蛋白质相比过于简单，导致当时的科学界普遍认为核酸不可能具有特别重要的生理功能，这一认识阻碍了对核酸结构和功能的深入研究。直到 1944 年艾弗里 (Oswald Avery) 的肺炎球菌转化实验，以及 1952 年赫尔希 (Alfred Hershey，1969 年诺贝尔生理学或医学奖获得者) 和蔡斯 (Martha Chase) 的噬菌体侵染细菌实验证明 DNA 是遗传物质，才引起人们对核酸研究的广泛兴趣。1953 年，以沃森 (James Watson) 和克里克 (Francis Crick) 提出的 DNA 双螺旋结构为标志，开启了分子生物学的新时代。

20.1 核酸的化学构成

核酸是以核苷酸 (nucleotide) 为基本结构单元组成的链状生物大分子。核苷酸是由核苷 (nucleoside) 和磷酸缩合而成的磷酸酯，核苷又由碱基 (nucleobase) 与核糖 (ribose) 通过糖苷键 (glycosidic bond) 连接而成。核苷酸根据所含有的核糖类型，分为核糖核苷酸 (ribonucleotide) 和脱氧核糖核苷酸 (deoxyribonucleotide) 两种，它们分别是构成 RNA 和 DNA 的基本结构单元。另外，RNA 和 DNA 所含有的碱基类型也不完全相同 (图 20-1)。

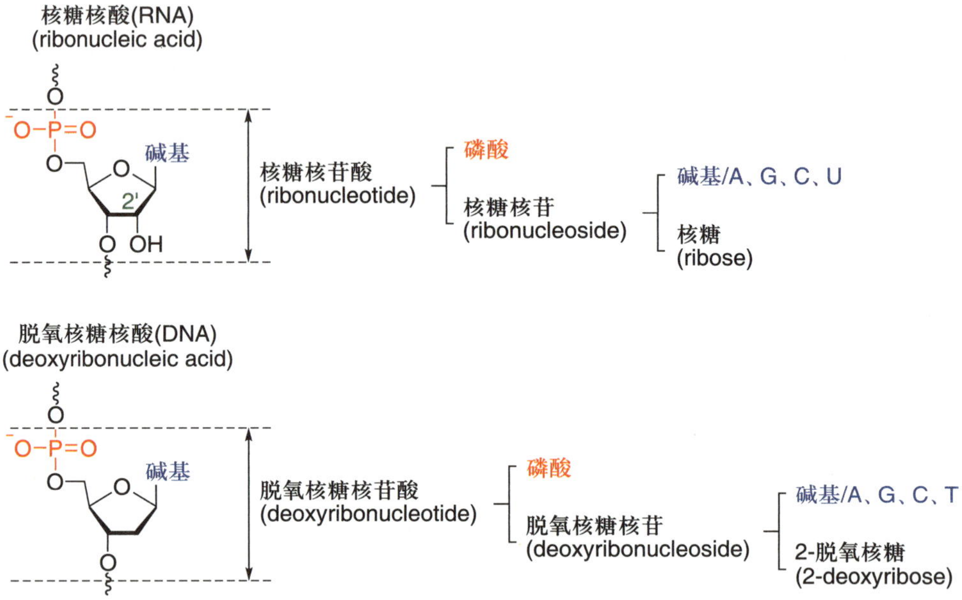

图 20-1　核酸的化学构成

除了 A、G、C、T、U 这五种基本碱基，核酸(特别是 RNA)还含有种类繁多的稀有碱基，例如 5-甲基胞嘧啶(5-methylcytosine，5mC)，4-硫尿嘧啶(4-thiouracil，S4U)，次黄嘌呤(hypoxanthine，I)等。这些稀有碱基对核酸的功能实现(如基因表达调控、tRNA 与 mRNA 的识别配对等)具有重要意义。

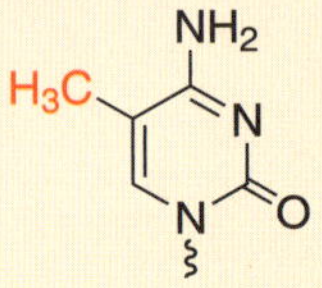

5-甲基胞嘧啶
(5-methylcytosine, 5mC)

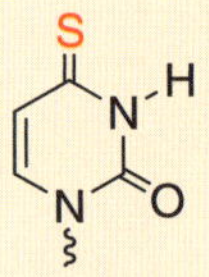

4-硫尿嘧啶
(4-thiouracil, S4U)

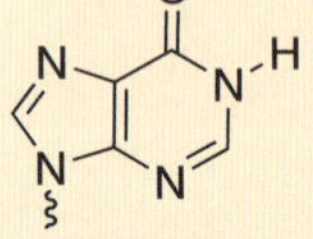

次黄嘌呤
(hypoxanthine, I)

20.1.1　碱基

核苷酸的碱基是具有芳香性的含氮杂环，包括腺嘌呤(adenine，A)、鸟嘌呤(guanine，G)两种嘌呤碱基，以及胞嘧啶(cytosine，C)、胸腺嘧啶(thymine，T)和尿嘧啶(uricil，U)三种嘧啶碱基。DNA 由 A、G、C、T 这四种碱基构成，而 RNA 中用 U 替代了 DNA 中的 T。鸟嘌呤 C6 位和胸腺嘧啶/尿嘧啶 C4 位的酮羰基可以异构化为烯醇式,腺嘌呤 C6 位和胞嘧啶 C4 位的烯氨基可以异构化为亚胺式。在生理条件下，碱基主要以酮式和烯胺式的结构存在；但是改变溶液的 pH，或者在碱基上引入化学修饰，可以改变碱基异构体之间的动态平衡(图 20-2)。

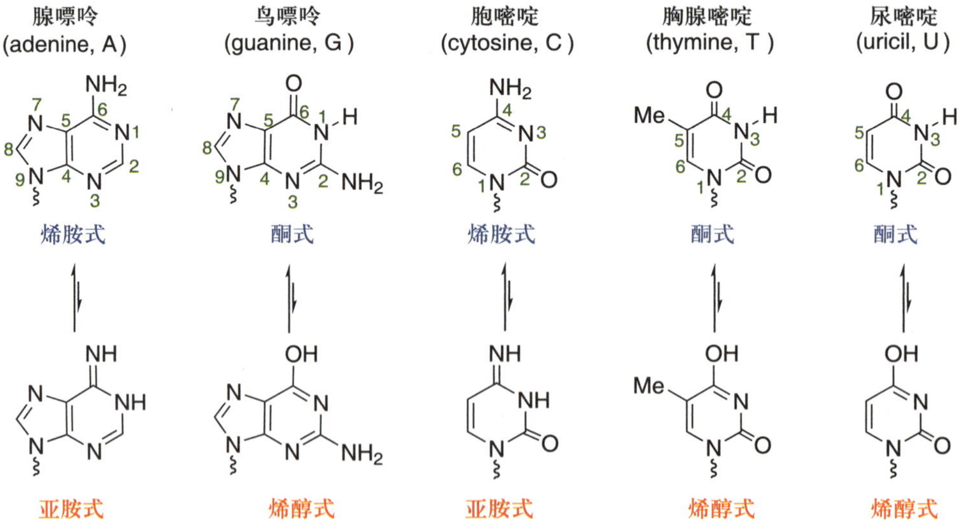

图 20-2　核酸碱基的结构

碱基作为富电子的含氮杂环,环内氮原子一般具有弱碱性。腺嘌呤的 N1 位、N3 位、N7 位，鸟嘌呤的 N1 位、N3 位和胞嘧啶的 N3 位在酸性条件下都能够质子化，质子化以后的 pK_a 值一般在 2-5 之间。在生理条件下，这些位点具有弱亲核性，能够与亲电试剂反应，是常见的 DNA 烷基化损伤位点。

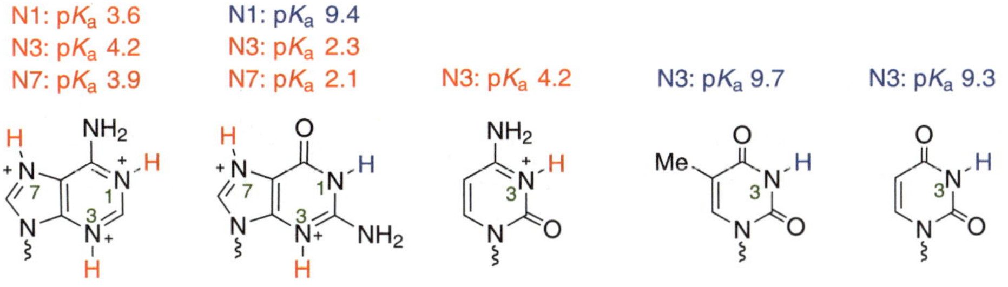

腺嘌呤A　鸟嘌呤G　胞嘧啶C　胸腺嘧啶T　尿嘧啶U

相反，鸟嘌呤的 N1 位、胸腺嘧啶和尿嘧啶的 N3 位上氢的 pK_a 值为 9–10，具有弱酸性。这些位点在生理条件下不具有亲核性，但是在碱性条件下脱去质子生成共轭碱，即可成为较强的亲核中心。

一般在核苷中核糖原子编号右上角标注“′”，以示与碱基上的原子相区别。

20.1.2 核苷

嘌呤碱基和嘧啶碱基分别通过 N9 和 N1 与核糖的 C1′形成糖苷键，得到核苷。天然核苷的糖苷键均为 β 构型，即糖苷键与 C5′位上的羟甲基处于糖环平面的同一侧。组成 RNA 的四种基本核糖核苷［腺苷（adenosine，rA）、鸟苷（guanosine，rG）、胞苷（cytidine，rC）、尿苷（uridine，rU）］都含有 *D*-核糖，而构成 DNA 的四种基本脱氧核糖核苷［脱氧腺苷（deoxyadenosine，dA）、脱氧鸟苷（deoxyguanosine，dG）、脱氧胞苷（deoxycytidine，dC）、胸苷（thymidine，dT）］都含有 2′-脱氧-*D*-核糖。

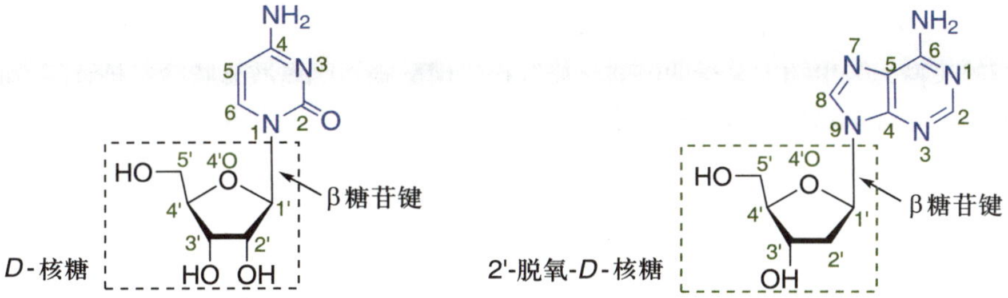

核糖核苷的结构
（以胞苷rC为例）

脱氧核糖核苷的结构
（以脱氧腺苷dA为例）

在立体结构中，核糖中呋喃环的 5 个原子不在同一个平面上，而是以 C2′和 C3′褶皱的形式存在，核苷主要呈现为 North 和 South 两种构象，二者可以相互转换。对核糖核苷而言，由于 C2′-OH 与 C4′-O 的立体电子效应，North 构象比 South 构象更为稳定。相反，脱氧核糖核苷的 South 构象比 North 构象更为稳定。

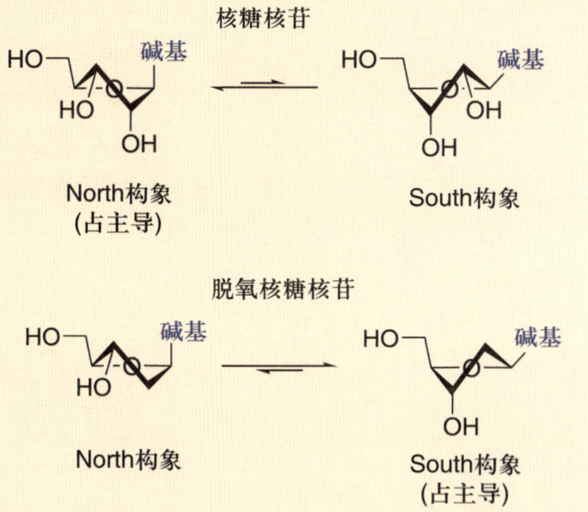

如果用一个硫原子替代磷酸二酯的非桥连氧原子，生成具有手性的硫代磷酸酯键，则负电荷主要分布在硫原子上。在某些细菌的 DNA 中，存在 R_p 构型的硫代核苷酸。

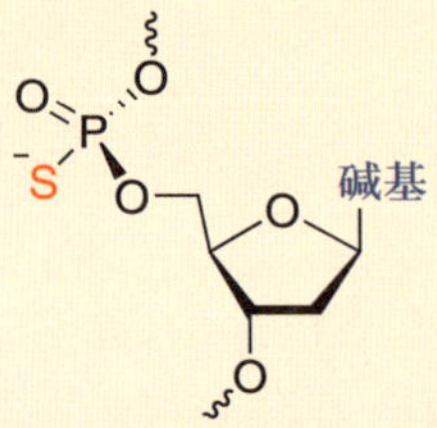

S_p-硫代核苷酸

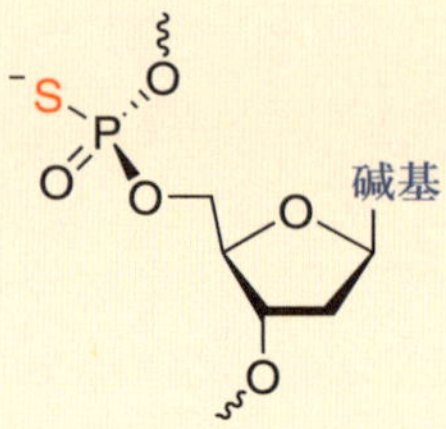

R_p-硫代核苷酸

20.1.3　核苷酸

核苷的 C3′-OH 或 C5′-OH 与磷酸成酯就得到核苷酸，核苷酸是 DNA 和 RNA 的基本结构单元。核酸中磷酸二酯的 pK_a 值为 1-2，在生理条件下（pH 7.4）以磷酸根负离子的形式存在，负电荷平均分布在两个非桥连的氧原子上，可以表示为下式（III）所示的结构。因此，核酸中磷酸二酯键的磷原子并非手性中心。

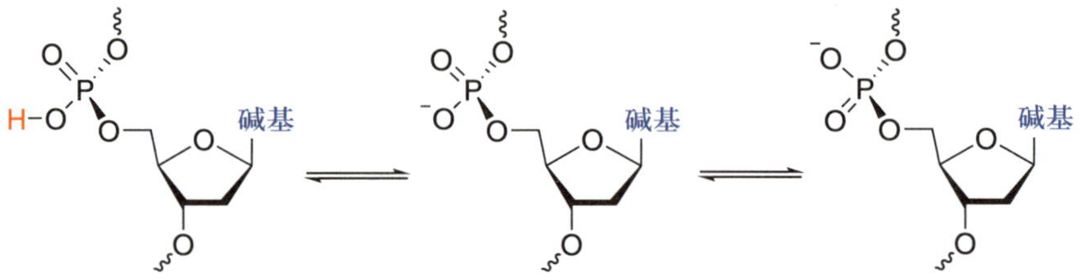

pK_a 1-2　　(I)　　(II)

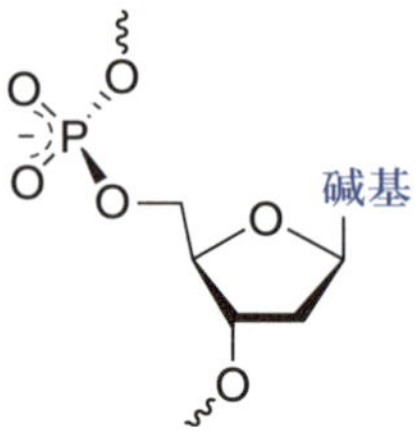

(III)

生命体中还有很多具有重要生理功能的核苷酸。例如，腺苷三磷酸（adenosine triphosphate，ATP）是“能量通货”，为众多生物转化过程提供能量；ATP 也是磷酸激酶的底物，为生物大分子的磷酸化修饰提供磷酸根。烟酰胺腺嘌呤二核苷酸（nicotinamide adenine dinucleotide，NAD$^+$）是重要的辅酶，参与很多氧化-还原反应。环腺苷酸（adenosine 3′,5′-cyclic monophosphate，cAMP）、环二核苷（2′,3′-cGMAP）等是重要的第二信使。

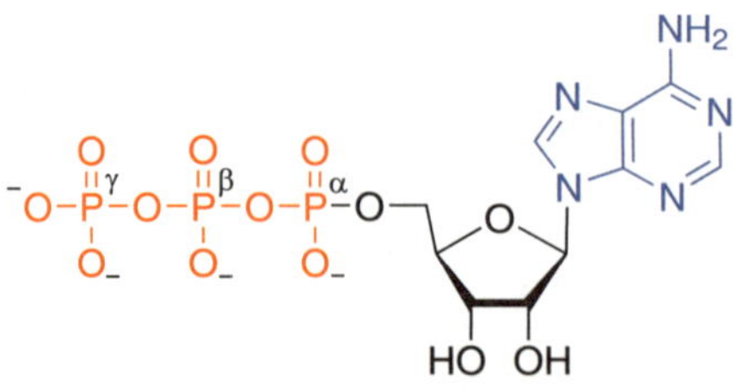

腺苷三磷酸(ATP)

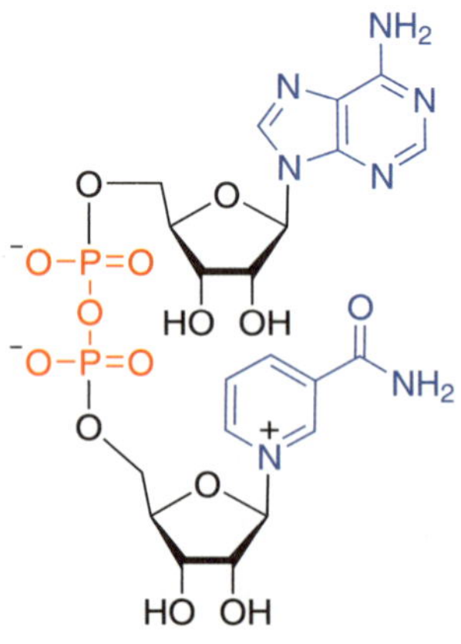

烟酰胺腺嘌呤二核苷酸(NAD$^+$)

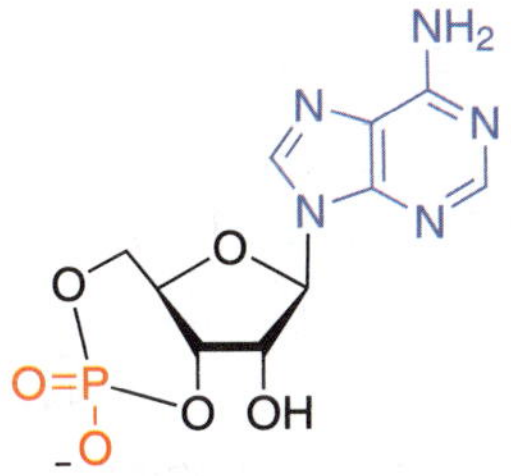

环腺苷酸(cAMP)

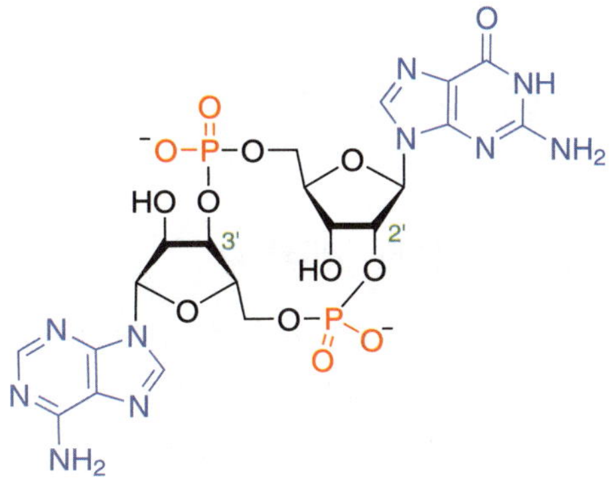

环二核苷(2',3'-cGAMP)

许多核苷和核苷酸的衍生物具有良好的生理活性，能开发为抗癌、抗菌、抗病毒的药物。例如，吉西他滨 (Gemcitabine) 是抗癌化疗药物，瑞德西韦 (Remdesivir) 被批准用于治疗新冠肺炎。

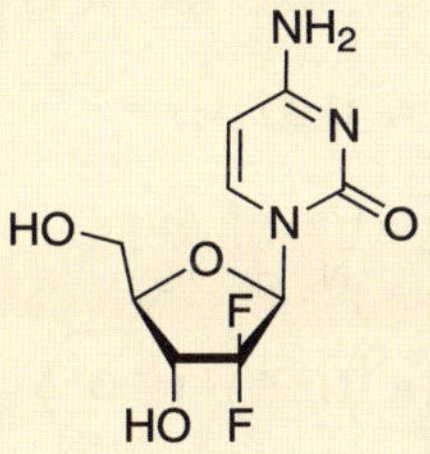

吉西他滨
(Gemcitabine)

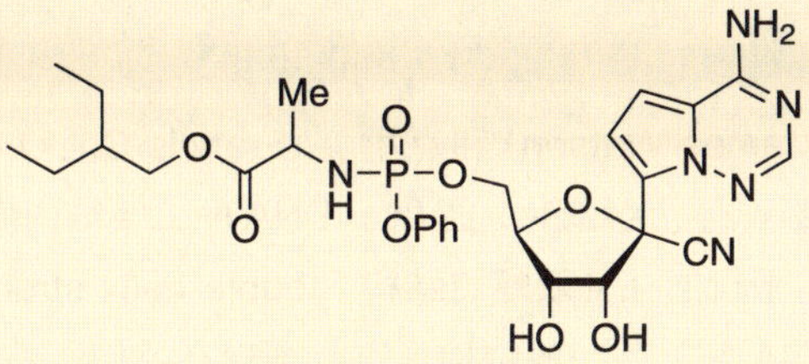

瑞德西韦(Remdesivir)

思考题 20.1

DNA 中用胸腺嘧啶 T 替换 RNA 中的尿嘧啶 U，可能带来哪些优势？

思考题 20.2

在细胞中，脱氧核糖核苷三磷酸 (dNTP) 与核糖核苷三磷酸 (NTP) 的生物合成途径有何关联？

20.2　核酸的结构

20.2.1　核酸的一级结构

核酸是核苷通过 3′,5′-磷酸二酯键连接而成的链状分子，核酸的一级结构是指核苷的连接顺序。默认的表达方式是从 5′端往 3′端方向，用 A、G、C、T、U 这五个字母的排列顺序表示核酸的一级结构，序列前加一个前缀“d”或“r”分别表示 DNA 或 RNA。例如，5′-d (ATCGGCTTA) 表示一条 DNA 序列，5′-r (AUCGGCUUA) 表示一条 RNA 序列。

20.2.2　碱基配对与核酸的二级结构

核酸链通过碱基之间的氢键互补配对，形成二级结构。在经典的 Watson-Crick 碱基配对方式中，腺嘌呤 A 与胸腺嘧啶 T 或尿嘧啶 U 通过 2 个氢键分别形成 A–T 或 A–U 碱基对，鸟嘌呤 G 与胞嘧啶 C 通过三个氢键形成 G–C 碱基对。

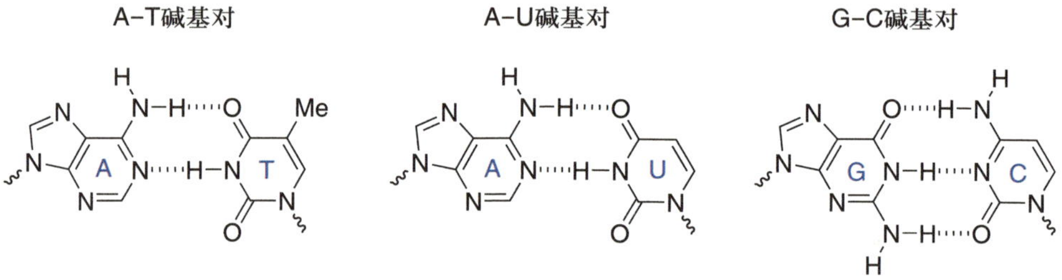

1953 年，沃森 (James Watson) 和克里克 (Francis Crick) 根据富兰克林 (Rosalind Franklin) 的 X 射线晶体衍射图片，提出了 DNA 的二级结构模型，即通过 Watson-Crick 氢键维持的反向平行的互补**双螺旋结构** (double helix structure)。该结构后来被证明是生理条件下 DNA 普遍存在的结构形态，即现在我们所熟知的 B 型 DNA 结构。同一时期，威尔金斯 (Maurice Wilkins) 发现在脱水的情况下，DNA 主要以 A 型双螺旋的结构形态存在。A 型 DNA 和 B 型 DNA 都是右手螺旋结构，但是在酒精或高盐等极端条件下，DNA 也能形成左手螺旋的 Z 型结构。

> DNA 双螺旋结构形态的提出，完美地解决了遗传信息如何存储、传递和表达这一科学问题，开创了分子生物学的新时代。沃森、克里克和威尔金斯三人因此分享了 1962 年诺贝尔生理学或医学奖 (富兰克林已于 1958 年去世)。

在 B 型 DNA 双螺旋结构中，脱氧核糖以 South 构象存在 (图 20-3)。碱基对 (base pair，bp) 平面与双螺旋的螺旋轴 (helix axis) 近乎垂直，与水平面的倾斜角约为–6°。相邻两个碱基对之间的旋转角 (turn angle) 为 34.6°。一个完整的螺旋含有 10.4 个碱基对。每个碱基对在螺旋轴方向的高度为 3.4 Å。由于 DNA 的螺旋结构，在碱基对的两侧形成了两条连续的沟槽。位于嘌呤 C6 位和嘧啶 C4 位一侧的称为大沟 (major groove)，位于嘌呤 C2 位和嘧啶 C2 位一侧的称为小沟 (minor groove)。B 型 DNA 的大沟宽而深，小沟窄而浅。

双螺旋 A 型 DNA 的脱氧核糖以 North 构象存在，碱基对与水平面之间的倾斜角较大 (20°)。碱基对的旋转度比 B 型 DNA 更小。一个完整的螺旋含有 11 个碱基对。每个碱基对在旋转轴方向的高度为 2.6 Å。A 型 DNA 具有窄而深的大沟和宽而浅的小沟。与 B 型 DNA 相比，A 型 DNA 的整体结构显得短小而粗壮。从旋转轴方向俯视，A 型 DNA 具有一个明显的空腔。

(A)

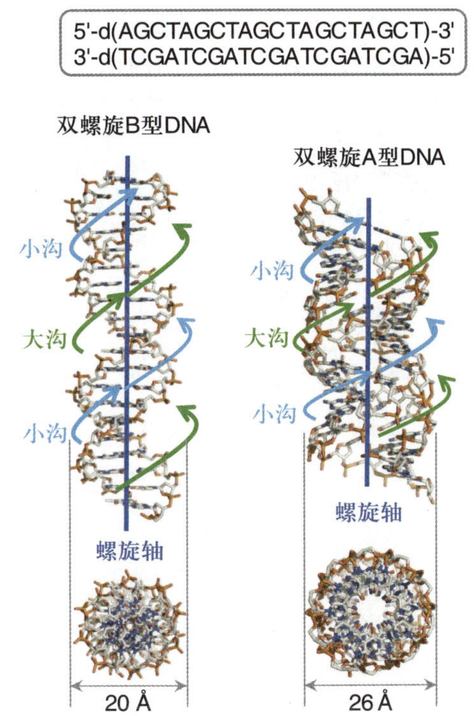

(B)

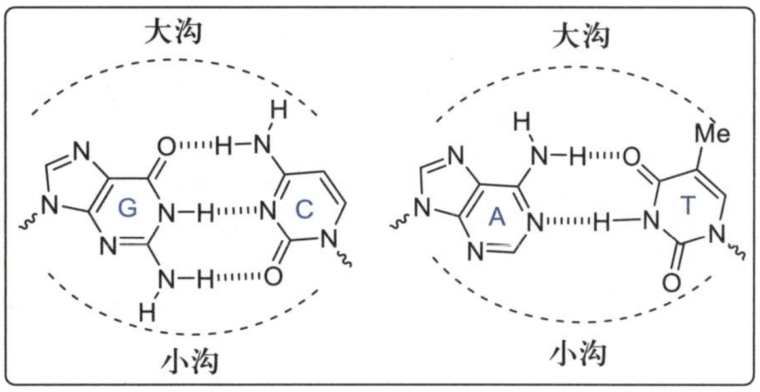

(C)

结构参数	A型DNA	B型DNA
螺旋直径	26 Å	20 Å
一个完整螺旋的碱基对数目	11个	10.4个
碱基对旋转角	32.7°	34.6°
每个碱基对的轴向高度	2.6 Å	3.4 Å
碱基对倾斜度	20°	−6°
核糖构象	North	South
大沟宽度/深度	2.7 Å/13.5 Å	11.7 Å/8.5 Å
小沟宽度/深度	11.0 Å/2.8 Å	5.7 Å/7.5 Å

(A) 一个 20 bp 双链 DNA 的 A 型和 B 型结构对比；(B) 双螺旋结构中 G–C、A–T 碱基对在大沟和小沟中的相对位置；(C) A 型和 B 型 DNA 的结构参数

图 20-3　A 型和 B 型 DNA 的结构对比

在生理条件下，RNA 双链中的核糖均以 North 构象存在，整体三维结构呈现为 A 型。生命体中的 RNA 主要以单链的形态存在，RNA 单链通过分子内的碱基配对，形成 RNA 双链区、凸起 (bulge)、内环 (internal loop) 和发夹 (hairpin) 等多种二级结构 (图 20-4)。

长链非编码 RNA (long non-coding RNA，lncRNA) 是细胞中大量存在的一类长度超过 200 个碱基的 RNA 分子。长链非编码 RNA 不编码蛋白质，而是折叠成复杂的二级和三级结构，进而通过与小分子、核酸和蛋白质的相互作用，参与生命过程调控。

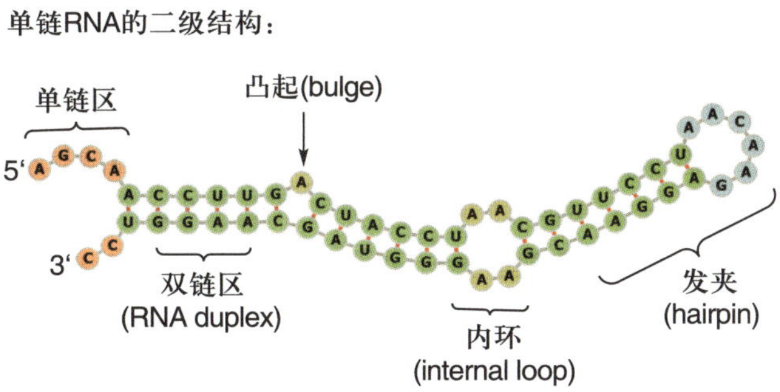

图 20-4　单链 RNA 的二级结构

天然的碱基之间还能够通过非 Watson-Crick 碱基配对形成更为复杂的核酸二级结构。例如鸟嘌呤 G 和尿嘧啶 U 能够通过 2 个氢键形成 G–U 碱基对，这在单链 RNA 的二级结构中很常见。1963 年，Karst Hoogsteen 发现腺嘌呤 A 的 N7 和 C6–NH_2 还能够分别与胸腺嘧啶 T 的 N3 和 C4 位羰基 O 原子形成氢键配对。同样地，在酸性环境条件下 (pH ≈ 5) N3 位质子化的胞嘧啶 C^+ 也能够与鸟嘌呤的 N7 和 C6 位羰基 O 原子形成氢键配对。这类嘌呤 N7 参与形成的碱基配对被称为 Hoogsteen 碱基对。因此，

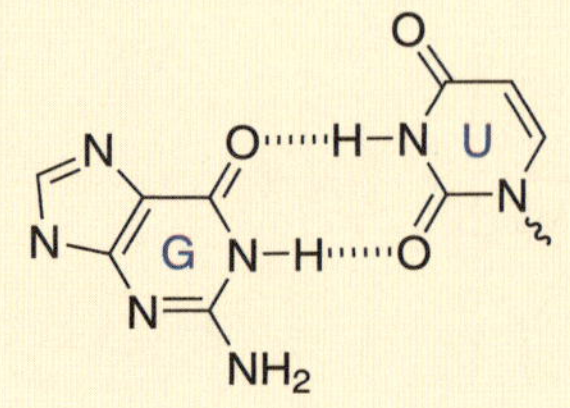

G–U碱基对

嘌呤碱基存在两个边缘，一边与嘧啶碱基形成 Watson-Crick 碱基配对，另一边与嘧啶碱基形成 Hoogsteen 碱基配对。通过合理设计碱基序列，三条单链 DNA 能够通过 Watson-Crick 碱基配对和 Hoogsteen 碱基配对自发形成 DNA 三链结构 (DNA triplex)。

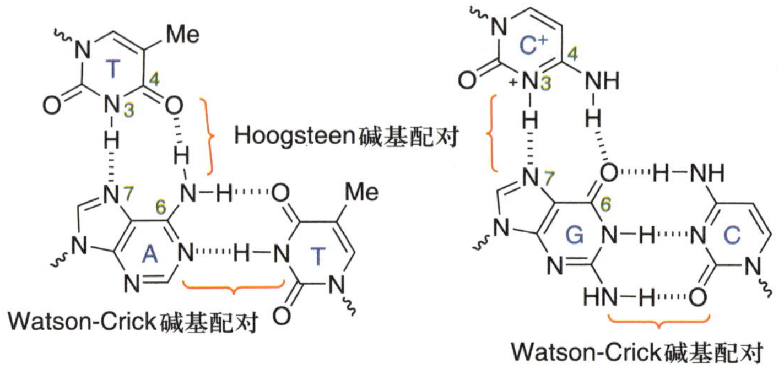

T • A–T DNA 三链碱基对　　C^+• G–C DNA 三链碱基对

共平面的 4 个鸟嘌呤也可以通过 Hoogsteen 氢键配对，在碱金属离子 (如 K^+、Na^+) 的稳定作用下形成 G-四分体 (G-quartet)。富含鸟嘌呤 G 的 DNA 和 RNA 序列，如染色体端粒 $(GGGTTA)_n$，可以通过 G-四分体堆积形成比双链更为稳定的 G-四链体 (G-quadruplex) 结构。真核细胞中的 G-四链体序列富集于基因的启动子区，能够基于其二级结构互变 (双链 ↔G-四链体)，调控基因表达。

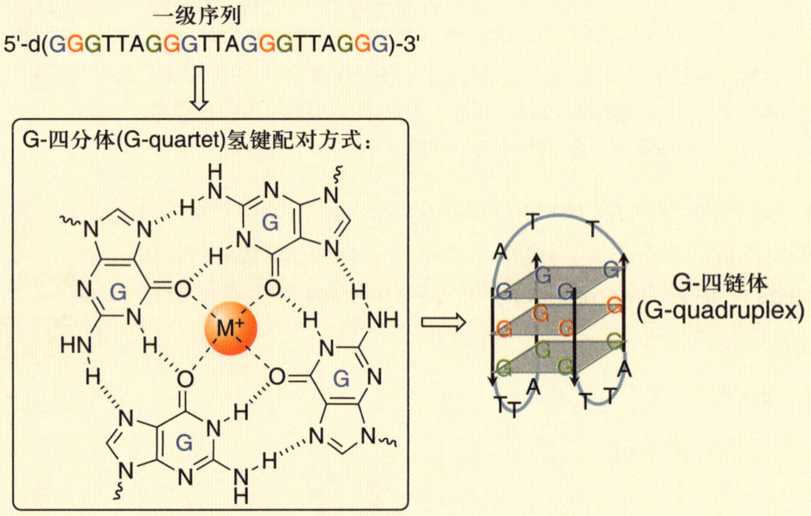

20.2.3　核酸的三级结构

核酸在二级结构的基础上，通过不同区域之间的非共价相互作用，扭曲和折叠成具有特定构象的三维空间结构，称为核酸的三级结构。例如，细菌的基因组 DNA 和动物细胞的线粒体 DNA 为闭环双链 DNA (closed circular duplexes DNA)。由于环张力的驱动，闭环双链 DNA 扭曲、缠结为超螺旋 (superhelix)，这是 DNA 的一种三级结构形式 (图 20–5)。超螺旋是一种高度压缩的 DNA 结构形态，有利于数量庞大的基因组 DNA 被微小的细菌所容纳。

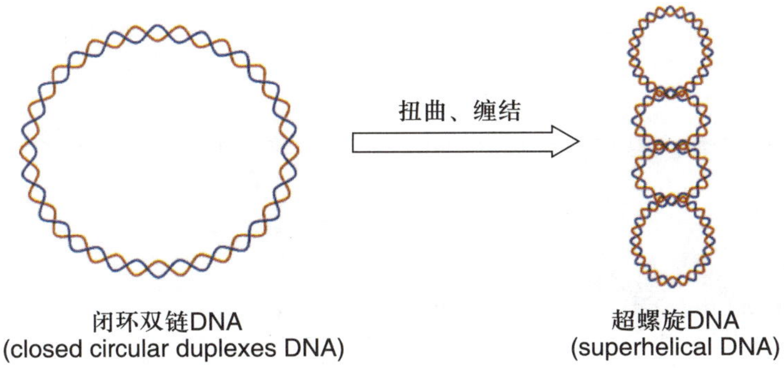

图 20-5 超螺旋 DNA 的形成和结构

生命体中广泛存在的单链 RNA，在基于氢键配对形成二级结构的基础上，折叠成复杂的空间三维结构。图 20-6 显示了酵母苯丙氨酸 tRNA 的二级结构及相应的三级结构（三维空间结构）。单链 RNA 的三维空间结构与蛋白质的三维结构相似。与之对应，单链 RNA 也具有与蛋白质相似的功能，包括作为酶催化反应，作为复合体的组成部分支撑结构，作为信号分子调控生命过程等。

RNA 分子能够催化细胞中的一些化学转化过程。例如，细菌 RNase P 中的 RNA 亚基可以独立催化 tRNA 的加工成熟；自剪接内含子 (self-splicing introns) 催化自身 RNA 的剪接过程。奥特曼 (Sidney Altman) 和切赫 (Thomas R. Cech) 因为发现 RNA 分子的催化功能，分享了 1989 年诺贝尔化学奖。

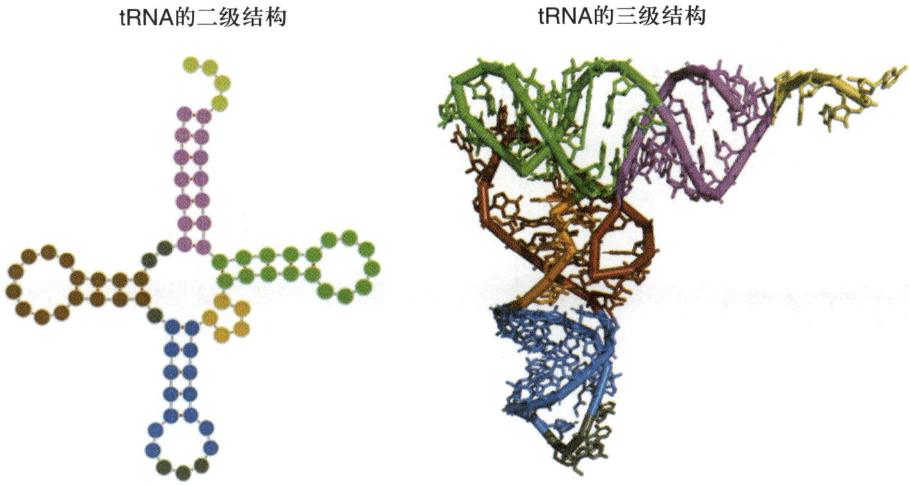

图 20-6 酵母苯丙氨酸 tRNA 的二级结构和三级结构

20.2.4 核酸的高级结构

核酸与核酸、蛋白质等其他生物大分子通过非共价相互作用组装而成的复合体称为核酸的高级结构。在真核细胞的细胞核内，超长的线性双链 DNA 首先与组蛋白组装成核小体 (nucleosome)。组蛋白含有较多的赖氨酸和精氨酸，在生理条件下带正电荷，能够中和 DNA 磷酸二酯键上的负电荷，允许核小体形成 “串珠 (beads on a string)”，进一步压缩成直径为 30 nm 的染色质纤维 (chromatin fiber)。在有丝分裂过程中，染色质纤维还可以进一步折叠、压缩为染色体 (chromosome)。从链状双链 DNA 到染色体，DNA 长度变为原来的万分之一 (图 20-7)。

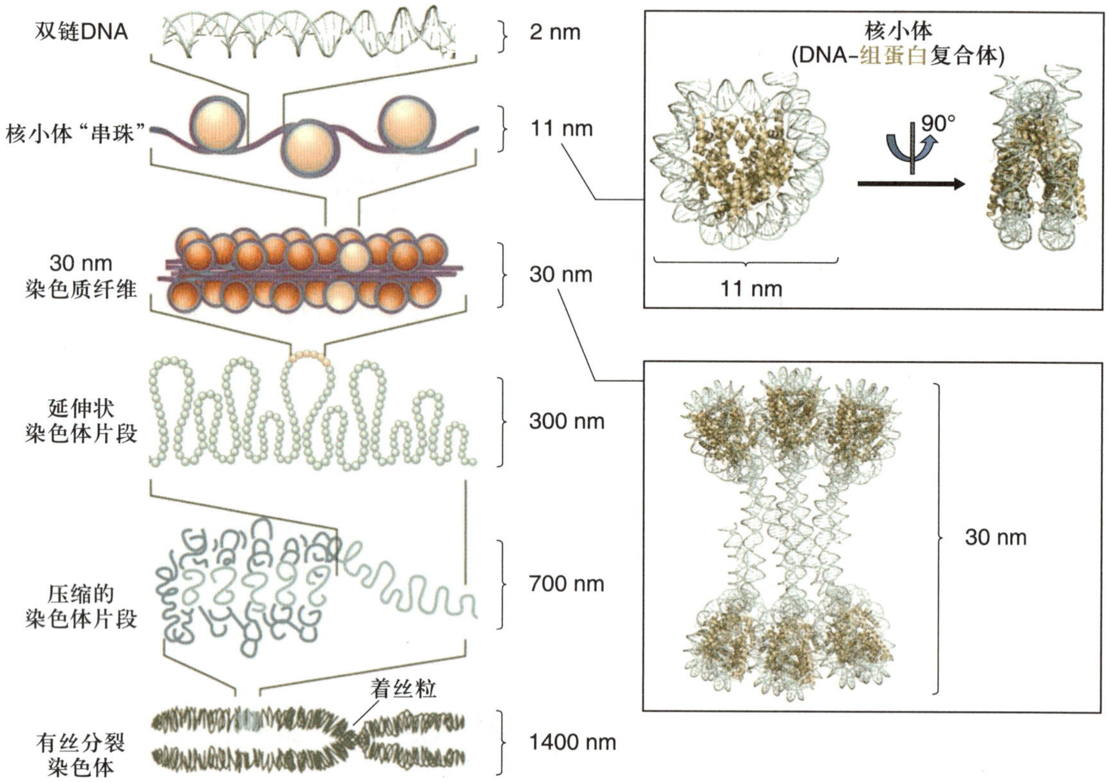

图 20-7　真核细胞核小体、染色质和染色体的结构

真核细胞的细胞核 DNA 以染色质纤维的形态存在，除了有利于 DNA 压缩，也是真核细胞调控基因表达的一种方式。当染色质纤维致密堆积时，抑制基因的表达。细胞可以通过 DNA 中胞嘧啶 C5 位的甲基化修饰，以及组蛋白上的甲基化、乙酰化等修饰，改变染色质的压缩程度，或者使 DNA 从组蛋白解离，达到调控基因表达的目的。DNA 甲基化修饰和组蛋白修饰对基因表达的调控作用，是目前表观遗传学研究的焦点之一。

思考题 20.3

真核细胞的细胞核 DNA 组装成为染色质和染色体状的高级结构，有何必要性？

20.3　核酸的物理性质和化学性质

20.3.1　DNA 杂交、热变性和自组装

在两条单链 DNA 通过碱基互补配对形成双螺旋 DNA 的过程中，Watson-Crick 氢键对两条单链的选择性识别和配对至关重要。但是氢键相互作用并不是稳定 DNA 双螺旋结构的最重要的作用力。在螺旋轴方向上，上下两个碱基对之间通过 π-π 堆积和范德华力，形成了一个高度疏水的螺旋核心。这种疏水相互作用、π-π 堆积和范德华力的协同作用，是维持 DNA 双螺旋结构在水溶液中稳定性的关键因素。

在生理条件下，两条单链 DNA 通过互补配对形成双螺旋的过程是一个自发、快速的过程，该过程称为 DNA 杂交 (hybridization)。反过来，可以通过加热使双螺旋 DNA 解链，恢复为两条单链，该过程称为 DNA 热变性 (thermal denaturation)。在 DNA 热变性过程中，碱基对之间的 π-π 堆积被破坏，碱基在最大吸收波长的吸光

度 ($A_{260\ nm}$) 会逐渐增大。用 $A_{260\ nm}$ 对温度 T 作图，能够得到如图 20-8 所示的 DNA 热变性 S 曲线。S 曲线中间的 $A_{260\ nm}$ 剧变区对应双链 DNA 的解链过程，当解链进行至 50% 时所对应的温度，称为双链 DNA 的解链温度 (melting temperature，T_m)。高温变性后的 DNA，通过缓慢降低温度，两条单链 DNA 又可以重新形成稳定的双螺旋结构，该过程称为退火 (annealing)。退火是热变性的逆过程。

T_m 是反映双螺旋 DNA 热稳定性的一个重要参数，一般随 DNA 链长度的增加而升高，并受溶液中盐浓度和 pH 的影响。对于短的双链 DNA 片段 (14－20 bp)，可以使用华莱士规则 (Wallace rule) 对其生理条件下的 T_m 值进行简单估算：T_m=2 × (A−T 碱基对的个数) +4× (G−C 碱基对的个数)。

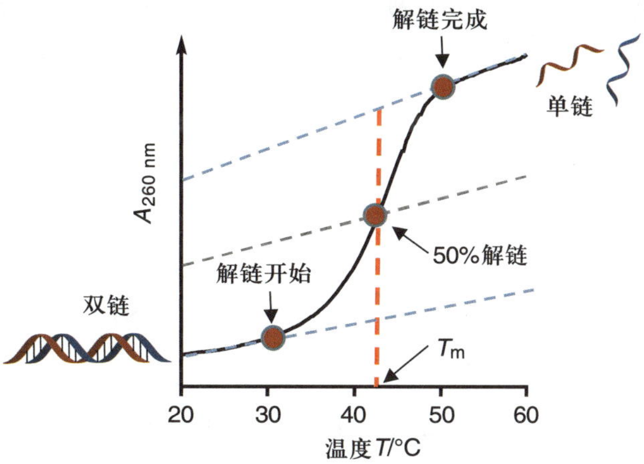

图 20-8　双螺旋 DNA 热变性过程中 $A_{260\ nm}$ 变化曲线图

DNA 互补双链之间的自发杂交过程，可以用来组装 DNA 纳米结构。在合理设计 DNA 序列的基础上，通过退火，多条单链 DNA 就可以基于碱基互补配对原则，有序地组装成具有特定形貌和尺寸的纳米结构 (图 20-9)。这些 DNA 纳米结构在药物递送、催化、分离等多个领域中展现了广泛的应用前景。

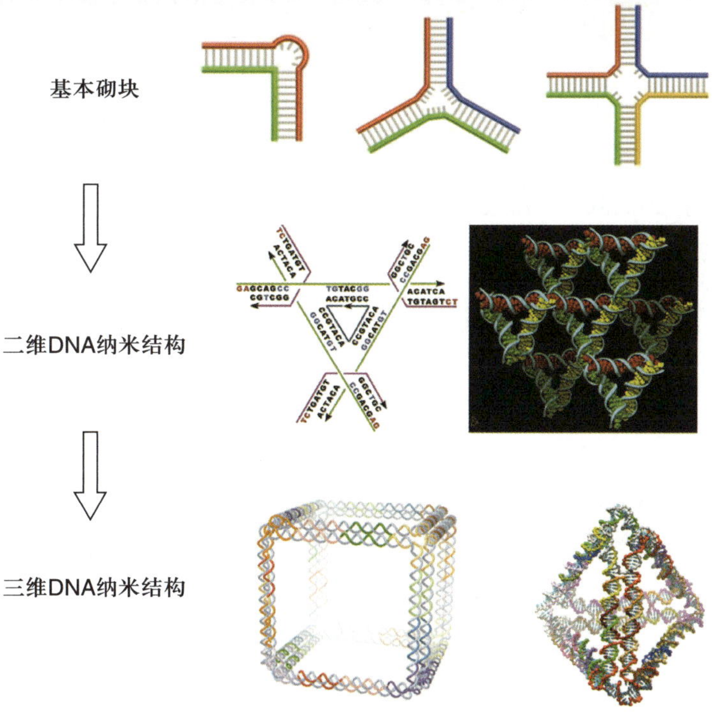

图 20-9　通过 DNA 自组装制备 DNA 纳米结构

20.3.2　核酸的化学稳定性

DNA 作为遗传物质，在生理条件下具有极好的化学稳定性，对于万年以上的古生物样本，仍然可能成功提取其 DNA 进行测序。但在酸性和碱性条件下，DNA 通过酸碱催化水解，会快速降解。

在酸性条件下，DNA 可以通过两种机制发生断裂。第一种机制，在酸性催化下磷酸二酯键上非桥连的氧负离子质子化，增强了 P(Ⅴ)的亲电性，更容易被水分子亲核进攻。同时，酸性条件下离去基团的 C5′位 O 或 C3′位 O 发生质子化，加速了 P−O 键的断裂。

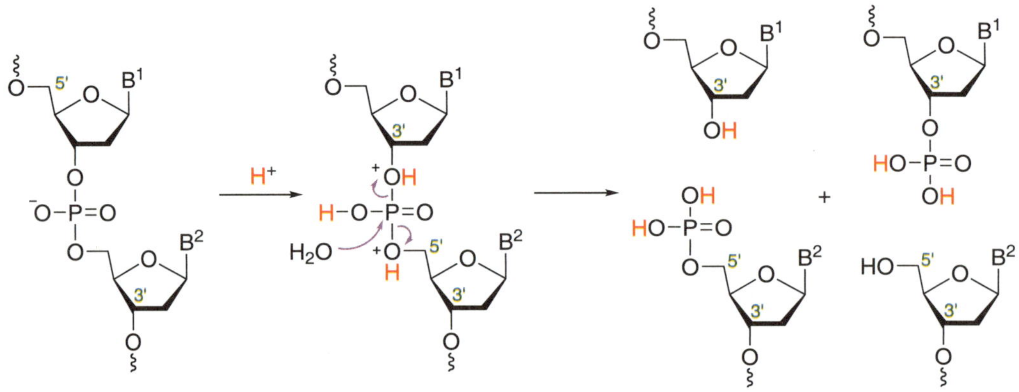

酸催化磷酸二酯键水解的第二种机制，腺嘌呤和鸟嘌呤的 N7 (pK_a 2−4) 在酸性条件下质子化，削弱了糖苷键的稳定性，加速糖苷键水解，生成无碱基位点 (abasic site，AP)。无碱基位点在水溶液中能异构化为开环形式，导致 C2′位 H 的酸性增强，促进了 3′-磷酸根的 β-消除过程。

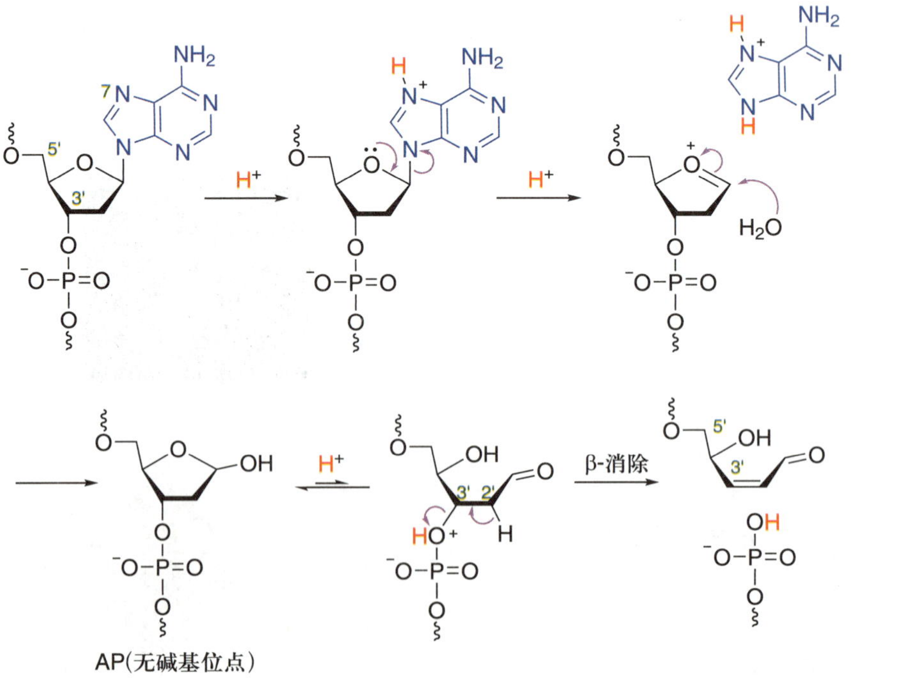

碱性条件增强了水的亲核性，也能够催化磷酸二酯键的水解。碱性越强，水解速率越快。

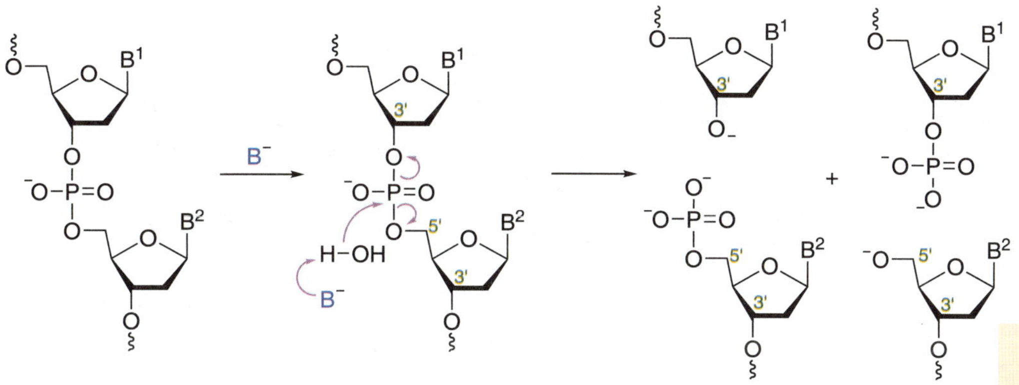

由于 C2′位 OH 的存在，RNA 的化学稳定性与 DNA 有两点显著不同。其一，尽管 RNA 分子中的嘌呤碱基在酸性条件下也会发生 N7 质子化，但是由于 C2′位 OH 的吸电子效应，增强了糖苷键的稳定性，难以发生水解脱嘌呤反应。其二，RNA 能够通过 C2′位 OH 参与的分子内转酯反应导致磷酸二酯键断裂。在生理条件下，该转酯断裂反应的速率大约为 1×10^{-7} min^{-1}，是相同条件下 DNA 水解断裂速率（1×10^{-12} min^{-1}）的十万倍。因此，即使在生理条件下，RNA 也会降解，生命周期较短。同样，酸和碱均能够加快 C2′位 OH 参与的 RNA 断裂过程。

RNA 世界假说（RNA world hypothesis）认为，在生命起源的早期，存在一个以 RNA 为中心的生命系统。RNA 既存储遗传信息，又催化 RNA 复制、转录等生物过程。在长期的生命进化过程中，基于 RNA 衍生出 DNA。RNA 的遗传信息存储功能被更为稳定的 DNA 所替代，从而产生了基于中心法则（central dogma）的现代生命系统。

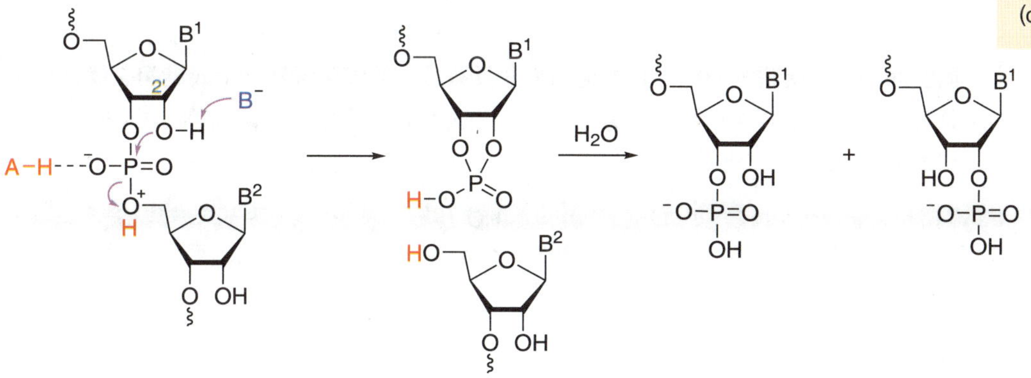

思考题 20.4

细胞中核酸的降解主要是通过核酸酶（nuclease）实现的。核酸酶的催化活性中心一般都含有二价金属离子（如 Mg^{2+}）。试述该金属离子在核酸酶催化核酸降解过程中的功能。

20.3.3 DNA 损伤及其修复

尽管 DNA 在生理条件下稳定，但是很多活泼的化学物质能够和 DNA 发生反应，导致 DNA 脱氨基化、烷基化、氧化等损伤。

亚硝酸盐是致癌物，其致癌机制是亚硝酸导致碱基脱氨基化，将胞嘧啶 C 转变为尿嘧啶 U，将鸟嘌呤 G 转变为次黄嘌呤 I。

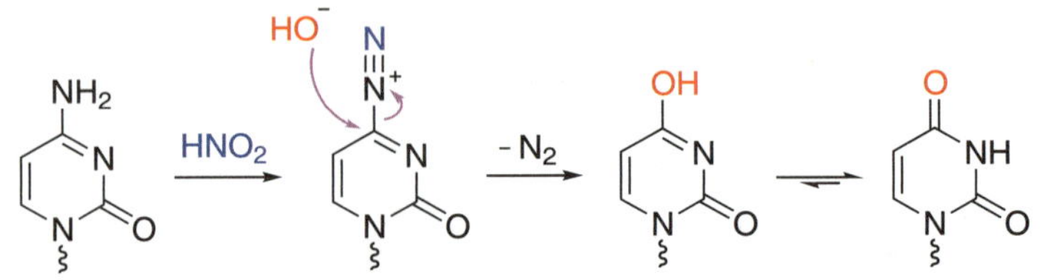

胞嘧啶C　　　　尿嘧啶U

碱基上的一些氮原子具有亲核性，能够与亲电性的烷基化试剂反应，导致烷基化损伤。在双螺旋 DNA 中，鸟嘌呤的 N7 和腺嘌呤的 N3，由于不参与氢键配对，分别是大沟和小沟内最主要的烷基化位点。硫酸二甲酯与双螺旋 DNA 反应，导致鸟嘌呤 N7 位选择性烷基化。

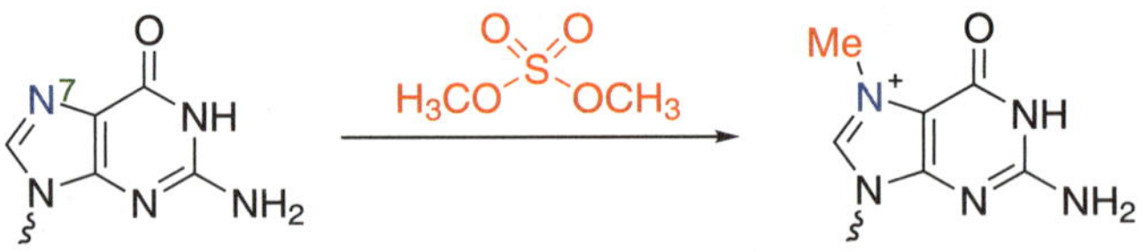

鸟嘌呤G　　　　7-甲基鸟嘌呤

抗癌药物氮芥具有双亲电中心，主要与鸟嘌呤的 N7 位反应，生成单烷基化、链间交联和链内交联等产物，其中链间交联具有最大的细胞毒性。生成链间交联被认为是氮芥抗癌的主要作用机制。另外一个抗癌药物顺铂也主要是与鸟嘌呤的 N7 位反应引起 DNA 交联，诱导癌细胞死亡。

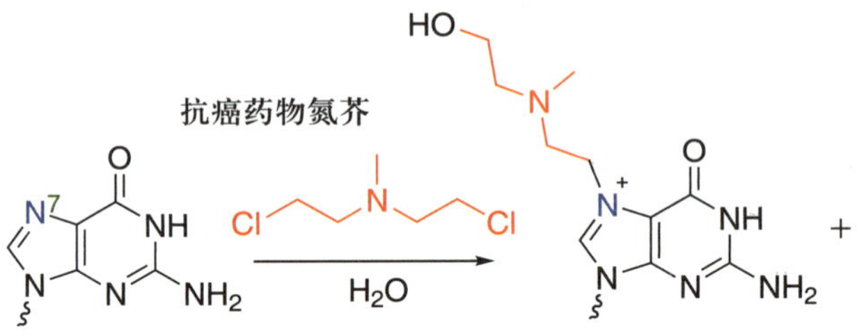

鸟嘌呤G　　　　单烷基化

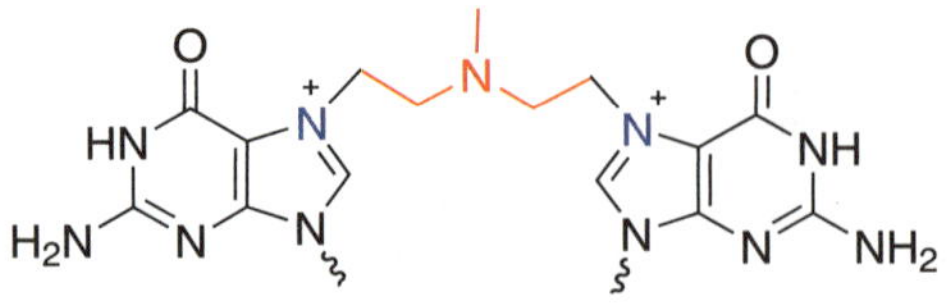

链间交联和链内交联

金属铂类抗肿瘤药物，如顺铂 (cisplatin)、卡铂 (carboplatin) 等，也主要是通过与鸟嘌呤的 N7 位反应，生成 DNA 链间交联、链内交联和 DNA−蛋白质交联，诱导癌细胞死亡。

抗肿瘤天然产物 CC-1065 具有适合 DNA 双螺旋结构的曲度，能够选择性地结合在 DNA 的小沟中。位于小沟中的腺嘌呤 N3 与亲电性的 CC-1065 发生加成反应，导致 DNA 烷基化。

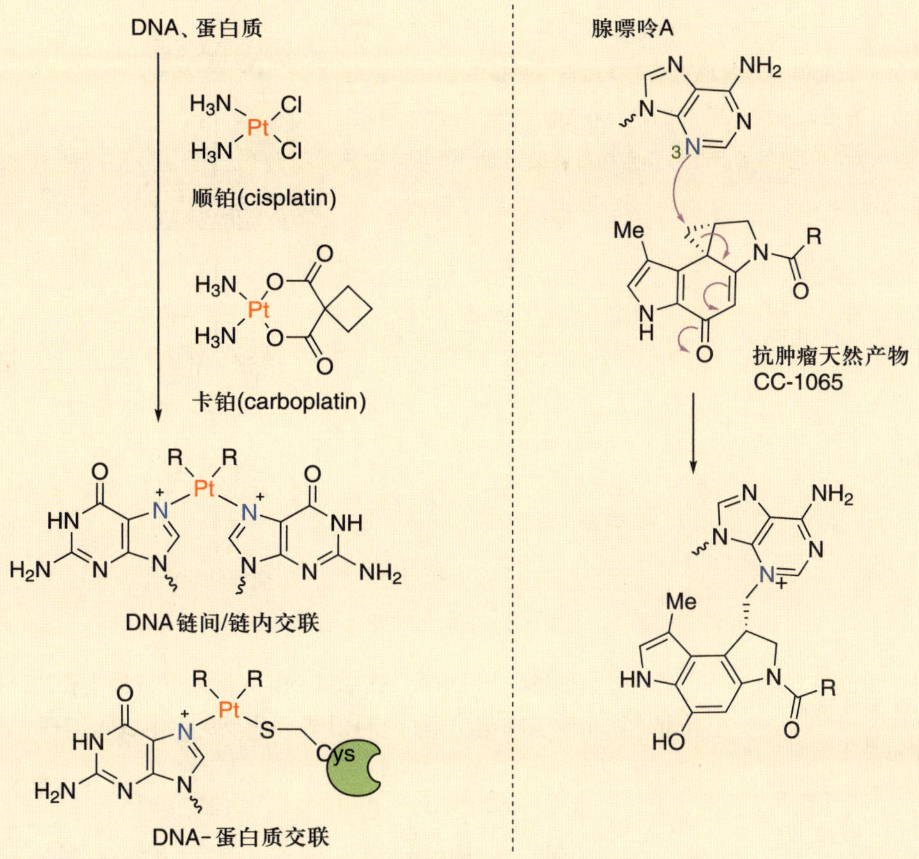

单线态氧、电离辐射产生的羟基自由基等氧化剂能够和 DNA 反应，导致 DNA 氧化损伤。构成 DNA 的四个碱基中，鸟嘌呤的氧化还原电势最低，是最容易被氧化损伤的碱基。羟基自由基与鸟嘌呤加成，得到的产物被 O_2 继续氧化，得到 DNA 氧化损伤标志物 8-羟基鸟嘌呤。

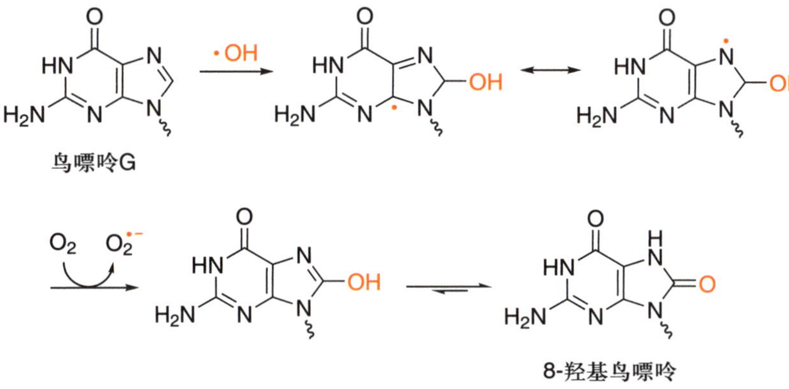

除了与碱基反应，活泼的羟基自由基还可以直接夺取核糖中的氢原子，生成碳自由基，然后与溶液中的 O_2 和 H_2O 等继续反应，最终导致 DNA 断裂。肿瘤的放射性疗法 (radiotherapy) 的基本原理就是通过自由基损伤 DNA，诱导癌细胞死亡。高能的放射性可以直接作用于 DNA，在 DNA 上产生自由基 (直接机制)；或者首先电离细胞内的水分子产生羟基自由基，然后通过羟基自由基间接地损伤 DNA (间接机制)。

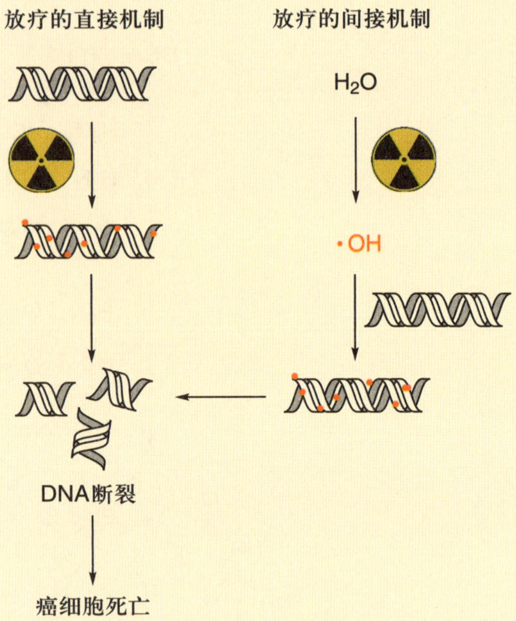

基因组 DNA 中的单碱基损伤，例如胞嘧啶 C 脱氨基生成的尿嘧啶 U 和鸟嘌呤 G 氧化生成的 8-羟基鸟嘌呤等，一般通过碱基切除修复机制修复。涉及多个核苷酸的损伤，例如 DNA 链间交联和链内交联，一般通过核苷酸切除修复机制修复。对于 T–T 二聚体，既可以通过核苷酸切除修复机制修复，也可以被 DNA 光解酶直接修复。林达尔 (Tomas Lindahl)、莫德里奇 (Paul Modrich) 和桑卡 (Aziz Sancar) 因为分别揭示了碱基切除修复、错配修复、核苷酸切除修复和光解酶修复的分子机制，分享了 2015 年诺贝尔化学奖。

紫外光也能够损伤 DNA。在 254 nm 光激发下，最主要的光损伤产物是同一条链上相邻的两个胸腺嘧啶 T 通过 [2+2] 光环化反应，生成的 T–T 二聚体。

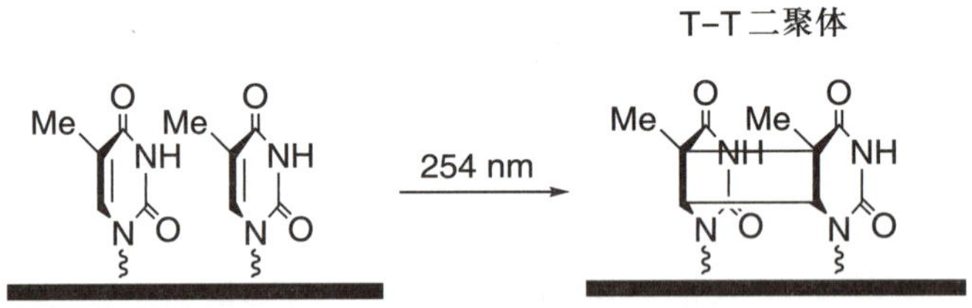

通过不同的反应机制生成不同类型的损伤产物，可能导致 DNA 突变、断裂，并最终改变细胞的命运 (如衰老、癌变、死亡)。因此，生命体进化出了一系列精密的修复机制，包括碱基切除修复 (base excision repair，BER)、核苷酸切除修复 (nucleotide excision repair，NER)、DNA 光解酶修复 (repair by DNA photolyase)、错配修复 (mismatch repair，MMR)、同源重组修复等，针对不同的 DNA 损伤类型进行特异性修复。

思考题 20.5

DNA 修复酶抑制剂常和 DNA 损伤剂联用，可用于癌症的治疗。试述 DNA 修复酶抑制剂在其中的作用。

20.4 核酸的合成

核酸的合成可以通过生物方法（生物合成与聚合酶链式反应）和化学方法（化学合成）两种途径。生物合成是基于生命体内 DNA 和 RNA 的合成机制，采用聚合酶（polymerase）催化核糖核苷三磷酸（NTP）或脱氧核糖核苷三磷酸（dNTP）有序聚合。聚合酶催化的核酸合成具有方便、快捷、高效的优点，但是该方法必须依赖已有的核酸模板。与之相反，化学合成烦琐、成本高，但是可以从头合成寡聚 DNA 和 RNA 链。

20.4.1 核酸的生物合成

在细胞分裂时，遗传物质双链 DNA 通过半保留复制机制，得到两条具有相同序列的双链 DNA 分子。在此过程中，解旋酶（helicase）首先解开双链 DNA（图 20-10）。由于 DNA 聚合酶只能延伸 DNA 链，而不能从头合成 DNA，所以 DNA 在开始复制时需要引物酶（primase）的催化，以解开的单链 DNA 为模板合成一小段 RNA 引物。然后 DNA 聚合酶以 dNTP 为原料，在引物的 3′端进行链的延伸。DNA 聚合酶只能从 5′端往 3′端合成 DNA 链，因此两条子链的合成是从相反的方向进行的。RNA 引物链在合成的后处理过程中被降解，然后在 DNA 聚合酶的催化下填补正确的 DNA 链。这样通过复制得到的双链 DNA 都含有一条新合成的子链和一条复制前的母链。

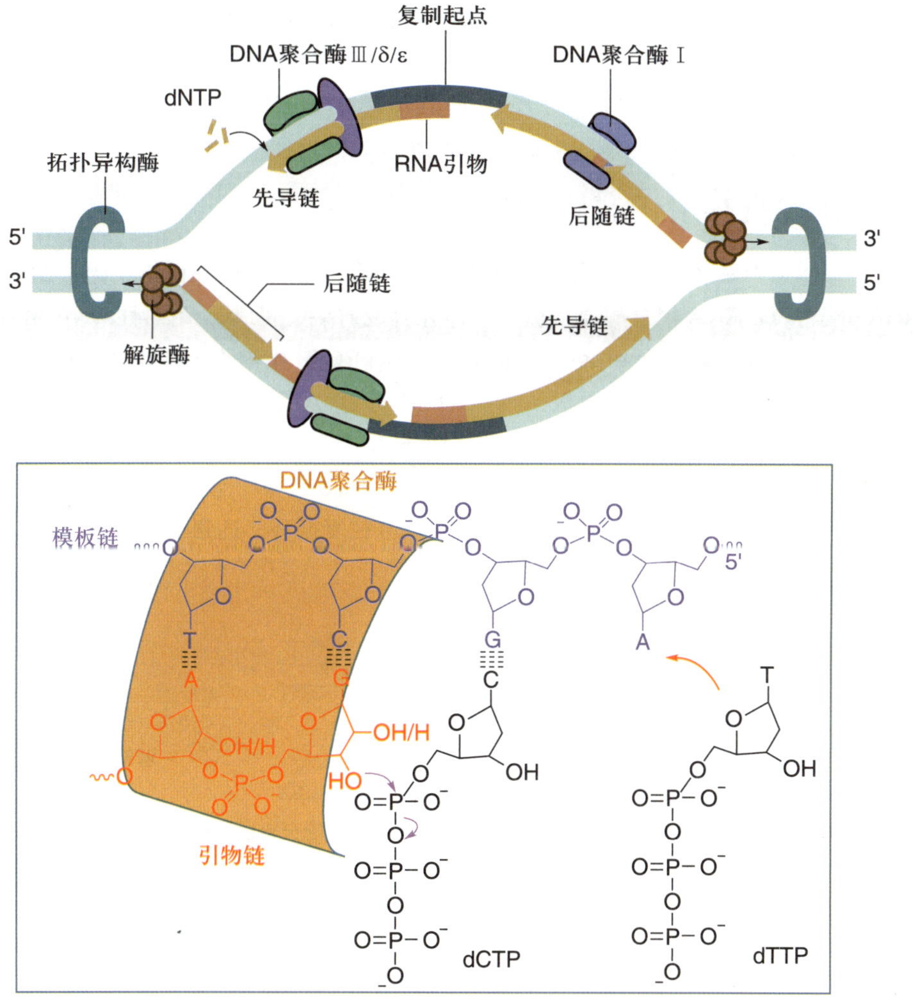

图 20-10 DNA 半保留复制及 DNA 聚合酶的机制

> 一些 RNA 病毒，如 SARS 冠状病毒、新型冠状病毒等，具有 RNA 依赖的 RNA 聚合酶（RNA-dependent RNA polymerase，RdRp）。这些病毒入侵宿主细胞后，RNA 依赖的 RNA 聚合酶以病毒自身的遗传物质 RNA 为模板，合成互补 RNA 链，用于指导蛋白质的合成和新病毒的组装。特异性地抑制 RdRp 的活性是治疗这类病毒感染的一种有效方法。

用于 DNA 复制的 DNA 聚合酶本质是 DNA 依赖的 DNA 聚合酶（DNA-dependent DNA polymerase）。在一些 RNA 病毒中还存在 RNA 依赖的 DNA 聚合酶（RNA-depen-

PCR 是 Kary Mullis 于 20 世纪 80 年代发展的一种体外 DNA 扩增方法。PCR 技术得以问世的关键是耐热性 DNA 聚合酶的发现，目前最常用的是从嗜热菌中发现的 Taq DNA 聚合酶和 Pfu DNA 聚合酶，后者比前者具有更高的保真度。PCR 方法的发现及 PCR 仪的问世，极大地推动了分子生物学和生物技术的发展，Mullis 因此获得了 1993 年诺贝尔化学奖。

PCR 还被广泛应用于 DNA 和 RNA 分子的特异性检测。例如新型冠状病毒的核酸检测，其流程是首先裂解收集的样本，提取 RNA，然后基于逆转录酶制备互补 DNA，最后采用一对新型冠状病毒专一性的引物进行 PCR。如果在有限的循环次数之内能够扩增出足量的特异性产物，即为阳性，否则为阴性。

dent DNA polymerase)，如 HIV 逆转录酶 (reverse transcriptase)。该类 DNA 聚合酶以 RNA 为模板，以一小段 RNA 或 DNA 为引物，延伸合成 DNA 链 (表 20-1)。

表 20-1　用于 DNA 和 RNA 生物合成的聚合酶

聚合酶类型	模板链	引物链	产物	来源	举例
DNA 依赖的 DNA 聚合酶	DNA	DNA 或 RNA	DNA	普遍存在	DNA 聚合酶 δ Taq DNA 聚合酶
RNA 依赖的 DNA 聚合酶	RNA	DNA 或 RNA	DNA	病毒	HIV 逆转录酶
DNA 依赖的 RNA 聚合酶	DNA	无须引物链	RNA	普遍存在	RNA 聚合酶 II DNA 引物酶
RNA 依赖的 RNA 聚合酶	RNA	无须引物链	RNA	病毒	新型冠状病毒 RdRp

在细胞中，执行生命功能的单链 RNA 是由 RNA 聚合酶以 DNA 为模板，催化 NTP 单体聚合而得到的，该过程即基因的转录。RNA 聚合酶具有从头合成的能力，不需要引物链。DNA 复制过程中需要的引物酶就是 DNA 依赖的 RNA 聚合酶。真核细胞的转录是一个受到高度调控的过程，首先需要转录因子识别特定的转录启动子区，确定转录起点，然后解旋酶打开双链 DNA，允许 RNA 聚合酶以反义链为模板催化合成单链 RNA。微生物的转录过程相对比较简单。例如噬菌体 T7 RNA 聚合酶能够高特异性地识别 DNA 中的 T7 启动子序列，启动 RNA 的合成，无须其他辅助因子的参与。因此，T7 RNA 聚合酶通常被用来在体外以 DNA 为模板合成 RNA。

20.4.2　聚合酶链式反应

生命体系中发现的 DNA 聚合酶和 RNA 聚合酶，可以被用来在体外合成 DNA 和 RNA 分子。T7 RNA 聚合酶通常被用于体外合成 RNA，而基于耐热性 DNA 聚合酶的**聚合酶链式反应** (polymerase chain reaction，PCR) 则被用于体外复制 DNA。一个 PCR 仅仅需要双链 DNA 模板、两条短的单链 DNA 引物、一个耐热性 DNA 聚合酶和 dNTP 单体这四种组分 (图 20-11)。PCR 反应第一步，通过加热变性解开双链 DNA；第二步，降温使引物分别与两条解开的单链退火；第三步，升温到耐热性聚合酶最适宜温度，启动链延伸反应。如此三步反应往复循环，达到了扩增目标 DNA 区域的目的。

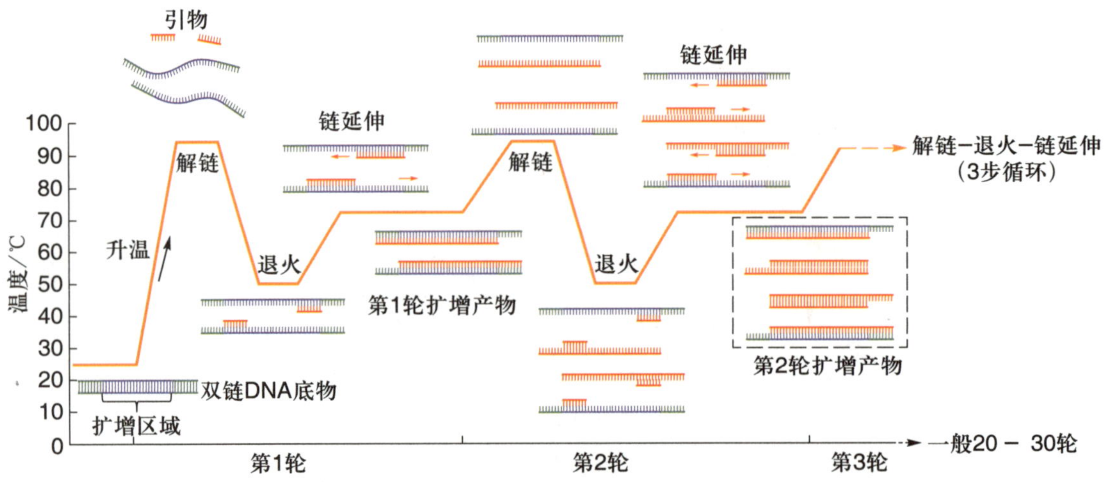

图 20-11　PCR 的基本原理

20.4.3 核酸的化学合成

目前最成熟、最通用的 DNA 化学合成方法是基于亚磷酰胺 (phosphoramdite) 法的 DNA 固相合成。DNA 固相合成的第一个核苷一般通过共价键连接在固相载体 (以多孔玻璃珠最为常见) 上，核苷的 C5′位羟基被酸敏感的 4′,4′-二甲氧基三苯基甲基 (DMTr) 所保护。一个完整合成循环包括四步反应 (图 20-12)：第一步用强酸 (三氯乙酸) 脱去 C5′位 DMTr 保护基，裸露出 C5′位羟基。第二步，加入第二个核苷亚磷酰胺单体，在 1*H*-四唑的催化下与 C5′位羟基偶联，构筑一个亚磷酸三酯连接键。该偶联反应在室温下反应 25 s，产率可达 99%。由于偶联反应的产率不是 100%，所以合成的第三步，用醋酸酐在碱催化下将未反应的 C5′位羟基保护起来，以避免它在下一个循环中继续参与反应。第四步，用碘水溶液将亚磷酸三酯连接键氧化为磷酸三酯连接键。然后进入下一个循环，每个循环增加一个核苷，用时 3－5 min。

DNA 化学合成的探索始于 20 世纪 50 年代，剑桥大学的 Lord Todd 教授 (1957 年诺贝尔化学奖获得者) 通过磷酸三酯法合成了寡聚核苷酸链。在此基础上，H. G. Khorana 又发展了磷酸二酯法和一套核苷酸化学合成的保护基，成功合成了更长的核苷酸链。基于合成的核苷酸链，Khorana 建立了 DNA 序列与基因表达产物——蛋白质序列之间的对应关系，对破译遗传密码子做出了重要贡献，因此他与 Robert W. Holley、Marshall W. Nirenberg 一起分享了 1968 年诺贝尔生理学或医学奖。DNA 化学合成领域最重要的进展出现在 20 世纪 80 年代初，Marvin H. Caruthers 发展了亚磷酰胺法构筑磷酸二酯键，并基于该策略建立了 DNA 固相合成方法，沿用至今。

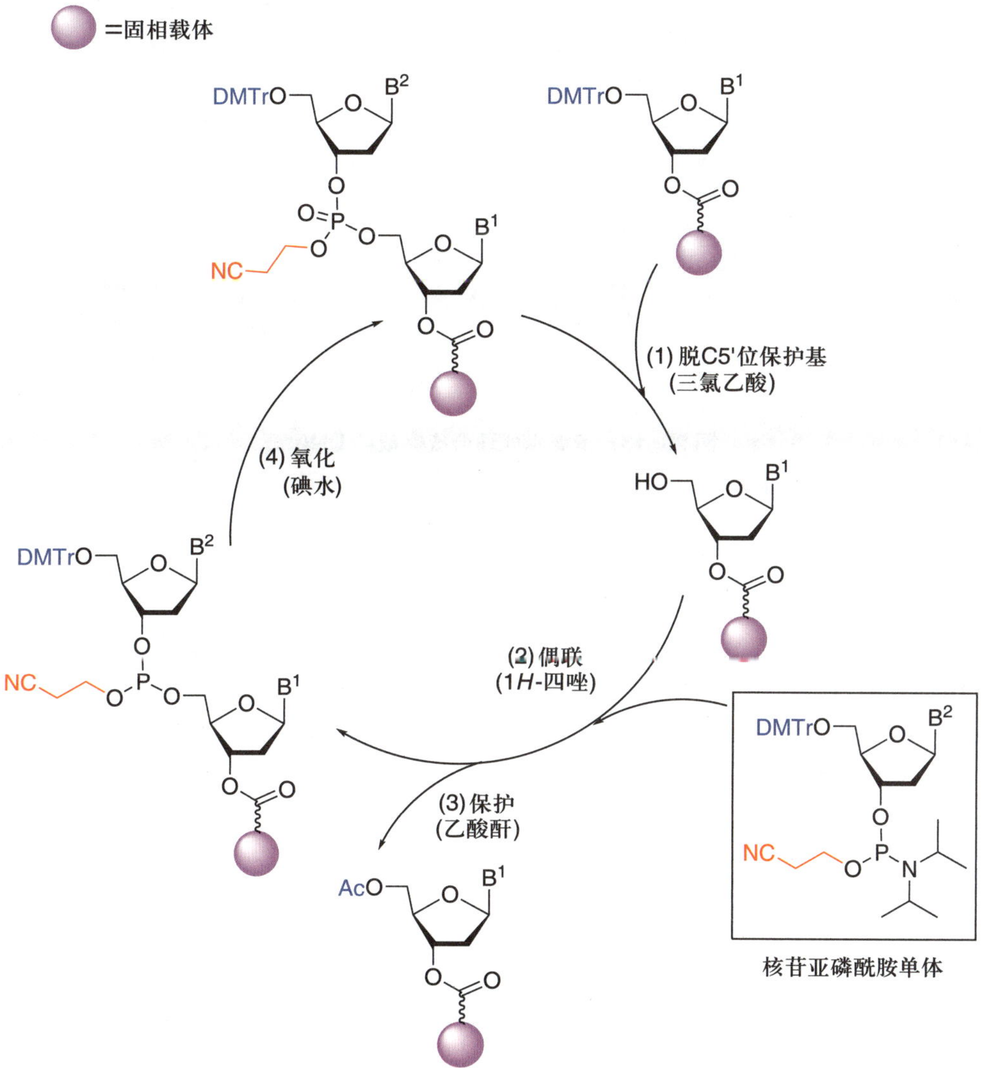

图 20-12　基于亚磷酰胺法的 DNA 固相合成循环

固相合成的每步反应之后，只需将过量的试剂用溶剂冲走，无须纯化中间体。整条 DNA 链的合成完成以后，将固相载体用浓氨水处理，可以同时将 DNA 链从固相载体上剪切下来、脱除磷酸三酯连接键上的氰乙基保护基、脱除碱基环外氨基上的保护

基 (图 20-13)。然后粗产物通过凝胶电泳或高效液相色谱分离纯化,得到纯的 DNA 链。通过该 DNA 固相合成法，可以合成长度多达 300 个碱基的单链 DNA。

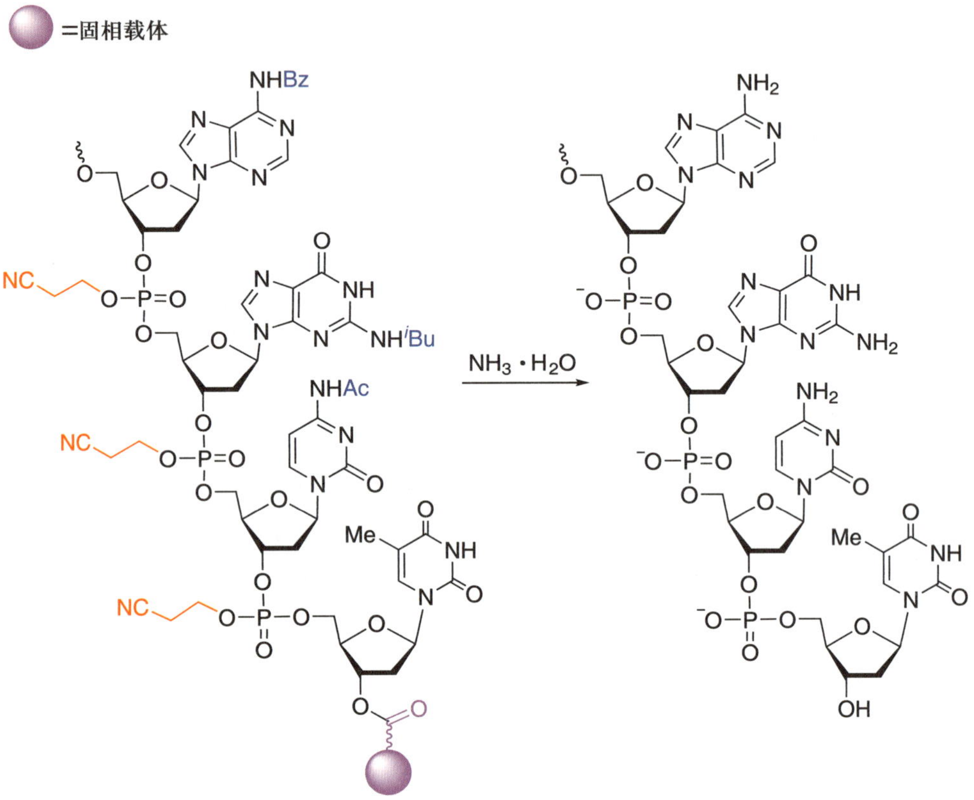

图 20-13　浓氨水处理合成完成的 DNA 链

RNA 的固相合成与 DNA 固相合成类似 (图 20-14)，唯一的区别是核糖核苷亚磷酰胺单体的 C2′ 位 OH 在合成过程中需要保护。目前最通用的 C2′ 位 OH 保护基是叔丁基二甲基硅基保护基 (tBDMS)，在合成的后处理过程中用氟负离子脱除。由于 C2′ 位 OH 保护基的存在，RNA 固相合成的偶联时间需要 10 min，产率约为 97%。因此 RNA 化学合成的效率远低于 DNA 合成。目前，通过化学合成制备长度 100 个碱基以上的 RNA 分子仍然是十分困难的。长链 RNA 的合成一般是先合成 DNA 模板，然后通过 T7 RNA 聚合酶转录来间接实现。

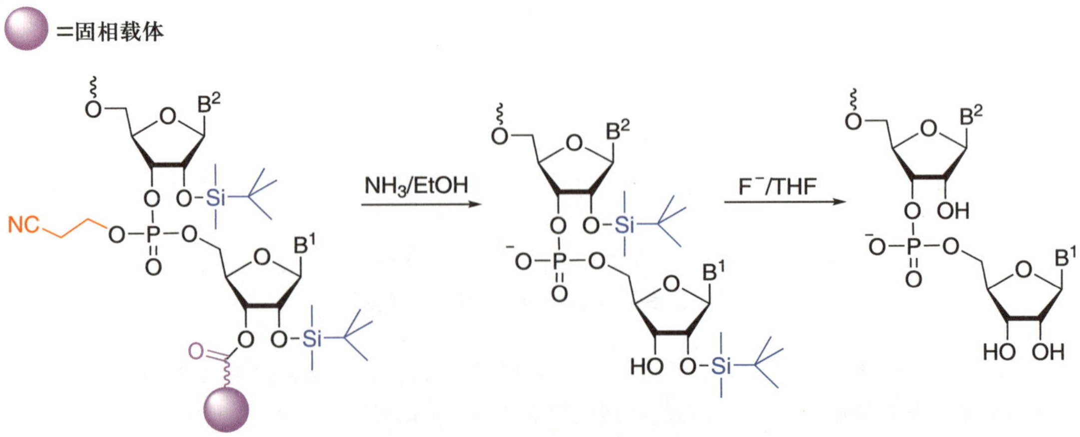

图 20-14　RNA 的固相合成

通过化学合成得到的DNA和RNA分子，可以用作PCR引物、核酸探针、核酸药物、核酸纳米材料的构筑砌块等。核酸的化学合成极大地促进了分子生物学基础研究和核酸的临床应用。

目前已上市的核酸类药物，除了RNA疫苗以体外转录的方式生产，其他如反义核酸药物(antisense oligonucleotides)、小RNA药物(small interference RNA，siRNA)和核酸适配体(aptamer)等，都是通过固相合成制备的。而且，所有的核酸药物都含有不同类型和不同程度的化学修饰。

思考题 20.6

RNA 化学合成中的 C2′位羟基保护基需要具备哪些性质？

本章学习要点

(1) 核酸的化学构成：碱基、核糖和磷酸二酯键。

(2) 核酸的二级结构：Watson-Crick 和常见的非 Watson-Crick 碱基配对方式。

(3) DNA 的热变性和解链温度 T_m。

(4) 酸、碱性条件下核酸降解的化学机制。

(5) PCR 的原理。

(6) 亚磷酰胺 DNA 固相合成的步骤。

习题

20.1 画出下列核苷的结构。

(1) 2′,3′-双脱氧鸟苷

(2) 2′-*O*-甲基尿苷

(3) 6-*N*-甲基腺苷

(4) 5-甲基-2′-脱氧胞苷

20.2 次黄嘌呤(hypoxanthine，I)是RNA中较常见的一个稀有碱基。根据次黄嘌呤的结构，判断它能够与哪些基本碱基形成稳定的碱基对，并画出其氢键配对结构式。

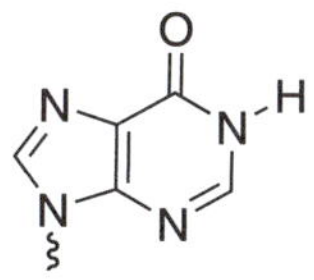

次黄嘌呤
(hypoxanthine, I)

20.3 用图表示单链RNA(5′-r[GCCACGAUUCAACGUGGC])能够形成哪些二级结构。

20.4 写出与单链DNA(5′-d[GCCACGATTC])互补配对的核酸序列。

20.5 根据华莱士规则(Wallace rule)，估算下述双链DNA的解链温度(T_m)。

(1) 5′-d[TGACCGGCAGCAA]

(2) 3′-d[ACTGGCCGTCGTT]

20.6 Maxam-Gilbert 化学测序法的基本原理是利用不同化学试剂，选择性损伤、断裂特定的核苷酸位点。其中 dC 专一性的测序反应操作流程如下：硫酸二甲酯与 C5′位末端标记的待测 DNA 反应，然后用强碱哌啶处理，用变性聚丙烯酰胺分析断裂位点。请画出该反应中 dG 断裂的化学机制。

20.7 叠氮胸苷(azidothymidine)是一种用于治疗 HIV 病毒感染的核苷类药物，该药物通过抑制 HIV 病毒的逆转录，实现阻碍病毒复制与传播的效果。试述叠氮胸苷抑制 HIV 病毒逆转录的分子机制。

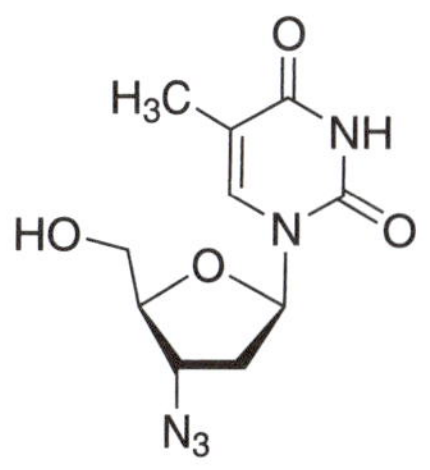

叠氮胸苷
(azidothymidine)

20.8　画出核苷亚磷酰胺与 DNA 的 C5′位羟基在 1*H*-四唑催化下偶联，构筑亚磷酸三酯的化学反应机理。

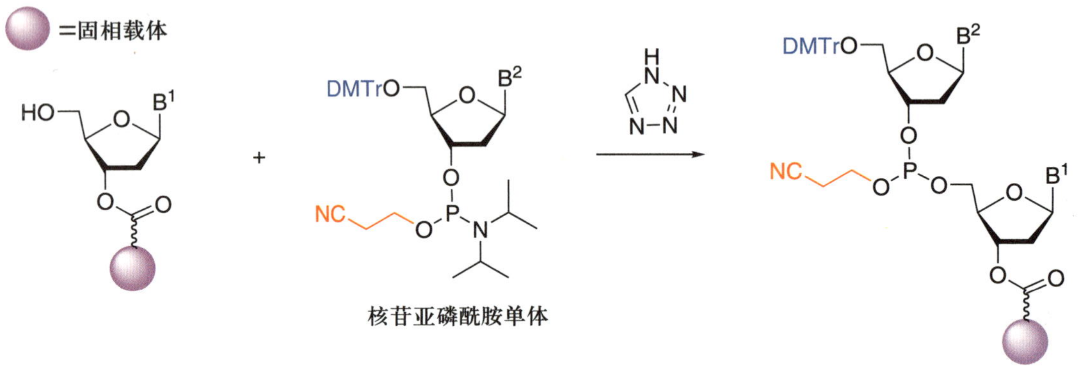

第21章

脂质、生物碱等天然产物

第 21 章 脂质、生物碱等天然产物

21.1 天然产物概论

21.1.1 天然产物的研究内容

从广义上讲，自然界中的所有物质都可以称为天然产物 (natural product)。从化学上讲，天然产物是在自然界中由生物产生的那些通常具有药理学或生物学活性的化学物质。若按结构进行分类，这些物质大致可分为生物碱 (alkaloid)、黄酮类化合物 (flavonoids)、萜烯 (terpene)、氨基酸 (amino acid)、蛋白质 (protein) 与糖类化合物 (carbohydrate) 等。天然产物已经被广泛地应用在食品、医药、化工等领域。

在药物研究方面，天然产物及其衍生物、类似物由于其结构多样性、立体专一性，以及重要的生物活性，已经起着无可替代的作用。一代“神药”阿司匹林 (aspirin) 就是从植物中广泛存在的水杨酸衍生而来的乙酰水杨酸。局部麻醉药普鲁卡因 (procaine) 则是根据植物中可卡因 (cocaine) 的结构研究改进后获得的。与之相近的还有副交感神经抑制剂阿托品 (atropine) 和抗胆碱药东莨菪碱 (scopolamine) 等。通过研究及衍生从黄花蒿中分离得到的青蒿素 (artemisinin)，则得到了抗疟疾药物蒿甲醚 (methylarteannuin)。除此之外，我们熟知的抗生素青霉素 (penicillin) 及抗癌新药紫杉醇 (taxol) 等，都是从天然产物中分离得到的。据统计，1981 年到 2019 年期间上市的 1300 多个小分子药物中，一半以上都来源于天然产物、天然产物衍生物或天然产物类似物。

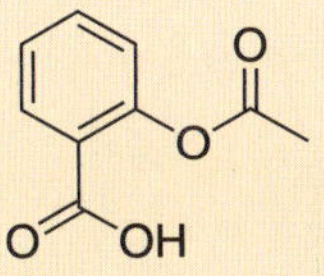

阿司匹林
aspirin

普鲁卡因
procaine

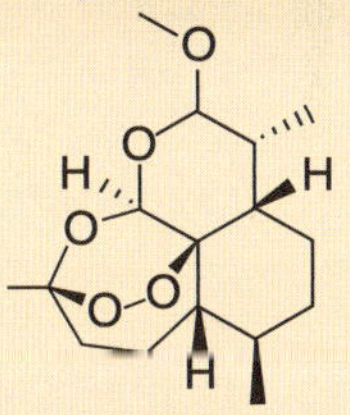

蒿甲醚
artemether

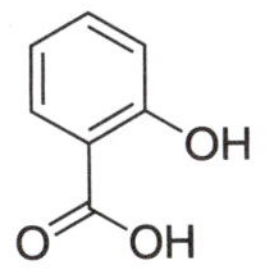

水杨酸
salicylic acid

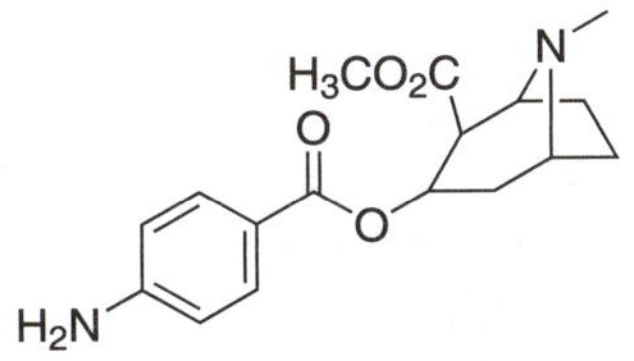

可卡因
cocaine

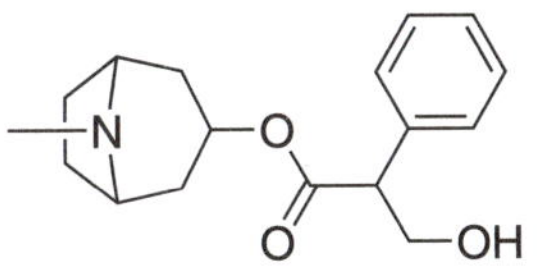

阿托品
atropine

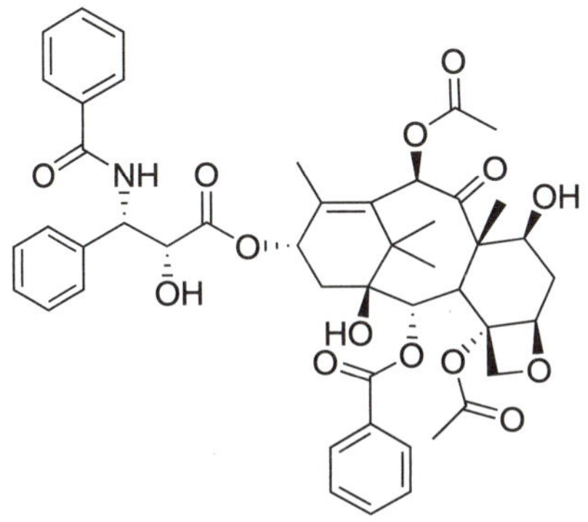

紫杉醇
taxol

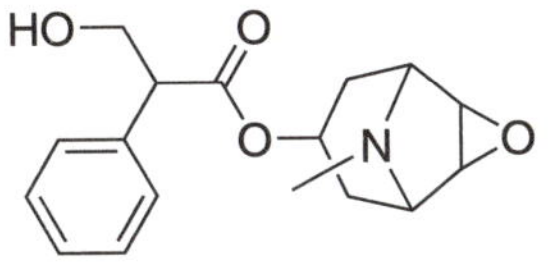

东莨菪碱
scopolamine

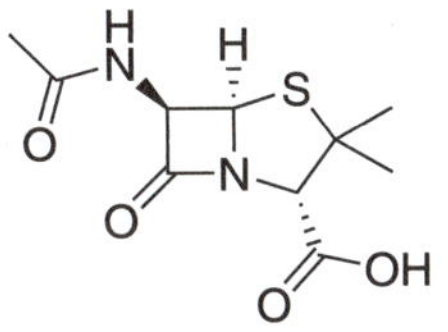

青霉素
penicillin

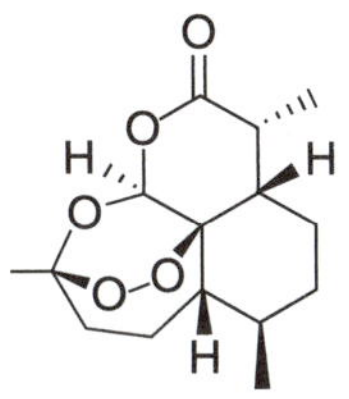

青蒿素
artemisinin

天然产物化学是以天然资源为研究对象，以有机化学为基础，以化学、物理、生物等方法为手段，探讨其化学组成、合成和作用的一门学科，包括研究生物代谢产物的提取、分离、结构、功能、生物合成、化学合成与修饰。

直至今天，天然产物化学仍然是有机化学中非常活跃的研究领域，涵盖新的分离分析方法研究、新的高效高选择性合成方法研究等，为有机化学的基础理论和新合成方法做出了极大贡献。

21.1.2　天然产物的提取分离与结构鉴定

自然界中的天然产物含量少，同时结构丰富且复杂。部分天然产物的结构中包含不稳定结构单元或片段，这使得它们的分离纯化和结构鉴定等工作十分烦琐费时。想要得到某一种天然产物通常需要经过溶剂萃取、水蒸气蒸馏、硅胶柱层析等多步分离，这些传统方法分离效率较低。针对以上不足，越来越多如超临界流体萃取 (supercritical fluid extraction，SFE)、逆流色谱法和分子蒸馏等新的分离纯化方式得到发展，为天然产物化学的研究提供了新的有力武器。

一些商品化的天然产物，如芦丁 (rutin)、甘草酸 (glycyrrhizic acid) 等在制备过程中采用水为提取液。乙醇由于具有低毒、廉价、沸点适中，便于回收等特点，且可溶解大多数有机化合物，是最常用的有机提取溶剂。

在中草药中常用溶剂提取法提取有效成分，根据中草药中各种成分在溶剂中的溶解性，选用对活性成分溶解度大、对不需要溶出成分溶解度小的溶剂，从而将有效成分从药材组织中提取出来。溶剂提取法包括煎煮、浸渍、渗滤、索氏提取、回流提取等。

天然产物的提取分离

天然产物的提取分离是指从复杂的天然资源组成成分中提取分离出具有价值的单一成分的过程。即使在分离技术不断发展的今天，天然产物的分离纯化仍是一项复杂、烦琐和耗时的工作。

天然产物的提取和分离方法有很多，传统提取方法主要包括溶剂提取法、水蒸气蒸馏法、升华法、色谱法等。例如，溶剂提取法是根据天然产物中各种成分在水或有机溶剂中的溶解度不同，利用合适的溶剂提取出有效成分，而将其余杂质留在另一相。传统的提取方法应用广泛、工艺简单、成本低廉，但是处理时间比较长，往往会造成天然活性成分的分解，使产率和纯度降低。一些较新的高效提取方法，如超临界流体萃取法、固相萃取 (solid-phase extraction，SPE) 法等，虽然成本相对较高，但具有选择性高、快速、高效等优点。

超临界流体萃取是指利用超临界流体为溶剂，从固体或液体中分离出特定化学组分的一种提取方法。而超临界流体是指温度和压力均处于临界点以上的流体，具有传质速度快、物理性质对于温度和压力变化敏感的优点。目前常用二氧化碳作为萃取剂进行萃取提纯，在食品行业可用于去除咖啡豆中的咖啡因和卤代溶剂等，避免其对人体造成损害。

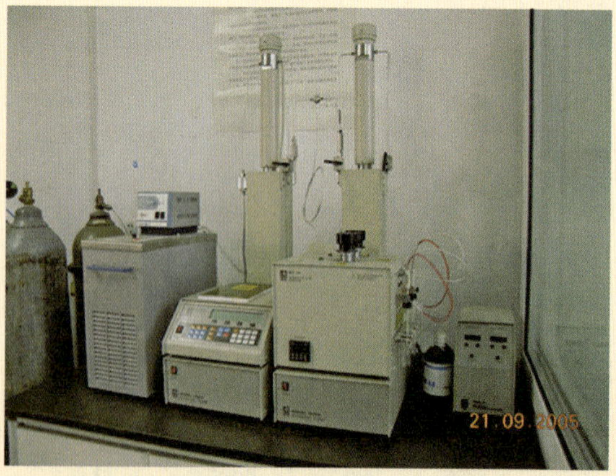

实验室超临界萃取设备
南开大学环境污染过程与基准教育部重点实验室仪器平台

天然产物的经典分离方法主要包括溶剂法、分馏法、沉淀法、膜分离法、升华法、结晶法等，例如，利用提取成分具有不同沸点的性质，可使用分馏法对天然产物样品中的有效成分进行分离。这类方法一般操作比较简单，无需复杂、昂贵的仪器。

目前应用比较广泛的天然产物分离方法是色谱法（chromatography），又称层析法。它是利用不同物质在固定相和流动相中不同的分配系数进行分离的一种方法。根据固定相的不同，色谱法可分为硅胶色谱、氧化铝色谱、活性炭色谱、离子交换色谱、大孔吸附树脂色谱、凝胶色谱、聚酰胺色谱、反相色谱等。随着仪器的发展，所用压力高、固定相颗粒小，从而具有更好分离效果的高效液相色谱被广泛应用。

天然产物的结构鉴定

在近代物理方法问世前，天然产物的结构鉴定往往需要几代人的努力才能解决，如镇痛药吗啡（morphine），1804 年分离提纯，1847 年确定其分子式，但直到 1925 年才确定其化学结构。随着近代物理方法在化学中的应用，使用紫外光谱（UV），红外光谱（IR），质谱（MS），核磁共振谱（NMR），圆二色光谱（CD）及 X 射线单晶衍射等，即使是比较复杂的天然产物分子，也能够快速鉴定其结构。

吗啡的核磁共振氢谱（^{1}H NMR 谱）

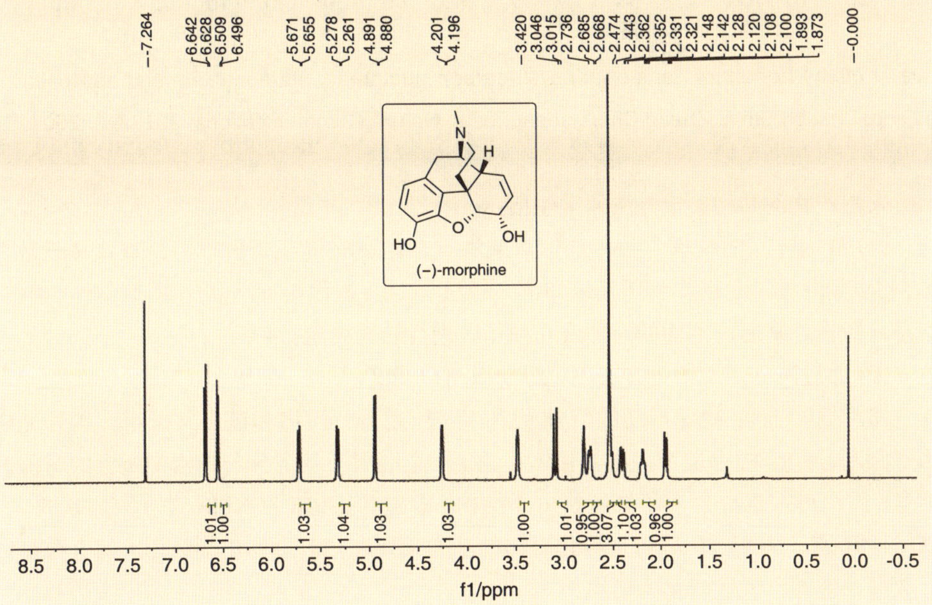

有机化学实验室常见的一种分离方式，通常固定相为硅胶，通过反复加入洗脱剂，根据被分离物质的极性，用不同极性梯度的洗脱剂实现样品的分离。

硅胶色谱法

对于样品量少，难分离的样品一般采用高效液相色谱（high performance liquid chromatography，HPLC）等仪器进行分离纯化。

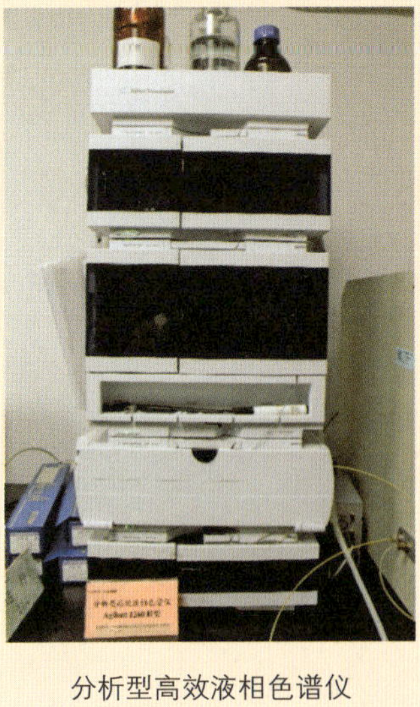

分析型高效液相色谱仪

吗啡的核磁共振碳谱 (^{13}C NMR 谱)

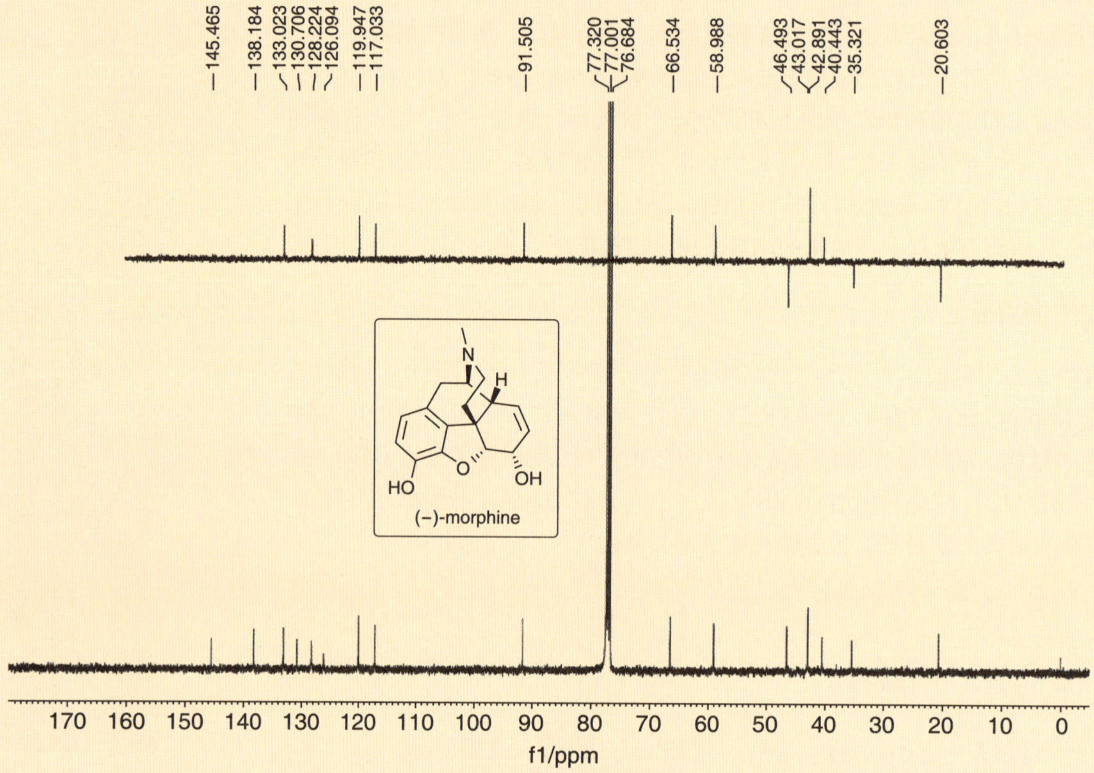

参考文献：Enantioselective synthesis of *cis*-hydrobenzofurans bearing all-carbon quaternary stereocenters and application to total synthesis of (−)-morphine. Zhang Qing, Zhang Fumin, Zhang Changsheng, et al. Nature Communications, 2019, 10: 2507.

天然产物的结构鉴定方法通常包括：

(1) 测定样品的物理常数，如熔点或沸点，比旋光度或折射率等，查找文献数据库，初步判断样品是已知物还是未知物，若是已知物，进而与标准品比对谱图等来确定；若是未知物，则通过下面的一种或几种步骤进行结构测定。

(2) 通过高分辨质谱等方法测定分子量与分子式。

(3) 结构分析：测定样品的紫外光谱、红外光谱、质谱和核磁共振谱。紫外光谱用于判断分子结构中是否存在共轭体系；红外光谱用于确定分子结构中所含的官能团信息；质谱可根据碎片离子峰解析分子结构；核磁共振谱 (^{1}H NMR 谱，^{13}C NMR 谱，2D NMR 谱，NOE 谱等) 可推导化合物的基本骨架和相对立体化学结构。综合分析以上数据，推导出天然产物的结构。

(4) 结构验证：借助于 X 射线单晶衍射技术，获得被测物质晶体的分子结构信息，或者通过全合成等手段，检验推导出的结构是否正确。

21.2 脂质

21.2.1 脂质的定义与分类

脂质 (lipid) 指难溶于水而溶于非极性溶剂的一大类有机分子，包括脂肪、蜡、磷脂、糖脂和类固醇等。参与脂质组成的脂肪酸大多是 4 碳以上的长链一元羧酸，而参与脂质组成的醇则包括甘油(glycerol)、固醇等。常见的脂质及其生物功能如表 21-1 所示。

脂肪(fat)和固醇(sterol)在天然产物化学中都被归属于脂质。

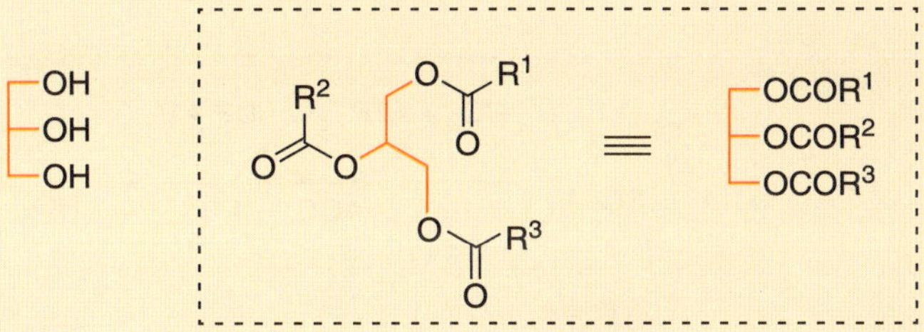

甘油
glycerol

脂肪
fat

表 21-1　主要脂质及其生物功能

脂质类别	生物功能	脂质类别	生物功能
脂肪酸(fatty acid)	生物体的代谢燃料和其他脂质的基本构件	维生素 E(vitamin E)	抗氧化和稳定膜结构等
前列腺素(prostaglandin)	细胞内调节剂	维生素 K(vitamin K)	抗出血
甘油三酯(triglyceride)	能量储存和防止热量散失、保护性脂肪垫	辅酶 Q(coenzyme Q)	电子传递链组分
甘油二脂(diglyceride) 甘油单酯(monoglyceride)	生成脂肪酸供能并有利于脂类的乳化	胆固醇(cholesterol)	生物膜、脂蛋白、胆汁酸和类固醇激素前体
真蜡 固醇蜡	构成皮肤、羽毛、植物叶片等	胆汁酸(bile acid)	脂肪消化
甘油磷脂(glycerophosphatide)	构成生物膜、代谢调节	甾体激素(steroid hormone)	维持生命、调节性功能
鞘磷脂(sphingomyelin)	神经组织	植物固醇(phytosterol)	植物细胞组分
鞘糖脂	主要存在于神经组织、细胞膜，参与免疫识别	脂多糖(lipopolysaccharide，LPS)	细菌胞壁
烯萜类	植物香精素、信息素、固醇前体	甘油糖脂	细胞膜、动物脑组织
维生素 A(vitamin A)	与视觉功能有关		

脂质是基于溶解度的定义，其在化学组成上涵盖范围较广，生物化学家将其分为单纯脂质(simple lipid)、复合脂质(compound lipid)和衍生脂质(derived lipid)三类。单纯脂质除脂肪以外，还包括由长链脂肪酸和长链醇或固醇组成的蜡。复合脂质除了包含脂质成分以外，还包含其他成分的糖脂、磷脂等。衍生脂质则主要包含了具有脂质性质的脂质衍生物。

21.2.2　脂质的结构与功能

脂肪是动植物体内重要的储能物质，其能量密度可达 37 $kJ \cdot g^{-1}$，比葡萄糖或蛋白质要高出一倍以上。有一些脂肪酸是人体保持健康所必备的。在高等动物体内，脂肪酸主要在脂肪组织、肝脏和乳腺中合成。其合成的主要原料是乙酰辅酶 A(coenzyme A，CoA)和丙二酰辅酶 A(malonyl-CoA)，产物为饱和脂肪酸。随后部分产物在去饱和酶的作用下发生氧化反应得到不饱和脂肪酸。最终，各种脂肪酸与甘油-3-磷酸发生多步反应获得脂质。以下是棕榈酸(又称软脂酸)生物合成的示意过程。

平常所说的胖指的是“肥胖”，是一种脂肪在身体内过多蓄积的状态。如果我们消耗的能量比摄取的能量少，身体就会把这些剩余的能量以脂肪的形式存储起来，运动可以帮助我们消耗更多的能量，因此拒绝肥胖的常用口诀是“管住嘴、迈开腿”。人体内的胰岛素和瘦蛋白也起着控制我们饮食欲望的作用。它们会分别通过位于视床下部的“胰岛素受体”蛋白和“瘦蛋白受体”，将脂肪在脂肪组织中蓄积的信息传递给大脑，促使大脑发出让我们抑制食物摄取的指令。正常人和肥胖人血液中瘦蛋白的浓度对比结果表明，其值与脂肪量成一定比例。也就是说，正常人体内的瘦蛋白能够很好地发挥其抑制食物摄取的功能，而肥胖人对瘦蛋白具有抵抗性。

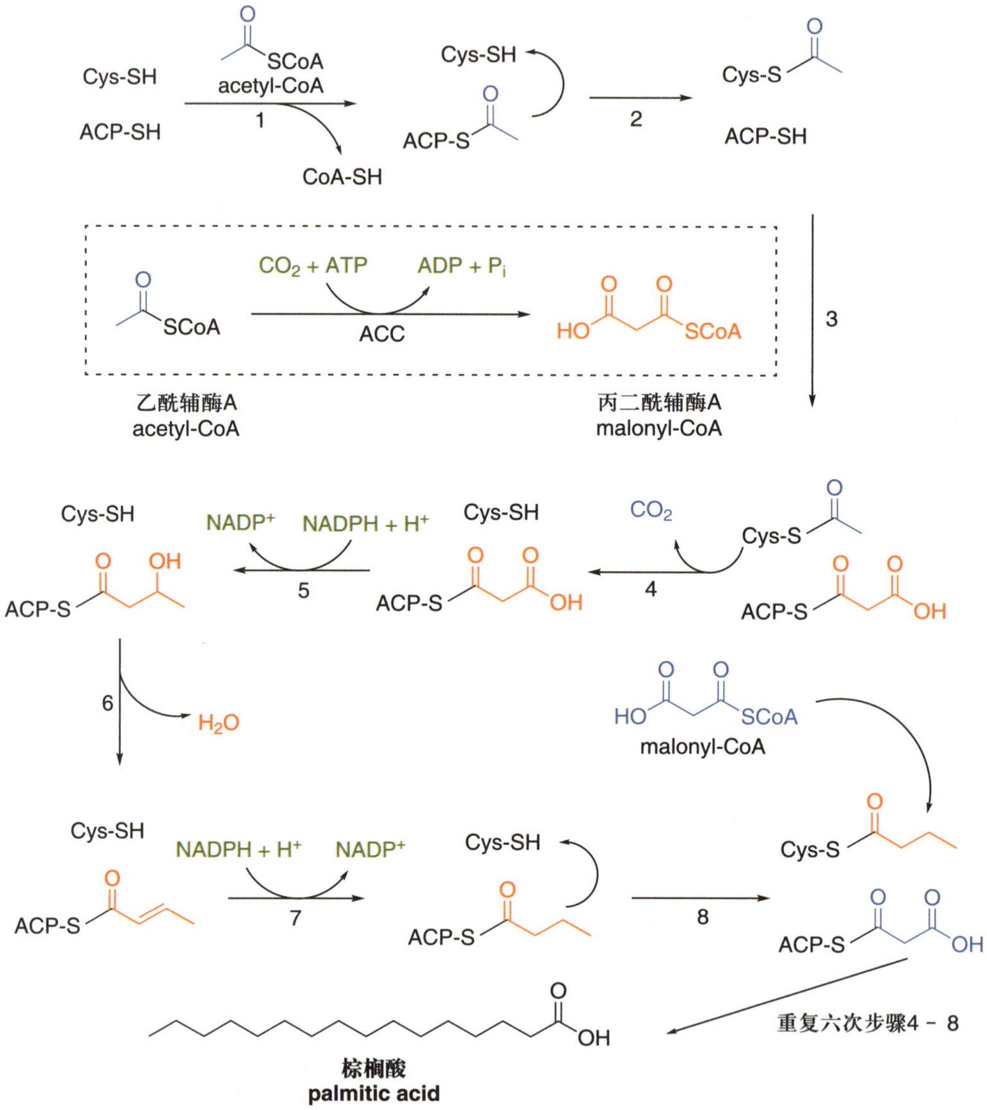

尽管人体及哺乳动物能制造多种脂肪酸，但无法向脂肪酸部分特定位置引入双键，因此无法直接合成亚油酸 (linoleic acid) 和亚麻酸 (linolenic acid)。两种脂肪酸对于生物体具有重要的作用。亚油酸是人体合成 γ-亚麻酸和花生四烯酸 (arachidonic acid，AA) 等生理活性化合物的必要原料，其中花生四烯酸对于维持细胞膜结构与功能具有重要的作用。如 ω-3 脂肪酸就具有维持免疫和心血管功能的作用。α-亚麻酸是合成二十碳五烯酸 (eicosapentaenoic acid，EPA) 和二十二碳六烯酸 (docosahexaenoic acid，DHA) 的必要原料，其中 DHA 是视网膜和大脑皮层的重要组成成分。综上所述，亚油酸和亚麻酸对人体十分重要，只能通过膳食摄入，是必需脂肪酸。

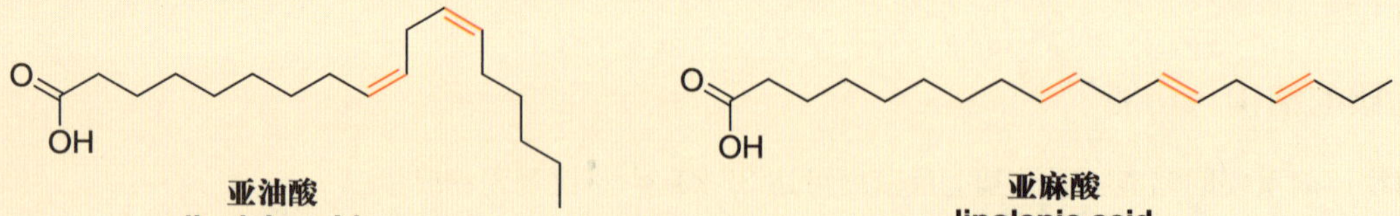

亚油酸
linoleic acid

亚麻酸
linolenic acid

从化学组成角度看，脂肪是由甘油与脂肪酸构成的羧酸酯。每种脂肪都由多种不同羧酸衍生出来的甘油酯组成。每种脂肪都有各自特征的组成，它们中含各种酸的比例不同。这些酸中既有饱和酸，也有不饱和酸。目前，从动植物和微生物中分离出来的脂肪酸已有上百种，在生物体中这些脂肪酸通常不独立存在而以结合形式存在，即并非游离态，如甘油三酯（triacylglycerols）、磷脂和糖脂等，但也有少数脂肪酸以游离状态分布在组织与细胞中。

通常，脂肪中的不饱和酸中含有一个或多个双键，且这些双键大多是顺式结构，而非更稳定的反式结构。这些顺式不饱和键的弯弓结构在很大程度上降低了脂肪分子之间的贴合能力，从而降低了脂肪的熔点，具有重要的生物学意义。这些不饱和脂肪酸在与某些催化剂共同加热时双键可以由顺式变为反式。例如油酸（mp 13.5 ℃）在亚硝酸存在下较易转变为反式油酸（mp 46.5 ℃），后者具有较高的熔点。

在工业上利用甲醇进行酯交换反应，将脂肪分解为脂肪酸甲酯和甘油，其中脂肪酸甲酯再经过分馏和各种转化成为有机合成中的酯、脂肪酸等。

脂肪除了具有生物功能以外，还有着广泛的工业用途。在工业上对脂肪的利用最有名的莫过于肥皂的生产。目前我们所使用的肥皂是各种长链脂肪酸钠盐的混合物，这些分子以球簇的形式组成一个个胶束，遇到油污后将其稳定在水中形成乳状液，从而达到清洁物体表面的作用。

脂肪中的不饱和组分在空气中长期存放会产生难闻的气味。这种天然油脂长时间暴露在空气中引起变质的现象称为酸败（rancidity）。主要是由于这些不饱和酸发生了自动氧化而产生过氧化物，过氧化物进而降解为醛、酮和酸的复杂混合物。这一过程虽然会导致富含油脂食物的腐败，但也可用于由油脂制备黏稠的聚合物（用于油漆和涂料中）。隔绝氧气和降低温度有助于抑制这一过程，因此冷藏和真空储存通常被用于肉类等富含油脂食物的保鲜。

21.2.3 代表性脂质化合物

油脂与脂肪酸

油脂是油和脂肪的统称，是生物体维持正常生命活动不可缺少的物质。自然界中的油脂是多种有机化合物组成的混合物，其主要成分是甘油与高级脂肪酸脱水形成的甘油三酯（约占油脂总量的 95%）。

在同一个甘油三酯分子中，三个脂肪酸可以是相同的，也可以是完全不同的。组成甘油三酯的脂肪酸绝大多数均为含有偶数碳原子的直链羧酸，根据链中含有碳碳双键的数目分为饱和脂肪酸和不饱和脂肪酸。目前已分离得到的有 C_4-C_{24} 的饱和脂肪酸和 $C_{10}-C_{24}$ 的不饱和脂肪酸。饱和脂肪酸中存在最广的是软脂酸（十六烷酸）和硬脂酸（十八烷酸），不饱和脂肪酸以含有 16－18 个碳原子的烯酸最常见，例如油酸（十八碳-9-烯酸）、亚油酸（十八碳-9,12-二烯酸）、亚麻酸（十八-9,12,15-三烯酸）普遍存在于天然植物油脂中。表 21-2 列出了一些常见的脂肪酸。

与其他羧酸相同，长链脂肪酸主要以双分子氢键缔合的形式存在。晶体结构测试结果表明，长链脂肪酸主要以缔合双分子层形式存在。双分子层中间为羧基与羧基之间的双分子缔合结构，具有较强的氢键结合作用；长链烃基以锯齿状形式向外延展，双分子层两端为烃基的端甲基。一个双分子层的端甲基与另一个双分子层的端甲基之间只有较弱的色散力相互作用，因此双分子层与双分子层之间的结合力较弱，在外力作用下很容易发生相对滑动，这是脂肪酸呈油腻感的主要原因。

表 21-2　常见的脂肪酸化合物及其熔点

名称	碳原子数	化合物结构	熔点/℃
		饱和脂肪酸	
月桂酸	12	$CH_3(CH_2)_{10}COOH$	44
豆蔻酸	14	$CH_3(CH_2)_{12}COOH$	58
棕榈酸	16	$CH_3(CH_2)_{14}COOH$	63
硬脂酸	18	$CH_3(CH_2)_{16}COOH$	70

续表

名称	碳原子数	化合物结构	熔点/℃
花生酸	20	$CH_3(CH_2)_{18}COOH$	75
		不饱和脂肪酸	
棕榈油酸	16	$CH_3(CH_2)_5CH=CH(CH_2)_7COOH$ (顺)	32
油酸	18	$CH_3(CH_2)_7CH=CH(CH_2)_7COOH$ (顺)	4
蓖麻油酸	18	$CH_3(CH_2)_5CH(OH)CH_2CH=CH(CH_2)_7COOH$ (顺)	5
亚油酸	18	$CH_3(CH_2)_4CH=CHCH_2CH=CH(CH_2)_7COOH$ (顺)	−5
花生四烯酸	20	$CH_3(CH_2)_4(CH=CHCH_2)_4CH_2CH_2COOH$ (顺)	−50

通常，由于动物脂肪的饱和程度较高，组成甘油三酯的饱和长链脂肪烃与烷烃结构类似，可形成排列规整的锯齿状结构，因而熔点较高，常温下呈固态或半固态。植物油在常温下一般呈液态。

油脂是甘油三酯的混合物，具有酯的化学性质，可进行酯的水解反应和酯交换反应。例如，高级脂肪酸甘油三酯可以用碱催化，在加热条件下发生水解反应，生成甘油和高级脂肪酸的钠盐，该反应即我们通常所说的皂化反应。同样，高级脂肪酸甘油三酯也可用酸催化，在加热条件下发生水解反应。高级脂肪酸的钠盐是肥皂的主要成分。另外，油脂与脂肪酸结构中的双键能进行加成、氢化、氧化、异构化等反应。

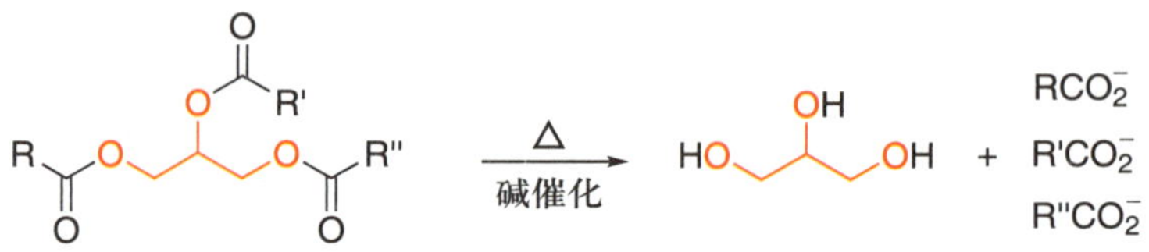

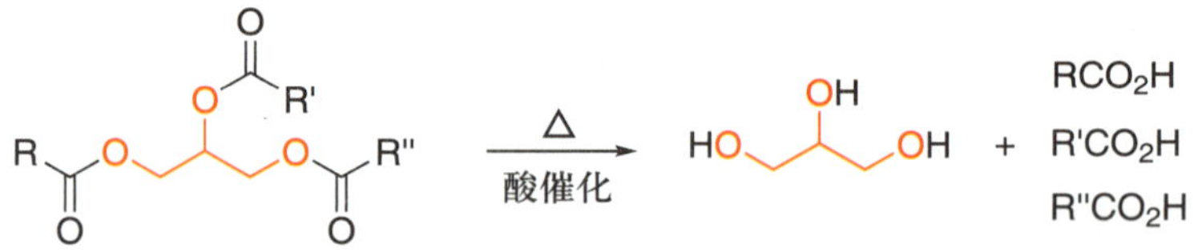

我们平常所说的脂肪就是指甘油三酯。甘油三酯在进入肝脏以后，被分解为脂肪酸和甘油。脂肪酸再通过三羧酸循环代谢为小分子，为人体提供能量。而能量指每克碳水化合物、脂肪、蛋白质在体内氧化产生的能量值。脂肪在体内完全氧化后能量系数为 37.6 kJ (9.0 kcal)。根据《中国居民膳食营养素参考摄入量 (2013 版)》，我国成年人 (18−49 岁) 中等身体活动水平者能量需要量男性为 10.88 MJ (约 2600 kcal)，女性为 8.79 MJ (约 2100 kcal)。

油脂是生命体代谢所需能量的存储和运输载体。例如，高级脂肪酸甘油三酯通过代谢过程，生成二氧化碳和水的同时，可释放出供人体生理过程所需的能量。油脂中的亚油酸、亚麻酸、花生四烯酸等是人体必需的，其作用是促进血液中胆固醇的代谢并减少其在血管壁上的沉积。有些人体所必需的脂肪酸，由于体内无法自发合成，则需要通过食物摄取而获得。

磷脂

磷脂是油脂的伴生物，它是由甘油、脂肪酸、磷酸、胆碱或胆胺组成的磷酰化的脂类，是组成生物膜的主要成分。主要的磷脂有脑磷脂 (磷脂酰乙醇胺，cephalin)、卵磷脂 (磷脂酰胆碱，lecithin) 和神经鞘磷脂 (鞘磷脂，sphingomyelin) 三种。常见的磷脂化学结构如下：

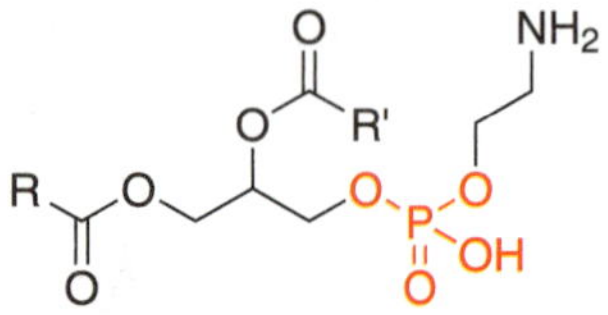

脑磷脂
cephalin

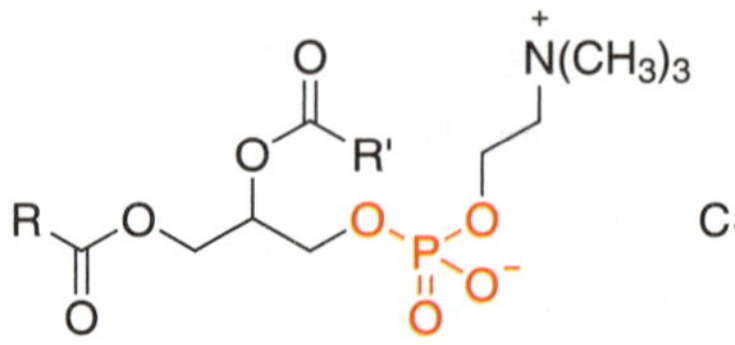

卵磷脂
lecithin

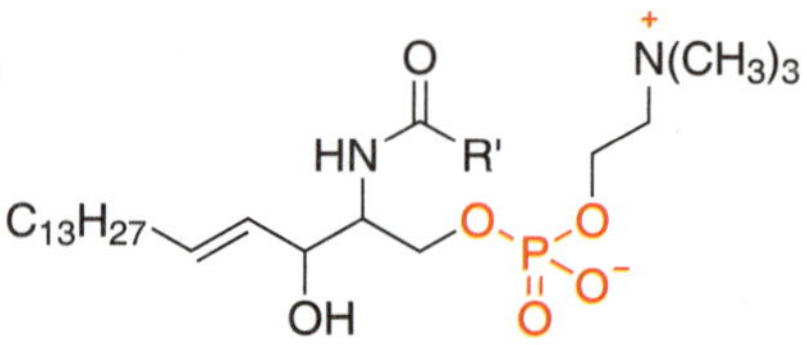

神经鞘磷脂
sphingomyelin

磷脂分子结构中具有疏水基团和亲水基团，由于其两性分子的特性，亲水的含氮或含磷端相互靠近，疏水的长链烃基也相互靠近，常与蛋白质、糖脂、胆固醇等其他分子相互作用，共同构成酯双分子层，即细胞膜的结构（图 21-1）。

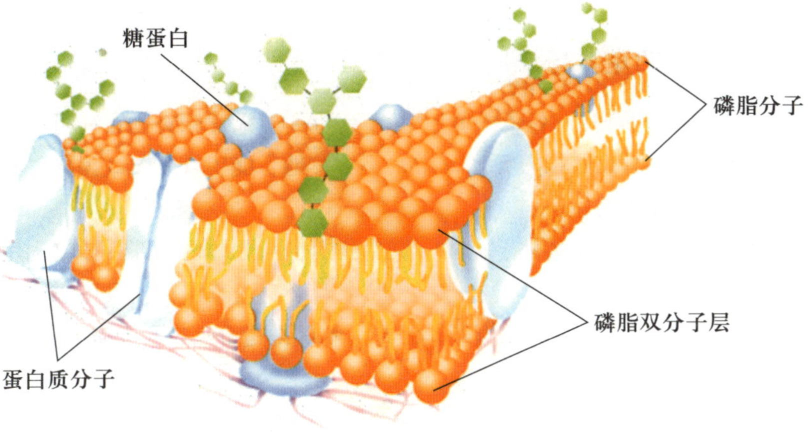

图 21-1　细胞膜的结构示意图

磷脂具有丰富的营养价值。例如，卵磷脂能促进胆固醇和蛋白质分子结合成复合体而存在于血液中，抑制动脉粥样硬化。同时，由于磷脂食用安全性较高，根据《食品安全国家标准　食品添加剂　磷脂》（GB 1886.358—2022），其可被用作食品添加剂，如用作乳化剂、稳定剂和分散剂等。

磷脂在空气和阳光下稳定性差，易氧化而变黑；磷脂在超过 150 ℃，或在酸碱存在的条件下，极易水解为脂肪酸、甘油、磷酸和氨基酸等；磷脂和油脂类似，如果有双键结构也可以进行氢化、氧化、卤化等反应。

前列腺素

前列腺素（prosataglandin）是在前列腺中分离得到的一类由不饱和脂肪酸组成的、具有多种生理作用的活性物质。所有前列腺素均为含有 20 个碳原子的羧酸，其结构中包含一个五元脂肪环和相邻的两条侧链。它的一般结构如下：

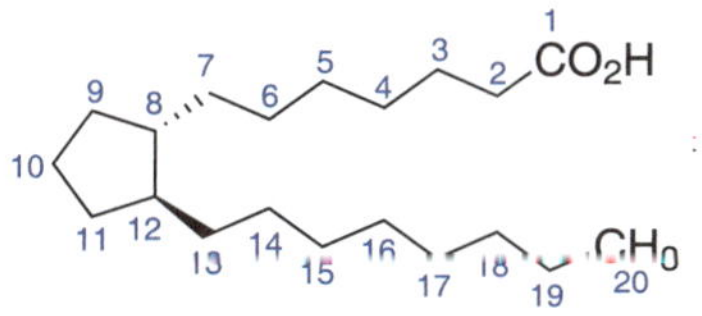

前列腺素在生物体内担负着很多功能，对内分泌、生殖、消化、血液及神经系统等均有作用，如前列腺素 E 能舒张支气管平滑肌，降低通气阻力。

按其结构的不同特点，前列腺素分为 A、B、C、D、E、F、G、H 等类型。例如，前列腺素 E 系列中的 C9 位为羰基，而 F 系列中的 C9 位为羟基。实验证明，前列腺素在生物体内是由 20 个碳原子的不饱和脂肪酸如花生四烯酸等，经体内脂肪酸环氧化酶环化及氧化而生成的。

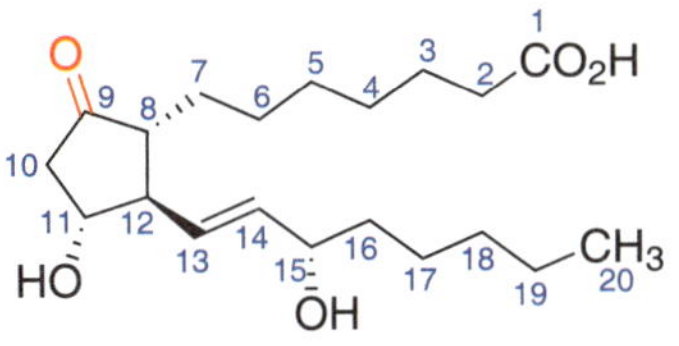

PGE_1

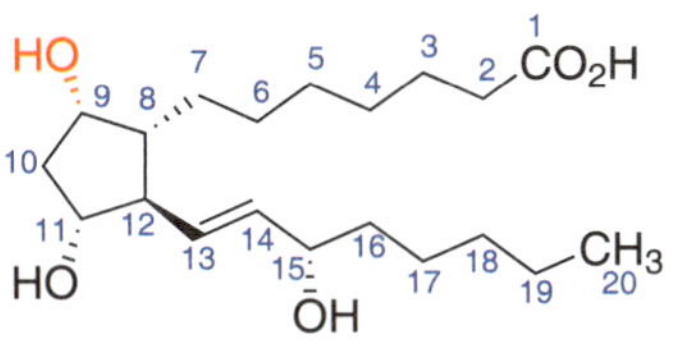

$PGF_{1\alpha}$

21.3　萜类化合物

21.3.1　萜类的定义与分类

> 异戊二烯规则由奥托·瓦拉赫 (Otto Wallach) 于 1887 年提出。他与凯库勒合作，对于松节油中的萜烯进行了分离与结构鉴定。最终凭借对脂环族化合物的研究，瓦拉赫被授予 1910 年的诺贝尔化学奖。

萜类 (terpene) 化合物得名于松节油 (turpentine)，天然萜类化合物可以划分成两个或多个首尾相连的异戊二烯单元。其中，不含其他官能团且分子式为异戊二烯整数倍的烯烃化合物被称作萜烯。

萜类化合物广泛存在于植物、昆虫、微生物等动植物体内。部分植物利用带有气味的萜烯来驱赶食草动物。一些动物也可以产生萜类化合物，如白蚁可以分泌金合欢烯 (farnesene)。研究者从海参、软珊瑚等海洋生物体内也分离出了大量的萜类化合物。

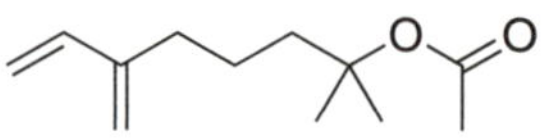

松节油
turpentine

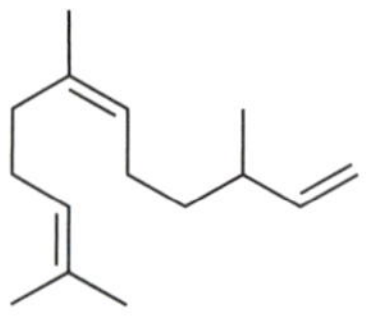

金合欢烯
farnesene

> 据统计，目前已知的萜类化合物总数超过了 22,000 种。其中很多萜类化合物具有重要的生理活性，是研究天然产物和开发新药的重要来源。

尽管萜类化合物中含有异戊二烯结构单元，但它们并非由异戊二烯 (isoprene) 衍生而来。研究显示，萜类化合物在植物中是通过甲戊二羟酸 (mevalonic acid) 为原料合成得到的。同时又有部分萜类化合物结构无法被划分为异戊二烯结构单元，因此也有人将萜类化合物根据生物代谢途径定义为由甲戊二羟酸衍生，分子式符合 $(C_5H_8)_n$ 通式的烃类及其衍生物。其中，非碳氢化合物衍生物称为类萜。

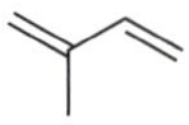

异戊二烯
isoprene

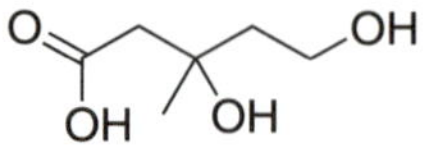

甲戊二羟酸
mevalonic acid

根据结构特点，通过分子中含有的异戊二烯单元的数目可以将萜类化合物分为单萜 (由两个异戊二烯单位组成)、倍半萜 (由三个异戊二烯单位组成)、二萜 (由四个异戊二烯单位组成)、二倍半萜 (由五个异戊二烯单位组成)、三萜 (由六个异戊二烯单位组成)、四萜 (由八个异戊二烯单位组成)、多聚萜 (由八个以上异戊二烯单位组成) 等。由于萜类化合物来源于自然界，通常采用俗名进行命名。表 21-3 给出了常见的萜类化合物及其分类，图 21-2 给出了代表化合物及其衍生物的结构式。

表 21-3　常见的萜类化合物及其分类

名称	单元数①	分子式	代表化合物及其衍生物②
半萜	1	C_5H_8	异戊二烯 (isoprene)
单萜	2	$C_{10}H_{16}$	柠檬烯 (limonene)、月桂烯 (myrcene)、萜品醇 (terpineol)、香茅醇 (citronellal)
倍半萜	3	$C_{15}H_{24}$	葎草烯 (caryophyllene)、金合欢烯 (farnesene)、金合欢醇 (farnesol)
二萜 (双萜)	4	$C_{20}H_{32}$	咖啡醇 (cafestol)、银杏内酯 (ginkgolide)、紫杉烯 (aplotaxene)
二倍半萜	5	$C_{25}H_{40}$	火把花烷 (colquhounoid)
三萜	6	$C_{30}H_{48}$	角鲨烯 (squalene)、羊毛甾醇 (lanosterol)

续表

名称	单元数①	分子式	代表化合物及其衍生物②
三倍半萜	7	$C_{35}H_{56}$	姜黄烯（curcumene）
四萜	8	$C_{40}H_{64}$	番茄红素（lycopene）、胡萝卜素（carotene）
多萜	—	—	天然橡胶（rubber latex）、 牙胶聚异戊二烯（polyisoprene）

注：①指分子内包含的异戊二烯结构单元数目。

②标为红色的化合物的结构式已在图 21-2 中给出。

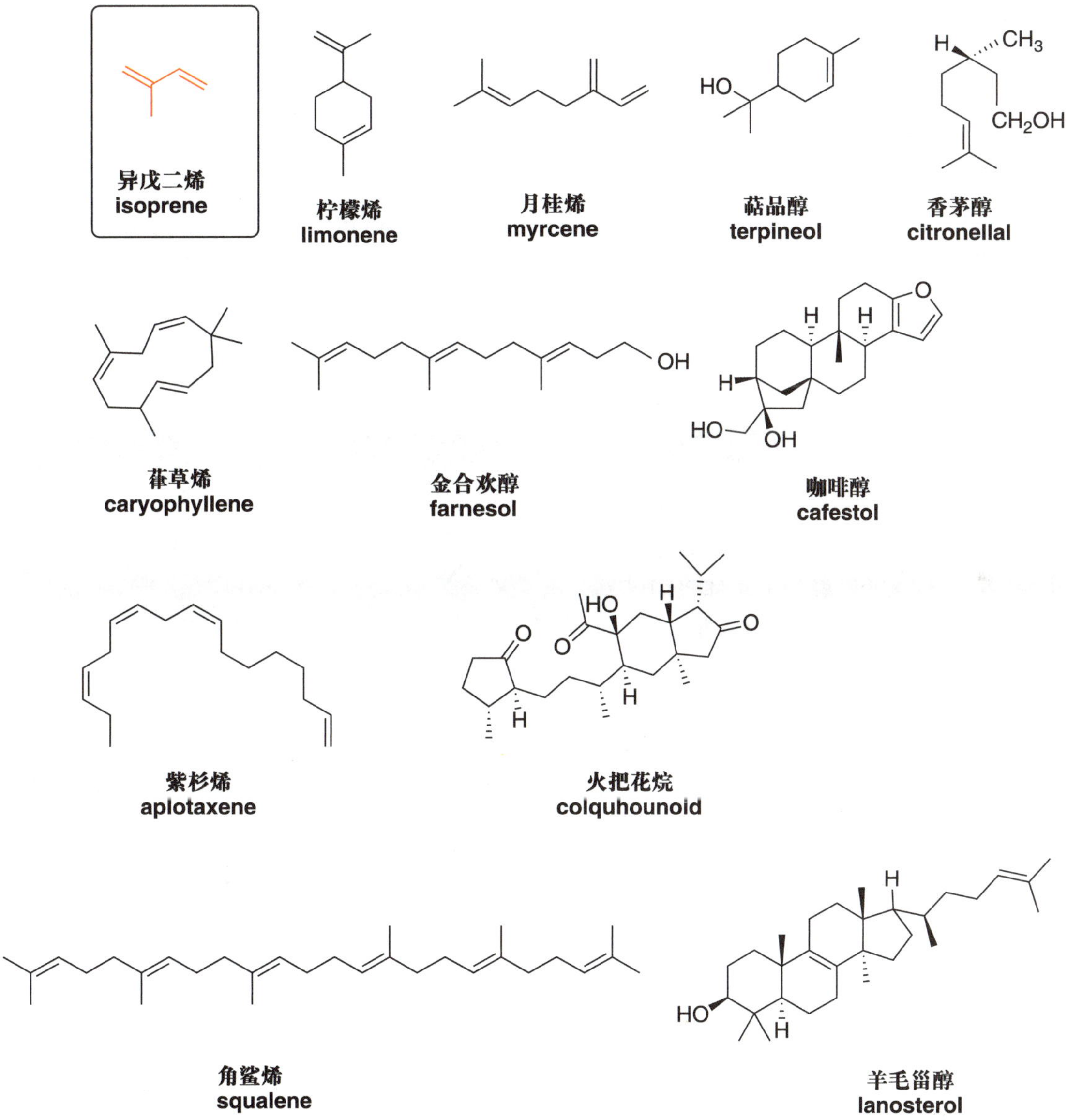

图 21-2　代表化合物及其衍生物的结构式

萜类化合物的合成一般是经由甲戊二羟酸途径（mevalonate pathway）得到的，其中格外值得注意的是，异戊二烯单元以异戊二烯焦磷酸酯（isopentenyl pyrophosphate，IPP）和二甲烯丙焦磷酸酯（dimethylallyl pyrophosphate，DMAPP）的形式被引入。其中异戊烯基焦磷酸酯是乙酰辅酶 A 通过甲戊二羟酸在 HMG-CoA 还原酶途径中形成的。

药物立普妥 (Lipitor) 便是作用于 HMG-CoA 还原酶这一靶点，从而具有降血脂和预防心脏病的功效。立普妥曾连续十年占据药品销售额榜首，仅在 2019 年，这一全球最畅销的药物在美国就被开出了约 1.12 亿张处方。

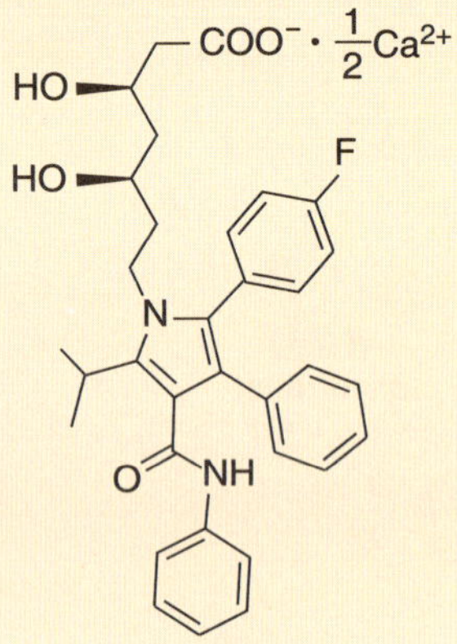

立普妥
Lipitor

甲戊二羟酸途径，也称为异戊二烯途径 (isoprenoid pathway) 或 HMG-CoA 还原酶 (HMG-CoA reductase pathway) 途径，是存在于真核生物和一些细菌中的一个重要代谢途径。甲戊二羟酸途径开始于乙酰辅酶 A (acetyl-CoA)，两分子乙酰辅酶 A 首先发生缩合反应生成丙二酰辅酶 A (malonyl-CoA)，丙二酰辅酶 A 再与乙酰辅酶 A 缩合得到 3-羟基-3-甲基戊二酸单酰辅酶 A (HMG-CoA)。3-羟基-3-甲基戊二酸单酰辅酶 A 紧接着在 HMG-CoA 还原酶的催化下被烟酰胺嘌呤二核苷酸磷酸 (NADPH) 还原为甲戊二羟酸，这一步是整个甲戊二羟酸途径中的决速步。因此，HMG-CoA 还原酶是药物化学中非常重要的靶点之一。

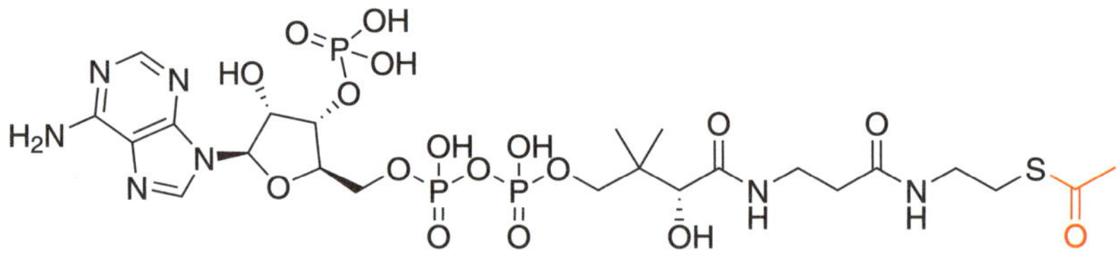

乙酰辅酶A
acetyl-CoA

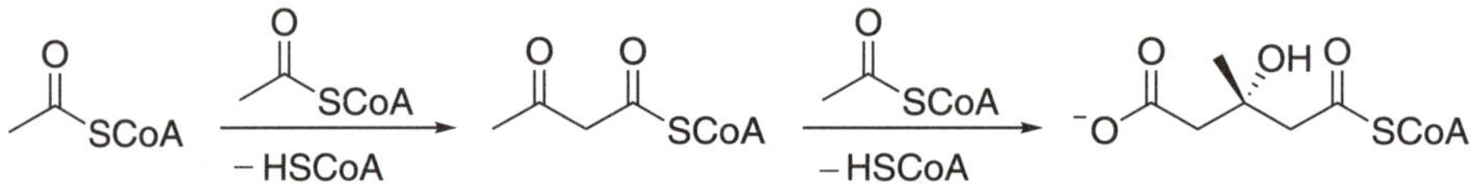

乙酰辅酶A acetyl-CoA　　**丙二酰辅酶A** malonyl-CoA　　**3-羟基-3-甲基戊二酸单酰辅酶A** HMG-CoA

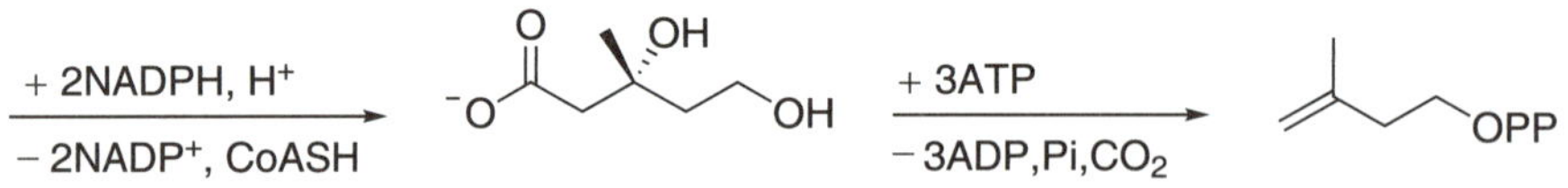

甲戊二羟酸 mevalonic acid　　**异戊二烯焦磷酸酯** IPP

最后，甲戊二羟酸在多种酶的多步催化下转化为异戊二烯焦磷酸酯 (IPP)，经由异戊二烯焦磷酸异构酶催化可以将 IPP 进一步转化为二甲烯丙焦磷酸酯 (DMAPP)，IPP 和 DMAPP 作为异戊二烯活性单元参与萜类化合物的合成反应。在本节中，我们以羊毛甾醇和柠檬烯为例简要介绍 IPP 和 DMAPP 的后续转化过程，其他的萜类化合物的生物合成方式与之类似。

一分子的 DMAPP 与一分子的 IPP 偶联可以得到牻牛儿基焦磷酸酯 (geranyl pyrophosphate，GPP)。GPP 在 NADPH 的还原条件下偶联可以得到角鲨烯，角鲨烯作为一个三萜类化合物，主要存在于鲨鱼的肝脏中。目前已经证实，角鲨烯是所有哺乳动物中甾体化合物生源合成的前体，它可以经过一系列较为复杂的环化和重排反应得到如羊毛甾醇和胆固醇等甾体化合物。

除此以外，GPP 还可以通过分子内反应得到柠檬烯骨架，或者再与一分子 DMAPP 缩合并水解得到倍半萜衍生物法尼醇 (又称金合欢醇)。若是不断重复这一缩合过程，则可以得到橡胶等异戊二烯多聚体。

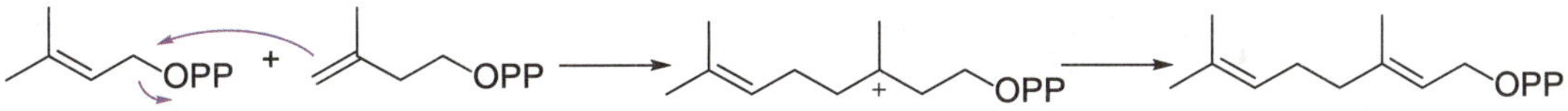

二甲烯丙焦磷酸酯
DMAPP

异戊二烯焦磷酸酯
IPP

牻牛儿基焦磷酸酯
GPP

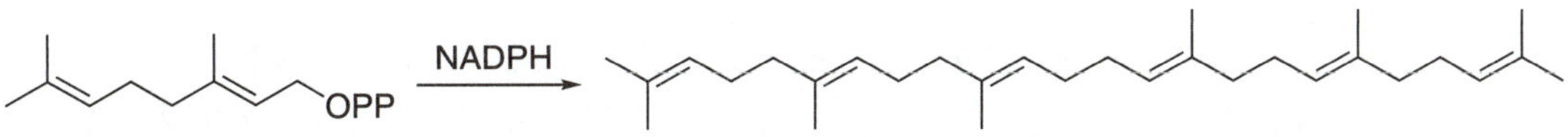

牻牛儿基焦磷酸酯
GPP

角鲨烯
squalene

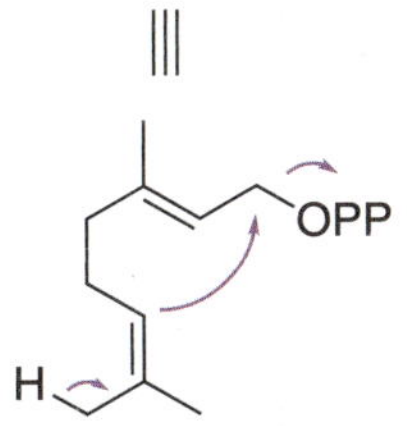

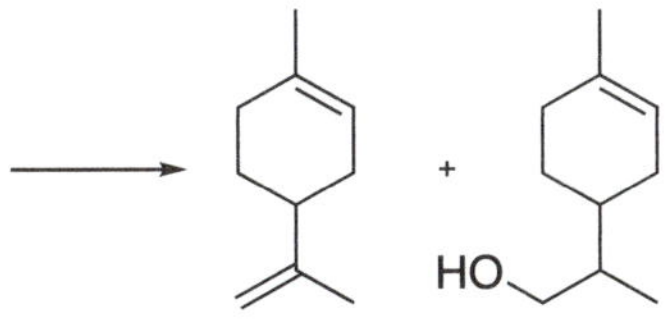

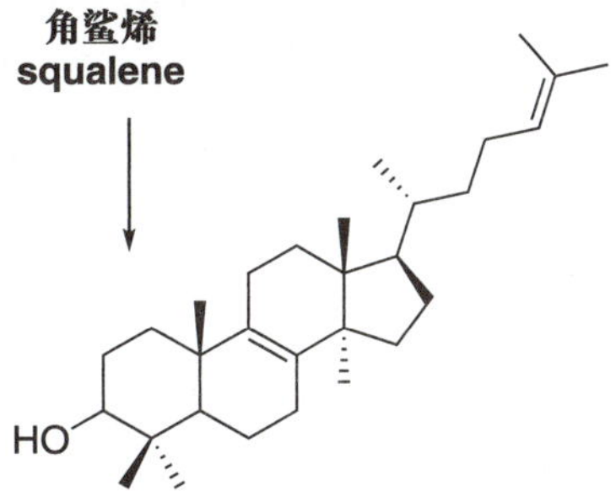

牻牛儿基焦磷酸酯
GPP

柠檬烯
limonene

羊毛甾醇
lanosterol

当然，也并不是所有的萜类化合物都是由甲戊二羟酸途径合成的。植物、大多数细菌和包括疟原虫在内的一些原生动物，可通过甲基赤藓醇磷酸酯（methyl erythritol phosphate，MEP）或其他替代途径产生 IPP 和 DMAPP。这些过程只是在乙酰辅酶 A 转化为 IPP 的酶促反应上有所不同。

接下来分类介绍几类有代表性的萜类化合物。

21.3.2 单萜

单萜指的是含有两个异戊二烯单元的萜类化合物。单萜广泛存在于精油（essential oil）中，精油具有芳香气味且易挥发，常常被用于香料和药物中。通常根据结构不同，单萜化合物被分为无环单萜化合物、单环单萜化合物和双环单萜化合物。

单萜（$C_{10}H_{16}$）是自然界中最常见的萜。分子式为 $C_{15}H_{24}$ 的倍半萜与单萜一起构成了植物挥发油的主要成分，分子式为 $C_{20}H_{32}$ 的二萜则是树脂的重要组成部分。胡萝卜素类的植物色素（$C_{40}H_{64}$）是一种四萜，在光合作用中扮演了重要的角色。

香料中通常含有无环单萜化合物，其核心结构骨架符合 2,6-二甲基辛烷（2,6-dimethyloctane）类型。几种重要的无环单萜类化合物包括牻牛儿醇（geraniol），橙花醇（nerol），芳樟醇（linalool），香茅醇（citronellol），β-月桂烯（β-mycrene）等。其中，牻牛儿醇是玫瑰香型香精的主要成分，同时在临床上还被用于治疗慢性支气管炎。

各种无环单萜大多具有自己特色的气味，如牻牛儿醇又名香叶醇，具有玫瑰型的香气，橙花醇则具有更柔和的玫瑰香气与橙花香气，常被用于配制香精。具有柑橘类水果清香的柠檬醛被广泛应用于食用香精中，除了为香精提供柠檬香味，它还具有使香精增香的作用。受限于柠檬醛的化学性质过于活泼，它们在化妆品和香皂中的应用非常有限。

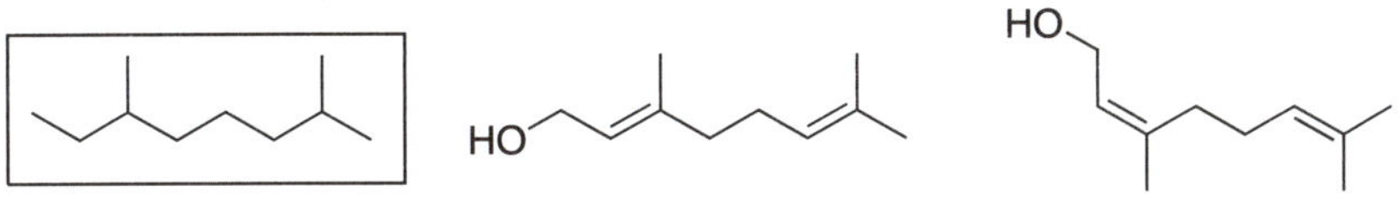

2,6-二甲基辛烷
2,6-dimethyloctane

牻牛儿醇
geraniol

橙花醇
nerol

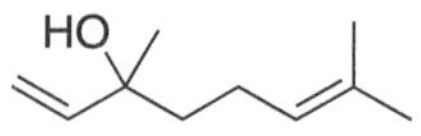

芳樟醇
linalool

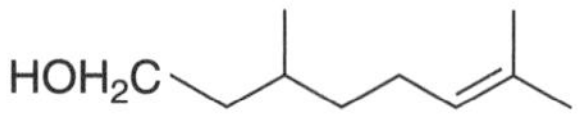

香茅醇
citronellol

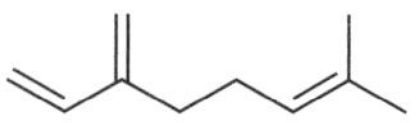

β-月桂烯
β-myrcene

在香料工业中，部分单萜类化合物需要通过天然单萜进行修饰和转化得到。以芳樟醇为例，在全世界每年最常用和用量最大的香料中，芳樟醇几乎年年排在首位。芳樟醇存在于烤烟烟叶和多种精油中，工业上通常使用 β-蒎烯（β-pinene）在 600 ℃的高温裂解下得到 β-月桂烯后，经过盐酸加成、酯化、皂化等多步反应制备。这一方法也被应用于其他单萜化合物如橙花醇、香叶醇、月桂醇及松油醇（terpilenol）等的工业制备中。

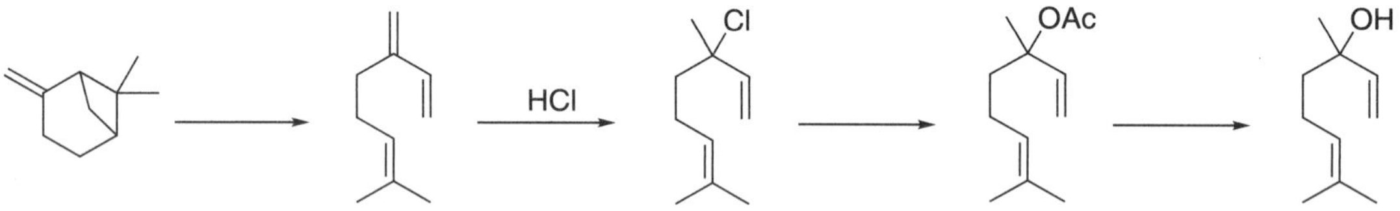

β-蒎烯 β-pinene　**β-月桂烯 β-myrcene**　**芳樟醇 linalool**

单环单萜的结构比无环单萜要复杂许多，包括薄荷烷（menthane）型，桉树脑（cineole）型，虹彩烷（iridane）型和环烯醚萜（iridoid）等多种骨架。其中较为重要的是薄荷醇和桉树脑及其类似物。

薄荷醇（menthol）又称薄荷脑（mentha-camphor），是薄荷（mentha arvensis）的主要成分，其对应的萜烯化合物则是柠檬烯，其生源合成途径已在上文阐述。薄荷醇分子中有三个手性碳，对应产生 4 对不同的立体异构。这 4 对 8 个异构体中，只有两个存在于天然薄荷油中。经分离得到的 *L*-薄荷醇具有芳香清凉气味，有杀菌、防腐和局部止痛等功效，被广泛应用于医药和食品领域。

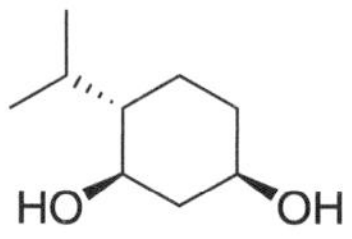

***L*-薄荷醇**
***L*-menthol**

薄荷醇的类似物结构比较多样，既有在食品和香料行业占有一席之地的香芹酮（carvone）和地奥酚（diosphenol）等不饱和酮类化合物，也有可用于抗阳性及阴性革兰氏菌的百里香酚（carvacrol）和香芹酚（thymol）等酚类化合物。

桉树脑型单萜及其衍生物的结构相对单一，主要是由松油醇通过环氧化后脱水得到的。最常见的桉树脑型单萜是 1,8-桉树脑（1,8-cineol），又被称作桉树精（eucalyptol），是桉叶油的主要成分，常常被用作香料和防腐剂。桉树脑类似物驱蛔素（ascaridole）主要存在于土荆芥的挥发油中，也被称作土荆芥油精。由于结构中具有过氧化物结构，在加热至 130－150 ℃时会发生爆炸。

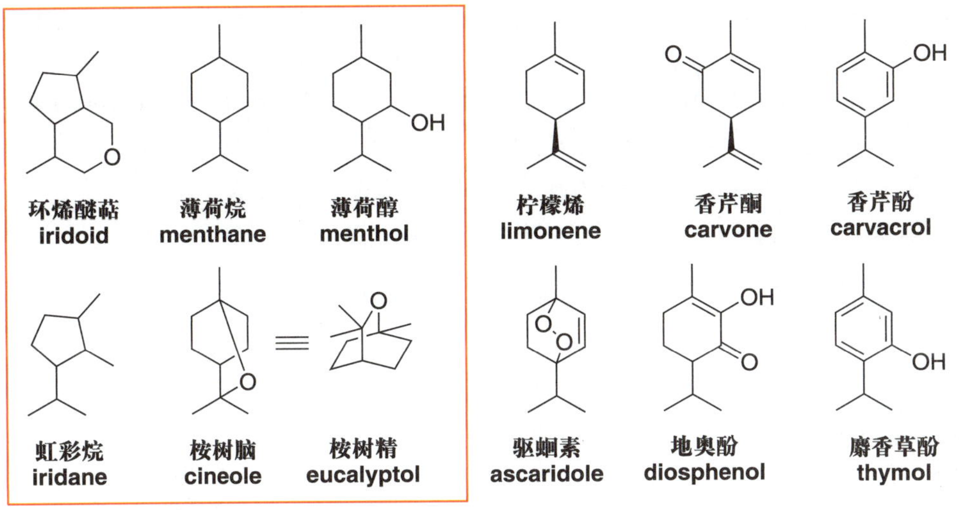

双环单萜类化合物是单萜化合物中最重要也是最复杂的一种，这些化合物大多由一个六元环和另一个环共用一个或多个原子作为核心骨架。比较重要的骨架类型包括蒎烷(pinane)型、樟烷(camphane)型、环烯醚萜(iridoid)类、苧烷(thujane)型等类型。本节简要介绍以上蒎烷型和环烯醚萜类化合物的概况与代表分子。

蒎烷型化合物中的蒎烯是国产松节油的主要成分，其环系骨架可以看作薄荷烷骨架中的C8与C2或C6结合形成的桥环结构。该桥环结构所对应的烯烃α-蒎烯、β-蒎烯、δ-蒎烯都是重要的工业原料。

天然的蒎烷型单萜化合物具有多种衍生化形式，包括含羟基的马鞭草烯醇(verbenol)和桃金娘烯醇(myrtenol)，含羰基的马鞭草烯酮(verbenone)和松樟酮(pinocamphor)，二聚体衍生物土荆芥酮(aritasone)和芍药苷(paeoniflorin)及其衍生物。芍药苷在植物中通常以苯甲酸酯的形式存在，它和苯甲酰芍药苷(benzoylpaeoniflorin)等类似物具有镇静镇痛和抗炎症活性。除此以外，人们还从白芍的根部分离得到了白芍新苷(lactiflorin)。

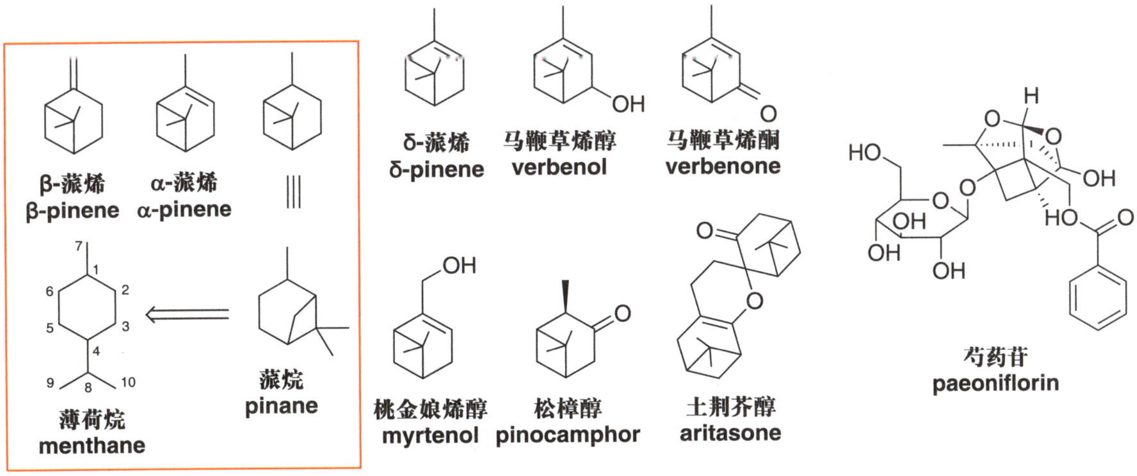

环烯醚萜类化合物指的是植物中的虹彩二醛(iridodial)通过分子内羟醛缩合形成的一类化合物，一般具有环烯醚键。环烯醚萜类化合物多为白色晶体，有苦味。由于分子内有缩醛结构，化学性质活泼，容易进一步分解或聚合。这些成分大多可以产生呋喃衍生物的特征颜色反应，如 Shear 试剂(浓盐酸与苯胺 1：15 的混合溶液)与车

叶草苷 (asperuloside) 反应，体系会先出现黄色，随后转变为棕色，最终显深绿色。中药玄参、地黄等炮制后变黑，就是其中的这类成分所导致。

环烯醚萜是许多中药的有效成分，例如玄参中含有的玄参苷 (harpagoside) 和哈帕苷 (harpagide) 就属于环戊烷型环烯醚萜。车前草中的桃叶珊瑚苷 (aucubin) 也属于环戊烯型环烯醚萜。阿格努苷 (agnuside) 则是杜荆中的有效成分。

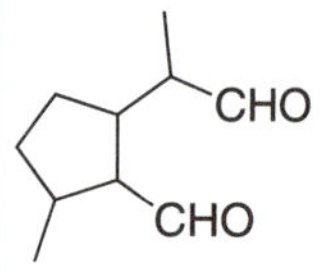

虹彩二醛
iridodial

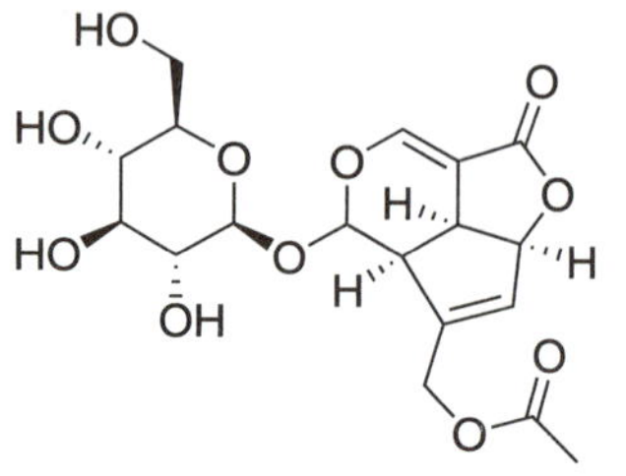

车叶草苷
asperuloside

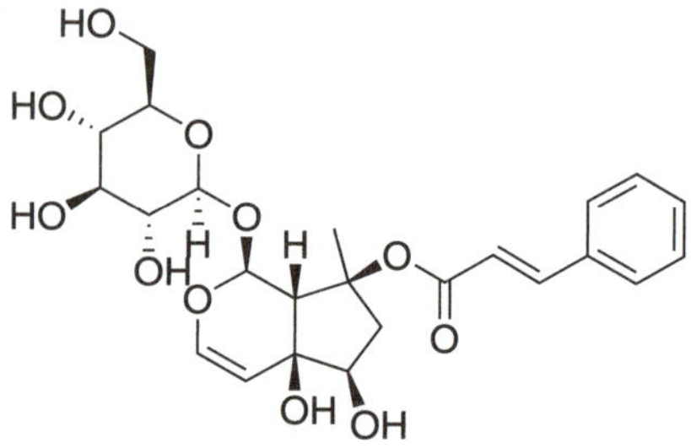

玄参苷
harpagoside

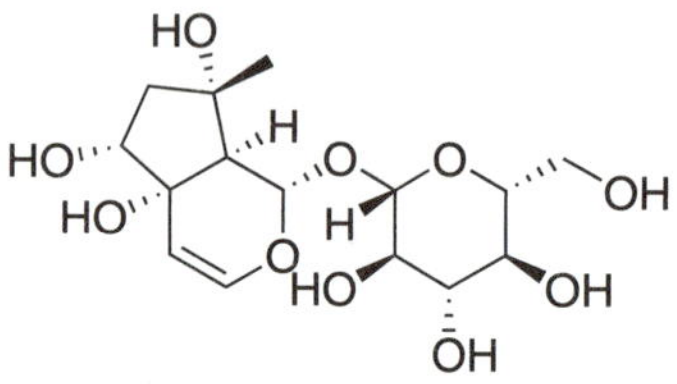

哈帕苷
harpagide

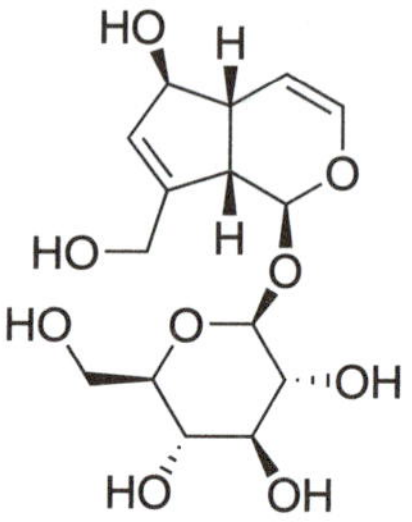

桃叶珊瑚苷
aucubin

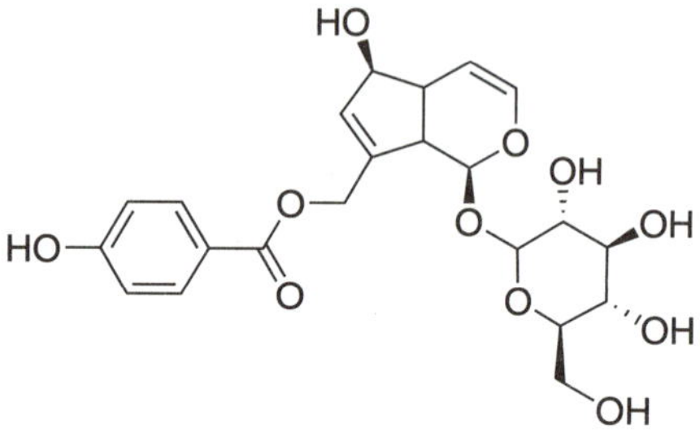

阿格努苷
agnuside

值得一提的是，有部分单萜化合物由于分子骨架发生重排而不符合异戊二烯规则。这些化合物统称为不规则单萜化合物，其中包括除虫菊酯 (pyrethrins) 和斑蝥素 (cantharidin) 等生物活性分子。除虫菊酯源自除虫菊，是六种杀虫活性化合物的总称。目前除虫菊酯及其衍生物被广泛应用于蚊香液、花露水等日用品中。斑蝥素是昆虫斑蝥体内的一种单萜类成分。有趣的是，斑蝥素并非来自单萜的衍生化，而是由倍半萜衍生物金合欢醇为前体得到的。

21.3.3　倍半萜

三个异戊二烯单元构成的萜类化合物称为倍半萜，它们广泛存在于植物、微生物和海洋生物体内，其中很多具有十分重要的生物功能与生理活性。倍半萜是芳香油中高沸点部分的主要组分，对芳香油的香味有着重要作用。近年来，又从海洋生物中分离得到许多含有卤素和氰基等官能团的新倍半萜化合物。这些倍半萜是在生物代谢中产生的具有各种各样骨架的化合物。这些骨架往往具有复杂的立体结构，是有机合成化学的重要研究对象。

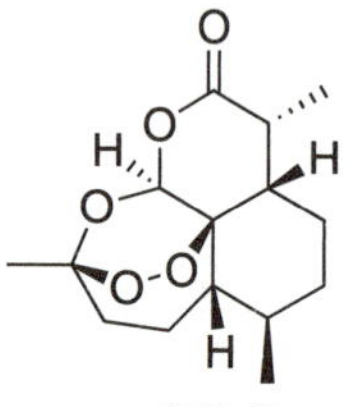

青蒿素
artemisinin

倍半萜类化合物的环系结构较为复杂，因此本节不再按照骨架分类进行介绍，只选取重要的倍半萜分子进行介绍。

青蒿素 (artemisinin) 是最有名的倍半萜类化合物分子之一，是我国科学家从植物黄花蒿 (*Artemisia annua*) 中提取得到的。

青蒿素作为新一代的抗疟药物，具有效率高、起效快和毒性低等特点，但由于其代谢快，在血液中维持时间较短。造成青蒿素不稳定的因素与其结构中含有活泼的过氧、内酯和缩醛等官能团有关，而其中过氧基团对抗疟活性又起着至关重要的作用，因此对青蒿素进行结构改造存在较大困难。

为此，目前已有两种解决方案。其一是基于青蒿素在硼氢化钠还原的条件下（过氧官能团不受影响），将内酯还原为半缩醛得到二氢青蒿素（dihydroartemisinin）。二氢青蒿素的抗疟活性更高，结构更稳定。同时，二氢青蒿素为青蒿素衍生化提供了条件，目前已有一系列酯类、碳酸酯类、醚类青蒿素衍生物被合成出来，如杀疟原虫快速的蒿甲醚（artemether）就是醚类青蒿素衍生物。其二，青蒿素抗疟活性研究为新的抗疟药物设计提供了理论基础，例如抗疟药物 OZ439 已被设计出来。这些药物与青蒿素一起，成为了人类抗击疟疾的重要武器。

屠呦呦与青蒿素——诺贝尔生理学或医学奖

在 20 世纪 70 年代，为了防治肆意流行的传染病—疟疾，我国科学家组织开展了大规模的寻找抗疟新药活动，结果发现黄花蒿中提取的有效成分——一种新型倍半萜内酯抗疟效果最好，并将其命名为青蒿素。目前，青蒿素已经成为全球治疗疟疾的首选药物。中国许多科学家参与了这一新药发现过程，作为其中的杰出代表，屠呦呦获得了 2015 年诺贝尔生理学或医学奖。

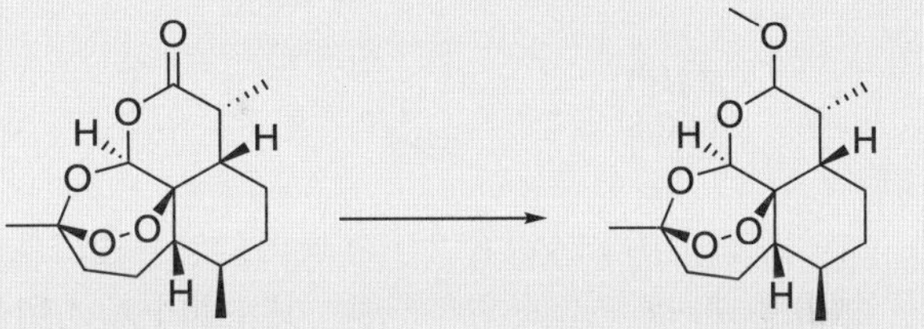

青蒿素　**artemisinin**　　**蒿甲醚**　**artemether**

目前，青蒿素已能通过植物提取和生物合成进行工业化生产。

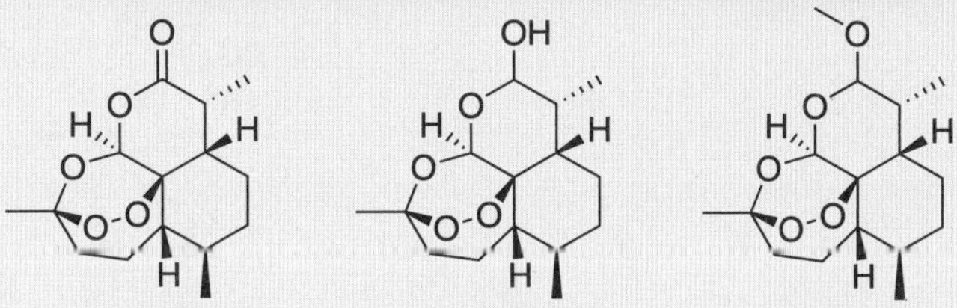

青蒿素　**artemisinin**　　**二氢青蒿素**　**dihydroartemisinin**　　**蒿甲醚**　**artemether**

疟疾与抗疟药物

20 世纪 40 年代，我国每年有约 3000 万人感染疟疾，每年约有 30 万人因此死亡。经过数十年与疟疾的抗争，我国终于消灭了疟疾这一传染病，世界卫生组织（WHO）在 2021 年正式宣布中国成为全世界第 40 个完全消灭疟疾的国家。

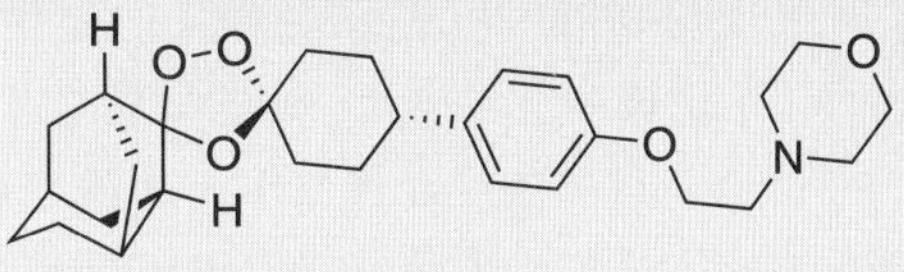

OZ439

红豆杉

21.3.4 二萜与三萜

二萜与三萜类化合物具有含 20 个以上碳原子的骨架，目前已经发现的二萜化合物骨架有上百种。因此，本节仅介绍二萜化合物和三萜化合物中的几个代表分子。

紫杉烷(taxene)二萜指的是从红豆杉中分离得到的紫杉醇及其类似物。紫杉醇(taxol)已被发展成为一种有效的抗肿瘤药物。1992 年，美国食品药品监督管理局(FDA)批准紫杉醇上市，用于治疗卵巢癌。与紫杉醇结构极为类似的紫杉烷衍生物三尖杉宁碱(cephalomannine)也被证实可以在体内与微管结合抑制微管解聚。

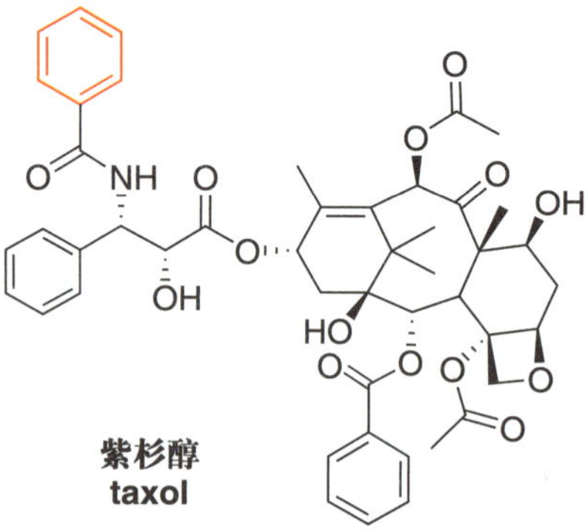

紫杉醇
taxol

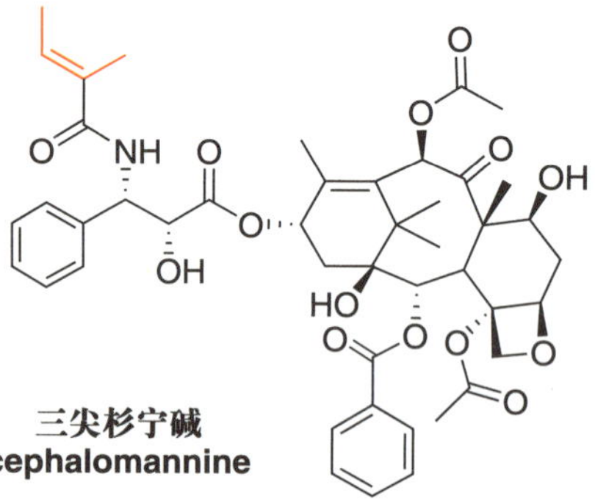

三尖杉宁碱
cephalomannine

南开大学一角的银杏叶

银杏内酯是从银杏叶中分离得到的一种二萜类化合物，其结构由 6 个五元环组成，因此呈现非常刚性的骨架结构。其中四个顺式稠合的五元环形成了一个半球状的空腔，一个四氢呋喃环填充其中。银杏内酯是一种强效的血小板活化因子(PAF)拮抗剂。目前，银杏内酯 A、B、C 的混合物已经被用于治疗支气管炎。也有研究显示，这一药物对脑细胞和心肌细胞有一定的保护作用。

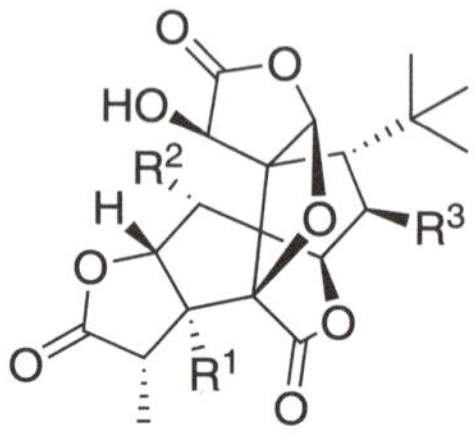

银杏内酯A，ginkgolide A　R^1=OH, R^2=H, R^3=H
银杏内酯B，ginkgolide B　R^1=OH, R^2=OH, R^3=H
银杏内酯C，ginkgolide C　R^1=OH, R^2=OH, R^3=OH

目前已发现的三萜化合物多数含有四个或五个环，它们在自然界中常常与糖、糖醛酸和有机酸等结合，形成皂苷。皂苷类化合物已经在抗癌、免疫调节与抗微生物等领域得到了广泛应用。

羊毛甾烷(lanostane)三萜骨架中含有 4 个五或六元环，传统中药黄芪中就包含了多种羊毛甾烷型三萜皂苷。这些三萜皂苷具有相同的环黄芪醇(cycloastragenol)骨架，已被证实具有免疫促进作用。乌索烷(ursane)型三萜化合物骨架中含有 5 个六元环，其代表分子积雪草苷(asiaticoside)是植物积雪草中含量较高的有效成分，可以促进伤口愈合。

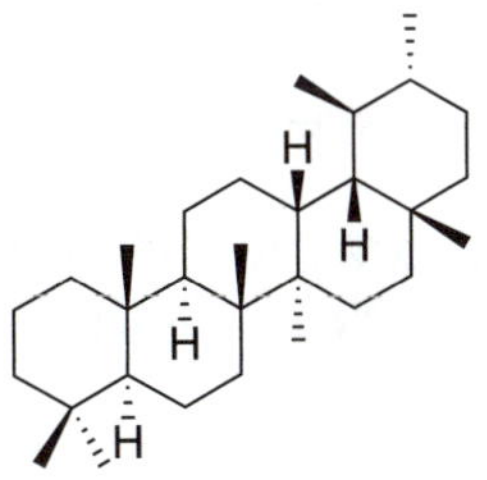

乌素烷
ursane

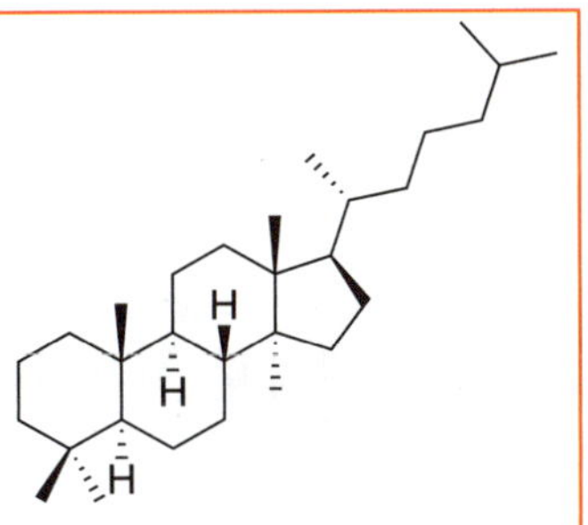

羊毛甾烷
lanostane

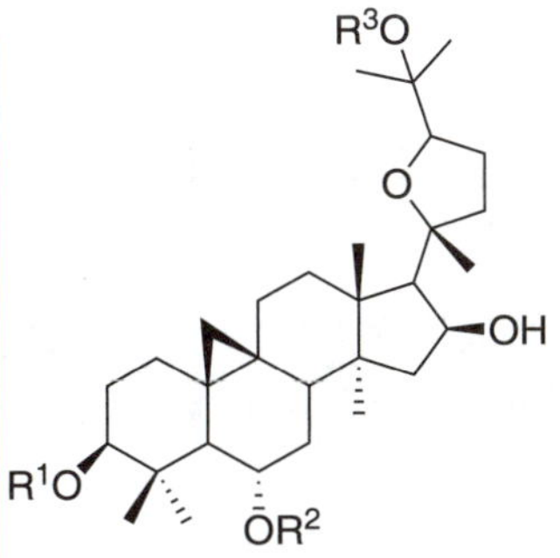

环黄芪醇
cycloastragenol

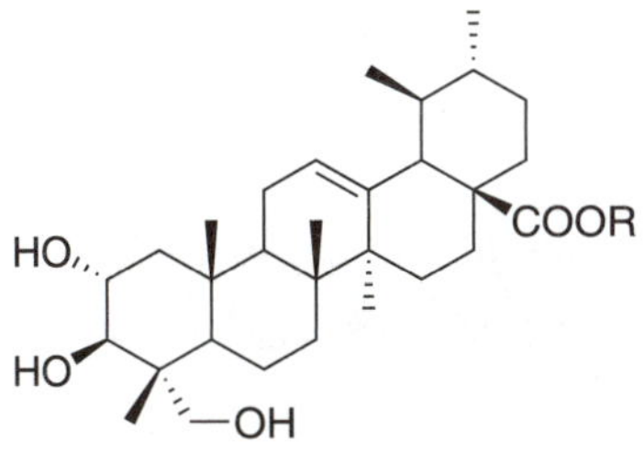

积雪草苷
asiaticoside

21.3.5　其他萜类化合物

胡萝卜素广泛地存在于动物与植物的脂肪中。胡萝卜素最早是从胡萝卜中得到的红色结晶。胡萝卜素可以被分为三个结构非常相近的组分，分别称为 α，β，γ-胡萝卜素。它们的结构中都含有 8 个异戊二烯结构单元，但习惯上它们被称为多烯色素而非四萜。从生源合成的角度考虑，他们是通过萜烯前体植物烯（phytene）脱氢关环得到的。值得注意的是，这些分子中的双键都具有反式结构。

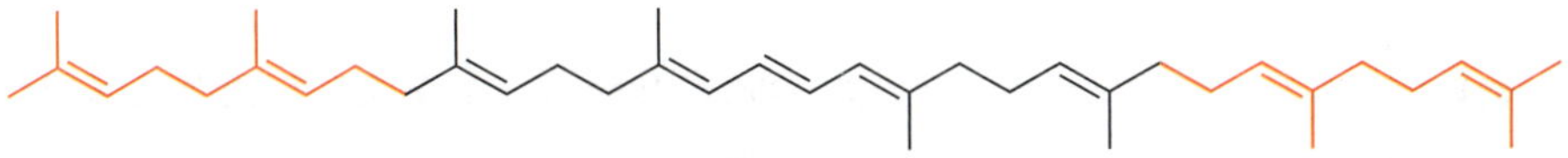

植物烯
phytene

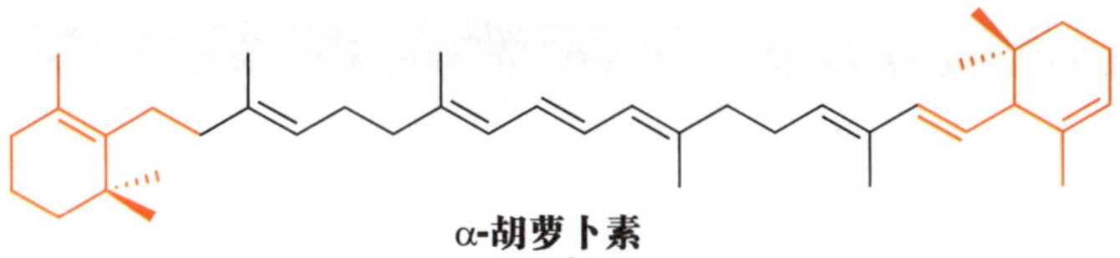

α-胡萝卜素
α-carotene

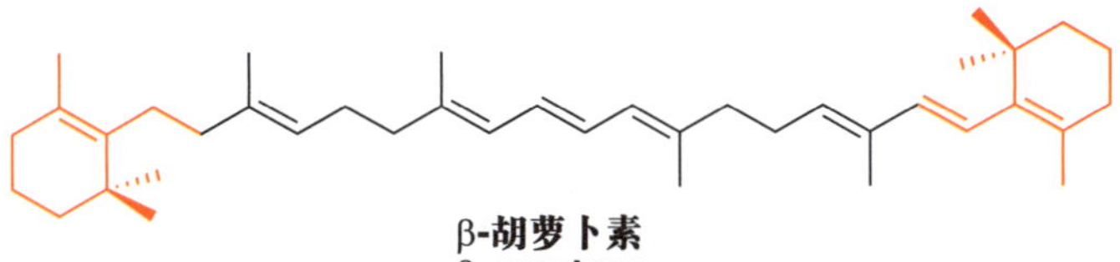

β-胡萝卜素
β-carotene

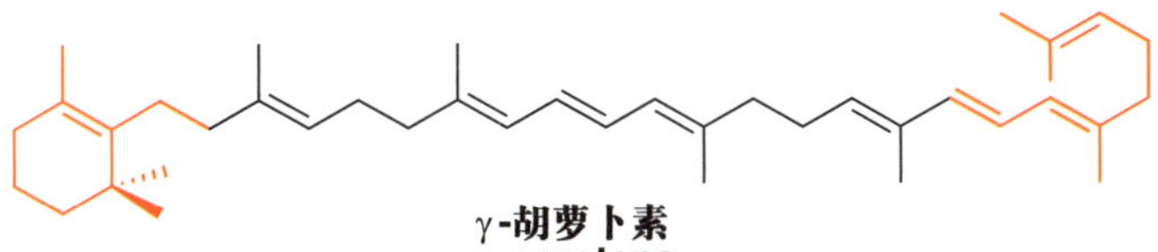

γ-胡萝卜素
γ-carotene

当许多异戊二烯单元发生聚合反应，就得到了天然橡胶。天然橡胶的主要化学成分是顺-1，4-聚异戊二烯，其中也含有少量的蛋白质、脂肪酸等分子。根据其分子中具有双键的特征，天然橡胶被归为不饱和橡胶，容易与硫化剂发生硫化反应，与溴、氧、臭氧发生裂解反应。因为其优良的回弹性、绝缘性、隔水性及可塑性等特性，天然橡胶被广泛应用于胶鞋、输血管、轮胎等方面。

21.4 甾体化合物

甾体是由我国著名有机化学家黄鸣龙先生命名的。甾体化合物的“甾”字是根据该类化合物的结构特点确定的象形字，“甾”字中的“田”表示 A、B、C、D 四个以此并联的环，上面的“巛”表示该类化合物结构中通常含有三个侧链。英文 steroids 与固醇有关，故中文名对有羟基的甾体化合物又叫作甾醇，或某固醇。

甾体化合物（也称甾族化合物，steroid）包含性激素、肾上腺皮质激素、甾醇、胆汁酸等，广泛存在于自然界内，在生物生命活动中起到调节和控制作用。甾体化合物共同的结构特点是具有一个 1,2-环戊烯并菲骨架，在不同的甾体化合物中，该骨架有时具有不同的氢化程度，大多具有两个角甲基和一个侧链。甾体化合物有四个环，但天然的甾体化合物只有如下两种构象，即 A 环和 B 环为顺式并环或反式并环。甾体化合物与酸作用，可经脱水、缩合等反应生成双键，形成各种共轭体系，导致吸收波长红移，从而产生不同的颜色变化，可用于鉴定甾体化合物的骨架结构。

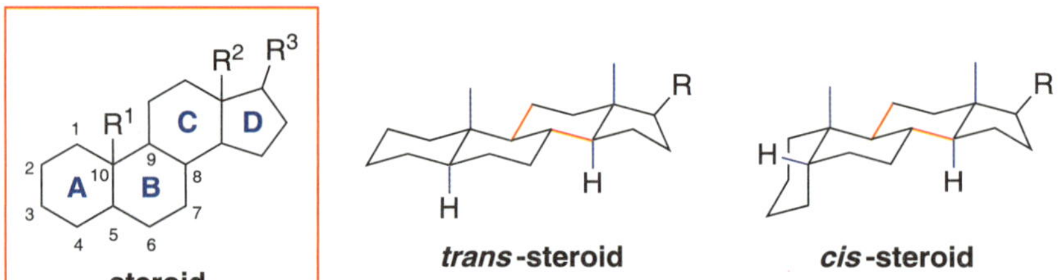

甾体化合物的骨架结构

K. Bloch 和 F. Lynen 由于在胆固醇和脂肪酸的代谢机理和方法研究方面做出了杰出贡献，被授予 1964 年诺贝尔生理学或医学奖。

甾体化合物的生源合成途径与萜类化合物高度一致，由甲戊二羟酸途径得到，通过在萜类化合物中介绍的异戊二烯途径合成得到角鲨烯后，在角鲨烯环氧化酶的作用下得到角鲨烯环氧化物，该环氧化物在酸性条件和角鲨烯氧化环化酶的催化下开环并经过碳正离子环化重排转化为羊毛甾醇。羊毛甾醇在各种生物体内进行一系列修饰转化为胆固醇和性激素等各种甾体化合物。

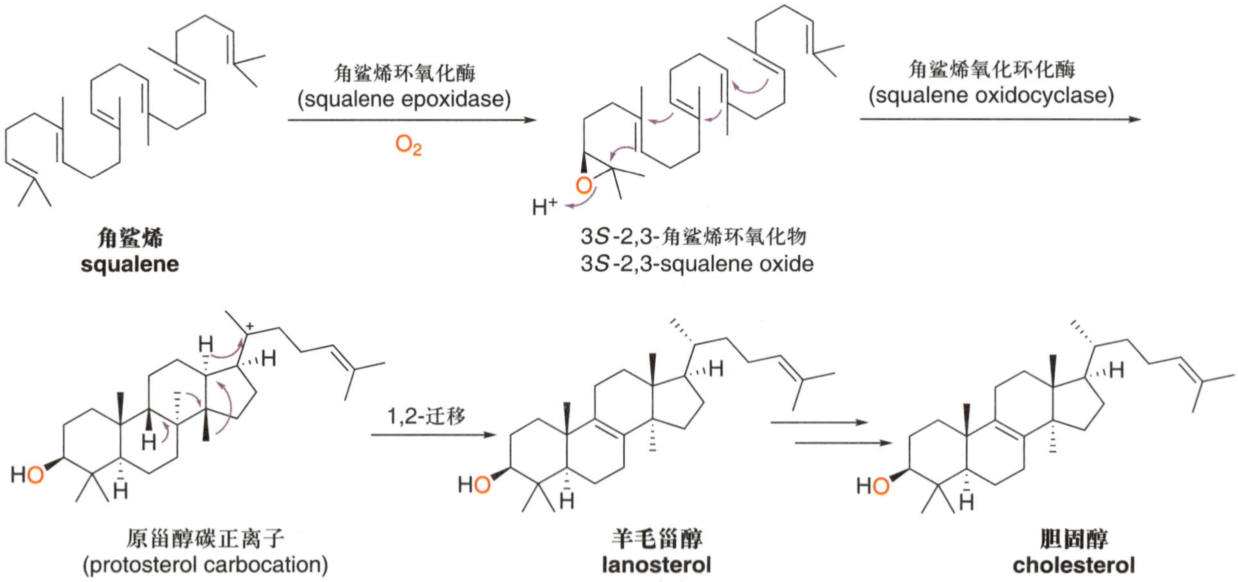

胆固醇也称为胆甾醇。

以下分别介绍甾体化合物中较为重要的甾醇、胆汁酸、甾体激素和甾体皂苷。

21.4.1 甾醇

甾醇（sterol）是一类饱和或不饱和的仲醇，具有甾体化合物的共同骨架。甾醇主要以高级脂肪酸的酯或苷的形式存在于动植物的脂肪和油类中。一般甾醇分为动物甾醇和植物甾醇两类，前者包括胆固醇、粪甾烷醇等，后者包括麦角甾醇、豆甾醇等。

胆固醇（cholesterol）是一种具有旋光性的白色结晶固体，微溶于水而易溶于有机溶剂。它几乎存在于所有动物体内，在动物的脑和脊髓中分布较多。胆固醇不仅仅是细胞原生质膜的重要组成部分，还参与包括血浆脂蛋白的合成在内的多种重要生理过程。

胆固醇的衍生物 7-脱氢胆固醇或麦角甾醇可以在紫外线的照射下，打开 B 环转化为维生素 D_3，维生素 D_3 对于体内的钙和磷元素代谢，以及骨骼的生长具有重要作用。整个维生素 D 家族均是类甾醇衍生物，缺乏维生素 D 会导致小儿出现佝偻病，成人出现骨质软化等症状。

胆固醇为人体内不能皂化的油溶性物质，可以在血液中存在，也可以在胆囊中沉积下来形成胆结石。

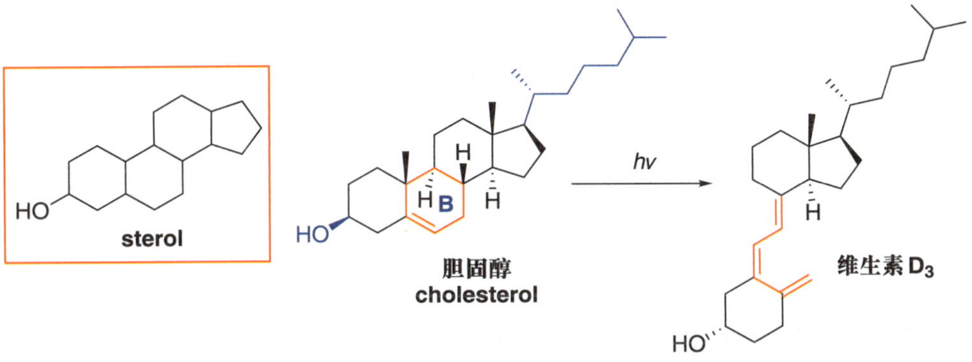

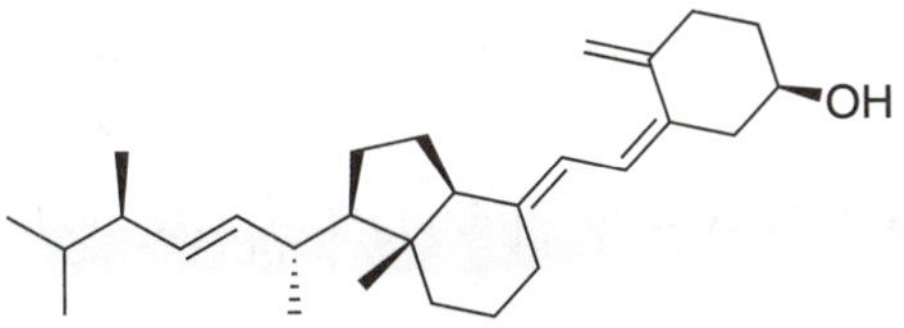

维生素 D_2

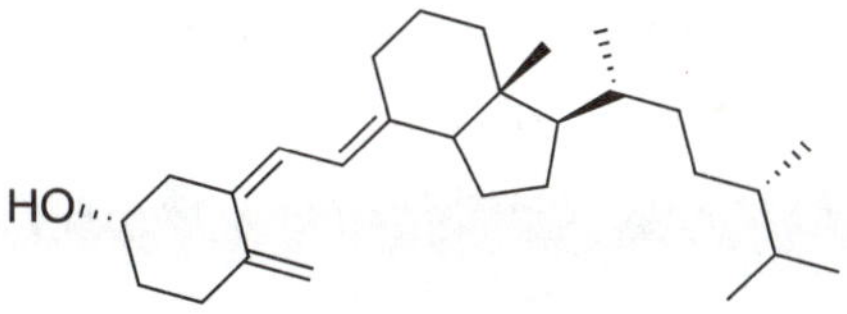

维生素 D_4

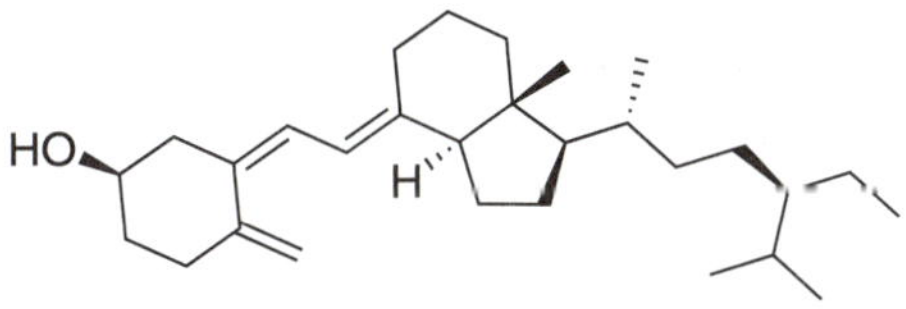

维生素 D_5

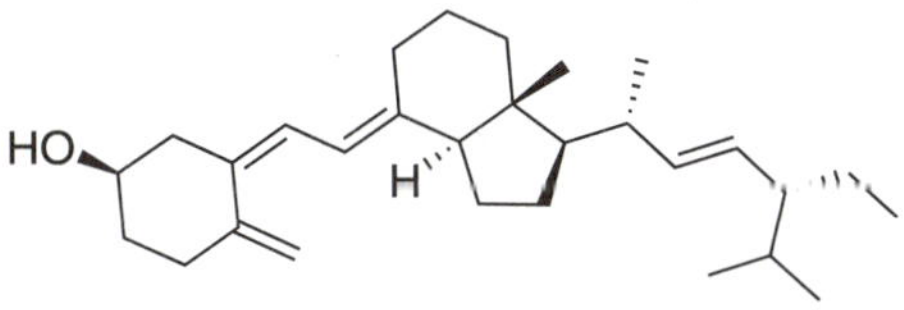

维生素 D_6

脂蛋白可以根据脂蛋白粒子的比重分为以下三种：

VLDL	LDL	HDL
（超低密度脂蛋白）	（低密度脂蛋白）	（高密度脂蛋白）

比重低 ⟷ **比重高**

比重低：
- 中性脂质所占比例高
- 蛋白质所占比例低

比重高：
- 中性脂质所占比例低
- 蛋白质所占比例高

其中 LDL 内的胆固醇多，它负责将胆固醇运载到末梢组织，即堆积在身体的各个组织部位。相反，HDL 内的胆固醇少，它负责把胆固醇从末梢组织运送到肝。因此当血液中的 LDL 的浓度较高而 HDL 的浓度较低时，胆固醇就会不断地被运送到动脉、末梢组织中，并在血管壁中堆积起来，造成血管内腔狭小，从而妨碍血液流动，这种现象称为“动脉硬化”。一种典型的动脉硬化症状——动脉粥样硬化，就是这样造成的。粥样硬化形容的是沉积在变厚的血管壁上的胆固醇像粥一样黏稠的状态。其过程是：LDL 内的胆固醇等沉积在受损的血管内壁上，巨噬细胞将其吞噬后形成满是脂肪的“泡沫”脂肪继续堆积在血管中。于是血管壁的平滑肌细胞也会增生变形，结果导致血管壁逐渐变硬变厚。

豆甾醇 (stigmasterol) 主要存在于油类和人参、柴胡等中药材中。豆甾醇在体内可以起到抗氧化的作用，同时可以预防高血压、冠心病等心血管疾病。近年来的研究也显示，豆甾醇可以作为血纤维溶解触发素，起到预防血栓的作用。

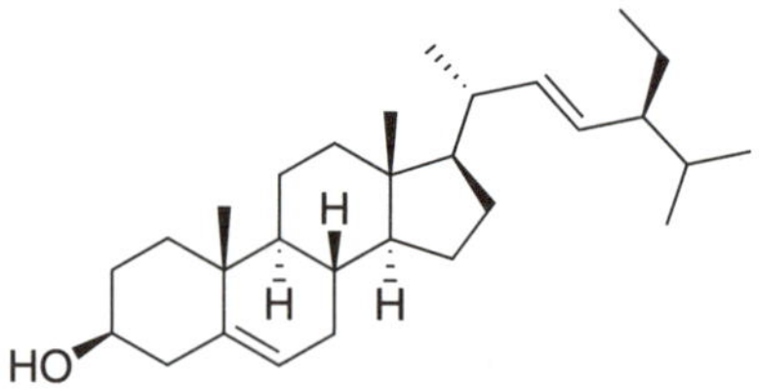

豆甾醇
stigmasterol

21.4.2　胆汁酸

H. O. Wieland 因其证明了胆酸、胆汁酸和胆固醇之间的关系和确定胆酸及其他胆汁酸的部分正确结构，被授予 1927 年诺贝尔化学奖。

胆固醇的侧链氧化后得到胆酸 (cholic acid)。胆酸是人类四种胆汁酸 (bile acid) 中含量最丰富的一种。人体肝脏中合成的胆酸，大多数可转化为甘氨酸的酰胺衍生物或者牛磺酸的磺酸衍生物，称为甘氨胆酸 (glycocholic acid) 和牛磺胆酸 (taurocholic acid)，二者的分布比例大约是 3∶1。

少量的未被转化的胆汁酸以钠盐的形式随胆汁排入十二指肠中。这些钠盐可以看作乳化剂，减小了水和脂肪的表面张力，促进了人体对脂类物质的吸收。胆汁酸对细胞具有潜在的毒性，因此其在体内的浓度需要受到严格的调节。临床上使用的利胆药胆酸钠可以用于治疗胆汁分泌不足所导致的疾病。从猪胆中提取得到的 α-猪去氧胆酸对治疗高血压有较好的疗效。

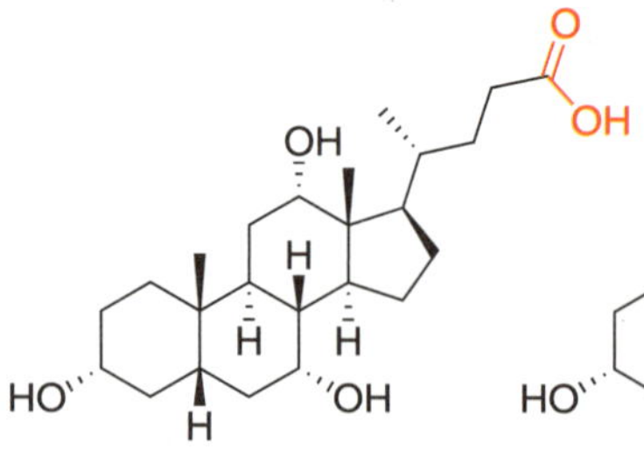

胆酸
cholic acid

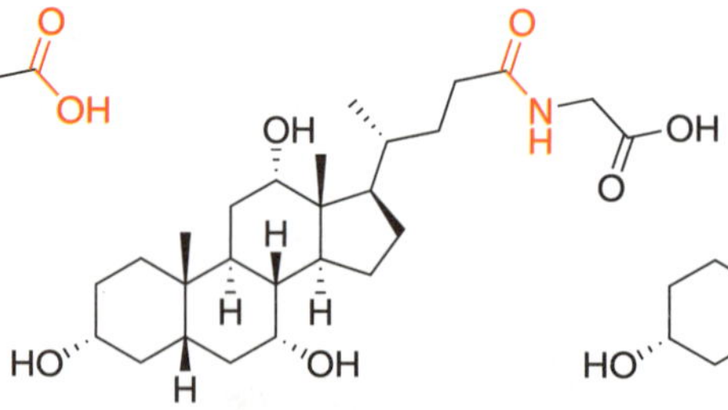

甘氨胆酸
glycocholic acid

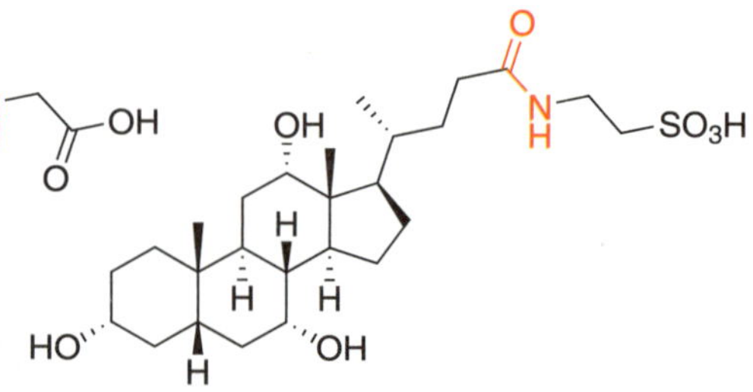

牛磺胆酸
taurocholic acid

21.4.3　甾体激素

激素 (hermones) 是由内分泌腺和具有内分泌功能的一些组织所产生的微量化学信息分子，可对生物体产生重要的生理作用。就化学结构而言，具有甾体骨架的激素称为甾体激素，主要包含性激素与蛋白同化激素两部分。

雌性激素 (oestrogens) 又称女性激素，主要作用是促进女性生殖系统的生长发育及维持生育能力，可被细分为雌激素和孕激素两大类。雌激素具有促进雌性第二性征发育和性器官最终形成的作用，代表化合物是雌二醇 (estradiol)。孕激素也被称作黄体激素，具有促进子宫壁和乳腺发育等作用，代表化合物是孕酮 (progesterone)，又称黄体酮。

雄性激素 (androgens) 又称男性激素，主要由睾丸和肾上腺合成。大多数雄性激素，如脱氢异雄酮 (dehydroepiandrosterone)，都是十九碳甾体醇，其中生理活性最强的是睾酮 (testosterone)，其他雄性激素的生理活性很小。

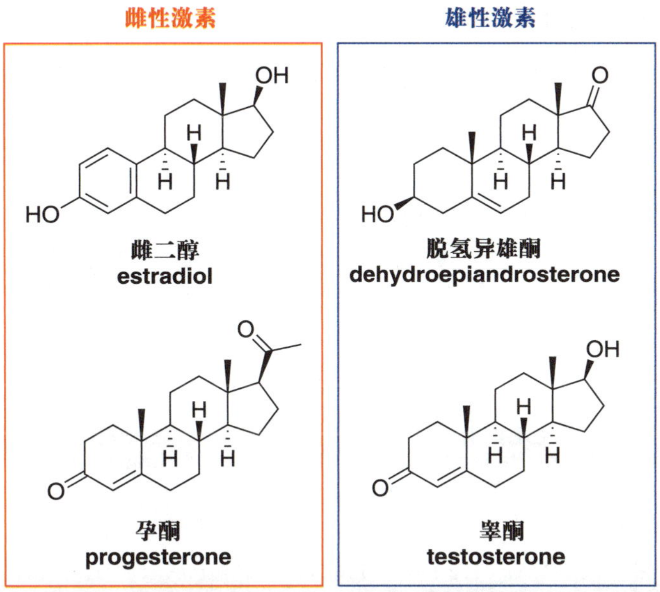

蛋白质同化激素 (anabolic steroids) 是一类从睾酮衍生物中分化出来的物质，其性激素的作用已大大减弱，但促进蛋白质合成和肌肉增长、促进钙和磷元素在骨组织中的沉积、加速骨钙化和骨生长的蛋白质同化的作用得到了保留或增强。例如苯丙酸诺龙 (nandrolone phenylpropionate)，为上市药物，用于促进蛋白质合成等。

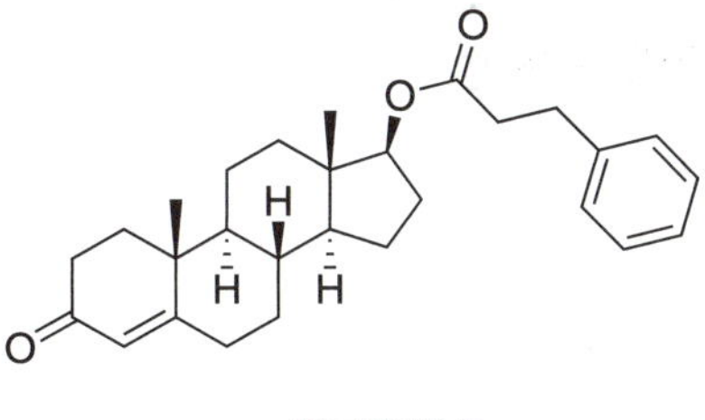

苯丙酸诺龙
nandrolone phenylpropionate

肾上腺皮质激素 (adrenal cortex hormones) 是由肾上腺皮质分泌的一类重要激素，目前已经分离鉴定三十余种。这些激素中有的具有调节代谢的功能，如皮质酮 (corticosterone)、皮质醇 (hydrocortisone)；有的可以调节组织中电解质的转运和水的分布，如醛固酮 (aldosterone)。

性激素是人体内刺激性器官发育成熟，激发第二性征，调节代谢与增进两性生殖细胞结合孕育能力的重要激素。性激素主要是指女性卵巢所分泌的雌性激素和男性睾丸所分泌的雄性激素。也有部分性激素是由肾上腺皮质分泌的，这些激素的分泌由脑垂体分泌的促性腺激素进行调节。

值得一提的是，雌性激素并非只在雌性体内分泌，雄性激素也并非只在雄性体内分泌。一个有趣的现象是，雄性马的尿液中的雌性激素含量比怀孕的雌性马尿液中雌性激素含量还要高。

同化作用在生物新陈代谢中，把消化后的营养物质重新组合，形成有机物并储存能量，是一个重要的过程。

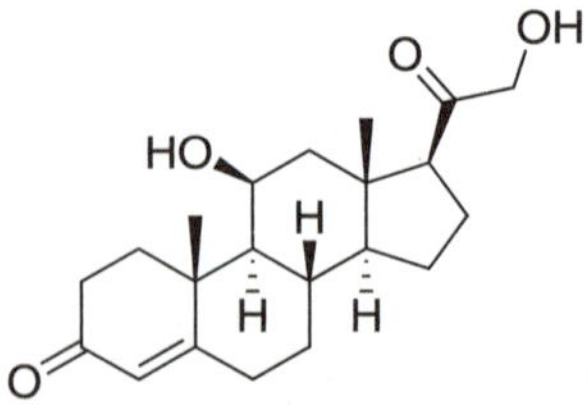

皮质酮
corticosterone

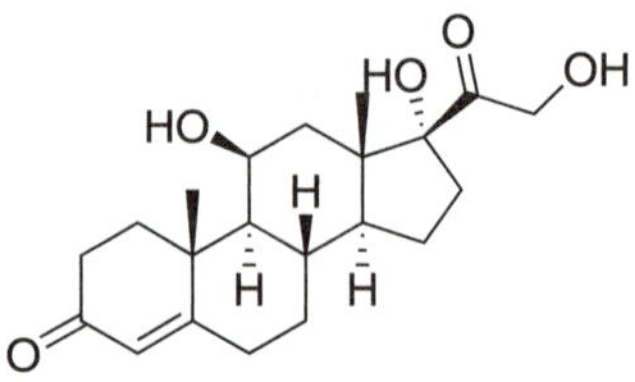

皮质醇
hydrocortisone

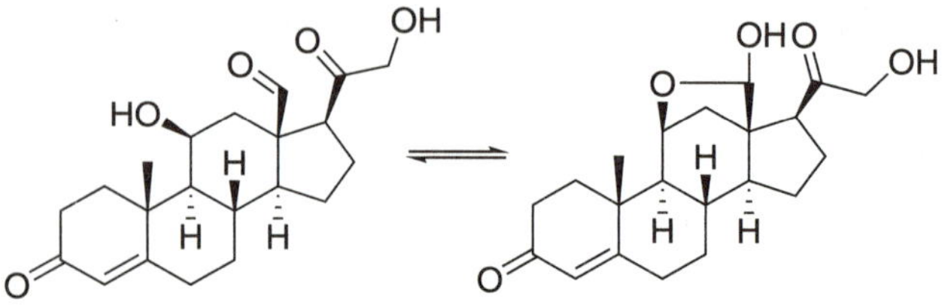

醛固醇
aldosterone

21.4.4　甾体皂苷

甾体化合物可以与糖相结合形成苷类化合物。以配糖基的形式存在于动植物体内，有生理活性或可用于合成可的松类的皂苷有如下两例：

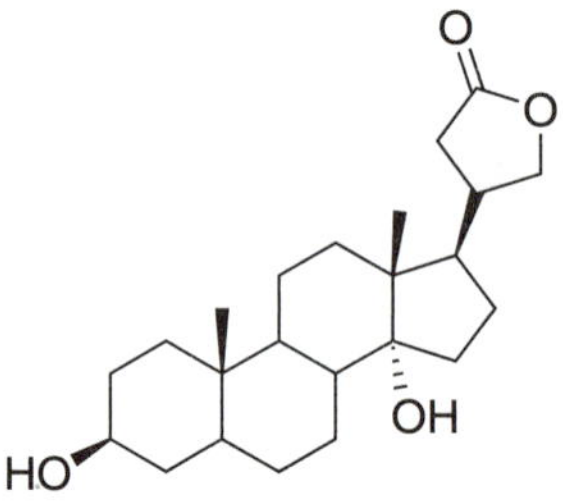

毛地黄素
digitaline

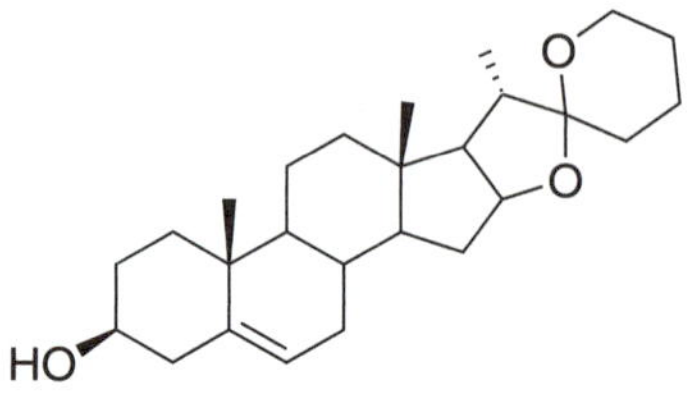

薯蓣皂素
diosgenin

毛地黄素以其与糖的结合物、配糖体，能使心脏跳动减慢，强度增加，在医药上用作强心剂。薯蓣皂素存在于薯芋中，它是合成甾体激素或避孕药的原料，特别是合成可的松类的最方便原料。

21.5　生物碱

21.5.1　生物碱的性质与分类

我们日常食用的茄子就含有多种生物碱，如葫芦巴碱、水苏碱、龙葵碱等。

河豚毒素 (tetrodotoxin) 是存在于鲀鱼类生物体内的一种生物碱，1911 年由 Tahara 报道并命名，1972 年 Kishi 和 Fukuyama 课题组实现了该天然产物消旋全合成，2003 年 Isobe 课题组报道了首例不对称合成，在此之后多个课题组对其全合成进行了报道。

生物碱 (alkaloid) 是除蛋白质、肽类、氨基酸及维生素 B 外，结构较为复杂且具有生物活性的含氮有机化合物的总称。生物碱是一类重要的天然有机化合物，除少数来自动物外，大多数都来自植物。到目前为止，从自然界中共分离出一万多种生物碱，用于临床的有上百种，如麻黄碱 (ephedrine)、长春花碱 (vinblastine)、喜树碱 (camptothecine) 等。

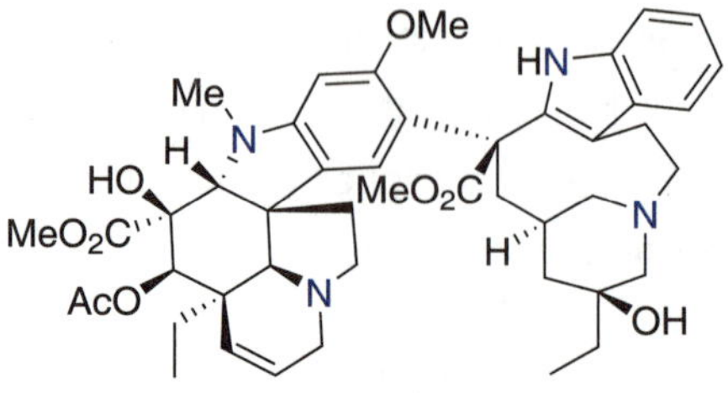

长春花碱
vinblastine

生物碱多为结晶形固体，难溶于水，而易溶于乙醇等有机溶剂。除酰胺生物碱呈中性外，大多数生物碱呈碱性，其碱性强弱与氮原子的杂化状态、诱导效应、共轭效应、空间效应等因素有关，一般碱性强弱顺序为：胍>季铵碱>*N*-烷杂环>脂肪胺>芳胺>酰胺。生物碱大多能与无机酸或有机酸成盐而溶于水。另外，含有酚羟基或羧基的生物碱也能溶于碱性水溶液，因而与氨基酸类似，具有两性反应。

生物碱大部分具有生物活性，是许多中草药的有效成分，如麻黄中的麻黄碱可治疗哮喘，鸦片中的吗啡 (morphine) 具有镇痛作用，长春花中的长春新碱具有抗癌作用等，科学家们通过研究其结构和药效的关系，对其结构进行改造，寻找疗效更高，结构更为简单，且易于合成的新型药物。例如对吗啡的研究发现了镇痛药物杜冷丁 (dolantin)，对可卡因 (cocaine) 的研究导致了局部麻醉药物普鲁卡因 (procaine) 的产生。

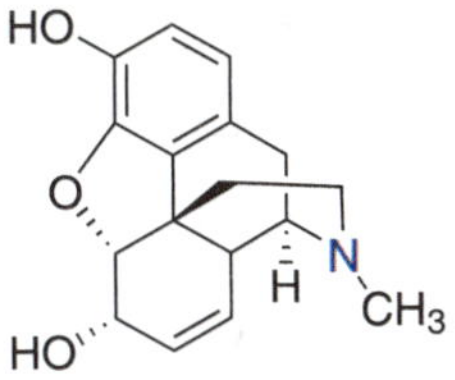

吗啡
morphine

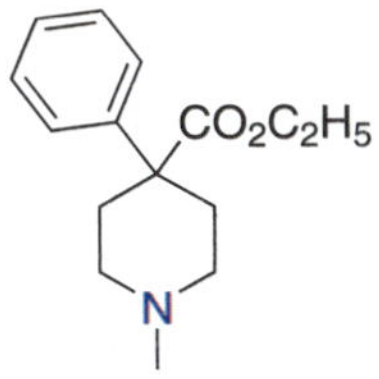

杜冷丁
dolantin

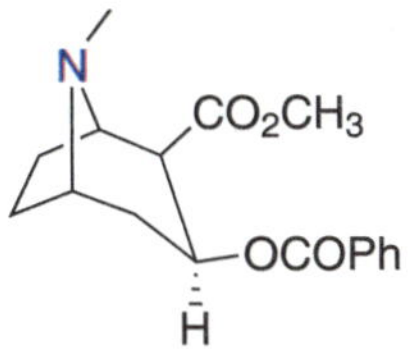

可卡因
cocaine

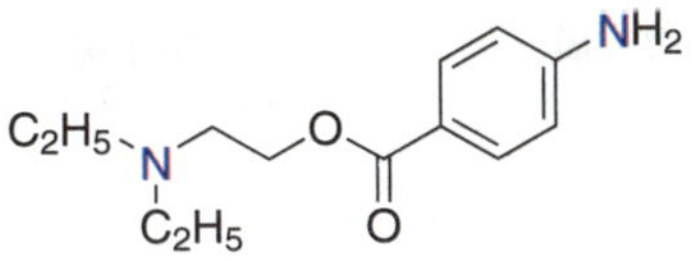

普鲁卡因
procaine

2022 年 Dirk Trauner 课题组用 22 步 11% 总产率高效地实现了河豚毒素的不对称合成，该工作发表在 Science 期刊上。

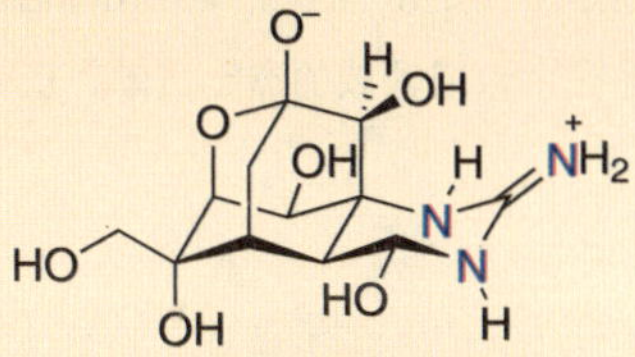

河豚毒素
tetrodotoxin

人类应用生物碱的历史可以追溯到数千年前。早在公元前 16 世纪中叶流传下来的《埃伯斯纸草卷》(*Ebers Papyrus*) 中就记载了人们使用含有生物碱的罂粟、曼陀罗、天仙子等含有生物碱的植物作为药物。史前瑞士人和古希腊人就是使用罂粟煎剂治疗疼痛等疾病，但直到 19 世纪才有人从这些药材中分离出活性生物碱。吗啡是人类从植物中分离出的第一种活性生物碱，最早是由德国药剂师弗里德里希·瑟图纳 (Friedrich Sertürner) 从罂粟中分离出来的。由于其作为止疼药时具有令人嗜睡的副作用，因此瑟图纳参照希腊神话中的梦境与睡眠神摩耳甫斯 (Morpheus)，将其命名为吗啡。

19 世纪初期，开始出现真正意义上的生物碱化学。1803 年那可丁 (narcotine) 和 1806 年吗啡的首次分离及其碱性鉴定拉开了这一序幕。紧接着，1818 年，迈斯纳 (Meissner W.) 创造了生物碱一词，意思是类碱性。随后，如尼古丁 (nicotine，1809)、奎宁 [quinine，1820，又称金鸡纳碱 (cinchonine)]、乌头碱 (aconitine，1833) 等大量的生物碱被分离出来。

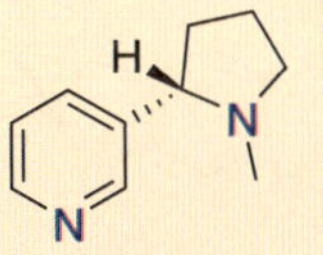

尼古丁
nicotine

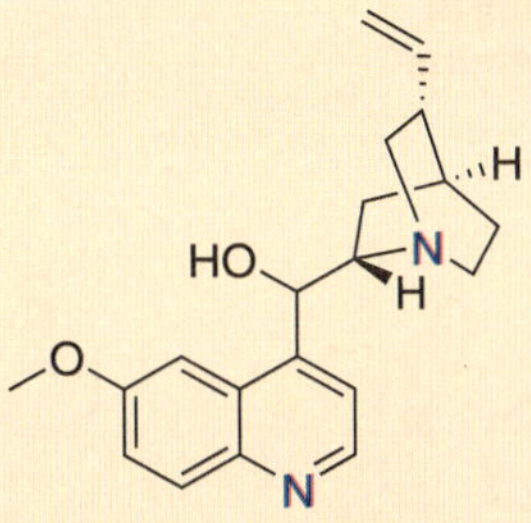

奎宁
quinine

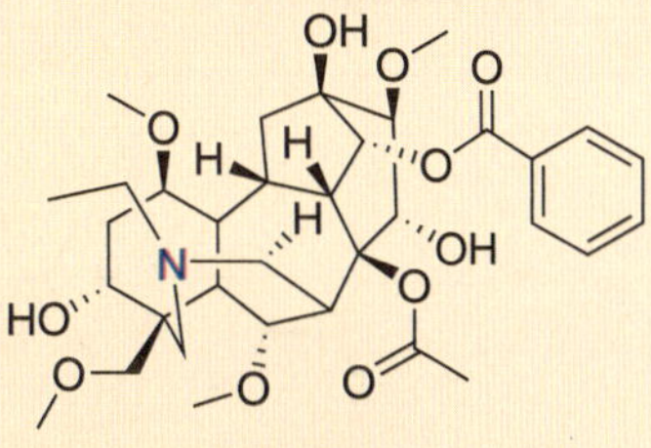

乌头碱
aconitine

截至 20 世纪 70 年代，生物碱研究领域涌现一大批有机化学巨匠。1917 年罗宾森 (R. Robinson) 通过丁二醛、甲胺和丙酮的缩合反应将托品酮 (tropinone) 的合成从 15 步简化至 1 步。同时，罗宾森还完成了诸多生物碱天然产物的结构鉴定，提出了多种生物碱的生源合成假说。凭借其对生物碱领域的贡献，罗宾森获得了 1947 年诺贝尔化学奖。

此外，一代传奇人物伍德沃德 (R. B. Woodward) 也对生物碱在波谱解析、结构测定、合成、生源途径分析等方面做出了杰出贡献。他不仅测定了番木鳖碱 (brucine) 的结构，还完成了奎宁、士的宁 (strychnine) 和利血平 (reserpine) 等复杂分子的全合成工作。因为他在全合成领域的杰出贡献，伍德沃德被授予了 1965 年诺贝尔化学奖。

生物碱的种类十分繁杂，目前新的生物碱结构分离鉴定速度每年超过 1500 个，已经发现的生物碱数量在 130000 个以上。截至 2001 年，已分离的并来源于植物的生物碱就大约有 1872 个骨架及 21120 个化合物。因其种类多样，可以按照植物来源、化学结构、生源结合化学结构等进行分类，根据生物碱分子中基本母核结构，大体分为以下几类：(1) 有机胺类生物碱，氮原子不在环内的生物碱，如麻黄碱 (ephedrine)，多巴胺 (dopamine) 等；(2) 吡咯类生物碱，由吡咯及四氢吡咯衍生

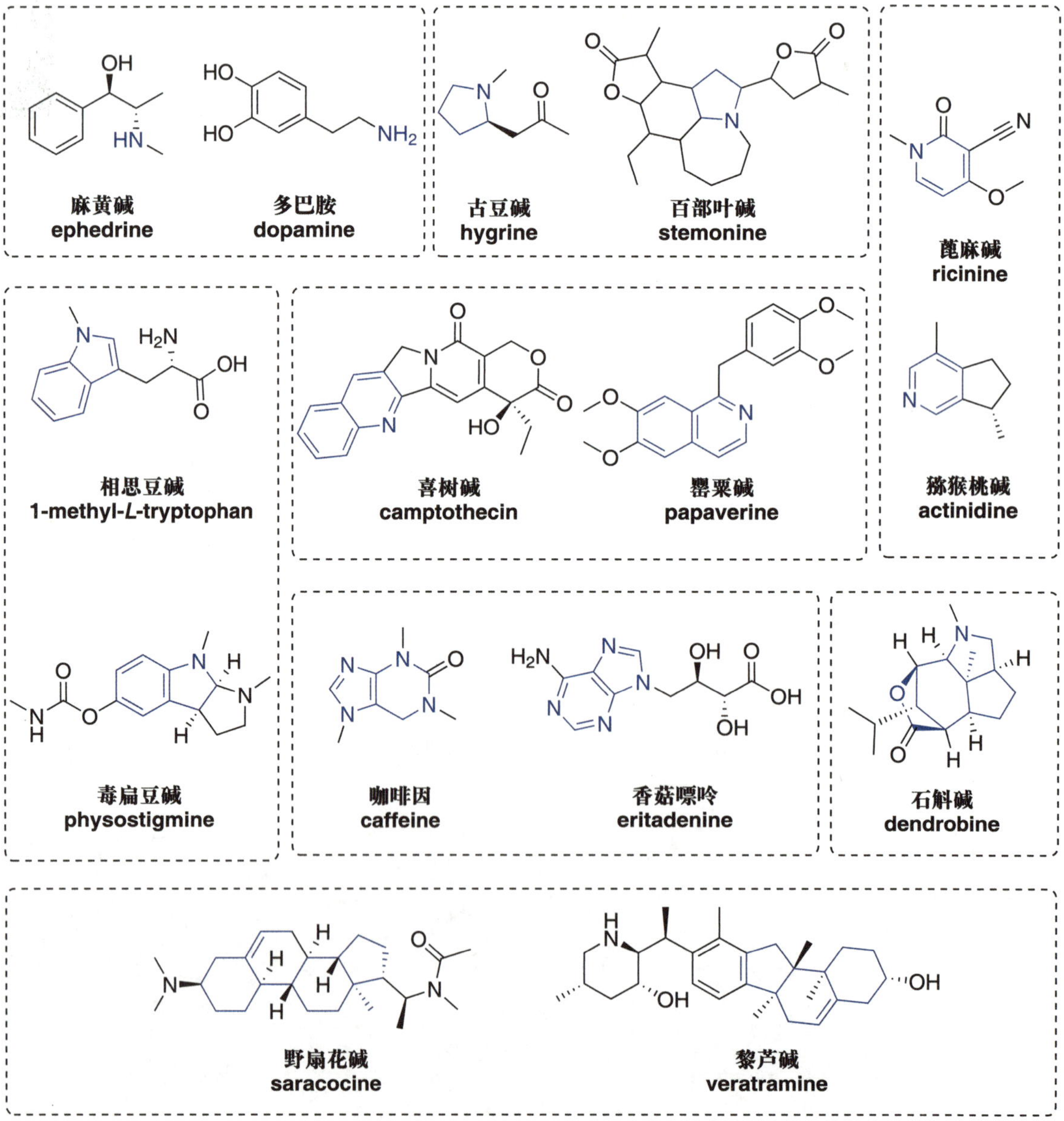

的生物碱，如古豆碱 (hygrine)，百部叶碱 (stemonine) 等；(3) 吡啶类生物碱，由吡啶衍生出的生物碱，如蓖麻碱 (ricinine)，猕猴桃碱 (actinidine) 等；(4) 喹啉类生物碱和异喹啉类生物碱，含有喹啉或异喹啉母核的生物碱，如喜树碱 (camptothecin)，罂粟碱 (papaverine) 等；(5) 吲哚类生物碱，由吲哚或二吲哚类化合物衍生的生物碱，如相思豆碱 (1-methyl-*L*-tryptophan)，毒扁豆碱 (physostigmine) 等；(6) 嘌呤类生物碱，含有嘌呤母核的生物碱，如咖啡因 (caffeine)，香菇嘌呤 (eritadenine) 等；(7) 萜类生物碱，含有萜类母核的生物碱，如石斛碱 (dendrobine)，乌头碱等；(8) 甾体类生物碱，含有甾体结构的生物碱，如野扇花碱 (saracocine)，黎芦碱 (veratramine) 等；(9) 环肽类生物碱，含有环肽结构的生物碱。而本节参照生物碱的生物来源并结合化学分类法，将生物碱分为来源于氨基酸的生物碱和来源于异戊烯的生物碱两大类，并就这两部分重要的生物碱骨架和分子作简单介绍。

21.5.2 源自氨基酸的生物碱

参与生物碱合成的氨基酸主要包括鸟氨酸 (ornithine)、赖氨酸 (lysine)、邻氨基苯甲酸 (anthranilic acid)、苯丙氨酸 (phenylalanine)、色氨酸 (trypophan) 或多种氨基酸构成的多肽。这类生物碱涵盖了吡咯类、托品烷类、哌啶类、苯丙胺类、喹啉类和大环多肽类等多种生物碱。

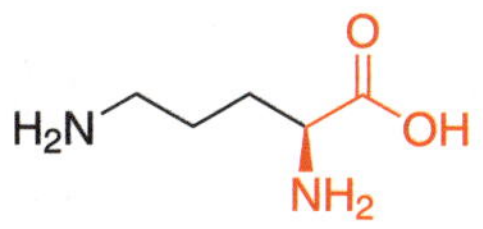

鸟氨酸
ornithine

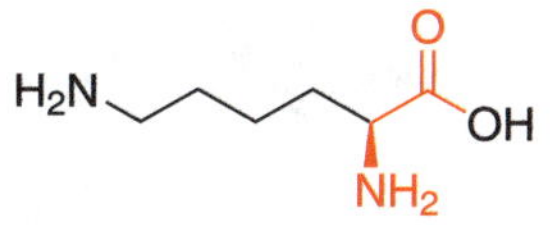

赖氨酸
lysine

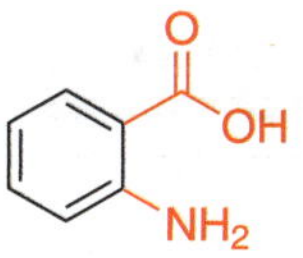

邻氨基苯甲酸
anthranilic acid

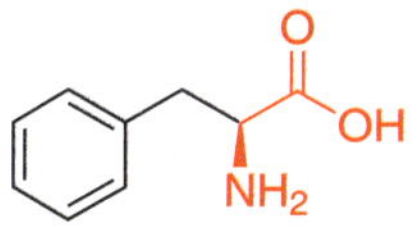

苯丙氨酸
phenylalanine

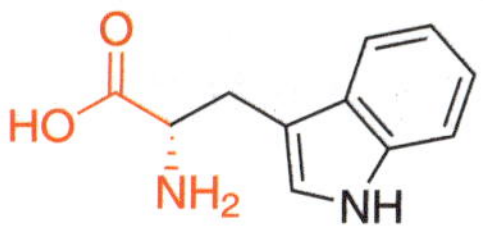

色氨酸
tryptophan

自 19 世纪中叶可卡因被分离并发现其止痛作用后，源自鸟氨酸的托品烷类生物碱 (tropane alkaloids) 便受到了人们的广泛关注。目前已经从植物中分离得到了超过 500 种托品烷类生物碱。

托品烷类生物碱具有重要的药用价值，是许多生理活性先导化合物的重要来源。阿托品 (atropine) 是一种 M 胆碱受体拮抗剂，在临床上被用于治疗胃肠道痉挛等疾病。同时，根据从南美的古柯树叶中分离得到的可卡因的构效关系研究，一系列以利多卡因 (lidocaine)、普鲁卡因为代表的局部麻醉药被设计并应用在临床上。

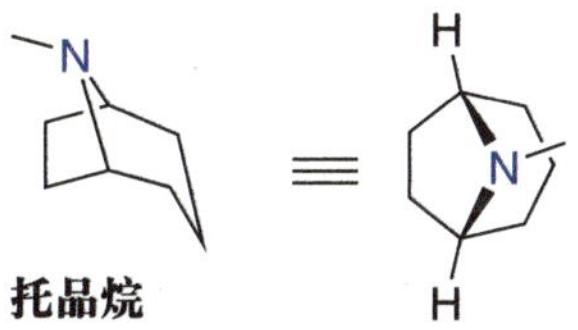

托品烷
tropane

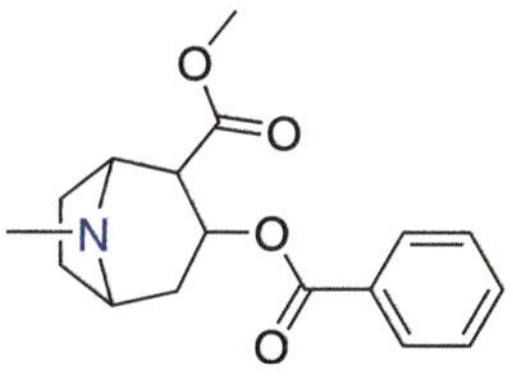

可卡因
cocaine

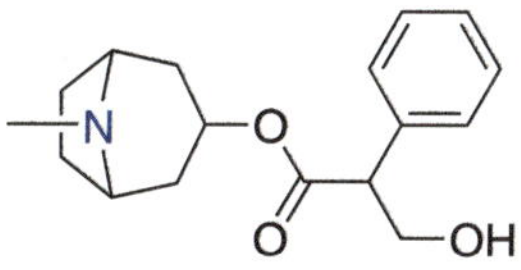

阿托品
atropine

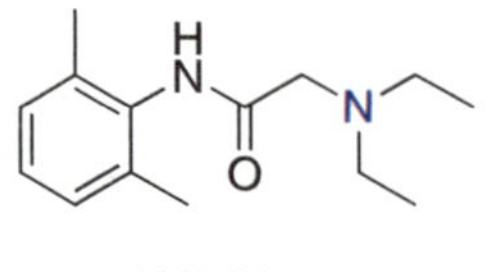

利多卡因
lidocaine

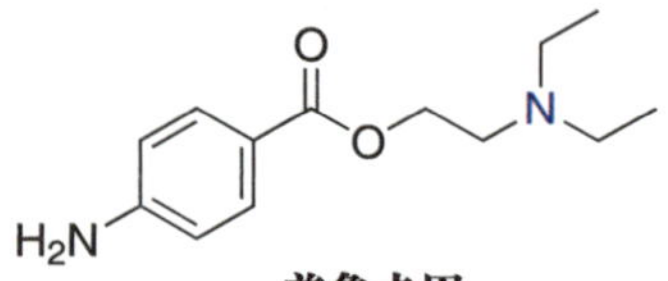

普鲁卡因
procaine

苯丙胺类生物碱(phenylalkylamines)来源于苯丙氨酸与酪氨酸。肾上腺素(adrenaline)、去甲肾上腺素(noradrenaline)和多巴胺(dopamine)这些儿茶酚胺(catecholamine，CA)化合物都属于苯丙胺类生物碱。这些化合物作为哺乳动物的神经递质产生于肾上腺和神经组织中。帕金森病由神经系统恶化导致多巴胺的缺乏所致，因此使用能通过血脑屏障且在血流中易脱羧的左旋多巴(levodopa)可以有效提升人脑内的多巴胺水平。为了防止左旋多巴在通过血脑屏障前脱羧，左旋多巴通常与相应的脱羧酶抑制剂共同使用。

苯丙胺类生物碱的研究最早可以追溯到 19 世纪。19 世纪末，日本科学家长井长义(Nagai Nagayoshi)率先从麻黄中分离得到了麻黄碱。但直到 1924 年，我国药学家陈克恢验证了麻黄碱具有平喘的功效后，苯丙胺类生物碱才逐渐引起医药学界的重视。

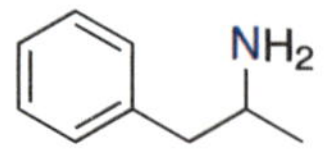

苯丙胺
amphetamine

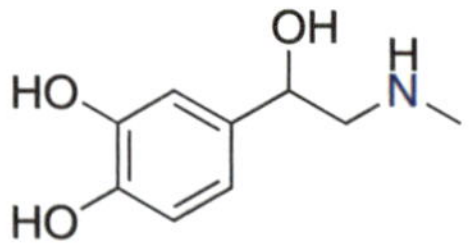

肾上腺素
adrenaline

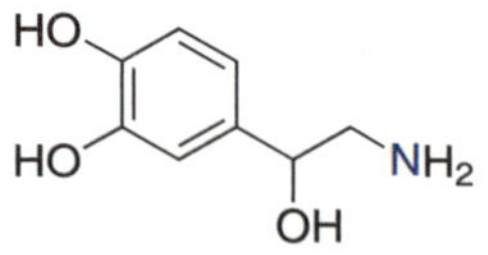

去甲肾上腺素
noradrenaline

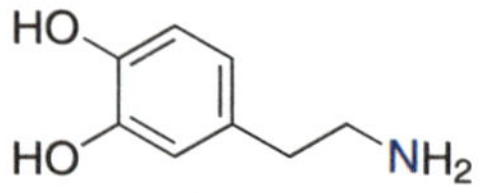

多巴胺
dopamine

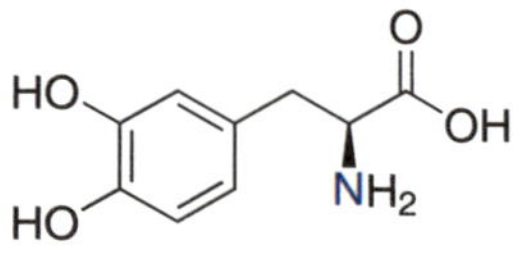

左旋多巴
levodopa

21.5.3　源自萜类和甾体的生物碱

源自萜类和甾体的生物碱可以看作甾体和萜类化合物通过氨基化衍生得到。氨基化过程主要可以分为氧化还原、取代和加成三种途径。这些生物碱的分类方式大多延续了其萜类或甾体化合物骨架的分类方式。

天然产物化学的发展离不开新的仪器设备与研究方法的发展，这一点在二萜生物碱中得到了非常好的体现。乌头碱(aconitine)是第一个被分离出的二萜生物碱，首次分离被报道于 1833 年。但直到 1959 年，其结构才通过大量的化学降解实验和 X 射线单晶衍射确定。目前，其衍生物 3-乙酰乌头碱(3-acetylaconitine)已经作为无成瘾性镇痛药应用于临床。

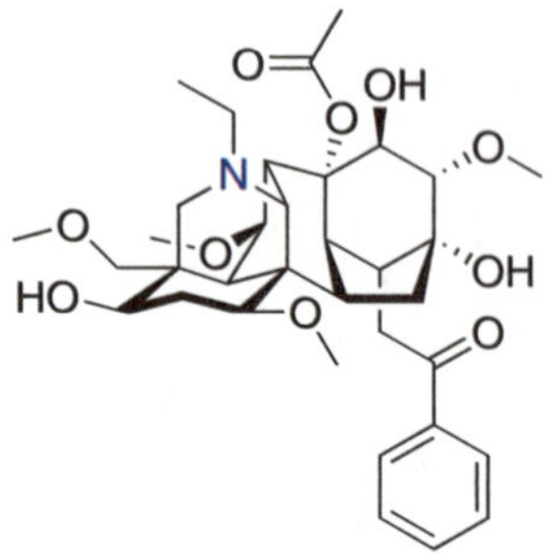

乌头碱
aconitine

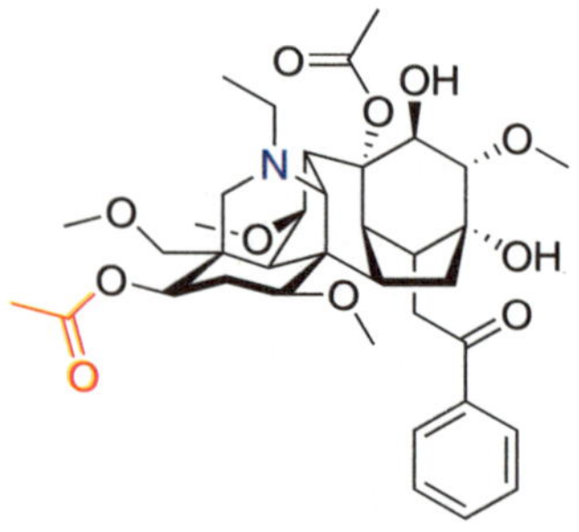

3-乙酰乌头碱
3-aceytlaconitine

作为中药的苦茄 (*solanum dulcamara*)，研究发现，其中的有效物质是 β-苦茄碱 (β-solamarine)。β-苦茄碱是一种甾体生物碱化合物，它可以看作胆甾烷通过衍生化得到的生物碱。动物实验表明，β-苦茄碱对肿瘤细胞的生长具有明显的抑制作用。

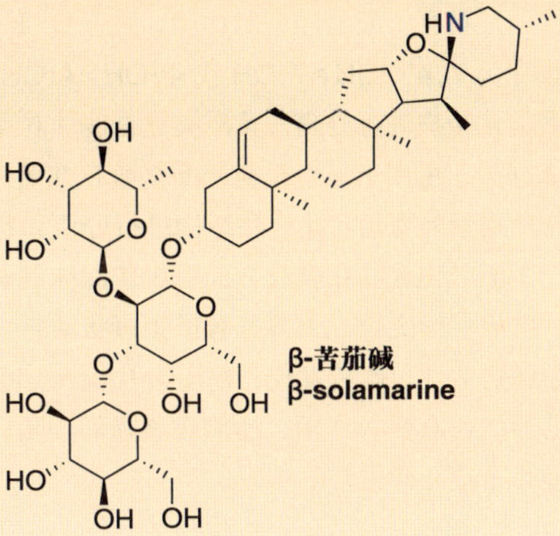

β-苦茄碱
β-solamarine

21.6 其他重要的天然产物

21.6.1 黄酮类化合物

黄酮类 (flavone) 化合物是在植物中分布非常广泛的一类天然产物，其在植物体内大多与糖类结合成苷类化合物。这些黄酮类化合物在植物的生长、发育、开花结果和防病防菌上起着重要的作用。最早的黄酮类化合物主要是指含有 2-苯基色原酮 (2-phenyl-chromone) 母核结构的天然产物，现在泛指两个含酚羟基苯环通过中间三个碳原子相互连接形成的化合物，并且根据中间三碳链连接位置及是否环合进行分类。

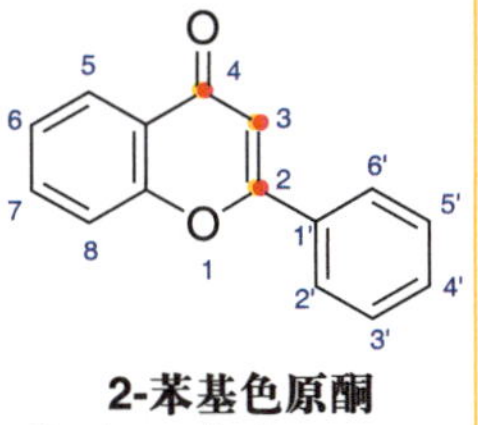

2-苯基色原酮
2-phenyl-chromone

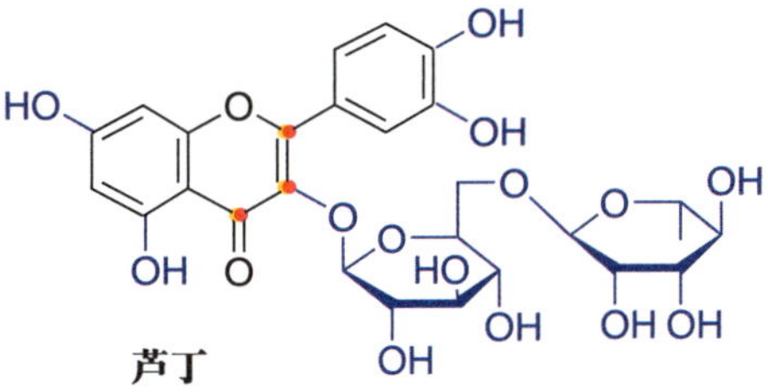

芦丁
rutin

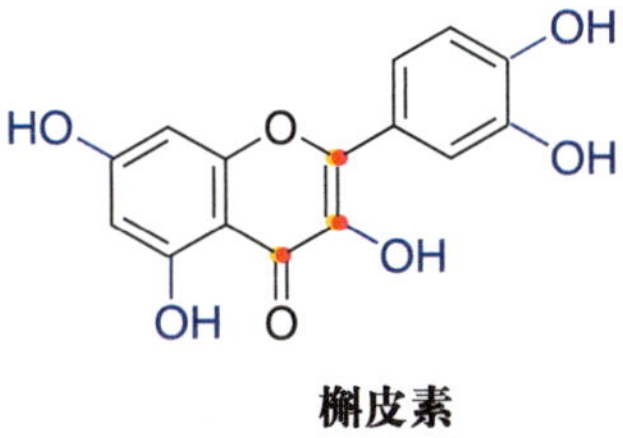

槲皮素
quercetin

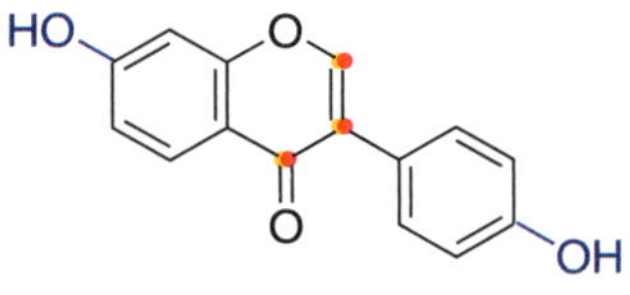

大豆苷元
daidzein

很多水果、蔬菜和植物中都有类黄酮化合物，如柠檬、柚子、甘蓝、苦荞（含有芦丁）等，通常颜色鲜艳，尝起来具有苦涩的味道。

从前胡属（*Peucedanum L.*）植物的根中可以分离得到一系列二氢吡喃并香豆素化合物，它们都是凯林内酯（khellactone）的酰化衍生物，其中 3 位和 4 位碳原子相对立体构型为顺式的化合物具有扩张冠状动脉和保护肾细胞免受损伤的作用。

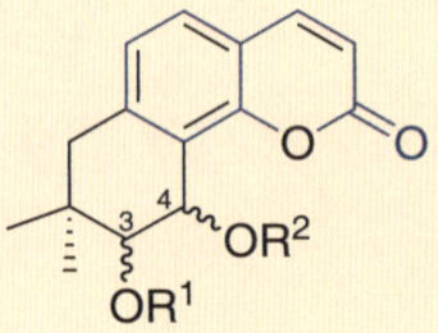

凯林内酯
khellactone

近年来，从植物瑞香狼毒（*Stellera Chamaejasme L.*）中分离得到了一种新的香豆素类化合物 bicoumastechamin，被用于治疗恶性肿瘤和慢性支气管炎等疾病。

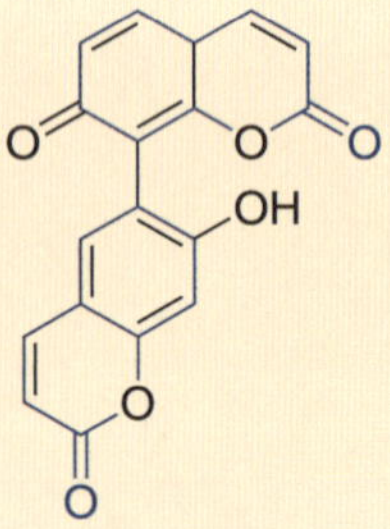

bicoumastechamin

黄酮类化合物母核结构上存在助色基团，如羟基、甲氧基等，使化合物通常呈黄色而得名。通常为结晶固体，少数成苷后为无定形粉末。游离苷一般极性较小，易溶于有机溶剂，糖苷化后在水中溶解度增大。黄酮类化合物由于具有酚羟基，因此显弱酸性，且具有一般酚羟基的性质，羟基数目越多酸性越强，并且不同位置的羟基按酸性排序为 7,4′-2OH＞7-OH 或 4′-OH＞ArOH＞5-OH，利用这一性质可以根据 pH 对黄酮类化合物进行分离。黄酮类化合物 1 位氧原子上含有孤对电子，可与无机酸作用生成𬭩盐，可用于显色反应判断是否存在黄酮类化合物。随着科技水平的提升，现在通常使用紫外光谱对化合物结构进行分析和鉴定。

黄酮类化合物在食品方面可用作甜味剂和色素，同时具有多种生物活性，抗氧化性、抗癌、消炎等，大多具有扩张冠状动脉血管的活性，如芦丁（rutin）具有扩冠、抗炎、镇痛活性。研究发现，槲皮素（quercetin）和大豆苷元（daidzein）等黄酮类化合物对心肌缺血有保护作用，还能显著降低心脑血管阻力和心肌耗氧量。部分黄酮类化合物还具有抗心律失常的功效。

21.6.2　香豆素类和木脂素类化合物

香豆素类化合物

香豆素（coumarin）类化合物是一类具有苯并 α-吡喃酮母核的天然产物，大多具有芳香气味，分布在超过 150 种植物体内。在植物中通常以游离态或同糖结合成苷的形式存在。香豆素类化合物呈现出多种多样的生物活性，具有抗凝血、抗菌、抗病毒、治疗肝炎等活性。目前已经确认的有新生霉素具有抗菌活性，呋喃香豆素可以利用其光敏作用治疗牛皮癣等。

香豆素类化合物通常按照苯环上有无取代基及是否成环进行分类。简单香豆素类化合物通常在 C7 位含有氧取代基团，如伞形花内酯（umbelliferone）；呋喃香豆素为母核苯环上异戊烯基与 C7 位羟基环合成呋喃环，其中有两种环合形式，如补骨脂内酯（psoralen）为 6,7-呋喃香豆素，而异佛手柑内酯（isobergapten）则为 7,8-呋喃香豆素；吡喃香豆素与呋喃香豆素类似，环合形成吡喃环，如花椒内酯（xanthylerin）；同时还存在 α-吡喃酮环上有取代基的其他香豆素类化合物，如黄檀素（dalbergin）。

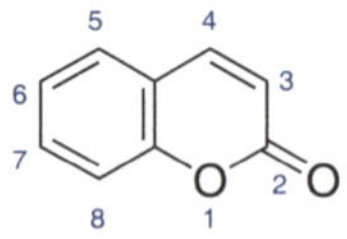

香豆素
coumarin

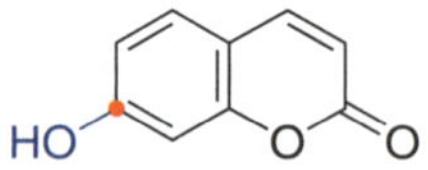

伞形花内酯
umbelliferone

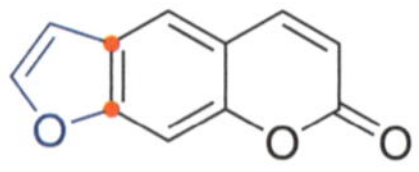

补骨脂内酯
psoralen

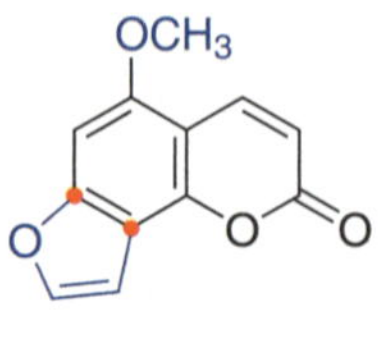

异佛手柑内酯
isobergapten

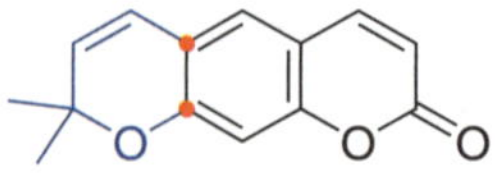

花椒内酯
xanthylerin

黄檀素
dalbergin

游离香豆素类化合物大多呈结晶状，具有芳香气味，分子量小的化合物具有挥发性和升华性，大多在紫外光下可显示出蓝色荧光，同时能溶于沸水及甲醇、乙醇、乙醚、氯仿等有机溶剂中。而成苷后则通常呈粉末状，大多无挥发性和升华性，并且能溶于水、甲醇等，而难溶于极性小的有机溶剂（如苯）。

香豆素可以通过多种不同的路线进行合成。香豆素因含有内酯结构，具有内酯化合物的一般性质，如碱性条件下会发生水解反应从而打开内酯环，利用此性质可以通过与羟胺作用生成异羟肟酸，再与 Fe^{3+} 作用生成红色配合物，对香豆素内酯环进行鉴别；同时由于含有共轭双键，可以发生氢化反应或与溴进行加成等。

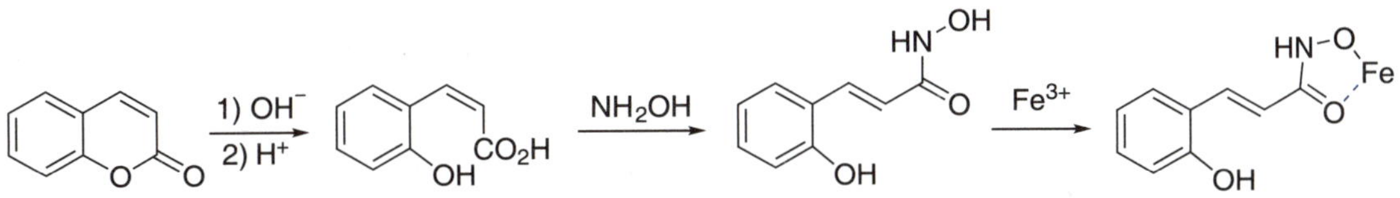

木脂素类化合物

木脂素（lignan）类化合物是由两分子的苯丙素通过侧链中 β 碳（C8－C8′）连接聚合而成的一类化合物，如二氢愈创木脂酸（dihydroguaiaretic acid），不存在 β 碳连接关系，而通过其他碳进行连接的称为新木脂素类化合物。组成木脂素类化合物的单体涵盖了肉桂醇（cinnamyl alcohol）、肉桂酸（cinnamic acid）和丙烯基酚（propenyl phenol）等，骨架结构非常丰富。二苯并环辛二烯（dibenzocyclooctene）类主要存在于五味子科植物中，如五味子丙素（schisandrin C）。

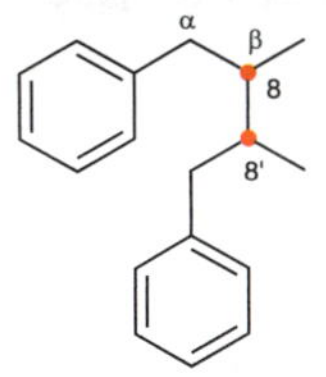

木脂素
lignan

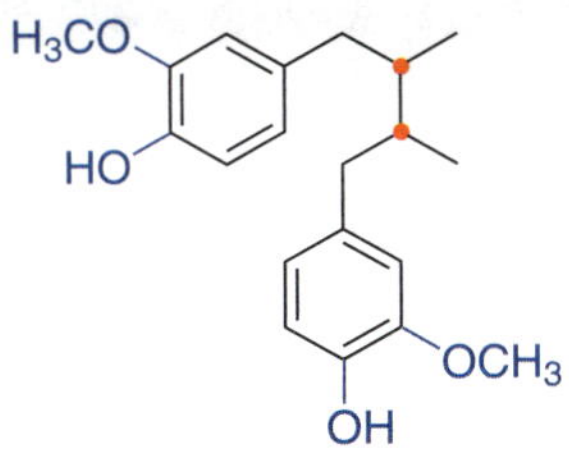

二氢愈创木脂酸
dihydroguaiaretic acid

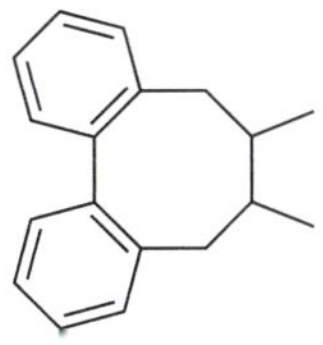

二苯并环辛二烯
dibenzocyclooctene

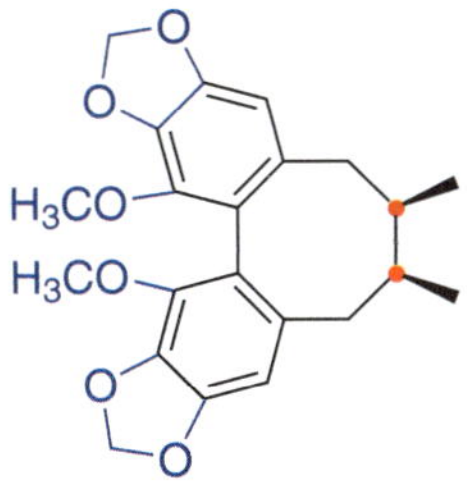

五味子丙素
schisandrin C

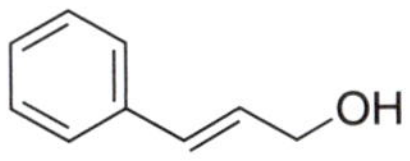

肉桂醇
cinnamyl alcohol

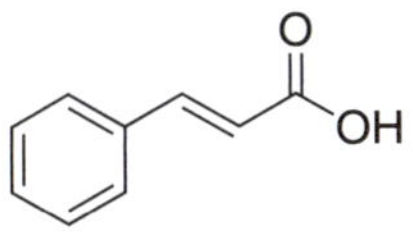

肉桂酸
cinnamic acid

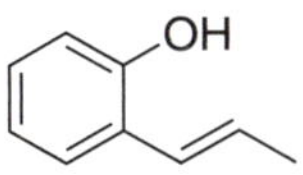

丙烯基酚
propenyl phenol

注意与木质素类化合物进行区分，与木脂素类化合物类似，均含有苯丙烷的结构单元，如松柏醇 (coniferyl alcohol)、芥子醇 (sinapyl alcohol)，但木质素类化合物为无定形高聚物，通常存在于植物的木质部，可以起到很好的支撑作用。

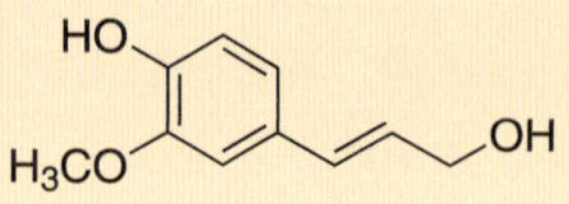

松柏醇
coniferyl alcohol

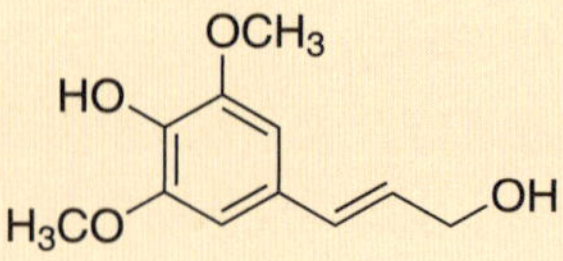

芥子醇
sinapyl alcohol

木脂素类化合物大多数为无色晶体，游离型木脂素类化合物易溶于有机溶剂，与糖成苷后水溶性增强。木脂素类化合物因为含有独立芳环，并且具有酚羟基、酯基等多种官能团，可以通过波谱解析 (UV 和 NMR) 和化学显色等方法综合进行结构鉴定，例如含有亚甲二氧基的木脂素类化合物可以通过 Labat 反应 (没食子酸、浓硫酸) 呈蓝绿色、Ecgrine 反应 (变色酸、浓硫酸) 呈蓝紫色进行鉴别。

木脂素类化合物已经在抗过敏、抗炎、抗菌、杀虫和抗白血病等医药领域得到了广泛的应用。其中鬼臼毒素 (podophyllotoxin) 类似物依托泊苷 (etoposide) 和替尼泊苷 (teniposide) 已作为上市药物用于抗肿瘤。

一些二苯并环辛烯类木脂素化合物具有重要的生物作用，如五加前胡脂素 (steganacin) 具有抗白血病活性，五味子酯甲素及其类似物具有降低血清转氨酶的作用。

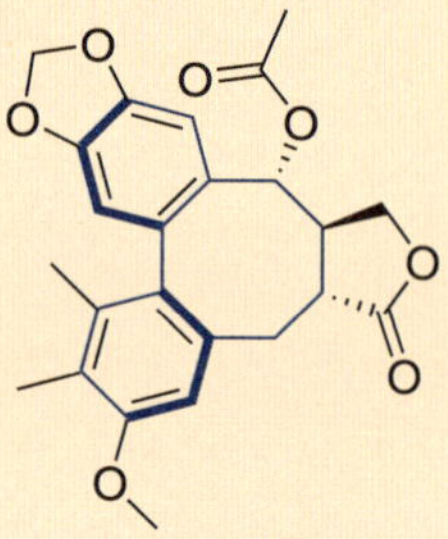

五加前胡脂素
steganacin

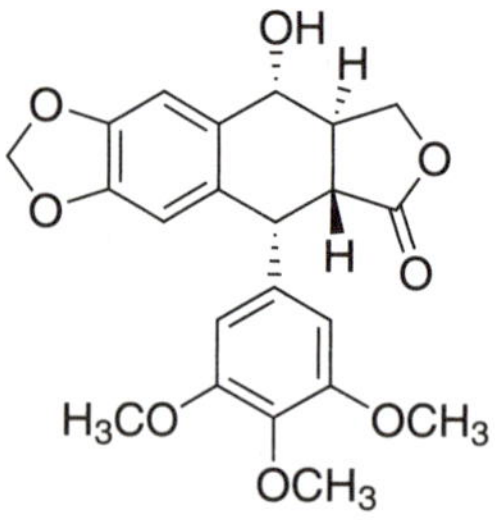

鬼臼毒素
podophyllotoxin

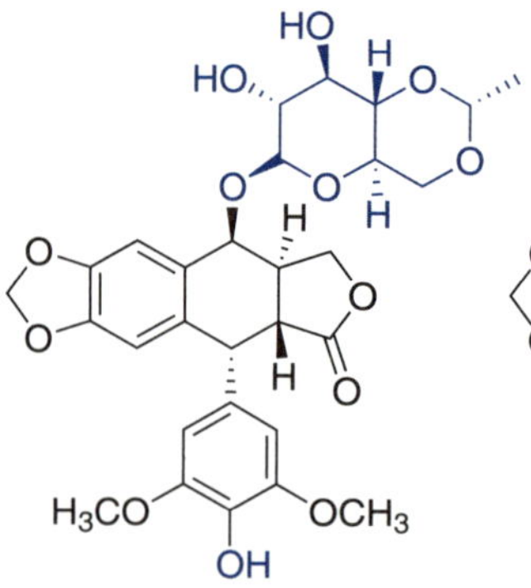

依托泊苷
etoposide

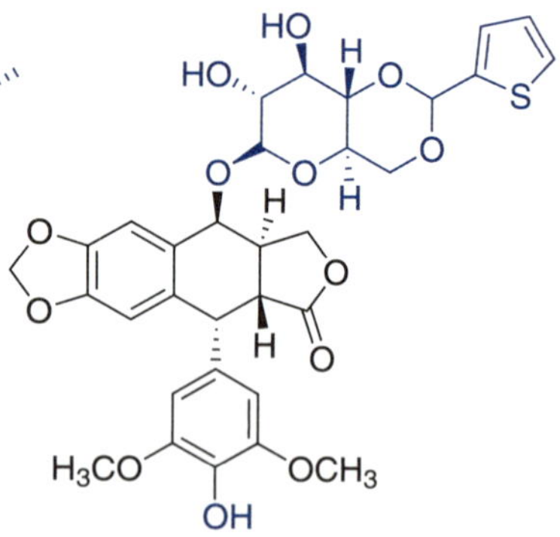

替尼泊苷
teniposide

21.6.3　海洋天然产物

地球有四分之三的面积被海洋覆盖，海洋不仅是地球万物的生命之源，也是地球上生物资源最丰富的领域。据报道，海洋中大约生活着 28 万种生物，约占地球生物物种的 15%。尽管这些海洋生物对人们来讲较为陌生，但它们在海洋生物食物链和海洋生态系统中起着重要的作用。由于海洋生态系统高压、高盐、缺氧和避光的特殊性，导致很多海洋生物在残酷的进化过程中获得了一些特殊的功能。它们常常会代谢产生一些结构特殊但却具有较强生物活性的小分子化学物质。现代药理学研究显示，很多海洋小分子化合物对人类多种疾病有很好的疗效，从而使海洋天然产物化学领域得到了较多的关注。

海洋天然产物化学的研究对象是海洋生物中提取的有机物质，主要涵盖了海洋毒素、海洋小分子次生代谢产物。这一领域的天然产物分子骨架往往新颖且复杂。相较于陆地生物代谢产物，海洋天然产物往往有分子骨架的重排、迁移和高度氧化结构。同时，这些分子有时还含有如氰基、异氰基和硫甲氨基等特殊官能团。

海洋天然产物中比较有名的分子，如岩沙海葵毒素（palytoxin）是目前已知的非蛋白毒素中毒性最强烈的毒素之一。整体上看，该化合物是由若干不饱和脂肪链和环醚单元构成的复杂分子。该分子共有 64 个手性碳中心，结构鉴定和合成异常困难。1971 年该分子从海藻类珊瑚中分离，直到 1981 年才确定其结构，1994 年才被化学家合成出来。

上村大辅（Daisuke Uemura）等通过氧化降解反应等手段首次确定了 palytoxin 的结构。岸义人（Yoshito Kishi）等首次报道了 palytoxin 分子的全合成。

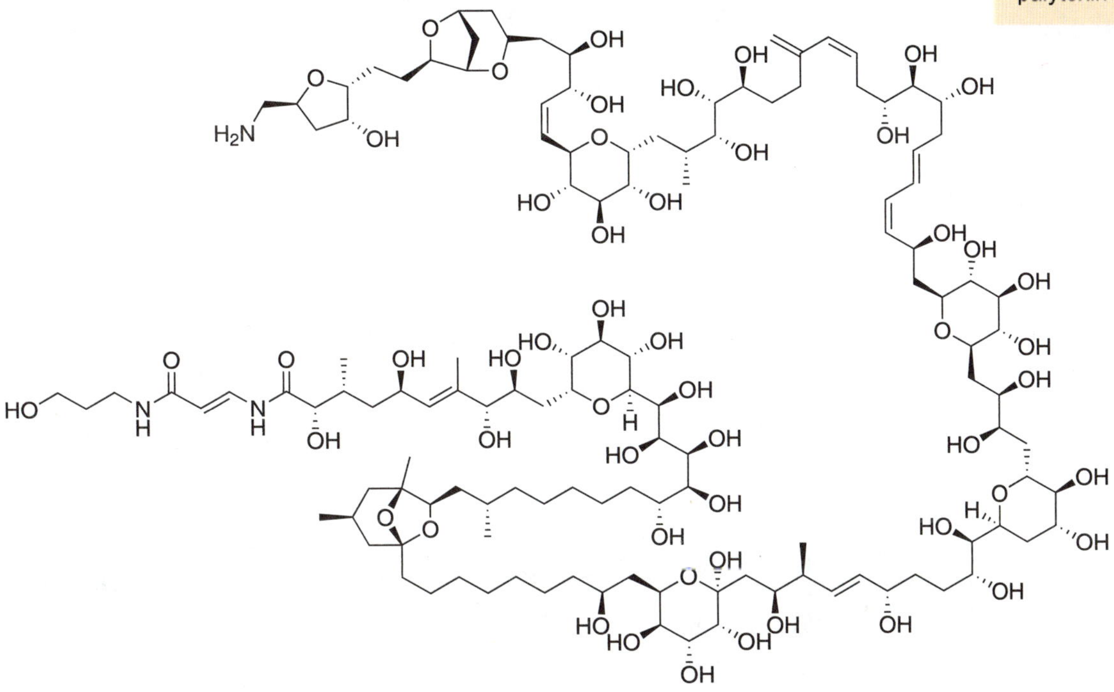

岩沙海葵毒素
palytoxin

21.7 天然产物的生物合成与代谢

21.7.1 天然产物的生物合成

萜类、甾体和生物碱等天然产物都属于生物体的次级代谢产物。而初级代谢（primary metabolism）指的是生物体内合成生物组成所必需的物质（如糖类、脂质、核酸等）的代谢过程。例如植物、昆虫或微生物体内的生物细胞通过光合作用、碳水化合物代谢和柠檬酸代谢，合成糖类、氨基酸、脂肪酸、核酸、蛋白质等生物体生存繁殖所必需的化合物。因此，初级代谢的过程在各种生物体内基本是相同的，其代谢产物广泛存在于各种生物体内。图 21–3 给出了主要产能营养物分解代谢的三个步骤。

次级代谢（secondary metabolism）指的是以某些初级代谢的产物为原料，在一系列酶的催化作用下，合成一些对生物组成非必需物质的代谢过程。次级代谢过程及其产物在不同种生物内常常是不同的。

不难看出，次级代谢是初级代谢的继续，二者相互联系。如氨基酸既可以作为初级代谢的原料参与蛋白质的合成，也可以作为次级代谢的前体参与生物碱的合成。次级代谢的主要途径，根据起始原料的不同大致可以分为莽草酸途径、醋酸–丙二酸途径、甲戊二羟酸途径、氨基酸途径和复合途径五类。

实际上，绝大多数次级代谢产物对合成它们的生物有着直接或间接的影响，但到目前为止仍有大量的天然产物用途未被阐明。近些年的研究表明，天然产物的产生和生物所处的环境有很大的关系。生物周围的环境影响着天然产物的合成，天然产物又能调节环境和生态。以天然产物鞣酸 (tannic acid) 为例，幼嫩的栎树叶中含有的鞣酸很少，随着栎树的快速生长，树叶中鞣酸的含量不断增加，一直到秋季达到顶峰。鞣酸具有难以消化等特性，可以有效地抑制幼虫的生长。因此，尽管鞣酸并没有直接作为营养物质滋养栎树，但却保护了它的生长。

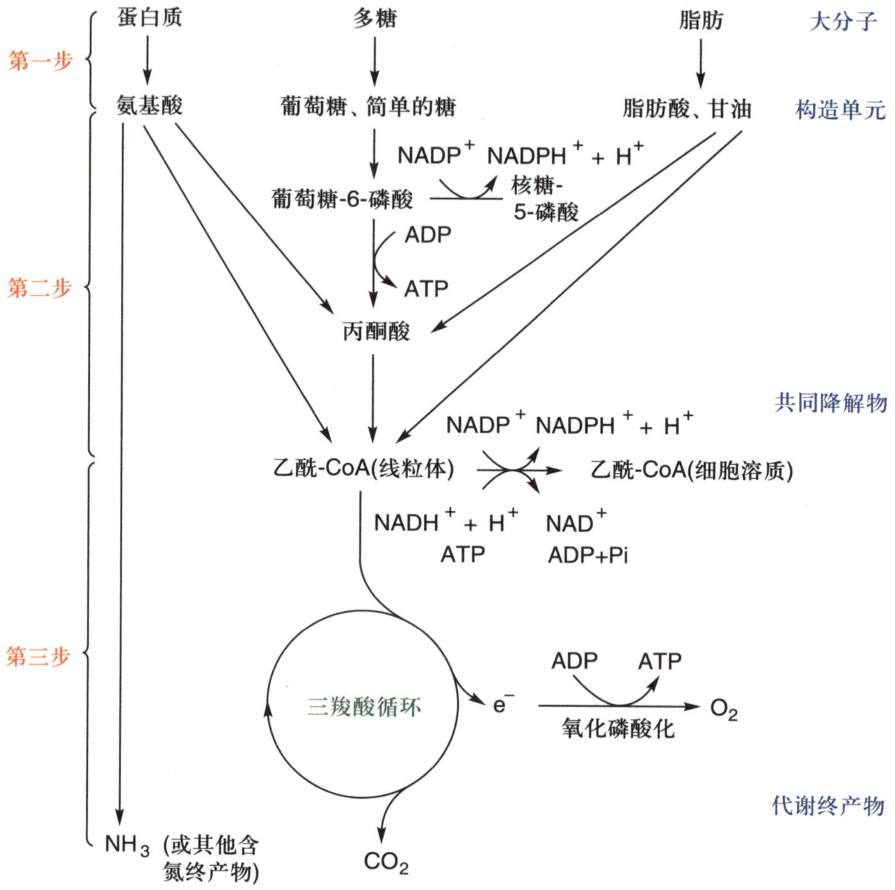

图 21-3　主要产能营养物分解代谢的三个步骤

(1) 莽草酸途径 (shikimic acid pathway) 是一种存在于细菌、真菌、藻类及寄生生物和植物中的代谢途径，用于芳香族氨基酸的生物合成。莽草酸途径的起始产物是莽草酸 (shikimic acid)，其在腺苷三磷酸 (adenosine triphosphate, ATP) 和多种酶的催化下经过多步转化得到分支酸 (choirsmate)。分支酸可以在后续转化中作为前体合成生育酚 (tocopherol)、香豆素、木质素、吗啡等天然产物。分支酸也可以发生 Claisen 重排得到预苯酸 (pre-benzoic acid)，并通过脱水脱羧等反应得到含有芳环的氨基酸。

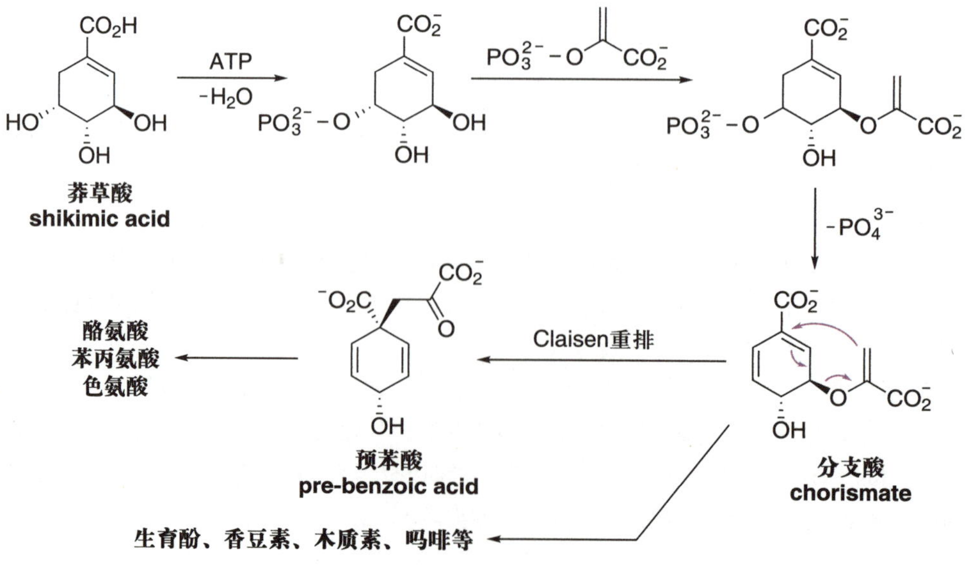

(2) 醋酸-丙二酸途径大多出现在四环素 (tetracyclins)、大环抗生素 (macrolide) 和苔色酸 (orsellinic acid) 等天然产物的生物合成途径中。以苔色酸的生物合成过程为例，醋酸-丙二酸途径可以看作乙酰辅酶 A (acetyl-CoA)、丙酰辅酶 A (propionyl-CoA) 和丙二酰辅酶 A (malonyl-CoA)、甲基丙二酰辅酶 A (methylmalonyl-CoA) 缩合得到多羰基化合物及其衍生物的过程。

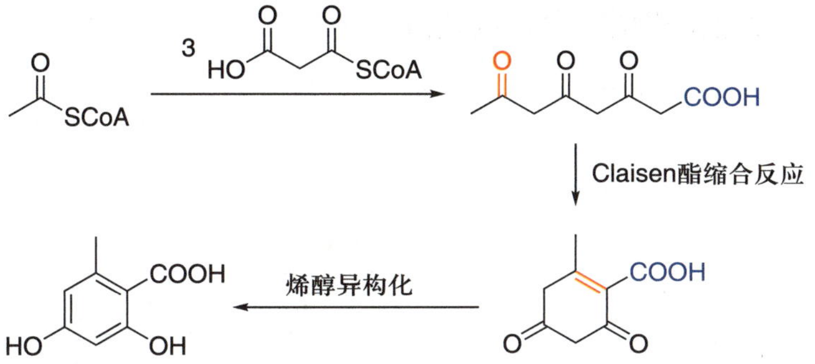

苔色酸
orsellinic acid

(3) 甲戊二羟酸途径已经在萜类化合物中进行了详细介绍，此处不再赘述。

(4) 氨基酸途径是利用氨基酸作为原料生成青霉素 (penicillin)、头孢克肟 (cefixime) 和生物碱类天然产物的重要途径。整个氨基酸途径较为复杂，在此仅简要介绍氨基酸在生物碱合成中的应用模式。生物碱中含有氮原子的构件结构丰富，每一类生物碱通常具有特定的氨基酸提供固定的含氮原子骨架 (N-containing skeleton)，随后经过一系列复杂的酶催化转化得到对应的天然产物。

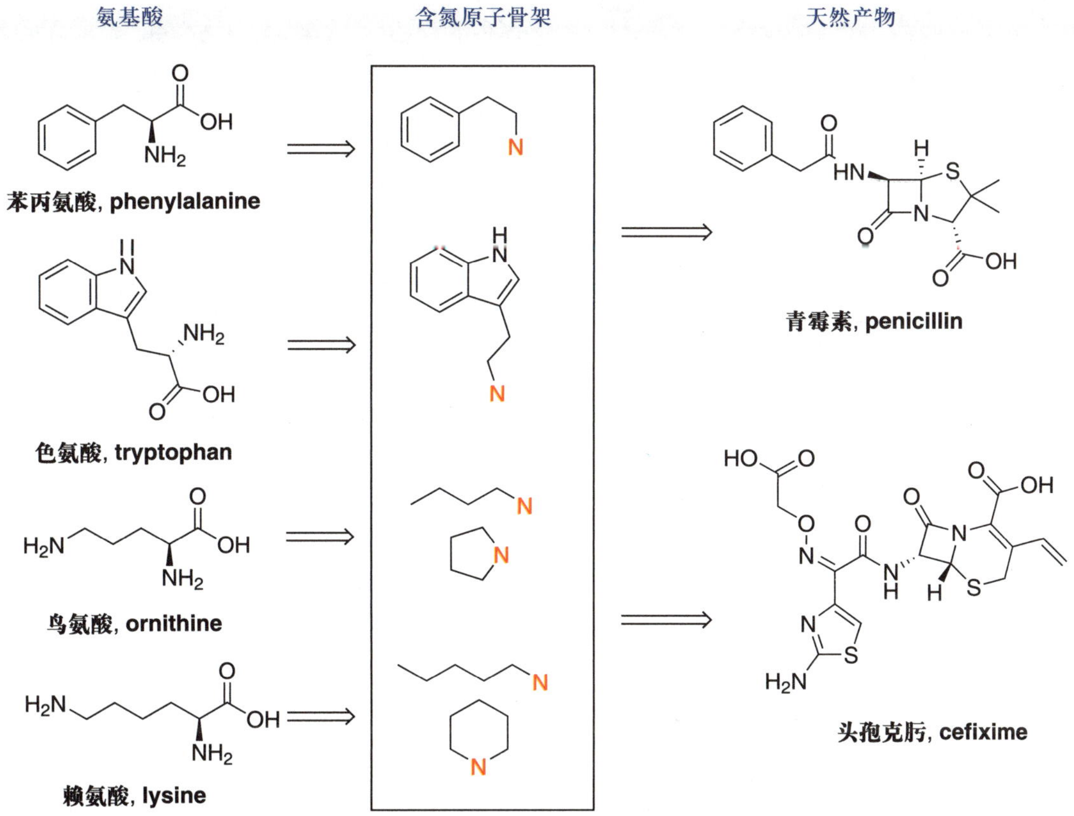

(5) 复合途径顾名思义就是通过上述四种途径中的两种或以上途径合成得到生物碱，如吲哚生物碱 (indole alkaloids) 的合成途径中就包含了氨基酸途径和甲戊二羟酸途径，黄酮类生物碱的合成途径中包含了醋酸-丙二酸途径和莽草酸途径。

生物合成的方法也可合成天然产物，例如，利用基因工程合成天然产物，以及微生物发酵和酶催化制备天然产物。除此之外也可以通过化学方法进行仿生合成。

21.7.2 天然产物在人体内的代谢

乙醇在人体内大部分被肝氧化成乙醛，乙醛在乙醛脱氢酶的作用下生成乙酸，乙酸则进一步通过循环排出体外。乙醛可以让毛细血管扩张，含有更少乙醛脱氢酶的人，因为代谢缓慢，就更容易出现脸红的现象。

人体内的代谢过程直接影响着人体的健康，同时研究药物在人体内代谢的过程对新药研发十分重要。蛋白质、脂肪和糖类等生物分子的代谢目前已经被研究得比较透彻，但药物分子和天然产物分子的代谢过程还有许多谜团。近年来，关于天然产物及其衍生物类的药物分子在人体内的代谢研究得到蓬勃发展。

人体内的代谢过程主要包括两个阶段，第一阶段是通过包括细胞色素 P450 (cytochrome P450) 在内的氧化酶氧化大部分亲脂性的天然产物分子，将其转化为亲水性的化合物。第二阶段是通过磺基转移酶 (sulfotansferases) 等将第一阶段产生的或天然产物中原有的氨基、羧基等基团与其他结构结合，以便人体最终通过排泄过程将其排出体外。

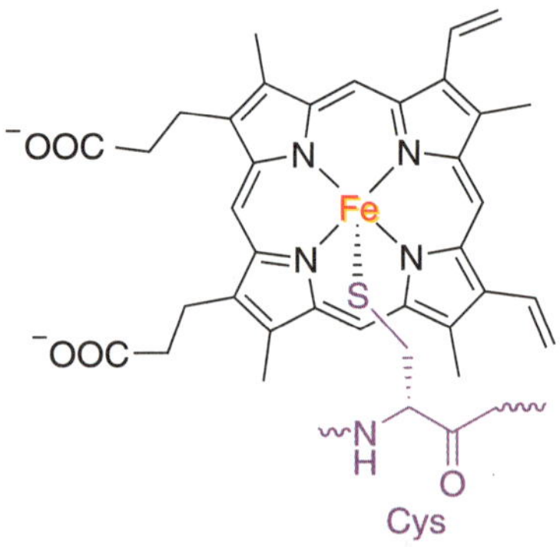

细胞色素 P450
cytochrome P450

人体中的大部分药物代谢过程发生在肝脏中。肝脏中含有大量的催化药物和其他分子代谢的酶，例如谷胱甘肽-S-转移酶 (glutathione-S-transfarase，GSTs) 就是一种在肝中催化药物分子与谷胱甘肽 (glutathione) 结合的酶。在肝细胞液中，该酶可催化十多种卤代物或环氧化合物与谷胱甘肽结合。结合物主要随胆汁通过粪便排出体外。然而，肾和胆小管上皮均有 γ-谷氨酰转移酶 (γ-glutamyltransferase)，也可分解这些含谷胱甘肽的化合物。分解后的产物在其他酶的协助下，生成硫醚氨酸，最终随尿液排出体外。

近年来研究发现许多药物在小肠吸收后通过肠壁时被代谢，这是因为在肠壁上成熟的上皮细胞内，尤其是其绒毛尖端中具有大量的药物代谢酶。这些酶可以在口服药物被小肠吸收进入血液前完成代谢过程，从而降低药物的有效性或利用率。除此之外，还有部分药物在经由小肠吸收后通过门静脉被运输至肝脏，未能进入血液循环便在肝中被代谢清除。这种效应被称作首过效应 (first pass effect)。这种效应较为强烈的药物，可以选择通过口服以外的其他给药方法来提升药物的利用率。

本章学习要点

(1) 天然产物的研究内容及其与药物的关系。

(2) 天然产物的分离和鉴定。

(3) 脂质、萜类、甾体、生物碱天然产物的结构、功能和代表性化合物。

(4) 黄酮、海洋天然产物等其他重要天然产物的代表性化合物。

(5) 天然产物的生源合成途径和代谢途径。

习题

21.1 萜类化合物一般使用普通命名法，可以根据含有的异戊二烯结构单元的数量进行分类。请画出下列化合物的结构或给出名称，并划分为若干个异戊二烯单元，指出它们属于的类型。

(1) 2-蒈烯　(2) β-菠烯

(3) 维生素 A　(4) 角鲨烷

(5)

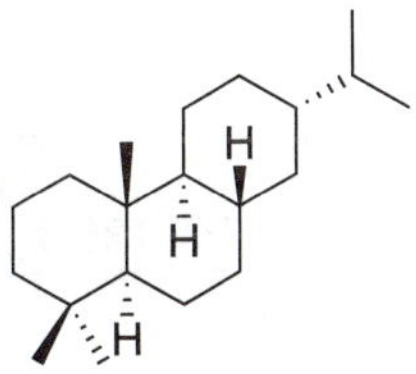

(6)

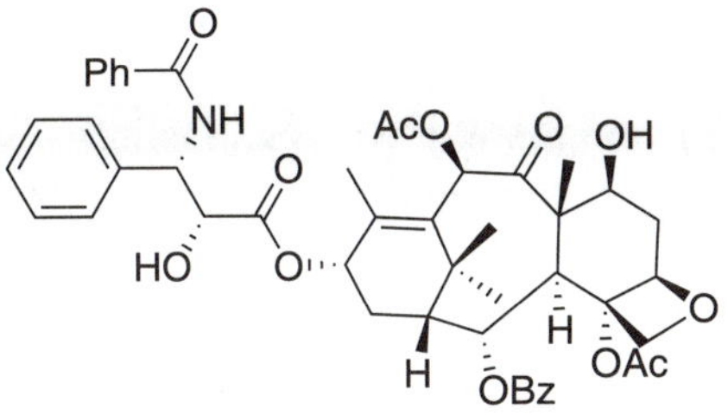

21.2 在天然产物中同分异构现象非常普遍，不同结构的天然产物往往具有不同的生物化学特性。请写出下列各组化合物互为哪种异构体。

(1) 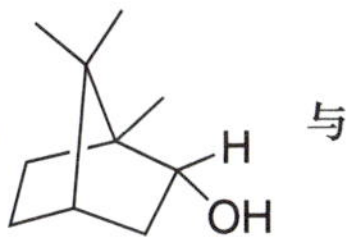 与 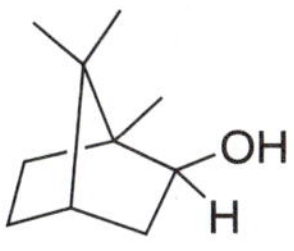

冰片　异冰片

(2) 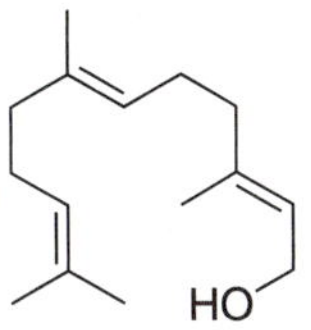 与 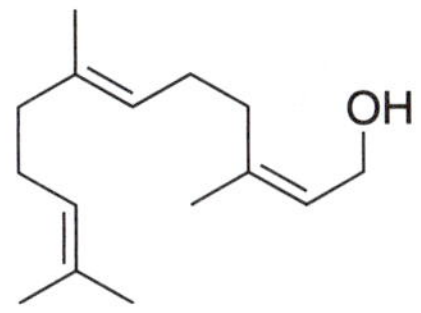

金合欢醇

21.3 生物碱的酸碱性受多种因素影响，如下所示虽化学组成相同，但和钩藤碱和异和钩藤碱表现出不同的 pK_a 值，请解释原因。

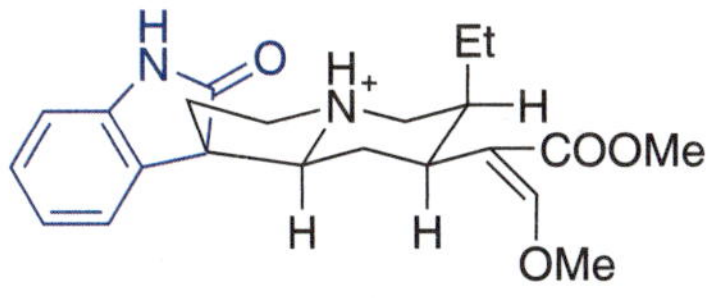

和钩藤碱
rhynchophylline
pK_a 6.32

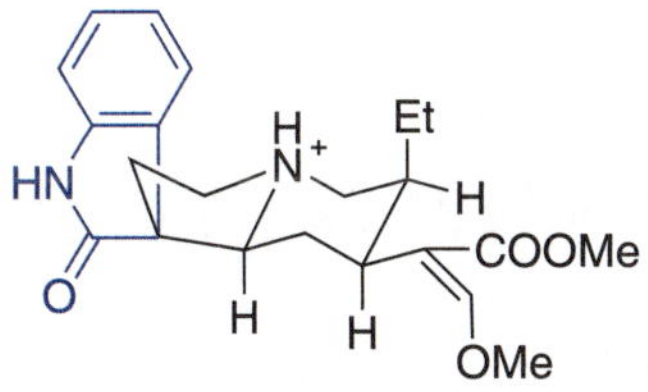

异和钩藤碱
isorhyncophylline
pK_a 5.20

21.4 差向异构现象经常出现在糖类化合物中，请写出 TDP-4-酮-6-脱氧葡萄糖可能发生异构化的反应位点及反应机理。

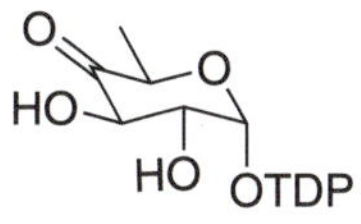

21.5 细胞色素 P450 酶可以与 O_2 结合使其氧化得到铁氧中间体：$\overset{\bullet+}{-}\overset{O}{\overset{\|}{Fe}}{}^{IV}-$，2018 年的诺贝尔化学奖得主弗朗西斯·阿诺德 (Frances H. Arnold) 就利用其进行定向进化来发展新的催化剂。请写出细胞色素 P450 酶催化黄烷酮到异黄酮的机理。

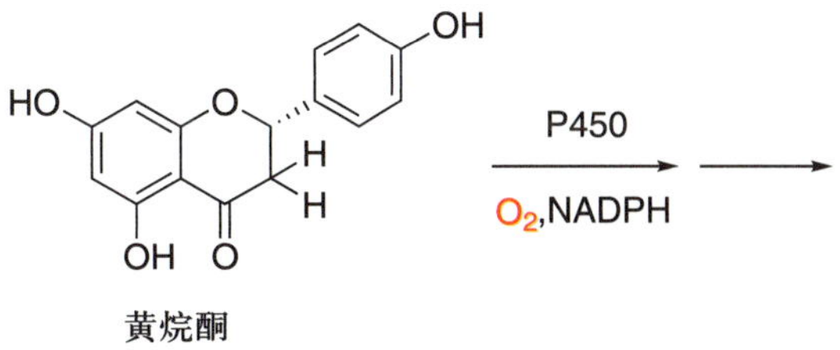

黄烷酮

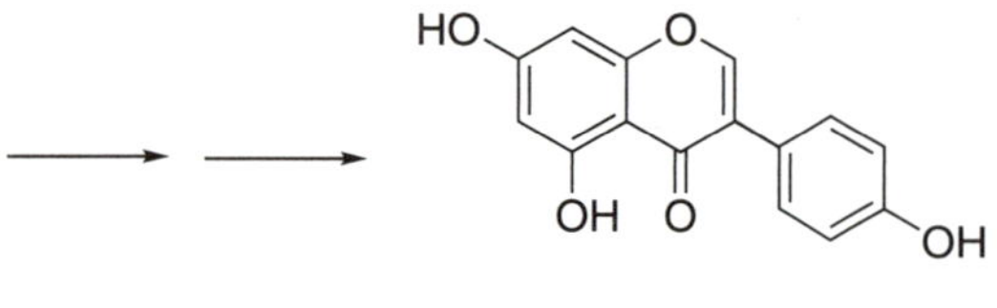

异黄酮

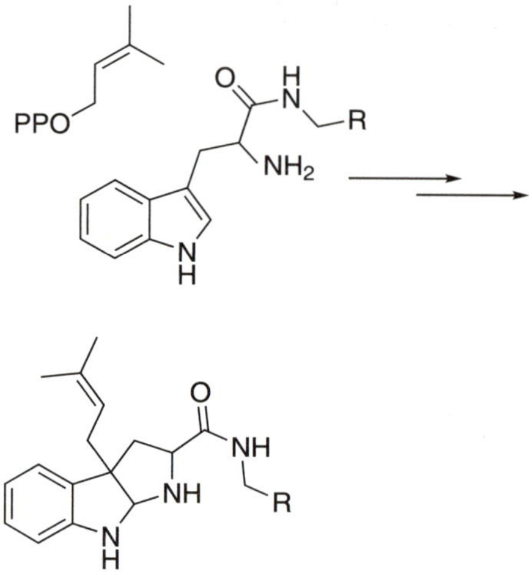

吡咯并吲哚

21.6 自然界存在一种酶学机制将色氨酸的双环吲哚环及其脱羧代谢产物色胺转化为两组不同的三环系统，即 6-5-6 咔啉和 6-5-5 吡咯并吲哚系统。请写出以下两种转化的机理。

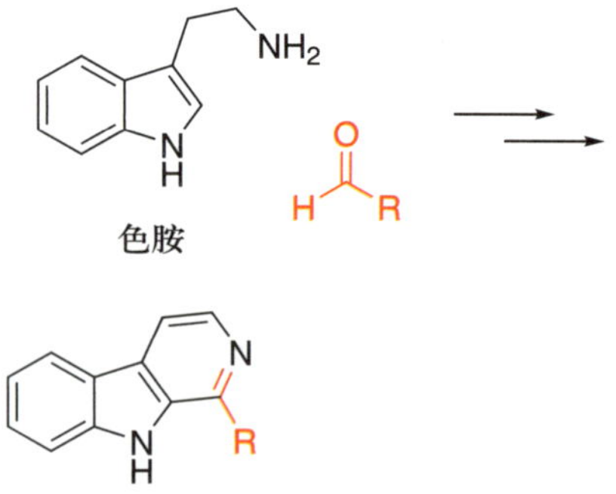

色胺

β-咔啉

21.7 天然产物的全合成中常常利用手性池策略进行不对称合成，因此倍半萜、单萜等常作为起始原料，分子式为 $C_{10}H_{14}O$ 的单萜可以经过分馏提纯得到，具有特殊香气可以用作香精，请根据以下谱图推断出该萜类化合物的结构（^1H NMR 谱、^{13}C NMR 谱、DEPT 45 谱、DEPT 90 谱、DEPT 135 谱）。

^1H NMR:

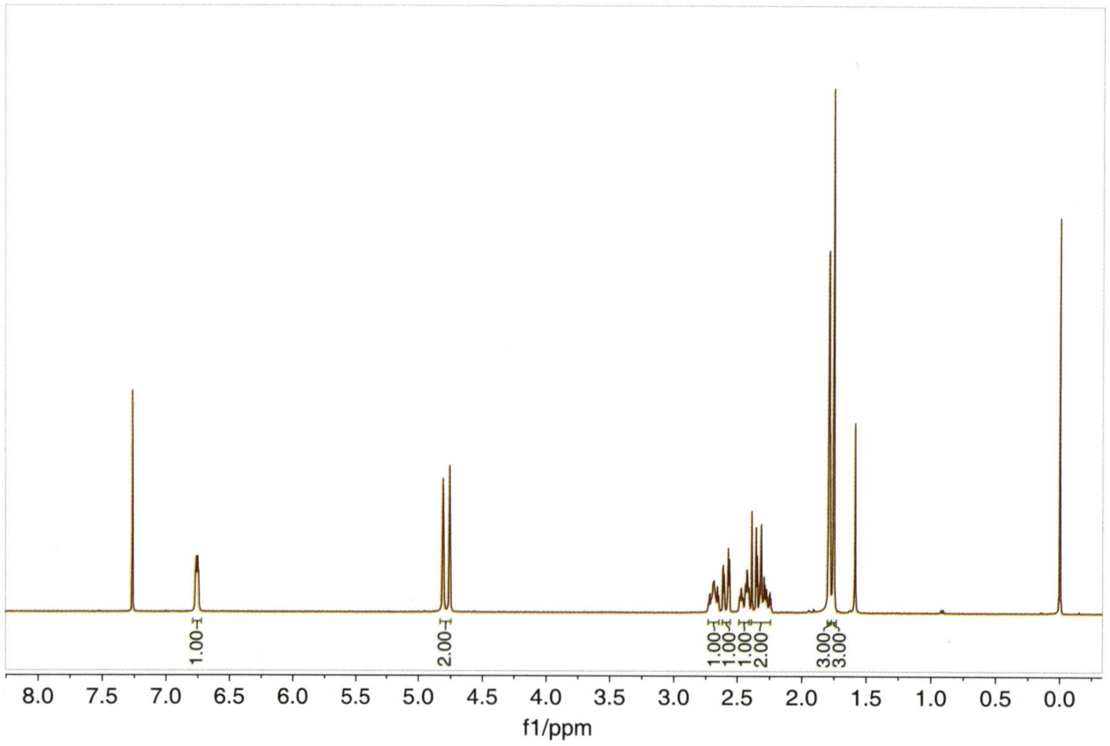

^{13}C NMR:

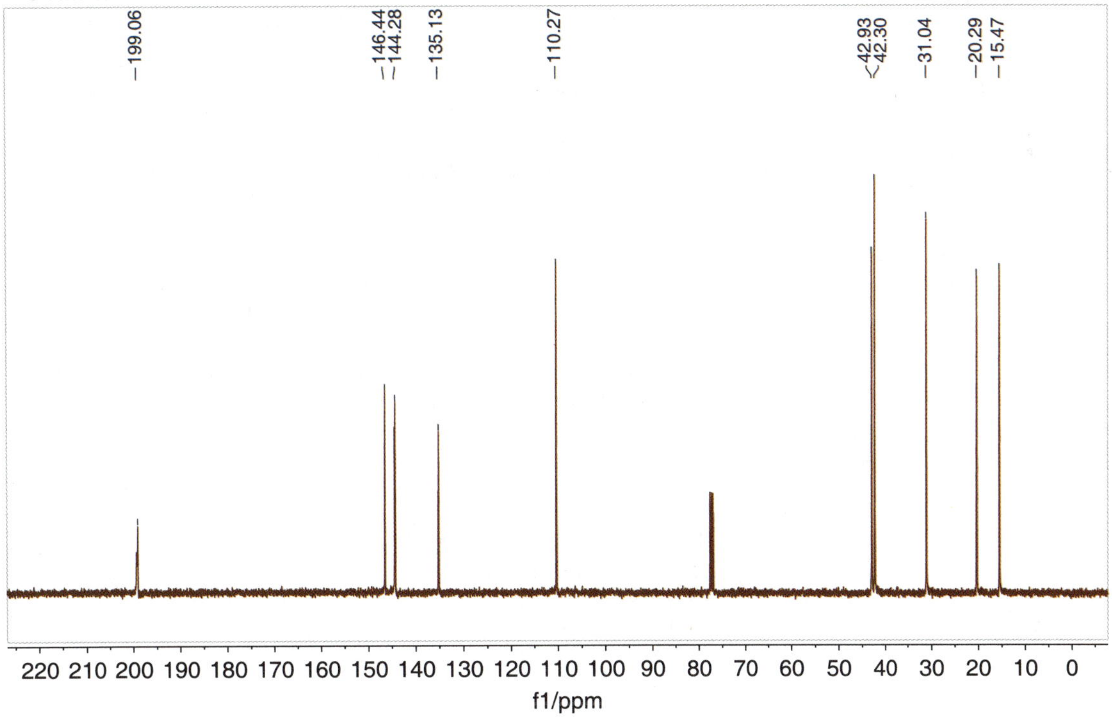

DEPT 45, DEPT 90, DEPT 135:

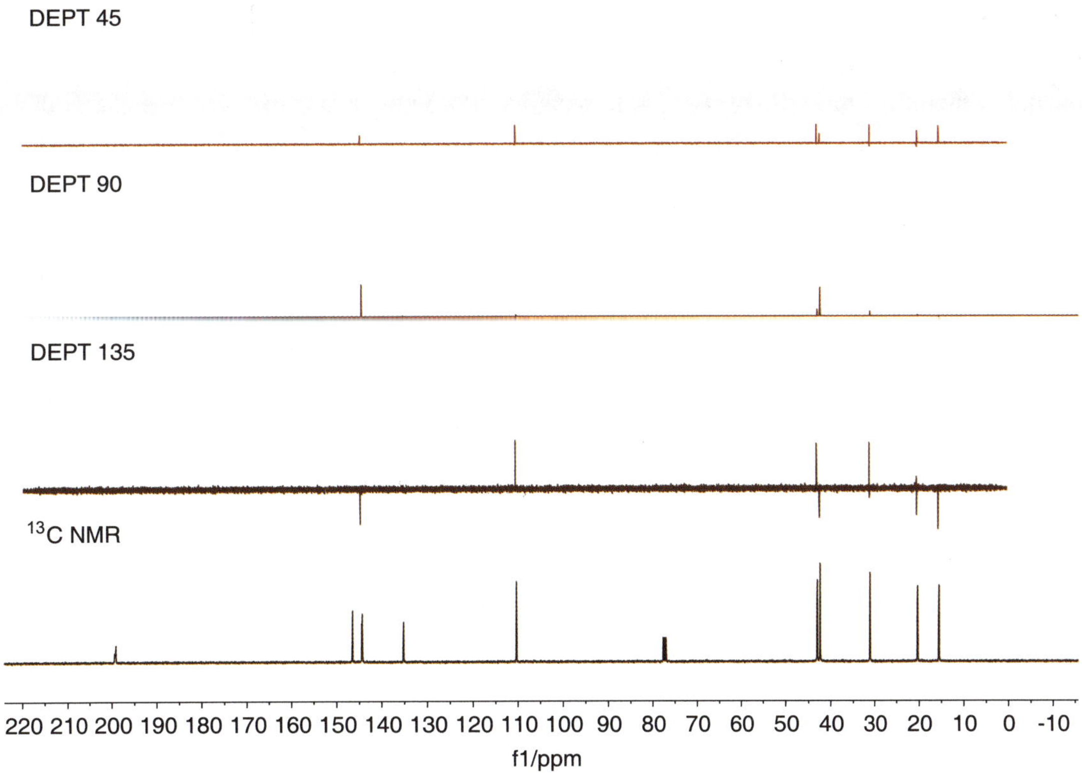

21.8 2000 年 Kogen 等人通过香叶醇实现了普劳诺托 (plaunotol) 的全合成，请在框内根据反应条件写出产物或根据产物写出反应条件（rt：室温）。

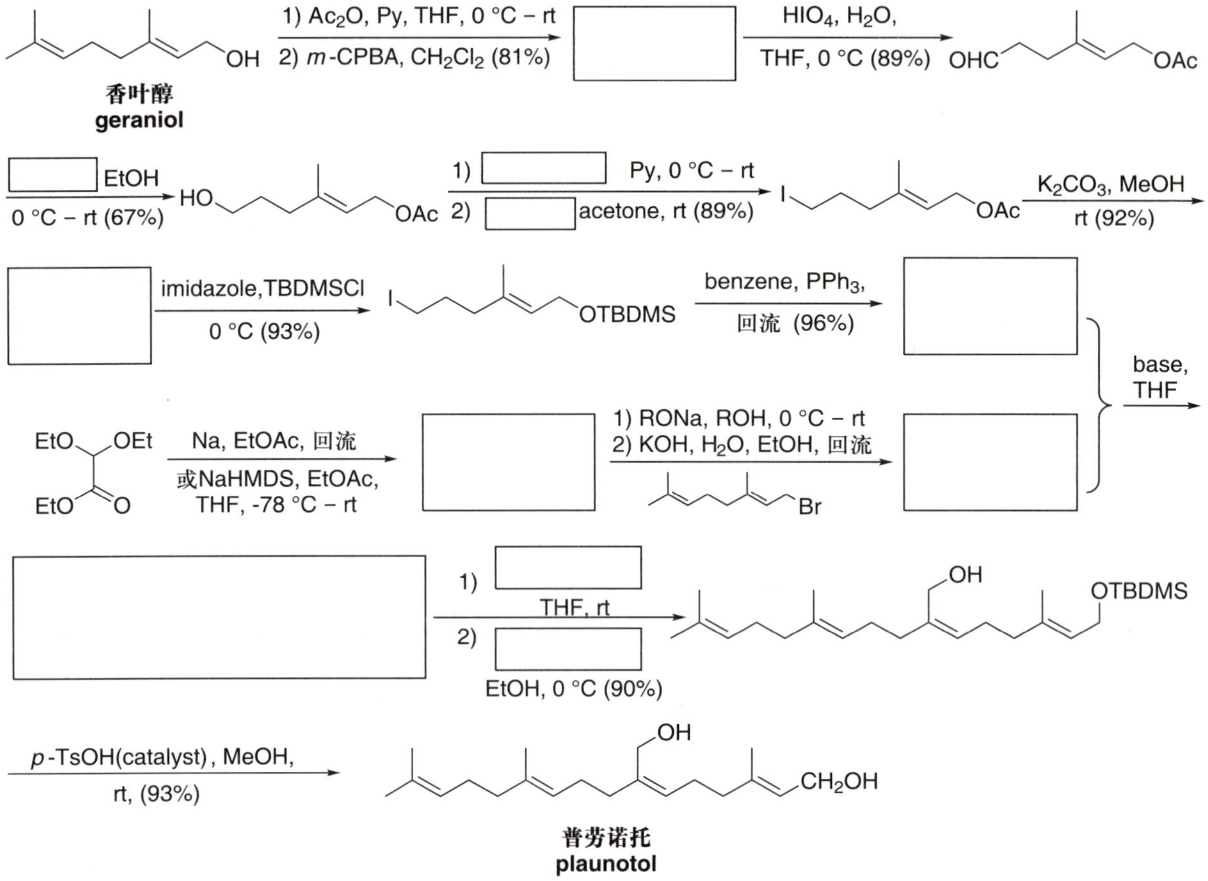

21.9 已知胺易与羰基化合物经加成-脱水形成席夫碱。

其中代表性例子如：以鸟氨酸为原料生物合成吡咯类衍生物，再进一步合成托品烷类和吡咯里西丁类生物碱。请根据生成托品烷类生物碱（如下为可卡因的合成）的过程，推测合成吡咯里西丁类生物碱的生物途径。

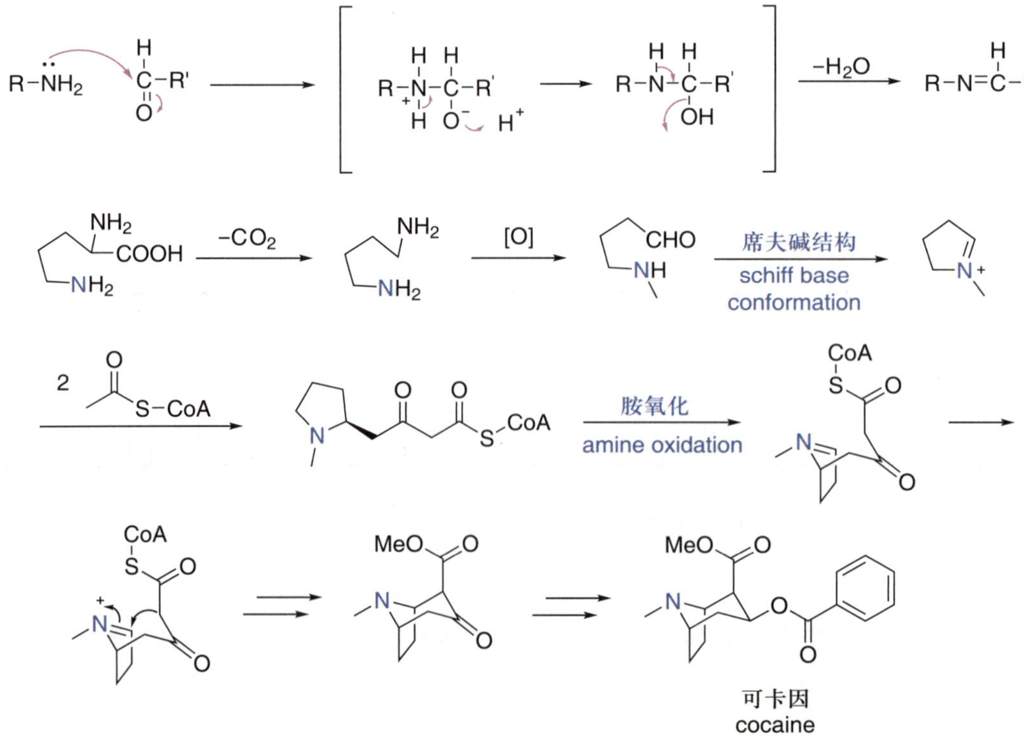

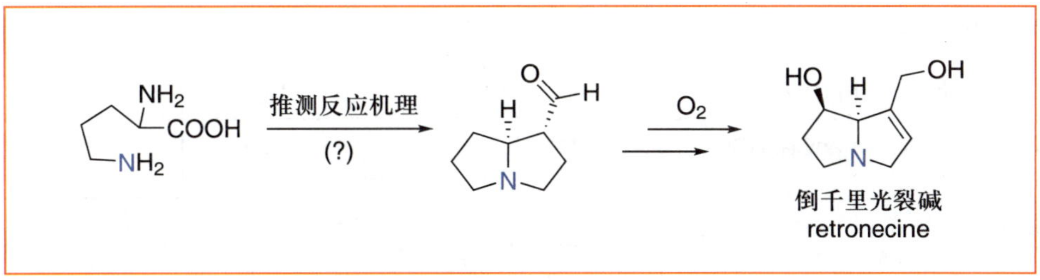

21.10 在香豆素的合成历史上，有很多种方法即便在现代合成中依旧起着相当重要的作用。如 Pechmann 反应：该反应因试剂和反应的简单性和有效性，广泛用于香豆素的合成中。

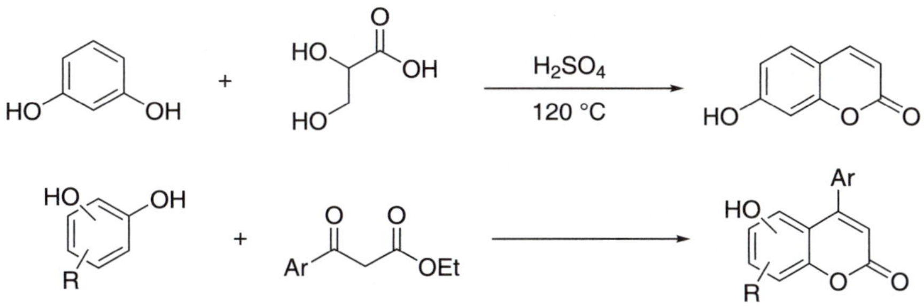

请根据提示，完成下列其余合成香豆素的反应。

Perkin反应：

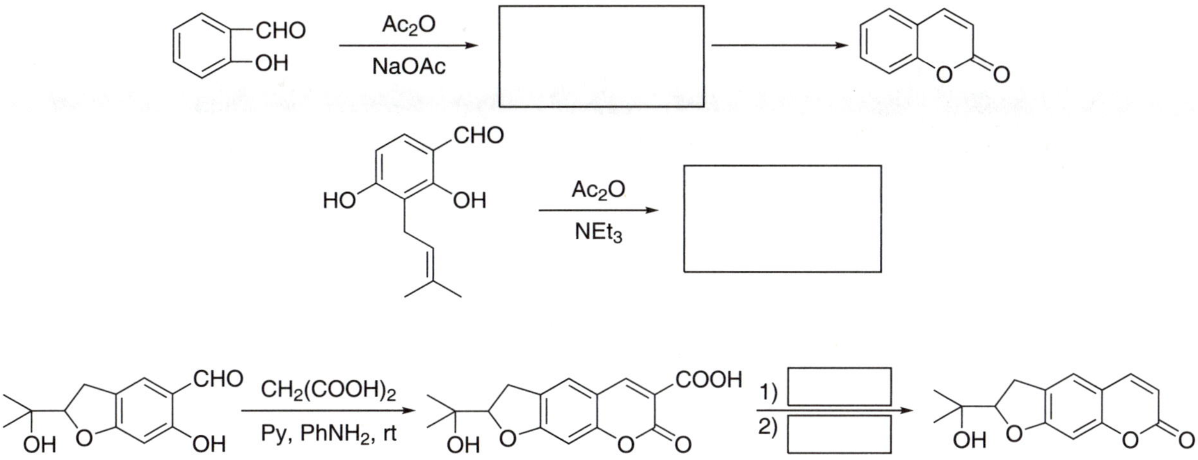

Knoevenagel缩合反应：

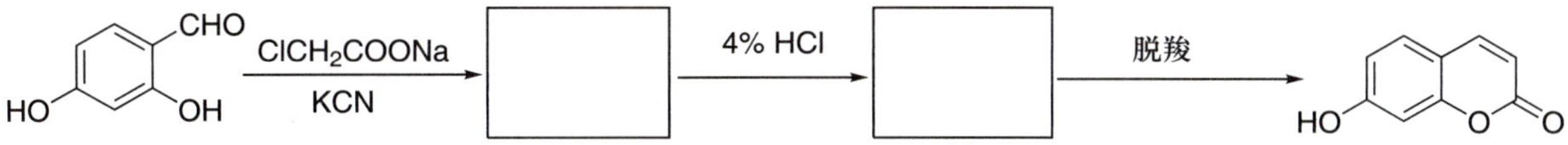

Ponndorf反应：

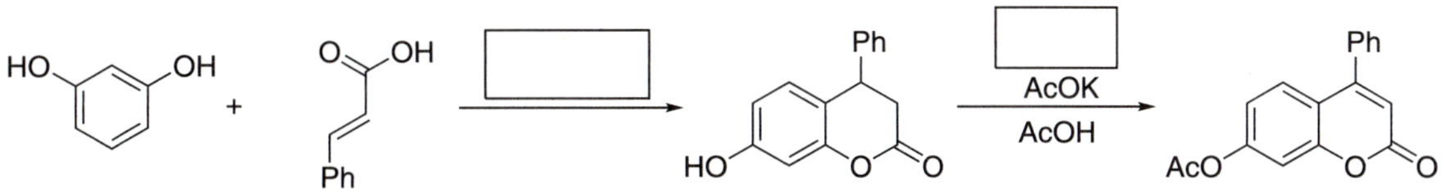

Houben-Hoesch反应：

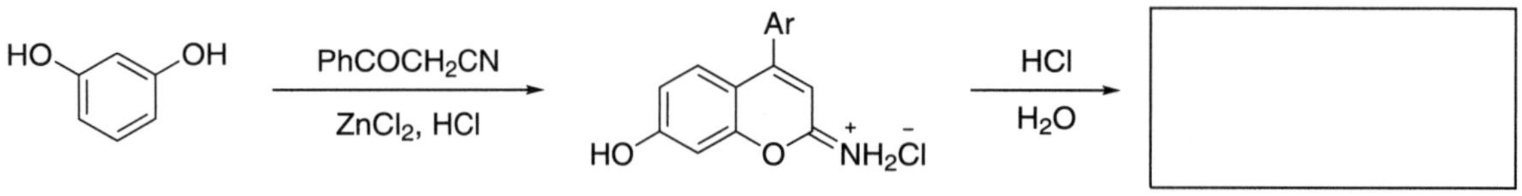

Wittig反应：

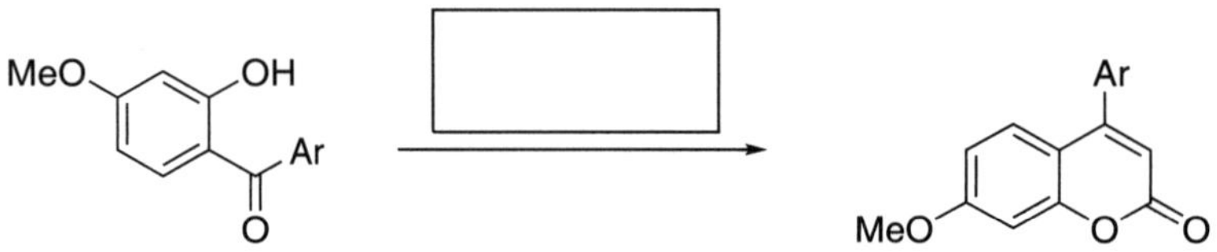

21.11　开链单萜柠檬醛有着柠檬香气，可用作食品香料等，请以异戊醇为原料，设计路线合成柠檬醛。

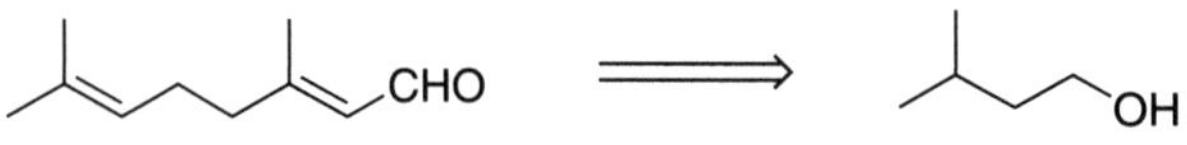

柠檬醛
citral

第 **22** 章

周环反应

第 22 章 周环反应

22.1 周环反应的概念与基本特征

有机化学反应可以根据反应历程划分为协同反应 (concerted reactions) 与分步反应 (stepwise reactions)。在协同反应中，所有化学键的断裂和形成同时发生，反应历程包含一个反应过渡态 (transition state)，不涉及反应中间体 (intermediate)。双分子亲核取代 (S_N2) 过程就是一个典型的协同反应。分步反应的历程涉及一个或多个中间体，包含一个或多个过渡态。本章将介绍一类新的协同反应：周环反应 (pericyclic reactions)。

周环反应是经历环状过渡态 (cyclic transition state) 的协同反应，反应过程中没有生成离子型或自由基型中间体。在周环反应中，烯烃或共轭烯烃经历环状过渡态发生 π 键与 σ 键的转化和重组，C–H σ 键与 C–C σ 键也可以通过与 π 键产生轨道相互作用而参与反应。周环反应通常具有立体专一性 (stereospecificity) 或较高的立体选择性 (stereoselectivity)，反应的立体选择性受热或光的反应条件影响。

周环反应主要包含**环加成反应** (cycloaddition)、**ene 反应**、**电环化反应** (electrocyclization) 与 **σ 迁移重排反应** (sigmatropic rearrangement)。**前线轨道理论** (frontier molecular orbital theory，FMO Theory) 为周环反应的机理解释提供了重要的理论基础。此外，伍德沃德 (Robert B. Woodward) 与霍夫曼 (Roald Hoffmann) 提出的**分子轨道对称性守恒原理** (principle of conservation of molecular orbital symmetry) 及齐默曼 (Howard Zimmerman) 提出的**芳香过渡态理论** (aromatic transition state theory) 也为周环反应提供了专门的理论指导。**本章将重点讲述前线轨道理论在反应进程分析中的应用。**

22.2 前线轨道理论

福井谦一 (Fukui Kenichi) 于 20 世纪 50 年代提出了前线轨道理论。前线轨道理论结合了量子力学与分子轨道理论，是一种分析化学反应中轨道相互作用的理论。在前线轨道理论中，填充电子的最高能级分子轨道称为**最高占据分子轨道** (highest occupied molecular orbital，简称 HOMO)，HOMO 是最容易给出电子的轨道；未填充电子的最低能级分子轨道称为**最低未占据分子轨道** (lowest unoccupied molecular orbital，简称 LUMO)，LUMO 是最容易接收电子的轨道。HOMO 与 LUMO 合称为**前线分子轨道** (frontier orbitals)。前线轨道理论认为，化学反应的关键在于前线分子轨道之间的有效组合，只需重点考察 HOMO 与 LUMO，便可以分析化学反应的机理。

霍夫曼 (1937 –) 与福井谦一 (1918 – 1998) 因各自在化学反应理论中的贡献荣获 1981 年诺贝尔奖。伍德沃德 (1917 – 1979) 于 1979 年去世，因此未能获奖，但他凭借在有机合成化学上的重要贡献荣获 1965 年诺贝尔化学奖。

前线轨道理论是一种便捷和广泛适用的理论分析方法，在周环反应中的应用尤为普遍。

在本书上册中已对烯烃与共轭体系的分子轨道进行了介绍，本节将在此基础上对其前线轨道进行描述。首先分析最简单的 π 体系：乙烯。乙烯的 π 分子轨道由两个 *p* 轨道组成。两个 *p* 轨道同相位构成的 Ψ_1 分子轨道具有零个节面；两个 *p* 轨道反相位构成的 Ψ_2 分子轨道则具有一个轨道节面。Ψ_1 为乙烯的成键 π 轨道，是乙烯的 HOMO。Ψ_2 轨道为乙烯的反键 π* 轨道，是乙烯的 LUMO。

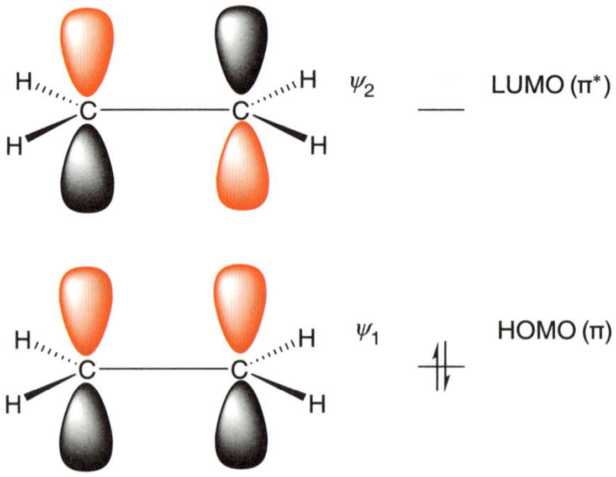

乙烯的前线轨道

共轭烯烃的前线轨道分析：以丁-1,3-二烯与己-1,3,5-三烯为例，丁-1,3-二烯的 Ψ_2 轨道为 HOMO，Ψ_3 轨道为 LUMO；己-1,3,5-三烯的 Ψ_3 轨道为 HOMO，Ψ_4 轨道为 LUMO。从图 22−1 可以看出，共轭体系两端的相位是交替变换的。Ψ_1 轨道均无节面，两侧的相位相同。Ψ_2 轨道则具有一个节面，两侧的相位相反。Ψ_3 具有两个节面且两侧相位再次相同。

对于多共轭体系，其奇数 Ψ 轨道两侧相位相同，偶数 Ψ 轨道两侧相位相反。由每个轨道填充两个电子可进一步得出，含有 4*n* 个 π 电子的共轭烯烃的 HOMO 为偶数 Ψ 轨道（Ψ_{2n}），HOMO 两侧相位相反而 LUMO 两侧相位相同。含有（4*n*+2）个 π 电子的共轭烯烃的 HOMO 为奇数 Ψ 轨道（Ψ_{2n+1}），其 HOMO 两侧相位相同而 LUMO 两侧相位相反。因此，**共轭烯烃前线轨道的两端相位具有周期性**，可以分为 4*n* 电子类型与 4*n*+2 电子类型。

共轭体系中 π 电子的数目影响会前线轨道两端的相位，进而影响反应选择性。由于共轭体系两端的相位具有周期性变化的特点，相应的周环反应同样呈现出“周期性”的特点。即所有具有 4*n*+2 电子的共轭体系均具有相同的立体选择性，所有具有 4*n* 电子的共轭体系则具有与 4*n*+2 体系相反的另一种立体选择性。

利用前线轨道理论分析周环反应过程，其本质上是根据参与反应的电子数类型，判断其前线轨道的相位关系，并进一步分析其成键过程的立体选择性。下面的内容将会通过前线轨道理论，分别讨论不同类型周环反应的反应过程。

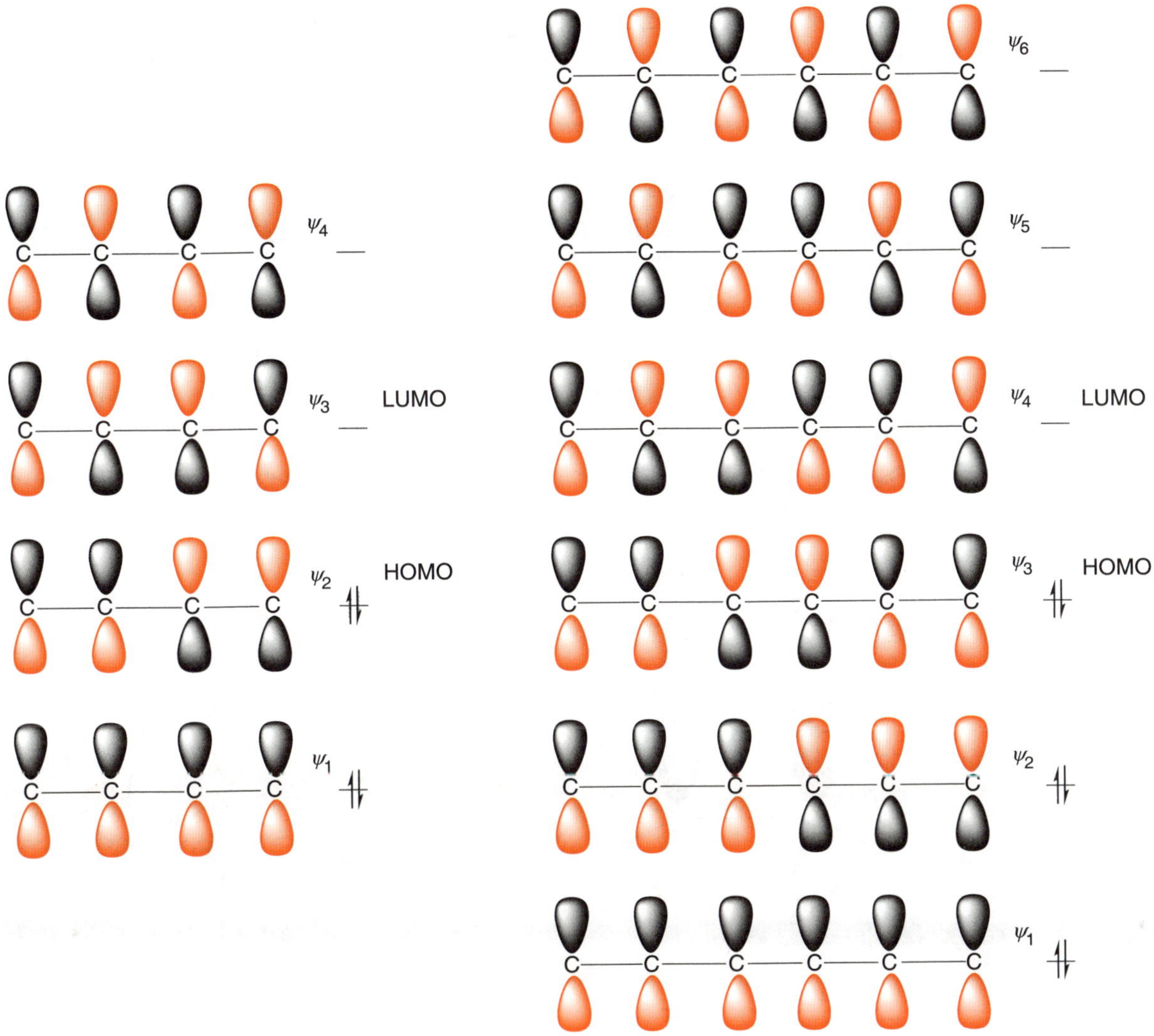

图 22-1 丁-1,3-二烯与己-1,3,5-三烯的前线轨道

思考题 22.1

请画出辛四烯 HOMO 与 LUMO 两端的相位关系。

22.3 环加成反应

22.3.1 环加成反应的定义与命名方法

由两个或多个不饱和体系形成稳定环状加成产物的反应称为**环加成反应**(cycloaddition reaction)。**环加成反应从形式上来看是形成两个 σ 键，断裂两个 π 键。**

环加成反应的命名采取 [X+Y] 模式。方括号中的 X、Y 表示的是两个体系中参与环加成反应的 π 电子数。在如下的环加成反应中，丁-1,3-二烯有四个 π 电子参与反应，

马来酸酐有两个 π 电子参与反应，因此可以称为 [4+2] 环加成反应。在描述完全对称的 π 体系环加成反应机理时，箭头既可以用顺时针表示，也可以用逆时针表示。

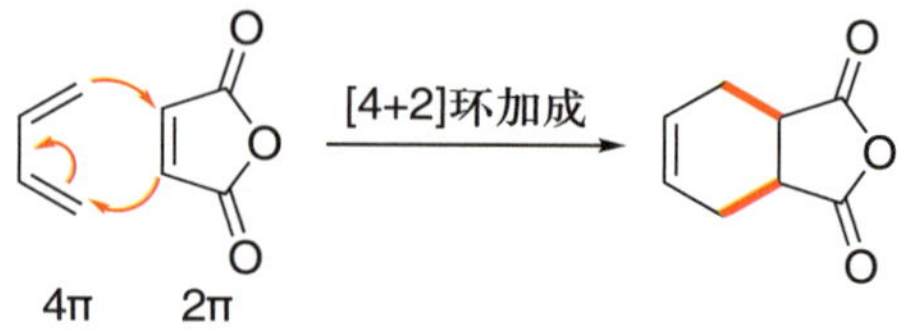

π 键由于被节面所隔开，具有上与下两个面。因此发生环加成反应的两个 π 体系在反应中均存在面选择性。从 π 体系的同侧发生环加成的过程称为同面 (synfacial，简称 s)，而异侧发生环加成的过程称为异面 (antarafacial，简称 a)。通常来讲，同面加成的张力较小，更容易发生。在描述环加成反应时，可用上标标注不同 π 体系中参与反应的电子数及同面异面关系。譬如，4π 体系与 2π 体系发生的同面-同面环加成的过程可以写作 [$\pi^{4s}+\pi^{2s}$]。

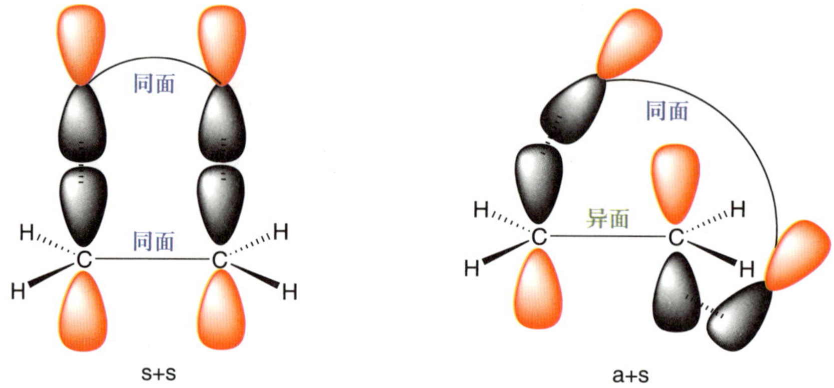

22.3.2 Diels-Alder 反应

双烯体与亲双烯体

Diels-Alder 反应 (Diels-Alder reaction) 是一个 [4+2] 环加成反应。反应中的 4π 体系称为**双烯体** (diene)，2π 体系称为**亲双烯体** (dienophile)。Diels-Alder 反应是最为重要的环加成反应之一，是制备六元环化合物的重要方法。

1906 年，蒂勒 (Johannes Thiele，1865－1918) 的学生阿尔布雷西特报道了环戊二烯与对苯醌反应可以得到 1 : 1 与 1 : 2 的两种加成产物。然而阿尔布雷西特未能正确解析产物的结构，认为是环戊二烯对苯醌双键发生了单边的加成反应。

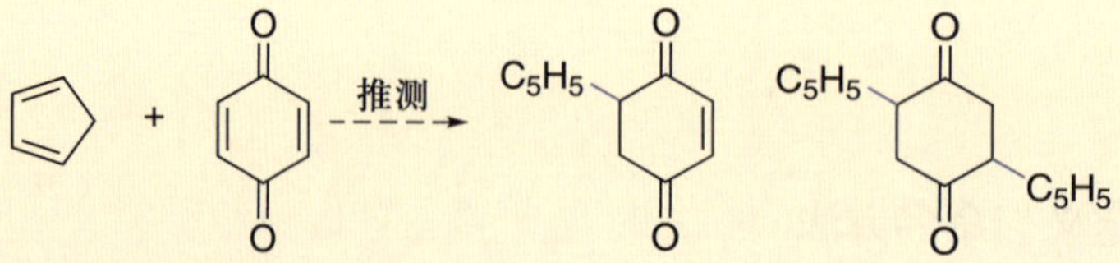

1920 年，冯·奥伊勒-切尔平 (Hans Von Euler-Chepin，1873－1964) 和他的学生报道了对苯醌可以与 2-甲基-丁-1,3-二烯反应得到 1 : 2 加成的两种产物，并正确推测了产物结构。然而他们无法严格确证产物的结构，此后也未针对此转化进行进一步的研究。冯·奥伊勒-切尔平当时的主要研究兴趣是生物化学。他因对糖发酵及发酵酶的研究荣获 1929 年诺贝尔化学奖。

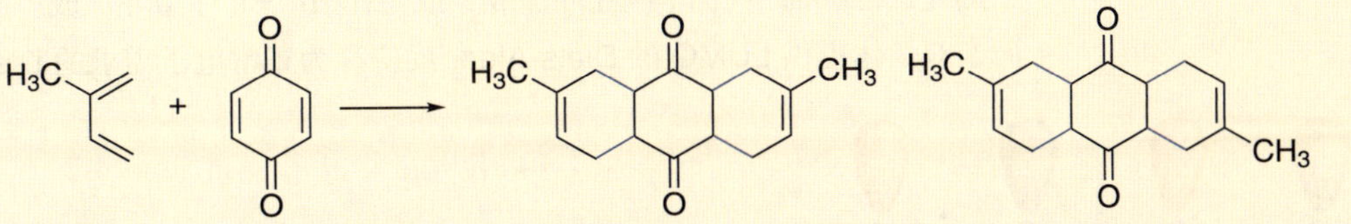

1928 年，狄尔斯 (Otto Diels，1876－1954) 与他的学生阿尔德 (Kurt Alder，1902－1958) 发表论文，第一次系统阐述了环状 1,3-共轭烯烃与双键之间的成环反应。因此，后续化学家便将四电子体与两电子体的环加成反应统称为 Diels-Alder 反应。Diels-Alder 反应在合成环状有机物中具有重要的应用。二人因此获得了 1950 年的诺贝尔化学奖。

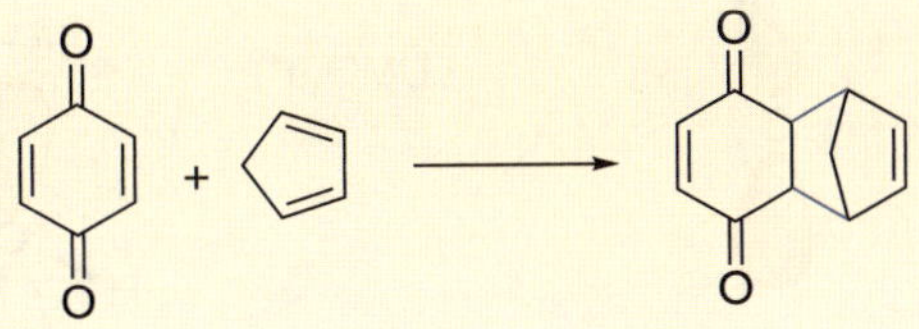

双烯体中的 C–C σ 键可以旋转形成 *s*-顺式与 *s*-反式两种构象(此处 s 代表 single，单键)。由于 C1 位与 C4 位上的氢原子之间具有排斥作用，双烯的 *s*-反式构象更为稳定。但双烯处于 *s*-反式构象时，其两端难以与亲双烯体同时成键，相应的 Diels-Alder 反应环状过渡态张力过大，因此不能顺利进行。只有处于 *s*-顺式构象的双烯才可以发生协同的环加成反应。

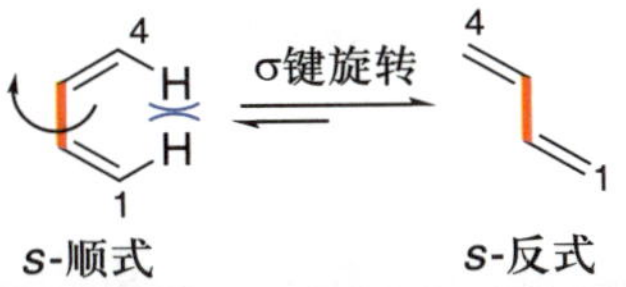

当双烯由于分子结构原因而被固定为 *s*-顺式构象时，Diels-Alder 反应更容易发生。环戊二烯在常温条件下是以 Diels-Alder 二聚体的形式存在的。当双烯被固定为 *s*-反式构象时，Diels-Alder 反应不能发生。

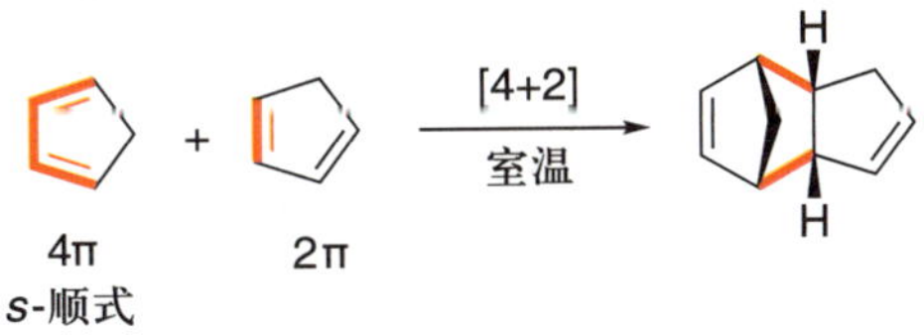

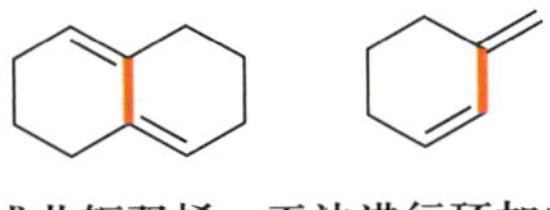

s-反式共轭双烯：无法进行环加成反应

Diels-Alder 反应的前线轨道分析

Diels-Alder 反应是两个烯烃体系在两端之间同时成键。利用前线轨道分析该反应，需分别确定两个烯烃反应物的 HOMO 与 LUMO，并考察一个体系的 HOMO 与另一体系的 LUMO 两端的相位关系。在相位之外，前线轨道的能量也对反应有着重要的影响。总的来说，两者的能量差别越小，反应越容易进行。从图 22–2 可以看出，双烯的 HOMO 轨道 (Ψ_2) 的同面两端与亲双烯体的 LUMO 轨道 (Ψ_2) 的同面两端恰好相位相同，可以同时发生成键作用。这种情况称为**允许** (allowed)。Diels-Alder 反应是一个热允许的同面-同面 [4+2] 环加成，或写作 [$\pi^{4s}+\pi^{2s}$] 型环加成。由双烯提供 HOMO 而亲双烯体提供 LUMO 的 Diels-Alder 反应称为正常电子需求的 Diels-Alder 反应。

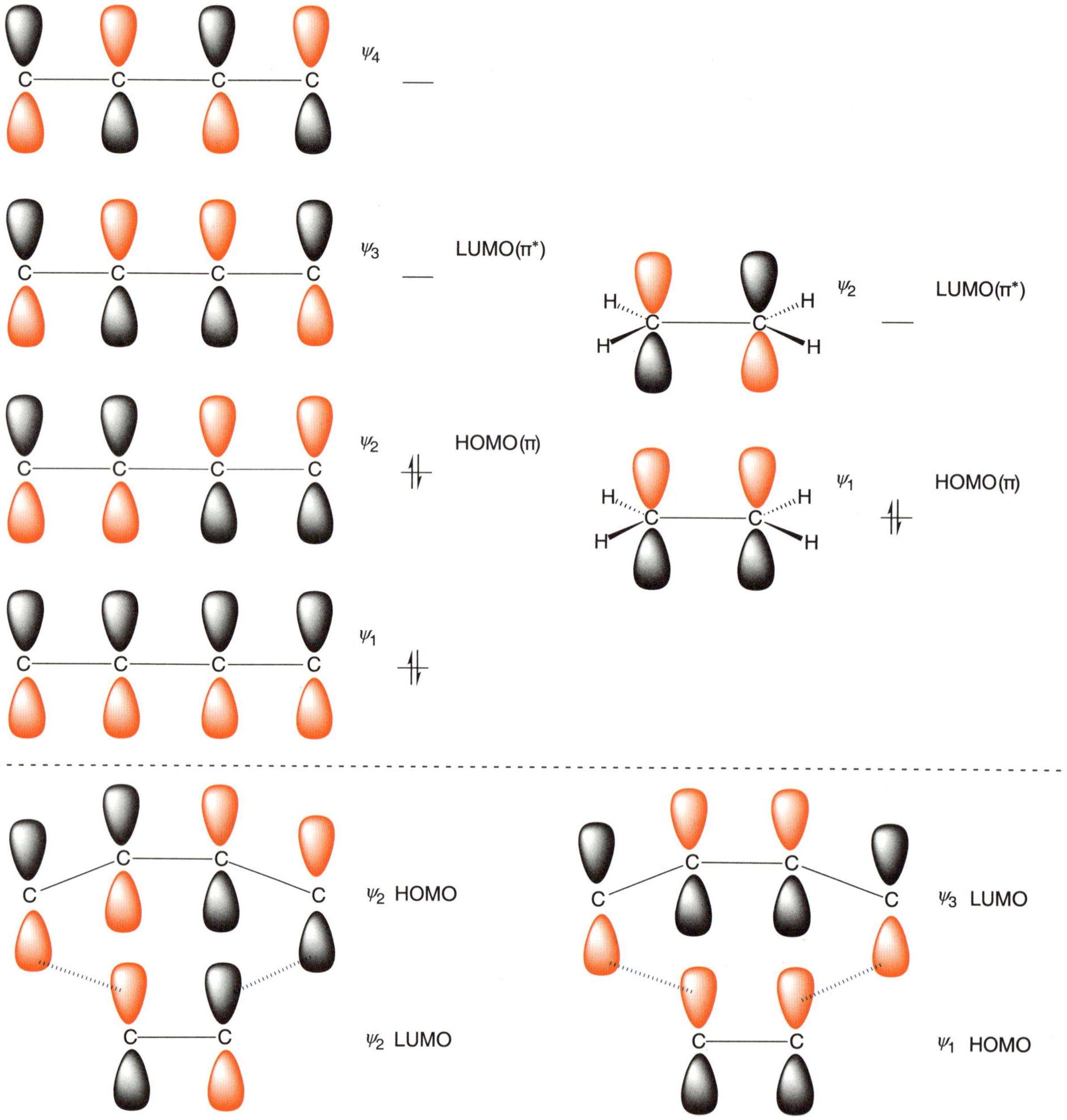

图 22-2　双烯体与亲双烯体的 HOMO 与 LUMO

双烯的 LUMO（Ψ_3）与亲双烯体的 HOMO（Ψ_1）之间的同面-同面环加成也是热允许的。由双烯提供 LUMO 而亲双烯体提供 HOMO 的 Diels-Alder 反应称为**反电子需求**（inverse electron demand）Diels-Alder 反应。通常情况下，富电子双烯的 HOMO 和缺电子亲双烯体的 LUMO 在能量上更为接近，反应也更为常见。本章将主要讨论正常电子需求 Diels-Alder 反应的一般规律。

区域选择性

含有取代基的烯烃体系之间发生的 Diels-Alder 反应理论上可以得到多种区域异

构体。反应物中取代基的电性往往会影响 HOMO 与 LUMO 中不同原子上的电子分布，进而影响反应的区域选择性。Diels-Alder 反应通常具有较好的区域选择性，倾向生成**邻位取代**或**对位取代**的环己烯化合物。

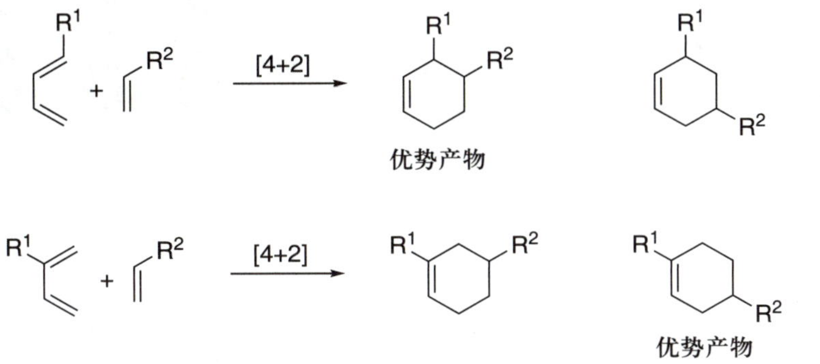

通过对取代基的电子效应的分析可以初步推测 Diels-Alder 反应的区域选择性。以如下反应为例，烷氧基为给电子基团，其带来的离域给电子效应使双烯的 C2 与 C4 成为富电子中心，C1 与 C3 成为缺电子中心。羰基为强吸电子基团，其离域吸电子效应导致亲双烯体 β 位成为缺电子中心，α 位为富电子中心。从电性匹配的角度分析，C1 位带有取代基的双烯发生 [4+2] 环加成时会倾向生成邻位取代的产物。

同样的思路也可以用于分析 C2 位有给电子基取代的双烯。此时，反应有利于生成对位取代的环己烯。给电子取代基可以显著提高双烯的 HOMO，吸电子取代基可以显著降低亲双烯体的 LUMO。当给电子取代基的双烯与吸电子取代基亲双烯体反应时，由于 HOMO 与 LUMO 之间的能量差较低，反应活性升高，有利于 Diels-Alder 反应的发生。此时，电子效应也有利于高区域选择性。

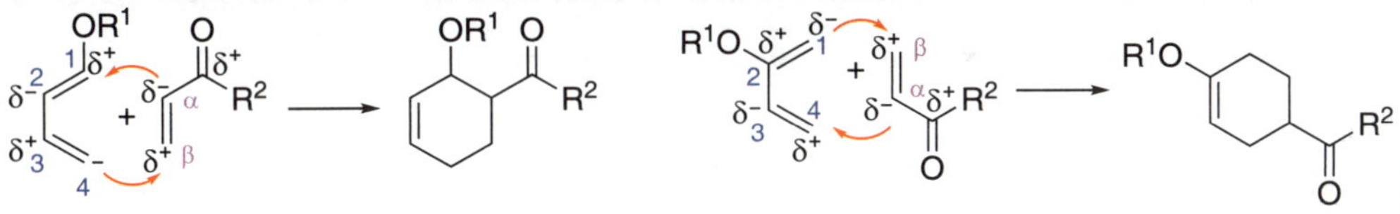

含有取代基的非对称双烯体和亲双烯体的两端电子分布状态并不相同。因此，这类 Diels-Alder 反应的机理并非严格意义上所有化学键同时生成与断裂的协同过程。两根 C−C 键的生成并不完全是同时的。在极个别情况下，有些 Diels-Alder 反应也可以经历分步反应过程。

在许多协同反应中，所有化学键未必是严格意义上同时生成与断裂的。这种情况称为**协同不同步**(concerted asynchronous)。协同不同步机理隶属于协同反应，是不涉及反应中间体的，与涉及反应中间体的分步反应有着本质区别。

Lewis 酸活化的 Diels-Alder 反应

路易斯酸（Lewis acid，LA）催化剂可以提高某些 Diels-Alder 反应的反应速率。在图 22−3 所示的反应体系中，Lewis 酸可以与亲双烯体的羰基结合使得亲双烯体更加缺电子，降低其 LUMO 的能量，从而减少与双烯体 HOMO 之间的能量差，促进了反应的进行。

在真实的化学反应中，许多无催化的 Diels-Alder 反应需要较高的温度才能发生。在这种情况下，反应的选择性及产率都会受到较大的影响。因此，Lewis 酸催化的 Diels-Alder 反应在化学合成中具有极为重要的应用。许多新开发的 Lewis 酸催化剂也经常将 Diels-Alder 反应作为模板反应之一。

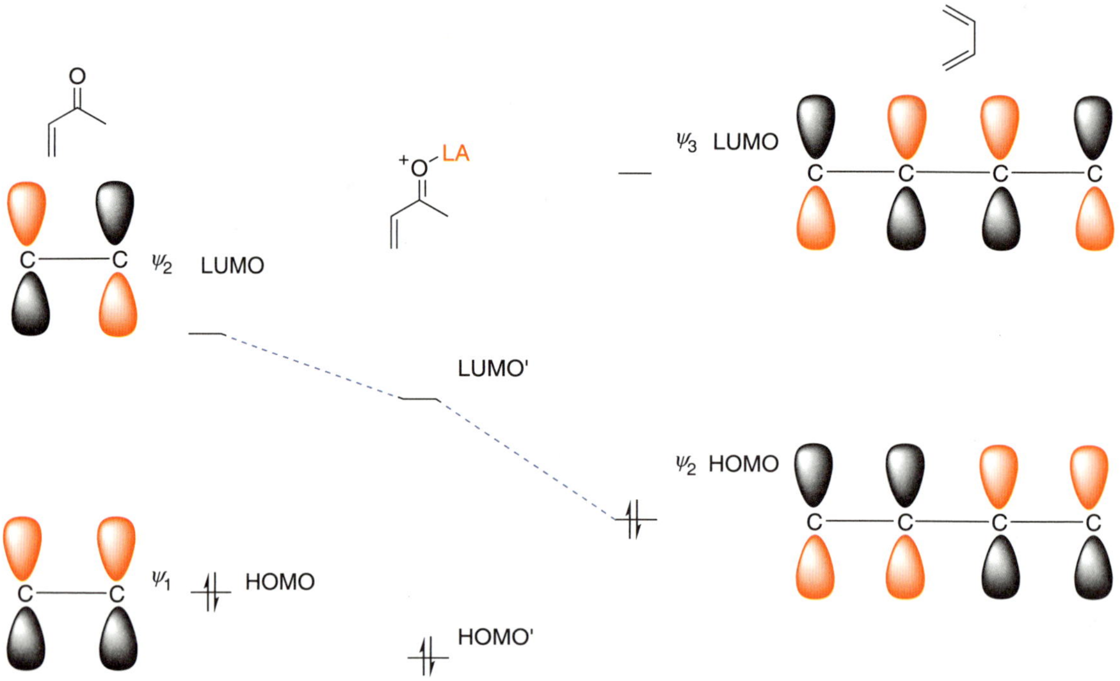

图 22-3　Lewis 酸活化的 Diels-Alder 反应

思考题 22.2

请画出如下反应的产物，并标出相对立体化学。

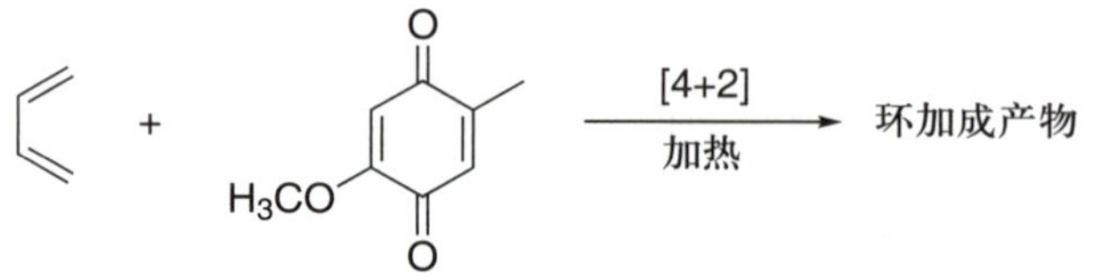

立体选择性

Diels-Alder 反应中的立体选择性涉及两方面。一方面是双烯体与亲双烯体的双键构型对环己烯取代基立体化学的影响；另一方面则是两个平面 π 体系加成的面选择性问题。

1. 双键构型的影响

Diels-Alder 反应具有**立体专一性**。即亲双烯体中处于顺式的两个基团在环己烯中也为顺式，亲双烯体中处于反式的两个基团在环己烯中也为反式。

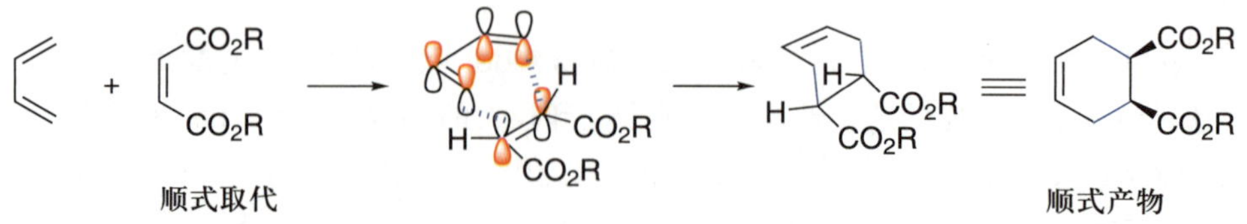

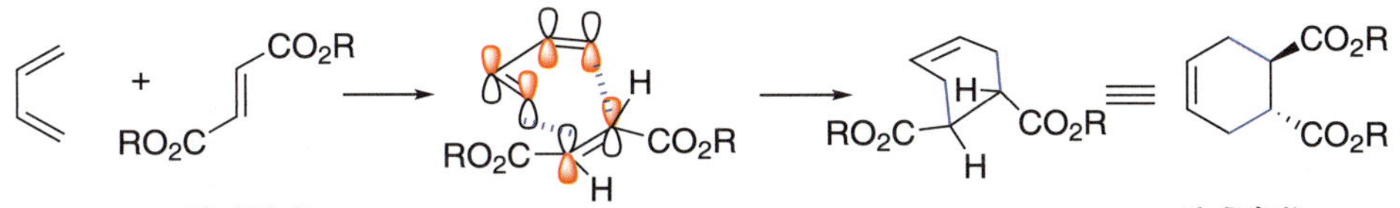

反式取代　　　　　　　　　反式产物

双烯体的立体化学同样可以专一性地反映在环己烯产物中。如下所示，(*E*,*E*)-双烯与炔基发生 Diels-Alder 反应，产物中两个双烯上的取代基处于顺式；(*E*,*Z*) - 双烯与炔基发生 Diels-Alder 反应得到的则是两个取代基处于反式的产物。

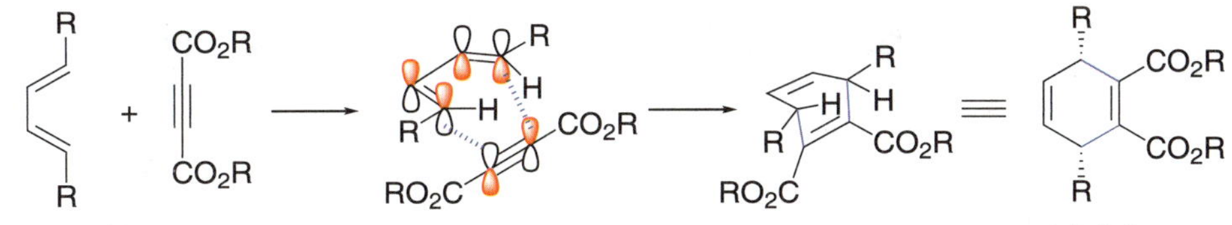

E, *E*-双烯　　　　　　　　　顺式产物

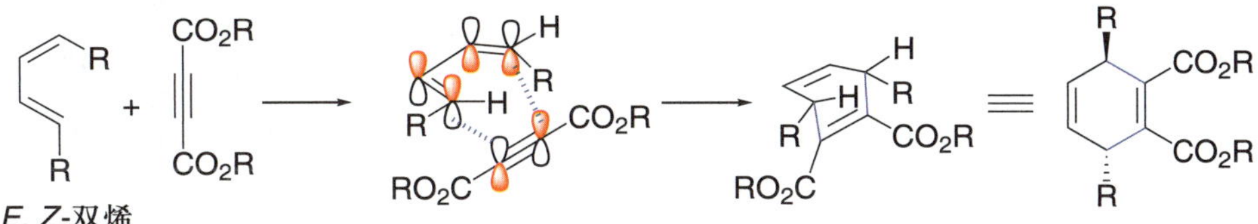

E, *Z*-双烯　　　　　　　　　反式产物

2. 面选择性问题

Diels-Alder 反应可以产生内型产物 (*endo*) 和外型产物 (*exo*) 两种异构体。该命名方式源于酸酐位于 [2.2.1] 桥环的内侧或外侧。从热力学稳定性的角度分析，外型产物可以避开酸酐与桥环内侧的张力，具有更高的稳定性。但实验表明，该 Diels-Alder 反应得到的产物为单一的内型产物。这一现象被称为内型效应 (*endo* effect)。

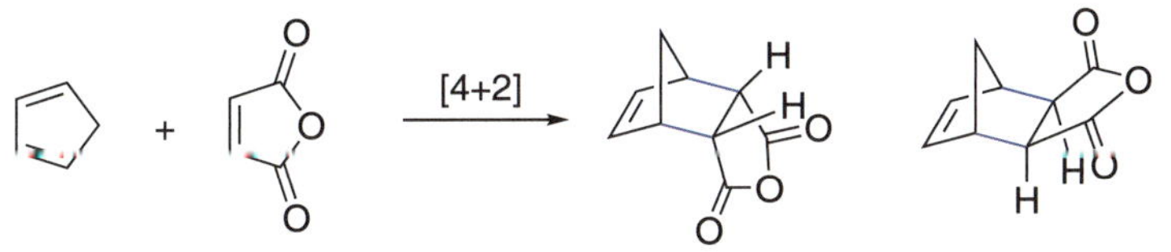

内型产物　　外型产物

内型效应可以用**次级轨道作用** (secondary orbital effect) 解释。此时需要将亲双烯体羰基的 *p* 轨道纳入对亲双烯体的分析中。从图 22-4 可以看出，两个过渡态的区别在于亲双烯体的面选择性。内型过渡态相比外型过渡态存在一个额外的 *p* 轨道之间的成键作用。这种作用称为次级轨道作用。次级轨道作用可以有效稳定 Diels-Alder 反应过程中的过渡态，从而降低反应过渡态的活化能。

次级轨道效应是一种对**反应过渡态**的稳定作用，因此内型效应本质上是一种**动力学控制**现象。图 22-5 给出了能量示意图，虽然内型产物在热力学上与外型产物相比能量相对要高，但生成内型产物的过渡态能量更低，在动力学上具有优势。内型产物是动力学控制产物。

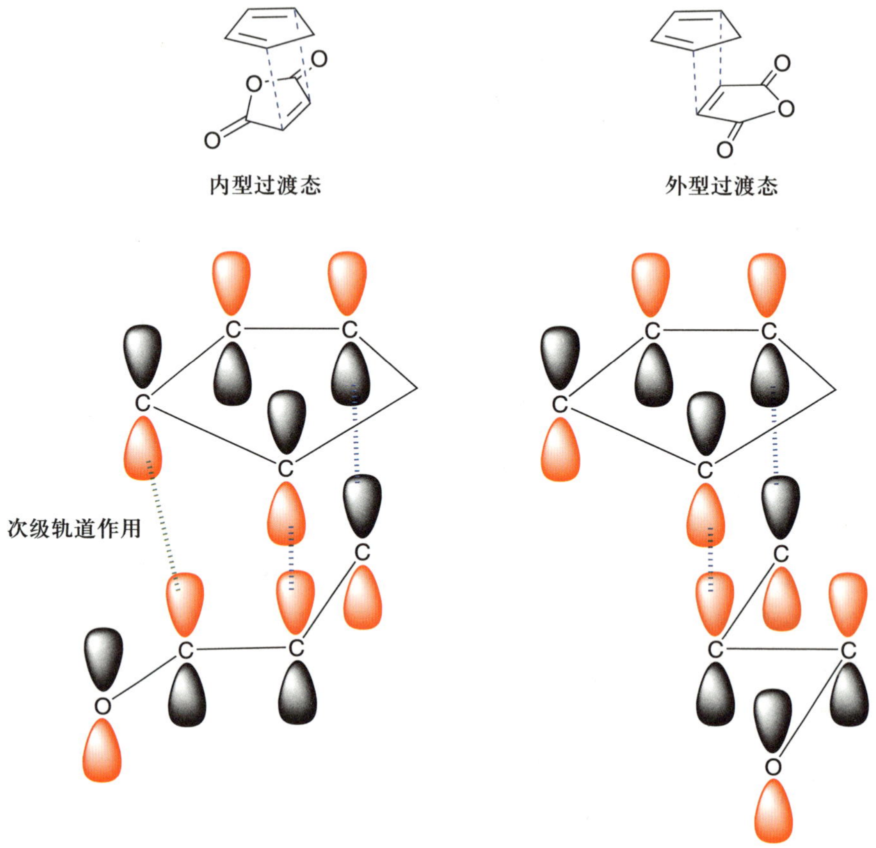

图 22-4　次级轨道作用

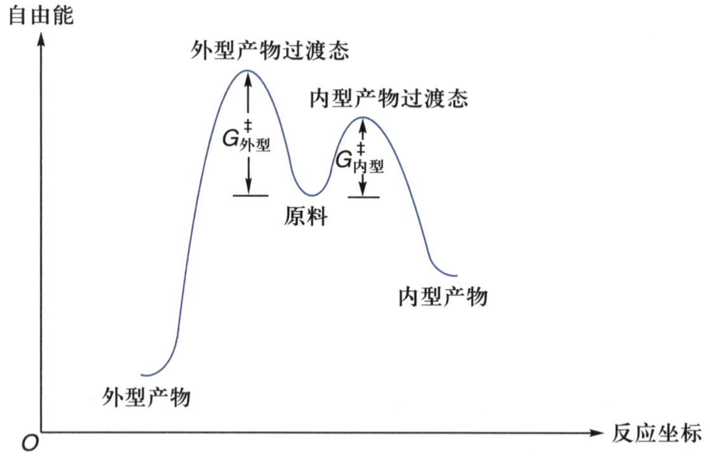

图 22-5　内外型产物过渡态的能量示意图

环加成反应具有可逆性，其逆反应称为**逆环加成反应**（retrocycloaddition reaction）。当双烯体或亲双烯体具有额外的热力学稳定性时，Diels-Alder 反应可以通过平衡的方式得到热力学稳定的产物。呋喃的两个 π 键可以作为富电子双烯体参与 Diels-Alder 反应。同时，呋喃作为芳香体系具有一定的热力学稳定性。因此，呋喃与亲双烯体发生环加成反应时可以通过环加成-逆环加成的平衡过程得到热力学稳定的外型产物。

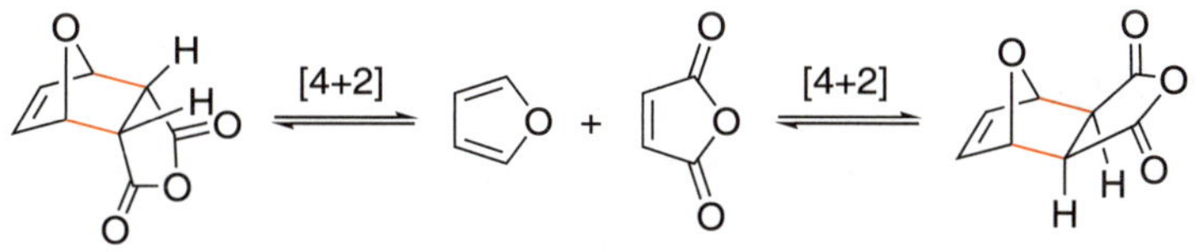

思考题 22.3

如下 [4+2] 环加成反应得到内型产物，请画出产物的结构。

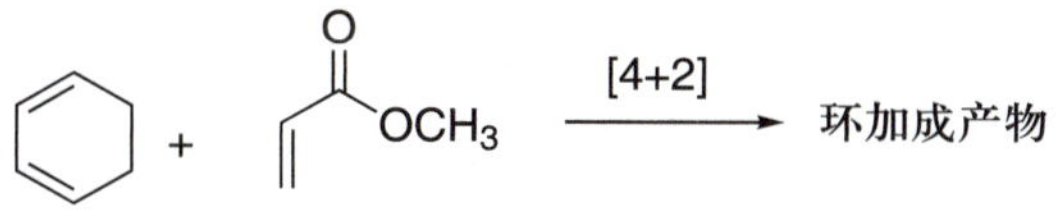

分子内 Diels-Alder 反应与杂 Diels-Alder 反应

分子内 Diels-Alder 反应是合成化学中重要的成环手段。巧妙地应用分子内环加成反应可以从简单底物快速构建复杂环系。由于双烯体与亲双烯体处于同一分子内，分子本身存在的立体化学、构象等因素都会对分子内 Diels-Alder 反应的结果产生影响。如下的例子中，分子内 Diels-Alder 反应一步实现了四个连续手性中心的构筑。

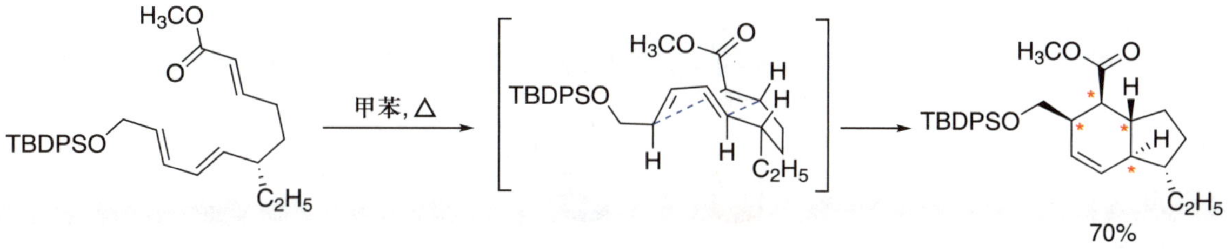

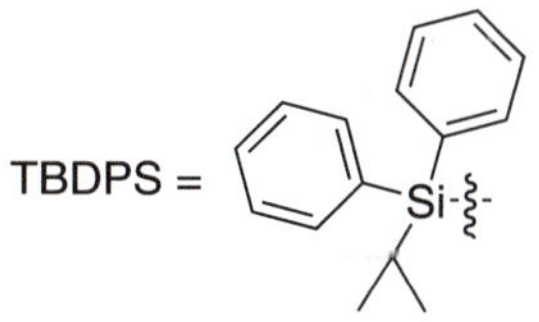

具有杂原子取代的 π 体系也可以参与 Diels-Alder 反应，这类反应称为**杂 Diels-Alder 反应**（hetero Diels-Alder reaction）。如下所示，羰基（C=O）或亚胺（C=N）均可作为 2π 体系（亲双烯体），与双烯体加成得到四氢吡喃或四氢吡啶化合物。

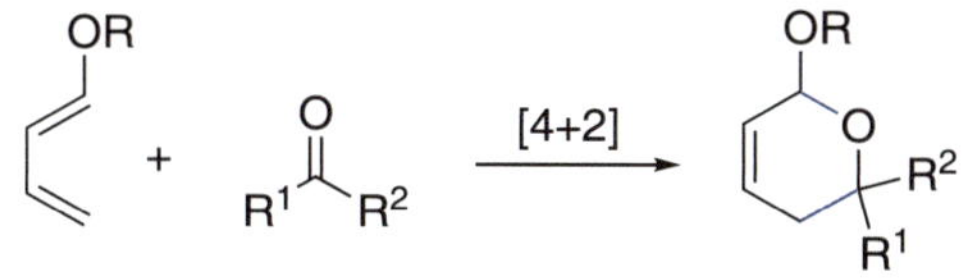

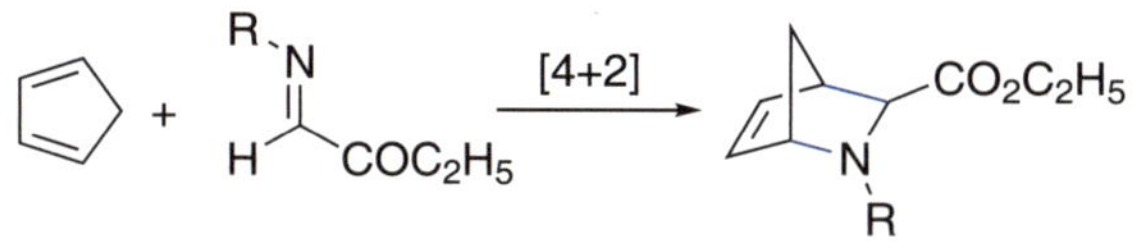

思考题 22.4

如下的结构可以通过分子内 Diels-Alder 反应合成。请画出反应前体，并标明双烯体与亲双烯体。

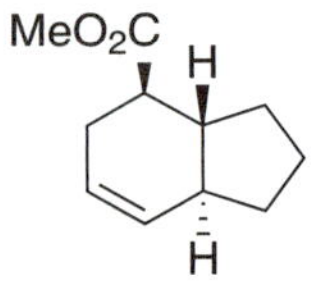

22.3.3　光照 [2+2] 环加成反应

光照 [2+2] 环加成反应的前线轨道分析

前线轨道理论可以分析 [2+2] 环加成反应中的轨道匹配方式。以两个乙烯环加成生成环丁烷反应为例，该反应的关键是乙烯分子的 HOMO 与另一个乙烯分子的 LUMO 发生相互作用，从形式上来看是两个 π 键转化为两个 σ 键。可以看出，当两个乙烯分子发生同面-同面环加成时，一侧轨道相位相同而另一侧相位相反。这种作用模式是**禁阻** (forbidden) 的。热条件下的同面-同面 [2+2] 环加成反应是**不能发生**的。

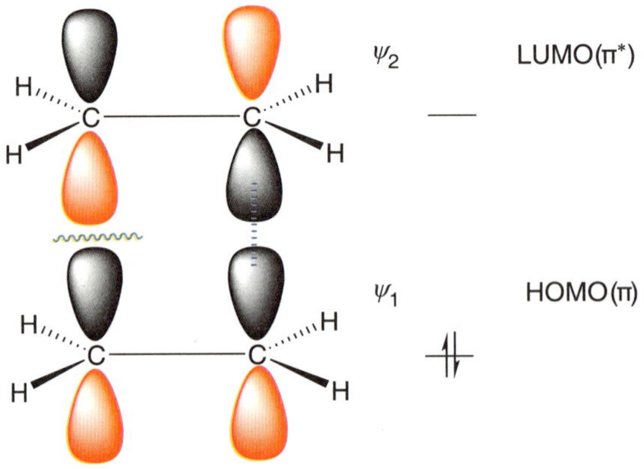

热条件无法影响前线轨道的相位关系。然而在光照条件下，电子可以从 HOMO 轨道跃迁至 LUMO 轨道，从而改变分子的前线轨道。**激发态条件下的烯烃或共轭烯烃，其 HOMO 轨道相位的两端与基态时正好相反，从而表现出与热条件下不同的反应性。**仍以两个乙烯环加成生成环丁烷的反应为例（图 22-6）。在光激发下，激发态乙烯的 HOMO 轨道与基态乙烯的 LUMO 轨道均为 π*，同面-同面相位匹配。此时，同面-同面的 [2+2] 环加成反应是允许的。**光照环加成是激发态与基态之间的反应。**

需要说明的是，轨道不匹配所导致的“禁阻”或“不能发生”并非绝对意义上的不可能发生。数值上讲，热条件下的 [2+2] 同面 - 同面环加成的活化能可以达到 480 kJ · mol^{-1}；在通常反应条件下，可以认为这是无法逾越的能量壁垒。

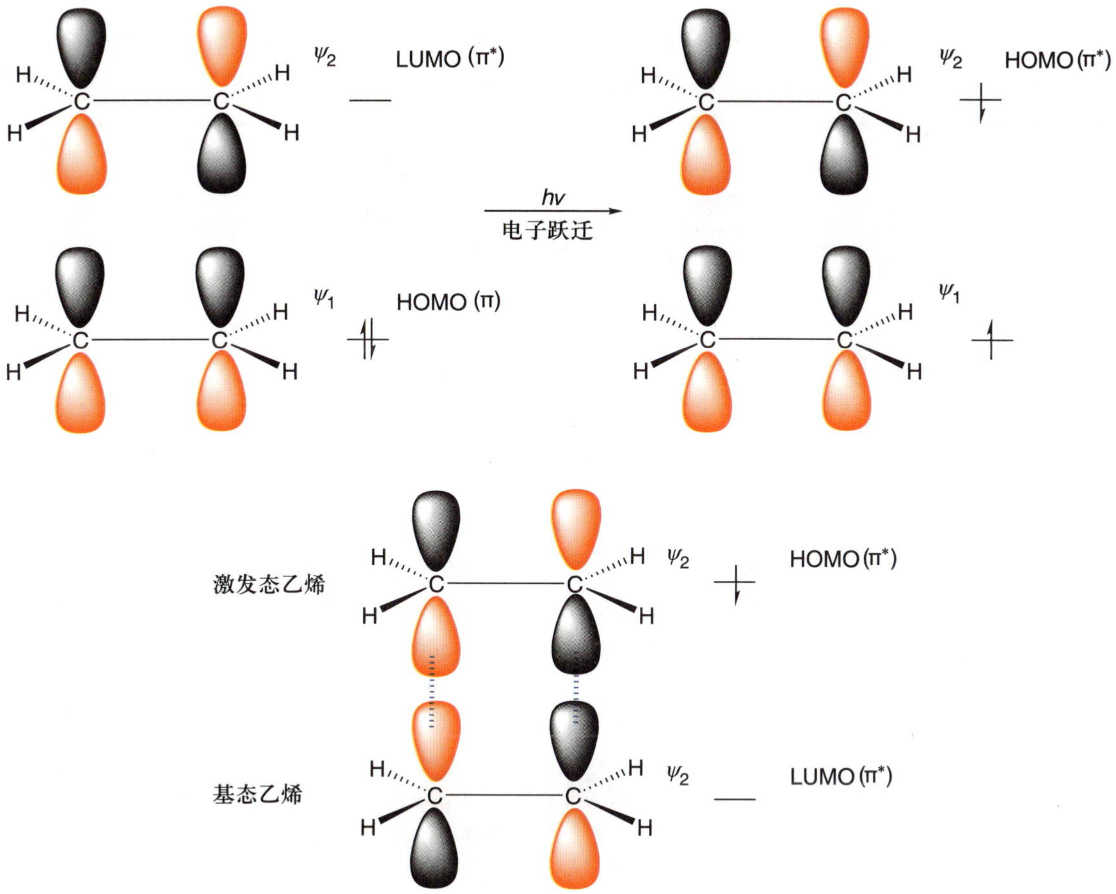

图 22-6 光照条件下乙烯的 HOMO 轨道与 LUMO 轨道

光照 [2+2] 环加成反应是合成环丁烷最为重要的方法之一。在五环厌氧氨氧化酸甲酯 (pentacycloammoxic acid methyl ester) 的合成路线中，E. J. Corey 课题组共使用了两次光照 [2+2] 环加成反应构筑了天然产物中连续的环丁烷骨架。

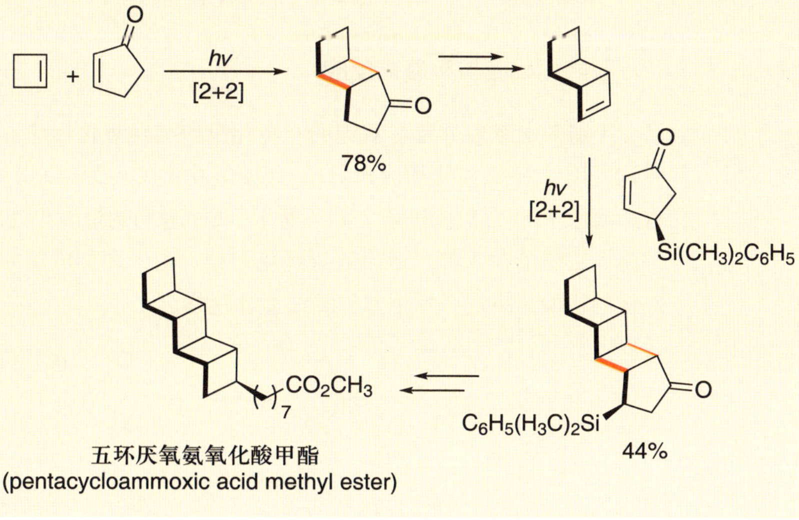

五环厌氧氨氧化酸甲酯

(pentacycloammoxic acid methyl ester)

光照 [2+2] 环加成反应需要激发光的能量匹配分子轨道 HOMO/LUMO 之间的能级差。有机化学历史上第一例报道的光照 [2+2] 环加成反应使用的是太阳光。1908 年，Ciamician 与 Silber 发现，香芹酮在“意大利阳光”下照射一年，可以得到香芹酮樟脑。此过程经历的是分子内的光照 [2+2] 环加成反应。

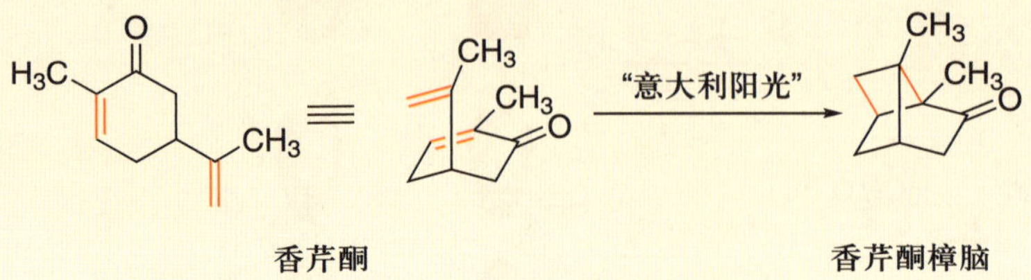

22.3.4　1,3-偶极环加成反应

1,3-偶极子(1,3-dipole)是含有四个离域电子的三原子偶极体系。其中，两个离域电子来源于 π 键，另外两个电子来源于孤对电子。1,3-偶极子与 Diels-Alder 反应中的双烯体类似，可以与 2π 电子体在热条件下发生 $[\pi^{4s}+\pi^{2s}]$ 环加成反应。与 1,3-偶极子发生反应的 π 体系称为亲偶极体(dipolarophile)。

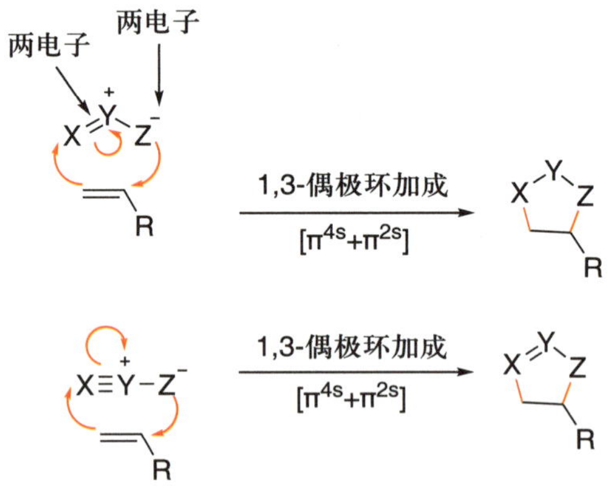

X, Y, Z = C, H, O, N等

双羟化反应与臭氧化反应

上册第七章曾介绍过双键的双羟化反应与臭氧化反应。这两个反应机理的核心步骤均可用 1,3-偶极环加成来解释。OsO_4 中的 O=Os=O 可以视作$^-$O−Os$^+$=O：一个含有金属原子的 1,3-偶极子。如下所示，OsO_4 与烯烃发生 1,3-偶极环加成反应得到锇酸酯。锇酸酯在水解之后得到双羟化产物。由于环加成反应具有立体专一性，底物中双键的构型会决定产物中邻二醇的立体化学。

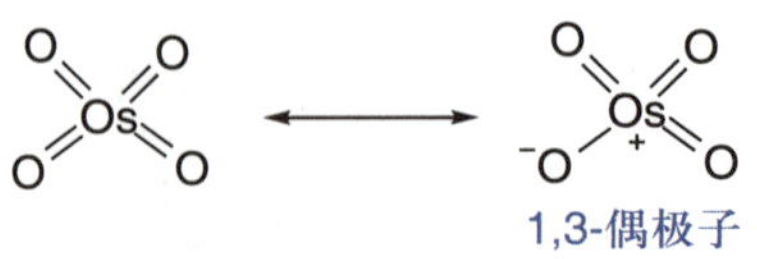

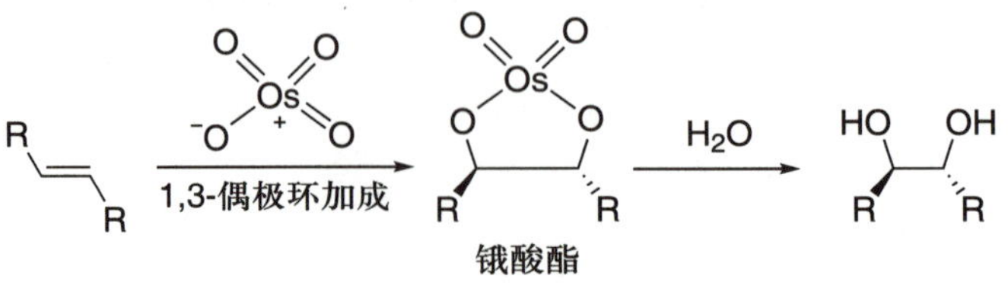

臭氧的结构是一个 1,3-偶极子。如下所示，臭氧化反应的机理涉及连续的 1,3-偶极环加成过程。臭氧分子首先与双键发生 1,3-偶极环加成反应得到五元环中间体，该中间体发生快速逆 1,3-偶极环加成反应得到羰基和羰基氧化物（一个新的 1,3-偶极子）。羰基与羰基氧化物再发生另一种区域选择性的 1,3-偶极环加成反应，得到五元环臭氧化物（ozonide）中间体。臭氧化物经不同的后处理，可以得到不同氧化态的产物。例如，经二甲硫醚处理，硫原子可以还原过氧键，得到两分子羰基化合物及硫醚自身的氧化产物二甲基亚砜。

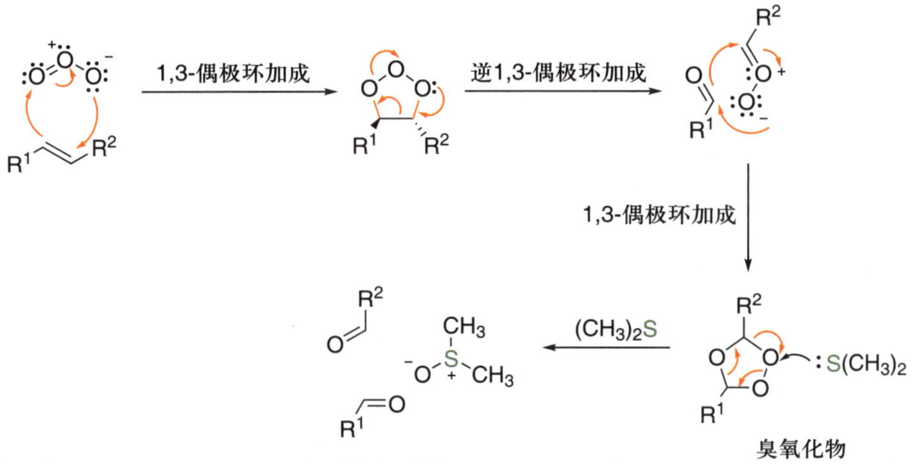

其他类型的 1,3-偶极子

有机化学中还有很多其他常用的 1,3-偶极子。这些 1,3-偶极子按照结构类型可以分为烯丙基类型和炔丙基类型两种，常用于五元杂环化合物的合成。

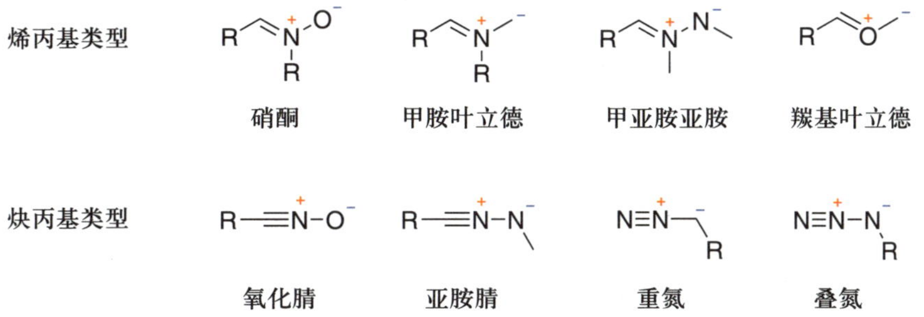

惠斯根（Rolf Huisgen，1920－2020）在 1,3-偶极环加成反应的研究中做出了突出的贡献。因此，文献中也经常将 1,3-偶极环加成反应称为 Huisgen 反应。在一系列 1,3-偶极环加成反应中，叠氮与炔烃生成三氮唑的 1,3-偶极环加成反应得到了广泛的应用。铜可以显著促进该反应的进行。该反应具有快速、绿色、高效、底物耐受性强等特点，是**点击化学**（click chemistry）中的经典范例。由于这些优势，该反应目前广泛应用于**生物正交化学**（bioorthogonal chemistry）。2022 年，沙普利斯（Karl B. Sharpless，1941－）、贝尔托齐（Carolyn Bertozzi，1966－）与梅尔达尔（Morten Meldal，1954－）因发展了点击化学与生物正交化学荣获 2022 年诺贝尔化学奖。

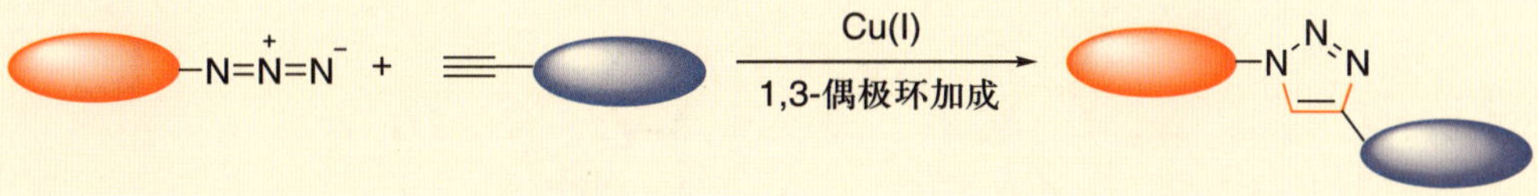

思考题 22.5

请给出如下反应的产物结构。

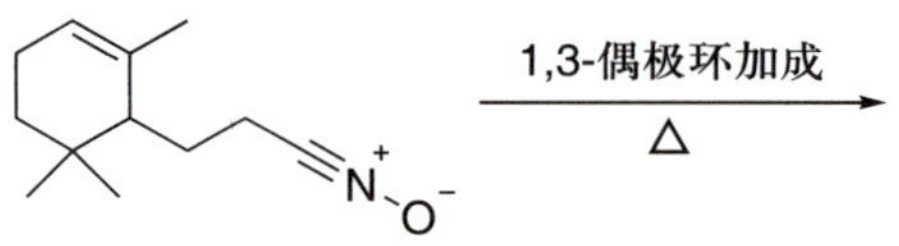

22.4 ene 反应

22.4.1 ene 反应的定义

带有烯丙基氢的烯烃可以和另一个烯烃发生**协同加成**得到新的烯烃产物。该反应称为 ene 反应（烯反应）或 Alder-ene 反应。**ene 反应断裂一根 π 键，形成一根 σ 键，并发生 σ 键的迁移**。ene 反应中，烯丙基体系称为"烯"(ene)，而另外一个烯烃反应物称为亲烯体(enophile)。在烯烃之外，Alder-ene 反应中的"烯"还可以是酮/亚胺等结构经互变异构产生的烯醇/烯胺类型的杂原子取代烯丙基体系，"亲烯体"也可以拓宽到酮羰基、硫代羰基、亚胺及炔烃等不饱和结构。

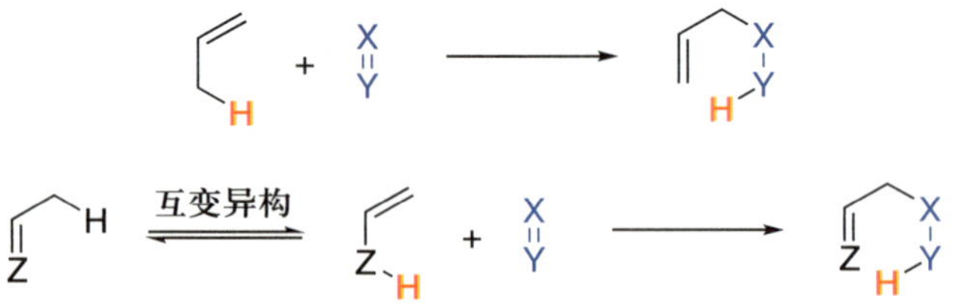

X=Y: 羰基，硫代羰基，亚胺，烯(炔)烃，单线态氧气，N=N双键
Z: 杂原子

22.4.2 ene 反应的前线轨道分析

ene 反应和 Diels-Alder 反应在形式上有着明显的区别：前者生成链状烯烃，后者则生成环状烯烃产物。但两者在机理上有着很多相通之处，ene 反应中的"烯"是由烯烃 π 键轨道与烯丙基 C−H σ 键轨道发生重组形成的四电子体系。如图 22-7 所示，这种组合需要两个轨道处于平行状态。

与 Diels-Alder 反应类似，这种四电子体系可与 2π 体系（即亲烯体）从同面-同面的方向上通过六元环状过渡态发生加成反应。ene 反应通常由"烯"提供 HOMO，亲烯体提供 LUMO。

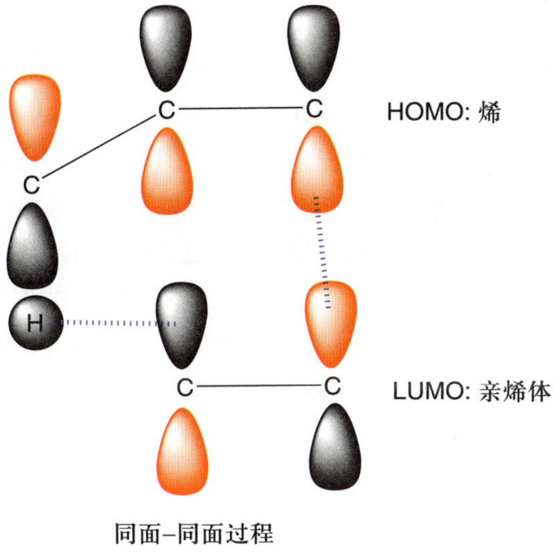

图 22-7　ene 反应的前线轨道机理

ene 反应在合成中具有广泛的应用。例如香茅醛在溴化锌的作用下，可以发生羰基-ene 反应 (carbonyl-ene reaction)，得到异胡薄荷酮。这个过程已经应用于薄荷醇的工业合成中。

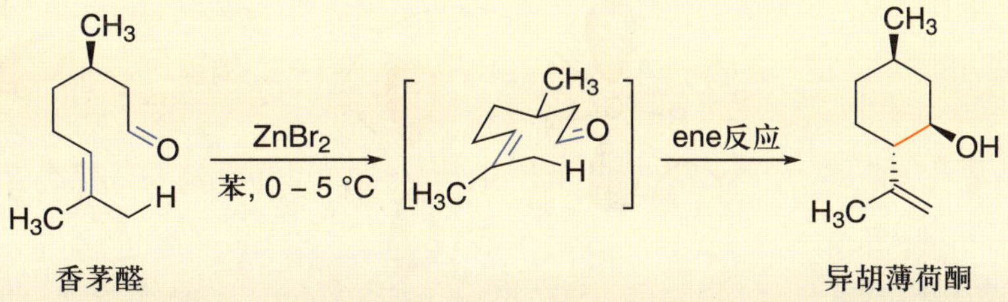

22.5 电环化反应

22.5.1 电环化反应的定义

电环化反应是指具有 n 个 π 电子的共轭多烯通过协同环化，得到具有 n–2 个 π 电子产物的过程及其逆过程。电环化反应根据参与反应的 π 电子数 n 称为 nπ 电环化反应。电环化反应可以是链状化合物的关环 (电环化关环) 或者是环状化合物的开环 (电环化开环)，均是在体系的两端进行化学键的生成与断裂。与 Diels-Alder 反应和 ene 反应不同，电环化反应是**单一共轭 π 体系自身**发生的反应。**电环化关环反应是断裂一根 π 键，生成一根 σ 键；电环化开环反应是断裂一根 σ 键，生成一根 π 键。**

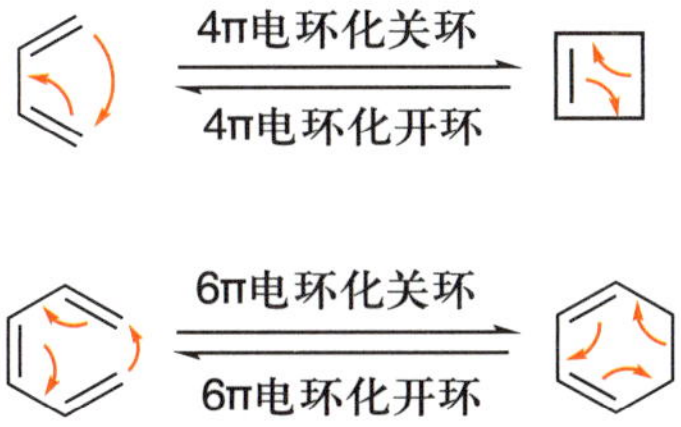

当链状共轭烯烃的末端具有取代基时，电环化关环可以得到两个取代基处于顺式或反式的立体异构体。而当环状共轭烯烃上的两个 sp^3 位点上有取代基时，电环化开环可以得到不同的双键 *Z*/*E* 异构体。这种立体异构体的产生本质上是由于电环化过程中分子轨道的两个末端需要发生旋转所导致的。其中，两端同方向旋转的过程为**顺旋**（conrotatory）；而两端反方向旋转的过程称为**对旋**（disrotatory）。

电环化关环时，分子轨道两端的 *p* 轨道需发生旋转产生相位相符的成键作用（图 22-8）。当两端的 *p* 轨道相位相反时，只有发生顺旋作用才能保证相位相符；而当两端的 *p* 轨道相位相同时，则只能发生对旋作用满足相位要求。根据反应的**微观可逆性原理**，同电子数的电环化开环反应需要满足与关环相同的旋转关系。

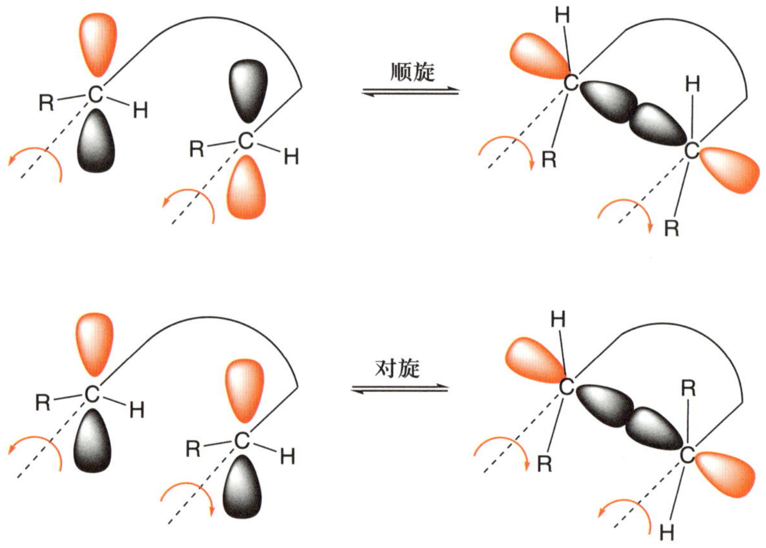

图 22-8　相位相符的成键作用

22.5.2　热条件下的电环化反应

从前线轨道理论来看，理解电环化反应机理的关键需要分析共轭烯烃体系的 HOMO，**重点考察的是 HOMO 两端的相位关系**。根据前线轨道两端相位的周期性，电环化反应可以根据参与反应的 π 电子数分为 4*n* 体系与 4*n*+2 体系。下面分别讨论这两种体系。

4*n* 体系

4*n* 共轭体系的代表性结构为丁-1,3-二烯，其 HOMO 为 Ψ_2 轨道（见 22.2 节中的图 22-1）。对于 Ψ_2 轨道，两端的相位相反。因此，丁-1,3-二烯发生电环化关环反应经历**顺旋**过程（图 22-9）。这一结论也可以推广到任意 4*n* 电子体系的电环化关环反应。

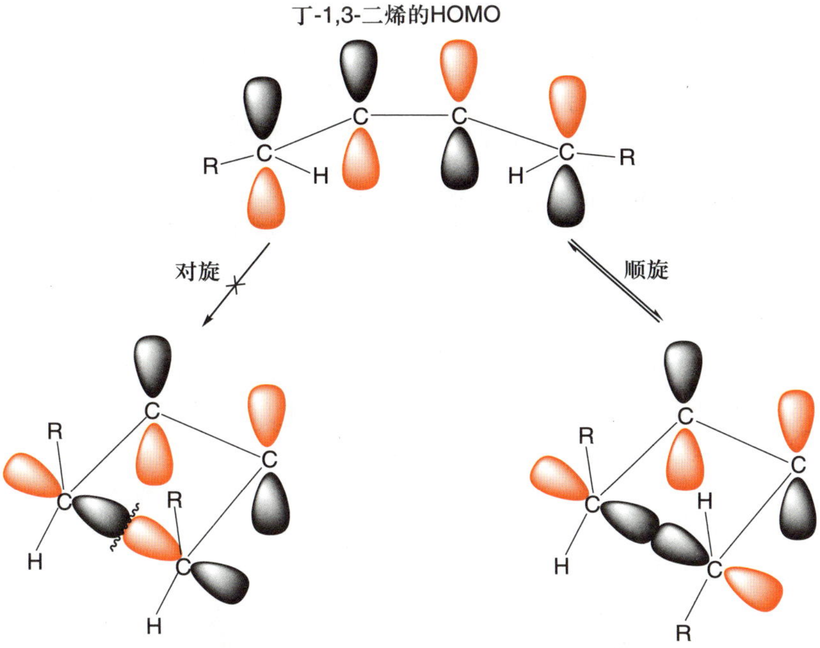

图 22-9 丁-1,3-二烯的顺旋过程（4*n* 电子体系）

电环化反应作为周环反应具有**立体专一性**。*Z*/*E* 不同的丁-1,3-二烯在发生 4π 电环化关环反应时，反应物的立体化学会体现在产物的立体化学中。(*E*,*E*)-丁-1,3-二烯环化得到反式取代的环丁烯，(*E*,*Z*)-丁-1,3-二烯环化得到顺式取代的环丁烯。

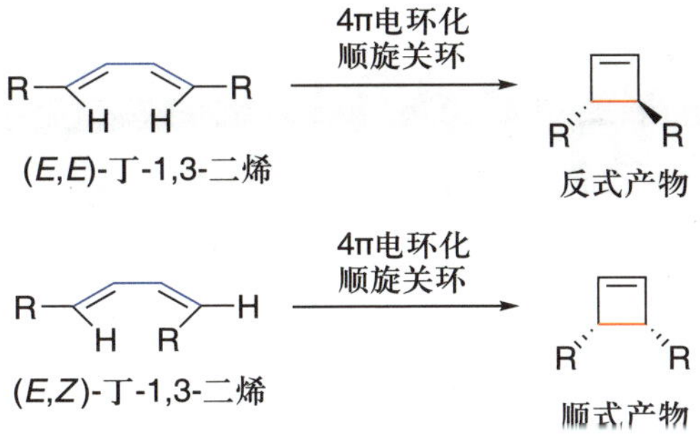

需要强调的是，“4*n*”指的是 π 体系中的**电子个数**而非原子或轨道个数。如果共轭体系中有 4*n* 个 π 电子，即使原子数或轨道数不是 4*n*，同样可以在热条件下发生顺旋电环化反应。如下反应所示，二乙烯基酮类化合物和质子结合，可以得到碳正离子。此碳正离子与两个双键恰好形成了一个五中心四电子的共轭体系。该体系可以发生顺旋 4π 电环化反应得到五元环烯丙基碳正离子，随后经历 β-H 消除反应得到不饱和酮。这个反应称为 Nazarov 环化反应，是制备环戊烯酮的重要方法。产物的立体构型也证实了热条件下的 Nazarov 环化经历了 4π 电环化顺旋关环的过程。

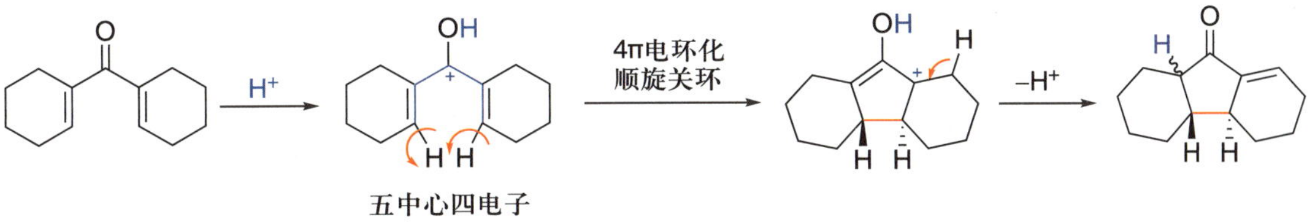

电环化反应既可以关环也可以开环。由于可以释放较大的环张力，小环底物倾向于发生电环化开环反应。4*n* 电环化开环反应的过程也是顺旋的。

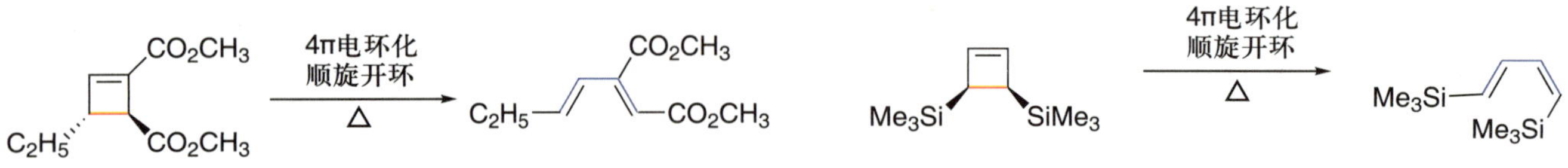

4*n*+2 体系

下面以己-1,3,5-三烯为基础结构探讨 4*n*+2 体系发生电环化时的立体化学。己-1,3,5-三烯的 HOMO 轨道为 Ψ_3 轨道。Ψ_3 轨道两端相位是相同的。因此，己-1,3,5-三烯发生电环化关环反应经历**对旋**过程（图 22–10）。

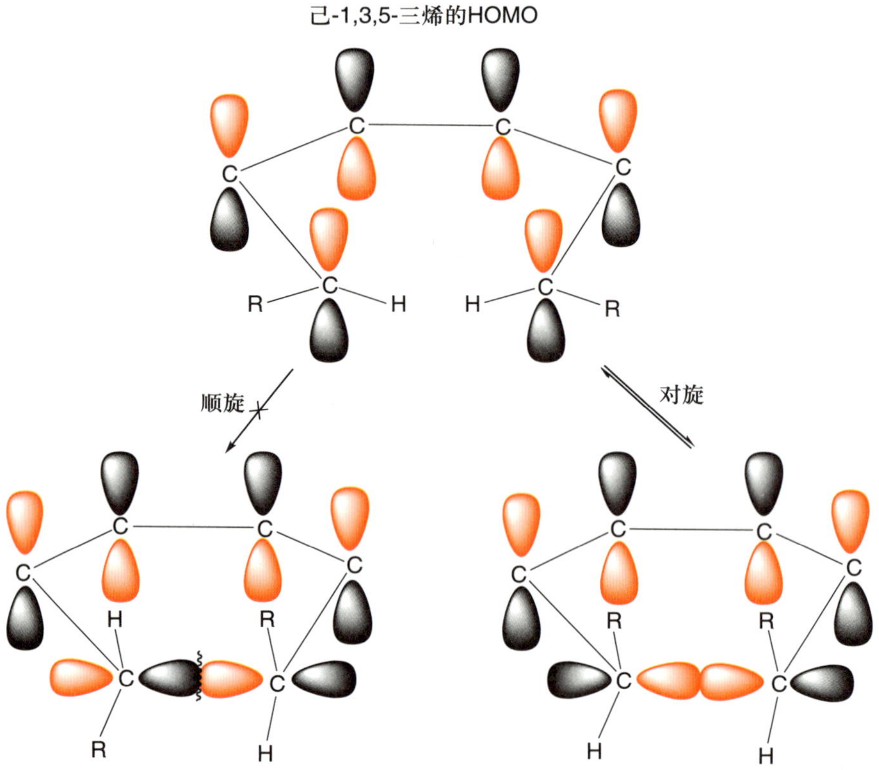

图 22–10　己-1,3,5-三烯的对旋过程（4*n*+2 电子体系）

6π 电环化具有立体专一性。(*E*, *Z*, *Z*)-环己-1, 3, 5-三烯发生 6π 电子电环化关环得到反式取代环己二烯，(*E*, *Z*, *E*)-环己-1, 3, 5-三烯则得到顺式取代产物。

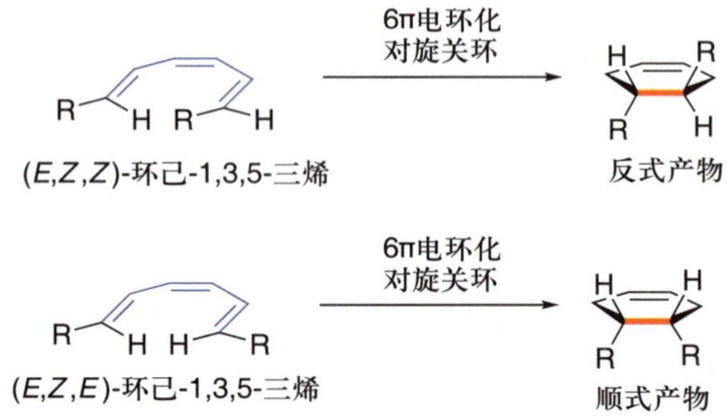

只要共轭体系中的 π 电子数为 $4n+2$，该体系在热条件下便可以发生对旋电环化反应。环辛-1,3-二烯在强碱条件下得到的共轭负离子，可以发生 6π 电环化顺旋关环反应，经质子淬灭后得到顺式 5/5 碳环体系。

22.5.3 光照条件下的电环化反应

与环加成反应相同，电环化反应也可以在光照条件下进行。由于激发态 HOMO 两端的相位与基态相反，光引发电环化的顺旋和对旋方式与热反应相反。

4*n* 体系

依旧以丁-1,3-二烯为代表讨论 4*n* 共轭多烯体系在光照下的电环化反应。光激发下，丁-1,3-二烯 Ψ_2 轨道上的电子可以跃迁至 Ψ_3 轨道（图 22-11）。因此，激发态丁-1,3-二烯的 HOMO 轨道为 Ψ_3 轨道。

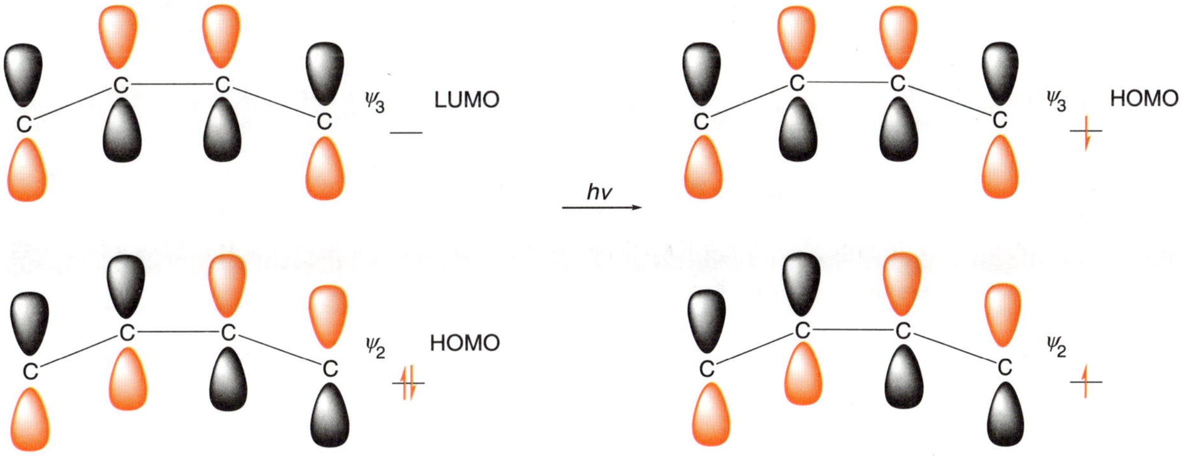

图 22-11 光激发下丁-1,3-二烯的 HOMO 轨道

由 Ψ_3 轨道两端的相位关系可以看出，4*n* 体系在光照下发生电环化反应时需要**对旋**。(*Z*,*E*)-丁-1,3-二烯衍生物在光照下得到反式取代的环丁烯结构。Nazarov 环化反应也可以在光照下发生，此时的立体化学与热反应不同。

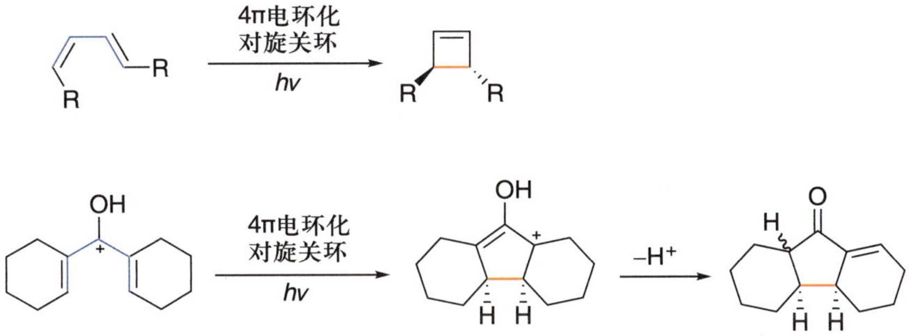

4*n*+2 体系

以己-1,3,5-三烯为基础结构探讨 4*n*+2 体系发生光照电环化时的立体化学。在光激发下，己-1,3,5-三烯的 HOMO 变成了 Ψ_4 轨道（图 22-12）。Ψ_4 轨道两端相位相反，因此光照下的 4*n*+2 电环化反应是**顺旋**过程。

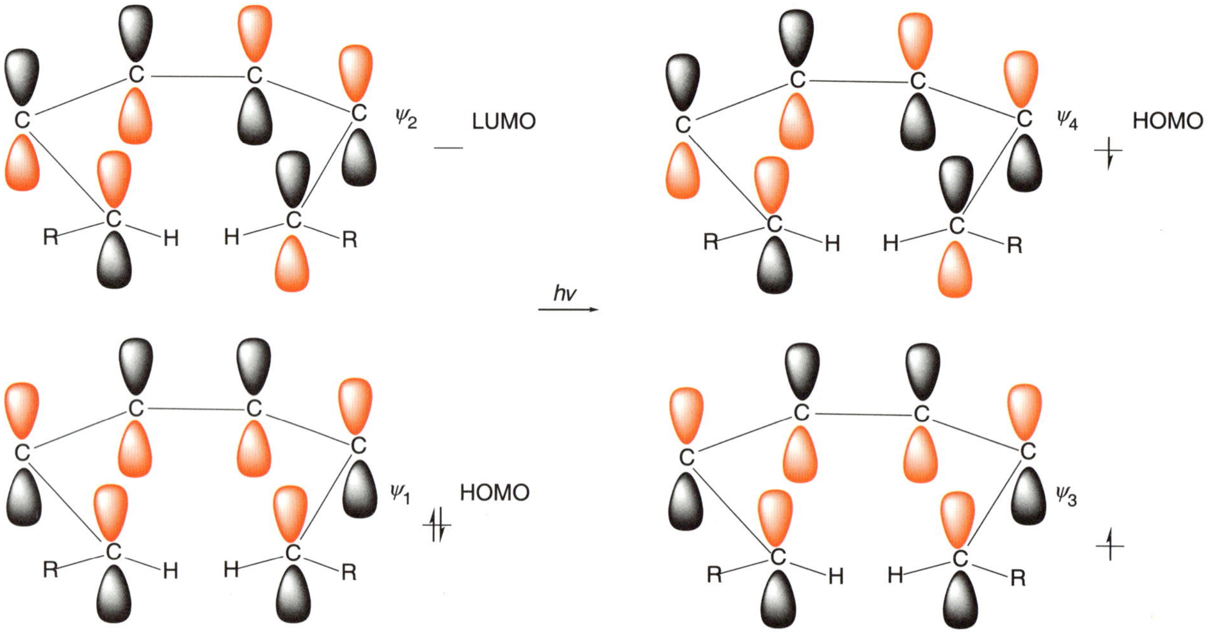

图 22-12　光激发下己-1,3,5-三烯的 HOMO 轨道

不同 *E*,*Z* 立体化学的己-1,3,5-三烯在光照下发生电环化关环反应均立体专一性地得到**顺旋**关环的产物。

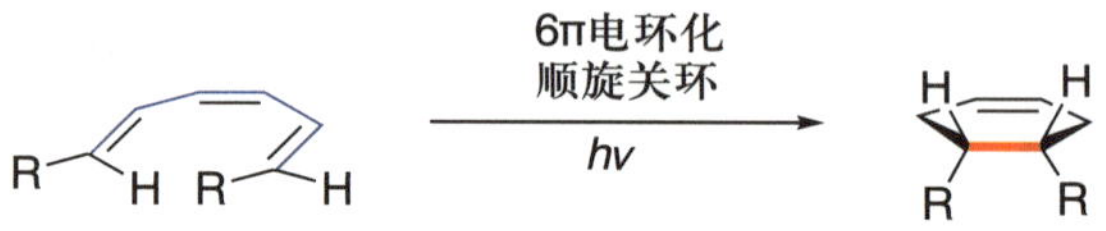

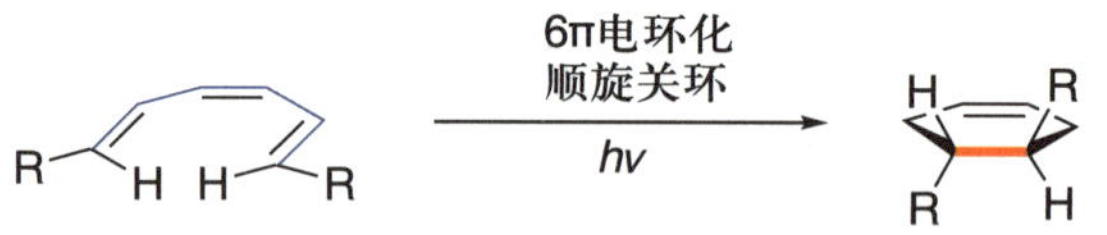

总结热条件与光照条件下电环化反应的特点：

热条件下，4*n* 体系电环化为顺旋，4*n*+2 体系电环化为对旋。

光照条件下，4*n* 体系电环化为对旋，4*n*+2 体系电环化为顺旋。

思考题 22.6

请写出如下反应可能的机理。

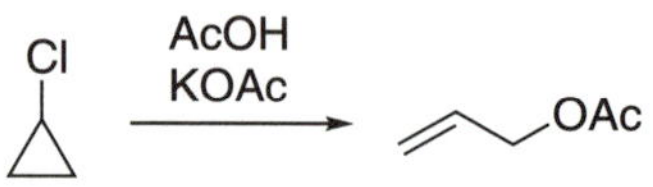

22.5.4 环状化合物电环化反应的立体化学

电环化反应的顺旋与对旋方式是由其前线轨道两端的相位关系所控制的。在复杂底物中，这种只取决于相位关系的旋转方式可能会造成较大的环张力，从而导致电环化反应无法进行。

在如下例子中，环己二烯单元中的共轭双键在光照下可以发生 4π 对旋电环化关环，得到顺式 4/4 并环产物。如果该底物发生热条件下的顺旋 4π 电环化反应，生成的产物会是能量极高的反式 4/4 并环。因此，这个 4π 电环化关环仅能在光照下进行。

杜瓦苯发生 4π 电环化开环得到苯的过程仅能通过光照进行。在加热条件下，杜瓦苯经过 4π 电环化开环会得到一个张力极高的且含有 *E* 式烯烃的六元环产物。因而，杜瓦苯在热条件下无法通过电环化反应转化为苯环。

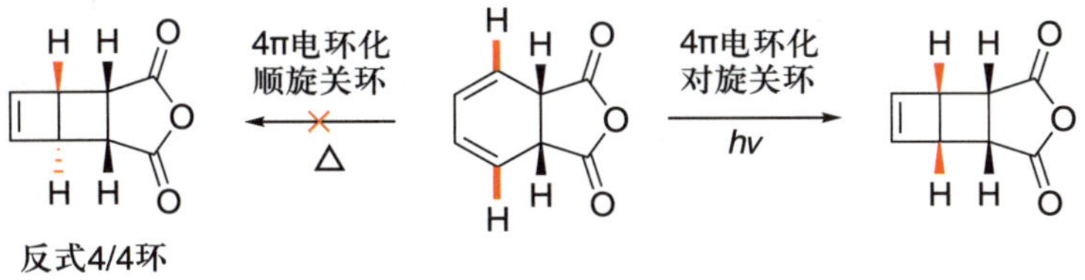

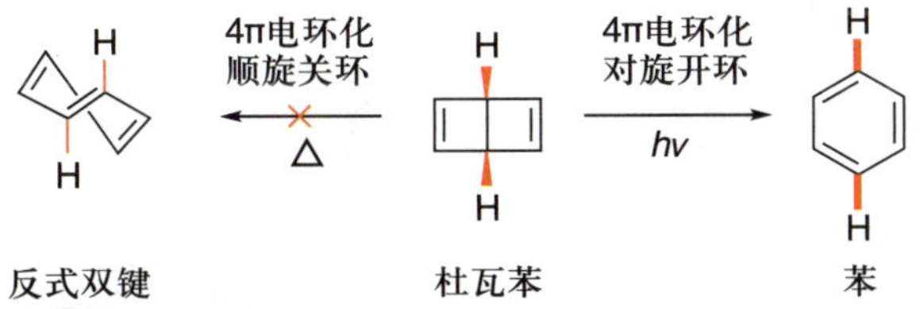

22.6 σ迁移反应

22.6.1 σ迁移反应的定义

烯烃或共轭烯烃底物的 σ 键通过共轭体系进行位置迁移并伴有相应的 π 键转移的反应称为 **σ 迁移反应**。σ 迁移反应是周环反应的一种，也经历环状过渡态。与电环化反应相同，σ 迁移反应也是涉及**单一共轭体系**的反应。**σ 迁移反应中，断裂一根旧的 σ 键，生成一根新的 σ 键。**

σ 迁移反应根据 σ 键断裂与生成的位置进行命名。断裂的 σ 键两端均记为 1 号位，并从断裂位置开始向两端依次编号。用新生成的 σ 键两端的号位（放在方括号里）命名该 σ 迁移反应。

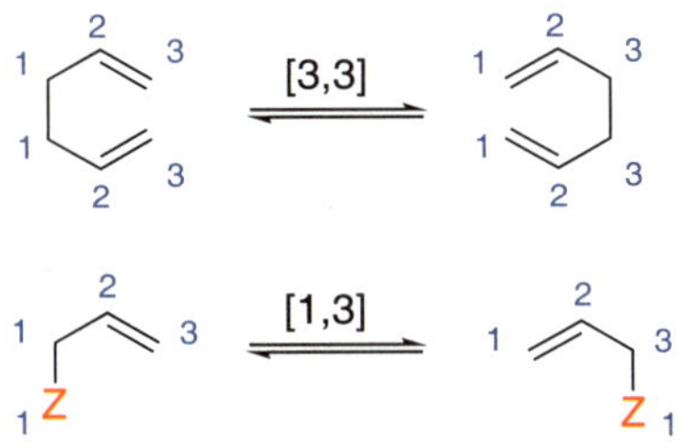

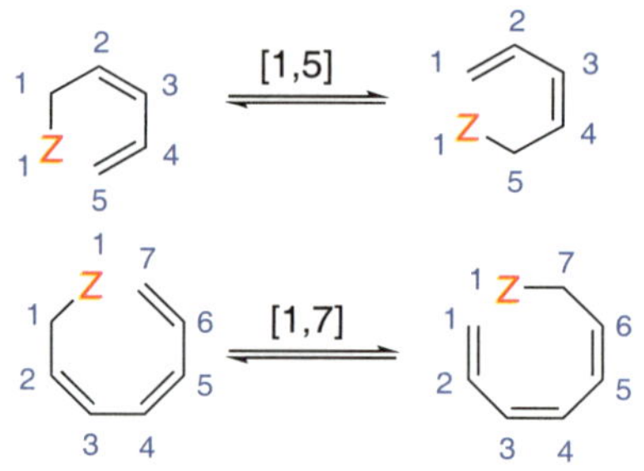

22.6.2 同面迁移与异面迁移

根据迁移两端的轨道相位关系，σ 迁移反应可以分为同面迁移与异面迁移。**轨道两端的相位关系决定 σ 迁移反应的立体化学。**[1, *n*]-氢迁移反应中，氢原子仅有 1*s* 轨道，不具有方向性与相位。因此，[1, *n*]-氢迁移的立体化学仅取决于分子轨道两端的相位关系（图 22–13）。若两端相位相同，则发生同面的 [1, *n*]-氢迁移；若两端相位相反，则发生异面的 [1, *n*]-氢迁移。相比同面迁移，异面迁移的张力较大。

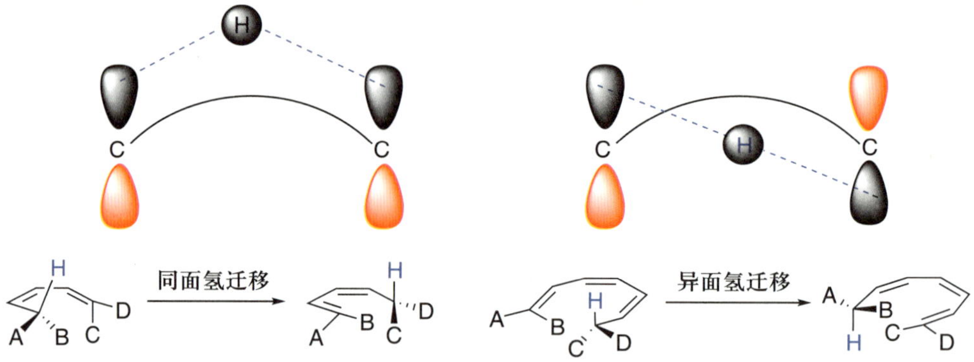

图 22–13 [1, *n*]-氢迁移反应的立体化学

碳原子的杂化轨道具有方向性与相位，因此碳迁移反应的立体化学既取决于轨道两端的相位关系，也取决于迁移碳的 σ 键相位（图 22–14）。共轭体系两端相位相同时，碳迁移是构型保持的同面迁移。两端相位相反时，碳迁移可以通过构型翻转的方式实现同面迁移。

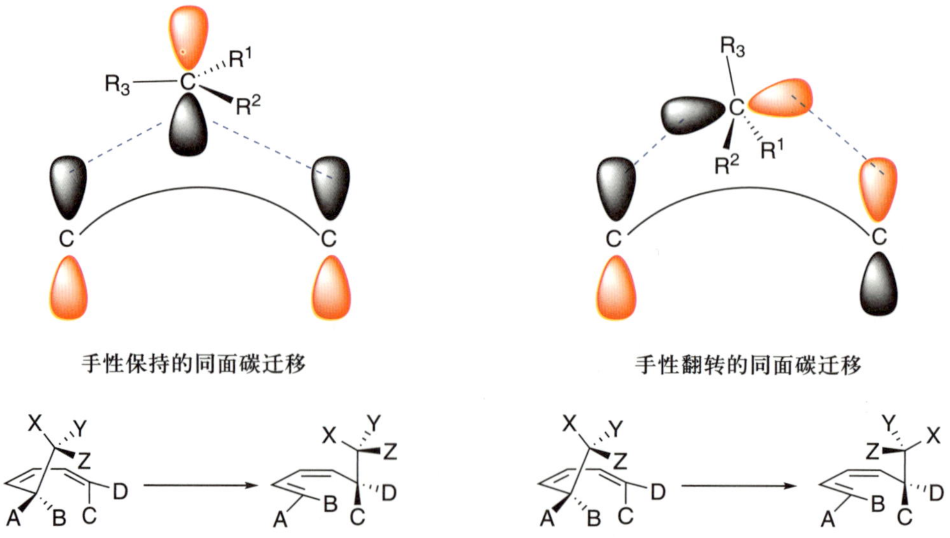

图 22–14 碳迁移反应的立体化学

22.6.3 [1,*n*]-σ 迁移反应

[1,*n*]-σ 迁移反应是 σ 键从共轭体系的一端迁移到另一端的反应。与 ene 反应中“烯”底物的构象要求相同，[1,*n*]-σ 迁移反应也需要参与反应的 σ 键与 π 键处于共平面状态。

从前线轨道角度分析，[1,*n*]-σ 迁移反应可以视为 π 体系与 σ 键体系之间发生的前线轨道重组；其中 σ 键体系提供 HOMO，π 体系提供 LUMO。依据 HOMO 与 LUMO 两端的相位关系即可判断迁移类型。与其他周环反应相同，光照条件与热条件下的迁移方式相反。

[1,3]-氢迁移反应

[1,3]-氢迁移反应可以视为烯丙位 C–H σ 键与乙烯 π 键之间发生的前线轨道重组。其中 π 键提供 LUMO (π*)，C–H 键提供 HOMO (σ)。如图 22–15 所示，该体系若发生 [1,3]-氢迁移反应，必须经过**异面迁移**。

异面 [1,3]-氢迁移反应的四原子过渡态在张力上较大，能量较高，所以虽然在轨道匹配上是允许的，但是在热条件下是无法进行的。

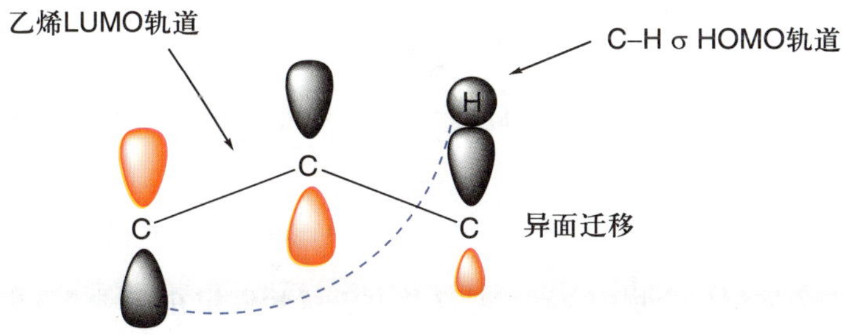

图 22–15 异面 [1,3]-氢迁移反应

[1,3]-碳迁移反应

如图 22–16 所示，[1,3]-碳迁移反应可以看作乙烯 LUMO (π*) 与 C–C σ 键 HOMO 之间的前线轨道重组。由于两端的相位相反，热条件下的 [1,3]-碳迁移反应是**手性翻转的同面迁移**。

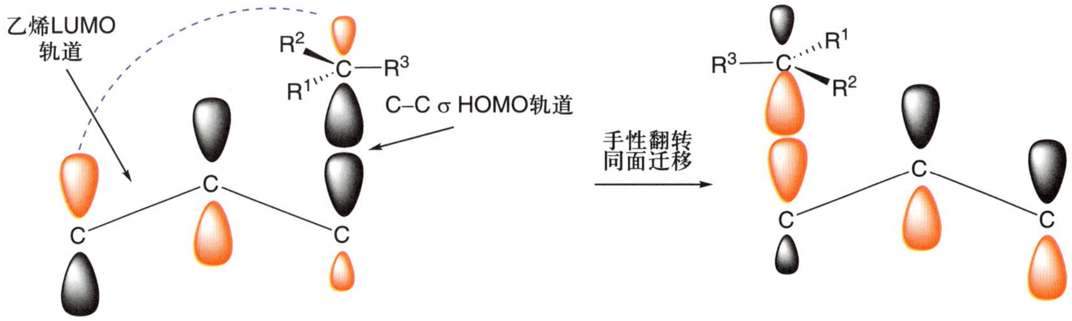

图 22–16 手性翻转的同面 [1,3]-碳迁移反应

4,5-并环化合物在加热条件下通过 [1,3]-碳迁移反应可以得到 [2.2.1] 桥环结构。迁移是在环戊烯结构的同面实现的，同时氘代位点的手性中心发生了翻转。

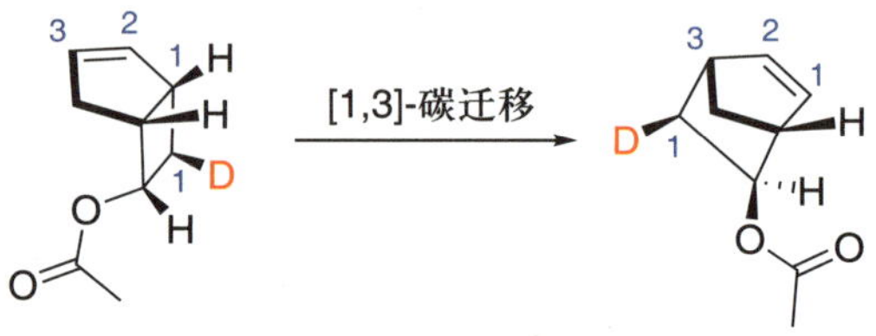

氘带位点性中心翻转

[1,5]-氢迁移反应

[1,5]-氢迁移反应可以看作丁-1,3-二烯的 LUMO (Ψ_3) 与 C−H σ 键 HOMO 之间的前线轨道重组。如图 22−17 所示，热条件下的 [1,5]-氢迁移反应是**同面迁移**。

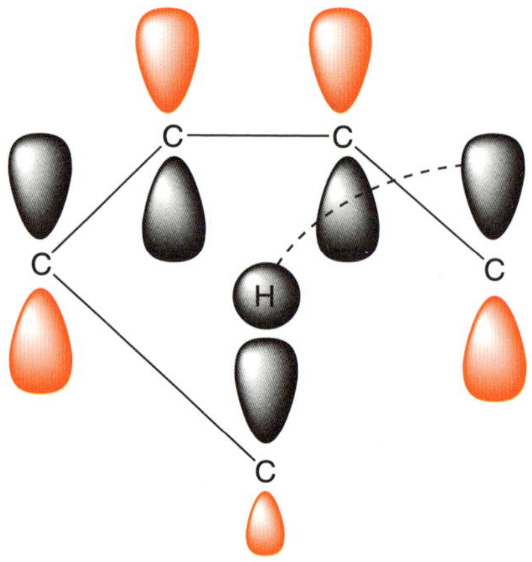

图 22−17　同面 [1,5]-氢迁移反应

在环戊二烯类型化合物中，环状结构将共轭烯烃固定在有利于发生 [1,5]-氢迁移反应的 *s*-顺式构象中。该类化合物非常容易发生 [1,5]-氢迁移反应。通过连续的 [1,5]-氢迁移反应，取代基 R 可以处于环戊二烯上的任何一个位点。

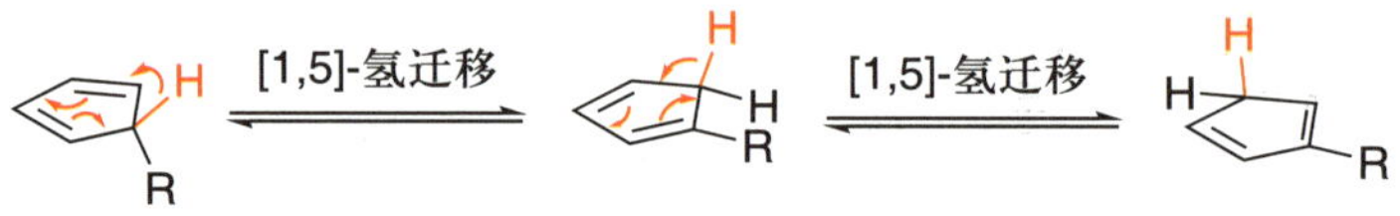

[1,7]-氢迁移反应

[1,7]-氢迁移反应可以看作己-1,3,5-三烯的 LUMO (Ψ_4) 与 C−H σ 键 HOMO 之间的前线轨道重组。从图 22−18 中的相位可以看出，[1,7]-氢迁移反应是**异面迁移**过程。[1,7]-氢迁移反应需要经历八元环过渡态，与 [1,3]-氢迁移反应需要经历的四元环相比，其过渡态张力要小很多。因此，异面 [1,7]-氢迁移反应是允许的过程。

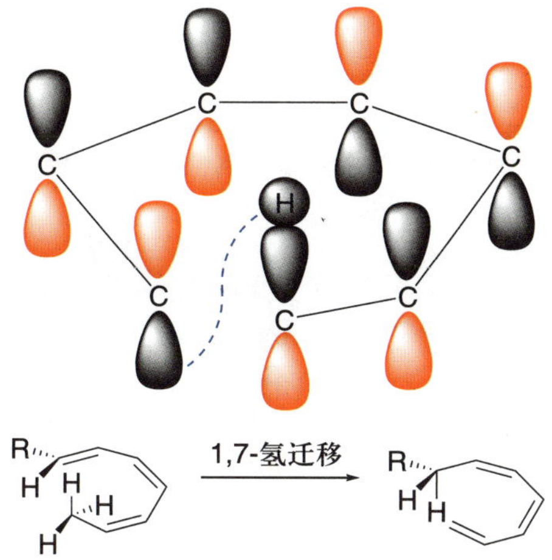

图 22-18 异面 [1,7]-氢迁移反应

自然界中最为重要的 [1,7]-氢迁移反应是人体内合成维生素 D_2 的过程。麦角甾醇在太阳光作用下，可以发生 6π 顺旋电环化开环得到前维生素 D_2。前维生素 D_2 经历 [1,7]-氢迁移反应即可得到维生素 D_2。由于反应条件是光照，此 [1,7]-氢迁移反应是同面迁移。

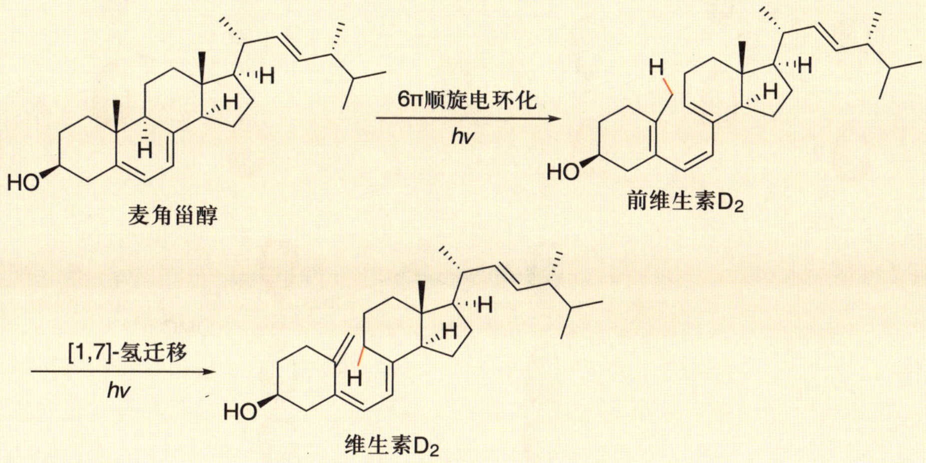

22.6.4 [3,3] 重排反应

[3,3] 重排反应的前线轨道解释

[3,3]-σ 迁移反应通常被叫作 [3,3] 重排反应，在合成化学上有着广泛用途。对 [3,3] 重排反应进行前线轨道分析，可将其看作一个烯丙基负离子与一个烯丙基正离子之间发生的前线轨道组合。其中，烯丙基负离子提供 HOMO，即 Ψ_2 轨道；烯丙基正离子提供 LUMO，也是 Ψ_2 轨道。从相位上看，两个 Ψ_2 轨道两端之间可以发生同面-同面成键，因此，热条件下的 [3,3] 重排反应是同面迁移反应 (图 22-19)。

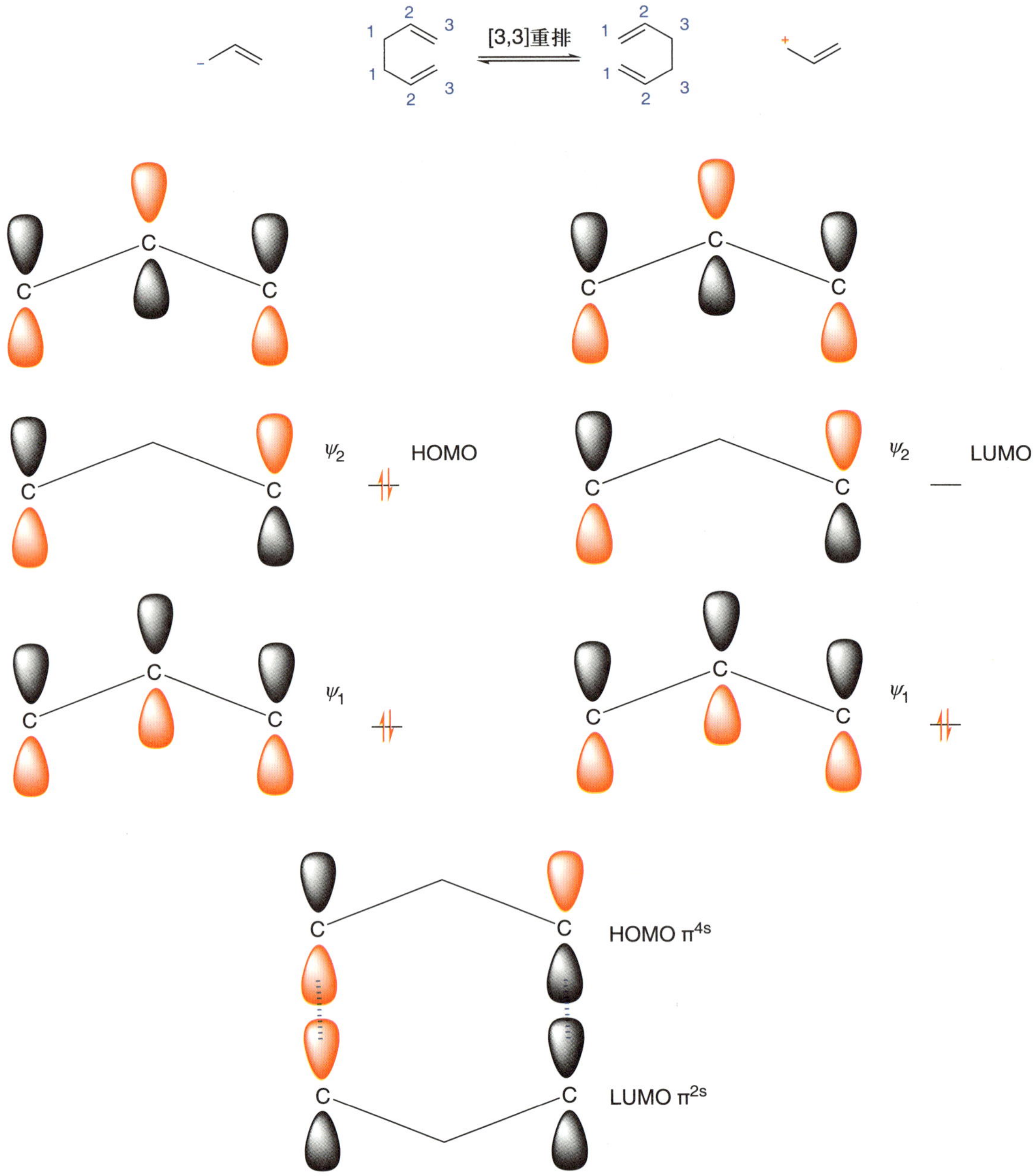

图 22-19　热条件下的 [3,3] 重排反应

[3,3] 重排反应的立体化学

[3,3] 重排反应经历六元环过渡态，倾向以椅型构象进行反应。当饱和碳上有取代基时，过渡态中的取代基倾向处于平伏键，因此反应倾向得到 *E* 式双键产物。而当反应物中的双键上有取代基时，[3,3] 重排反应会立体选择性地得到相应的取代产物。

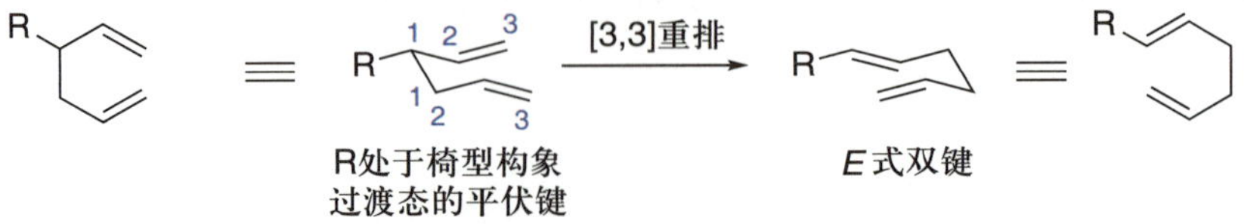

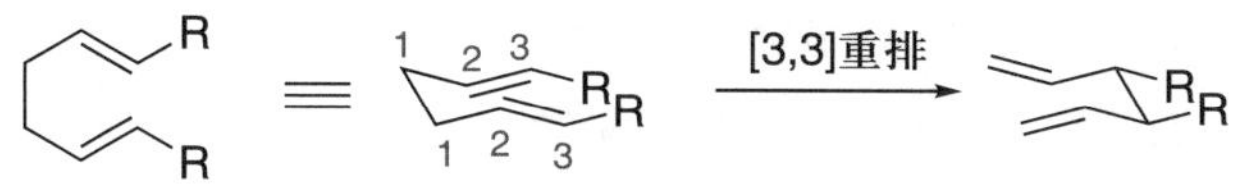

[3,3] 重排反应的方向

碳链的 [3,3] 重排反应称为 Cope 重排 (Cope rearrangement)。Cope 重排的原料与产物都是 1,5-二烯。因此原料与产物之间是可以通过 [3,3] 重排反应进行相互转化的。在这种情况下，原料与产物的热力学稳定性及产物在反应条件下的后续转化决定了 [3,3] 重排反应的方向。

己-1,5-二烯-3-醇发生 Cope 重排后可以得到烯醇产物，烯醇产物经互变异构生成热力学更加稳定的羰基产物。羰基产物不含有 1,5-二烯体系，无法进行 Cope 重排，从而促使反应向羰基化合物一侧移动。加入强碱得到的己-1,5-二烯-3-醇氧负离子可以在室温条件下进行 Cope 重排。

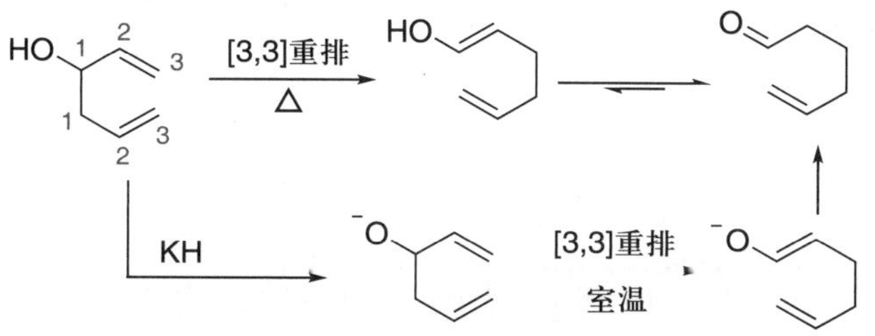

1,5-二烯碳链的杂原子衍生物也可发生 [3,3] 重排反应。Claisen 重排 (Claisen rearrangement) 是一类常见的氧杂 [3,3] 重排反应，其最初形式是一个烯丙基苯基醚在高温下发生重排，经芳香化后得到邻位烯丙基苯酚。如下所示，当邻位有取代基时，*O*-烯丙基酚可以连续发生两次 [3,3] 重排反应得到烯丙基转移到对位的酚。

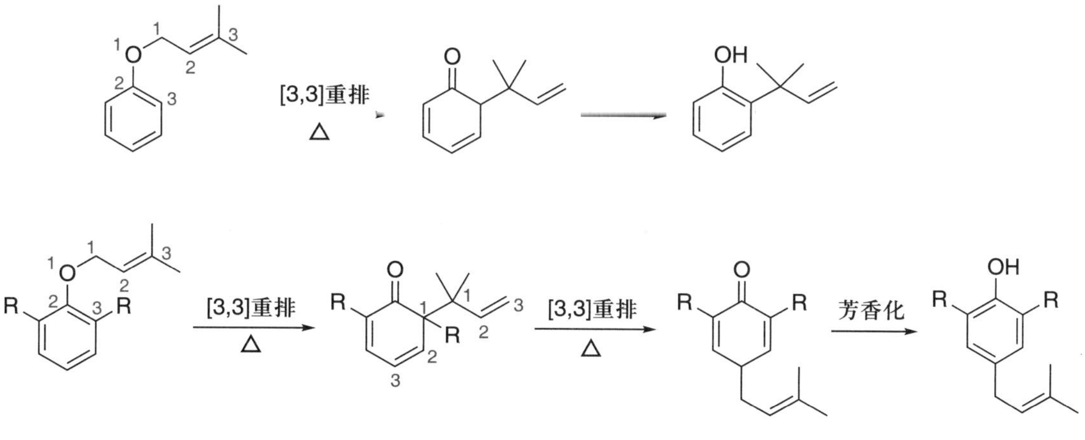

非芳香反应物也可发生 Claisen 重排。如烯丙基乙烯基醚在加热条件下可以顺利发生 [3,3] 重排反应。反应的驱动力源于 C=C 键转化为更为稳定的 C=O 键。该反应可以用于制备醛、酮及羧酸衍生物，是合成化学中的一类重要反应。

R = 氢、烷基、烷氧基、烷氨基等

工业合成柠檬醛的过程利用了两步连续的 [3,3] 重排反应。起始原料中的五碳醛与异戊烯醇在酸性条件下脱水得到乙烯基烯丙基醚。乙烯基烯丙基醚在加热条件下发生 Claisen 重排，得到 β,γ-不饱和醛，其中有一个 1,5-二烯结构。此产物在加热条件下继续发生 Cope 重排，得到最终产物柠檬醛。在第二步 Cope 重排中，生成的产物中醛基与双键共轭，促进了反应的进行。

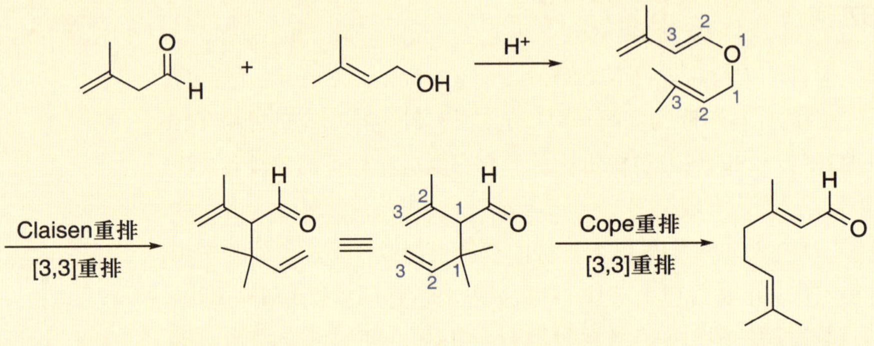

Fischer 吲哚合成法 (Fischer indole synthesis) 是合成吲哚类化合物的一个经典方法，其反应机理也包含了一个 [3,3] 重排过程。在该方法中，苯肼与可烯醇化的酮在酸性条件下加热可以一步得到吲哚。具体反应机理如下所示。在酸性条件下，苯肼与羰基发生脱水缩合得到腙。腙与烯基肼可以形成平衡，烯基肼随后发生 [3,3] 重排反应得到双亚胺结构。此过程中，弱的 N–N 键断裂而生成强的 C–C 键，在热力学上有利。双亚胺随后芳香化得到苯胺亚胺结构。苯胺亚胺结构经历环化及一系列质子转移过程，最终得到吲哚产物。

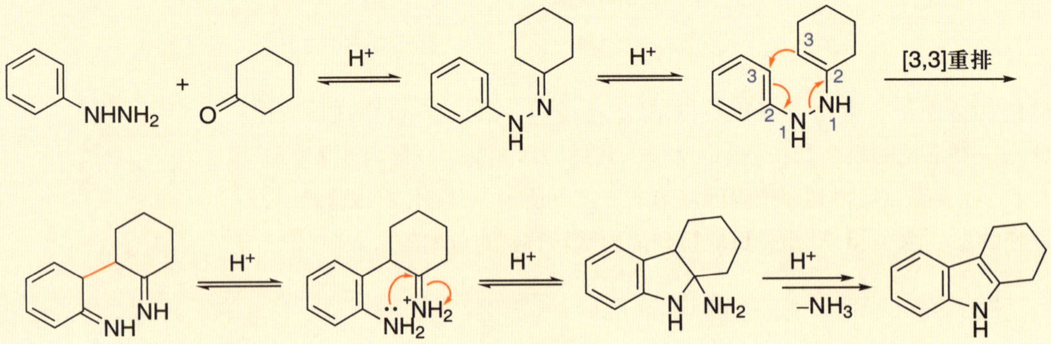

22.6.5　[2,3] 重排反应

含有一个 π 键和一个孤对电子的五原子体系可以发生 [2,3] 重排反应。与 [3,3] 重排反应相比，反应物中一个 π 键被一对孤对电子替换。因此，[2,3] 重排反应可看作一个四电子体系与一个两电子体系的前线轨道之间的组合。[2,3] 重排反应也是同面过程。

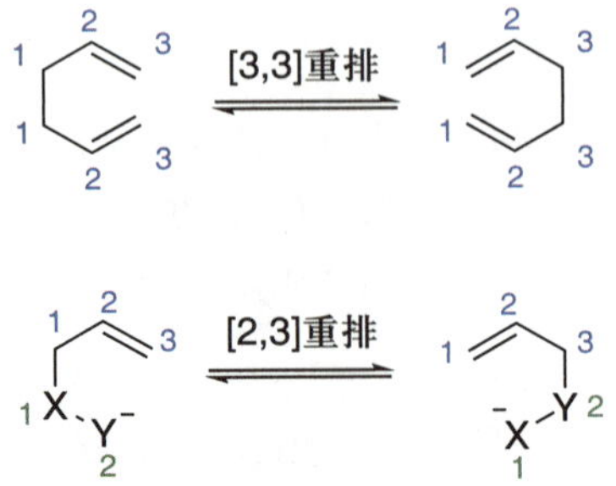

X, Y = C, 杂原子

杂原子的孤对电子经常可以参与 [2,3] 重排反应，其中比较重要的反应是 Mislow-Evans 重排 (Mislow-Evans rearrangement)。这是一个利用烯丙基亚砜制备烯丙醇的方法。烯丙基亚砜与烯丙基次磺酸酯可以通过 [2,3] 重排反应相互转化，平衡倾向于烯丙基亚砜。然而当在反应体系中加入亚磷酸三甲酯时，磷试剂可切断 S−O 键生成烯丙醇。该过程将不稳定的 S−O 键转化为了稳定的 S−P 键，从而促使烯丙基亚砜转化为烯丙醇。

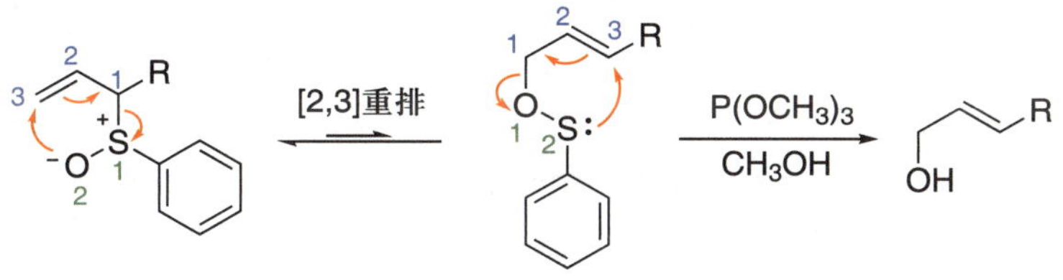

22.7 Woodward-Hoffmann 规则

前文通过前线轨道理论分别讲述了环加成反应、ene 反应、电环化反应与 σ 迁移反应四种周环反应。前线轨道理论在分析不同周环反应时具有相似性：即只需分析共轭体系 LUMO 两端与 HOMO 两端的相位关系，并不需要画出全部的分子轨道。两端的相位关系根据体系电子数为 $4n$ 或 $4n+2$，具有周期性。

R. B. Woodward 与 R. Hoffmann 提出了另一种可以用于描述周环反应的理论，称为**分子轨道对称守恒原理**。该原理无须分析反应过程中的前线轨道，而是基于反应物的分子轨道与产物的分子轨道对称性必须相同的原则判断反应能否发生。分子轨道对称守恒原理涉及较深的理论，不做详细讲述，而只给出 Woodward 与 Hoffmann 基于轨道对称性提出的用于描述周环反应的一般性规则，也称为 Woodward-Hoffmann 规则：

热条件下的周环反应，$(4q+2)^s$（同面过程）与 $(4r)^a$（异面过程）体系的总数必须为奇数（q、r 为整数）。光条件与热条件的需求相反。

利用 Woodward-Hoffmann 规则，无须寻找反应体系的前线轨道，通过体系的电子数与同面−异面关系即可快速判断周环反应的可行性。$[\pi^{4s}+\pi^{2s}]$ (Diels-Alder 反应) 只有一个 $(4q+2)^s$ 体系而没有 $(4r)^a$ 体系，因此是热允许的过程。例如下面的环庚三烯酮与环戊二烯的 $[\pi^{6s}+\pi^{4s}]$ 反应是热允许的过程。

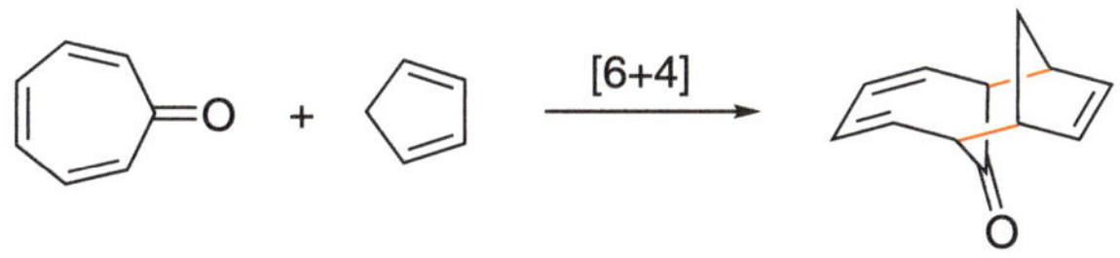

Woodward-Hoffmann 规则也可用于分析电环化的旋转方式。顺旋为异面过程，对旋则为同面过程。热条件下的 $4n$ 电环化只包含一个四电子体系，根据规则只能经历异面过程，因此是顺旋的；而 $4n+2$ 电环化必须是同面过程，因此是对旋的。

Woodward-Hoffmann 规则同样可以快速判断 σ 迁移反应的立体化学。[1,3]-氢迁移反应是一个四电子过程，可以判断为异面迁移，而 [1,5]-氢迁移反应作为六电子过程，可以判断为同面迁移。

22.8 芳香过渡态理论

本章最后简要介绍 H. Zimmerman 提出的芳香过渡态理论。不同于前线轨道理论或分子轨道对称守恒原理，芳香过渡态理论关注的是环状过渡态中电子数的芳香性。简单来说，当电子数满足芳香性时，过渡态能量更低，有利于反应的进行。其中，电子既可以来自 π 轨道，也可以来自 π 键与 σ 键的组合轨道。在芳香过渡态理论中：**热条件下的周环反应需要通过芳香过渡态进行，光条件下的周环反应需要通过反芳香过渡态进行**。

这里的芳香性是广义上的芳香性，$4n+2$ 体系与 $4n$ 体系在特定的轨道排布下均可以具有芳香性。广义上的芳香性分为 Hückel（休克尔）体系与 Möbius（莫比乌斯）体系两种体系（图 22-20）。这两种体系的区别在于**相邻原子轨道之间**（即 *p* 轨道）的相位变化次数。**同轨道自身的相位变化与体系芳香性无关**。

Hückel 体系对应的是互相完全平行的环状轨道。以 6π 体系的最低能级轨道为例，Hückel 体系相邻轨道的同面相位相同，翻转一个轨道的相位会增加两个节面，体系总共具有偶数个节面。**在 Hückel 体系中，含有 $4n+2$ 电子的体系具有芳香性，而含有 $4n$ 电子的体系具有反芳香性**。

Möbius 体系对应的是扭曲的环状轨道。仍以 6π 体系的最低能级轨道为例，此时轨道两端发生了一个异面之间的相互作用，产生一个节面。翻转一个轨道的相位会增加两个节面，体系总节面数仍然为奇数。**在 Möbius 体系中，含有 $4n$ 电子的体系具有芳香性，而含有 $4n+2$ 电子的体系具有反芳香性**。

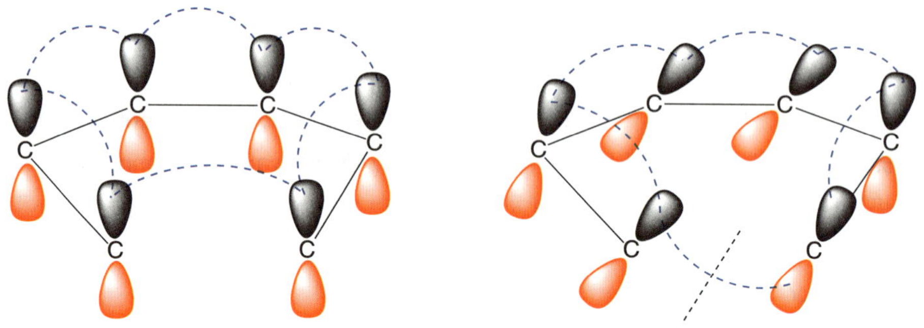

图 22-20 Hückel 体系与 Möbius 体系

符合 Hückel 或 Möbius 芳香性的体系均视为具有芳香性。从两种体系的定义可以看出，Hückel 与 Möbius 体系可以分别对应周环反应的同面过程与异面过程。两种体系满足芳香性的电子数也是互补的：同面芳香性需要 $4n+2$ 个电子，异面芳香性需要 $4n$ 个电子。

下面具体介绍芳香过渡态理论分析周环反应的方法。首先，按照最低能级轨道画出周环反应过渡态的轨道排列图。之后，根据轨道排列图的节点数目将体系归类为 Hückel 体系或 Möbius 体系，并根据参与反应的电子数判断反应过渡态的芳香性。

首先以环加成反应为例。如图 22-21 所示，同面-同面环加成相邻轨道之间没有节面，属于 Hückel 体系。这种环加成的电子总数为 $4n+2$ 时是热允许的，$4n$ 时是热禁阻的。因此，$[\pi^{2s}+\pi^{4s}]$ 环加成反应（Diels-Alder 反应）是热允许的过程，而 $[\pi^{2s}+\pi^{2s}]$ 环加成反应则是热禁阻的。

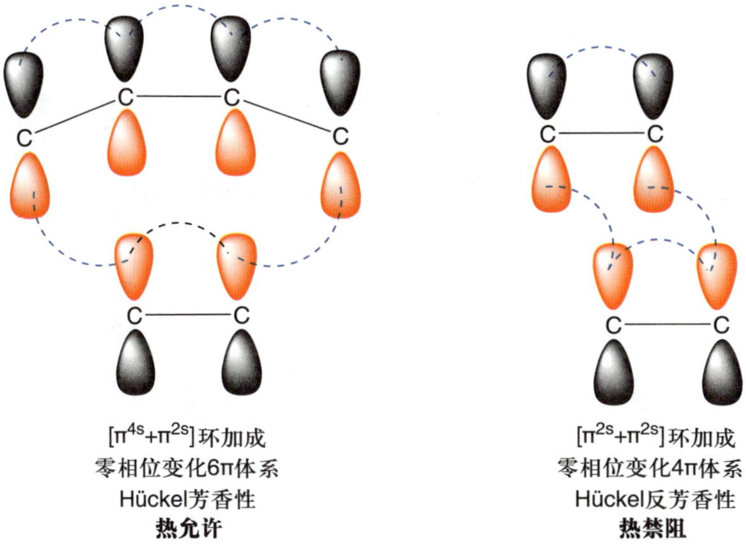

图 22-21 芳香过渡态理论分析环加成反应

继续用该理论分析电环化反应。如图 22-22 所示，在电环化反应中，顺旋是异面过程，参与电子数需要满足 Möbius 芳香性；对旋则是同面过程，参与电子数需要满足 Hückel 芳香性。因此，热条件下的 4π 电环化反应为顺旋，6π 电环化为对旋。

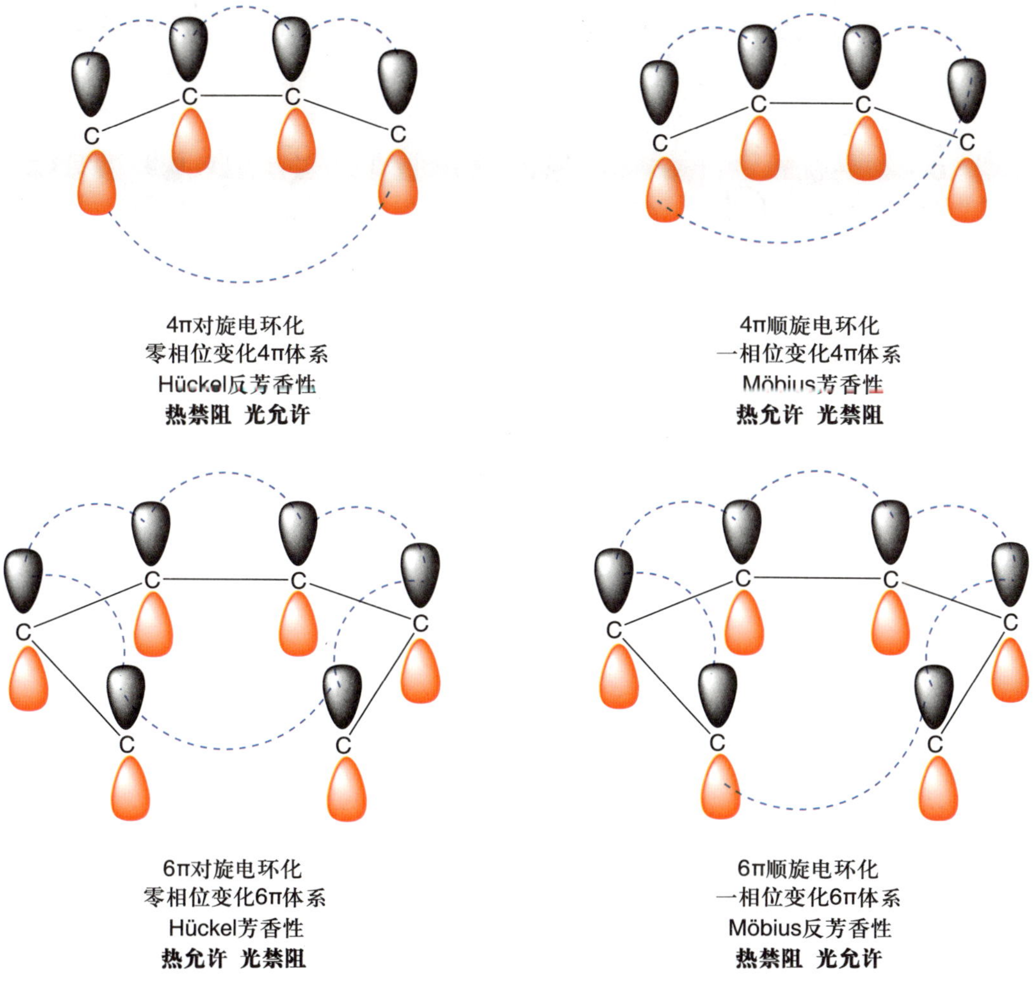

图 22-22 芳香过渡态理论分析电环化反应

σ 迁移反应的同面过程与异面过程也可以用芳香过渡态理论进行解释（图 22-23）。[1, 3]-氢迁移反应与 [1, 7]-氢迁移反应均是一个 4*n* 电子的过程，只能通过 Möbius 芳香性进行，因此是异面过程。[1, 5]-氢迁移反应与 [3, 3]-重排反应都是六电子体系，只能通过 Hückel 芳香性进行，因此是同面过程。其他类型的 σ 迁移反应也可以根据其电子数满足 Möbius 芳香性或 Hückel 芳香性判断其迁移的立体化学。

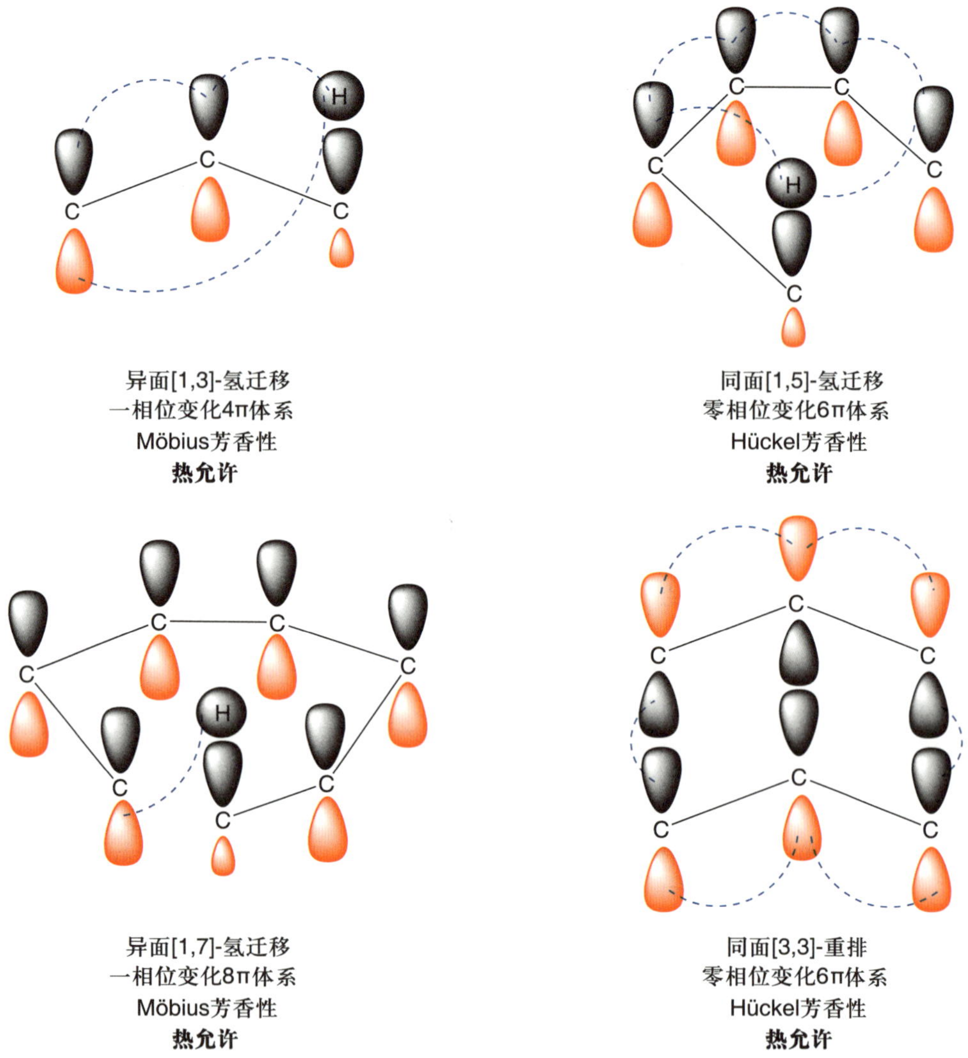

图 22-23　芳香过渡态理论分析 σ 迁移反应

本章学习要点

(1) 掌握环加成反应的机理、区域选择性与立体选择性；热条件与光条件反应性差别。

(2) 掌握电环化反应的机理，熟练判断电环化过程的对旋、顺旋方式。

(3) 掌握 σ 迁移反应的机理，通过绘制轨道熟练判断同面与异面迁移的方式。

(4) 通过前线轨道理论判断化学反应的可行性。初步掌握 Woodward-Hoffman 规则与芳香过渡态理论。

习题

22.1 判断下图的环加成反应能否在热条件下进行。

(1) 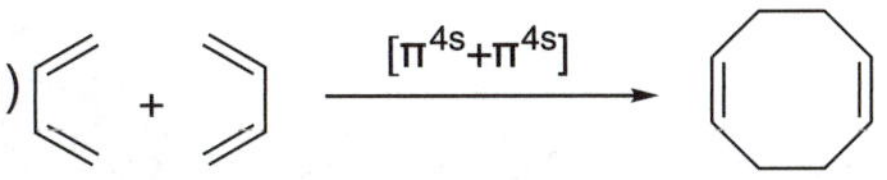

(2) 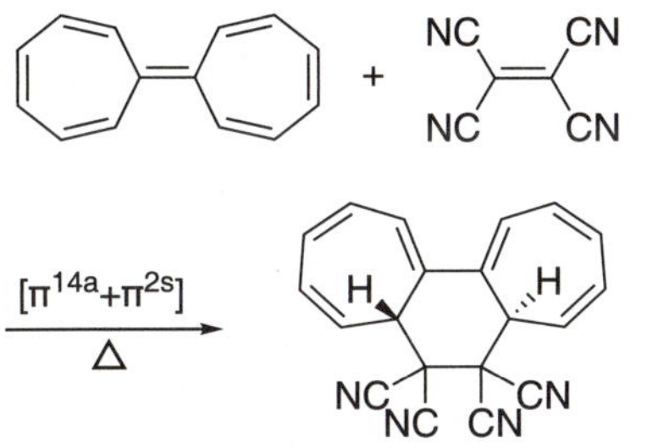

22.2 画出下列反应的产物并标注反应类型。

(1) 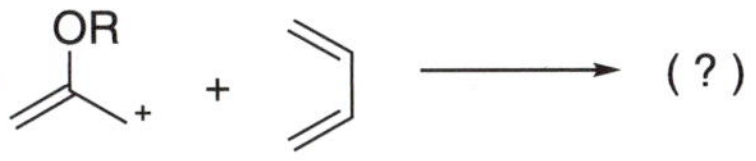

(2) 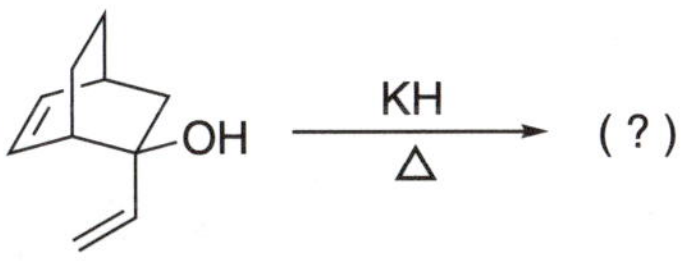

(3) 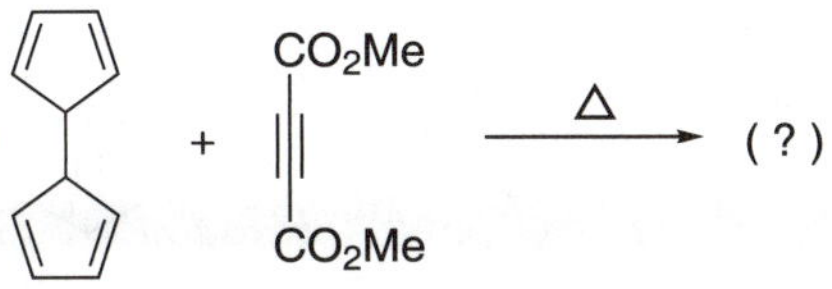

(4) 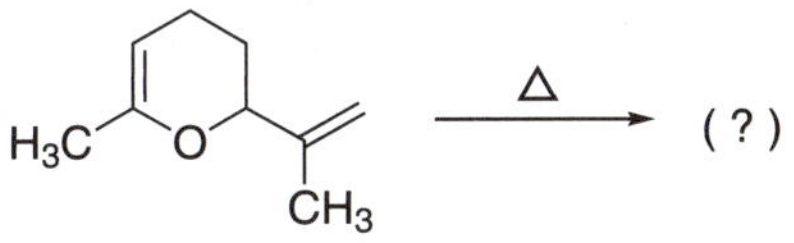

(5) 

22.3 请画出下列反应的机理。

(1) 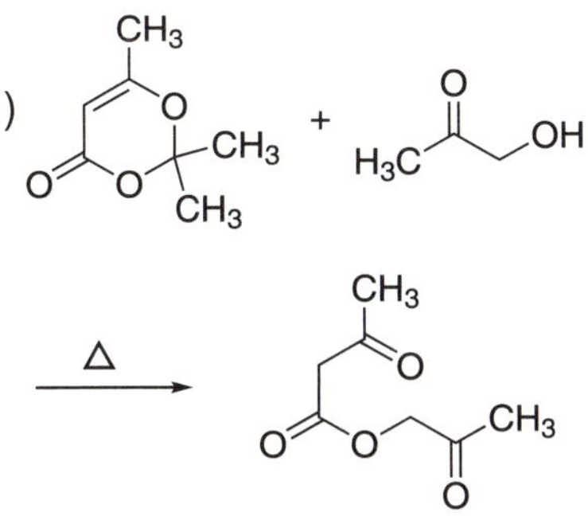

(2) 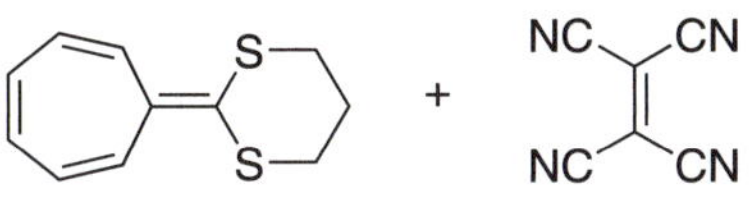

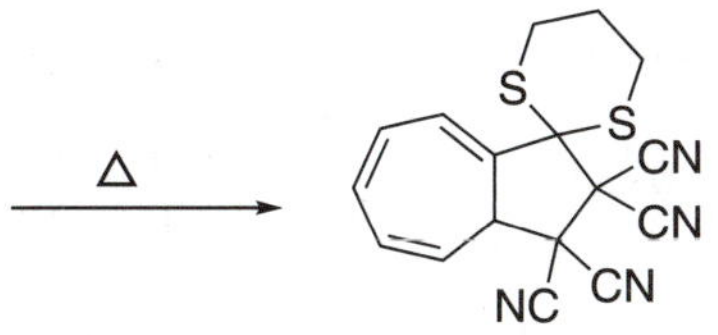

(3) 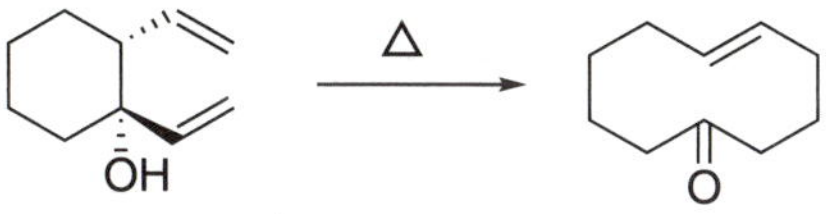

(请解释双键构型)

(4) 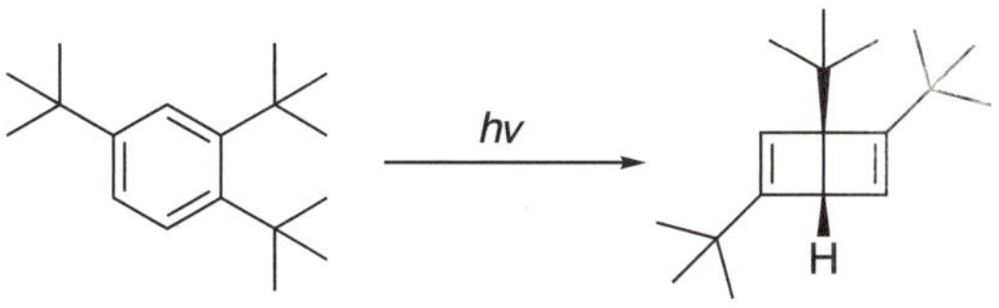

(5) 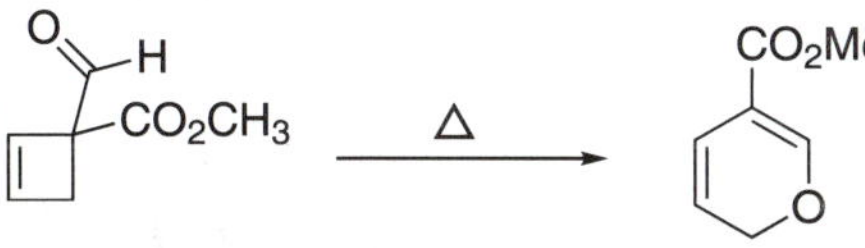

22.4 Diels-Alder 反应是制备环己酮类化合物的重要方法。请画出如下反应中间体 A 的结构并标注其相对立体化学。

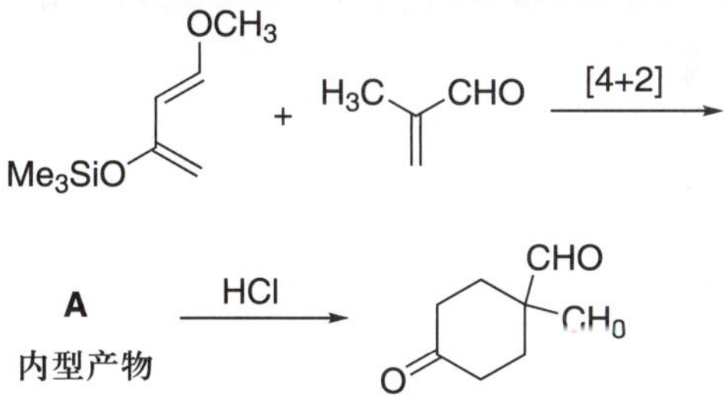

22.5 如下的化合物经分子内 Diels-Alder 环加成可以得到化合物 A。A 通过另一个周环反应 B 可以得到最终产物。请写出 A 的结构与反应 B 的名称。

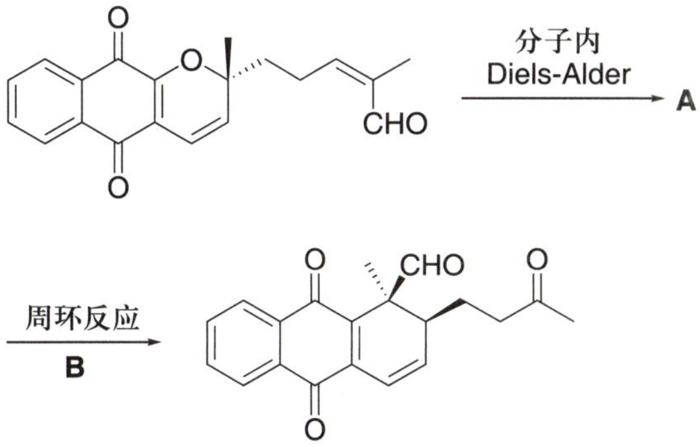

22.6　环丁二烯在 0℃下可以与马来酸二甲酯发生反应得到 4/4 稠环产物。请给出该反应可能的反应机理。

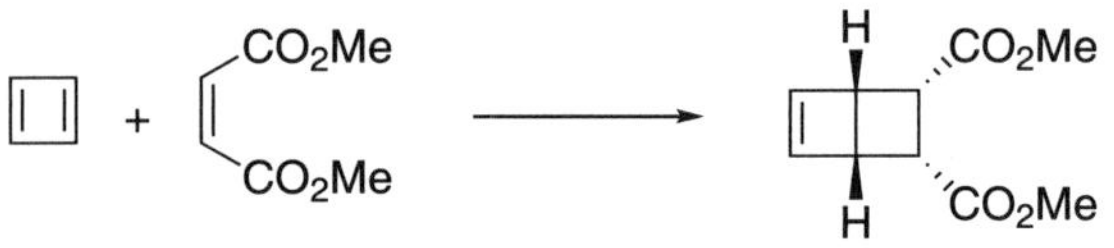

22.7　请画出下面反应中 1,3-偶极子 A 的结构。

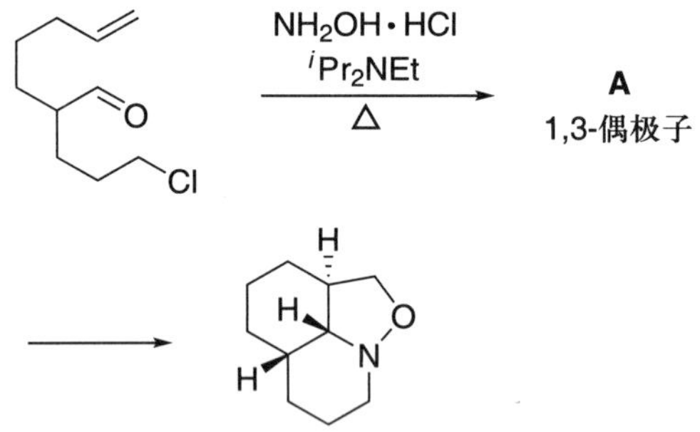

22.8　化合物 B 的热稳定性高于化合物 A。试解释这一现象。

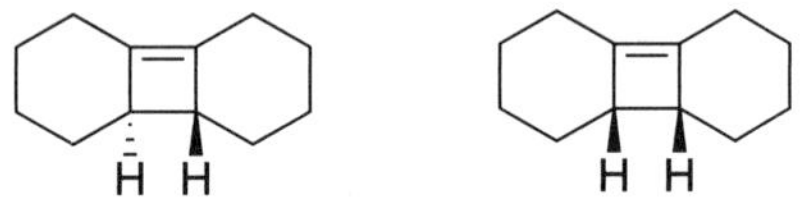

A　　B

22.9　如下的环丙酮在加热条件下会逐渐发生消旋化。试解释这一现象。

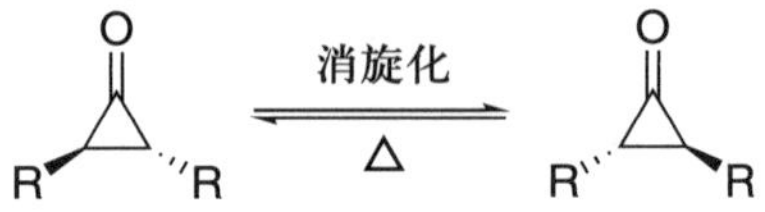

22.10　不同周环反应之间可以进行串联反应。试写出下列反应的机理。

(1)
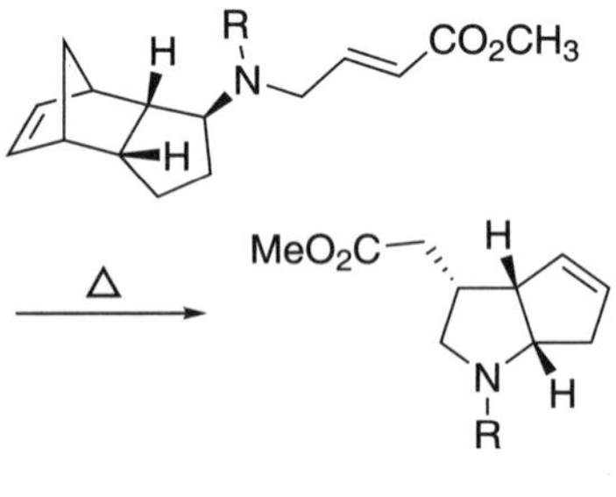

(2)
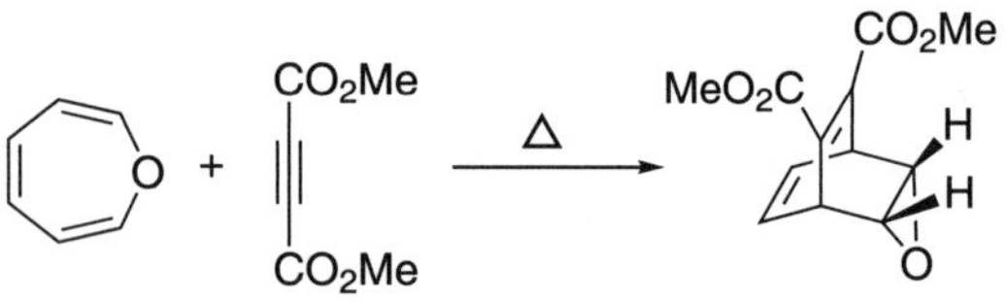

(3)
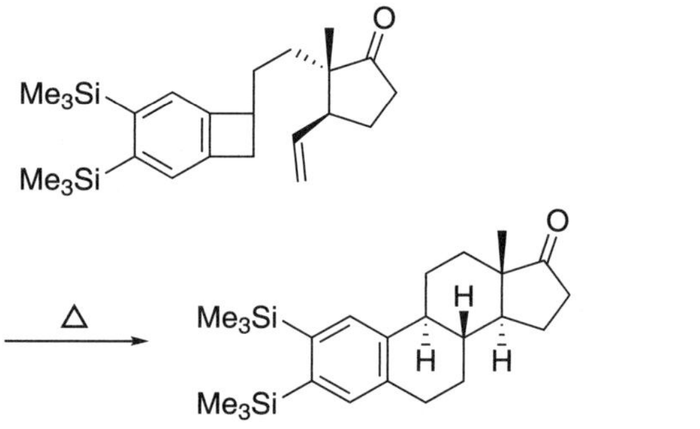

(4)
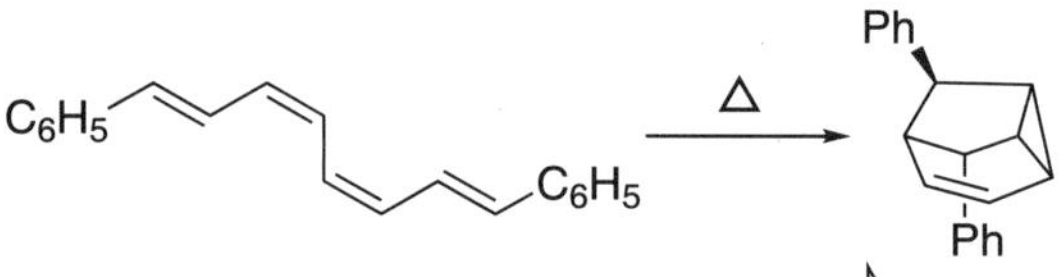

(5)
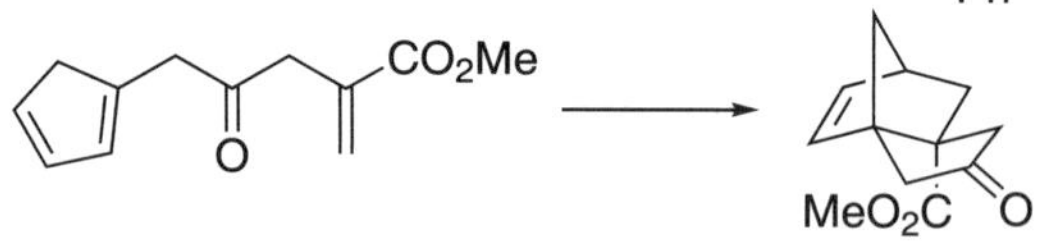

22.11　周环反应也可以与其他类型反应进行串联。试写出如下反应的机理。

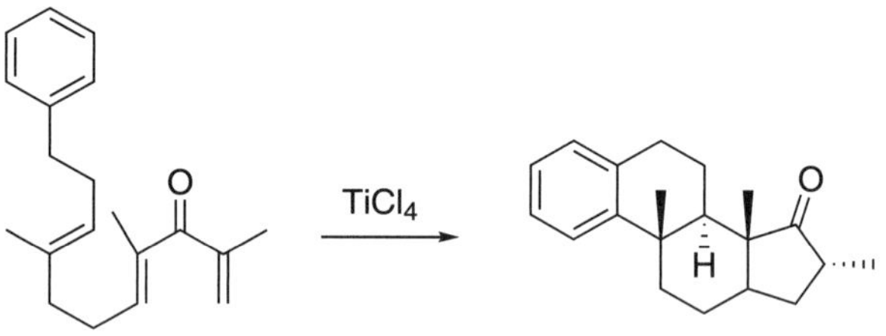

22.12　如下过程是自然界存在的一条生物合成路径。请标记出每步反应的反应类型。

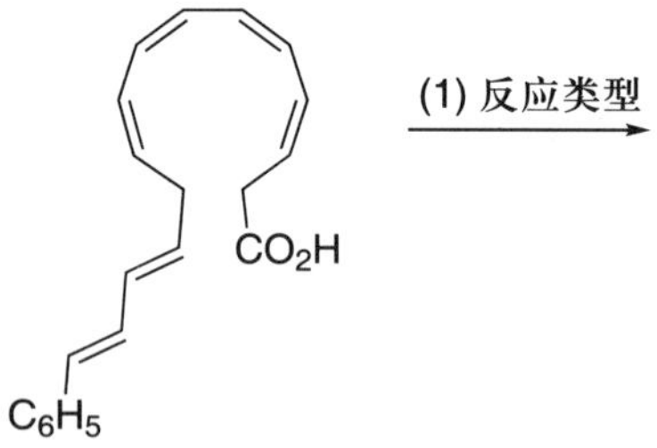

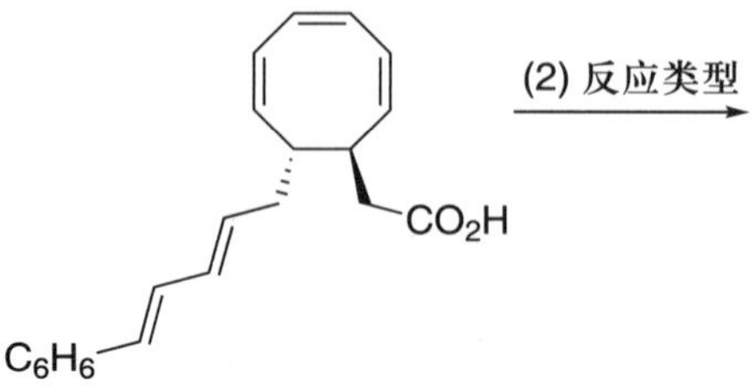

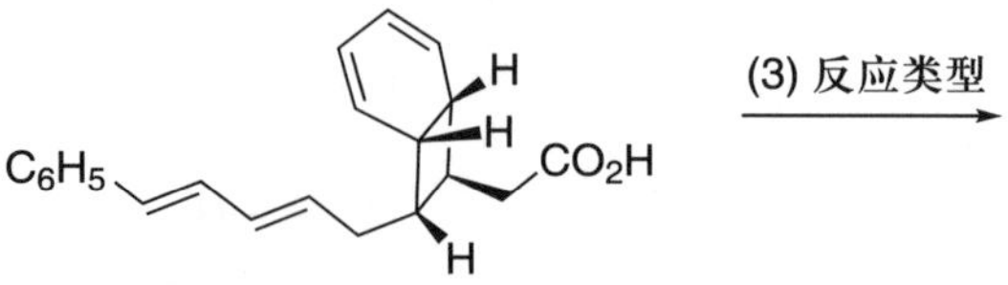

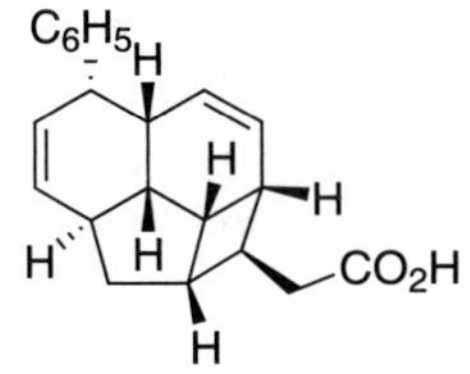

22.13 请画出如下反应的机理，并正确标记产物的立体化学。

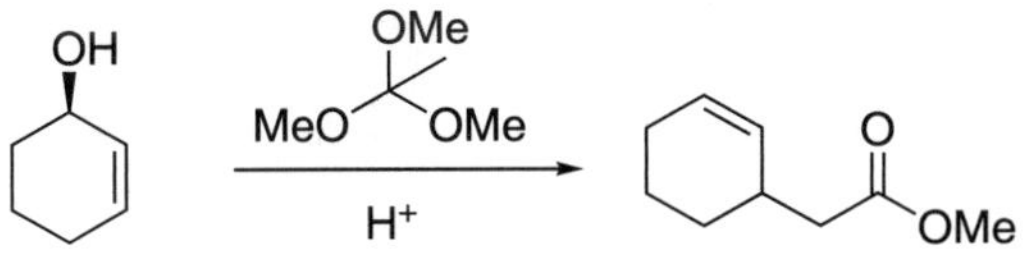

22.14 当参与周环反应的 π 体系具有较高反应活性时，周环反应可以在无须任何外源试剂的情况下自发发生。请画出下列反应的反应机理。

(1)

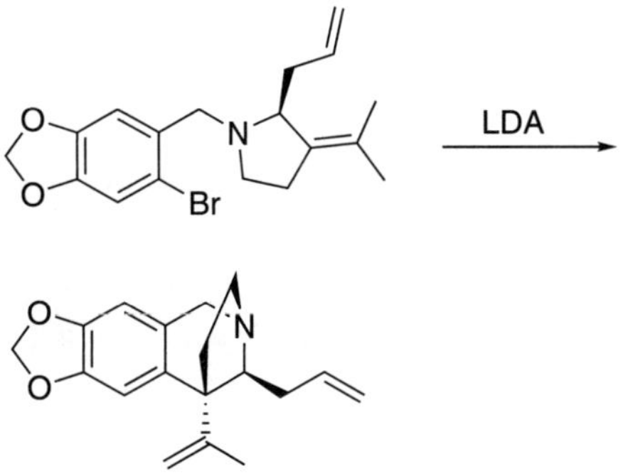

(2)

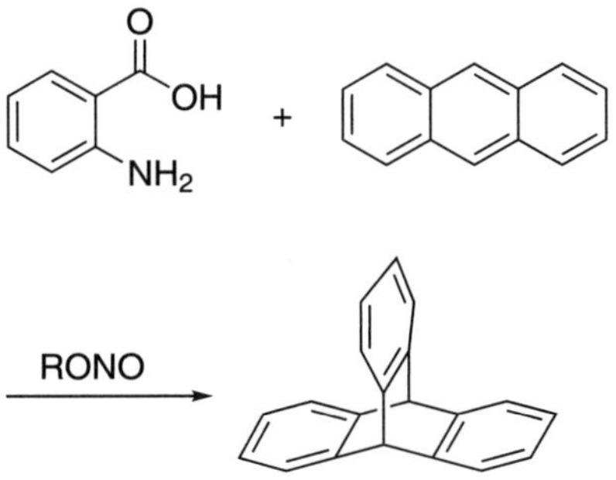

第 23 章

有机合成与逆合成分析

第 23 章

有机合成与逆合成分析

有机合成是在一个真实的世界旁边创造着一个新的世界。

—— R. B. Woodward，1965

有机合成是使用廉价易得的有机原料，通过化学反应，得到较为复杂的或具有一定功能的目标有机分子。合成效率是评价有机合成方案最重要的指标，同时，有机合成也追求更高的产量、更好的选择性、更高的原子经济性和步骤经济性、更低的能源消耗和更小的环境影响等。

有机合成的研究内容主要包括：(1) 发展新的、高效的有机反应，并将其应用于实际合成中；(2) 利用天然的或容易生产的原料合成具有应用价值的物质；(3) 合成一些特定需求的有机分子。

有机合成的目标分子主要是自然界存在但含量较低的天然化合物，以及自然界不存在的特定目标分子，用以开发新药和新材料等。当我们拿到一个目标分子，特别是复杂天然产物分子如海葵毒素、紫杉醇、银杏内酯时，我们怎么合成它呢？从哪里入手呢？通常会对目标分子的结构进行分析，设计合成策略和路线，选择合适的原料，再开始进行合成。下面我们将对这些步骤分别进行介绍。

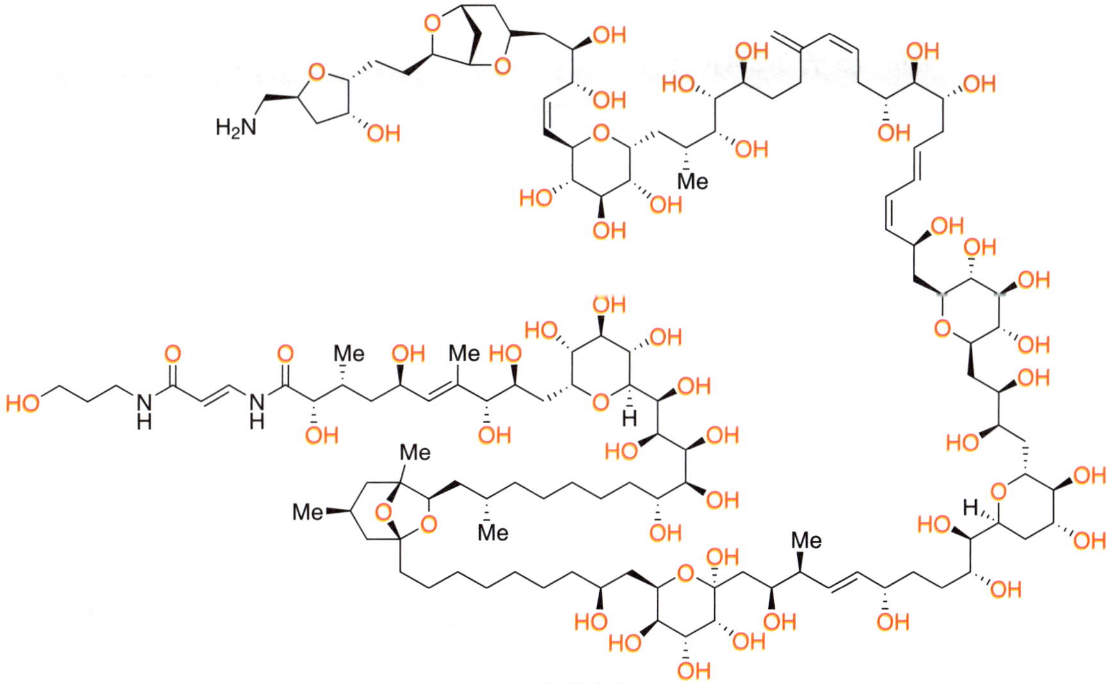

海葵毒素
palytoxin

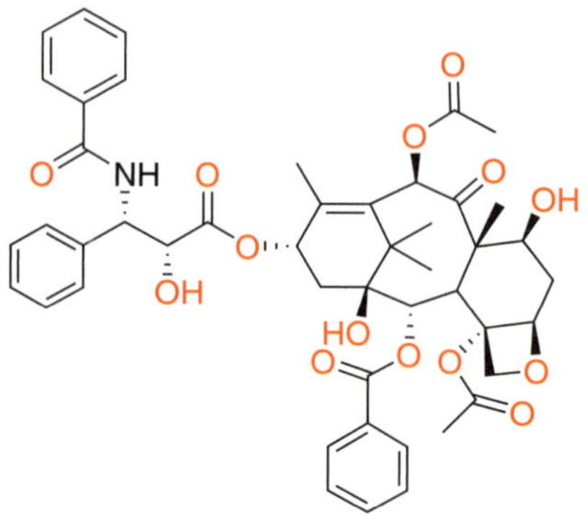

紫杉醇
taxol

23.1　有机合成基本概念

23.1.1　目标分子考察

在对复杂分子进行合成时，需要先对目标分子进行详细的考察。最重要的是对其结构要有充分的了解，只有认识结构后才能开始设计合成方案。另外，分子的化学性质、生理活性、生源合成途径等也非常重要。这些信息可以辅助合成设计，提高合成效率。

目标分子的结构特征

许多目标分子拥有特殊的结构，例如对称性、潜在对称性、重复结构单元等，利用这些结构特点可以简化合成步骤。

1. 对称性

在合成设计中，对称性是一个非常有用的概念。以分子的对称性为依据设计的合成路线往往高效且简洁。利用对称性可以由两个对称片段进行汇聚合成或从对称中心开始进行双向合成。例如，β-胡萝卜素具有典型的对称结构。

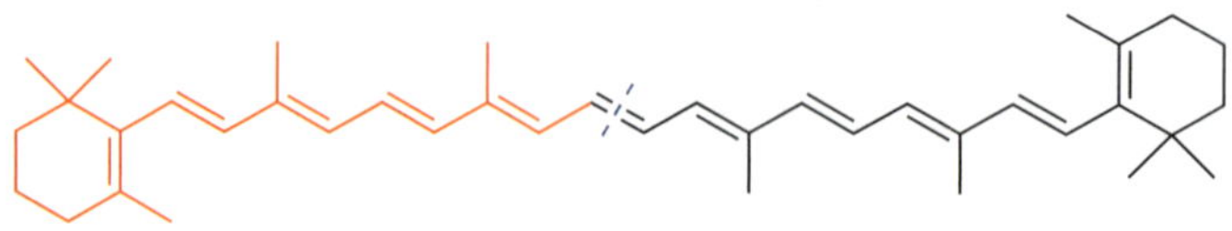

β-胡萝卜素
β-barotene

2. 潜在对称性

某些目标分子不具备对称性，但仍可利用对称性合成策略进行合成分析，简化合成路线。这是因为它们在经过一定的分析切断后可以得到一个对称结构。这样的特征称为潜在对称性，对具有潜在对称性的分子可以采用对称合成路线。例如，密脉木属生物碱 (+)-myrioneurinol 可以通过对称的二酮进行合成。

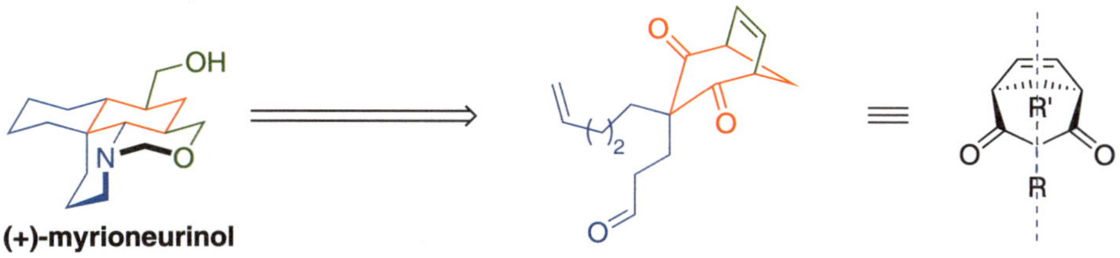

(+)-myrioneurinol

3. 分子中的重复结构单元

某些天然产物分子中，具有部分重复的结构单元，例如，角鲨烯和红霉素 A 断酸，我们也可以利用其进行简化合成设计。

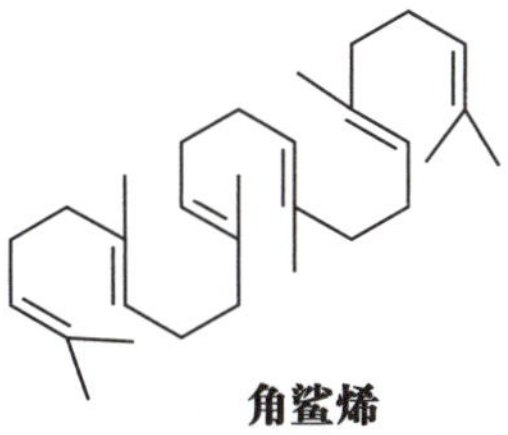

角鲨烯
squalene

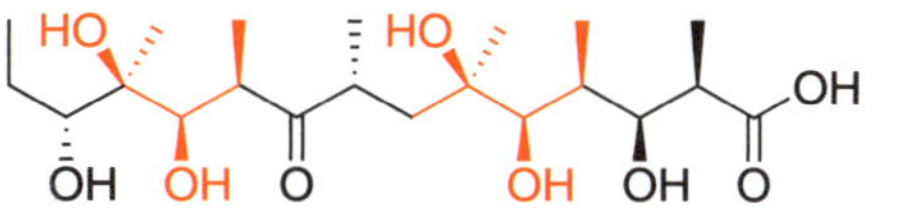

红霉素A断酸
erythronolide A seco acid

4. 其他特殊的结构特征

天然的多肽、蛋白质等具有独特的酰胺键，如催产素 (oxytocin)，糖类化合物则具有独特的糖苷键，如多羟基海星皂苷 A (linckoside A)，这些化合物的合成均需要采用独特的反应及方法。另外，天然产物中具有较多的环状结构，除五、六元环外，其他环系均较难构建，也需要在合成中采取特殊的策略。

催产素是由垂体后叶分泌的环九肽激素，在亲密关系中有着至关重要的作用。Vincent du Vigneaud 实现了首次人工多肽药物催产素的化学合成，于 1955 年获得了诺贝尔化学奖。近期多肽药物发展迅速，在肽类药物市场占有一席之地。

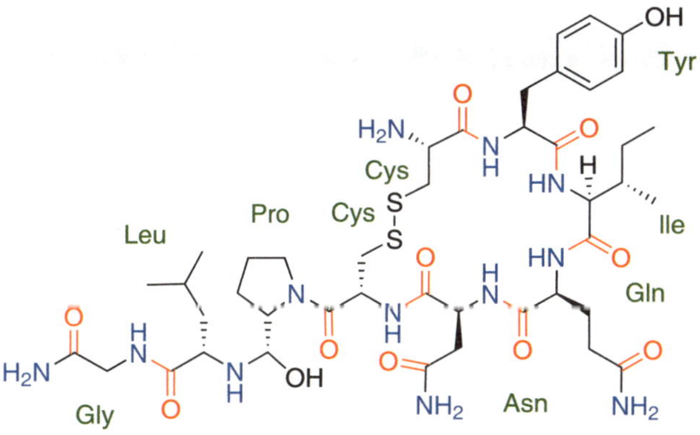

催产素
oxytocin

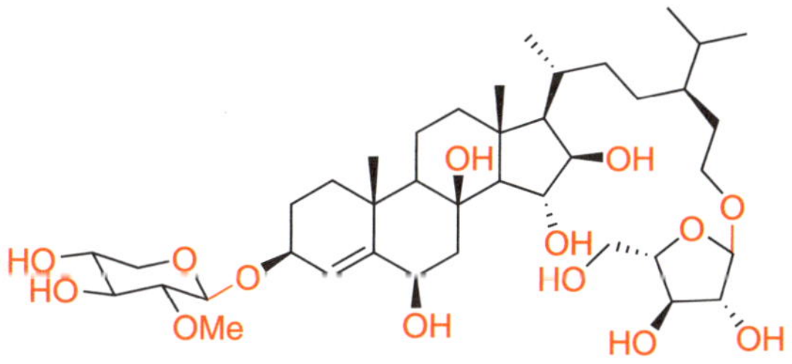

多羟基海星皂苷A
linckoside A

目标分子的化学反应性质

目标分子的化学反应活性对合成路线的设计具有极其重要的作用。一些目标分子中含有不太稳定的结构，这些结构一般选择在合成路线后期引入。如果在前期引入这些结构，很可能在后续反应中被破坏。除此之外，电子效应和立体因素也是必须考虑的。例如，一些基团的引入会影响后续反应的活性或选择性，使得后续反应难以进行。因此，在合成路线设计之前，要充分考虑基团的各种效应，合理调整引入基团的先后顺序，这样才能达到最终合成目的。

23.1.2　逆合成分析

确定目标分子后，接下来需要设计合成路线。对于简单分子，通常只要很少几步反应就能得到目标化合物。这时一般可以直接想到用什么原料，采用哪几步反应，以及按照什么顺序进行合成。但是对于复杂分子，合成通常需要十几步甚至几十步反应，这时很难直接看出用什么原料，以及采用怎样的反应顺序。因此，需要进行系统的合成路线设计。“逆合成分析”是目前最有效，也是应用最广的有机合成路线设计方法。

逆合成分析是按照有机反应及规则，将目标分子“切断”成若干个片段，这些片段还可以“切断”成更小的片段，直到能够买到或制备的原料和试剂。这种从目标产物到起始原料的合成路线设计与常规的从原料到目标分子的合成路线设计正好相反，因此称为**逆合成分析**。逆合成分析用双线箭头“⇒”表示。

逆合成分析：　目标分子 $\xRightarrow{\text{切断}}$ 结构片段 $\xRightarrow{\text{切断}}$ 原料 ＋ 试剂

有机合成：　目标分子 $\xleftarrow{\text{合成}}$ 结构片段 $\xleftarrow{\text{合成}}$ 原料 ＋ 试剂

逆合成分析的概念源自罗宾森 (Robert Robinson) 提出的“切断法”。罗宾森在研究托品酮 (tropinone) 的过程中，分析了托品酮的结构，提出了“假想分解”的概念，并用虚线表示切断的位置。

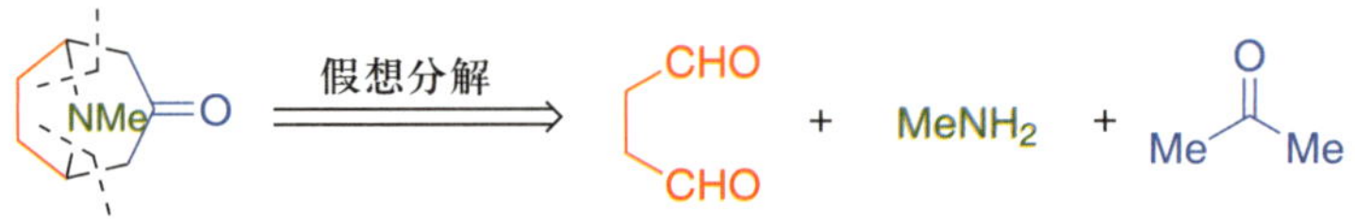

托品酮
tropinone

后来，科里 (E. J. Corey) 利用切断法作为主要逻辑方法研究如何利用计算机设计合成路线，并设计出程序 LHASA。虽然该程序现在已经很少使用，但切断法与逆合成分析这套逻辑思维方法一直沿用至今。

23.1.3　合成子和原料

在系统介绍逆合成分析之前，我们先介绍几个基本概念。

合成子与合成等价物

在对目标分子进行逆合成分析时，切断化学键所产生的多个结构单元称为合成子 (synthon) 或合成元。合成子可以是正负离子，也可以是电中性的分子或自由基。离子型合成子可以根据电性不同分为两类，正电性的称为受体合成子，负电性的称为供体合成子。

合成子是对目标分子进行逆合成分析时切段产生的片断，它们往往是活性中间体或实际上并不存在的结构片段。在合成时，真正使用的是与合成子相对应的试剂，称为合成等价物 (synthetic equivalents)。

一个目标分子可以有不同的切断方法，相对应地需要不同的原料和试剂。因此，逆合成分析可以由目标分子推导出“合成树”，它是由不同原料和不同途径得到目标化合物的可能合成路线。为了确定能付诸实践的合成路线，还需要对原料和合成途径

科里提出的逆合成分析是现代有机合成化学最重要的基石，自 20 世纪 70 年代以来，推动了整个有机合成领域的蓬勃发展。同时，计算机科学的进步也为有机合成设计提供了新的发展空间，科里也因为开发了计算机辅助有机合成的理论和方法而获得了 1990 年诺贝尔化学奖。

进行比较、考察和取舍。

原料

合成中所需要的原料与其他有机试剂，除了综合考虑合成路线外，还要考虑其是否廉价易得。起始原料通常是商业可得的，它们在自然界中大量存在并可以方便地提取，或者是工业生产的大宗产品。

合成砌块

合成砌块（building block）是指已具有一定官能团的、用于全合成的且相对较复杂的分子单元，一般能够用于合成多种化合物。恰当地利用合成砌块和设计创造新砌块可以有效提高合成设计的水平，简化或改进合成路线。

手性池

在合成手性目标分子时，分子的手性常常来源于手性原料。使用最多的手性原料是自然界中广泛存在并且容易提取的"天然手性原料"。这些天然手性原料总称为"手性池"（chiral pool），主要包括天然氨基酸、简单的糖和萜类化合物等。常用作手性池的有香芹酮（carvone）、香茅醛（citronellal）、蒎烯（pinene）、樟脑（camphor）、*L*-鼠李糖（*L*-rhamnose）、*L*-脯氨酸（*L*-proline）等。

也可以用非手性原料，通过不对称合成产生手性，参见第 24 章　不对称合成。

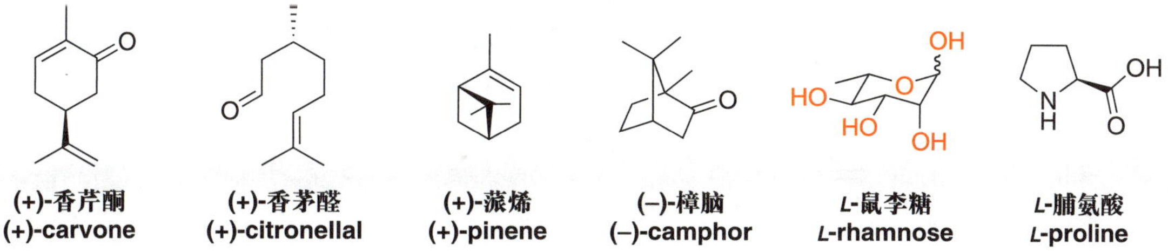

23.1.4　切断位置

逆合成分析的最终目的是尽可能快地找到商业可得的起始原料，而难点在于选择最佳切断键的位置。以下讨论选择切断位置的基本原则。

原则一：断键位置必须对应已知可行的反应。

对下面分子进行逆合成分析，存在两种切断方法：断裂烷基 C–O 键和断裂芳基 C–O 键。这里选择在烷基端断开 C–O 键，这样可以利用苯酚合成芳基醚。之所以不选择断裂芳基端的 C–O 键，是因为目前没有很好的反应实现醇负离子对非活化芳环的亲核进攻。

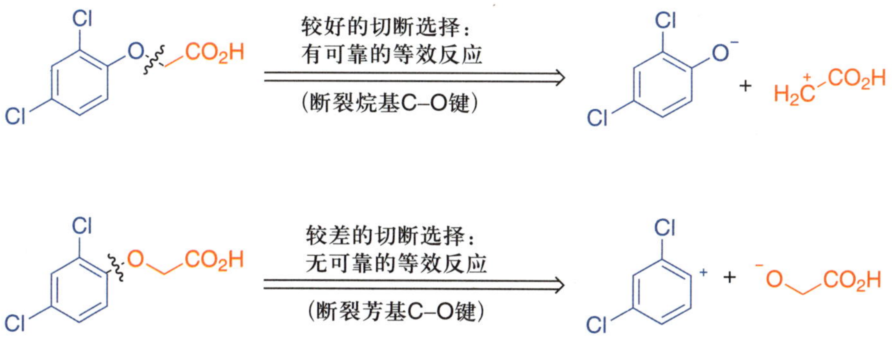

原则二： 由杂原子连接的两部分组成的化合物，在杂原子旁边切断。

在逆合成分析过程中，对于含杂原子（N 或 O）的分子通常选择断裂邻近 N 原子或者 O 原子的化学键。这一原则对酯、酰胺、醚、胺、缩醛、含硫等化合物都非常适用，因为这些化合物大多是通过取代反应得到的。利用原则二对下面的化合物进行逆合成分析，需在硫原子附近进行断键；且基于原则一，选择断裂烷烃端的 C–S 键而非芳基端的 C–S 键。

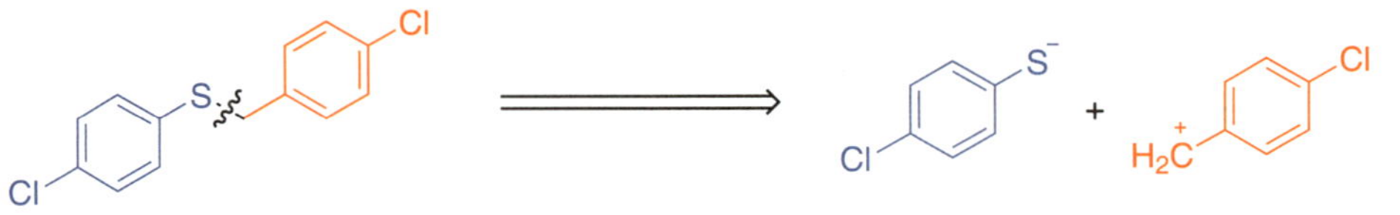

原则三： 考虑所有的断键可能，选择一条化学选择性容易控制的路线——首先断裂最活泼的基团。

在进行多步合成时，化学选择性是必须考虑的问题。下面这个化合物含有多个官能团，有两个醚键和一个氨基，因此需要几步断键才能将其最终分解成几个简单的化合物。这里有四个断键的位置：一种是断裂醚键（a 处和 b 处），一种是断裂氨基的两端（c 处和 d 处）。

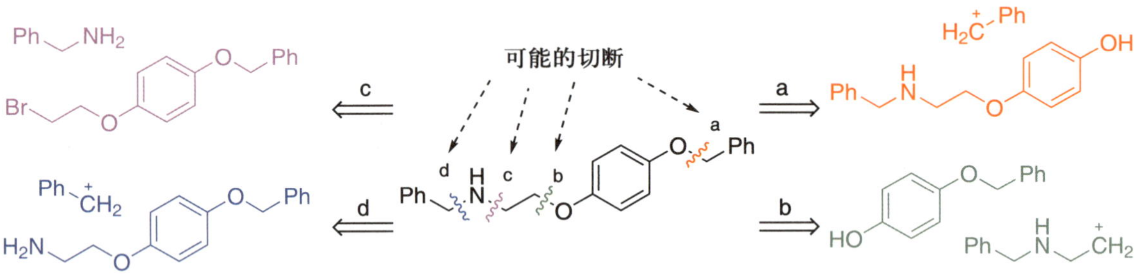

a 处和 b 处中都存在同一个问题，即在碱性的胺的存在下，对酚羟基进行烷基化是难以实现的。而在 c 处和 d 处中，d 处明显是更好的选择，因为 c 处在后续的断键也面临着在碱性的胺的存在下对酚羟基进行烷基化的过程。

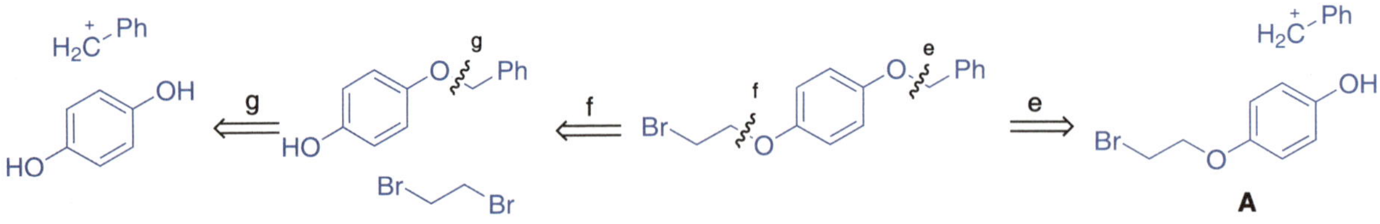

在 d 处断裂化学键可以获得一个具有两个醚键的化合物，这个化合物可以进一步在 e 处或 f 处断裂化学键。若在 e 处断键则需要对化合物 A 的酚羟基进行烷基化，但化合物 A 本身就是烷基卤代物，自身会发生反应，因此 e 处断键不可行。在 f 处断键是一个更好的选择，断裂后得到的片段很容易由 4-羟基苯酚和 1,2-二溴乙烷反应得到。进一步依据原则三，最好的方法是先断开 f 处的溴乙基，再断开 g 处的苄基，因为溴乙基更加活泼，更容易引发化学选择性的问题。最终实际的合成路线如下所示。

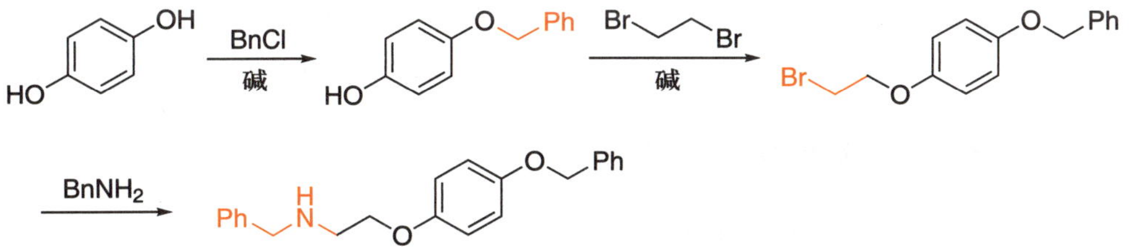

苄基具有良好的稳定性，反应性强，氯化苄（benzyl chloride，BnCl）作为亲电试剂，易发生亲电取代反应。

又如，如下化合物包含一个酰胺键和一个氨基。如果先切断 b 处的二级胺，由于氨基的存在，在后续构建酰胺键时将遇到化学选择性的问题。

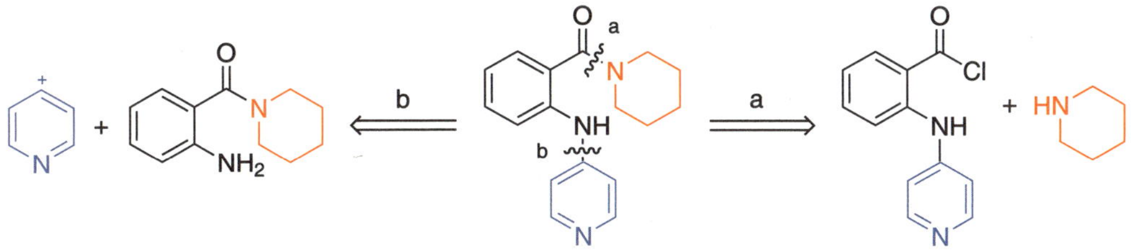

若在 a 处进行切断，从表面上来看，貌似存在一个更加难解决的问题，因为需要在酰氯的存在下合成一个二级胺。但由于酰氯需要从羧基转化而来，因此可以将其切断为 2-氨基苯甲酸和 4-氯吡啶，如下 c 处所示。

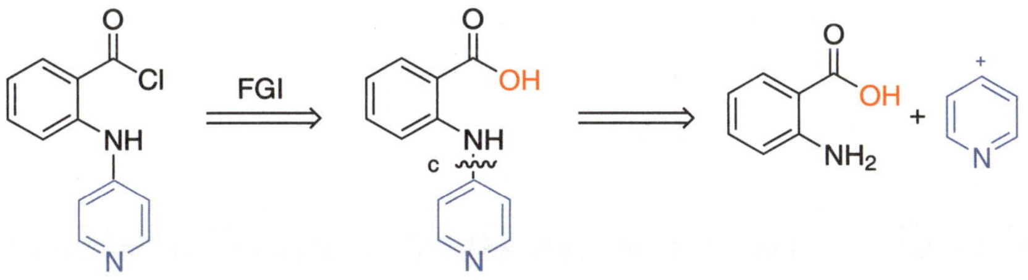

在逆合成分析中，将酰氯转化为羧酸并不是一个真正的切断，而是属于官能团转换（functional group interconversion，FGI）。官能团的转化与化学键的切断相辅相成，因为在切断后的化合物中含有会引起化学选择性问题的活泼官能团（如酰氯、卤代烷等）不是一个很好的选择。另外，如果目标分子中存在一些不容易被切断的官能团，则官能团转化也是非常重要的。最终实际的合成路线如下所示。

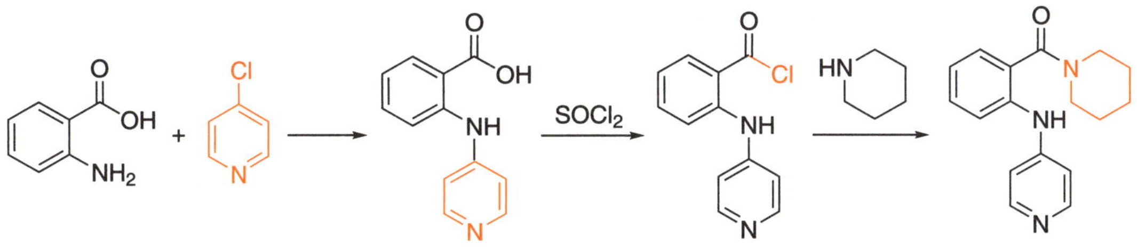

通过使用合适的试剂，几乎任何官能团都能被转化成其他任意官能团。这些官能团的转化知识散布在之前的氧化、还原和取代等章节中。

23.2 切断类型

在进行逆合成分析时，如何对特定的结构进行合理的切断，将影响后续整个合成路线，也是最终能否顺利合成目标分子的关键。一般的成键类型主要包括碳杂键的构建、碳碳键的构建、环系的构建等，接下来将根据不同断键类型进行讨论。

23.2.1 C–X 键的切断

单官能团化合物中 C–X 键的构建

杂原子通常具有亲核性，因此切断后通常得到一个带碳正离子的亲电合成子和一个带负电荷杂原子的亲核合成子。

$$R\text{-}\S\text{-}X \Longrightarrow R^{+}\ \ X^{-} \qquad X = OH, NH_2, SH$$

例如稻田除草剂敌稗 (propanil) 的切断过程：

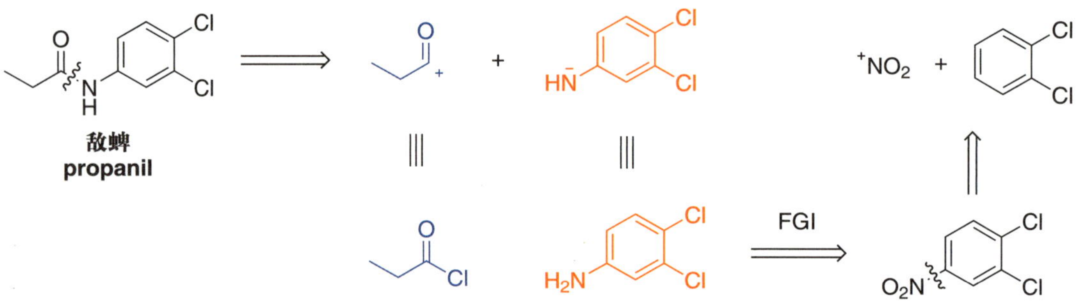

敌稗
propanil

双官能团化合物中 C–X 键的合成

在含有双官能团时，应避免将两个官能团放入同一个合成子中，常见的有以下四种情况：

1. **两个官能团连接在同一个碳原子上，进行 1,1 切断**

2. **两个官能团连接在相邻的两个碳原子上，将其中一个转化为羟基**

两个官能团分布在切断后的两个片段中，且在产物中它们处于邻位。例如当醚键的旁边有羟基时，存在两种切断方式，但 b 处切断可以避免产生羟基的 1,2- 选择性烷基化这一难题。

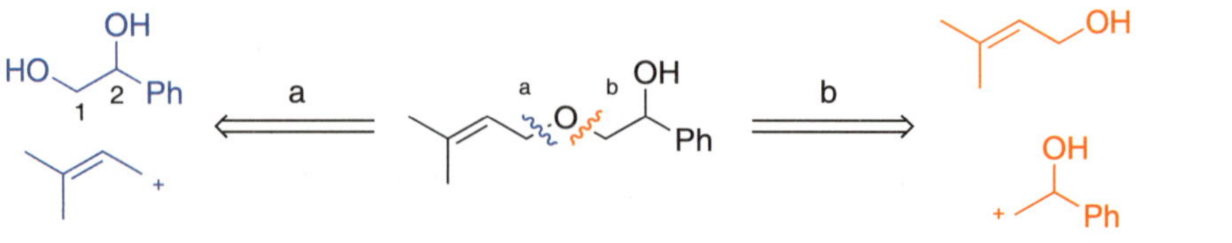

接下来则需要考虑替代合成子的试剂。亲核进攻环氧化合物位阻更小的碳原子，即可得到所需要产物，因此最好的选择是使用环氧化合物，这也是目标分子实际的合成方法。

药物分子中经常存在这种 1,2- 官能团，例如，肌肉松弛剂苯海拉明 (phenyramidol) 和降低血压的 β 受体阻滞剂普萘洛尔 (propranolol)。

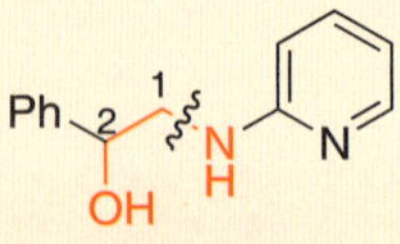

苯海拉明
phenyramidol

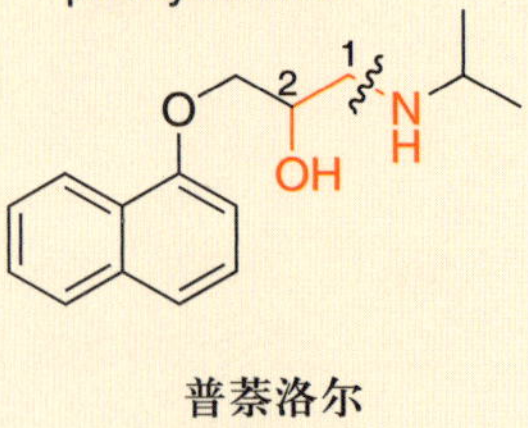

普萘洛尔
propranolol

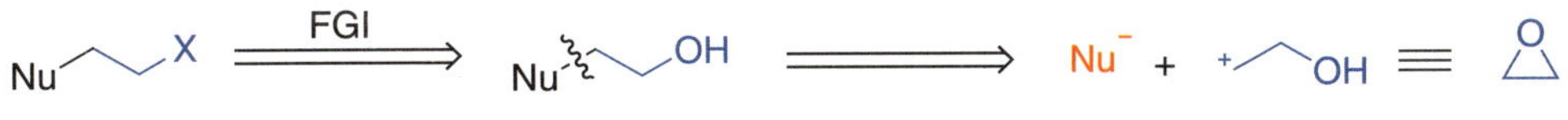

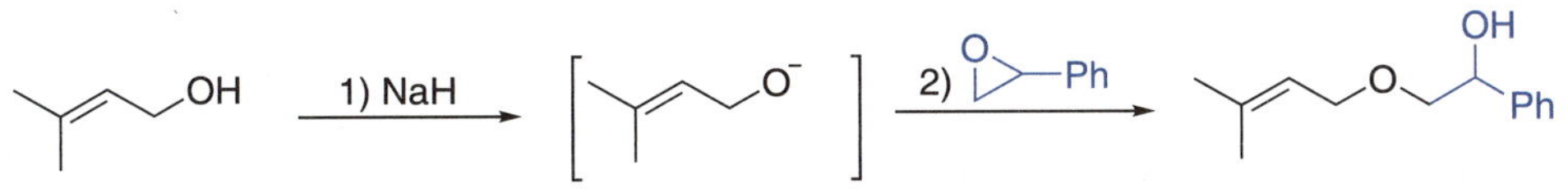

3. **两个官能团中有一个为羰基，将杂原子与碳原子连接的键切断**

合成子 α-卤代羰基化合物可以非常容易地由酮、酯或羧酸得到，并且是一个非常活泼的亲电试剂，因此这种合成子也可以当作一个双官能团片段。例如在下面的例子中，切断后的合成子 α-氯代酮可以由卤化反应得到，并且后续也能与弱碱性的咪唑迅速反应。

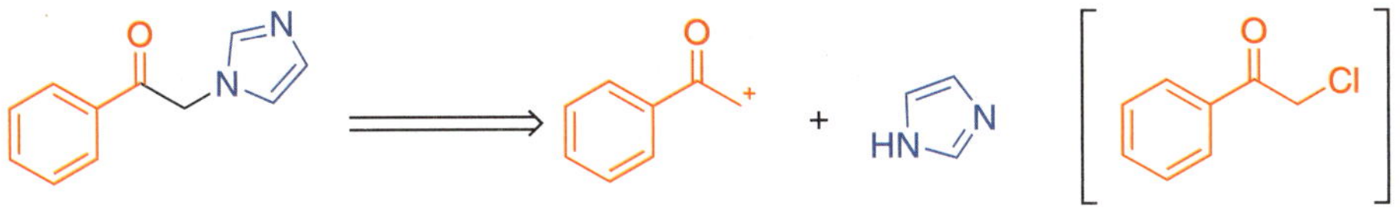

试剂

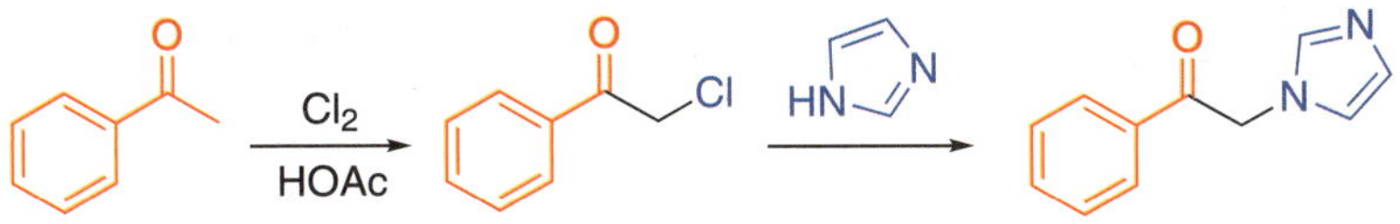

4. **两个官能团中含有羰基，进行 1,3 切断**

最常见的 1,3 切断得到的就是这种 Michael 受体，亲核位点与羰基之间具有两个原子。这种反应只会在双键与一个吸电子基团共轭时才会发生，经常是羰基，也可能是硝基、氰基等，例如下面的硫化物可以用这个切断法进行切断。

并非所有的亲核试剂都能顺利地发生 Michael 加成，最常见的是含氮原子、氧原子、硫原子的类似化合物。

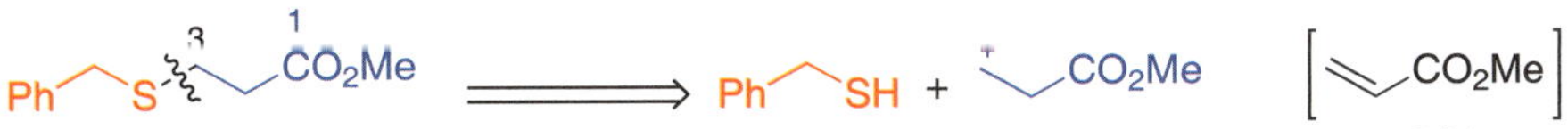

试剂

基于以上讨论，可以得出 C–X 键切断位置选取的原则：

(1) 断键位置必须对应已知可行的反应；

(2) 由杂原子连接的两部分所组成的化合物，在杂原子旁边进行切断；

(3) 考虑所有的断键可能并选择一条可以避免化学选择性困难的路线，通常意味着首先切断最活泼的基团；

(4) 尽可能地使用双官能团切断法，两个官能团的切断法相比于单一官能团的切断法能有效降低目标分子的复杂性。

23.2.2　C–C 键的切断

之前的学习涉及 C–X 键的切断法，但在有机合成中主要还是依靠 C–C 键连接来构筑碳骨架。C–C 键的切断方法大多数与之前相同，具体分为以下几种情况。

单官能团化合物中 C–C 键的合成

1. 1,2 C–C 键切断法

靠近羰基位置的一个烷基链，它可以很容易地通过烷基化引入，因此在如下的分子中，可将乙基切断。由于新的C–C键是在羰基的邻位形成，所以标注为1,2 C–C 切断。

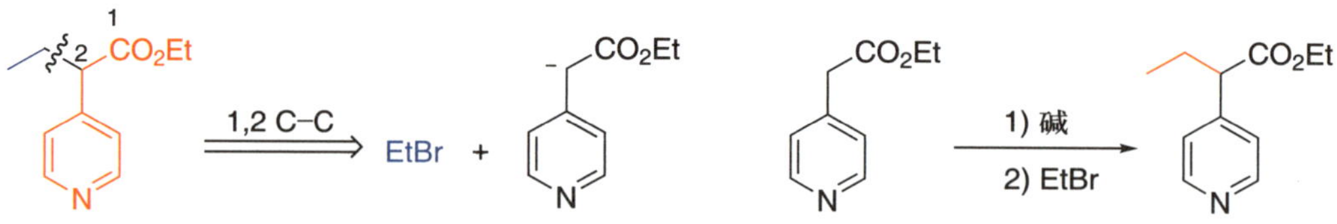

当有两个羰基存在时，烷基化变得尤其简单，只需要用类似甲醇盐的碱。之前的章节已经详细地介绍了丙二酸酯，并介绍了许多可以让其烯醇化的方法。由于双羰基化合物在烷基化后可以脱羧，因此乙酰乙酸乙酯和丙二酸酯都可以当作这些合成子的等价物。

以下这些羰基化合物进行切断后得到合成子所对应的最佳试剂便是乙酰乙酸乙酯。

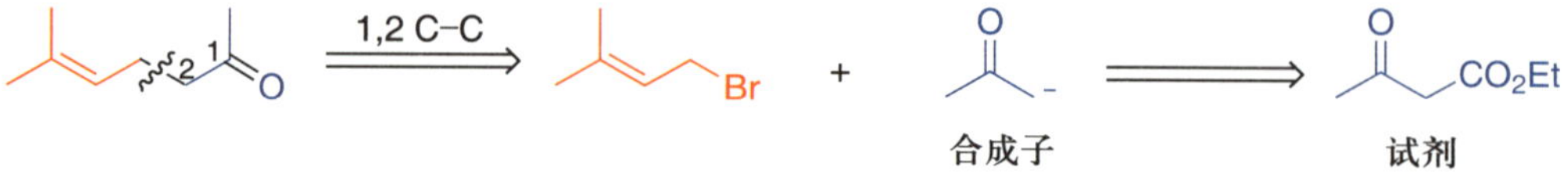

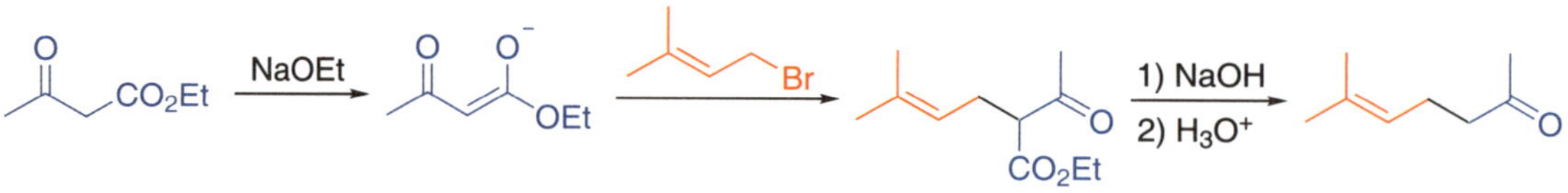

对于下面这个简单化合物，根据炔烃的化学性质，其烷基化是可行的，因此一个简单的切断位置便是邻近碳碳三键的 C–C 键。

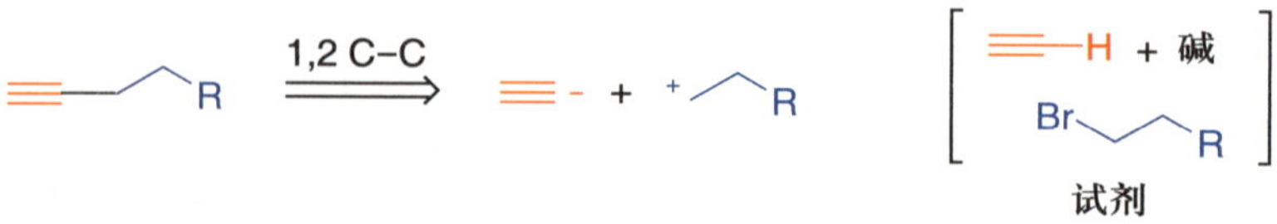

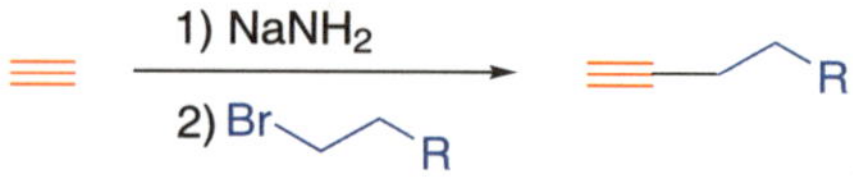

除此之外，由于炔烃可以被还原成顺式或反式双键，因此它们作为合成中间体是非常具有合成价值的。

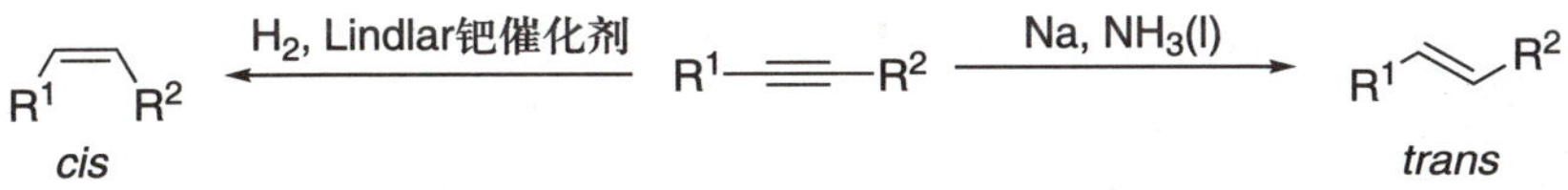

在逆合成分析时，往往将一个独立的双键转化为三键，因为转化为炔烃后将简化C–C键的切断。下面的顺式烯烃即可利用炔烃的烷基化，将其转化为炔烃进行切断。而炔烃和羟基处于相邻位置，接下来的切断可以利用之前提到的方法，逆推至环氧化物。

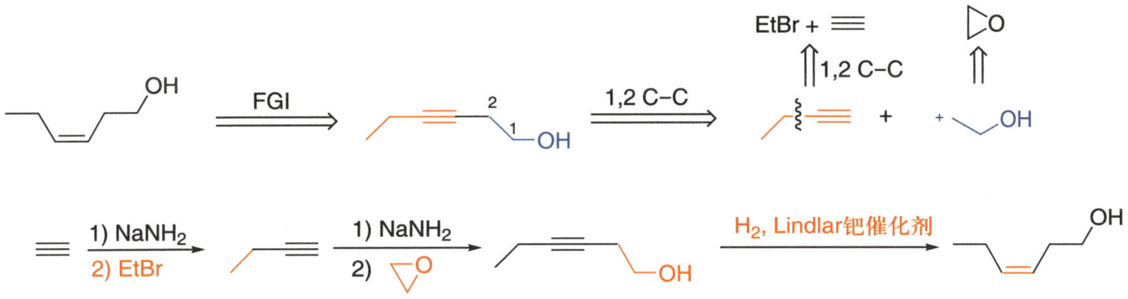

之前的例子都能通过分子中自身含有的官能团采用1,2 C–C切断法进行C–C键的切断，包括炔烃、羰基化合物和含烷基链的芳环等。如果目标产物中不存在羰基，可以考虑将羟基等官能团转化为羰基和炔基这类可进行1,2 C–C切断的化合物。

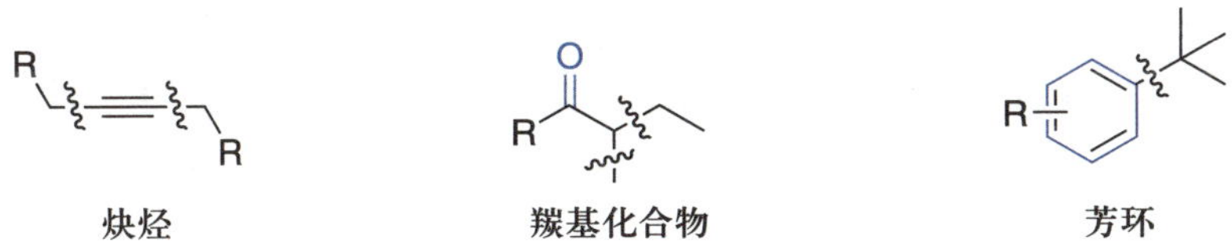

2. 1,1 C–C 切断法

如果分子中存在羟基，可以通过亲核试剂（如格氏试剂）与亲电试剂的反应得到，因此切断羟基旁边的碳碳键并得到两个合成子，合适的试剂是格氏试剂和丙酮。因为断开的键与羟基官能团是同一个碳原子，这些切断的过程被标记为1,1 C–C切断。

下面这种类似的醇可以通过三种方式进行逆合成分析。

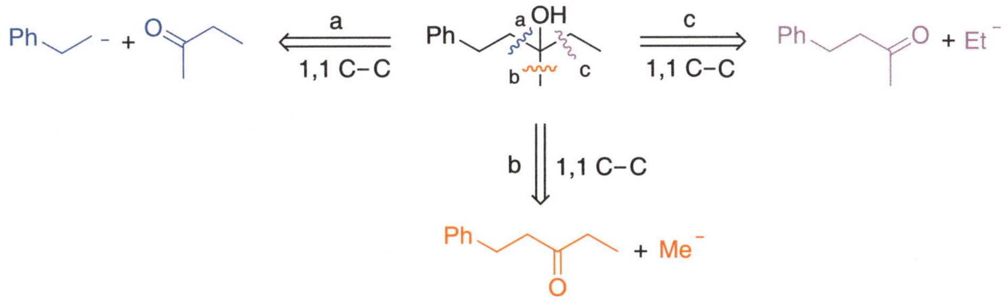

在c处切断可以得到相应的酮，该酮可以由丙酮和苯甲醛制成，成本低廉，这也是实际合成所选择的路线。

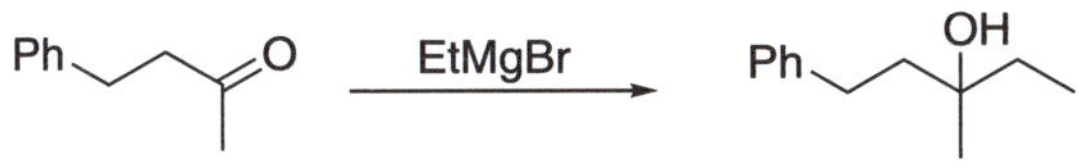

当羟基旁边具有两个相同基团的叔醇，通常是通过 2 当量的格氏试剂进攻酯进行制备。如下所示的目标分子有两个苯基，可以切断成酯与格氏试剂。所需的酯具有 1,3-双官能团，因此可切断为 Michael 受体和相应的胺。

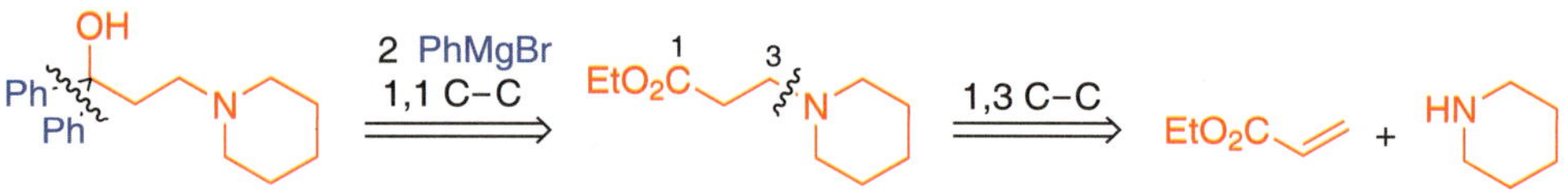

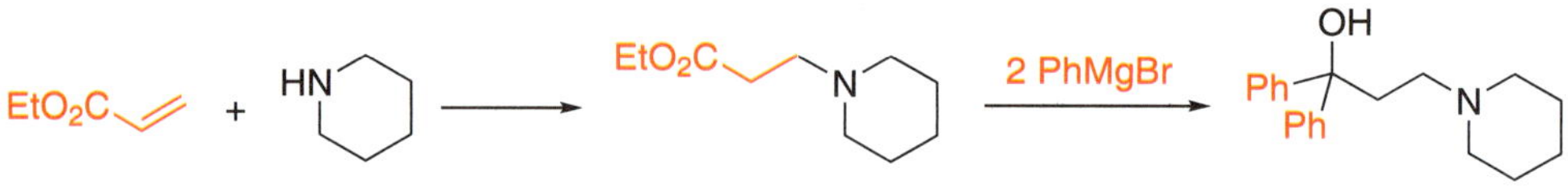

因为格氏试剂会继续和酮反应，因此通过格氏试剂加成的这种方式对酮切断通常不可行。这时可以将需要切断的酮先转换为醇，然后再进行 1,1C–C 切断。

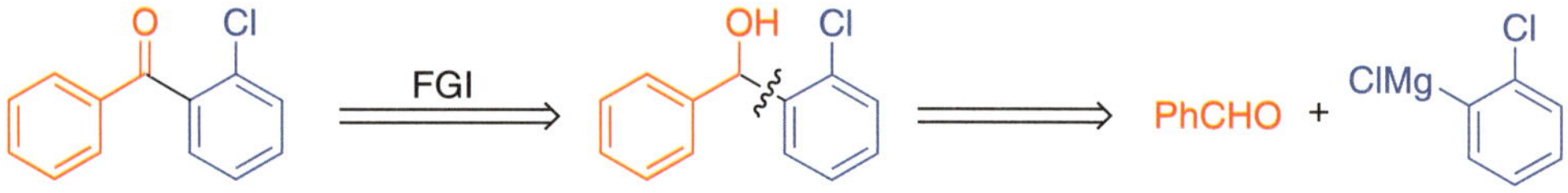

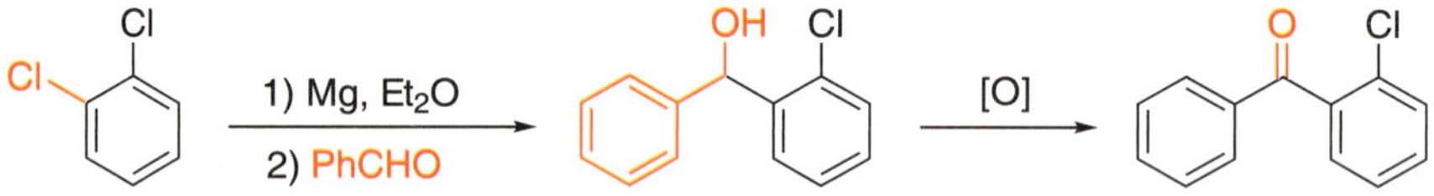

双官能团化合物中 C–C 键的合成

1. 1,2-双官能团化合物

由于环氧化物本身也是 1,2-双官能团化合物，因此常被作为合成子来制备 1,2-双官能团化合物。1,2-双官能团化合物的合成例子在本章前面已经介绍了很多，最简单的方法是烯烃的亲电加成。如果烯烃是通过 Wittig 反应制成的，则需要切断目标分子中的两个官能团之间的碳原子。

正常的 C–C 键切断也是有可能的，常用试剂为氰化物。如下具有两个相同 R 基团的叔醇可用之前提及的方法，逆推为对酯进行两次格氏试剂的加成。然后，通过官能团转化可以逆推至 1,2-双官能团切断所必需的腈和酮。

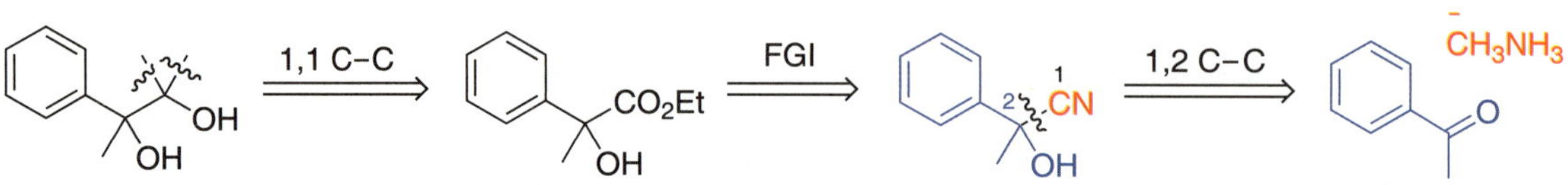

2. 1,3-双官能团化合物

(1) aldol 反应：1,3-双官能团 N 和 O

羟醛缩合在有机合成中是非常重要的反应，因为它能合成 1,3-双官能团化合物。因此当目标分子中存在 1,3-双官能团时，首先要考虑利用这个反应。

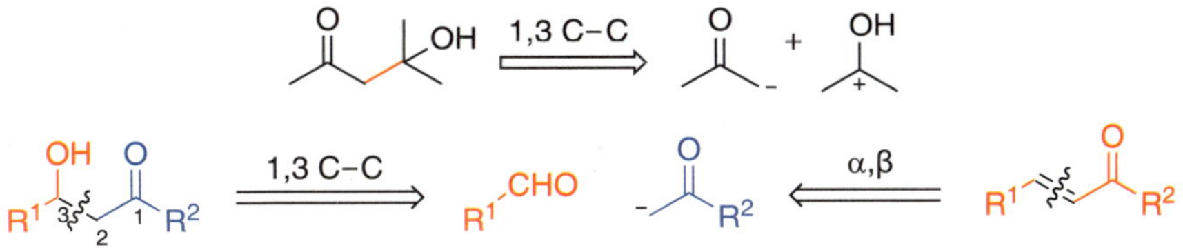

羟醛缩合得到的 β-羟基化合物很容易脱水得到 α,β-不饱和羰基化合物，因此当存在 α,β-不饱和羰基化合物时，也可逆推它们由羟醛缩合得到。通过一步官能团转化，将它们转化为 β-羟基化合物，然后再像以前一样进行切断即可。

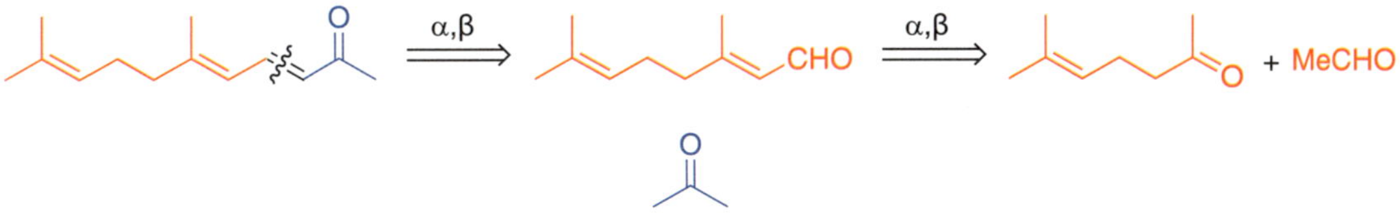

腈类可以与醛和酮进行亲核加成形成另一类重要的化合物。因为腈类可以还原为胺类，所以该反应为生成 3-氨基醇提供了另一种有用的途径。

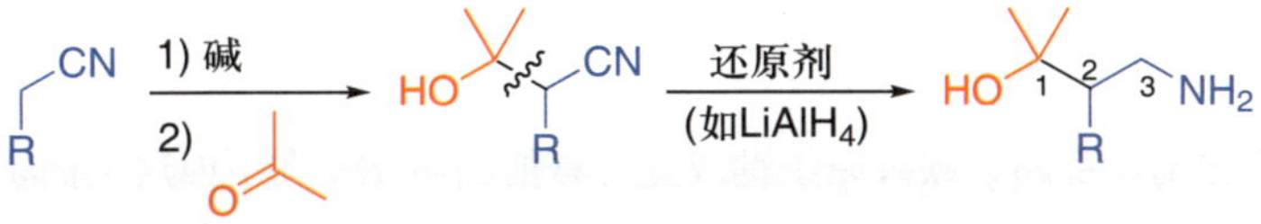

该反应与氰醇的还原相结合，意味着 N 和 O 之间具有 1,3-或 1,2-关系的化合物都可以由腈制成。

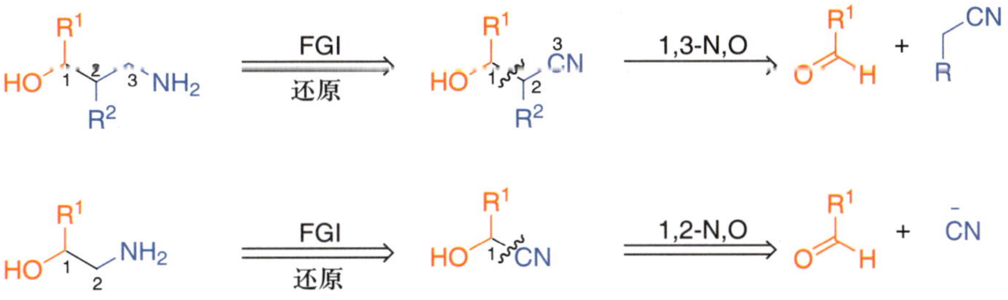

(2) Mannich 反应：1,3-双官能团 N 和 O

制备与羰基具有 1,3-关系的胺除了羟醛缩合，另一个重要反应是 Mannich 反应，这是一种将羟醛缩合产物引入到甲醛中的方法。因为胺是直接引入的，而不是通过还原腈得到的，因此它从一开始就具有两个烷基。

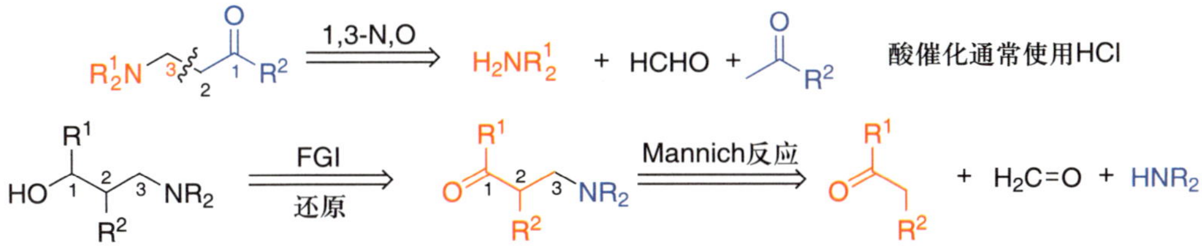

在下面的例子中，叔醇首先进行 1,1C–C 切断，得到可以通过 Mannich 反应制备的 3-氨基酮。

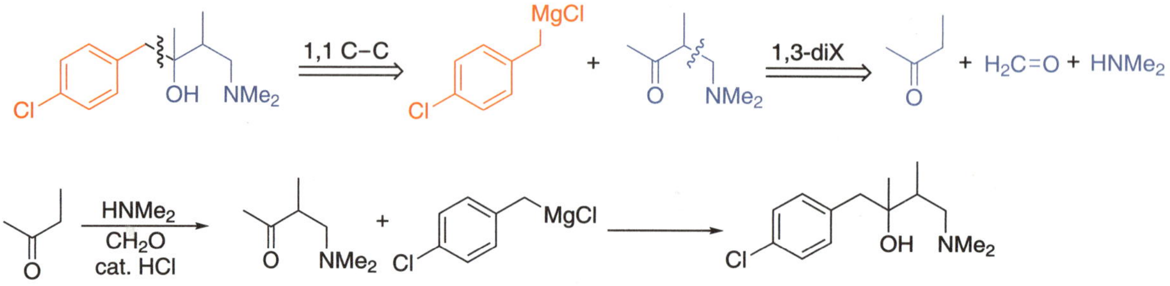

(3) Claisen 酯缩合：1,3-二羰基化合物

1,3-二酮可以采用类似的方式断开，通过 Claisen 酯缩合反应进行构建，合成子为酯。例如下面这种二酮，选择切断为环己酮，这样切断对应的反应是容易发生且可以给出最简单的起始原料。

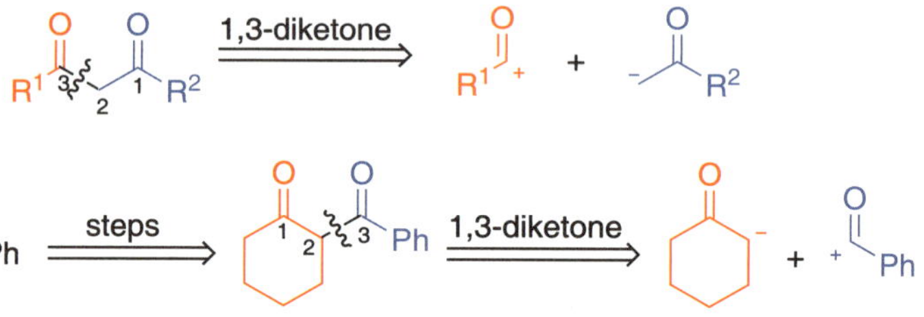

1,3-二羰基化合物可能不会在目标分子中直接显示出来，并且可能在进行 1,3-二酮 C–C 断开之前需要断开碳杂原子键或进行官能团转化。在下面这个例子中，1,3-二羰基是使用丙二酸衍生物制成的，具有一些不同的变化：锂化物以良好的产率实现了酰基化，接着简单地将产物与胍回流形成杂环，最后溴化得到溴代物。

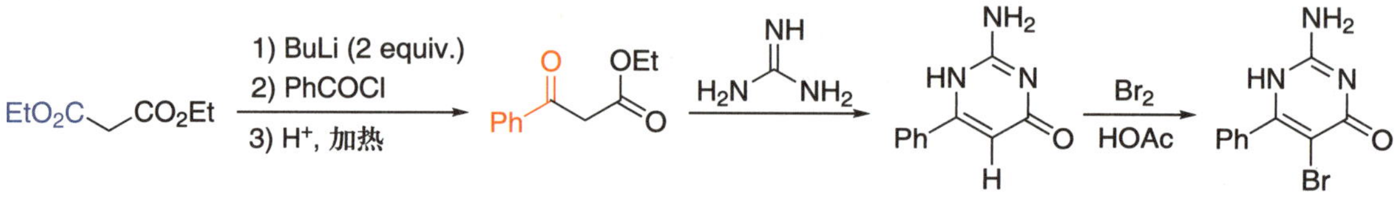

3. 1,4-双官能团化合物

对于 1,4-二羰基化合物，一般首先断开正中间的碳碳键，可逆推至酮和 α-卤代酮。

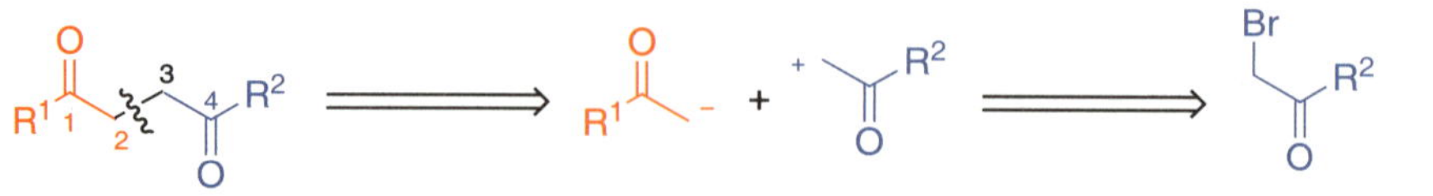

如果尝试断开其他键，则有以下两种可能。

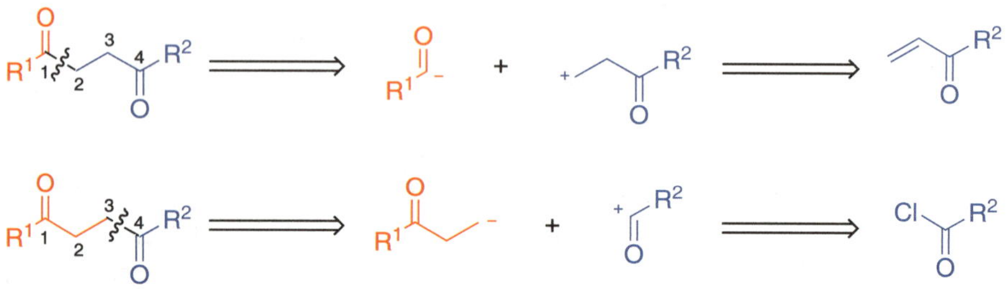

到目前为止，使用之前学习的试剂会难以实现这些策略，但是可以利用氰化物与不饱和羰基化合物发生共轭加成来实现切断。

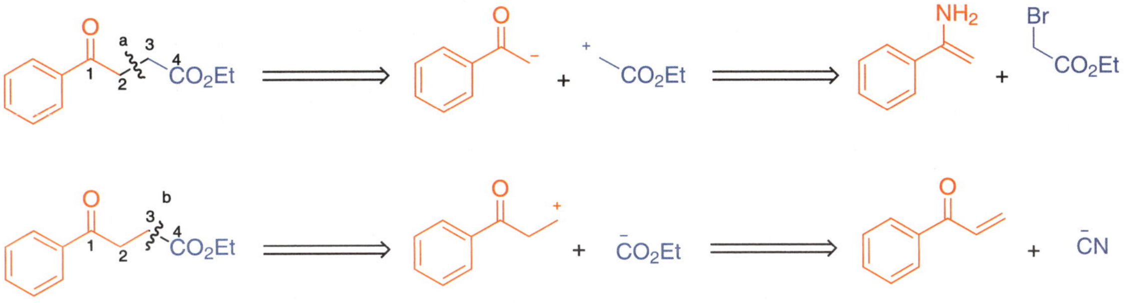

4. **1,5-双官能团结构：Michael 加成**

这类化合物的两个羰基之间具有 1,5-关系，因此切断后得到烯醇与一个 Michael 受体。

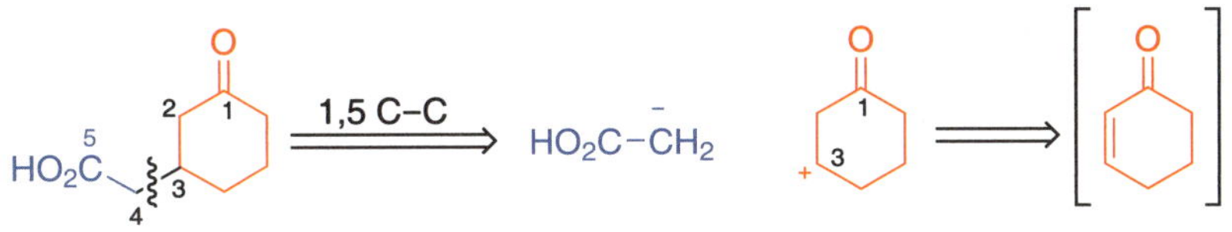

丙二酸酯衍生物容易烯醇化并进行 Michael 加成，因此是此类反应的良好选择。

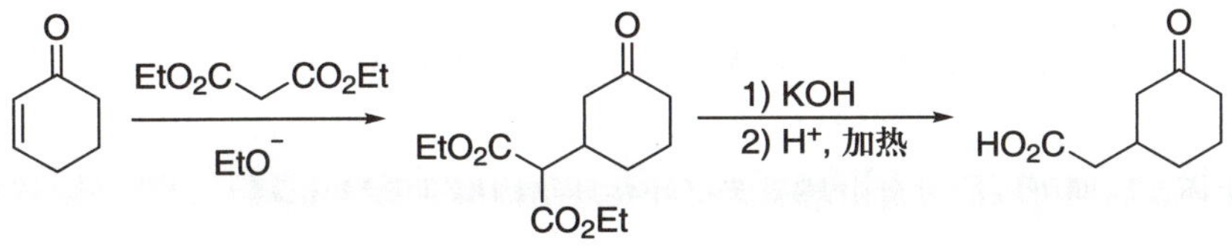

只有选择合适的烯醇化试剂或亲核试剂，与不饱和羰基化合物进行共轭加成，而非进行 1,2-加成，才能顺利得到产物。

烯醇化合物与 α,β-不饱和化合物的 Michael 加成是制备 1,5-双官能团化合物的好方法。在下面的例子中，可以先进行 1,5-二酯切断，之后再进行 1,2 C–C 切断得到烯醇酯前体。

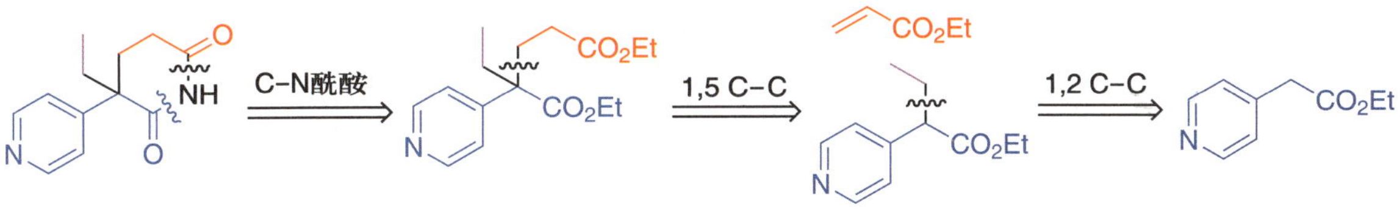

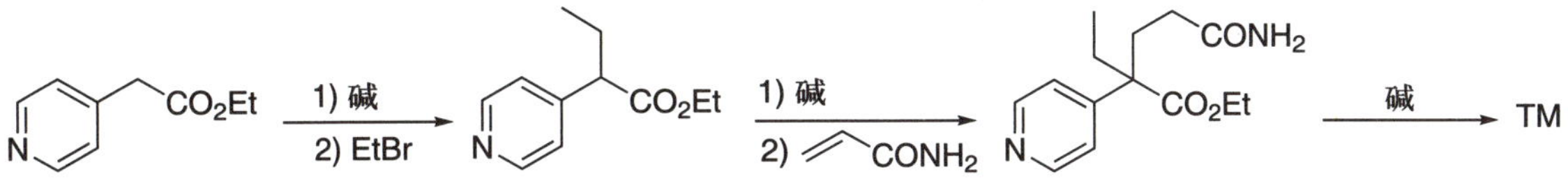

在设计合成目标分子时，虽然无法准确地预测分子的最佳合成路线，但逆合成分析可以提供任何目标分子的几种不同合成策略，再经过文献检索和实验探究便可以将合成路线范围大大缩小。这样的思考便是分子合成设计的完整思路，从相对简单的分子到已知的最复杂的目标分子。

TM：目标分子，target molecule。

23.2.3　环系的构建

当分子具有多个环时，如何构建环系也是合成的关键。鲍德温（J. E. Baldwin）根据分子内环化的难易程度建立了 Baldwin 经验规则，但也有部分并不适用的情况。实际合成中，随着分子复杂程度的增加，需要考虑的因素也更为复杂。五元环和六元环的构建最为常见，但小环和大环的构建在实际合成中也会出现，尤其可以通过并环结构进一步开环，从而实现小环化合物到大环化合物的构建。

三元环的构建：Simons-Smith 环丙烷化反应

脂环烃中，环丙烷常用卡宾对烯烃的插入来构建，其中 Simons-Smith 环丙烷化反应最为常见。而环氧化合物等三元环，则具有更多的制备方法。例如，在倍半萜 (+)-omphadiol 的全合成中立体选择性地引入环丙烷。

对于环丙烷的合成方式不止 Simons-Smith 环丙烷化反应，详见烯烃章节（上册第 7 章），以及醚章节（上册第 5 章）中醚类合成方法。

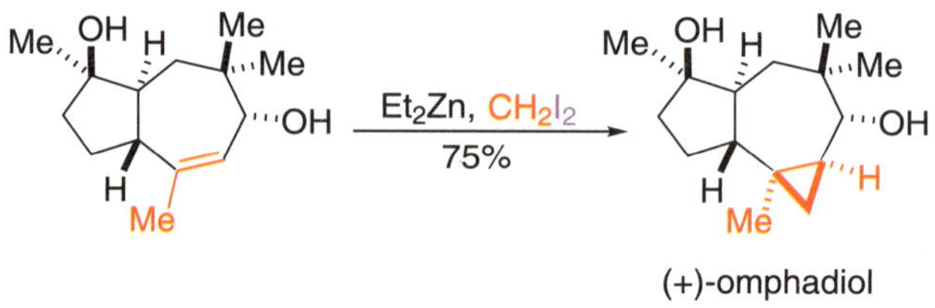

四元环的构建：[2+2] 环加成反应

除此之外，烯酮也可以进行 Staudinger 环加成反应，用于内酰胺的合成。详见电环化反应（下册第 22 章）。

常见化合物中含四元环的并不多，但通过四元环来实现大环及其他环系的构建是常用的策略。例如，在 (−)-scabrolide A 的全合成中，利用 [2+2] 环加成反应可以制备四元环，后期可以通过自由基反应打开并环结构得到七元环。

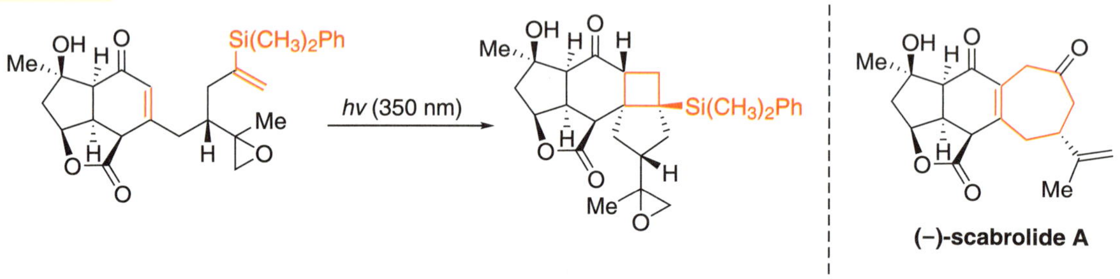

六元环的构建：Diels-Alder 反应、Robinson 环化反应

六元环的构建最为常见。Diels-Alder 反应和 Robinson 环化反应在构建并环时相当高效。随着现代有机合成方法学的发展，通过对芳环进行修饰，再去芳构化同样也能实现六元环的构建。例如，可以巧妙利用 Diels-Alder 反应实现 6/6 并环的构建。

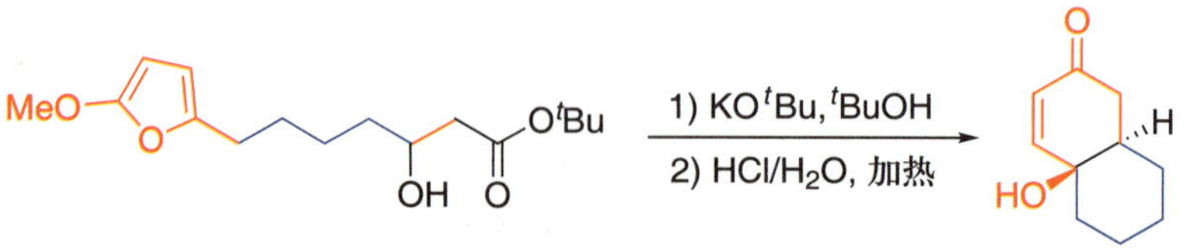

中环的构建：McMurry 反应、烯烃复分解反应

中环化合物指七至九元环化合物，除之前所讲的通过小环扩环来构建中环以外，McMurry 反应、烯烃复分解反应也可用于此中环的构建。例如，在紫杉醇 taxol 的合成中，利用 McMurry 反应实现了八元环的构建。

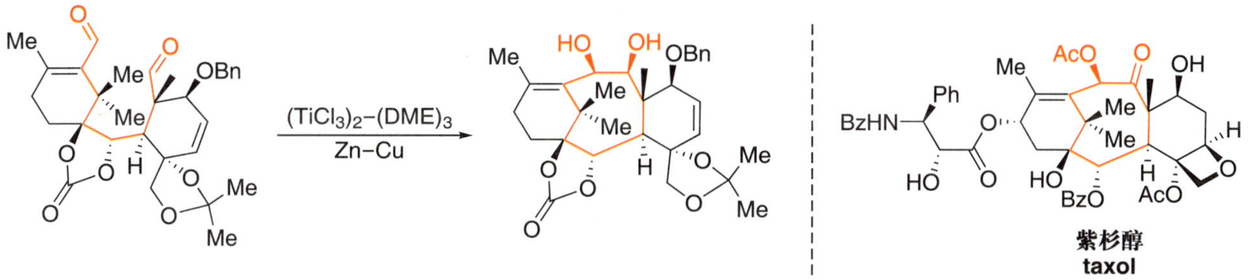

紫杉醇
taxol

以上仅对本书中涉及的一些关于环化的反应进行了简单小结，实际合成中常见的亲核取代反应等均可以用于环系的构建。巧妙地使用串联反应，一次构建多个环系也是合成化学家所追求的目标。

除了 McMurry 反应，利用二碘化钐进行醛酮的双分子还原偶联（Pinacol 偶联反应）也较常见。详见醛酮章节（上册第 13 章）。

烯烃复分解反应也常用于构建环系，详见过渡金属催化章节（第 29 章 29.9）。

十三元环以上为大环，通常认为较难合成。冠醚是典型的大环分子，一些多肽药物也具有大环结构。

23.3 有机合成中的选择性

23.3.1 化学选择性

在之前的章节中介绍了不同化合物的反应特性，化学选择性是指不同官能团之间的选择性。若化合物中存在竞争基团，则活性较高的官能团优先进行反应，因此在逆合成分析中通常首先断裂最活泼基团。例如，化合物中同时含有伯醇与烯丙醇时，用二氧化锰进行氧化，由于烯丙醇活性较高，因此得到不饱和酮产物。

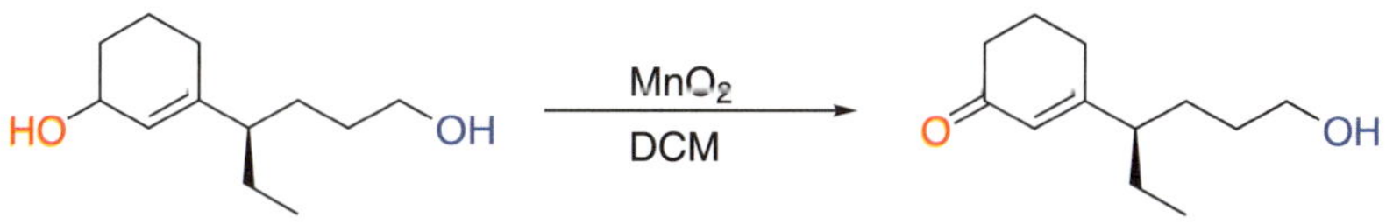

当一个化合物具有多个相同官能团或者希望活性较低的官能团优先反应时，则需要利用保护基来进行调整。之前章节已经提到部分内容，后续章节还会进行简单总结。同时，不同试剂对不同官能团的活性不同，也可以用于官能团的区分，达到不同的目的。

23.3.2 区域选择性

区域选择性指同一官能团不同位置发生反应的选择性。例如，在碱性条件下，酮选择性生成不同位置的烯醇盐，之后得到不同的烷基化产物。

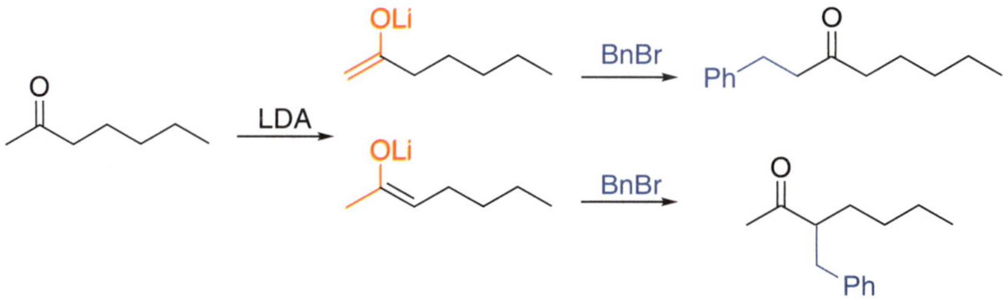

side product：与主要反应产物同时产生的次要产物。

byproduct：在制作生产某种物品（如某化合物）时附带产生的另外物品（如另一化合物）。

byproduct 是预期反应直接产生的物质，因此它们将作为完全平衡的化学方程式的一部分出现。另一方面，side product 是副反应的结果。

不同活性的亲核试剂对不饱和酮有 1,2-和 1,4-加成 [详见 α,β-不饱和醛与酮 (上册第 15 章)]，在合成中可以利用这一特性实现多步反应。例如，不饱和酮与铜锂试剂发生加成反应后，再加入亲电试剂可以得到双官能团化产物。

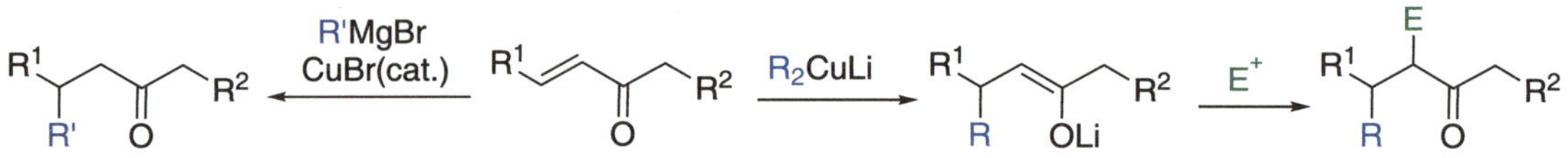

在环氧化合物开环反应中，酸性或碱性条件下开环选择性不同，得到不一样的产物 [详见环氧章节 (上册第 5 章)]。

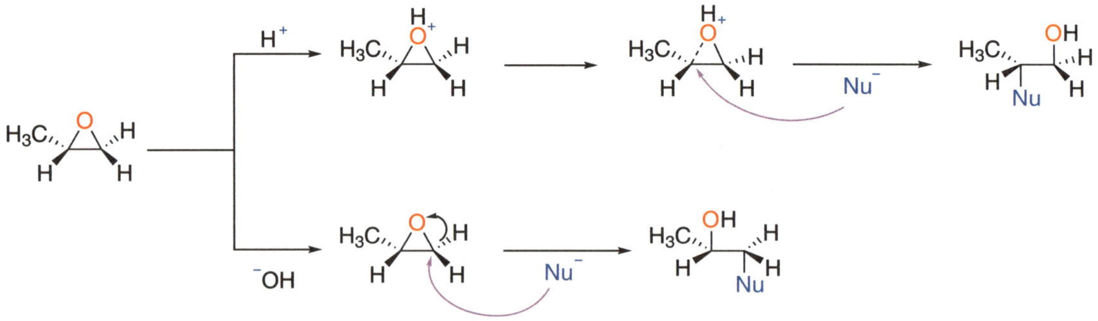

23.3.3 立体选择性

立体选择性是指能够得到一种构型为主产物的反应选择性。例如，在 4-叔丁基环己酮的还原反应中，由于受构象控制，叔丁基主要处于 e 键。这时用不同的还原剂可以得到不同甚至相反的结果，如果采用大位阻还原试剂，它会从 e 键方向进攻羰基，以避免受到两个处于 a 键氢原子的影响，得到的主要产物羟基处于 a 键。因此，通过构象控制，反应可以立体选择性地得到顺-4-叔丁基环己醇。

在 S_N2 反应、E2 反应、炔烃催化氢化反应等反应中，由于反应机理的限制只能得到一种构型的产物，这种反应为立体专一性反应，注意与立体选择性反应进行区分。

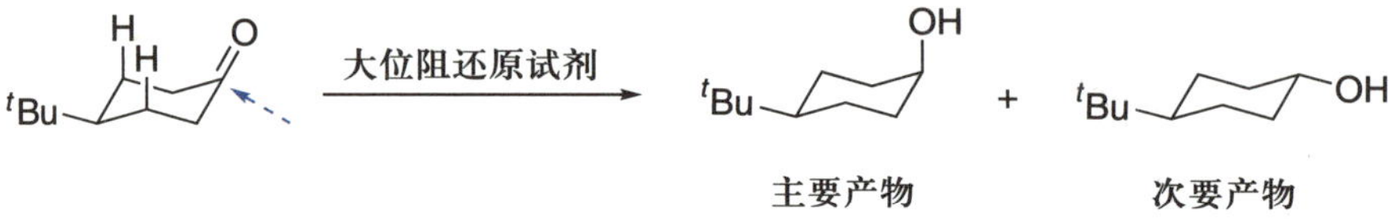

利用具有手性的催化剂可以控制反应的对映选择性。例如，Marckwald 用番木鳖碱 (brucine) 作催化剂，进行去对称化实现了第一例不对称催化反应。

受限于当时的条件，当催化剂的 ee 值足够高时，产物的 ee 值也会有所提升。

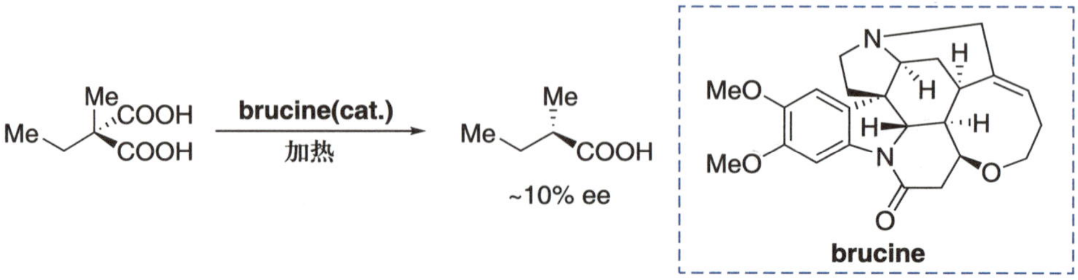

非对映选择性也是立体选择性的一种，它在有机合成中有时至关重要。通过 Zimmerman-Traxler 过渡态可以有效地控制羟醛缩合反应的非对映选择性。Zimmerman-Traxler 过渡态就是之前章节所提到的椅型构象的六元环状过渡态。该模型很好地解释了羟醛缩合反应中，烯醇中间体的几何构型与产物的立体化学之间的关系。

在碱的作用下,可以形成 *Z*、*E* 两种构型的烯醇盐。在 *Z* 型烯醇盐形成的过渡态中,两个 R 基团都处于 a 键时能量较高,而一个 R 基团处于 a 键另一个 R 基团处于 e 键的过渡态能量较低,因此倾向生成顺式产物。但在 *E* 型烯醇盐形成的过渡态中,一个 R 基团处于 e 键另一个 R 基团处于 a 键时能量较高,而两个 R 基团都处于 e 键时过渡态能量较低,因此倾向生成反式产物。通过调整取代基的大小,可以有效实现羟醛缩合反应的立体选择性。

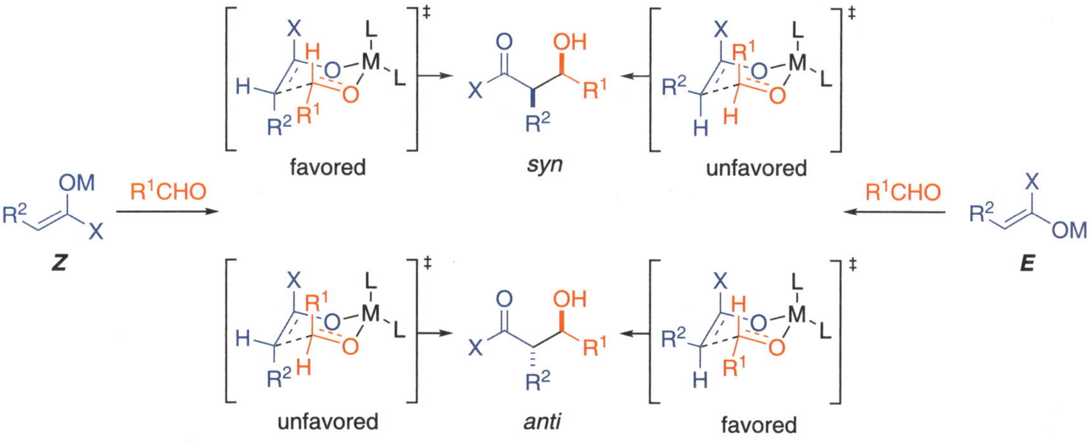

当生成顺式烯醇产物和反式烯醇产物后,继续脱水则会产生新的立体选择性,即 *Z* 构型和 *E* 构型两种烯烃。

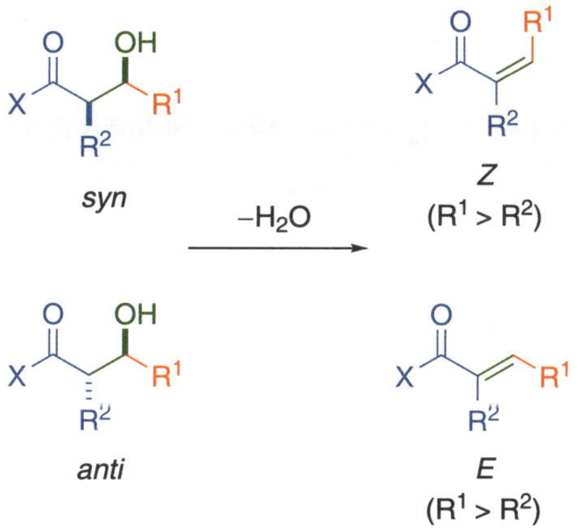

一般脱水后得到的产物受热力学控制,通常简单烯酮为 *E* 构型,但当双键为三取代或环状双键时,则结果有可能不同。

23.4 有机合成中的保护基

23.4.1 保护基的选取

能否得到目标产物,选择性发挥着至关重要的作用。但有些时候,由于分子复杂或参与反应的官能团较多,选择性难以实现,此时就需要采用保护基策略来调整官能团的反应顺序。在有机合成中,若同时有几个基团均能参与反应,为了避免其他基团的影响或者需要改变产物的溶解性、极性等,可以引入一个基团将不需要参与反应的位点进行衍生化,待完成后续转化之后,再将这个基团脱除,恢复为原来的官能团,这种引入基团称为"保护基"。

1902 年，费歇尔（Hermann Emil Fischer）因为在糖类和嘌呤衍生物合成研究方面的卓越成就被授予第二届诺贝尔化学奖。他在研究中使用保护基，促进了保护基在复杂分子合成中的广泛应用。

在一个反应中，通常反应活性更高的部分会优先反应。如氨基酚中氨基的亲核性大于羟基，会优先发生亲核取代反应，但如果我们只希望酚羟基发生亲核取代反应，我们就可以先将氨基保护起来，待反应完成后再将保护基脱除。

在分子结构复杂且具有多个官能团的化合物中，引入和脱去保护基均需要更多操作步骤，在选取保护基时应遵循以下基本原则：

(1) 引入保护基时，反应条件温和、具有一定选择性；

(2) 保护基具有稳定性，在后续反应及后处理过程中能够稳定存在；

(3) 脱除保护基时，其能被高效、高选择性脱除，不影响其他官能团。

虽然有以上原则，但实际应用中仍需要根据情况选取合适的保护基。以下对不同基团的保护进行简要讨论。

23.4.2　羟基保护基

羟基在有机合成中十分重要且常见，具有较高活性，因此羟基的保护非常重要。羟基的保护基主要有酯类、烷基醚类和硅烷醚类。以下作简要介绍。

酯保护

DIBAL-H 可将腈还原为亚胺，通过水解转变为相应的醛；也可以将缩醛还原为醚；低温下可以部分将酯还原成醛，但较难控制，实际操作中通常加 2 当量以上的 DIBAL-H 将酯还原到醇，然后再氧化成醛。

羟基的酯化反应发展成熟，并且水解反应条件温和，因此酯化法保护羟基非常方便高效。一般使用酸酐或酰氯与醇进行酯化反应引入保护基[通常加入 4-二甲氨基吡啶（DMAP）催化反应]，通过碱性条件水解脱除保护基。乙酰基（Ac）在温和的碱性溶液中即可脱除，因此使用广泛。苯甲酰基（Bz）和特戊酰基（Piv）比乙酰基更稳定，较乙酰基更难脱除，需用更强的碱性水溶液或者用二异丁基氢化铝锂（DIBAL-H）进行还原反应后脱除。某些脂肪酸有时也用于羟基的保护。

烷基醚保护

醚类化合物具有一定稳定性，不易被氧化和脱除，是羟基的有效保护基，其中苄基（Bn）和对甲氧基苄基（PMB）最为常用。醚类保护基一般用 Pd-C/H_2 催化氢化或 2,3-二氯-5,6-二氰基苯醌（DDQ）氧化进行脱除。由于甲氧基对碳正离子具有共轭稳定作用，因此对甲氧基苄基醚比苄基醚更容易在酸性条件进行脱除。如果两种保护基同时存在，可进行选择性脱除。

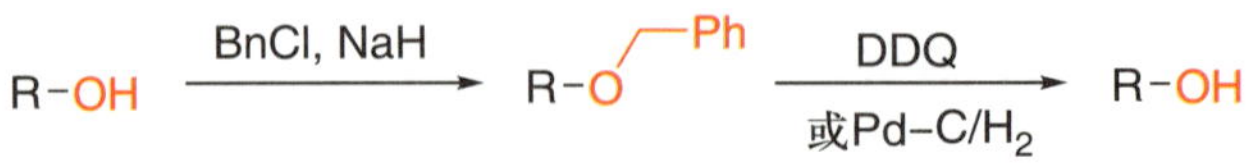

甲氧基甲基（MOM）、2-甲氧基乙氧基甲基（MEM）和苄氧基甲基（BOM）等可以与羟基形成缩醛或缩酮，进而对其进行保护。其中 MOM 醚最稳定，可以用来保护酚羟基。一般使用相应的烷氧基氯甲烷与醇反应引入保护基；在酸性条件下脱除保护基。BOM 醚则同苄基醚一样可以通过催化氢化进行脱除。

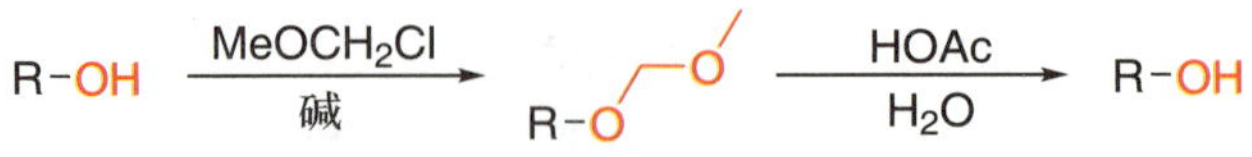

早在 19 世纪，四氢吡喃基 (THP) 就用来保护羟基，在酸性条件下可脱除。然而在引入 THP 后，会产生新的手性中心，使 NMR 谱图和后续反应变复杂。

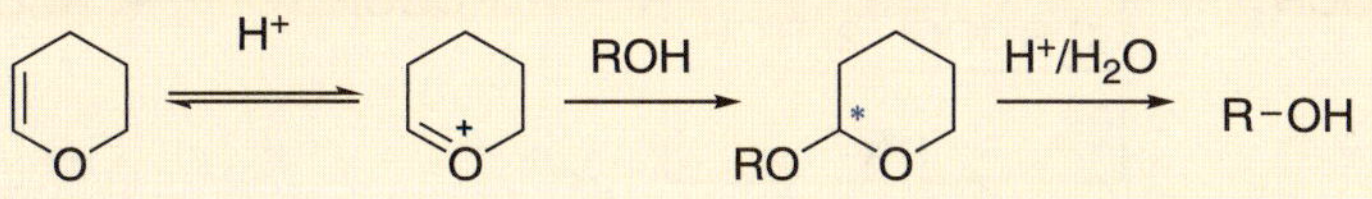

硅烷醚保护

一般在弱碱性条件下使用氯硅烷或相应三氟甲磺酸酯引入硅基保护基。由于氟离子能够使硅氧键断裂而不影响其他基团，因此常用四丁基氟化铵 (TBAF) 对硅基保护基进行脱除。硅基保护基空间位阻越大就越稳定，因此三乙基硅基 (TES)、叔丁基二甲基硅基 (TBDMS)、三异丙基硅基 (TIPS)、叔丁基二苯基硅基 (TBDPS) 等较为常用。三甲基硅基 (TMS) 保护基，在弱碱水溶液甚至色谱柱上就能脱除，因此常用于暂时性保护或降低产物极性，使产物易于后续转化和分离。

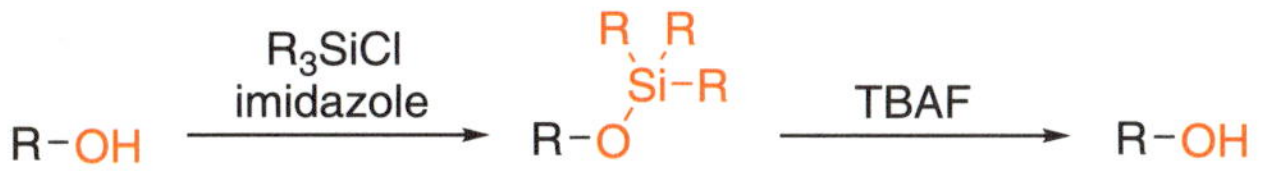

23.4.3 羰基保护基

含有羰基的化合物种类繁多，醛、酮、羧酸、酯和酰胺都含有亲电性的羰基。保护羰基主要通过生成缩醛(或缩酮，IUPAC 已把二者统称为缩醛) 的方法。常用醇或二醇对羰基进行保护，其中二醇与羰基形成的环状缩醛更稳定。缩醛保护一般可以在质子酸或 Lewis 酸存在的条件下，引入和脱除。

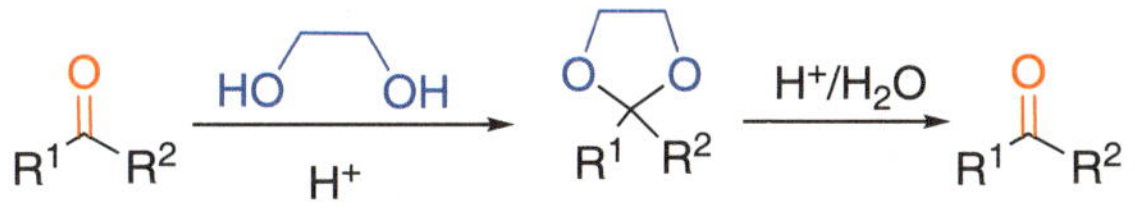

乙硫醇与羰基生成的缩硫醛更加稳定，除了在汞存在下水解脱除，还可以经过甲基化后水解脱除，或用卤素或 *N*-溴代丁二酰亚胺 (NBS)、*N*-氯代丁二酰亚胺 (NCS) 等氧化水解脱除。此时含氧缩醛不受影响。

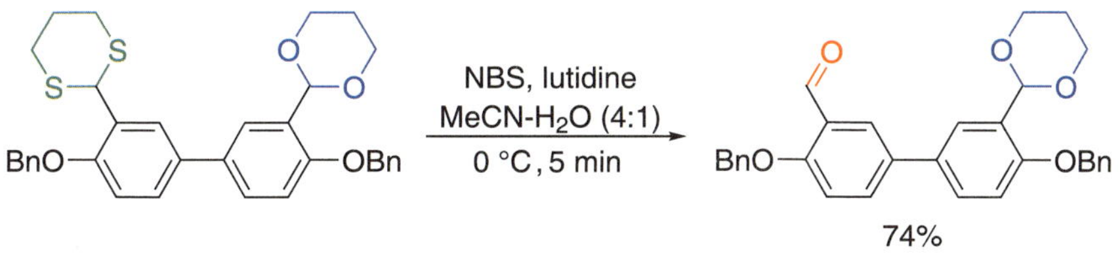

23.4.4 羧基保护基

羧基本身具有酸性，会与碱进行反应，同时羧基还含有羰基，容易被亲核试剂进攻。羧基和羟基的保护基选取有很多相似的地方。羧基主要通过生成酯类化合物来保护，用水解进行脱除。常用甲酯、乙酯、苄酯和叔丁酯保护。

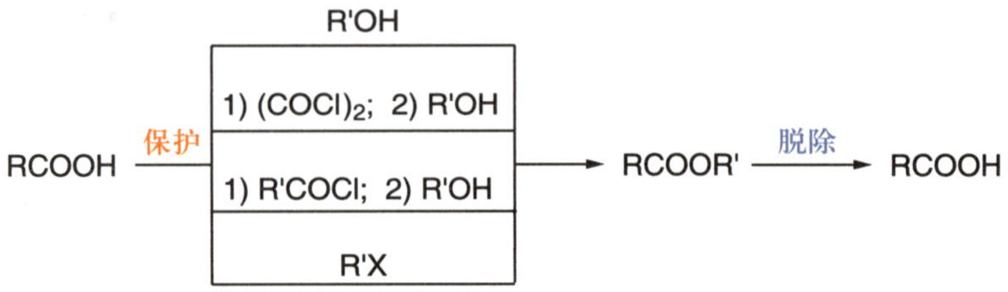

23.4.5　氨基保护基

氨基具有碱性和亲核性，同时也容易被氧化，因此很多反应都需要避免氨基的参与。氨基的保护基种类繁多(表 23-1)，在多肽合成中最常用的就是酰胺类。一般用酸酐或酰氯进行酰化引入保护基，通过水解进行脱除。

表 23-1　常用的氨基保护基

分类	保护基(缩写)	保护的反应条件	脱除的反应条件
酰胺类	Boc、Cbz、Fmoc	$(Boc)_2O$，RCl，碱	HCl，EtOAc
氨基甲酸酯类	Aloc、Teoc、Troc	RCl，吡啶	碱
磺酰胺类	Ts、SES	RCl，碱	哌啶，DMF
烷基类	Bn、PMB	RCl，碱	催化氢化

在实际合成中，选择保护基时除了考虑反应条件，还应注意脱除保护基的反应条件是否会对其他官能团造成影响，以及在含有多个保护基时，不同保护基的引入和脱除先后顺序。随着目标分子复杂程度的增加，保护基的引入和脱除有时甚至需要根据路线的不同阶段进行替换。

23.5　合成策略与路线设计

通常有机合成策略根据分子的大小以及复杂度等，可以设计不同的合成路线。

线性合成(linear synthesis)是由若干个单元组成的目标分子，按照顺序依次进行反应最终得到目标分子的合成路线(图 23-1)。通常用于较为简便的合成路线或用于合成有机小分子。

全合成中一般用最长线性步骤(longest linear sequence，LLS)对合成路线进行评估，即从起始原料到最终产物的多步反应中所需的最长反应数。

图 23-1　线性合成

汇聚式合成(convergent synthesis)是将目标分子分为几个片段，分别合成后再将这些片段结合起来完成目标分子的合成路线(图 23-2)。总产率高于线性合成。

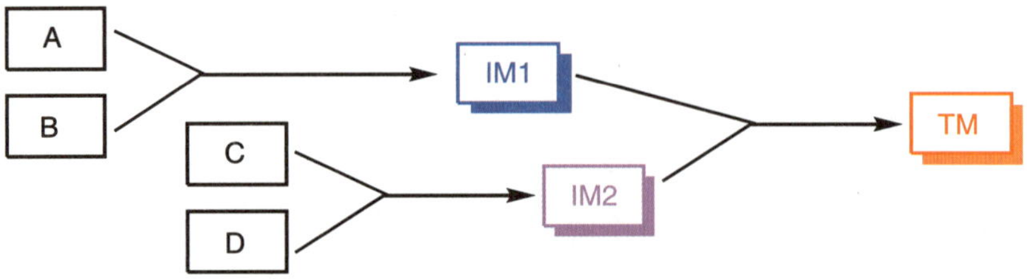

图 23-2　汇聚式合成

发散性合成（divergent synthesis）是由简单结构的原料通过转化得到共同中间体，再分别进行转化得到具有一定差异的不同目标分子的合成方法（图 23-3）。在药物合成中常用于快速构建多个目标分子以进行先导药物的筛选。

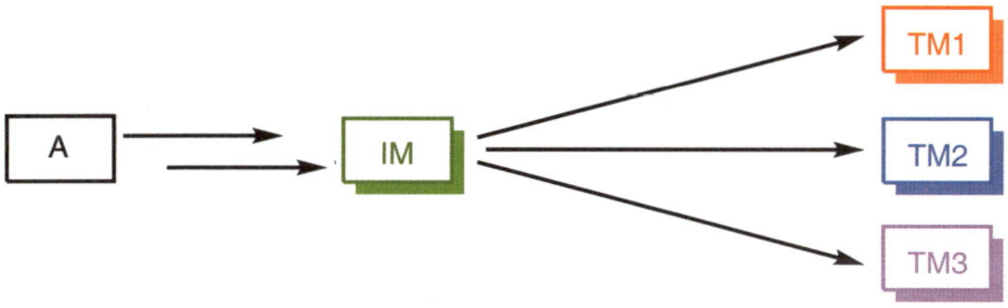

图 23-3　发散性合成

除此之外，在有机合成中以下概念也较为常见。

目标分子导向合成（target oriented synthesis，TOS）是以得到特定目标分子结构为目的而进行的合成设计和反应操作。

多样性导向合成（diversity oriented synthesis，DOS）是从结构相对简单的原料出发，经几步反应能得到一批结构相对复杂且彼此有较大差异的分子的合成工作。

平行合成（parallel synthesis）指在同一个反应容器内某一反应底物的两个以上部位同时进行不同类型的反应，是一锅反应的一种。

仿生合成（biomimetic synthesis）是以天然产物分子生源合成途径和规律为依据而进行路线设计与合成的合成方法。

斯托克（G. Stork）教授和埃申莫塞（A. Eschenmoser）教授曾经分别提出一个假说，认为自然界中的羊毛甾醇是由角鲨烯酶催化角鲨烯环化而得的。由此假说他们提出并采用非酶催化剂一次形成 3-4 个环的仿生环化（biomimetic polycyclization）合成方法。

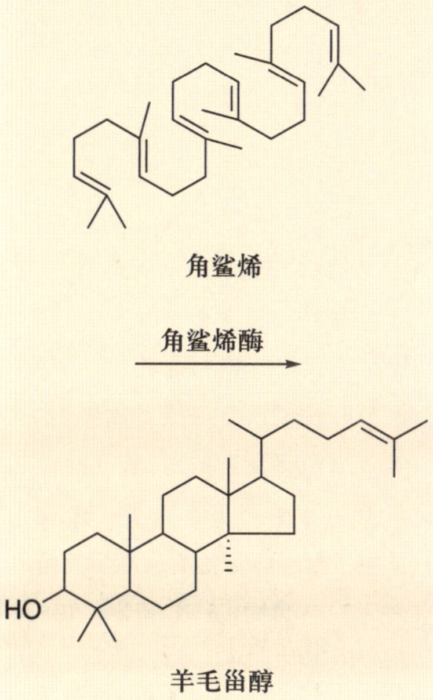

这种师法自然的合成方法往往可以提供新的合成策略。许多天然产物分子的生源合成途径逐步阐明，这为有机合成带来了极大的便利。

23.6 有机合成实例

23.6.1 简单化合物缩醛酮的合成

前列腺素是一种属于类花生酸的生理活性脂质化合物，广泛分布于身体各组织和体液中，对细胞增殖、分化、凋亡等一系列细胞活动及心血管系统的平衡等起到至关重要的作用。在前列腺素的合成中，会用到如下的缩醛酮。这种缩醛酮结构具有较好的对称性，接下来以这种缩醛酮作为合成实例进行介绍。

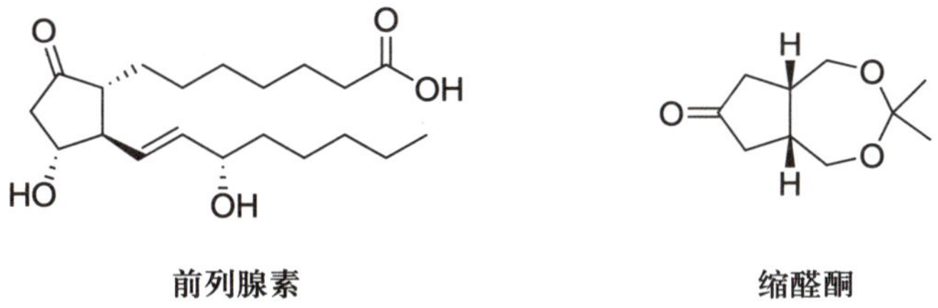

首先对其进行逆合成分析。切断缩酮可以得到仍旧对称的碳骨架，并且该骨架存在 1,4-和 1,6-二羰基的关系，两个醇羟基之间也具有 1,4-二羰基的关系。但如果利用这些关系进行切断，会破坏分子的对称性，因此这里选择添加一个酯基作为辅助基团。这样的添加在分子中产生了一个 1,3-二羰基结构，切断后不会破坏分子的对称性，可以简化合成步骤。切断后新得到的二甲酯中间体具有 1,6-二羰基结构，可以考虑由环状原料得到。最后再进行官能团转换得到环状酸酐，而这个酸酐明显可以由丁-1,3-二烯与马来酸酐经过 Diels-Alder 反应得到。

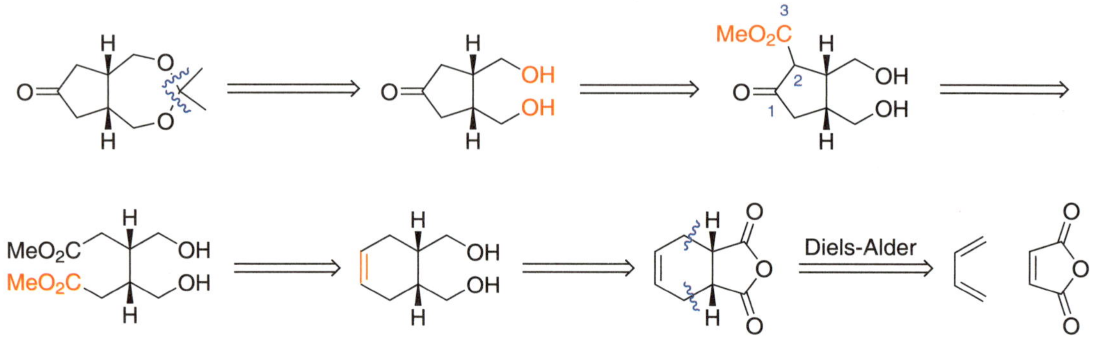

合成步骤如下所示：首先由 Diels-Alder 反应构建 5/6 并环，之后使用 $LiAlH_4$ 还原酸酐并保护得到的二醇。再用 $KMnO_4$ 氧化双键得到二酸并甲酯化。最后二酯在 NaH 作用下发生 Dieckmann 酯缩合再水解脱羧，即得到目标产物缩醛酮。

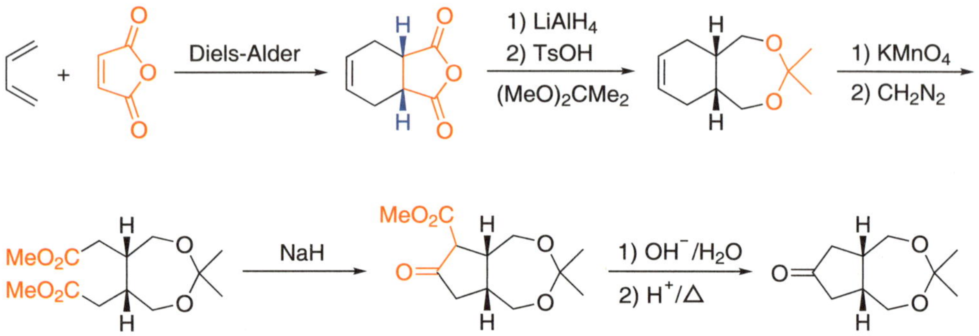

由于青蒿素不易吸收，为了提高青蒿素体内代谢转化，研究人员开发设计了二氢青蒿素，抗疟效果是青蒿素的两倍，后续又开发了蒿甲醚等青蒿素衍生物。其中，蒿甲醚活性高且油溶性好，同时工艺简便，药效可靠，1987 年我国正式批准生产和出口。

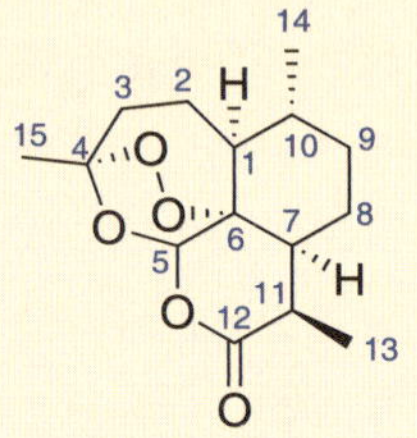

青蒿素
artemisinin

23.6.2　青蒿素的合成

青蒿素 (artemisinin) 是一种具有治疗疟疾功效的化合物，可以显著降低疟疾患者的死亡率。青蒿素具有较为复杂的结构，除了拥有 7 个手性中心，分子中还存在一个独特的过氧桥缩醛 / 酮结构，而且 5 个氧原子均处在同一平面上。这些复杂的结构特点使得青蒿素的合成极具挑战性。国际上多个实验室对青蒿素进行了合成研究，我国合成化学家周维善实验室报道了青蒿素的首次全合成 。下面介绍他们的合成路线和逆合成分析。

他们首先对青蒿素进行了逆合成分析，在过氧缩酮 / 醛内酯处切断，得到关环前体，过氧结构则可由烯醇醚经过光氧化得到。接下来 1,5-二羰基骨架可经过 Michael 加成反应得到。环酮前体则可由含一个手性中心的 (*R*)-香茅醛经过 ene 反应与官能团转化得到。

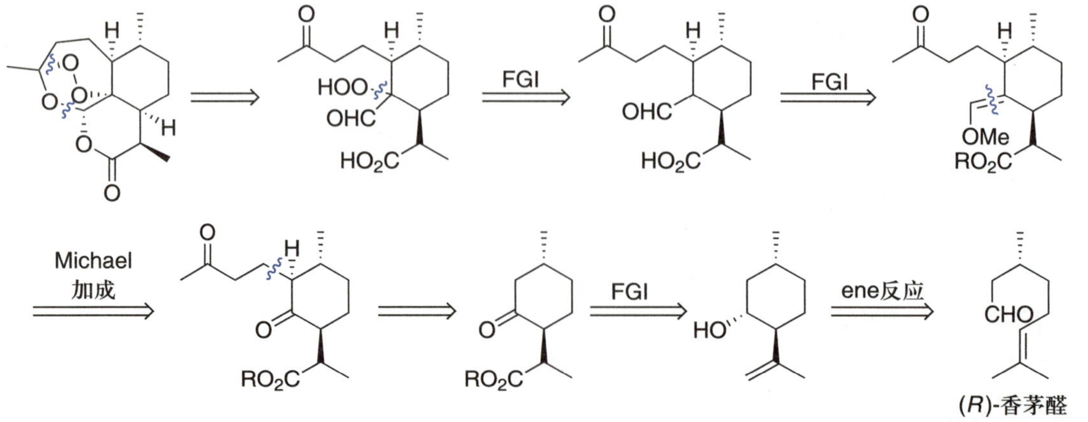

(*R*)-香茅醛
(*R*)-citronellal

实际合成过程如下所示。首先，在 Lewis 酸溴化锌催化下 (*R*) -香茅醛发生分子内 ene 反应得到异胡薄荷醇 (isopuleool) 。之后经硼氢化氧化、苄基选择性保护伯羟基并进一步氧化仲醇后得到六元环酮。它在过量 LDA 存在下与 α,β-不饱和羰基进行 Michael 加成反应引入侧链。生成的二酮在碱性条件下发生分子内环化反应并进一步脱水形成烯酮。烯酮官能团在吡啶中用 $NaBH_4$ 还原，再用 Jones 试剂氧化羟基后恢复酮羰基结构。得到的酮羰基与甲基溴化镁反应，并进一步将加成产物在酸性条件下脱水后得到烯烃和其位置异构产物，二者的比例为 1 : 1。然后再脱苄基、使用 Jones 试剂氧化伯醇成羧酸并进一步与重氮甲烷反应得到甲酯。六元环的双键经臭氧化断裂后得到醛酮，再利用 1,3-丙二硫醇选择性地保护酮羰基，形成硫缩酮。随后裸露的醛基与原甲酸甲酯反应，形成缩醛中间体，并进一步加热失去一分子甲醇，得到甲基烯醇醚。它在 Hg^{2+} 存在下脱除硫缩酮保护基，恢复酮羰基。之后双键发生光氧化反应，形成过氧化中间体，然后在 HCl 存在下进一步环化形成甲基过氧缩醛酮，即青蒿素前体。该前体在 $HClO_4$ 中发生酯基-缩醛和缩酮之间的分子内串联环化反应，形成青蒿素的关键结构——过氧内酯缩醛酮，从而完成目标分子青蒿素的全合成。

形式合成 (formal synthesis)，在复杂天然产物分子进行全合成时，合成获得已有报道能合成至目标分子的关键中间体。

全合成 (total synthesis)，从结构较为简单的、商业可得的原料经多步反应得到具有复杂结构的目标分子 (通常指天然产物分子) 的合成工作。

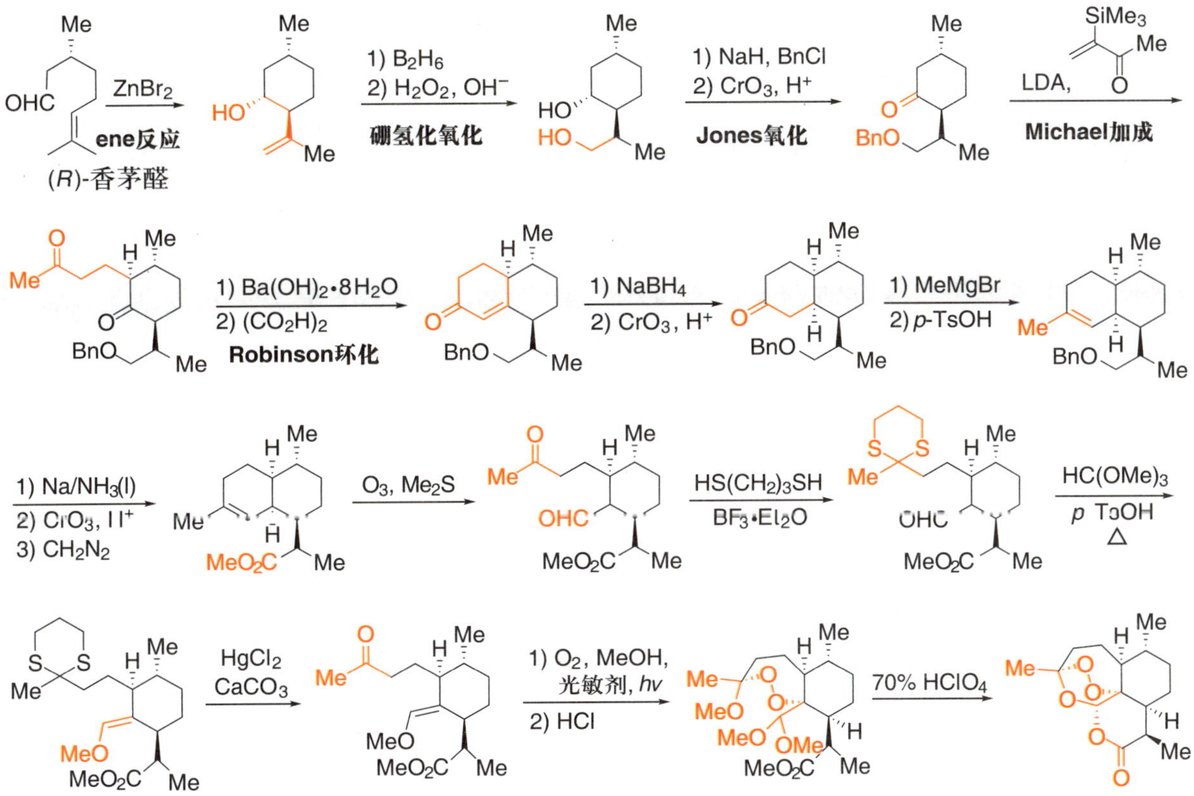

23.6.3 银杏内酯 B 的全合成分析

从银杏中可分离得到大量的次生代谢产物，其中银杏内酯 B (ginkgolide B) 是从银杏叶中提取得到的一类笼状二萜烯内酯 (natural terpene lactones，NTLs) 化合物。研究表明，银杏内酯 B 有保护心肌、预防心律失常、降低血压的作用。

银杏内酯类化合物于 1967 年由中西香尔 (Koji Nakanishi) 教授发现，他还研究了银杏内酯的生物活性和作用机制。

从银杏中分离得到的活性物质除银杏内酯类化合物外，还有含有特殊倍半萜内酯结构的白果内酯 (bilobalide，BB)，黄酮类银杏素 (ginkgetin) 等。白果内酯对中枢神经系统具有一定的作用，其结构和活性同样吸引了大批科学家对其进行研究。

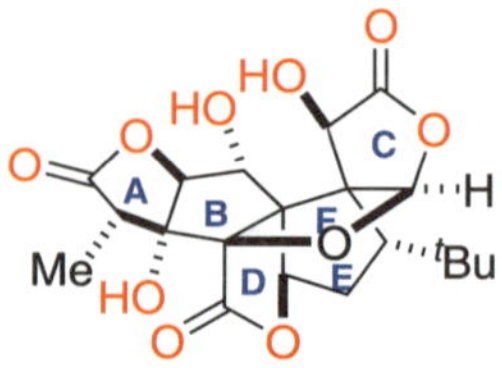

银杏内酯 B
(±)-ginkgolide B

银杏内酯 B 具有独特的骨架结构，共 6 个环，其中 1 个螺环，1 个四氢呋喃环和 3 个五元内酯环。1988 年，科里 (E. J. Corey) 课题组报道了银杏内酯 B 消旋体的首次全合成，之后于 1999 年克里明斯 (Michael T. Crimmins) 课题组也实现了该分子的消旋全合成。首先进行逆合成分析，两个课题组均先打开 A 环，并在后续切断 F 环，逆推至相似中间体。不同的是，Corey 课题组与 Crimmins 课题组虽然都采用了 [2+2] 环加成反应策略，但 Corey 课题组用于构建 D 环，而 Crimmins 课题组则用于构建 E 环。

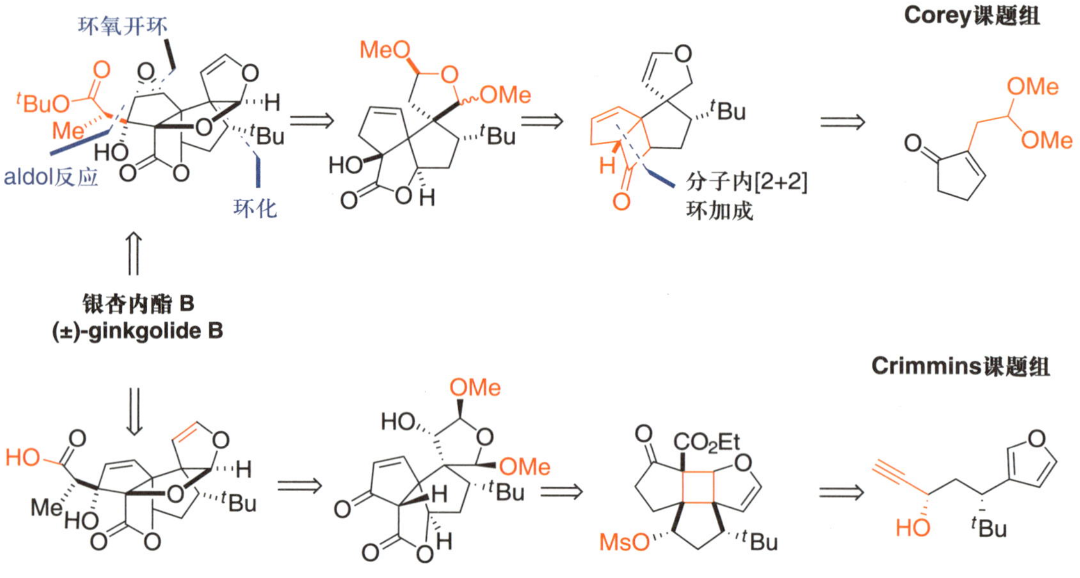

E. J. Corey 教授的逆合成分析法正是在银杏内酯 B 和前列腺素类化合物的研究过程中创立的。

Corey 课题组对银杏内酯 B 的实际合成过程如下所示。首先从简单五元环烯酰胺底物出发，先后通过对醛的加成和 Michael 加成反应引入所需侧链，再与三聚甲醛发生 Mukaiyama aldol 反应，成功构建螺环。之后，通过烯醇化得到烯基三氟甲磺酸酯，与炔基侧链进行 Sonogashira 偶联反应，引入侧链，再经还原、水解得到关键环化前体。通过关键分子内 [2+2] 环加成反应构建四元环，再经 Baeyer-Villiger 氧化，实现了 5/5/5 并环内酯环系的构建。随后通过多次氧化，构建环氧，再打开环氧，以及后续双羟化、氧化等反应，实现其余两个内酯环的构建。

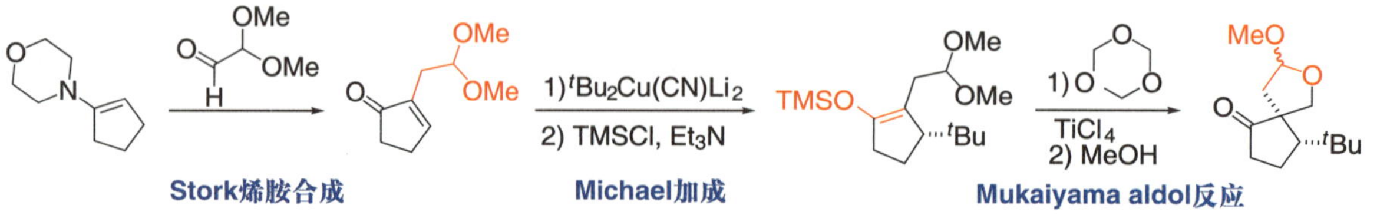

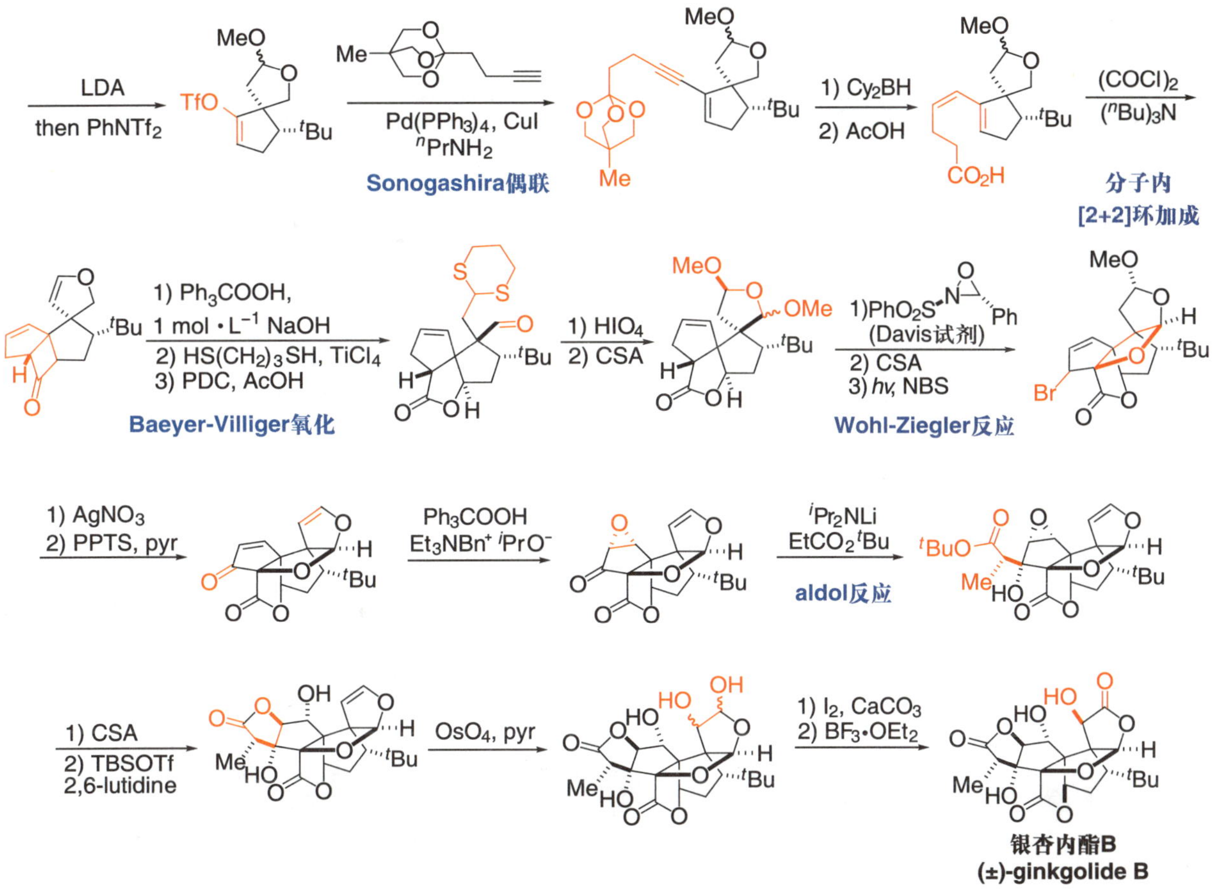

重铬酸吡啶(pyridinium dichromate，PDC)与氯铬酸吡啶盐(pyrindium Chlorochromate，PCC)常和硅藻土一起使用，用于将伯醇和仲醇氧化至醛和酮。

N-溴代丁二酰亚胺(*N*-bromosuccinimide，NBS)常用于烯丙位自由基的溴化。

樟脑磺酸(camphorsulfonic acid，CSA)，可用作酸催化剂和手性辅助试剂，用于催化羟基成醚或生成缩醛。在环氧化物的分子内开环反应中，CSA 也是强有力的工具。

4-甲基苯磺酸吡啶盐(pyridinium *p*-toluenesulfonate，PPTS)，是一种温和高效的酸性催化剂，常用于形成和裂解缩醛或进行羟基的硅醚化反应及其逆反应。

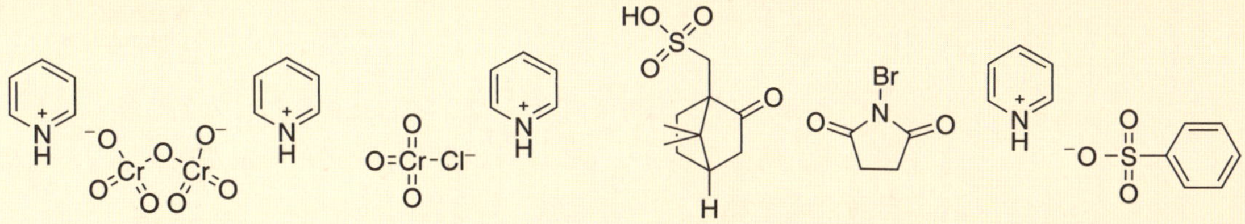

PDC　PCC　CSA　NBS　PPTS

Crimmins 课题组的全合成路线如下所示，从简单底物出发，经过多步转化得到五元环不饱和酮，之后发生分子内 [2+2] 环加成反应构建四元环。经过酯化和氧化消除后，在 DMDO 作用下氧化打开四元环，并用甲基进行保护。用自由基方法脱去羟基后，引入丙酰基，通过 aldol 反应构建五元内酯环。之后经过缩酮重排得到关键四氢呋喃环，最后经过消除，环氧化，打开环氧构建内酯环，以及环氧化和环氧开环，

甲基二环氧乙烷(dimethyldioxirane，DMDO)常用于环氧化反应，可在中性条件下进行。

完成了环系的构建和修饰，实现了银杏内酯 B 的消旋全合成。

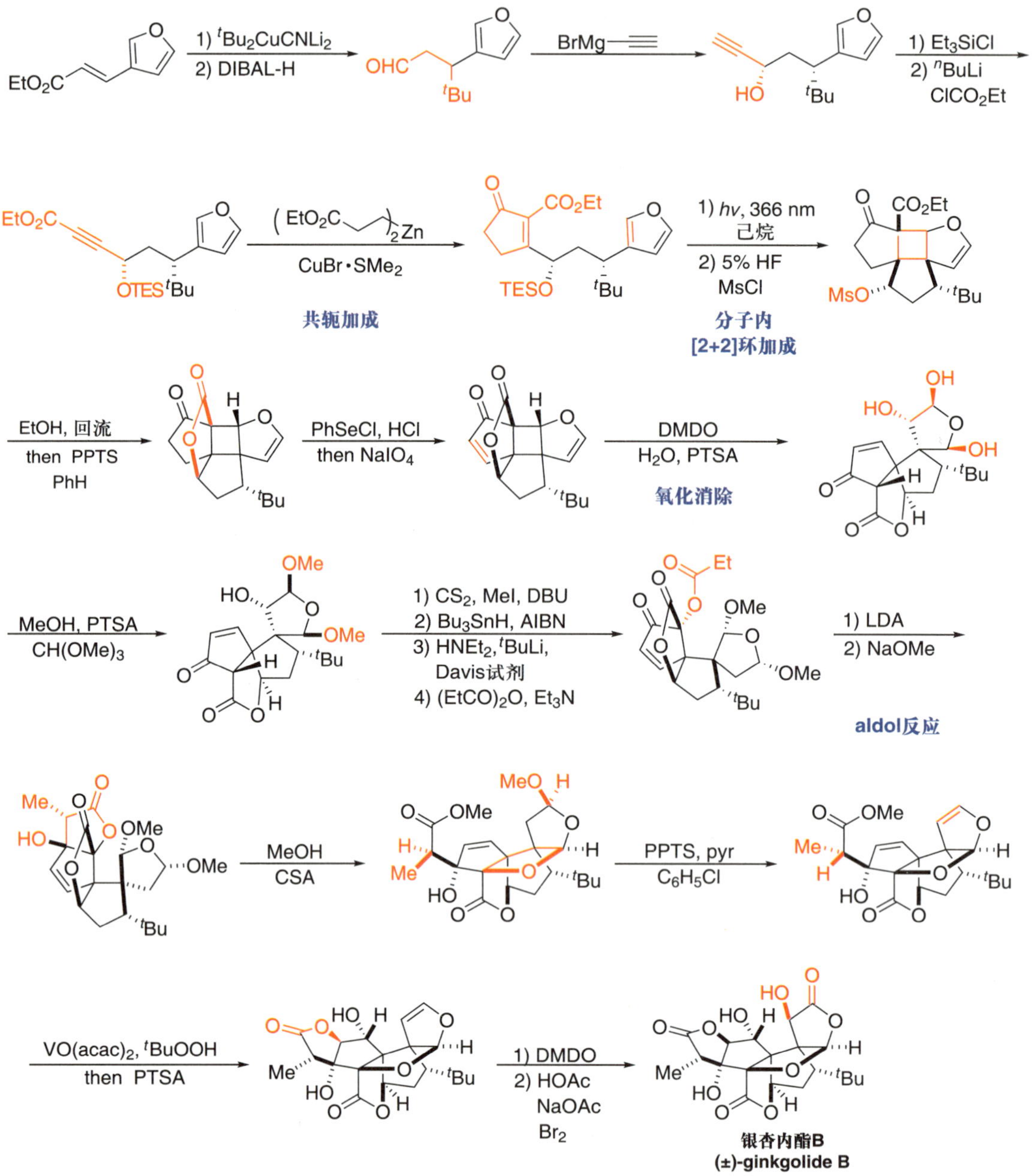

以上例子仅是合成中的沧海一粟，随着现代科学技术的发展，以及新合成方法的不断涌现，使得很多分子可以设计出更简洁高效的合成路线，同时还有更多的分子正在等待合成探索。

本章学习要点

(1) 逆合成分析及其基本原则。

(2) 切断类型和官能团构建。

(3) 有机合成中的选择性调控。

(4) 有机合成中的保护基选择。

(5) 合成策略和路线设计。

习题

23.1 完成下列反应，注意考虑立体化学。

(1) 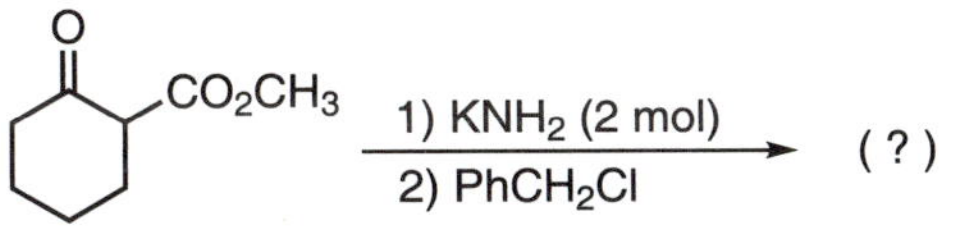

(2) 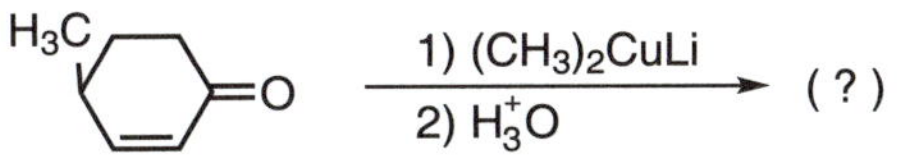

(3) 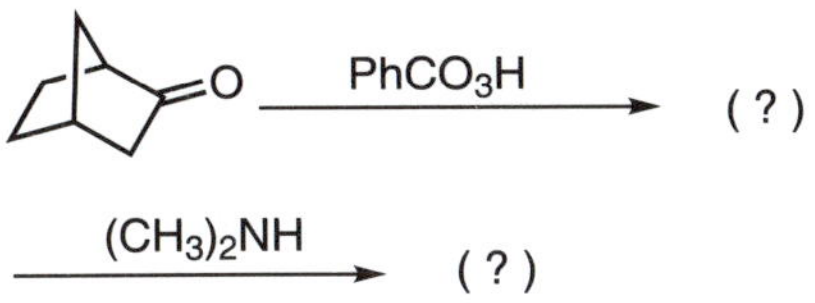

(4) 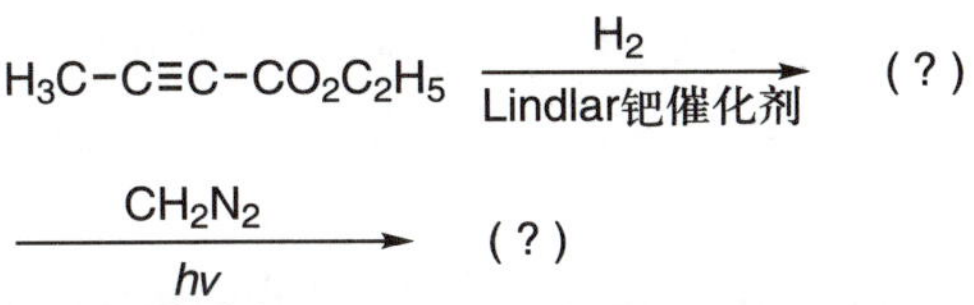

(5) 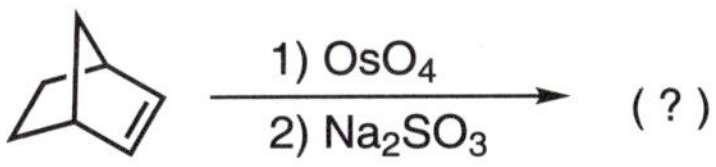

(6) 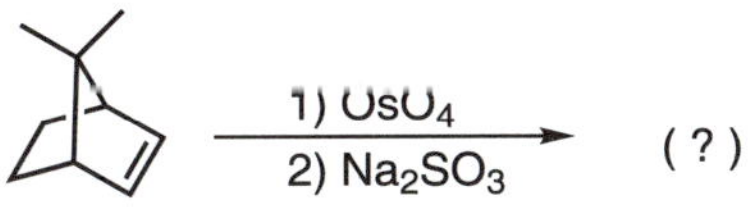

23.2 完成下列转化。

(1) 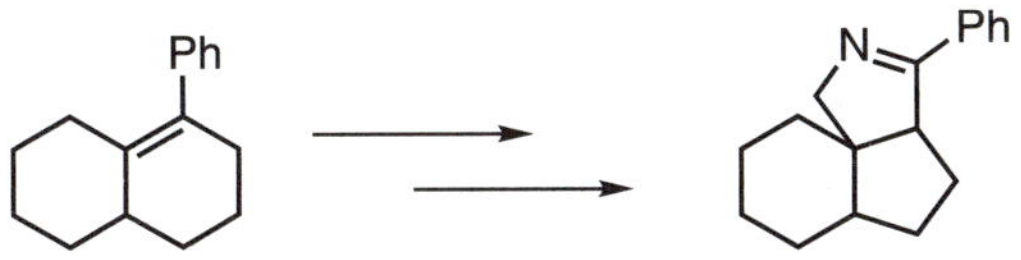

(2) 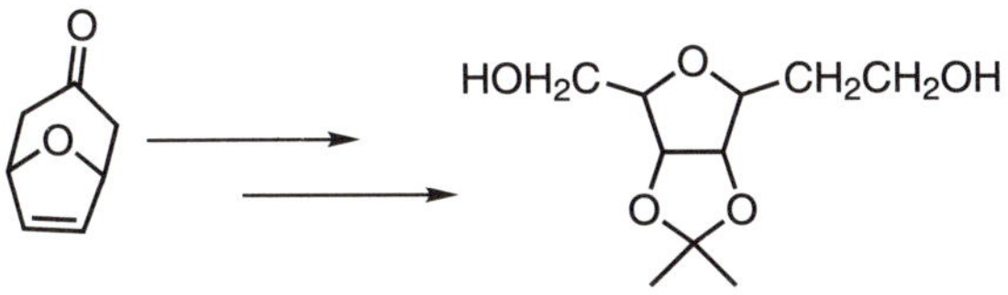

23.3 请根据要求利用逆合成分析设计合成路线。

(1) 由乙酰乙酸乙酯、丙烯酸乙酯和不超过 4 个碳的原料及必要试剂合成：

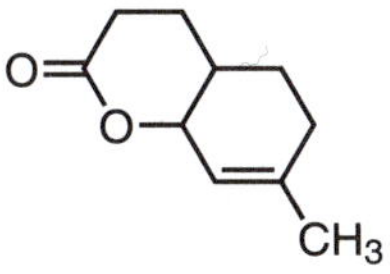

(2) 由甲苯及其他必要试剂合成：

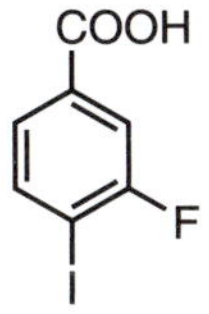

(3) 由乙醛、甲醛及其他必要试剂合成：

23.4 （文献题）在复杂天然产物的合成中，常使用手性池作为起始原料。例如，2012 年 Maimone 课题组在蛇孢菌素 (−)-6-*epi*-ophiobolin N 的全合成中，使用芳樟醇 (−)-linalool 作为起始原料实现了含有季碳手性中心五元环的构建。请完成下列转化。

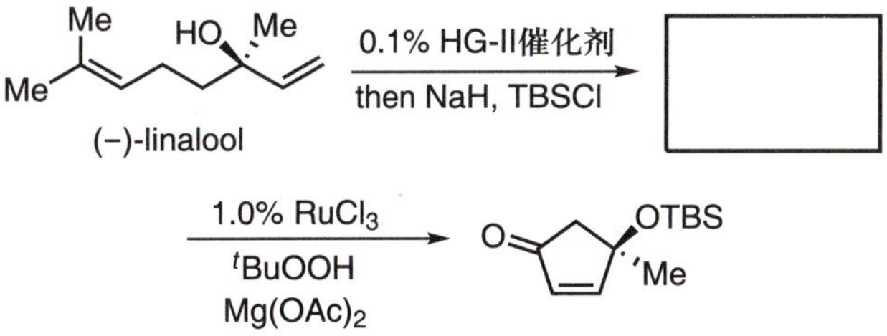

第24章

不对称合成

第 24 章　不对称合成

24.1　不对称合成的基本概念

24.1.1　不对称合成的定义

在一个有机反应中，原料分子中的潜手性单元在反应试剂的控制下变成手性单元，生成不等量的立体异构体的过程称为不对称合成。这个潜手性（prochiral）单元可以是整个分子，也可以是分子中的一部分。此处的反应试剂可以是化学试剂、催化剂、溶剂，甚至是物理因素。

24.1.2　潜手性

潜手性的概念与手性（chirality）密切相关，如果一个非手性分子能够通过一步反应转化为手性分子（chiral molecule），那么称该分子具有潜手性。举例来说，丁-2-酮是潜手性分子，因为其能够通过一步不对称加氢反应转化为手性的丁-2- 醇。

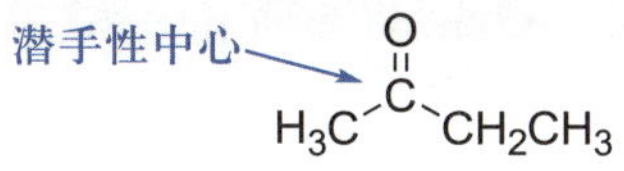

丁-2-酮

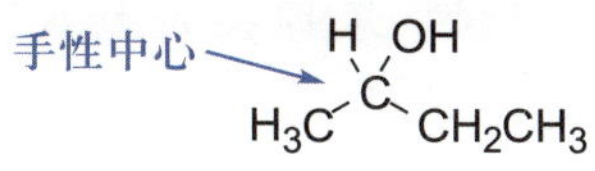

丁-2-醇

至于会生成哪种构型的丁-2-醇，取决于负氢试剂的进攻方向。为了描述这种情况，引入了潜手性面的概念。当 sp^2 杂化碳上三个取代基各不相同时，即组成以该碳原子为中心的潜手性面，该碳原子成为潜手性碳。将 sp^2 杂化潜手性碳周围的取代基按照优先顺序排列，取代基从大到小呈顺时针方向排列的一面称为 *Re* 面（源自拉丁语 “rectus”，意为 “右” ），呈逆时针方向排列的一面称为 *Si* 面（源自拉丁语 “sinister”，意为 “左” ）。图 24-1 所示的例子中，从 *Re* 面加氢会得到（*S*）-丁-2-醇，从 *Si* 面加氢会得到（*R*）-丁-2-醇（图 24-1）。

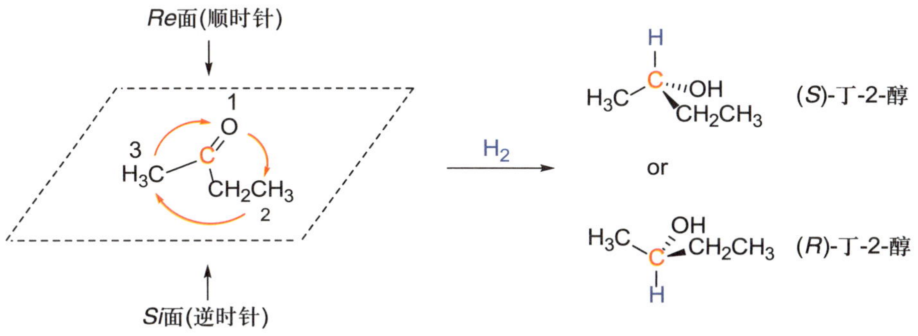

图 24-1　潜手性面

除了 sp^2 杂化原子，具有 sp^3 杂化原子的化合物也可以是潜手性的。如果改变 sp^3 杂化原子上的一个原子或基团后该原子可以变为手性中心，那么该原子称为潜手性中心。例如，乙醇分子中的二取代碳就是一个潜手性中心，因为一旦改变上面的一个氢原子，它将变为手性中心。

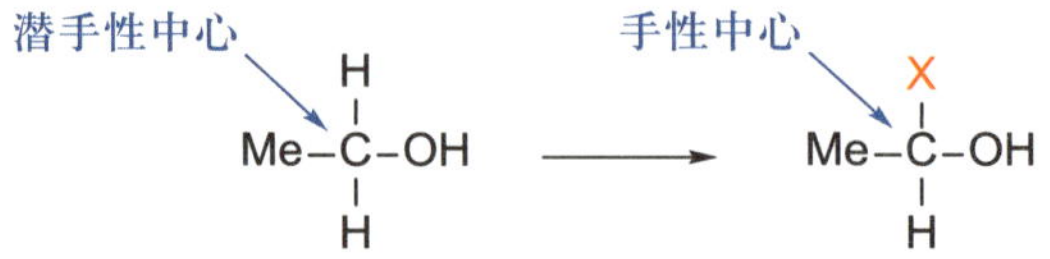

为了区分潜手性中心上两个相同的原子（或基团），我们假设其中一个原子的变化将略提升其取代基顺序，但不会影响其他两个取代基的相对顺序。例如，将乙醇分子中二取代碳上的一个氢原子变为氘原子，氘原子取代基顺序高于氢原子，但仍低于其他两个取代基。此时我们称原乙醇分子中被取代（假定）导致生成 *R* 构型产物的氢原子是 *pro-R* 的，而被假定取代生成 *S* 构型产物的氢原子是 *pro-S*。*pro-R* 和 *pro-S* 是为了区别潜手性中心上两个相同基团而定义的，目的是方便讨论。

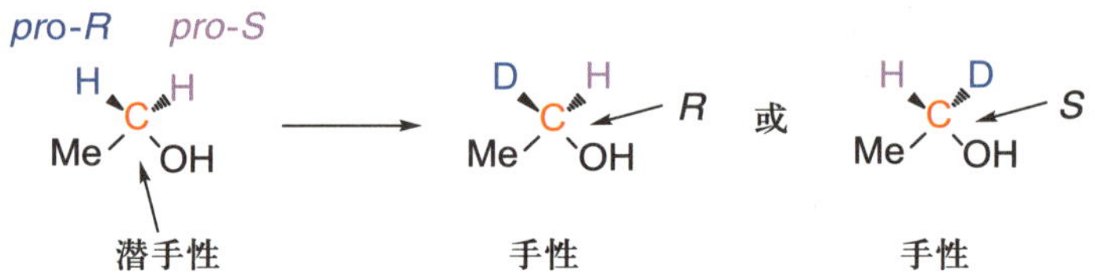

24.1.3　对映选择性

对映选择性是指化学反应中生成某一对映异构体的优先程度，常用对映体过量（enantiomeric excess，ee）或对映体比例（enantiomeric ratio，er）来表示，它们的计算方法如下所示。对映体过量与从旋光仪测量得到的光学纯度相对应。对映体比例与生成不同对映异构体的反应路径的能量差相关联，这里使用的$\Delta\Delta G$（$\Delta G_{TS1}-\Delta G_{TS2}$）代表每种反应途径中对映选择性决定步骤的过渡态的能量差。对映体比例也可以对应每种对映异构体生成的速率。

$$ee = \frac{\text{对映体 1} - \text{对映体 2}}{\text{对映体 1} + \text{对映体 2}} \times 100\% = \text{光学纯度} = \frac{\text{混合物旋光度}}{\text{单一对映体旋光度}} \times 100\%$$

$$er = \frac{\text{对映体 1}}{\text{对映体 2}} = \frac{k_{rel}\,(\text{对映体 1})}{k_{rel}\,(\text{对映体 2})} = e^{-\frac{\Delta\Delta G}{RT}}$$

$$\Delta\Delta G = \Delta G_{TS1} - \Delta G_{TS2}$$

24.1.4　非对映选择性

非对映选择性是指化学反应中生成某一非对映异构体产物的优先程度。与对映异构体的描述方法类似，非对映异构体可以使用非对映体过量（diastereomeric excess，de）或非对映体比例（diastereomeric ratio，dr）来表示，其计算方法如下。与对映体过量不同，非对映体过量没有直接对应的物理测量方法。此外，当分子中存在两个以上的手性中心时，非对映体过量经常没有实际意义。因此在表示非对映异构体混合物的纯度时，非对映体比例更加常用。

$$de=\frac{\text{非对映体 1}-\text{非对映体 2}}{\text{非对映体 1}+\text{非对映体 2}}\times 100\%$$

$$dr=\frac{\text{非对映体 1}}{\text{非对映体 2}}=\frac{k_{rel}(\text{非对映体 1})}{k_{rel}(\text{非对映体 2})}=e^{-\frac{\Delta\Delta G}{RT}}$$

$$\Delta\Delta G=\Delta G_{TS1}-\Delta G_{TS2}$$

思考题 24.1

对映异构体的对映体过量值(ee)与非对映异构体过量值(de)有什么联系和区别?

思考题 24.2

发生不对称加成反应时,从 *Re* 面进攻时是否一定得到 *R* 构型的产物,从 *Si* 面进攻时是否一定得到 *S* 构型的产物?

24.2 底物控制的不对称合成

24.2.1 手性池

能够作为起始原料用于其他手性分子的对映选择性合成，并且容易从自然中获得单一对映体的化合物，统称为手性池，包括氨基酸，羟基酸，糖类、萜类，生物碱等(表 24–1)。

表 24–1 常用天然手性原料

氨基酸	羟基酸	糖类	萜类	生物碱
L-丙氨酸	*L*-乳酸	*D*-阿拉伯糖	*L*-(−)-冰片	辛可宁定
L-精氨酸	*D*-乳酸	*L*-阿拉伯糖	内-3-溴-*D*-樟脑	辛可宁
D-门冬酰胺	(*S*)-苹果酸	*L*-抗坏血酸	*D*-(+)-樟脑	*D*-(+)-麻黄碱
L-门冬酰胺	聚-(3*R*)-羟基丁酸酯	α-氯醛酸	*D*-10-樟脑磺酸	*L*-烟碱
L-半胱酰胺	*L*-酒石酸	二丙酮-*D*-葡萄糖	*L*-(−)-香芹酮	奎尼定
L-谷氨酸	*D*-酒石酸	*D*-果糖	(+)-香茅醛	奎宁
L-异亮氨酸		*D*-半乳糖酸	(+)-异薄荷醇	*D*-(+)-伪麻黄碱
L-亮氨酸		*D*-半乳糖酸-γ-内酯	*L*-(−)-薄荷醇	*L*-(−)-伪麻黄碱
L-赖氨酸		*D*-半乳糖	*D*-(+)-薄荷醇	
L-甲硫氨酸		*D*-葡庚糖酸	*L*–薄荷酮	
L-鸟氨酸		*D*-葡糖酸	诺卜醇	
L-苯丙氨酸		*D*-葡糖酸-δ-内酯	(−)-α-水芹烯	

续表

氨基酸	羟基酸	糖类	萜类	生物碱
D-苯甘氨酸		γ-*L*-葡糖酸内酯	(*R*)-(+)-长叶薄荷酮	
L-脯氨酸		*D*-葡糖胺		
L-焦谷氨酸		*D*-葡萄糖		
L-丝氨酸		*D*-葡糖醛酸内酯		
L-色氨酸		*D*-异抗坏血酸		
L-酪氨酸		*D*-甘露糖醇		
L-缬氨酸		*D*-甘露醇		
L-苏氨酸		*D*-核糖内酯		
D-苏氨酸		*D*-核糖		
L-谷氨酰胺		*D*-葡糖二酸		
		D-山梨糖醇		
		L-山梨糖		
		D-木糖		

24.2.2　底物控制不对称合成中的手性传递及其规则

手性底物中已经存在的手性单元诱导产生新的手性单元的过程，称为**底物控制的不对称合成**。新的手性单元常常通过手性底物与非手性试剂反应而产生，此时，邻近的手性单元控制反应位点的立体化学，生成不等量的非对映异构体。底物控制的反应包括单组分、双组分或多组分反应。下面将以羰基加成反应为例，阐明底物控制的不对称合成中的非对映选择性控制及其一般规律。

Cram 规则

含有 α 手性碳原子的羰基化合物（醛、酮）与亲核试剂的加成反应遵守 Cram 规则，该规则可用下式表示。

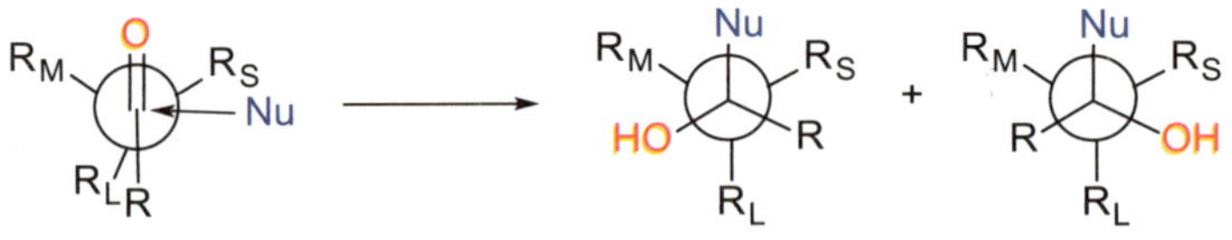

主要产物　　次要产物

式中 R_L、R_M、R_S 分别代表 α 碳原子上连接的大、中、小（体积）原子（或基团）。Cram 规则规定，α 碳原子上的最大基团（R_L）与羰基氧处于反式共平面，此时 R_L 与 R 采取重叠式构象，两个较小的基团在羰基两旁呈邻交叉式，Nu^- 从最小原子或基团（R_S）的一侧进攻最为有利，生成主要产物。R_L 和 R 取重叠型构象的原因是：亲核试剂的金属部分（如格氏试剂的 Mg）须与羰基氧配位。因此羰基氧原子一端位阻增大，R_L 与羰基处于反式共平面时为优势构象。

根据 Cram 规则，手性醛、酮的某些亲核加成或还原反应具有立体选择性。在两种可能的立体异构体产物中，主要得到其中一种。Cram 规则为设计不对称合成反应提供了有益的经验。

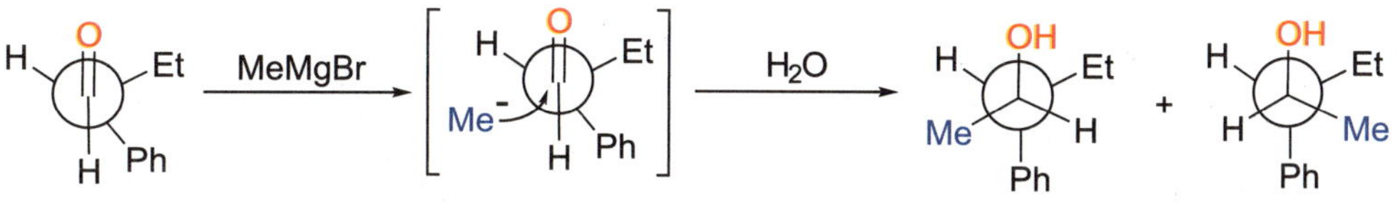

2.5　　1

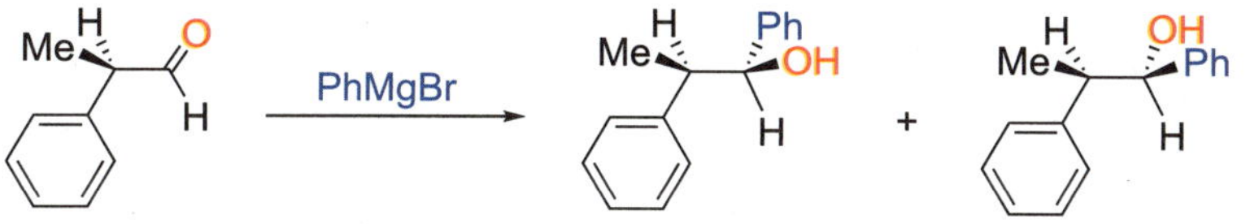

80% *syn*　　20% *anti*

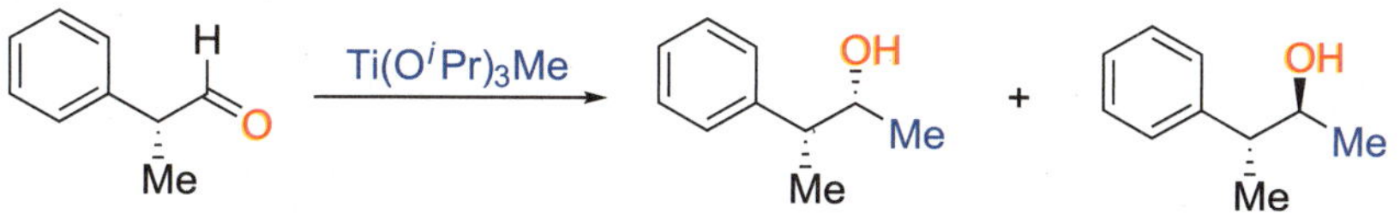

syn　　*anti*

syn / *anti* > 90:10

Felkin-Anh 规则

Felkin-Anh 规则是对 Cram 规则的发展，它由 Felkin 提出，后由 Anh 在量化计算和考虑 Burgi-Dunitz 轨道角的基础上对其进行了修正。Felkin-Anh 规则的模型避免了 Cram 规则中“将大基团与 R 重叠”的操作，而是采取更接近反应实际情况的交错式构象来考虑反应的位点，因此其预测结果通常较 Cram 规则更符合实验事实。

Felkin-Anh 规则特点：

(1) R_L 与羰基处于垂直交叉式构象。

(2) 亲核试剂从空间位阻更小的 R_S 一侧进攻。

(3) 亲核试剂从符合 Burgi-Dunitz 轨道角（107°）的方向进攻。

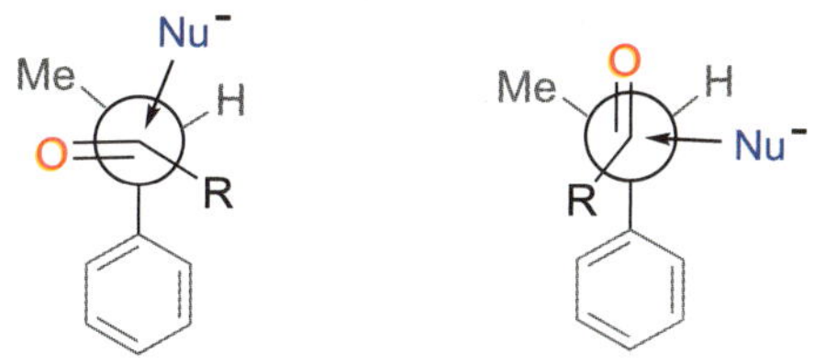

Felkin-Anh模型　　Cram模型

图 24-2　Felkin-Anh 模型与 Cram 模型比较

图 24-2 是 Felkin-Anh 模型与 Cram 模型的对比。根据 Burgi-Dunitz 轨道角亲核试剂从羰基 107°方向进攻，亲核试剂刚好在 R_S 一侧进攻，此方向进攻得到的产物为主要产物。

Burgi-Dunitz 轨道角

Burgi 和 Dunitz 等人在研究亲核反应的过渡态时发现，亲核试剂对 *sp*² 杂化的碳亲电中心（如 C=O，C=N，C=C）的进攻角度并不是垂直的 90°，而是呈现一定的倾斜，更接近于四面体的 109°。他们通过总结实验数据并进行理论计算证明，为了满足轨道的有效重叠而成键，亲核试剂的最佳进攻角度为 107°。这是由于羰基化合物的 LUMO 轨道为异相交叠，轨道相互排斥导致与 C=O 平面产生一定夹角。发生反应时，亲核试剂的 HOMO 轨道靠近羰基的 LUMO 轨道，所以呈现 107°的夹角。

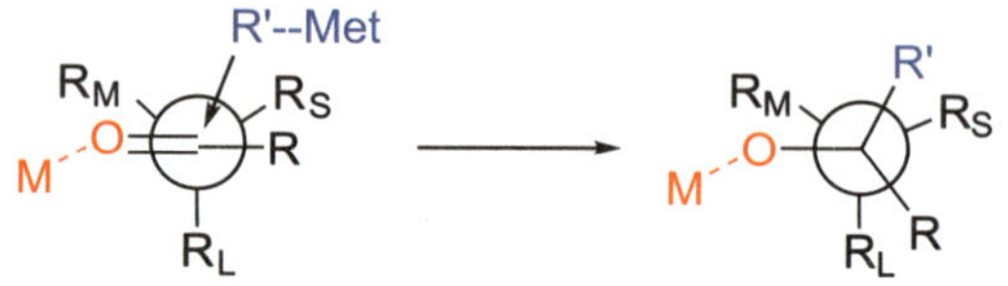

Felkin-Anh 规则应用举例如下：

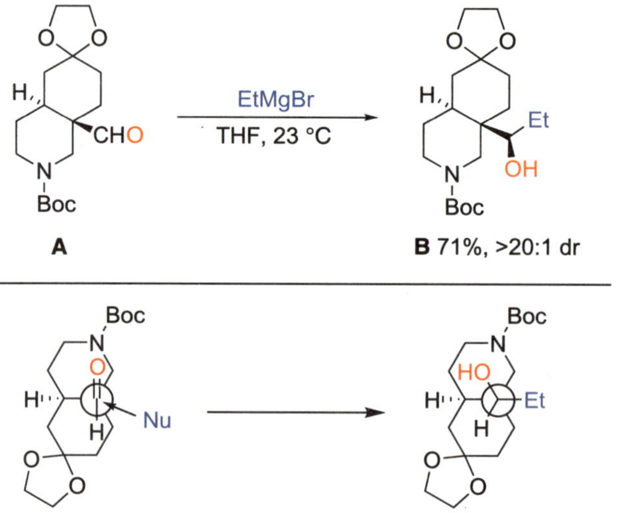

A

B 71%, >20:1 dr

使用格氏试剂对化合物 A 的醛基进行加成，能得到单一的非对映异构体 B。根据 Felkin-Anh 规则，在该化合物的反应活性最高的构象中，桥环碳可视为大位阻基团 (R_L)，该基团与醛基部分相互垂直。由于 *N*-Boc 保护基的屏蔽作用，哌啶环可视为中等位阻基团 (R_M)。因此，格氏试剂可以选择性地从醛基的 *Re* 面进攻，生成单一的非对映异构体。

Cram 螯合规则

当羰基 α-手性碳上带有螯合基团 (OR，NR_2，SR) 时，能与金属 (Li^+，Mg^{2+}，Zn^{2+}，$TiCl_4$ 等) 形成螯合物。在这种情况下，可以采用 Cram 螯合规则判断亲核加成的立体化学。

Cram 螯合规则特点：

(1) 螯合基团与羰基处于重叠交叉式，在螯合金属的配位下形成环状结构。

(2) 亲核试剂从空间位阻更小的 R_S 一侧进攻。

(3) 满足 Cram 螯合规则条件时，会形成环状过渡态，因此 Felkin-Anh 规则不适用。

Cram 螯合规则模型及其应用举例如下：

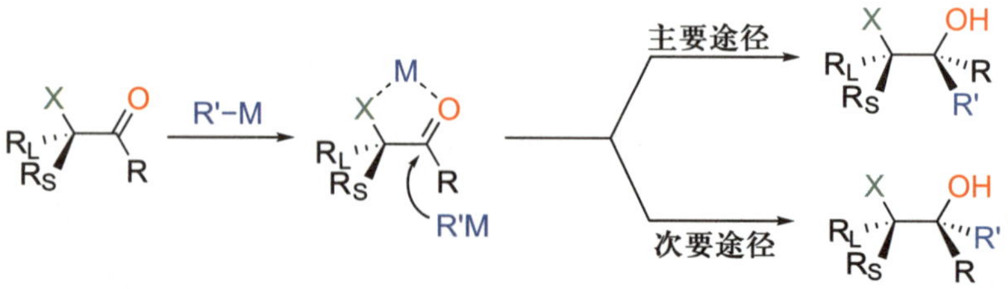

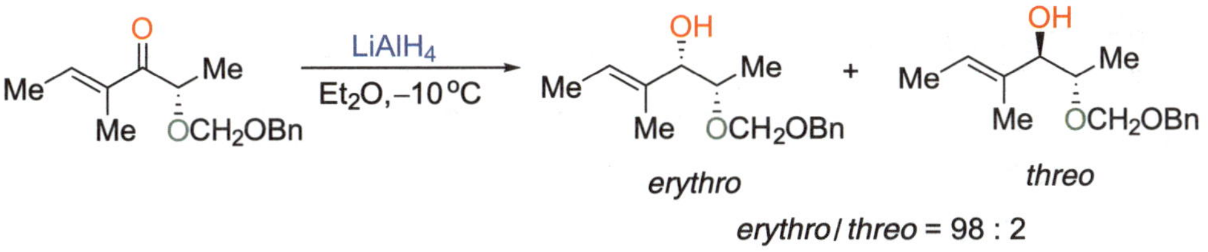

从羰基化合物加成反应的立体化学控制规则可以看出，底物控制的不对称合成主要依赖底物中原有的手性环境，控制新的成键反应的方向，选择性地生成一种立体结构为主的新手性单元。这一原理同样可推广至其他底物控制的不对称合成中。利用这一原理，人们可以从简单易得的手性原料出发，实现更多手性单元的构筑，这对于复杂手性分子的不对称合成非常有用。下面例子中的天然产物 vindoline 不对称合成即使用了这一策略（图 24-3）。天然产物 vindoline 是从夹竹桃科植物长春花的叶片中分离得到的一类吲哚生物碱，具有七个手性中心。Boger 等人以 *D*-天冬氨酸的衍生物作为手性原料出发，经过多步转化得到中间体 A，随后在加热条件下依次发生分子内的 [4+2] 和 [3+2] 环加成反应，得到关键中间体 B，经过后续的官能团转化即可合成 vindoline。这个合成策略充分利用了周环反应中底物手性传递效率高的特点，以一个手性中心诱导产生了连续的六个季碳手性中心，而且很好地控制了新生成手性中心的立体选择性。

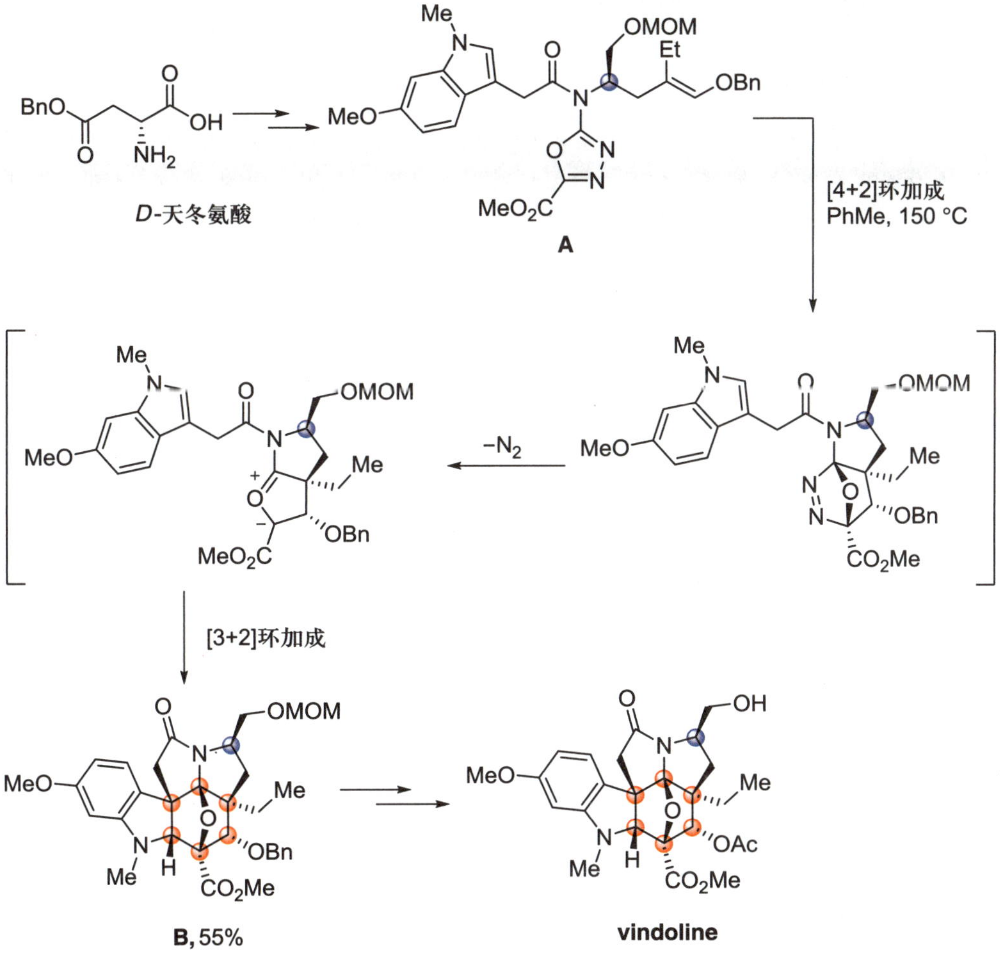

图 24-3 天然产物 vindoline 不对称合成

思考题 24.3

不加其他手性试剂，低 ee 值的手性原料经过转化有没有可能得到 ee 值更高的手性产物？

24.3　手性辅基控制的不对称合成

24.3.1　手性辅基的定义

一类手性化合物或手性结构单元以共价键的形式暂时结合到底物中，发生不对称反应，生成不等量的立体异构体产物，在不对称反应完成后又可通过其他反应解离再生，这类手性化合物或手性结构单元称为**手性辅基**（chiral auxiliary）。

手性辅基易于获得，其参与的不对称合成操作一般比较简单，手性控制效果受反应条件影响不大，因此适合于药物开发。很多重要手性药物分子的合成路线中都用到了手性辅基。

24.3.2　手性辅基的类型

手性噁唑啉酮

手性噁唑啉酮辅基（也称 Evans 手性辅基，Evans chiral auxiliaries）是 Evans 等人发展的一类手性辅基，在不对称 aldol 反应、不对称 Diels-Alder 反应、不对称烷基化、不对称酰基化反应、不对称胺化反应、不对称羟基化等反应中都有广泛的应用。图 24-4 列出了几种常见的手性噁唑啉酮辅基及其衍生物。

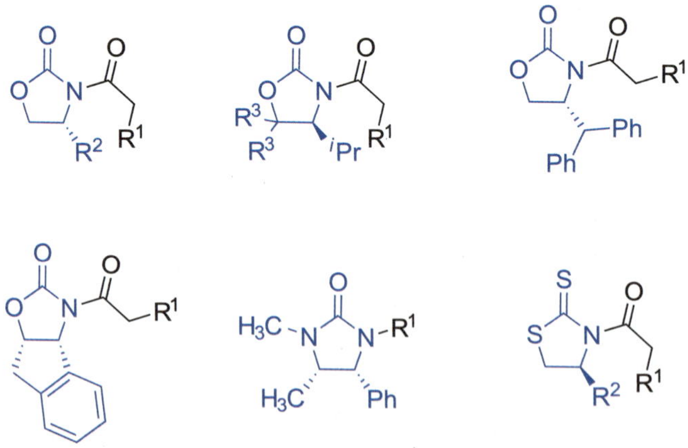

图 24-4　常见的手性噁唑啉酮辅基

手性噁唑啉酮辅基控制的不对称 aldol 缩合反应是手性辅基控制的代表性不对称反应。该反应条件温和且实用性强。反应通常得到 *syn*-加成产物，形成一个或两个手性中心。通过使用不同的手性噁唑啉酮辅基，还能实现产物立体构型的有效调节。例如，在下面的这个反应中（图 24-5），当使用（*S*)-4-异丙基噁唑啉酮辅基时，在三氟甲磺酸二丁基硼和三异丙胺的作用下，A 形成了（*Z*)-烯醇硼酸酯 B，其与苯甲醛通过六元

环过渡态反应生成 (2*R*,3*S*) 的 *syn*-加成产物 C；而使用 (4*R*,5*S*)-4-甲基-5-苯基噁唑啉酮辅基时，D 经过类似过程则得到构型相反的 (2*S*,3*R*) 产物 F。在上述 C−C 键形成的优势构象中，苯甲醛的苯基总是远离手性噁唑啉酮辅基的方向，以减少空间位阻排斥。加成产物的手性辅基在碱性甲醇溶液中能被方便地脱除形成相应的酯。

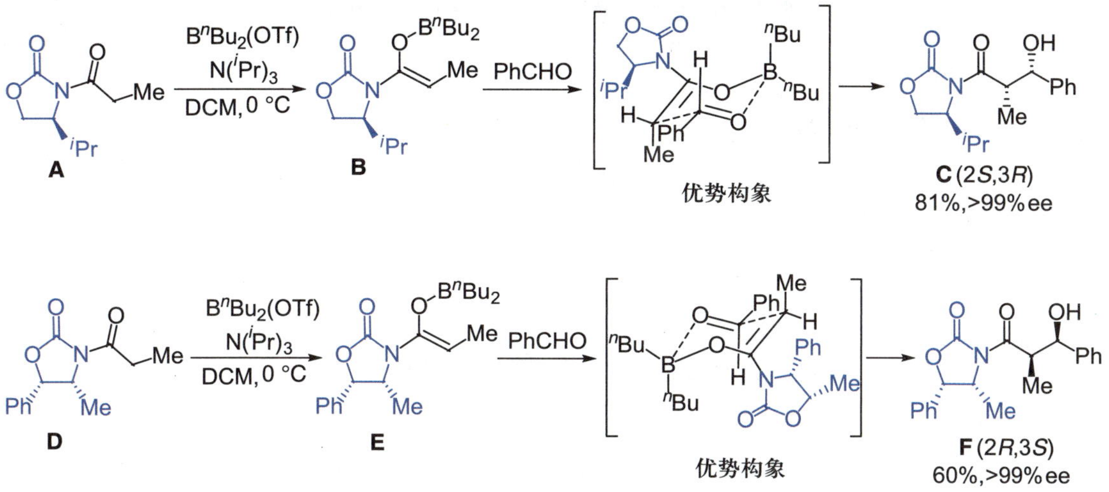

图 24-5 手性噁唑啉酮辅基的应用

手性肼

为了实现环己酮的高对映选择性不对称烷基化反应，Enders 等人发展了手性肼类辅基 SAMP。环己酮与手性肼反应得到手性腙，在强碱作用下，手性腙去质子化生成烯胺金属盐。烯胺金属盐中辅基的氮、氧能够与金属离子形成六元环的螯合结构，稳定烯胺结构的同时增强骨架刚性，有效控制与亲电试剂反应时的面选择性，所得腙经臭氧氧化即可得到烷基化产物。

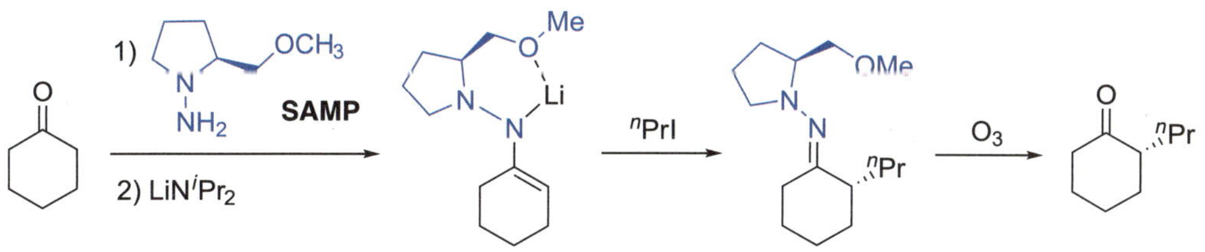

手性亚磺酰胺

手性亚磺酰胺辅基中的叔丁基给电子能力较强，增加了亚磺酰胺的亲核性，因而更容易与醛 / 酮缩合，生成亚胺。在亚胺与亲核试剂加成过程中，手性叔丁基亚磺酰基既是良好的手性诱导基团，也能作为保护基使底物更加耐受反应中的强碱、过渡金属等。

亲核试剂对手性亚磺酰胺衍生亚胺的亲核反应是制备手性伯胺的重要方法。使用时，首先将手性叔丁基亚磺酰胺与醛 / 酮缩合得到亚胺，然后加入不同亲核试剂，如格氏试剂、有机锂试剂对亚胺选择性加成得到手性的亚磺酰胺，随后加入盐酸的甲醇溶液脱除叔丁基亚磺酰基，即能选择性地得到相应的手性伯胺盐酸盐（图 24-6）。

图 24-6　手性亚磺酰胺辅基的手性诱导模型

思考题 24.4

为什么带有孤对电子的磷容易外消旋化，而手性亚磺酰胺能保持稳定的手性构型？

24.4　手性试剂控制的不对称合成

反应底物与光学活性试剂反应生成手性产物的过程叫作手性试剂控制的不对称合成，该光学活性试剂称为手性试剂。在手性辅基控制的不对称合成中，手性辅基是通过共价键与反应底物结合，生成临时的手性底物，并控制反应的立体选择性，然后脱除辅基得到手性产物；而在手性试剂控制的不对称合成中，手性试剂直接与底物反应生成手性产物，其部分结构会转移到产物中去。

手性试剂类型很丰富，下面主要介绍几类应用较为广泛的手性试剂，包括手性氧化试剂、手性还原试剂和手性烯丙基化试剂。

24.4.1　手性氧化试剂

用于不对称氧化的手性试剂主要有两类，一类是手性高价碘试剂，另一类是手性氧杂吖丙啶试剂。

手性高价碘试剂

最早的手性高价碘试剂 (A) 是由亚碘酰苯和酒石酸衍生得到的 (图 24-7)。它能对映选择性地将硫醚氧化成亚砜。

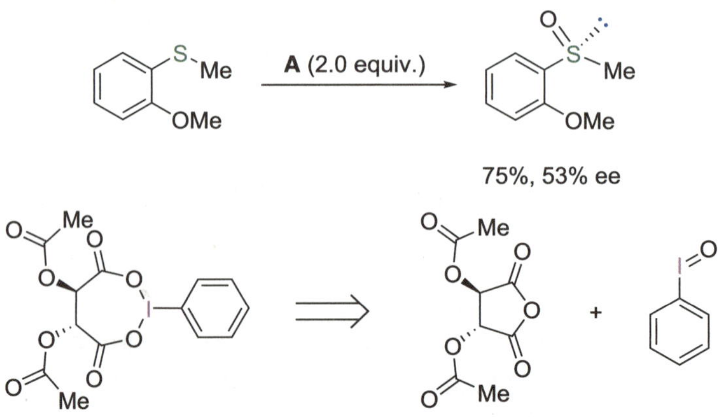

A

图 24-7　手性高价碘试剂氧化硫醚

另一个例子是手性高价碘试剂 (B) 氧化烯烃双官能团化反应。反应机理如图 24-8 所示，首先，活化的碘试剂对烯烃发生亲电加成反应，生成碘鎓离子中间体，随后发生亲核取代反应开环，最后经分子内亲核取代反应得到环化产物。

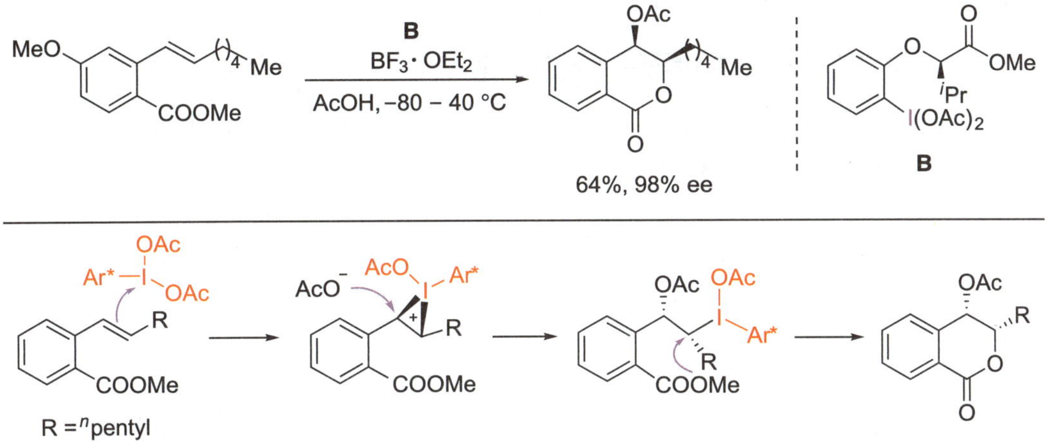

图 24-8　手性高价碘试剂氧化苯乙烯衍生物

手性氧杂吖丙啶试剂

氧杂吖丙啶类化合物作为氧转移试剂得到了广泛的应用。这类氧化反应的机理是通过释放三元环的张力把氧原子转移到底物上。手性氧杂吖丙啶试剂主要用于硫醚的不对称氧化、醛酮不对称羟基化及烯烃不对称环氧化等反应。这类试剂的氧化过程通常被认为是 S_N2 类型的反应。以酮的羟基化反应为例，酮先在碱的作用下失去质子，生成的烯醇与氧杂吖丙啶类试剂发生分子间亲核取代反应，随后经过亚胺离去和质子化得到最终的羟基化产物。

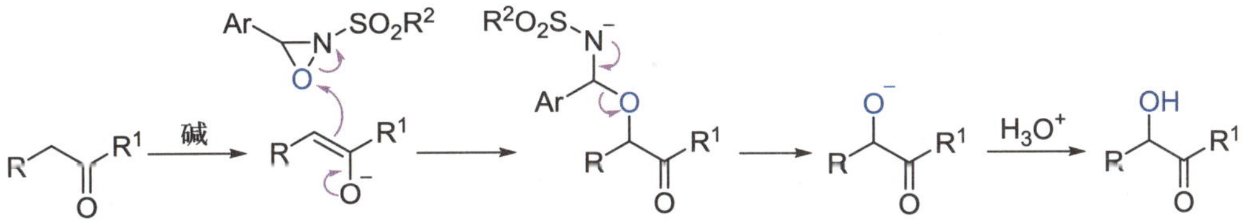

下例是以樟脑衍生的手性氧杂吖丙啶试剂对硫醚的不对称氧化为关键步骤，合成质子泵抑制剂雷贝拉唑钠盐。

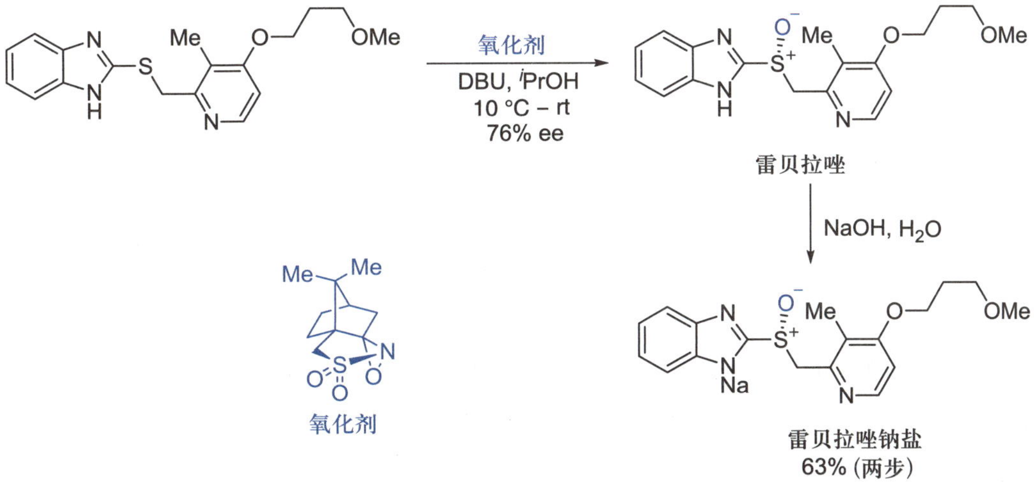

24.4.2 手性还原试剂

手性还原试剂主要分为手性配体修饰的金属氢化合物和手性硼试剂两类，这两类试剂被广泛应用于羰基化合物的不对称还原反应。

手性铝氢化物促进的羰基不对称还原反应

手性配体修饰的金属氢化物主要是 Al–H 试剂。从手性骨架的来源来看，修饰 Al–H 的手性配体主要有手性醇、手性二醇、手性氨基醇、手性联苯酚及手性胺类化合物。一般而言，当手性铝氢化合物的活泼氢数目较少时，其对羰基化合物的不对称还原反应才能取得较高的对映选择性和产率。这种方法有很大的局限性，例如在一些反应中，对映选择性比较差、配体比较昂贵、手性试剂的稳定性较差、实验条件苛刻等。

Noyori 等发展的 BINAL–H 手性试剂是手性铝还原试剂中有代表性的一种。BINAL–H 由手性联萘二酚与四氢铝锂和醇作用制得。*S* 构型的 BINAL–H 可以将芳基烷基酮高对映选择性地还原为 *S* 构型的手性醇，*R* 构型的 BINAL–H 可以将芳基烷基酮还原为 *R* 构型的手性醇。反应经历一个六元环过渡态，由于氧上孤对电子和芳环 π 电子的 n–*p* 排斥作用，负氢从羰基 *Si* 面进攻的过渡态较不稳定，因而主要发生 *Re* 面进攻得到 *S* 构型苯乙醇（图 24–9）。

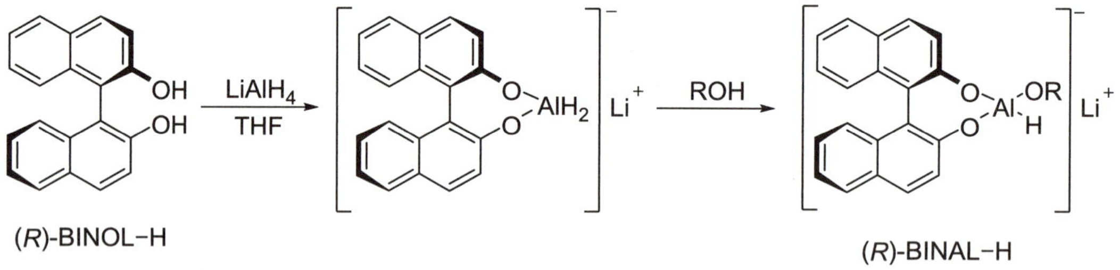

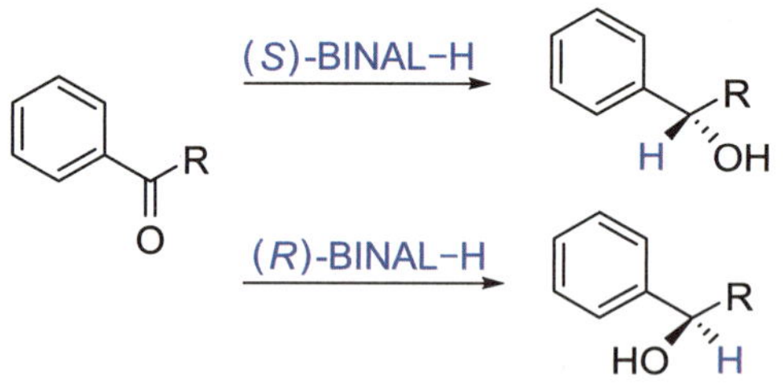

R	产率	ee值
CH_3	61%	95%
C_2H_5	62%	98%
$^nC_3H_7$	92%	100%
$^nC_4H_9$	64%	100%

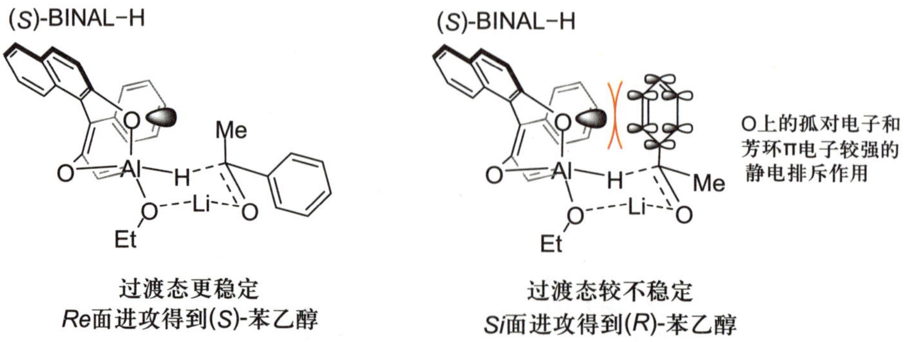

图 24–9 BINAL–H 手性试剂对羰基的不对称还原

手性硼试剂促进的羰基不对称还原反应

手性硼试剂包括手性硼烷和手性硼碱金属盐两大类（图 24-10）。手性硼的碱金属盐主要由两条途径获得，其中一条途径是由 $NaBH_4$ 与手性化合物如糖类、氨基酸、氨基醇等反应制得的，另一条途径是手性硼烷与金属氢化物反应制得的。总体来讲，第二条途径比较有效。手性硼碱金属盐上的硼为四配位，且一般只有一个活泼的 B–H 键，在反应过程中负氢直接转移到羰基碳上得到手性醇。

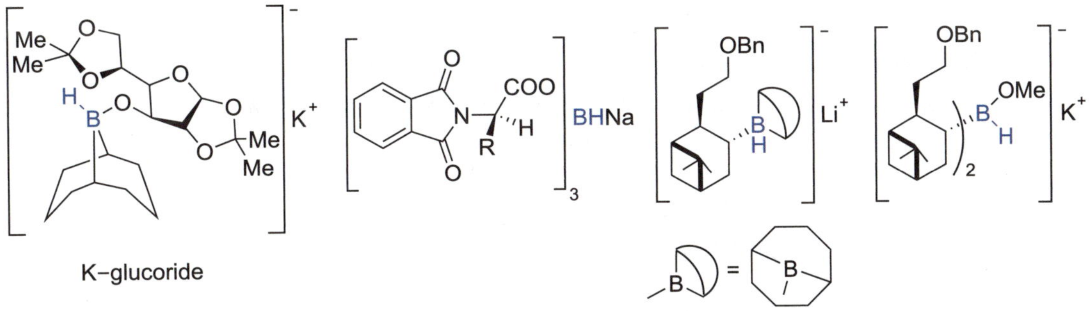

图 24-10 几种典型的手性硼碱金属盐

例如，9-硼双环 [3.3.1] 壬烷-诺卜醇苄醚加合物（NB-enantrane）与叔丁基锂作用生成的硼金属盐能够还原辛-2-酮，得到 79% ee 的（*S*）-辛-2-醇。

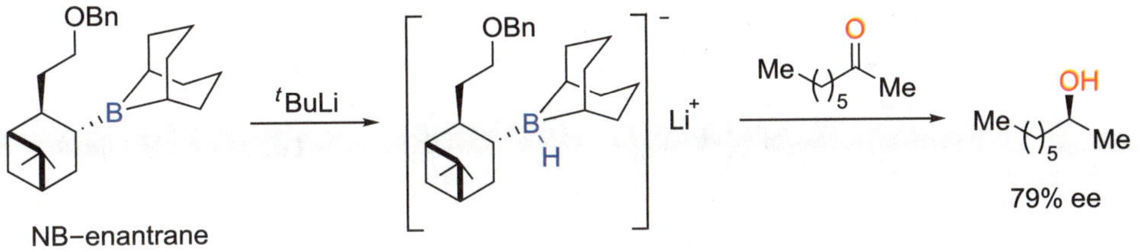

NB-enantrane

另一类手性硼试剂是手性硼烷。常见的手性硼烷是硼烷与手性 α-蒎烯通过单次或两次硼氢化得到的手性蒎烯硼烷。

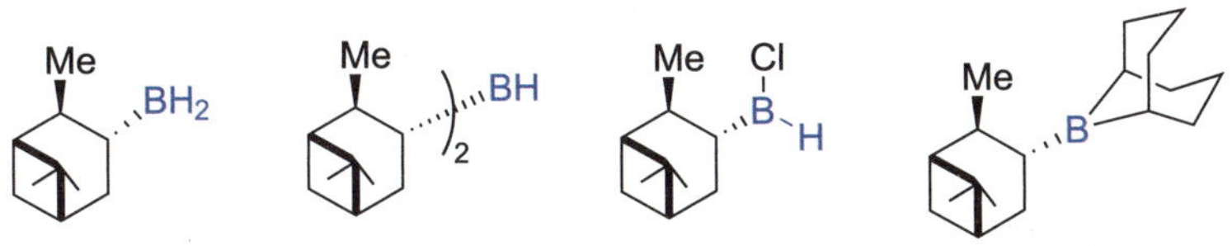

$IpcBH_2$ Ipc_2BH IpcBHCl Ipc-BBN

该类硼烷能够对映选择性地还原酮得到手性醇。除了通过 B–H 键还原酮，三取代的手性硼烷还能通过配位活化羰基，随后硼 β 位的负氢经过六元环过渡态转移到羰基碳上，生成手性醇。例如，9-BBN-蒎烯基硼通过蒎烯基团上的 β 氢迁移能够高效还原酮得到近乎光学纯的醇（图 24-11）。

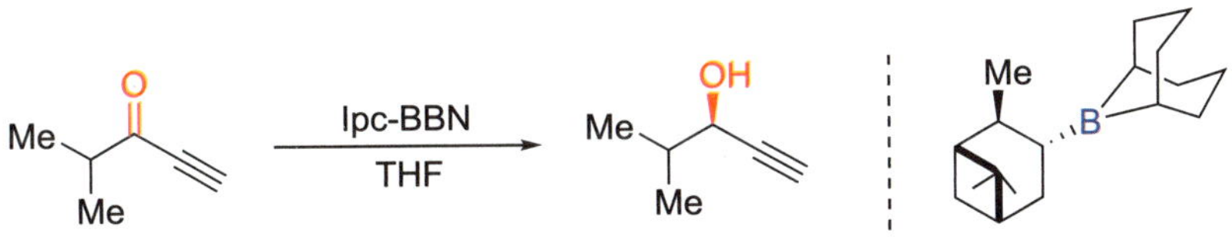

78%, 99% ee Ipc-BBN

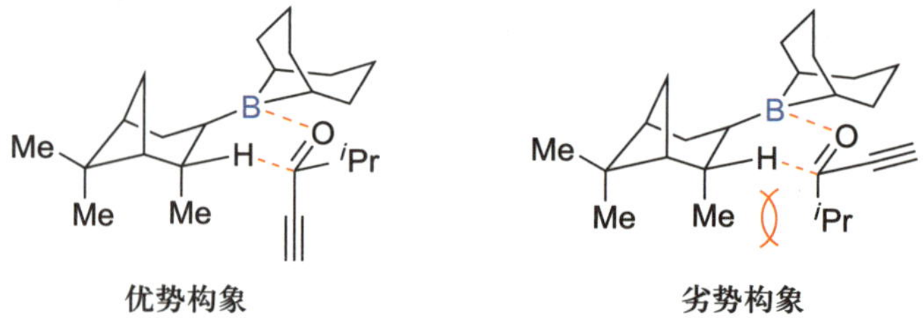

图 24-11　蒎烯衍生的手性硼烷还原酮

科里-巴克什-柴田还原反应 [Corey-Bakshi-Shibata（CBS）reduction] 是著名的人名反应，它是利用脯氨酸为原料得到手性硼杂环试剂（CBS 试剂），可高选择性地还原酮。CBS 试剂中有两个硼烷组分，氮氧杂环硼烷提供空轨道活化羰基，而硼烷提供负氢还原羰基。通过这种协同反应机制，反应能够非常高效地进行，且反应速率比单纯硼烷还原要快得多。

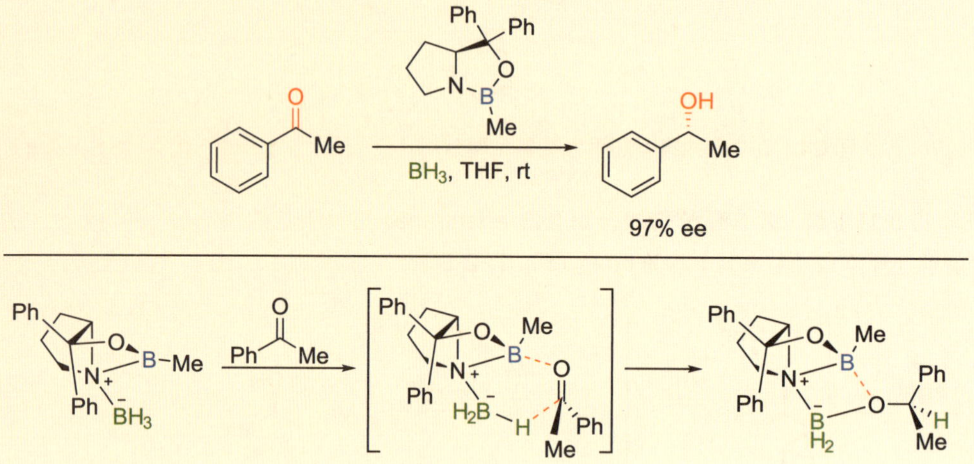

24.4.3　手性烯丙基化试剂

手性烯丙基化试剂主要包括手性烯丙基硼试剂和手性烯丙基钛试剂，它们都能与醛、酮等发生烯丙基化反应，高对映选择性地得到手性醇。图 24-12 列出了代表性手性烯丙基硼或烯丙基钛试剂。

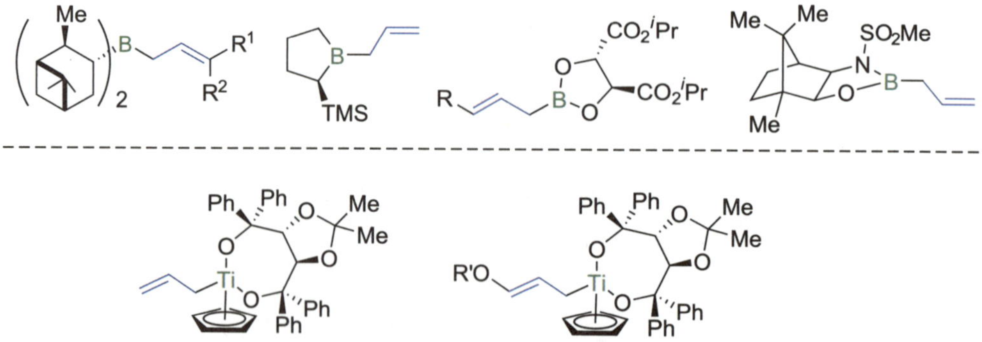

图 24-12　代表性手性烯丙基硼试剂和手性烯丙基钛试剂

α-蒎烯衍生的手性硼烷试剂可以与丙烯醛发生烯丙基化反应得到相应的烯丙醇化合物，对映选择性高达 98% ee。在反应中，硼作为 Lewis 酸活化羰基，增强羰基亲电性，经由六元环过渡态发生 γ 位对羰基的亲核加成，完成不对称的烯丙基化反应。

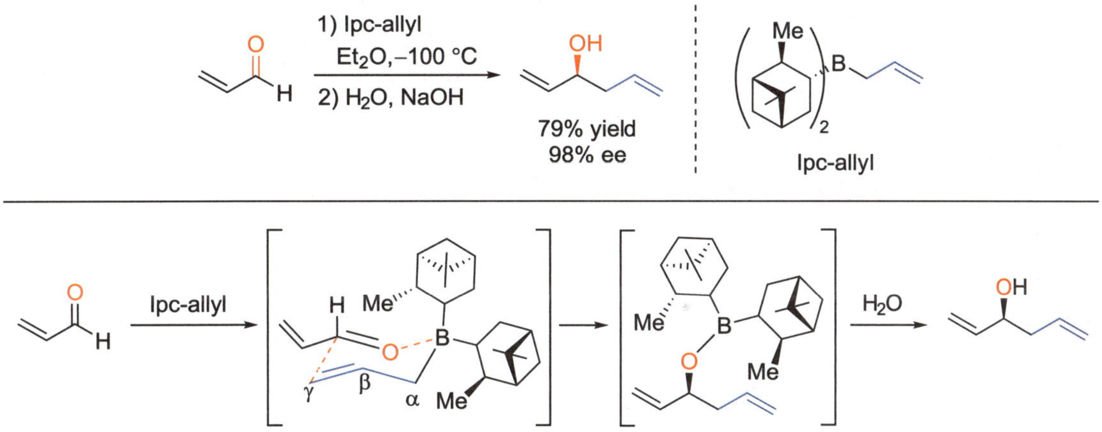

手性烯丙基钛试剂与苯甲醛反应能得到高光学活性的高烯丙醇，经过多步转化能够合成具有抗骨质疏松活性的天然产物 diospongin A。

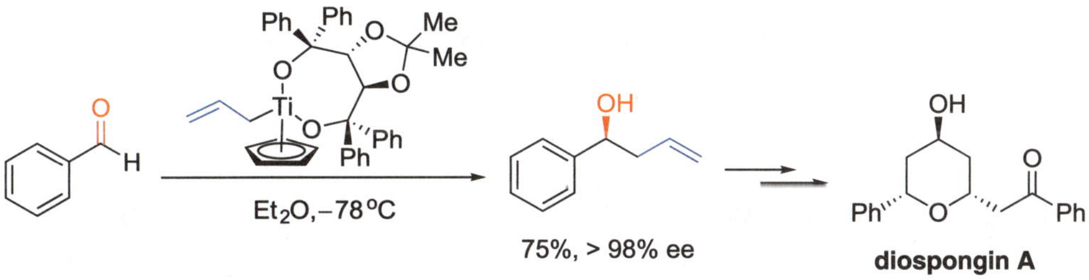

思考题 24.5

为什么当手性铝氢化合物的活泼氢数目较少时，其对羰基化合物的不对称还原反应才能取得较高的对映选择性？

24.5 不对称催化

虽然手性底物控制、手性辅基控制和手性试剂控制等方法都在不对称合成发展过程中起了至关重要的作用，但是这些不对称合成方法都需要使用化学计量的手性原料和试剂，没有实现手性的“增殖”，因此不是高效的合成手段。

不对称催化（asymmetric catalysis）是通过使用手性催化剂来实现不对称合成的方法，其原理是在化学反应中，加入少量的手性催化剂作为手性模板控制底物转化过程的立体选择性，从而得到光学活性产物。不对称催化只需要少量的催化剂，通过催化循环的重复，可将大量潜手性原料转化成手性产物，实现手性的“增殖”，因此是更为高效的合成方法。手性催化剂是不对称催化最为关键的因素，按照催化剂类型的不同可分为手性金属配合物、手性有机小分子和生物酶三大类。

和普通催化剂一样，手性催化剂的活性可以用转化数（TON，单位催化剂转化原料的量，反映催化剂的催化循环总数，这个数值越大表示催化剂完成的催化循环越多）和转化频率（TOF，单位时间内的转化数，反映催化剂完成催化循环的速率，这个数值越大，表明催化反应的速率越快）来衡量。手性催化剂的选择性除了化学选择性（主要是官能团选择性）、区域选择性，还要考虑对映选择性。

24.5.1 手性金属配合物催化的不对称合成

在金属催化的反应中，加入合适的手性配体可以形成相应的手性金属配合物，手

1968 年，Horner 和 Knowles 分别报道了手性叔膦铑配合物对烯烃的不对称氢化反应，虽然产物的 ee 值只有 3%–15%，但其为不对称催化氢化反应的研究开了先河。1972 年，Kagan 等发展了具有 C_2 对称性的双膦配体 DIOP，其在铑催化的脱氢氨基酸酯不对称氢化中取得了 80% ee 的对映选择性，为不对称催化氢化反应发展奠定了基础。1980 年，Noyori 等发展了 BINAP 配体，其在钌催化的酮不对称氢化等多种反应中都表现出极高的催化活性和对映选择性。2001 年，Knowles 和 Noyori 被授予诺贝尔化学奖，以表彰他们对不对称催化氢化所做出的杰出贡献。

性金属配合物能够调控金属中心的电性并在其周围形成特定的手性环境（主要是立体位阻），从而实现其催化过程中反应性及选择性的控制。手性配体是金属配合物实现不对称催化最为关键的因素。近些年来，各种类型、各种骨架的手性配体被不断开发并应用于金属催化的不对称反应中，极大地促进了不对称催化的发展。以下将简要介绍几类重要的金属催化的不对称合成反应。

不对称催化氢化反应

不对称催化氢化反应是在手性催化剂作用下，将含有 C=C 双键、C=O 双键和 C=N 双键的不饱和化合物与氢气分子加成，转化为手性中心含氢产物的反应。不对称催化氢化反应因具有高效、高原子经济性及环境友好等优点，是应用最广的不对称催化反应之一。

用于不对称催化氢化反应的配体类型已经非常多样，按手性骨架来分，有中心手性、轴手性及平面手性配体；按配位原子数可分为单齿配体、双齿配体、三齿配体及多齿配体；按配位原子种类可分为磷配体、磷–氮配体、磷–硫配体、磷–氧配体、氮配体等。用于氢化反应的配体大多含有磷原子，手性双膦配体和铑的配合物催化剂在官能团烯烃的氢化中应用最为广泛，手性双膦配体和钌的配合物催化剂在酮的不对称氢化反应中能给出很好的结果，手性膦–噁唑啉和铱的配合物催化剂在非官能团烯烃的氢化反应中优势明显，PNN 三齿乃至多齿配体则在酮的不对称催化氢化反应中展现出超高的活性和优异的对映选择性。图 24–13 给出了几种不对称催化氢化反应常用的手性配体。

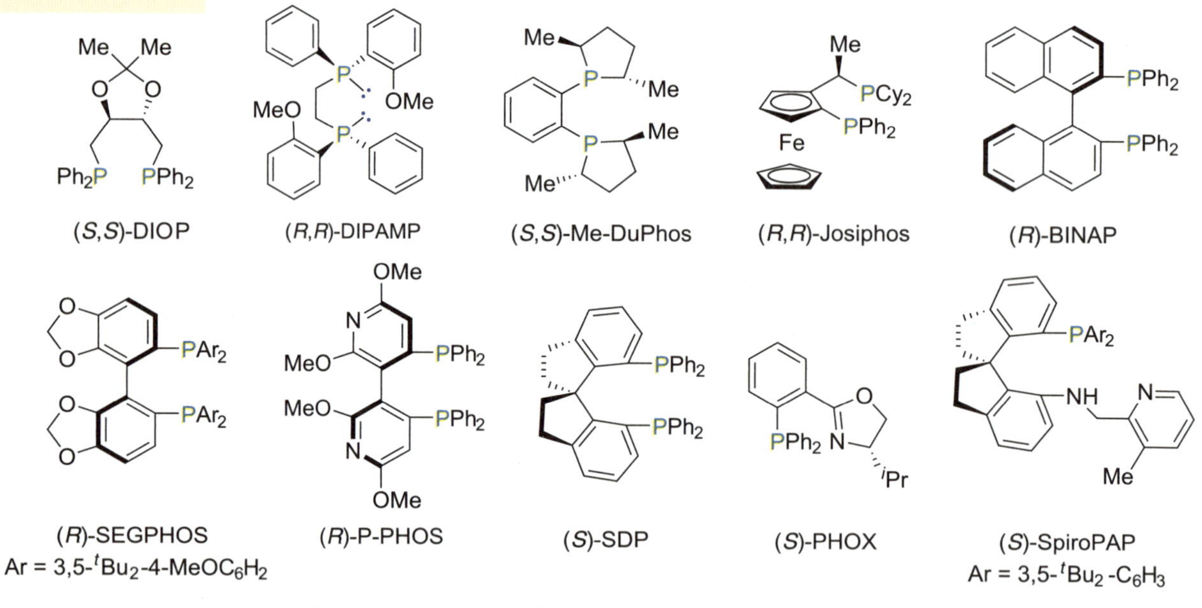

图 24–13 用于不对称催化氢化反应的代表性手性配体

DIOP 配体在设计理念上有三个突破：(1) 将手性中心放在碳骨架上而不是在磷原子上，因此合成起来更容易，也不容易消旋化；(2) 配体具有 C_2 对称性，有效减少了催化反应中立体化学决定步的过渡态构象，有利于获得高对映选择性；(3) 双齿配体和金属形成螯合物，显著提高了金属催化剂的稳定性。

Knowles 将手性双膦配体 DIPAMP 与铑的配合物用于催化 α-脱氢氨基酸衍生物的不对称催化氢化反应，获得了 95% ee 的对映选择性和高达 2×10^4 的转化数。这一反应被用于治疗帕金森综合征药物 *L*-多巴（*L*-dopa）的工业生产，开创了不对称催化氢化反应的工业应用先河。

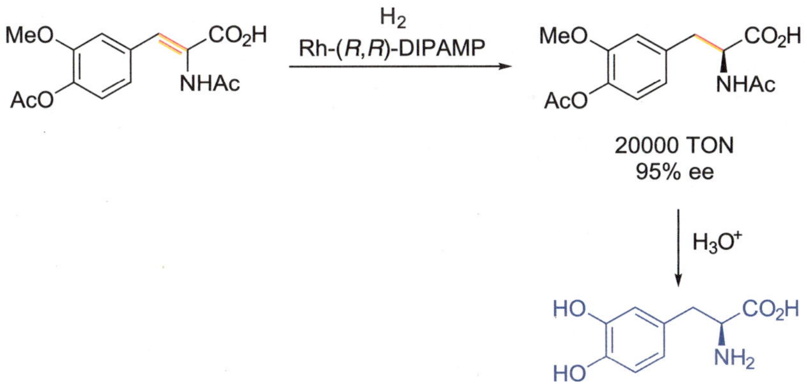

L-dopa

除了 DIOP、DIPAMP，很多手性双膦配体与铑的配合物都能有效地催化 α-脱氢氨基酸衍生物的氢化。Halpern 和 Brown 通过一系列实验阐明了 BINAP-铑配合物催化烯胺氢化的机理，该机理对大多数烯烃催化氢化反应都适用（图 24-14）。首先，催化剂前体中的溶剂分子（用 Sol 表示）被烯烃底物取代，形成了螯合的铑配合物，其中烯烃 π 键和羰基氧与 Rh (I) 中心形成配位键。然后氢气对金属中心氧化加成，形成 Rh (III) 二氢中间体，这一步是整个氢化反应的速率决速步。随后，金属上的 1 个负氢转移到配位烯烃 π 键的缺电子 β 位上，形成五元螯合的烷基-Rh (III) 中间体。该中间体经还原消除得到产物，同时释放出催化剂完成整个催化循环。

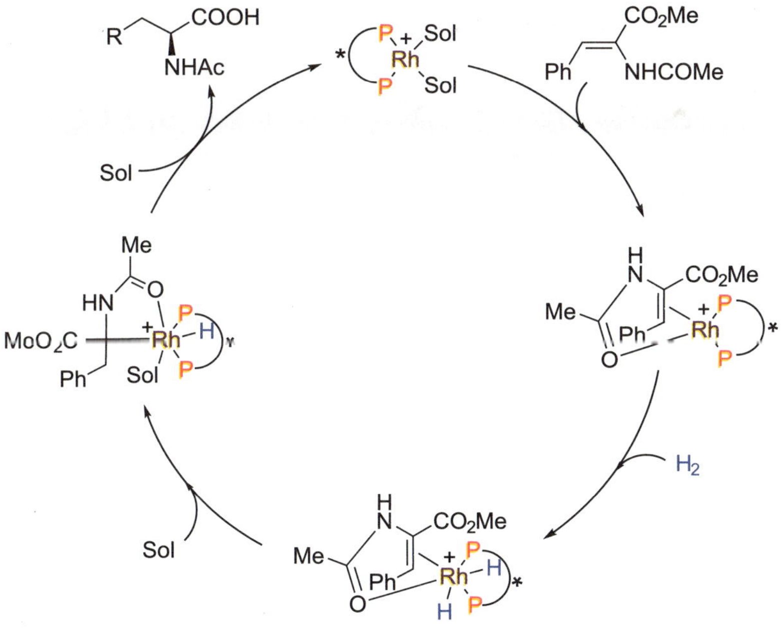

（Sol = MeOH，双膦配体为 BINAP）

图 24-14 铑催化烯胺不对称氢化反应的机理

官能团烯烃的不对称催化氢化反应一般使用双膦配体，三齿及多齿配体通常不适用，其中一个重要原因就是双齿膦配体兼顾了配位稳定性和配位不饱和性，使得金属中心还剩较多的空轨道用于活化烯烃和氢气；而三齿和多齿配体占用的配位点过多，使得金属中心没有足够的空轨道用于活化底物和氢气。

酮的不对称催化氢化反应作为合成手性醇最为高效的方法之一，也被广泛研究。例如，钌的手性双膦双胺配合物能够高效高选择性地催化苯乙酮的不对称氢化反应（图 24-15）。机理研究表明反应中手性胺配体上的氢至关重要，它与金属负氢一起通过六元环过渡态协同转移到酮羰基上。由于这个过程中不涉及金属—碳键的生成，酮羰基在催化中心的“外围”就被氢化，因此这种机制又被称为“外围机制”或“外球机制”。

经历这种外围机制的催化反应往往效率很高，例如 [$RuCl_2$-(*S*-BINAP)(*R*,*R*-diamine)] 催化剂的 TON 达到 2.4×10^6。手性铱催化剂 [$IrCl_2$-(*S*)-spiroPAP)] 在苯乙酮不对称氢化反应中的 TON 更是达到了 4.5×10^6，并且反应的对映选择性保持在 98% ee。

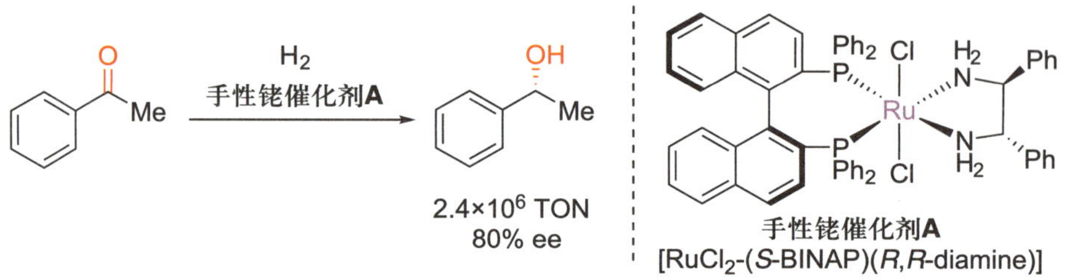

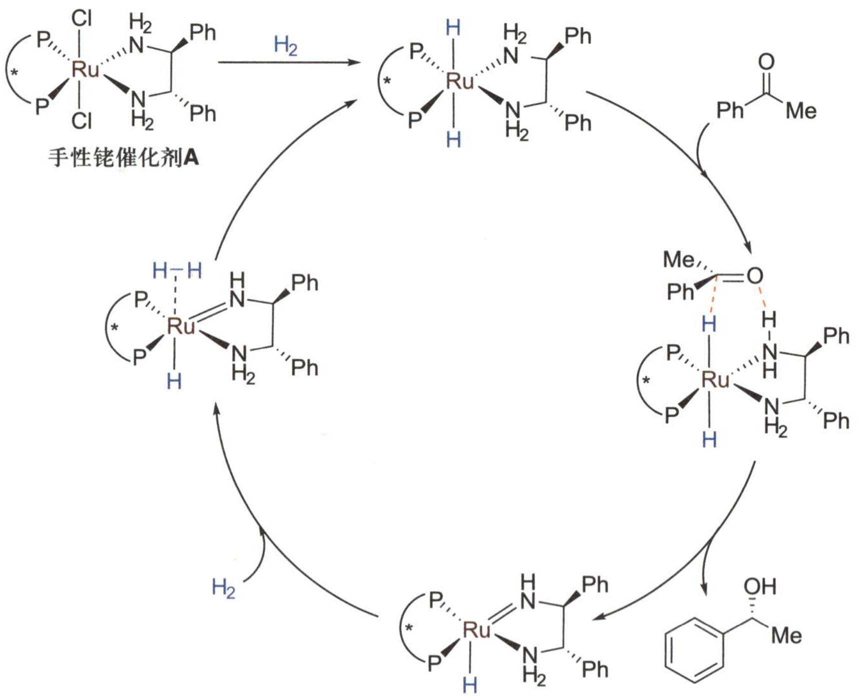

图 24-15　[$RuCl_2$-(*S*-BINAP)(*R*,*R*-diamine)] 催化苯乙酮的不对称氢化反应

亚胺的不对称催化氢化反应是合成手性胺直接有效的方法。但是由于亚胺的配位能力较强，容易造成金属催化剂失活，其不对称氢化反应更具挑战。一个著名的例子是用铱与手性二茂铁膦配体形成的手性催化剂对亚胺进行的不对称氢化反应，催化剂具有很高的催化活性和转化效率。这一催化剂已经被用于高效除草剂 (*S*)-异丙甲草胺 (商品名"金都尔") 的工业生产，TON 超过 1×10^6。

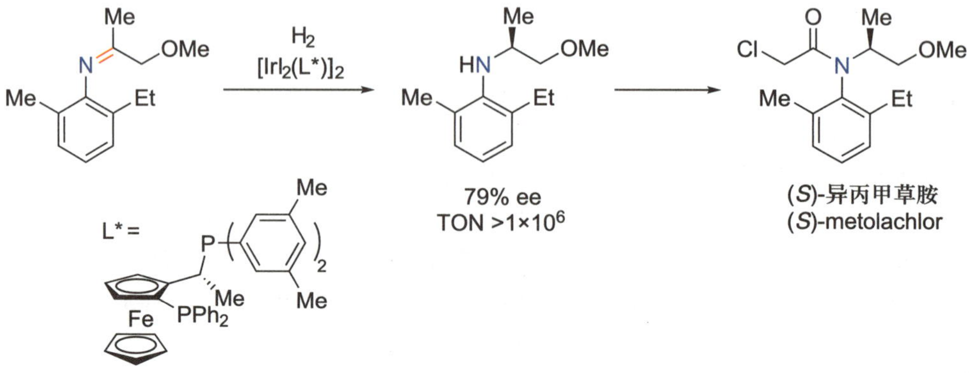

自然界存在的一些金属酶也通过"外围机制"进行氢化反应，比如 [FeFe]-氢化酶活性中心是一个 [2Fe2S] 子簇，两个 Fe 中心通过一个双硫醇负离子配体及一个羰基桥连，其中，两个双硫醇负离子中间连接基团为 NH 基团，机理研究表明该 NH 基团起到了协助铁中心活化 H_2 的作用：铁中心在裂解氢气后结合其中负氢，而 N-H 则作为碱起到了结合质子的作用。

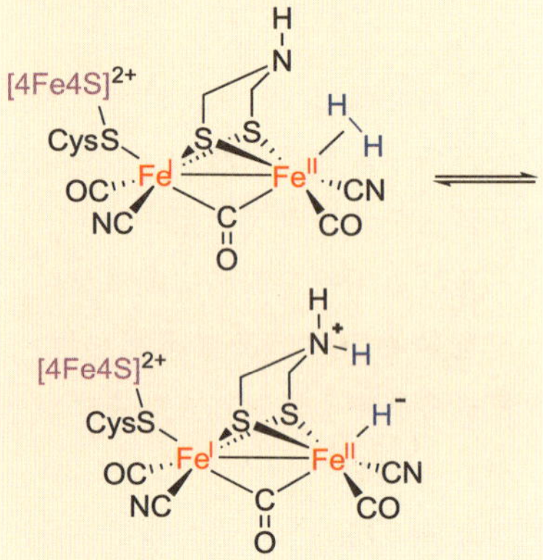

由于光学活性的金都尔药效更高，可以显著降低农药用量。金都尔面市后，这种除草剂的用量从每年 2 万吨降到了 1.2 万吨。通过使用光学活性的农药代替外消旋农药，是农药减量的重要方式，对于生物安全和环境保护具有重要意义。

Sharpless 环氧化反应

烯丙醇在四异丙氧基钛-酒石酸酯的催化下，能与过氧化物等氧给体发生不对称环氧化反应，即 Sharpless 环氧化反应。这个反应的特点是催化剂与试剂简便易得，底物的普适性及兼容性较好，可以将各种烯丙醇不对称环氧化为高光学纯度的环氧丙醇。反应可以根据所使用的酒石酸构型（*D* 或 *L*）及底物的几何构型（*E* 或 *Z*）来预测产物中新产生的手性中心构型。

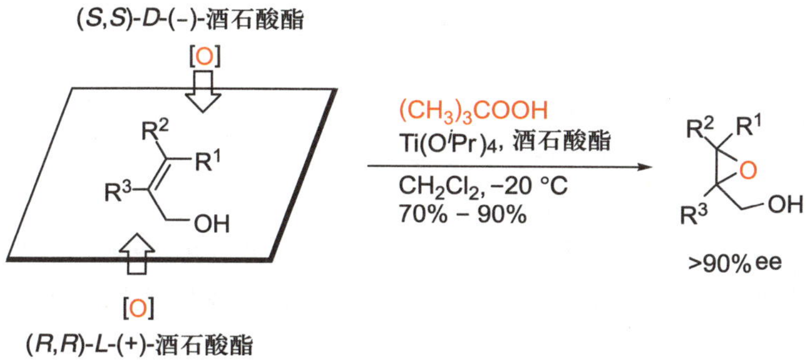

反应通常采用 TBHP（^{t}BuOOH，过氧叔丁醇）为氧给体，四异丙氧基钛和酒石酸二乙酯原位产生手性催化剂，产物的收率一般为 70%–90%，ee 值一般大于 90%。生成的环氧丙醇经随后的区域选择性及立体选择性的亲核取代或者开环反应，能够获得一系列手性二醇分子。

反应机理如图 24–16 所示。酒石酸酯配位的钛催化剂首先与底物的烯丙氧基和 TBHP 的过氧阴离子结合，生成中间体 A。烷基过氧化物由于其双齿配位于钛中心而被活化，进而发生分子内的亲电环氧化反应而将其中的一个氧转移至烯丙醇的烯基，生成中间体 B。B 中环氧基从 Ti (IV) 中心解离生成双烷氧基配位的 C。接下来，C 中烷氧基被烯丙醇和 TBHP 依次取代并再生 A，完成催化循环。

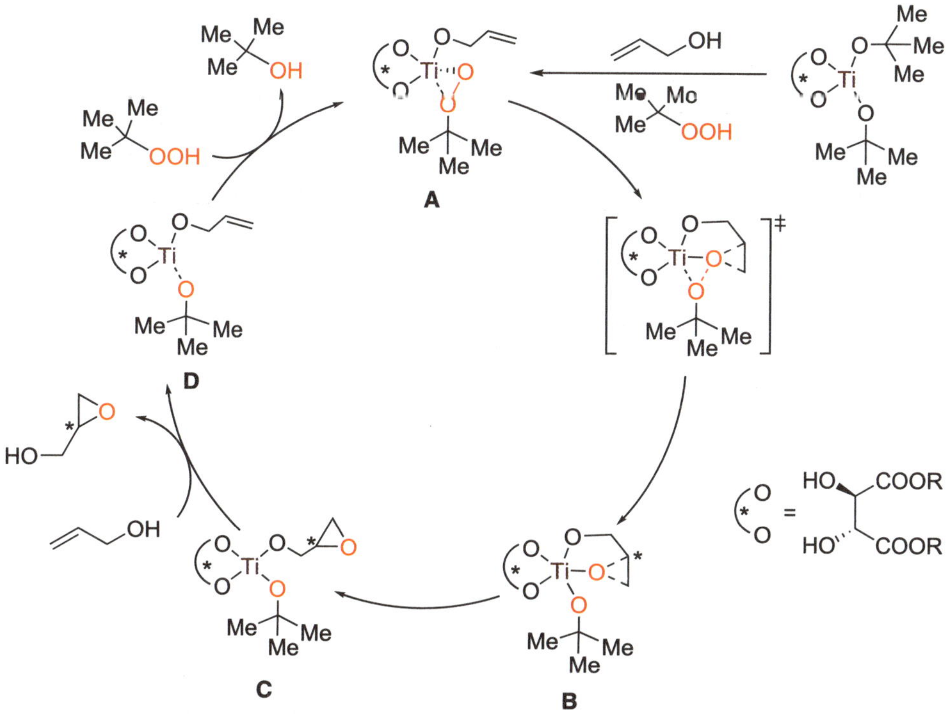

图 24–16　Sharpless 环氧化反应机理

24.5.2　手性有机小分子催化的不对称合成

有机小分子催化的历史与有机化学的历史几乎一样长，在有机化学学科建立的早期就有用有机酸碱等小分子催化反应的报道。但是用手性有机小分子催化有机反应的历史不长，其快速发展是从 2000 年开始的。2021 年，诺贝尔化学奖颁发给 List 和 MacMillan 是为了表彰他们在不对称有机催化领域所做出的杰出贡献。

有机小分子催化的对映选择性反应是基于模拟酶的一种非金属催化反应。有机催化剂通常具有无毒、易得、在空气中稳定、反应对水不敏感及操作简便等优势，因此被广泛应用。有机小分子催化的不对称合成已成为同金属催化的不对称合成同样重要的不对称催化类型。

按照反应机理中催化剂与底物之间的结合形式来区分，有机催化可分为“共价键催化”和“非共价键催化”。

通过共价键活化的手性有机小分子催化

共价键催化指的是有机催化剂通过与底物形成共价键进而活化底物促进反应的催化机理，典型的如手性胺通过与羰基形成烯胺或亚胺正离子中间体的反应及手性氮杂环卡宾（NHC）催化醛的反应等。

当醛或酮与手性胺形成烯胺时，会提高分子的最高占据分子轨道（HOMO）的能量，进而增强亲核性，因此被称为 HOMO 活化。例如脯氨酸催化的丙酮与异丁醛的不对称 adol 反应能以很高的收率和对映选择性得到手性 β-羟基酮。反应的机理如图 24-17 所示，*L*-脯氨酸与丙酮形成烯胺中间体 II，在羧酸与醛羰基的氢键作用下，烯胺通过环状过渡态从羰基 *Re* 面亲核进攻形成亚胺的内盐中间体 III，该中间体水解得到手性产物，同时释放催化剂完成催化循环。

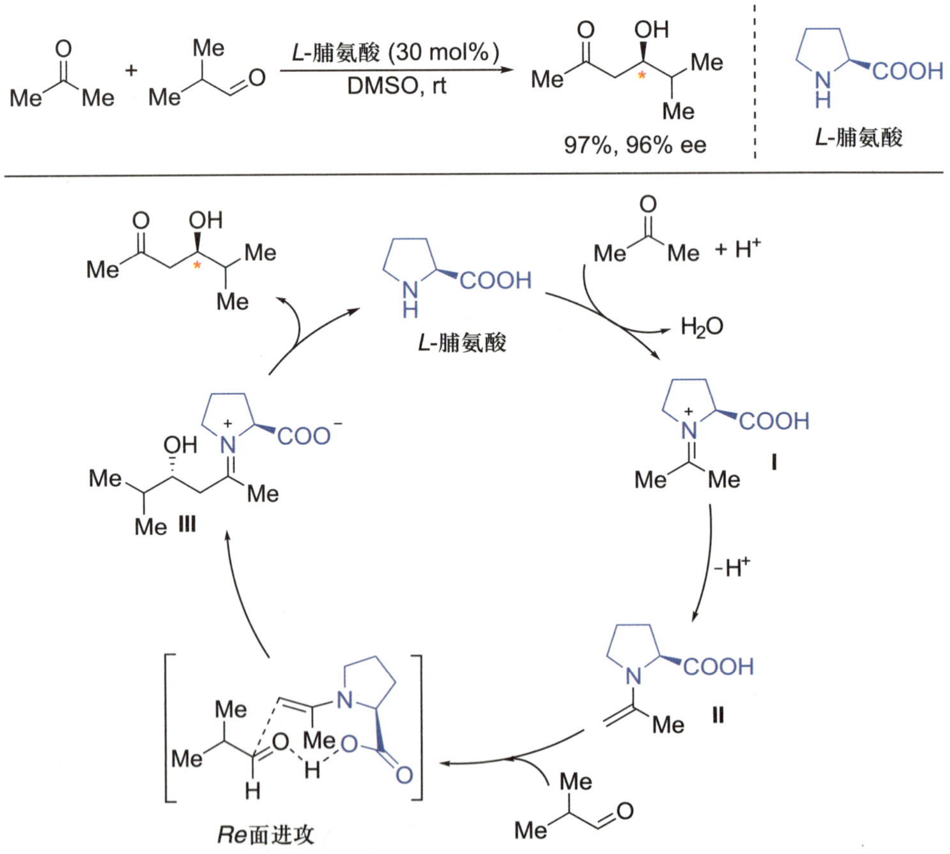

图 24-17　脯氨酸催化丙酮与异丁醛的不对称 adol 反应及其机理

当手性胺与醛或酮生成亚胺正离子时，分子的最低未占分子轨道（LUMO）的能量降低，分子的亲电性增加，更容易接受亲核试剂的进攻，这种模式被称为 LUMO 活化。

例如，手性咪唑啉酮催化的 α,β-不饱和醛与环己-1,3-二烯的不对称 D-A 反应，能够以很高的 *endo*/*exo* 比例和对映选择性得到加成产物。反应中手性咪唑啉酮催化剂与醛底物形成亚胺中间体，催化剂上的苄基位阻使得环己-1,3-二烯倾向从 *Si* 面进攻活化的烯烃(图 24-18)。

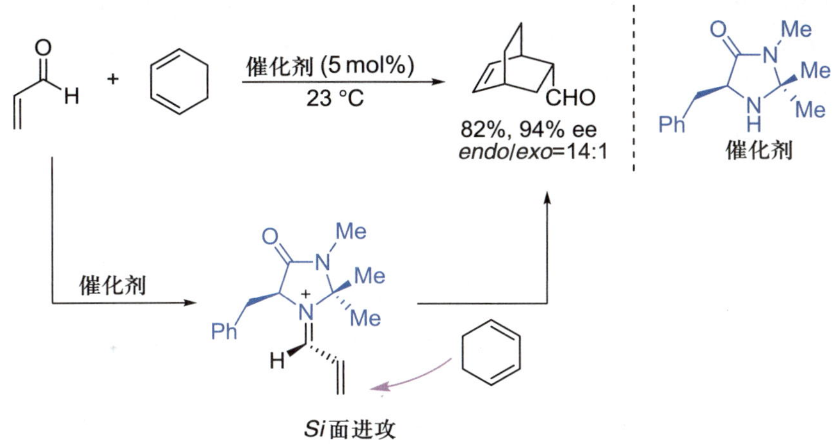

图 24-18　丙烯醛与环己-1,3-二烯的不对称 D-A 反应

醛的羰基碳一般被认为具有亲电性，但是当其与强给电子的氮杂环卡宾作用时，能生成羟基 α 位富电子烯醇中间体(也称 Breslow 中间体)，并能发生一系列亲核取代或亲核加成反应。这种醛羰基由亲电性转变为亲核性的现象，称为醛的极性反转(umpolung)。当使用手性氮杂环卡宾时，可以控制反应的对映选择性。例如，手性氮杂环卡宾催化醛与脱氢氨基酸酯的亲核加成反应，能够得到一系列手性 α-氨基酸衍生物(图 24-19)。由于氮杂环卡宾是一种不稳定的中间体，难以直接制备，因此通常以其前体在碱的条件下原位生成。

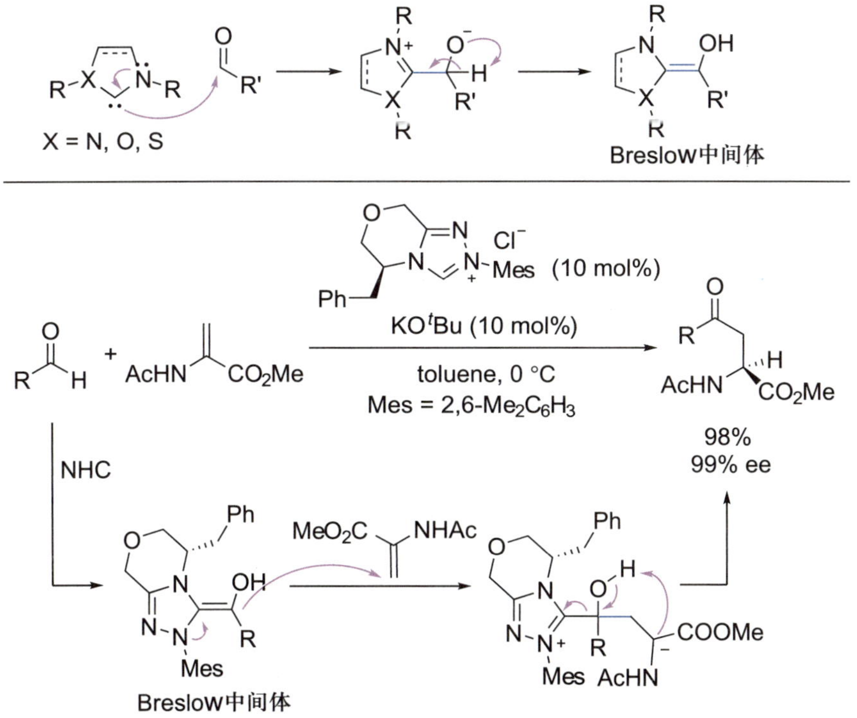

图 24-19　手性氮杂环卡宾催化下醛与脱氢氨基酸酯的亲核加成反应

通过非共价键活化的手性有机小分子催化

非共价键活化的催化指的是反应中催化剂通过非共价键作用（如氢键、离子对等）活化底物的催化机制。这更接近于大多数酶催化反应的模式。在氢键催化反应中，亲电子体由于氢键的作用，电子云密度降低而被活化，更易于被亲核试剂进攻。同时，由于氢键的作用，降低了碳碳键生成的能垒，使反应过渡态的能量降低。很多硫脲与磷酸催化的不对称反应都涉及氢键作用。例如在 *L*-叔亮氨酸衍生硫脲催化三甲基氰基硅烷对酮的不对称加成反应中（图 24-20），三氟乙醇与三甲基氰基硅烷作用原位生成氢氰酸，进攻被硫脲上两个氮氢键活化的酮羰基，得到 α- 氰醇后再发生硅醚化得到最终产物。

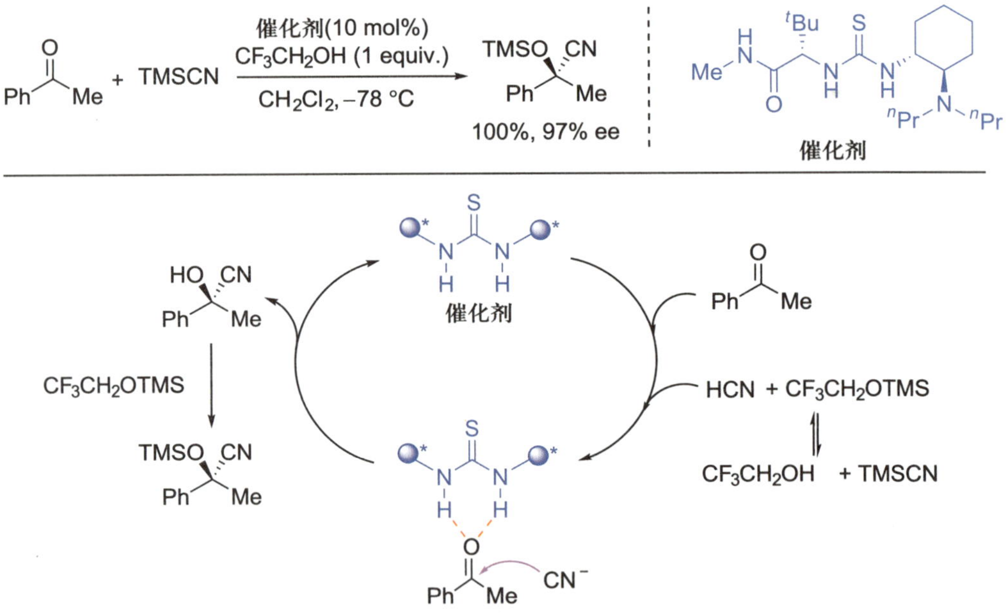

图 24-20　手性硫脲催化三甲基氰基硅烷对酮的不对称加成反应

除了硫脲，Brønsted 酸性更强的手性磷酸在不对称有机催化中也被广泛使用。手性联萘酚（BINOL）衍生的磷酸羟基及磷酰氧基可分别作为 Brønsted 酸与 Brønsted 碱与底物形成氢键，联萘骨架上 3,3′位的取代基是调控反应立体化学的重要因素，可以方便地进行改造。例如在烯醇硅醚缩酮与醛亚胺的不对称 Mannich 反应中（图 24-21），磷酸催化剂通过氢键活化亚胺，亚胺中芳基邻位的酚羟基也与磷酸中的羰基发生氢键相互作用并固定了构象，从而控制了反应的立体化学。

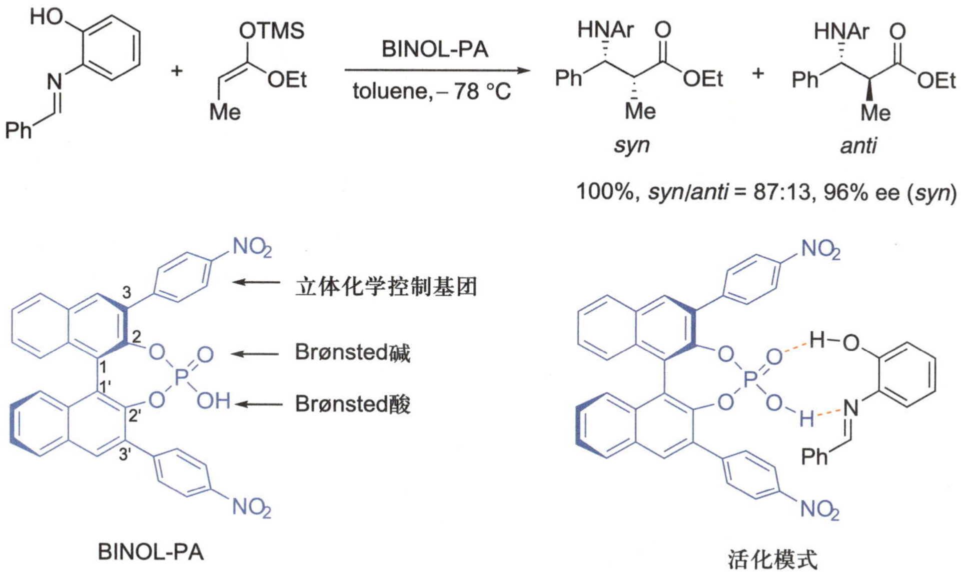

图 24-21　手性磷酸催化烯醇硅醚缩酮与醛亚胺的不对称 Mannich 反应

24.5.3　酶催化的不对称合成

近年来，生物催化的不对称合成发展迅速，越来越多的生物催化反应已经在工业生产上得到了应用。特定生物化学反应的生物催化剂是酶，酶最为显著的特征是其优异的催化能力和反应过程中表现出的专一性，包括化学专一性和立体专一性。随着酶定向进化技术日臻成熟，并通过基因工程对酶进行改造，成功将其用于一些自然界不存在的反应，进一步丰富了生物合成的内容。这部分内容参见第 19 章　氨基酸与蛋白质。

24.5.4　非线性效应

不对称合成中的非线性效应是指在不对称反应中，手性试剂或手性催化剂（统称手性诱导试剂）的 ee 值与产物的 ee 值之间的非线性关系，简称非线性效应（nonlinear effect，NLE）。

Kagan 等人对一系列不对称反应进行研究时发现，无论是使用化学计量还是催化量手性诱导试剂进行反应时，产物的 ee 值和反应所使用的手性诱导试剂的 ee 值之间并不总是呈线性关系。其中在烯丙醇的 Sharpless 环氧化反应中，使用较低 ee 值的手性配体会得到比预期 ee 值高的产物，称为正的非线性效应 [图 24-22 (a)]；而在不对称羟醛缩合的Robinson 环化反应中，使用高 ee 值的手性配体得到的产物 ee 值却比预期要低，称为负的非线性效应 [图 24-22 (b)]。

(a)

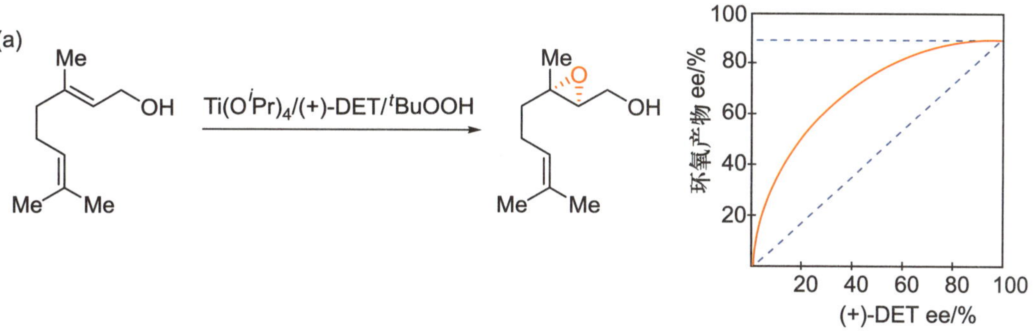

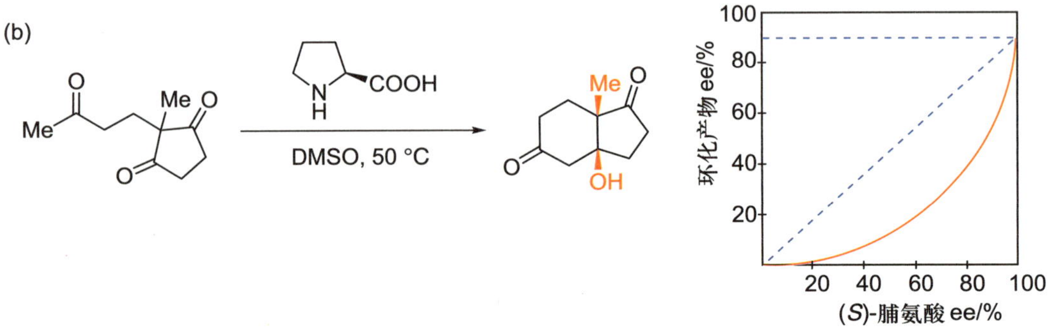

图 24-22　不对称催化中的非线性效应

非线性效应在不对称反应中经常出现。其产生的原因有多种解释模型，原理都是一致的。为了便于理解，可用典型的 ML_2 体系来解释非线性效应。当手性配体的两个对映异构体（L_R 和 L_S）与中心金属配位形成催化剂 ML_2 时，共有三种可能结合的方式，即 ML_RL_S，ML_RL_R，和 ML_SL_S。假定手性配体中 L_R 过量，并且消旋配合物 ML_RL_S 的稳定性高于手性配合物 ML_RL_R 或者 ML_SL_S。此时，反应体系中存在两种主要的催化剂 ML_RL_S 与 ML_RL_R。如果消旋配合物 ML_RL_S 的活性较高，则主要产生消旋产物（消旋催化剂一定产生消旋产物），最终反应的对映选择性会低于预期值（图 24-23，曲线 *a*），表现出负的非线性效应（图 24-23，曲线 *b*）；反之，如果消旋配合物 ML_RL_S 的反应活性低，而同手性的 ML_RL_R 活性高，则反应产物的 ee 值会高于预期值，表现出正的非线性效应（图 24-23，曲线 *c*）。

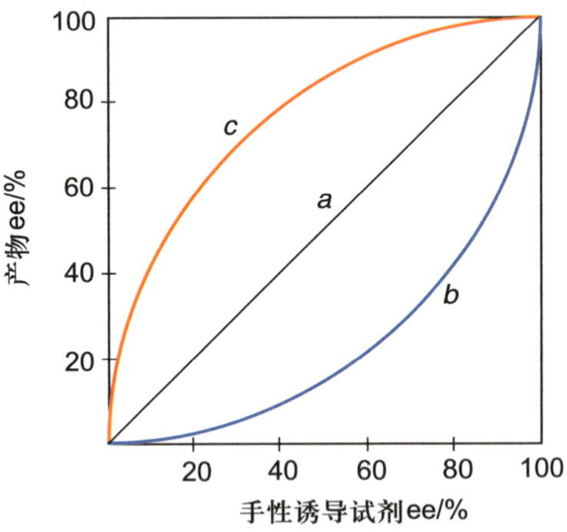

图 24-23　非线性效应

24.5.5　手性放大效应与不对称自催化

当反应存在正的非线性效应时，用光学纯度较低的配体就能够得到高光学纯度的产物，称为手性放大（增殖）效应。Noyori 在研究 $ZnEt_2$ 对芳香醛的加成反应时发现，当使用 15% ee 的催化剂（2*S*）-DAIB，产物的 ee 值为 95%，与使用光学纯的催化剂得到的产物 ee 值（98%）相差不大。他们还发现，反应速率与手性配体（2*S*）-DAIB 的对映体纯度有关，使用光学纯手性配体的反应速率比使用外消旋体的反应速率有明显的提高。

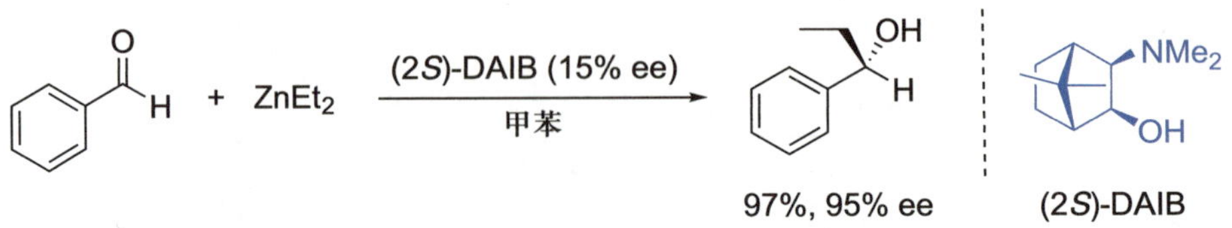

Noyori 认为在反应过程中，不等量的（−）-DAIB 和（+）-DAIB 与 $ZnEt_2$ 形成两类二聚体，即同手性二聚体和异手性二聚体，二聚体解离成单体才有催化活性。异手性

二聚体比同手性二聚体更稳定，不易解离成单体，因此起催化作用的主要是从同手性二聚体解离产生的对映体纯的单体 DAIB−$ZnEt_2$，所以表现出手性放大效应(实际是一个很大的正的非线性效应)。没有活性的异手性二聚体的形成相当于提高了配体的光学纯度(图 24−24)。

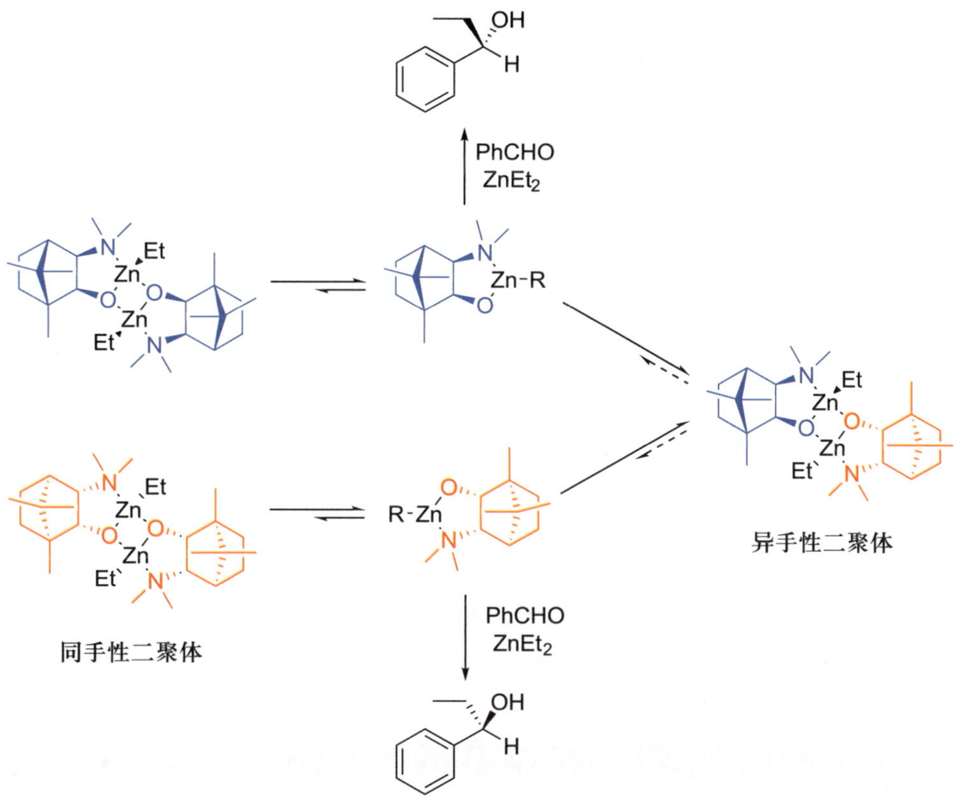

图 24−24　二乙基锌对苯甲醛不对称加成反应中的手性放大效应

如果一个反应的产物能够催化自身反应，则称为自催化反应。如果在不对称自催化反应中还伴有手性放大效应，那么，只需在初始反应体系中加入少量低 ee 值的产物作为催化剂即可得到高 ee 值的产物。这样的手性放大自催化反应的一个典型例子是 Soai 等人发现的二异丙基锌对 2-甲基-5-嘧啶甲醛的不对称加成反应。他们发现，使用 2% ee 的 (*S*)-嘧啶醇催化二异丙基锌对 2-甲基-5-嘧啶甲醛的加成反应，得到的产物 ee 值为 10%。将 10% ee 的产物投入下一轮反应，产物的 ee 值会得到进一步提升。经过多轮反应，最终产物的 ee 值可以达到 88%。而当把溶剂换为甲苯并将温度降为 0 ℃时，该反应可以展现出更为明显的手性放大效应。从仅有 0.2%−0.3% ee 值的催化剂开始，经多轮反应，最终产物的 ee 值可以达到 90% 左右。

手性放大和不对称自催化对于理解生命的手性起源很有价值，可以想见，地球形成早期一些偶然因素(例如手性晶体和圆偏振光等影响)，造成氨基酸形成过程或外消旋氨基酸分解过程中出现了微小的对映体过量，然后经过某种手性放大或不对称自催化的过程得以进一步手性富集，最终生成单一异构体的形式，为生命的孕育提供了物质基础。但是目前人们发现的手性放大体系或不对称自催化体系，都无法直接和氨基酸的合成关联，因此这一假说还缺少直接的证据。

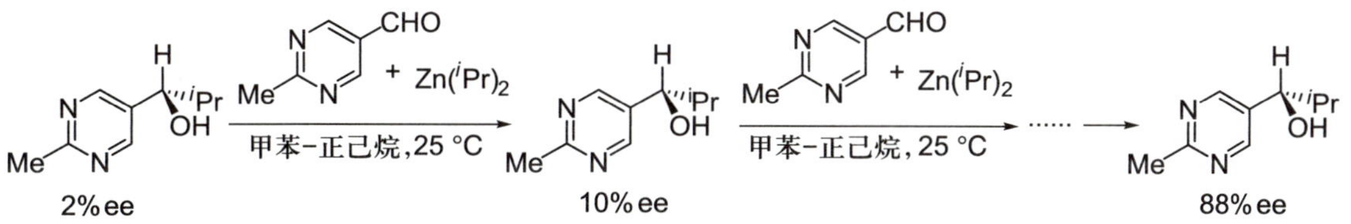

思考题 24.6

一个不对称催化反应没有非线性效应，这个反应的活性催化剂是否一定是单核的？如果这个反应具有明显的非线性效应，反应的活性催化剂是否一定不是单核的？

思考题 24.7

是否能设计一个催化剂将外消旋化合物转化为单一的对映体？

本章学习要点

(1) 不对称合成的概念，潜手性的概念，对映选择性和非对映选择性的概念。

(2) 底物控制的不对称合成的定义，手性池的概念，手性传递的概念，Cram 规则及 Cram 螯合规则的原理和应用。

(3) 手性辅基的概念，Evans 辅基、手性肼、手性亚磺酰胺等常用手性辅基的手性传递模型和应用场景。

(4) 手性试剂的概念及常见类型，手性氧化试剂（手性高价碘试剂、手性氧杂吖丙啶试剂）、手性还原试剂（手性金属氢化物、手性硼试剂，CBS 试剂）、手性烯丙基试剂等常见手性试剂的手性传递模型和应用场景。

(5) 不对称催化的原理及重要性，手性催化剂的概念，金属配合物、手性有机小分子及生物酶三大类手性催化剂的区别和联系，手性金属配合物催化的几类重要反应类型，包括氢化、Sharpless 环氧化等反应的手性传递模型和应用场景；手性有机小分子催化不对称合成的几种催化模式，包括共价催化、氢键催化、离子键催化等。

(6) 非线性效应的概念，典型的 ML_2 体系对非线性效应的解释，正 / 负非线性效应的特征，手性放大的概念，不对称自催化的现象和原理及其对于理解生命手性起源的重要性。

习题

24.1　鹰爪豆碱的结构如下所示，其分子有几个潜手性中心？有几个旋光异构体存在？

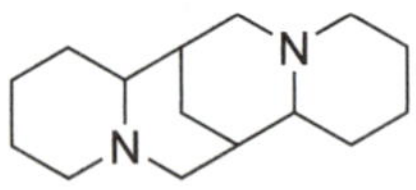

鹰爪豆碱

24.2　(*S*)-萘普生是一种镇痛药物。已知纯的 (*S*)-萘普生的旋光度为 +63° – +68.5°，在对其不对称合成研究时发现 (*S*)-异构体和 (*R*)-异构体的含量分别各占 85% 和 15%，请问其对映体过量 (ee) 为多少？得到的萘普生旋光度大约为多少？

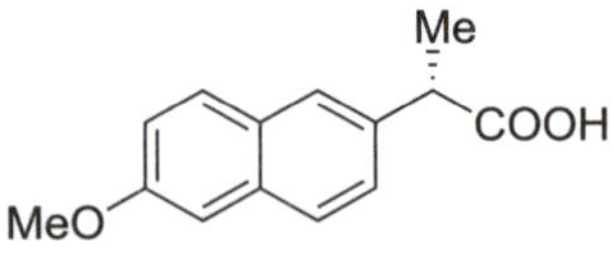

(*S*)-萘普生

24.3　*L*-多巴 (*L*-dopa) 是治疗帕金森综合征的一款上市药物，其合成路线如下所示，请标注 *L*-多巴分子结构中的手性中心的绝对构型，并指明负氢催化剂是从原料 A 中何种潜手性面进攻的？

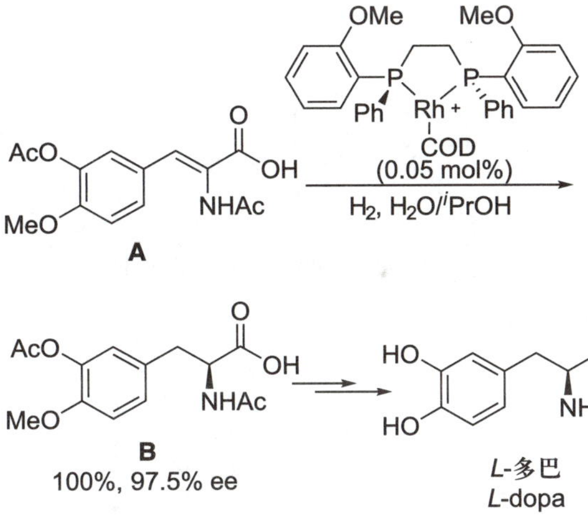

24.4 判断亲核试剂进攻下列分子的潜手性面的方向(*Re* 面或 *Si* 面，亲核试剂从纸面以外进攻)。

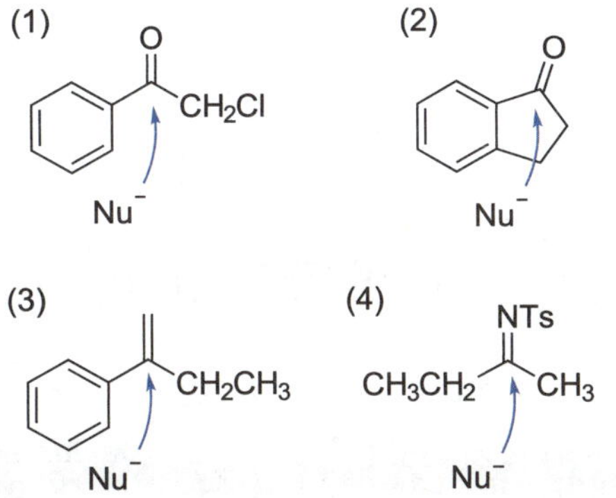

24.5 请根据 Cram 规则给出以下反应主要产物的纽曼式、费歇尔投影式结构。

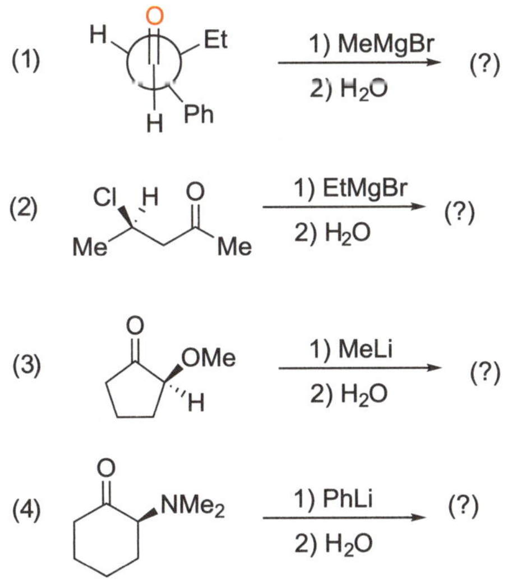

24.6 请根据 Felkin-Anh 规则，画出下图反应中的主要产物。

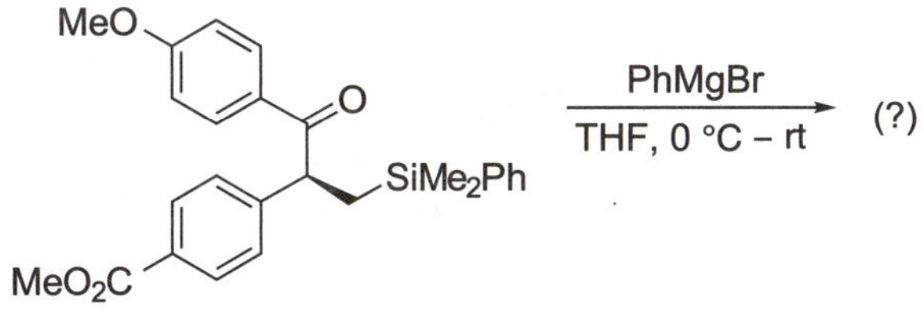

24.7 Kiliani-Fischer 合成，亦称 Kiliani 氢氰化增碳法，它是由低级糖合成高一级糖的一种方法，既可用于合成，也可用于糖的结构测定。*D*-甘油醛在少量氨的存在下与 HCN 加成得到 α-羟基腈，经水解得到相应的糖酸，此糖酸极易转变为内酯，将此内酯在含水的乙醚或水溶液中用钠汞齐还原，得到比原来的糖多一个碳原子的醛糖。请根据 Cram's rule 给出反应的主要产物的结构和投影式结构。

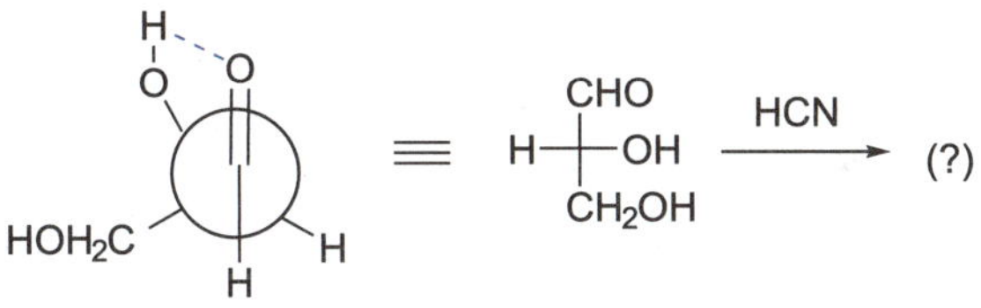

24.8 对于不对称的 Diels-Alder 环加成反应，实现的途径之一就是使用手性双烯体底物或使用手性亲双烯体底物，后者常使用的方法是使用手性辅基。在下面的反应中，手性辅基是如何控制反应的对映选择性的？请画出手性控制模型。

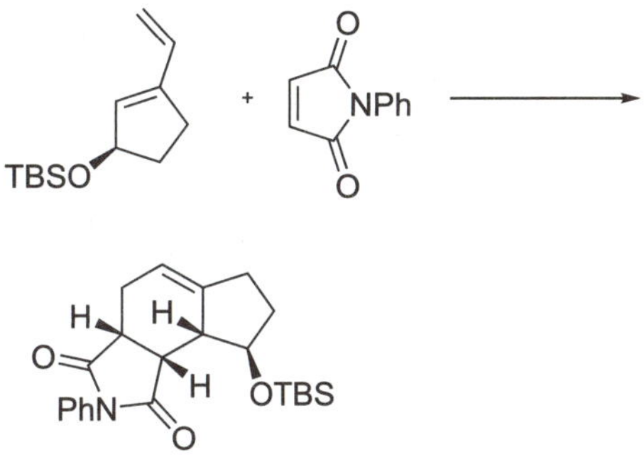

24.9 Diels-Alder 反应的立体选择性也可以通过手性辅基来进行调控，例如通过亚砜类辅基对双烯体进行修饰，能够实现下面反应 Diels-Alder 反应的立体选择性控制，请简要绘制反应的过渡态以解释其立体选择性(提示：亚砜和酯基均参与了这一过程)[参考文献：Synthesis and asymmetric Diels-Alder reactions of enantiopure 3-(alkylsulfinyl)-1-methoxy-1,3-butadienes. Aversa M C, Barattucci A, Bonaccorsi P, et al. J. Org. Chem., 1997, 62(13): 4376–4384.]。

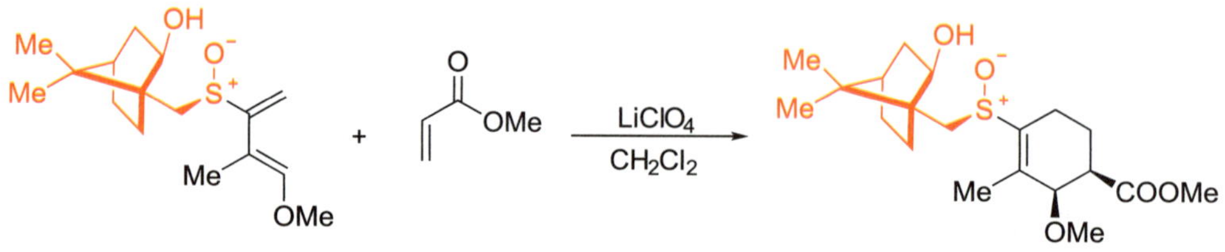

24.10 标出下列反应催化剂和产物的绝对构型，给出产物的两个异构体的比例 (er)，画出催化剂活化底物的模型，标明亲核进攻是发生在 *Re* 面还是 *Si* 面，分析催化剂如何加速反应，如何实现手性诱导。

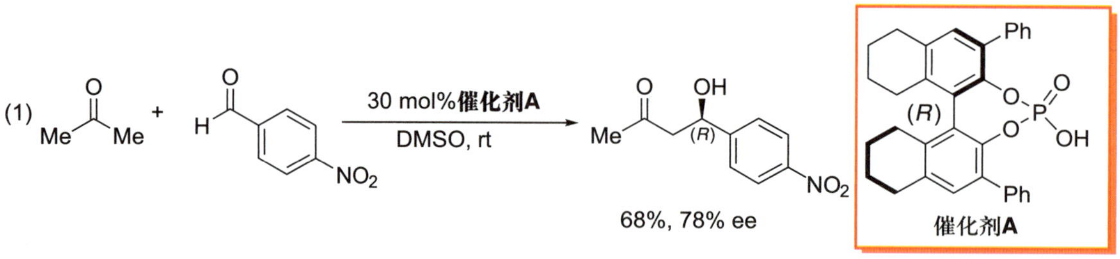

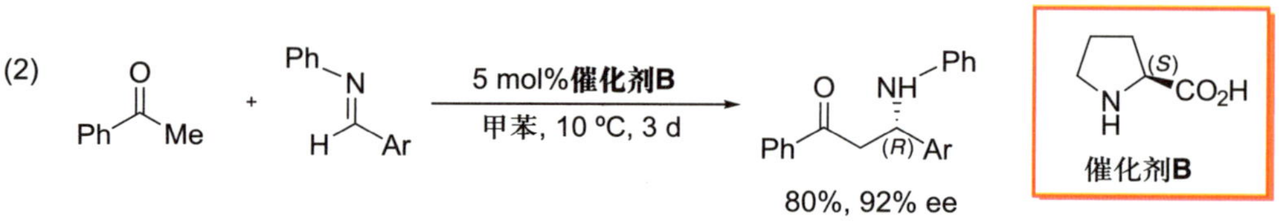

24.11 手性二胺能够催化 β-羰基酯类化合物的不对称 Mannich 反应，研究发现其能够与 β-羰基酯形成 *Z* 式的烯胺 A。请画出 A 的结构，并给出 A 与亚胺发生 Mannich 反应过程中的手性控制模型 [参考文献：Catalytic asymmetric Mannich reaction with *N*-carbamoyl imine surrogates of formaldehyde and glyoxylate. You Yang'en, Zhang long, Cui Linfeng, et al. Angew. Chem. Int. Ed., 2017, 56(44): 13814.]。

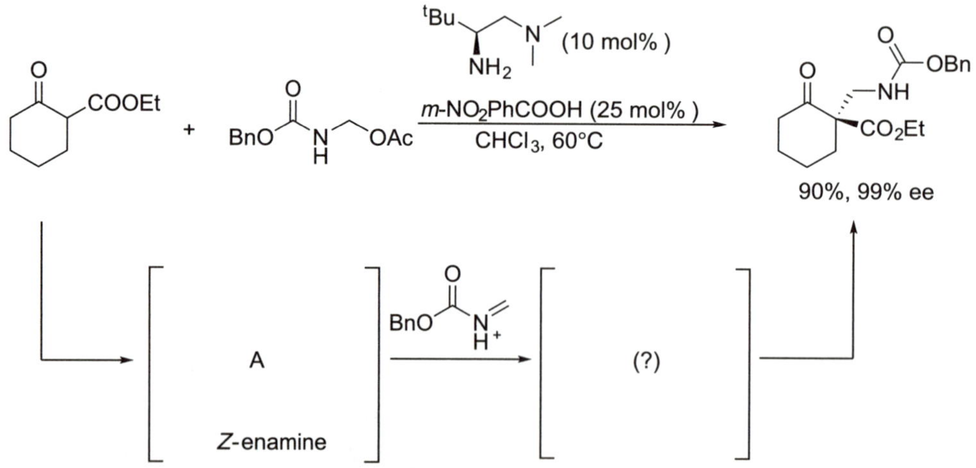

24.12 标出下列反应的手性配体、转化数、转化频率、er 值、dr 值；说明反应从外消旋原料以定量的产率获得近乎光学纯产物的原理。

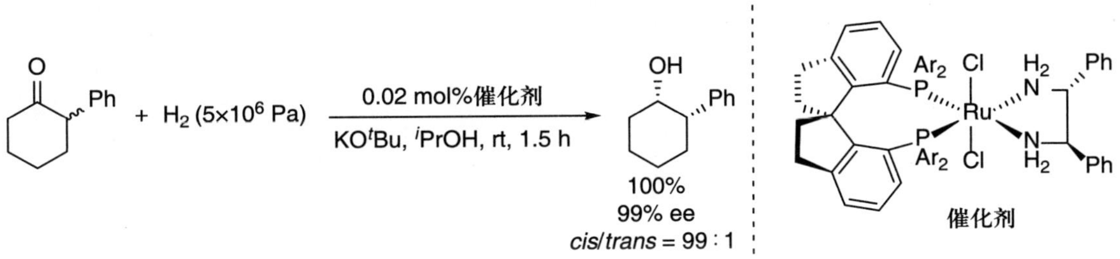

第 25 章

氧化还原反应

第 25 章　氧化还原反应

在无机反应中，氧化反应是指一个原子或基团失去电子和氧化数 (oxidation number) 增加或氧化态 (oxidation state) 升高的过程，还原反应则与之相反。

在有机反应中，计算氧化数或氧化态的方法有很多。在仅有单个碳原子的化合物中，如甲烷和二氧化碳，碳的氧化数可以根据分子式计算出来。对于中性分子，所有氧化数的代数和必须为零。通常状况下，氢的氧化态是 +1，因此，甲烷中碳的氧化数是−4；类似地，氧的氧化数是−2，则 H_2CO_3 和 CO_2 中碳的氧化数是 +4。

碳的氧化数
(oxidation number of carbon)

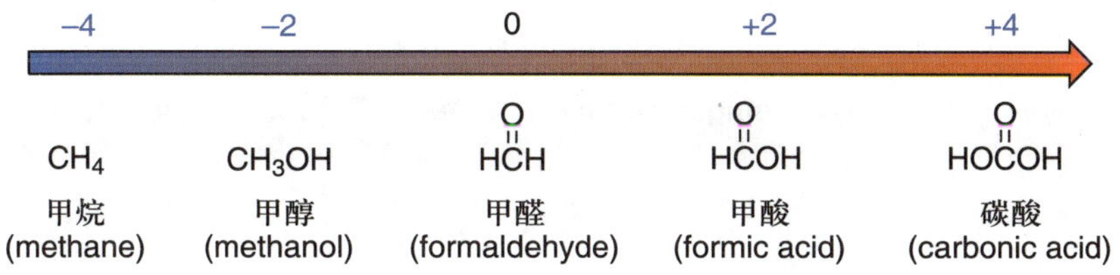

从上面的数据可以看出，甲烷中碳的氧化数 (−4) 在所有有机化合物中最小，因此具有最低的氧化态，而二氧化碳和碳酸中碳的氧化数最高 (+4)，对应为最高的氧化态。因此，当甲烷或任何其他烷烃燃烧生成二氧化碳时，碳被氧化，氧被还原。

从上面的数据还可以看出，C−O 键数目增加或 C−H 键数目减少会导致氧化态升高。因此，氧化反应可以看成 C−O 键数目增加或 C−H 键数目减少的化学转化过程，而还原反应则是 C−O 键数目减少或 C−H 键数目增加的化学转化过程。

实际上，在有机反应中，氧化态的改变不局限于 C−O 键或 C−H 键数目的改变。任何电负性比碳高的元素对氧化态的影响都和氧一样；任何电负性比氢小的元素对氧化态的影响都和氢一样。例如，CH_3Cl 和 CH_3OH 中碳的氧化态是一样的 (−2)，CH_4 和 CH_3Li 中碳的氧化态是一样的 (−4)。因此，在如下两个反应中，甲烷和氯气反应生成氯甲烷的过程涉及碳的氧化，而氯甲烷和金属锂反应生成甲基锂的过程则涉及碳的还原。

$$CH_4 + Cl_2 \longrightarrow CH_3Cl + HCl$$

$$CH_3Cl + 2\,Li \longrightarrow CH_3Li + LiCl$$

因此，更广泛的氧化、还原反应的定义为：在涉及碳与其他元素的化学键转化中，电负性小于碳的元素被电负性大于碳的元素取代，称为氧化反应，反之则是还原反应。

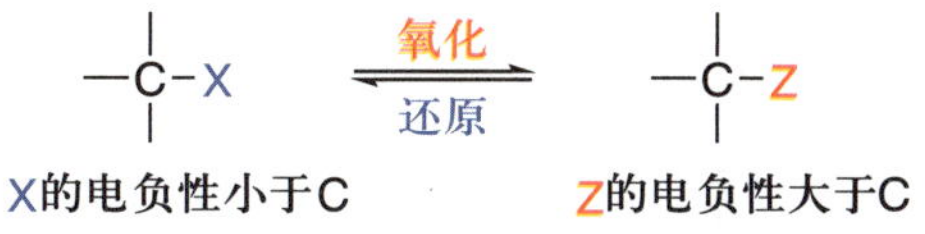

此外，有机化学家还以定性的方式建立了氧化态依次升高的一系列官能团 (functional group)，定义氧化反应是将一个分子中氧化态较低的官能团转化成氧化态较高的官能团的转化过程；还原反应则正好相反，是将分子中的一个氧化态较高的官能团转化成一个氧化态较低的官能团的转化过程。例如，在如下的化学转化中，由于羧基是比醛基氧化态更高的官能团，因此该化学转化就属于氧化反应。

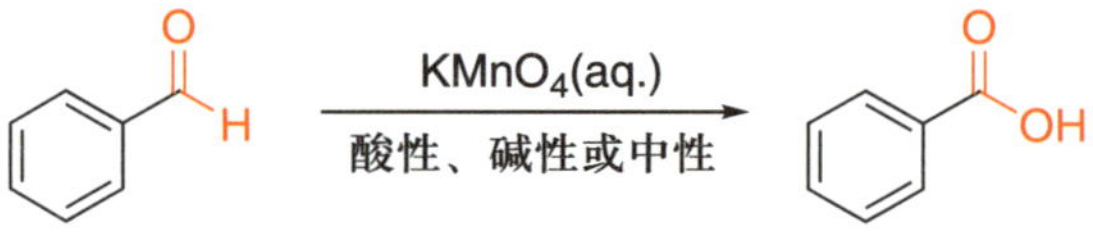

25.1　氧化反应

有机氧化反应机理大致分为以下几种。

电子直接转移

这类机理广泛存在于自由基氧化得到碳正离子、碳负离子氧化得到自由基及电氧化三种反应中。例如，酚氧负离子氧化成酚氧自由基的反应，这些反应比较容易发生。在氧化反应中，单电子转移 (single electron transfer，SET) 是一类重要的机理。

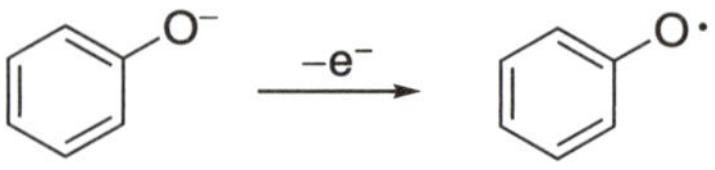

负氢转移

负氢转移是指在一些氧化反应中，一个氢负离子从一个分子转移到另一个分子的过程。例如，碳正离子夺取另一烷烃分子中的氢负离子，生成一个新的烷烃和一个新的碳正离子。

$$R^{+} + R^{1}\text{–}H \longrightarrow R\text{–}H + R^{1+}$$

氢原子转移

许多氧化反应是转移一个氢原子的自由基取代过程。例如，氯原子从烷烃分子中夺氢形成烷基自由基的过程就是一个氧化反应。

$$R\text{–}H + \cdot Cl \longrightarrow R\cdot + H\text{–}Cl$$

形成酯中间体

许多氧化反应涉及酯中间体 (通常是无机含氧酸酯) 的形成及后续通过 E2 反应发生酯中间体的裂解：

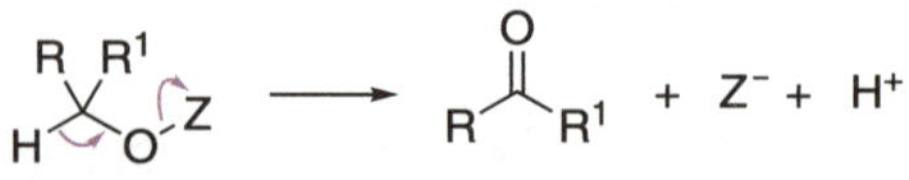

酯中间体
(ester intermediate)

Z 通常是 CrO_3H 或类似的无机酸。例如，仲醇被琼斯试剂（CrO_3 + H_2SO_4）氧化成酮的反应。

置换机理

在这些反应中，反应底物利用它的电子在亲电的氧化剂上发生置换(displacement)。例如，溴对烯烃的加成形成环溴鎓离子的过程及叔胺氧化成叔胺氧化物的反应。

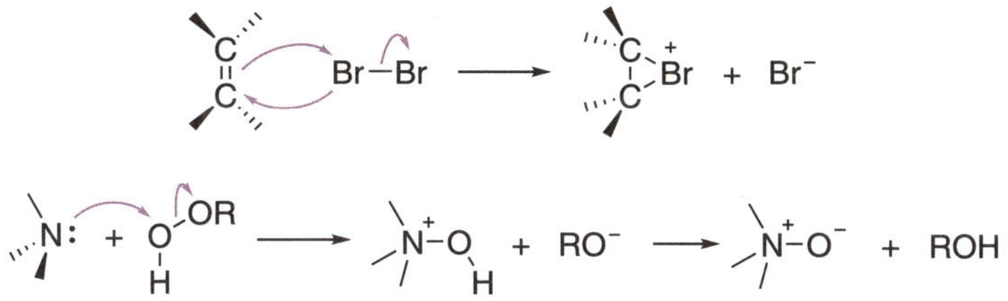

加成-消除机理

在 α,β-不饱和羰基化合物与碱性双氧水的反应中，氧化剂与底物先进行 1,4-加成，然后氧化剂的一部分离去得到氧化产物。

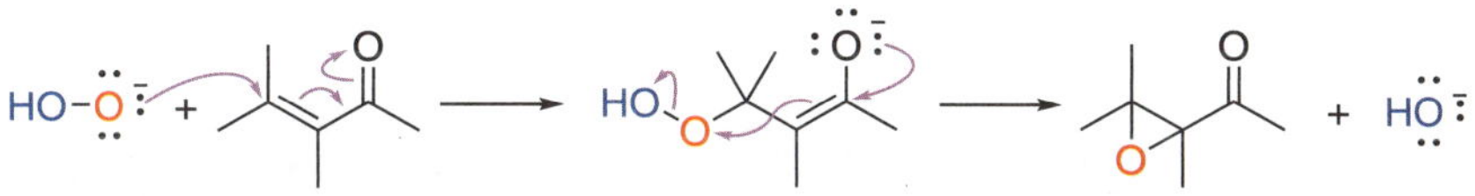

在有机化合物的转化过程中，能够被氧化的与碳原子连接的键主要有 C−H 键、各类 C−C 键（包括单键和重键）及一些杂原子如 N、S 等形成的键。根据所涉及键的变化类型，氧化反应可以分为：

(1) 氢的消除 (elimination of hydrogen) 或脱氢 (dehydrogenation) 反应，如环己烷脱氢生成苯、环状胺脱氢生成烯胺、氢醌氧化脱氢生成醌、醇的脱氢生成醛或酮等；

(2) C−C 键断裂的氧化反应，如烯烃或炔烃的断裂氧化、邻二醇的断裂氧化、醛或酮的氧化裂解、芳烃侧链的氧化、氧化脱羧等；

(3) 氢被氧置换的反应，如醛/酮氧化成 α-羟基醛/酮或 1,2-双羰基化合物（氢被其他电负性大的杂原子取代，如烃的自由基卤化也属氧化反应范畴，这在上册烷烃一章已做介绍）；

(4) 氧与底物的加成反应，如叔胺氧化成叔胺氧化物、硫醚氧化成亚砜或砜、烯烃氧化成环氧等；

(5) 氧化偶联反应，如硫醇被氧化成二硫化物。

下面我们将分别对这些类型的代表性氧化反应进行介绍。

25.1.1 脱氢反应

脱氢芳构化

在脱氢的氧化反应中，一种重要的类型就是脂环化合物在催化剂或氧化剂的作用下发生脱氢芳构化 (dehydrogen aromatization) 得到氧化产物芳烃。常用于芳构化的试剂有三类：Pt、Pd、Ni 等氢化催化剂；单质硫和硒；醌、氧气、MnO_2、SeO_2 等氧化剂。

芳构化是指非芳香环转变成芳香环的过程

Pt、Pd 和 Ni 等氢化催化剂存在下的脱氢过程是双键氢化的逆反应。例如环己烷和 Pt 催化剂一起加热到 300－350 ℃可以脱氢芳构化得到苯。为了实现完全转化，通常用惰性气体流带走反应过程中产生的氢气，或者在体系中加入一些不饱和烃如顺丁烯二酸等作为氢受体来除去体系中生成的氢气。如果反应体系中存在氢受体，反应可以在温和的条件下进行。

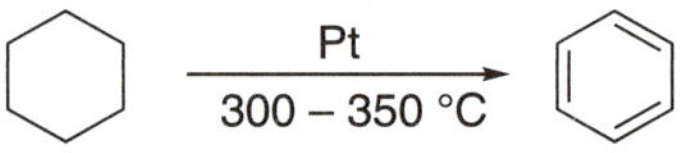

硫和硒脱氢的机理尚不明确，但可以确定的是反应中释放的氢与这些单质结合分别生成 H_2S 和 H_2Se。醌类 (quinones) 化合物是最常用的有机脱氢芳构化试剂，在反应中被还原成相应的氢醌 (hydroquinones)。其中最常用的两种醌分别是氯醌 (chloranil，2,3,5,6-四氯-1,4-苯醌) 和 DDQ (2,3-二氯-5,6-二氰基-1,4-苯醌)。后者反应活性更高，常用于活性较低底物的脱氢。反应机理涉及负氢和质子向醌的转移过程。

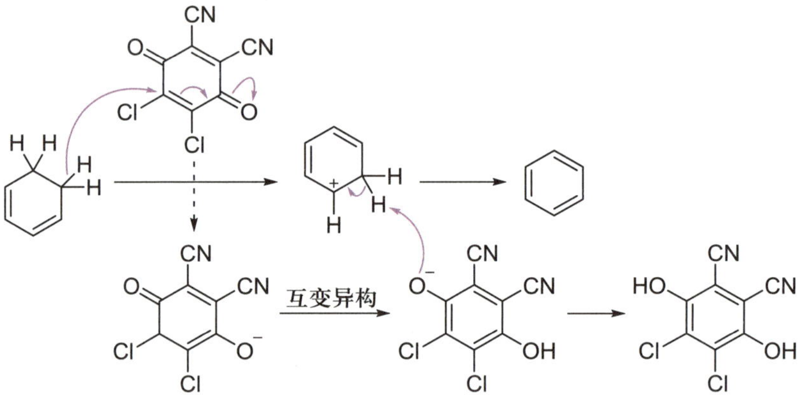

脱氢芳构化反应也能应用于五元或六元杂环的芳构化过程。例如 Hantzch 吡啶合成中的二氢吡啶中间体及 Skraup 喹啉合成中的 1,2-二氢喹啉中间体都能被多种氧化剂如硝基苯、As_2O_5、Fe^{3+}、醌类化合物甚至空气中的氧气氧化脱氢生成吡啶衍生物。

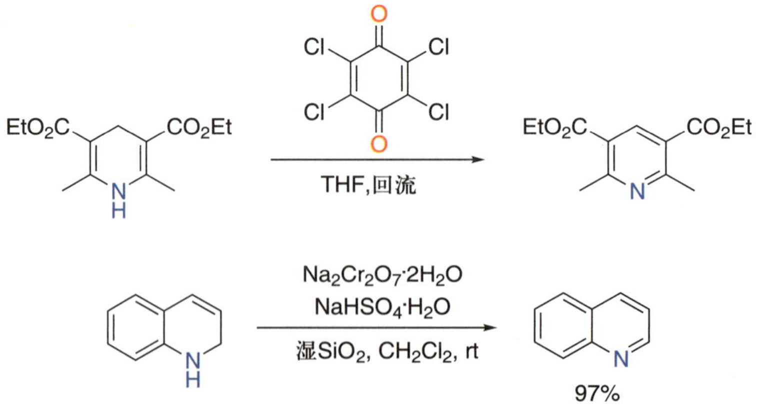

一些稠合的五元或六元杂环化合物如 2,3-二氢吲哚、苯并噻唑啉、9,10-二氢菲啶等在氧化剂的存在下很容易发生脱氢氧化过程得到相应的芳香化合物。利用这一特性，在不对称转移氢化反应中常常使用这些化合物作为氢供体来实现亚胺或芳香杂环化合物的对映选择性还原，从而得到手性胺或手性脂肪族杂环化合物。

脱氢形成 C=C 键

脱氢氧化的第二种反应类型是反应过程中只脱去一分子氢气产生碳碳双键 (C=C)。工业上将烷烃混合物与氧化铬-氧化铝催化剂 (chromia-alumina catalyst) 共热得到烯烃，但这种脱氢很难控制脱氢选择性地发生在特定位置。如果新生成的双键能够与底物中存在的孤对电子或双键形成离域体系 (共轭)，这时可以发生选择性的脱氢反应。例如，双环叔胺 1-氮杂双环 [4.4.0] 癸烷在 Hg (OAc)$_2$ 的作用下可以脱氢生成环状烯胺。反应首先形成亚胺鎓离子中间体，然后消除一个质子形成烯胺。

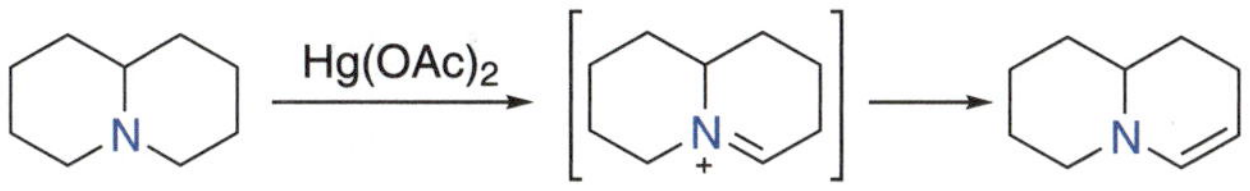

SeO$_2$ 可以使酮和 1,2-二芳基乙烷发生脱氢反应生成 α,β-不饱和酮和 1,2-二芳基乙烯。虽然在前者中往往容易发生酮的 α 位 C−H 键氧化生成 1,2-二酮，但该反应能有效用于甾体化合物的合成。

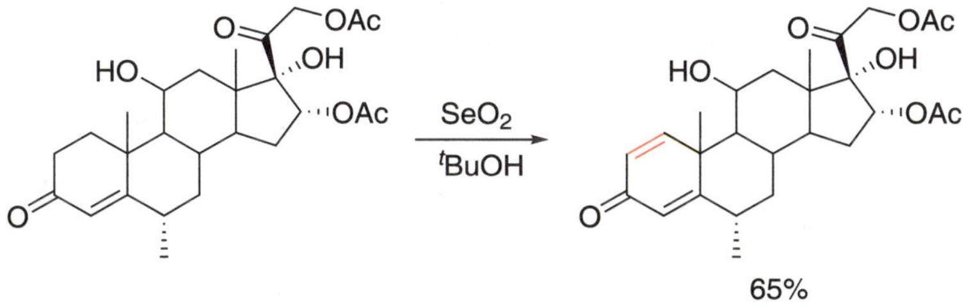

简单的醛酮或内酯在苯亚硒酸酐的作用下也能够发生脱氢得到 α,β-不饱和羰基化合物。例如环己酮与苯亚硒酸酐反应可以生成环己烯酮。反应首先通过烯醇式对苯亚硒酸酐的加成-消除过程得到 α-苯亚硒酰化的环己酮，后者在加热的情况下通过五元环状过渡态消除一分子苯基次硒酸得到 α,β-不饱和环己酮。

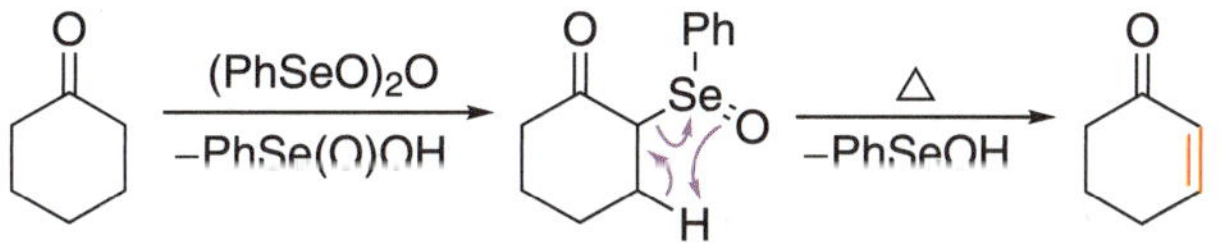

此外，当量的 2-碘酰苯甲酸 (2-iodoxybenzoic acid，IBX) 同样能够将醛酮氧化脱氢来制备 α,β-不饱和醛酮，称为 Nicolaou 脱氢反应。

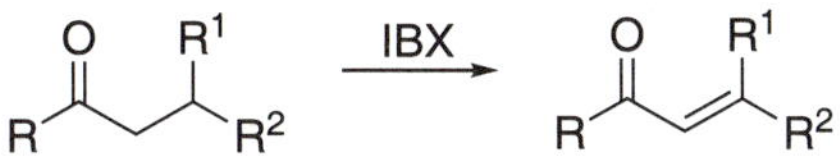

脱氢形成 C=O 键

另一种类型的氧化脱氢过程是生成碳氧双键 (C=O)，即醇氧化脱氢转化为相应的醛或酮。将伯醇转化为醛，仲醇转化成酮的方法主要有以下几种。

1. 使用强氧化剂

二级醇在室温或略高于室温的条件下很容易被氧化成酮。常用的氧化剂是六价铬试剂，如酸性重铬酸盐溶液、琼斯试剂（Jones reagent，CrO_3 + 稀 H_2SO_4）、氯铬酸吡啶盐 ($C_5H_5NH^+$ $ClCrO_3^-$，PCC，pyridinium chlorochromate)、重铬酸吡啶盐 [$(C_5H_5NH)_2^{2+}$

二吡啶合三氧化铬俗称 Sarret 试剂，最初反应在吡啶溶剂中进行，对伯醇氧化产率较低，产物纯化也比较困难，后来 Collins 对其进行了改进，将反应介质改为二氯甲烷，可以高产率地将伯醇氧化成醛，故而将 Sarret 试剂的二氯甲烷溶液称为 Collins 试剂。

$Cr_2O_7^{2-}$，PDC，pyridinium dichromate]、二吡啶合三氧化铬 [$(C_5H_5N)_2 \cdot CrO_3$]。

酸性重铬酸盐和铬酸的氧化机理研究比较成熟，目前普遍认可的机理是酯中间体机理：

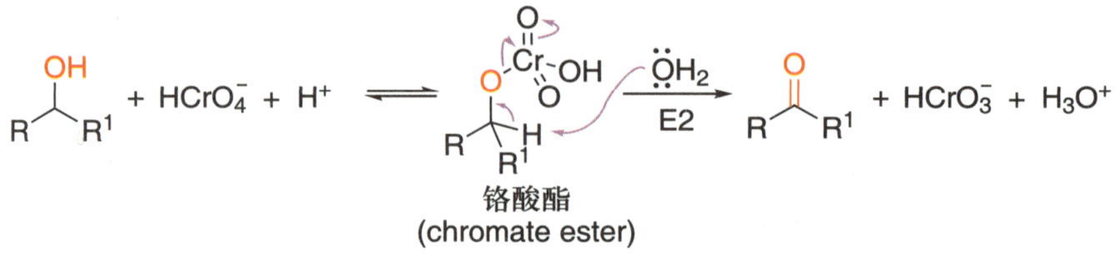

反应首先形成铬酸酯中间体，然后水分子作为碱发生双分子消除反应 (E2)，得到氧化产物酮、亚铬酸氢根和水合质子，如果体系中没有外来的碱，则通过五元环状过渡态质子直接转移到 $-CrO_3H$ 单元中的一个氧原子上形成氧化产物和亚铬酸。

形成的 Cr (IV) 中间体结合 Cr (VI) 可以进一步通过单电子转移过程将仲醇氧化成酮，其中形成的 Cr (V) 物质可以通过类似的酯中间体机理将仲醇氧化成酮，自身转化为 Cr^{3+}。

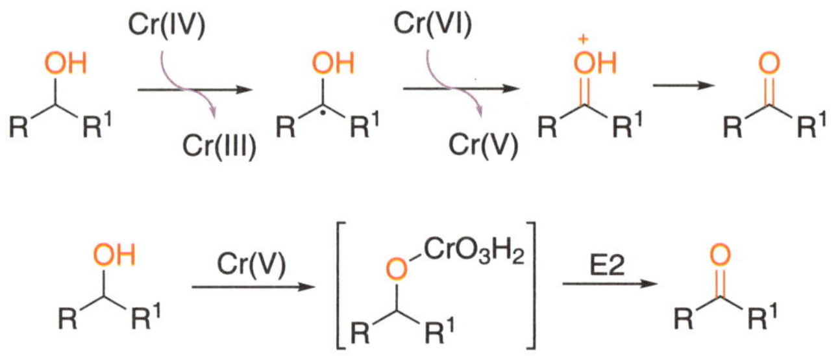

CrO_3 的酸性溶液可以氧化三级烯丙醇，虽然叔醇不能发生直接氧化，但是可以发生共轭氧化。首先 CrO_3 与底物形成铬酸酯中间体，由于该中间体没有质子可以消除，因此通过 [3,3]-σ 迁移过程发生铬酸酯转移得到一个新的铬酸酯中间体，E2 反应消除一分子亚铬酸得到氧化产物烯酮。

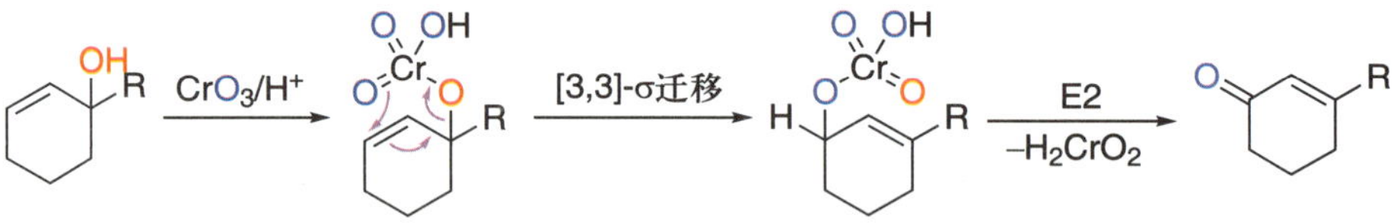

除 Cr (VI) 氧化剂之外，$KMnO_4$、MnO_2、$BaMnO_4$、Br_2 及 RuO_4 等强氧化剂也能起到相同的作用。

上述氧化剂中的 Sarret 试剂、Collins 试剂、PCC、PDC、琼斯试剂及 MnO_2 可以将伯醇氧化成醛，其他氧化剂也能将伯醇氧化成醛，但存在过度氧化的风险，一般需要将醛从反应体系中移除才能得到较好产率，否则会进一步氧化为羧酸。

此外，MnO_2 和锰酸钡 ($BaMnO_4$) 可以选择性地将烯丙醇中的羟基氧化为醛或酮而不影响碳碳双键。例如，在 MnO_2 的作用下，烯丙醇可以顺利地转化为 α,β-不饱和酮；$BaMnO_4$ 可以选择性地将双环二醇中的烯丙醇单元氧化成醛得到环状半缩醛。

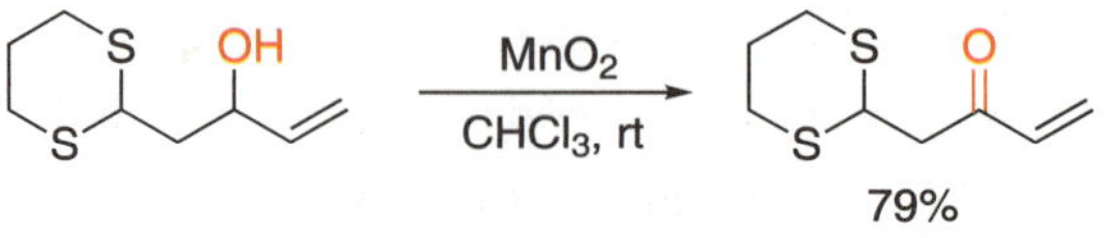

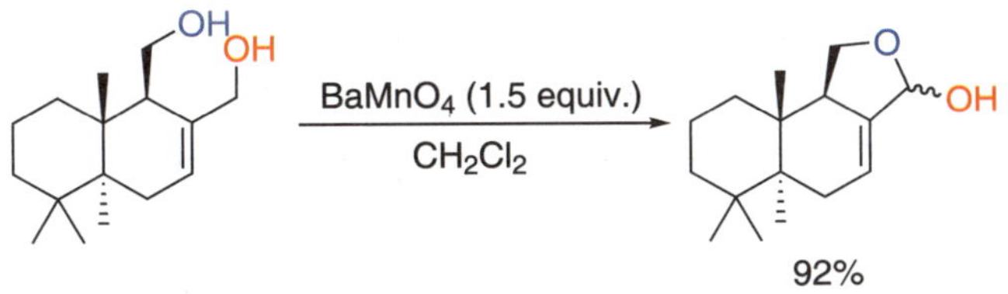

Tempo 氧化反应：2,2,6,6-四甲基哌啶-1-氧自由基（tetramethylpiperidine *N*-oxyl，TEMPO）是拥有未成对电子的 *N*,*N*-二取代 *N*-氧自由基，由于其未成对电子在 N−O 键之间离域，因此它具有较高的稳定性。TEMPO 能够被许多氧化剂 [NaClO、$NaClO_2$、NCS、Br_2、PhI $(OAc)_2$、O_2/NO_x 等] 氧化，生成亚硝基阳离子，后者具有较强的氧化性，能够把醇快速地氧化成相应的醛或酮。如果反应底物中同时存在伯醇和仲醇，可以选择性地氧化伯醇。TEMPO 参与的催化体系具有反应条件温和、高选择性和高转化率等优点，因此在实验室研究和工业领域都得到了广泛的应用。

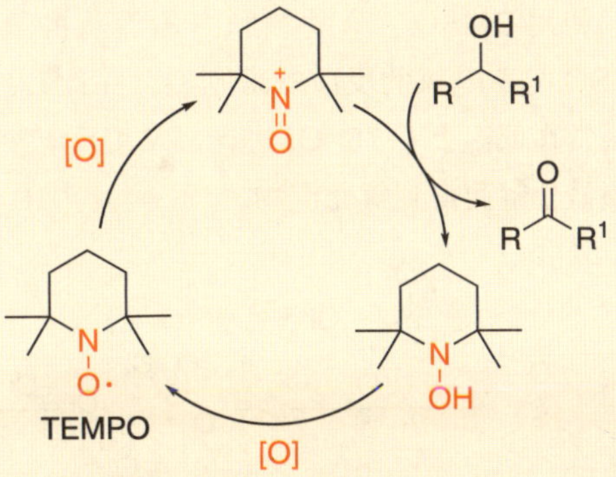

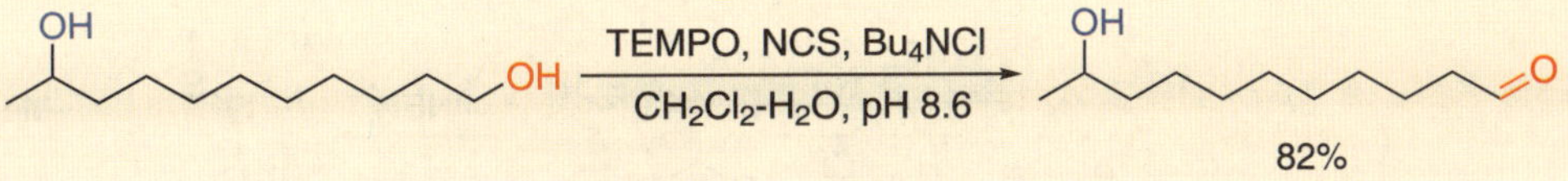

2. Oppenauer **氧化**

在催化剂的存在下，使用酮作为氧化剂，通过转移氢化反应将仲醇氧化成酮的反应称为 Oppenauer 氧化。常用的催化剂是异丙醇铝，常用的酮是丙酮、丁酮或环己酮。该反应的特点之一是可逆性，其逆反应是 Meerwein-Ponndorf-Verley 还原。此外，该反应具有高度选择性，优先氧化羟基而不影响体系中的不饱和键，烯丙醇可以选择性地氧化为 α,β-不饱和酮。当分子结构中同时包含伯醇或仲醇结构单元时，会优先氧化仲醇为酮。该反应的主要副反应是羟醛缩合。

首先仲醇与异丙醇铝进行配体交换得到新的醇铝中间体，后者作为 Lewis 酸与丙酮形成配合物使羰基得以活化，仲醇 α-碳上的氢通过六元环状过渡态以负氢的形式转移到活化的酮羰基上，仲醇氧化成酮，而丙酮则被还原成异丙醇。

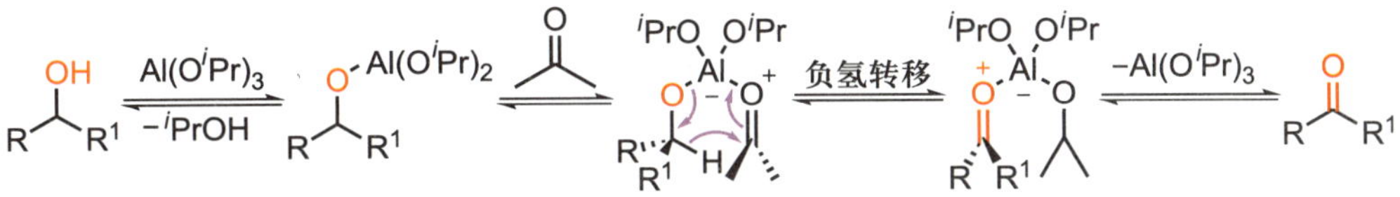

3. **以 DMSO 为氧化剂**

DMSO 在亲电试剂的活化下可以将醇氧化成羰基化合物。伯醇可以被氧化成醛而不会被过度氧化为羧酸。常用的亲电试剂有 *N,N'*-二环己基碳二亚胺(DCC, dicyclohexylcarbodiimide)、乙酸酐、三氟乙酸酐、甲磺酸酐和草酰氯等。

醇与 DMSO、DCC 和无水磷酸的反应称为 Pfitzner-Moffatt 氧化，其反应机理如下：

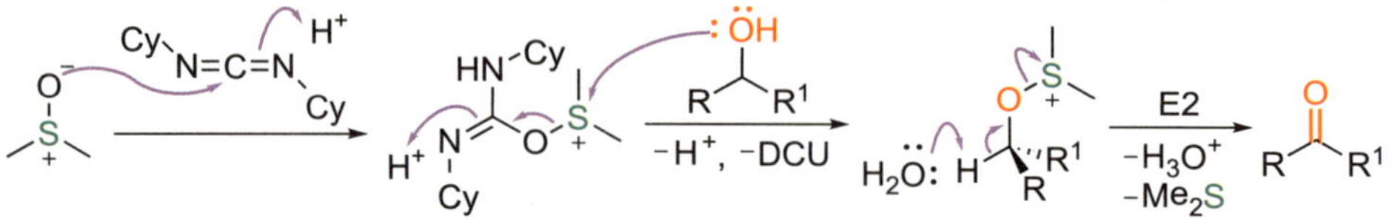

反应过程中，DCC 作为亲电试剂活化 DMSO 得到硫𬭩离子中间体，醇亲核进攻中心硫原子，*N,N'*-二环己基脲离去得到新的硫𬭩离子中间体，水作为碱发生 E2 反应消除质子和二甲硫醚得到氧化产物酮。

乙酸酐、三氟乙酸酐或甲磺酸酐的作用与 DCC 一样。

利用 DMSO、草酰氯和三乙胺将醇氧化为醛或酮的反应被称为 Swern 氧化。DMSO 与草酰氯的反应非常剧烈，并且最初形成的中间体超过−60 °C 就不稳定，因此通常在低温下 (−78 °C) 进行，常用反应溶剂是二氯甲烷，必须加入碱来促使烷氧基锍𬭩盐分解而得到氧化产物。

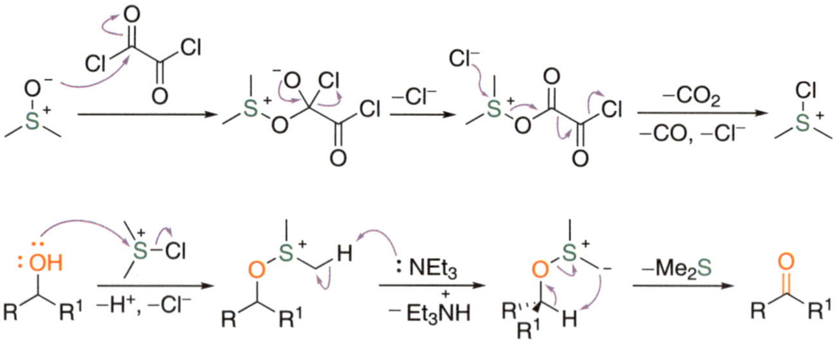

反应过程中，二甲亚砜首先对亲电试剂草酰氯进行亲核进攻，通过加成−消除得到 *O*-酰化的二甲亚砜，Cl^-亲核进攻硫原子得到活性中间体氯锍𬭩盐，醇亲核进攻氯锍𬭩盐的硫原子，氯负离子离去得到烷氧锍𬭩盐，三乙胺夺氢形成烷氧硫叶立德中间体，分子内硫叶立德分解得到酮和副产物二甲硫醚。

该反应条件温和，在低温下即可进行，具有良好的官能团兼容性，底物的空间位阻对反应无明显影响，因此，在有机合成尤其是复杂天然产物的合成中具有广泛的应用。例如，在海洋生物碱 Ircinal A 的合成中，就利用 Swern 氧化高产率地将中间体三环二醇转化为二醛。

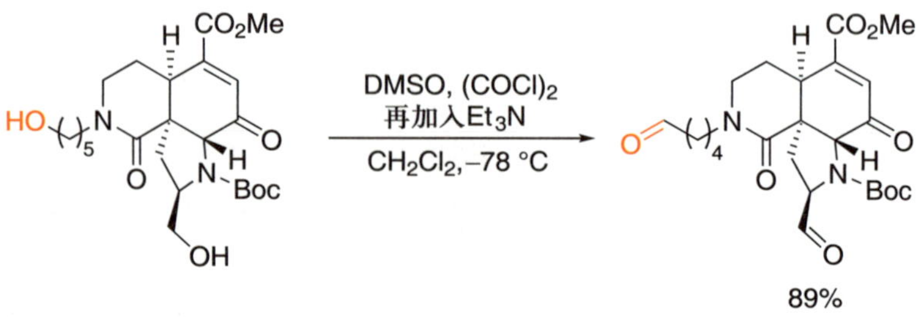

4. 有机高价碘试剂

Dess-Martin 试剂 (DMP) 是醇氧化脱氢的一种常用、温和、选择性好的有机五价碘试剂，将该试剂和醇在室温下反应能够得到相应的醛或酮。此外，还有一种与 DMP 很类似的氧化剂，即 2-碘酰苯甲酸（2-iodoxybenzoic acid，IBX）。

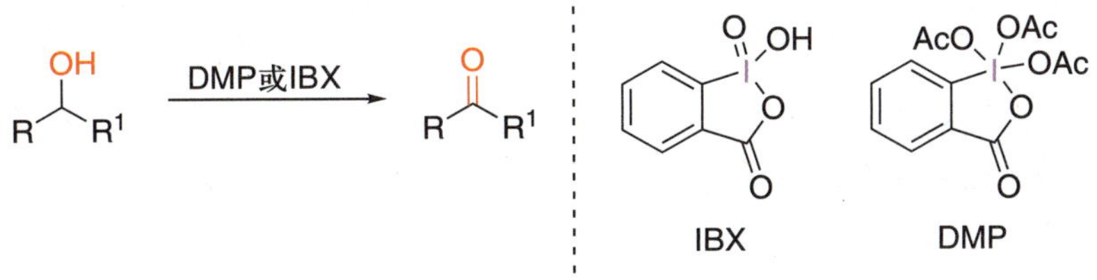

以邻碘苯甲酸、溴酸钾（或过硫酸氢钾复合盐，oxone）和硫酸为原料可以方便地制取 IBX。它在空气中稳定，可以长期保存。IBX 不溶于大多数常见有机溶剂，仅易溶于二甲亚砜，限制了它在有机合成中的应用。IBX 在乙酸中与乙酸酐反应即得到 DMP，后者在有机溶剂中的溶解度显著好于 IBX，因此成为了研究最多、应用最广的高价碘试剂之一。

一般认为 DMP 氧化醇到醛或酮的机理是：首先醇与 DMP 试剂进行配体交换得到烷氧基高价碘中间体，后者在碱（乙酸根）的作用下发生消除得到羰基化合物和三价碘还原产物。

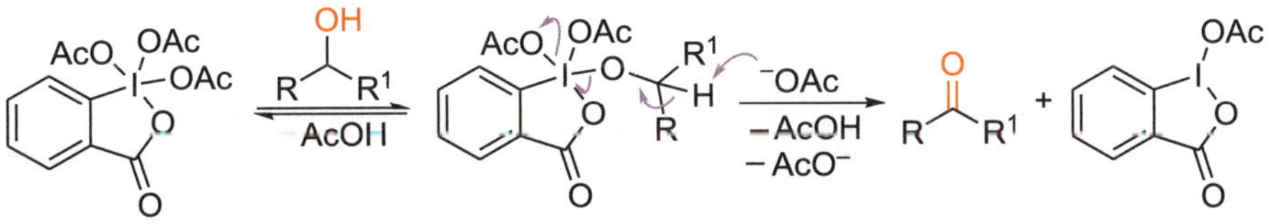

5. **催化脱氢**

在伯醇转化为醛的反应中，催化脱氢不使用强氧化剂，降低了醛进一步被氧化为羧酸的可能性。催化脱氢的方法更适用于工业上的大规模生产。

使用金属催化剂脱氢将仲醇转化为酮的反应还有一个优点在于：如果使用的催化剂为手性金属配合物，则手性催化剂对底物的两个对映体有识别作用，能够选择性地优先将其中一个对映体脱氢得到酮，而另一个对映体不反应，即实现了外消旋仲醇的动力学拆分过程。

常用的手性催化剂体系有钌（Ru）、铱（Ir）、钯（Pd）和锰（Mn）的手性配合物等。例如，外消旋的 1-苯基乙醇在手性二胺形成的钌配合物的催化下，丙酮作为氢气受体，(*S*)-1-苯基乙醇被优先催化脱氢转化成苯乙酮，同时以 50% 的回收率得到光学纯度为 92% ee 的 (*R*)-1-苯基乙醇。

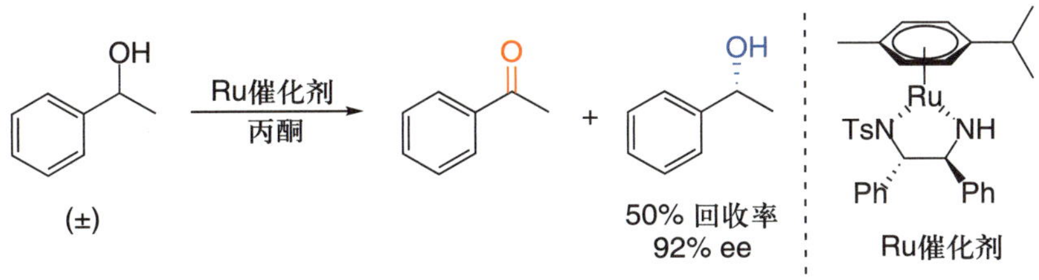

一些混合试剂也能顺利地实现从醇到醛或酮的转化过程。常见的有 *N*-氯代丁二酰亚胺（*N*-chlorosuccinimde，NCS）和 Me_2S、Pr_4NRuO_4（tetrapropylammonium perruthenate，TPAP）和 *N*-甲基吗啉 *N*-氧化物（*N*-methylmorpholine *N*-oxide，NMO）、NaClO/KBr/TEMPO 及 PhIO 或 $PhI(OAc)_2$ 和 TEMPO 氧化体系等。

脱氢形成碳氮多重键

与醇的氧化脱氢类似，胺类化合物在氧化剂的作用下同样可以发生氧化脱氢过程形成碳氮重键。在氧化剂的作用下，伯胺可以脱氢形成碳氮三键转化成腈，而仲胺则脱氢形成碳氮双键转化为亚胺。常用的氧化剂有 NaOCl、oxone 及 IBX 等。例如，十二胺在 4-乙酰氨基 TEMPO 的催化下，oxone 作为化学计量的氧化剂的情况下顺利地转化为十二腈；二苄胺用 IBX 氧化脱氢可以得到 *N*-苄基苯甲醛亚胺。

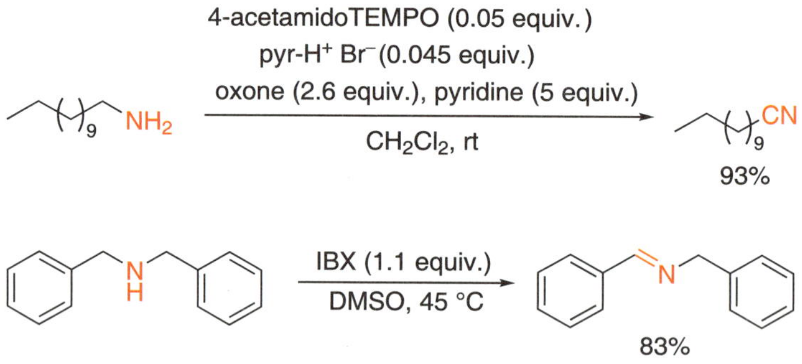

在使用氧化剂脱氢的反应中需要使用化学计量的氧化剂，后期发展了金属催化的脱氢反应。常用的是金属钌的配合物。例如，在 1.25 mol% $[Ru(p\text{-cymene})_2Cl_2]_2$ 的催化下，苄胺可以顺利地被催化脱氢转化为苯腈。金属催化的脱氢反应不需要当量的氧化剂，更加环保。

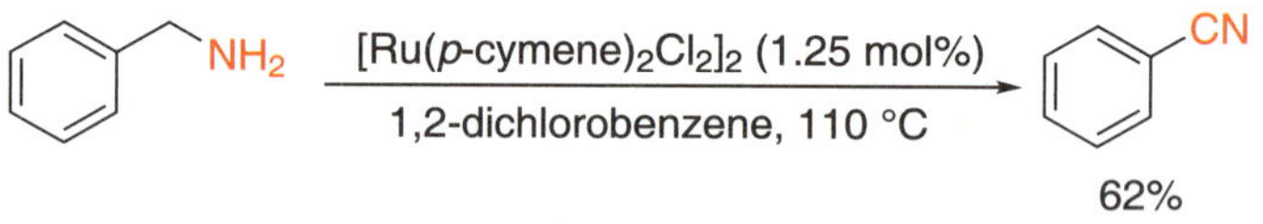

脱氢形成 N=N 键

N,N'-二芳基肼、*N,N'*-二烷基肼及 *N,N'*-二酰基肼在氧化剂的作用下也能够发生氧化脱氢形成 N=N 双键转化为相应的偶氮化合物。常用的氧化剂有 NaBrO、HgO、MnO_2、$CuCl_2$ 及空气 /NaOH 等。例如，氢化偶氮苯在室温条件下用 MnO_2 氧化可以立体选择性地得到顺-偶氮苯。

单侧烷基或芳基取代的肼也能被氧化成偶氮化合物，但是这些化合物不稳定，会分解成氮气和烃。

25.1.2　C−C 键断裂的氧化反应

一些底物在氧化剂的作用下可以发生 C−C 键断裂的氧化反应。例如邻二醇的断裂氧化、酮的氧化裂解、不饱和烃（包括芳烃）的断裂氧化、芳基侧链的氧化及氧化脱羧等。

邻二醇的断裂氧化

我们在上册第 5 章醇的有关内容中曾提及 1,2- 二醇在高碘酸 (HIO_4) 或四乙酸铅 [Pd (OAc) $_4$] 的作用下，可以在温和的条件下发生 C–C 键断裂的氧化反应，高产率地得到断裂氧化产物。根据两个碳原子的取代模式，反应产物可以是 2 mol 醛、2 mol 酮或 1 mol 醛和 1 mol 酮。高碘酸和四乙酸铅这两种氧化剂是互补的，前者在水溶液中效果最好，而后者则是在有机溶剂中效果最好。当有三个或更多的羟基连在相邻的碳原子上时，中间的一个或几个羟基所在的碳在反应后变成甲酸。

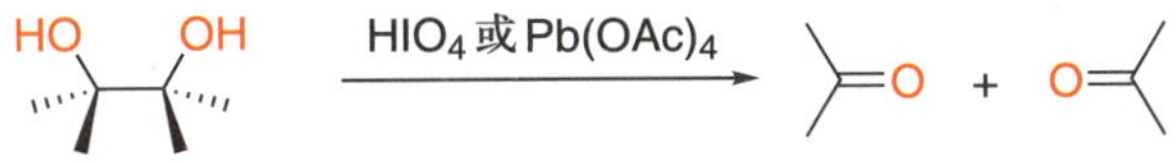

实际上，许多其他的氧化剂如活性 MnO_2、PCC 也能与邻二醇反应得到相同的产物。像高锰酸盐、重铬酸盐和其他的一些强氧化剂虽然也能使邻二醇发生断裂氧化，但反应生成的是酸而不是醛，而且反应的选择性也较差。因此，这些试剂在合成中很少使用。

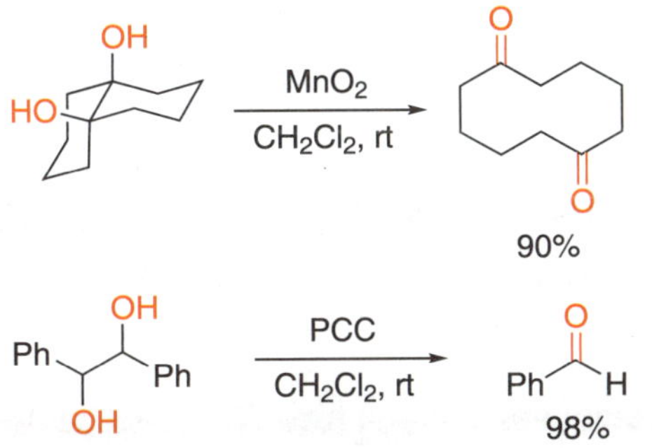

酮的氧化裂解

尽管酮的抗氧化能力比醛强，但是在一些强氧化剂的作用下同样会被氧化到羧酸。不过与醛直接被氧化成羧酸不同，酮发生的是 C–C 键断裂的氧化反应。常见的氧化剂有酸性重铬酸盐、酸性高锰酸盐、三氧化铬、次溴酸钠及浓硝酸等。

开链酮的氧化裂解在有机合成中没有应用价值，因为它们被氧化后常常得到的是不同羧酸的混合物。但是该反应对环酮来说却很有用，氧化后能得到二酸。例如，工业上生产己二酸的一种重要方法就是利用 CrO_3 来氧化断裂环己酮。

1,3-环二酮主要以烯醇形式存在，它可以被高碘酸钠 ($NaIO_4$) 裂解，得到少一个碳的二酸。例如，环己烷-1,3-二酮用 $NaIO_4$ 氧化得到的是戊二酸。反应过程中，烯醇式首先被氧化得到烯二醇，然后进一步被氧化成环己烷-1,2,3-三酮，最后三酮经氧化断裂脱羧得到戊二酸和二氧化碳。

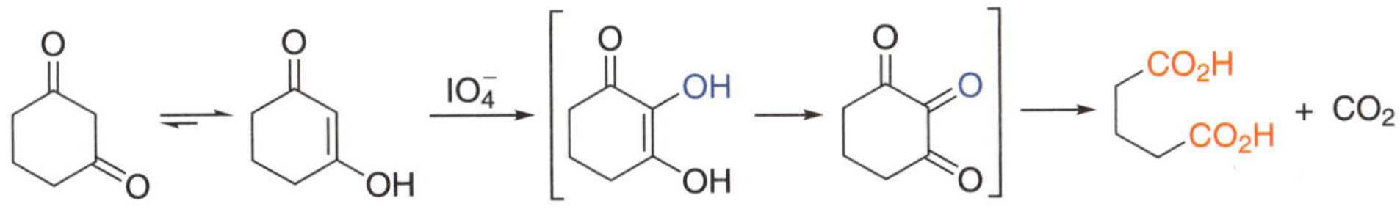

不饱和烃（包括芳烃）的氧化裂解

烯烃和炔烃可以发生 C–C 键断裂的氧化，常见的氧化剂除了提及的中性或酸性高锰酸盐和臭氧，还有酸性重铬酸盐、CrO_3、$NaIO_4$-RuO_4 等。用这些氧化剂氧化得到的产物是羧酸或酮。例如，1,1-二苯基烯烃用 CrO_3 或 $NaIO_4$-RuO_4 氧化断裂可以得到羧酸和二苯甲酮。

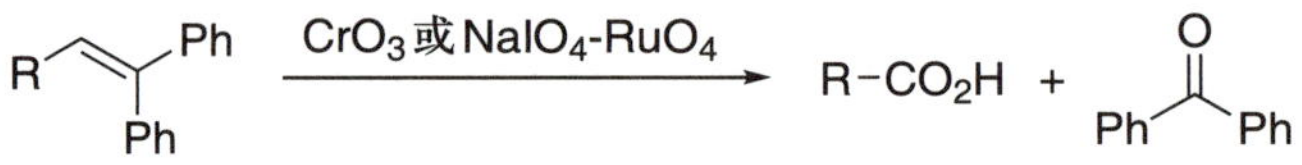

大多数情况下的氧化机理可能是烯基先被氧化成 1,2-二醇或环状酯，然后再进一步按照 1,2-二醇的氧化方式氧化。

在烯烃的断裂氧化中，大部分氧化剂氧化断裂得到的产物是羧酸，有些氧化剂如 4-叔丁基碘酰苯 (4-^{t}BuC$_6$H$_4$IO$_2$) 在氧化断裂烯烃时得到的却是与烯烃的臭氧化-还原后处理相同的产物，即醛或酮。

与烯烃相比，炔烃的氧化稍难。

芳烃在足够强的氧化剂作用下也可以被氧化断裂。实验室中常用的试剂是 RuO_4-$NaIO_4$ 或 RuO_4-NaClO，其中 RuO_4 使用催化量而 $NaIO_4$ 或 NaClO 使用化学计量。反应中也可以直接使用 RuO_2 的二水合物，经原位氧化生成 RuO_4 发挥作用。例如，萘用 RuO_4-NaClO 氧化可以得到邻苯二甲酸，环己基苯用 RuO_4-$NaIO_4$ 氧化生成环己烷甲酸。由于 RuO_4 的溶液呈特征的黄色，因此很容易通过反应体系黄色是否消失来判断反应终点。

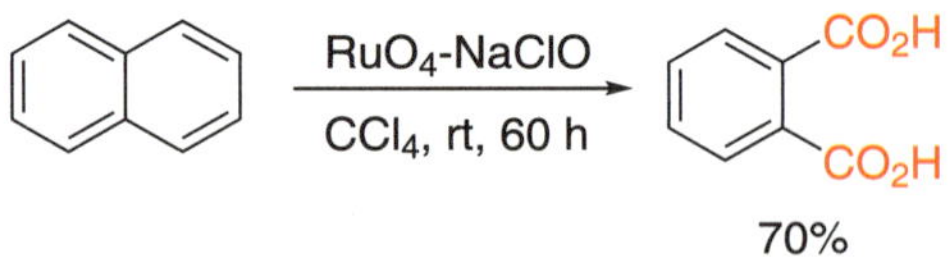

尤其值得注意的是环己基苯氧化得到的产物并不是常见的侧链被氧化断裂的产物——苯甲酸。

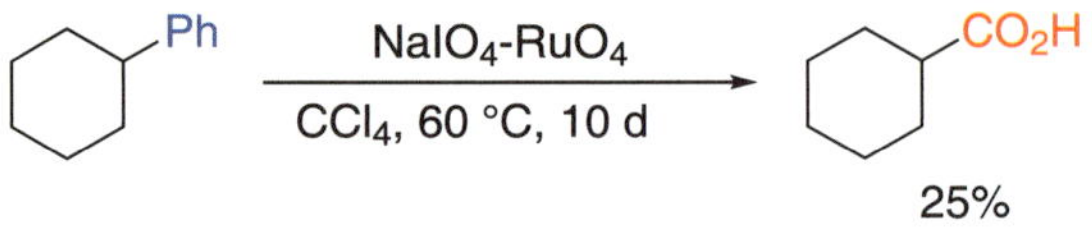

臭氧也是一种非常有效的选择性氧化烷基苯中的苯环结构单元的氧化剂。例如，同样是环己基苯用臭氧氧化断裂可以得到 80% – 90% 产率的环己烷甲酸；四氢萘用臭氧氧化得到己二酸。

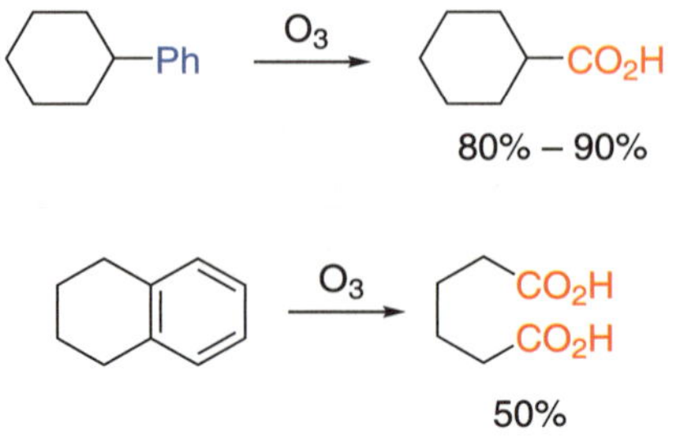

工业上常用 V_2O_5 催化的空气氧化断裂芳烃来实现一些重要的工业过程。例如，用该方法可以将萘和苯分别氧化成重要的化工原料——邻苯二甲酸酐和马来酸酐。

芳烃侧链的氧化

在高锰酸盐的氧化下，芳烃的烃基侧链可以被氧化成羧基（上册第 12 章）。实际上除了高锰酸盐，芳环上的烃基侧链还能被很多氧化剂如硝酸、酸性重铬酸盐、$K_3Fe(CN)_6$ 和 NaClO 等氧化。

大多数氧化剂在氧化烃基取代的稠环芳烃时会面临化学选择性问题，很难做到仅氧化烃基侧链而不将芳环氧化断裂或氧化成醌。例如，使用 $K_3Fe(CN)_6$ 氧化 2-甲基萘只能生成少量的萘-2-甲酸，同时伴随邻苯二甲酸的生成。但是，$Na_2Cr_2O_7$ 水溶液却可以选择性地氧化稠环芳烃中的烃基侧链。使用 30% $Na_2Cr_2O_7$ 水溶液氧化能够高产率地将 2-甲基萘转化成萘-2-甲酸。

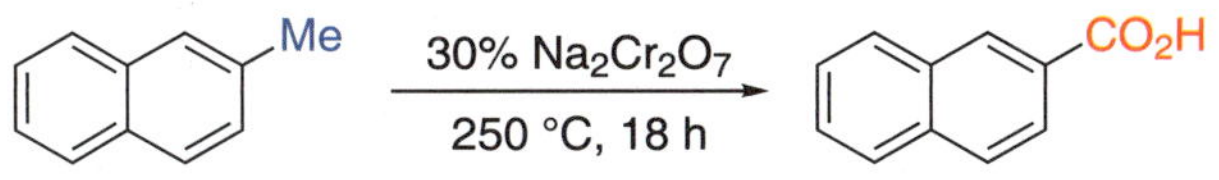

对于含有多个取代基的芳环，如果控制反应条件可以做到只氧化其中一个侧链。对于大多数试剂而言，不同取代基的相对氧化反应活性顺序是 $CH_2Ar > CHR_2 > CH_2R > CH_3$。这与反应中形成的自由基或碳正离子中间体的稳定性有关。

富电子的芳醛或芳酮（邻位或对位有 OH 或 NH_2 基团）在碱性过氧化氢作用下也能发生氧化断裂生成苯酚衍生物，此反应称为 Dakin 反应。其详细的反应机理见第 26 章　重排反应。

氧化反应可以用氧气实现，即自动氧化过程，首先形成一个过氧化物中间体，然后发生重排得到酚和羰基化合物，详细的重排机理见第 26 章　重排反应。

25.1.3　氢被氧置换的反应

氢被氧置换的反应涉及 X–H 键变成 X–O 键的转化过程（X 可以是 C、N、S 等）。这类氧化反应包括亚甲基（甲基）氧化成羰基和羟基、酰氧基或烷氧基、芳烃氧化成醌、伯卤代烷和伯醇的酯氧化成醛、胺或硝基烷烃氧化成醛酮或偕二卤代物、伯醇氧化成羧酸或羧酸酯、烯烃氧化成醛或酮、氨氧化成亚硝基化合物和羟胺、伯胺和肟氧化成硝基化合物、硫醇及其他含硫化合物氧化成磺酸等。

亚甲基（甲基）被氧化成羰基

羰基 α 位的甲基或亚甲基可以被 SeO_2 氧化，分别生成 α-羰基醛或 1,2-二酮。例如，苯乙酮氧化得到苯甲酰甲醛，而环己酮则氧化得到环己-1,2-二酮。

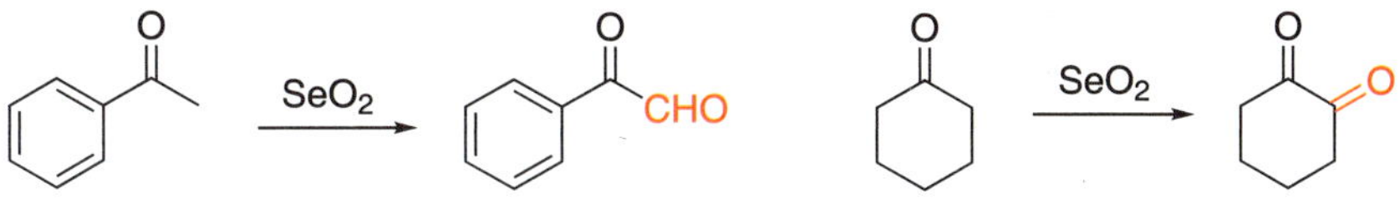

由于 SeO_2 毒性较大，可以采用催化量的 SeO_2 作为氧化剂，化学计量的无毒的过氧叔丁醇（^{t}BuOOH）作为助氧化剂，将反应产生的低价硒物种重新氧化成 SeO_2，既保证了反应的顺利进行，又避免了大量使用有毒和有气味的硒化合物。

SeO_2 氧化醛酮的反应机理大致认为有如下两种，一种认为首先通过类似的烯反应（ene reaction）生成了亚硒酸烯醇酯中间体，然后该中间体发生 [2,3]-σ 迁移重排过程得到 β-羰基烷氧基次硒酸，最后通过 E2 反应分解成氧化产物 1,2-二酮、单质硒和水。

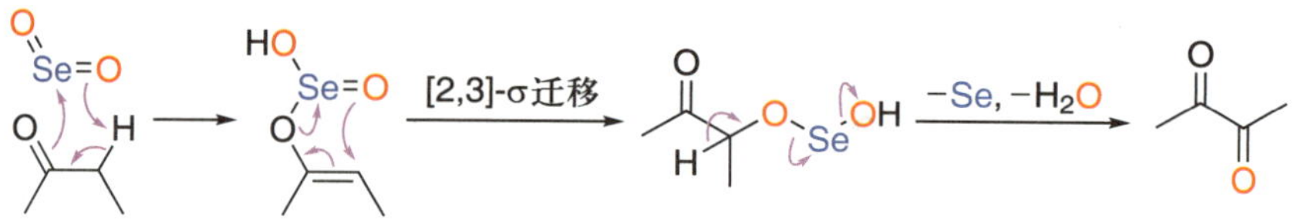

另一种机理认为，首先是烯醇对 SeO_2 进行亲核进攻得到 β-羰基硒酸中间体，然后该中间体消除一分子水得到类似烯酮的中间体，水再亲核进攻得到 β-羰基-α-羟基次硒酸，最后通过 E2 反应分解成氧化产物 1,2-二酮、单质硒和水。

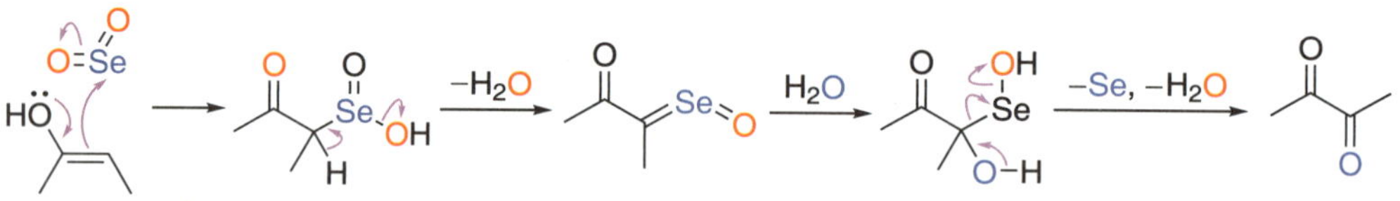

芳基 α 位的甲基或亚甲基也能被很多氧化剂氧化成羰基得到芳香酮类化合物。很多 Cr（VI）类氧化剂如 CrO_3-AcOH、琼斯试剂、PCC 及有机氧化剂 DDQ 都能实现此类转化。例如：

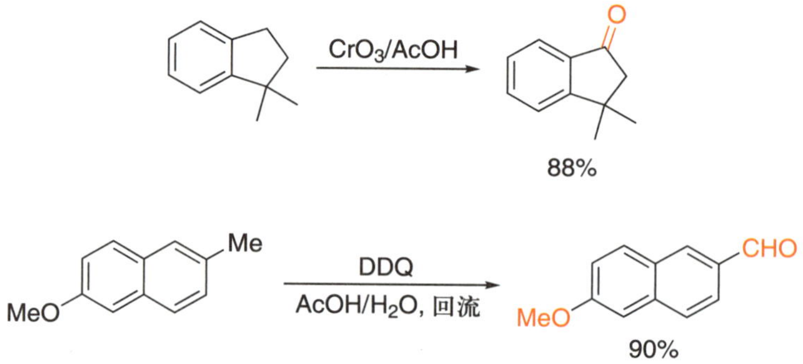

亚甲基氧化成 OH，O_2CR 或 OR

羰基 α 位的甲基或亚甲基可以被氧化生成 α-羟基醛、酮及其衍生物。例如，丙酮与 PhI（OH）OTs［羟基（对甲苯磺酰氧基）碘苯，Koser 试剂］在超声条件下反应可以被氧化为 α-羟基丙酮的对甲苯磺酸酯；CuO 与甲磺酸原位生成的 $Cu(OMs)_2$ 可以区域选择性地氧化丁酮得到 3-甲磺酰氧基丁-2-酮。

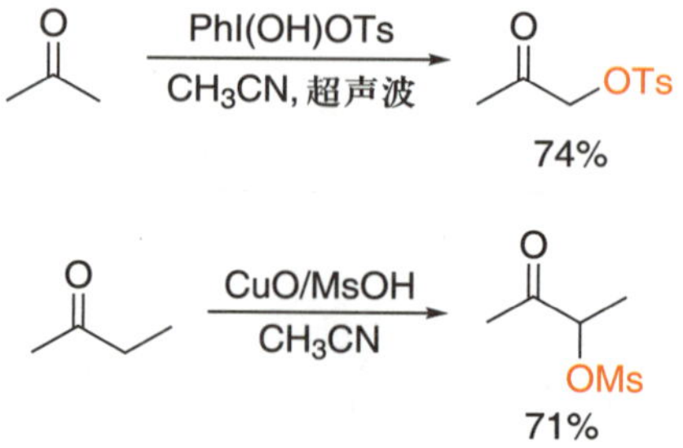

使用 $Pb(OAc)_4$、$Hg(OAc)_2$ 或 $Mn(OAc)_3$ 为氧化剂，α,β-不饱和酮的 α′ 位可以被选择性地氧化得到 α′-乙酰氧基取代的 α,β-不饱和酮。

SeO_2 作为氧化剂常用于烯丙位或苄位 C−H 键的氧化，可得到相应的烯丙醇或苄醇。反应需要控制氧化剂的量，如果过量则得到羰基化合物。反应机理如下：

首先烯烃和 SeO_2 发生烯反应形成 C−Se 键，得到烯丙基亚硒酸中间体，该中间体通过信封状过渡态发生[2,3]-σ迁移重排得到 (*E*)-烯丙氧基次硒酸 (allyloxyselanol)，水解后得到氧化产物烯丙醇。

氧气是一种常用的氧化剂，尽管三线态氧 ($^3O_2$) 并不能直接氧化烯烃，但活泼的单线态氧 ($^1O_2$) 却能顺利地将烯烃氧化。根据底物的不同，存在两种不同的反应路径。普通烯烃通过与烯反应相同的路径首先得到烯丙基过氧醇，经进一步还原后转化成烯丙醇，而富电子的烯基醚或烯胺则与单线态氧先发生 [2+2] 环化反应，再发生逆 [2+2] 环化反应断裂碳碳双键，生成羰基化合物。

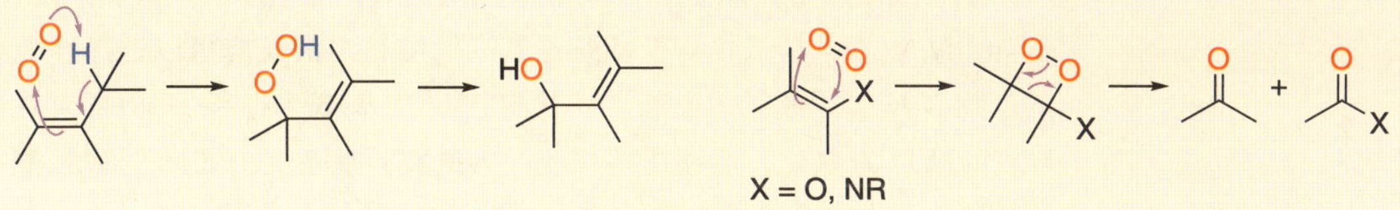

2-磺酰基氮氧杂环丙烷 (2-sulfonyloxaziridine)，俗称戴维斯试剂 (Davis reagent)，在强碱性条件下可以将羰基和酯基的 α 位 C−H 键氧化成 α-羟基醛酮或酯。

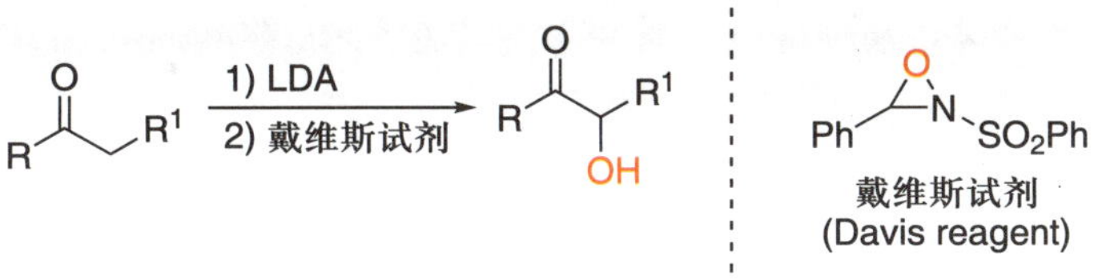

戴维斯试剂可以用间氯过氧苯甲酸，在相转移催化剂三乙基苄基氯化铵的存在下于 $NaHCO_3$ 水溶液和氯仿两相体系中氧化 *N*-苯磺酰基苯甲醛亚胺进行制备。

反应机理如下：首先羰基底物在强碱作用下拔除质子形成烯醇负离子，后者对戴维斯试剂进行亲核开环得到磺酰基稳定的氮负离子，接着发生 E1cB 反应消除一分子 *N*-苯磺酰基苯甲醛亚胺得到氧化产物醇的负离子，最后用水淬灭反应得到 α-羟基醛酮或 α-羟基酸酯。

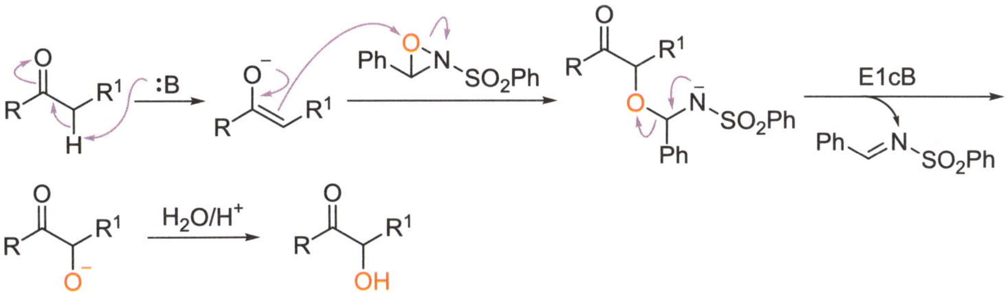

醚氧化成酯及其相关反应

该类反应是亚甲基氧化成羰基的特殊情况，即醚或胺 (酰胺) 的 α 位亚甲基被氧化成羰基的反应。

RuO_4 是一种非常高效地将醚氧化成相应羧酸酯的试剂。反应既可以直接使用化学计量的 RuO_4，也可以使用催化量的 $RuCl_3$ 或 RuO_2 和化学计量的 $NaIO_4$ 组合原位产生黄色的 RuO_4 溶液进行反应。对于甲基伯烷基醚，氧化选择性地发生在甲叉基上得到甲基酯，环醚则转化成内酯。其他氧化剂如 CrO_3/AcOH 和苄基三乙基高锰酸铵也能完成此反应。

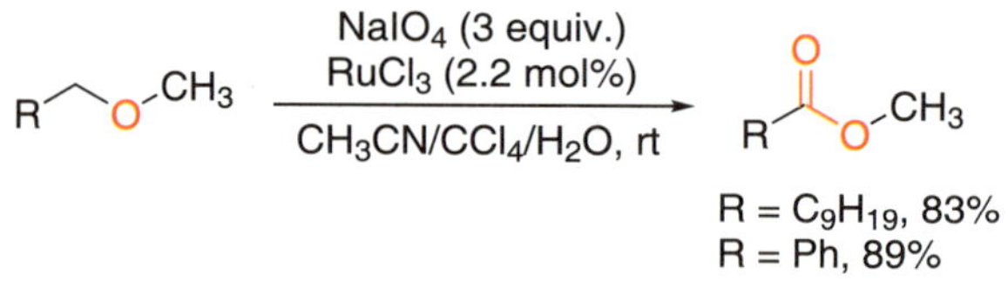

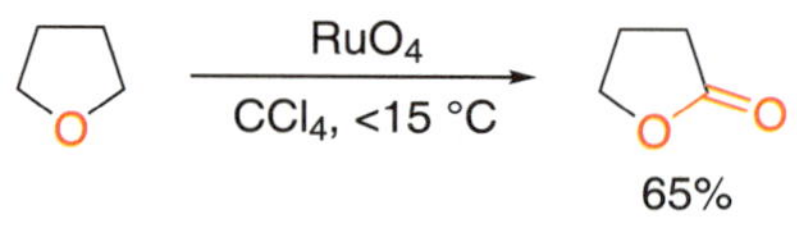

叔胺或酰胺中氮原子 α 位亚甲基也能被氧化成羰基，生成相应的酰胺或酰亚胺。例如，*N*,*N*-二甲基苄胺与苄基三乙基高锰酸铵溶液反应可以选择性地得到苄位氧化的产物 *N*,*N*-二甲基苯甲酰胺。环状叔胺 *N*-甲基-3-(吡啶-3-基)哌啶在碱性溶液中用 Hg(II)-EDTA 氧化，能够得到相应的内酰胺。吡咯烷-2-酮在过氧乙酸和三乙酰丙酮锰的氧化下生成丁二酰亚胺。

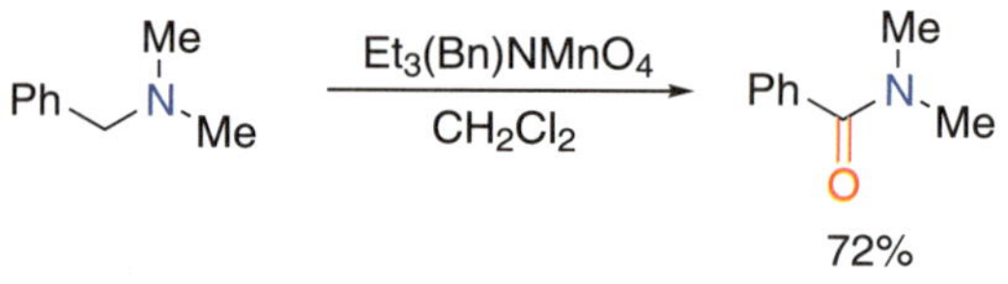

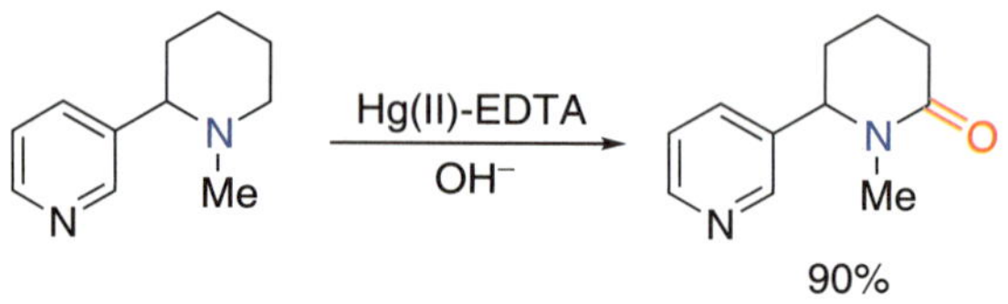

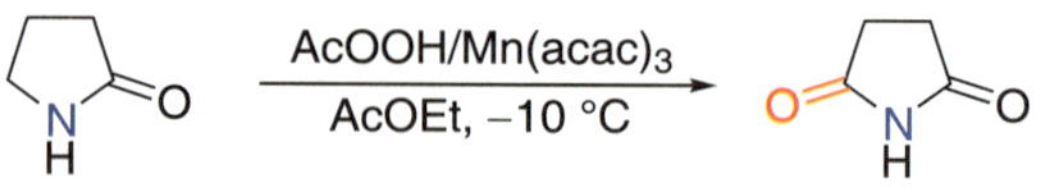

芳烃氧化成醌

稠环芳烃(包括萘)可以被多种氧化剂直接氧化成醌，但是产率通常不高，受底物结构、氧化剂种类和反应条件的影响比较严重。常见的氧化剂有 CrO_3、H_2CrO_4、$Mn_2(SO_4)_3$、硝酸铈铵、硫酸铈铵和 $CuBr_2/O_2$ 等。苯不能被强氧化剂直接氧化得到苯醌，但可以通过电解氧化转化为苯醌。

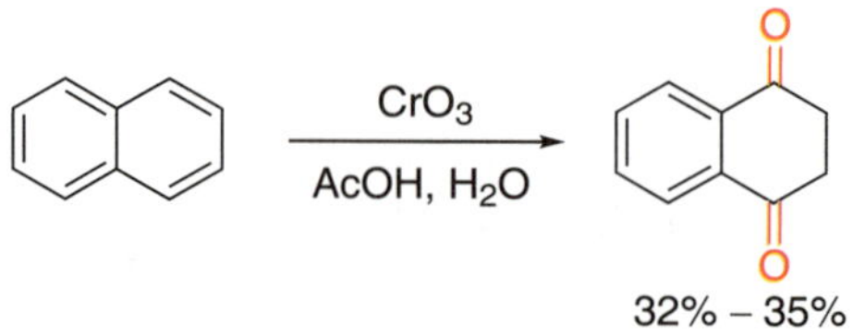

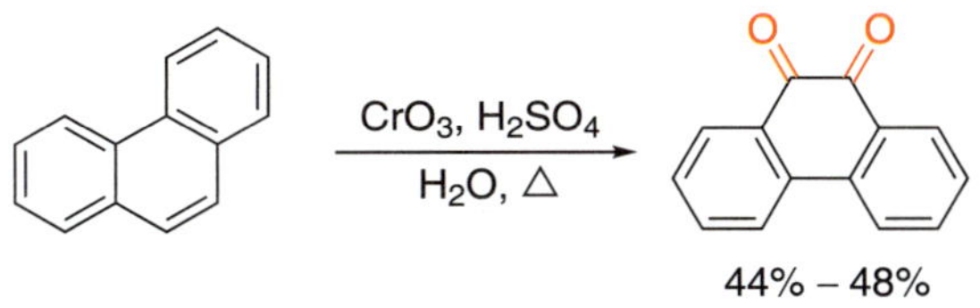

伯醇的酯和伯卤代烷氧化成醛

伯醇的对甲苯磺酸酯或伯卤代烷（RCH_2X，X = Cl、Br、I）用 DMSO 氧化可以转化成醛，该反应称为 Kornblum 氧化。二级卤代烷也能发生类似的反应，但反应产率明显降低。α-卤代酮则能顺利地转化成 α-羰基醛或 1,2-二酮。加入 $AgBF_4$ 有利于低活性卤代烷的氧化。

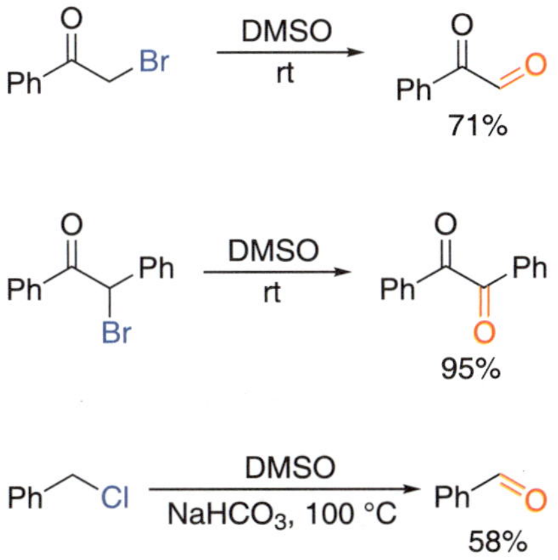

在反应过程中，DMSO 首先作为氧亲核试剂进攻卤代烃（S_N2 反应）得到烷氧基硫鎓离子中间体，该中间体在碱的作用下通过 E2 反应生成氧化产物醛或酮，同时释放出二甲硫醚。

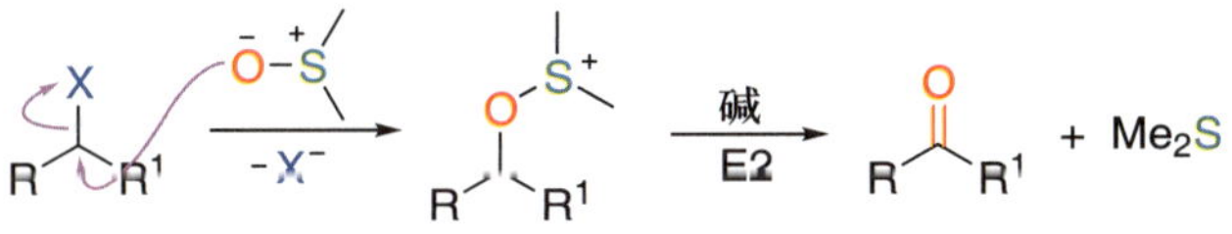

将伯卤代烷氧化成醛的另一种方法是底物先与六亚甲基四胺（HMTA）反应，然后再用水处理，该反应称为 Sommelet 反应。反应底物仅限于活性较高的苄基卤代烃，可用于（取代）苯甲醛和杂环芳香醛的合成。

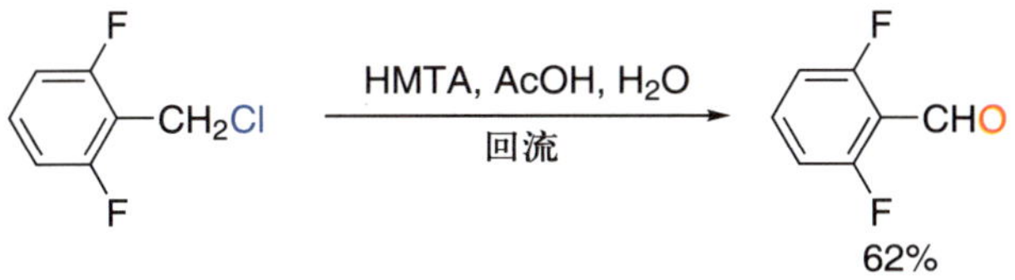

在反应过程中，HMTA 首先对苄基卤代烃进行亲核进攻（S_N2）得到季铵盐中间体，在相邻氮原子上孤对电子的推动下促使季氮原子上的 C−N 键断裂得到含有甲醛亚胺正离子和叔胺结构单元的中间体，分子内的负氢转移得到一个新的芳香醛亚胺正离子中间体，后者水解即可得到相应的氧化产物芳香醛。

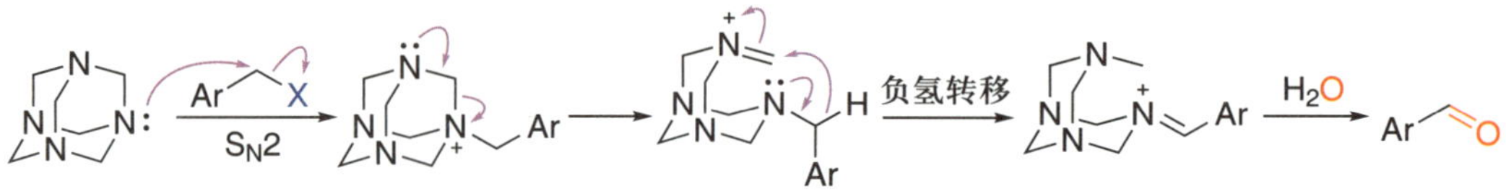

此外，将苄基卤代烃依次用吡啶、*N*,*N*-二甲基-4-亚硝基苯胺和水处理，同样能够将苄基卤代烃转化为相应的芳醛，此反应称为 Kröhnke 氧化。该方法同样适用于烯丙基卤代烃，但反应产率有所下降。

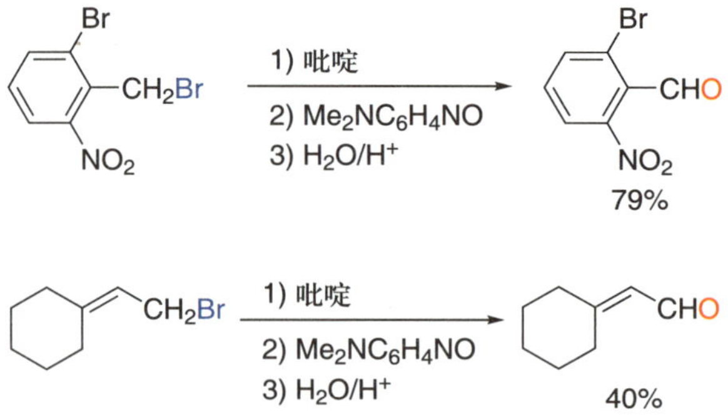

伯醇、醛氧化成羧酸或羧酸酯

伯醇能够被很多强氧化剂（如铬酸、高锰酸盐、硝酸和 H_5IO_6/CrO_3 等）氧化成羧酸，这在上册第 5 章醇的部分中已有讨论。

含有至少一个伯醇的 1,4- 或 1,5- 二醇可以被 $KMnO_4/CuSO_4{\cdot}5H_2O$ 或 $KBrO_2/Al_2O_3$ 选择性氧化生成 γ-或 δ-内酯。

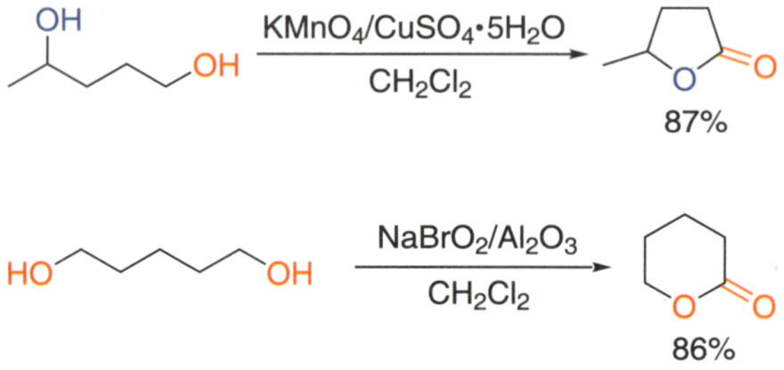

烯烃氧化成醛或酮

单取代或 1,2-二取代烯烃能被 $PdCl_2$ 或类似的贵金属盐氧化成醛或酮，而 $PdCl_2$ 被还原成零价钯。由于钯试剂昂贵，通常会使用助氧化剂如 $CuCl_2$，其作用是将零价钯氧化成二价钯，自身被还原成 Cu(I)，Cu(I) 随后被空气中的氧再氧化成 Cu(II)，所以氧气才是真正被消耗的氧化剂。工业上使用 $PdCl_2$ 和 $CuCl_2$ 为催化剂，利用氧气氧化乙烯制备乙醛，这一过程称为 Wacker 氧化或 Wacker 过程。

$$H_2C{=}CH_2 \xrightarrow[H_2O,\ O_2]{PdCl_2/CuCl_2} CH_3{-}CHO$$

在反应中，$PdCl_2$ 首先与富电子烯烃配位形成 π-络合物，该络合物的形成极大地改变了烯烃的反应性：电子从烯烃的 π 轨道转移到金属钯的空 *d* 轨道中，使得烯烃得以活化并接受亲核试剂的进攻形成羟钯化产物（该过程也称为羟钯化反应，

oxypalladation），这个过程类似于共轭加成。许多可以和烯烃-钯配合物兼容的亲核试剂如水、醇和羧酸都可以从钯的反面进攻烯烃。亲核进攻区域选择性地发生在取代基多的一端，一方面是电子效应所致，另一方面位阻效应也要求大体积的钯部分链接到位阻较小的烯烃一端。

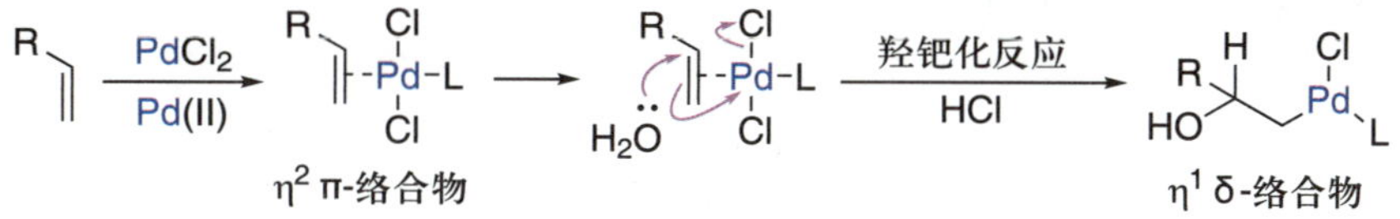

羟钯化产物接着发生 β-负氢消除（β-hydride elimination）生成羟基取代烯烃（即烯醇），后者立即互变异构（tautormerization）成更稳定的酮式结构。β-消除产生的氢钯物种发生还原消除（reductive elimination）生成 Pd(0) 物种，然后被 Cu(II) 氧化成 Pd(II) 进入下一催化循环。

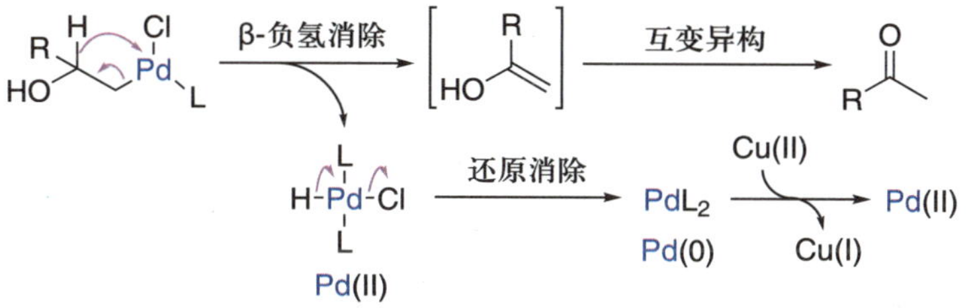

如果底物中同时含有不同取代模式的烯烃结构单元，氧化反应可以选择性地发生在取代较少的双键上。例如，具有如下结构的二烯底物在氧化时，端烯被优先氧化生成甲基酮。

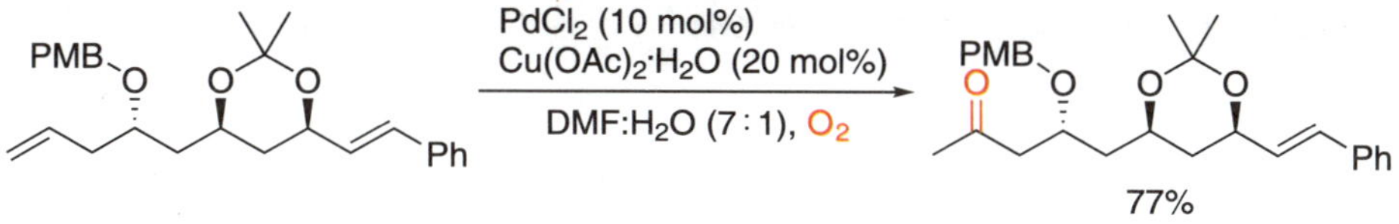

胺氧化成亚硝基、硝基化合物或羟胺

芳香族伯胺可以被氧化成亚硝基化合物，常用的氧化剂是过硫酸（Caro 酸，H_2SO_5）或 H_2O_2-AcOH。大多数情况下，反应中间体是羟胺，在某些情况下可以分离得到羟胺。脂肪族伯胺也可以按照此方式被氧化，但只有当亚硝基化合物没有 α-氢时才是稳定的，否则会自动互变异构成肟。

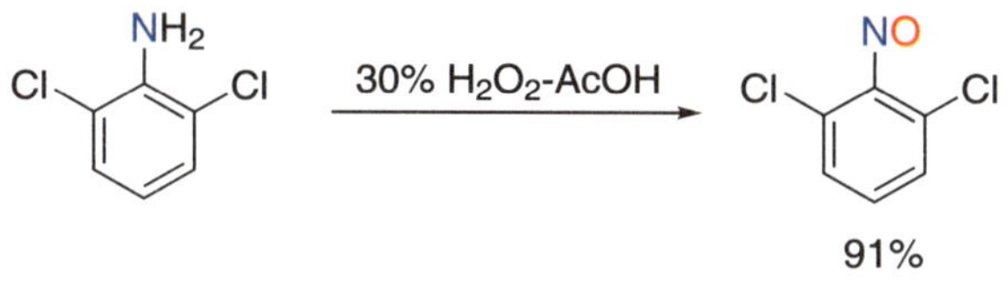

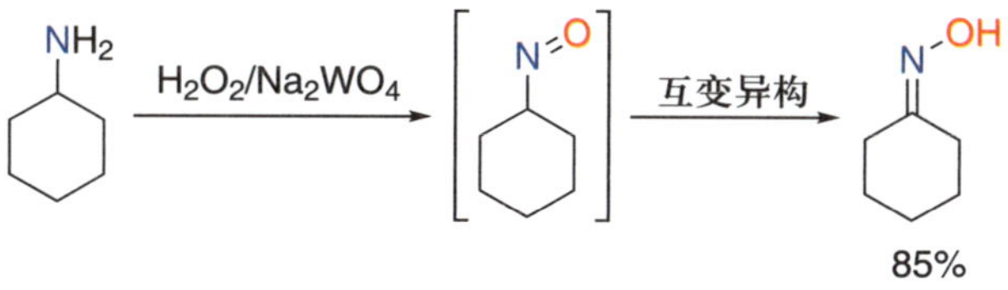

伯胺或仲胺可以被二甲基二氧杂环丙烷(3,3-dimethyl-1,2-dioxirane，DMDO)氧化成羟胺，羟胺一般不会被进一步氧化。但是，有的氧化体系如 H_2O_2/SeO_2 和 H_2O_2/Na_2WO_4 在氧化仲胺时可以进一步将羟胺氧化脱氢生成亚胺 *N*-氧化物，即硝酮。此外，仲胺也可以被过氧化苯甲酰(dibenzoyl peroxide，BPO)氧化成羟胺。仲胺首先与 BPO 发生亲核取代生成羟胺苯甲酸酯，然后水解或醇解得到羟胺。

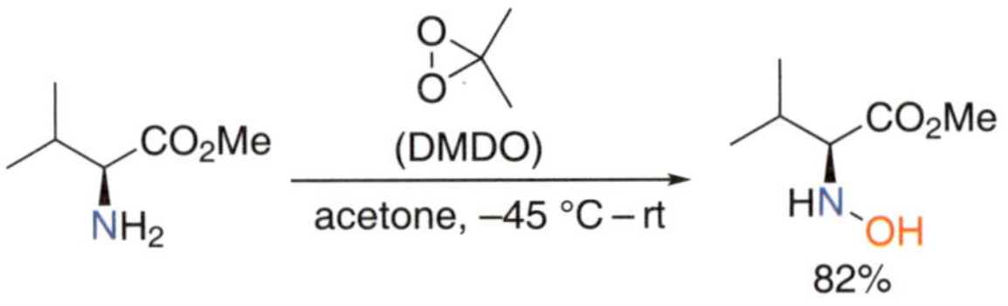

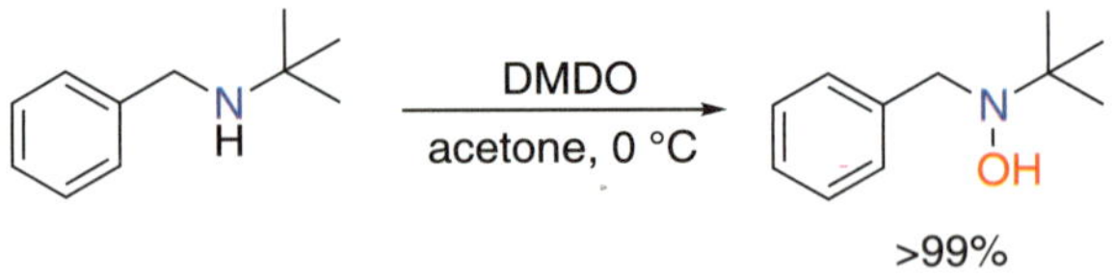

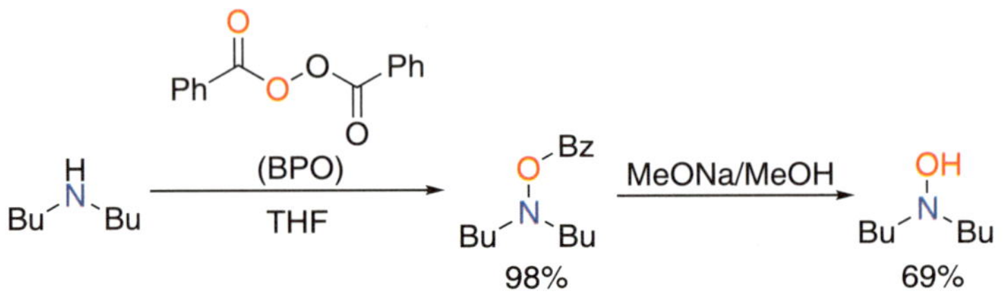

伯胺(包括一级、二级、三级烷基和芳基伯胺)也能够被 DMDO 氧化成硝基化合物。其他能将伯胺氧化成硝基化合物的氧化剂有：干燥的臭氧、过氧酸、oxone、$H_2O_2/MeReO_3$(催化量)及过硼酸钠等。此外，三级烷基伯胺也可以被 $KMnO_4$ 氧化成硝基化合物。

硫醇氧化成磺酸

硫醇(R–SH)可以被多种氧化剂如高锰酸盐、硝酸、高碘酸等氧化，经过中间产物次磺酸(R–SOH)、亚磺酸($R–SO_2H$)，最终得到磺酸($R–SO_3H$)。

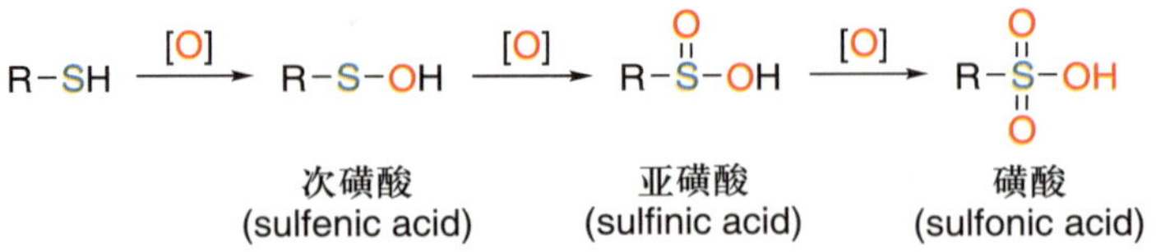

在有些氧化剂作用下，可以控制反应停留在中间氧化状态，例如 DMDO 可以选择性地将硫醇氧化成次磺酸。

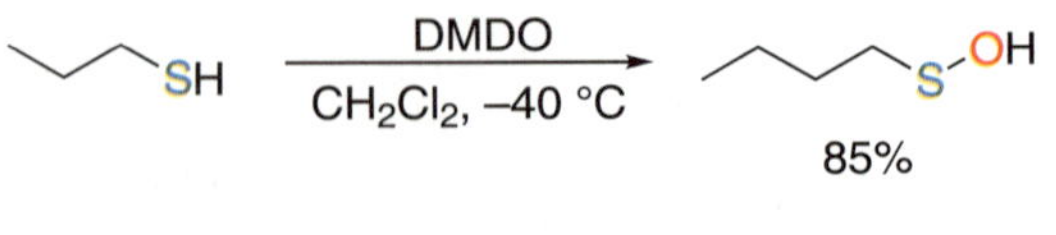

25.1.4 氧与底物的加成反应

烯烃氧化成 1,2-二醇

有许多试剂可以在烯烃的双键上加成两个羟基生成 1,2-二醇。我们在上册第 7 章烯烃章节中已经学过稀、冷的碱性 $KMnO_4$ 溶液或四氧化锇 (OsO_4) 可以从双键位阻较小的一面顺式加成得到顺-1,2-二醇。含取代基较少的双键被氧化的速率比含取代基较多的双键的氧化速率更快。

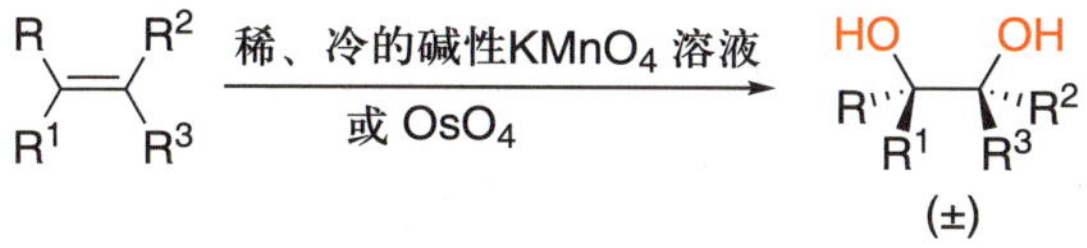

用 H_2O_2 和甲酸与烯烃反应也能实现烯烃的双羟化，但得到的是反式 1,2-二醇产物，从立体化学上正好和顺式双羟化反应互补。此时，烯烃首先发生环氧化反应生成环氧化物，然后是酸催化水对环氧化物的亲核开环 (S_N2 反应)，因此净结果是反式加成。

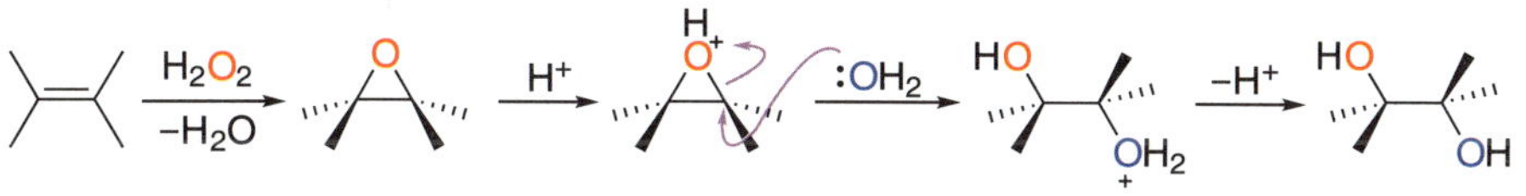

同样的结果可以由烯烃与 *m*-CPBA 和水反应一步得到。此外，Prévost 方法也可以得到最终结果是反式的加成产物，即反式 1,2-二醇。在该方法中，烯烃与物质的量之比为 1 : 2 的单质碘和苯甲酸银在惰性溶剂如干燥的苯中反应。首先得到反式加成的 β-碘代苯甲酸酯 (可以分离)，然后邻基参与 (NGP) 生成环状氧鎓离子中间体，苯甲酸根通过 S_N2 反应开环仍然得到反式 1,2-二醇的双苯甲酸酯，酯碱性水解并不改变相对构型，仍然得到反式 1,2-二醇。

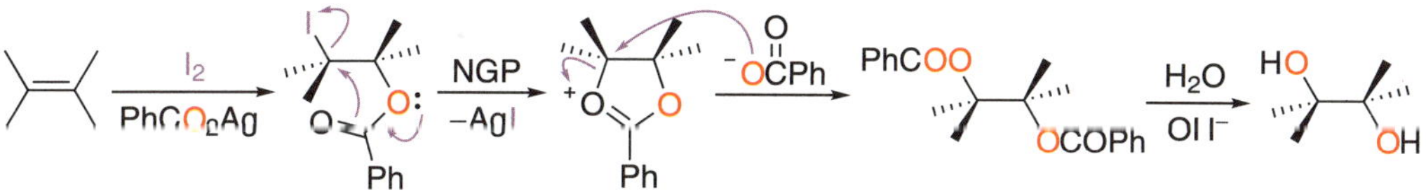

烯烃氧化成环氧化物

在上册第 7 章中，已经提及许多过酸都能将烯烃环氧化，其中间氯过氧苯甲酸 (*m*-CPBA) 最常用。这一反应称为 Prilezhaev 反应，在有机合成中有十分广泛的应用。

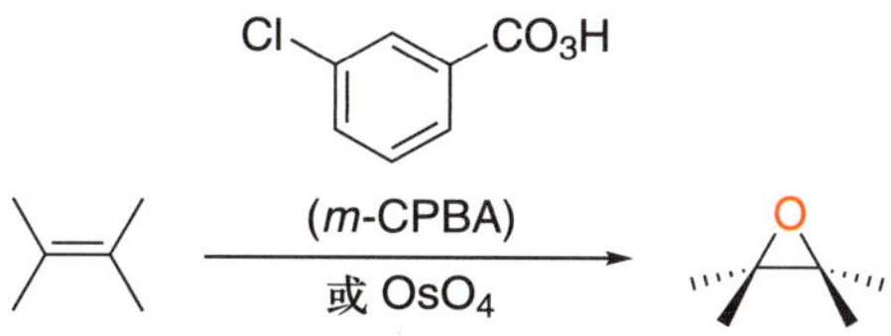

共轭二烯同样可以被过酸环氧化 (生成 1,2-加成产物)，但是反应速率比相应的烯烃慢。α,β-不饱和酮等缺电子烯烃很难被过酸氧化成环氧化物，但是可以在催化量 1,8-二氮杂双环 [5.4.0] 十一碳-7-烯 (DBU) 存在下用叔丁基过氧化氢、$NaBO_3$/ 四己基硫酸氢铵等氧化成环氧化合物。此外，α,β-不饱和醛、酮、砜可以被碱性过氧化氢环氧化。反应经由串联的氢过氧根 (HO_2^-) 的 Michael 加成、分子内亲核取代 (S_N2) 得以实现。

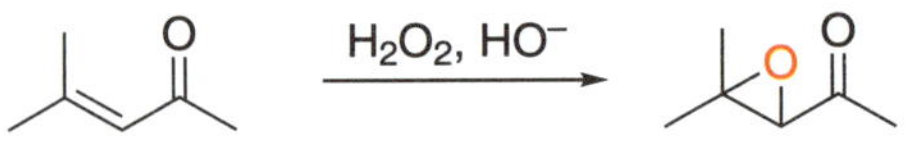

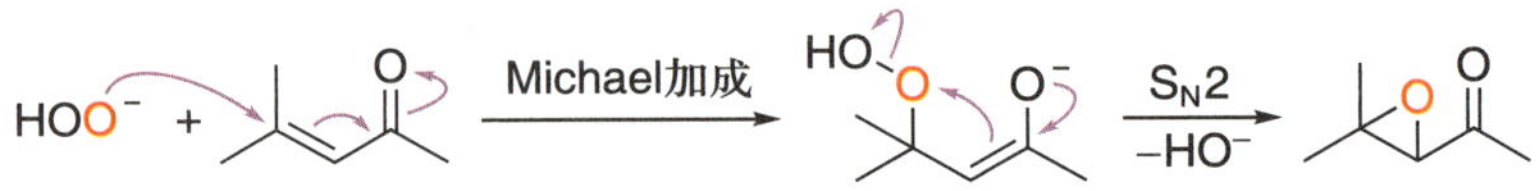

共轭二烯光氧化成过氧化物

共轭二烯烃在光照下与氧气反应生成环状过氧化物。这一反应主要发生于环状共轭二烯，应用范围也可以延伸到一些稠环芳烃 (如蒽)。发生反应的氧不是基态的三线态氧，而是激发态的单线态氧，所以该反应实际上是以单线态氧作为亲双烯体参与的 Diels-Alder 反应。与 Diels-Alder 反应一样，该反应也是可逆的。

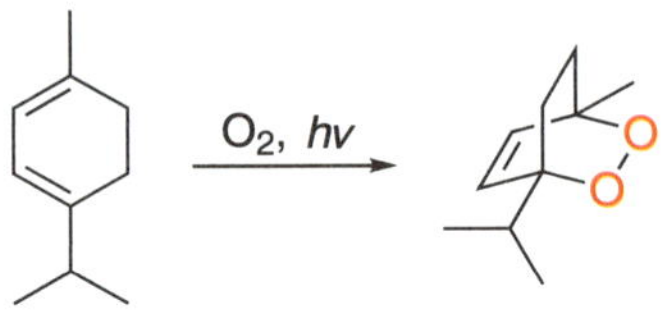

炔烃氧化成 1,2-二酮

炔烃可以被氧化成 1,2-二酮，常用的氧化剂有：中性 $KMnO_4$、OsO_4-$KClO_3$、$NaIO_4$-RuO_2、NaClO-RuO_2、$RuCl_2(Ph_3P)_2$-PhIO、二 (三氟乙酰氧基) 碘苯、I_2-DMSO 及 $MeReO_3$-H_2O_2 等。在不同的基于金属钌的氧化体系中，钌化合物通常是催化量，另一氧化剂是化学计量，氧化过程原位形成 RuO_4 参与氧化。下面是一些具体的反应实例：

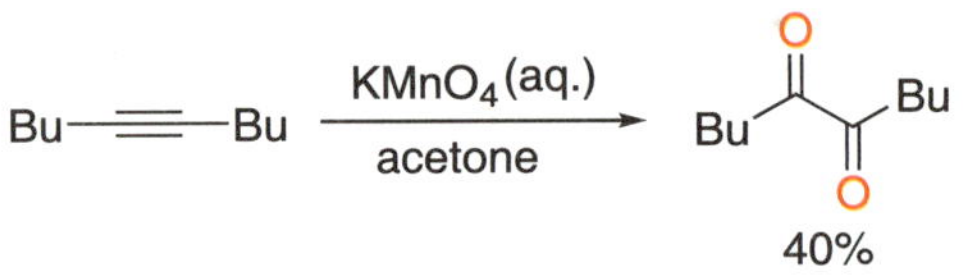

当炔烃一端带有烷氧基时，得到的氧化产物是 α-酮酸酯。

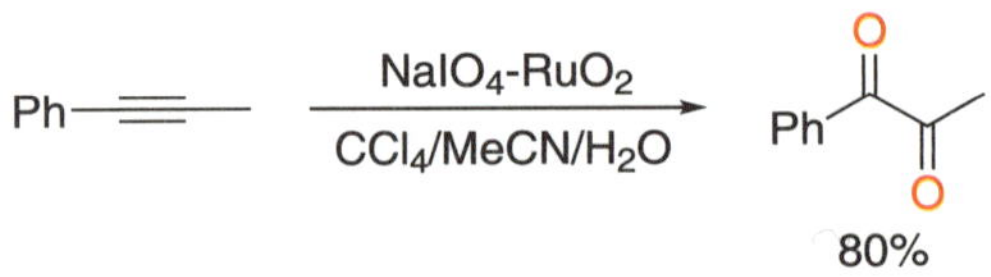

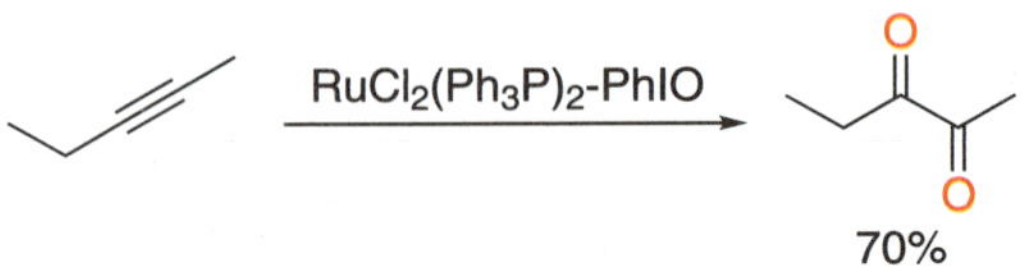

与烯烃的氧化断裂经由环状锰酸酯中间体类似，中性 $KMnO_4$ 氧化炔烃也经由了相似的环状不饱和锰酸酯中间体。金属锇和钌参与的氧化也经由类似的环状不饱和酯中间体。

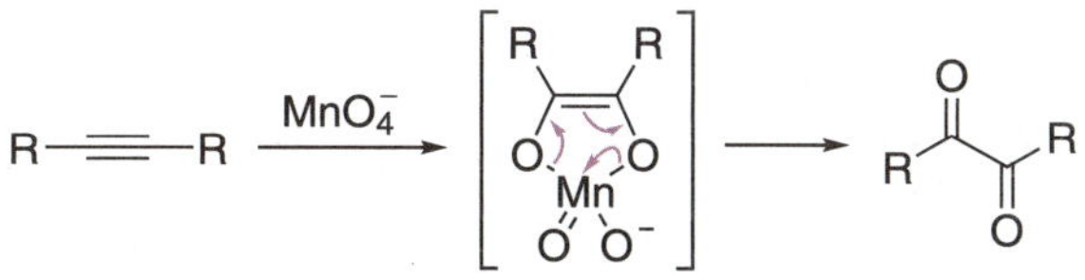

叔胺氧化成叔胺 *N*-氧化物

叔胺能够被氧化成 *N*-氧化物。最常用的氧化剂是过氧醇，此外过氧酸也是实现该转化的重要试剂。

当用过氧醇氧化时，首先形成的是一个三烷基胺与氢过氧化物的加合物(adduct)，即以氢键结合的极性络合物(R_3N--H-O-O-R)。例如，1,4-二氮杂双环[2.2.2]辛烷与两分子过氧化氢形成的无色晶体可以在低温下分离得到。叔胺氢过氧化物加合物是热力学不稳定的化合物，在 50 ℃时会迅速分解得到叔胺 *N*-氧化物。

用过硫酸或其他过氧酸氧化胺的反应机理类似于过氧酸氧化烯烃形成环氧化物的机理，通过一步协同过程转化成 *N*-氧化物，如下所示：

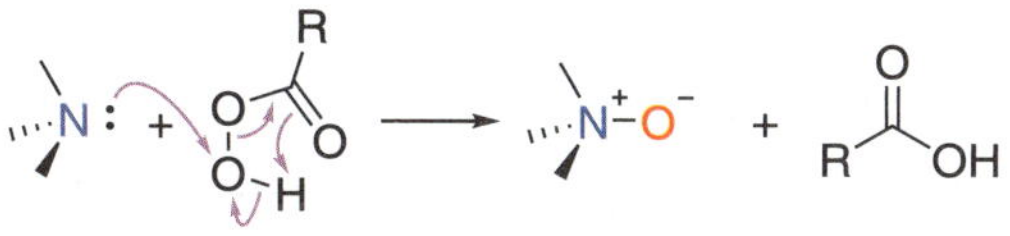

硫醚氧化成亚砜或砜

硫醚在氧化剂的作用下首先被氧化成亚砜，如果氧化剂氧化性足够强还可以进一步将亚砜氧化成砜。

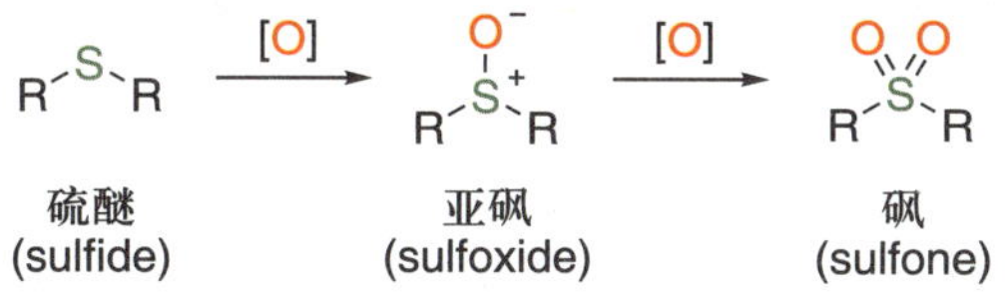

用 1 当量 30%H_2O_2 或其他氧化剂如 $NaIO_4$、二氧杂环内烷、戴维斯试剂、$MeReO_3$/H_2O_2、过硼酸、过氧酸可以将硫醚氧化成亚砜。再使用另外 1 当量氧化剂如 H_2O_2、$KMnO_4$、过硼酸等可以将亚砜氧化成砜。如果有足够的氧化剂，不分离亚砜可以直接将硫醚转化成砜。这些反应的产率一般都很高，并且不受其他官能团影响。此外，NaOCl、四丙基高钌酸铵(TPAP)等氧化剂可以直接将硫醚氧化成砜。硒醚(R_2Se)也能发生类似的氧化反应。

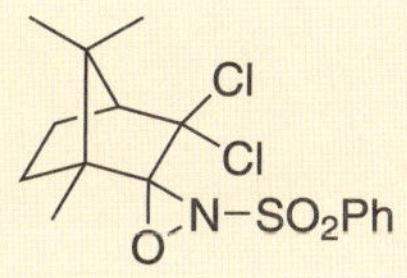

戴维斯试剂

当使用手性戴维斯试剂为氧化剂时，可以将甲基苯基硫醚氧化成相应的近乎光学纯的(*S*)-构型的亚砜。在氧化体系中加入手性金属配合物也可以实现硫醚的催化不对称氧化，得到对映体过量的亚砜。

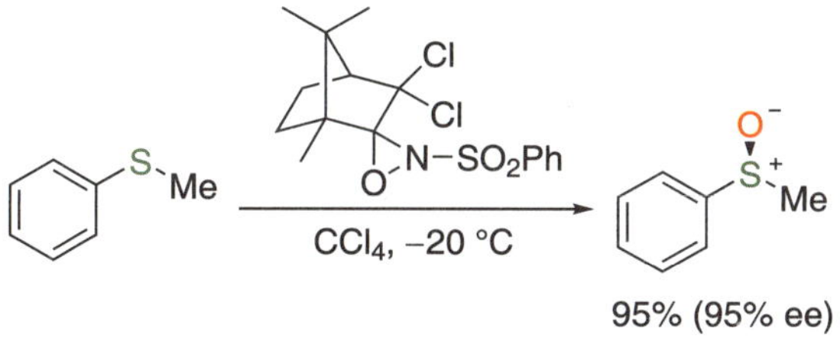

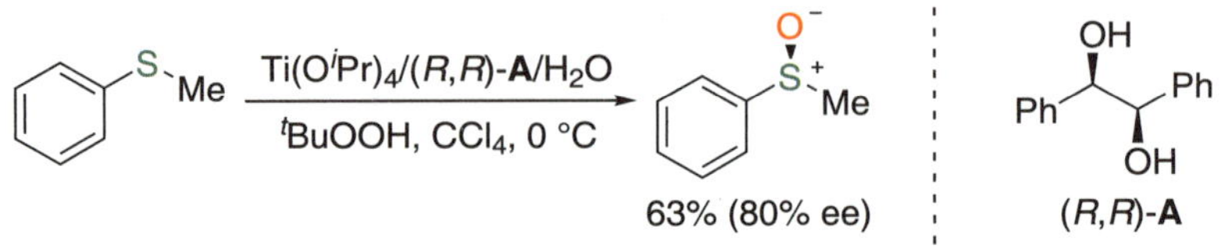

使用过氧酸氧化硫醚成亚砜的机理与叔胺氧化成 *N*-氧化物的机理一样，是一步协同过程。亚砜进一步氧化成砜通常比硫醚氧化成亚砜慢，在中性或酸性溶液中，具有与硫醚氧化成亚砜相同的机理。如果是在碱性溶液中，过氧化物的共轭碱也可作为亲核试剂进攻亚砜基团 (S=O)。

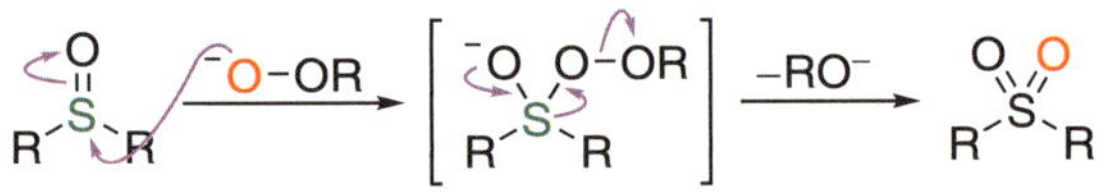

25.1.5　氧化偶联反应

硫醇 (酚) 容易发生氧化偶联反应形成二硫化物。反应是可逆的，半胱氨酸和胱氨酸之间的相互转化是生物化学中非常重要的一个反应。最常用的氧化剂是 H_2O_2。除此之外，其他很多氧化剂也能完成这一转化，例如 $KMnO_4/CuSO_4$、DMSO-I_2、过硼酸、$NaIO_4$、活性 MnO_2 及 $BaMO_4$ 等。但是，强氧化剂会导致亚砜或砜的生成。在少量碱存在的条件下，空气中的氧气也能将硫醇氧化成二硫化物。

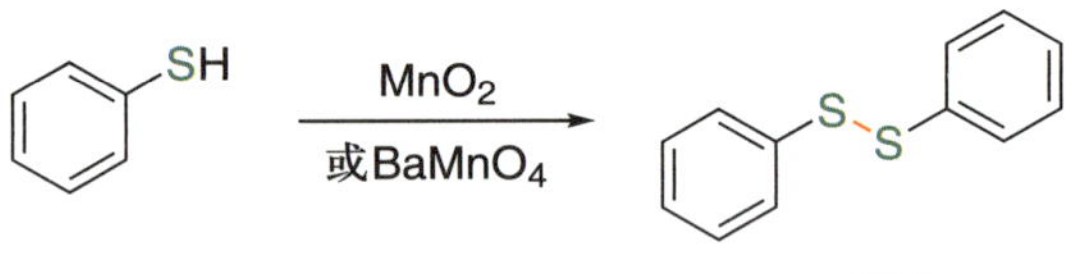

氧化偶联反应的机理随氧化剂的改变而改变。例如，$NaIO_4$ 为氧化剂时，它作为亲电试剂首先与硫醇反应生成次磺酸与碘酸的混合酸酐，然后另一分子硫醇亲核进攻亲电的硫原子，碘酸根离去得到二硫化物，或者碘酸根首先离去产生次磺酸，后者再与另一分子硫醇反应形成二硫化物；过氧化氢为氧化剂时，硫醇也首先形成次磺酸，次磺酸再与硫醇反应生成二硫化物；而碱性条件下氧气为氧化剂时，硫醇则首先是硫醇失去质子被氧化成自由基，然后自由基相互偶联得到氧化产物。

大多数氧化剂只适用于制备对称的二硫化物。当使用偶氮二甲酸二乙酯作为氧化偶联试剂时，一分子硫醇首先与偶氮二甲酸二乙酯进行加成形成一个中间体，然后另一分子硫醇亲核进攻该中间体中亲电的硫原子生成二硫化物，偶氮二甲酸二乙酯则被还原成肼-1,2-二甲酸二乙酯。这种加成-取代机理为不对称二硫化物的合成提供了有效方法。

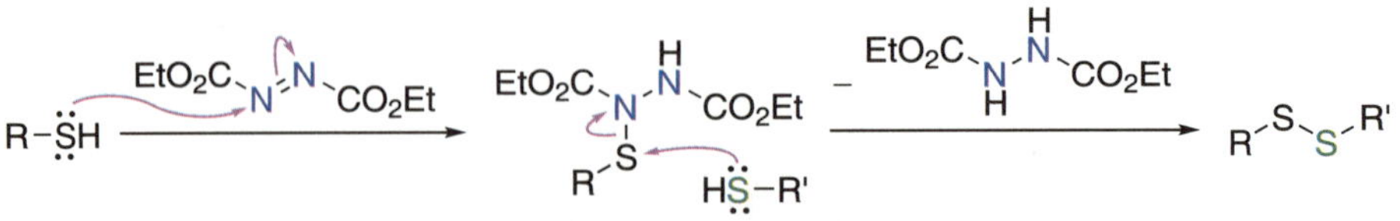

25.2 还原反应

在还原反应中，我们通常会遇到这样的情况，需要将分子中的一个基团还原而不影响另一个能被还原的基团，这就是化学选择性问题。为了实现选择性的还原过程，已经发展出了许多还原体系，主要包括各种金属氢化物还原剂和各种氢化催化剂。四氢铝锂 ($LiAlH_4$) 是一种很强的且无选择性的还原剂，因此，当有化学选择性要求时，一般选择其他金属氢化物。一种常用的方法是通过烷氧基取代 $LiAlH_4$ 中的部分氢 ($LiAlH_4$ 与醇反应) 来降低反应活性，从而提高反应的化学选择性。大多数金属氢化物是亲核试剂，即 H^- 亲核进攻碳—杂原子单键或多重键中的亲电碳原子，但也有一些氢化物如硼烷 (BH_3) 和氢化铝 (AlH_3) 则是 Lewis 酸，在反应中进攻亲核的杂原子。这两种类型的还原剂会有不同的化学选择性。此外，活泼金属也是一类常用的电子转移还原剂。

在有机化学中，最常见的还原反应是羰基化合物如醛、酮、酯、酰胺、羧酸的还原。当使用硼烷作为还原剂时，这几类化合物被还原的难易程度有如下顺序：羧酸 > 酰胺 > 酯 > 酮 > 醛。表 25-1 是这些化合物被几种常用氢化物还原剂还原的反应性情况。

表 25-1 羰基化合物被几种常用氢化物还原剂还原的反应性情况

氢化物还原剂	被还原的羰基化合物					
	亚胺	醛	酮	酯	酰胺	羧酸
$NaBH_3CN$	+	+ (慢)	+ (慢)	−	−	−
$NaBH_4$	+	+	+	+ (慢)	−	−
$LiBH_4$	+	+	+	+	−	−
DIBAL-H	+	+	+	−	+	−
$LiAlH_4$	+	+	+	+	+	+ (慢)
BH_3	+	+ (慢)	+ (慢)	+ (慢)	+	+

注：“+” 表示能被还原；“−” 表示不能被还原

催化氢化是一种原子经济、清洁绿色的还原方法，不同的底物在催化氢化反应条件下大致表现出了如下的反应活性顺序：酰氯 > 芳香族硝基化合物 > 炔 > 亚胺 > 烯 > 苄基醚或胺 > 腈 > 苯及其衍生物。以上顺序随催化剂的不同可能会发生变化，一些催化剂会选择性地对特定类型的化合物有效。例如，Pt、Rh 和 Ru 催化剂会在苄位 C−O 键存在下选择性地氢化芳环，而 Pd 催化剂会优先氢解苄位 C−O 键。

与氧化反应类似，我们根据键的变化将还原反应划分为以下几种类型，即氧被氢取代的反应、还原偶联反应和多重键的加氢反应。

25.2.1 氧被氢取代的反应

这类还原反应主要涉及羰基 (C=O) 还原成亚甲基 (CH_2) 的反应，如醛酮还原成烃、羧酸还原成醇、酰胺还原成胺、羧酸酯还原成醚、环状酸酐还原成内酯。此外，碳原子上的氧被氢取代的还原反应还有酯还原成醇、羧酸或酯还原成烃、环氧化物的彻底还原；氮原子上的氧被氢取代的还原反应有硝基或亚硝基化合物还原成胺或羟胺。

醛和酮被还原成烃

能够将醛酮中的羰基 (C=O) 还原成甲叉基 (CH_2) 的两种最早的、现在也经常使用的方法是 Clemmensen 还原法和 Wolff-Kishner 还原法。这两种还原方法已经在上册第 13 章的醛酮中介绍。

对于芳香酮底物，还可以用 Et_3SiH 和吡啶多氟化氢盐 (PPHF)、$NaBH_4/CF_3CO_2H$、$NaBH_4/AlCl_3$ 及 HCO_2NH_4-Pd/C 等还原体系还原成烃。一般认为这些还原体系先将酮还原成醇然后进一步发生氢解得到烃。

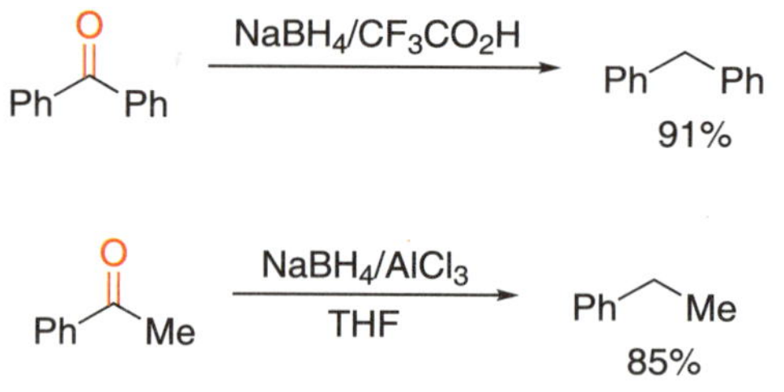

另一种间接的方法是先将醛或酮转化成硫缩醛或硫缩酮，然后在 Raney Ni 作用下发生氢解得到烃。

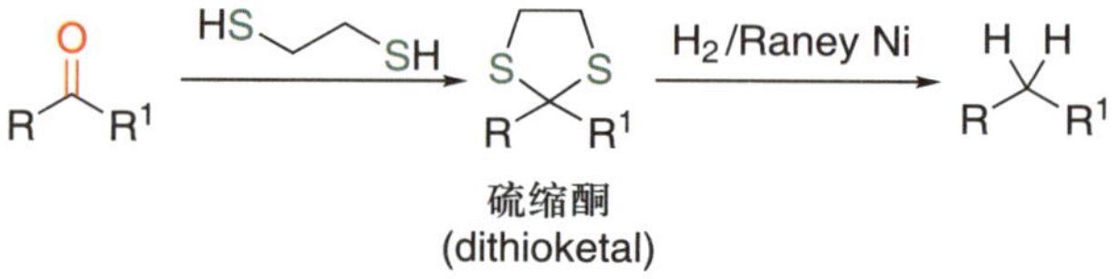

羧酸还原成醇

羧酸很容易被 $LiAlH_4$ 还原成伯醇，反应条件温和，在室温下进行得非常顺利。其他一些氢化物如 DIBAL−H、AlH_3、$Zn(BH_4)_2$ 及 $NaBH_4/AlCl_3$ 等也可以实现此反应。此外，硼烷也是还原羧酸的很好试剂，能够在其他许多官能团存在下选择性地还原羧基。对于一些特殊的底物如氨基酸还可以用 $NaBH_4$/ 浓 H_2SO_4 或 $NaBH_4/I_2$ 进行还原生成氨基醇。

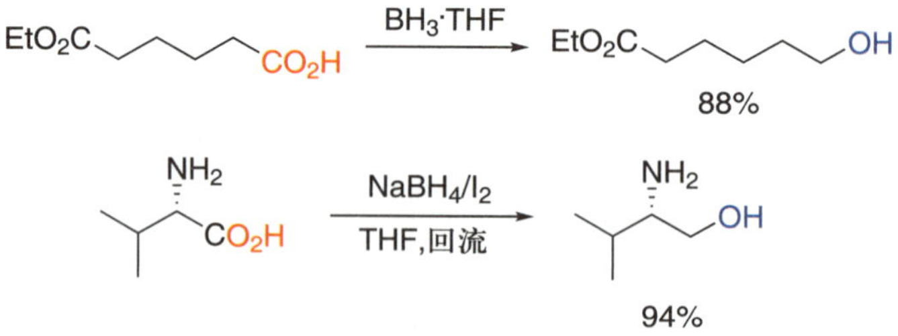

酰胺被还原成胺

酰胺可以被 $LiAlH_4$ 还原成胺。单独使用 $NaBH_4$ 不能还原酰胺，但是在 I_2 存在下，$NaBH_4$ 也能还原酰胺。由于氮原子的给电子共轭效应，酰胺的羰基 Lewis 碱性较强，特别适合于使用呈 Lewis 酸性的还原剂如硼烷、AlH_3、DIBAL−H 进行还原。

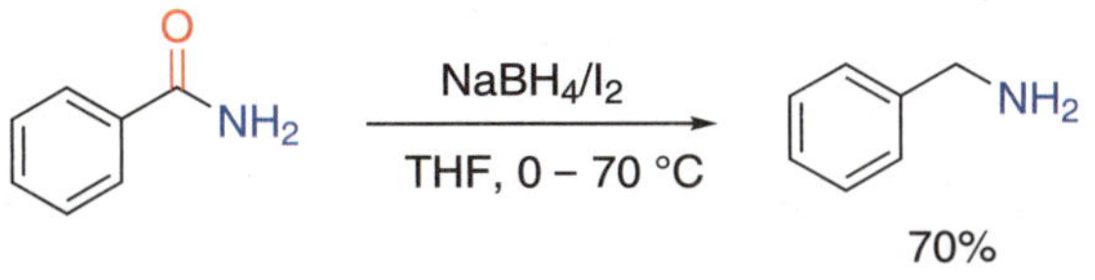

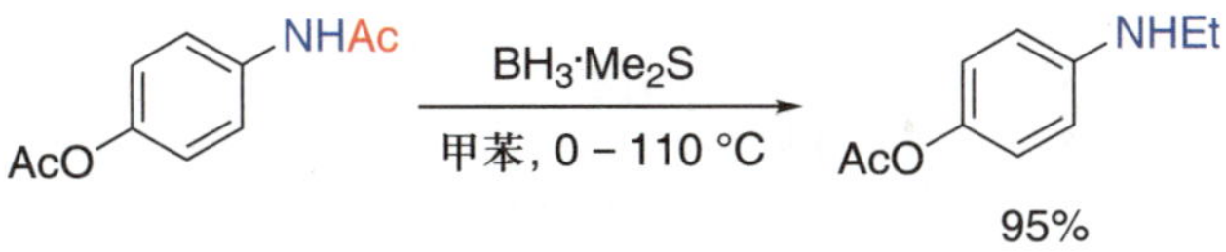

羧酸酯还原成醚

羧酸酯常见的还原过程是还原生成两分子醇，但是在某些条件下，酯尤其是硫代酯和硫醇酯可以还原生成醚或硫醚。使用过量的三氟化硼乙醚络合物和 $LiAlH_4$、$LiBH_4$ 或 $NaBH_4$ 中的任意一种组成的还原体系能够将二级烷基酯还原成醚，内酯则还原得到环醚。反应中首先形成氧鎓离子中间体，然后再被还原成醚。竞争性反应是形成醛中间体，然后再被进一步还原成醇。

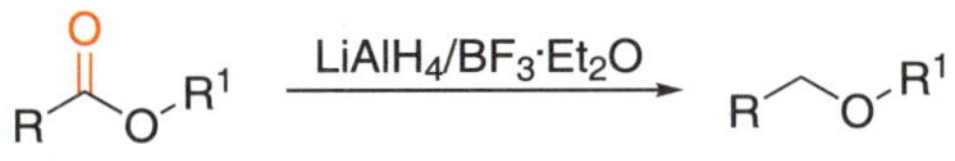

硫代酯则可以被 Raney Ni 在非质子性溶剂中脱硫生成醚。由于硫代酯可以通过 Lawesson 试剂方便地制备，所以这个反应提供了一种从羧酸酯制备醚的间接方法。

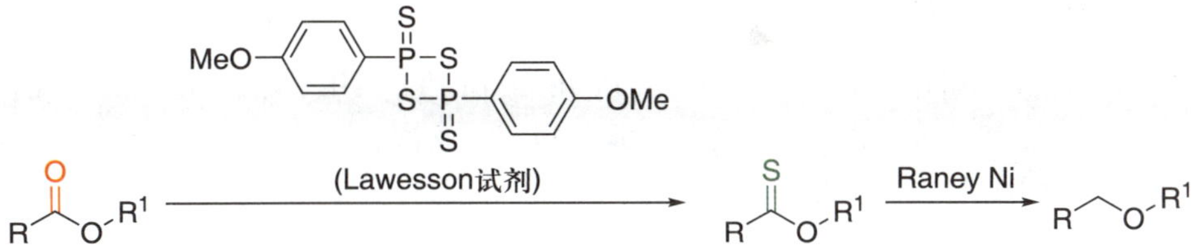

硫醇酯用过量的三氟化硼乙醚络合物和 $LiAlH_4$ 或 $LiAlH_4/AlCl_3$ 还原可以得到相应的脱氧还原产物硫醚。

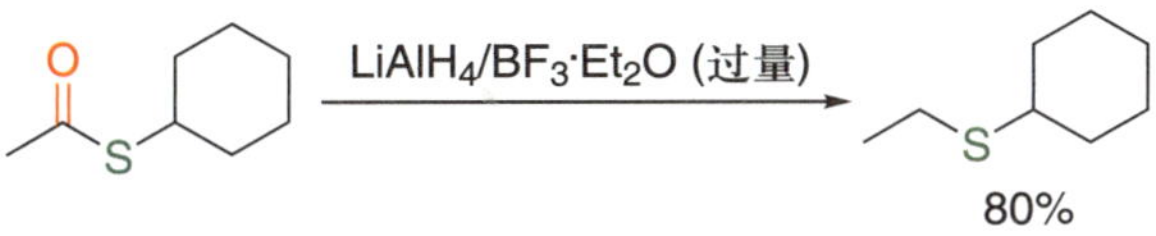

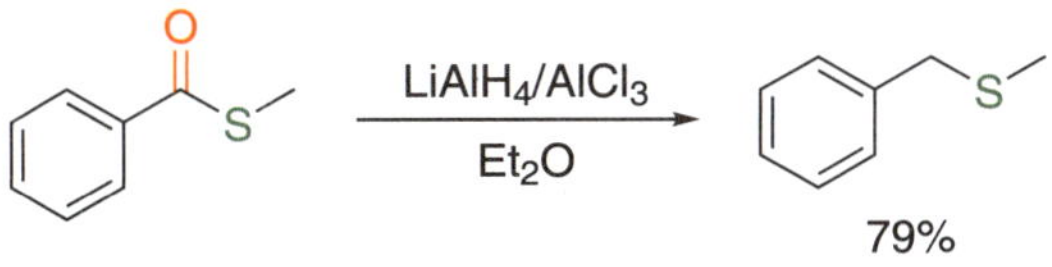

环状酸酐还原成内酯

环状酸酐可以被 Zn/AcOH、Na/EtOH、金属氢化物 [包括 MBH_4、MB^iBu_3H (selectrides)、DIBAL-H 及 $MAlH_4$，M = Li，Na，K，Zn 等] 还原成内酯。使用氢化物 $MAlH_4$ 也经常得到二醇。此外，非均相催化剂 Pt 或均相催化剂 $RuCl_2(Ph_3P)_3$ 催化的氢化反应也能将环状酸酐还原成内酯。

针对底物的结构特点，不对称酸酐在使用某些试剂还原时可以实现区域选择性还原。例如，C3 位具有可以配位的甲氧基的邻苯二甲酸酐，如果使用 selectrides 还原，可以区域选择性地将远离甲氧基的羰基还原成亚甲基。其中 Li-selectride 的区域选择性最好。

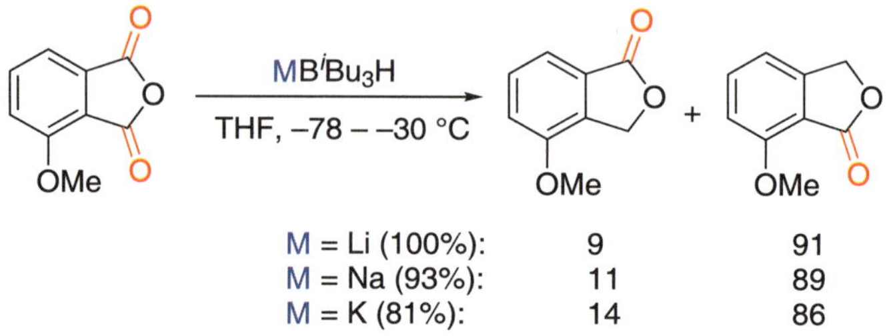

使用 (*R*)-联萘酚修饰的手性氢化铝锂 [(*R*)-BINAL–H] 为还原剂可以实现内消旋环状酸酐的去对称化还原过程，对映选择性地得到相应内酯。

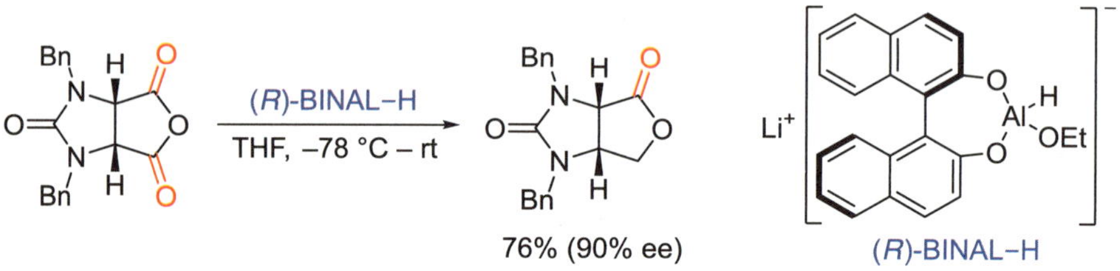

羧酸酯还原成醇

酯可以被 $LiAlH_4$ 还原成醇。该反应的应用范围很广，可用于许多酯的还原，能将内酯还原成二醇。这部分内容已经在上册第 14 章 羧酸和羧酸衍生物中介绍。使用 $LiBH_4$、$Ca(BH_4)_2$、DIABAL–H、$LiBEt_3H$，以及回流条件下 $BH_3·Me_2S$ 的四氢呋喃溶液也可以将酯还原成醇。$LiAl(O^tBu)_3H$ 可以选择性地将丙二酸酯衍生物还原成 β-羟基酸酯。尽管 $NaBH_4$ 对绝大部分酯的还原反应都非常慢，没有合成应用价值，但是它可以顺利地将酚酯尤其是含有吸电子基团的酚酯还原成醇和酚。此外，$NaBH_4$-MeOH 还原体系可以高产率地将苯甲酸甲酯还原成苄醇。

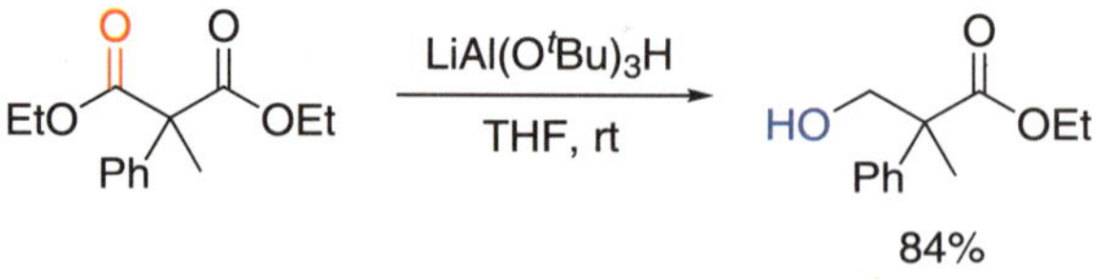

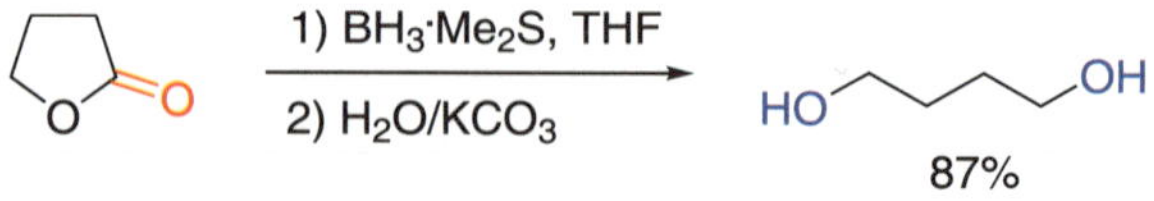

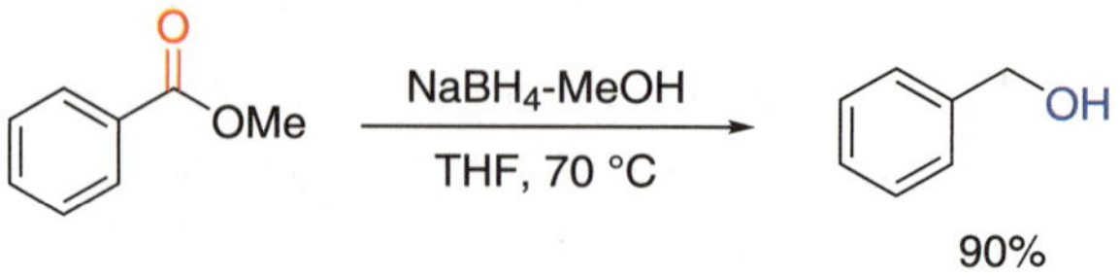

将酯还原成醇是生成农用化学品、药物和香料的关键工业过程。通常使用的化学计量金属氢化物还原法伴随大量废弃物的产生，并且会有官能团耐受性差和有毒试剂的使用等缺点。相反，酯的催化氢化还原具有环境友好、无废弃物和原子经济性等优点。目前已经发展了很多基于 Fe、Ru、Os、Mn、Co 等过渡金属的均相催化氢化体系，可以顺利地实现酯还原成醇的化学转化。

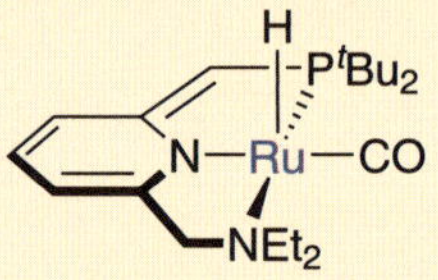

Milstein catalyst

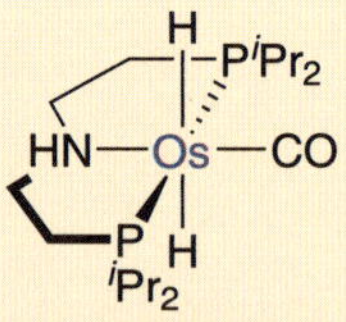

Gusev catalyst

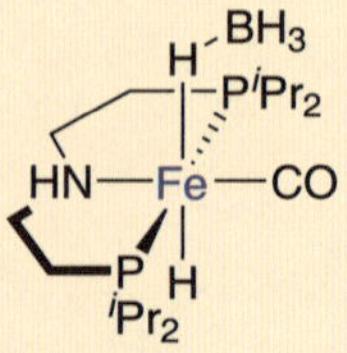

Fairweather catalyst

羧酸或羧酸酯还原成烷烃

芳香酸与 $HSiCl_3$ 先在乙腈中回流，然后加入叔胺如三丙胺，最后除去乙腈后用 KOH/MeOH 处理可以将羧基转化成甲基。一般认为芳香酸首先形成酸酐，然后继续与 $HSiCl_3$ 反应生成芳甲基三氯硅烷，该产物在 KOH/MeOH 中质子解得到还原产物。

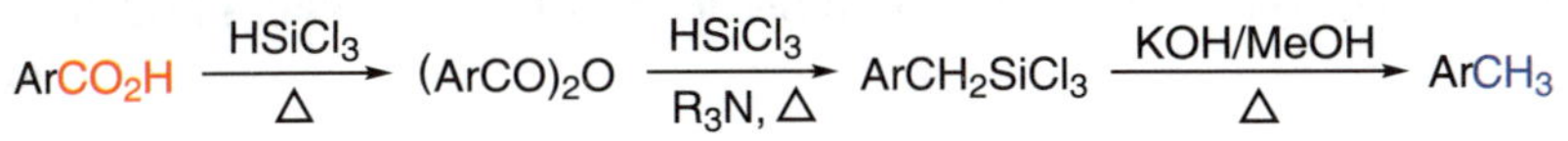

芳香族羧酸酯在此条件下不能被还原，因此，当芳环上同时含有酯基和羧基时，该还原体系可以选择性地将羧基还原成甲基。例如，对苯二甲酸单乙酯用此方法可以转化成对甲基苯甲酸乙酯。

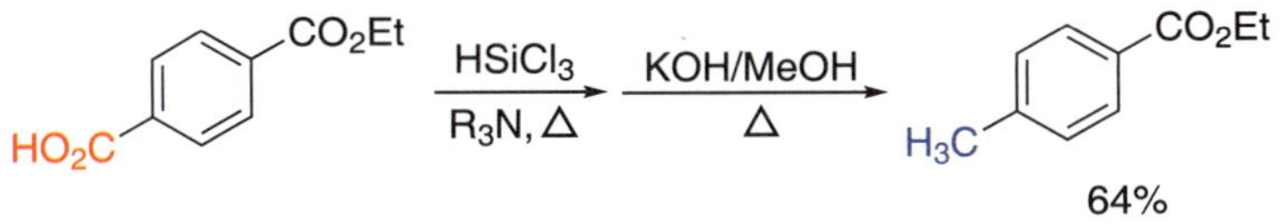

环氧化合物的彻底还原

环氧乙烷在还原剂的作用下非常容易发生氢取代烷氧基的过程，即还原成醇。很多金属氢化物如最常见的 $LiAlH_4$、活泼金属、低价金属盐及钯催化的转移氢化等都能实现此转化。但是将环氧化合物彻底还原成烷烃的反应则比较少见。

使用 Cp_2TiCl_2/Na 作为还原剂可以将环氧化合物转化成相应的烷烃，但是随着环氧化合物取代基的增多，产率会急剧下降。

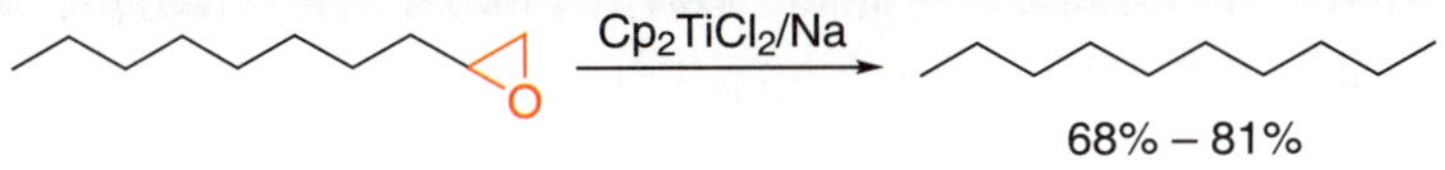

另一种将环氧化合物彻底还原成烷烃的方法是使用 Et_3SiH/BF_3 还原体系。例如，反式 1,2-二苯基环氧乙烷用 Et_3SiH/BF_3 还原可以定量地转化成 1,2-二苯基乙烷。

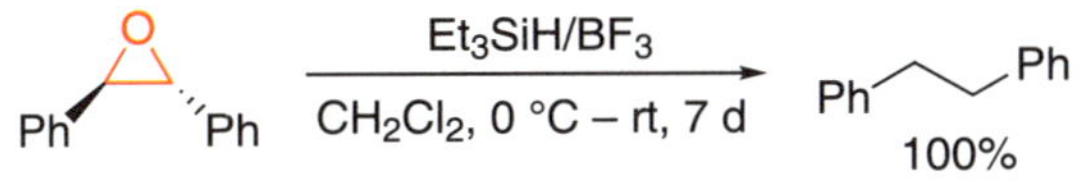

一般认为在反应过程中，Lewis 酸 BF_3 首先与环氧化合物络合，促使其异构成羰基化合物，后者被 Et_3SiH 还原成醇的二氟硼酸酯，然后烃基迁移、二氟硼酸根离去、骨架重排得到碳正离子中间体，最后 Et_3SiH 将碳正离子还原生成烷烃。由于反应的决速步是碳正离子中间体的形成，所以能够重排形成更稳定碳正离子的底物的反应速率会快于重排形成较不稳定碳正离子的底物。例如，在相同条件下，环己烯氧化物的还原需要数周才能完成。

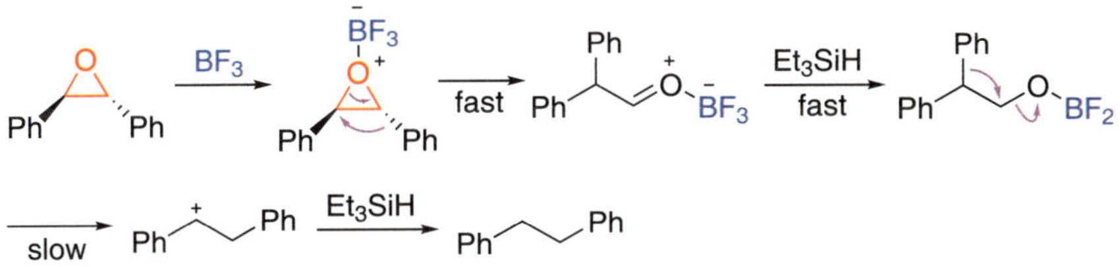

硝基化合物还原成胺或羟胺

脂肪族或芳香族的硝基化合物都能被还原成伯胺，由于芳香族硝基化合物可以方便地从芳烃的亲电硝化制备，因此该反应通常用于芳香族硝基化合物的还原。最常用的还原体系是金属单质（如 Zn、Sn 和 Fe）和酸、低价金属盐如 $SnCl_2$ 和酸、催化氢化及转移氢化（如 HCO_2NH_4/Pd-C、HCO_2NHEt_3/Pd-C）等。这些内容已经在上册第 16 章　胺中介绍。

使用一些特殊的还原剂可以使硝基化合物仅发生部分还原，得到羟胺。在中性条件下用金属 Zn 和水处理芳香族硝基化合物可以得到 *N*-芳基羟胺。其他可以将芳香族硝基化合物转化为 *N*-芳基羟胺的还原体系还有：Pd-C/NH_2NH_2 和 $NaBH_4/BiCl_3$。使用 SmI_2-MeOH/THF（体积比 1 : 2）还原体系，控制 SmI_2 用量为 4 当量，可以将脂肪族硝基化合物仅还原成羟胺。

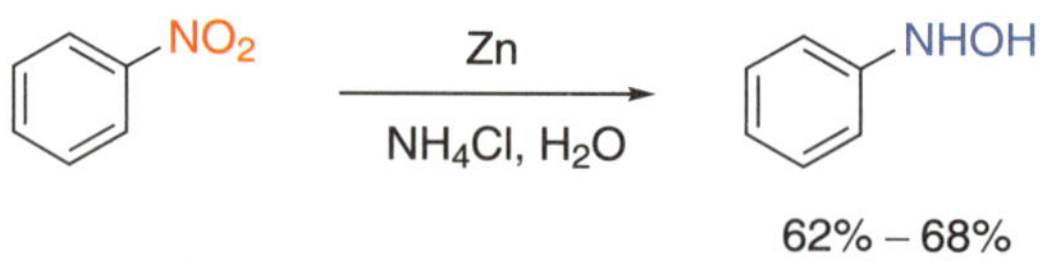

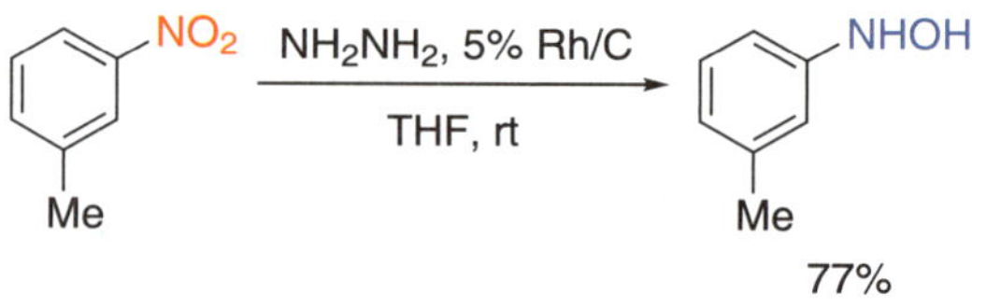

此外，还有一种可以间接地将脂肪族硝基化合物转化成羟胺的方法，即首先将脂肪族硝基化合物与碱反应形成盐，然后用 BH_3/THF 将其还原成羟胺。

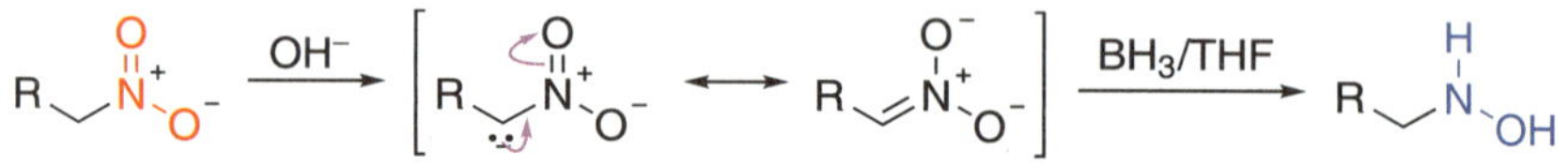

25.2.2　还原偶联反应

还原偶联反应主要包括醛和酮还原偶联生成 1,2-二醇，醛和酮双分子还原偶联生成烯烃，酯还原偶联生成 α-羟基酮，以及硝基化合物双分子还原生成氧化偶氮、偶氮和氢化偶氮化合物。

醛和酮还原偶联生成 1,2-二醇

醛和酮用活泼金属如钠、镁、铝在非质子性溶剂中还原会发生偶联生成 1,2-二醇。其中醛或酮在乙醚或苯中用 Mg-MgI_2 混合物进行的还原偶联反应称为 Gomberg-Bachmann 频哪醇合成法。使用活泼金属还原偶联的机理是，醛酮从活泼金属获得电子形成负离子自由基中间体，然后发生自由基二聚得到 1,2-二醇的氧负离子，最后加入质子性溶剂淬灭反应得到 1,2-二醇。

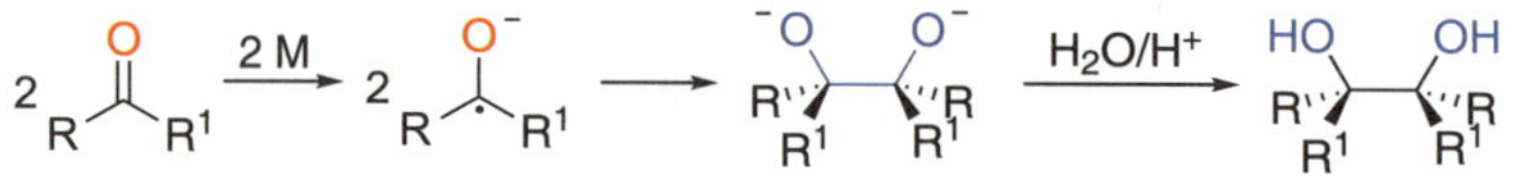

许多其他金属或低价金属盐也可以用于此反应，包括 SmI_2、Yb、高活性 Mn（MnX_2 用 Li/ 萘还原原位形成）、低价钛试剂（$TiCl_4$/Zn 或 $TiCl_4$/Mg-Hg）、$VCl_3(THF)_3$/Zn 等。此外还有一些低价金属还原体系可以使醛发生立体选择性还原偶联，例如，苯甲醛在 Cp_2TiCl 的作用下选择性地生成外消旋 1,2-二醇。

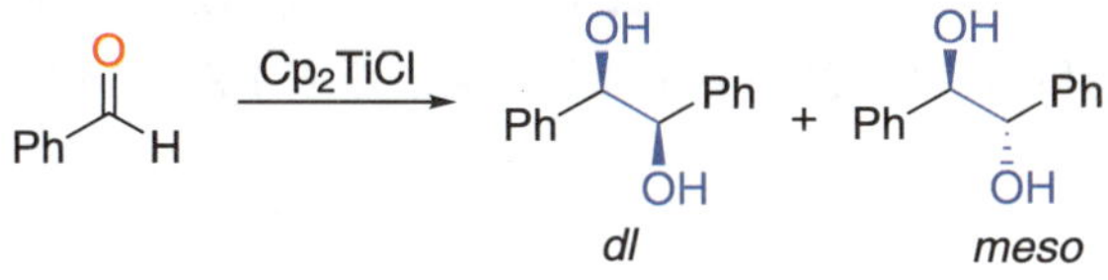

95%（*dl*∶*meso* = 95∶5）

亚胺也可以通过类似的还原偶联过程转化成相应的 1,2-二胺。例如，*N*-苄基苯甲醛亚胺用高活性 Mn 还原生成 *N,N'*-二苄基-1,2-二苯基乙-1,2-二胺。

56%

醛和酮双分子还原偶联生成烯烃

醛和酮可以被低价钛（low-valent titanium，LVT）试剂以很高的产率转变成烯烃，此过程称为 McMurry 反应。反应中的低价钛试剂可以用很多方法原位产生，如 $TiCl_4$/Zn、$TiCl_4$/Mg、$TiCl_3$/Mg、$TiCl_3/LiAlH_4$、$TiCl_3$/Li、$TiCl_3$/K、$TiCl_3$/Zn-Cu 等。

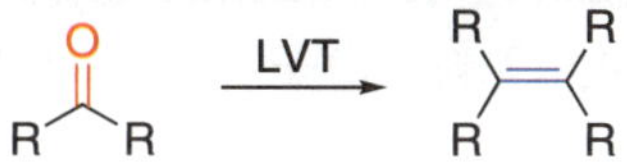

该反应不仅可以制备其他方法难以制备的、空间拥挤的四取代烯烃，也可以使二醛或二酮发生分子内偶联生成环状烯烃。其中 $TiCl_3$/Zn-Cu 试剂对分子内偶联反应非常有效，能够制备 3－16 元环烯，甚至更大的如 22 元环烯。

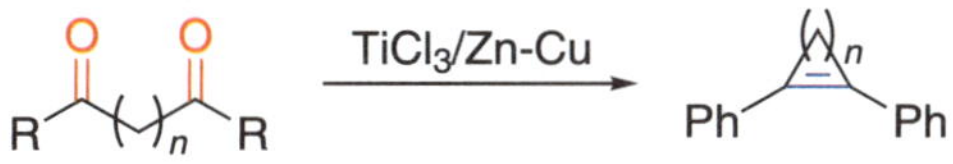

$n = 1 - 14, 20$　　50% – 95%

该反应的机理与醛酮的还原偶联相似，通过 SET 过程生成自由基负离子，然后自由基偶联形成频哪醇钛盐，然后脱氧（失去 TiO_2）生成烯烃产物。

酯还原偶联生成 α-羟基酮（酮醇缩合）

当羧酸酯和金属钠在乙醚或苯中回流时，会发生双分子还原，生成 α-羟基酮。该反应称为酮醇缩合。

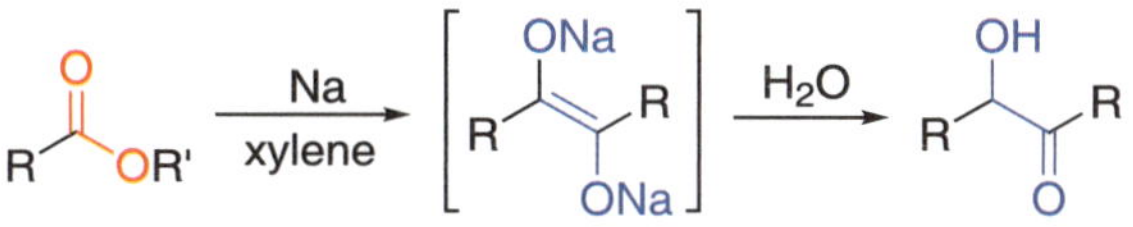

在沸腾的二甲苯（xylene）中用酮醇缩合方法可以从二酯制备环酮醇。其中，6-7 元环的产率是 50%-60%；8-9 元环的产率是 30%-40%；10-20 元环的产率是 60%-95%，更大的环也能以此方式制备，所以该方法是制备 10 元及以上环的最好方法之一。

酮醇缩合的反应机理通常认为是 SET 过程，首先生成自由基负离子，然后发生自由基偶联，四面体中间体消除两分子烷氧负离子形成 1,2-二酮中间体，再通过 SET 过程形成双烯醇负离子中间体，最后加入水淬灭反应得到 α-羟基酮产物。

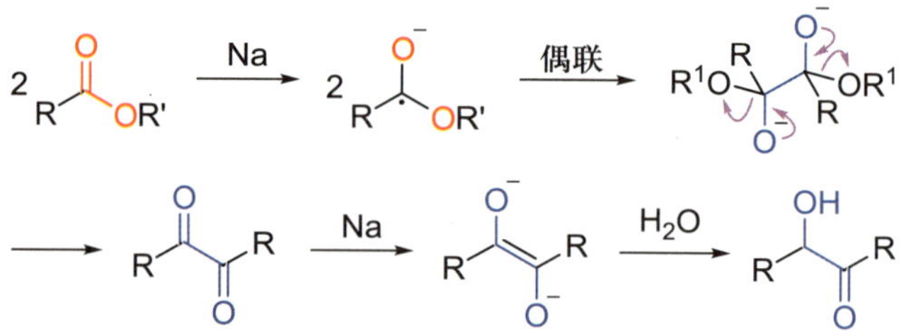

硝基化合物双分子还原生成氧化偶氮、偶氮和氢化偶氮化合物

芳香族硝基化合物在一定的条件下可以形成还原偶联产物，根据还原试剂还原能力的不同可以分别生成氧化偶氮、偶氮和氢化偶氮化合物。这类还原过程大多是在碱性条件下进行的。这部分内容已经在上册第 16 章　胺中介绍。

能够将硝基化合物还原偶联得到氧化偶氮化合物的常用还原剂有亚砷酸钠（$NaAsO_2$）、乙醇钠、金属铊、碲氢化钠、催化量二苯基二碲化物（PhSeSePh）、$NaBH_4$ 与葡萄糖碱性溶液等。对于大多数的还原剂来说，可能的机理是一分子硝基化合物被还原成亚硝基化合物，而另一分子硝基化合物被还原成羟胺，羟胺对亚硝基化合物进行亲核加成形成 N–N 键，消除一分子水形成氧化偶氮化合物。

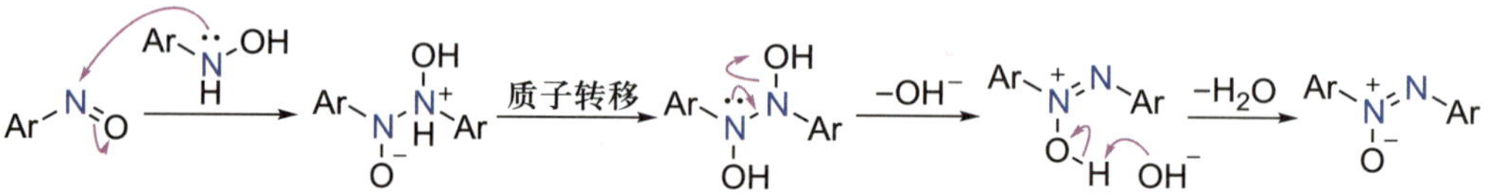

对于有些还原剂，也不能排除单电子转移机理。亚硝基苯通过单电子转移得到的自由基负离子偶联形成 N–N 键，并进一步转化成氧化偶氮化合物。

25.2.3　碳碳和碳杂原子多重键的加氢反应

这类还原反应主要介绍 C=C 键、C≡C 键、C=O 键、C=N 键及 C≡N 键的加氢反应。

C=C 键和 C≡C 键的加氢反应

几乎所有的烯烃在 0-275 ℃温度范围内都可以被定量或近乎定量地催化氢化。分子中存在的许多其他官能团（如 OH、CO_2H、NH_2、CHO、COR、CO_2R 和 CN）不影响反应。尽管其中一些官能团也比较容易发生催化氢化还原反应，但通常情况下总是可以找到选择性还原双键的方法。

催化氢化中使用的金属催化剂有两大类。第一类是非均相催化剂，即不能溶解在反应介质中的催化剂，包括 Raney 镍、镍硼化合物（硼氢化钠还原的镍）、Pd/C、Lindlar 钯催化剂、金属铂及其氧化物、铑、钌和钴等。第二类是均相催化剂，即能溶解在反应介质中的催化剂，其中最重要的是三（三苯基膦）氯化铑 [$RhCl(Ph_3P)_3$，Wilkinson 催化剂]，该催化剂可以催化许多烯烃的加氢反应而不影响分子中存在的 CO_2R、NO_2、CN、COR 等官能团。不饱和醛也可以被还原成饱和醛，但是会伴随脱羰基化副反应。其他的均相催化剂还有氯化三（三苯基膦）氢化钌（II）[$(Ph_3P)_3RuClH$] 和五氰基钴（II）[$Co(CN)_5^{3-}$] 等。前者可以选择性地氢化端烯，而催化内烯时的反应速率极慢，甚至不反应；后者可以有效地催化共轭体系中的双键或三键的氢化。非均相催化剂的优势在于催化剂很容易从反应体系中分离和回收再用；而均相催化剂的优点是反应选择性高和不易发生催化剂中毒。

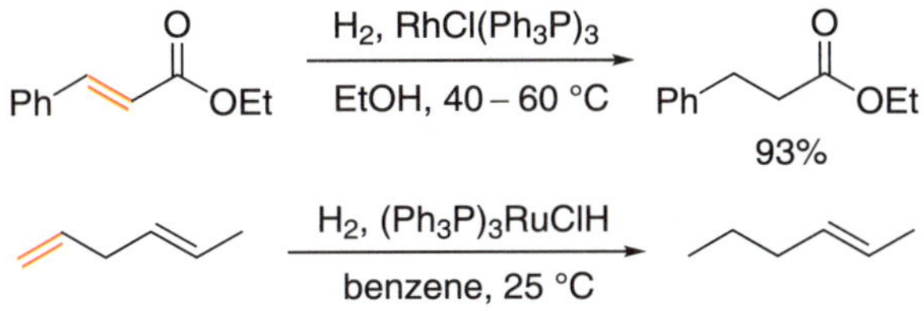

Wilkinson 催化剂是 16 电子的 Rh(I) 配合物，很容易失去一分子三苯基膦配体得到 14 电子的 Rh(I) 配合物，该配合物与氢气氧化加成得到 16 电子的 Rh(III) 配合物。该配合物仍有一个空的配位点，因此，可以和烯烃形成 π-络合物以满足 18 电子稳定结构。一个氢原子发生迁移插入得到 16 电子的 Rh(III) 配合物，随后发生还原消除得到氢化产物，并再生出 14 电子的 Rh(I) 催化剂。

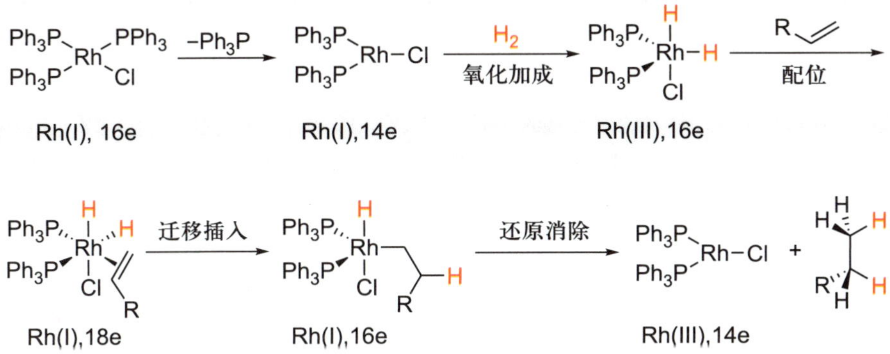

炔烃在上述催化剂存在下同样可以被氢化还原，还原的中间产物是烯烃，烯烃会被进一步还原最终得到烷烃。三键和双键的氢化反应存在竞争，但三键的反应活性要高于双键，因此，可以通过催化剂的选择来控制反应只进行到将三键还原到双键或只还原分子中的三键而不影响双键。能实现这种选择性氢化的催化剂包括 Lindlar 钯催化剂（Pd-$CaCO_3$-PdO 或 Pd-$BaSO_4$/ 喹啉）和镍硼催化剂（P-2 催化剂）。具体实例详见上册第 8 章 炔烃和二烯烃。

不论是均相催化还是非均相催化，双键或三键氢化的立体化学都是顺式加成。因此，炔烃部分氢化可生成顺式烯烃，这是立体选择性地合成顺式烯烃的有效方法之一。

催化氢化是一类非常重要的化学转化，但是促进这类反应的催化剂主要是贵重且通常有毒的过渡金属。近年来，科学家们发现受阻 Lewis 酸碱对（frustrated Lewis pairs，FLPs）能够活化氢气，可以在温和的条件下催化烯烃、醛酮等底物的氢化，避免了有毒的贵金属催化剂的使用。所谓受阻 Lewis 酸碱对是指在一个或一对分子中同时存在 Lewis 酸中心和 Lewis 碱中心，但由于某种原因（如空间距离远或存在空间位阻），这两个中心不能接触。受阻 Lewis 酸碱对在有机合成中具有广阔的应用前景，除了可以催化氢化反应，还能催化多种通常不能进行的反应。

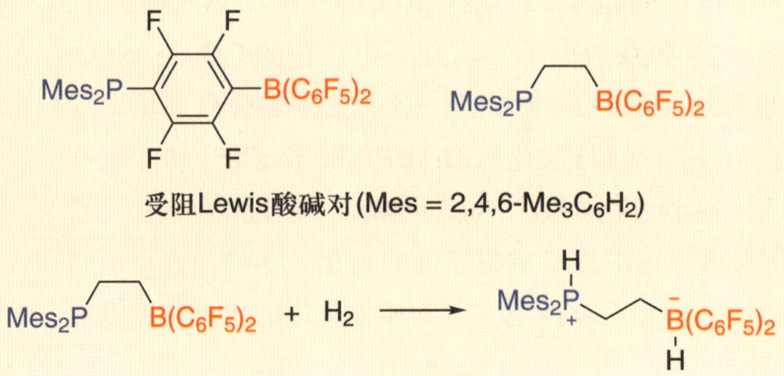

尽管双键的催化氢化是最常用和有效的方法，但是双键也可以被其他试剂还原。这些试剂包括 Na/EtOH、Na/^{t}BuOH/HMPA、锂 / 脂肪族胺、Zn/ 酸、$Pd(OAc)_2/Et_3SiH$、偶氮二甲酸钾盐 /AcOH、NH_2NH_2/H_2O_2、NH_2OH/AcOEt 等。尽管金属氢化物一般不能还原 C=C 键，但是双键在具有极性的特殊情况下也可以被还原。例如，1,1-二苯基乙烯可以用 $LiAlH_4$ 还原成 1,1-二苯基乙烷。

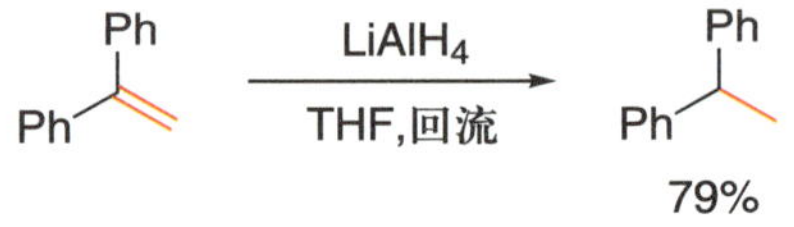

除催化氢化之外，碳碳三键还可以被 DIBAL-H、质子性溶剂中的活化的金属锌（亦称 Rieke Zn）、Li(^{i}Bu$_2$MeAlH)，以及液氨或低分子量胺中的 Li、Na（溶解金属还原）还原到双键。其中使用 DIBAL-H 或活化金属锌的还原通常得到顺式烯烃，而其他还原方法得到的是热力学更稳定的反式烯烃。

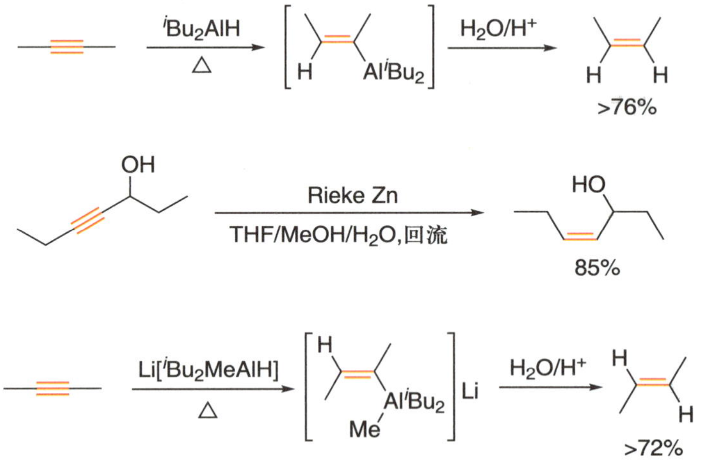

此外，一种间接地将双键或三键还原的方法涉及硼烷的质子解。三烷基硼烷（R_3B）在羧酸（如乙酸）中回流可以得到烷烃（R-H）。烯烃首先与硼烷发生硼氢化反应得到三烷基硼烷，然后在乙酸中回流发生质子解得到烷烃。炔烃可以采用类似的方法转化成顺式烯烃。

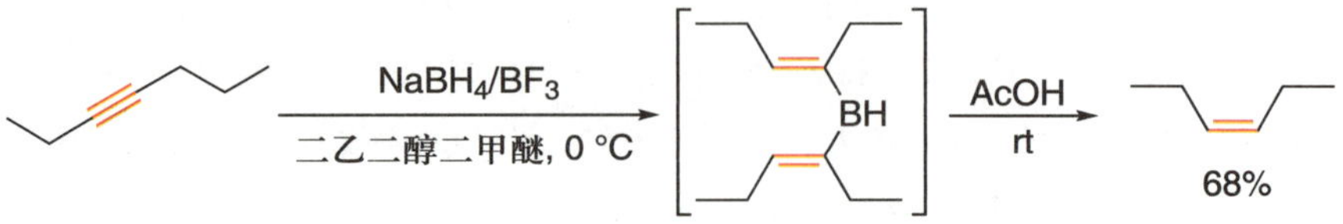

芳环中的双键也可以被催化氢化，但是反应需要的温度远比氢化普通双键时的高。这个反应通常使用的是非均相催化剂，有时也可以使用均相催化剂，使用后者时反应条件相对更温和。很多官能团如 OH、CO_2H 和 NH_2 对反应没有影响。对于苯环，反应通常无法停留在只还原一个或两个双键，因为烯烃比苯环更容易被还原。对于稠合芳香体系，反应可以停留在部分氢化的阶段。例如，蒽的还原很容易在 9,10 位被还原后停止，得到 9,10-二氢蒽。

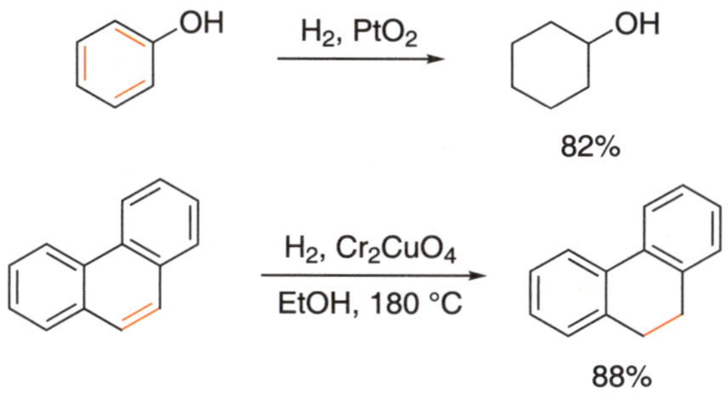

C=O 键的加氢反应

许多还原剂可以将醛、酮还原成相应的伯醇、仲醇。最常用的还原剂是金属氢化物如 $LiAlH_4$ 和 $NaBH_4$ 等。这部分内容已经在上册第 13 章　醛酮与亲核加成反应中讨论。

一般而言，孤立或共轭的双键不受金属氢化物的影响，但是与羰基共轭的双键在某些情况下也可以被还原。只还原 α,β-不饱和醛酮中羰基的一些试剂有：AlH_3、$LiAlH_4/LaCl_3$、$LiAlH_4/CeBr_3$、$Zn(BH_4)_2$、$NaBH_3(OAc)$ 等。

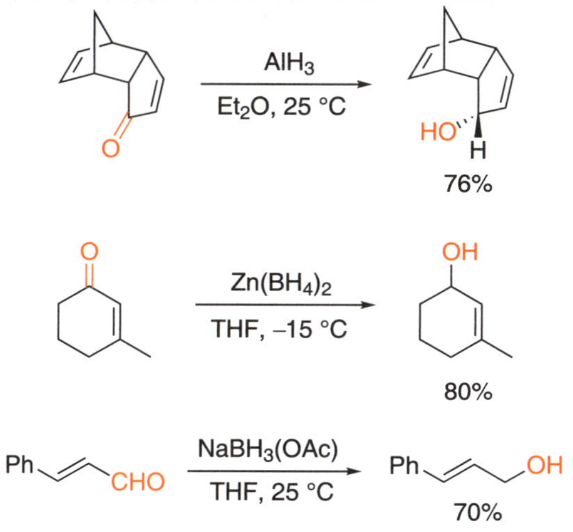

许多试剂还原醛比还原酮快得多。如 $NaBH(OAc)_3$、$NaBH_4/HCO_2H$、$Zn(BH_4)_2$、$Ti(O^iPr)_2H_2$、$LiAlH_4$ 与 *N*-甲基吡咯烷-2-酮形成的络合物及 Bu_3SnH 等。$NaBH_4$ 还原羰基化合物的速率顺序为：醛 > α,β-不饱和醛 > 酮 > α,β-不饱和酮。

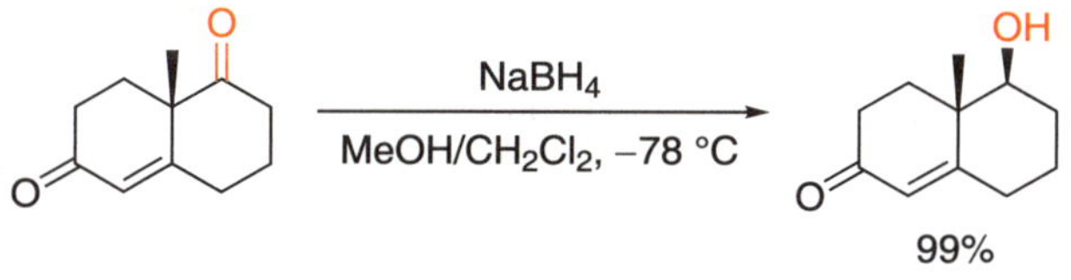

$LiAlH_4$ 和 $NaBH_4$ 在还原位阻相对较小的环酮时立体选择性很低或几乎没有选择性，但是大体积的还原剂三（二级丁基）硼氢化锂 [LiBH(*sec*-Bu)$_3$，L-selectirde] 或三（二级丁基）硼氢化钾 [KBH(*sec*-Bu)$_3$，K-selectirde] 无论是在环酮还是开链酮的还原中都表现出很好的非对映选择性。

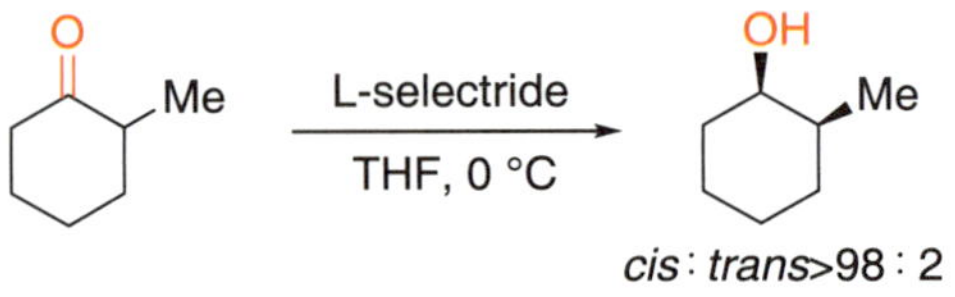

其他可以将醛酮还原成醇的方法还有催化氢化、乙醇中的金属钠还原、异丙醇和异丙醇铝还原、硼烷还原、硅烷还原等。

1. 催化氢化

醛酮氢化的常用催化剂是铂和钌。在金属氢化物发现之前，催化氢化是醛酮还原的常用方法之一。

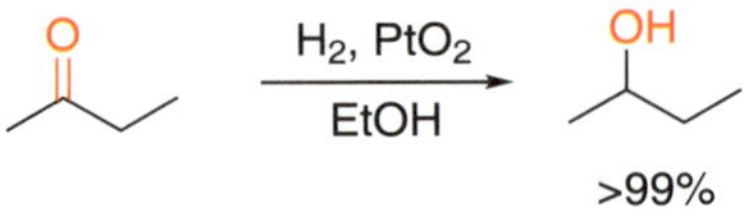

2. 乙醇中的金属钠还原

醛酮在乙醇中可以被金属钠还原，该方法称为 Bouveault-Blanc 方法，其机理是单电子转移过程。首先形成负离子自由基，随后质子转移得到自由基，然后电子转移得到碳负离子，最后质子转移得到还原产物。如果底物是共轭烯酮，得到的是 C=C 双键和 C=O 双键同时被还原的产物。

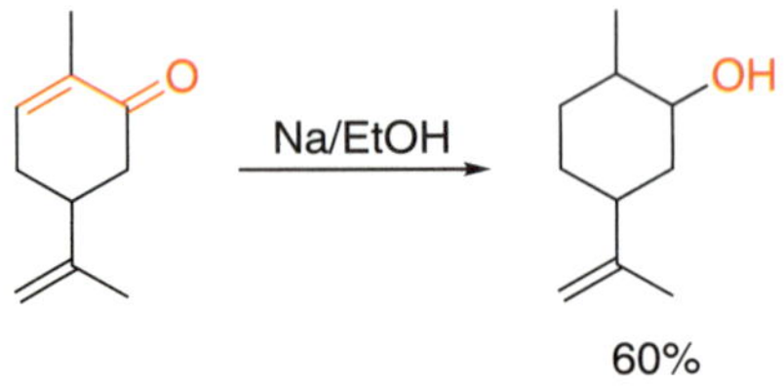

3. 异丙醇和异丙醇铝还原

以异丙醇为氢源，醛酮在异丙醇铝催化下可以通过转移氢化的方式被还原成醇，该方法称为 Meerwein-Ponndorf-Verley 还原，是 Oppenauer 氧化的逆反应。该方法条件温和、选择性好，对醛酮具有专一性，并且分子中的双键（包括共轭双键）及许多其他官能团都不被还原。

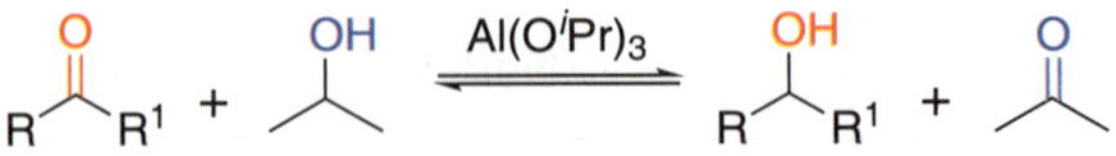

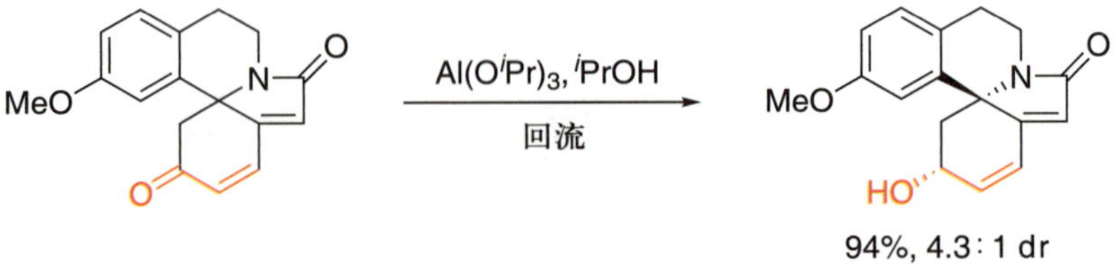

4. 硼烷还原

硼烷和取代硼烷还原醛和酮的方式是硼加到氧上，氢加到羰基碳上得到硼酸酯，然后硼酸酯水解生成醇。9-BBN（9-硼杂双环 [3.3.1] 壬烷）和 $BH_3 \cdot Me_2S$ 只还原共轭醛酮中的 C=O 键。

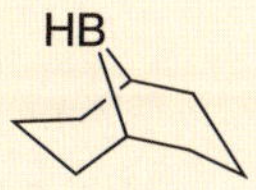

9-BBN

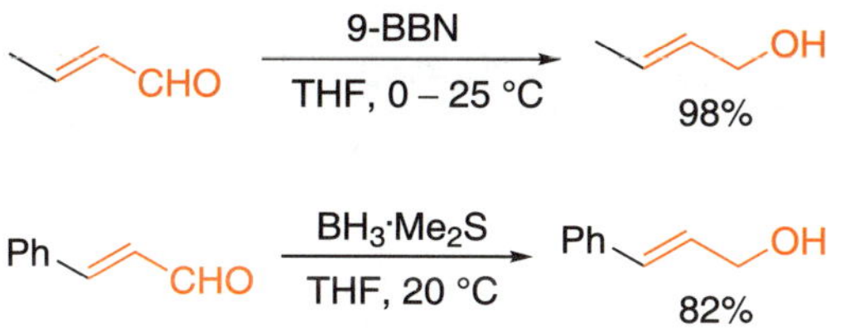

5. 硅烷还原

在 Lewis 酸如 BF_3 的催化下，硅烷可以将酮还原为醇。

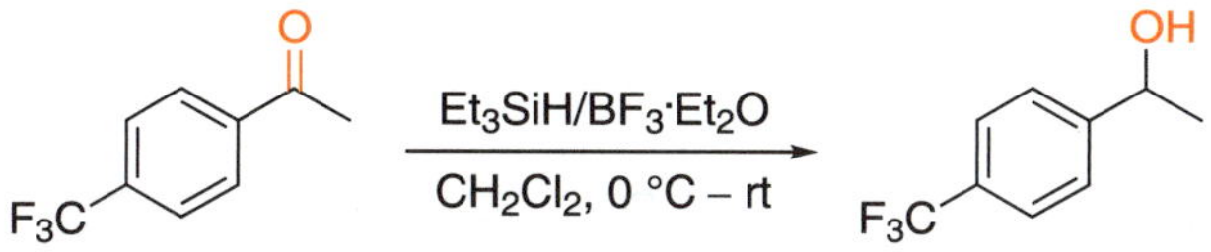

C=N 键的加氢反应

亚胺、腙和其他含 C=N 键的化合物可以用 $LiAlH_4$、$NaBH_4$、Na/EtOH、H_2/ 催化剂及其他还原剂还原。以 10% Pd/C 为催化剂，少量胺为添加剂，无论是脂肪族还是芳香族异氰酸酯都能被加氢还原成相应的甲酰胺。异硫氰酸酯在六甲基磷酰三胺（HMPA）和叔丁醇的存在下能够被 SmI_2 还原成硫代甲酰胺，反应是通过单电子转移过程进行的。

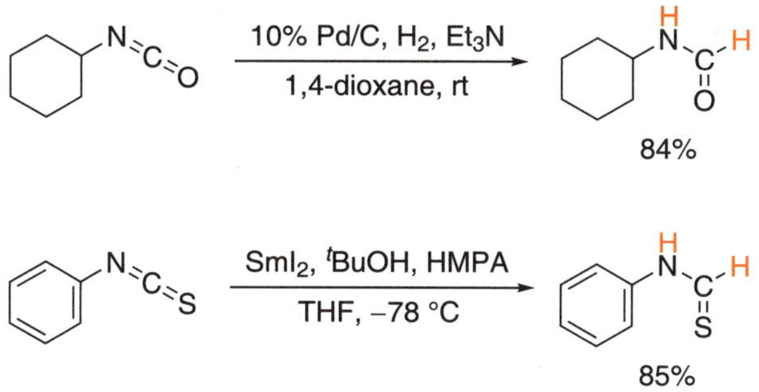

尽管肟通常会被还原成胺，但是如果选用适当的还原剂仍然可以被还原成羟胺。例如，酮肟可以被氰基硼氢化钠（$NaBH_3CN$）还原成羟胺，而采用催化氢化或硼烷还原的方法，无论是醛肟还是酮肟都可以得到相应的羟胺。

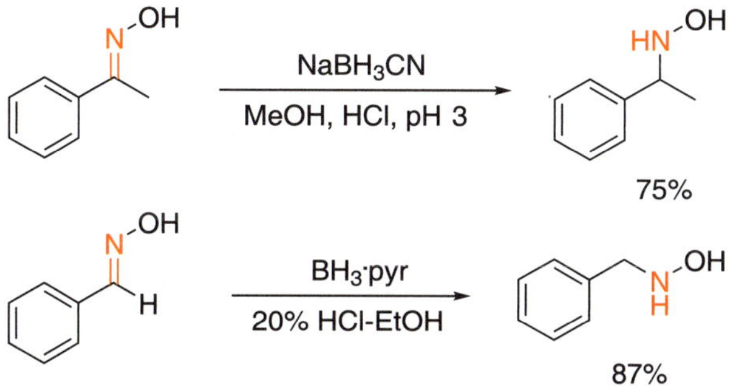

腈可以被许多还原剂还原成伯胺。最常用的是 $LiAlH_4$ 和 $BH_3 \cdot Me_2S$。$NaBH_4$ 一般不能还原腈，但在 Co (II)、Ni (II)、Cu (II) 和 Rh (III) 等金属卤化物的存在下，$NaBH_4$ 也能还原腈。此外，催化氢化也可以将腈还原成伯胺，但有时会伴随仲胺副产物的生成。

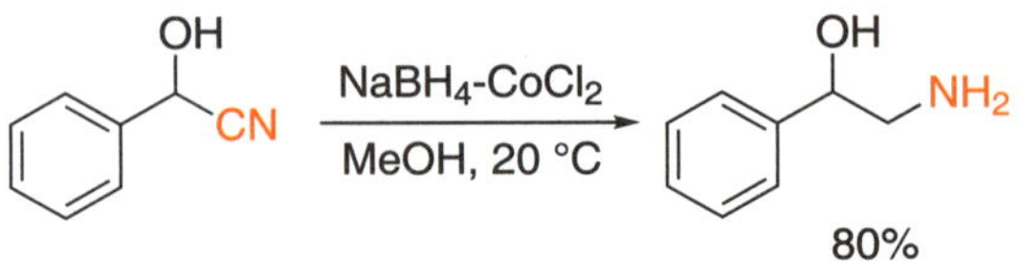

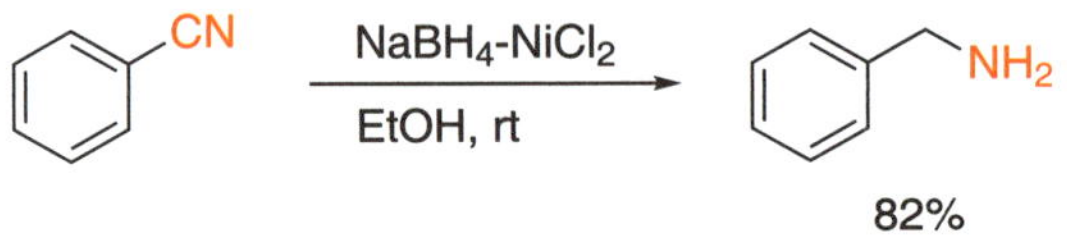

本章学习要点

(1) 有机氧化还原反应的定义。
(2) 有机氧化反应的一般机理。
(3) 常见有机氧化还原反应的类型。

习题

25.1 请给出如下的氧化脱氰基过程的详细机理。

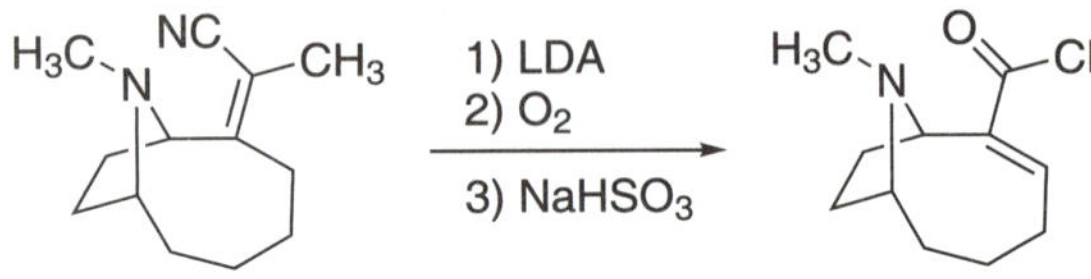

25.2 三醇 A 用 MnO_2 氧化得到稠环内酯 B，请给出合理的反应机理。

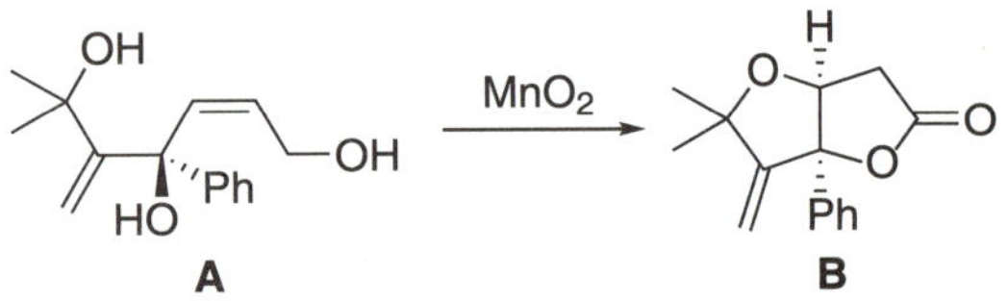

25.3 在醛的存在下用 O_2 和光敏剂氧化重氮化合物是一种不涉及臭氧制备但能制备臭氧化物的方法，请给出该转化的反应机理。

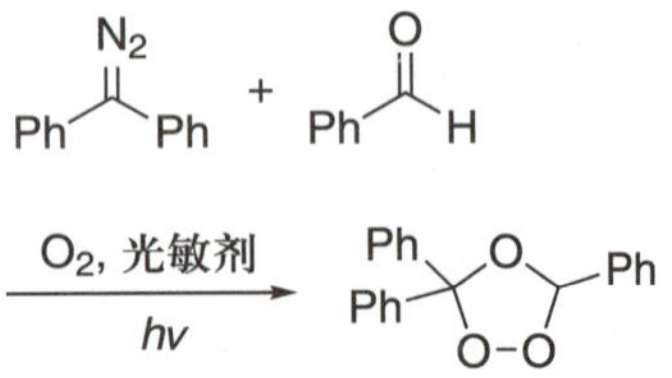

25.4 给如下反应选择合适的还原剂。

(1)

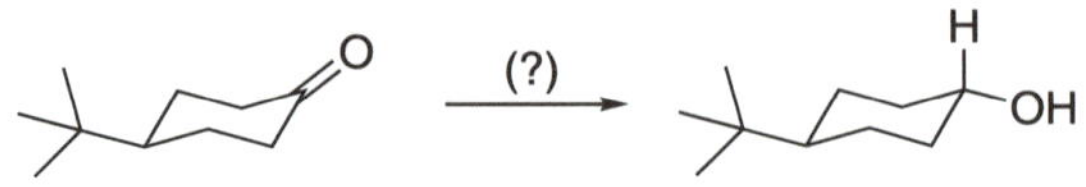

(2)

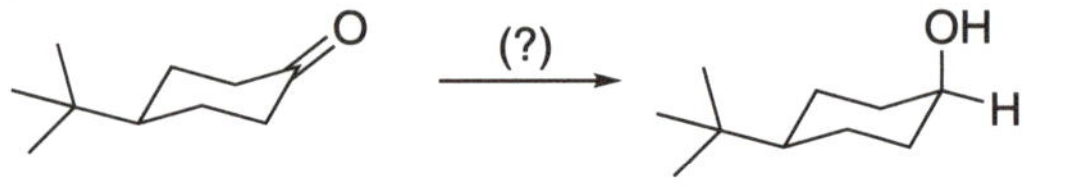

(3)

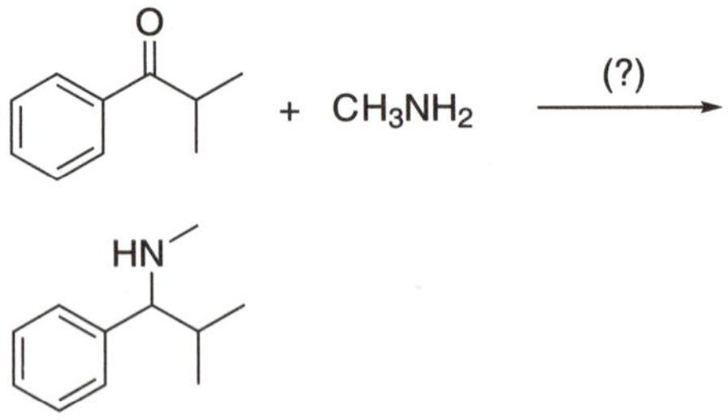

(4)

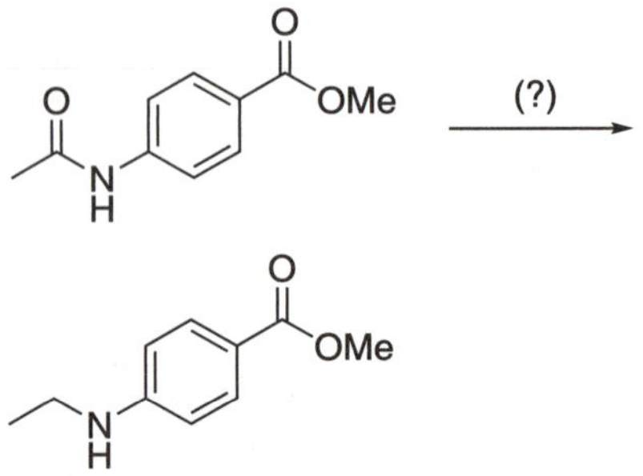

25.5 给出如下转化中各步骤的反应试剂及条件。

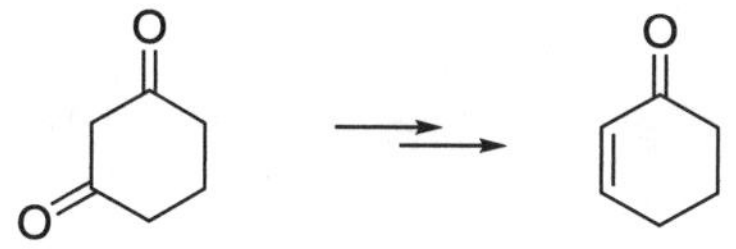

25.6 给出α-羟基酮在碱性过氧化氢条件下发生氧化断裂的反应机理。

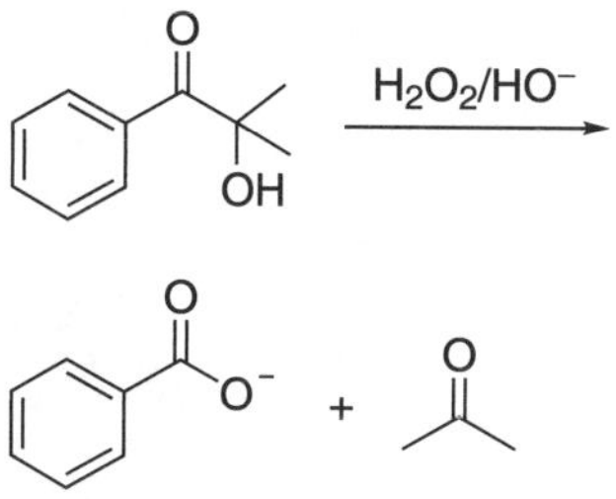

第 26 章

重排反应

第 26 章 重排反应

受试剂或介质的影响，分子内一个基团或原子从一个原子迁移到另一个原子形成新的分子，并造成碳骨架的变化（氢原子的迁移有时不会改变碳骨架），这种反应称为重排反应。在有机化学中，重排反应是一类非常重要的反应，涉及有机分子骨架的重组和新骨架的形成。根据反应机理和键的断裂与形成方式，重排反应可分为基团迁移重排反应和周环反应两大类。

26.1 基团迁移重排反应

基团迁移重排反应是指反应物分子中的一个基团（或原子）在分子内从一个原子迁移到另一个原子的反应。迁移基团原来所在的位置称为迁移起点，迁移后的位置称为迁移终点。根据迁移基团或原子移动位点的不同，可以分为 [1,2]-迁移重排、[1,3]-迁移重排等，其中最常见的是 [1,2]-迁移重排，即相邻原子间的迁移重排反应。常见的迁移基团是烃基。如果迁移基团带着成键电子对迁移，这时可以将迁移基团看作亲核试剂，称为亲核迁移或阴离子迁移重排（nucleophilic or anionotropic rearrangement）；如果迁移基团不带成键电子对迁移，则称为亲电迁移或阳离子迁移重排（electrophilic or cationotropic rearrangement），当迁移基团是氢原子时亦称质子迁移重排（prototropic rearrangement），前面章节提及的酸或碱催化的酮式和烯醇式的互变异构就属于此类重排；迁移基团还可以只带一个单电子迁移，称为自由基重排。其中亲核 [1,2]-迁移比亲电和自由基 [1,2]-迁移更为常见。

26.1.1 亲核重排

从空间效应和电子效应考虑，亲核重排比亲电重排和自由基重排更容易发生，反应底物的结构也丰富多样。一般而言，亲核重排通常包含三步骤：亲电中心的产生、迁移基团或原子带着成键电子对迁移并产生一个新的亲电中心、新产生的亲电中心湮灭并生成稳定的产物。由于迁移基团带着成键电子对迁移，所以迁移终点通常是价电子层只有六个电子的原子或其他缺电子体系。在亲核重排中，缺电子活性中心可以是缺电子的碳原子、氮原子或氧原子等。

思考题 26.1

通过查阅资料，试从立体效应和电子效应两方面合理解释亲核重排比亲电重排和自由基重排更容易发生的原因。

缺电子碳原子重排

1. 频哪醇重排

1,2-二醇用酸处理得到酮的反应称为频哪醇重排（pinacol rearrangement），是亲核重排的一个典型的实例。

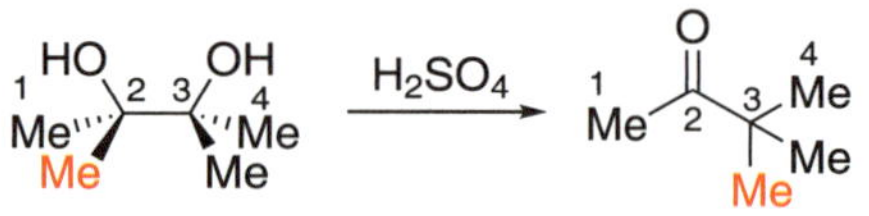

首先质子化其中一个羟基使其离去得到一个碳正离子中间体（缺电子活性中心），然后氧原子上的孤对电子推动（push）迁移基团甲基带着一对成键电子迁移到相邻的缺电子碳原子上得到质子化酮，最后失去一个质子得到重排产物。

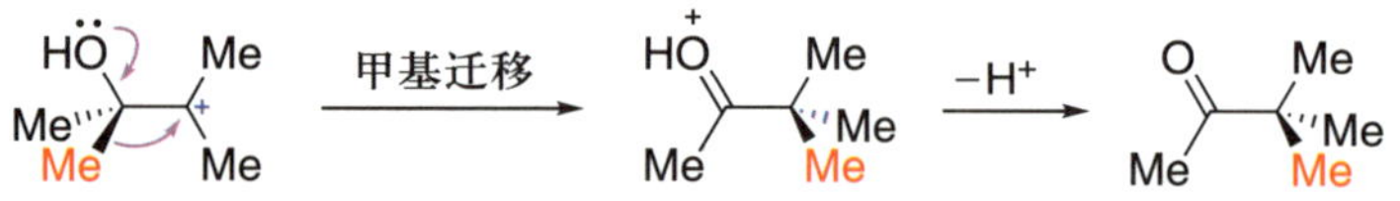

在频哪醇重排中，大多数不对称的 1,2-二醇在重排时会产生混合物，其主要原因在于底物中存在两个离去基团和两个可重排的方向，只有在某些特定的取代模式下才具有很好的选择性。一种解决策略是选择性地将二醇中位阻较小的一个羟基转变成具有更好离去能力的基团再进行重排，即半频哪醇重排（semi-pinacol rearrangement）。对甲苯磺酰氯能够优先接受空间位阻更小的伯醇或仲醇的亲核进攻，将伯羟基或仲羟基选择性地转变为对甲苯磺酸酯。由于对甲苯磺酸根是非常好的离去基团，此时重排反应在中性或碱性条件下就可以顺利进行。

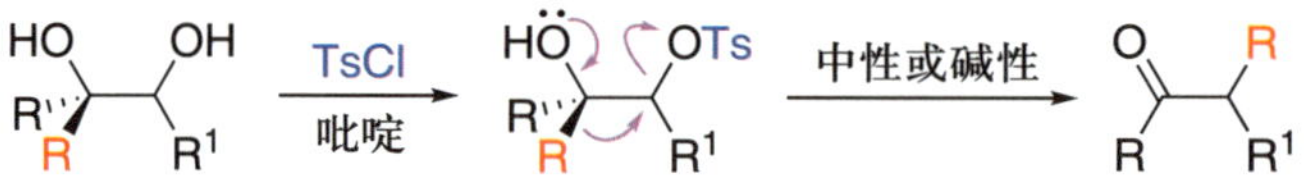

半频哪醇重排产物

Corey 教授在合成天然萜类化合物长叶烯（longifolene）时，需要将如下具有 6/6 稠合体系的邻二醇重排成一个 6/7 稠合体系的酮。但是在频哪醇重排条件下烯丙位三级醇更容易离子化，并且对酸敏感的缩酮保护基团也会发生水解，因而采用对甲苯磺酰化，实现位阻更小的仲羟基优先发生重排，在碱性条件下通过半频哪醇重排顺利地得到所需要的酮。

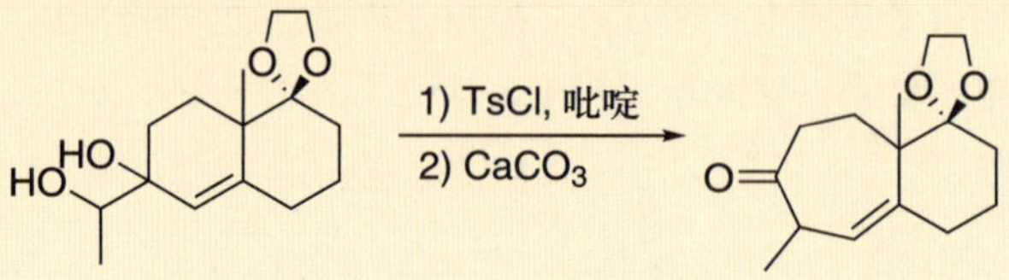

在半频哪醇重排中，离去基团不一定局限于对甲苯磺酸根。氮气、碘负离子等也具有很好的离去能力，因此，β 位含有重氮正离子的醇（见后面 Tiffeneau-Demjanov 重排）或 2-碘代醇也能够发生半频哪醇重排。

频哪醇重排中的关键中间体是 β-羟基取代的碳正离子（β-hydroxy carbonium ion），因此，其他反应只要能够生成该中间体，后续都能发生与频哪醇重排一样的烃基 [1,2]-迁移过程。例如，烯丙位 1,2-二醇在酸催化下能够通过 Prins 环化生成 β-羟基碳正离子中间体，继而发生重排迁移得到多取代四氢呋喃衍生物，即 Prins-pinacol 重排。

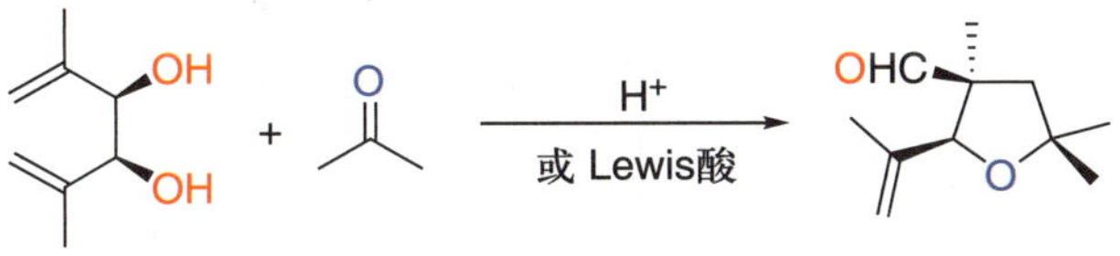

反应过程中，质子酸或 Lewis 酸活化的醛酮接受羟基的亲核进攻得到半缩醛中间体，然后脱水得到氧碳鎓离子中间体（oxocarbonium ion），Prins 环化（即烯烃作为亲核试剂进攻氧碳鎓离子）得到 β-羟基碳正离子中间体，烃基 [1,2]-迁移重排得到取代四氢呋喃衍生物。

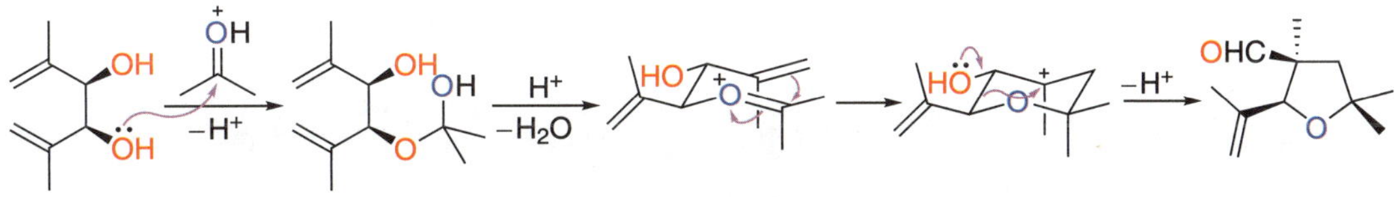

该反应具有较好的普适性。此外，由于 Prins 环化要求形成椅型过渡态，因此，该反应具有很好的立体选择性。

2. 双烯酮-酚重排

环己二烯酮化合物在酸催化下可以发生分子内重排得到多取代苯酚，即双烯酮-酚重排（dienone-phenol rearrangement）。我们可以将这类重排看作反向的频哪醇重排。频哪醇重排的驱动力是形成一个羰基，重排后得到氧原子稳定的碳正离子，即质子化的羰基化合物，它快速失去质子形成羰基化合物。而双烯酮-酚重排正好相反，一个质子化的羰基化合物重排得到一个碳正离子，重排的驱动力是重排后的碳正离子可以快速失去质子，然后芳构化得到一个更为稳定的芳香环系。在重排过程中，质子化羰基的"拉动（pull）"作用促使迁移基团发生 [1,2]-迁移。

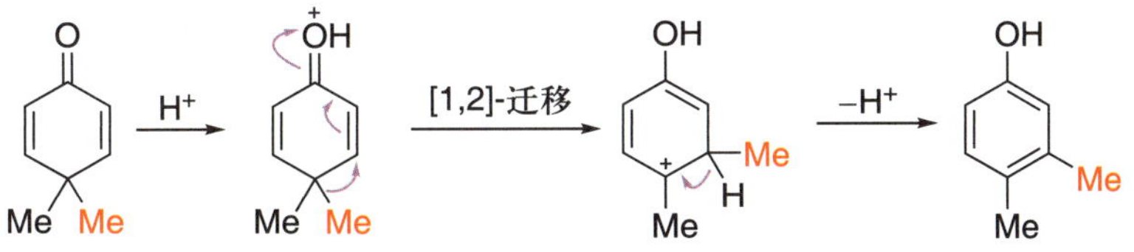

3. Wagner-Meerwein 重排

在质子酸或 Lewis 酸（LA）作用下，分子中的烯、醇、环氧、环丙烷、仲（叔）卤代烃等结构单元生成碳正离子后，烷基发生迁移形成新的碳碳键和新的碳正离子，此过程即为 Wagner-Meerwein 重排。新碳正离子失去质子或被亲核试剂捕获后生成烯烃产物或其他取代产物。当底物为环状化合物时也可以得到扩环产物。

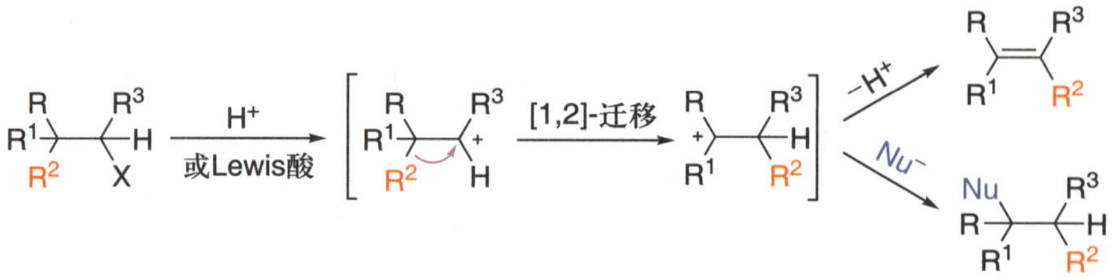

例如，*cis*-1,2-二苯基环氧乙烷在 Lewis 酸 $MgBr_2$ 的促进下，可以重排得到 2,2-二苯基乙醛。

Wagner-Meerwein 重排反应常应用于许多天然产物的合成。例如，在 (+)-Quadrone 的合成中，作为关键一步，酸催化的 Wagner-Meerwein 重排反应将手性底物中的环丁烷结构扩环为环戊烷，然后再恢复内酯结构得到所需的关键中间体。

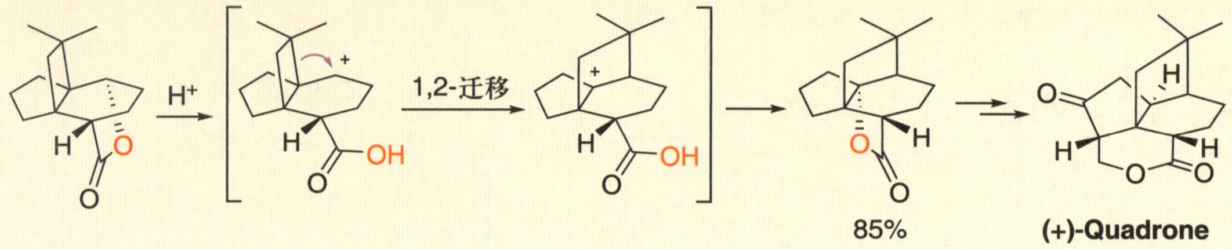

4. Demjanov 重排和 Tiffeneau-Demjanov 重排

用亚硝酸处理氨甲基环烷烃或 1-氨甲基环醇可分别得到扩环的环醇或扩环的环酮，在这些化学转化中也伴随着烷基向相邻的缺电子碳原子的迁移过程。前者称为 Demjanov 重排，后者称为 Tiffeneau-Demjanov 重排。

Demjanov 重排

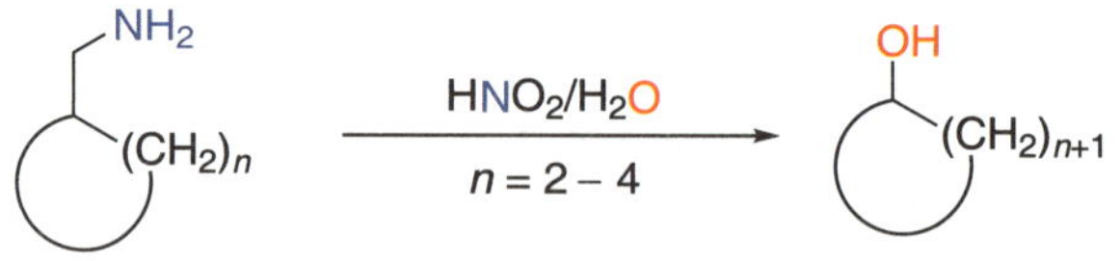

Tiffeneau-Demjanov 重排

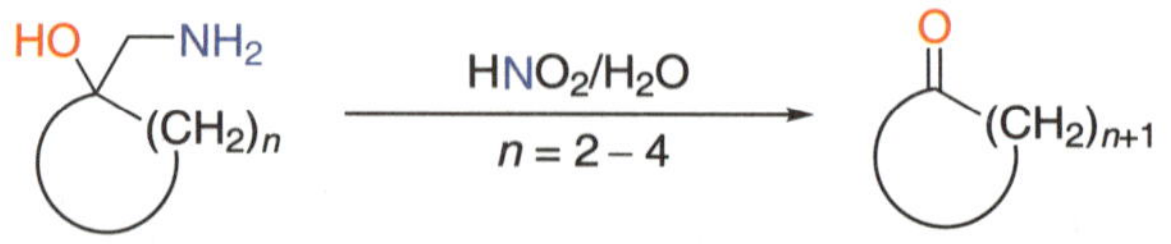

Demjanov 重排和 Tiffeneau-Demjanov 重排的反应机理相似，均是氨基在亚硝酸作用下首先转化成重氮正离子。在 Demjanov 重排中，C−N 键异裂、N_2 离去得到环外甲基碳正离子，然后烷基发生 [1,2]-迁移，重排得到扩环的更稳定的环状二级碳正离子，最后被水分子亲核进攻并失去质子产生扩环的环醇。

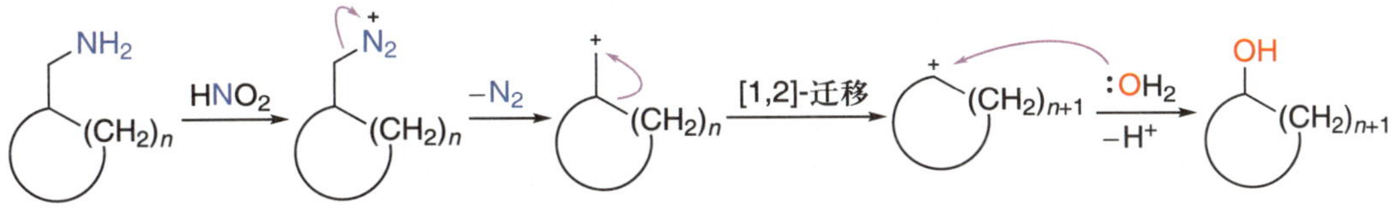

在 Tiffeneau-Demjanov 重排中，在氧原子上孤对电子的推动和 N_2 分子离去的拉动下，烷基发生 [1,2]-迁移，重排得到更稳定的氧鎓离子，失去质子后生成扩环的酮。

推动与拉动
(push and pull)

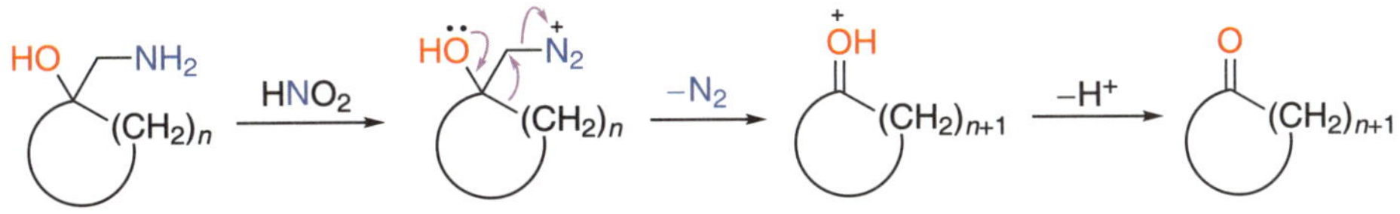

Demjanov 重排适用于五到七元环醇的制备，而 Tiffeneau-Demjanov 重排适用范围更为广泛，可用于四到八元环酮的制备。此外，后者的产率也通常比前者高。

思考题 26.2

如何从机理的角度理解 Tiffeneau–Demjanov 重排的适用范围比 Demjanov 重排更广这一事实？

5. 醛酮同系化

醛、酮和重氮甲烷反应生成其同系物的化学转化称为醛酮的同系化。

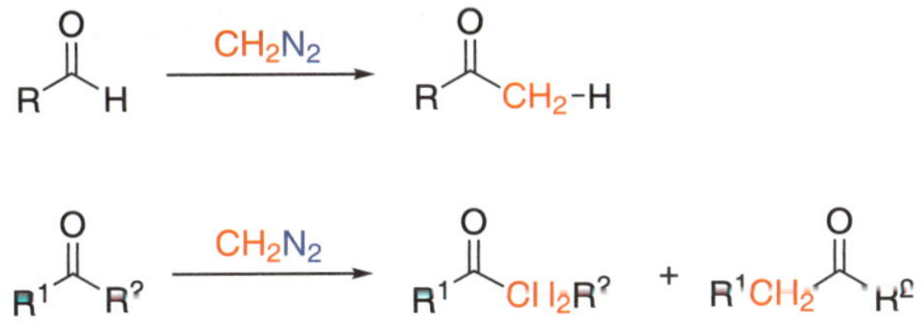

从表面上看，该反应似乎是重氮甲烷分解得到的甲叉基卡宾对 C–H 键和 C–C 键的插入反应，但实际上并非如此，反应过程中同样经历了烷基或氢原子向邻近缺电子碳原子的迁移过程。

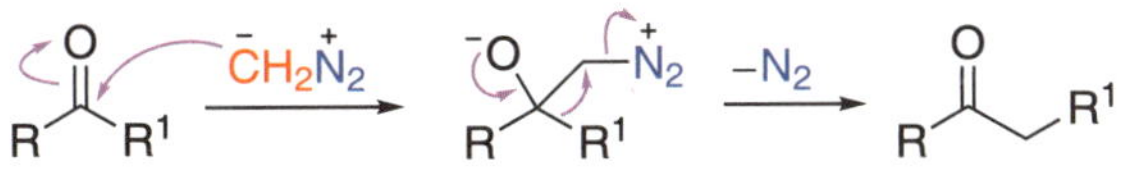

该同系化反应中最大的副反应是分子内亲核取代反应，生成环氧化合物，但是环酮通常可以很好地得到相应的扩环产物。

6. 二苯乙醇酸重排

苯偶酰在碱性条件下重排得到二苯乙醇酸盐，称为二苯乙醇酸重排 (benzilic acid rearrangement)，是 1,2-二酮或 α-羰基醛的特征反应之一。该重排反应与前面提及的反应的差别在于迁移基团并不是迁移到一个具有六电子价电子层的碳原子上。反应的第一步是氢氧根亲核进攻羰基形成四面体中间体，中间体氧原子上的孤对电子推动四面体中间体的坍塌（collapse），促使迁移基团带着成键电子对迁移到相邻的亲电羰基碳原子上，得到稳定的重排产物。

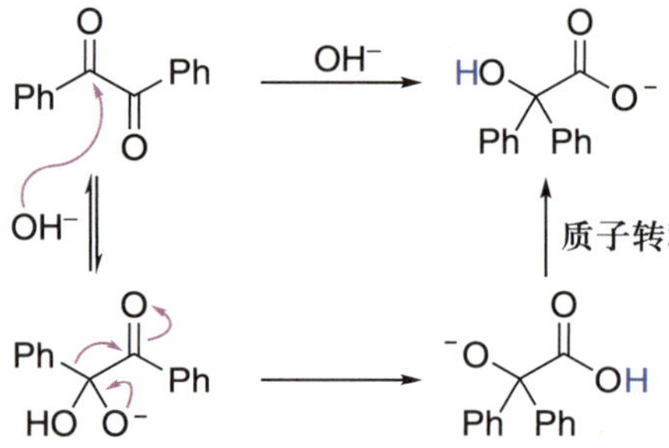

当使用烷氧负离子代替氢氧根为碱时，反应通过类似的机理得到相应的羧酸酯。迁移过程中，芳基优先于烷基进行迁移。

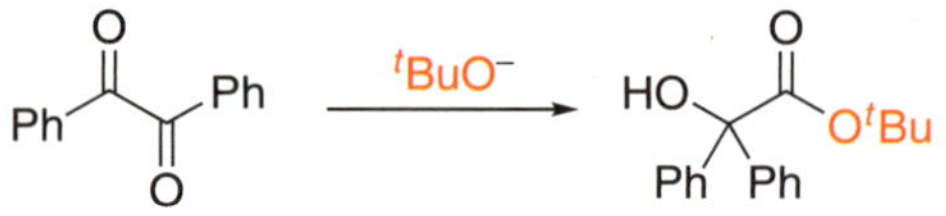

7. **准-Favorskii 重排**

与二苯乙醇酸重排机理非常相似的一个重排反应是准-Favorskii 重排（quasi-Favorskii rearrangement），即不能烯醇化的 α-卤代酮在碱性条件下经重排得到相应的羧酸及其衍生物的反应。

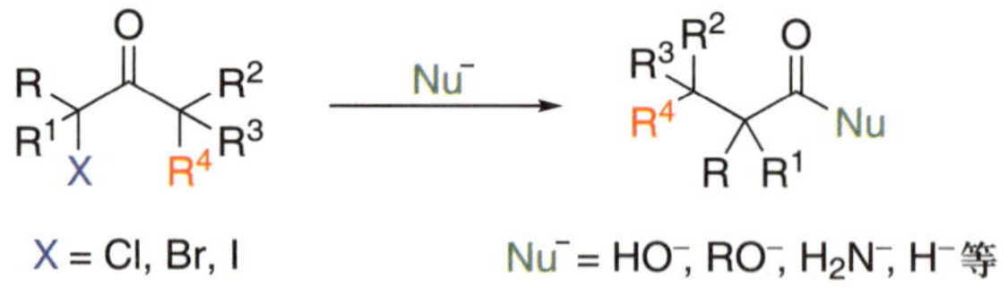

在反应过程中，碱作为亲核试剂首先对羰基进行亲核加成得到四面体中间体，然后在氧原子上孤对电子的推动和卤负离子离去的拉动下，烷基向邻近极化后带部分正电荷的碳原子上迁移得到重排产物。从本质上讲，该反应机理与前面学习过的碱性条件下半频哪醇重排相似。

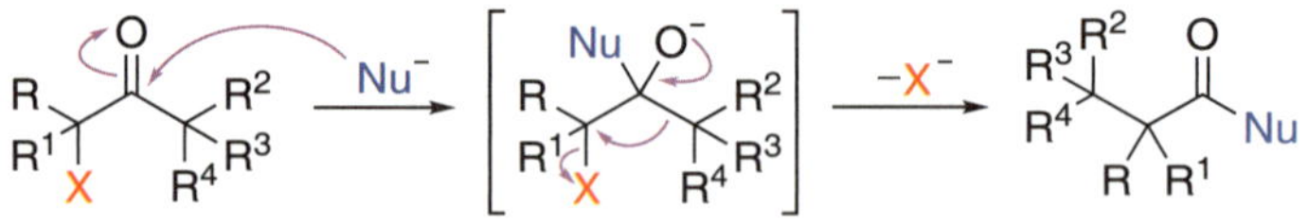

例如，在强力止痛药哌替啶 pethidine 的合成中就利用了准-Favorskii 重排反应进行羧酸 α-位季碳中心的构筑。

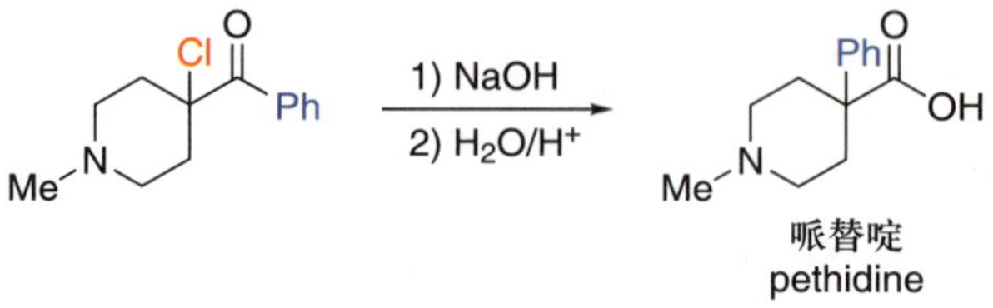

三环 α-溴代酮在 $LiAlH_4$ 作用下先发生准-Favorskii 重排得到三环醛，进一步原位还原得到三环醇衍生物。

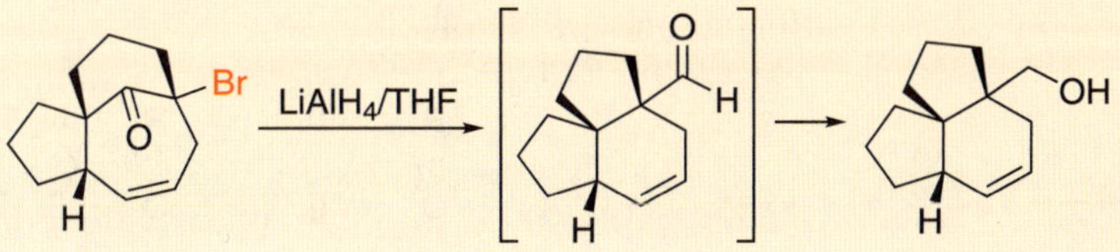

8. Favorskii 重排

虽然有 α-H 的 α-卤代酮底物在相似的反应条件下也能得到结构相似的重排产物，称为 Favorskii 重排，但反应机理与准-Favorskii 重排截然不同。由于酸性 α-H 的存在，碱不再作为亲核试剂进攻羰基，而是直接夺取 α-H 生成烯醇负离子中间体。烯醇负离子中间体发生分子内烷基化反应（类似S_N2 反应）得到高反应性环丙酮中间体，然后接受碱的亲核进攻得到四面体中间体，四面体坍塌促使其中一根 C–C 键断裂形成更稳定的碳负离子中间体。尽管该步反应从较稳定的氧负离子转化成较不稳定的碳负离子，但是 C–C 键的断裂导致环张力的释放，因此仍然是热力学有利的过程。最后质子转移得到重排后的羧酸负离子。

关于环丙酮中间体的形成，也有学者认为是通过形成烯醇负离子后首先发生 C–X 键的断裂生成氧烯丙基正离子 (oxyallyl cation)，然后通过两电子对旋的电环化关环得到。

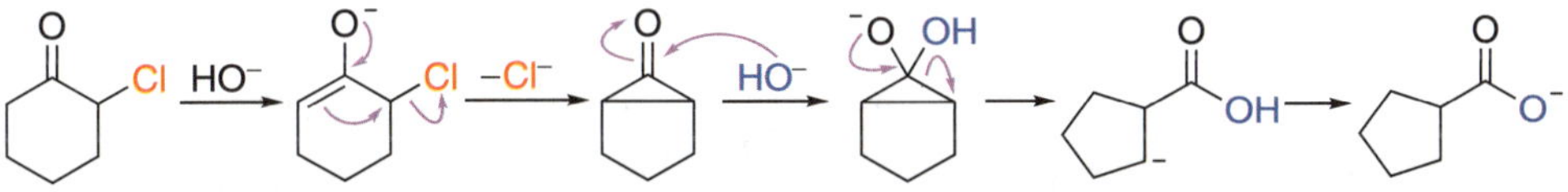

从反应结果可以发现，该重排的最终结果与 [1,2]-迁移完全一致，即羰基一侧的烃基迁移到羰基的另一侧。

Favorskii 重排具有很好的区域选择性，三元环四面体中间体坍塌时优先形成热力学更稳定的碳负离子，是合成 α-支链化羧酸及其衍生物的好方法。β-卤代酮在相同条件下也能通过类似的机理，经由环丁酮中间体得到重排产物，称为高-Favorskii 重排 (homo-Favorskii rearrangement)。

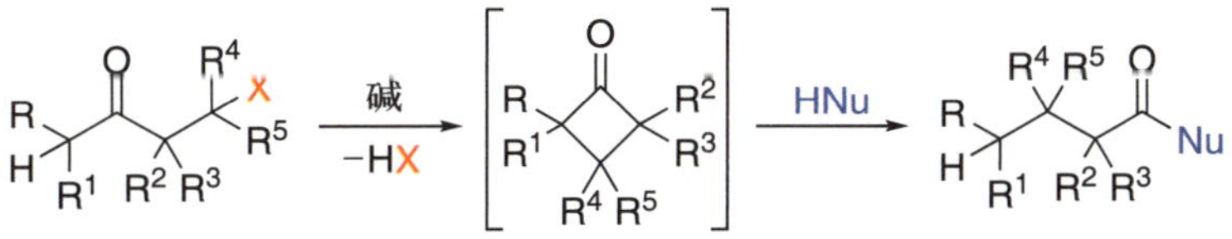

9. Wolff 重排

单线态卡宾 (carbene) 同时含有一对未成键电子对和一个空的 *p* 轨道，因此，单线态卡宾与碳正离子一样是缺电子的，属于亲电碳中心，只不过与碳正离子不同，卡宾不带电荷。尽管含有 β-H 的卡宾通常会发生氢迁移得到烯烃，但没有 β-H 的卡宾则会发生烷基或芳基 [1,2]-迁移的重排反应。其中最常见的是 α-重氮酮在光照、加热或金属盐如 Ag_2O 存在的条件下形成直接与羰基相连的卡宾，随后发生重排反应，即 Wolff 重排。在 Wolff 重排中烃基迁移后得到的最初产物是烯酮 (ketene)，它不能被分离，而是接受外加亲核试剂的进攻产生相应的羧酸衍生物。

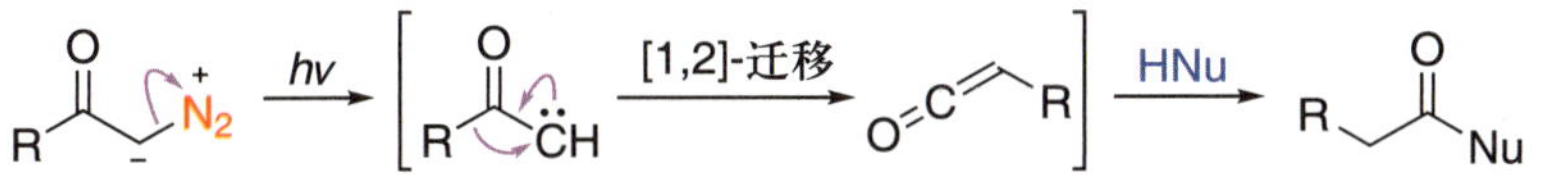

HNu = H_2O, ROH, NH_3 等

与共轭二烯烃类似，卡宾前体 α-重氮酮存在两种极端构象，即 *s-Z* 和 *s-E*。研究表明，在加热条件下，Wolff 重排会优先通过 *s-Z* 构象进行。此时，迁移基团的迁移和离去基团的离去是同步进行的。

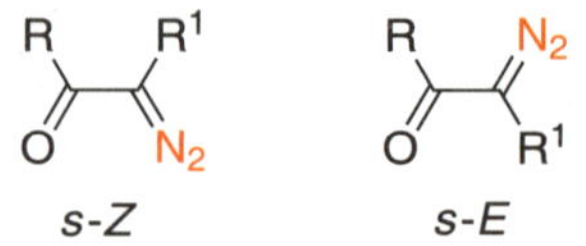

重氮甲烷和酰氯反应制备 α-重氮酮的方法显著扩展了 Wolff 重排反应的应用范围，提供了一种非常有用的增长羧酸碳链的合成方法，称为 Arndt-Eistert 羧酸同系化反应。

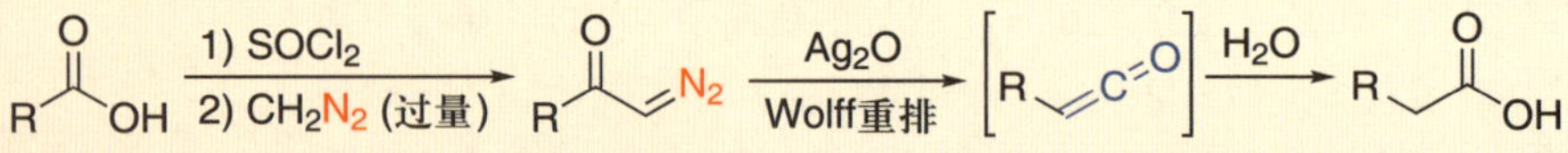

无 β-H 的重氮烷烃形成的卡宾同样能够发生烷基迁移重排。例如，1-重氮-2,2-二甲基丙烷在光照下形成的卡宾可以发生甲基迁移得到 2-甲基丁-2-烯，同时伴随卡宾对甲基上 C−H σ 键插入产物 1,1-二甲基环丙烷的生成。

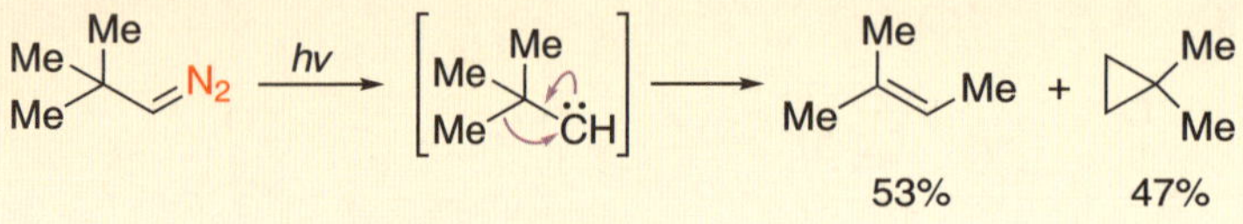

10. Petasis-Ferrier 重排

除了 [1,2]-迁移重排，还有更远距离的迁移重排。在 Lewis 酸作用下，环状烯醇缩醛重排为四氢呋喃或四氢吡喃的反应称为 Petasis-Ferrier 重排反应。该反应是一个分步的 [1,3]-迁移过程。

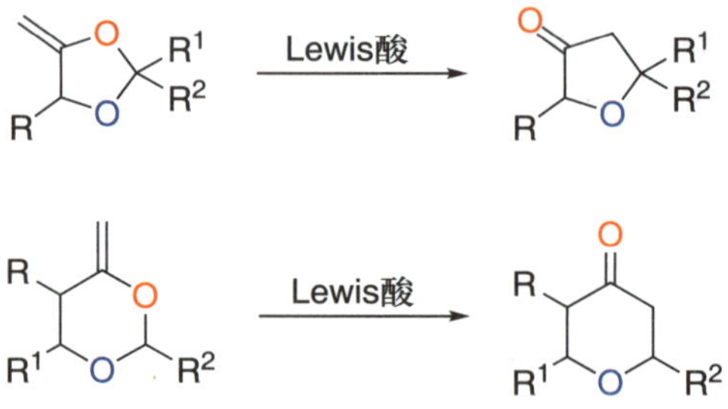

首先，Lewis 酸（如三烷基铝）与烯醇氧原子配位，在醚氧原子上反式共平面的孤对电子的帮助下发生相邻 C−O 键的异裂得到氧𬭩离子烯醇盐中间体，最后烯醇盐对氧𬭩离子进行亲核进攻重新环化得到重排的氧杂环产物。

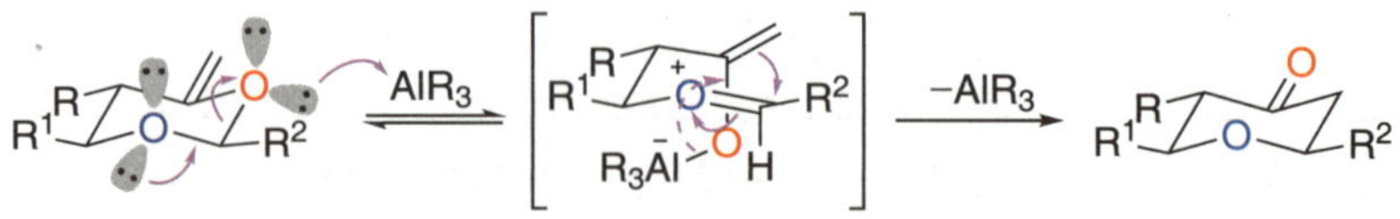

Petasis-Ferrier 重排反应中，底物烯醇缩醛可以方便地从手性 α-或 β-羟基酸制备，所以该反应已成为制备手性四氢呋喃或四氢吡喃的有用方法，在天然产物的合成中已得到广泛应用。例如在天然产物 kendomycin 合成中，利用 Me_2AlCl 催化的 Petasis-Ferrier 重排成功地构建了手性四氢吡喃片段。

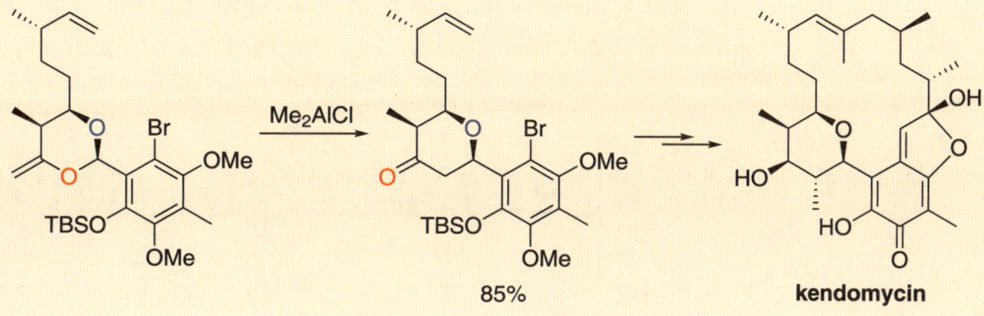

缺电子氮原子重排

1. Beckmann 重排

酮肟用硫酸或 PCl_5 等试剂处理并重排得到取代酰胺的反应，即 Beckmann 重排，就是烃基迁移到缺电子氮原子的例子。合成纤维尼龙（nylon）的工业生产依赖于己内酰胺（caprolactam）的碱性开环聚合，而硫酸促进的环己酮肟的 Beckmann 重排为己内酰胺的合成提供了重要方法。

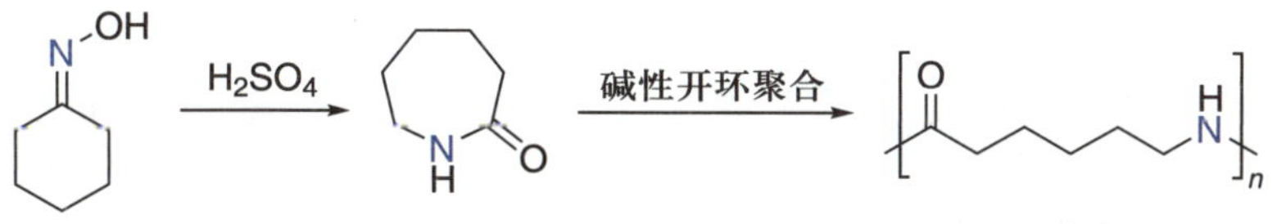

反应过程中，酮肟的羟基首先与硫酸等试剂作用转化成容易离去的基团，使氮原子具有更强的亲电活性，促使与羟基处于反式的烃基带着成键电子对迁移形成碳正离子中间体。对于非环酮肟，通常迁移产物更倾向于用线形腈鎓离子（linear nitrilium ion）表示。这种情况下，在表示电子转移过程时，我们可以认为是氮原子上孤对电子的推动（push）作用和离去基团的拉动（pull）作用共同促进了迁移基团带着成键电子对从离去基团的背面迁移到氮原子上。

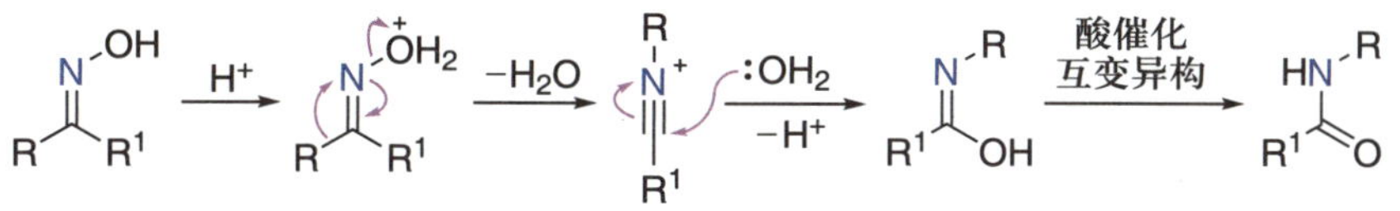

Beckmann 重排的特点是迁移基团位于肟羟基的反位，如果迁移碳原子是手性中心，迁移后得到构型保留的重排产物。

值得注意的是，Beckmann 重排的机理受底物的结构影响比较显著。含有三级烷基的酮肟，例如，3,3-二甲基丁-2-酮形成的酮肟在酸催化下得到 *N*-叔丁基乙酰胺，从表面上看，得到的产物与通过上述机理形成的重排产物一样，但实际反应机理并非如此。

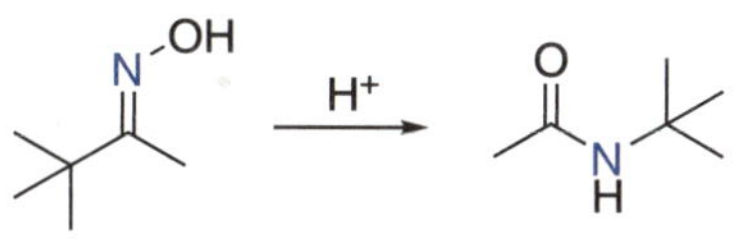

当把这个化合物与另一个含有不同三级烃基的化合物混合在一起，在酸作用下进行重排时发现除了生成两个预期产物，还伴随两个交叉产物的生成。

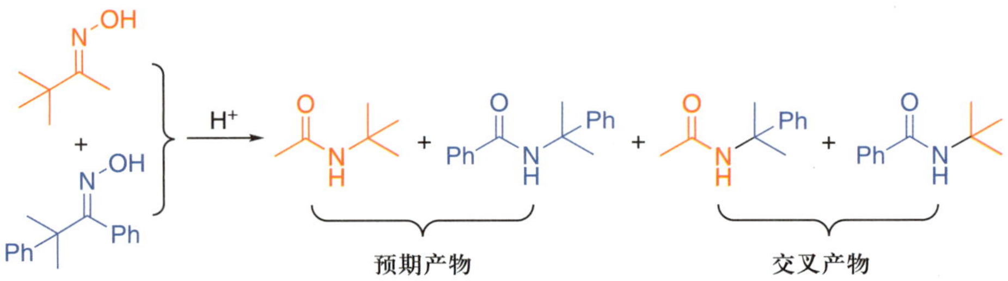

上述实验结果表明，该类结构的酮肟重排并不是前面提及的分子内重排反应，而是分子间的过程，即酮肟质子化之后首先发生 C–C 键的异裂，得到稳定的三级碳正离子、腈和水三个碎片，然后腈和碳正离子重新结合形成线形腈鎓离子，后者接受水的亲核进攻后再互变异构得到酰胺产物。在交叉实验中，由于分别存在两种不同的三级碳正离子和腈碎片，因此有四种组合方式得到线形腈鎓离子中间体，最终形成四种产物。

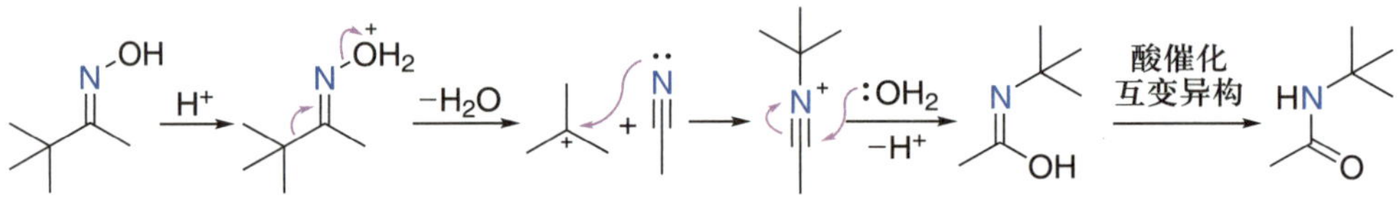

2. Stieglitz 重排

某些双环 *N*-卤代胺在银盐的存在下也能发生烷基从碳原子上迁移到相邻的缺电子氮原子上的重排反应，称为 Stieglitz 重排。例如，2-氯-2-氮杂双环 [2.2.2] 辛烷在 $AgNO_3$ 的甲醇溶液中重排得到 2-甲氧基-1-氮杂双环 [3.2.1] 辛烷。

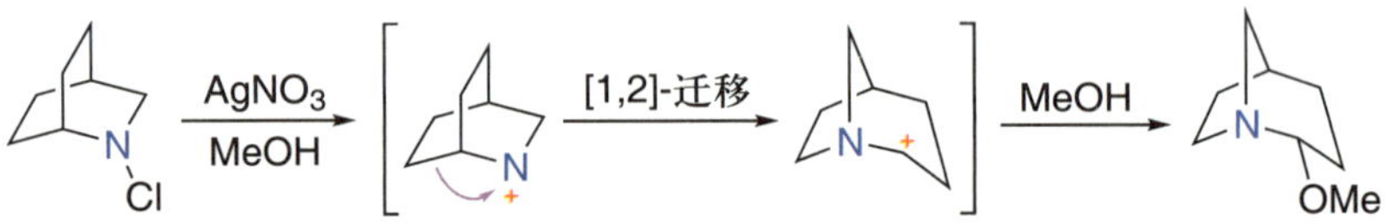

该重排过程与 Wagner-Meerwein 重排相似。首先在 Ag^+ 的作用下发生 C–Cl 键的异裂得到价电子层为六电子的氮正离子中间体，随后烷基 [1,2]-迁移产生一个新的碳正离子中间体，最后被甲醇捕获得到重排产物。

该反应也应用于一些扩环过程。例如，1-(*N*-氯-*N*-环己基氨基) 环丙醇在银盐存在下通过类似频哪醇重排的过程扩环得到 β-内酰胺衍生物。

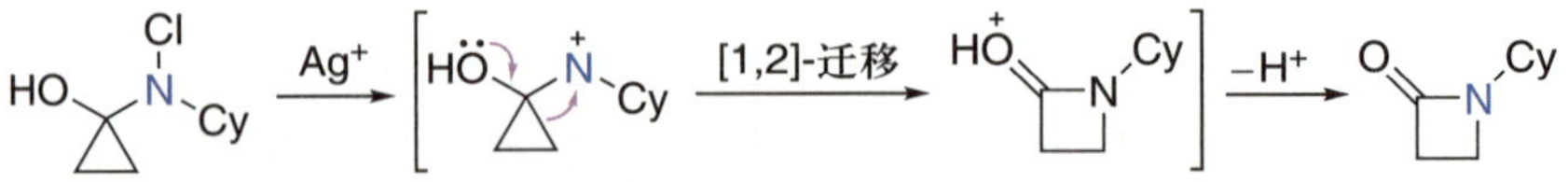

3. Hofmann 重排、Curtius 重排、Lossen 重排和 Schmidt 重排

乃春 (nitrene) 是另一类具有缺电子氮中心的化合物，同样可以促使邻近的烃基迁移到缺电子的氮原子上。许多重排反应涉及酰基乃春的迁移，最初的重排产物是异氰酸酯，它接受亲核试剂的进攻可以得到氨基甲酸及其衍生物，其中氨基甲酸不稳定，会进一步脱羧得到伯胺。

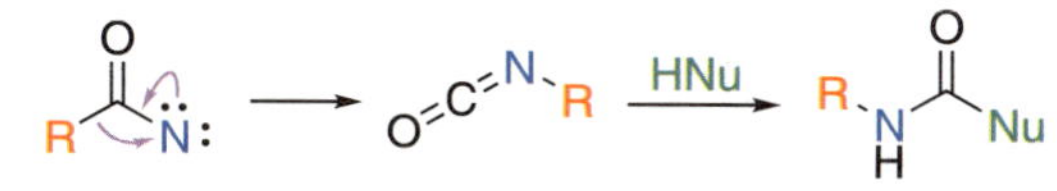

该类重排反应根据形成酰基乃春的底物不同而分为 Hofmann 重排、Curtius 重排、Lossen 重排和 Schmidt 重排。

在 Hofmann 重排中，一个 N 原子上没有取代的酰胺用溴的氢氧化钠溶液处理得到相应的伯胺。在反应过程中首先是碱攫取伯酰胺氮原子上的一个质子得到相应的氮负离子，后者与溴反应得到 *N*-溴代酰胺，继续被碱攫取质子得到溴化的酰基氮负离子。溴负离子很容易离去，生成酰基乃春。

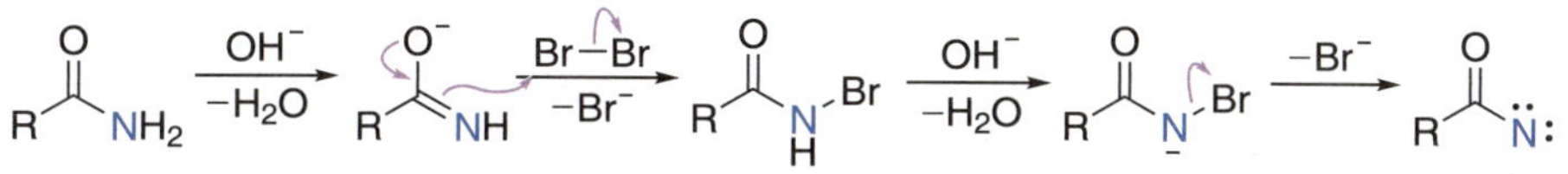

在 Curtius 重排中，酰基叠氮化合物在加热的情况下失去一分子氮气形成相应的酰基乃春。其中酰基叠氮化合物可以用酰氯和叠氮化钠的亲核取代反应方便地制备。

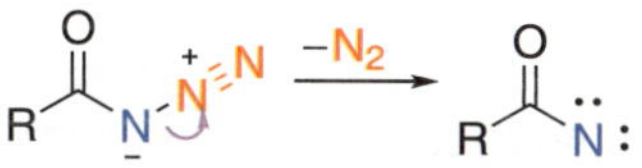

N-羟基酰胺及其酰基衍生物用碱或强酸处理同样可以形成酰基乃春，称为 Lossen 重排。如下以碱性条件下酰基乃春的形成机制为例，首先 *N*-酰氧基酰胺上的酸性氢被氢氧根夺走形成 *N*-酰氧基酰胺负离子，然后酰氧负离子离去产生酰基乃春。

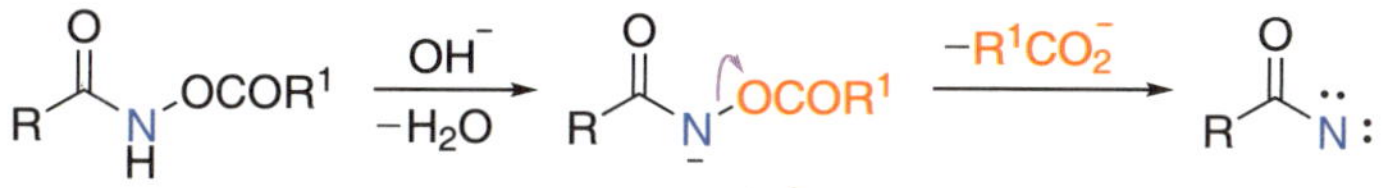

在 Schmidt 重排中，羧酸在酸催化下首先形成酰基正离子，然后接受叠氮酸的亲核进攻并失去一个质子得到酰基叠氮化合物，后者失去一分子 N_2 生成酰基乃春。

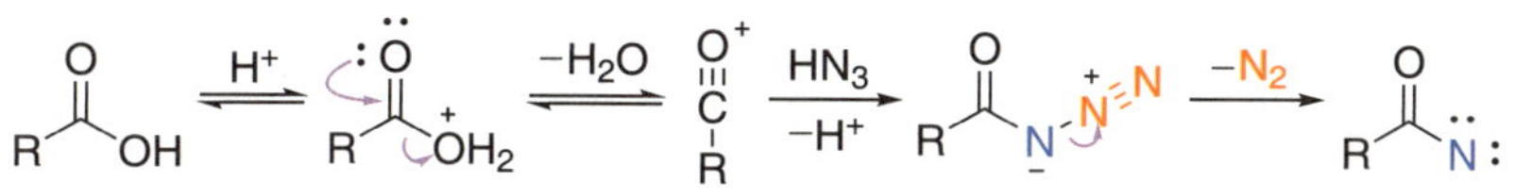

烷基叠氮化合物在加热的情况下也能发生类似的烃基迁移重排过程并生成相应的亚胺。反应机理与 Curtius 重排一样，经由乃春中间体。因为反应过程中有氮气放出，因此，叠氮化合物具有爆炸性，在使用时需要格外小心。

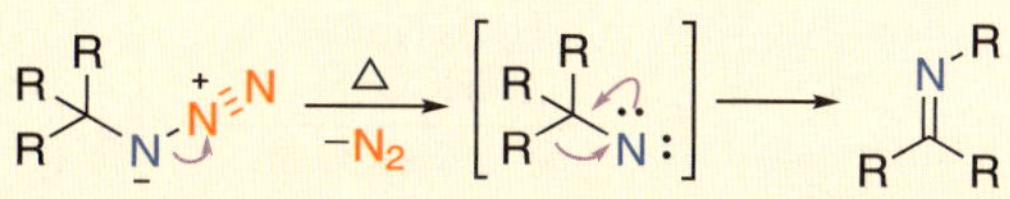

R 基团可以是烷基、芳基和氢，尽管氢迁移得到的产物是氮上无取代的不稳定亚胺 ($R_2C{=}NH$)。反应在酸催化下同样可以进行，此时反应可以在较低温度下进行。环烷基叠氮化合物重排可以得到扩环产物。

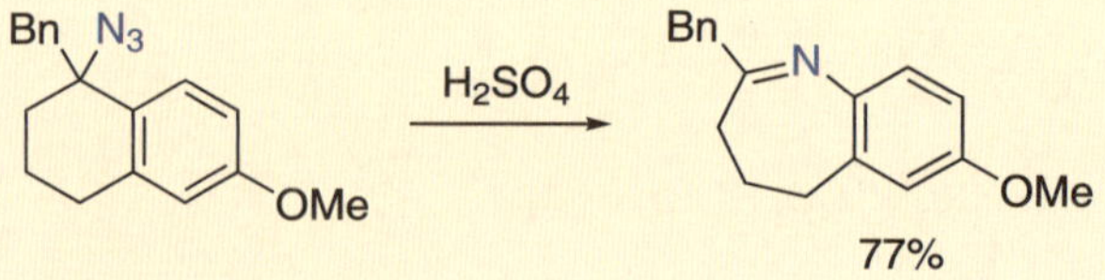

思考题 26.3

试从反应机理的角度，比较 Hofmann 重排、Curtius 重排、Lossen 重排和 Schmidt 重排的共同点和不同点。

缺电子氧原子重排

缺电子（亲电）的氧原子同样可以促使邻近的烃基带着成键电子对进行迁移产生更稳定的重排产物。例如，酮被过氧酸氧化成酯的 Baeyer-Villiger 氧化、Dakin 氧化、烃基氢被过氧化物（hydroperoxides）氧化产生酮和酚或醇的反应均属于此类型。

1. Baeyer-Villiger 氧化

Baeyer-Villiger 氧化重排的机理如下：首先过酸质子化羰基活化底物酮，然后接受过氧酸根的亲核进攻得到含过氧键的四面体中间体，氧上的孤对电子推动烃基迁移到相邻的缺电子氧原子上，弱的过氧键断裂、羧酸根离去得到氧化产物质子化酯，最后离去的羧酸根作为碱辅助质子离去生成酯。

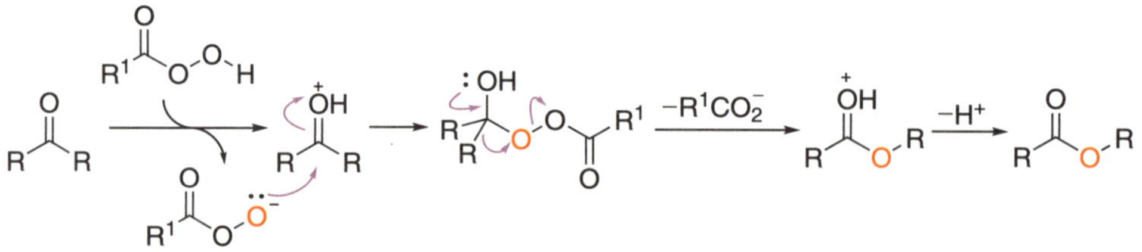

在过氧酸中，过氧三氟乙酸的活性最好，可以快速、干净地得到高产率的羧酸酯。反应需要在缓冲溶液（如 Na_2HPO_4）中进行，以避免重排产物酯与生成的三氟乙酸发生酯交换使反应体系变得复杂。对于不对称的酮，不同基团的迁移顺序如下：三级烷基 > 芳基、二级烷基 > 一级烷基 > 甲基。给电子基团的引入能提高苯基的迁移能力，而吸电子基团的引入则会降低苯基的迁移能力。对于脂肪醛，氢原子优先迁移得到羧酸。

2. Dakin 氧化

与 Baeyer-Villiger 氧化非常类似的是 Dakin 氧化，将芳香醛、酮氧化水解成相应的酚类化合物。常用的氧化剂是碱性或酸性 H_2O_2、30%H_2O_2-脲、过碳酸钠及过氧酸等。

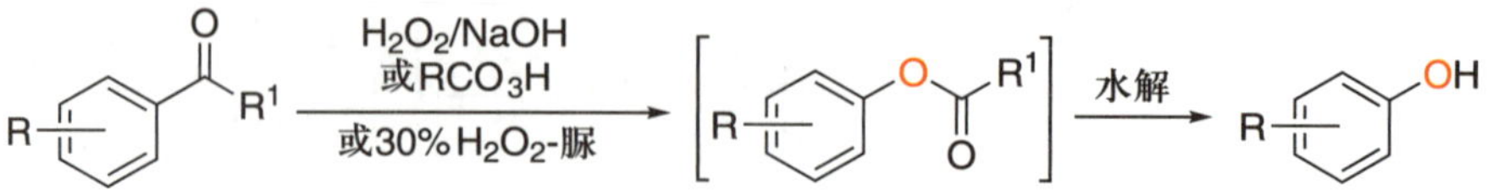

在碱性过氧化氢条件下，过氧化氢失去一个质子得到过氧化氢负离子（hydroperoxide anion，HOO^-），过氧化氢负离子对羰基进行亲核加成产生四面体中间体；在氧原子上孤对电子的推动下，芳基发生 [1,2]-迁移，从碳原子上迁移到邻近的缺电子氧原子上

得到重排产物羧酸芳基酯。

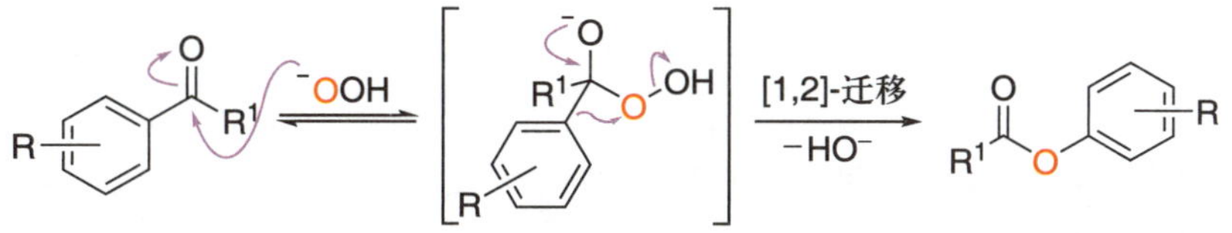

过氧化氢衍生物在质子酸或 Lewis 酸的作用下消除一分子羟基化合物（醇或酚）生成羰基化合物的反应，同样属于烃基迁移到缺电子氧原子上的重排反应。工业上用异丙苯氧化法大规模合成苯酚，其关键步骤就利用了相应过氧化氢异丙苯的重排反应。

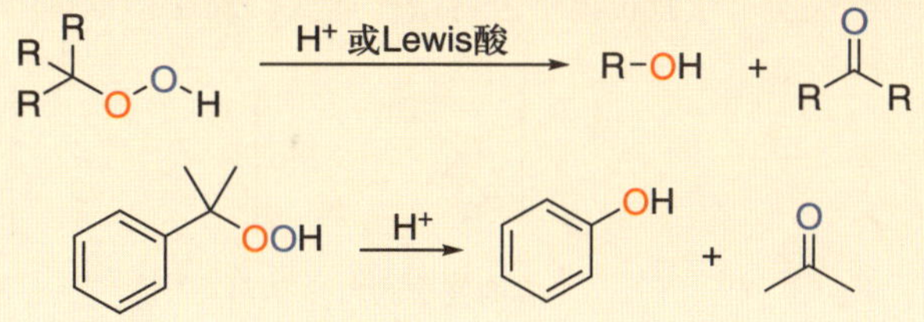

在烯烃的硼氢化-氧化反应中，硼烷被碱性过氧化氢氧化成硼酸酯，实际上也是一个烃基迁移到缺电子氧原子上的 [1,2]-迁移过程，只不过迁移起点不再是碳原子，而是硼原子。反应过程中，过氧化氢负离子首先亲核进攻硼原子的空 *p* 轨道形成硼原子上带负电荷的四面体中间体，四面体坍塌促使烷基带着成键电子对迁移到邻近缺电子氧原子上，同时氢氧根作为离去基团离去。连续发生三次烷基 [1,2]-迁移得到相应的硼酸酯。

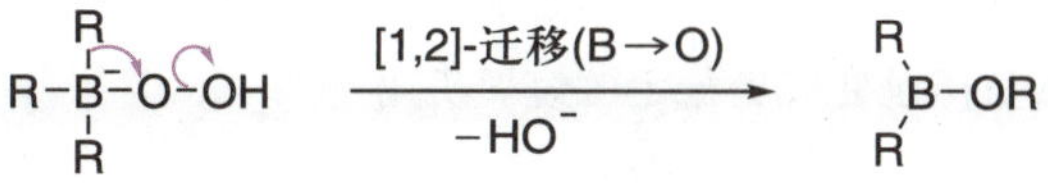

26.1.2 亲电重排

基团不带成键电子对迁移的重排反应比较罕见。与亲核重排相反，在亲电重排中，反应物分子首先在迁移终点形成一个富电子活性中心（碳负离子或其他负离子），促使迁移基团不带键裂电子对进行转移。根据其结构特点，重排产物可能更稳定或可以进一步发生反应。

含 α-酸性氢的季铵盐或锍鎓盐在强碱条件下得到烷基迁移的叔胺或硫醚的重排反应，称为 Stevens 重排。

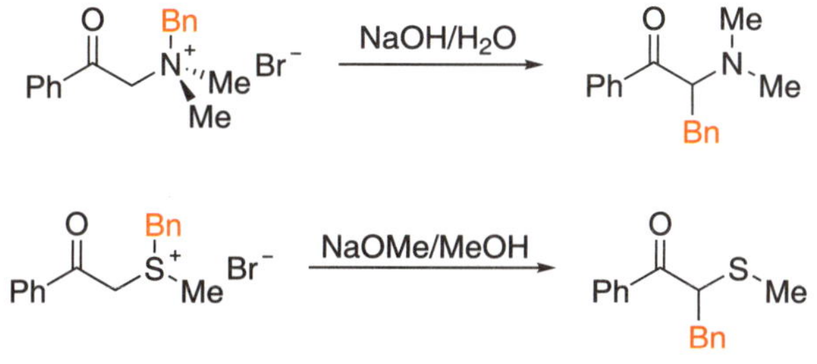

根据 Woodward-Hofmann 规则，Stevens 重排是一个四电子的对称性禁阻反应，因此重排应该不是协同步骤。反应机理如下：底物首先被强碱攫取质子得到氮叶立德或硫叶立德中间体，碳负离子的形成促使 C–N 键或 C–S 键的均裂 (homolytic dissociation)，得到束缚在溶剂笼中的自由基对，自由基对快速重新组合 (recombination) 得到重排产物。支持自由基对机理的最有力证据之一就是在反应过程中发现了少量迁移基团的偶联产物。

对于季铵盐的重排过程，并不是所有实验结果都支持上述自由基对机理。因此，也有学者提出了离子对机理。形成碳负离子后，碳负离子提供电子对与氮原子形成亚胺正离子，氮原子上的烷基带着成键电子对离去形成溶剂笼中的离子对，最后碳负离子快速对亚胺正离子进行亲核加成得到迁移重排产物。

溶剂笼中的自由基对
(X = NMe, S)

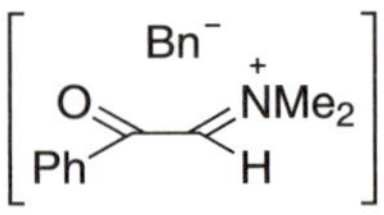
溶剂笼中的离子对

不同基团的迁移能力为：炔丙基 > 烯丙基 > 苄基 > 烷基。如果迁移基团带有手性中心，迁移后通常得到构型保持的产物。如果迁移基团是炔丙基和烯丙基，反应则通过协同的 [2,3]-σ 迁移机理进行。

醚在化学计量的强碱存在下重排得到相应的仲醇或叔醇的反应称为 **Wittig-[1,2]-重排**。该反应也是首先被碱攫取 α-位酸性氢产生碳负离子，然后促使 C–O 键的解离形成自由基对，自由基快速重组得到重排产物烷氧负离子，最后水解得到醇。重排的驱动力是从最初不稳定的碳负离子变成更稳定的烷氧负离子。

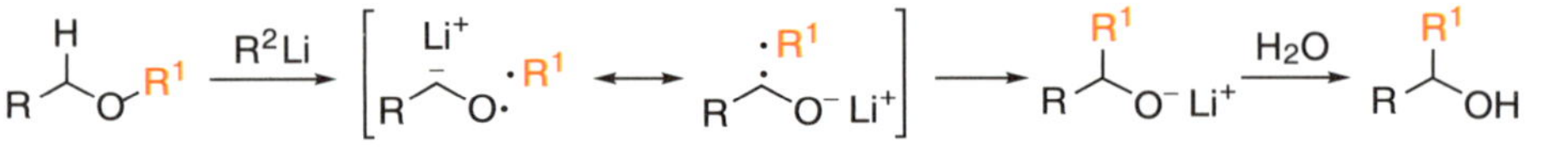

例如，苄基甲基醚经苯基锂处理后用酸性水溶液淬灭反应，得到重排产物 1-苯基乙醇。

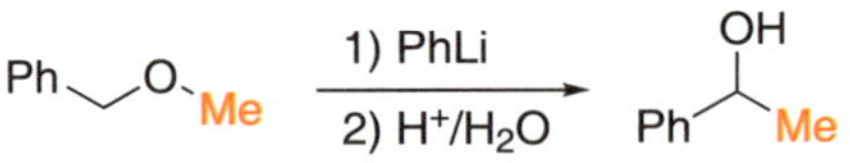

另一个具有相似反应机理的重排反应是 **Meisenheimer 重排**，即胺 *N*-氧化物在加热时得到 *O*-取代的叔胺。该反应同样经由 C–N 键的均裂形成溶剂笼中的自由基对和自由基的再组合得到重排产物。当任意一个基团含有 β-H 时，会存在竞争性的 Cope 消除。

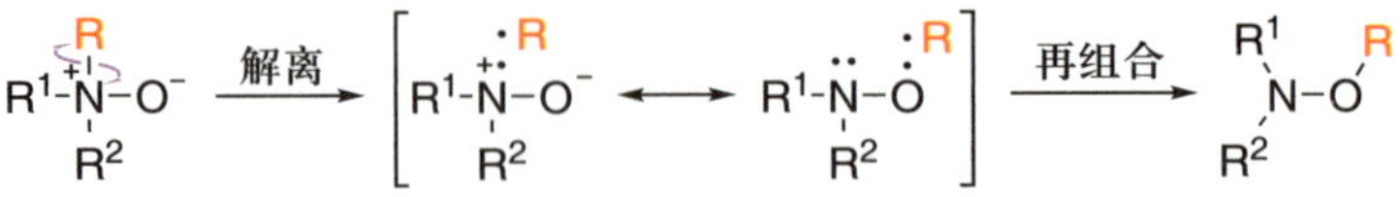

例如，*N*-苄基-*N*-甲基苯胺的 *N*-氧化物在氢氧化钠水溶液中回流可以得到 *O*-苄基-*N*-甲基-*N*-苯基羟胺。

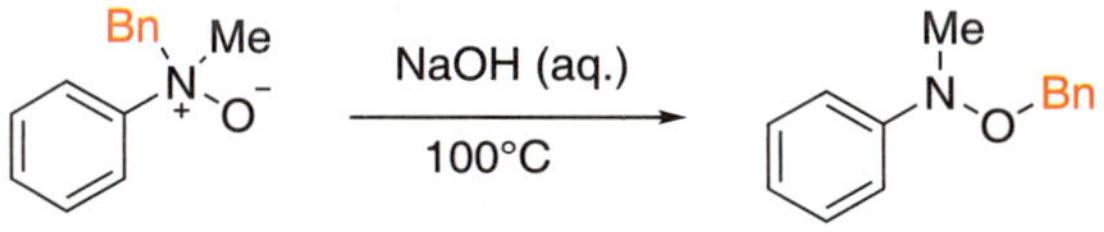

26.1.3 自由基重排

自由基重排是指基团在迁移过程中首先形成自由基中间体，然后发生自由基的重组得到重排产物。

相对于亲核 [1,2]-迁移，自由基 [1,2]-迁移非常少见。自由基 [1,2]-迁移首先要产生一个自由基中心，然后迁移基团带着一个未成对电子迁移产生新的自由基，新形成的自由基通过进一步的反应得到稳定的产物。与碳正离子重排一样，我们可以根据自由基的稳定性顺序来预测迁移结果，即迁移是从较不稳定自由基到更稳定自由基的过程。

3-甲基-3-苯基丁醛在过氧叔丁醚引发下的脱羰反应中生成大致等量的正常脱羰基产物 2-甲基-2-苯基丙烷和苯基迁移的重排产物 2-甲基-1-苯基丙烷。在重排过程中，苯基优先于甲基迁移。

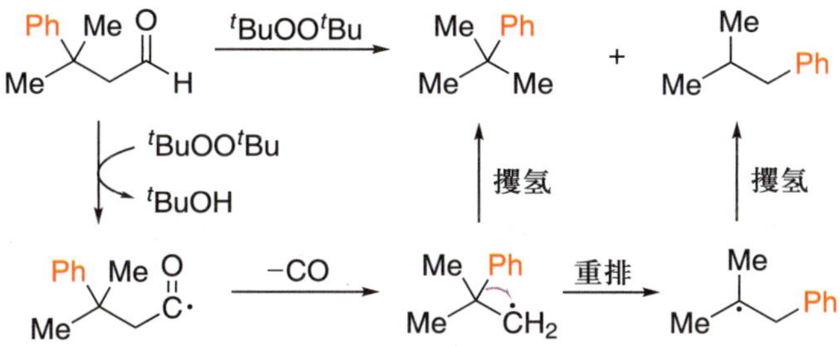

实际上，在自由基重排中烷基和氢一般不会发生迁移。原因在于苯基迁移可以形成如下的过渡态结构，在过渡态中未成对电子可以通过离域得到稳定。

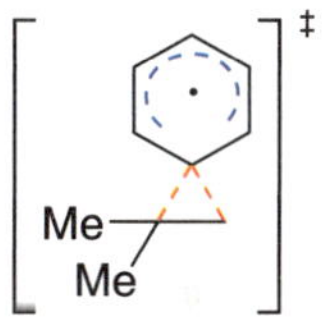

在高温、光照或 Lewis 酸的促进下烯基环丙烷可以重排成环戊烯。该重排反应的机理也属于自由基重排。在反应过程中，环丙烷首先发生 C−C 键的均裂形成包含一个烯丙基自由基的双自由基中间体。由于烯丙基自由基的电子离域特征，两个自由基成键时优先得到环张力释放的环戊烯产物。

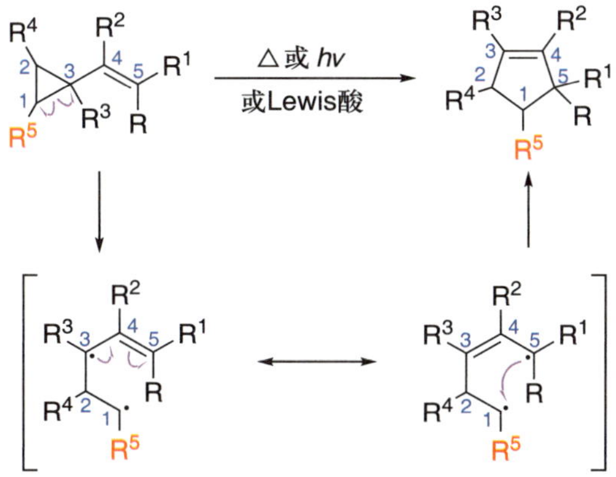

(−)-Capnellene 是从我国南海西沙群岛软珊瑚中分离得到的一种天然产物，在它的全合成中关键的一步就是光照下烯基环丙烷结构单元的自由基重排。

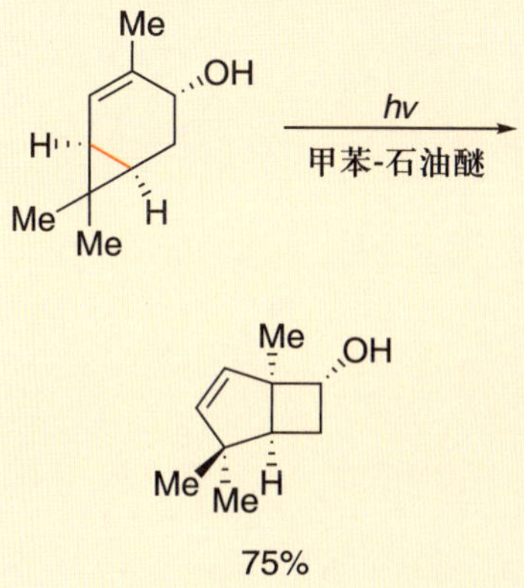

26.2 周环反应

周环反应是指反应物因分子内共价键协同变化而发生重排的反应，包括电环化反应和 σ 迁移反应。

26.2.1 电环化反应

电环化反应在周环反应一章有详细的讲解，这里不再赘述，只介绍一些经由电环化的特殊重排过程。

Cornforth 重排

4-酰基取代噁唑在加热时重排得到另一个噁唑异构体的反应，即 Cornforth 重排。该重排反应包含了两步连续的 6 电子开环电环化和 6 电子关环电环化过程。首先在加热条件下发生电环化开环反应得到酰基腈叶立德（nitrile ylide）中间体，然后再发生电环化关环反应得到重排产物。

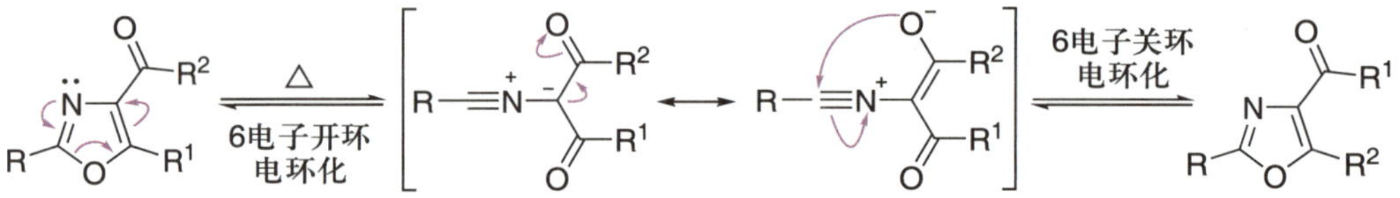

通常情况下，该反应是一个平衡，平衡位置取决于重排前后两个异构体的相对热力学稳定性大小。如果反应物是 4-酰基噁唑-5-酮类化合物，由于反应伴随脱羧过程，可以推动平衡向产物方向移动，以高产率得到相应的脱羧重排产物取代噁唑。

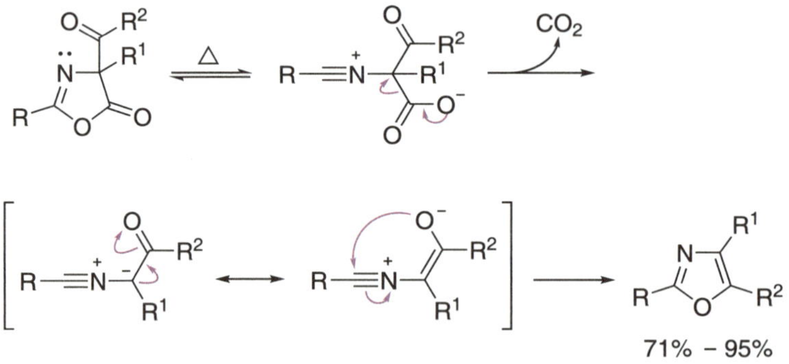

Nazarov 电环化反应

共轭双烯酮在酸催化或光照条件下重排成环戊烯酮的反应称为 Nazarov 电环化反应。该反应属于 4 电子关环电环化反应，根据 Woodward-Hoffmann 规则，在加热条件下发生的是顺旋关环，而在光照条件下发生的是对旋关环，分别得到立体化学截然不同的环化产物（详细的机理可参见第 22 章 周环反应）。

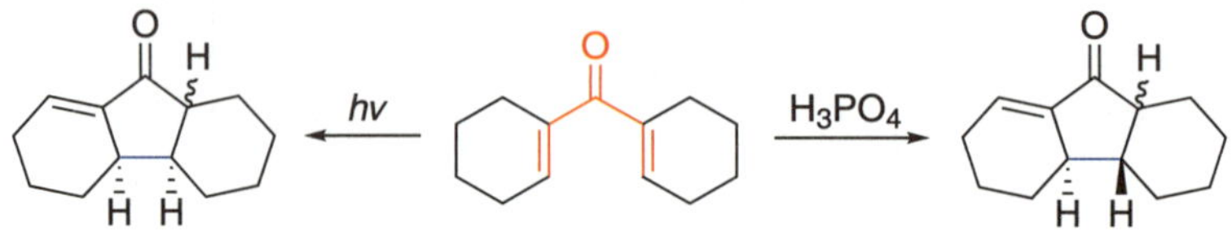

26.2.2 σ迁移重排反应

σ迁移重排反应的具体内容详见第22章 周环反应，这里只简单介绍一些在有机合成中广泛应用的σ迁移重排反应类型，如[3,3]-σ迁移重排反应、[2,3]-σ迁移重排反应等。

[3,3]-σ迁移重排反应

[3,3]-σ迁移重排反应是一类非常重要的σ迁移重排反应，在有机合成中占有十分重要的地位，包括Claisen重排、Cope重排等。

1. Claisen重排

在加热或Lewis酸催化下，烯丙基乙烯基醚发生[3,3]-σ键迁移重排生成γ,δ-不饱和羰基化合物的反应称为Claisen重排反应。除脂肪醚底物外，芳醚底物的反应可生成邻烯丙基酚。

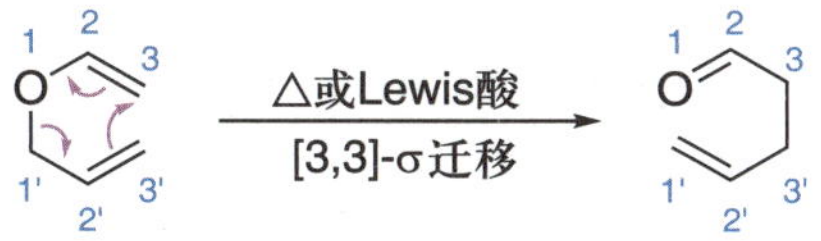

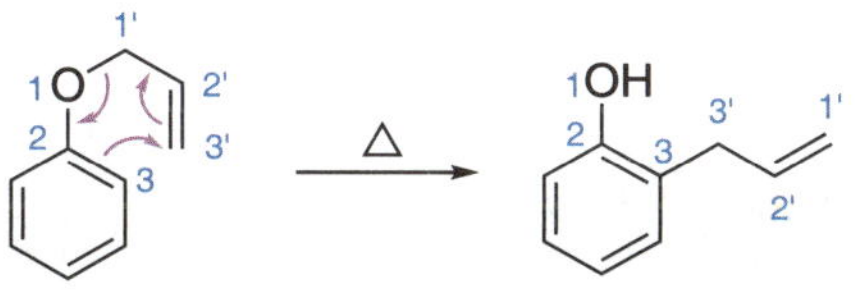

Claisen重排的显著特征是包含[3,3]-σ迁移过程，在它的多种变例中也都包含这一过程。例如，底物中的氧被硫原子或氮原子取代时，也有类似的反应发生，分别称为*thio*-Claisen重排或*aza*-Claisen重排。

N-烯丙基烯胺在加热条件下可以发生类似烯丙基烯基醚的Claisen重排反应，即*aza*-Claisen重排。例如手性酰胺在强碱双（三甲硅基）氨基锂（LiHMDS）的作用下，首先形成烯醇盐中间体，然后分子中的*N*-烯丙基烯胺发生[3,3]-σ迁移，经过椅型过渡态得到手性大环内酰胺。

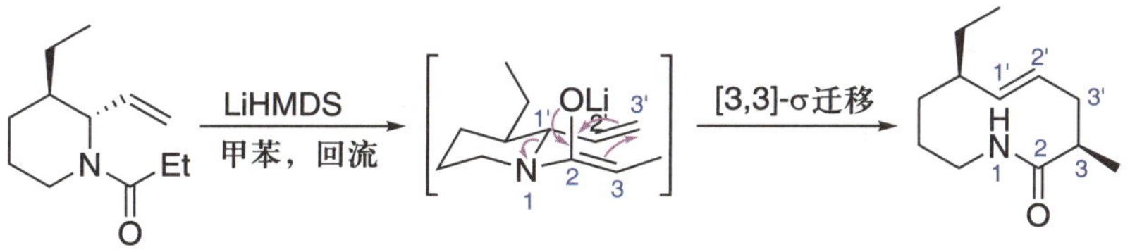

此外，其他不同取代的烯丙氧基底物的[3,3]-σ迁移反应有Johnsen-Claisen重排、Eschenmoser-Claisen重排、Ireland-Claisen重排等。这些反应在有机合成中，特别是天然产物合成中有广泛的应用。

2. Johnsen-Claisen重排

烯丙醇与原酸酯缩合生成中间体烯酮缩醛，然后发生[3,3]-σ迁移重排生成γ,δ-不饱和酸酯的反应称为Johnsen-Claisen重排反应，属于Claisen重排的一种改良型。

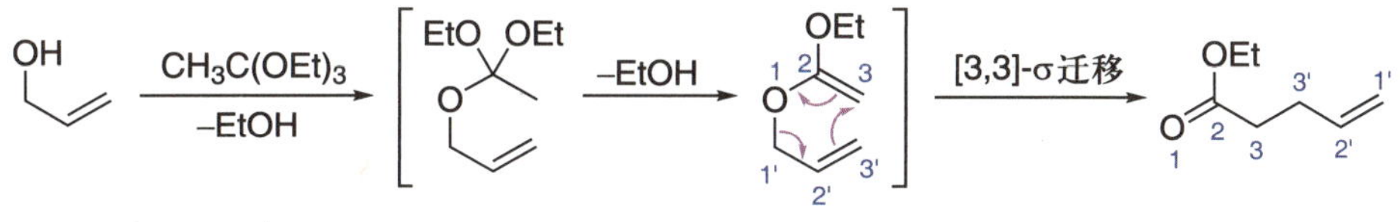

在真菌代谢物 (+) -brefeldin A 的合成中，从手性取代烯丙醇出发，先与原乙酸三乙酯反应得到手性烯酮缩醛，然后在苯酚的催化下发生 [3,3]-σ 迁移重排构建 C9 手性中心，再经多步反应得到目标产物。

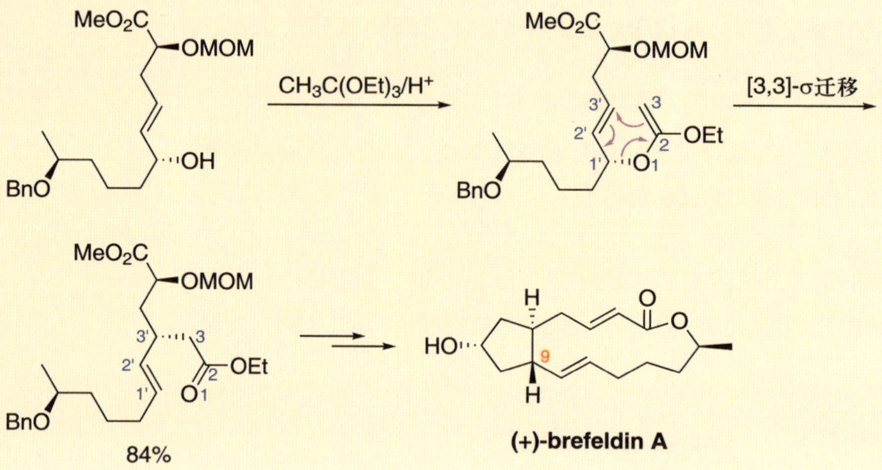

3. Eschenmoser-Claisen 重排

Claisen 重排反应的另一类改良型是烯丙醇与 1,1-二甲氧基-*N*,*N*-二甲基乙胺热缩合生成烯丙基 α-二甲氨基乙烯基醚，随后发生 [3,3]-σ 迁移重排得到 γ,δ-不饱和酰胺，也称为 Eschenmoser-Claisen 重排反应。

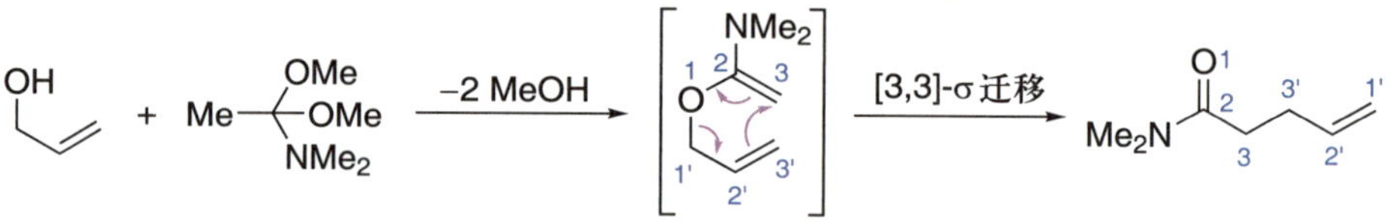

4. Ireland-Claisen 重排

烯丙基羧酸酯在强碱及氯硅烷作用下转化为硅基烯酮缩醛，然后发生 [3,3]-σ 迁移重排，再经水解生成 γ,δ-不饱和羧酸，这一反应称为 Ireland-Claisen 重排反应。

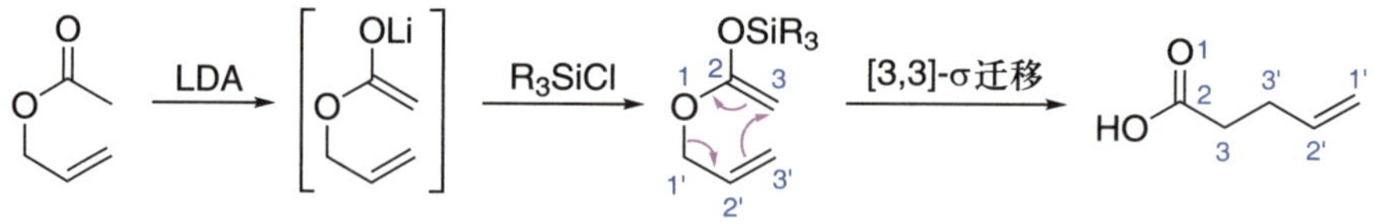

5. Carroll 重排

β-酮酸烯丙基酯在加热条件下发生 [3,3]-σ 迁移重排并伴随着脱羧生成 γ,δ-不饱和酮的反应称为 Carroll 重排反应。

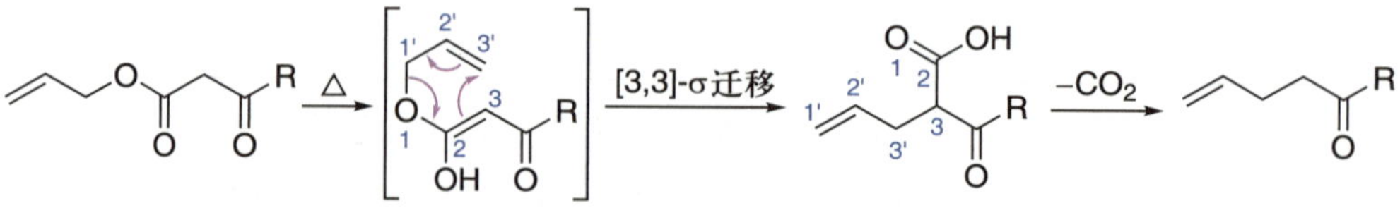

手性环戊酮甲酸烯丙酯在强碱 LDA 的作用下攫取质子得到烯醇负离子中间体，然后发生 Carroll 重排，可以高非对映选择地合成手性环戊酮。

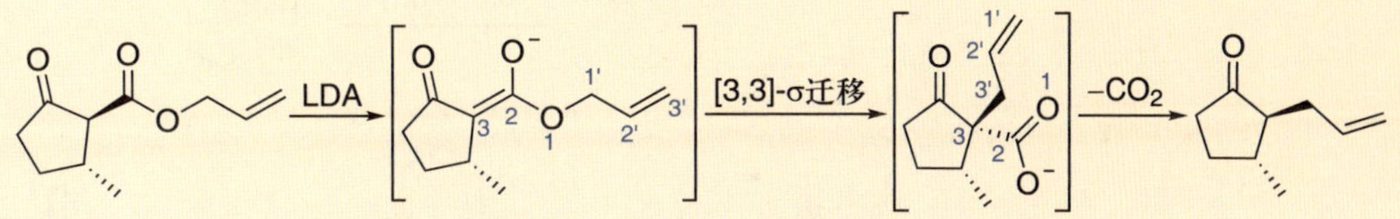

6. Cope 重排

1,5-二烯在加热条件下通过 [3,3]-σ 迁移重排发生异构化的反应被称为 Cope 重排 (Cope rearrangement)。当底物中的碳原子被一个或多个其他杂原子替代时，也可以发生类似的重排反应。例如，氮杂的 1,5-二烯在加热条件下通过 [3,3]-σ 迁移发生的重排反应被称为氮杂-Cope 重排反应 (*aza*-Cope rearrangement)。其中，根据氮原子在 1,5-二烯体系中所处的位置不同反应又可分为：1-氮杂-、2-氮杂-、3-氮杂-（亦称氮杂-Claisen 重排反应），以及 1,3-、2,3-、2,5-、3,4-二氮杂-Cope 重排等。

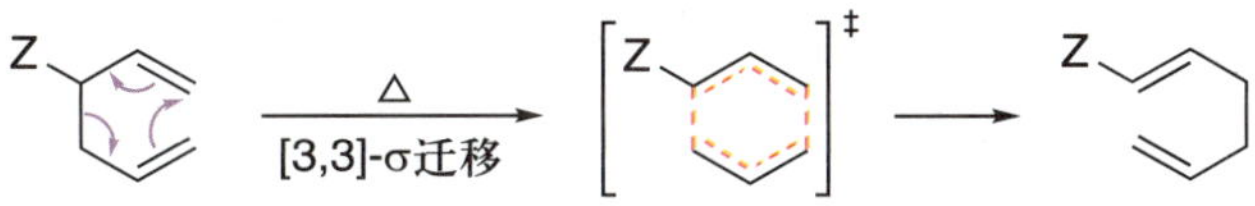

当底物是对称的 1,5-二烯时 (Z = H)，重排前后的分子结构完全一样，因此，只有不对称的 1,5-二烯底物才能观察到重排的发生。Cope 重排的显著特点是反应可逆，通常会形成两个 1,5-二烯的混合物，其中热力学更稳定的异构体占优势。但是当底物的 C3 位有羟基取代基时，由于重排产物会经互变异构得到醛或酮，导致反应不再是可逆的。这个反应称为 *oxy*-Cope 重排，在有机合成中非常有价值。在强碱作用下，*oxy*-Cope 重排反应会得到极大的加速 ($10^{10}-10^{17}$ 倍)，并且可以在较低温度下进行。重排得到的产物是烯醇负离子，水解后得到 δ,ε-不饱和醛或酮。

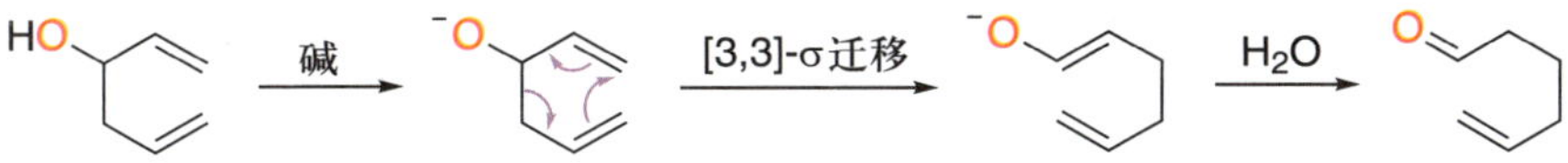

思考题 26.4

为什么 *oxy*-Cope 重排不再具有可逆性？

引入氮杂原子的 Cope 重排反应通常也能改变反应速率和平衡的位置，即 *aza*-Cope 重排。例如，*N*-高烯丙基苄胺与乙醛酸原位形成的亚胺正离子发生 2-氮杂-Cope 重排之后，立即水解得到 *N*-苄基烯丙基甘氨酸。

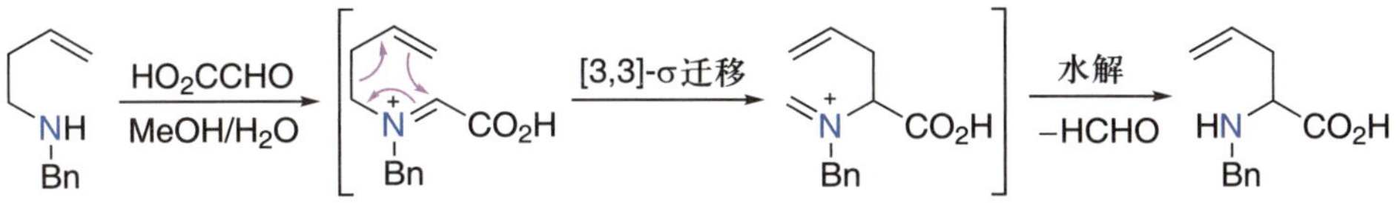

3,4-二氮杂-Cope 重排是一类重要的利用氮氮键断裂来形成新的碳碳键的反应。该反应通常在 Brønsted 酸的催化下进行，在有机合成中有着广泛应用。如 Fischer 吲哚合成和联苯（萘）二胺的合成均是基于 [3,3]-双氮杂-Cope 重排过程的化学转化。

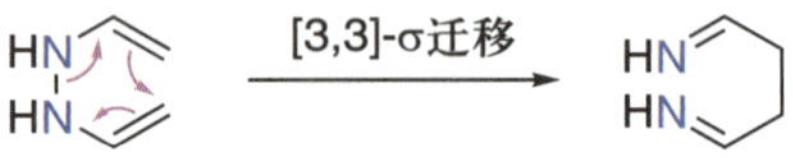

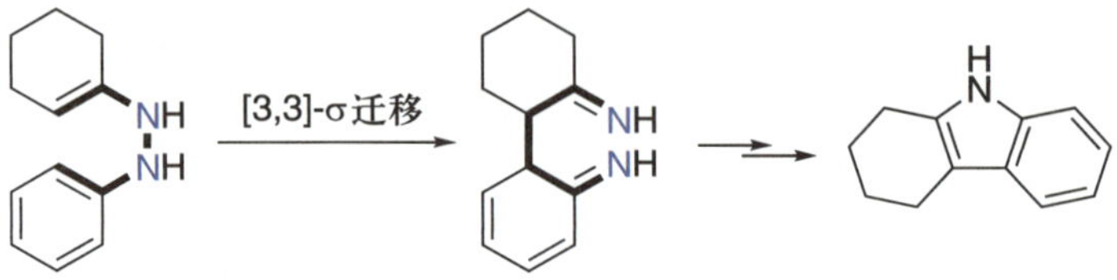

Fischer 吲哚合成

[2,3]-σ迁移重排反应

[2,3]-σ 迁移重排反应是 σ 迁移重排反应中的另一重要类型。众所周知，所有的 [3,3]-σ 迁移重排都经过六元环过渡态进行，即过渡态环的大小等于方括号中两个数字之和。对于 [2,3]-σ 迁移重排反应，需要经过一个五元环过渡态。因此，在用弯箭头表示 [2,3]-σ 迁移重排反应的电子转移方向时，通常是从一个碳负离子出发，终止于另一个原子。

1. [2,3]-Wittig **重排**

烯丙基醚在烷基锂等强碱作用下发生 [2,3]-σ 迁移重排生成高烯丙醇（homoallylic alcohol）产物的反应称为 [2,3]-Wittig 重排反应。这类反应可用于多取代醇的合成。该重排反应的驱动力是从重排前不稳定的碳负离子变成重排后更稳定的氧负离子。

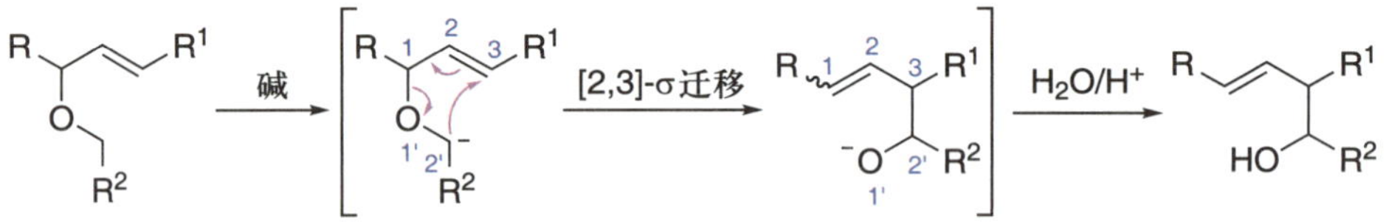

例如，烯丙基苄基醚在丁基锂作用下，首先形成苄位碳负离子中间体，然后经由信封型（envelope）的五元环状过渡态得到重排产物氧负离子中间体，最后淬灭反应得到醇。在该过渡态中，R 取代基处于平伏键，因此重排产物的双键是反式构型。

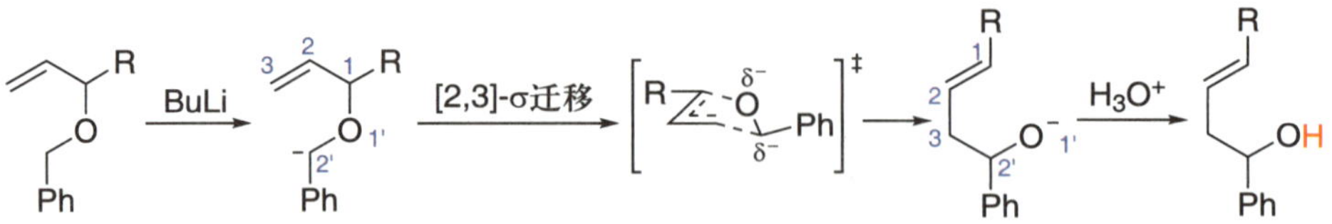

在如下天然产物 sarcophytols A 的合成中，关键的最后一步就是采用 [2,3]-Wittig 重排。

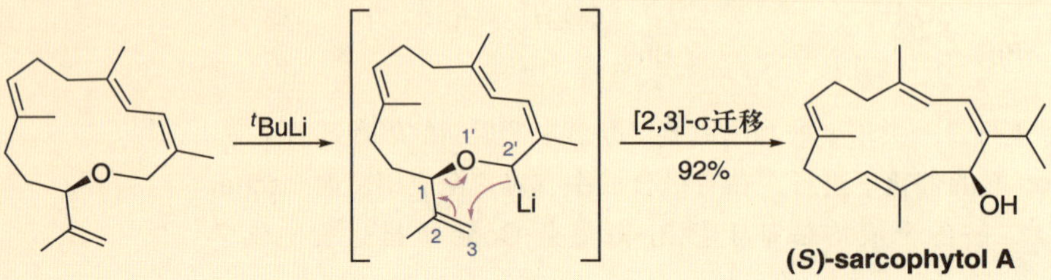

(S)-sarcophytol A

如果将反应底物烯丙基醚换成烯丙基叔胺，其在强碱作用下会发生类似的重排过程得到相应的胺负离子，淬灭反应后得到仲胺，该反应称为氮杂-[2,3]-Wittig 重排。例如，2-烯基氮丙啶基乙酸叔丁酯用丁基锂攫取质子后形成的负离子中间体会迅速发生氮杂-[2,3]-Wittig 重排，以中等产率得到顺式 2,6-二取代四氢吡啶衍生物。

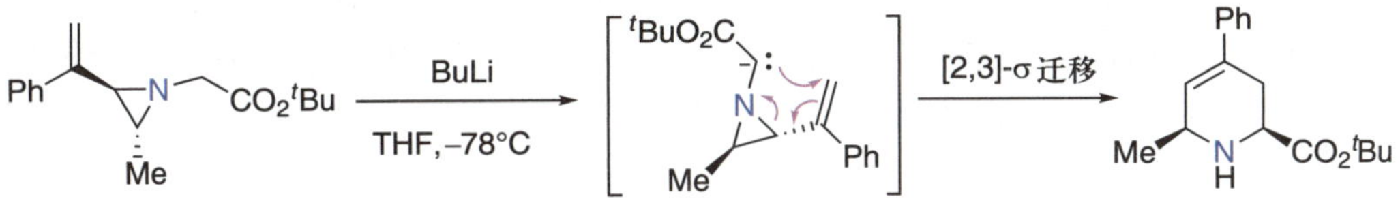

2. 叶立德 [2,3]-σ 迁移重排

叶立德 [2,3]-σ 迁移重排反应是发生在含有烯丙基结构单元的叶立德上的一类重要反应，包括氮、氧、硫（硒）和碘叶立德等。

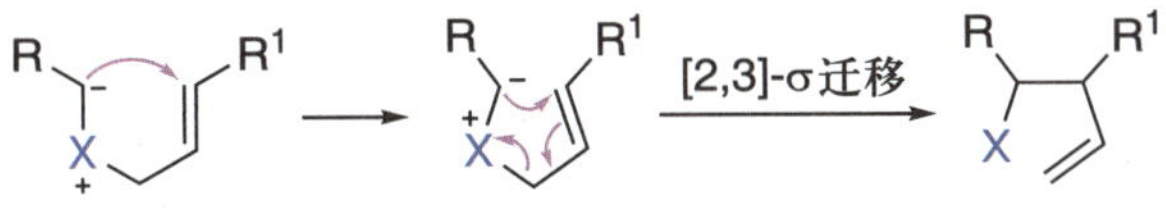

X = NR_2, OR, SR, SeR, I等

衍生自甘氨酸的季铵盐在有机强碱 DBU（1,8-二氮杂双环 [5.4.0] 十一-7-烯，1,8-diazabicyclo[5.4.0]undec-7-ene）的作用下，经氮叶立德发生 [2,3]-σ 迁移重排，可得到反式 2-(*N*-苄基-*N*-甲基氨基)-3-甲基戊-4-烯酸甲酯。

3. Sommelet-Hauser 重排

含苄基的季铵盐在强碱作用下也经由氮叶立德 [2,3]-σ 迁移重排过程得到在苯环的邻位引入烷基取代基的重排产物，亦称 Sommelet-Hauser 重排。例如，苄基三甲基碘化铵在 $NaNH_2$ 的液氨溶液中可以转化为 *N*,*N*-二甲基邻甲基苄胺。

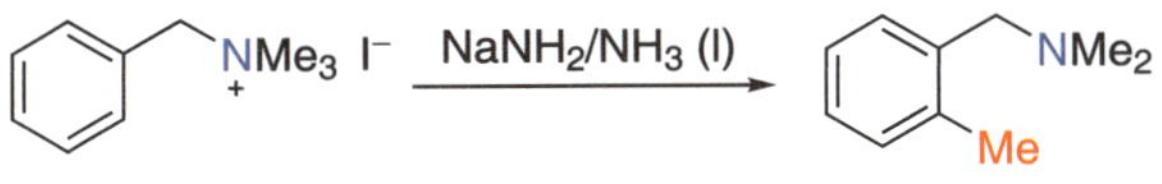

反应过程中，$NaNH_2$ 首先攫取酸性更强的苄位氢形成苄基碳负离子，通过分子内质子转移过程与稳定性较差的亚甲基负离子之间形成平衡，尽管平衡体系中亚甲基负离子的量很少，但是后者可以通过氮叶立德的 [2,3]-σ 迁移重排和后续的芳构化过程促使平衡向重排产物的方向移动。

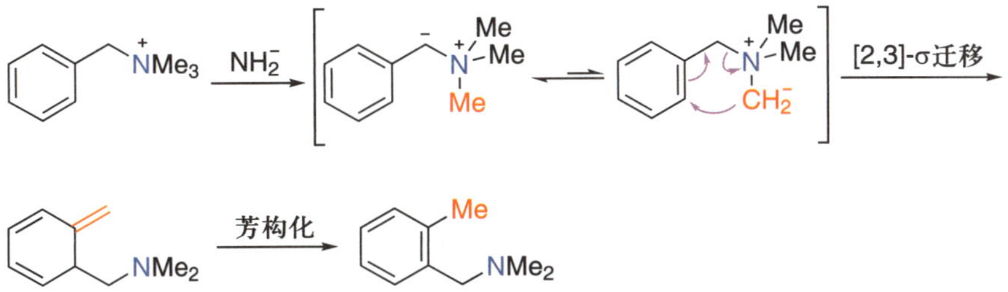

当季铵盐中存在有 β-H 的烷基取代基时，反应以 Hofmann 消除为主。当一个季铵盐既可进行 Stevens 重排，又可以进行 Sommelet-Hauser 重排时，通常反应条件决定了反应的主要进行方向：在低温和极性溶剂中，反应以 Sommelet-Hauser 重排为主，在高温和非极性溶剂中，则以 Stevens 重排为主。

上述 [2,3]-σ 迁移重排反应都涉及一个碳负离子中心，也有不需要碳负离子中心而是利用杂原子上的孤对电子就可以发生的 [2,3]-σ 迁移重排反应。例如，烯丙醇与苯基次磺酰氯在吡啶作为缚酸剂的条件下可以得到不稳定的苯基次磺酸烯丙酯，该产物通过 [2,3]-σ 迁移重排过程得到更稳定的烯丙基苯基亚砜。

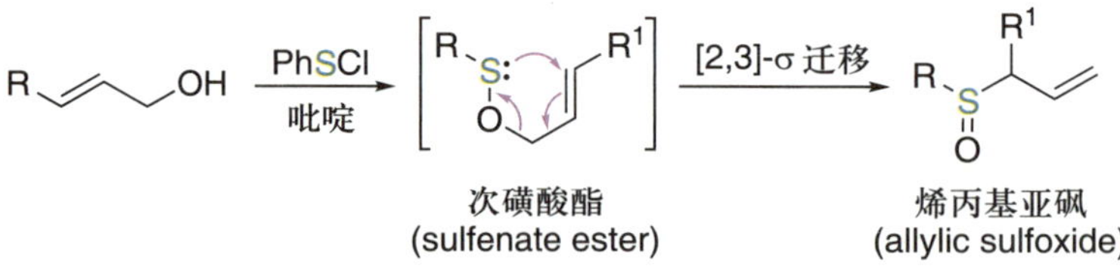

因此，光学纯的烯丙基亚砜在溶液中加热时会通过 [2,3]-σ 迁移重排过程发生外消旋化。消旋化过程中，烯丙基亚砜的两个对映体通过非手性的中间体对甲苯基次磺酸烯丙酯建立相互转化平衡。

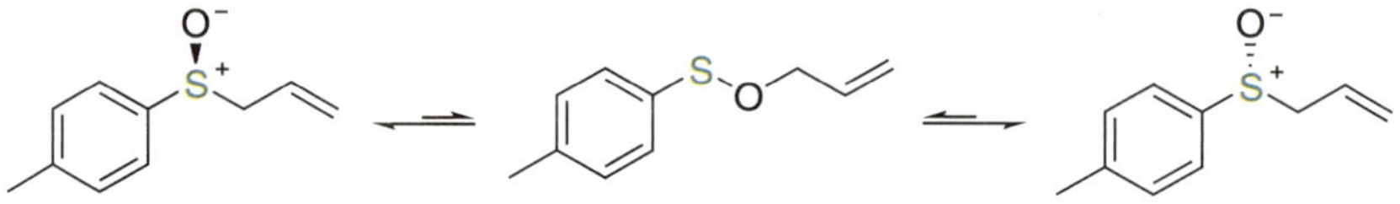

思考题 26.5

上述 [2,3]-σ 迁移重排反应的驱动力来源是什么？

本章学习要点

(1) 缺电子碳原子重排：频哪醇重排，双烯酮-酚重排，Wagner-Meerwein 重排，Demjanov 重排，Tiffeneau-Demjanov 重排，醛酮同系化，二苯乙醇酸重排，准-Favorskii 重排与 Favorskii 重排，Wolff 重排，Petasis-Ferrier 重排，以及相关反应机理。

(2) 缺电子氮原子重排：Beckmann 重排，Stieglitz 重排，Hofmann 重排及其类似反应。

(3) 缺电子氧原子重排：Baeyer-Villiger 氧化，Dakin 氧化。

(4) 亲电重排：Stevens 重排，Wittig-[1,2]-重排，Meisenheimer 重排。

(5) 自由基重排：自由基 [1,2]-迁移。

(6) 电环化反应：Cornforth 重排，Nazarov 电环化及其反应机理。

(7) σ 迁移重排反应：Claisen 重排、Cope 重排及其类似反应，[2,3]-Wittig 重排，叶立德 [2,3]-σ 迁移重排，Sommelet-Hauser 重排，以及相关反应机理。

习题

26.1 完成下列方程式。

(1) 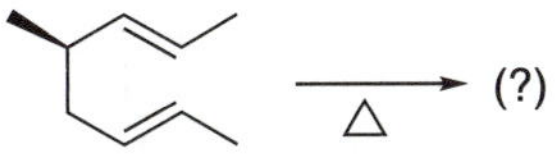

(2) 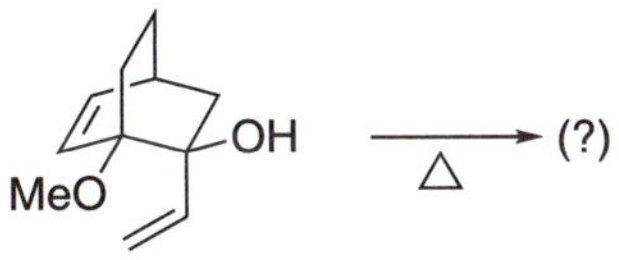

(3) 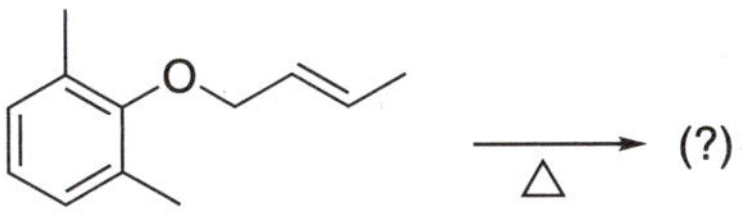

(4) 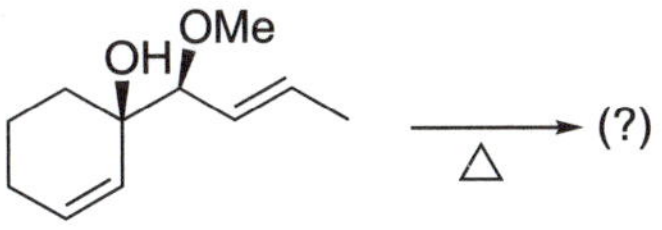

(5) 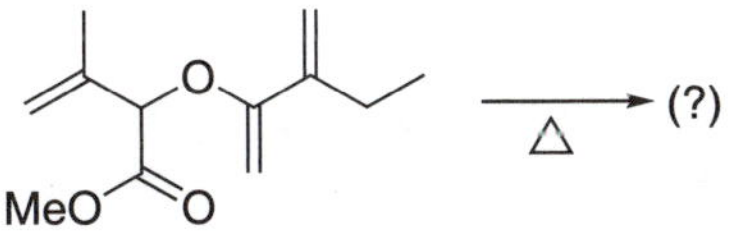

(6) 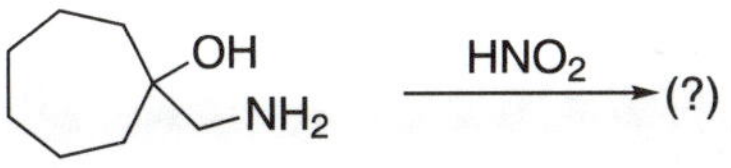

(7) 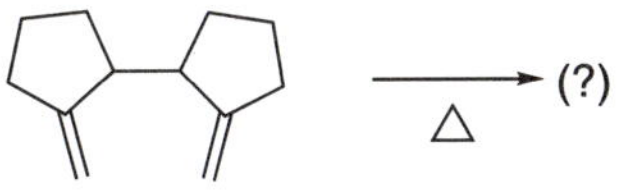

(8) 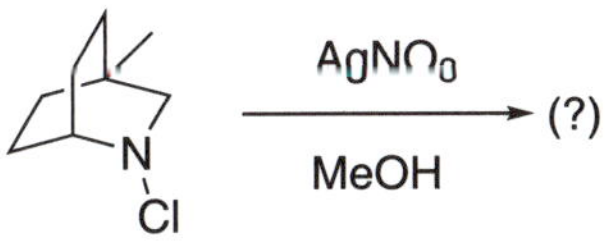

(9) 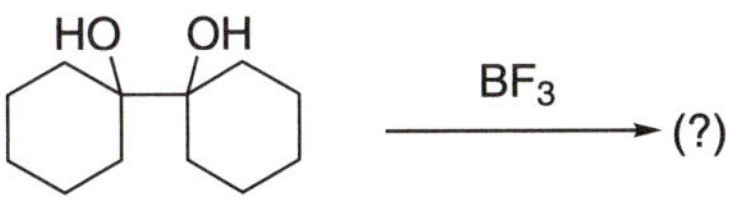

(10) 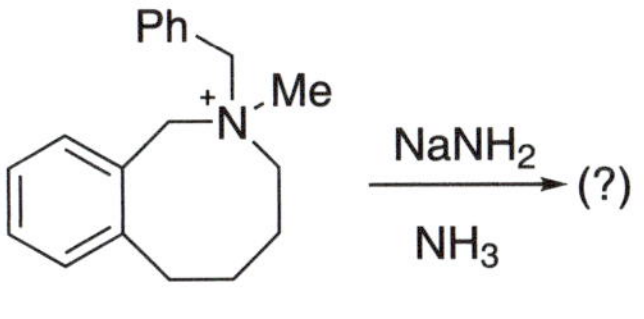

(11) 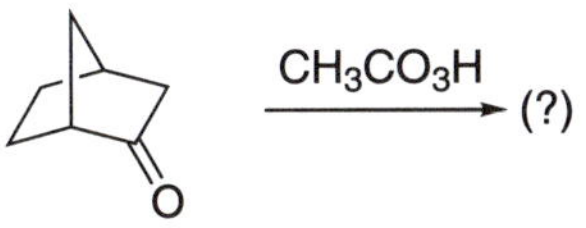

26.2 α-卤代酮用碱处理时可发生 Favorskii 重排反应。例如，2-氯环己酮在乙醇中用乙醇钠处理，可生成环戊基甲酸乙酯。试写出其反应机理。

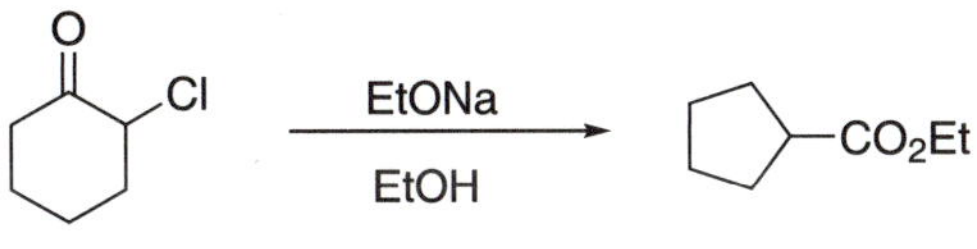

26.3 下面是 Carroll 反应的一个例子。写出其合理的反应机理。

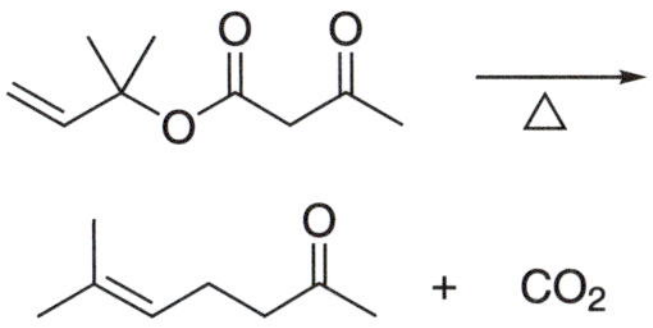

26.4 写出如下反应的合理机理，并解释其立体化学结果。

26.5 胡薄荷酮 (*R*) -Pulegone 是有机合成中常用的手性原料。胡薄荷酮经如下转化可制备手性酯。试给出每一步反应的机理。

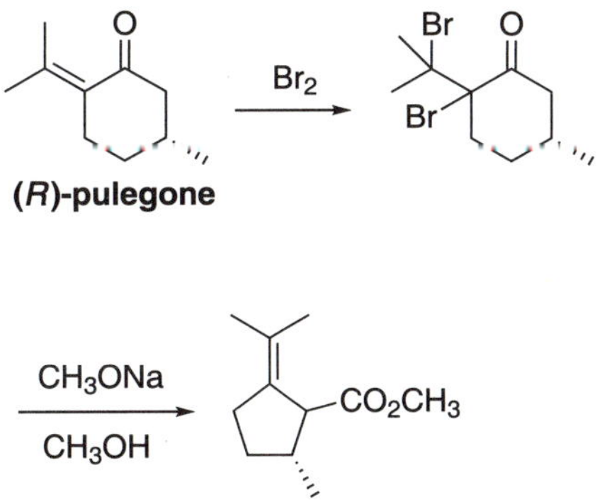

26.6 试给出下列反应的可能机理。

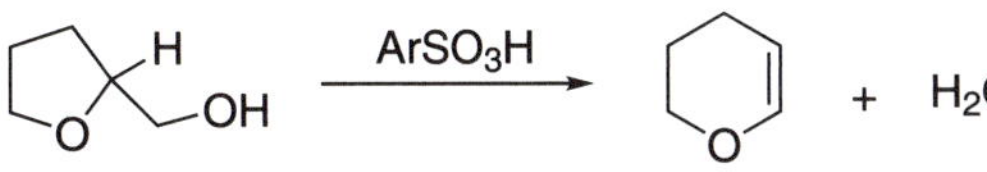

26.7 1,5-己二烯内消旋体在加热下发生 Cope 重排反应，经分析发现得到如下产物。试解释这一结果。

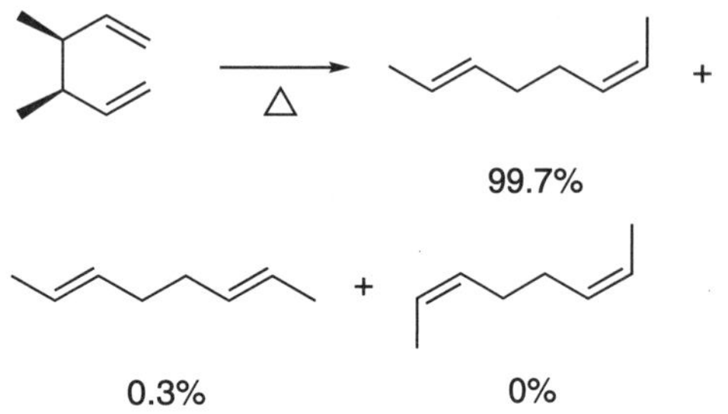

26.8 如下双环醇经酸处理，生成双环烯。试写出其合理的反应机理。

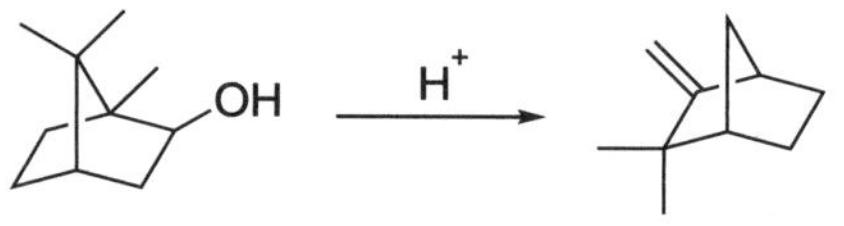

第 27 章

有机光化学

第 27 章 有机光化学

27.1 有机光化学反应简介

有机化学研究的大多数反应是电子处于基态 (ground state) 的有机分子的反应，而有机光化学反应是指有机分子吸收光子、跃迁到激发态 (excited state) 之后发生的化学反应。与热化学反应相比 (图 27-1)，光化学反应具有如下特点：

(1) 激发态分子的能量普遍较高，反应的活化能 ($\Delta G^{\ddagger}$) 一般很小，反应条件通常比较温和。

(2) 许多热力学不利的反应可以在光化学条件下发生。注意，此处所谓的热力学不利是指反应的吉布斯自由能变化大于 0 ($\Delta G^{\circ}>0$)，在热化学条件下有利于其逆反应的发生。而在光化学条件下，分子吸收光子之后会使自身的能量升高，从而有利于反应正向进行，此时光子可以被认为是一种特殊的、能够参与反应的试剂。

(3) 从同一个反应物出发，光化学反应的产物可能与热化学反应的产物完全不同，所以光化学反应可以合成热化学反应难以得到的化合物。

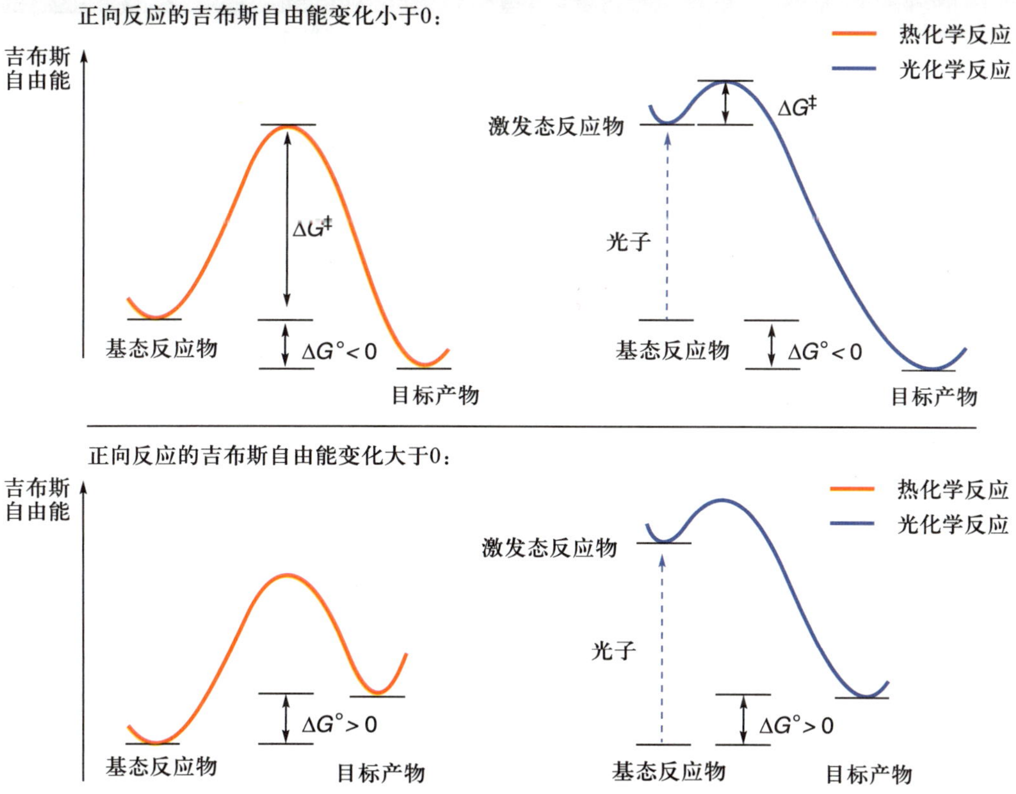

图 27-1 热化学与光化学反应的吉布斯自由能对比示意图

由于光是电磁辐射，因此光化学是化学和物理的交叉学科。在了解有机光化学反应之前，需要简单回顾一下光的基本原理和一些光物理过程。

27.2 光的基本原理

27.2.1 电磁辐射

光的基本性质还包括光的功率和强度。功率取决于每个光子的能量及在给定时间内光子的数量，单位是瓦特 (W，即 $J \cdot s^{-1}$)。光的强度是单位面积光的功率，取决于光源的种类。

单一波长光的能量与频率 (v) 成正比，与波长 (λ) 成反比，即光的波长越短，能量越高；波长越长，能量越低。

利用普朗克公式 (Planck's equation) 可以计算出一个光子的能量 E (单位：J)：

$$E = hv = hc/\lambda$$

式中，h 是普朗克常量，6.6265×10^{-34} J·s；v 是光辐射的频率，s^{-1}；c 是光速，2.9979×10^{8} $m \cdot s^{-1}$；λ 是光的波长，m。

从表 27–1 可以看出，紫外和可见光的能量跨度在 170 – 600 $kJ \cdot mol^{-1}$ 范围内，也是本章所需要考虑的波长范围。有机分子吸收该波段的光以后，能够有效地激发其电子跃迁。更长波长的辐射如红外和微波，由于其能量较低，通常只能激发原子核振动 (红外光谱) 和电子自旋跃迁 (电子顺磁共振)。

激光 (light amplification by stimulated emission of radiation, LASER)，即原子受激辐射的光。激光的理论是爱因斯坦于 1917 年提出的。他指出，当特定频率的光子 [$v = (E_2 - E_1)/h$] 入射处于高能级 (E_2) 的粒子时，粒子会以一定的概率迅速地从高能级 (E_2) 跃迁到低能级 (E_1)，同时辐射两个与外来光子频率、相位、偏振态及传播方向都相同的光子，这个过程称为受激辐射。激光相比于普通光源，其单色性、方向性更好，亮度更高。

表 27–1 不同波长光的性质

光的类型	λ/nm	v/s^{-1}	$E/(kJ \cdot mol^{-1})$	激发类型
紫外	200	15×10^{15}	598.4	电子跃迁
	300	1×10^{15}	398.9	
可见	400	7.5×10^{14}	299.2	电子跃迁
	500	6×10^{14}	239.3	
	600	5×10^{14}	199.4	
	700	4.2×10^{14}	171.0	
红外	1000	3×10^{14}	119.7	原子核振动
	5000	6×10^{13}	23.9	
	10000	3×10^{13}	12.0	
微波	10^{7}	3×10^{11}	0.12	电子自旋运动
	10^{9}	3×10^{9}	1.2×10^{-3}	
无线电波	10^{11}	3×10^{7}	1.2×10^{-5}	原子核自旋运动

27.2.2 光的吸收

当有机分子的电子从较低能量的分子轨道跃迁到较高能量的分子轨道时就会产生电子激发态。由于分子轨道能级是量子化的，所以将电子激发到某个特定能级所需要的能量是固定的。当与该能量相匹配的特定波长的光照射到待激发有机分子时，分子吸收光子并由基态跃迁到激发态，同时透过样品的光强度降低，甚至消失。否则光将不被吸收，全部透过样品。这也是光度计的基本作用原理。

比尔定律 (Beer's law)，也称朗伯-比尔定律，是描述物质对某一波长光的吸收强弱与吸光物质的浓度及其液层厚度之间的关系：

$$\lg (I_0/I) = A = \varepsilon bc$$

式中，I_0 为入射光强度；I 为透射光强度；b 为光程长度，cm；c 为浓度，$mol \cdot L^{-1}$；ε 为摩尔吸光系数，$L \cdot mol^{-1} \cdot cm^{-1}$。$\varepsilon$ 代表化合物对光的吸收效率，ε 值越大，吸收效率越高。A 称为样品的吸光度，如 A=1，表示入射光的 90% 被吸收；A=2，表示入射光的 99% 被吸收。当 A>2 时，表示超过 99% 的光被吸收，此时测量的误差就会变大。表 27-2 列举了一些常见有机化合物的紫外特征吸收波长。

表 27-2 常见有机化合物的紫外特征吸收波长

有机化合物	λ/nm	有机化合物	λ/nm
简单烯烃	190－200	非共轭酮	270－280
非环状共轭双烯	220－250	α,β-不饱和酮	310－330
环状共轭双烯	250－270	芳香酮或醛	280－300
苯乙烯	270－300	芳香化合物	250－280

27.2.3 电子激发

绝大多数有机分子的基态是闭壳层结构 (closed shell)，即所有的电子都成对，每对电子占据一个分子轨道（未占据的分子轨道大部分是反键轨道）。因此，基态分子通常为单线态，用 S_0 表示。S 代表单线态 (singlet)，0 代表基态。当化合物受到适当能量的光照射时，有可能使电子从成键轨道跃迁到反键轨道（图 27-2）。根据斯塔克-爱因斯坦定律 (Stark-Einstein's law)，在低光强下，一个分子只能吸收一个光子，从而使电子发生跃迁产生激发态。这是因为处于电子激发态分子的寿命很短，导致其吸收第二个光子的概率极小。分子所吸收光子的能量须与分子基态和激发态之间的能量差值一致。有机分子吸收光子后从 S_0 跃迁到激发单线态，能量最低的激发单线态是 S_1 态（1 代表第一激发态）。激发态有可能发生电子自旋的改变，生成三线态 (T_1)，此时两个在不同轨道上的电子是自旋平行的（详见 27.3 激发态分子的猝灭）。T 代表三线态 (triplet)，1 代表第一激发态。依据洪德定则 (Hund's rule)，三线态的能量比单线态低。大多数情况下，激发过程中分子的最高占据分子轨道 (HOMO) 失去一个电子，而最低未占分子轨道 (LUMO) 得到一个电子。

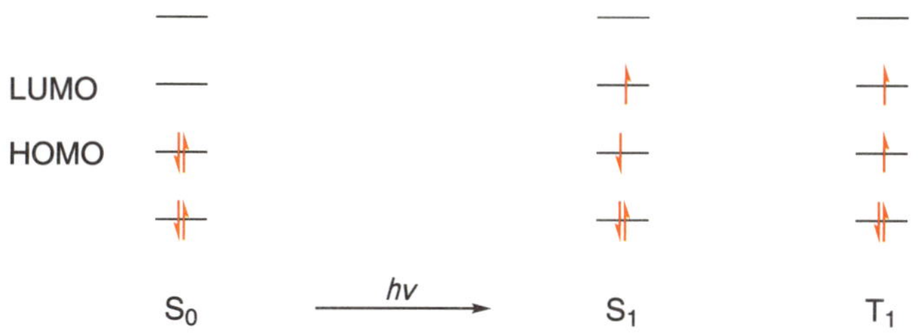

图 27-2 简化的轨道能量图

对有机分子而言，一般有如下四种可能的电子激发类型，其中 σ* 和 π* 分别代表 σ 反键轨道和 π 反键轨道。

σ→σ*：主要是烷烃。

n→σ*：主要是醇、胺、醚等。

π→π*：主要是烯烃、醛、羧酸、酯和芳香化合物等。

n→π*：主要是醛、酮、羧酸、酯等。

以上四种电子激发过程所需的能量依次降低。如果一个有机分子用 A 表示，那么它的最低激发态（S_1 态或 T_1 态）可以用 $^*A$ 表示。如果一个有机分子的电子跃迁被写作 S_1(n，π*)，那么它代表其基态分子发生 n→π* 跃迁得到第一激发单线态（表 27-3）。

表 27-3　电子激发过程的一些表示方法

符号	意义	符号	意义
S	单线态	T_1	第一激发三线态
T	三线态	T_2	第二激发三线态
S_1	第一激发单线态	(n，π*)	n→π* 跃迁
S_2	第二激发单线态		

需要特别注意的是，“禁阻”只是说明该过程发生的难度较大，速率小，而非完全禁止。

电子在各能级之间的跃迁需要遵循选择性定律，即电子在跃迁过程中其自旋方向不发生改变。也就是说处于单线态的有机分子吸收光子之后得到激发单线态；处于三线态的有机分子吸收光子之后得到激发三线态。而单线态到三线态和三线态到单线态的跃迁是“禁阻”的。

激发态分子可以通过光物理过程回到基态或发生光化学反应。下面将对这些过程进行详细描述。

27.3　激发态分子的猝灭

27.3.1　分子的光物理过程

Jablonski 图是一种表示分子不同电子能级与各电子能级之间相互转换的表示图（图 27-3），它描述了分子基态与激发态之间发生跃迁的基本过程，其中纵坐标代表能量，横坐标一般代表自旋多重度（spin multiplicity），如单线态和三线态。需要注意的是，

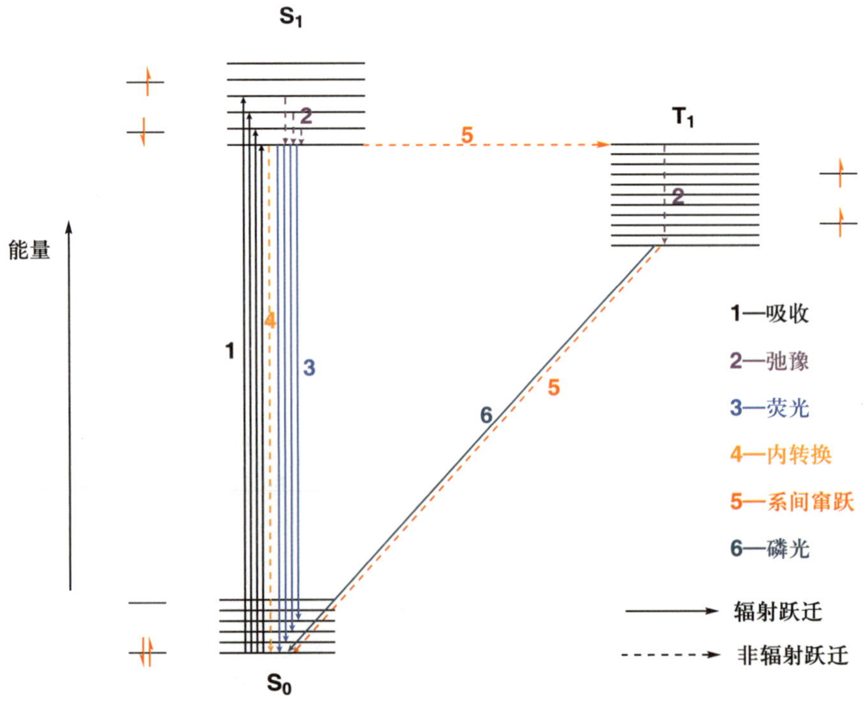

图 27-3　Jablonski 图

分子的每个电子激发态都具有与基态不同的势能面(potential energy surface)，即分子的能量与分子内原子的各向坐标之间的对应关系，并且比基态势能面的能量高，这是因为分子的激发态与基态的几何构型常常存在一定的差别。

图 27-3 中的过程 1 是指基态分子吸收光子发生电子跃迁，从 S_0 到 S_1，在 Jablonski 图中是一种垂直于 x 轴的跃迁。根据弗兰克-康登原理(Franck-Condon principle)：由于电子的运动要比原子核的运动快，电子跃迁过程中原子核不移动。因此，电子跃迁后直接获得的激发态 S_1 通常不是其势能面的最低点，即可能处于 S_1 的振动激发态。

激发态 S_1 可能发生如下光物理过程：

(1) **非辐射振动弛豫**(non-radiative vibrational relaxation)：S_1 的振动激发态回到 S_1 的振动基态经历了非辐射振动弛豫(图 27-3，过程 2)，该过程没有光子的发射，多余的能量以热的形式释放到周围介质中。这个过程的速率非常快，通常先于其他光物理或光化学过程。

(2) **荧光**(fluorescence)：从 S_1 到 S_0 的光子辐射称为荧光，相应的光谱称为荧光光谱或发射光谱(图 27-3，过程 3)。激发态 S_1 发射荧光后可以到达基态 S_0 的各个振动态。荧光光谱一般比吸收光谱的波长要长，能量更低(对比图 27-3 中的过程 1 和过程 3 可以发现过程 1 的能量差明显高于过程 3)。

荧光棒发光的作用原理本质上是化学发光，常见的是过氧化物和酯类化合物发生反应，并将该反应产生的能量传递给荧光剂(如 9,10-二苯基蒽和罗丹明 B 等)致其产生激发态，随后激发态的荧光剂发出荧光再回到基态。

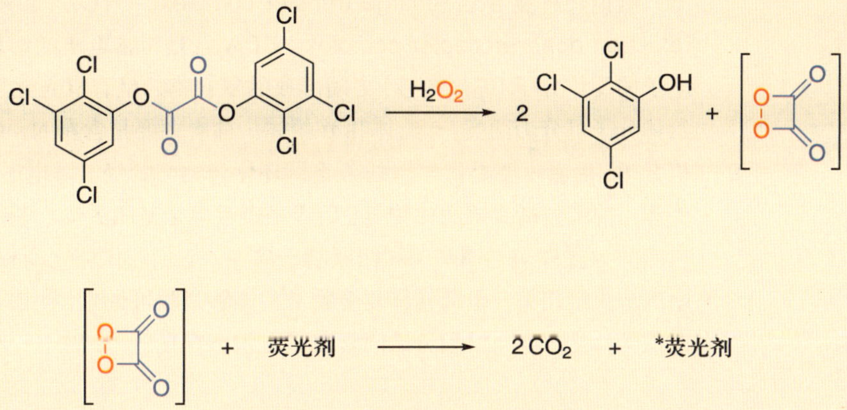

*荧光剂 (激发态) ⟶ 荧光剂 (基态) + 荧光

(3) **内转换**(internal conversion，IC)：激发态 S_1 也可以在不发射光子(非辐射)的情况下失活到 S_0 态，多余的能量通常以热的形式散失到周围介质中，这种能量消耗的过程称为内转换(图 27-3，过程 4)。内转换的具体过程将在 27.4.1 节中进一步讨论。

(4) **系间窜跃**(intersystem crossing，ISC)：处于激发态分子的电子发生自旋翻转而使分子的自旋多重度发生变化的非辐射跃迁的过程，如从激发态 S_1 转化成激发态 T_1。虽然 ISC 是量子力学“禁阻”的，但这种不同自旋态之间的相互转化过程却非常普遍，只是一般比较慢。

再次提醒，“禁阻”不是完全禁止。

(5) **磷光** (phosphorescence)：电子从激发三线态 T_1 向基态跃迁时发出的辐射称为磷光。与荧光相似，分子磷光光谱一般比吸收光谱的波长要长（对比图 27-3 中过程 1 和过程 6 的能量差）。由于 T_1 能级的能量明显低于 S_1 能级，磷光光谱向长波方向的移动比荧光光谱更大。值得注意的是与系间窜跃一样，磷光辐射过程也是自旋禁阻的，因此通常磷光寿命长于荧光寿命。

27.3.2　分子间的光物理过程

“激基缔合物”和“激基复合物”可以看成激发态分子与基态分子之间形成的电荷转移复合物，其形成可以通过下方的轨道相互作用图进行解释。

*A + B ⇌ *A--B

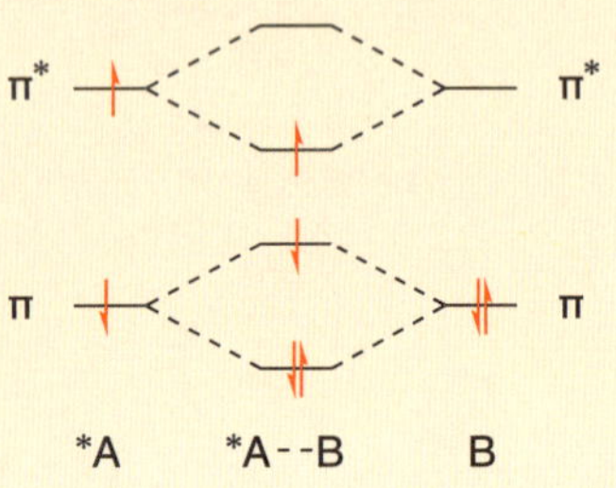

(1) 激发态分子可能通过与基态分子作用，无辐射弛豫到基态从而导致荧光猝灭。例如，激发态分子与溶剂分子的碰撞常会导致许多无辐射衰减过程。

(2) 激发态分子与基态分子之间也可能通过非共价键形成“激基缔合物”(excimer，两个分子相同）或“激基复合物”(exciplex，两个分子不同)。无论是“激基缔合物”，还是“激基复合物”，其发射波长比其任一组分激发态的发射波长都要长。

(3) 两个分子在激发之前可能就已经结合在一起形成吸收复合物，该复合物可以共同吸收一个光子，吸收光的波长比其任一组分的吸收波长都要长。

(4) 激发态分子与基态分子之间还可以发生电子转移（氧化还原）或能量转移。

分子间的光物理过程常常能够引发一些化学反应，在有机合成上具有非常广泛的用途。接下来对这些具体的过程进行介绍。

电荷转移复合物

电荷转移复合物 (charge transfer complex，CTC)，又称电子给体-受体复合物 (electron donor-acceptor complex，EDA)，是指富电子的给体分子（低电离势）和缺电子的受体分子（高亲电性）之间形成的复合物，是有机光化学中常见的吸收复合物。给体分子可分为两类：n 给体和 π 给体。前者主要是含有 N，O，S，P 等杂原子的有机分子；后者主要是富电性的芳香稠环化合物与烯烃等。电子受体可分为 σ 受体和 π 受体。前者包括有机卤化物等；后者是带吸电子基团的烯、醌衍生物和芳香化合物等。典型的 π 受体包括硝基苯和四氰基乙烯等，它们与供体之间相互作用的强弱与供体的电离势直接相关。电荷转移复合物常常能够吸收可见光，往往具有颜色。在溶液相中，电荷转移复合物与其组分之间常以平衡状态存在。

富电性的烯醇醚能够与亲电性的四氰基乙烯形成电荷转移复合物，其吸收波长比烯醇醚和四氰基乙烯各自的吸收波长都要长。

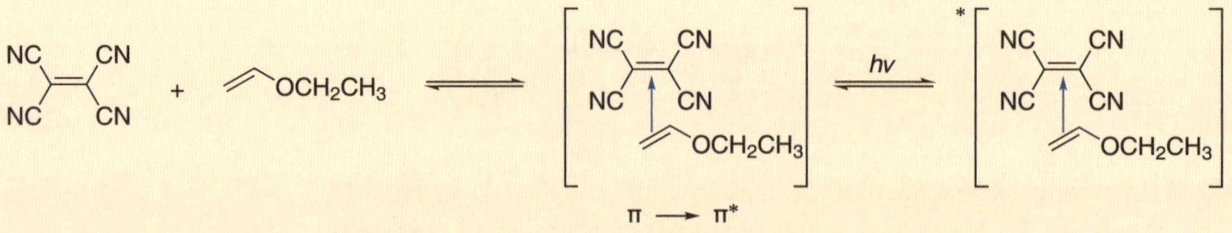

EDA复合物

有关电荷转移复合物参与的光化学反应将在 27.5.1 节中做详细介绍。

光诱导电子转移

光诱导电子转移 (photoinduced electron transfer，PET) 是光电转换的一个重要

过程，即在受到光激发时，激发态分子参与的电子转移过程 (图 27-4)。被激发的电子处于易被氧化的高能轨道，所以激发态通常是良好的电子给体；同时，由于被激发电子原轨道上留有空位，激发态也是比基态更好的电子受体。因此，激发态具有比基态更强的电子亲和势和更低的氧化电位，容易发生电子转移。具体而言，激发态可以从具有更高 HOMO 能级的另一个基态分子中得到电子，也可以将电子给予具有更低 LUMO 能级的另一个基态分子。

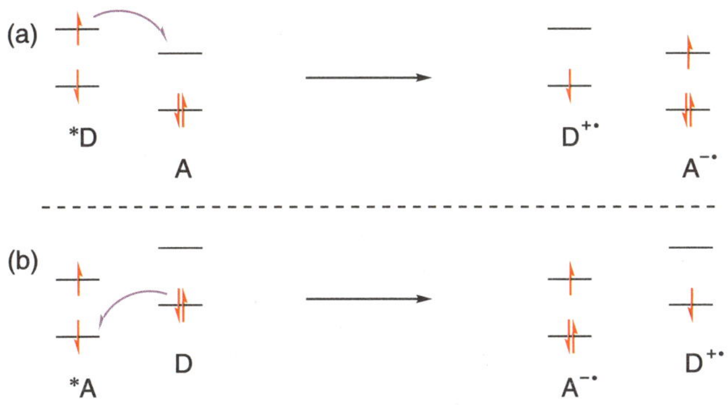

图 27-4 光诱导电子转移

图 27-5 列出了一些化合物的激发态的氧化还原电位。在光化学反应中，这些分子常被用作光氧化还原催化剂 (将在 27.5.2 节进一步讨论)。

当激发态分子为电子给体时，电子转移过程的通式如下：

$$^{*}D + A \longrightarrow D^{+\bullet} + A^{-\bullet}$$

其中，$^{*}D$ 代表激发态的电子给体分子 (donor)；$D^{+\bullet}$ 代表 D 分子的自由基阳离子；A 代表基态的电子受体分子 (acceptor)；$A^{-\bullet}$ 代表 A 分子的自由基阴离子 [图 27-4(a)]。

当激发态分子为电子受体时，电子转移过程的通式如下：

$$^{*}A + D \longrightarrow A^{-\bullet} + D^{+\bullet}$$

其中，$^{*}A$ 代表激发态的电子受体分子；D 代表基态的电子给体分子 [图 27-4(b)]。

电子转移过程可以在激发态分子与基态分子碰撞时直接发生；也可能先形成“激基复合物”，随后再发生电子转移，形成自由基阳离子和自由基阴离子的紧密离子对 (与电荷转移复合物受激发之后发生电子转移得到类似的中间体)。

能量转移

激发态分子与基态分子之间可以发生能量转移 (energy transfer)，从而使开始处于激发态的分子回到基态，同时让开始时处于基态的分子变成激发态，其过程的通式如下：

$$^{*}D + A \longrightarrow D + {^{*}A}$$

其中，$^{*}D$ 代表激发态的给体分子；D 代表基态的给体分子；$^{*}A$ 代表激发态的受体分子；A 代表基态的受体分子。

能量转移的方式包括**辐射传递**和**非辐射传递**。接下来对不同的能量转移方式进行简单介绍。

辐射传递是指一个激发态分子释放一个光子从而回到基态，而另一个分子吸收这个光子后变成激发态，此时可以将 $^{*}D$ 分子看成一个“分子光源”，它可以发射出能被 A 分子所吸收的光子。具体而言，辐射传递是通过如下两个连续的步骤发生的。

$$^{*}D \longrightarrow D + h\nu$$

斯特恩-沃尔默关系式 (Stern-Volmer relationship) 是研究双分子光物理过程动力学的重要关系式。常见的荧光猝灭实验就是借助该关系式研究处于激发态的化合物的荧光强度受外加物质的影响。能够导致荧光强度降低的物质也被称作猝灭剂。

具体的关系式如下：

$$\frac{I_f^0}{I_f} = 1 + k_q\tau_0[Q]$$

式中，I^0 为无猝灭剂存在条件下的荧光强度；I 为猝灭剂存在条件下的荧光强度；k_q 为猝灭速率常数；τ_0 为无猝灭剂存在条件下激发态的寿命；[Q] 为猝灭剂浓度。

特别注意，A 分子的存在本质上并没有降低 $^{*}D$ 分子的发光强度和效率，而是吸收了 $^{*}D$ 分子发射出的光。也就是说 A 分子的存在并没有改变 Jablonski 图中各个过程的分布。

铱催化剂:

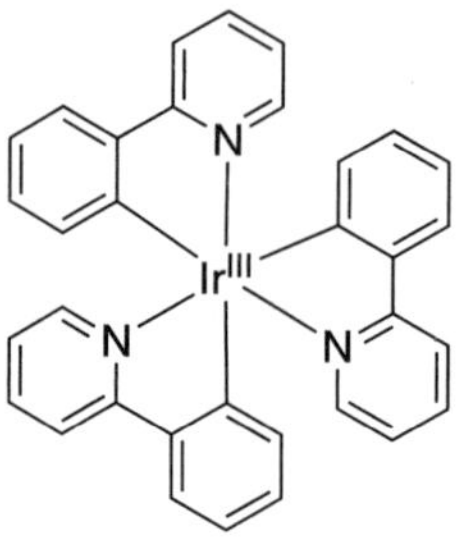

$E_{1/2}$ (M⁺/*M) −1.73 V
$E_{1/2}$ (*M/M⁻) +0.31 V

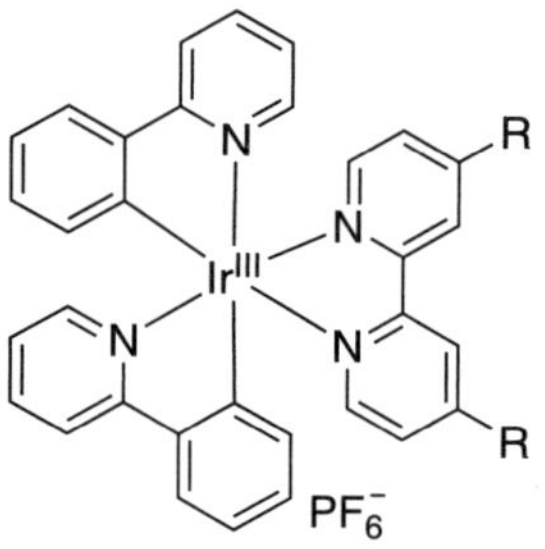

R = tC4H9

$E_{1/2}$ (M⁺/*M) −0.96 V
$E_{1/2}$ (*M/M⁻) +0.66 V

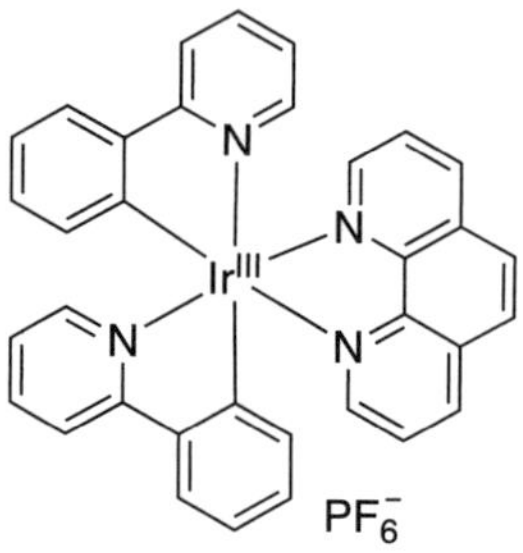

$E_{1/2}$ (M⁺/*M) −0.88 V
$E_{1/2}$ (*M/M⁻) +0.70 V

钌催化剂:

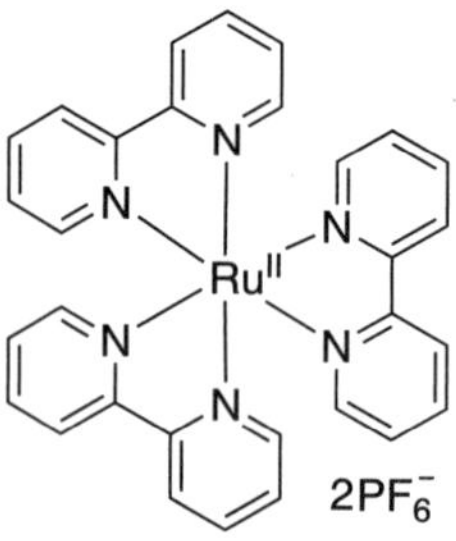

$E_{1/2}$ (M⁺/*M) −0.81 V
$E_{1/2}$ (*M/M⁻) +0.77 V

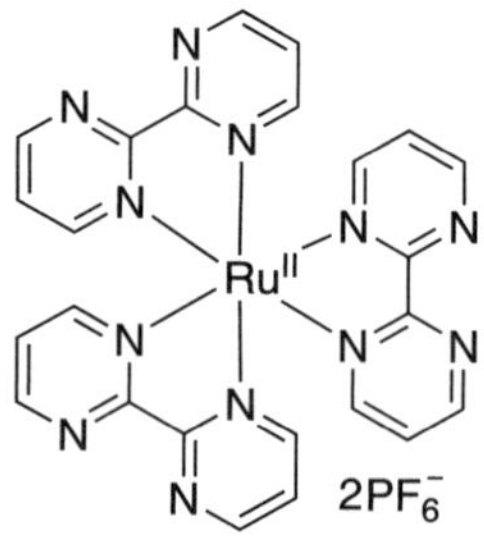

$E_{1/2}$ (M⁺/*M) −0.26 V
$E_{1/2}$ (*M/M⁻) +1.45 V

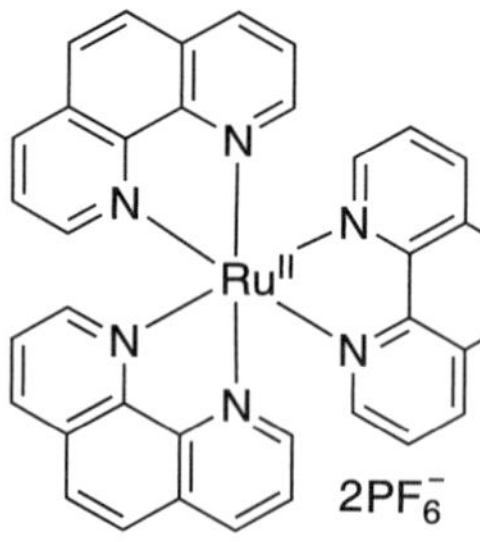

$E_{1/2}$ (M⁺/*M) −0.87 V
$E_{1/2}$ (*M/M⁻) +0.82 V

有机光敏剂:

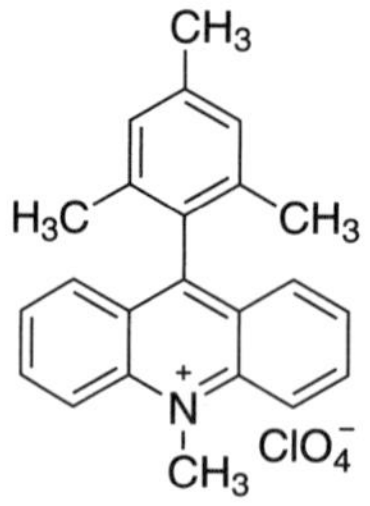

$E_{1/2}$ (*M/M⁻) +2.08 V

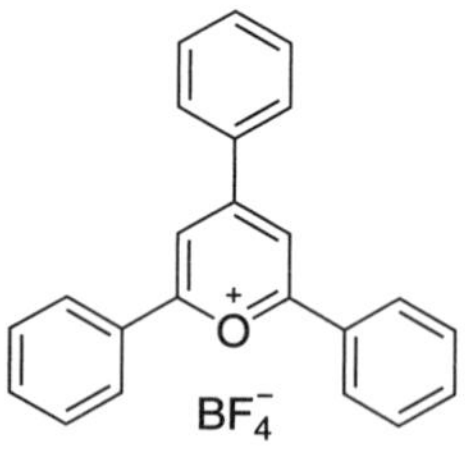

$E_{1/2}$ (*M/M⁻) +2.55 V

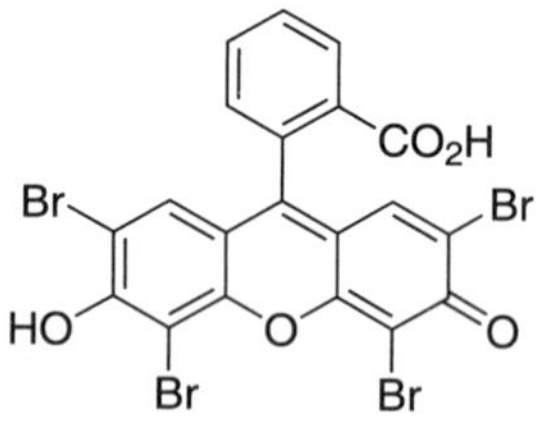

$E_{1/2}$ (M⁺/*M) −1.58 V
$E_{1/2}$ (*M/M⁻) +1.23 V

有机光敏剂:

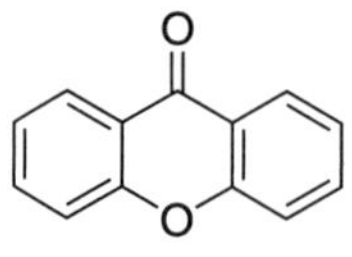

$E_{1/2}$ (*M/M⁻) +1.76 V

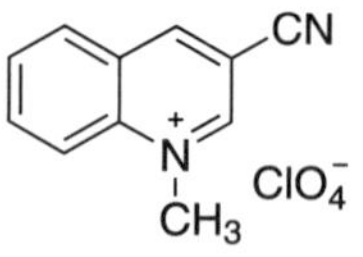

$E_{1/2}$ (*M/M⁻) +2.72 V

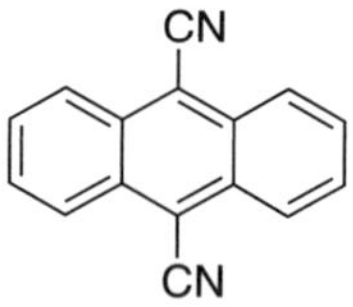

$E_{1/2}$ (*M/M⁻) +1.99 V

有机光敏剂:

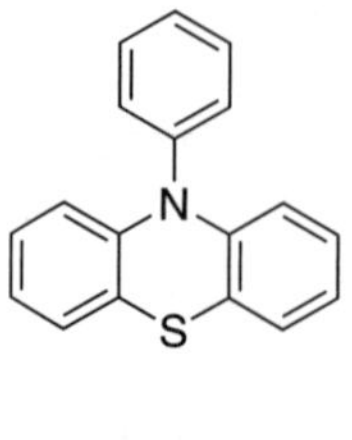

$E_{1/2}$ (M⁺/*M) −2.10 V

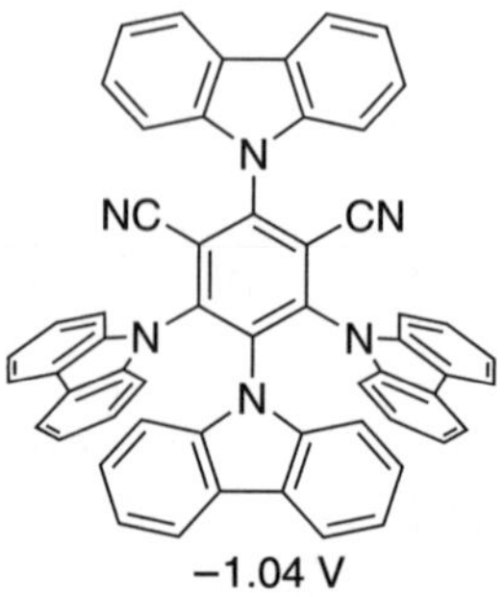

$E_{1/2}$ (M⁺/*M) −1.04 V
$E_{1/2}$ (*M/M⁻) +1.35 V

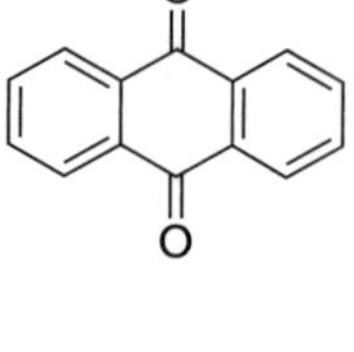

$E_{1/2}$ (*M/M⁻) +1.77 V

图 27-5　一些常用光氧化还原催化剂及其激发态的氧化还原电位(以饱和甘汞电极为参照)

$$A + h\nu \longrightarrow {}^*A$$

辐射传递的能量转移过程受多种因素的影响，包括：*D 的发光量子产率 (Φ)；在 *D 分子所发射光的光程内，A 分子存在的数目 (浓度)；*D 分子的发光光谱与 A 分子的吸收光谱之间的重叠程度；以及在重叠波长范围内 A 分子的摩尔吸光系数。一般而言，当 *D 分子的发射光谱和 A 分子的吸收光谱有很大重叠时，这种能量转移过程才能够发生。但是，由于 *D 的发射光强度一般较低，通常情况下辐射传递不是能量转移的主要方式。

发光量子产率 (Φ) 是描述激发态分子发光效率的参数，定义为激发态分子发射的光子数与分子所吸收的光子数之间的比值。

非辐射能量转移包括两个基本模型，即**德克斯特能量转移和福斯特能量转移**。

德克斯特 (David L. Dexter) **能量转移**是指激发态的 *D 分子与基态的 A 分子通过碰撞和轨道重叠，发生电子交换来实现的能量转移，也称为**碰撞机制**或**电子交换机制** (图 27-6)。由于需要分子轨道重叠，彼此间充分靠近，电子交换机制的能量转移效率随着 *D 分子和 A 分子之间距离的增加而迅速降低，该过程只能在相对较短的距离内发生 (碰撞对之间的距离要小于它们的范德华半径之和)。电子交换过程中必须符合自旋守恒的规则，即如果激发态的 *D 分子处于三线态，基态的 A 分子处于单线态，那么发生电子交换之后的 *A 分子处于三线态，D 分子处于单线态。

荧光共振能量转移 (fluorescence resonance energy transfer，FRET)：当一个分子 (又称为供体分子) 的荧光光谱与另一个分子 (又称为受体分子) 的激发光谱重叠时，激发供体分子能诱发受体分子发出荧光，同时供体分子自身的荧光强度衰减。因与供体分子和受体分子之间的空间距离紧密相关，FRET 作为一种高效的光学“分子尺”，已在生物大分子相互作用、免疫分析、核酸检测等方面获得应用。

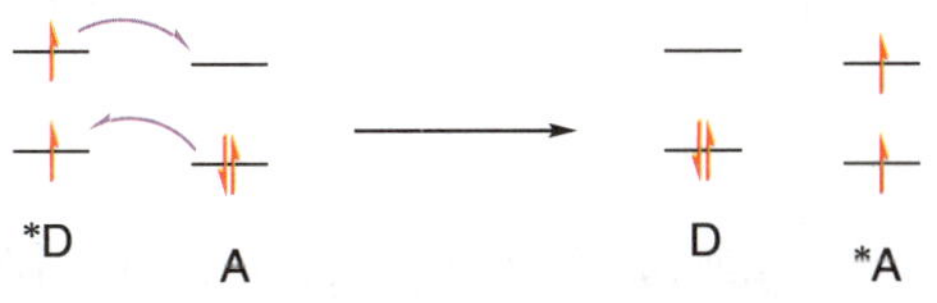

图 27-6 Dexter 能量转移示意图

不同化合物发生系间窜跃的效率差别很大，许多化合物被激发后迅速发射荧光或者发生化学反应，不能产生激发三线态 (T_1)，要想获得这些化合物的 T_1 态，一种简单的方法就是通过能量转移，也称为**敏化** (sensitization)。可以利用一种具有高效系间窜跃的化合物，在其被激发之后与基态分子碰撞，发生能量转移，从而得到需要的三线态。这类具有高效系间窜跃的化合物被称为敏化剂 (sensitizer)。敏化剂的三线态能量 (T_1 和 S_0 态之间的能量差) 一定要高于或等于受体的三线态能量，才有可能发生有效的能量转移。敏化在光化学反应中非常重要，在后面的章节中我们还会提到。

福斯特 (Theodor Förster) **能量转移**，也称为**库仑能量转移**或**共振能量转移**，是通过 *D 分子和 A 分子之间的偶极-偶极相互作用 (dipole-dipole interaction) 实现的能量转移，该过程需要“从 *D 到 D”和“从 *A 到 A”两个跃迁的耦合。发生的可能性与两个跃迁的偶极-偶极相互作用成正比，其能量转移的距离范围比碰撞机制要长得多，是一种远程相互作用。

为了方便理解，我们可以把 Förster 能量转移过程中的 *D 分子和 A 分子分别比作电波发射天线与接收天线。*D 分子的偶极电子-电荷振荡诱导邻近 A 分子的电子体系发生振荡，并最终被激发。

激发态 *D 分子回到基态 D 分子的过程中失去的能量应等于从基态 A 分子跃迁到激发态 *A 分子的能量 (图 27-7)。能量上的匹配实际上就需要 *D 分子的发射光谱与 A 分子的吸收光谱有一定程度的重叠，重叠越大，能量转移发生的可能性越大。在能量转移过程中两个分子各自的自旋态不变 (对比图 27-6 和图 27-7)。

图 27-7 Förster 能量转移示意图

27.4　光化学反应

27.4.1　光化学反应的相关理论

前文提到，有机光化学反应是指有机分子在吸收光子、生成激发态之后的结构变化。具体而言，处于激发态的有机分子可能发生如下三种不同类型的光反应(图 27-8)。

(1) **非绝热光化学反应** (diabatic photoreaction)。反应开始于激发态的势能面，通过**无辐射跃迁**终止于另一势能面上，后者通常为基态。如图 27-8(a) 所示，反应物位于 S_0 势能面上，激发后产生了位于 S_1 势能面上的激发态 (图 27-3，过程 1)。前面提到，分子的每个电子激发态都具有与基态不同的势能面，并且比基态势能面的能量高。初始形成的激发态往往不是势能面的能量最低点，需要调整自身的几何构型到达势能面的最低点。当激发态势能面上最低点的几何构型与其基态势能面上最高点的几何构型相对应时，激发态势能面的最低点和基态势能面最高点之间的能隙越小，发生态间跳跃的可能性就越大 [从 S_1 势能面到 S_0 势能面，图 27-8(a) 中的红色箭头]，这个跳跃过程仅发生电子结构的改变，没有几何构型上的变化。激发态分子回到 S_0 态之后，发生的反应取决于体系精确的几何构型。如果回到稳定的基态 [图 27-8(a) 中的蓝色箭头]，相当于光化学反应没有发生，这个过程跟内转换相同 (图 27-3，过程 4)；如果转

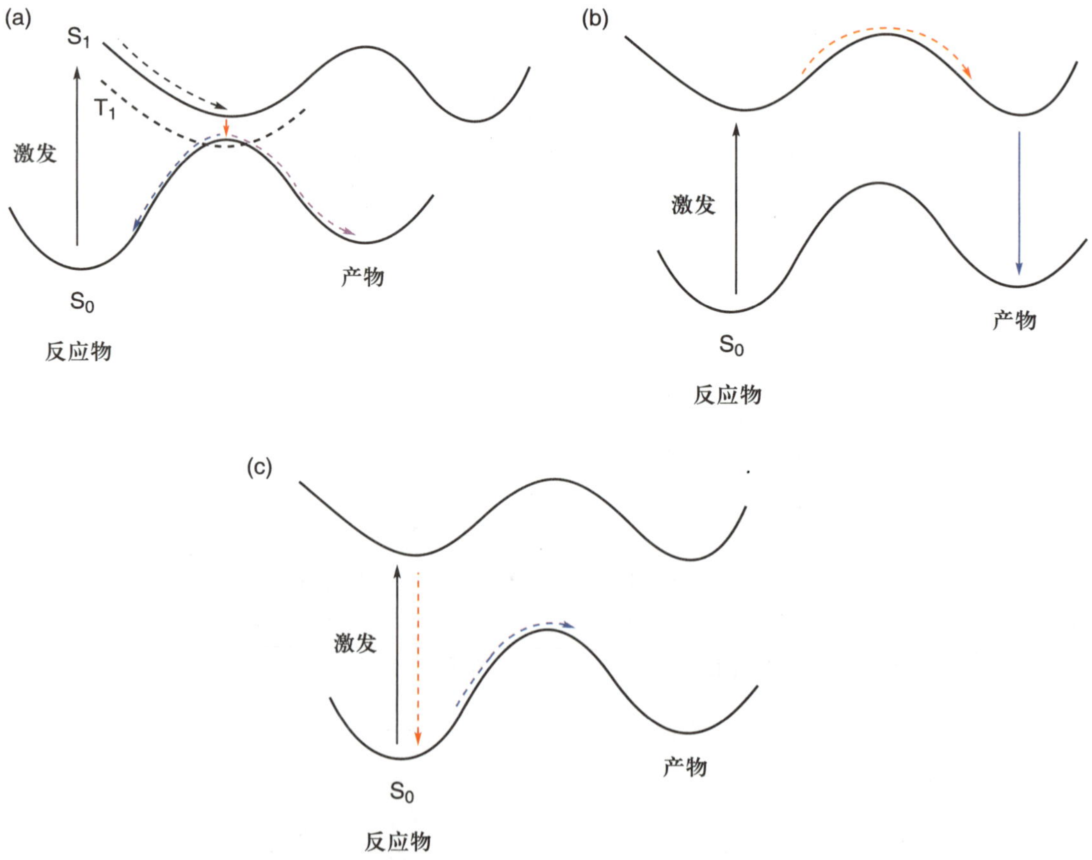

图 27-8　光化学反应的势能面示意图

化成一种新的化合物，则发生了光化学反应[图 27-8(a) 中的紫色箭头]。图 27-8(a) 仅是一个二维示意图，实际上在发生激发态和基态之间跳跃区域的三维结构像一个"漏斗"(funnel)。当激发态势能面接近基态势能面时就形成了能量从激发态漏到基态的漏斗，也称为"锥形交叉点"(conical intersection)。值得注意的是，图 27-8(a) 中 S_0 态势能面上的两个极小点的相对能量不会直接决定产物的比例，关键是体系由 S_1(或 T_1) 态到 S_0 态时的几何构型更有利于生成哪种化合物。接下来，将对一个典型的光化学反应进行说明，即烯烃的非绝热光化学顺反异构化反应(烯烃的顺反异构化反应将在 27.4.2 节进一步讨论)。

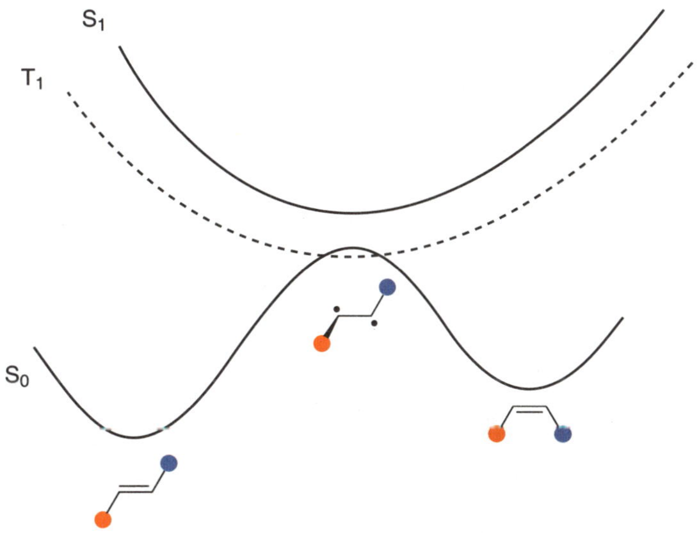

图 27-9　烯烃的非绝热光化学顺反异构化反应

首先考虑热化学条件下的烯烃顺反异构化(基态势能面上发生的反应)。从反式烯烃出发，经历二面角为 90°的具有双自由基性质的过渡态(基态势能面上的最高点)转化成顺式烯烃(图 27-9)。由于顺式烯烃的取代基排斥作用，其能量高于反式烯烃。在光照条件下，简单烯烃吸收光子之后发生 $\pi \rightarrow \pi^*$ 跃迁得到 $S_1(\pi, \pi^*)$ 态，此时由于 π 键的成键轨道和反键轨道各填充一个电子，导致 π 键断裂，烯烃不再保持平面。事实上，无论是 S_1 态还是 T_1 态，立体效应和电子排斥效应决定了激发态的烯烃趋于扭曲构象，与基态势能面上能量最高点的构型接近，同时也是 S_1 和 T_1 势能面的能量最低点。当 S_0 态最高点的几何构型正好对应于激发态的最低点时，是漏斗形成的理想条件，直接光照烯烃产生的 S_1 态能有效地跳跃到 S_0 态，从而发生烯烃的顺反异构化。通过敏化的方式也可以获得简单烯烃的 T_1 态，扭曲状态时 T_1 态的能量可能低于 S_0 态(当然这也不是绝对的)，此时相对稳定的三重态双自由基中间体就处于顺反异构化的路径中(图 27-9 中的虚线)。

(2) 绝热光化学反应 (adiabatic photoreaction)。即在激发态的势能面上发生的反应。如图 25-8(b) 所示，反应物向产物的结构转变只发生在激发态的势能面上[图 27-8(b) 中的红色箭头]，而后弛豫回到产物基态[图 27-8(b) 中的蓝色箭头]。激发态产物的弛豫过程有可能发射荧光，在这种情况下，激发反应物会检测到产物的荧光发射信号。

(3) "热基态" (hot ground state) **反应**。即反应物被激发以后发生内转换回到基态势能面[图 27-8(c) 中的红色箭头]，生成的振动激发态分子可以与溶剂分子碰撞，从而诱导基态的热化学反应 [图 27-8(c) 中的蓝色箭头]。如图 27-8(c) 所示，此过程只不过是利用光产生热量，反应产物与热化学反应相同。后两种过程虽然在光化学反应中不常见，但在机理研究中仍然需要考虑。

光化学反应的一个重要的参数是量子产率 (Φ)，代表了光化学反应的光子利用效率。

$$\Phi = \frac{\text{发生反应的分子数}}{\text{吸收的全部光子数}}$$

一般光化学反应的量子产率都小于或等于 1。光化学引发的链式自由基反应的量子产率会远远大于 1，该类反应的一个显著特征是在停止光照之后，反应能够延续一定的时间。

AIBN 是常见自由基反应引发剂，在光照条件下可以分解并脱除氮气，生成碳自由基中间体。该中间体随后与三丁基氢化锡反应，产生锡自由基参与链式自由基反应。这类反应的量子产率通常大于 1。

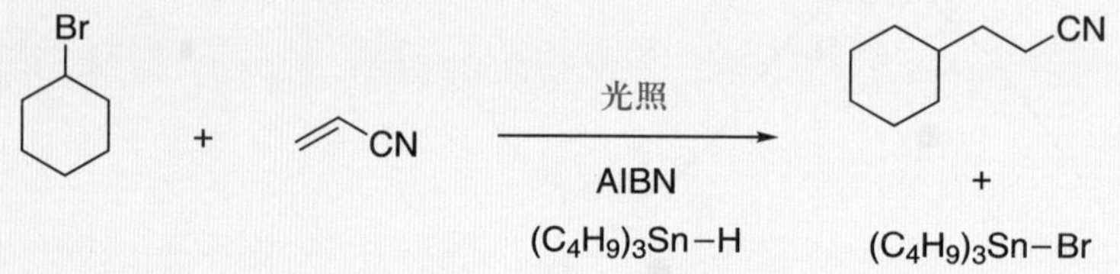

链引发:

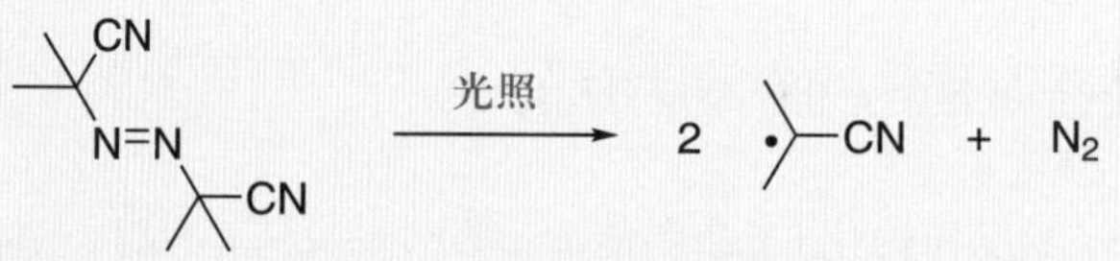

AIBN

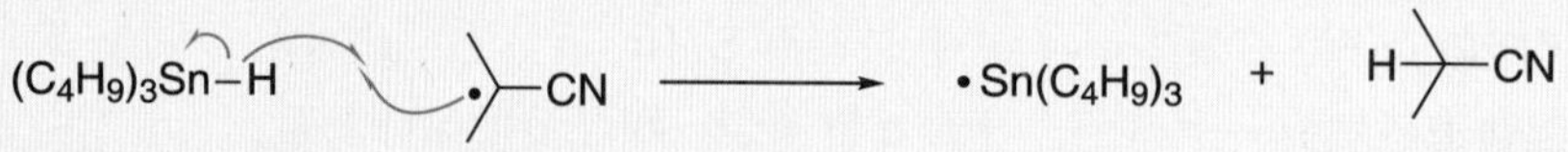

链增长:

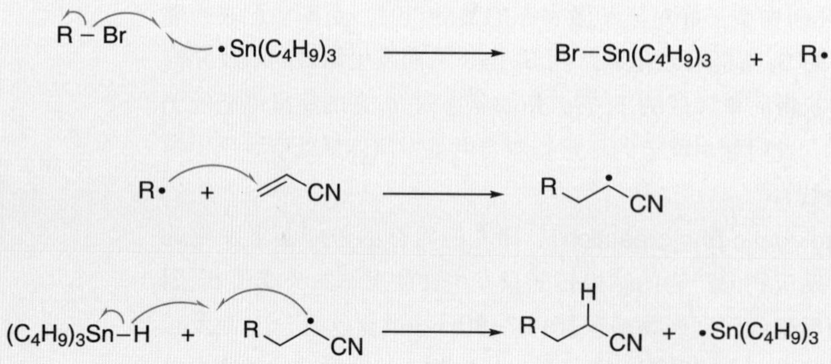

27.4.2 烯烃的光化学反应

烯烃的顺反异构

如上节所讲，顺式烯烃向反式烯烃转化通常是热力学有利的过程，所以一般能在加热、强酸、金属催化或酶催化下顺利进行。相反，反式烯烃向顺式烯烃的转化通常是热力学不利的，需要在外部刺激的条件下才能发生（图 27-9）。以单一顺式的烯烃为起始物，光照一定时间可能会生成反式烯烃；反式烯烃也可能会吸收一定波长的光而返回到顺式烯烃。理论上，用仅被一种异构体吸收的特定波长的光照射，能够选择性地获得另一种异构体。但事实上该过程却很难实现，原因是两种异构体的吸收光谱虽然有差异，但通常会存在较大程度的重叠。此外，简单烯烃的激发过程一般需要用非常短波长的光（通常是紫外光），甚至是波长小于 200 nm 的真空紫外光。因此，简单烯烃的光化学顺反异构化反应往往使用敏化剂，通过敏化的方式间接地获得烯烃的激发态。

下面将结合 1,2-二苯乙烯的顺反异构化，理解光诱导的敏化过程（图 27-10）。顺式 1,2-二苯乙烯的基态能量比反式 1,2-二苯乙烯高 42 $kJ \cdot mol^{-1}$，所以不能通过简单的热化学实现反式到顺式的异构化；而反式 1,2-二苯乙烯能够在二苯基乙二酮的敏化作用下高效地转化成顺式 1,2-二苯乙烯。处于激发三线态的二苯基乙二酮选择性地敏化反式 1,2-二苯乙烯，这是一个热力学有利且相对较快的过程（图 27-10 中的蓝色箭头）；相反，处于激发三线态的二苯基乙二酮敏化顺式 1,2-二苯乙烯是热力学不利的，也是非常慢的过程（图 27-10 中的红色箭头）。表 27-4 列举了一些常见敏化剂的三线态能量 (triplet energy)。

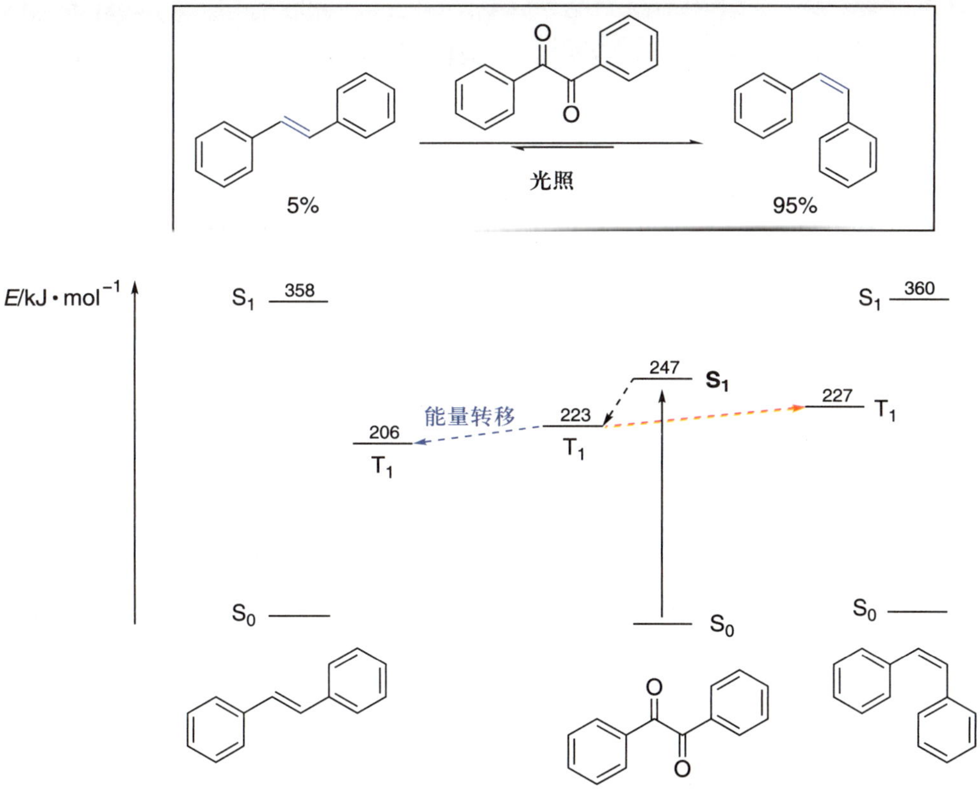

图 27-10 敏化作用下 1,2-二苯乙烯的顺反异构化

表 27-4　一些常见敏化剂及其物理性质

敏化剂	最大吸收波长/nm	三线态寿命/μs	三线态能量/(kJ·mol^{-1})
二苯甲酮	335	50	289
蒽	375	3300	178
9-芴酮	377	100	211
噻吨酮	360	73	265
占吨酮	340	17.9	310
曙红	527	172	190
Ir(ppy)$_3$	375	2	231

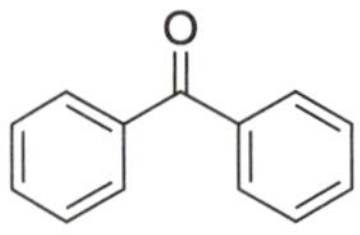

二苯甲酮

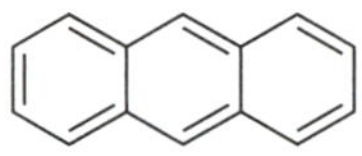
蒽

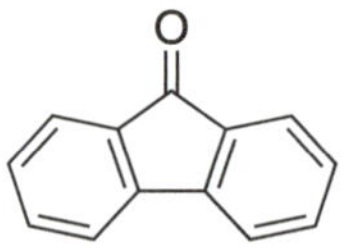

9-芴酮

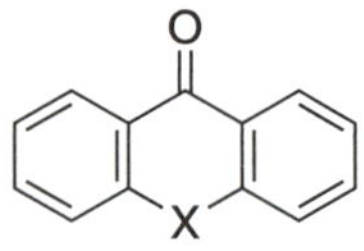

X=S, 噻吨酮
X=O, 占吨酮

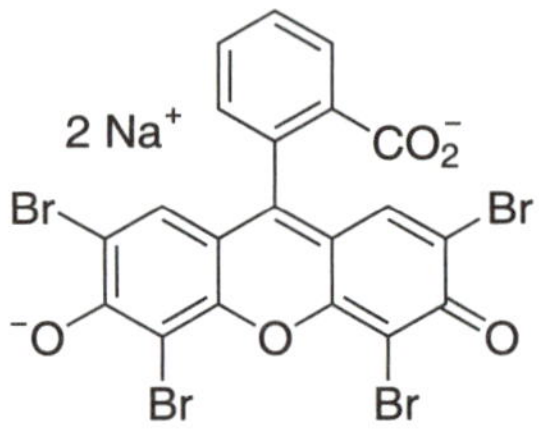

曙红

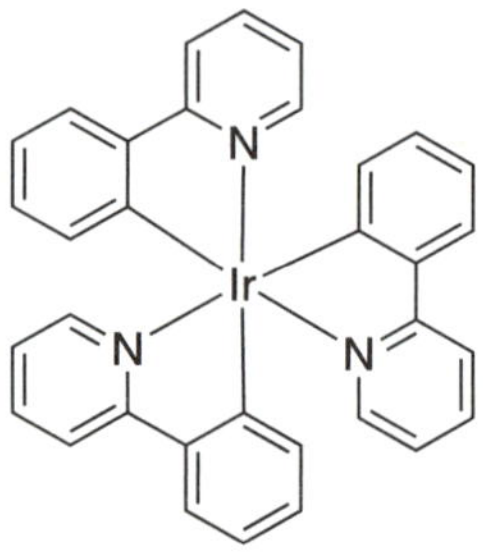

Ir(ppy)$_3$

β-硼取代的丙烯酰胺能够在噻吨酮的敏化作用下选择性地生成硼原子和羰基处于顺式的产物。可以看出，反应物和产物的结构存在明显的差异。反应物中硼原子的未填充 *p* 轨道与丙烯酰胺体系形成共轭结构；而产物中硼原子与羰基氧原子比较接近，存在 n→*p* 相互作用，此时硼与丙烯酰胺不再共轭。结构上的巨大差异，使得两个化合物在与激发态敏化剂发生三线态能量转移时的效率不同。

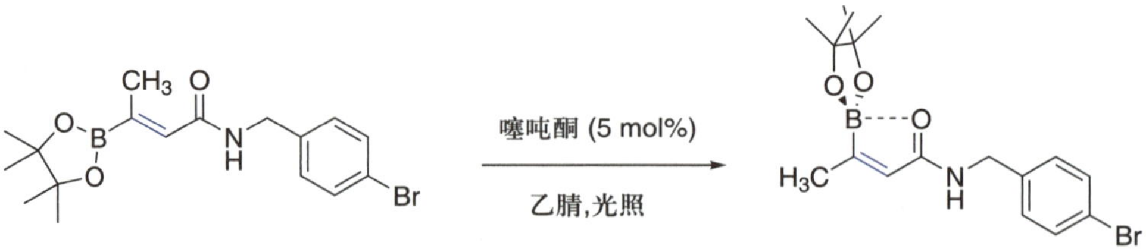

烯烃的顺反异构化在生物体内广泛存在，例如视黄醛也称维生素 A 醛的光化学顺反异构化过程就与视觉活动相关。

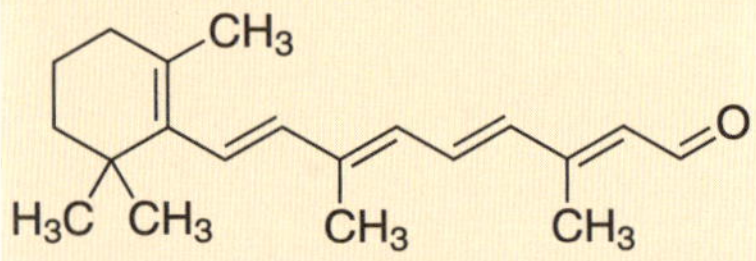

视黄醛

光引发的周环反应

光引发的周环反应在第 22 章　周环反应中已经进行了详细介绍，在此进行简单回顾。特别注意，光化学周环反应的选择性规则与热化学周环反应的选择性规则相反。例如，六电子 π 体系的光化学电环化反应采用顺旋方式，而在热化学反应条件下采用对旋方式。

在光照条件下，麦角固醇发生 6π 顺旋开环反应得到合成维生素 D 的关键中间体。

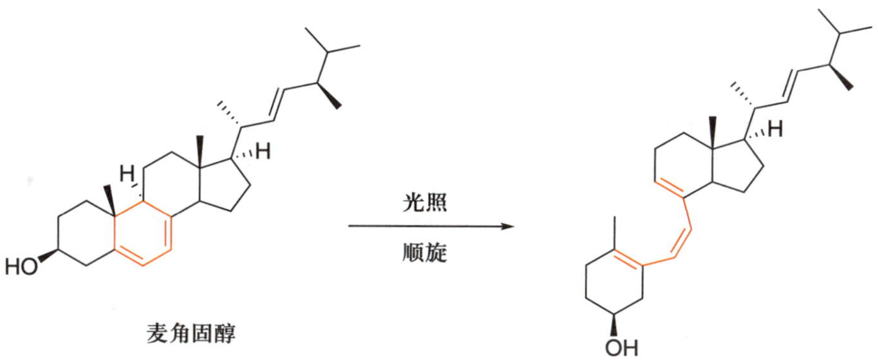

麦角固醇

Dewar 苯的合成中最重要的一步就是四电子 π 体系的光化学对旋电环化反应。

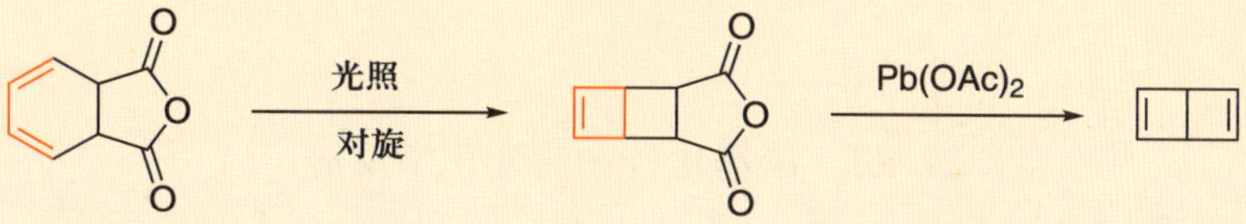

典型的光化学烯烃环加成反应是 [2+2] 环加成反应，可以分成三类：两个简单的烯烃加成生成环丁烷、烯烃与羰基化合物加成生成氧杂环丁烷、α,β-不饱和羰基化合物与烯烃反应生成环丁烷。本节首先对第一种类型的反应进行简单介绍。

在光化学反应条件下，简单的直链脂肪族烯烃主要发生顺反异构化，二聚反应效率很低，立体选择性也较差。环状烯烃由于环张力的存在一般难以发生顺反异构化，而比较容易发生 [2+2] 环加成反应。例如，环己烯的光敏化二聚能够快速构建环丁烷结构。

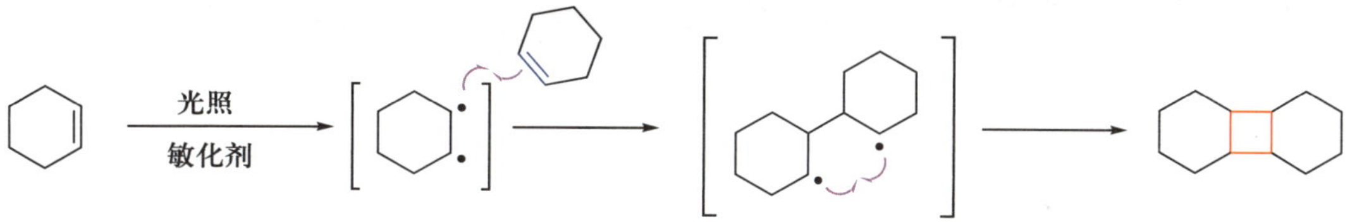

利用光化学环化反应也可以合成一些高张力的有机化合物。例如，光化学环化反应能够将降冰片烯转化成高张力的四环烷烃结构，逆过程则可以将大量的张力能以热的形式放出。

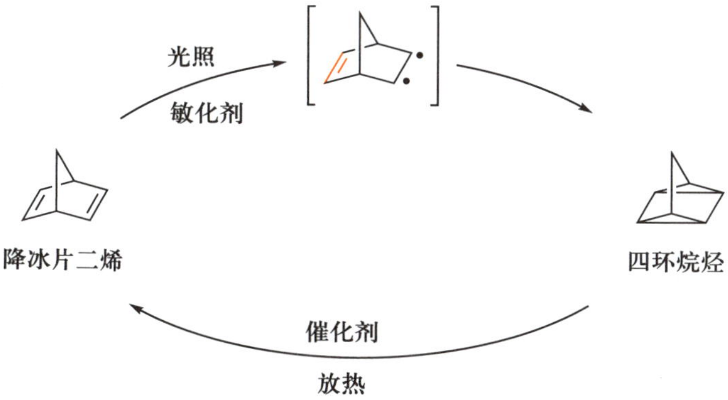

二-π-甲烷重排反应 (di-π-methane rearrangement)，也称为齐默尔曼重排反应 (Zimmerman rearrangement) 是指含有一对被饱和碳分开的 π 电子体系，即二-π-甲

烷，在光照条件下生成乙烯基环丙烷的反应。如下的反应物可以选择性地转化成二苯基取代的环丙烷化合物。

Zimmerman 重排反应可能经历了双自由基机理，其中在双自由基环丙烷中间体发生碳碳键均裂时，倾向生成更稳定的自由基。

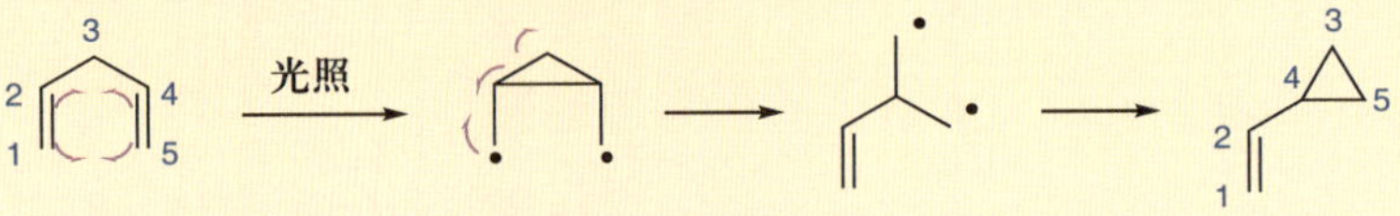

27.4.3　羰基化合物的光化学反应

羰基是有机分子中的重要发色团，一般羰基化合物的 HOMO 是 n 轨道，LUMO 是 π^* 轨道，因此羰基化合物能够发生 $n \rightarrow \pi^*$ 吸收得到激发单线态 $S_1(n, \pi^*)$ 和激发三线态 $T_1(n, \pi^*)$。羰基官能团被激发之后会表现出双自由基的性质，即碳自由基和氧自由基两个反应中心。氧自由基具有很高的反应活性，而碳自由基的活性受取代基的影响较大。通常情况下，如果碳原子上的取代基可以通过离域来稳定碳自由基，那么碳自由基的反应活性会降低；反之，碳自由基也具有较高的反应活性。

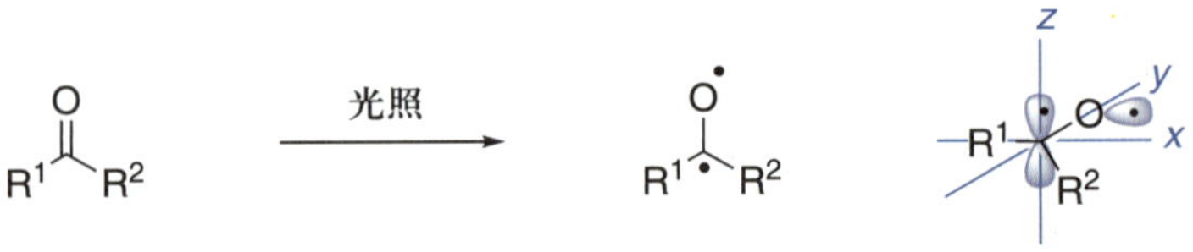

被激发后的羰基化合物通常会发生如下两种典型的反应：**α-断裂反应**（也称 **Norrish I 型光反应**，Ronald George Wreyford Norrish）和**攫氢反应**（图 27-11）。

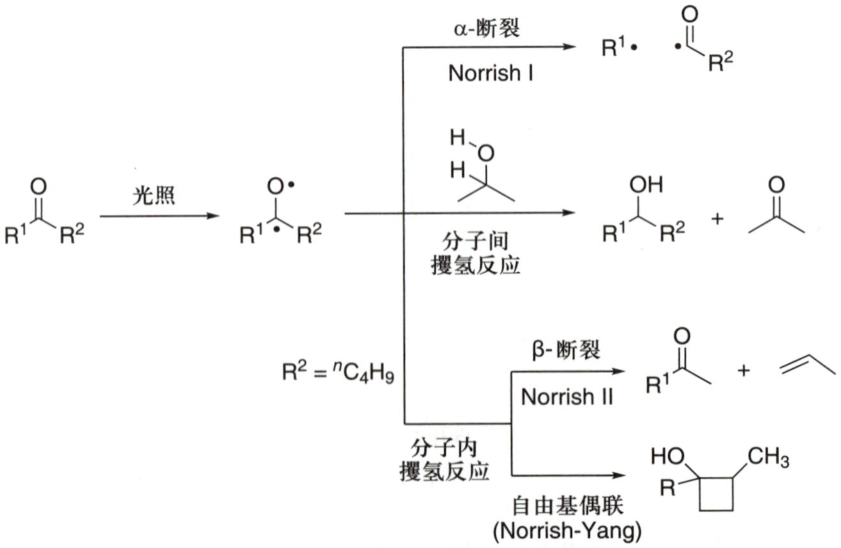

图 27-11　羰基化合物的光化学反应

α-断裂反应是指羰基 α 位的碳碳键断裂，生成一个碳自由基和一个酰基自由基。**攫氢反应**是指激发态的羰基化合物发生分子内或分子间的氢原子转移反应（hydrogen atom transfer，HAT），其中氧原子中心首先得到一个氢原子。分子间的攫氢反应常会伴随羰基化合物的还原；而分子内的攫氢反应则有可能引发 **β-断裂反应**，也称 **Norrish II 型光反应**。**β-断裂反应**是指羰基官能团 β 位的碳碳键断裂，生成一个烯烃和烯醇。接下来对这几种反应进行介绍。

α-断裂反应

对于直链烷基酮（R^1 和 R^2 都是烷基），α-断裂是其激发态分子的主要反应路径；而芳基烷基酮（R^1 和 R^2 其中一个是芳基）或二芳基酮（R^1 和 R^2 都是芳基），α-断裂发生的速率较慢。原因是许多芳基烷基酮的激发态具有较多的（π，π*）特性。以烷基酮为例，取代基（R^1）的性质不同，激发态的羰基化合物发生 α-断裂的速率也有很大差异：甲基 < 伯碳烷基 < 叔碳烷基，这也反映了 α-断裂之后三种碳自由基的相对稳定性，断裂的选择性是倾向生成更稳定的自由基。α-甲基环己酮激发之后发生 α-断裂，生成酰基自由基和二级碳自由基（图 27-12）。根据后续的双自由基反应过程不同，可以生成非共轭的烯基醛或乙烯基酮；乙烯基酮可以与醇发生反应生成酯。此外，如果 α-断裂能够将化合物中的张力释放，反应则更容易发生。

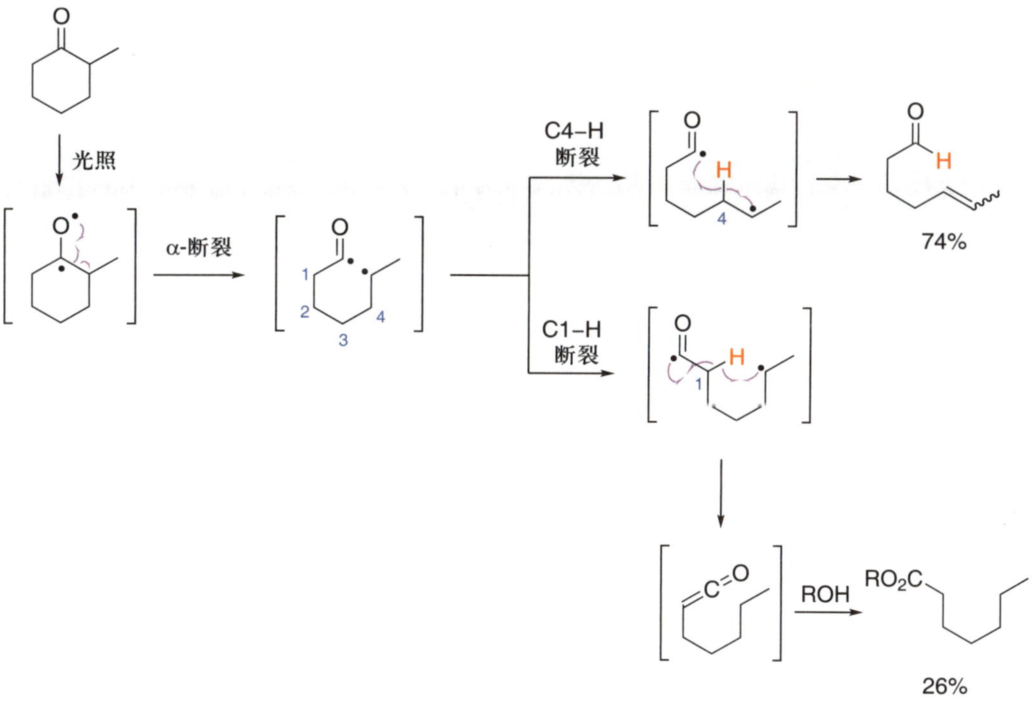

图 27-12 羰基化合物的 α-断裂反应

芳香酯和酰胺也能够发生类似的重排反应，也称为光-弗里斯重排反应（photo-Fries rearrangement），反应经历了羰基的 α-断裂、自由基偶联和异构化等过程，得到酰基迁移至邻位或对位的产物（图 27-13）。

攫氢反应——羰基化合物的还原

异丙醇还原二苯甲酮是典型的羰基化合物的光化学还原反应。T_1（n，π*）激发态

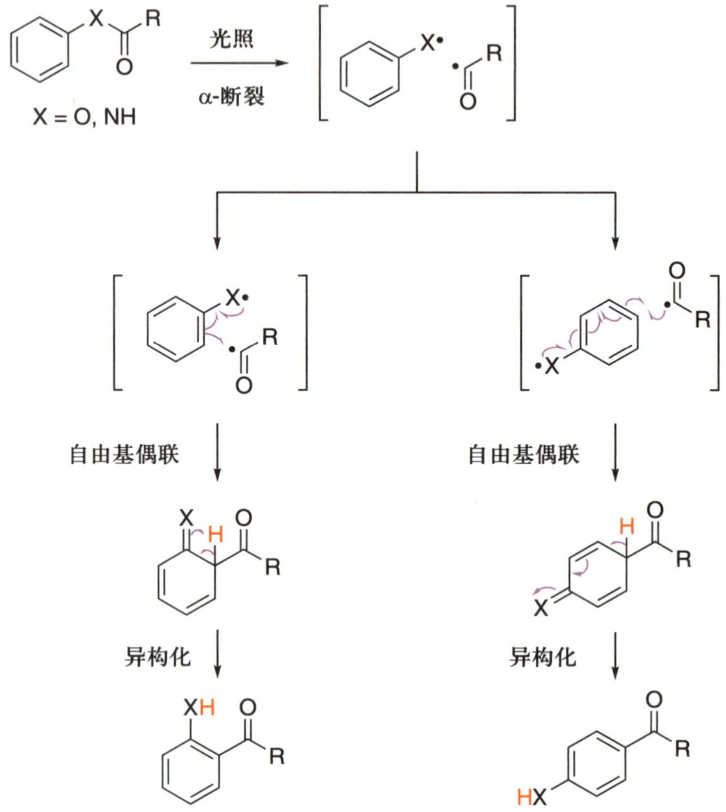

图 27-13　photo-Fries 重排反应及其机理

的氧自由基攫取异丙醇中与羟基相连的碳上的氢原子，生成一对自由基。随后可能发生两种路径：一种是二苯甲酮的自由基再攫取一个氢原子而被还原成二苯甲醇；另一种是二苯甲酮的自由基偶联生成频哪醇类化合物。

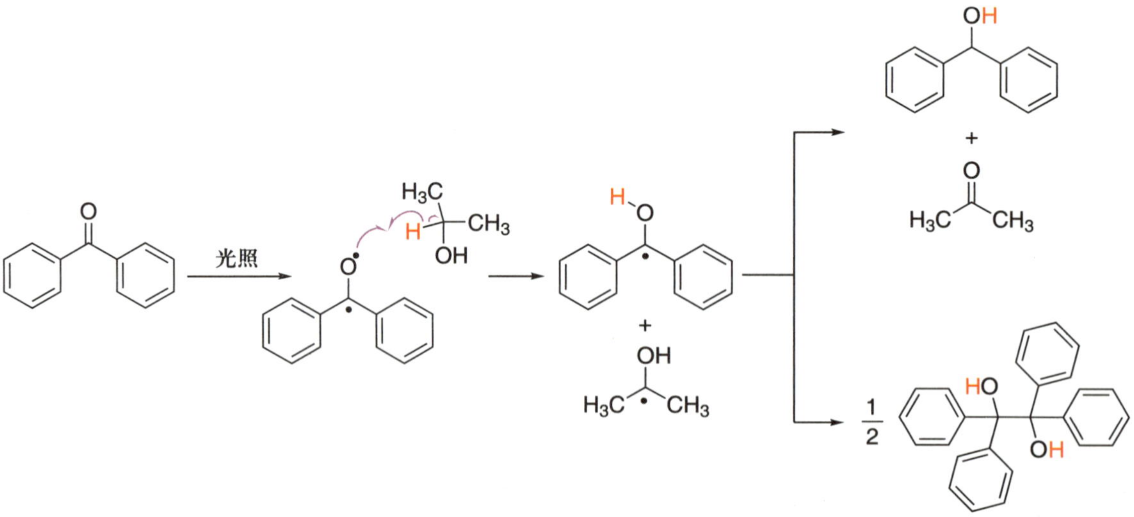

攫氢反应——β-断裂反应

当羰基的 γ 位有 sp^3 碳氢键时，分子有可能经过六元环状过渡态发生分子内的[1,5]-攫氢反应，生成 1,4-双自由基中间体。随后，该中间体可能发生两种不同的反应：第一种是发生 β-碳碳键的均裂，生成烯醇和丙烯（Norrish II 型光反应）；第二种是双自由基直接成键，生成环丁醇，也称为 Norrish-Yang 光反应。

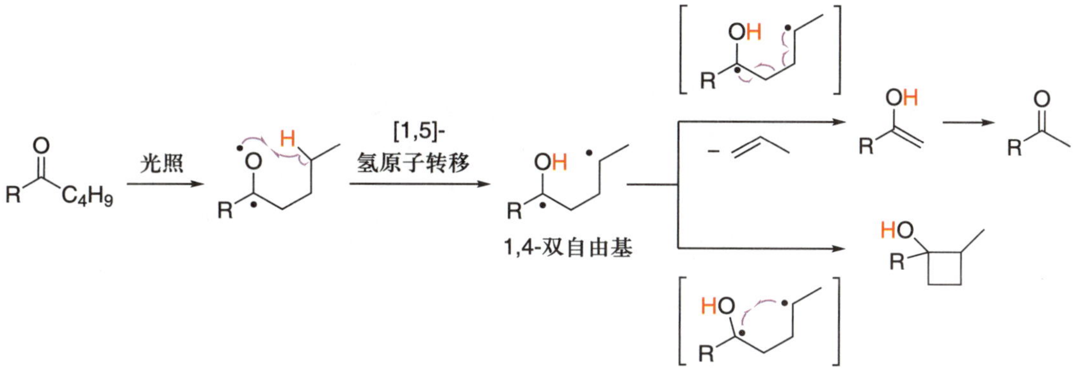

不饱和环酮，如 α, β-烯酮和 β, γ-烯酮，由于烯烃和羰基两个官能团的存在，被激发时可能同时具有 (n, π*) 激发态和 (π, π*) 激发态，具体发生的反应取决于能量最低态的自身性质。

环己-2-烯酮的 σ 重排

处于激发态的环己-2-烯酮可以发生两种 [1, 2]-σ 迁移反应，且都使原来的六元环缩小成五元环。

A 型重排涉及六元环内碳碳键的断裂，发生了环内原子迁移。

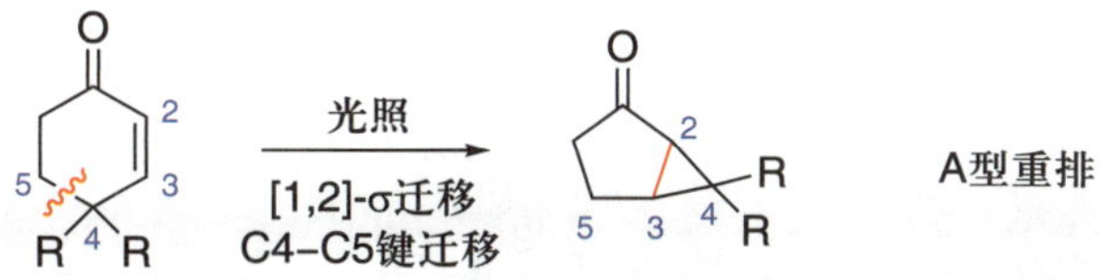

B 型重排涉及 C4 位与其取代基之间化学键的断裂，发生了环外取代基迁移。

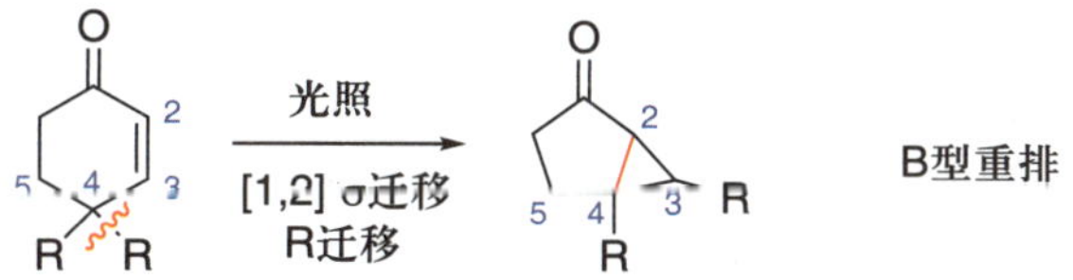

A 型重排通常具有以下特征：(1) 反应仅适用于环己烯酮；(2) 4 位上需要两个取代基，其中至少一个取代基是烷基；(3) 反应具有较好的立体选择性。

例如，在光照下 (*R*) -4-乙基-4-甲基环己-2-烯酮生成两个光学纯的非对映异构体，其中 4 位碳中心的构型发生翻转。

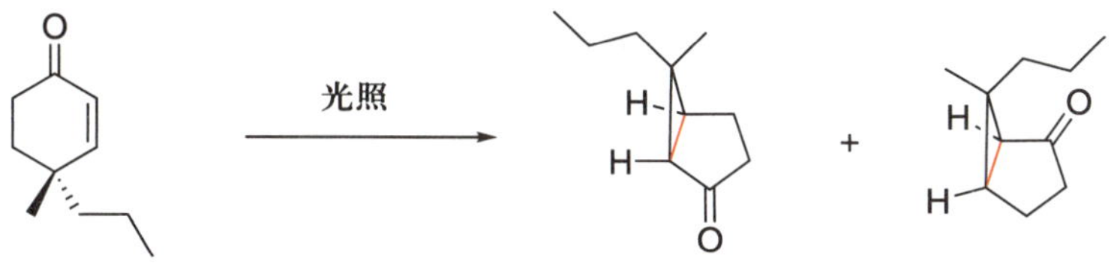

A 型重排的高度立体选择性，以及对环大小、取代基类型的严格要求，说明反应可能经历了协同机理，其中可能涉及一个非常扭曲的环己烯酮中间体。

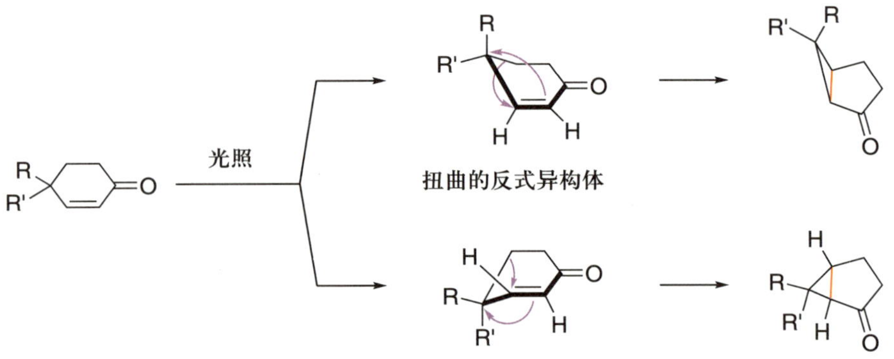

当环己-2-烯酮的 4 位是芳基或烯基时，B 型重排成为主要反应，且发生芳基或烯基的迁移（图 27-14）。B 型重排也可以看成一种特殊的二-π-甲烷重排反应，其中 C4 可以看成“甲烷”单元，4 位是芳基或烯基和环己-2-烯酮的碳碳双键可以分别看成两个 π 体系。具体机理可以通过如下双自由基过程进行解释。

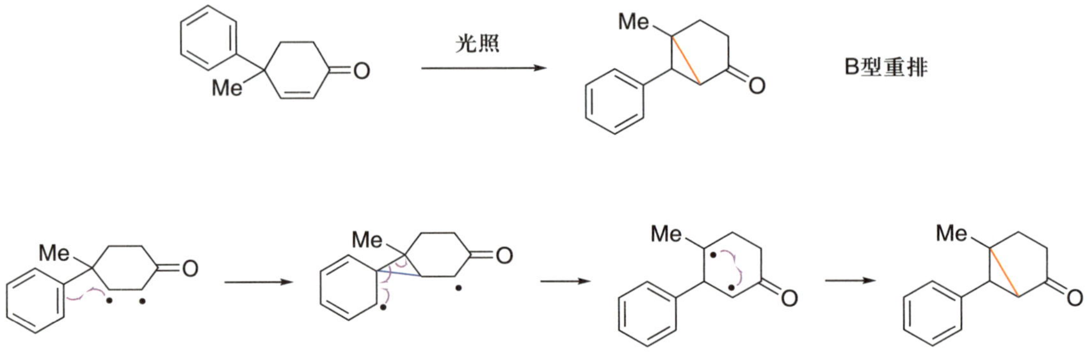

图 27-14　环己-2-烯酮的 B 型重排及其机理

β, γ-烯酮的重排反应

β, γ-烯酮也称为氧杂二-π-甲烷体系，根据结构特点能够发生多种类型的重排反应。如图 27-15 所示，β, γ-烯酮发生 [1, 2]-或 [1, 3]-重排反应取决于中间 sp^3 碳上的取代基数量。对于不含甲基的 β, γ-烯酮，只观察到 [1, 2]-重排产物；而对于含有两个甲基的 β, γ-烯酮，直接光照条件下只观察到 [1, 3]-重排产物。直接光照条件下，单取代 β, γ-烯酮生成两种重排产物，而在敏化剂存在下只发生 [1, 2]-重排反应。为什么会有这样的选择性差异呢？这是因为 β, γ-不饱和烯酮的最低单线态和三线态通常分别为 S_1 (n, π*) 和 T_1 (π, π*)。直接光照激发电子跃迁得到 S_1 (n, π*)，随后发生 [1, 2]-或 [1, 3]-重排反应（图 27-16）。[1, 3]-重排反应涉及 α-断裂过程，可以采用最稳定自由基对的规则进行分析，其中不含甲基的 β, γ-烯酮反应最慢，含有两个甲基的 β, γ-烯酮反应最快。而在敏化条件下，直接产生的是 T_1 (π, π*)，因此会选择性发生 [1, 2]-重排反应。

Paternò-Büchi 反应

Paternò-Büchi 反应是指在光照条件下，羰基化合物与烯烃加成制备氧杂环丁烷的反应，一般认为反应是分步进行的，经历了双自由基中间体。

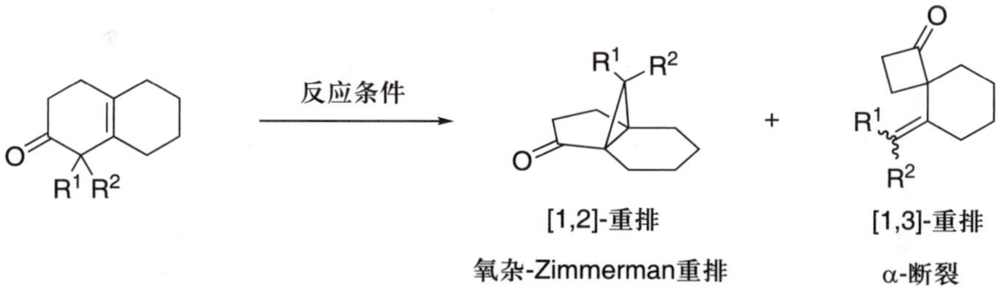

		[1,2]-重排	[1,3]-重排
直接光照	$R^1 = R^2 = H$	✓	
	$R^1 = H, R^2 = CH_3$	✓	✓
	$R^1 = R^2 = CH_3$		✓
三重态敏化剂	$R^1 = R^2 = H$	✓	
	$R^1 = H, R^2 = CH_3$	✓	
	$R^1 = R^2 = CH_3$	✓	

图 27-15 β,γ-烯酮的氧杂 Zimmerman 重排反应

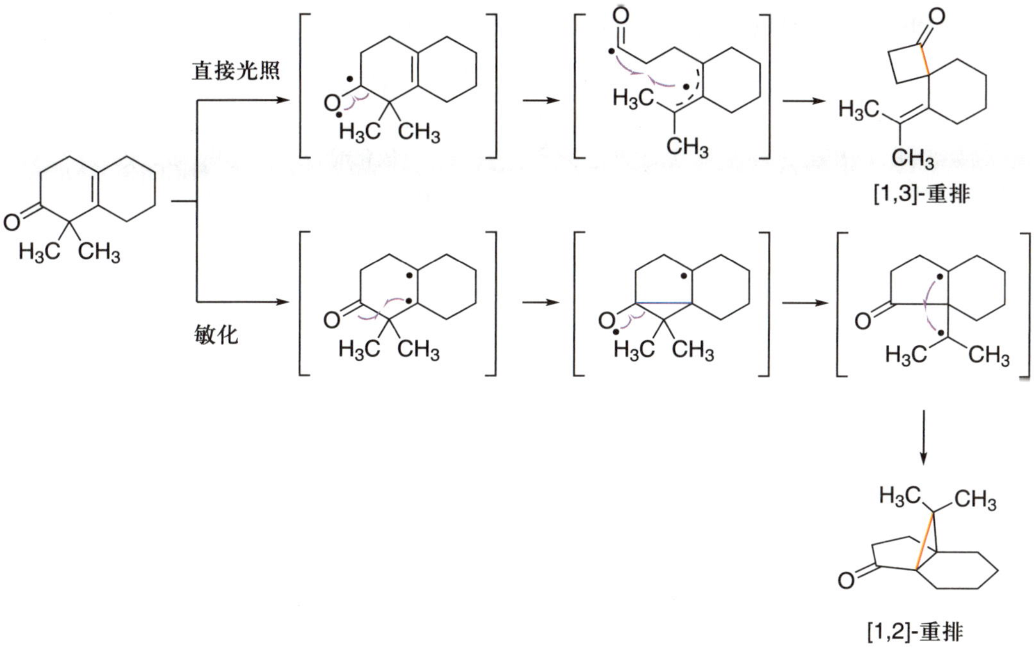

图 27-16 氧杂 Zimmerman 重排反应的可能机理

以丙酮与 2,3-二甲基丁-2-烯的反应为例，激发态的丙酮与烯烃发生自由基加成之后生成新的 1,4-双自由基物种，随后发生成环反应。

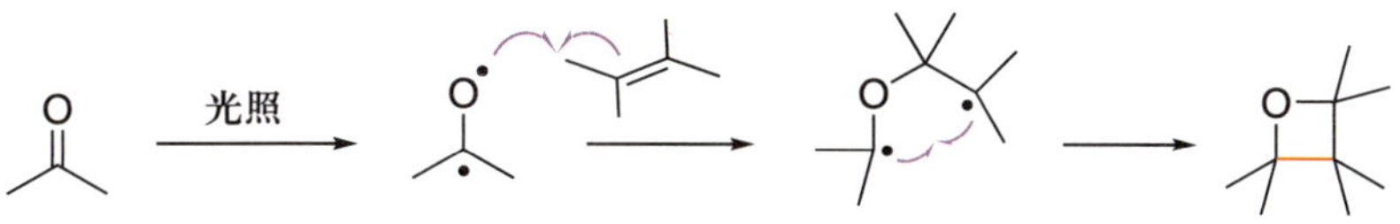

因涉及双自由基中间体，大多数 Paternò-Büchi 反应的立体选择性都比较差。例如，苯甲醛与丁-2-烯的环加成反应会得到顺反两种产物的混合物。

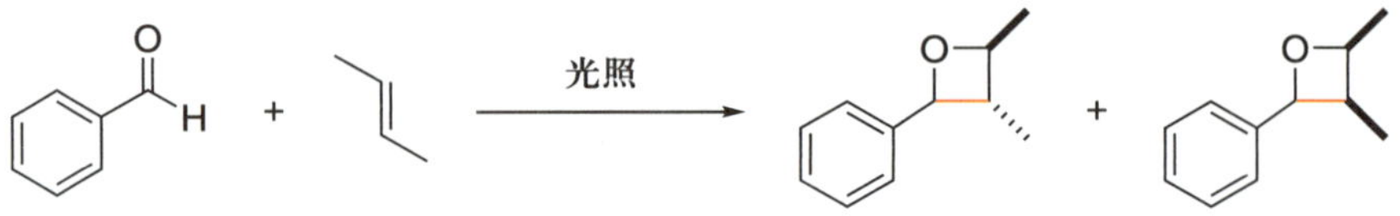

为什么不同的醛给出不一样的立体选择性呢？这是由于羰基化合物在激发之后发生系间窜跃的效率差别很大（回顾一下 Jablonski 图），芳香族羰基化合物的系间窜跃效率较高，其激发态通常为三线态；而脂肪族羰基化合物的系间窜跃效率很低，其激发态则为单线态。乙醛吸光之后直接得到其激发单线态，发生反应时双自由基中间体的两个单电子自旋方向相反，能够迅速发生环化，得到一定程度上构型保持的产物。

某些脂肪族羰基化合物可以发生立体选择性的环加成反应。例如，在乙醛与丁-2-烯的环加成反应中，从顺式烯烃出发得到顺式产物，从反式烯烃出发得到反式产物。

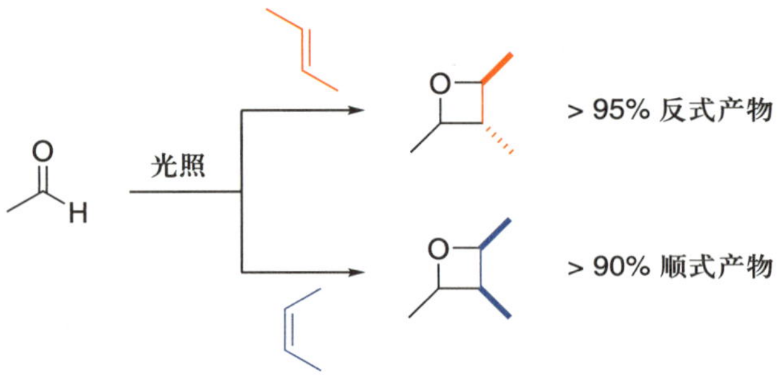

直接激发简单羰基化合物往往需要紫外光照射。在敏化条件下，一些 Paternò-Büchi 反应也可以在可见光下进行（图 27-17）。

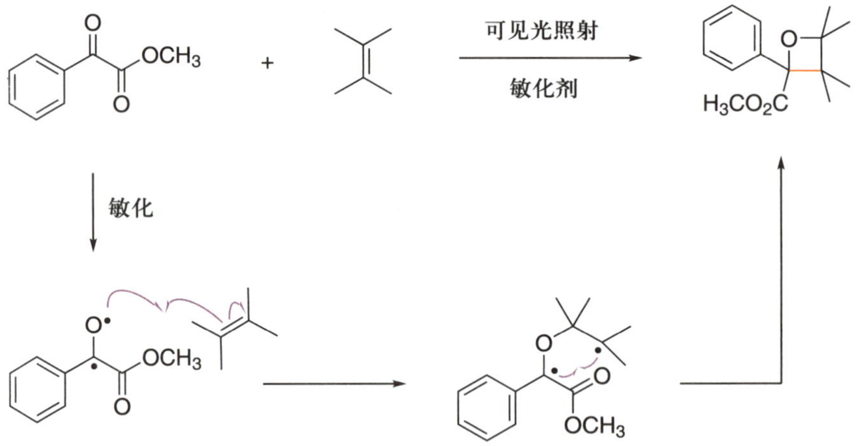

图 27-17　可见光促进的 Paternò-Büchi 反应

除羰基化合物外，含碳氮双键的化合物也能与烯烃发生 [2+2] 环加成反应，得到氮杂环丁烷，也称为氮杂-Paternò-Büchi 反应。反应机理与 Paternò-Büchi 相同，涉及双自由基机理。

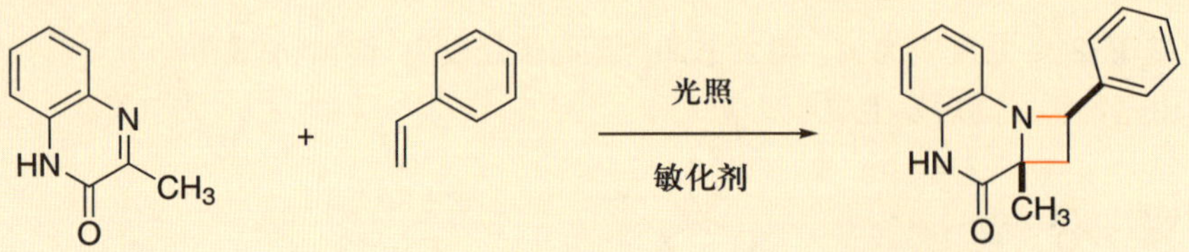

α,β-不饱和羰基化合物与烯烃的环加成反应

环己-2-烯酮与 1,1-二甲氧基乙烯发生反应时，得到区域选择性单一的产物。可以将环己-2-烯酮的 T_1 激发态看成如下所示的极化形式，具有双自由基的性质。由于羰基的吸电子作用，靠近羰基的自由基变得相对亲电性，当极化的烯烃靠近时，烯烃上的亲核位点与羰基上的亲电位点结合成键。从这个例子中我们可以看出，在 α,β-不饱和羰基化合物与烯烃的光化学环加成反应中，反应的区域选择性通常可以预测。

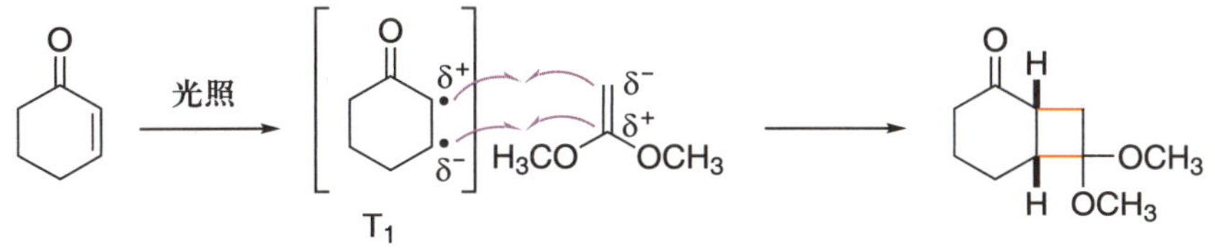

香芹酮的分子内 [2+2] 环加成反应可以生成香芹酮-樟脑。

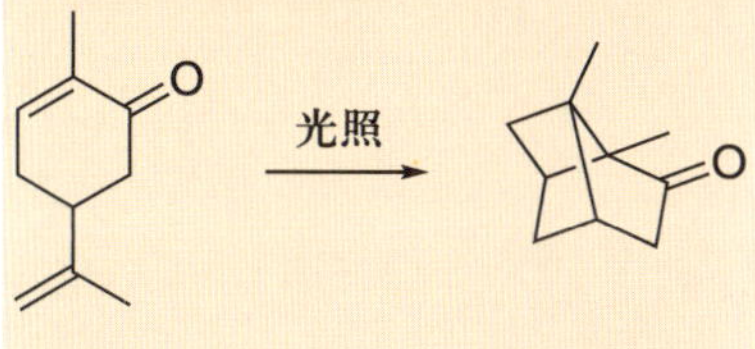

香芹酮　　香芹酮-樟脑

27.4.4 芳香化合物的光化学反应

激发态芳香烃发生的反应包括：周环反应、氧化还原反应、α-断裂反应和 β-断裂反应等。

周环反应

激发态的芳香烃可以发生对称性允许的周环反应，如 [4*n*] 对旋环化反应和 [2+2] 环加成反应等。例如，用紫外光激发苯会生成 3 个异构体（图 27-18）：通过 [4*n*] 电环化反应生成杜瓦苯；通过分子内的 [2+2] 交叉加成反应生成盆苯；通过交叉加成反应和重排生成富烯。盆苯和富烯的生成过程可能涉及两性离子中间体。

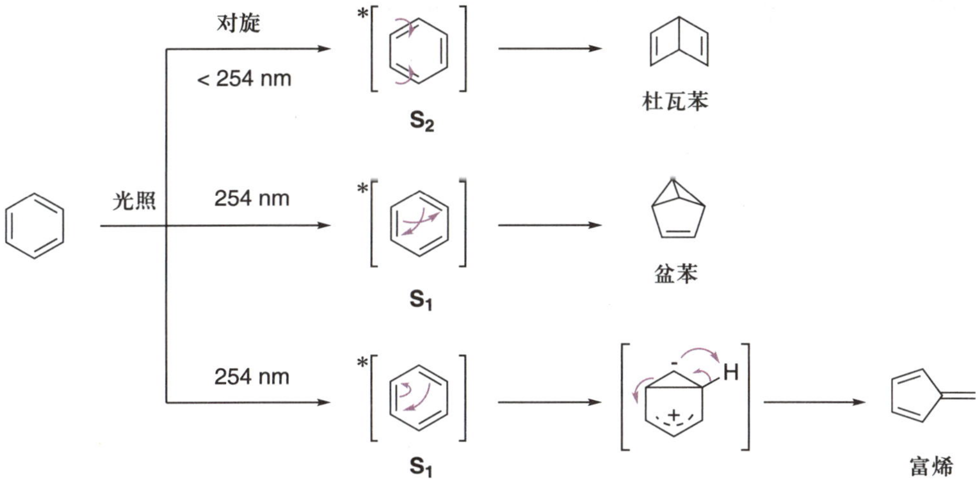

图 27-18 苯的光化学反应

苯可以与烯烃发生多种环加成反应。例如，苯与丙烯腈在光照下可以发生 [2+2] 环加成生成氰基取代的环丁烷。

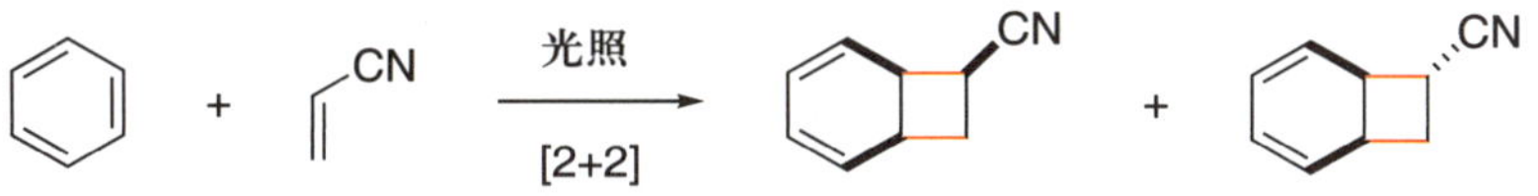

1∶5

多环芳香化合物如萘和蒽也可以与烯烃发生 [2+2] 和 [4+4] 环加成反应。当 [2+2] 和 [4+4] 环加成反应都可能发生时，一般后者更有利。

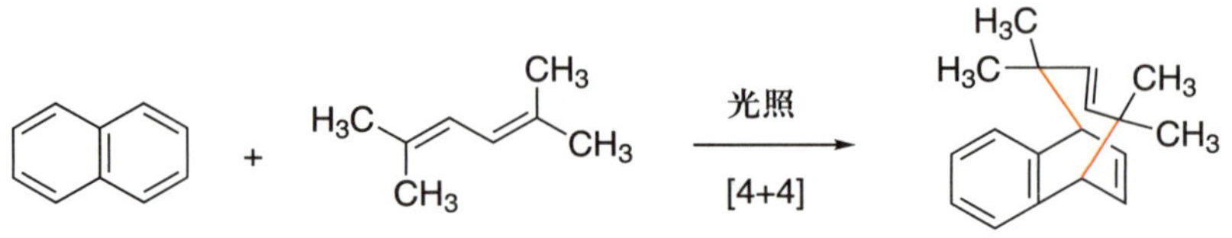

在光照条件下，蒽能够发生两分子的 [4+4] 环加成反应。

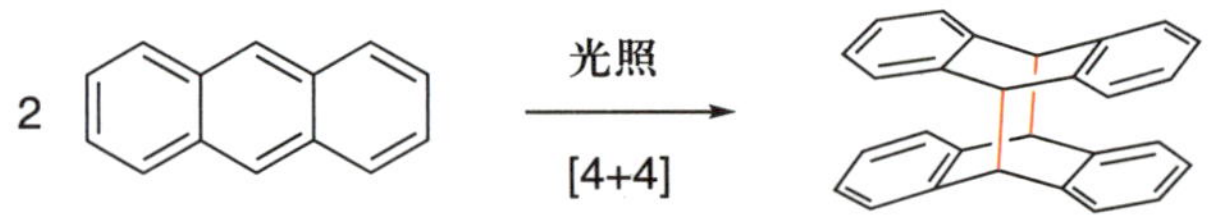

吴骊珠、佟振合等合成了两末端以萘环标记的聚乙二醇链化合物，利用沸石超笼孔腔作为微反应器，高效、专一地合成分子内光二聚类立方烷结构的产物。

参考文献：Tung Chenho, Wu Lizhu, Yuan Zhenyu, et al. Zeolites as templates for preparation of large-ring compounds: intramolecular photocycloaddition of diaryl compounds. J. Am. Chem. Soc. , 1998, 120, (45): 11594–11602.

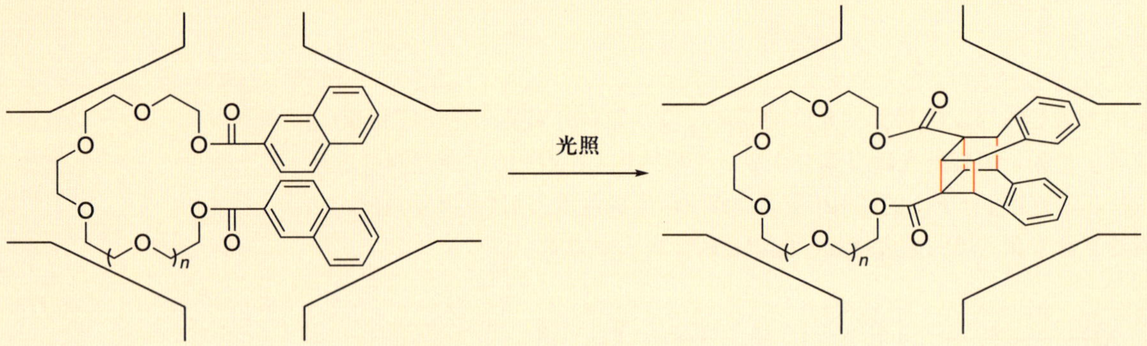

氧化还原反应：电子转移

激发态芳香化合物的电子转移过程大多涉及激基复合物。例如，苯甲醚与丙烯腈的光化学环加成反应产物受溶剂条件的影响。当以乙腈为溶剂时，自由基阳离子和自由基阴离子之间直接反应，并最终生成 [2+2] 环加成产物；当以甲醇为溶剂时，自由基阴离子能够夺取甲醇中的质子，生成碳自由基中间体，并最终生成芳环取代反应产物。具体反应过程如图 27-19 所示。

在有机胺存在下，许多芳香化合物表现出荧光的红移现象，这种红移的发光可以归属为激发态的芳香化合物与基态的有机胺之间的激基复合物的荧光。激基复合物可能发生电子转移，产生自由基阳离子和自由基阴离子中间体，随后发生质子转移和自由基的偶联反应（图 27-20）。

芳香化合物的裂解反应

激发态的芳香化合物可以发生 **α-断裂反应**和 **β-断裂反应**。α-断裂反应是指取代的芳香化合物（如 Ar–X）被激发后均裂成芳基自由基和卤原子自由基的过程。卤代苯的三线态能量约为 313 $kJ\cdot mol^{-1}$，能够断裂 C–Br 键（约 301 $kJ\cdot mol^{-1}$）或 C–I 键（约 272 $kJ\cdot mol^{-1}$），而 C–Cl 键很难参与反应。例如，以苯为溶剂，邻二碘苯能够与苯发

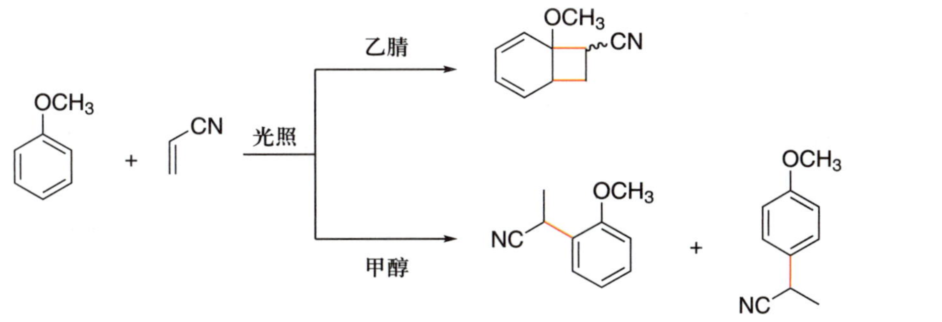

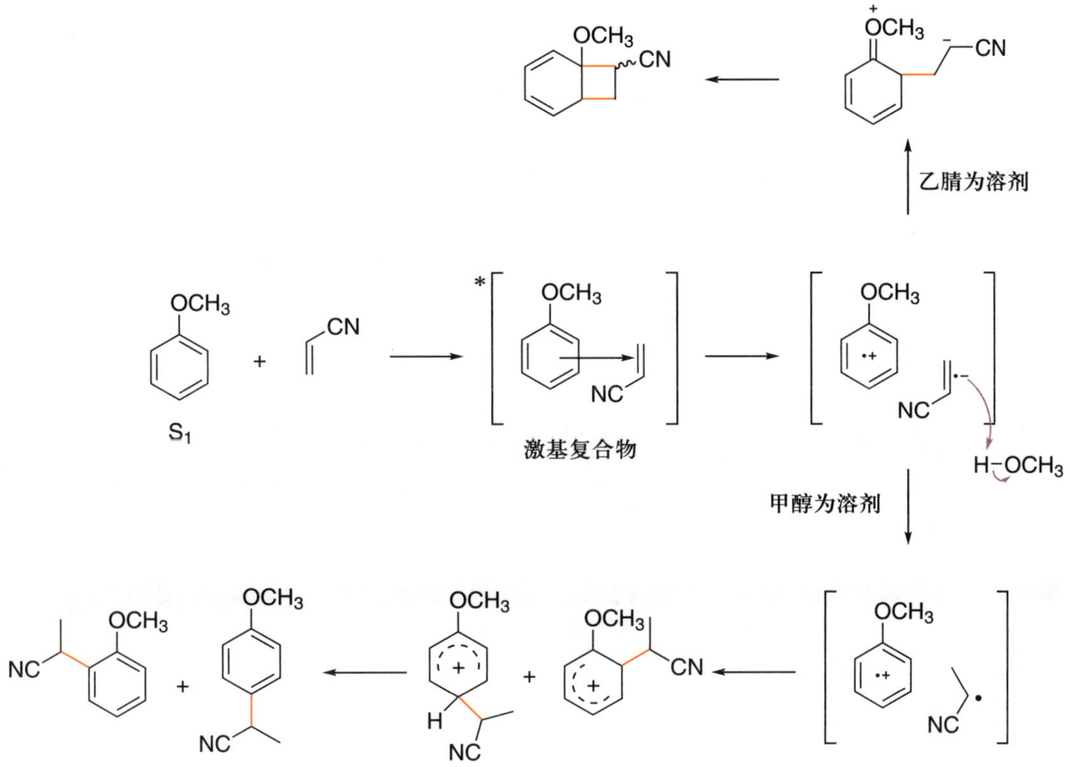

图 27-19 苯甲醚与丙烯腈的光化学反应

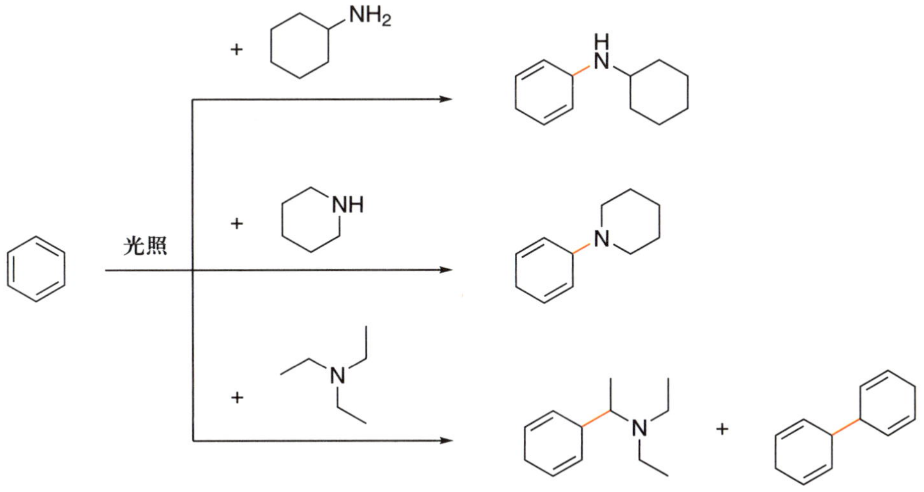

与三乙胺反应的可能机理：

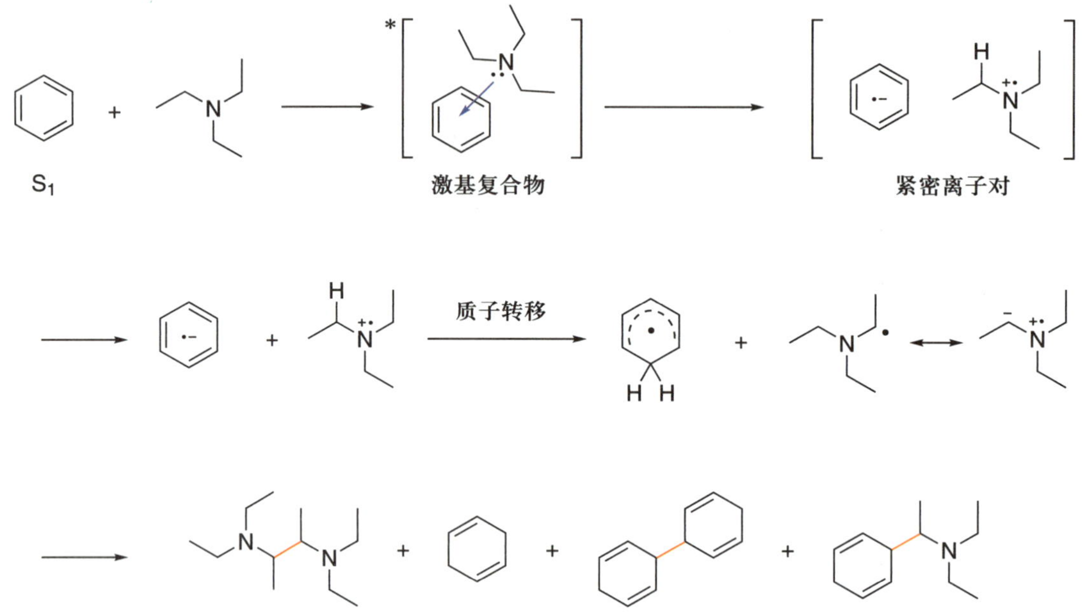

图 27-20 苯与有机胺的光化学反应

生脱卤偶联反应，生成联苯化合物（图 27-21）。首先，在光照下得到激发态的邻二碘苯，随后发生 α-断裂反应生成苯基自由基和碘自由基，苯基自由基加成到溶剂苯上得到离域的自由基中间体，最后与碘自由基发生反应生成产物。

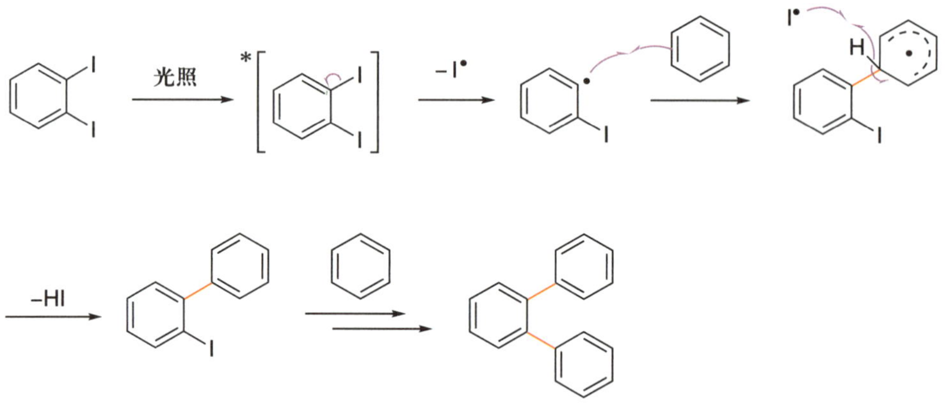

图 27-21 芳基碘化物的 α-断裂反应

当芳环的 β-碳碳键或碳杂键的断裂可以释放张力或者产生相对稳定的自由基或离子中间体时，激发态的芳香化合物有可能发生 β-断裂反应。例如，在直接激发或敏化条件下，1,2-二芳基取代的环丙烷能够发生顺反异构化反应，反应可能经历了两性离子中间体（图 27-22）。

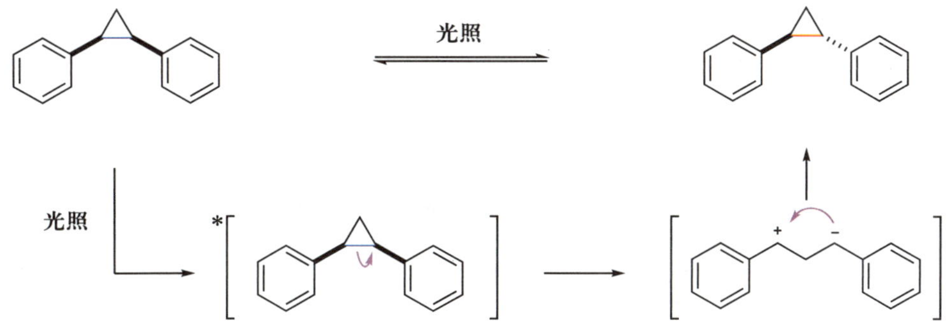

图 27-22　1,2-二芳基取代环丙烷的立体异构化反应

当上述反应以甲醇为溶剂时，可以发生开环加成反应，生成甲基醚，并且甲醇会优先加成到能够稳定正离子的芳环一侧。

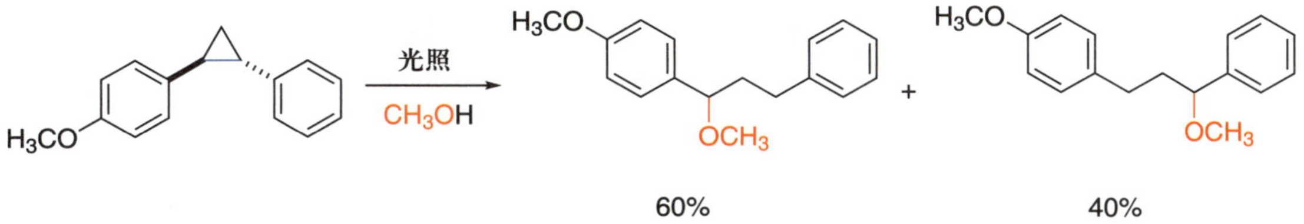

27.4.5　单线态氧

与常见的有机分子不同，氧分子的基态是三线态，最低激发态为单线态 (图 27-23)。实验结果表明氧分子是开壳层 (open shell) 结构，每个氧原子的周围只有 7 个价电子，两个氧原子之间以单键连接。通过分子轨道分析，分子氧的 HOMO 轨道和 LUMO 轨道均为反键轨道，基态氧分子的两个未成对电子分别占据两个氧氧键的 π^* 轨道，表现出双自由基的性质 (图 27-24)；而激发单线态的氧分子表现出两性离子性质。

$$(\sigma_{1s})^2(\sigma_{1s}^*)^2(\sigma_{2s})^2(\sigma_{2s}^*)^2(\sigma_{2p})^2(\pi_{2p})^4(\pi_{2p}^*)^1(\pi_{2p}^*)^1$$

图 27-23　氧分子的电子结构

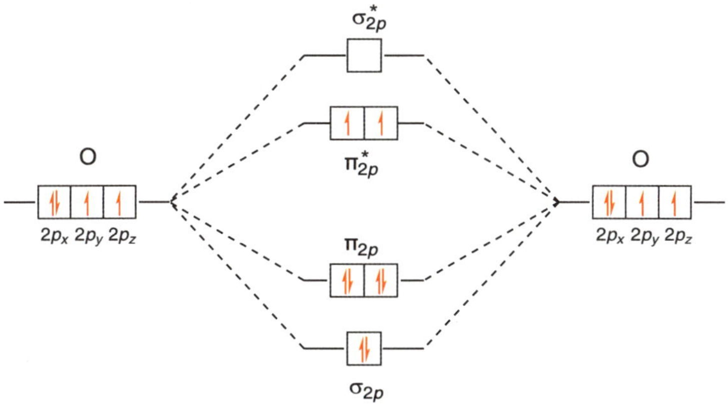

图 27-24　氧分子的轨道能级图

单线态氧非常重要的反应是它与双键生成过氧化物，包括：与烯烃的 ene 反应；与共轭烯烃的 [4+2] 环加成反应；与烯烃的 [2+2] 环加成反应等。

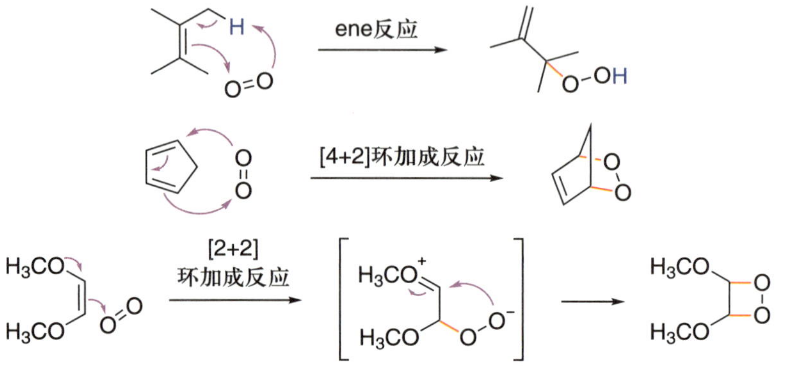

单线态氧能够通过基态氧分子的敏化过程制备。激发单线态氧分子和基态氧分子之间的能量差约为 94 kJ·mol^{-1}。因此，能量转移过程要求敏化剂分子的单线态和三线态之间的能量差必须大于 94 kJ·mol^{-1}。一般认为，如果敏化剂的三线态能量 (E_T) 介于 88 – 104 kJ·mol^{-1} 之间，单线态氧与敏化剂之间的能量转移是可逆的；当敏化剂的三线态能量 (E_T) 大于 104 kJ·mol^{-1} 时，可以选择性地产生激发单线态氧。例如，在有机敏化剂存在下，氧分子能够在可见光照射下与蒽发生 [4+2] 环加成反应。

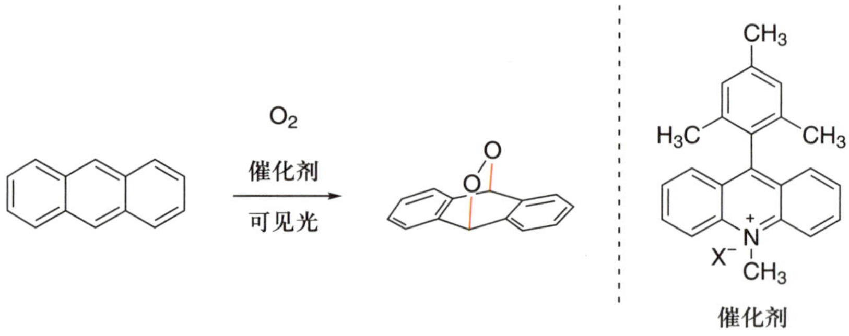

利用单线态氧与呋喃等富电性芳烃发生的 [4+2] 环加成反应，经过多步重排之后可以生成炔烃和酸酐。该反应已被成功应用于一些甾体类天然产物的全合成 (图 27-25)。

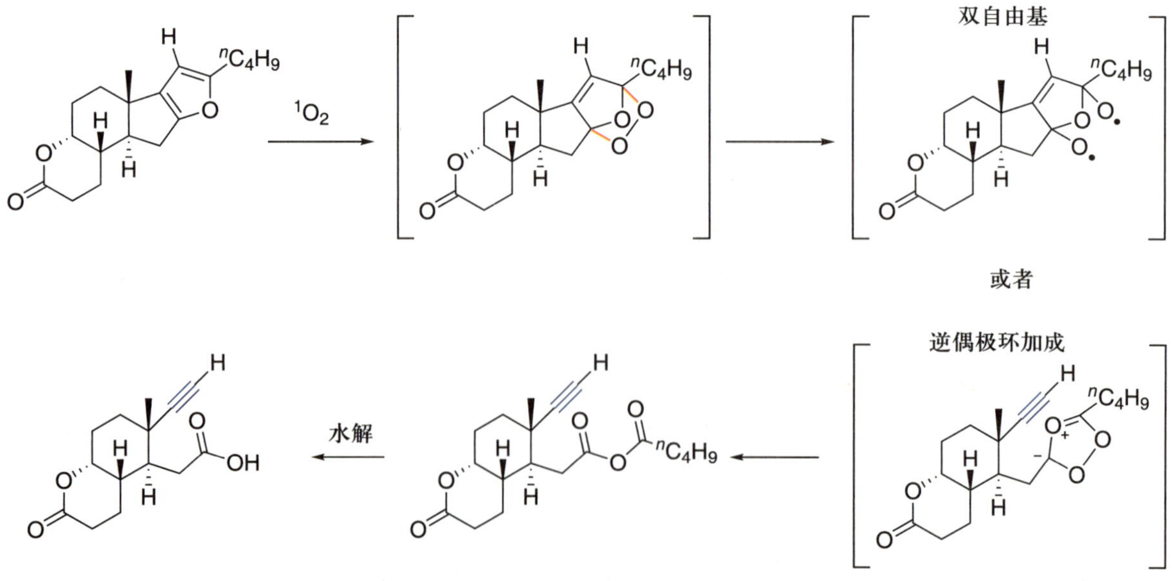

图 27-25　单线态氧在全合成中的应用

27.5　有机光化学反应举例

27.5.1　电荷转移复合物参与的有机光化学反应

电荷转移复合物在激发之后发生给体-受体之间的电子转移 (electron transfer)，形成自由基阳离子和自由基阴离子的紧密离子对。该类物种比较容易发生逆向的电子转移 (back electron transfer，BET)，进而回到基态电荷转移复合物 [图 27-26(a)]。化学家们发现向供体或受体分子中引入特定的官能团，能够使电荷转移复合物在电子转移之后快速地发生不可逆碎裂化 (fragmentation)，进而引发一些自由基反应 [图 27-26(b)]。

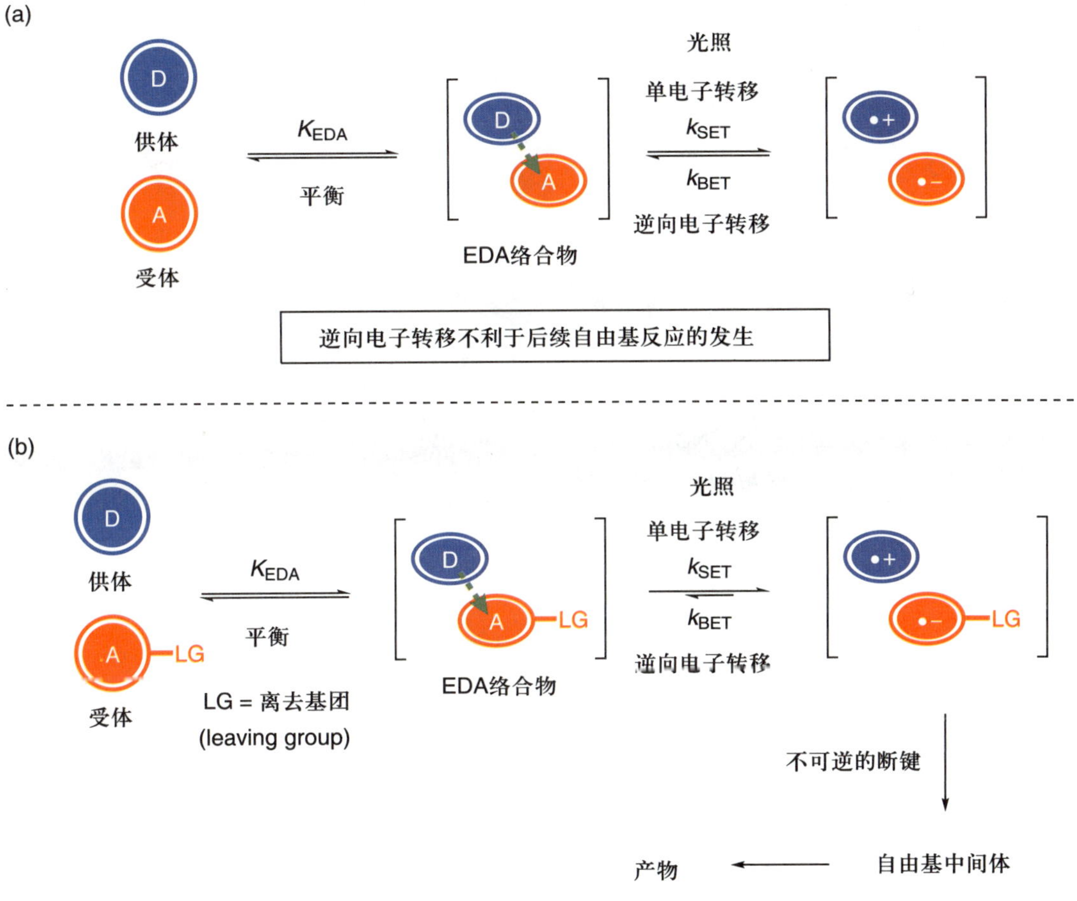

图 27-26　电荷转移复合物的电子转移

醛与二级胺缩合形成的烯胺中间体较为富电性，能够与缺电性的烷基卤化物形成电荷转移复合物。在可见光照射下，激发态的电荷转移复合物发生电子转移，生成两种自由基离子，其中自由基阴离子容易失去卤负离子产生烷基自由基，随后该自由基与烯胺自由基阳离子作用生成亚胺中间体，最终实现醛的不对称 α-烷基化反应(图 27-27)。

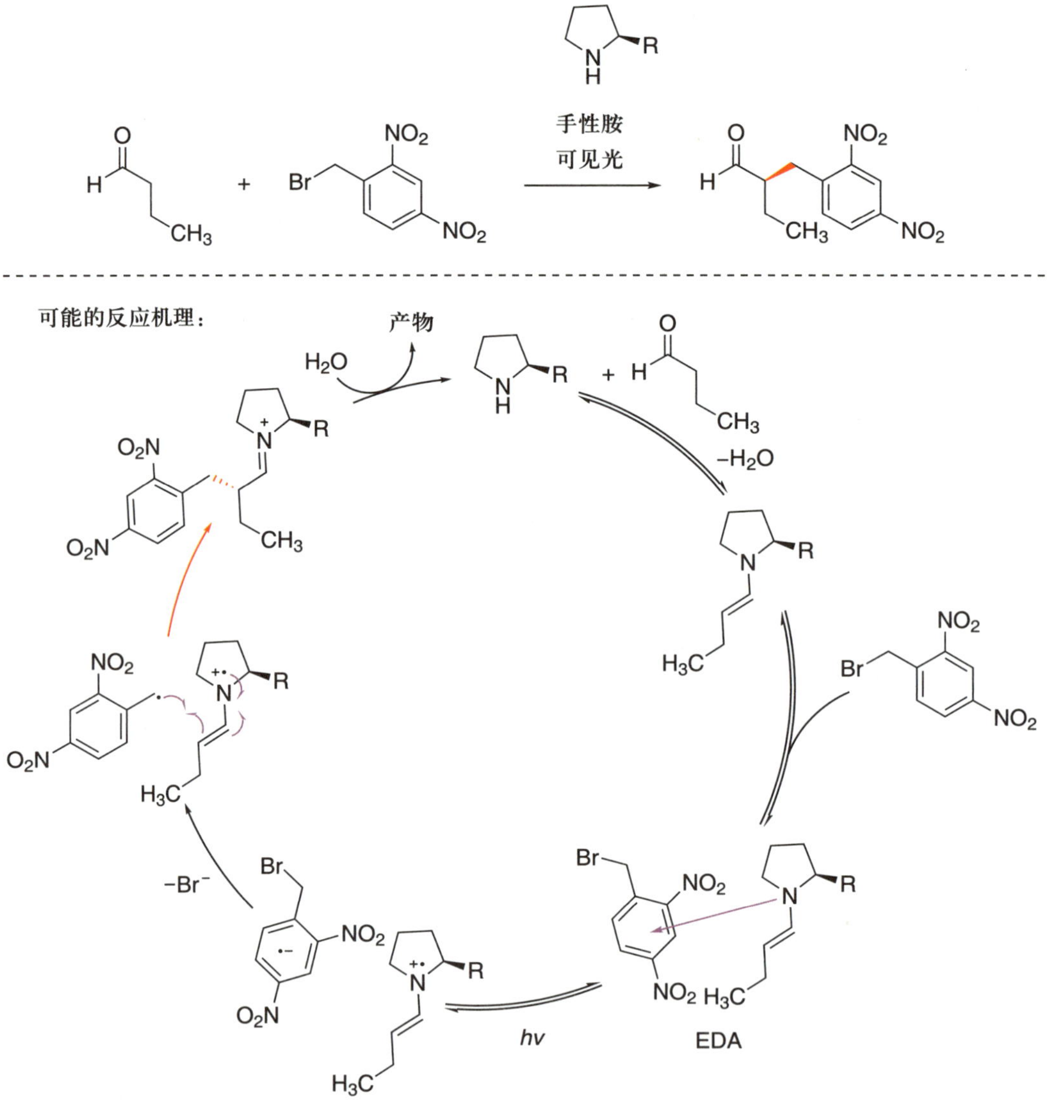

图 27-27　醛的不对称烷基化反应

苯甲酰甲酸与芳基亚胺在二氯甲烷中能够形成电荷转移复合物，在蓝光照射下发生脱羧加成反应。可能的反应机理如图 27-28 所示。

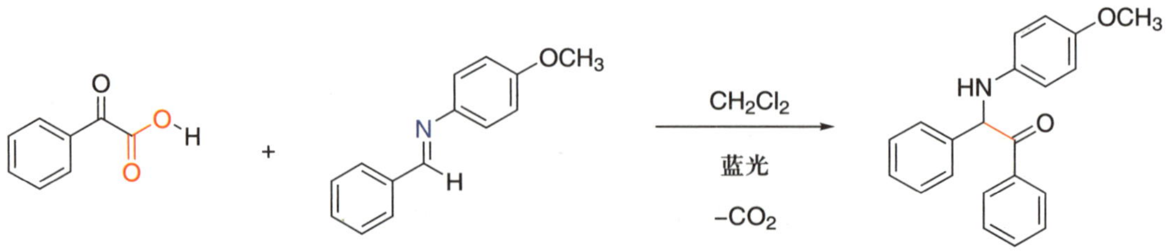

27.5.2　光诱导电子转移的有机光化学反应

光氧化还原催化剂（photoredox catalyst，PC）是指一类能够被光激发，并且能够诱导底物发生电子转移从而促进反应进行的化合物，这些化合物回到基态之后能够继续参与新的催化循环。两种典型的光氧化还原催化过程包括：（1）光氧化还原催

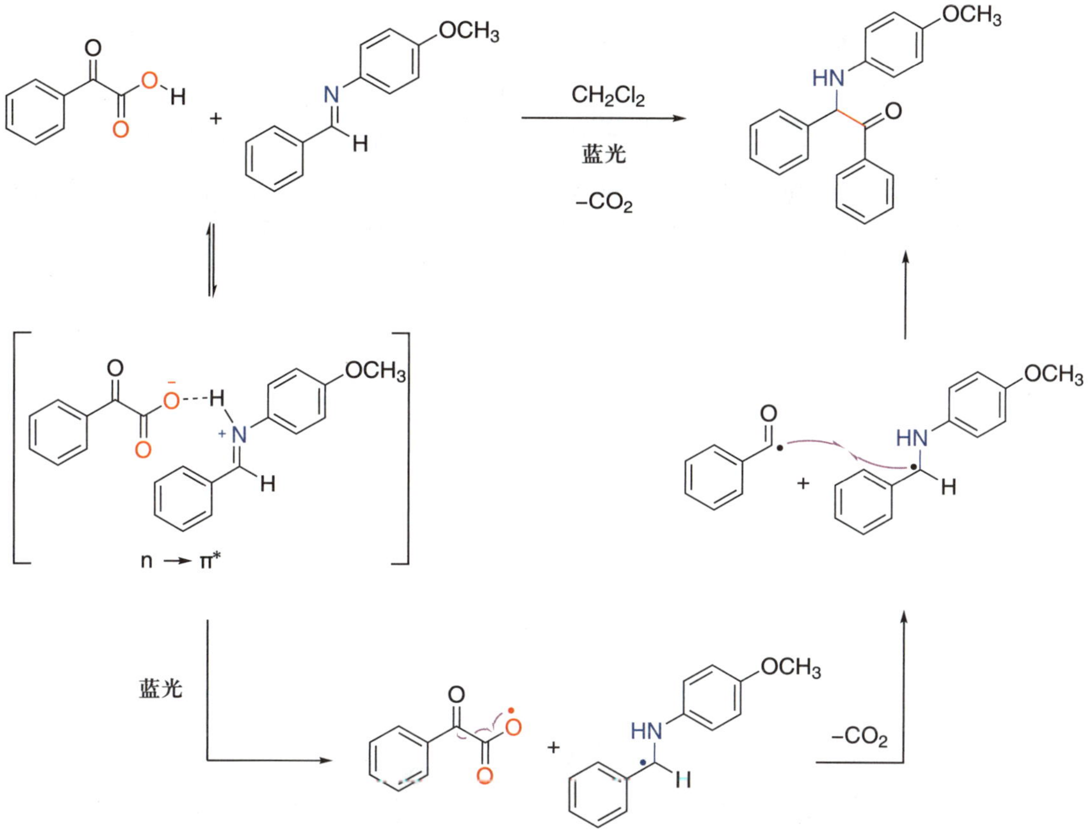

图 27-28 苯甲酰甲酸与芳基亚胺的脱羧加成反应机理

化剂激发之后直接与反应物发生氧化或还原猝灭，得到反应物的自由基离子中间体，随后发生不同类型的转化；(2) 光氧化还原催化剂激发之后与体系中的氧化剂或还原剂发生氧化猝灭或还原猝灭，得到处于基态的氧化或还原后的光催化剂，随后再与反应物发生电子转移，进而引发一系列化学反应。

需要特别说明：反应过程中虽然不涉及反应物的激发态，但因其是光引发的化学反应，所以本书也将其归为有机光化学反应。

氧化猝灭和还原猝灭是光诱导电子转移时，激发态分子的两种猝灭方式。氧化猝灭是指激发态分子失去最外层电子，被氧化；还原猝灭是指激发态分子得到一个电子，被还原。

氧化猝灭：

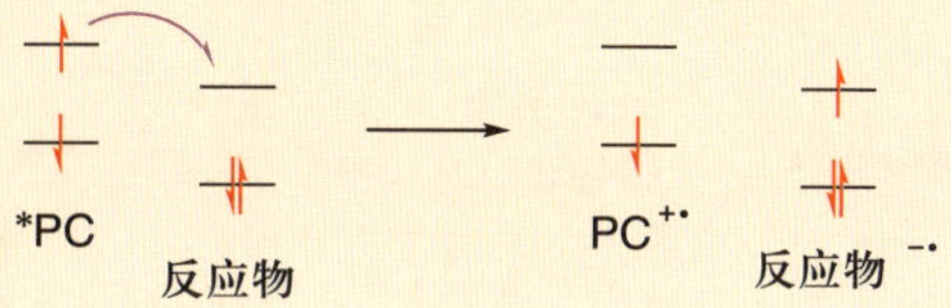

还原猝灭：

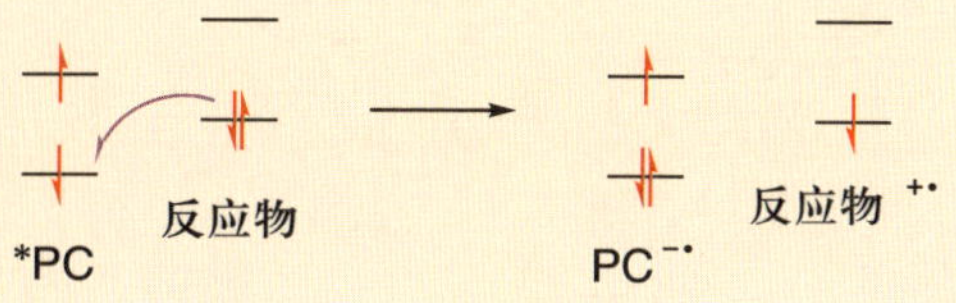

有机胺参与的反应

N-苯基四氢异喹啉可以与激发态的光催化剂发生电子转移，生成自由基阳离子中间体。随后发生连续的电子和质子转移得到亚胺阳离子中间体。最后，亲核试剂与亚胺阳离子发生加成反应，完成 *N*-苯基四氢异喹啉的 C–H 键官能团化反应。当以硝基甲烷为亲核试剂时，可以得到氮杂-Henry 反应的产物（图 27-29）。

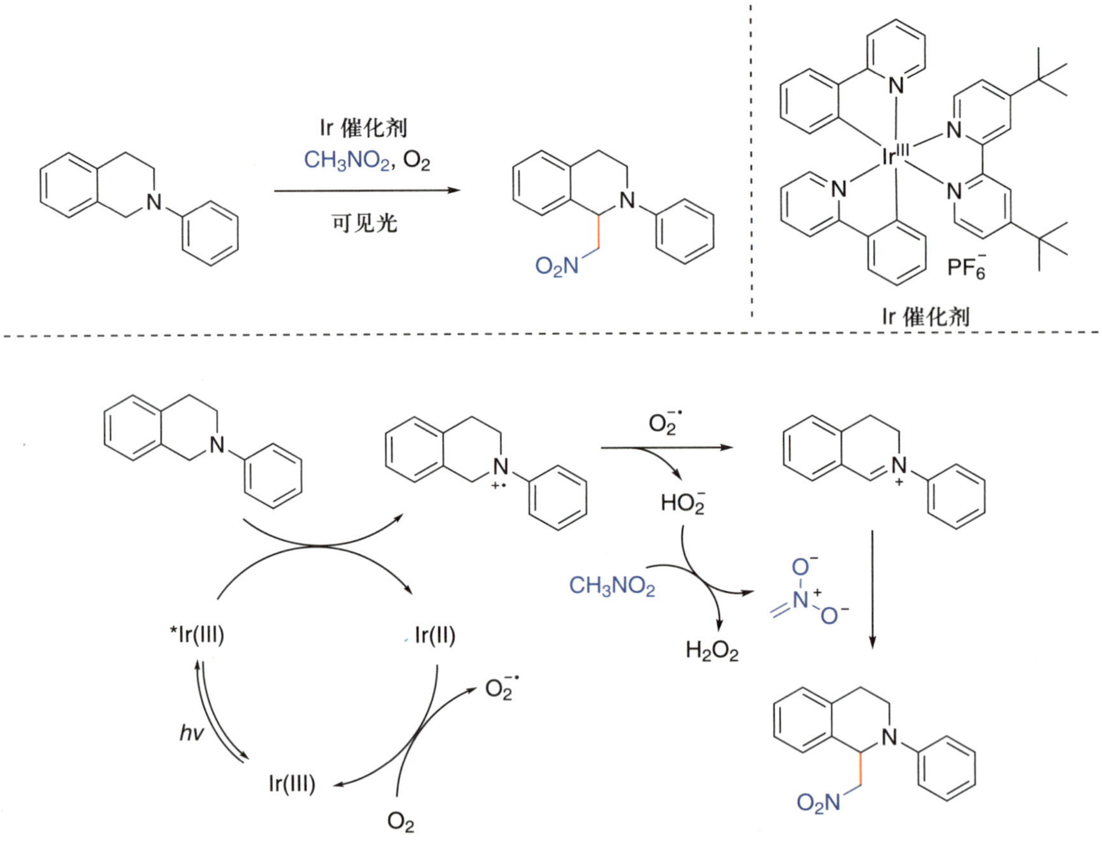

图 27-29　*N*-苯基四氢异喹啉的氮杂-Henry 反应

在光催化条件下，以氧气为氧化剂，*N*-烷基四氢异喹啉可以与炔烃发生氧化 [3+2] 环加成反应，具体的反应过程如图 27-30 所示。

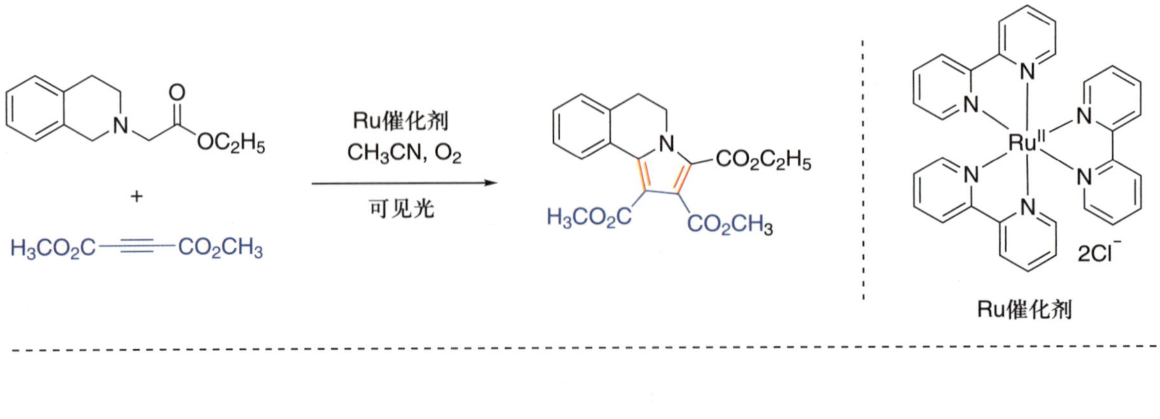

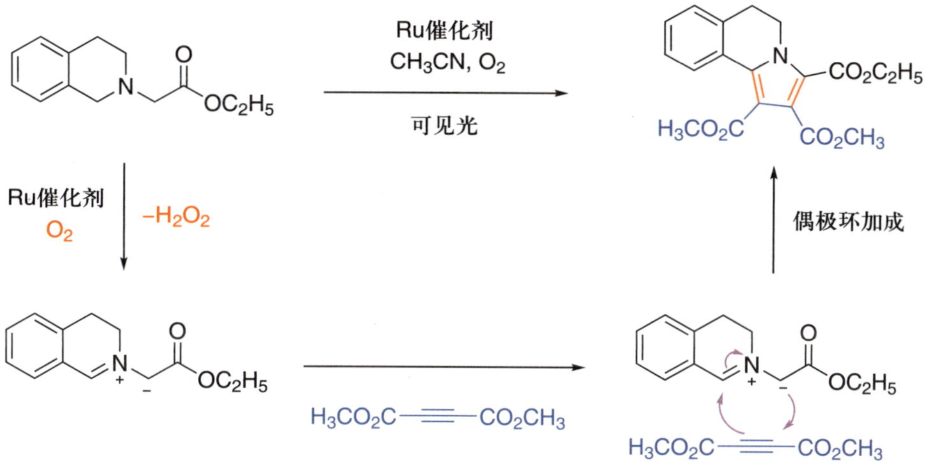

图 27-30 *N*-烷基四氢异喹啉与炔烃的氧化 [3+2] 环加成反应

烯烃参与的反应

相对富电性的烯烃能够被激发态的光催化剂氧化，生成自由基阳离子中间体，随后与亲核试剂作用，进一步转化成产物；相对缺电性的烯烃能够被激发态的光催化剂还原，生成自由基阴离子中间体，随后与亲电试剂作用，进一步转化成产物。下面将对这两种类型的反应进行介绍。

在可见光照射下，1-苄基-1,4-二氢烟酰胺可以将马来酸二甲酯还原成丁二酸二甲酯，自身被氧化成 *N*-苄基烟酰胺和二聚产物 (图 27-31)。可能的机理如下：钌催化剂首先在光照下被激发，随后与 1-苄基 1,4-二氢烟酰胺发生还原猝灭，还原态的催化剂再与马来酸二甲酯发生单电子转移实现基态催化剂的再生和烯烃的还原，随后该自由基阴离子中间体再得到质子和电子，转化成丁二酸二甲酯。

1-苯基-3,4-二氢萘的光化学氢胺化反应涉及富电性烯烃的单电子氧化 (图 27-32)。首先，激发态的光催化剂与烯烃发生还原猝灭，生成自由基阳离子和还原态的光催化剂，氨作为亲核试剂捕获自由基阳离子生成 β-氨基碳自由基中间体，然后发生进一步的电子转移和质子转移得到产物。值得注意的是，与经典的烯烃马氏加成反应不同，在光化学反应条件下得到反马氏加成的产物。

传统的 Diels-Alder 反应难以实现富电子双烯和富电子亲双烯体之间的 [4+2] 环加成反应，而单电子氧化可以实现烯烃的极性反转，从原来富电性物种转变成缺电性物种，有利于反应发生。例如，在光反应条件下，富电性苯乙烯与异戊二烯可以发生 [4+2] 环加成反应 (图 27-33)。其中，富电性苯乙烯可以选择性发生氧化，生成自由基阳离子中间体，从亲核试剂变成亲电试剂，随后再与富电性的异戊二烯发生环加成反应。

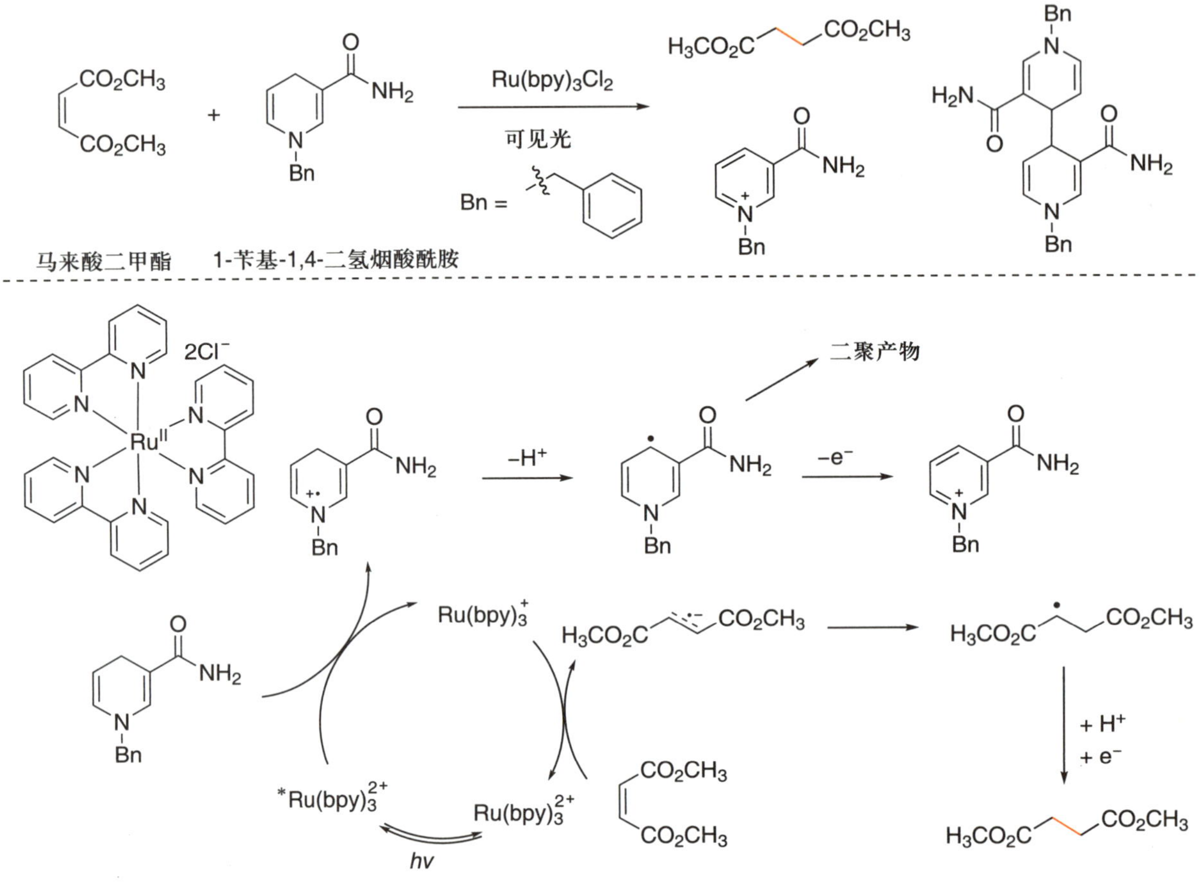

图 27-31　马来酸二甲酯的光化学还原

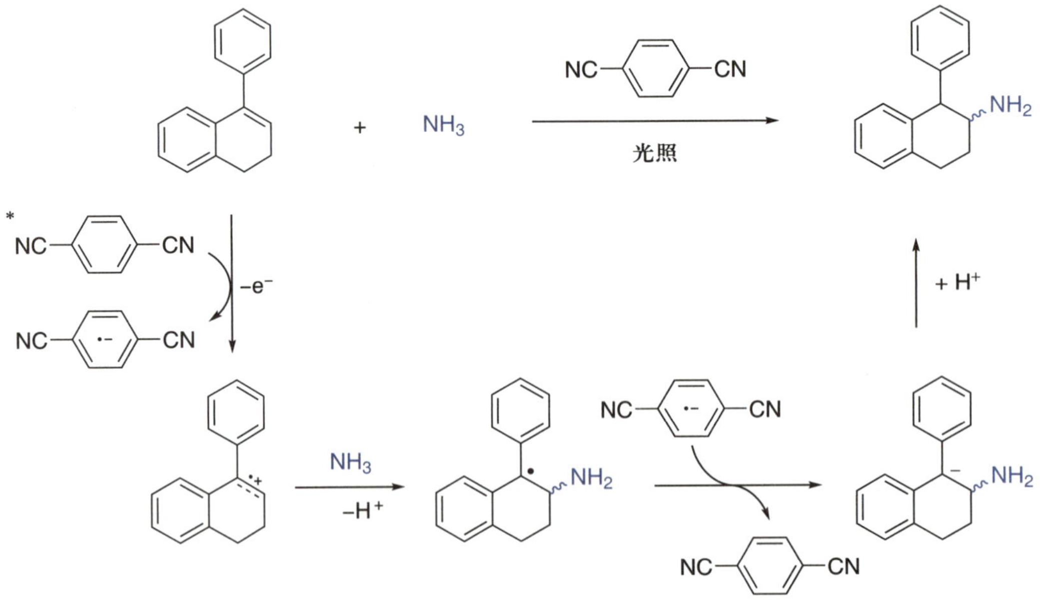

图 27-32　烯烃的光化学氢胺化反应（反马氏）

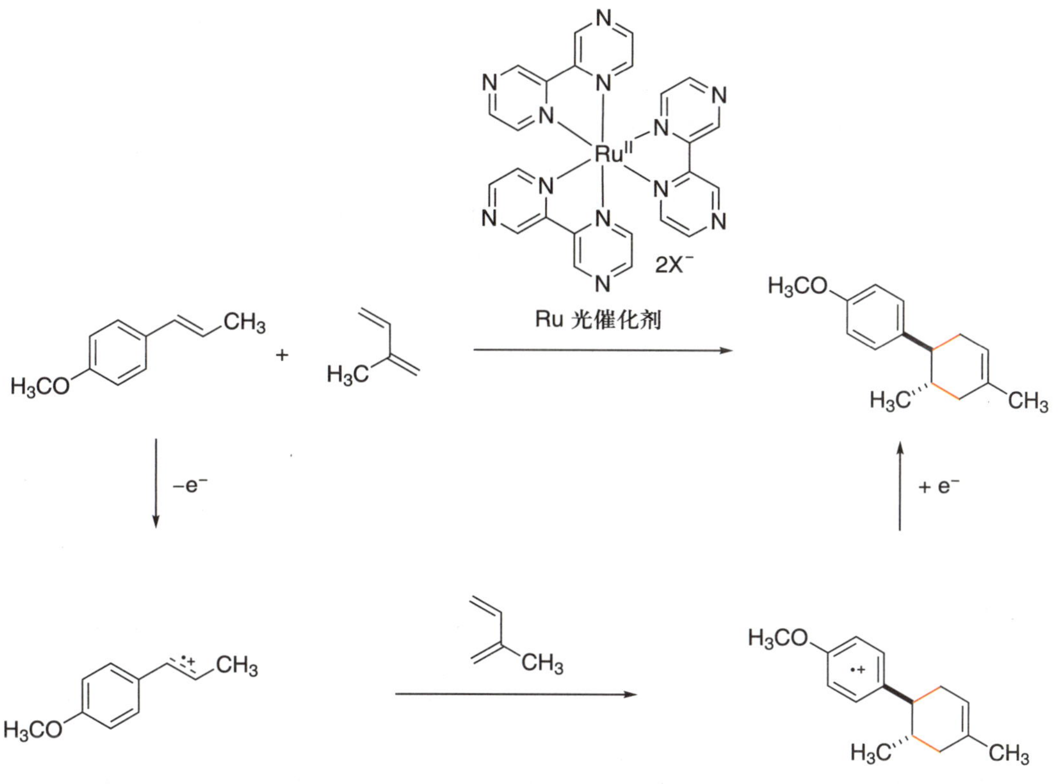

图 27-33　光催化 [4+2] 环加成反应

芳烃参与的反应

激发态的光氧化还原催化剂可以氧化芳烃，生成自由基阳离子中间体，随后与亲核试剂发生加成反应，进一步氧化脱质子得到芳烃碳氢键氧化官能团化产物。例如，苯能够在光催化和氧气存在的条件下与水发生氧化偶联，生成苯酚（图 27-34）。

产物苯酚比反应物苯更富电性，为什么苯酚不发生进一步的氧化？这是因为苯酚被氧化之后产生的自由基阳离子的亲电性不高，与水发生亲核加成反应的速率较低，导致更易与还原态的光敏剂发生 BET 过程回到苯酚和基态的光敏剂（详见 25.5.1 节）。

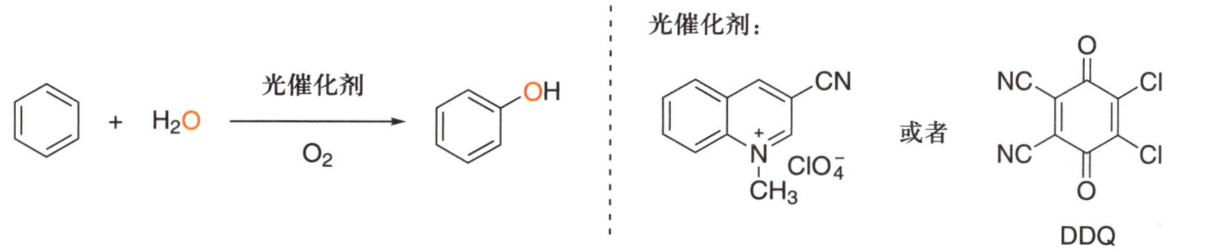

可能的机理：

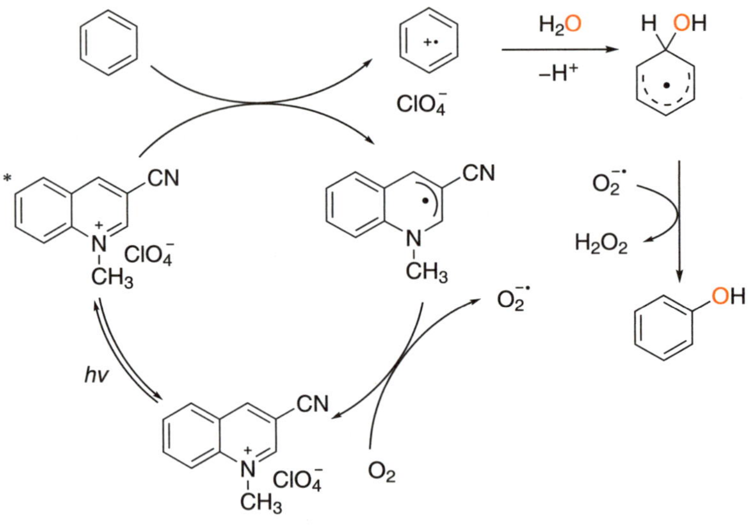

图 27-34　光催化苯氧化制备苯酚

将光催化氧化与钴催化析氢反应结合可以实现苯与水或氨的析氢偶联，分别制备苯酚或苯胺，无须外加氧化剂，反应的原子经济性显著提高。

参考文献：Zheng Yiwen, Chen Bin, Ye Pan, et al. Photocatalytic hydrogen-evolution cross-couplings: benzene C–H amination and hydroxylation.J. Am. Chem. Soc., 2016, 138(32): 10080−10083.

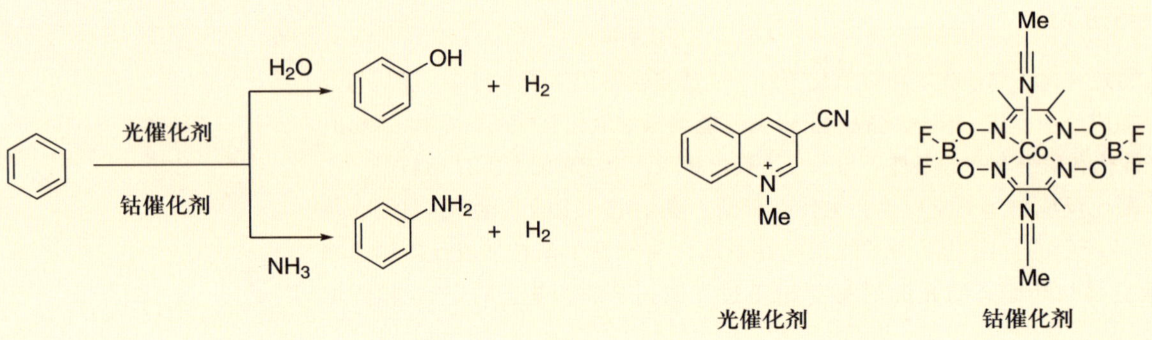

富电性芳烃也可以与一些缺电性的含氮杂环反应，实现芳烃碳氢键的胺化反应。采用缺电性的含氮杂环作为亲核试剂是为了防止其直接被激发态的催化剂氧化。

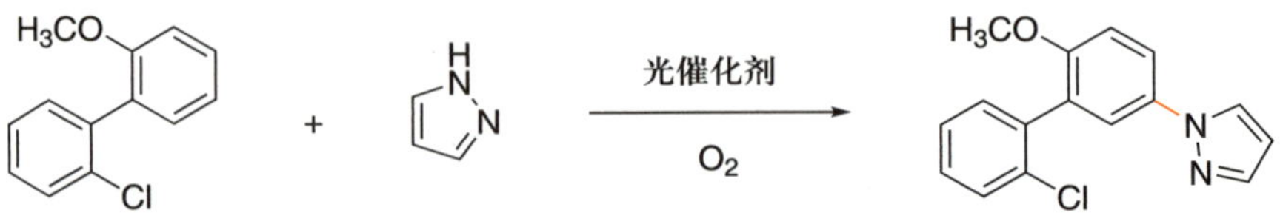

芳基卤化物在可见光照射和催化条件下可以发生脱卤还原反应。具体过程如下：芳基卤化物的单电子还原引发 α-断裂，生成芳基自由基和卤负离子。随后，芳基自由基攫取氢原子实现还原（图 27-35）。

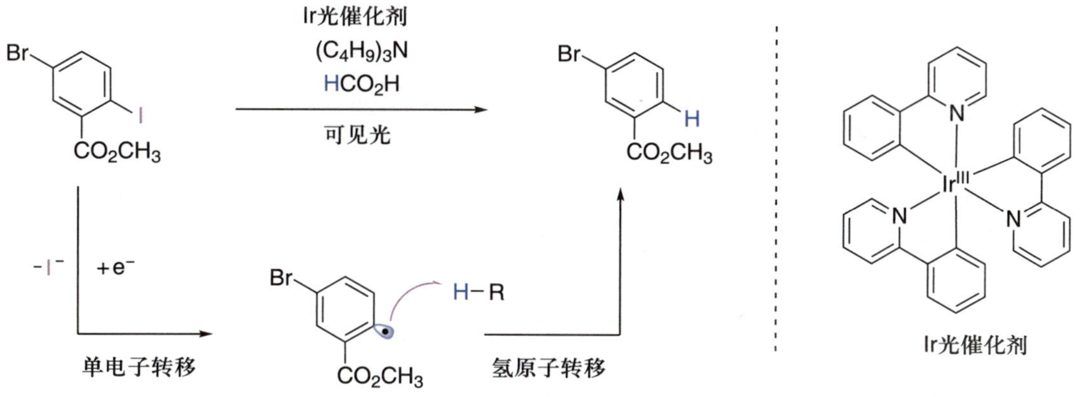

图 27-35 光催化碘苯的脱碘还原反应

27.5.3 能量转移的有机光化学反应

以苯乙酮为敏化剂，马鞭草烯酮能够在紫外光照射下，转化成菊烯酮，反应经历了双自由基中间体。具体过程如图 27-36 所示。

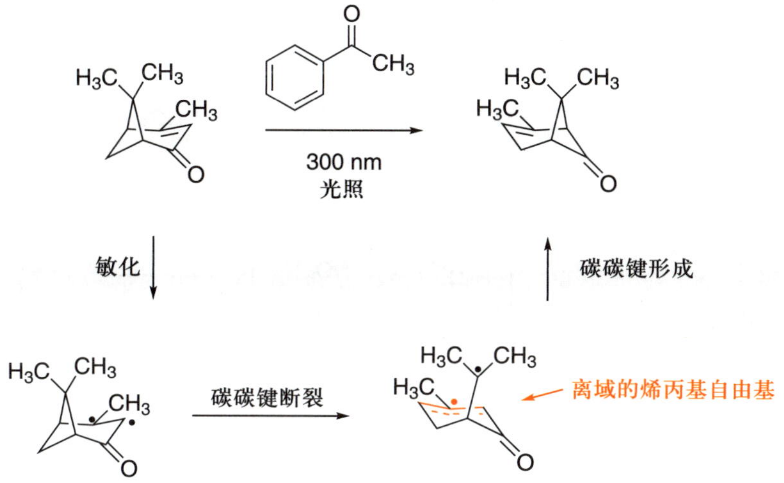

图 27-36 苯乙酮敏化马鞭草烯酮异构化

以钌金属配合物为敏化剂，一些缺电性烯烃能够发生分子间的 [2+2] 环加成反应，如图 27-37 所示。

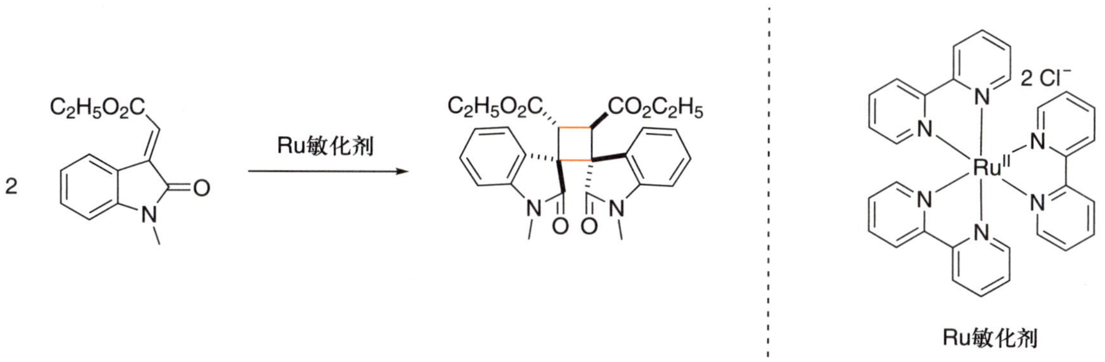

图 27-37 缺电性烯烃的分子间 [2+2] 环加成反应

本章学习要点

(1) 激发态分子的猝灭，包括：分子光物理过程、分子间的电子转移过程和分子间的能量转移过程等。

(2) 烯烃的顺反异构化反应及其机理。

(3) 羰基化合物的光化学反应：攫氢反应、α-断裂反应、β-断裂反应、环己-2-烯酮的 σ 重排反应、β,γ-烯酮的重排反应和 Paternò-Büchi 反应（氧杂环丁烷的制备）。

(4) 芳香化合物的光化学反应：环加成反应、α-断裂反应、β-断裂反应和氧化还原反应。

(5) 单线态氧的制备及其参与的反应，如 ene 反应和环加成反应等。

(6) 电荷转移复合物参与的有机光化学反应及其机理。

(7) 光催化剂促进的有机光化学反应，如作为电子转移催化剂或能量转移催化剂。

习题

27.1　写出如下有机化合物获得其激发态最可能的电子跃迁方式。

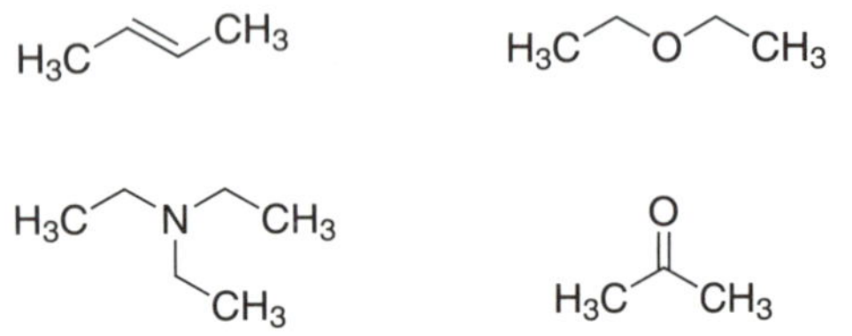

27.2　画出 Jablonski 示意图，并简述其中的分子光物理过程。

27.3　化学家们曾经测定过萘和 1,3-二萘丙烷的荧光发射光谱，请解释为什么与萘相比，1,3-二萘丙烷的荧光发射光谱的波长更长？

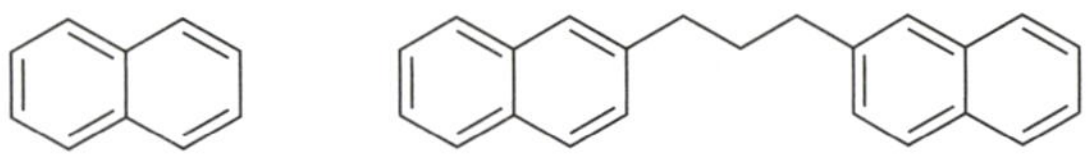

27.4　电子给体-受体复合物 (EDA complex) 是光化学反应中常见的复合物，请将下列分子按照给体分子和受体分子进行分类，并指出它们分别属于什么类型的给体分子和受体分子。

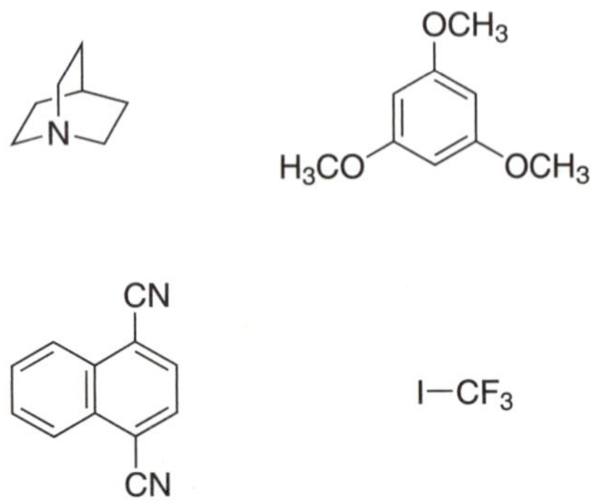

27.5　4-甲基苯甲醚与四硝基甲烷可以形成电子给体-受体复合物，请写出下列反应的可能产物，并给出相应的机理。

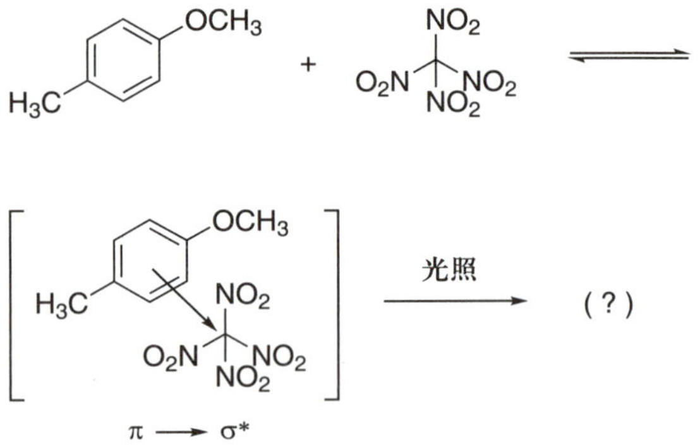

提示：

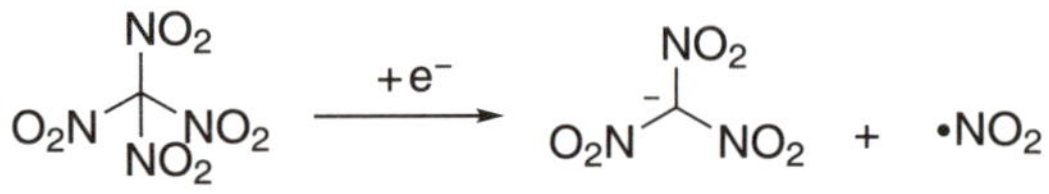

27.6　某同学打算从环状烯烃出发，利用光敏化环烯二聚反应制备相应的环丁烷衍生物，但是在实验过程中发现环丙烯、环丁烯、环戊烯、环己烯和环庚烯都可以顺利得到二聚产物，而光敏化环辛烯及更大的环状烯烃却几乎没有得到产物，请解释这一实验现象。

27.7　请写出如下反应的机理。

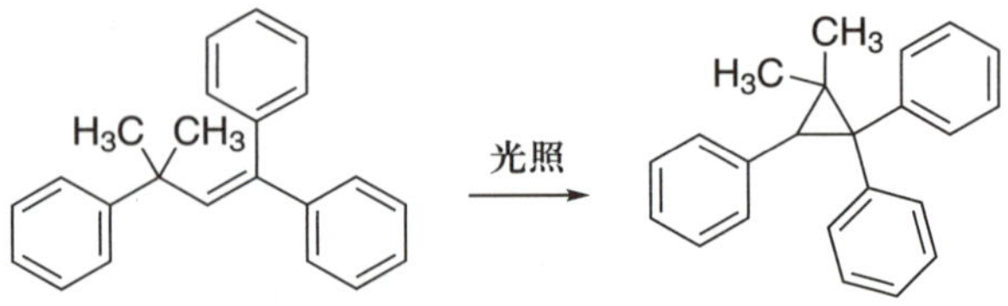

27.8 在光解反应中,化合物A主要经历了Norrish II型反应,而化合物B主要经历了Norrish I型反应。请结合构象分析给出合理的解释,并写出每个反应的可能产物。

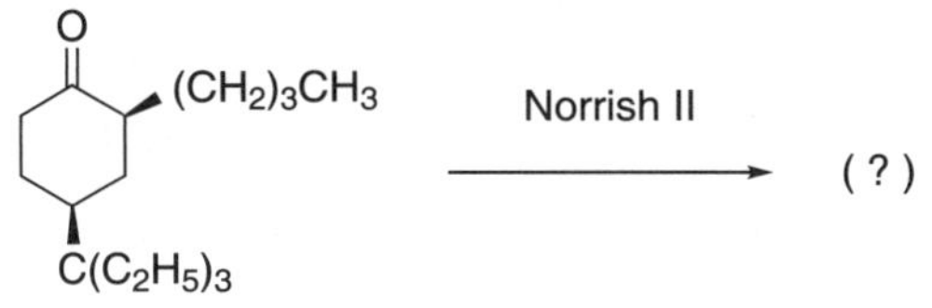

A

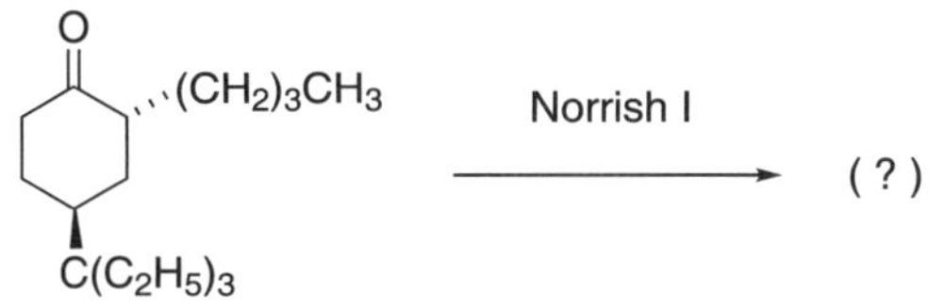

B

27.9 请写出下列反应的机理。

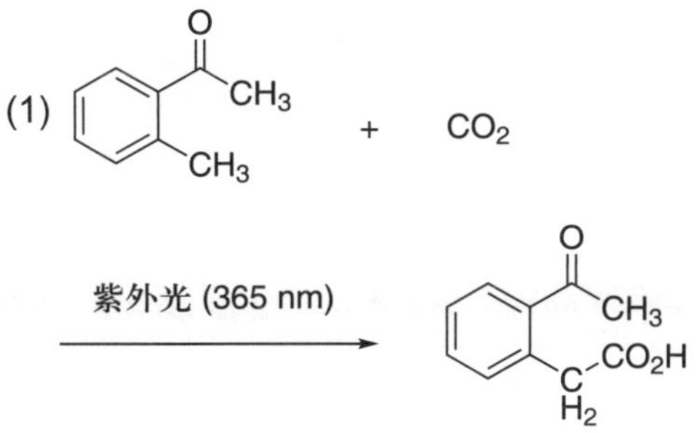

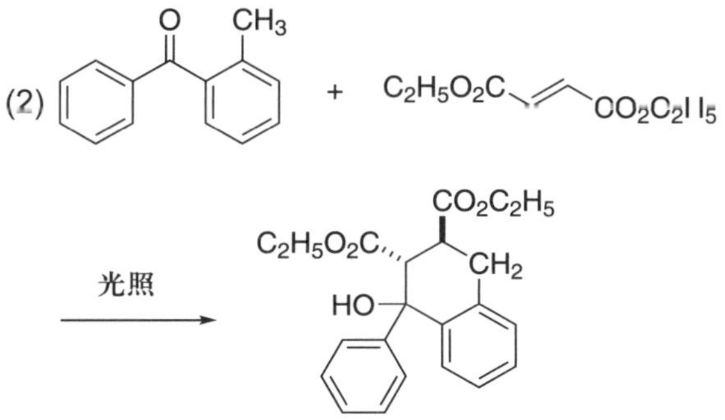

27.10 当C4位有烯基取代时,环己-2-烯酮可以发生B型重排反应,请写出下面反应的B型重排产物和具体的反应机理。

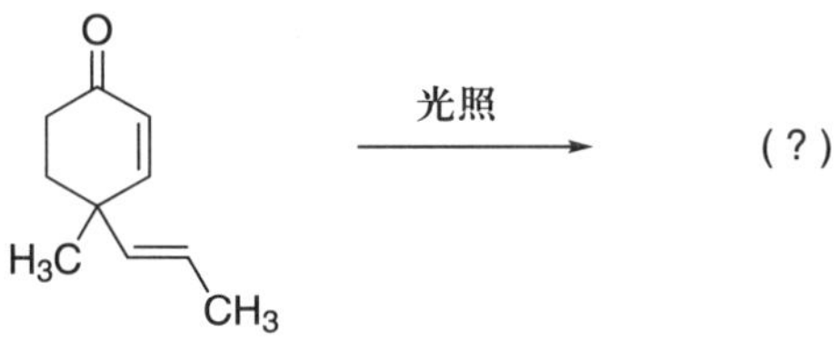

27.11 β, γ-烯酮在光照条件下可以发生[1, 2]-或[1, 3]-重排反应,请写出下面的β, γ-烯酮化合物在直接光照条件下发生反应的主要产物,并给出具体的反应机理。

27.12 某同学本打算利用光敏化的方法合成降冰片烯二聚体,然而当用二苯甲酮作为敏化剂时,却得到了如下所示的氧杂环丁烷。请给出反应发生的具体机理,并设法帮助该同学获得预期的产物。

提示:敏化剂的三线态能量(T_1和S_0态之间的能量差)一定要高于或等于受体的三线态能量,才有可能发生有效的能量转移。

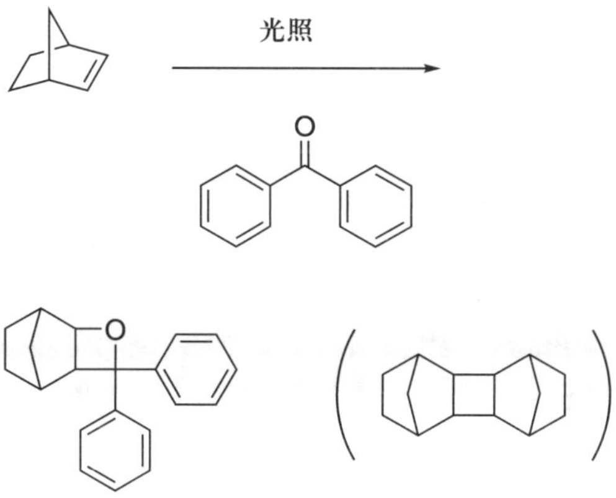

主要产物　　预期产物

27.13 1,1,2-三苯基环丙烷与甲醇可以在光催化剂条件下发生加成反应,请写出如下反应的主要产物和反应发生的具体机理。

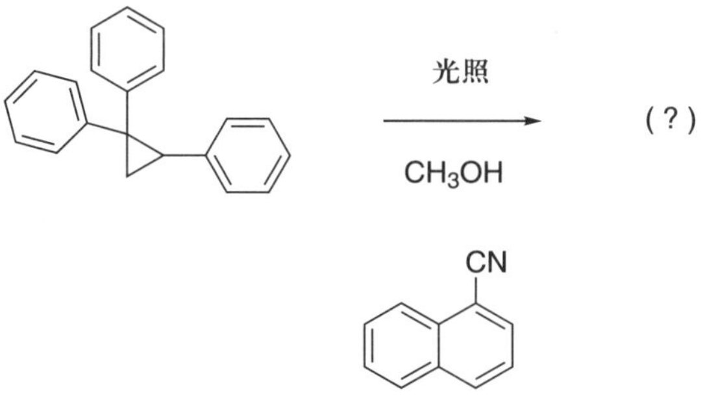

电子转移光催化剂

27.14 在研究图27-33所示的光催化[4+2]环加成反应时,化学家测定了反应的量子产率Φ=44,请根据这一结果画出反应的详细机理。

27.15 写出下列反应可能的主要产物。

(1)
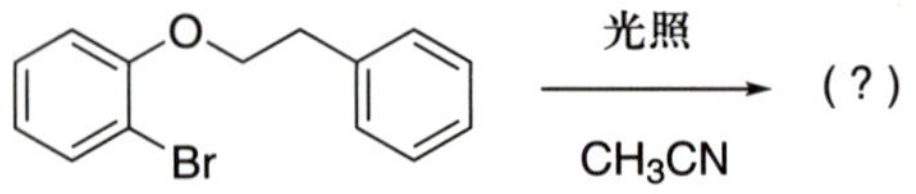

(2)
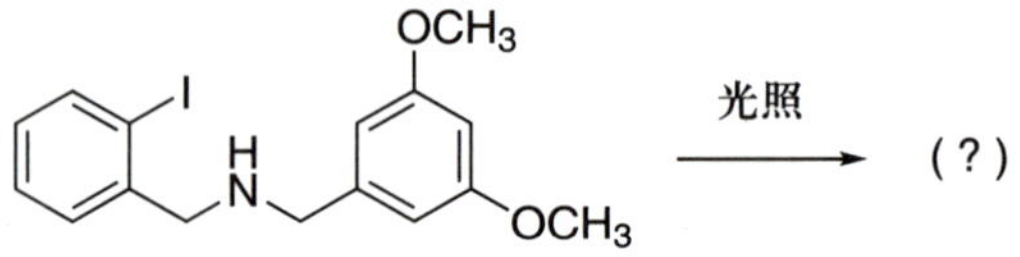

(3)
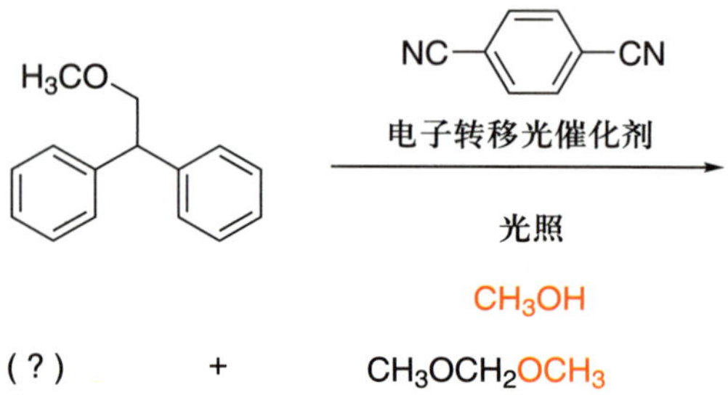

第 28 章

有机电化学

第 28 章 有机电化学

合成化学在为人类社会发展提供重要物质基础的同时，也带来如污染、安全等问题。可持续发展社会的建立依赖于更节能、绿色、安全、高效的有机合成新方法。目前，全球化工行业使用的能源约占世界能源总量的四分之一，精细化工未来对合成化学提出了很高的要求。在社会、环境可持续发展的今天，合成化学迫切需要朝着绿色化、精准化、功能化的方向发展。因此，发展绿色、安全、高效的合成方法和技术也已成为当前世界化工行业发展及绿色升级的重要任务。

近年来，环境保护和节能减排成为了社会发展的共识。传统的有机氧化还原反应经常要使用有毒的、价格昂贵的、对环境不友好的及化学计量的氧化剂或还原剂。给人类社会带来巨大便利的同时，也带来了很多安全和污染问题。使用清洁的、价格低廉的电能替代传统氧化剂或还原剂的策略，非常符合国家可持续发展和环境保护战略的需求。相较于传统氧化还原反应，有机电化学合成具有无可比拟的优势。首先，它采用无痕、便宜的“试剂”——电子驱动化学反应进行，从源头上避免了当量氧化剂及还原剂的使用，具有绿色安全的优点，也给反应后处理提供了便利，满足绿色合成化学的要求。其次，电化学具有精准可控的优势，通过调控电极电位、电流、电极材料及电催化剂等，可以选择性地调控不同化合物的生成与转化，提高反应的选择性。此外，有机电化学合成的反应条件相对温和简单，一般都在常温常压下进行，可以减少高温高压等特种设备的投入，有效避免了一些安全事故。有机电化学合成为开辟合成新反应、新机理提供了新的平台，也为发展更为安全、环保、高效的合成方法，实现化工产业的绿色升级提供了极好的工具。更为重要的是，有机电化学合成可以实现常规条件下难以发生的反应，可以选择性地调控分子氧化态，生成高活性中间体和实现官能团极性的反转，为探索和发现新颖的有机反应提供理想的方案。此外，有机电化学合成还可用于对反应机制的研究。有机电化学体系除了可以使用电代替氧化剂或还原剂，还可以用于调控自由基的生成和转化，这样就为更多新反应的发现提供了新的策略。

28.1 电化学反应基本原理

28.1.1 基本概念

电化学 (electrochemistry) 是研究电能和化学能之间相互转化的一门科学。在电化学反应中，化学能转化为电能的反应称为电池反应 (cell reaction)，电能转化为化学能的反应称为电解反应 (electrolytic reaction)。一个完整的电化学体系通常包含两类导体：一是电子导体，通过自由电子的迁移导电；二是离子导体，通过离子的迁移进行导电。当这两类导体在电极/溶液界面发生电子得失过程时，就发生了电极反应。

电化学反应装置由电解池 (cell)、电极 (electrode) 和电解液 (electrolyte) 构成 (见 28.3 节中的电化学反应器)。在有机电化学体系中，有机溶剂导电性普遍较差，需要额外加入电解质，故有机电化学合成中的电解液也称为电解质溶液。电解质溶液的相关重要物理概念有**电导** (conductance)、**电导率** (conductivity)、**摩尔电导率**和**离子独立迁移定律**等。

电导

在电场的作用下，电解质溶液中的阴离子向阳极 (anode) 移动，阳离子向阴极 (cathode) 移动。离子定向移动过程使电解质溶液具备导电性，这也是电解质溶液和非电解质溶液最大的区别。

西门子 (Ernst Werner von Siemens) 是德国著名的发明家、企业家、物理学家、电气工程师，他发明了第一台直流电动机，主持铺设了海底、地底电缆电线，修建电气化铁路，提出平炉炼钢法，革新炼钢工艺，并创办了耳熟能详的西门子公司。鉴于他的杰出贡献，以其名字命名电导单位。

导体的导电能力称为**电导**，以 L 表示，单位是西门子 (简称西)，单位符号为 S。在数值上，电导 L 等于电阻 R 的倒数 $1/R$，即电流除以电压的值 ($\mathrm{S = A \cdot V^{-1}}$)。根据欧姆定律，通过导体的电流 I、导体两端的电位差 $\Delta\varphi$ 与导体的电阻 R 三者之间的关系为

$$\Delta\varphi = IR$$

由此可得

$$L = \frac{1}{R} = \frac{I}{\Delta\varphi}$$

电导率

若导体具有均匀的截面，则电导与截面积 A 成正比，与长度 l 成反比，即

$$L = \frac{1}{R} = \frac{1}{\rho} \times \frac{A}{l} = K\frac{A}{l}$$

式中，K 是比例系数，称为**电导率**，表示 $A = 1\ \mathrm{m^2}$，$l = 1\ \mathrm{m}$ 时的电导。电导率的单位为 $\mathrm{S \cdot m^{-1}}$。电导率的倒数是电阻率 ρ，即

$$\rho = \frac{AR}{l} = \frac{1}{K}$$

决定电解质溶液电导率大小的主要因素包括：电解质溶液的性质、电解质溶液的浓度及温度等。表 28-1 中列出了部分常见有机液体的电导率数值。

表 28-1　部分有机液体的电导率 (25 ℃)

液体	$K/(\mathrm{S \cdot cm^{-1}})$	液体	$K/(\mathrm{S \cdot cm^{-1}})$
苯胺	2.4×10^{-8}	碘乙烷	$<2\times10^{-8}$
苯酚	$<1.7\times10^{-8}$	二氯乙醇	1.2×10^{-5}
苯甲胺	$<1.7\times10^{-8}$	二氯乙酸	7×10^{-8}
苯甲醇	1.8×10^{-6}	二氯乙烷	$<1.7\times10^{-8}$
苯甲腈	5×10^{-8}	甘醇	3×10^{-7}
苯甲醛	1.5×10^{-7}	甘油	6.4×10^{-8}
苯乙酮	6×10^{-9}	甲酰胺	4×10^{-6}
丙酸	$<1\times10^{-9}$	间甲酚	$<1.7\times10^{-8}$
草酸二乙酯	7.6×10^{-7}	间氯苯胺	5×10^{-8}
碘甲烷	$<2\times10^{-8}$	喹啉	2.2×10^{-8}

续表

液体	$K/(S\cdot cm^{-1})$	液体	$K/(S\cdot cm^{-1})$
溴苯	$<2\times10^{-11}$	氯仿	$<2\times10^{-8}$
溴仿	$<2\times10^{-8}$	氯化亚砜	2×10^{-6}
溴化氢	8×10^{-9}	氯乙醇	5×10^{-7}
溴乙烷	$<2\times10^{-8}$	氯乙烯	3×10^{-8}
乙醇	1.35×10^{-9}	煤油	$<1.7\times10^{-8}$
乙腈	7×10^{-6}(20 ℃)	哌啶	$<2\times10^{-7}$
乙酸	1.12×10^{-8}	壬烷	$<1.7\times10^{-8}$
乙酸甲酯	3.4×10^{-6}	三甲胺	2.2×10^{-10}
乙酸乙酯	$<1\times10^{-9}$	三氯乙酸	3×10^{-9}
乙酰氯	4×10^{-7}	水杨醛	1.6×10^{-7}
乙酰溴	2.4×10^{-6}	碳酸二乙酯	0.7×10^{-8}
乙酰乙酸乙酯	4×10^{-8}	烯丙醇	7×10^{-6}
邻或对硝基甲苯	$<2\times10^{-7}$	硝酸甲酯	4.5×10^{-6}
邻甲苯胺	$<2\times10^{-6}$	硝酸乙酯	5.3×10^{-7}
邻甲氧基苯酚	2.8×10^{-7}	异丙醇	3.5×10^{-6}
磷酰氯	2.2×10^{-6}	异硫氰酸苯酯	1.4×10^{-6}
硫氰酸甲酯	1.5×10^{-6}	异硫氰酸乙酯	1.26×10^{-7}
硫氰酸乙酯	1.2×10^{-6}	正丙基溴	$<2\times10^{-8}$

摩尔电导率

为了进一步比较电解质的导电性优劣，在电化学研究中，经常使用另一种电导表示方式：摩尔电导率。在含有 1 mol 电解质的溶液中，距离为单位长度（1 m）的平行电极间具有的电导称为该溶液的**摩尔电导率**（Λ_m）。其与电导率的关系为

$$\Lambda_m = V_m \times K = \frac{K}{c}$$

式中，Λ_m 为摩尔电导率，单位 $S\cdot m^2\cdot mol^{-1}$；K 为电导率，单位 $S\cdot m^{-1}$；V_m 是含 1 mol 电解质的溶液体积，单位 $m^3\cdot mol^{-1}$；c 是电解质溶液浓度，单位 $mol\cdot m^{-3}$。

离子独立迁移定律

在无限稀释的电解质溶液中，电解质的摩尔电导率（Λ_m^∞）等于阳离子的摩尔电导率 Λ_+^∞ 与阴离子的摩尔电导率 Λ_-^∞ 之和，即

$$\Lambda_m^\infty = \Lambda_+^\infty + \Lambda_-^\infty$$

此式称为科尔劳施（Friedrich WG Kohlrausch）离子独立迁移定律。式中，Λ_+^∞，Λ_-^∞ 分别为无限稀释电解质溶液中阳离子和阴离子的摩尔电导率。Λ_m^∞ 为电解质溶液无限稀释时的摩尔电导率，也称为极限摩尔电导率。

28.1.2　双电层模型

由于电荷分离，任何两个不同的物相接触都会在两相间产生电位，两相各有过剩的电荷，电量相等，正负相反，相互吸引，形成双电层。双电层的形成可以是自发的，也可以是在外电场作用下形成的，自发形成的双电层可分为以下三种：

（1）离子双电层：由于带电粒子在两相中的电化学性质不同，在界面两侧发生电

荷转移而形成的电荷符号相反、电荷数量相等的双电层称为离子双电层。

(2) 偶极双电层：偶极子在界面上定向排列或界面上原子或分子极化所形成的双电层称为偶极双电层。

(3) 由于离子特性吸附形成的双电层称为吸附双电层。

电极金属和溶液界面之间的电位差就是由上述三种双电层(尤其是离子双电层)形成的，其两相界面双电层的总厚度一般为 0.2 – 20 nm。因为静电作用和离子的热运动，离子双电层具有双重特性，即分散性和紧密性。由于电极金属相为良导体，过剩电荷集中在电极表面，称为**紧密层** (compact layer)。紧密层的结构取决于两相中剩余电荷接近的程度，并与离子的水合程度有关；而电解质的电阻较大，过剩电荷呈分散态，称为**分散层** (diffuse layer)，其厚度随电极表面的剩余电荷密度、溶液浓度和温度的变化而变化，当溶液浓度和电极表面电荷密度较高时，其厚度较小，甚至可以忽略。如图 28–1 (a) 所示。

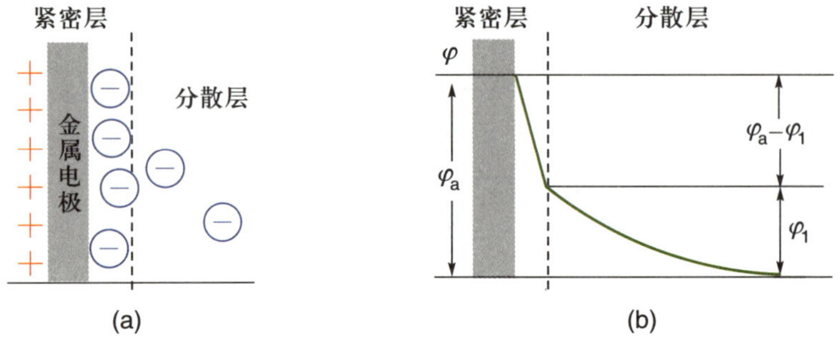

图 28–1　电极与溶液界面的结构及电位分布

电极与溶液界面的电位差为 φ_a，可将其分为两部分：**紧密层电位** (φ_a–φ_1) 和**分散层电位** (φ_1)，如图 28–1 (b) 所示。在电极过程动力学中分散层电位具有重要意义，它表示反应粒子在电化学反应前所具有的能量，任何改变 φ_1 的因素，都有可能影响电极反应的速率。

在电极/溶液界面上，除了由表面剩余电荷引起的离子静电吸附，还经常出现各种表面活性粒子的特性吸附。该吸附现象对电极反应动力学的影响主要有两种形式：(1) 若表面活性粒子本身不参与电极反应，则吸附后会改变电极表面状态及界面层中的电位分布，从而影响反应粒子的表面浓度及电极反应活化能；(2) 如果反应粒子或反应产物能在电极表面上吸附，则会直接影响有关反应步骤的动力学参数。

28.1.3　非平衡电极过程

在实际电化学体系中，电化学反应一般总是按一定的方向和有限的反应速率进行的。因此，电化学中进行的反应都是非平衡电极过程，它直接与电化学反应速率、电压或电极体系中的各种因素有关。

当电极上没有电流通过时，电极处于平衡状态，相对应的电位是平衡电极电位。随着电极上电流密度的增加，电极的不可逆程度增大，电极电位对平衡电极电位的偏离也变大。当电流通过电极时，电极电位偏离平衡电位的现象称为电极极化 (electrode polarization)。某一电流密度下的电极电位与其平衡电极电位之差称为过电位或超电位，用 $\Delta\varphi$ 表示。

$$\Delta\varphi = \varphi - \varphi_{eq}$$

当阳极极化时，$\varphi > \varphi_{eq}$，$\Delta\varphi$ 为正值；当阴极极化时，$\varphi < \varphi_{eq}$，$\Delta\varphi$ 为负值。$\Delta\varphi$ 的

绝对值表示极化作用的程度。

就单个电极而言，阴极极化的结果是电极电位变负，阳极极化的结果是电极电位变正。当两个电极组成电解池时，因为电解池的阳极是正极，阴极是负极，阳极电位的数值比阴极大，所以在电极电位对电流密度的图中（φ–i 曲线），阳极极化曲线位于阴极极化曲线的上方。随着电流密度的增加，电解池两端电压增大，消耗的能量也会增多[图 28–2 (a)]。而在原电池中，原电池的阳极是负极，阴极是正极，阳极电位的数值比阴极小，故阳极极化曲线位于阴极极化曲线的下方[图 28–2 (b)]。原电池两端的电压随着电流密度的增大而减小，同时做功减小。

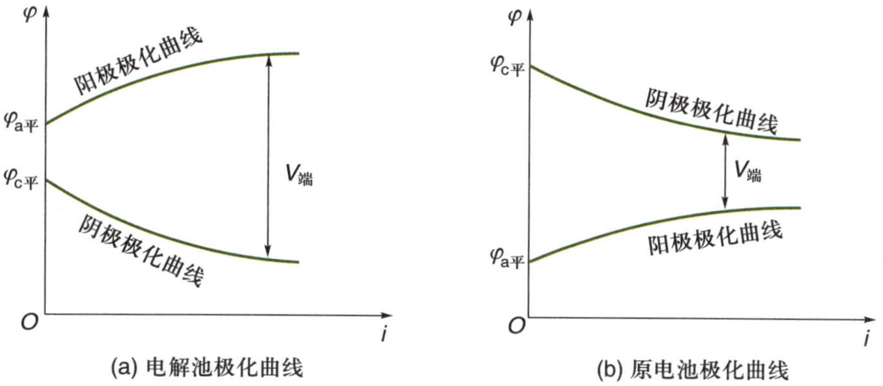

图 28–2　极化曲线

28.2　有机电极过程的研究技术

在有机电化学研究体系中，通常采用由工作电极 (working electrode)、对电极 (counter electrode)、参比电极 (reference electrode) 三种电极组成的电解池。其中，工作电极与对电极组成极化回路，工作电极与参比电极组成电位测量回路。该体系能通过不同测定方法研究电极的电流、电位并得到相应的极化曲线，从而研究电极表面的复杂化学过程。

选择合适的研究方法对有机电极过程的分析结果有着至关重要的影响。概括地来讲，电化学研究方法可以分为稳态技术和暂态技术两种。

28.2.1　稳态技术

当电化学体系中的电极电位、电流、电极表面物种浓度等物理性质基本上不随时间改变时，可以认为该反应达到稳态 (steady state)，此时可以按照稳态方法研究。稳态方法分为恒电流法（控制电流法）和恒电位法（控制电位法）两种。具体研究时，将体系测得电极电位与电流密度作图得到稳态极化曲线，根据选择的方法不同，电流密度或电极电位分别为恒定值。

恒电流法和恒电位法

在恒电流法中，将研究体系的电流密度取一个恒定数值，测量相应的稳态电极电位。电流密度和电极电位分别用 j 和 φ 表示，其函数关系为

$$\varphi = f(j)$$

把测得的一系列 φ 与 j 作图，得到恒电流法稳态极化曲线。

在恒电位法中，则是将研究体系中的电极电位恒定，测量稳态电流密度，其函数关系表达为

$$j = f(\varphi)$$

把测得的一系列 j 与 φ 作图，得到恒电位法稳态极化曲线。

在阴极极化的反应体系中，恒电流法稳态极化曲线和恒电位法稳态极化曲线相同，选择任意一种方法均可分析得到所需的电化学信息。相对而言，恒电位法精度较差，但操作较为简单，适用于低精度要求的电化学分析。

若需要测定阳极极化的极化曲线，则通常采用恒电位法。恒电流法对于钝化等现象没有明确的信号，不能够真实地反映电极过程。

稳态极化曲线的分析

如前文所述，稳态极化曲线是指研究体系达到稳定状态时的电极电位-极化电流密度曲线，根据所测电极是阴极或阳极，又可进一步分为阴极稳态极化曲线和阳极稳态极化曲线。稳态极化曲线的一般形式如图 28-3 所示。

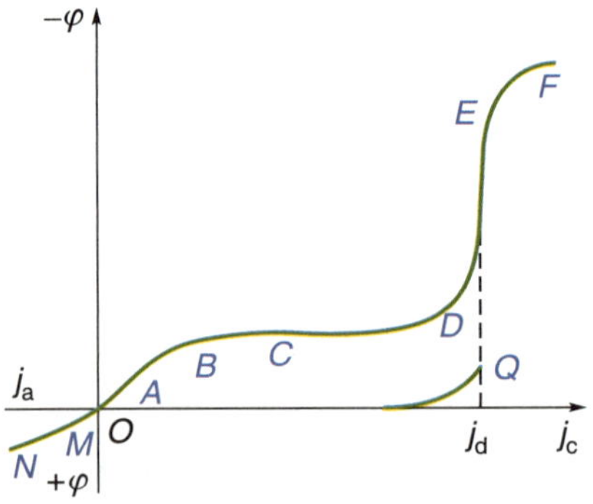

图 28-3　稳态极化曲线

根据过电位和极化电流密度的大小，可以将稳态极化曲线分成 5 段：

(1) *OA* 段线性极化区：过电位 $\eta \ll 50/n$ mV 的区域，此时电极反应在 φ_{eq} 附近进行，电流密度和过电位呈线性关系。

(2) *AB* 段弱极化区：此时过电位在 $20/n - 70/n$ mV 范围内，电极电位偏离 φ_{eq} 不远，总极化电流为正逆两方向电极半反应电流的叠加值。

(3) *BC* 段 Tafel 区：过电位 $\eta \gg 100/n$ mV，电极电位偏离 φ_{eq} 较大。

(4) *CD* 段混合控制区：$0.1j_d < j_c < 0.9j_d$，电极反应受电荷传递和扩散传质共同控制。

(5) *DE* 段扩散控制区：$j_c > 0.9j_d$，电极反应受扩散传质控制，几乎完全是浓差极化。

(6) *EF* 段：开始新的电极反应。

28.2.2　暂态技术

从电极开始极化到电极过程达到稳态这一阶段称为暂态 (transient state) 过程。与稳态相对，暂态阶段的电极电位、电极表面的吸附状态及电极/溶液界面扩散层内的浓度分布等均可能随时间变化。在稳态下，电流都由电极反应产生，代表着电极反应进行的净速率；而暂态电流则包括了法拉第电流和非法拉第电流。暂态法拉第电流

由电极/溶液界面的电荷传递反应产生，可以由此计算电极反应的量；暂态非法拉第电流则由双电层的结构改变引起，可以用于研究电极表面的吸附和脱附行为，测定电极的实际表面积。

与稳态过程相比，暂态过程要复杂得多，但用暂态法对体系进行研究具有很多优点。首先，它适用于研究快速电极过程，可测定快速电极反应的动力学参数。其次，它测量时间短暂，液相中的杂质粒子来不及扩散到电极表面，从而有利于研究界面结构和吸附现象，有利于研究电极反应的中间产物及复杂的电极过程，并适用于研究表面状态变化较大的体系。常用的暂态过程研究技术有**线性扫描伏安法**（linear sweep voltammetry，简称 LSV）和**循环伏安法**（cyclic voltammetry，简称 CV）等，两种方法都能在一定宽度电压范围内测得电极过程的变化图像。

线性扫描伏安法

线性扫描伏安法（LSV）又称单扫描伏安法，其扫描电位随时间呈现线性变化，函数关系为

$$\varphi(t)=\varphi_i-vt$$

式中，v 为扫描速率，单位 $V\cdot s^{-1}$；φ_i 为起始电位，单位 V；t 为扫描时间，单位 s。

对单个具有电活性物质的体系，LSV 图像通常如图 28-4 所示。

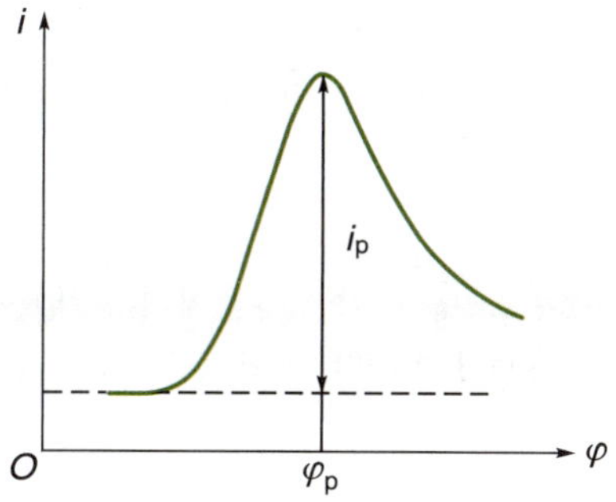

图 28-4　线性扫描伏安法（LSV）

开始扫描至电极上发生电化学反应的电位之前，电流没有明显变化，表现为平行于 φ 轴的直线。当扫描至反应的电位之后，电流上升，到极大值后又逐渐下降。采用 LSV 研究反应体系时，通常关注其峰电流 i_p 和峰电位 φ_p。在 25 ℃的可逆电极反应条件下，峰电流 i_p 的方程表示为

$$i_p=269n^{3/2}AD^{1/2}v^{1/2}c_b$$

式中，A 为电极面积，单位 m^2；D 为扩散系数，单位 $m^2\cdot s^{-1}$；v 为扫描速率，单位 $V\cdot s^{-1}$；c_b 为物质浓度，单位 $mol\cdot L^{-1}$。

此外，还可以导出峰电位 φ_p 的表达式：

$$\varphi_p=\varphi^{\ominus}_{Ox/Red}-\frac{0.029}{n}\left(1+\lg\frac{D_{Ox}}{D_{Red}}\right)$$

式中，$\varphi^{\ominus}_{Ox/Red}$ 为标准氧化还原电位，单位 V；D_{Ox} 和 D_{Red} 分别为物质的氧化、还原扩散系数，单位 $m^2\cdot s^{-1}$。

循环伏安法

循环伏安法（CV）加在工作电极上的电位从原始电位 E_0 开始，以一定的扫描速率

v 扫描到一定的电位 E_1 后，再将扫描方向反向进行扫描到原始电位 E_0（或进一步扫描到另一电位 E_2），然后在 E_0 和 E_1 或 E_2 和 E_1 之间进行循环扫描。对单一电活性物质的体系，其 CV 图通常如图 28-5 所示。

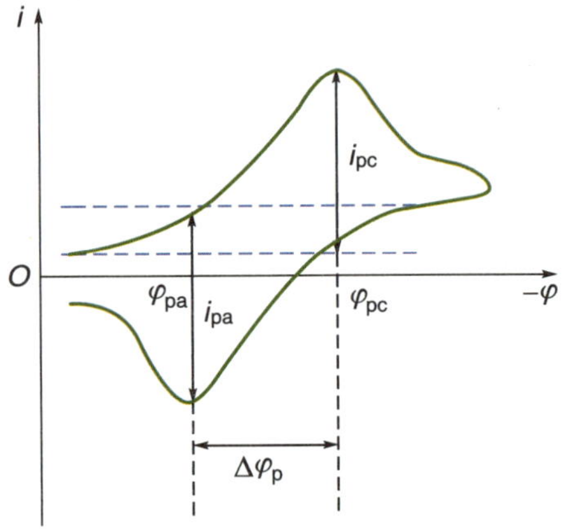

图 28-5　循环伏安法（CV）

其中，两个峰电流值、两个峰电流的比值及两个峰电位的值是研究电化学反应过程时通常考虑的参数。在 25 ℃的可逆电极反应条件下，$\Delta\varphi_p$ 可以表示为

$$\Delta\varphi_p = \varphi_{pa} - \varphi_{pc} = \frac{57 \sim 63}{n} \text{(mV)}$$

其中，通常情况下，$\Delta\varphi_p$ 取 58/n mV，此时，可以得到峰电位与标准电极电位的关系式：

$$\varphi^{\ominus}_{Ox/Red} = \frac{\varphi_{pa}+\varphi_{pc}}{2} + \frac{0.029}{n}\lg\frac{D_{Ox}}{D_{Red}}$$

由于反应可逆，D_{Ox}/D_{Red} 趋近于 1，此时标准电极电位为两峰电位之和的二分之一。又由于反应符合 Nernst 方程，也有 $i_{pa}=i_{pc}$。

通常情况下，用阳极电流表示氧化反应，阴极电流表示还原反应，峰值电流密度表示在给定条件下该反应能够进行的最大速率及其稳定性。对于一个体系，为了获得不同有机化合物在电化学中的氧化/还原先后顺序，可以对比有机物在循环伏安法中的半波电位（half-wave potential），用 $E_{1/2}$ 表示。半波电位在数值上等于底物阳极氧化与阴极还原的电位之和的一半，即 $E_{1/2}=\frac{\varphi_{pa}+\varphi_{pc}}{2}$。常见有机物在有机溶剂中的氧化/还原电位如表 28-2 所示（电位的实际大小受溶剂、电解质、参比电极、温度等影响，不同体系均会存在一定差别）：

乙腈的电导率高 [7×10^{-6} $S\cdot m^{-1}$ (20 ℃)]，且与水互溶，对各类有机物、盐类的溶解性也较好，是有机电合成中最为常用的电解液溶剂。导电性好，强极性溶剂在有机电合成体系中应用较广。

表 28-2　常见有机物的氧化/还原电位（25 ℃）

化合物	溶剂体系	$E_{1/2}$/V（vs SCE）（饱和甘汞电极）
丙烯腈	0.05 – 0.175 mol · L^{-1} 卤化季铵盐 + 30% EtOH	−1.94
丙二烯	0.05 – 0.175 mol · L^{-1} 卤化季铵盐 + 75% 1,4-二氧六环	−2.29
丁-1,3-二烯	乙腈 + 高氯酸盐	−2.03
环己烯	乙腈 + 高氯酸盐	−1.89
二苯乙炔	0.05 – 0.175 mol · L^{-1} 卤化季铵盐 + 75% 1,4-二氧六环	−2.20
2-甲基丁-1-烯	乙腈 + 高氯酸盐	−1.97
蒽	乙腈 + 高氯酸盐	−0.84

续表

化合物	溶剂体系	$E_{1/2}$/V (vs SCE)(饱和甘汞电极)
苯	乙腈 + 高氯酸盐	−2.08
联苯	乙腈 + 高氯酸盐	−1.48
9,10-二甲基蒽	乙腈 + 高氯酸盐	−0.65
9,10-二苯基蒽	乙腈 + 高氯酸盐	−0.92
1,2-二氢萘	0.05 − 0.175 mol · L^{-1} 卤化季铵盐 + 75% 1,4-二氧六环	−2.57
芴	乙腈 + 高氯酸盐	−1.25
六甲基苯	乙腈 + 高氯酸盐	−1.16
茚	乙腈 + 高氯酸盐	−1.23
1-甲基萘	乙腈 + 高氯酸盐	−1.24
2-甲基萘	乙腈 + 高氯酸盐	−1.22
萘	乙腈 + 高氯酸盐	−1.34
菲	乙腈 + 高氯酸盐	−1.23
苯乙炔	0.05 − 0.175 mol · L^{-1} 卤化季铵盐 + 75% 1,4-二氧六环	−2.37
苯乙烯	0.05 − 0.175 mol · L^{-1} 卤化季铵盐 + 75% 1,4-二氧六环	−2.35
甲苯	乙腈 + 高氯酸盐	−1.98
邻二甲苯	乙腈 + 高氯酸盐	−1.58, −2.04
间二甲苯	乙腈 + 高氯酸盐	−1.58
对二甲苯	乙腈 + 高氯酸盐	−1.56
甲醛	0.05 mol · L^{-1} KOH + 0.1 mol · L^{-1} KCl	−1.59
苯乙酮	McIlvaine 缓冲溶液 + 50% 乙醇	−1.33
乙酸	乙腈 + 高氯酸盐	−2.3
草酸	乙酸 + 碘化季铵盐	−1.80
溴苯	乙腈 + 高氯酸盐	−1.98
1-溴丁烷	0.05 − 0.175 mol · L^{-1} 卤化季铵盐 + 75% 1,4-二氧六环	−2.27
四氯化碳	0.05 − 0.175 mol · L^{-1} 卤化季铵盐 + 75% 1,4-二氧六环	−0.78, −1.71
氯苯	乙腈 + 高氯酸盐	−2.07
氯仿	0.05 − 0.175 mol · L^{-1} 卤化季铵盐 + 75% 1,4-二氧六环	−1.63
碘苯	乙腈 + 高氯酸盐	−1.72
碘甲烷	乙腈 + 高氯酸盐	−2.12

此外，循环伏安法还可以快速检测反应物（包括中间体）的稳定性、判断电极反应的可逆性，同时可以研究活性物质的吸附及电化学-化学偶联反应机理。循环伏安法在有机电合成体系中应用最为广泛。

28.3 有机电合成装置及反应性能评价

相较于常规有机化学反应来说，有机电化学反应更易受到电解条件的影响，例如电极电位、电流、电压、电极材料及电解槽等。可以说，在一般电解有机电化学反应体系中，反应体系效率直接由电解条件决定，合适的电解环境可以使反应更加高效进行，不合适的条件则可能无法使反应发生。本节主要介绍一些影响有机电化学反应的关键因素。

28.3.1　电解装置及影响反应的因素

一般的电解装置主要包括**电化学反应器**、**电极材料**和**隔膜材料**。这些配置共同决定反应效率。在电解槽的设计中，除了以上决定性因素，电极的位置、距离、大小和方向也对反应起着重要作用；阴极和阳极的表面积要保持一致，使阴极反应和阳极反应的速率匹配。

电化学反应器

电化学反应器是电化学反应体系的容器，简称电解槽。由于不同电化学反应需要的条件不相同，因此对电解槽的需求也不尽相同。常用的电化学反应器主要包括一体式电解反应器（undivided cell）和分隔式电解反应器（divided cell），如图 28-6 所示。前者构造简单，使用合适的反应管即可，但是要考虑另一电极上的反应对主反应是否有干扰；需要同时用到阳极反应和阴极反应的成对电解反应，一般都在一体式电解反应器中进行。但是当阴极反应与阳极反应产生相互干扰时，可以考虑使用分隔式电解槽，其阴极和阳极装在不同的隔间中，并由离子交换膜隔开，允许电流通过，但是会阻碍大分子的通过。中间的交换膜对反应影响较大，需要选择合适的交换膜。值得注意的是，选用电解槽时应避免使用会产生湍流现象的反应器，湍流可能会导致所得的反应结果无法重复。

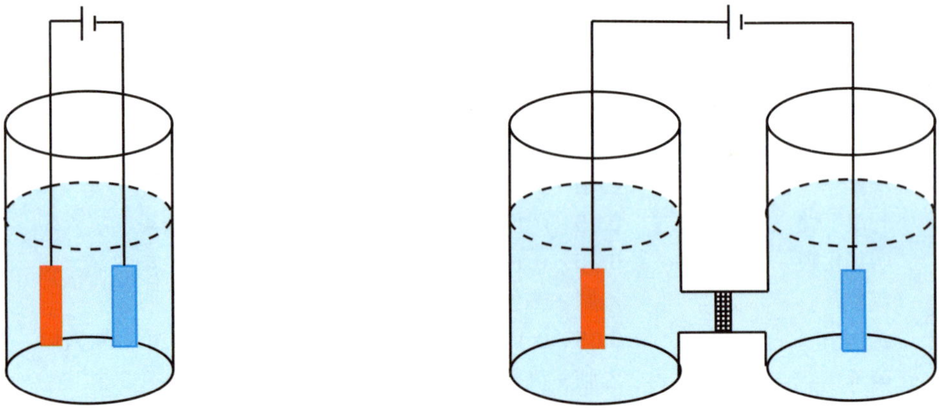

图 28-6　一体式电解反应器（左）和分隔式电解反应器（右）

电极材料

在电化学体系中，不同电极材料不仅会影响反应的效率，甚至可能会得到不同的产物，直接影响到反应的成败。因此，在电化学合成过程中，选择合适的电极材料至关重要。

电极材料一般需要具备以下特点：(1) 高导电性；(2) 良好的电催化活性；(3) 化学惰性；(4) 物理稳定性（温度、压力、溶剂）；(5) 快速电荷转移；(6) 价格低廉。

碳电极（carbon electrode）是一种以多种形式存在的廉价电极，具有稳定的耐腐蚀性和抗氧化性。常见的碳电极有碳棒（carbon rod）、石墨毡（graphite felt）、网状玻璃碳（RVC）等。其中，石墨电极价格低廉，具备高导电性，但化学稳定性较差，容易发生化学修饰过程。石墨毡电极是一种由随机分布的纤维组成的多孔电极，具有非常大的表面积及高导电性和化学稳定性。网状玻璃碳电极由制成泡沫的玻璃碳组成，开

> 网状玻璃碳电极具备玻璃碳硬度高、电化学性稳定的特点，又具备蜂窝结构带来的高表面积，是最适合有机电化学合成应用的电极之一。但是合成这一类电极材料的方法较为尖端，属于“卡脖子”的技术，故此类材料的价格一直居高不下，难以在实际生产中大规模应用。

放的蜂窝结构增加了其表面积。

金属电极具有宽的电位范围和快速电子转移的特性。其中，铂系电极坚固、易于清洁、化学（和电化学）性质稳定，耐腐蚀，适用于各种电解条件，但其较高的成本使其大规模使用受到限制。在阴极还原体系中，汞电极因为析氢过电位异常大而被广泛使用，铁、镍电极则常用于镍催化的电还原偶联反应体系中。镁、锌性质活泼，价格低廉，是阳极牺牲提供电子的常用材料。电极材料还会影响电子传递与有机物质的吸脱附、扩散等，所以对电化学反应非常关键。

为反应选择电极材料时，材料的析氢、析氧性能会影响电解液中质子的浓度和 pH 的大小，故材料的析氢、析氧电位是需要考虑的重要因素。此外，材料的电导率也是反应中影响电流效率的关键因素。常见电极材料的析氢、析氧电位及电导率见表 28-3。

表 28-3　常见电极材料的析氢、析氧电位及电导率 (25 ℃)

电极材料	析氢电位/V (在 0.5 mol · L^{-1} H_2SO_4 中测试)	析氧电位/V (在 1 mol · L^{-1} KOH 中测试)	电导率/ (10^{-4} S·cm^{-1})
Ag	−0.59	0.61	68.17
Al	−0.58	/	41.37
Au	−0.12	0.96	48.76
Cd	−0.99	0.80	14.71
Co	−0.4 − −0.3	0.39	17.86
Cu	−0.46	0.58	64.81
Fe	−0.40	0.41	11.67
Ga	−0.63	/	7.35
Hg	−1.04	/	1.04
In	−0.80	/	12.50
Mo	−0.13	/	20.62
Nb	−0.65	/	6.58
Ni	−0.32	0.61	16.23
Pb	−0.85	0.80	5.21
Pd	−0.01	0.89	10.22
Pt	−0.27	1.11	10.42
Rh	−0.08	/	23.3
Sn	−0.81	/	8.70
不锈钢	−0.42	0.28	1.40
石墨	−0.47	0.50	2.6
BDD (B 掺杂金刚石)	−1.50	1 – 2	0.000001 – 0.002
GC (玻璃碳) /RVC (网状玻璃碳)	−1.13	/	0.02 – 0.10

此外，还可以通过改变传统电极表面的化学（共价）或物理（非共价）性质来增加电极反应性，这一过程称为电极修饰。已知的电极修饰包括在电极表面自组装单分子层 (SAM)、生成生物膜或形成氧化还原聚合物层等。此外，将金属单质做成合金电极可以最大程度地减小电极的腐蚀，同时可以维持金属本身的电化学特性。

隔膜材料

常见的隔膜材料主要有两大类，即非选择性隔膜和选择性隔膜。

非选择性隔膜包括石棉、多孔陶瓷、多孔橡胶和多孔玻璃等，这类材料属于机械性多孔材料，靠机械作用传输分子，不能完全阻止因浓度梯度而产生的渗透作用。**选择性隔膜**又称离子交换膜，它仅让某种离子通过，而阻止其他离子穿透，有利于抑制副反应的发生。对于有机介质中的反应，通常使用甲基纤维素膜，对于水介质中的反应，可以用琼脂替代。

电化学相关材料的发展直接影响反应的成败，有机电化学合成的发展也依赖材料科学的发展，需要通过多学科交叉来解决问题。

1833 年，英国科学家法拉第 (M. Faraday) 经过多次精心试验，总结了两个电解定律，这两个定律揭示了电化学反应过程中电极上通过的电量与电极反应物质量之间的定量关系，构成了电化学的基础。他还给予了电化学中的许多重要术语通俗的名称，如阳极、阴极、电极、离子等。

28.3.2 法拉第电解定律及电流效率

法拉第第一定律

法拉第第一定律认为，对单个电解池而言，在电解过程中，阴极上还原物质析出的量与所通过的电流强度和通电时间成正比，可由下式表示：

$$m = KQ = KIt$$

式中，m 为析出物质的质量，单位 g；Q 为通过的电量，单位 C（库仑）；K 为电化当量（单位电量所产出的电解产物质量），单位 $g \cdot C^{-1}$；I 为电流强度，单位 A；t 为通电时间，单位 s。

法拉第第二定律

法拉第第二定律为：在若干个通电的串联电解池的线路中，当所取的基本粒子的电荷数相等时，在各个电极上发生反应的物质的量相同，析出物质的质量与其摩尔质量成正比。物质的电化当量 K 跟它的分子量成正比，与反应中的得失电子数 n 成反比。电化当量是指电解时每通过单位电量所析出的物质质量。法拉第第二定律数学表达式为

$$K = A/nF$$

式中，n 指的是化合物中正或负化合价总数的绝对值；F 为法拉第常数，数值为 $F = 96490\ C \cdot mol^{-1}$，它是阿伏伽德罗常数 $N_A = 6.02214 \times 10^{23}\ mol^{-1}$ 与元电荷 $e = 1.602176 \times 10^{-19}$ C 的积。

1834 年，法拉第首先使用电化学方法进行了有机物的合成和降解反应：电解醋酸钠溶液制得了乙烷，同时在电极上析出 CO_2。该反应如今称为“柯尔贝 (H. Kolbe) 反应”，是著名的有机电解反应，也是最早实现工业化生产的有机电化学合成反应。虽然法拉第最早发现了该反应并进行了广泛的研究，但他并没有创立电化学氧化还原理论。而柯尔贝在法拉第工作的基础上，做出了重大发现，创立了有机电解反应的基本原理，故该有机反应以柯尔贝命名。

电流效率

通常，将电化学反应中实际生成物质的量与按照法拉第定律计算应该生成物质的量的比值称为电流效率 (current efficiency)，这也是评价有机电解体系反应性能的重要指标。电流效率 η 的表达式如下：

$$\eta = \frac{实际产量}{理论产量} \times 100\%$$

电流效率也可以按照生成定量物质所需的理论电量和实际消耗的电量的比值来表示，表达式如下：

$$\eta = \frac{Q_{理论}}{Q_{实际}} \times 100\%$$

根据法拉第常数的定义，可以计算理论电量：

$$Q_{理论} = \frac{m_{理论}}{M} nF$$

式中，$m_{理论}$为理论生成的产物的质量，M 为产物的摩尔质量，n 为反应中迁移的电子数，F 为法拉第常数。

思考题 28.1

一体式和分隔式的电解池分别有怎样的优点，适用于怎样的反应体系？

思考题 28.2

常见的电极材料有哪些，分别具有怎样的特点，为什么电极材料会影响电化学反应？

28.4 有机电化学反应举例

不同有机化合物具有不同的氧化还原电位，是化合物的固有属性之一，也一定程度上代表着有机化合物被氧化或被还原的难易程度，图 28-7 为常见有机化合物的氧化还原电位。有机电化学反应种类很多，除了经典的氧化或还原反应，还可以在一个反应池中同时实现有用的氧化和还原反应，这是其他策略难以实现的，也是有机电化学合成的特色之一。电化学也被越来越多地应用到自由基的生成和转化中，可以用来开发更多的反应性和选择性，进一步拓展了有机电化学反应的范畴。

1961 年，美国化学家贝泽(M. Baizer) 教授实现了电解丙烯腈制备己二腈及其大规模工业化，年产达 2 万吨。随后，纳尔柯公司又实现了四乙基铅电解合成的工业化生产。这两个有机电合成项目的成功使有机电化学合成受到了全球范围内化学化工领域的极大关注，也初步展现出其在合成工业中巨大的应用前景。

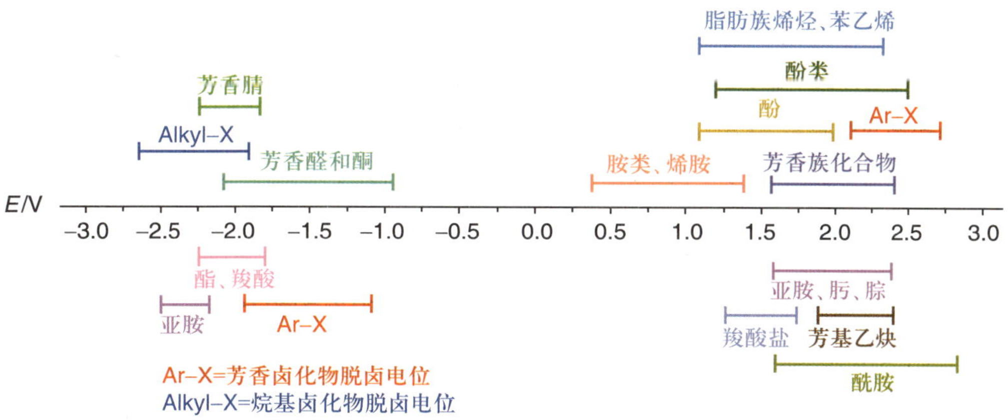

图 28-7 常见有机化合物的氧化还原电位

思考题 28.3

两种化合物比较，氧化电位低的是不是一定容易发生氧化反应？

28.4.1 阴极还原反应

不饱和键的电化学还原

传统的 Birch 还原通常使用在液氨中的金属钠把芳烃还原成环己-1,4-二烯类化合物，反应条件苛刻，不易操作，危险性较高。而在电化学条件下，芳香族化合物可以在阴极得到电子后直接选择性还原生成烯烃，且反应在室温下进行，安全环保。图 28-8 展示了萘(其在体系当中的还原电位为−3.2 V)的电化学还原反应：该反应使用活泼的镁作为阳极，有利于抑制析氢副反应(即镀锌钢丝作为阴极)；三吡咯烷基氧化膦(TPPA)、*N*,*N*′-双甲基脲(DMU)、LiBr 作为添加剂，在四氢呋喃(THF)溶剂中分别起到保护电解体系、营造不利于析氢的碱性环境、增加溶液电导率的效果。该体系能在 10 mA 恒电流电解条件下高效地将萘还原为 1,4-二氢萘。

芳环的电化学还原

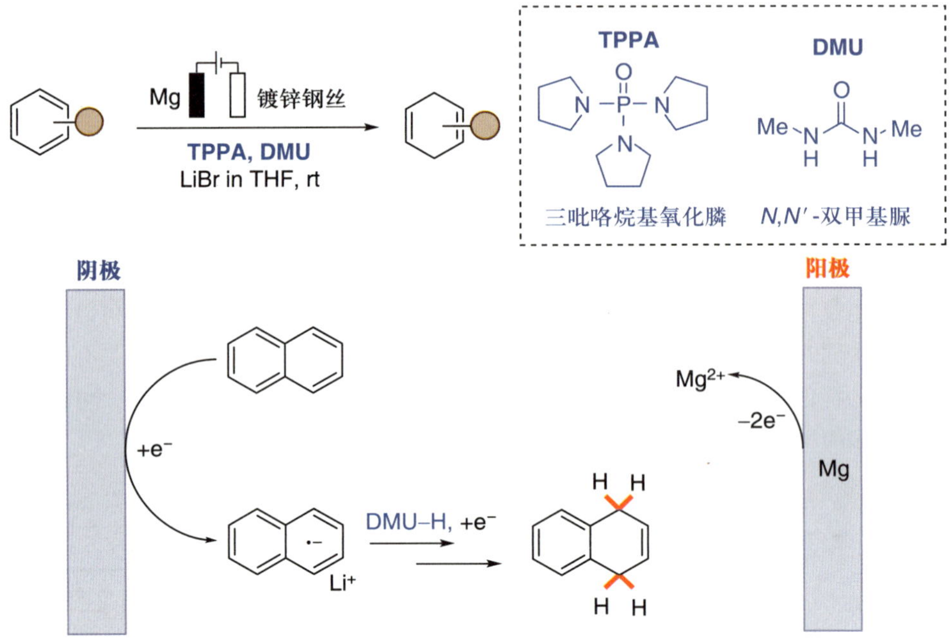

图 28-8 芳烃的电化学还原

此外，在电化学条件下，三苯氧膦(还原电位−3.12 V)也能够在阴极发生还原，生成三苯基膦，如图 28-9 所示。该反应使用活泼的铝作为阳极，四丁基氯化铵(TBACl)、四丁基六氟磷酸铵($TBAPF_6$)作为电解质。反应过程中，*N*,*N*,*N*′,*N*′-四甲基乙二胺(TMEDA)在阳极发生氧化后与 $AlCl_3$ 形成可溶的 Lewis 酸，并通过配位作用活化三苯氧膦，从而辅助三苯氧膦的阴极还原得到三苯基膦。

高价磷的电化学还原

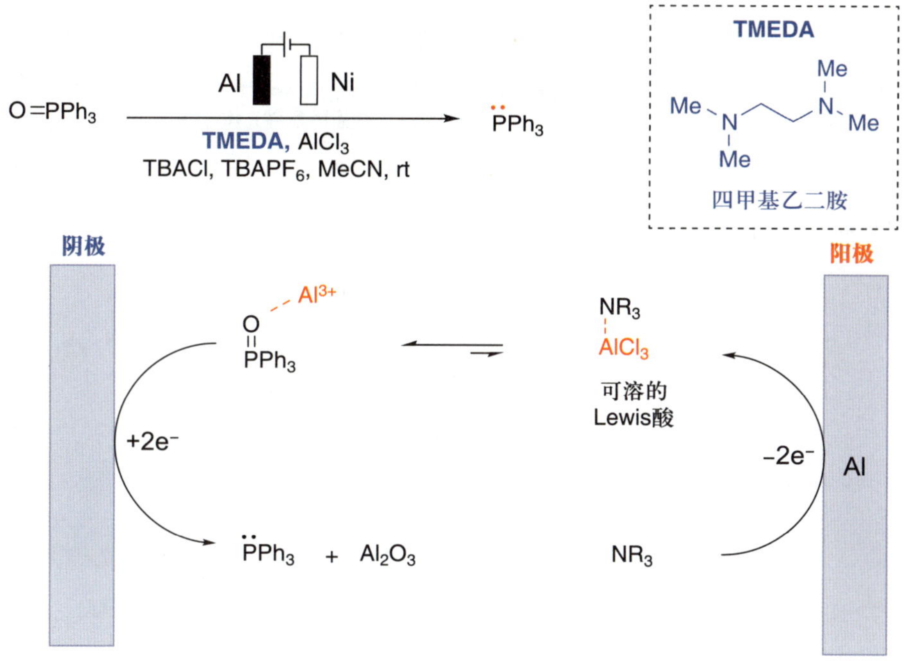

图 28-9 三苯氧膦的电化学还原

像镁、铝、锌一类的活泼金属具有较低的氧化电位，很容易被电氧化，经常被用于还原反应中的阳极反应，这一过程也称为“牺牲阳极”。在有机化合物的电还原反应中，采用牺牲阳极的电极体系可以保护底物不被氧化，同时具有很高的电解效率。阳极氧化生成的金属离子盐还可以作为 Lewis 酸协助反应的进行，且可以充当反应的电解质，促进底物的电还原过程。

不同金属电极具备不同的析氢电位（参见表 28-3），在反应设计中要根据反应的实际情况选择电极。若反应当中需要减少质子的浓度，通常选择析氢电位低、质子容易以氢气形式析出的 Pt 电极、Ni 电极；若反应需要较高的质子浓度来实现质子化过程，则选择析氢电位高的 Pb 电极或一些特殊的修饰电极。

除牺牲活泼金属之外，容易氧化的胺类也可以在阳极被氧化牺牲以提供电流。与牺牲金属相比，牺牲胺生成的铵盐溶解性更好，类似于原位生成了电解质，反应条件也更加温和，有机底物的官能团兼容性会更好。

三苯基膦、三苯氧膦都是重要的化工原料。三苯基膦是石油化工、精细化工生产中所用均相催化剂的重要配体，也是铑膦催化剂的基础原料，在合成维生素 D2、维生素 A、克林霉素等化合物的反应中也有重要作用。三苯氧膦可以作为溶剂和聚氨酯的催化剂，还可作为合成氨基苄青霉素和羟基苄基青霉素的催化剂。

过渡金属催化的电化学还原偶联

过渡金属催化的电化学还原偶联发展迅速——不同烷基卤化物之间，以及烷基卤化物和芳基卤化物之间都可以通过电化学金属催化实现交叉偶联反应。如图 28-10 所示，以卤代烃为原料（主要为卤代芳烃），通过过渡金属催化的电化学还原偶联能够合成一系列新的 C–C 键或碳杂原子键（如 C–N 键、C–P 键、C–S 键等）。

不同卤化物有不同的还原脱卤电位，对于同一种卤化物而言，采用不同的阴极材料也会极大影响其脱卤电位。常见卤化物的脱卤半波电位及在不同阴极材料上的苄位脱溴峰电位如表 28-4 所示。

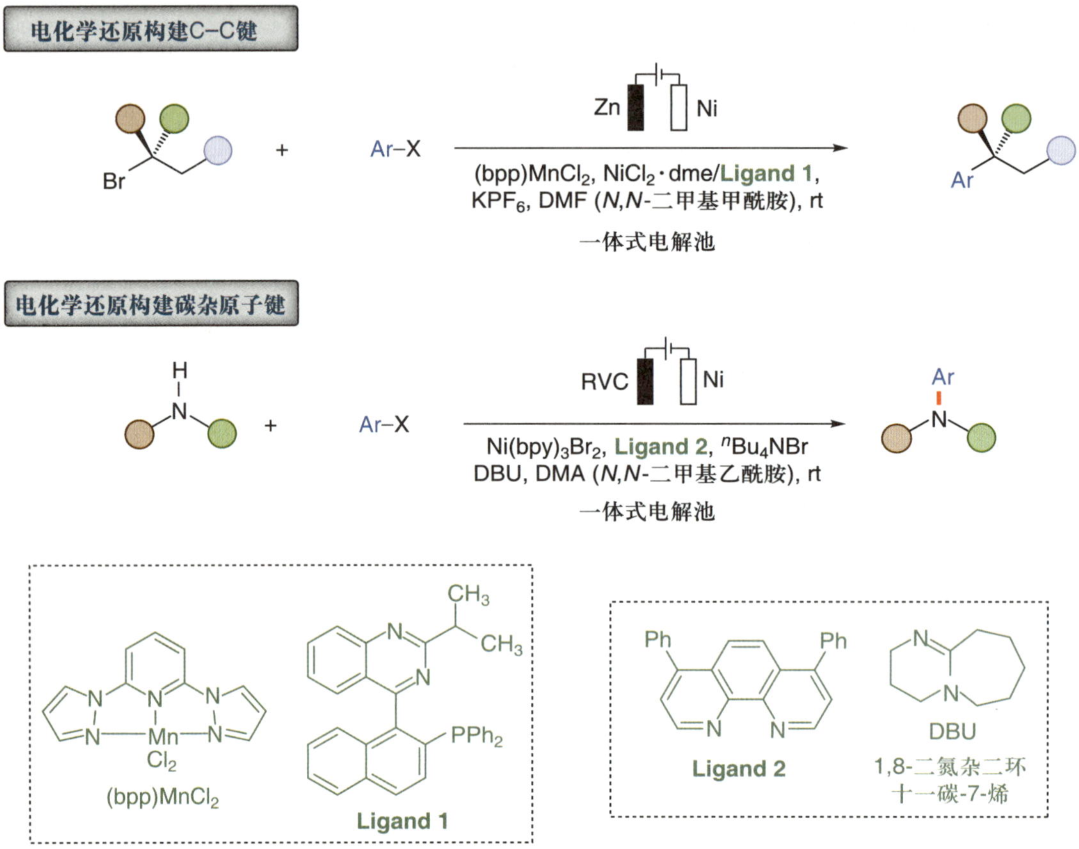

图 28-10 Ni 催化的卤化物的电化学还原偶联

表 28-4 常见卤化物的脱卤半波电位及在不同阴极材料上的苄位脱溴峰电位

卤化物	$E_{1/2}$/V (vs SCE)(未特殊标注的，均在乙腈溶剂、高氯酸盐电解质溶液中测试)	阴极材料	苄位脱溴峰电位/V (vs Ag/Ag^+)
溴苯	−1.98	Ag	−1.00
1-溴萘	−1.55, −1.60	Au	−1.50
溴乙烷	−2.08①	Cu	−1.30
氯苯	−2.07	Ni	−1.75
对氯甲苯	−1.76	Pd	−1.59
氯仿	−1.63①	Pt	−1.41
9,10-二溴蒽	−1.15, −1.47	Fe	−1.52
二氯甲烷	−1.12, −1.53①	Zn	−1.78
碘苯	−1.72	Al	−1.62
碘甲烷	−2.12	Pb	−1.48

注：① 1,4-二氧六环及卤化季铵盐体系。

> CO_2 拥有线性对称的分子结构，C=O 键长短，化学性质稳定，只有在极端的条件下（如高温、高压、高电压）下才能转化为其他碳类有机化合物。又由于 CO_2 是温室效应的主要气体之一，降低其浓度、将其转化为高价值的化学品十分有意义，吸引了无数科学家们来攻克这一难关。在化学学科中，通常是采用还原底物、捕捉 CO_2 的方式来实现它的转化；在化工学科中，科学家通过发明一些新型催化剂将 CO_2 电还原成甲醇、甲酸等能源分子，这类反应也是通常所说的 CO_2RR（CO_2 还原反应）。

CO_2 的电化学还原羧化

CO_2 作为环境友好、清洁易得的碳源，将其固定利用、转化为重要化工产品是化学界近几十年来的研究热点之一。CO_2 的化学性质稳定，分子结构很难被直接破坏。但由于它分子中的碳具备亲电性，可以通过电解的方式先将有机物还原得到碳负离子，再用碳负离子捕捉亲电的 CO_2，从而将其固定并生成羧酸产物。目前，通过电化学

还原将 CO_2 作为羧基源引入到有机分子的策略已经得到了迅速的发展。图 28-11 和图 28-12 分别列举了卤代烃的电化学还原羧化和烯烃的电化学还原羧化。图 28-13 是有机媒介促进的芳香卤化物的电化学还原羧化，该反应不需要过渡金属催化剂，使用萘作为有机还原媒介，生成高活性的萘自由基负离子，进而实现对卤化物的还原，在阳极发生 TBD（1,5,7-三氮杂二环 [4.4.0] 癸-5-烯）的氧化，从而避免了阳极的牺牲。

卤代烃的电化学还原羧化

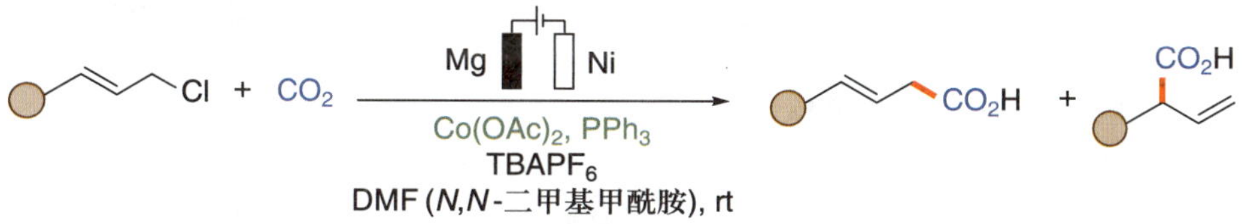

图 28-11　卤代烃的电化学还原羧化

烯烃的电化学还原羧化

图 28-12　烯烃的电化学还原羧化

芳基卤化物的电化学还原羧化

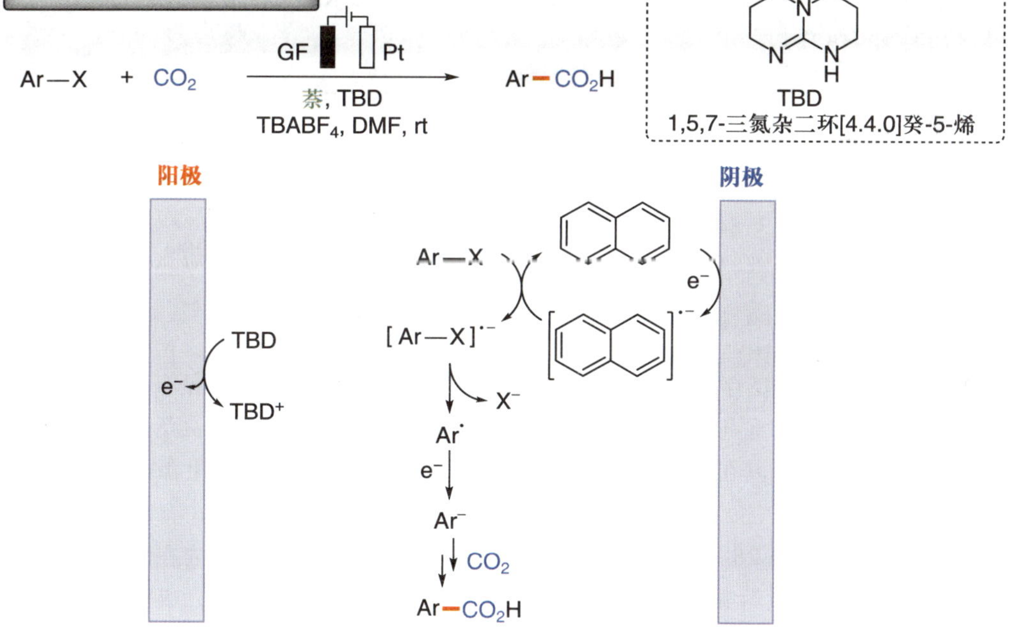

图 28-13　有机媒介促进的电还原卤化物的还原羧化

思考题 28.4

有机电化学反应的选择性由哪些因素控制？

28.4.2　阳极氧化反应

Kolbe 反应

柯尔贝 (M. Kolbe) 是著名的有机合成化学家。他通过电解实现了水杨酸的大批量生产，从而实现了其下游产物——著名药物分子乙酰水杨酸 (阿司匹林) 的廉价生产，为药物产业做出了卓越贡献。

Kolbe 反应是最经典的有机电氧化反应之一，可以把较短链的羧酸或羧酸盐化合物电解制备成长链烃类化合物，是构建 C–C 键的重要方法。羧酸或羧酸盐首先在阳极上发生氧化，失去一个电子生成羧基自由基，再经过脱羧失去一分子 CO_2 生成相应的烷基自由基，然后该烷基自由基发生自由基二聚得到烃类化合物，如图 28–14 所示。

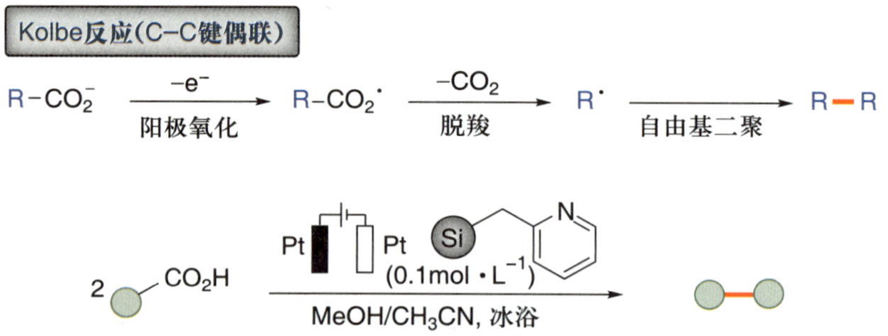

图 28–14　Kolbe 反应 (C–C 键偶联)

另外，Kolbe 反应能够产生两种活性中间体，即一次氧化后得到的碳自由基 R· 和两次氧化后得到的碳正离子 R^+。近年来，随着有机电化学的发展，Kolbe 反应也被广泛应用于各类有机反应中，用来构建 C–O 键、C–X 键 (X = Cl，Br，I) 及 C–M (金属) 键等。这些反应通常分为传统 Kolbe 反应、混合型 Kolbe 反应及非 Kolbe 型反应，如图 28–15 所示。

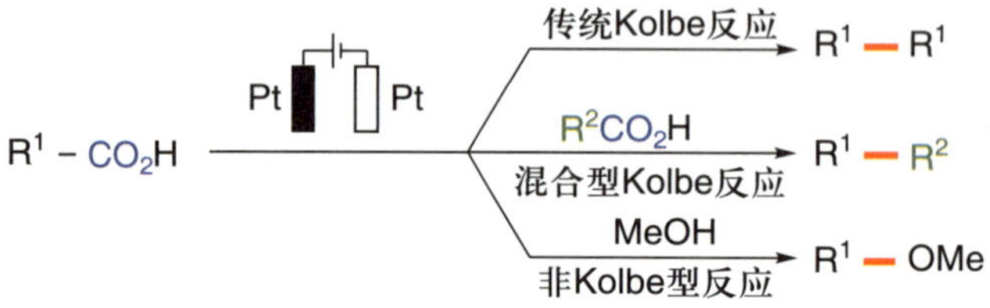

图 28–15　Kolbe 反应的不同类型

醚类结构广泛存在于功能材料、天然产物及药物分子中，一直是有机化学和药物合成领域的研究重点。在醚键氧原子邻位引入取代基团将有助于提高活性化合物的代谢稳定性，延长其在体内的作用时间。但遗憾的是，大位阻醚类化合物至今没有较为有效的合成方法，可以看作合成化学空间中被迷雾笼罩的区域，有待化学家的探索和开发。如图 28–16 所示，利用非 Kolbe 型反应，三级羧酸首先在阳极氧化条件下发生脱羧，然后氧化生成碳正离子，最后与醇的氧负离子结合，成功合成了大位阻醚类化合物，填补了该领域的空白，为后续的大位阻醚类化合物合成提供了高效的新方法。

思考题 28.5

还有哪些制备大位阻醚的方法？

非Kolbe型反应

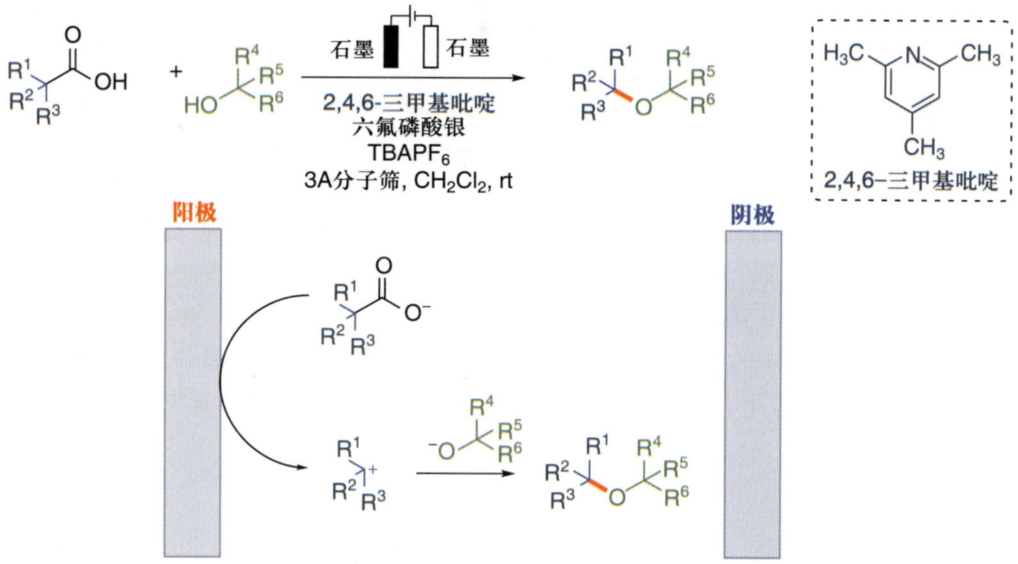

图 28-16　非 Kolbe 型反应合成大位阻醚类化合物

Shono 反应

Shono 反应是另一类较为经典的电化学阳极氧化反应，如图 28-17 所示。由于 N 的电负性比 C 更大，N 上的电子云密度更高，电流会优先作用在 N 原子上并将其氧化。例如，烷基酰胺或氨基甲酸酯能够在阳极发生氧化生成 N 中心阳离子自由基中间体 ($N^{\bullet+}$)，之后该中间体再次在阳极发生氧化 (N 原子 α 位的去质子化得到相应的亚胺离子中间体)，该亚胺离子中间体被甲醇捕获，生成相应的 *N*, *O*-缩醛类化合物。

Shono反应

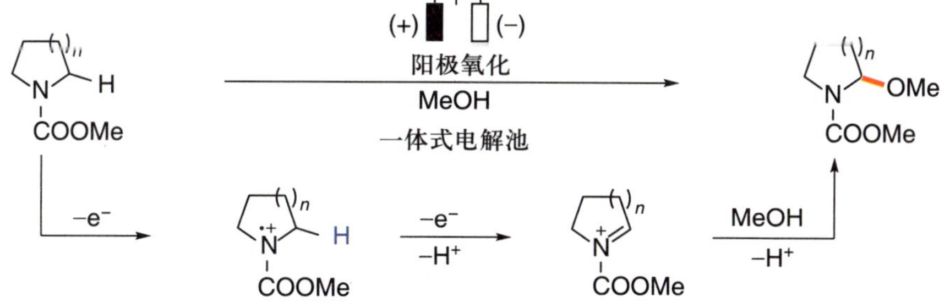

图 28-17　Shono 反应

在 Lewis 酸或 Brønsted 酸的存在下，*N*, *O*-缩醛很容易转化为亚胺离子，并可以在 N 原子的 α 位引入其他各种亲核基团。这种方法已广泛应用于制备不同 α-官能化的 *N*-杂环化合物。此外，在电化学条件下也能够对 N 原子的 β 位进行官能团化反应，例如以二茂铁作为分子电催化剂，可以实现电化学驱动的环胺 β-酰基化，如图 28-18 所示。

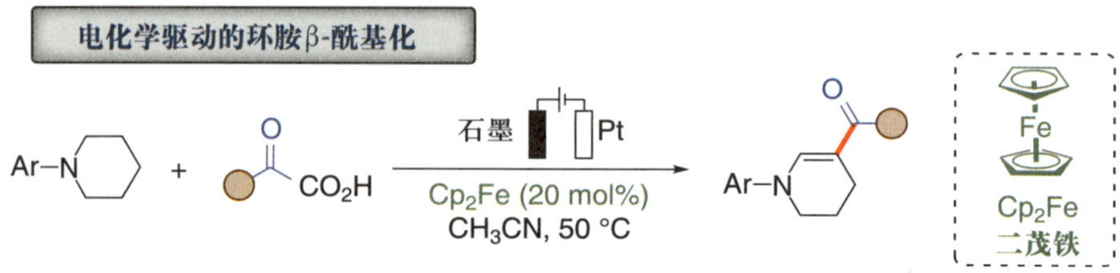

图 28–18　电化学驱动的环胺 β-酰基化

二茂铁是一种具有芳香性的有机过渡金属化合物，室温下为橙黄色针状结晶或粉末。它的热稳定性、化学稳定性、电化学稳定性很高，在循环伏安法中出峰位置稳定、能出现漂亮的可逆曲线。因此，除了作为催化剂，二茂铁还可以作为电子转移媒介或是循环伏安法中的校准内标，如图 28–19 所示，将氧化电位较高（$E_{p/2}$ > 1.5 V）的底物去质子化后，以二茂铁作为媒介将其氧化为自由基，避免了当量氧化剂和金属催化剂的使用。

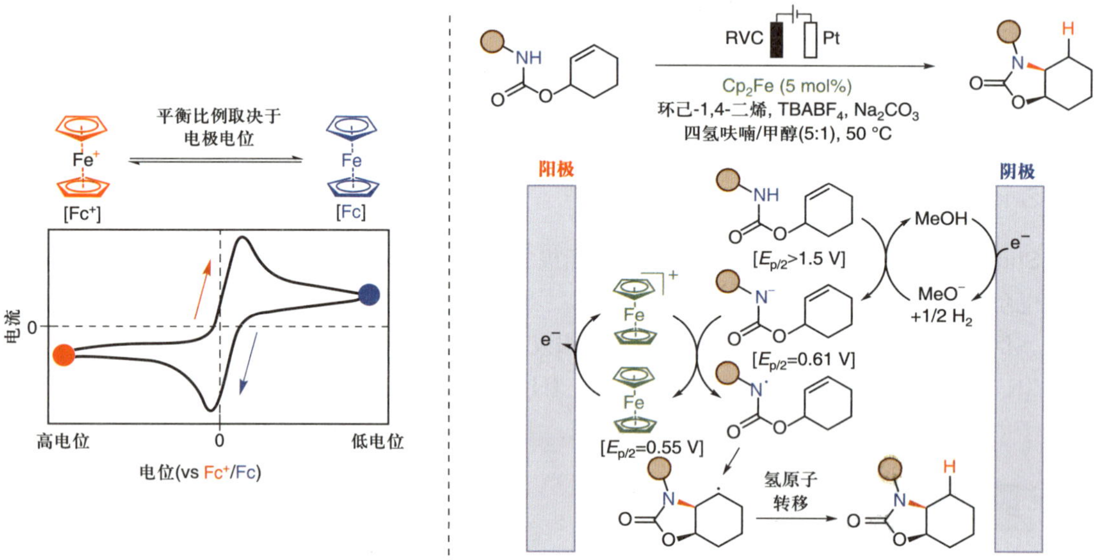

图 28–19　二茂铁（Fc）的循环伏安图及使用二茂铁作为媒介的反应

电化学 C–H 键氧化

C–H 键选择性氧化是有机化学中一个非常重要的反应。通过电化学阳极氧化策略，可以使用绿色环保的水、空气或氧气作为氧源，经历过氧自由基或氧正离子的途径，能将 C–H 键氧化成 C–O 键和 C=O 键，合成具有高附加值的醇或酮类化合物。如图 28–20 所示，奎宁在阳极发生氧化后生成的奎宁阳离子自由基能够作为氢原子转移（HAT）试剂，可以快速攫取底物上的质子；Cl_4NHPI（四氯-*N*-羟基邻苯二甲酰亚胺）作为电子转移媒介，反应中的电流首先作用在媒介上将其氧化，被氧化的媒介再与底物发生电子转移作用。

在上述两例中，底物本身的氧化电位较高，若使用直接电解的方式对其进行氧化，则需对反应体系输入较大的电压，会导致一些活性较高的官能团不兼容，以及副反应的发生。通过加入氧化电位较低的媒介对底物进行间接电解，则能够将体系的电压控制在较低的范围，从而使反应条件更加温和，有利于底物的多样性和抑制副反应

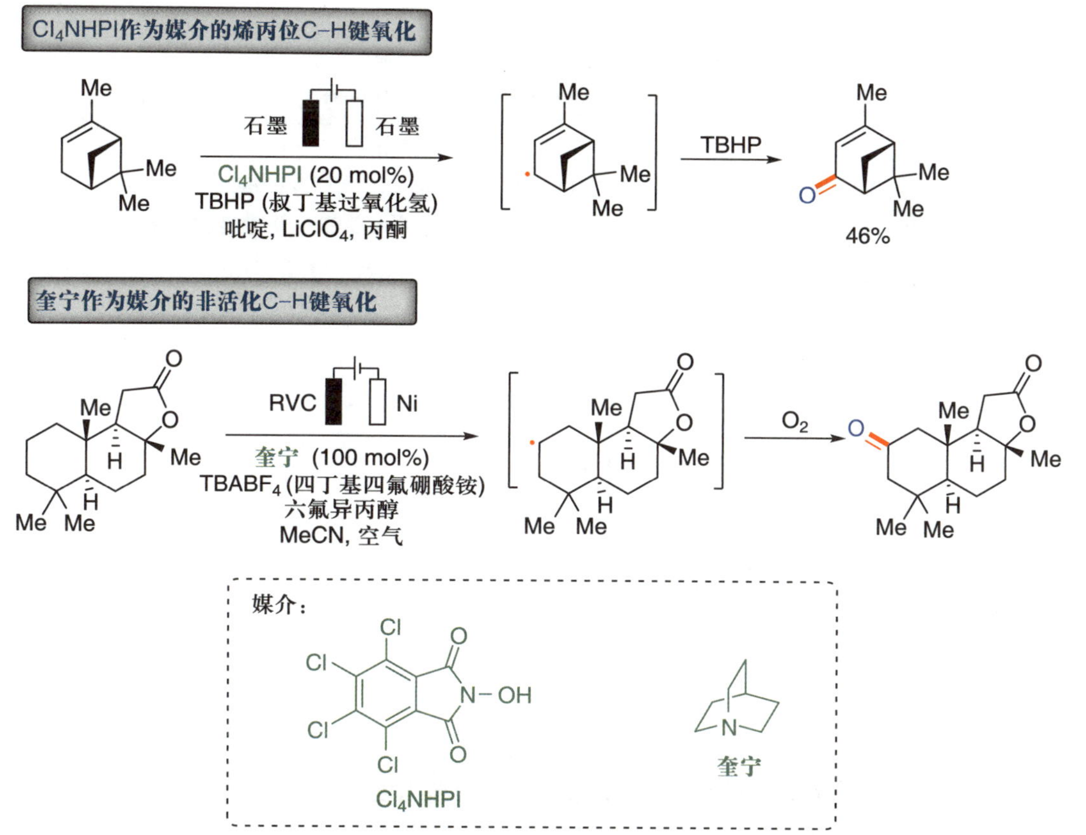

图 28-20　电化学 C–H 键氧化

的发生。此外，电化学性质稳定、容易被电化学还原的有机化合物也可以作为还原媒介，在电还原体系当中与底物发生电子转移，生成相应的阴离子自由基，同样能够起到保护底物、抑制副反应的作用。常用氧化媒介、还原媒介及它们的氧化还原电位如表 28-5 所示。

表 28-5　常见氧化媒介/还原媒介及其氧化还原电位

氧化媒介	$E_{1/2}$/V (vs Ag/Ag^{+}) (均在乙腈体系中测试)	还原媒介	$E_{1/2}$/V (vs SCE) (均在乙腈体系中测试)
2,2,6,6-四甲基哌啶氧化物 (TEMPO)	0.84	萘	−1.34
二茂铁	0.31	联苯	−1.48
NHPI	0.78	蒽	−0.84
Cl_4NHPI	0.87	菲	−1.23
9-氮杂双环 [3.3.1] 壬烷-*N*-氧自由基 (ABNO)	0.80	2-甲基萘	−1.22

思考题 28.6

什么样的化合物有潜力成为良好的电化学反应媒介？

电化学 C–H 键官能化

C–H 键直接官能化已经成为有机合成中的一种强有力工具，它能够选择性地对 C–H 键不同位点进行官能团化，得到高价值的有机化合物。然而，C–H 键官能化中通常需要使用化学计量的氧化剂，如价格昂贵的铜 (II) 盐、银 (I) 盐等。昂贵的化学计量氧化剂的使用降低了反应的原子经济性。而通过引入电化学阳极氧化的策略代替化学氧化剂能够使反应更加绿色，具有巨大的应用潜力，如图 28–21 所示。

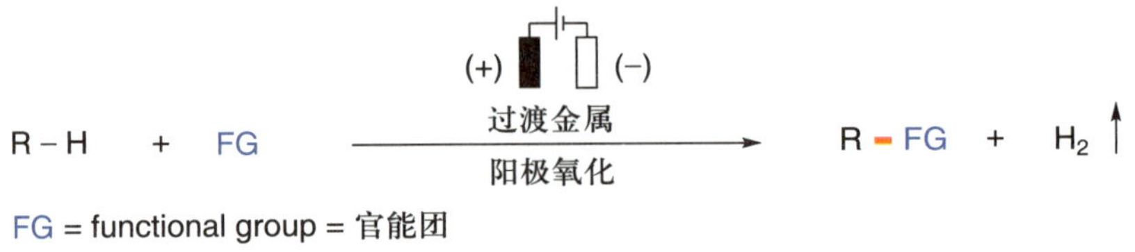

图 28–21 电化学 C–H 键官能团化

C–H 键活化反应的两种主要策略为：(1) 高活性底物直接氧化并在高活性位点生成自由基或正离子，再进行后续的官能团化。如图 28–22 所示，芳烃在阳极氧化生成芳基自由基正离子，再与二氯乙烷在阴极生成的氯化氢反应得到氯代芳烃。但此方法对底物的反应要求较高，选择性控制难，易生成多官能团化的副产物。(2) 通过引入导向基团 (DG = directing group) 与过渡金属配位后再进行选择性的官能团化，导向基团的引入可以实现固定位点的选择性 C–H 键官能团化，避免了副反应的发生。如图 28–23 所示，通过引入弱配位基团羧基作为导向基，能够高效完成钌 (Ru) 催化苯甲酸与炔烃的环化反应并合成内酯化合物；以及通过导向基导向的钯 (Pd) 催化反应，实现惰性 C_{sp^3}–H 键的官能团化反应。

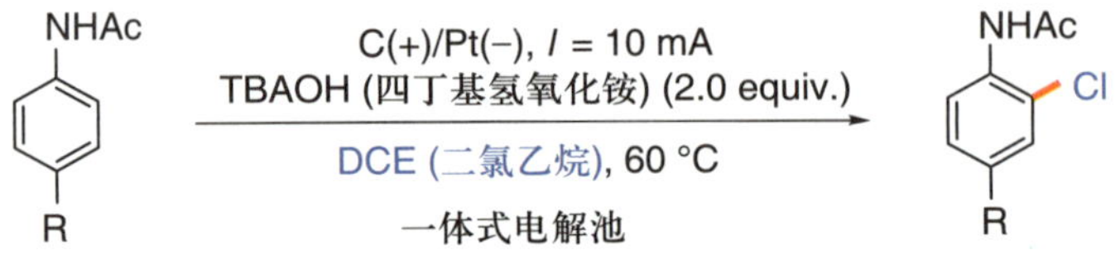

图 28–22 无导向基团的电化学 C–H 键活化

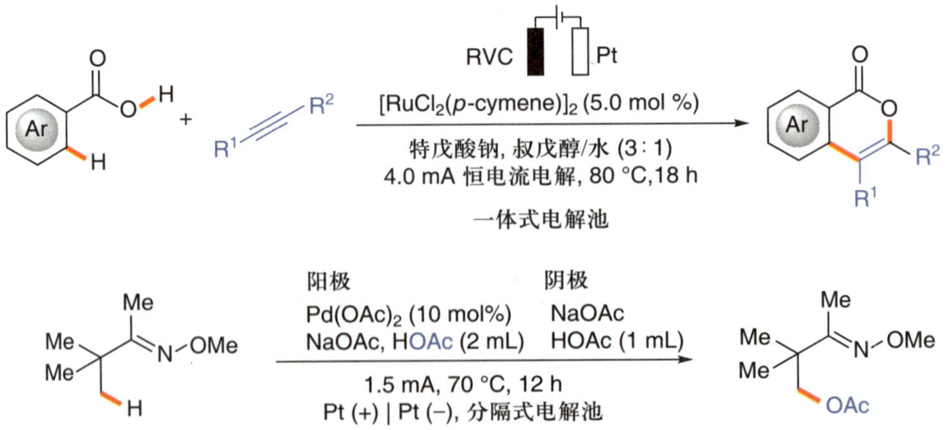

图 28–23 导向基团导向的电化学 C–H 键活化

烯烃氧化双官能团化

烯烃的双官能团化是有机合成研究中的另一个重要反应，它可以使烯烃在一步反应中同时引入两个官能团。利用电化学手段实现的烯烃双官能团化可以避免当量氧化剂的使用，减少了副反应的发生；更重要的是，利用电化学反应电压、电流的精准调控能够大幅提高烯烃底物的反应兼容性和耐受性。一般来说，烯烃的电化学双官能团化始于电化学氧化产生的第一个自由基物种对烯烃双键进行的加成，之后再与另一个自由基物种进行偶联得到双官能团化的产物，如图 28-24 所示。两个自由基物种可以是相同的自由基，也可以是不同的自由基；产生方式可以是一个通过阳极氧化生成的，也可以是两个均为阳极氧化生成的；另外，也可以通过加入金属催化剂对自由基前体进行转移。

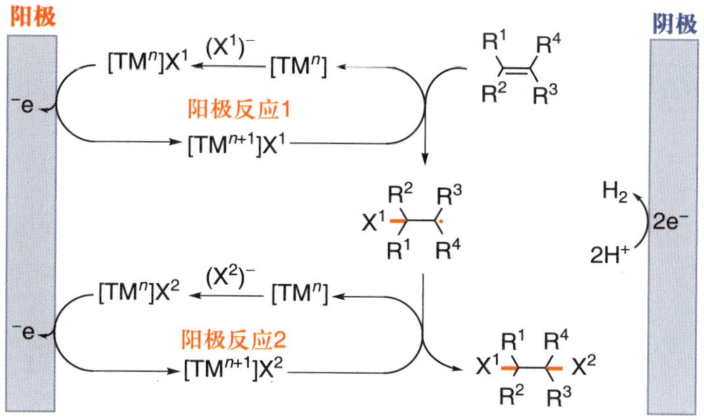

图 28-24　过渡金属催化的烯烃电化学双官能团化的反应机理

举例来说，烯烃的电化学氧化能够选择性地实现烯烃的双官能团化（如双叠氮化、双卤化、氯化三氟甲基化、卤化烷基化及卤化膦酰化等），如图 28-25 所示。

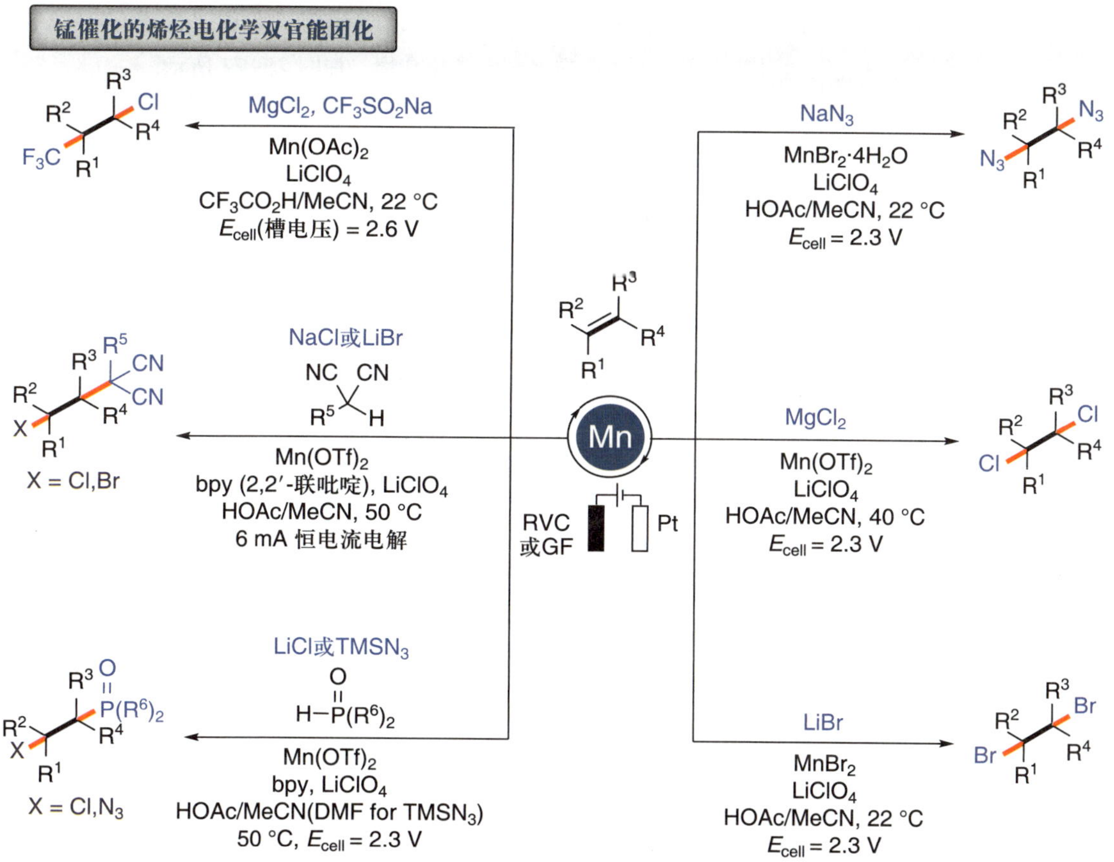

图 28-25　锰催化的烯烃电化学双官能团化

28.4.3 成对有机电合成反应

平行成对电解反应

平行成对电解反应通常涉及两个同时且互不干扰的半反应，电解既可以在隔膜电解槽中进行，也可以在无隔膜槽中进行。例如图 28-26 所示的反应，其阳极进行苯甲醇氧化得到苯甲醛，阴极则进行 3-溴代丙烯的还原，两个反应独立进行、互不干扰。若阳极生成的苯甲醛扩散到阴极，则可以进一步和阴极反应的产物作用得到 1-苯基丁-3-烯-1-醇。

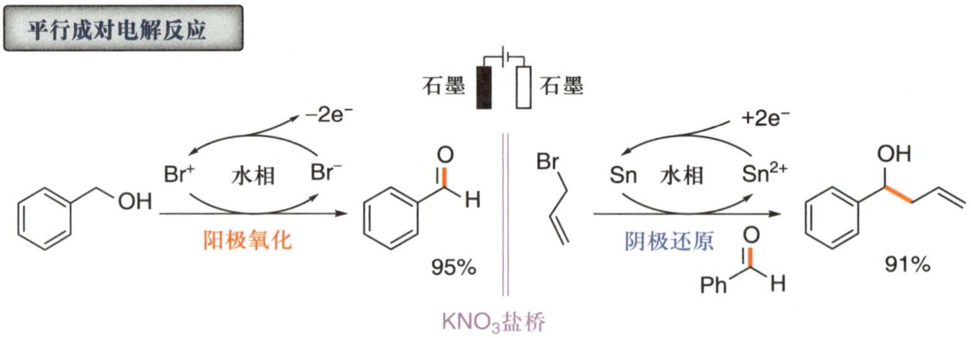

图 28-26 平行成对电解反应合成仲醇

顺序氧化-还原电解反应

在此类反应中，底物分子能够按顺序在一体式电解槽中先后在阳极和阴极发生氧化反应和还原反应。例如，醛肟能够首先在阳极发生氧化反应生成氧化腈中间体，该中间体又继续在阴极上发生还原反应得到腈类化合物，如图 28-27 所示。

MTES: 甲基三乙氧基硅烷

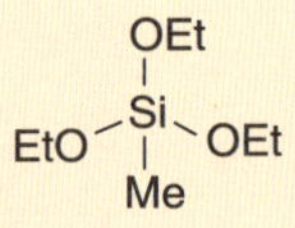

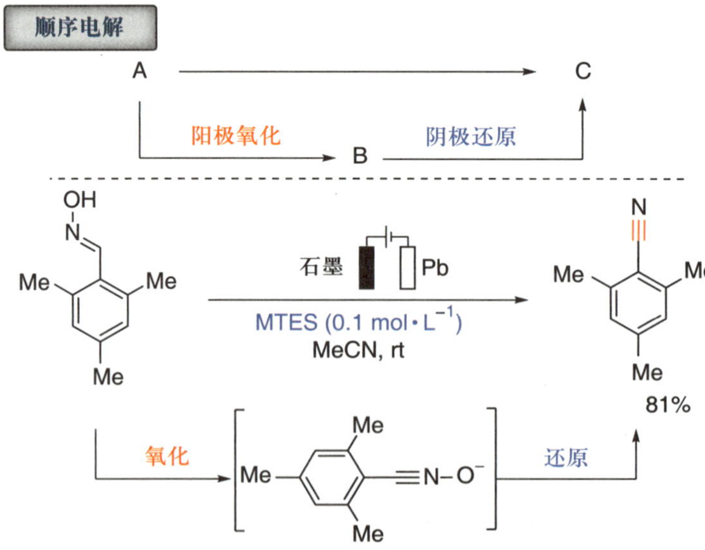

图 28-27 顺序氧化-还原电解反应合成苯甲腈

复合成对电解反应

复合成对电解反应，即底物在阳极和阴极上分别产生的中间体相互反应而得到最终产物的反应，通常在一体式电解反应器中进行，该反应类型与平行成对电解反应最大的区别在于所需产物一定需要阴阳两极中间体的进一步反应才能生成。如碘负离子在阳极氧化生成碘单质，苯乙酮与碘单质发生碘仿反应得到α,α,α-三碘苯乙酮，而*N*,*N*-二甲基甲酰胺在阴极发生还原反应得到二甲胺，两中间体（α,α,α-三碘苯乙酮和二甲胺）反应得到苯甲酰胺类化合物，如图 28-28 所示。

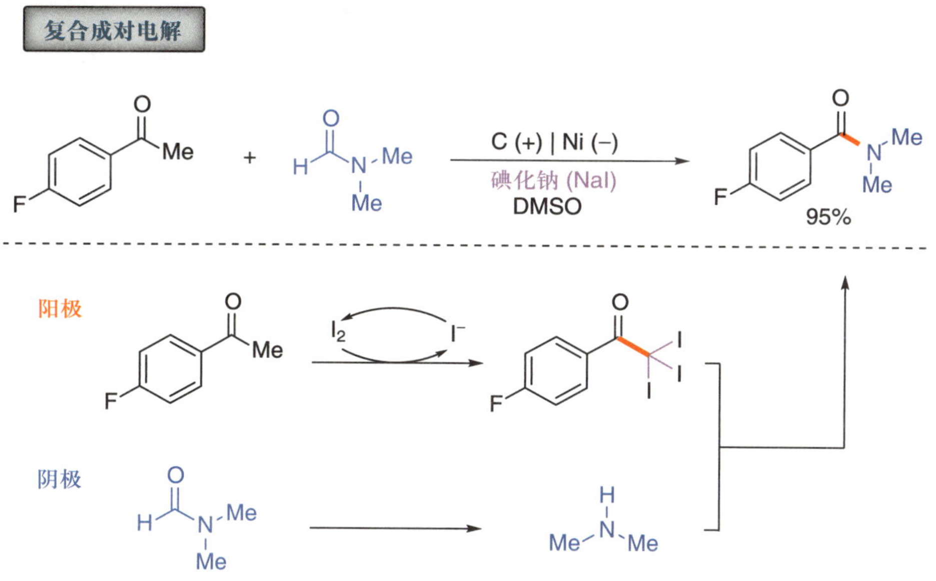

图 28-28　复合成对电解合成苯甲酰胺类化合物

28.4.4　电化学合成工业应用

传统合成葡萄糖酸盐的方法包括发酵法、催化氧化法等，通常会产生较多的工业废渣，且工业装置占地面积大，操作较为复杂，原料成本较高。但采用电化学合成方法能够在很大程度上避免上述缺点。在电化学合成中，较为先进的是葡萄糖成对电化学合成葡萄糖酸钙和山梨糖醇的方法，如图 28-29 所示。我国电化学合成工业起步较晚，与发达国家存在一定的差距，包括反应器、电极材料、电催化剂、电化学工艺等，需要全面、深入、系统的研究。

葡萄糖酸钙（锌）被认为是人体补钙（锌）剂，很早就被联合国粮食及农业组织（FAO）和世界卫生组织（WHO）推荐为安全和必要的补钙剂。葡萄糖酸钙还可用作固化剂、螯合剂、稳定剂、增稠剂等，在工业上有广泛的应用。

28.4.5　光电协同催化有机合成反应

随着光化学和电化学的迅猛发展，二者间的有机结合也促成了光电协同催化的有机合成反应的诞生。它具备了光化学和电化学的优势，是一种新的化学合成手段。光电协同的种类很多，本节仅列举其中之一，简述光电协同催化转化反应。通常情况下，光催化剂在电化学条件下氧化生成高价态的中间体，进一步光诱导生成高活性的激发态中间体，该中间体用于氧化反应物，发生后续的反应；还原态的光催化剂则通过电化学氧化实现催化循环。例如，可以通过光电催化实现芳烃的三氟甲基化反应，如图 28-30 所示。

小结：有机电合成发展迅速，正在被用于越来越多的反应类型中。此外，新技术也在不断涌现，除了光电协同催化有机合成，还有流体电化学、交流电促进的电有机合成等，未来都可能会在有机合成中发挥重要作用。电催化有机合成具有绿色安全、条件温和、精准可控、便于工业放大的优点。结合绿色能源的电催化有机合成是有望实现新一代化工绿色升级的关键技术之一。本章内容仅是有机电化学的一些基础内容，更深入地了解请参考更专业的书籍。

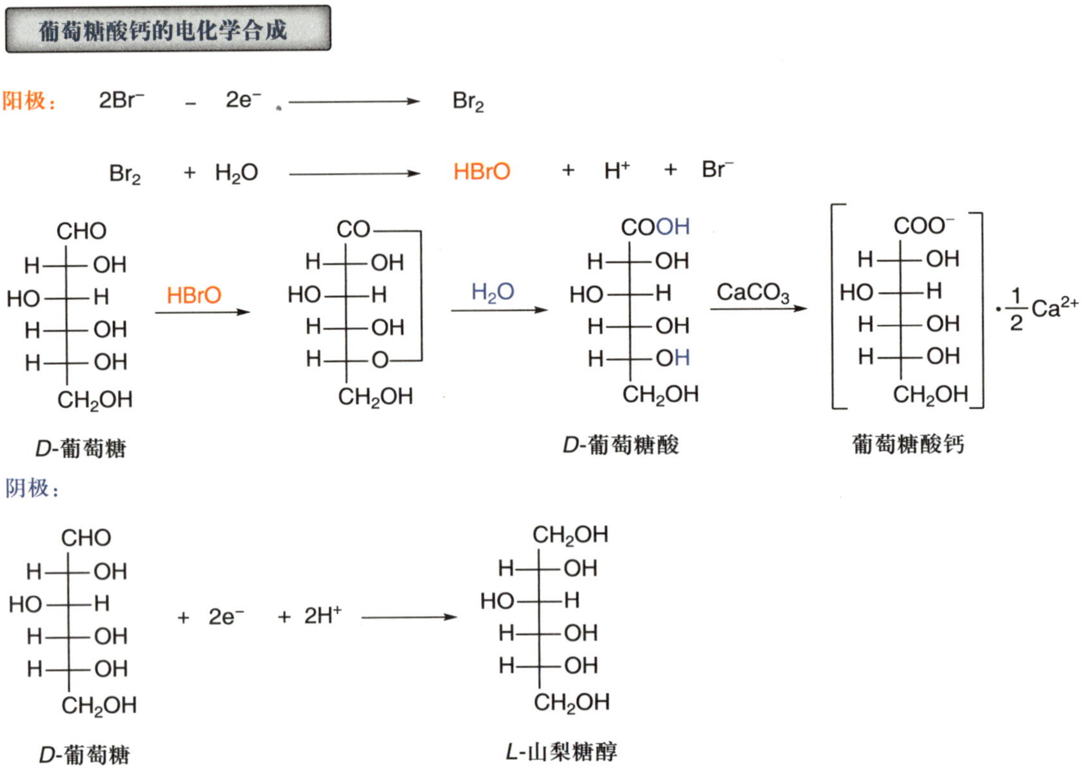

图 28-29　电化学合成葡萄糖酸钙的工业过程

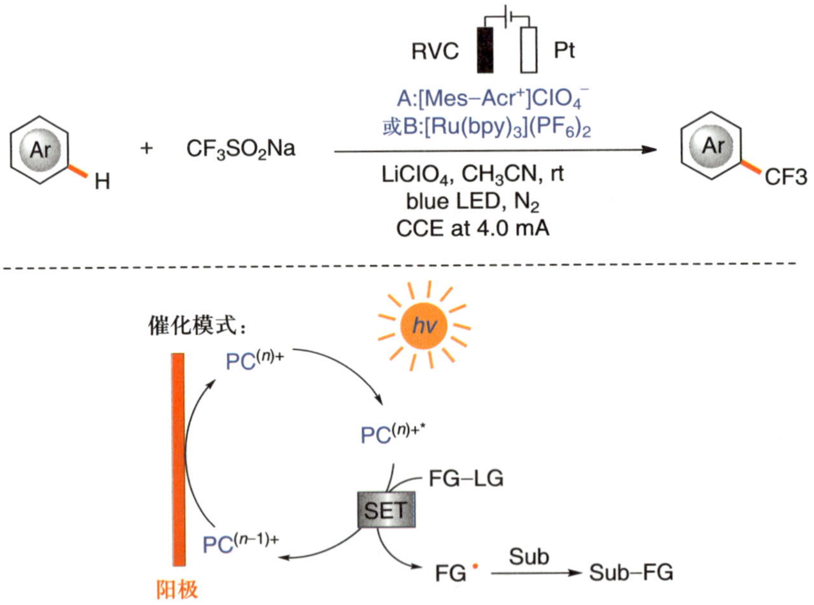

图 28-30　光电协同催化有机合成反应

28.5 有机电化学的发展简史

图 28–31 为有机电化学的发展简史。

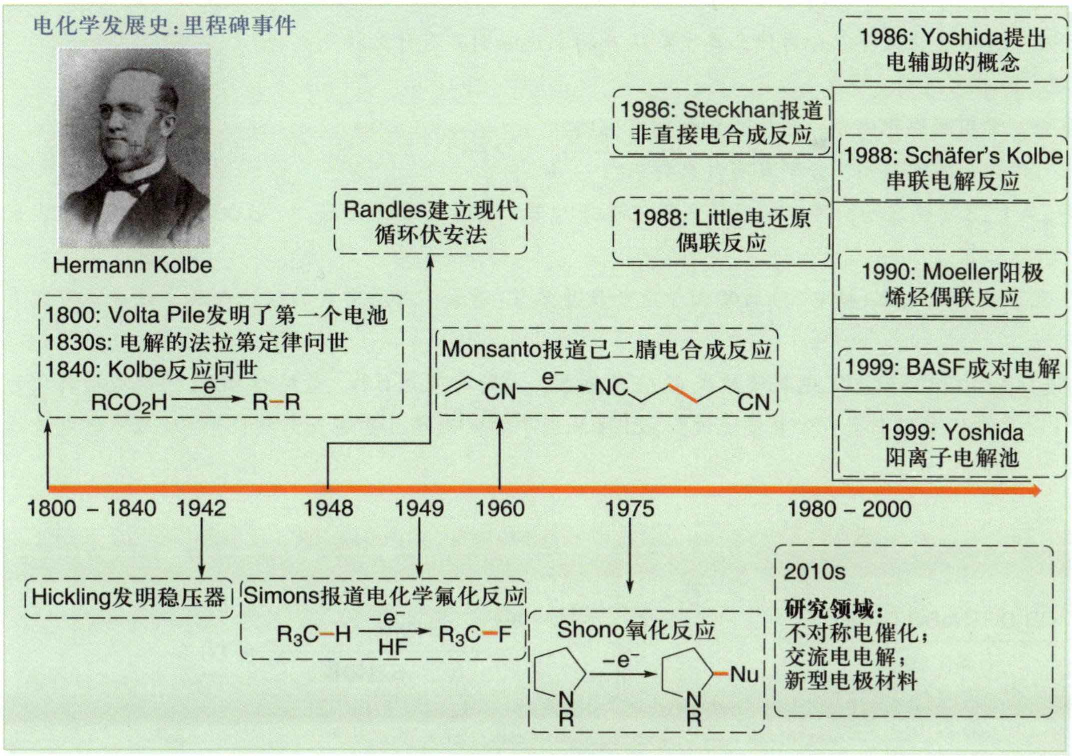

图 28–31 有机电化学的发展简史

本章学习要点

(1) 了解电化学反应的基本原理，特别是双电层模型。

(2) 了解循环伏安法及其在机理研究中的重要应用。

(3) 了解电解装置及影响电化学反应的主要因素，熟悉法拉第电解定律及电流效率。

(4) 了解有机电化学的独特优势，熟悉有机电化学常见的反应类型，如阴极还原反应、阳极氧化反应及成对有机电合成反应。

(5) 熟悉重要的有机电化学反应，如 Kolbe 反应和 Shono 反应。

(6) 了解直接电解和间接电解方式，熟悉常见的电催化剂类型。

习题

28.1 一个电化学反应装置由哪些部分构成？

28.2 什么是科尔劳施离子独立迁移定律？解释并写出对应公式。

28.3 自发形成的双电层模型有哪些种类？画出电极金属和溶液界面之间的双电层示意图。

28.4 解释“电极的极化”和“超电位”两个概念。

28.5 三电极体系当中的三种电极分别有什么名称，并组成了哪两种回路？

28.6 什么是电化学反应的“稳态”？有哪些常用的稳态研究方法？

28.7 什么是电化学反应的“暂态”？有哪些常用的暂态研究方法？

28.8 简述法拉第第一定律及法拉第第二定律，并分别写出对应的公式。

28.9 解释法拉第电流效率，并写出对应的两种形式的公式。

28.10 为什么在电化学还原羧化反应中，通常需要碳负离子来捕捉 CO_2？

28.11 简述什么是 Kolbe 反应。这类反应又可以分为什么类型？从产物来说分别具有什么特点？

28.12 简述 Shono 反应机理，并举例说明。

28.13 什么是电化学反应媒介？常用的氧化媒介、还原媒介分别有哪些？

28.14 成对有机电合成反应可以分为哪些类型？分别具有什么特点？

28.15 若需要电化学氧化 E_{ox} = 1.23 V 的底物，可以采用什么氧化媒介？若需要电化学还原 E_{re} = −3.00 V 的底物，可以采用什么还原媒介？

28.16 在实际反应体系中，反应施加的电压（槽电压）通常大于底物发生氧化/还原反应所需要的理论电压，试分析可能有哪些原因。

28.17 采用 10 mA 的电流将 0.2 mmol 萘恒电流电解还原成 1,4-二氢萘，电解时间为 5 h，最终有 90% 的萘成功转化为目标产物。试计算：(1) 此时体系当中有多少电量通过？(2) 反应当中的电化学当量是多少？(3) 该反应中的电流效率是多少？

28.18 请写出以下反应的产物。

(1)
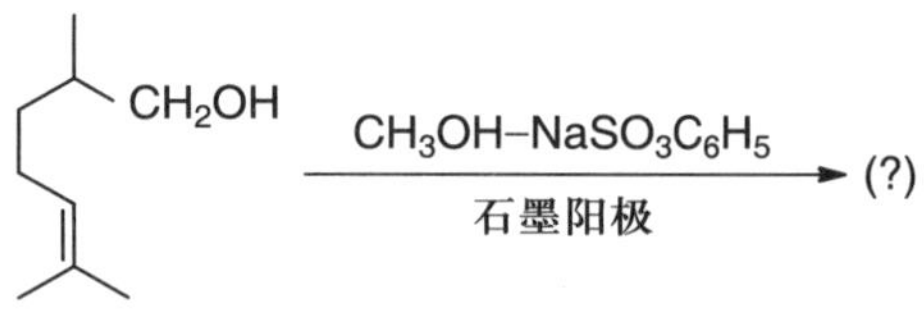

(2)

(3)
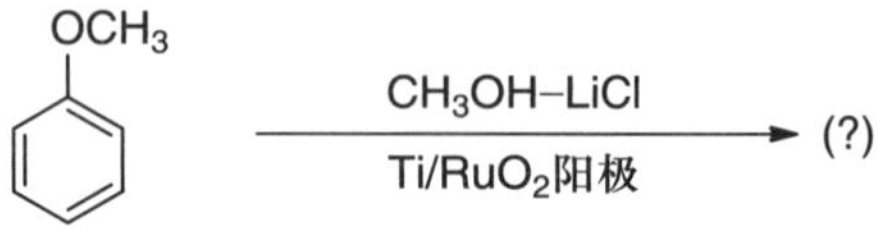

(4)
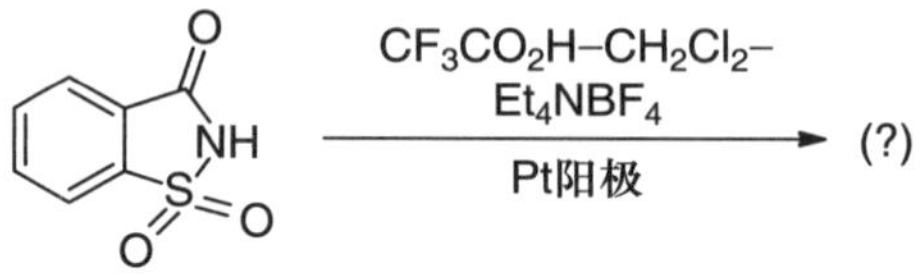

(5)
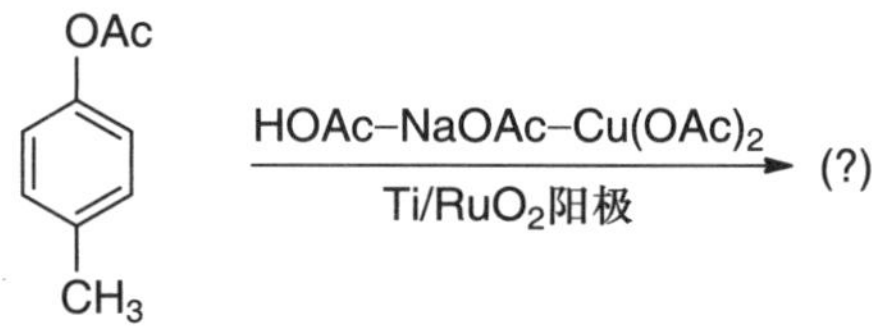

(6)
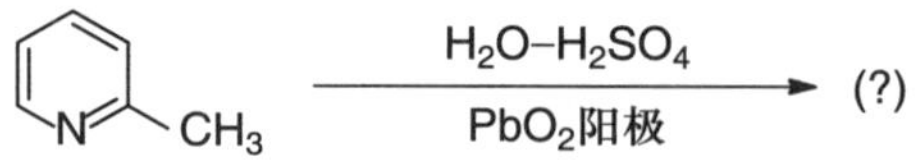

(7)

(8)
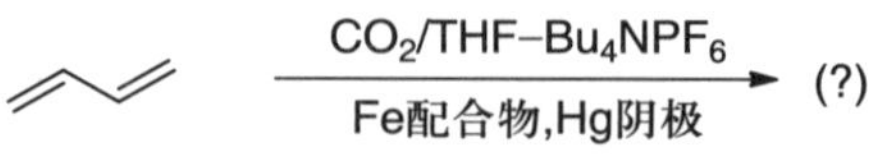

(9)
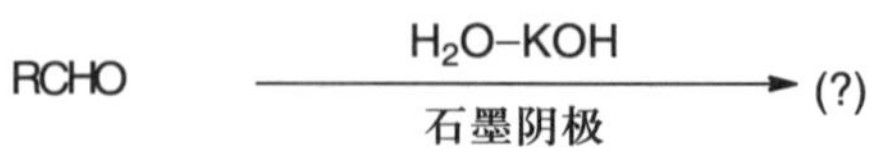

(10)
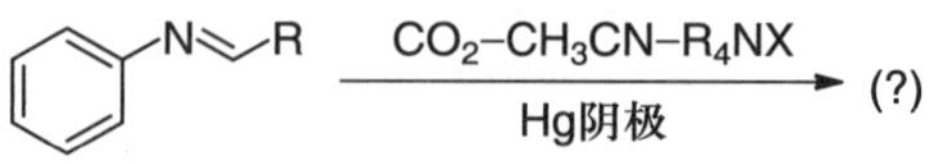

28.19 请写出下面反应的中间体和产物。

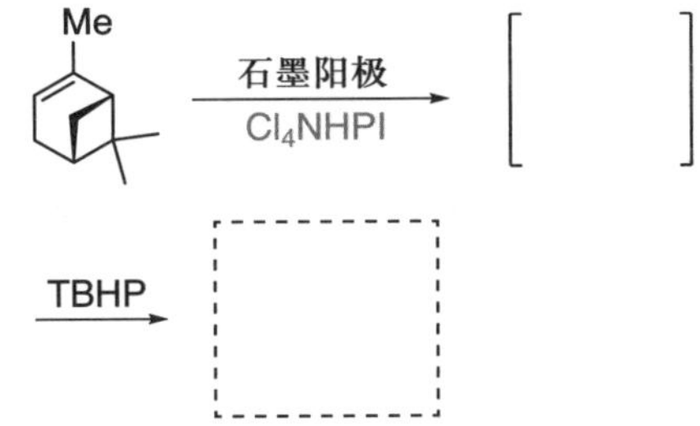

28.20 请写出下面反应的中间体和产物。

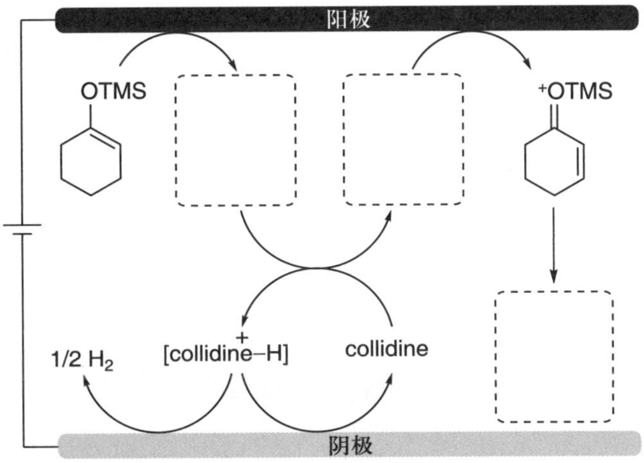

28.21 请写出下面反应的产物。

(1)
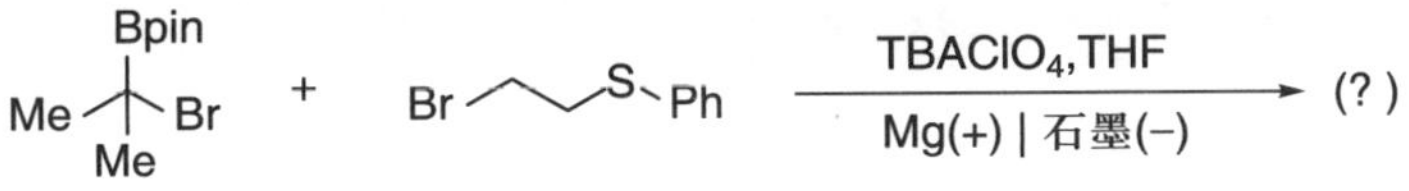

(2)

28.22 请写出下面反应的中间体。

(1)
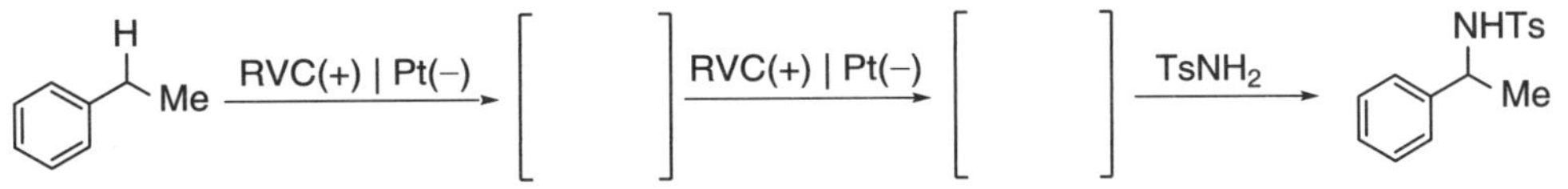

(2)
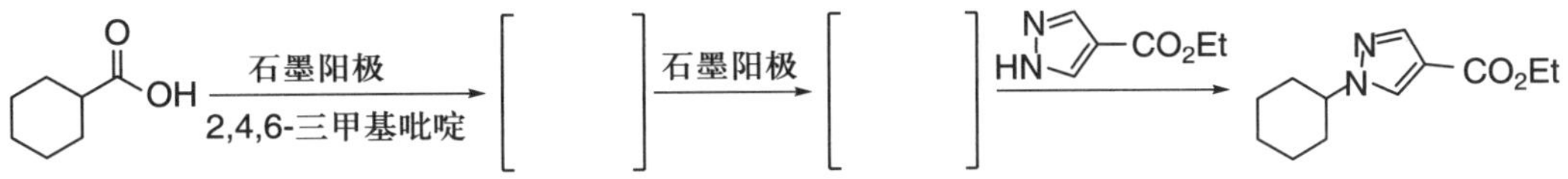

第 29 章

金属有机化学

第 29 章　金属有机化学

29.1　金属有机化学的定义

金属有机化学(organometallic chemistry)是研究金属有机化合物的化学，它是无机化学和有机化学的交叉学科，与生命科学、材料和能源等密切相关。**金属有机化合物主要是指含有金属—碳键(M–C 键)的一类化合物**，如在前面一些章节中经常用到的有机锂(RLi)、有机镁(格氏试剂 RMgX)及有机铜锂(R_2CuLi)等，都是典型的金属有机化合物。金属有机化合物也是很多金属催化的有机反应中的活性中间体。另外，金属有机化合物也少量存在于自然界，如辅酶 B_{12} (coenzyme B_{12}) 中存在 Co–C 键，铁氢化酶分子中存在 Fe–C 键，这些成为了生物金属有机化学研究的对象。金属有机化学不但研究金属有机化合物，还研究反应中的金属有机中间体。

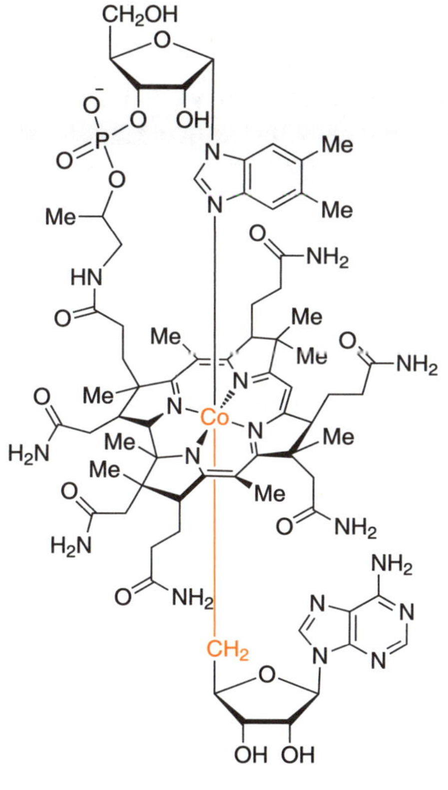

coenzyme B_{12}

29.2 金属有机化合物的分类

金属有机化合物的起源最早可追溯到 1760 年，卡德 (Louis-Claude Cadet de Gassicourt) 在研究隐形墨水时意外发现含砷的钴矿石与醋酸钾共热可生成一种恶臭的发烟液体，它含有四甲基二砷 ($Me_2AsAsMe_2$)。1827 年，蔡斯 (William C. Zeise) 制得了乙烯与金属铂配位的化合物——Zeise 盐 ($K[(C_2H_4)PtCl_3]\cdot H_2O$)，它是第一个合成的过渡金属有机化合物。

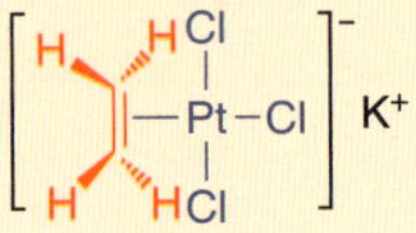

Zeise 盐

根据 M–C 键的性质和特点，金属有机化合物可分为三类：

第一类为离子型金属有机化合物，分子中存在离子型的 M^+–C^- 键，包括除锂、铍和镁以外的碱金属和碱土金属有机化合物，如炔钠；

第二类为共价型的金属有机化合物，分子中的 M–C 键为极性共价键，包括除第一类以外的所有主族金属有机化合物，如 RLi；

第三类为包括镧系和锕系在内的过渡金属有机化合物，这类化合物中金属 *d* 轨道或 *f* 轨道也常参与成键，其 M–C 键具有共价 σ 配位键 (电子由碳原子流向金属) 和 π 反馈键 (金属 *d* 轨道与配体反键 π 轨道重叠，电子由金属流向配体) 的特征。

金属有机化合物也可以按照金属的性质分为主族金属有机化合物和过渡金属有机化合物，它们的显著差别在于中心金属原子具有不同的原子结构。主族金属元素没有 *d* 轨道电子，它们主要以 *s* 轨道或 *p* 轨道与配体成键，因此主族金属周围的成键电子数一般遵循八隅律；过渡金属的 *d* 轨道或 *f* 轨道往往没有填满电子，且其能量接近于外层价电子轨道的能量，因而可以利用 *d* 轨道或 *f* 轨道参与成键，致使过渡金属有机化合物的中心金属原子外围的成键电子数一般不遵循八隅律。对于 d 区过渡金属，一般遵循十八电子规则。

29.3 金属有机化合物中心金属的性质

29.3.1 中心金属的氧化态

金属有机化合物都是由中心金属原子和围绕中心金属的配体所组成的配合物。中心金属可以是主族金属，也可为过渡金属。配体通常可分为中性配体 (L)，如羰基 (CO) 或膦配体 (PR_3)；或带一个负电荷的配体 (X^-)，如 Cl^- 或 CH_3^-。中心金属的氧化态 (oxidation state) 是指将 M–X 键异裂，共享电子对分配给电负性较大的配体原子后 (配体 X 以满壳层离去，即外层电子达到 8 个)，金属原子所呈现出的电荷数。如 PhMgBr 中苯基和溴在满壳层时均是 –1 价，因此镁的氧化态是 +2 价。在带电荷的配位离子中，金属的氧化态还应加上它所带的电荷数，如 $[Ph_3Be]^-$，铍的氧化态为 +2 价；$[ReH(PPh_3)_3(CO)_3]^+$ 中铼的氧化态为 +2 价。

主族金属的氧化态与其价电子层内 *s* 轨道和 *p* 轨道的电子数有关，而过渡金属的氧化态主要与金属 *d* 轨道内的电子数 (用 d^n 表示) 相关 (表 29–1)。

新的族数来源于 IUPAC 的 18 族标法，它用阿拉伯数字 1–18 依次代表元素周期表从左至右各族元素。

表 29–1 过渡金属的 *d* 轨道电子数

族数*	IVB (4)	VB (5)	VIB (6)	VIIB (7)	VIIIB (8)	VIIIB (9)	VIIIB (10)	IB (11)
d^n	4	5	6	7	8	9	10	11
3*d*	Ti	V	Cr	Mn	Fe	Co	Ni	Cu
4*d*	Zr	Nb	Mo	Tc	Ru	Rh	Pd	Ag
5*d*	Hf	Ta	W	Re	Os	Ir	Pt	Au

* 括号内的数字为新的族数

过渡金属的 d^n 值与其在元素周期表中所处的族数和其氧化态间存在如下的关系：d^n=族数－氧化态。表 29-2 列出了部分代表性过渡金属配合物的族数、氧化态和 d^n 值。

表 29-2　部分过渡金属配合物族数、氧化态和 d^n 值

配合物	金属族数	氧化态	d^n
$Mo(CO)_6$	6	0	6
$[Mn(CO)_5]^-$	7	−1	8
$CH_3Mn(CO)_5$	7	+1	6
$Fe(CO)_5$	8	0	8
$[Fe(CO)_4]^{2-}$	8	−2	10
$Ir(PPh_3)_2(CO)Cl$	9	+1	8
$Pd(PPh_3)_2Cl_2$	10	+2	8
$Cu(PPh_3)R$	11	+1	10

氧化态仅代表了形式上的电荷，不能用来确定金属中的真实电荷分布。如 WH_6L_3 中 W 的氧化态为 +6，但其金属 W(+6) 中心比 $W(CO)_6$ 中的 W(0) 更富电子。在某些情况下，如在具有多个共振式的丁-1,3-二烯配体的配合物中，金属中心的氧化态难以确定。

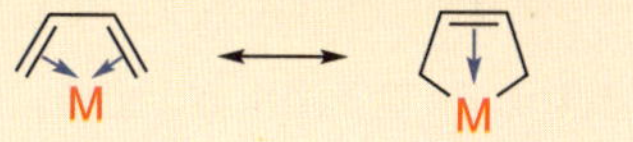

M氧化态为0　　M氧化态为+2

29.3.2　中心金属的配位数

金属有机化合物属于配合物。在配合物中，中心金属的配位数是指金属与配体所形成的 σ 键数目。例如 ^{n}BuLi 中金属 Li 的配位数为 1，$(Ph_3P)_2Ir(CO)Cl$ 中金属 Ir 的配位数为 4。d 区过渡金属原子的配位数不能超过 9，因为金属仅有 9 个价电子轨道（1 个 *s* 轨道，3 个 *p* 轨道和 5 个 *d* 轨道）。比较常见的中心金属的配位数为 1－6。

低配位数的配合物，只有配体为大位阻配体时才能稳定存在，配体间的立体阻碍使金属不能进一步与配体结合，如 $Pt(PCy_3)_2$。配位数高于 6 的 d 区过渡金属配合物比较少见，为达到高的配位数，通常需要体积相对较小的配体，如 $[ReH_9]^{2-}$，配位数达到最大 9，含有 9 个体积最小的氢配体。

环己基，cyclohexyl，简写为 Cy。

29.3.3　八隅体与十八电子规则

在主族金属化合物中，金属能够以 1 个 *s* 轨道和 3 个 *p* 轨道与配体成键，4 个轨道填满可容纳 8 个电子，因而主族金属化合物往往遵循八隅律或八电子规则，即中心金属原子的价电子数与配体提供的电子数总和为 8。未满足八隅律的缺电子化合物，如 PhMgBr 和 Me_2AlCl，往往通过与溶剂分子配位或自身聚合以达到八隅律的要求。

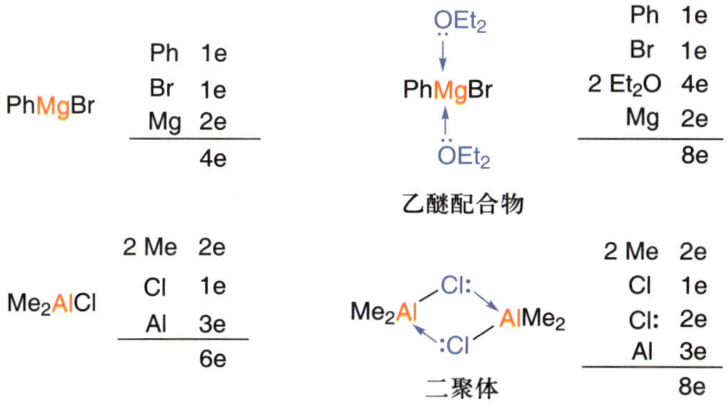

d 区过渡金属化合物的中心金属原子的价电子层有 1 个 *ns* 轨道，3 个 *np* 轨道及 5 个 (*n*−1)*d* 轨道，共可容纳 18 个电子。研究发现，如果其价电子层填满，它们具有

与同周期惰性气体原子相同的电子结构，相应的过渡金属配合物是热力学稳定的，这称为十八电子规则，又称为有效原子序数（effective atom number，EAN）规则。符合十八电子规则的过渡金属配合物称为配位饱和化合物，不符合的称为配位不饱和化合物。

利用十八电子规则，需要计算金属原子的价电子总数，它等于金属原子价层电子数和配体提供的电子数的总和。常用离子模型法计算价电子总数，它既考虑金属的氧化态，同时也计算金属与配体的电荷数。以二茂铁（Cp_2Fe）为例，Fe^{2+} 的价电子层有 6 个电子，每个环戊二烯负离子提供 6 个电子，两个共 12 个电子，故二茂铁中 Fe 原子的价电子总数是 18。表 29-3 列出了通过离子模型法计算的部分过渡金属化合物中中心金属的价电子总和。配体的电子数见 29.4.2 节的表 29-4。

另一种计算金属原子价电子总数的方法为共价模型法，该法不考虑金属的氧化态，把金属都看作零价，金属和配体都是中性的。同样以 Cp_2Fe 为例，按共价模型法 Fe 原子提供 8 个电子，每个环戊二烯基提供 5 个电子，两个共 10 个电子，Fe 原子的价电子总数也是 18。共价模型法计算离子型配合物中相应的金属价电子总数时需要扣除净电荷的影响。如 $[Mn(CO)_6]^+$ 中，Mn 提供 7 个电子，6 个 CO 提供 12 个电子，扣除一个正电荷，Mn 原子的价电子总数仍为 18。

表 29-3　部分过渡金属化合物中心金属的价电子总数

化合物	价电子总数		化合物	价电子总数	
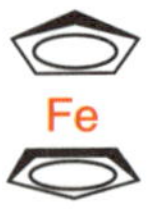	$2\ C_5H_5^-$ Fe^{2+}	12e 6e 18e		$2\ C_5H_5^-$ Ni^{2+}	12e 8e 20e
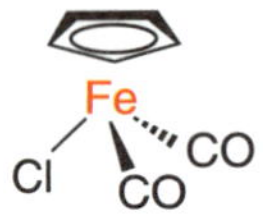	$C_5H_5^-$ 2 CO Cl^- Fe^{2+}	6e 4e 2e 6e 18e	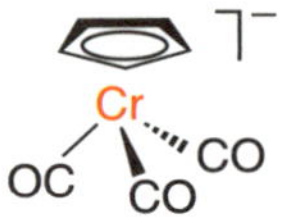	$C_5H_5^-$ 3 CO Cr	6e 6e 6e 18e
$W(CO)_6$	6 CO W	12e 6e 18e	$[Mn(CO)_6]^+$	6 CO Mn^+	12e 6e 18e
$(Ph_3P)_3RhCl$	Cl^- $3\ PPh_3$ Rh^+	2e 6e 8e 16e	$(Ph_3P)_2Ir(CO)Cl$	$2\ PPh_3$ CO Cl^- Ir^+	4e 2e 2e 8e 16e

十八电子规则有相当大的局限性：第 3－5 族前过渡金属价电子数往往小于 18；第 9－11 族 d^8 构型的金属倾向形成稳定的 16 电子配合物，因其 9 个轨道中有一个能量非常高；同时，十八电子规则对具有弱场配体的顺磁性高价金属也不适用。

虽然大多数 d 区过渡金属配合物中心金属都满足十八电子规则，但也有一些不满足十八电子规则而同样稳定的过渡金属配合物。如威尔金森（Geoffrey Wilkinson）催化剂 $[RhCl(PPh_3)_3]$，它是 16 电子配合物，具有空的配位点，这对其催化活性极其重要。具有空配位的金属配合物才是真正的活性催化剂，可以与底物配位，促进底物的转化。另外，一些顺磁性的配合物也不遵从十八电子规则，如 $V(CO)_6$ 为 17 电子构型，而二茂镍（Cp_2Ni）为 20 电子构型。

29.4　金属有机化合物中配体的性质

金属有机化合物中配体数量众多，根据配体与金属的成键特征，大体上可将其分为三类：(1) σ 配体，该类配体利用孤对电子或 σ 键电子与中心金属成键，如卤素负离子、烷基负离子和膦配体等；(2) π 配体，利用 π 键电子与金属配位的不饱和烃，如烯烃、炔烃及芳烃等；(3) σ-π 配体，又称 π 酸配体，这类配体既是 σ 电子给体，同时又是

π 电子受体，即能与金属形成反馈 π 键，如羰基 (CO)、异腈 (RNC) 等。这些配体显示出不同的齿数、电子数和配位数。

29.4.1　配体的齿数

配体的齿数是指配体与中心金属成键原子数目，常用“η^n”表示，n 为“几”就称为“几”齿配体。σ 配体常表现为单齿配体，如 PR_3；π 配体，特别是一些共轭的 π 配体，具有可变的齿数，如环戊二烯基配体可以作为单齿 (η^1)、三齿 (η^3) 和五齿 (η^5) 的形式与金属形成 σ 键或 π 配位键。

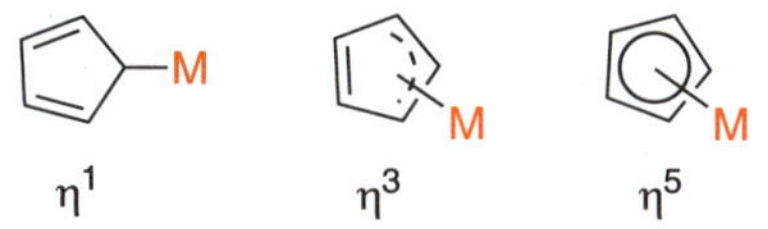

二茂铁 $[\eta^5\text{-}(C_5H_5)_2Fe]$ 中，环戊二烯为五齿配体；而在 $[(\eta^1\text{-}C_5H_5)(\eta^5\text{-}C_5H_5)Be]$ 中，存在单齿的环戊二烯基，也存在五齿的环戊二烯基配体。

29.4.2　配体的电子数

配体与金属配位时，常提供一定数量的电子，这称为配体的电子数。根据其提供的电子数目，将其称为“几”电子配体，如 CO 为 2 电子配体。表 29-4 给出了部分配体提供的电子数。

表 29-4　常见配体提供的电子数 (离子模型法) 和配位数

配体	电子数	配位数	配体	电子数	配位数
H	2	1	$CH_2{=}CH_2$	2	1
R	2	1	$\eta^3\text{-}CH_2CH{=}CH_2$	4	2
F，Cl，Br，I	2	1	$\eta^4\text{-}CH_2{=}CHCH{-}CH_2$	4	2
OH，CN	2	1	$\eta^5\text{-}C_5H_5$	6	3
H_2O，NH_3	2	1	$\eta^6\text{-}C_6H_6$	6	3
CO，PR_3	2	1	η^8-环辛四烯	8	4

值得指出的是，一些具有可变配位方式的配体，当以不同的齿数与金属配位时所提供的电子数也是不一样的。如环戊二烯配体以 η^1、η^3 和 η^5 的方式与金属配位时，提供的电子数分别为 2 个、4 个和 6 个。

配体通常提供电子与金属配位，但在某些情况下，配体也可以接受金属的电子 (配体提供 0 个电子)。例如在 $L_nM\rightarrow BR_3$ 配合物中，配体 BR_3 接受金属提供的孤对电子。在这类配合物中金属的氧化态比较模糊。

29.4.3　配体的配位数

配体的配位数是指配体与中心金属之间形式上存在的 σ 键数，也可以理解为是配体与中心金属成键的电子对数。如 PR_3 的配位数为 1，η^3-烯丙基的配位数为 2，η^5-环戊二烯基的配位数为 3，见表 29-4。

29.5 金属与配体的成键方式

在金属有机化合物中，金属与配体的相互作用主要有以下三种方式（图 29-1）：(1) 对于σ配体，通常具有孤对电子，它可直接给予金属空的 *d* 轨道，形成σ键。(2) π 配体利用充满电子的π轨道与金属空的 *d* 轨道重叠，形成π配位键。(3) σ-π 配体（如 CO）既作为σ给体与金属形成σ键，也作为π电子接受体，利用其空的反键 π^* 轨道与金属填满电子的 *d* 轨道重叠，形成反馈π键（电子由金属流向配体）。这两种作用同时发生，因而 CO 与过渡金属间的键相当强。

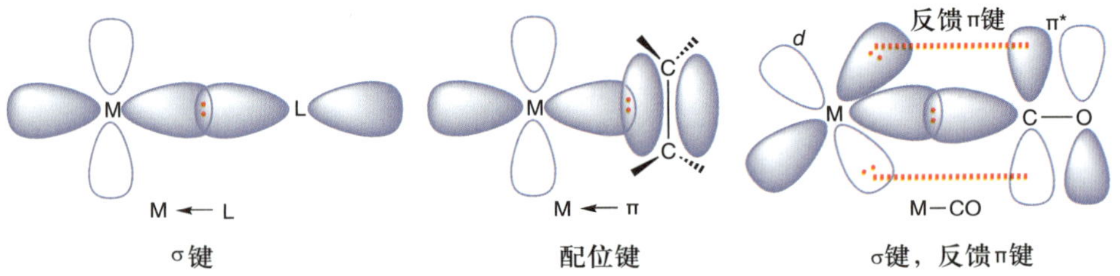

图 29-1　金属与配体的三种相互作用

烯烃与金属配位后，C=C 双键的 IR 伸缩振动吸收向低波数位移，如游离的 1,5-环辛二烯 (COD) 双键 IR 伸缩振动吸收出现在 1656 cm^{-1}，而在 (COD)PtCl$_2$ 中位移到了 1499 cm^{-1}。在 ^{13}C NMR 谱中，相应双键碳的化学位移向高场移动，游离 COD 双键碳的化学位移出现在 128.7 ppm，而在 (COD)PtCl$_2$ 中化学位移到了 101.1 ppm。

思考题 29.1

金属有机化合物与无机配合物有何异同？

29.6 典型金属有机化合物

有机锂和有机镁是典型的主族金属有机化合物，具有强的碱性与亲核性。铜和锌虽然属于过渡金属，但由于其 *d* 轨道已填满电子 (d^{10})，有机铜和有机锌某些反应性能与主族金属有机化合物非常类似。这些金属有机试剂在本书前面一些章节中已被大量地应用于各种有机合成。

29.6.1 有机锂化合物

烷基锂在工业上也获得了大规模的应用，它可以引发异戊二烯聚合而得到合成橡胶。

有机锂化合物非常活泼，大多在空气中会自燃，特别是叔丁基锂和仲丁基锂，使用时需特别小心。卤代烃与金属锂直接反应是制备有机锂的常用方法，反应常用烷烃作溶剂。

$$\text{R-X} + 2\,\text{Li} \longrightarrow \text{R-Li} + \text{LiX}$$

一般认为反应过程为单电子转移历程。锂转移一个电子给卤代烃，后者接受一个电子后生成烃基自由基，随后烃基自由基与另一个锂原子结合生成烷基锂，因而反应需要 2 当量的金属锂。

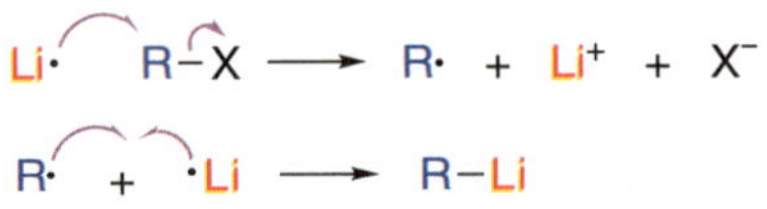

苄基锂不能通过卤化苄与金属锂直接反应制得，因为卤化苄过于活泼，易与生成的苄基锂偶联。但它可以利用苄位氢的弱酸性，用正丁基锂去质子化甲苯的甲基氢获得。

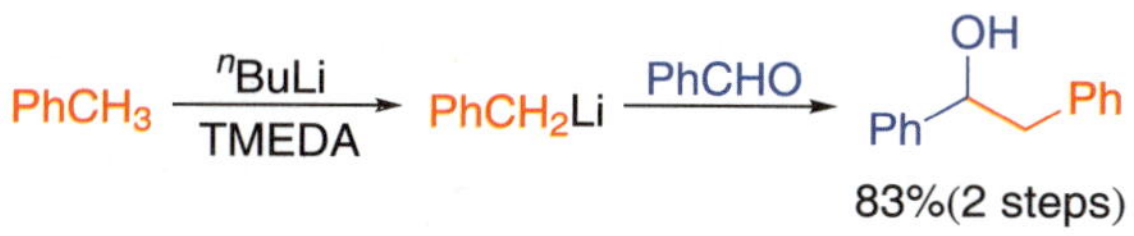

对于含有 C_{sp^2}–X 键的卤代烃，利用锂卤交换反应也是制备相应有机锂化合物的简便方法。

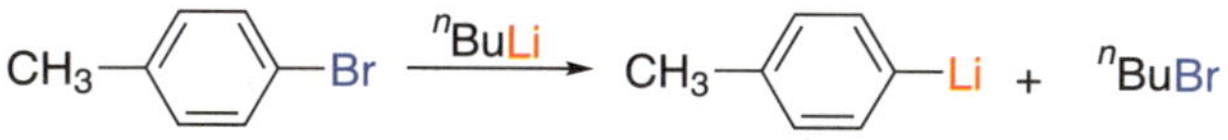

用 ^{t}BuLi 进行锂卤素交换反应时，通常用 2 当量的锂试剂，其目的在于使交换后生成的叔丁基卤与另 1 当量 ^{t}BuLi 作用发生消除反应，有利于锂卤素交换反应进行彻底。

有机锂在溶液中一般为 4–6 聚体，缔合的程度与溶剂 (S) 有关。在非极性溶剂如烷烃中聚集度较高，在极性溶剂如醚中聚集度较低。事实上，在溶液中有机锂存在如下的平衡：

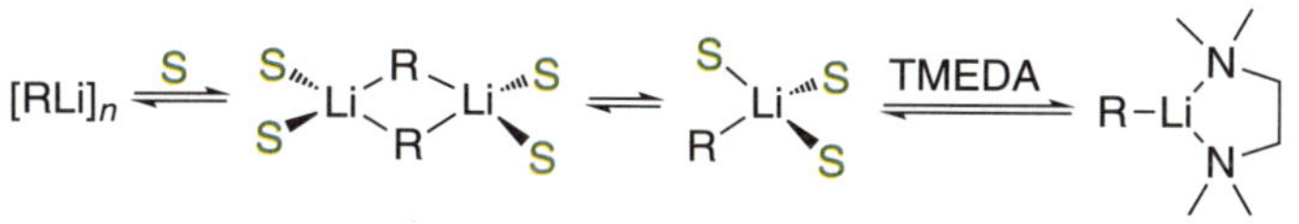

螯合型配体，如 N,N'-四甲基乙二胺 (TMEDA) 可以促使聚集体离解，形成活性更高的单核烷基锂配合物 RLi·TMEDA，因而加入当量 TMEDA 可以大大提高有机锂的碱性。如：

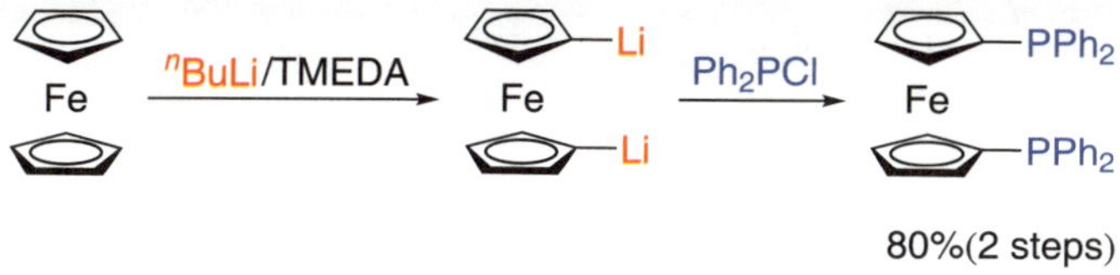

除作为亲核试剂对羰基进行亲核加成外，有机锂试剂的另外一个重要用途是作为强碱，可以对各种有机化合物进行快速去质子化。

有机锂的碱性有如下顺序：^{t}BuLi > ^{s}BuLi > ^{n}BuLi > PhLi。向叔 (或正) 丁基锂中加入叔丁醇钾可以形成超强碱。

取代基上具有孤对电子的取代芳烃，用正丁基锂处理可以对其邻位进行选择性的锂化。

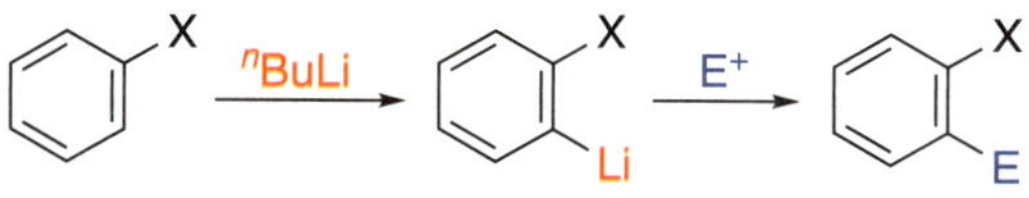

X = $CONR_2$, NR_2, F, OMe

这是在芳基的邻位引入其他基团常用的方法。杂原子上的孤对电子起到了邻位导向的作用。

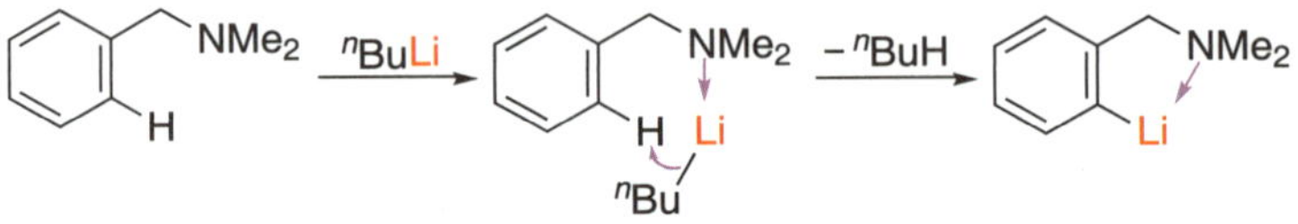

邻位锂化的方法被大量地用于合成其他方法相对难以合成的有机化合物。例如：

89%

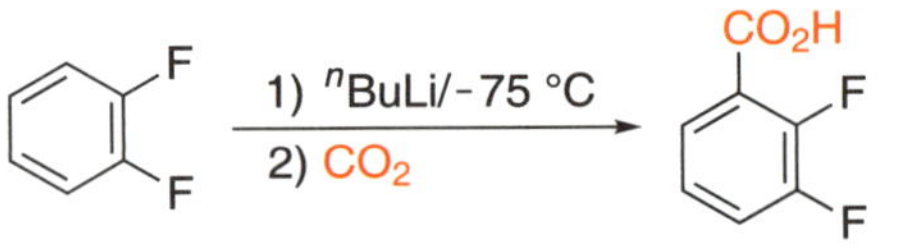

74%

烷基锂与环氧化合物反应时，并不发生简单的环氧化合物的碱性开环反应，而是优先对环氧碳进行锂化，因而一般不直接用锂试剂对环氧化合物开环来制备醇。

29.6.2　有机镁化合物

有机镁化合物种类很多，本节主要介绍烃基卤化镁，也常称为格氏试剂（Grignard 试剂），一般由金属镁与卤代烃在醚类溶剂中制得。

> 1899–1900 年，巴比耶 (Philippe Barbier) 研究了有机镁试剂的制备与反应，随后他的学生格林尼利亚 (Victor Grignard) 在此基础上发明了以他名字命名的格氏试剂 (Grignard 试剂)，Grignard 因此获得了 1912 年诺贝尔化学奖。时至今日，格氏试剂仍被广泛地应用于各种有机反应。

$$\text{R–X} + \text{Mg} \longrightarrow \text{R–Mg–X}$$

反应也是首先由单电子转移引起的。镁先转移一个电子给卤代烃，后者分解为烃基自由基和卤素负离子。失去一个电子的镁与卤素负离子结合生成一价盐，它随后与烃基自由基结合生成烃基卤化镁。

$$\text{Mg:} \;\; \text{R–X} \longrightarrow \overset{+}{\text{Mg}}\cdot + [\text{RX}]^{\bar{\cdot}} \longrightarrow \text{R}\cdot + \text{X}^-$$

$$\overset{+}{\text{Mg}}\cdot + \text{X}^- \longrightarrow \cdot\text{MgX} \xrightarrow{\text{R}\cdot} \text{RMgBr}$$

官能团化的格氏试剂不能直接通过该方法获得，但可利用在较低温度下的卤素—镁交换法制备。

> 反应活性 RI > RBr > RCl，脂肪族卤代烃 > 乙烯型卤代烃 > 卤代芳烃

FG = CO_2R, $CONR_2$, CN, NO_2

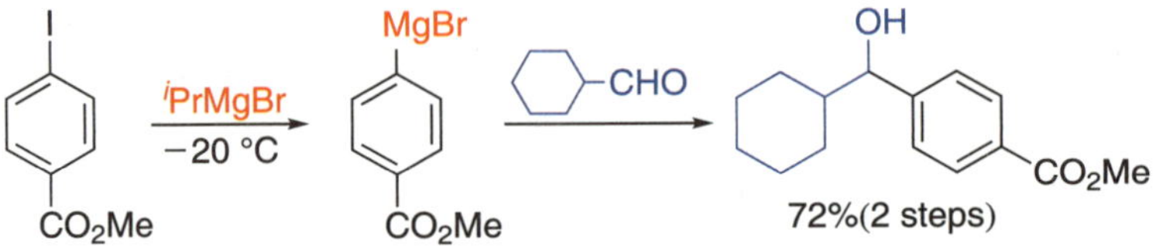

有机镁化合物也可用有机锂与氯化镁反应来制备。例如：

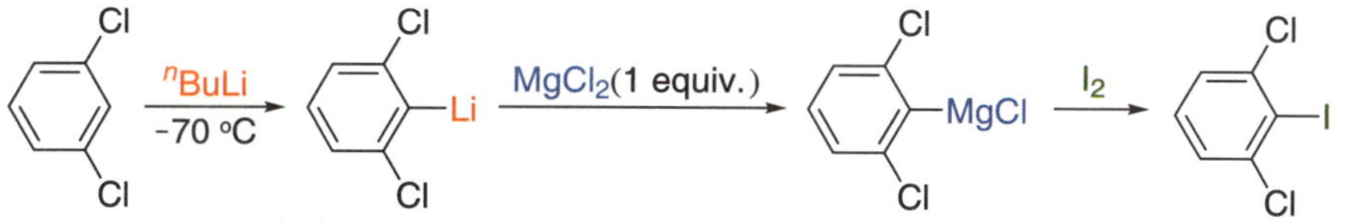

95%(3 steps)

1,3-二溴苯与 1,4-二溴苯和镁反应可以合成芳香双格氏试剂，但邻二卤代苯与镁反应发生消除，得到苯炔中间体，随后发生苯炔的相关反应。

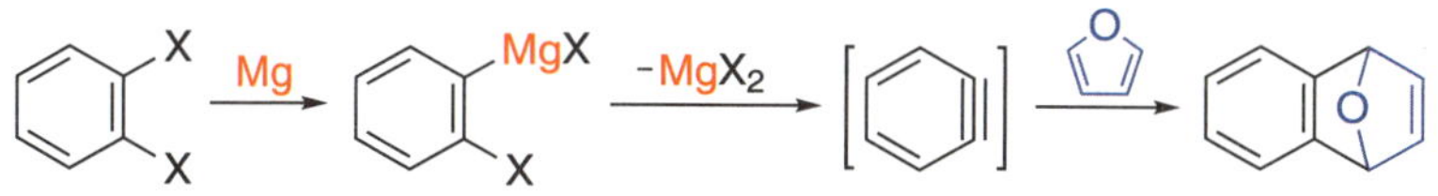

脂肪族二卤代物 $X(CH_2)_nX$(n = 4–6) 与镁反应也可得到脂肪族双格氏试剂 $XMg(CH_2)_nMgX$。但 n 为 2 或 3 的双格氏试剂不能由相应的 1,2-二卤代乙烷和 1,3-二卤代丙烷与镁反应制得，它们主要发生分解反应。

$$Br(CH_2)_4Br + Mg \longrightarrow BrMg(CH_2)_4MgBr$$

$$BrCH_2CH_2Br \xrightarrow{Mg} [BrCH_2CH_2MgBr] \longrightarrow CH_2{=}CH_2 + MgBr_2$$

CH_2Br_2 与 Mg–Hg 在异丙醚中反应能以较高的产率获得 $CH_2(MgBr)_2$，其与醛酮羰基 $R_2C{=}O$ 发生类 Wittig 反应得到烯烃 $R_2C{=}CH_2$。

格氏试剂在溶液中的成分并不单一，一般是几个镁化合物平衡 (Schlenk 平衡) 的结果。

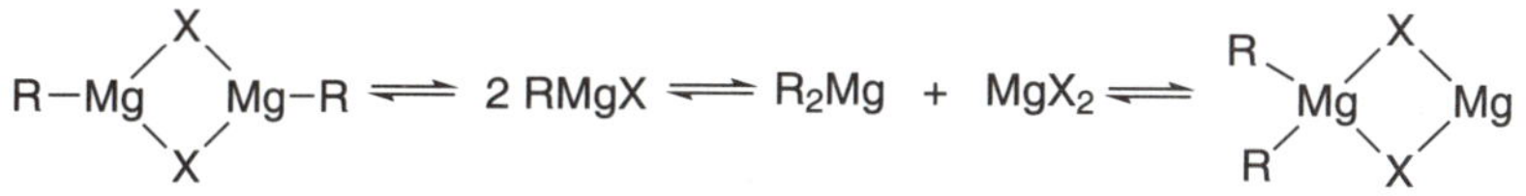

Schlenk 平衡中格氏试剂各组分的含量与烃基 R 的结构、性质，以及卤素 X 的种类、溶剂、浓度和温度等都有关系。

在这些镁化合物中，单核的 RMgX 最活泼，它是格氏反应中最可能的物种，因而一般用它代表格氏试剂。醚类溶剂 (如乙醚、THF) 可以通过氧原子与镁配位从而稳定 RMgX，是制备格氏试剂的常用溶剂。

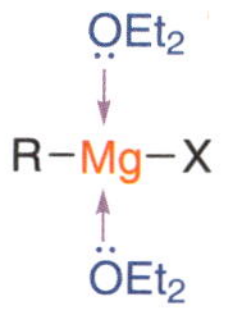

作为强亲核试剂，格氏试剂可与各种极性双键发生亲核加成，也可对各种亲电试剂进行烷基化，水解后可以获得各种有机化合物，从而广泛地应用于有机合成。

格氏试剂的反应活性不如有机锂，且它受空间位阻的影响比有机锂大。例如，二叔丁基甲酮与仲丁基锂能顺利加成，而仲丁基格氏试剂只能作为还原剂把二叔丁基甲酮还原，加成反应不能发生。

另外，双格氏试剂与酯、内酯等羧酸衍生物的反应是制备环状化合物，特别是螺环化合物的重要方法之一。

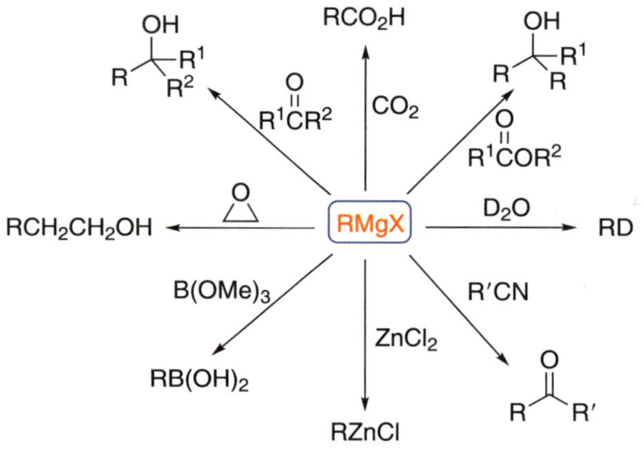

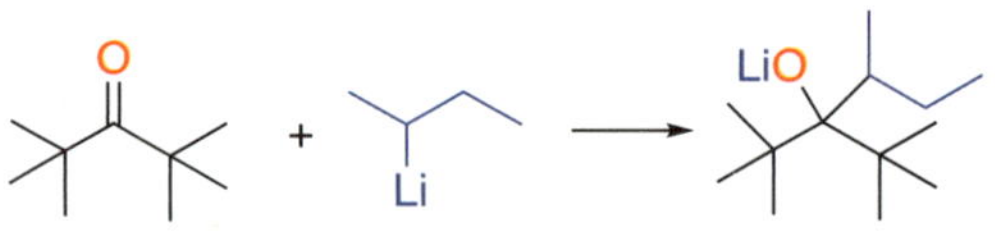

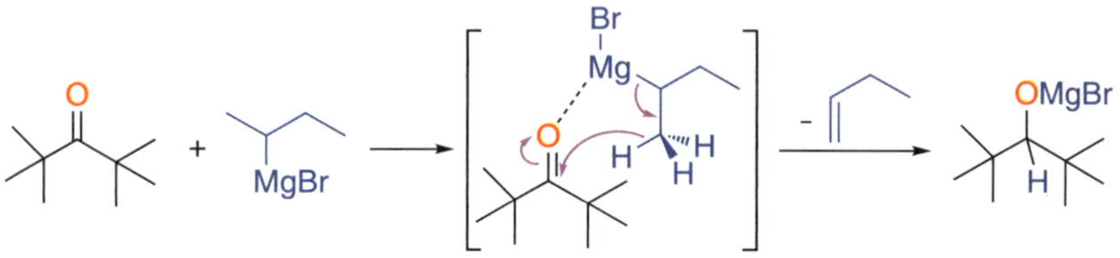

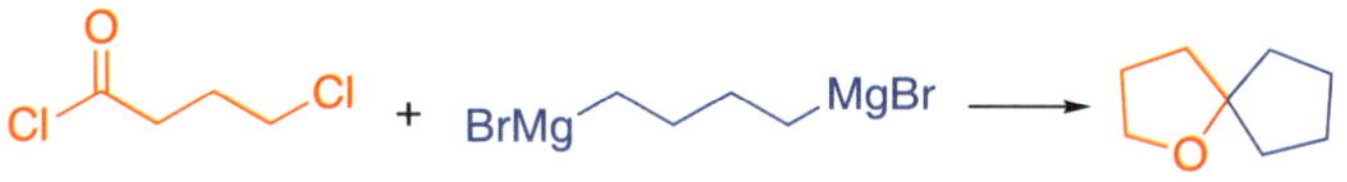

68%

90%

Kumada 偶联反应具有一定的立体选择性，烯基卤代烃偶联时产物中双键构型能得到保持，而烯基格氏试剂偶联通常得到 *Z*/*E* 异构体的混合物。

在 Ni 或 Pd 催化剂催化下，格氏试剂还可以与卤代芳烃或乙烯型卤代烃发生 Kumada 交叉偶联反应，这大大拓展了格氏试剂的应用范围。

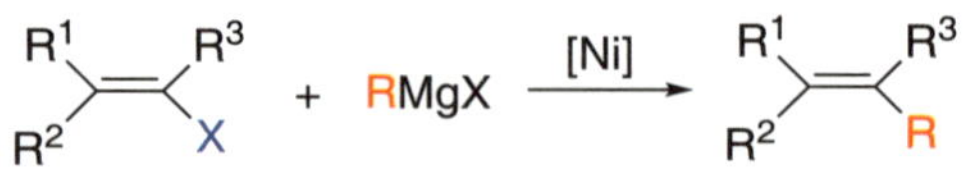

Kumada 偶联反应

思考题 29.2

哪些因素会促使有机镁化合物甚至有机锂化合物作为还原剂而不是亲核试剂？

29.6.3 有机铜化合物

有机铜化合物中比较常见的是二烷基铜锂 (R_2CuLi)，也称铜酸锂 (lithium

cuprate)，有时也用到烷基铜 (RCu)。在这两类有机铜化合物中，铜的氧化态均为 +1 价。它们由烷基锂与卤化亚铜按不同的比例反应制得。

$$\mathrm{RLi + CuX \xrightarrow{-LiX} RCu \xrightarrow{RLi} R_2CuLi}$$

反应首先生成烷基铜，它继续与另一当量的烷基锂反应，生成二烷基铜锂。用格氏试剂代替烷基锂也可获得类似的镁盐，它们具有许多相似的反应性能。

$$\mathrm{RMgBr + CuX \xrightarrow{-MgBrX} RCu \xrightarrow{RMgBr} R_2CuMgBr}$$

无论是烷基铜还是二烷基铜锂，它们在溶液中或是固态时多发生聚合，以多聚体的形式存在。聚合的程度与取代基和溶剂都有很大的关系。例如，苯基铜为多聚体，二甲基铜锂为二聚体，它们一般通过 Cu-C-Cu 及 Cu-C-Li 间的二电子三中心键发生聚合。

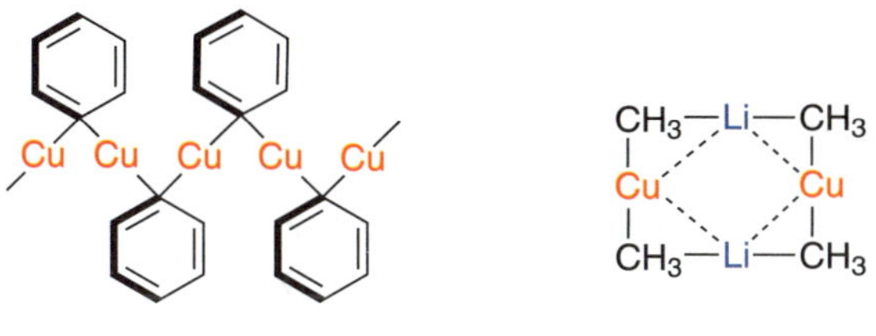

$[PhCu]_n$　　$[Me_2CuLi]_2$

烷基铜及二烷基铜锂一般原位制备，不加分离，直接进行下一步反应。它们的亲核性比有机锂和格氏试剂差，但其选择性好，如二烷基铜锂与 α,β-不饱和羰基化合物反应，反应产物以共轭加成为主。二烷基铜锂常见反应总结如下：

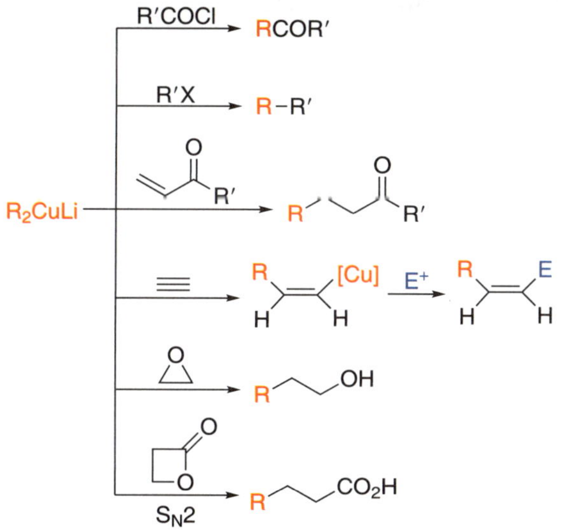

尽管烯基卤代烃不活泼，但它能与二烷基铜锂发生偶联反应，且能得到双键构型保持的产物。

二烷基铜锂可与碳碳三键发生顺式碳金属化反应，随后与不同的亲电试剂作用，可以得到特定构型的烯烃。

在二烷基铜锂的各种有机转化中，最大的不足是仅有一个烷基被利用，反应的原子经济性不高。另外，由于其热不稳定，需要使用大过量的铜锂试剂。近年来，这些不足通过引入炔基负离子 $RC\equiv C^-$、苯硫基负离子 (PhS^-) 等形成混合铜酸锂 (RR′CuLi) 或杂铜酸锂 [RCu(SPh)Li] 得到了极大的改善。

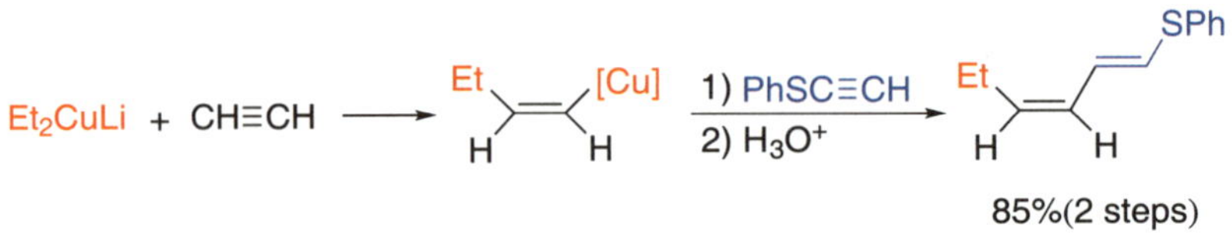

在格氏试剂参与的反应中，有时可以采用催化量的铜进行烷基铜的相关反应。

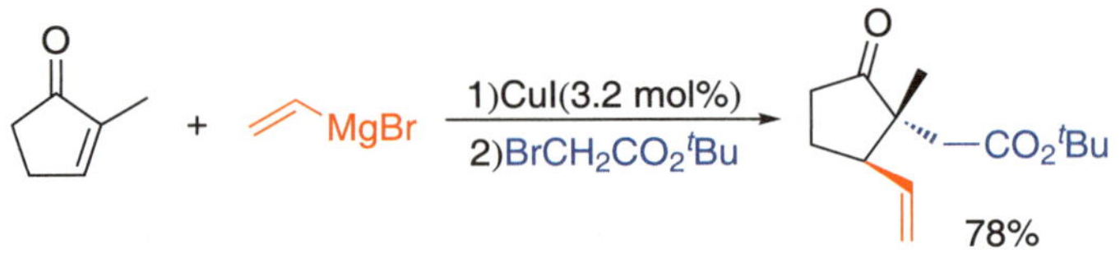

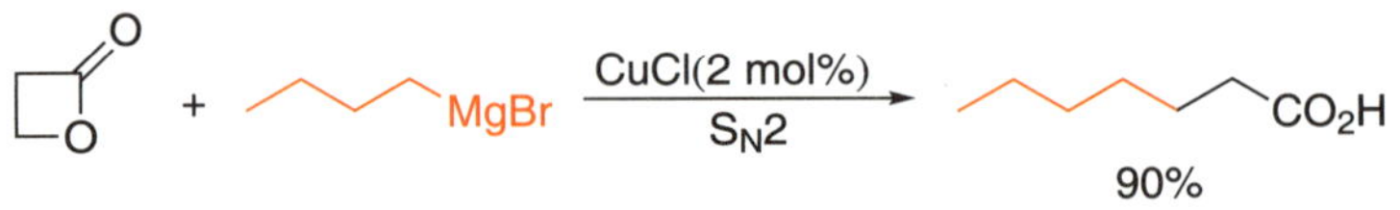

29.6.4　有机锌化合物

为了验证有机自由基的存在，1849 年 Frankland 意外合成了 Et_2Zn，它在格氏试剂被发现以前一直是人们常用的烷基化试剂。

有机锌化合物 Et_2Zn 和 EtZnI 早在 1849 年就被弗兰克兰（Edward Frankland）合成。Simmons-Smith 试剂（ICH_2ZnI）和 Refermatsky 试剂（$BrZnCH_2CO_2R$）也早被应用于烯烃的环丙烷化反应及 β-羟基羧酸酯的合成。

卤代烃与锌或锌铜合金直接反应可生成烃基卤化锌（RZnX）或二烃基锌（R_2Zn）。对于不活泼的卤代烃，用高活性的锌（Zn*，由萘基锂还原 ZnX_2 制得）也可顺利反应。

$$\mathrm{RX} \xrightarrow[\text{或 Zn-Cu}]{\mathrm{Zn}} \mathrm{RZnX} \qquad 2\,\mathrm{RX} \xrightarrow{\mathrm{Zn\text{-}Cu}} \mathrm{R_2Zn}$$

反应受卤代烃结构的影响较大，其活性顺序为烯丙基/苄基卤代烃 > 叔卤代烃 > 仲卤代烃 > 伯卤代烃 > 卤代芳烃 > 烯基卤化物。利用这种活性差异，可以选择性地制备 RZnX。

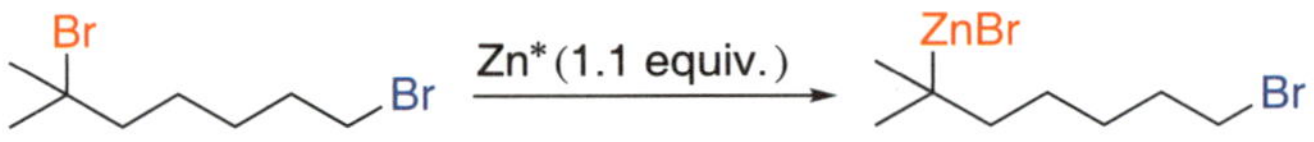

有机锌化合物的活性比有机锂和有机镁低，带有酯基或氰基等官能团的卤代烃可直接与锌反应，生成相应的 RZnX。

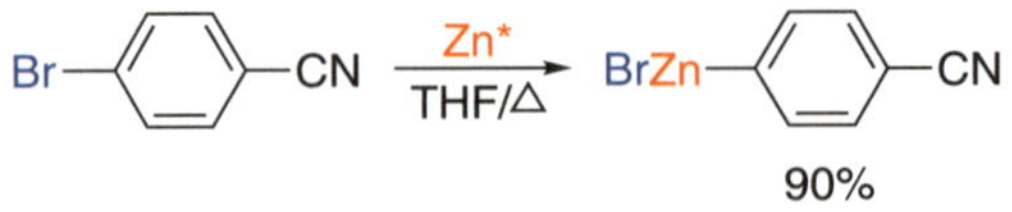

烷基碘化锌甚至能兼容含有酸性氢的伯酰胺和仲酰胺官能团。例如：

有机锂或格氏试剂与卤化锌反应，也是制备有机锌化合物的常用方法。

$$RMgBr + ZnX_2 \longrightarrow RZnX + MgBrX$$

$$2\,RMgBr + ZnX_2 \longrightarrow R_2Zn + 2\,MgBrX$$

RZnX 在空气中不自燃，水解也不是很激烈。**但 R_2Zn 对空气非常敏感，特别是 Me_2Zn 和 Et_2Zn 在空气中会自燃，操作时需格外小心。**在结构方面，RZnX 大多为多聚体，而 R_2Zn 聚合较少，分子大多呈线型结构。它们与给电子配体如 TMEDA 可形成稳定的配合物。

> 有机锌化合物最常见的氧化态为 +2 价。用金属钠还原 ArZnI 二聚体可制备含有 Zn−Zn 键的一价锌有机化合物 ArZnZnAr。

有机锌化合物的反应性与有机锂和格氏试剂相似，但更加温和，能够兼容大多数官能团，因而也得到了广泛的应用。如前面提到的 Simmons-Smith 试剂，属于类卡宾化合物，可原位产生卡宾中间体。

$$CH_2I_2 \xrightarrow{Zn\text{-}Cu} ICH_2ZnI \longrightarrow :CH_2 + ZnI_2$$

ICH_2ZnI 与烯烃反应，是制备环丙烷化合物的重要方法。如与环己-2-烯醇反应，由于羟基的导向作用，可得到顺式构型的环丙烷化合物。

> $CH_2(ZnI)_2$ 可由 CH_2I_2 与 Zn 在催化量 $PbCl_2$ 作用下反应制得，它可替代 Wittig 试剂与羰基化合物反应合成端烯。

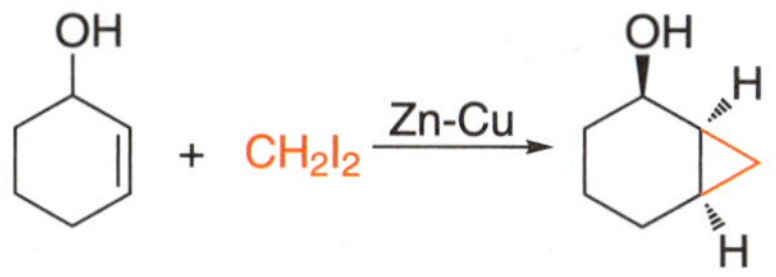

63%

RZnX 与醛、酮的反应较慢，在 Lewis 酸如 Me_3SiCl 的催化下，反应也可平稳地进行。

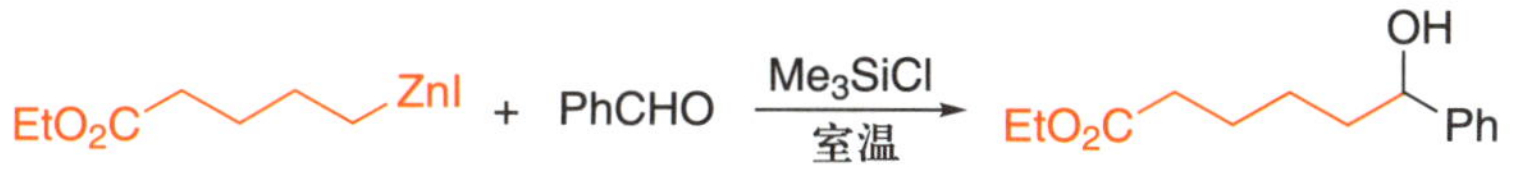

80%

与有机锂和格氏试剂不同，R_2Zn 不易与二氧化碳反应，与酯的反应也较慢。但 R_2Zn 却能与三级卤代烃发生偶联反应。

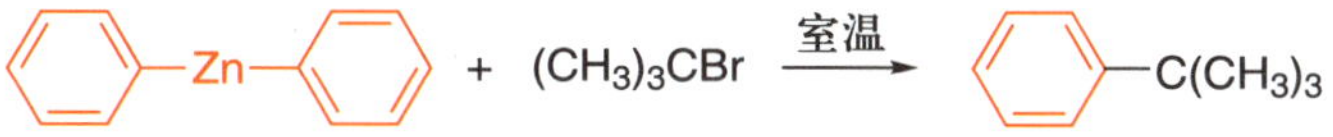

88%

酰氯与 R_2Zn 的反应较快，控制反应物比例可获得相应的酮。

$$2\,RCOCl + R'_2Zn \longrightarrow 2\,RCOR' + ZnCl_2$$

29.7 金属卡宾和金属卡拜

金属卡宾 (metal carbene) 在形式上可以看作金属与碳以双键相连的化合物 ($L_nM{=}CR_2$)；而金属卡拜 (metal carbyne) 可看作金属与碳以三键相连的化合物

($L_nM\equiv CR$)。它们由费歇尔 (Ernst O. Fischer) 等在 1964 年和 1973 年分别首次合成，现已得到广泛应用。

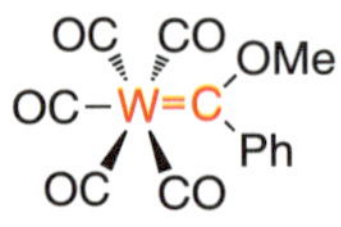

金属卡宾

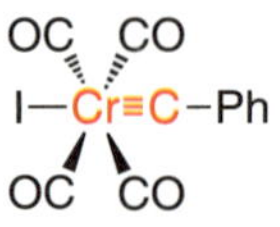

金属卡拜

29.7.1　金属卡宾化合物

M=CH 结构单元中质子化学位移一般出现在 10 - 20 ppm，卡宾碳化学位移出现在 200 - 400 ppm。

金属卡宾主要分为两类：Fischer 卡宾和 Schrock 卡宾 (图 29-2)。Fischer 卡宾的中心金属一般为低氧化态的后过渡金属，且卡宾碳上连有杂原子取代基，卡宾配体以单线态形式与金属成键。Schrock 卡宾的中心金属通常为高氧化态的前过渡金属，卡宾碳上只有碳原子和氢原子，卡宾配体以三线态形式与金属成键。

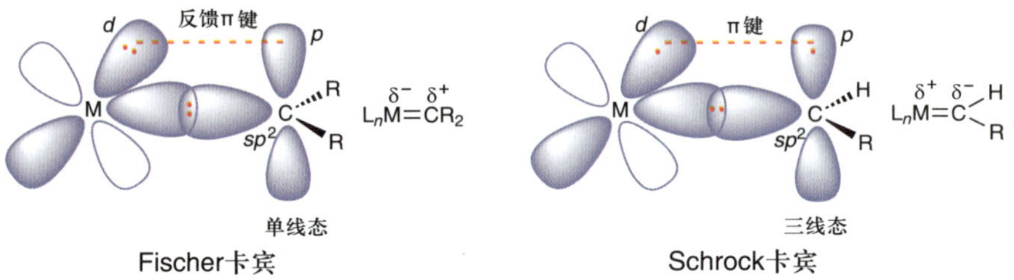

图 29-2　Fischer 卡宾与 Schrock 卡宾

电子数小于 18e 的 Schrock 卡宾配合物通常存在抓氢键 (agostic bond)，这是 C-H σ 键电子向金属空的 *d* 轨道转移形成的二电子三中心键。抓氢键作用使 C-H 键变长，M=C 键变短。

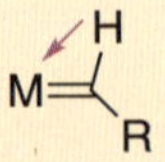

抓氢键
agostic bond

在 Fischer 卡宾中，卡宾碳原子 sp^2 杂化轨道上的孤对电子与金属空的 *d* 轨道重叠，形成一个强的 C→M 的 σ 键，而金属 *d* 轨道上的电子与卡宾碳的空 *p* 轨道侧面重叠，形成一个由 M→C 的反馈 π 键。这种反馈 π 键作用较弱，导致 Fischer 卡宾化合物中卡宾碳带有部分正电荷，具有亲电性。Fischer 卡宾碳上杂原子的孤对电子可向卡宾碳的空 *p* 轨道转移，从而稳定 Fischer 卡宾。Fischer 卡宾的这种结构可用以下共振结构表示：

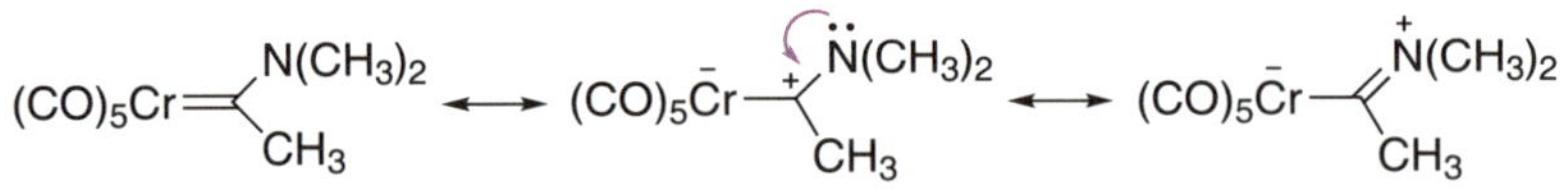

Fischer 卡宾和 Schrock 卡宾是金属卡宾的两种极端简化模式。在某些情况下很难预测金属卡宾碳是亲电的还是亲核的，如 $[Cp_2(Me)W{=}CH_2]^+$ 和 $Cp_2(Me)Ta{=}CH_2$ 是等电子体，但前者的卡宾碳是亲电的，后者的卡宾碳是亲核的。

在 Schrock 卡宾中，卡宾碳利用具有单电子的 sp^2 杂化轨道和 *p* 轨道分别与金属两个未填满电子的轨道重叠，形成两个共价键。由于碳的电负性大于金属，每个键的极化方向都指向碳原子，因而 Schrock 卡宾化合物中的卡宾碳带有部分负电荷，是亲核性的。Schrock 卡宾的结构可以用以下共振结构表示：

金属卡宾化合物的合成方法较多。利用金属羰基化合物中的羰基与有机锂发生亲核加成反应，所得中间体再与亲电试剂作用，是制备 Fischer 卡宾的一种常用方法。例如：

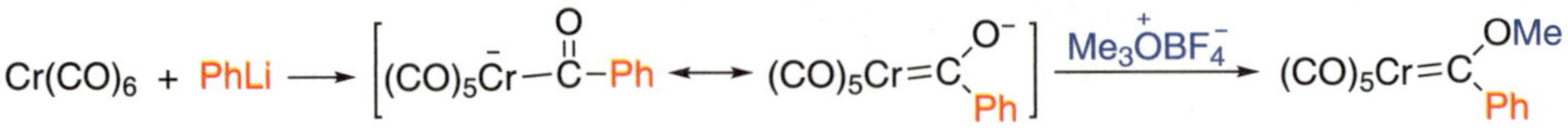

通过卡宾前体与金属化合物反应，也是制备金属卡宾的常用方法。如重氮化合物与金属试剂的反应，可生成 Schrock 卡宾化合物。

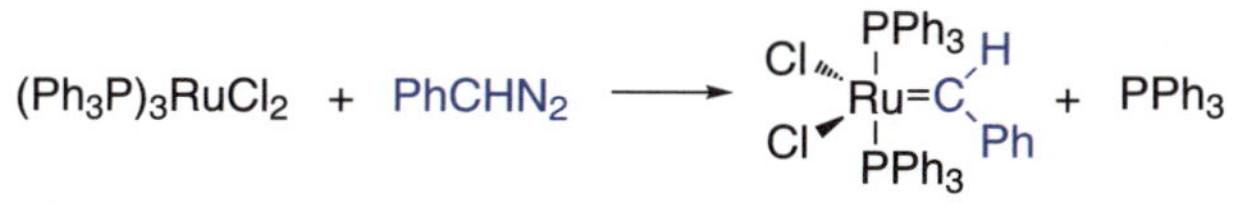

金属卡宾性质活泼，能发生多种反应。Fischer 卡宾和 Schrock 卡宾都可以发生 M=C 键断裂，但它们中心金属与卡宾碳间的电荷分布不同，二者的化学性质也存在明显的差异。

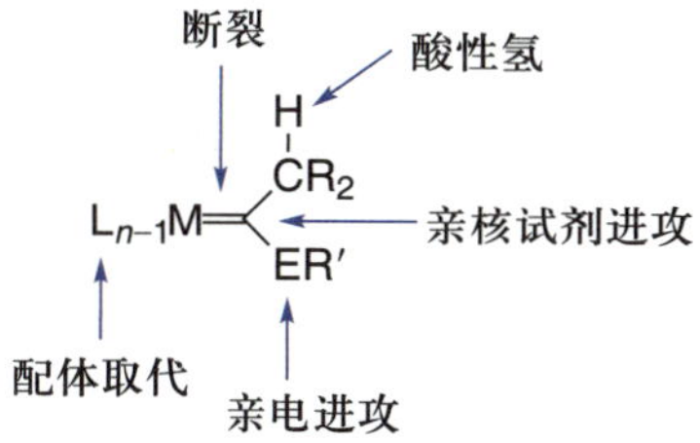

Fischer卡宾反应性

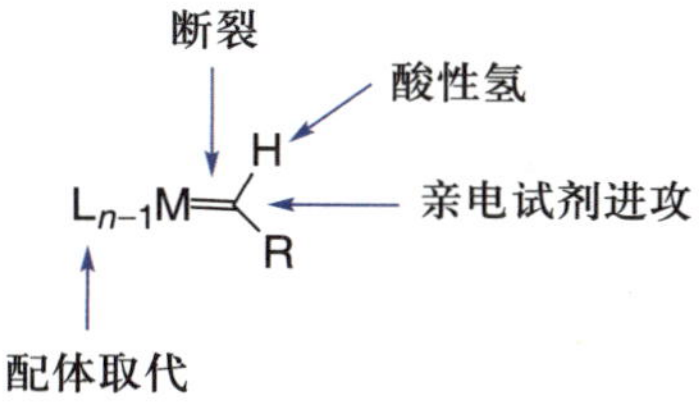

Schrock卡宾反应性

Fischer 卡宾碳易受到亲核试剂的进攻，随后离去 ER′ 基团，发生亲核取代反应（经历加成–消除过程），这类似于羧酸衍生物的亲核取代反应。

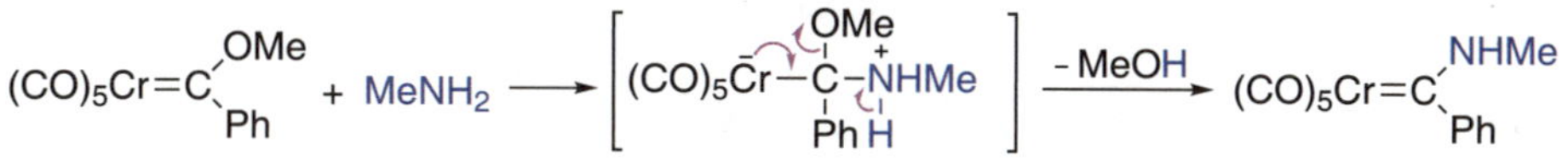

Fischer 卡宾配体的 α 氢具有酸性，在碱作用下可失去质子形成碳负离子，进而与各种亲电试剂反应，生成相应的卡宾配合物。

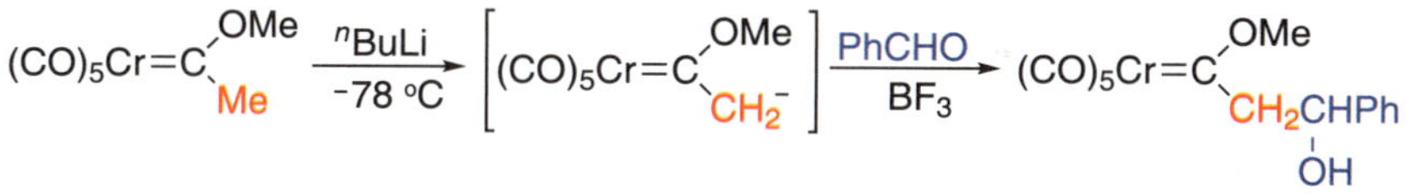

Schrock 卡宾具有叶立德（ylide）的性质，可与醛或酮羰基发生类 Wittig 反应，生成烯烃，且其活性比磷叶立德更强，它甚至能与酯、酰胺中的羰基发生类 Wittig 反应。

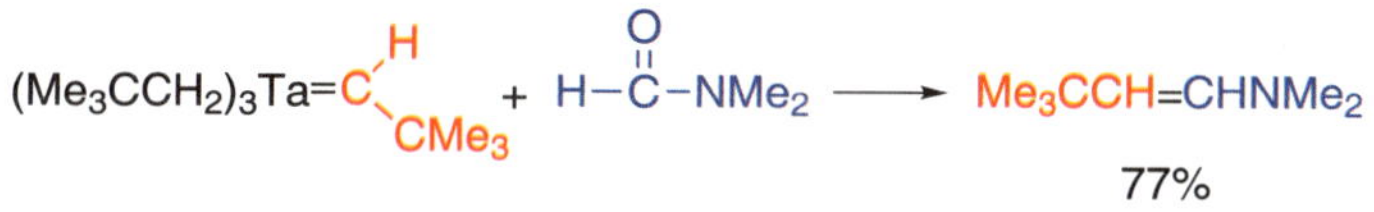

29.7.2 金属卡拜化合物

金属卡拜也分为 Fischer 卡拜和 Schrock 卡拜（图 29–3），但它们的差别没有金属卡宾那样明显。Fischer 卡拜可以看作卡拜配体以双线态的形式与金属成键，而 Schrock 卡拜可看作配体以四线态卡拜的形式与金属成键。

在 Fischer 卡拜中，双线态卡拜碳的 *sp* 杂化轨道具有孤对电子，与金属空的 *d* 轨道形成 σ 键，具有单个电子的 *p* 轨道与金属的未填满电子的 *d* 轨道重叠，形成一个共价键；同时，金属填满电子的 *d* 轨道与卡拜空的 *p* 轨道重叠，形成一个反馈 π 键。

卡拜配体是线性的，卡拜碳为 sp 杂化形式。卡拜碳的 ^{13}C NMR 化学位移一般出现在 250–400 ppm。

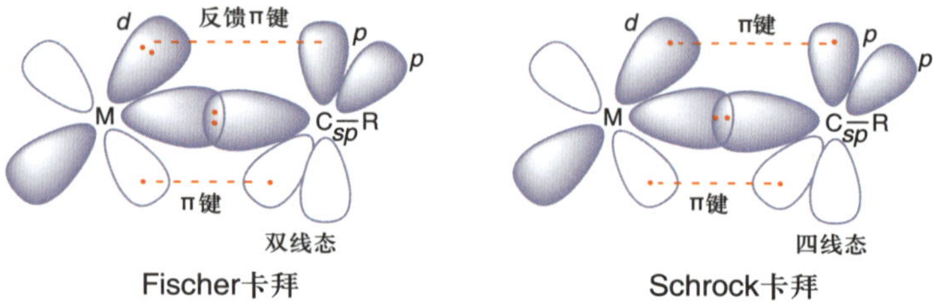

图 29-3　Fischer 卡拜与 Schrock 卡拜

在 Schrock 卡拜中，四线态卡拜配体利用具有单电子的一个 *sp* 杂化轨道和两个 *p* 轨道分别与金属的三个未填满电子的轨道形成三个共价键。

金属卡拜也非常活泼，具有丰富的反应性。Fischer 卡拜和 Schrock 卡拜的卡拜碳都具有亲核性，易与亲电试剂反应，生成卡宾配合物。

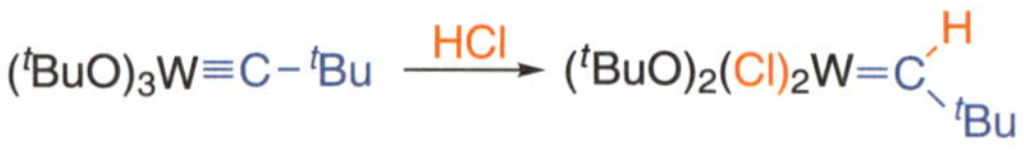

Fischer 卡拜的卡拜碳还能与亲核试剂反应生成卡宾配合物，这一过程受前线轨道控制而不受电荷控制。

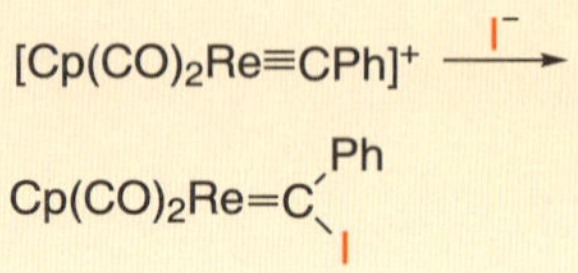

思考题 29.3

在金属卡宾和金属卡拜中，金属如何影响 M=C 键与 M≡C 键的反应？

29.8　金属有机化合物的基元反应

金属有机化合物的化学反应机理比较复杂，但大多数都会经历一些共同的基元反应，或称基本反应。本节将主要介绍金属有机化合物一些涉及中心金属的基元反应，它们在金属催化循环反应中起着重要的作用，是金属催化反应的关键步骤。

29.8.1　配位与解离

配位不饱和的金属有机化合物容易与配体（或反应底物）发生配位反应，而配位饱和化合物在发生化学反应时往往先发生配体解离反应，留出空配位。配位和解离是一个可逆的过程。

$$L_nM + L \rightleftharpoons L_{n+1}M$$

配位平衡常数很大时，配合物非常稳定，反应活性较低；反之，配合物不稳定，反应活性高。

配位或解离是许多催化反应的第一步，通过该过程，反应底物顺利地进入催化循环中。如 $HRh(CO)_2(PPh_3)_2$ 催化的烯烃氢甲酰化反应，首先是催化剂解离出一个 CO 配体，随后烯烃配位到中心金属上，进而发生反应。

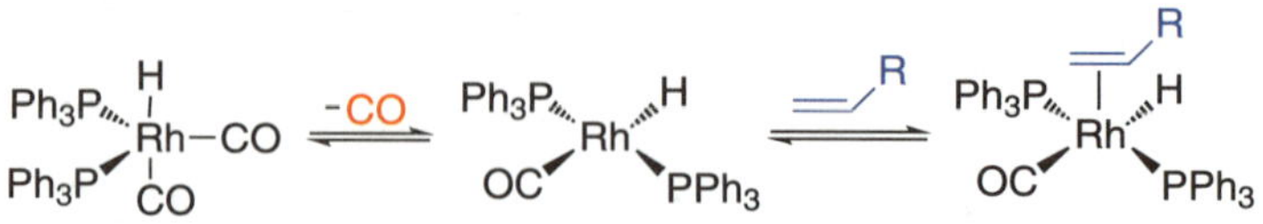

通常给电子配体能够稳定高氧化态的氧化加成产物，有利于氧化加成反应。

29.8.2　氧化加成

氧化加成（oxidative addition）通常是指共价相连的 X−Y 分子与低氧化态金属（M）

之间的反应，断裂 X–Y 键形成 X–M–Y 的反应过程，反应结果是金属的氧化态增加 2。

氧化加成有多种机理，具体与金属和 X–Y 键的性质有关。在前面的一些章节中见到的格氏试剂的合成，就是一个典型的氧化加成过程，它涉及单电子转移的自由基机理。活性较低的 H_2、R–H 及 R_3Si–H 等也可与金属发生氧化加成，一般经历协同加成机理。反应首先形成 σ 配合物，随后经历三中心的协同加成得到产物。

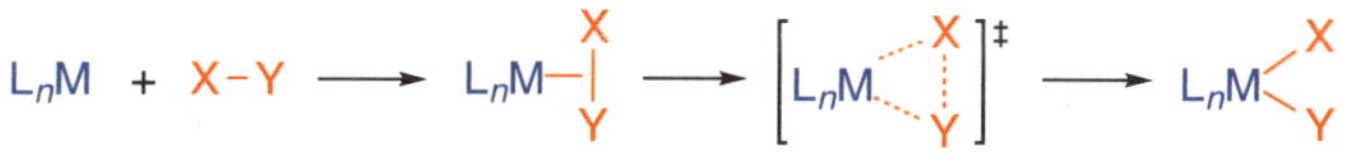

η^2-σ 配合物　　三中心过渡态

如 H_2 对 $(Ph_3P)_2Ir(CO)Cl$ 的氧化加成：

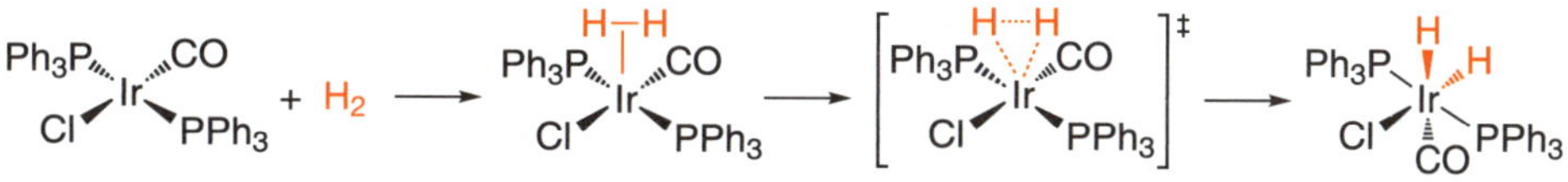

极性的卤代烷烃与亲核性金属发生的氧化加成常通过 S_N2 机理进行。

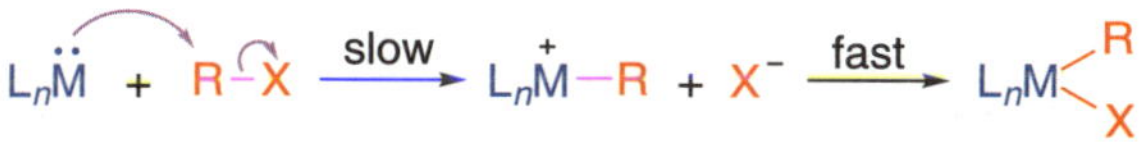

29.8.3　还原消除

还原消除 (reductive elimination) 是氧化加成的逆反应，发生还原消除时，中心金属的氧化态减少 2。在催化循环中，还原消除往往是获得产物的一步。

$$L_nM(X)(Y) \longrightarrow L_nM + X\text{–}Y$$

根据微观可逆性原理，还原消除应该有与氧化加成相同的多种机理，只是方向相反而已。在合成上有用的还原消除大多通过三中心的协同机理进行。

消除的两个取代基处于 *cis* 位时有利于反应的进行，而 *trans* 位时则不利于还原消除。

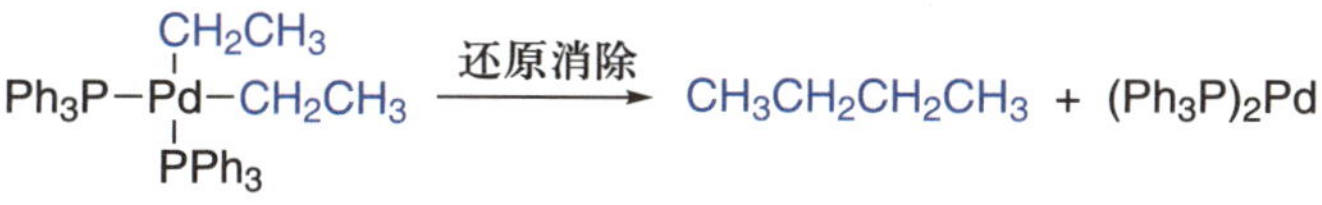

cis

cis 构型的二乙基钯衍生物很容易消除两个乙基生成丁烷，而 *trans* 构型的类似物不能发生还原消除。乙基先发生 1,2-消除（又称 β-H 消除），生成乙烯和钯氢物种；钯氢物种随后再发生还原消除，得到乙烷。

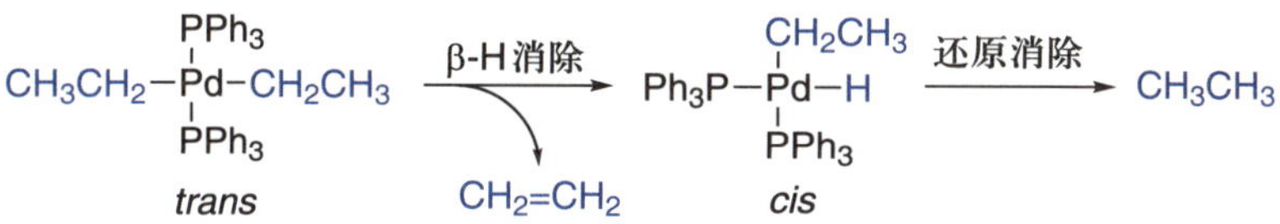

29.8.4　插入反应与去插入反应

插入 (insertion) 反应是指不饱和键插入 M−Y 键的反应。插入反应有两种类型：分别为 1, 1-插入和 1, 2-插入反应。

1,1-插入反应：　$L_nM-Y + X{=}Z \longrightarrow L_nM-\overset{\overset{Z}{\|}}{X}-Y$

$X{=}Z$: CO, :CR_2, RNC

1,2-插入反应：　$L_nM-Y + X{=}Z \longrightarrow L_nM-X-Z-Y$

$X{=}Z$: C=C, C=N, C=O, C≡C

一般 η[1] 配体易发生 1, 1-插入反应，η[2] 配体倾向发生 1, 2-插入反应。

羰基容易与 M−R 键发生 1, 1-插入反应，生成金属酰基配合物。例如：

$$CH_3-Mn(CO)_5 + CO \longrightarrow CH_3-\overset{\overset{O}{\|}}{C}-Mn(CO)_5$$

研究表明，反应经历迁移插入过程。首先甲基迁移到金属羰基配体上，生成酰基中间体，留出的空位随后被加入的羰基占据，得到最终产物。

烯烃与 M−H 键的 1, 2-插入反应是烯烃催化氢化的重要基础，反应是通过一个四元环状过渡态进行的，相当于烯烃的顺式加成。

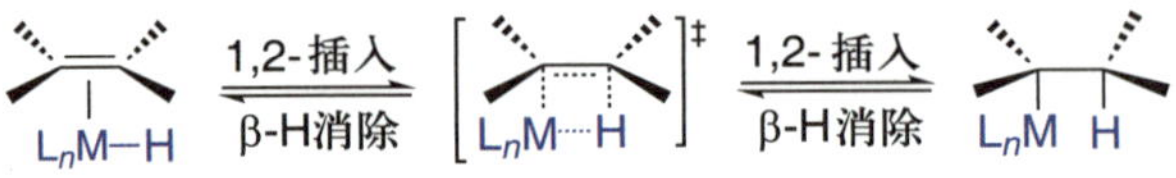

去插入 (deinsertion) 反应是插入反应的逆反应。如金属酰基配合物失去羰基，得到相应的烃基化合物，它是羰基 1, 1-插入反应的逆反应。

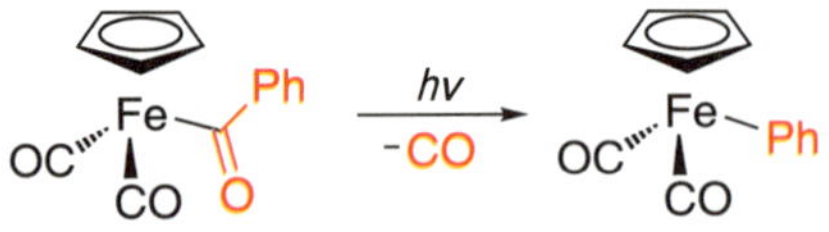

烯烃与 M−H 键的 1, 2-插入反应的逆反应是 β-H 消除，它是金属烷基化合物主要的分解途径，该过程伴随着烯烃的脱除 (去插入反应)。易发生 β-H 消除是导致金属烷基化合物不稳定的重要原因。β-H 消除是一个顺式消除过程，即消除的 β-H 和 L_nM 单元处于顺式位置。

18e 配合物在发生 β-H 消除时需要先解离一个配体留出一个空位，因而过量配体的存在会抑制 β-H 消除。

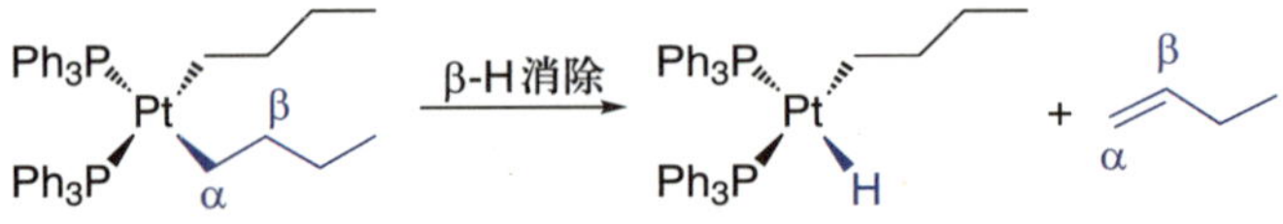

29.8.5 转金属化反应

转金属化（transmetallation）反应是指有机配体从电正性较强的金属转移到电正性较弱的金属上的反应，它常用于合成各种金属有机化合物。如从 RLi 制备 RZnX：

转金属化反应也是各种催化交叉偶联反应的重要一步。例如，在钯催化有机锌试剂与卤代烃的偶联反应（Negishi 反应）中，金属锌上的烃基通过转金属化反应迁移到催化剂钯上。

思考题 29.4

金属有机化合物的基元反应与一般化学反应的基元反应有何差异？

29.9 过渡金属有机化合物在合成中的应用

催化有机反应是金属有机化合物，特别是过渡金属有机化合物最重要的应用之一，它促进了金属有机化学的发展。金属催化的有机反应已在化学工业、医药、材料、能源及绿色化学等领域得到大量应用。

29.9.1 烯烃的均相催化氢化

烯烃除了可在金属如 Ni、Pd 等的表面发生非均相催化氢化，还可被过渡金属配合物在均相条件下（催化剂和底物处于同一相中）氢化。Wilkinson 催化剂 $[RhCl(PPh_3)_3]$ 就是均相催化剂，它可在较温和的条件（如常温、低压）下将烯烃氢化。

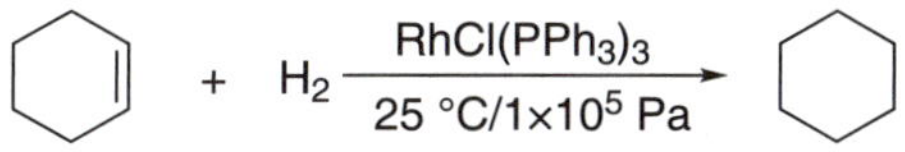

Wilkinson 催化剂的反应机理如下（图 29-4）：Wilkinson 催化剂（严格地说是催化剂前体）解离出一个配体，形成具有空配位（◇代表空位）的中间体 A（活性催化剂），随后 A 与氢气发生氧化加成得到中间体 B，烯烃与 B 配位得到中间体 C，然后发生烯烃插入（也称迁移插入）反应生成中间体 D，最后 D 发生还原消除得到氢化产物，并再生出活性物种 A，从而完成催化循环。

Wilkinson 催化剂有很好的化学选择性，一些在非均相条件下能被催化氢化的官能团，如酮羰基、氰基、亚胺和硝基等，一般不能被 Wilkinson 催化剂氢化还原。

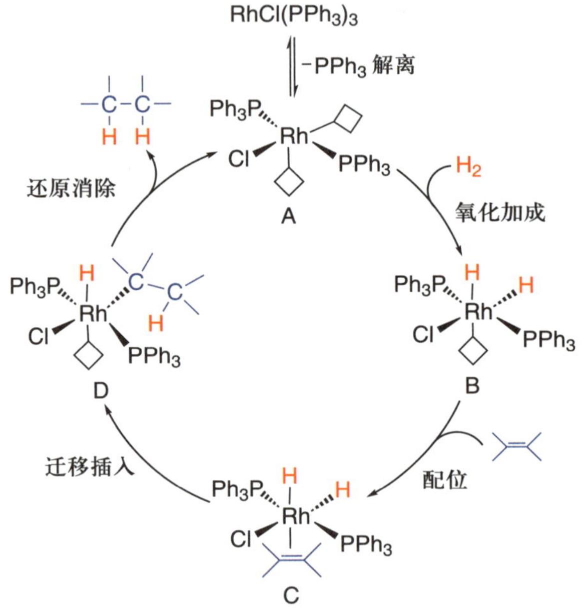

图 29-4　Wilkinson 催化剂的反应机理

反应还具有很好的立体选择性，通常得到顺式氢化产物。

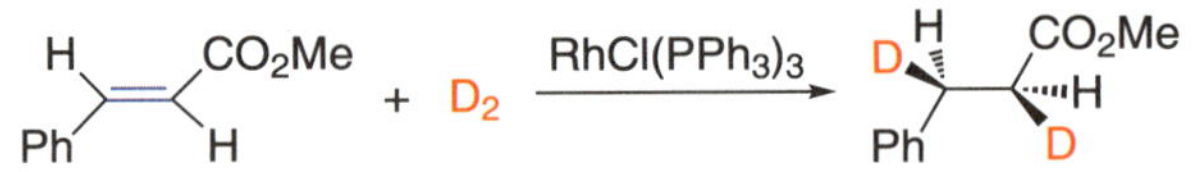

> 双键上烷基取代基多的烯烃，均相氢化反应慢。

与非均相催化氢化不同（主要受电子效应的影响），烯烃的均相氢化受立体位阻的影响更大，一般双键上位阻大的烯烃反应较慢。

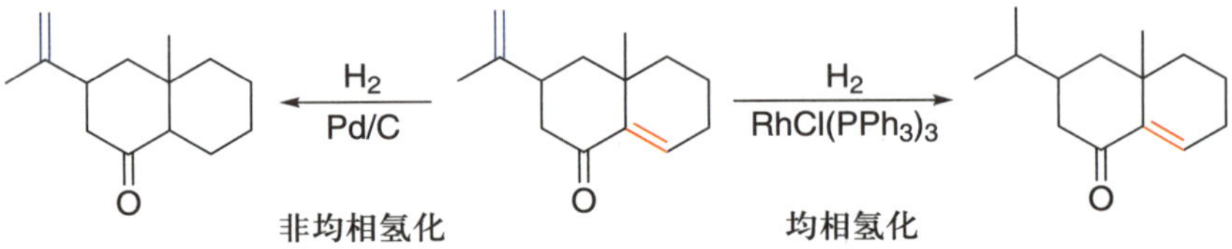

> 20 世纪 50 年代，德国化学家齐格勒（Karl Ziegler）发现在 $TiCl_4$ 和 Et_3Al 共催化作用下，乙烯可在温和条件下聚合成聚乙烯；随后，意大利化学家纳塔（Giulio Natta）用 $TiCl_3$ 和 Et_2AlCl 催化丙烯聚合，得到了具有立体规整性的聚丙烯，他们由此开创了烯烃配位聚合的工业应用。鉴于他们的卓越贡献，二人分享了 1963 年诺贝尔化学奖。

29.9.2　烯烃配位聚合反应

烯烃在过渡金属配合物催化下通过配位插入机理进行的聚合反应称为烯烃的配位聚合反应，它是合成聚烯烃，特别是聚乙烯和聚丙烯最重要的方法之一。许多过渡金属（如 Ti 族金属，以及 V，Fe，Co，Ni）的配合物与主族金属（如 Li，Mg，Al）的烷基化合物组成的共催化剂，均可催化烯烃的配位聚合反应，这些催化剂也常称为 Ziegler-Natta 催化剂，简称 Z-N 催化剂（Z-N Cat.）。

Ziegler-Natta 催化聚合机理比较复杂，没有一个统一的机理能解释所有的实验事实，但大多数实验都支持 Cossee 提出的聚合机理（图 29-5）。在这个机理中，氯化钛先与烷基铝发生烷基化反应（转金属化反应），生成 Ti 的烷基化合物，它具有空配位的八面体结构，是聚合反应的活性催化剂（也称活性中心）。烯烃 π 键配位到活性中心，双键被活化；接着烯烃 1,2-插入 Ti–C 键之间，空出新的配位点。配位、插入反复进行，最后生成聚烯烃。

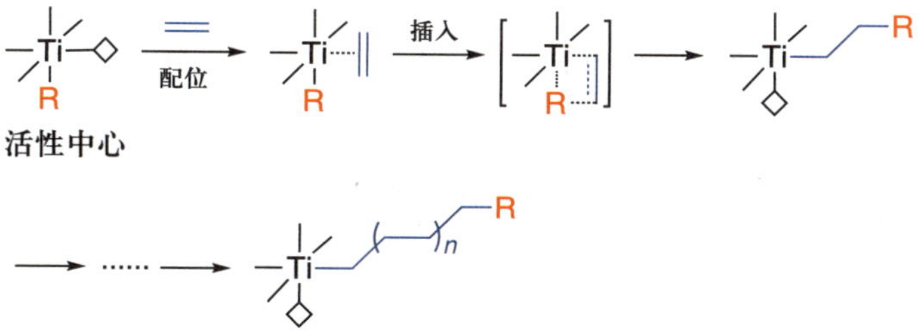

图 29-5 Cossee 提出的 Ziegler-Natta 催化聚合机理

单取代烯烃发生配位聚合，在高分子主链上会产生多种立体异构。如丙烯在 Z-N 催化条件下聚合可得到等规 (isotactic)、间规 (syndiotactic)、混规 (heterotactic)、半等规 (hemiisotactic) 和无规 (atactic) 结构的聚丙烯，它们有着显著不同的力学性能。

不同规整性的聚丙烯 (PP) 性能差异较大。等规聚丙烯结晶度高，耐热性好，广泛应用于人们的日常生活中，如各种 PP 材质的塑料瓶。无规聚丙烯是无定形的蜡状固体，具有良好的黏附性，可用于生产热熔胶、胶粘材料等。

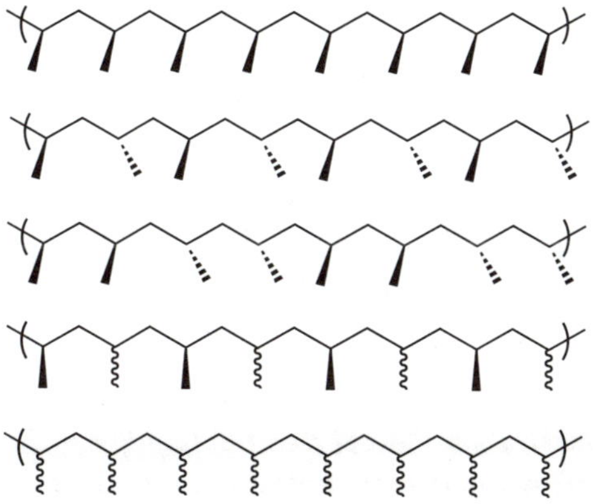

等规 isotactic

间规 syndiotactic

混规 heterotactic

半等规 hemiisotactic

无规 atactic

产生不同规整性聚丙烯的原因可能与丙烯靠近并插入 M—C 键的不同方式有关。如：

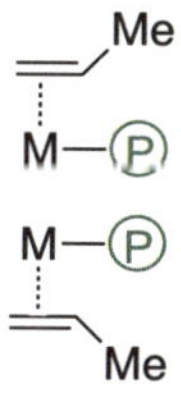

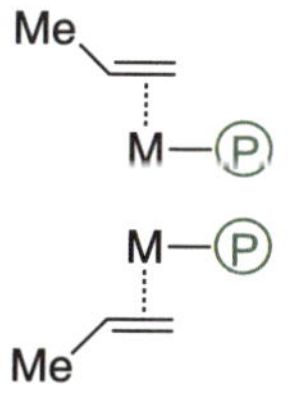

Ⓟ 代表高分子链

通过调节催化剂的结构可以对聚合物的微观结构进行精确的调控。丙烯在茂金属催化剂（含环戊二烯基配体的金属配合物）$(CH_2)_2(BTIn)_2ZrCl_2$ 及甲基铝氧烷 (MAO) 催化下聚合可得等规聚丙烯，而在 $Me_2Si(CpFr)ZrCl_2$ 及 MAO 作用下聚合得到的是间规聚合物。

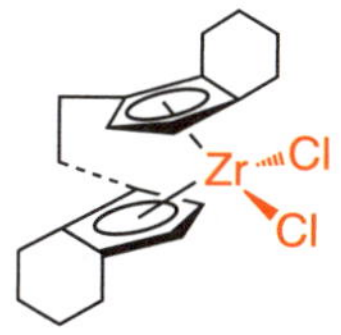

$(CH_2)_2(BTIn)_2ZrCl_2$

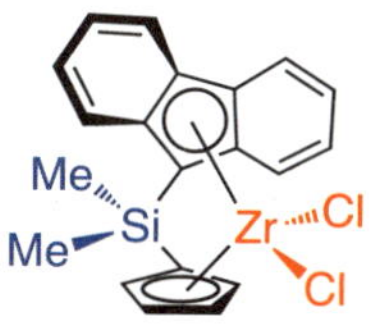

$Me_2Si(CpFr)ZrCl_2$

烯烃复分解反应是可逆的，当产物中有低沸点的烯烃如乙烯时，其易脱离反应体系，复分解反应可趋于完全。

烯烃复分解反应对双键周围的立体环境比较敏感，三取代和四取代烯烃反应比较困难。例如，异丁烯并不发生自身的复分解反应，原因可能是“$(CH_3)_2C=$”结构单元与催化剂中大体积配体间存在较大的空间排斥。

29.9.3　烯烃复分解反应

烯烃复分解(olefin metathesis)反应是指烯烃在金属催化剂作用下发生 C=C 双键断裂，并重组为新的烯烃的反应。例如：

Z/E混合物

根据反应过程中分子骨架的变化，烯烃复分解反应分为如下几种类型：

(1) 自复分解反应(self-metathesis，SM)

(2) 交叉复分解反应(cross-metathesis，CM)

(3) 关环复分解反应(ring-closing metathesis，RCM)

(4) 开环复分解反应(ring-opening metathesis，ROM)

(5) 开环复分解聚合反应(ring-opening metathesis polymerization，ROMP)

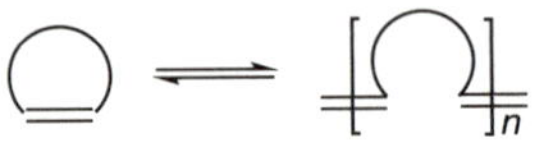

(6) 开链二烯复分解聚合反应(acylic diene metathesis polymerization，ADMEP)

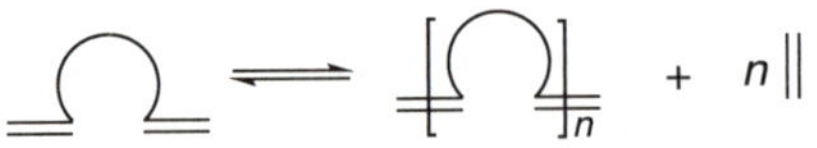

烯烃复分解催化剂主要有两类：Grubbs 催化剂和 Schrock 催化剂。这两类催化剂均含有金属卡宾结构单元，Grubbs 催化剂含金属 Ru，比较稳定，易于操作；Schrock 催化剂含金属 Mo，对空气比较敏感，但催化活性更高。

由于发现烯烃复分解反应及其机理，格拉布(Robert H. Grubbs)、施罗克(Richard R. Schrock)和肖万(Yves Chauvin)获得了 2005 年诺贝尔化学奖。

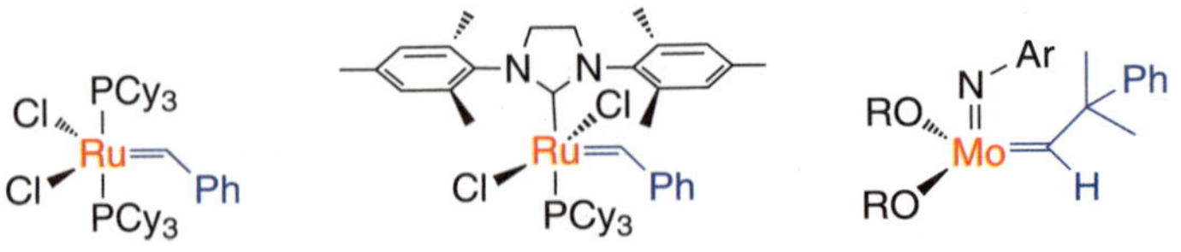

Grubbs Ⅰ 催化剂　　Grubbs Ⅱ 催化剂　　Schrock 催化剂

目前普遍接受的烯烃复分解反应机理是 Chauvin 提出的 [2+2] 环加成机理(图 29-6)。

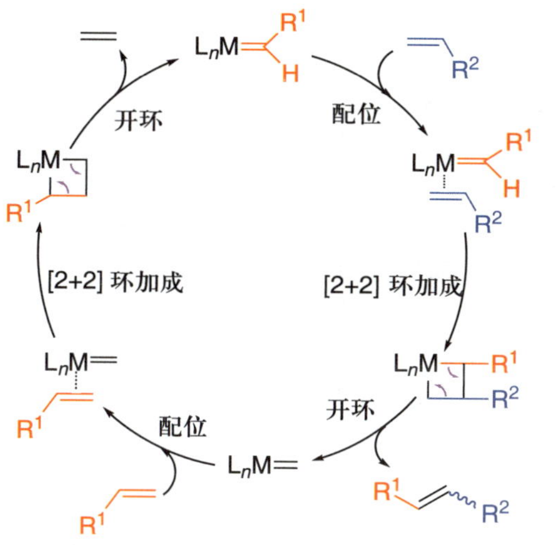

图 29-6 Chauvin 提出的 [2+2] 环加成机理

烯烃复分解反应目前已广泛地应用于有机合成、医药和高分子材料等领域，如利用关环复分解反应可合成各种环状化合物。

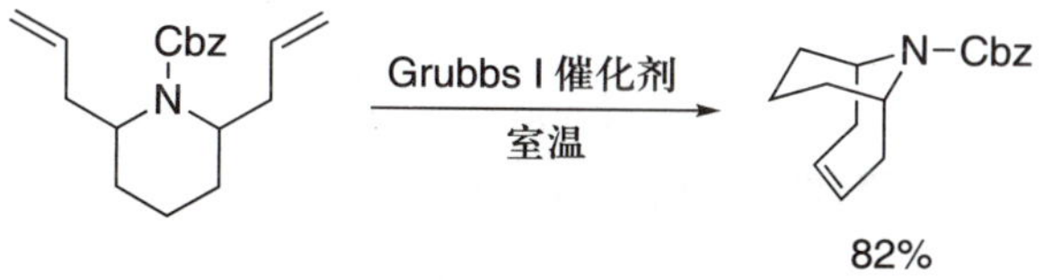

在 Schrock 催化剂作用下，通过环烯烃的开环复分解反应，可以获得高度官能团化的环戊烷衍生物。

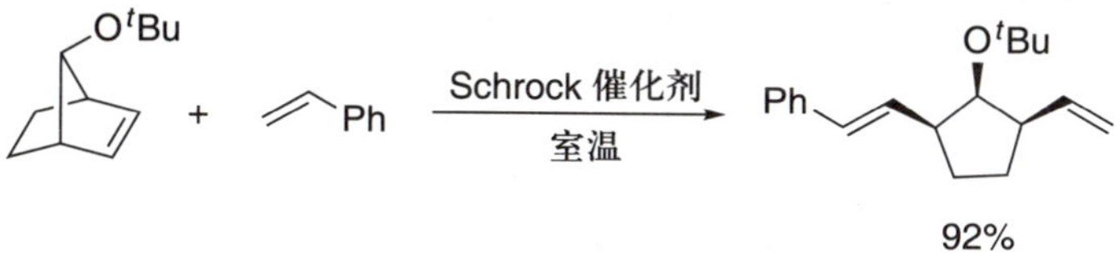

29.9.4 甲醇羰基化反应

甲醇与一氧化碳在 Rh(I) 催化剂 $[RhI_2(CO)_2]^-$ 催化下发生羰基化反应，生成乙酸。反应具有很高的原子经济性，是工业生成乙酸的重要方法。

$$CH_3OH + CO \xrightarrow{[RhI_2(CO)_2]^-} CH_3-\overset{O}{\overset{\|}{C}}-OH$$

反应机理如下（图 29-7）：首先是 CH_3OH 与 HI 反应得到 CH_3I，随后 CH_3I 与催化剂发生**氧化加成**形成甲基铑化合物；然后经甲基向羰基的**迁移插入**得到乙酰基碘化铑，经羰基配位后，发生**还原消除**得到乙酰基碘，并再生催化剂；乙酰基碘发生水解得到乙酸和 HI。反应的净结果是在甲醇的碳氧键中插入羰基。

甲醇羰基化合成乙酸有 BASF 高压法和 Monsanto 低压法，高压法采用钴碘催化循环，低压法的活性催化剂是 $[RhI_2(CO)_2]^-$。低压法工艺条件相对温和，成本较低，已成为生产乙酸的主流方法。

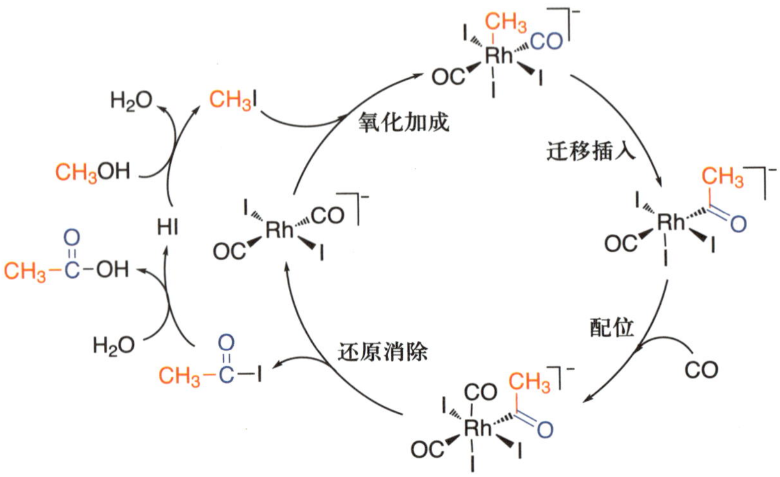

图 29-7　$[RhI_2(CO)_2]^-$ 催化的甲醇羰基化反应的反应机理

29.9.5　钯催化交叉偶联反应

过渡金属特别是金属钯催化的交叉偶联反应是形成碳碳键和碳杂原子键的重要方法，在有机合成、医药及材料等领域应用广泛。常见的钯催化交叉偶联反应有 Heck 反应、Suzuki 反应、Negishi 反应、Sonogashira 反应、Kumada 反应、Stille 反应和 Buchwald-Hartwig 反应等(图 29-8)。

> 赫克(Richard F. Heck)、铃木章(Akira Suzuki)及根岸英一(Ei-ichi Negishi)三人因在钯催化交叉偶联反应方面的杰出贡献荣获 2010 年诺贝尔化学奖。

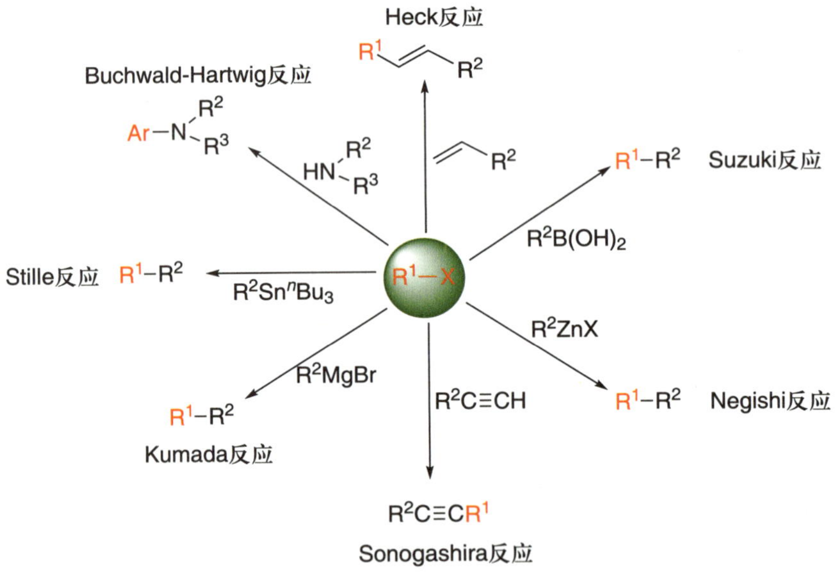

图 29-8　常见的钯催化交叉偶联反应

Heck 反应

Heck 反应是指在碱存在下，钯催化卤代烃与烯烃间的偶联反应，其反应通式为

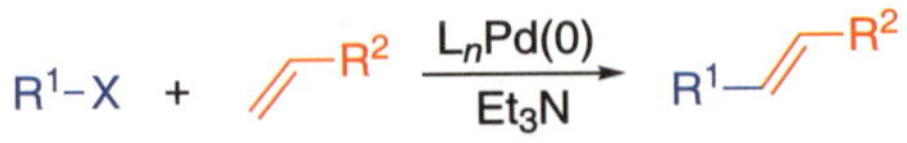

卤代烃中的 R^1 可以是芳基、苄基或乙烯基。反应活性一般为 RI > RBr > RCl，

> 1971 年，沟吕木(Tsutomu Mizoroki)发现在 $PdCl_2$ 催化下碘苯可与烯烃发生芳基化反应形成取代烯烃；1972 年，赫克(Richard F. Heck)报道在 $Pd(OAc)_2$ 催化下卤代芳烃、苄卤等与烯烃也能发生类似的反应。该反应现称为 Mizoroki-Heck 反应，也称 Heck 反应。

磺酸酯或重氮盐等也可发生类似的反应。烯烃双键上取代基对反应影响也较大，表现出明显的位阻效应。在多数情况下，取代基数目少且体积小的烯烃反应快。

Heck 反应机理如下（图 29-9）：(1) RX 对 Pd(0) 的氧化加成；(2) 烯烃配位；(3) 顺式迁移插入；(4) C-C 键旋转；(5) 顺式 β-H 消除；(6) 还原消除。

催化循环通常由零价钯启动，如用二价钯前体，它易被配体甚至烯烃本身原位还原生成零价钯。在多数情况下，氧化加成是 Heck 反应的决速步。卤代芳烃分子如芳环上有吸电子取代基有利于氧化加成，表现出相对高的反应活性。

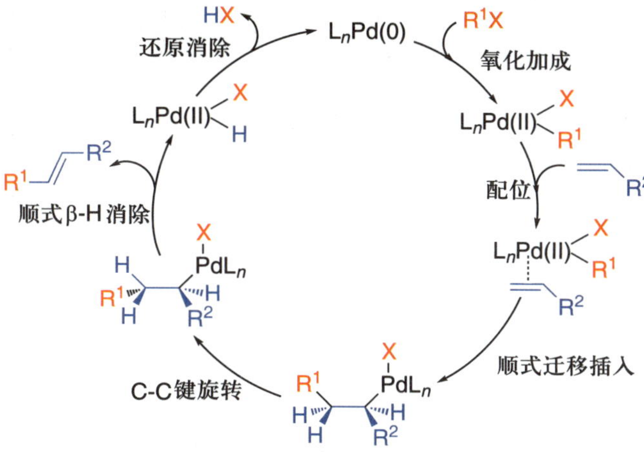

图 29-9　Heck 反应机理

Heck 反应的立体选择性受烯烃的顺式插入 Pd–C 键及随后的顺式 β-H 消除反应所控制，与 Pd 相连的 R^1 通常加到双键所连取代基少或最缺电子的双键上。对于单取代烯烃，大多得到反式异构体。

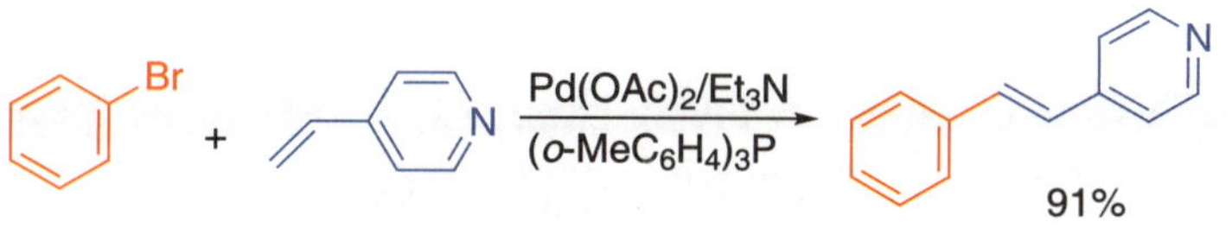

当环烯烃被用来进行 Heck 反应时，环的存在使 C-C 键旋转受阻，顺式 β-H 消除发生在另外一个非插入的 β-C 上，即双键发生了位移。

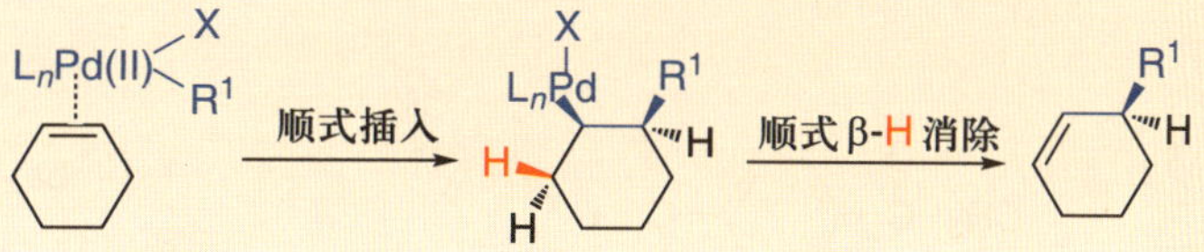

Suzuki 反应

Suzuki 反应是指在碱存在下，钯催化卤代烃与有机硼酸的偶联反应。

多数有机硼酸对湿气不敏感，在空气中比较稳定，可以长期储存。另外，有机硼酸的合成方法也较多，如有机锂或格氏试剂与硼酸酯反应，然后水解。通过碳碳三键的硼氢化反应可以制备一些特定构型的有机硼酸。

$$R^1{-}X + R^2B(OH)_2 \xrightarrow[\text{碱}]{L_nPd(0)} R^1{-}R^2 + XB(OH)_2$$

卤代烃中 R^1 一般为芳基、炔基和乙烯基。除卤代烃外，磺酸酯特别是三氟甲磺酸酯（ROTf）也可以发生类似的反应。活性顺序为：RI > ROTf > RBr >RCl。

Suzuki 反应的一般机理如下（图 29-10）：首先 R^1X 对 Pd(0) **氧化加成**，随后与碱（如 KOH）发生**配体交换**反应，生成 $L_nPd(OH)R^1$，它与四价硼酸盐发生**转金属化**反应，最后**还原消除**得到产物并再生催化剂 $L_nPd(0)$。

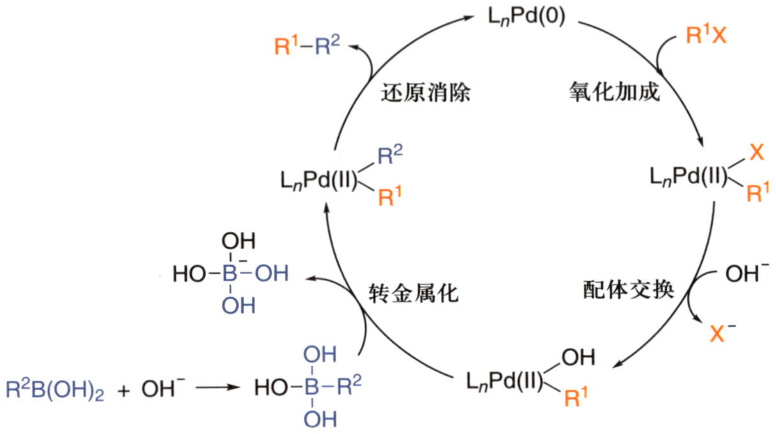

图 29-10　Suzuki 反应机理

Suzuki 反应条件较为温和，具有很好的官能团相容性，氰基、醛基、酯基和硝基等均不受影响。Suzuki 反应具有广泛的应用，特别是对联芳烃的合成，已成为其首选的合成方法。例如：

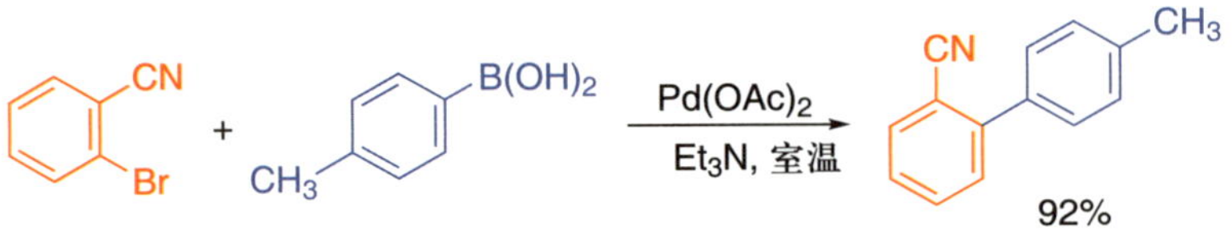

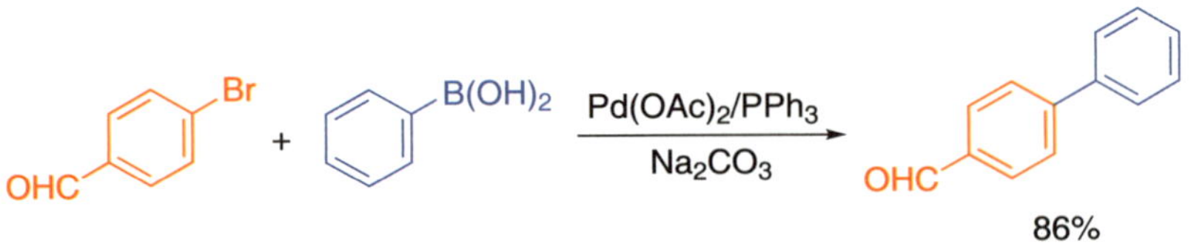

对于活性较低的氯化物，需要富电子的膦配体才能顺利地催化 Suzuki 偶联反应的发生。例如：

Suzuki 反应对位阻不是特别敏感，邻位具有取代基的芳基硼酸或邻位具有取代基的卤代芳烃均能发生偶联反应。

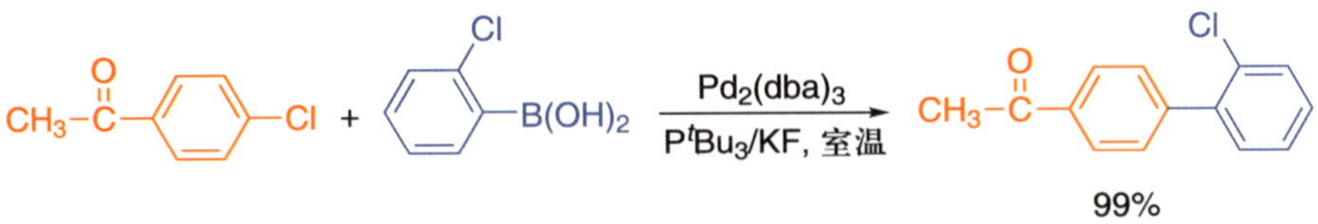

Suzuki 反应具有很好的化学选择性与立体选择性。例如在下列两个反应中，氯可以保留，双键构型也可以保持。

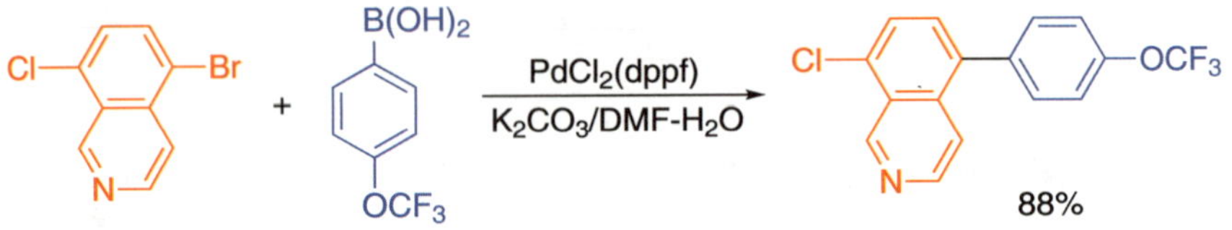

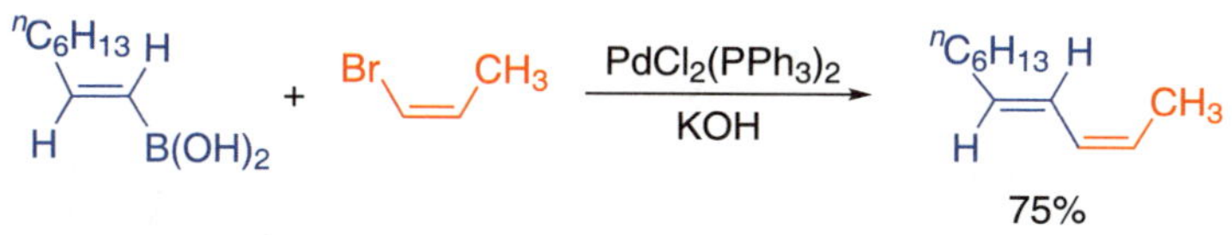

Negishi 反应

Negishi 反应是指在钯催化下，卤代烃或磺酸酯与有机锌试剂的偶联反应。

$$R^1\text{-}X^1 + R^2ZnX^2 \xrightarrow{L_nPd(0)} R^1\text{-}R^2 + ZnX^2X^1$$

Negishi 反应的机理也经历三个步骤（图 29-11）：首先 R^1X^1 对零价钯进行**氧化加成**，然后与有机锌试剂发生**转金属化**反应，最后**还原消除**得到偶联产物并再生催化剂。

Ni 催化剂也能催化 Negishi 反应，但 Pd 催化剂的效果更好。有机铝或有机锆试剂也能进行类似的偶联反应。

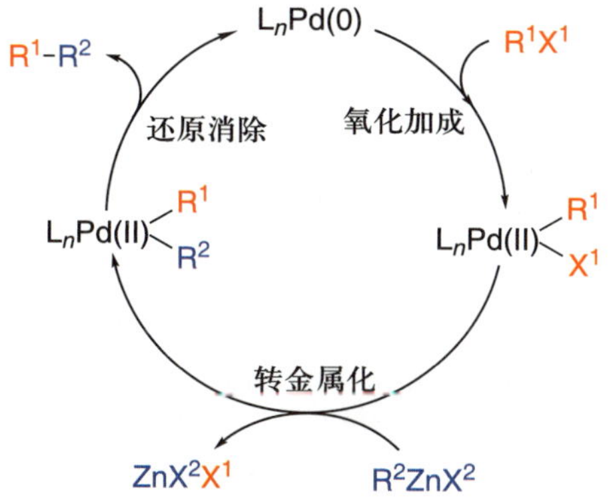

图 29-11 Negishi 反应机理

有机锌试剂的反应活性高于 Suzuki 反应中的有机硼酸，但它对众多官能团，如醛基、氰基和酰胺等仍具有很好的相容性，因而 Negishi 反应也具有广泛的用途，在天然产物及药物合成等领域有广泛的应用。

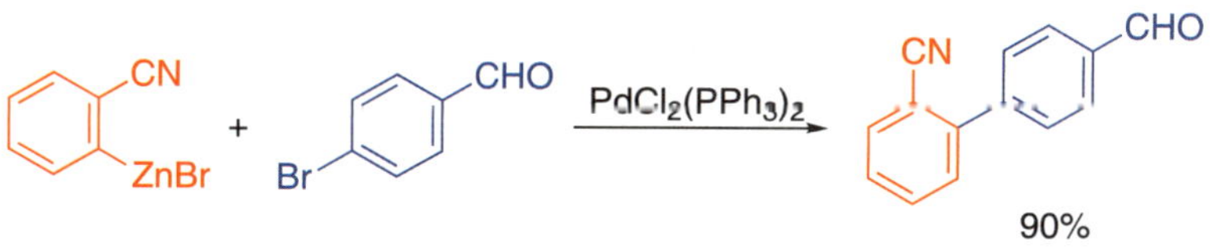

Sonogashira 反应

Sonogashira 反应是指在碱存在下，钯催化剂和一价铜盐催化卤代芳烃或烯基卤代烃与端炔的偶联反应。

$$R^1\text{-}X + R^2C\equiv CH \xrightarrow[Et_3N]{L_nPd(0)/CuX} R^1C\equiv CR^2$$

一般认为反应机理涉及一个钯催化循环和一个铜催化循环过程（图 29-12）。

在多数情况下转金属化反应是 Sonogashira 反应的决速步。

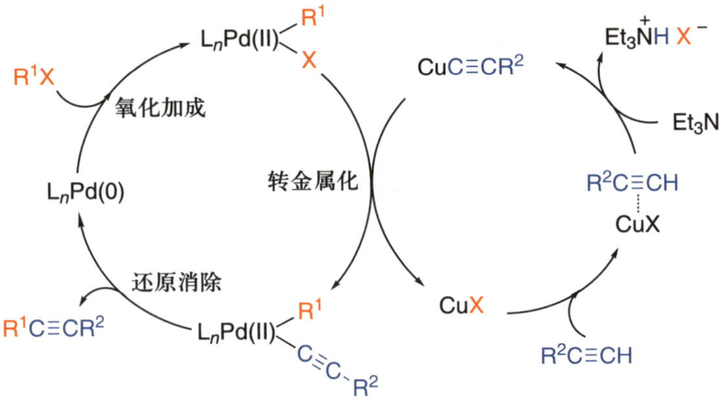

图 29-12　Sonogashira 反应机理

烯基卤代烃参与的偶联反应具有很好的立体专一性，双键的构型保持不变。

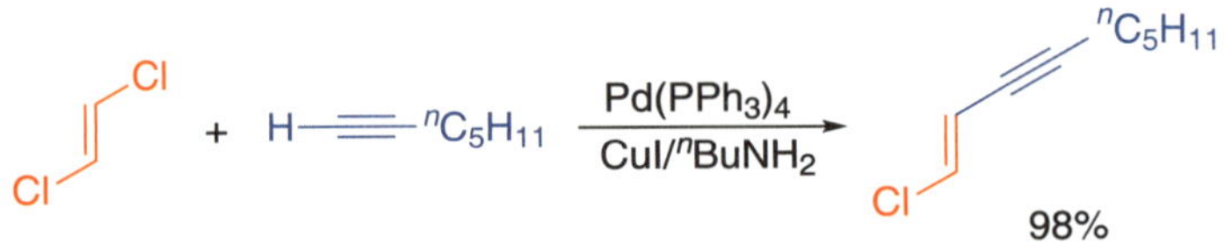

Sonogashira 反应中的芳基卤代物和烯基卤代烃的反应活性顺序为：RI > RBr > RCl。

Sonogashira 反应条件温和，官能团兼容性好，是合成碳碳三键化合物的重要方法，广泛地应用在天然产物及其共轭有机分子的合成中。

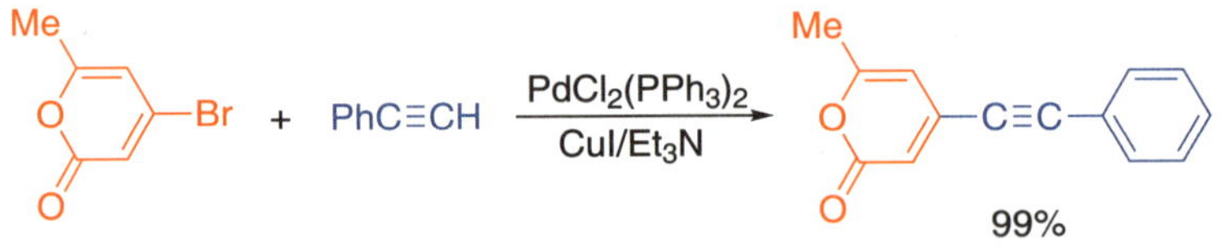

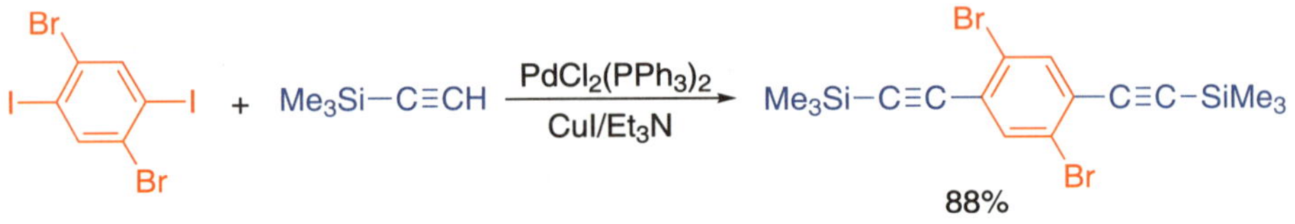

无需铜共催化的 Sonogashira 偶联反应也已实现。例如：

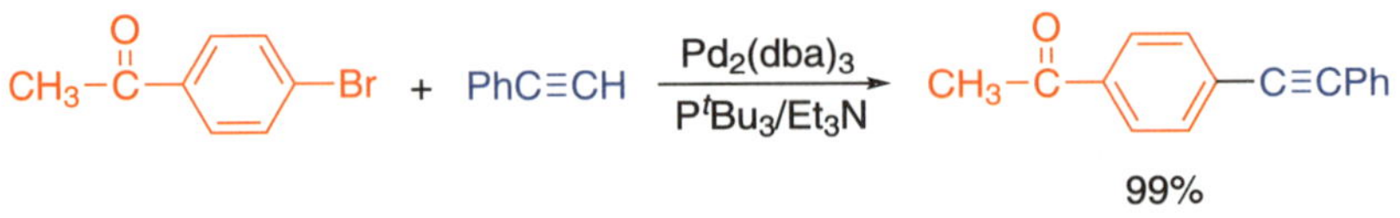

卤代芳烃与胺的 C−N 偶联反应也可以在铜催化下进行(Ullmann 反应)。中国科学院上海有机化学研究所的马大为发现在氨基酸及草酰胺等配体促进下，铜催化的 C−N 偶联反应能在温和的条件下进行。相较于钯催化的反应，铜催化的 C−N 偶联反应更加高效、经济。

Buchwald-Hartwig 反应

Buchwald-Hartwig 反应是指在钯催化下卤代芳烃或磺酸酯与胺发生的 C−N 偶联反应。

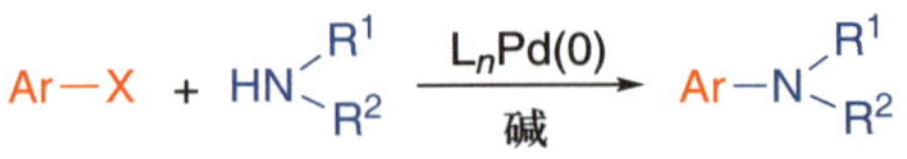

反应机理如下(图 29-13)：反应的第一步是 ArX 对零价钯的**氧化加成**，得到的中

间体与胺**配位**，随后在碱作用下去质子并脱卤素，生成钯胺中间体，最后**还原消除**生成 C–N 偶联产物，并再生催化剂。

碱对催化循环至关重要，溴代烃与胺的反应常用叔丁醇钠或叔丁醇钾作碱，磺酸酯与胺的反应常用碳酸铯作碱。在富电子膦配体作用下反应也可用较弱的碱。

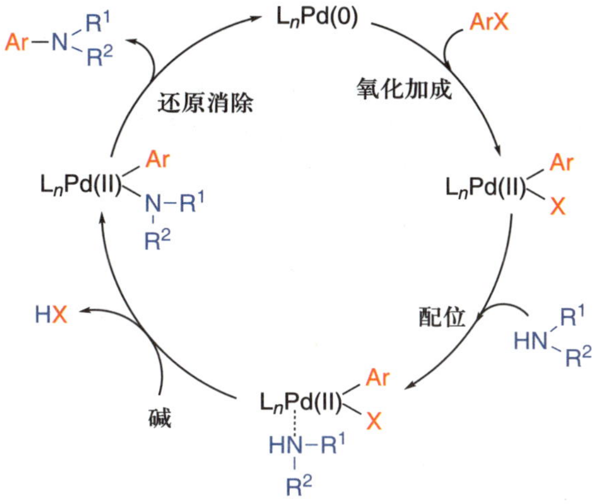

图 29-13 Buchwald-Hartwig 反应机理

Buchwald-Hartwig 反应常用大体积的富电子有机膦配体。该类配体由于芳基的位阻作用，增强了配体的稳定性，不易被空气氧化，同时可以促进催化循环中的还原消除。

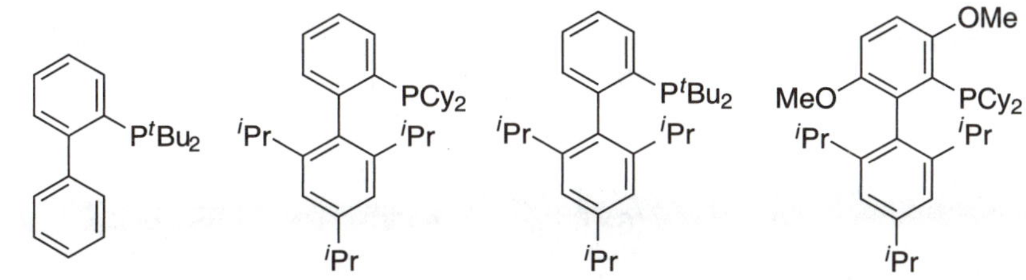

JohnPhos　xPhos　^{t}BuxPhos　BrettPhos

各种胺类化合物，如脂肪胺、芳胺或酰胺，以及含 N–H 键的杂芳环均可顺利地发生 C–N 偶联反应。Buchwald-Hartwig 反应对许多官能团，如酯基、氰基和硝基等有很好的相容性，因而该反应在芳胺的合成中有广泛的应用。

Buchwald–Hartwig 反应也有很好的化学选择性。芳胺比酰胺的偶联反应速率快，但比脂肪伯胺的慢。芳胺和酰胺同时存在时，铜催化的化学选择性常与钯催化的相反，铜催化下酰胺优先反应。

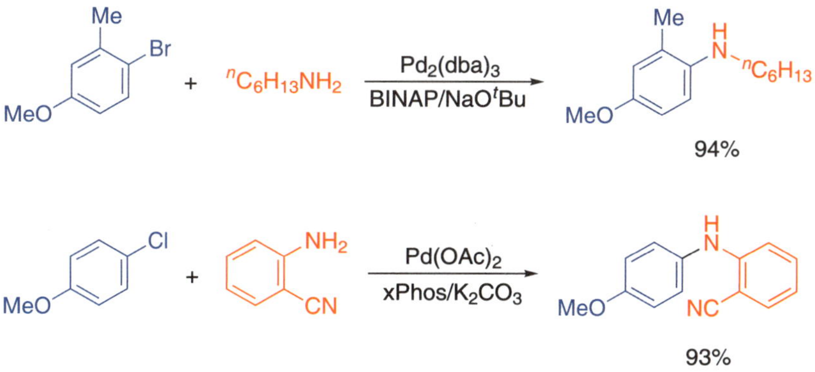

思考题 29.5

除金属钯外，其他一些过渡金属也能催化 C–C 键及 C–E（杂原子）键偶联反应，根据元素周期表预测具有催化偶联反应活性的金属的特点。

本章学习要点

(1) 中心金属氧化态、d^n 值、配位数及十八电子规则。

(2) 配体分类与属性：σ 配体、π 配体、σ–π 配体（π 酸配体），配体齿数、配体电子数、配体配位数。

(3) 典型金属有机化合物（有机锂、有机镁、有机铜和有机锌化合物）的结构与反应活性。

(4) 金属卡宾和金属卡拜的结构特征与反应。

(5) 金属有机化合物的基元反应：配位与解离、氧化加成、还原消除、插入反应与去插入反应、转金属化反应。

(6) 过渡金属催化反应：烯烃均相催化氢化、复分解反应和甲醇羰基化反应的反应机理及特点。

(7) 钯催化交叉偶联反应：Heck 反应、Suzuki 反应、Negishi 反应、Sonogashira 反应、Buchwald-Hartwig 反应的机理及应用。

习题

29.1 指出如下化合物中心金属的氧化态、价电子总数和 d^n 值。

(1) $[Cp_2Fe]^+$

(2) $[Cp_2Co]^-$

(3) $[(C_6Me_6)_2Co]^+$

(4) $[PtCl_3(C_2H_4)]^-$

(5) $Ir(CO)(PPh_3)_2Cl$

(6) $[Cr(CO)_5]^{2-}$

(7) $[W(H)(CO)_5]^-$

(8) $Fe(\eta^4\text{-}C_8H_8)(CO)_3$

(9) $W(CO)(PhC\equiv CPh)_3$

29.2 给出如下转化前后中心金属的价电子数，氧化态和 d 轨道电子数（d^n 值）。

(1) $W(\eta^2\text{-}H_2)(CO)_3(PPh_3)_2 \rightleftharpoons W(H)_2(CO)_3(PPh_3)_2$

(2) $RhCl(PPh_3)_3 \xrightarrow{H_2} Rh(H)_2Cl(PPh_3)_2$

29.3 请用 18 电子规则解释是否 $V(CO)_6$ 易被还原为 $[V(CO)_6]^-$？

29.4 $(C_6H_6)Cr(CO)_3$ 为 18 电子配合物，请问 C_6H_6 是几齿配体，提供几个电子？

29.5 完成如下反应，写出主要产物。

(1) 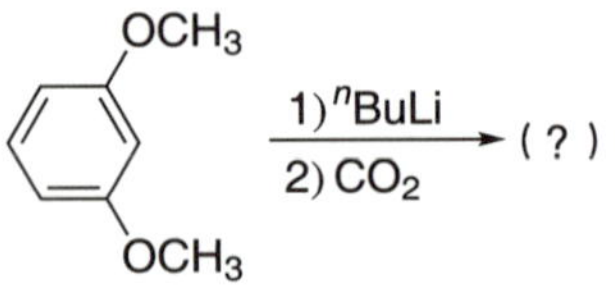

(2) 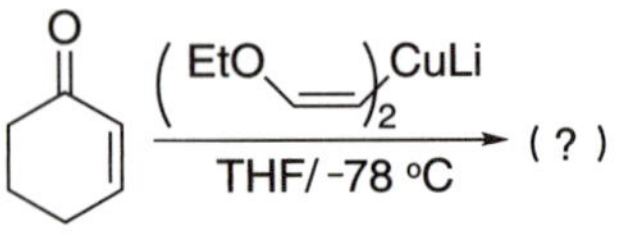

(3) 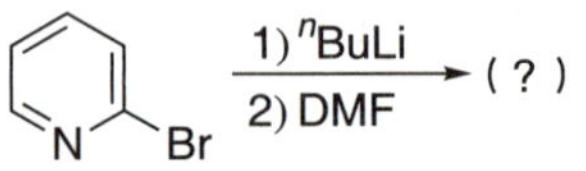

(4) 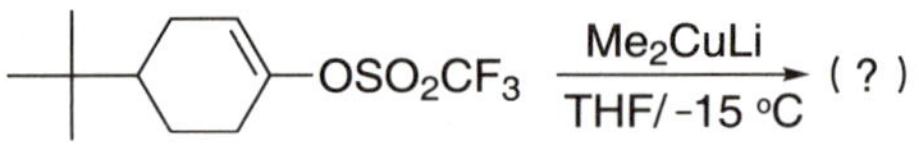

(5) 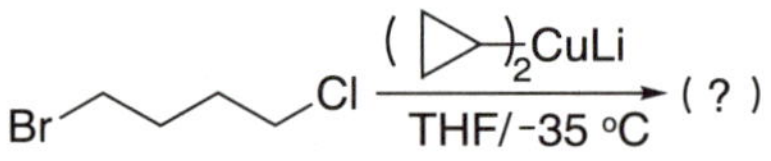

(6) 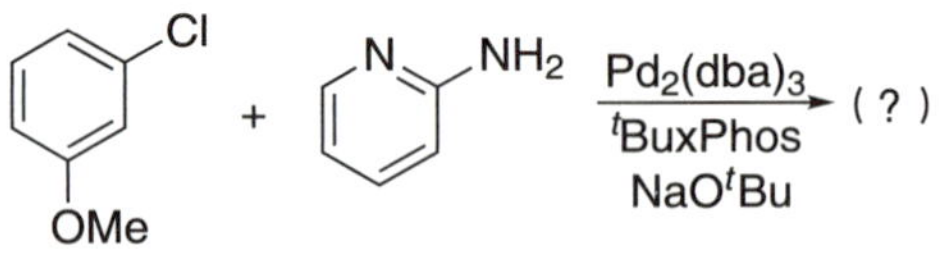

(7) 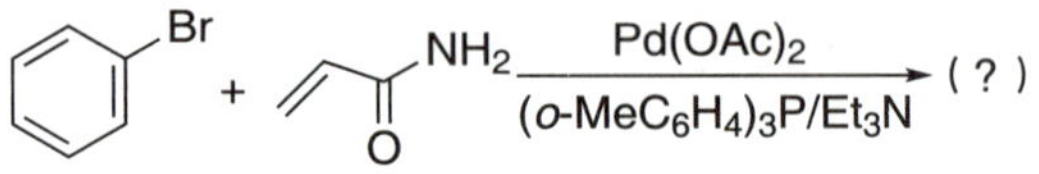

(8) 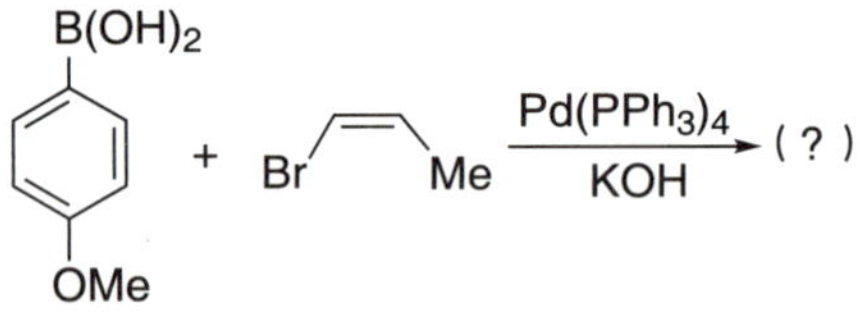

(9) 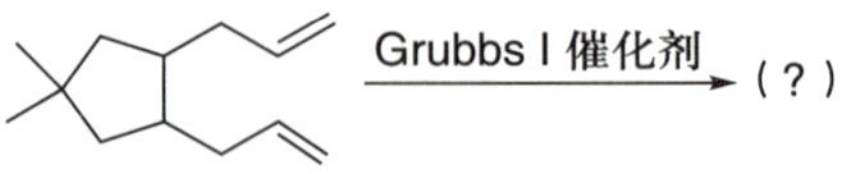

(10) 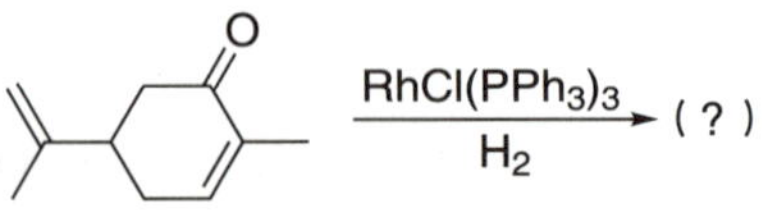

29.6 写出如下反应的主要产物，并对结果做出合理的解释。

(1) 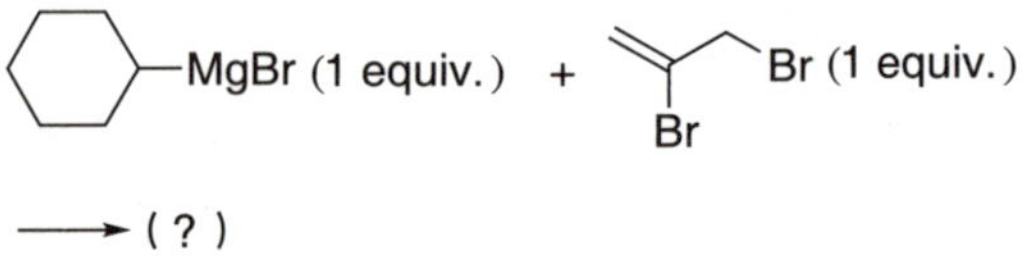

(2) 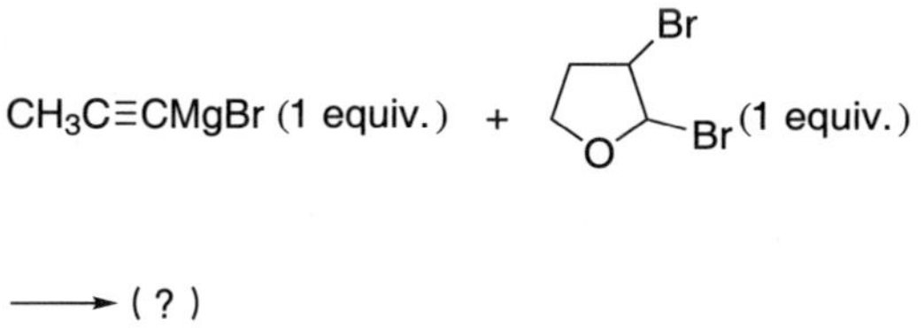

(3) 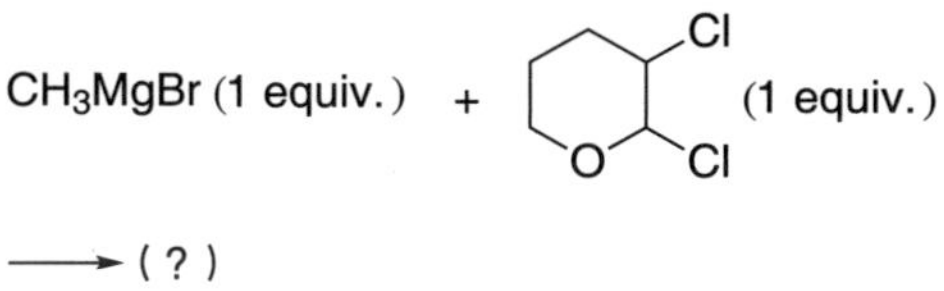

29.7 写出如下反应产物的可能结构式及形成机理。

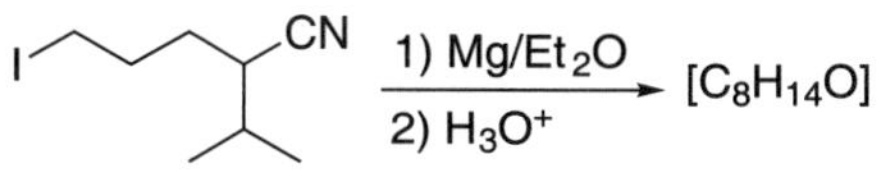

29.8 写出如下反应的机理。

(1) 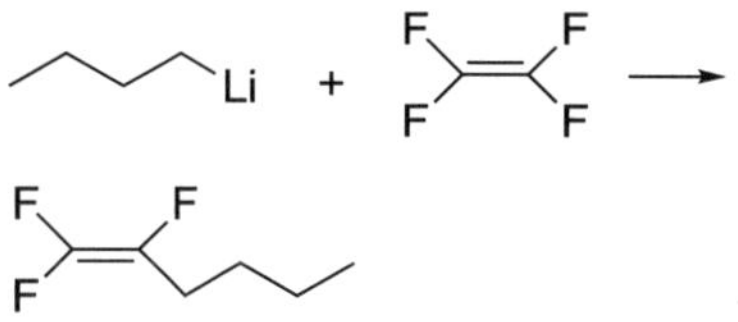

(2) 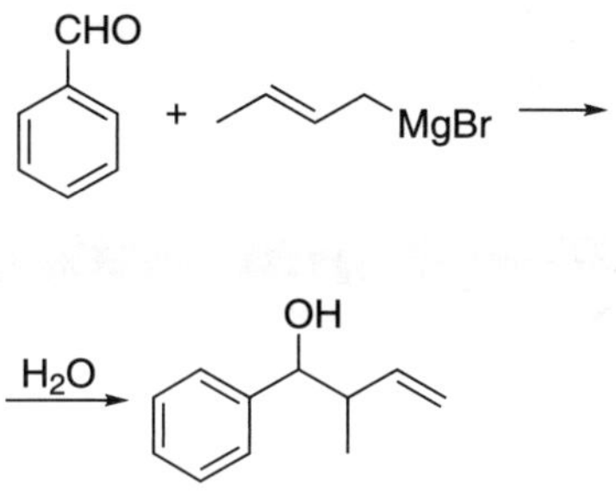

(3) 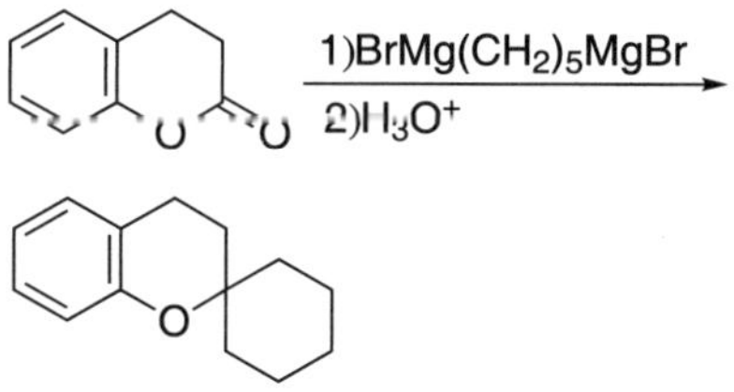

(4) 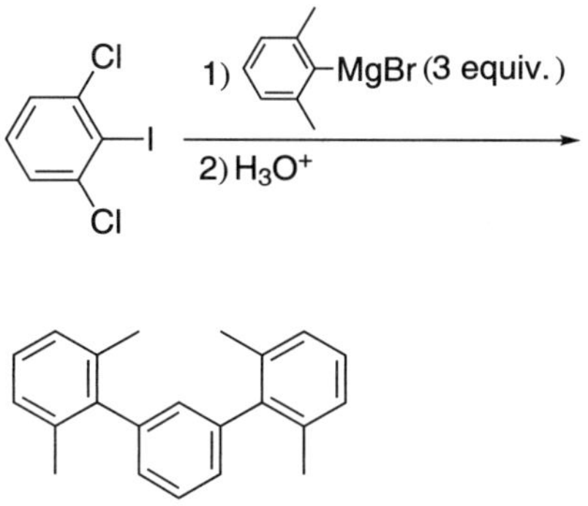

(5) 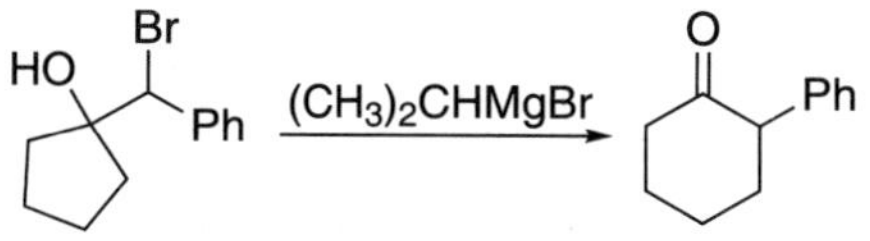

(6) 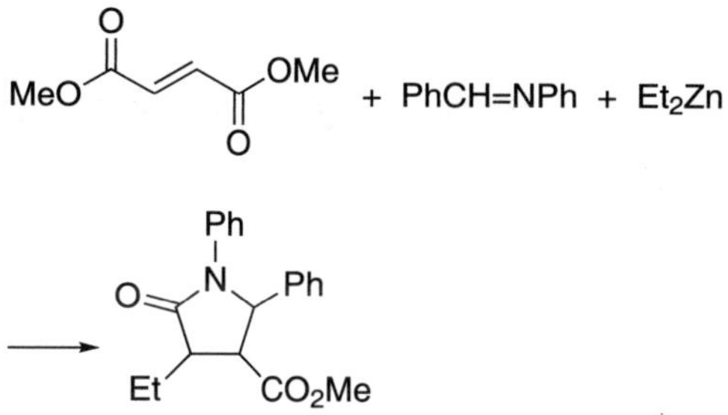

29.9 完成如下转化。

(1) 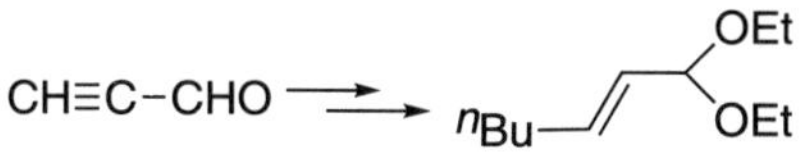

(2) 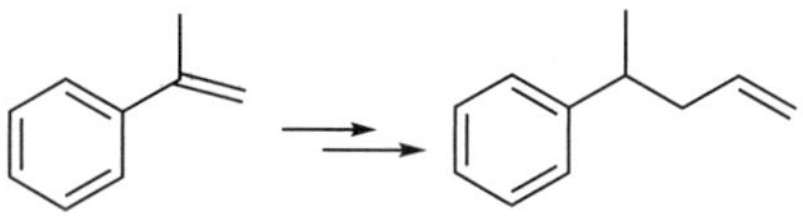

(3) 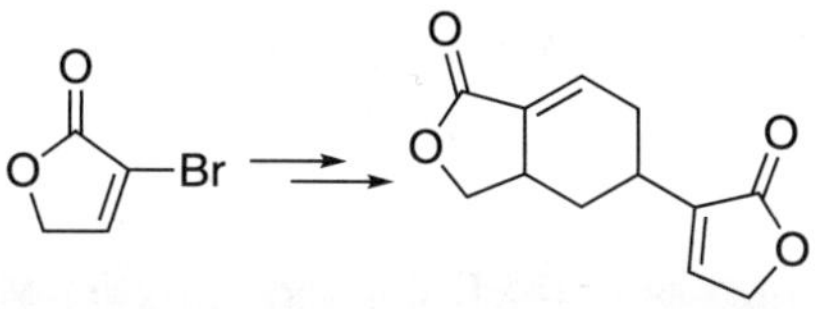

(4) 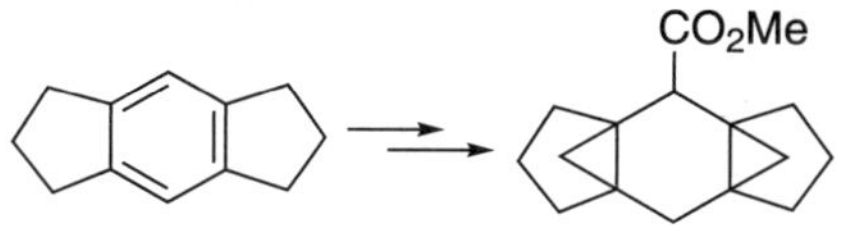

29.10 通过钯催化的交叉偶联反应完成如下转化。

(1) 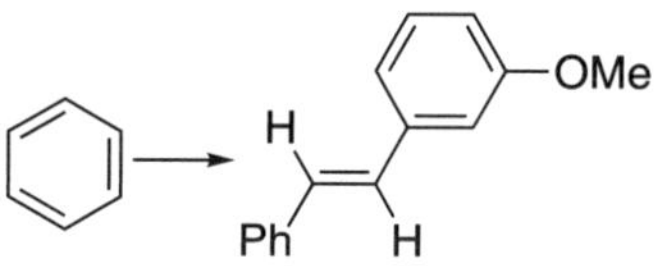

(2) 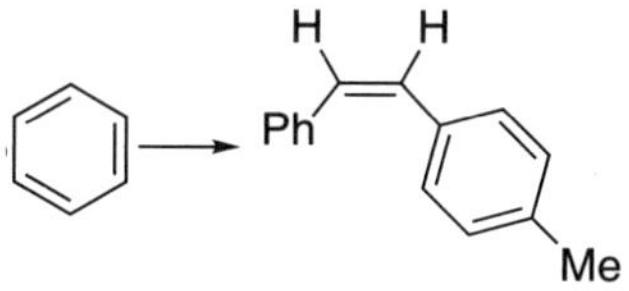

(3) 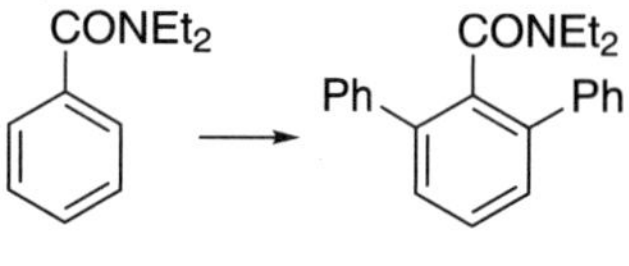

(4) 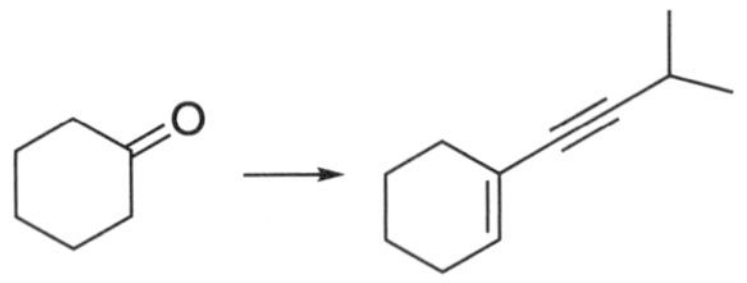

(5) 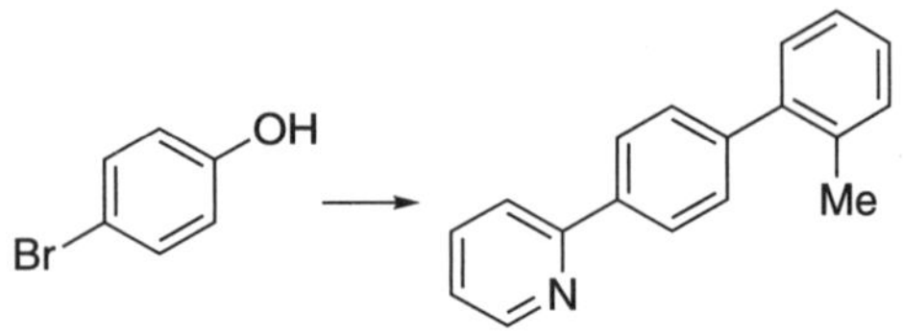

29.11　化合物 $(CO)_5Cr=C(NMe_2)Me$ 的 ^1H NMR 谱出现三组甲基峰，化学位移分别为 2.70 ppm(s，3H)，3.32 ppm (s，3H)，3.89 ppm(s，3H)。试为这一现象做出合理的解释。

29.12　为如下反应写出合理的机理。

(1) 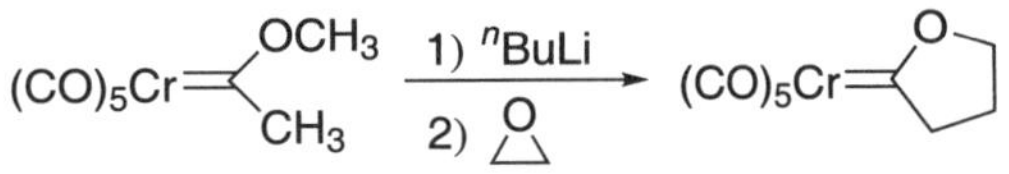

(2) 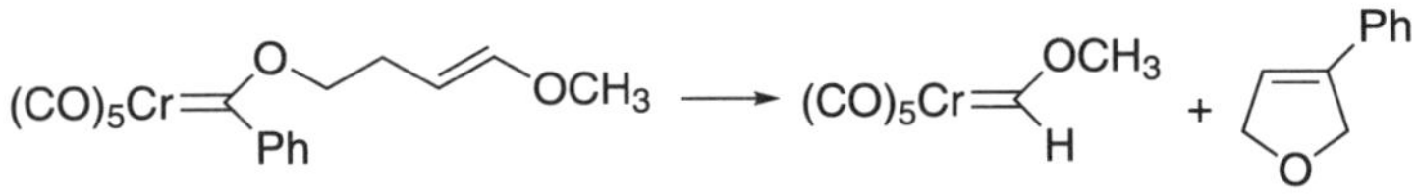

(3) 

29.13　Grubbs 催化剂 $(Cy_3P)_2(Cl)_2Ru=CHPh$ 不能催化 $CH_2=CHOEt$ 发生复分解反应，反应仅得到等量的一种 Fischer 卡宾配合物和另一分子烯烃，试写出它们的结构。

29.14　指出如下反应经历了哪些金属有机基元反应？

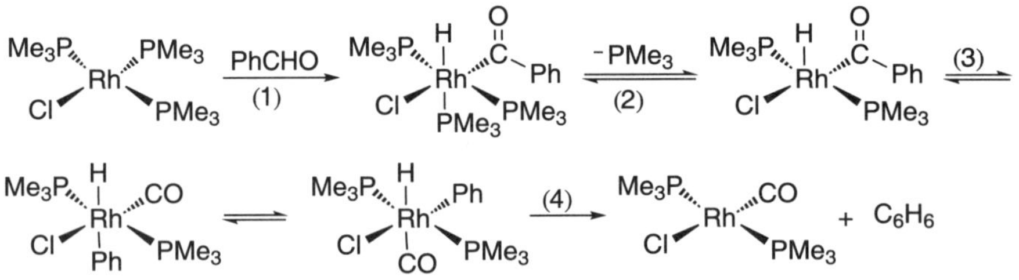

29.15　根据 Heck 反应机理，解释如下反应的立体选择性。

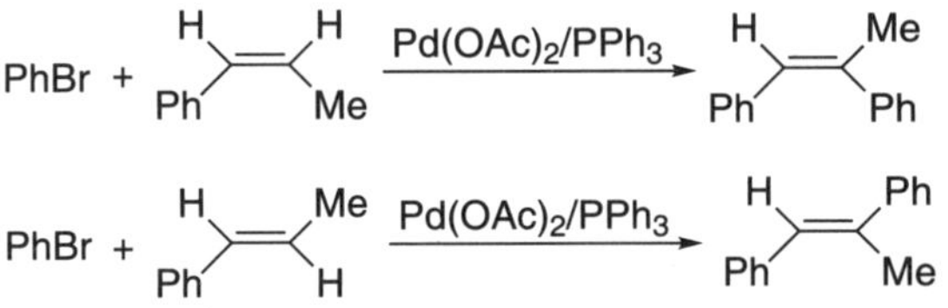

29.16　请解释为何溴苯与环己烯反应得到 3-苯基环己烯而不是 1-苯基环己烯，并完成如下另外两个反应。

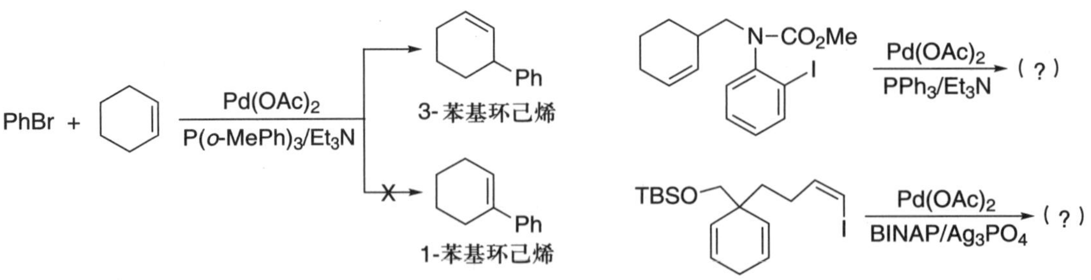

第 30 章

元素有机化学

第 30 章 元素有机化学

有机化合物除含碳和氢以外，一般还含有氧、氮、卤素等元素，通常把有机化合物中含有的除这些元素以外的元素称为杂原子元素，如磷、硫、硅、硼等。杂原子元素还可以分为两大类：金属元素和非金属元素，金属有机化合物作为有机物的重要分支，属于金属有机化学的研究范畴，非金属元素有机化学称为元素有机化学。

元素有机化合物分子中元素—碳键（M−C 键，以 M 表示各元素）的活性取决于下面三个因素：(1) 元素原子成键时的共价半径 (r) 及与碳成键的键长 (d)，$r=d-r_C$，r_C 是碳原子的共价半径。键长越长，键越不牢固，容易断裂，反应活性高；(2) 键的 Gibbs 自由能 (ΔG)，也可以用焓 (ΔH) 表示，反映 M−C 键键能的大小；(3) M−C 键的活泼性。

本章重点介绍含有硼、硅、磷、硫、氟等元素的有机化合物，着重讨论每类化合物的成键和结构特点，各自具有的特殊性质，分类和命名，常见的合成方法，以及它们在有机合成中的应用。并简要介绍这些元素有机化合物的生物化学特性。

30.1 有机硼化合物

在前面有关章节中已经介绍过常用的硼试剂，如硼氢化钠 $NaBH_4$ 和硼烷 BH_3 等。硼在元素周期表中位于第三主族ⅢA，硼核外只有三个电子，能够与 H 形成三个 B−H 键，同时留下一个空的 $2p$ 轨道。硼烷以 B_2H_6（一种有氢桥的二聚体）和单体 BH_3 的混合物形式存在。

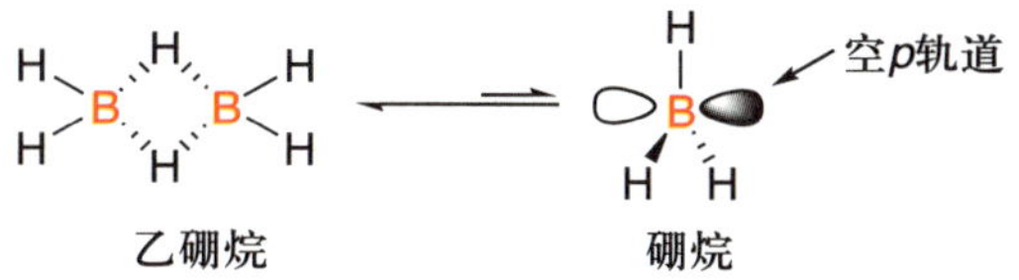

硼的 $2p$ 空轨道能够接受来自 Lewis 碱的孤对电子，得到具有四面体结构的中性物质，或者可以与亲核试剂结合，形成带负电荷的四面体阴离子。硼的 $2p$ 空轨道使硼烷成为亲核试剂进攻的目标。

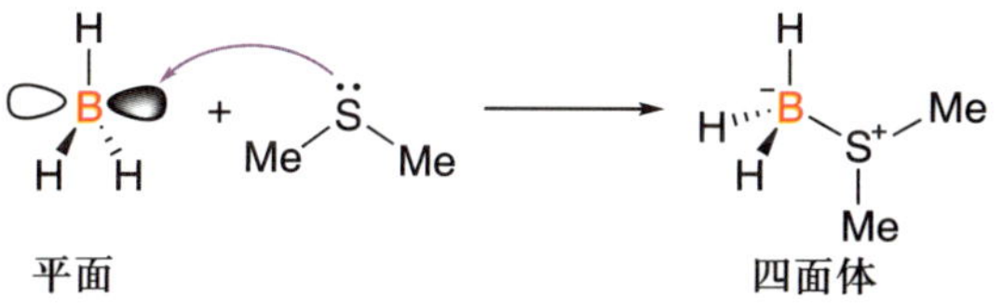

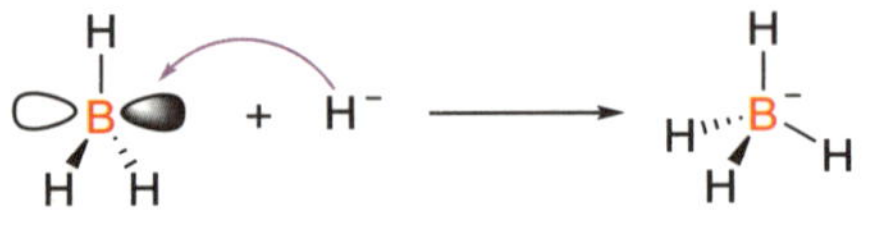

平面　　　　　四面体

30.1.1　硼烷与烯烃的加成反应（硼氢化反应）

硼氢化反应具有高的区域选择性，硼原子总是加到烯烃的末端，硼连到取代基较少的双键碳上，得到反马氏加成的产物（参见上册第 7 章　烯烃和亲电加成反应）。

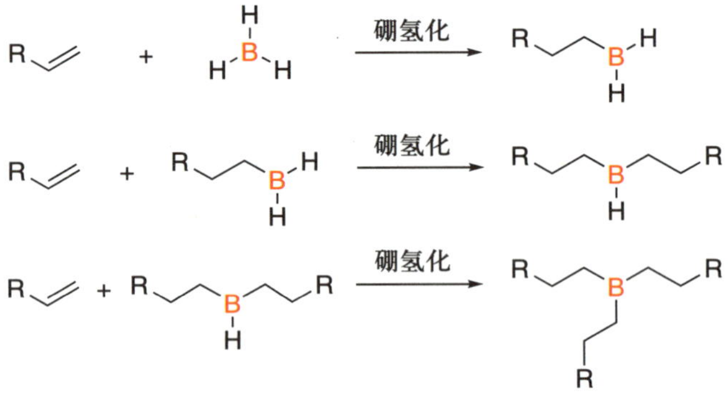

烷基硼烷在碱性条件下用过氧化氢氧化，可以生成醇。硼氢化氧化是烯烃合成醇的常用方法。

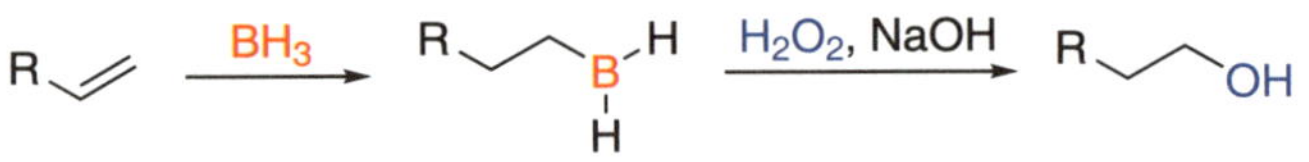

硼氢化　　　　　氧化

烯烃硼氢化是顺式加成反应，氧化反应中的 C-B 键构型保留。如 1-甲基环戊烯的硼氢化氧化反应能够以 100% 的产率生成顺式加成产物。

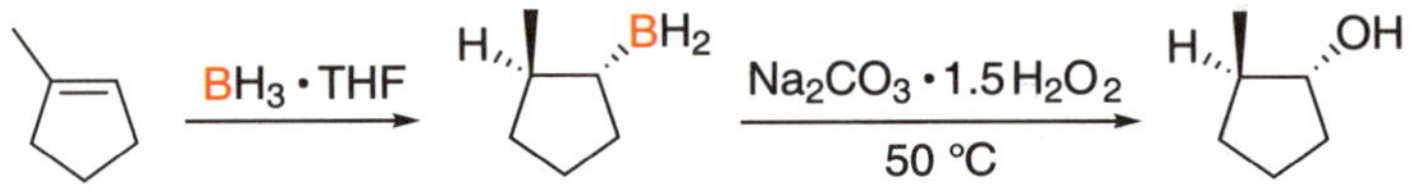

100%

将醛还原为醇的常用试剂——9-硼双环 [3.3.1] 壬烷（9-BBN）是一种稳定的晶体，它是由环辛-1,5-二烯的硼氢化反应制成。第二步硼氢化反应速率快，因为该反应是分子内的反应。

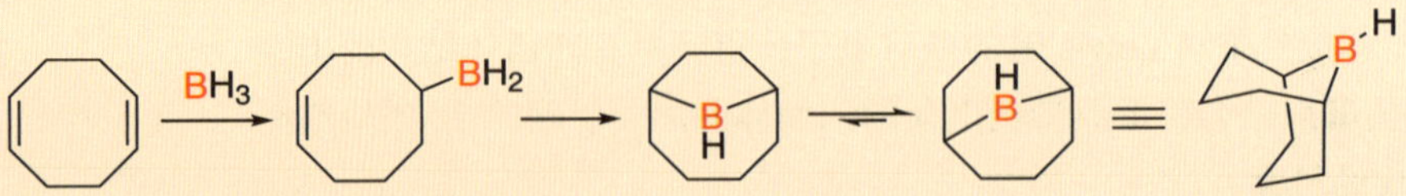

环辛-1,5-二烯　　　　　9-BBN

思考题 30.1

从反应机理出发，解释硼氢化反应立体化学选择性专一的原因。

30.1.2 硼烷参与的重排反应

烯烃的硼氢化氧化反应是有机硼烷最常见的反应，有机硼烷与 HO–O⁻ 的反应只是与 Y–X⁻ 类亲核试剂反应的一个例子。下式中的亲核原子 X 可以是 O 原子、N 原子甚至 C 原子，而 Y 是离去基团。反应的机理是硼上空 *p* 轨道接受亲核试剂的进攻，然后伴随着 Y 基团的离去，R 基团从硼上迁移到 X 上而发生重排反应。总的结果是 X 插入到 C–B 键之间形成新的 C–X 键，而且迁移的 R 基团的构型保持。

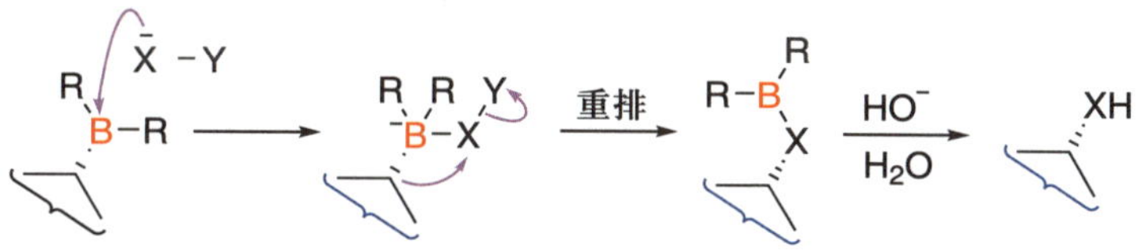

如果 X 是 N 原子则反应结果是直接胺化。所需的试剂是氯胺或更安全的 *O*-羟胺磺酸，相应的离去基团则是氯或磺酸根。硼氢化-胺化反应是氨对烯烃的区域选择性加成反应。以蒎烯为例，由于存在空间位阻效应，蒎烯中烯烃的两个面的空间环境不同，一个面被桥环上的二甲基桥屏蔽，因此加成反应只能发生在位阻较小的一侧，得到胺的单一非对映异构体。

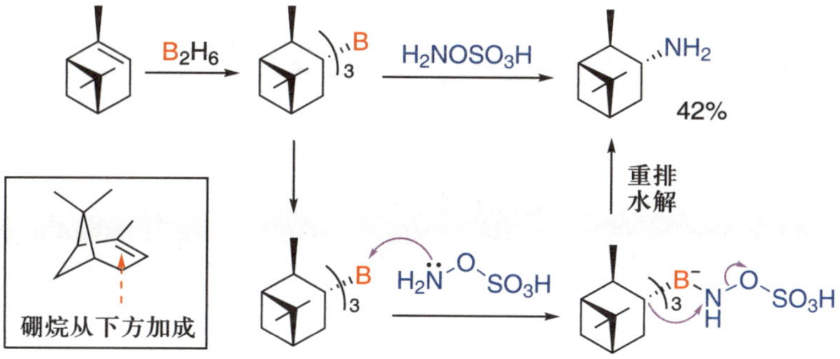

30.1.3 烯丙基硼烷与醛的加成反应

烯丙基硼化合物与醛的反应方式略有不同。第一步是羰基氧与 Lewis 酸硼结合。这有两个作用：一是使羰基具有更强的亲电性；二是与烯丙基相连的硼碳键减弱，使迁移更容易发生。接下来发生的反应不是 1,2-重排，而是包含烯丙基双键的 [3,3]σ 迁移重排反应。带负电荷的硼增加了双键的亲核性，使它更容易进攻羰基碳并形成六元环过渡态，硼从碳到氧的转移与碳碳键的形成同时发生，最后在碱性条件下过氧化氢加速硼氧键水解生成醇。

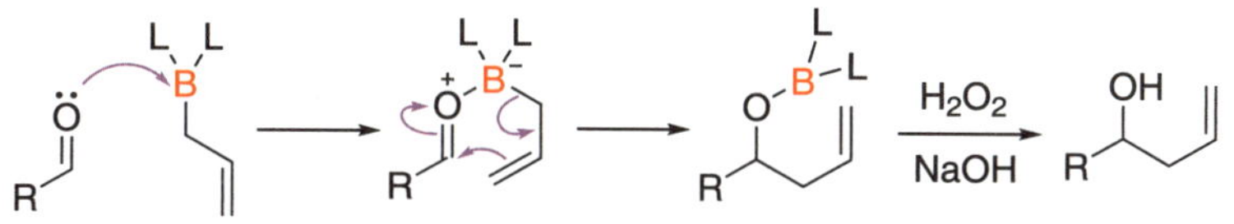

如果硼上连有手性辅基，与醛发生烯丙基化反应时能够选择性地生成一种非对映异构体产物。下面的例子是蒈烯丁-2-烯硼烷与醛发生的烯丙基化反应，产物的非对映选择性（dr 值）和对映选择性（ee 值）都很高。通过调节硼烷中烯烃的构型，也能够控制产物的立体构型。

Herbert C. Brown 因为在硼氢化反应领域的杰出贡献，与 Georg Wittig 共同获得了 1979 年诺贝尔化学奖。Georg Wittig 发现了 Wittig 反应。

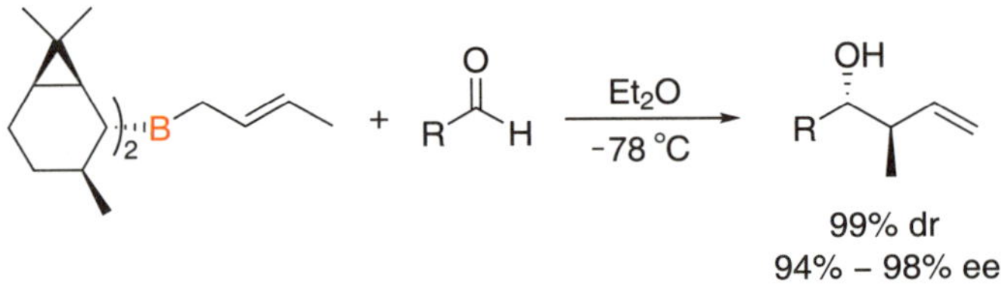

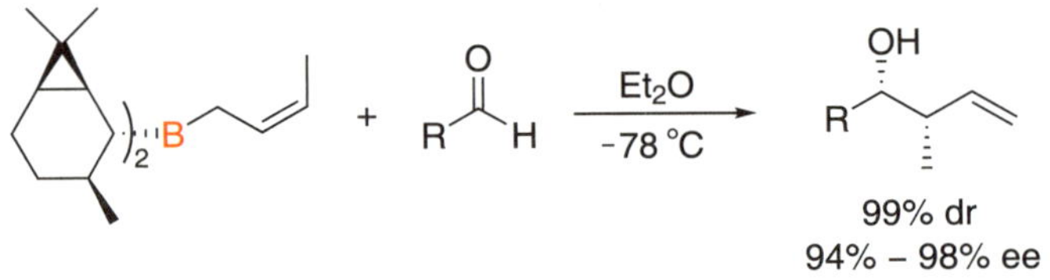

有机硼化学的特点：

由于硼具有空的 *p* 轨道所以具有亲电性；B−O 键的键能大容易形成，B−C 键的键能小容易断裂并发生反应；烷基从硼向 O 原子、N 原子或 C 原子的迁移具有立体选择性。

有机硼化合物的成键和结构类型多样，具有独特的物理和化学性质，在有机合成、药物化学、新型材料、生命科学等领域有广泛的应用。下面列出了几种具有不同生物和药物活性的有机硼化合物。

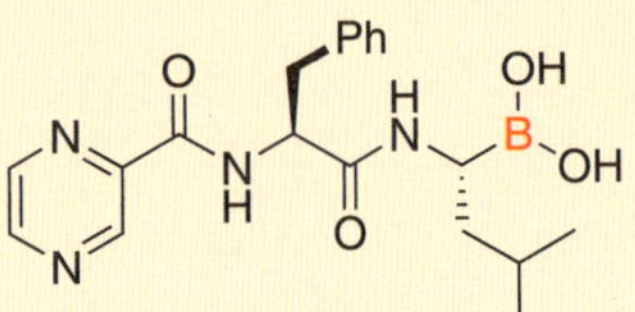

硼替佐米
(抗肿瘤活性)

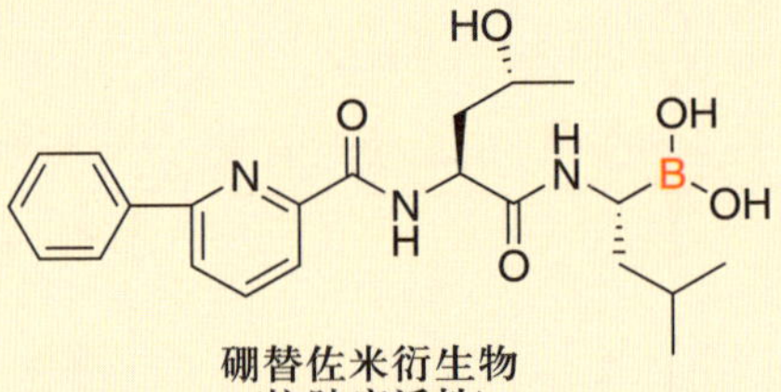

硼替佐米衍生物
(抗肿瘤活性)

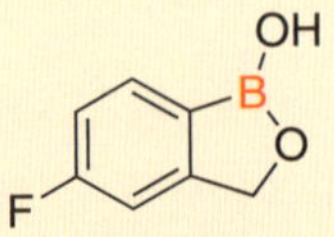

AN-269
(抗真菌活性)

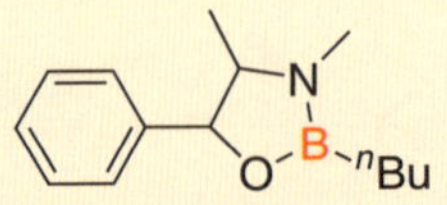

1,2,3-噁唑硼烷
(抗链球菌活性)

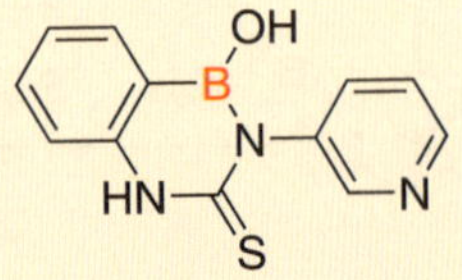

二氮硼烷硫酮
(抗结核杆菌活性)

有机硼系阻燃剂的研究与开发是利用硼原子电子层结构缺电子的性质，具有接受电子的能力，可以与氮原子、磷原子等富电子原子形成配位键，能够开发硼−氮、硼−磷、硼−卤与硼−硅分子内复合型有机硼系阻燃剂，具有良好的阻燃、抑烟性能并且无毒。硼系阻燃剂在燃烧过程中产生硼酸酐或硼酸，在热裂解时形成类似玻璃状的熔融物覆盖在织物上，隔绝氧气和热的传播，从而达到阻燃效果。

$B(OCH_2CH_2NH_2)_3$

硼-氮复合阻燃剂

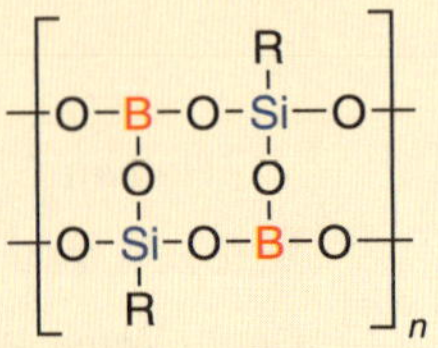

硼-硅复合阻燃剂

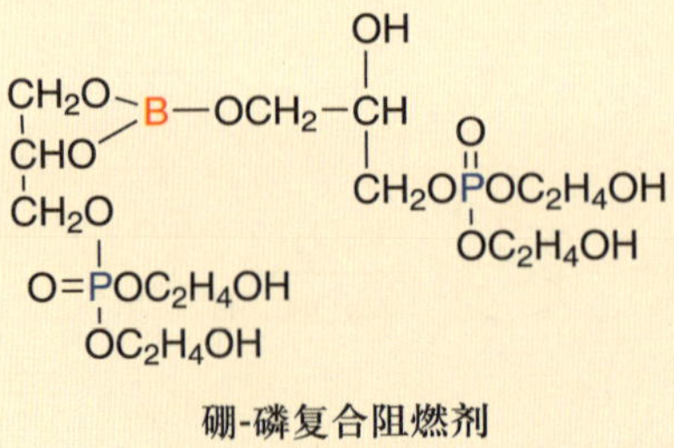

硼-磷复合阻燃剂

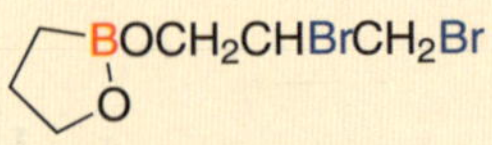

硼-卤复合阻燃剂

B_2pin_2 是一种常用的硼化试剂，它的结构如下所示：

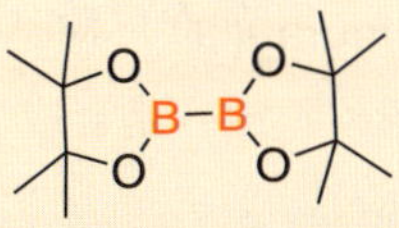

B_2pin_2的化学结构

B_2pin_2 的两个硼原子可以看作 Lewis 酸，当其中一个硼原子与 Lewis 碱作用时，B−B 键会变成 sp^2−sp^3 杂化，而整体会变成中性分子或阴离子。

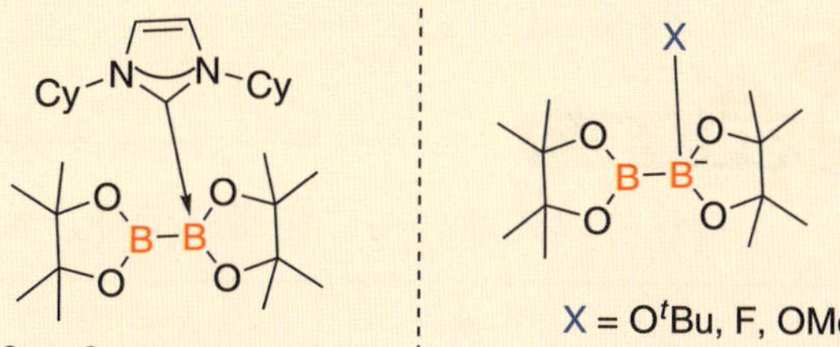

X = O^{t}Bu, F, OMe

sp^2−sp^3杂化的中性分子　　sp^2−sp^3杂化的阴离子

在上面两种类型中，阴离子的结构更适合应用于无过渡金属催化的硼化反应，因为阴离子中的 B−B 键被极化，B (sp^3) 原子处电子云密度较高，这使得活化后的 B_2pin_2 可以作为亲核试剂参与反应。

B_2pin_2 还能够在金属铱催化下与芳基的 C−H 键发生硼化反应来制备芳基硼酸酯。

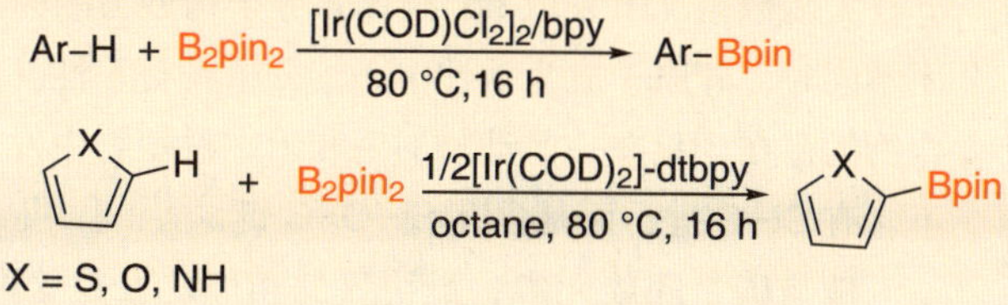

思考题 30.2

简述有机硼系阻燃剂阻燃的作用机理。

30.1.4 Miyaura 硼化反应

Miyaura 硼化反应是指在钯催化剂存在下，利用芳基或烯基卤代物或三氟磺酸酯衍生物与联二硼酸频哪醇酯发生偶联反应来制备相应的硼酸频哪醇酯的一类反应。

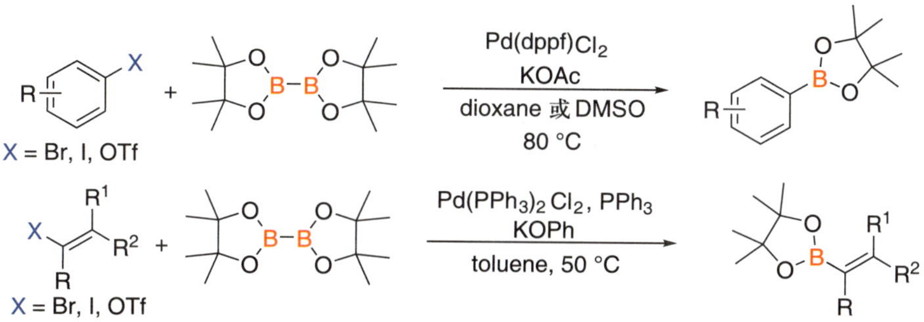

30.1.5 Suzuki-Miyaura 偶联反应

Suzuki-Miyaura 偶联反应是在钯催化下，有机硼化合物与有机卤化合物发生偶联反应，构建新的碳碳键，是合成多烯烃、苯乙烯和联苯衍生物的有效方(参见第 29 章中的 Suzuki 反应)。

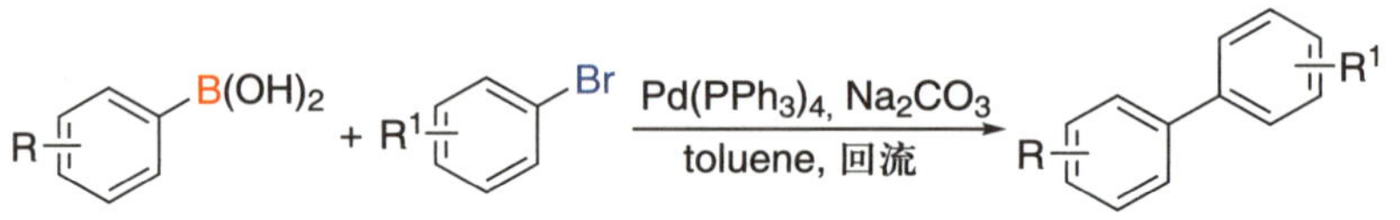

思考题 30.3

硼烷可以还原哪些官能团，所得产物分别是什么？

30.2 有机硅化合物

硅(silicon)是 IVA 族元素，也是地球表面除氧之外含量最高的元素。与碳相似，硅在大多数情况下采取 sp^3 杂化，分子构型为四面体。当硅原子所连的四个原子或基团不同时，硅原子成为手性中心，分子具有手性。自然界中至今还没有发现有机硅化合物的存在，只在一些动物羽毛和禾本科植物中发现硅酸酯类化合物，但这类物质并不含有 Si–C 键，而是含有 Si–O–C 键。

硅与碳是同族元素，最明显的相似之处是这两种元素的化合价通常都是+4 价，而且都能形成四面体化合物。不同的是，碳能够形成许多稳定的含 π 键的平面或线形化合物，而硅的成键形式较少。另外一个重要的区别是，与碳氧 σ 键和碳碳 σ 键相比，硅氧 σ 键的键能 (368 $kJ\cdot mol^{-1}$) 和硅硅 σ 键的键能 (230 $kJ\cdot mol^{-1}$) 相对较弱。

表 30–1 部分含碳或含硅化学键的键能比较

单位：$kJ\cdot mol^{-1}$

X	H–X	C–X	O–X	F–X	Cl–X	Br–X	I–X	Si–X
C	416	356	336	485	327	285	213	290
Si	323	290	368	582	391	310	234	230

在 Me_3Si– 中的三个甲基均是给电子基团，而且 Si 的电负性又较小，所以 Me_3Si–的给电子能力比 Me_3C– 还强。Me_3Si– 取代脂肪胺的有机基团中的氢后，由于其较强的正诱导效应，氮上的电子云密度相对来讲会升高，其碱性也相应增加。如 CH_3NH_2、$Me_3SiCH_2NH_2$ 和 $Me_3CCH_2NH_2$ 的 K_b 分别为 5.1×10^{-4}、9.1×10^{-4} 和 1.6×10^{-4}。

表 30–1 中的数据显示了碳和硅之间的差异。电负性大的元素与硅成键的键能一般比与碳成键的键能强，例如，硅氟键是已知键能最大的化学键之一；但硅与正电性元素成键时则较弱，例如，硅氢键比碳氢键弱得多，很容易断开。如下是一些有机硅化合物。

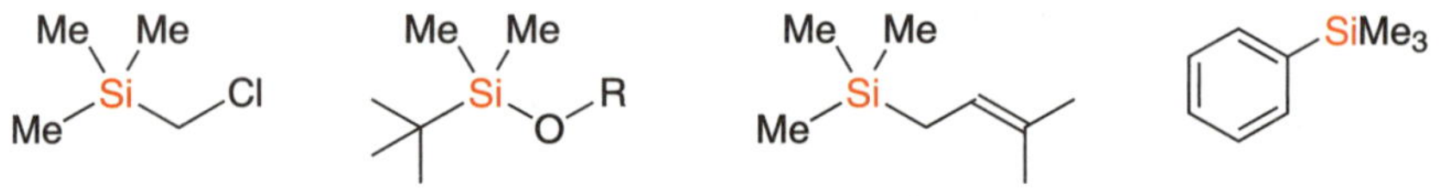

亲电试剂　被保护的醇　烯丙基硅烷　苯基三甲基硅烷

碳硅键的稳定性好，因此三烷基硅能够在化学合成转化过程中稳定存在，同时在适当的反应条件下也能够根据需要实现断键。氟负离子对碳化合物的亲核性很差，但是氟负离子很容易与硅形成硅氟键。另外，碳硅键的键长（1.89 Å）明显长于典型的碳碳键（1.54 Å）。与碳（2.5）相比，硅具有较低的电负性（1.8），因此碳硅键极性指向碳。这些性质使得硅容易受到亲核试剂的进攻。

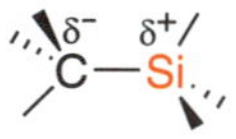

思考题 30.4

解释为什么 Si–Cl 键和 C–Cl 的共价键键能都很大，但 C–Cl 键化合物能在空气中稳定保存，而含 Si–Cl 键的化合物却容易与空气中的水发生反应，产生刺激性气体 HCl。

30.2.1 硅的亲核取代反应

硅能够与带负电荷的基团（亲核试剂）反应形成很强的化学键。例如，烷基硅醚化合物能够与四丁基氟化铵反应形成 Si–F 键。该反应机理不是简单的 S_N2 反应过程。如果按照 S_N2 反应机理进行解释，该反应是在一个空间位阻很大的 Si 上发生取代反应，这实际上是不可能的。该反应之所以能够发生是因为硅的两个特性促进了这一过程：(1) 硅具有较长的碳硅键，减弱了空间位阻的影响；(2) 硅具有空的 *d* 轨道使亲核试剂的进攻成为可能。

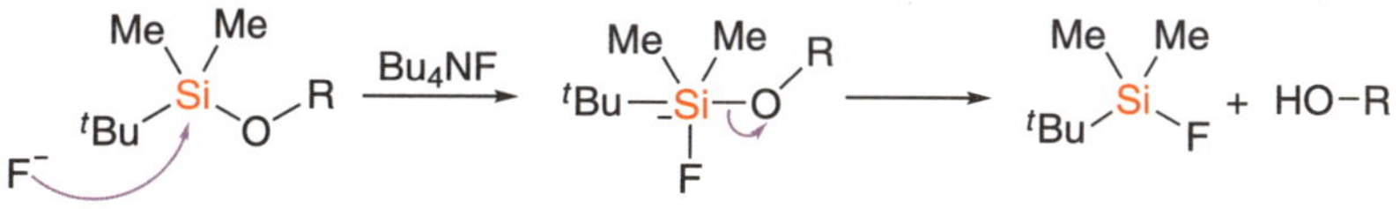

氟进入硅的空 *d* 轨道生成带负电荷的五配位硅中间体，然后烷氧基负离子离去生成氟代三烷基硅烷。

为什么三甲基氯硅烷参与的反应机理不同于叔丁基氯的 S_N1 反应？事实上，阳离子 Me_3Si^+ 是能够生成的，也可以在质谱中检测到。但是，硅更容易发生加成消除反应，因此 S_N1 反应无法与之竞争。

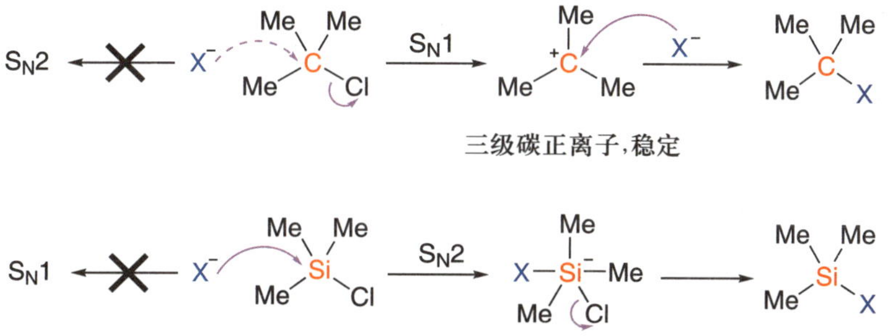

在 Si 和 C 上发生的 S_N2 取代反应有一些重要的区别。烷基卤化物是软亲电试剂，而硅基卤化物是硬亲电试剂。烷基卤化物与氟负离子的反应很慢，而硅基卤化物与氟负离子的反应比与其他任何亲核试剂的反应都快。烷基卤化物能够与中性或具有孤对电子的原子（S，Se，I）发生亲核反应。与硅基卤化物发生反应的亲核试剂往往是带负电荷的，并且是电负性很强的原子（主要是 F、Cl 和 O）。例如，烯醇负离子的负电荷在碳上时是与卤代烷反应，而负电荷在氧上时则是与硅基卤化物反应。

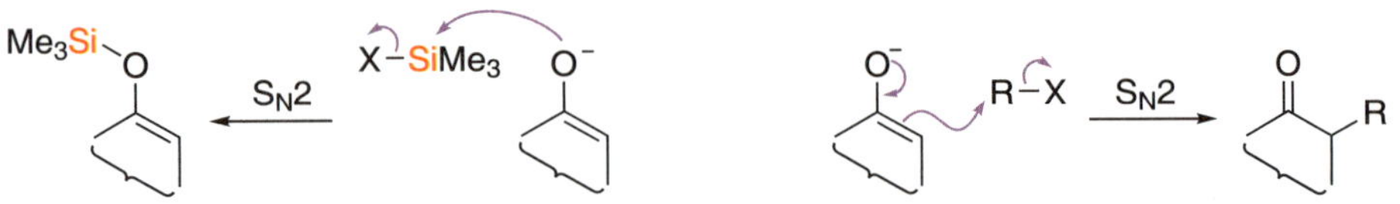

当 Me_3SiX 在碱性条件下脱除 Me_3Si–基时，产物不是硅醇，而是硅醚（六甲基二硅醚），因为生成的硅氧负离子亲核能力强，会进一步与 Me_3SiX 发生亲核取代反应。该反应进一步说明了硅基卤化物和烷基卤化物在发生 S_N2 反应时有很大区别。

思考题 30.5

硅元素和碳元素有什么差异？硅和碳发生亲核取代反应有什么区别？

硅醚是醇的通用保护基团

硅基保护基是醇羟基常用的保护基团之一，它们可以通过与亲核试剂（氟负离子或氧负离子）反应而除去。最简单常用的硅基保护基是三甲基硅基（Me_3Si–，TMS），同时它也是最容易被除去的羟基保护基，TMS 很容易被含微量酸或碱的水除去。

如果用叔丁基取代 TMS 中的一个甲基，就得到叔丁基二甲基硅基（TBDMS），TBDMS 保护基的稳定性好，能够在柱层析中稳定存在，因此成为有机合成中非常受欢迎的羟基保护基。

叔丁基二苯基硅基（TBDPS）的较大空间体积使它能在仲醇存在时对空间位阻小的伯醇进行选择性保护。最稳定的硅基保护基是三异丙基硅基（TIPS），它有三个支链烷基取代基，能够保护中心硅原子不受亲核试剂的进攻。三种空间位阻较大的硅基保护基（TBDMS、TBDPS 和 TIPS）都具有良好的稳定性，而且都可被氟负离子有效脱除。

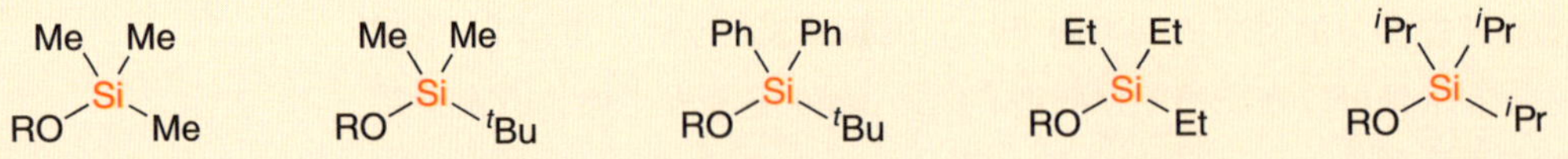

RO–TMS　RO–TBDMS　RO–TBDPS　RO–TES　RO–TIPS

思考题 30.6

硅醚作为醇羟基保护基的优点是什么？

30.2.2　Peterson 消除反应

Me_3Si–基除了可以用于羟基保护以外，在化学反应中与碳原子直接相连的

Me_3Si-基能够被亲核试剂（如 F^- 或 RO^-）脱除，发生消除反应生成烯烃。这个反应被称为 Peterson 消除反应。

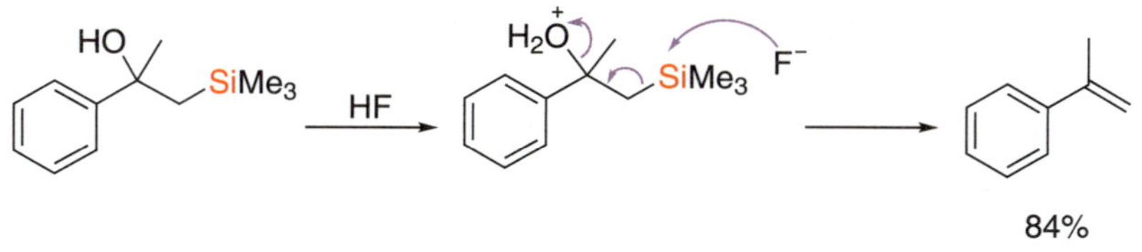

这个反应与酸性条件下醇脱水生成烯烃的反应类似。但与醇脱水反应不同的是，Peterson 消除反应是完全区域选择性的，能够生成通过其他消除反应无法生成（或者生成不同烯烃混合物）的烯烃化合物。下面的例子中只生成一种烯烃，而且产率很高，同时产物是一个含环外双键的共轭烯烃化合物。如果没有硅原子的控制作用（忽略连接在氧上的三烷基硅基，它是羟基保护基），产物还可能有完全环内双键的共轭烯烃。所生成的含环外双键的共轭烯烃是合成抗癌化合物紫杉醇的重要中间体。

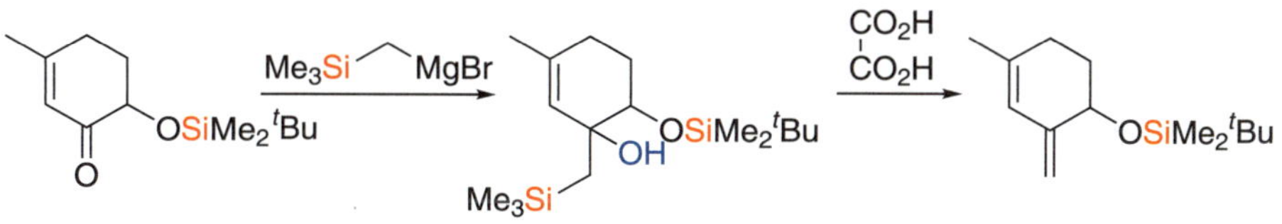

Peterson 消除反应对于合成端位或环外双键化合物特别有用，因为起始原料（如上例所示的格氏试剂）很容易由 Me_3SiCH_2Br 生成。

30.2.3 Brook 重排反应

1958 年，Brook 首次报道了分子内 1,2-硅基迁移反应，即在碱性条件下发生硅基由碳原子迁移到氧原子上的反应，后来将此反应命名为 Brook 重排反应。反应机理：首先 α-硅基醇在碱性条件下脱除质子生成烷氧负离子，烷氧负离子亲核进攻硅原子形成三元环过渡态 **TS**，随后 Si-C 键断裂，负电荷转移到碳原子上生成碳负离子，最后碳负离子夺取质子生成硅醚。研究表明三元环过渡态 TS 中 Si-C 键的键能（70 – 80 kJ · mol^{-1}）小于 Si-O 键的键能（120 – 130 kJ · mol^{-1}），三元环过渡态 **TS** 优先断裂 Si-C 键得到 Brook 重排反应产物。

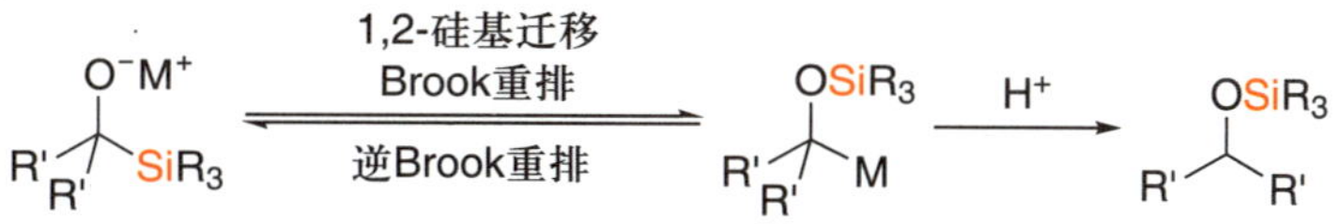

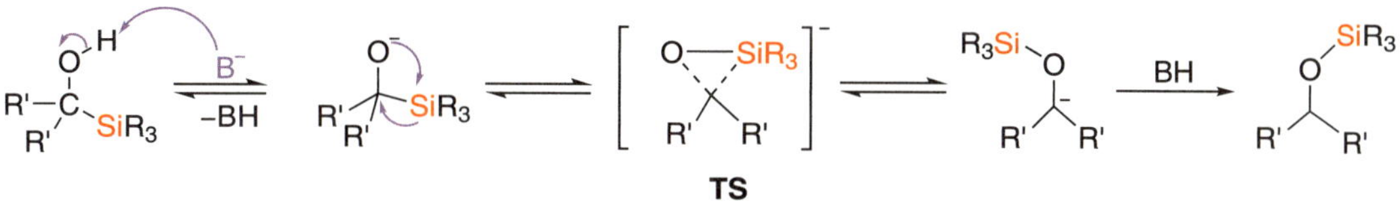

30.2.4 炔基硅烷的反应性质

端炔氢显酸性（pK_a~25），可以被强碱（如格式试剂、锂试剂等）脱去。在有些情况下，由于副反应的存在，必须对端炔进行保护。三甲硅基保护是端炔的常用保护方法。

Me_3Si-基团在反应中保护端炔的末端不参加反应，待其反应完成以后可以用氟化物或氢氧化钠脱除。

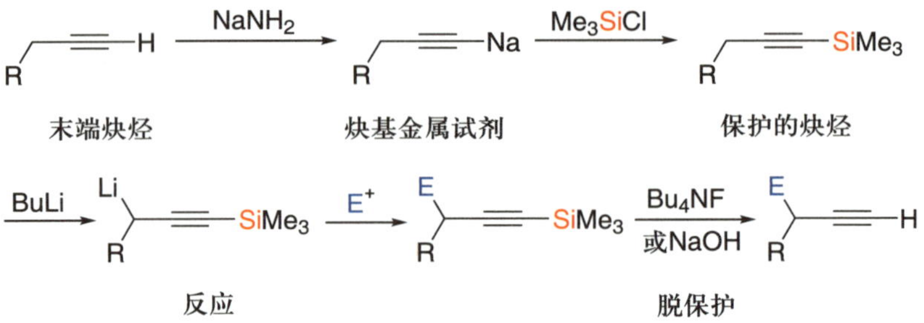

此外，乙炔是一种常用的二碳合成子，但是因为它是一种易爆气体而不方便使用。三甲硅基乙炔是一种可蒸馏液体，经常被用来替代乙炔反应。三甲硅基乙炔与丁基锂反应脱去质子生成炔基锂，炔基锂在碘离子亲核催化剂的存在下与烷基氯发生亲核取代反应，能够顺利地将炔基引入分子中。最后在甲醇中用碳酸钾脱除三甲硅基可以重新生成端炔。

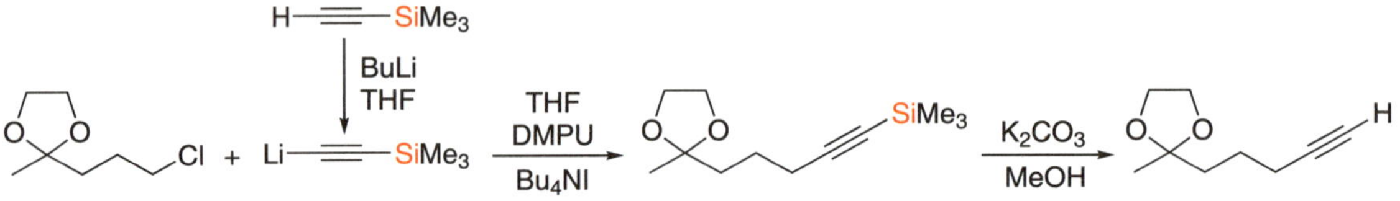

与普通炔烃一样，硅基保护的炔烃能够发生亲电加成反应。硅的存在对这个反应的区域选择性非常关键：反应只发生在直接与硅相连的碳原子上，这是因为三甲硅基能够稳定加成反应产生的碳正离子中间体。

硅的独特性质使 C–Si 键能够更加有效分散正电荷，从而稳定碳正离子。硅基 β 位的碳正离子能够通过 C–Si 键的 σ 供体稳定正电荷，因此三甲硅基炔烃发生亲电加成反应主要发生在与硅相连的碳原子上。

C–Si 键稳定碳正离子的同时，由于电子离域作用也削弱了 C–Si 键的强度，导致 C–Si 键更容易断裂。当亲核试剂（特别是卤素或氧亲核试剂）进攻三甲基硅时，能够有效脱除三甲基硅，最终反应结果是发生亲电取代反应，即硅被亲电试剂取代。

上述反应过程对于炔基酮的合成非常有用。炔基酮的合成很难直接用传统的有机金属试剂（如炔基锂或炔基格氏试剂）与羰基试剂直接反应，因为它们会优先与羰基进行加成反应。炔基硅烷在 Lewis 酸（如三氯化铝）存在下与酰氯发生 Friedel-Crafts 酰基化反应，脱除三甲基硅后可以直接生成炔基酮。

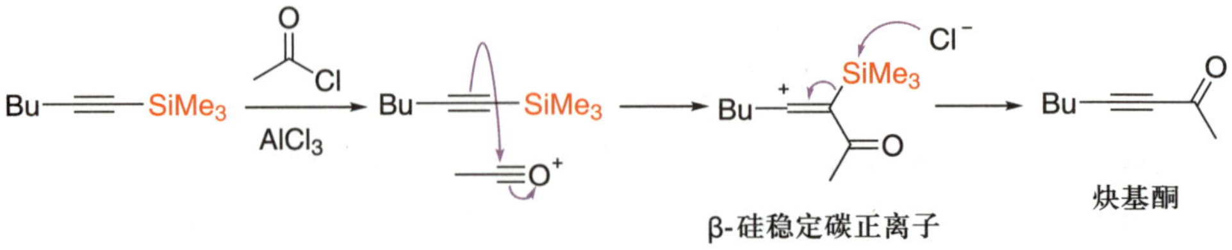

30.2.5 芳基硅烷的反应性质

与前面介绍的芳香化合物一样，芳基硅烷与亲电试剂也能够发生亲电取代反应。与苯环通过不同取代基控制邻位、间位和对位取代产物的规则不同，芳基硅烷与亲电试剂发生反应时，亲电试剂直接取代三甲基硅——称为原位取代（*ipso* substitution）。芳基硅烷与亲电试剂发生芳香亲电取代反应的机理：首先亲电试剂与芳基硅烷发生加成反应生成稳定的碳正离子，然后亲核试剂进攻三甲硅基生成原位取代产物。β 位硅基通过 C–Si 成键电子与碳正离子空 *p* 轨道共享电子实现对碳正离子的稳定。

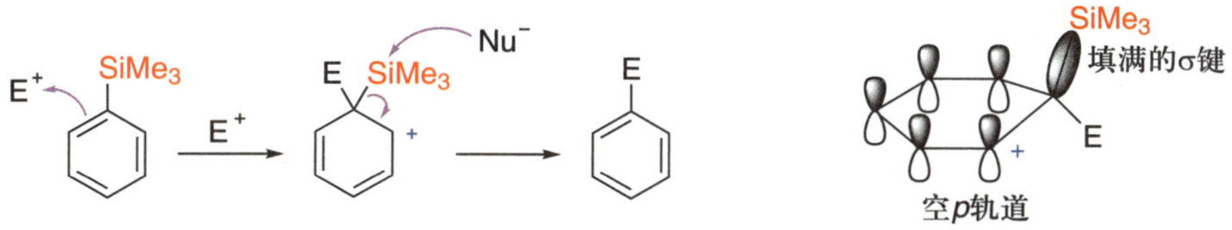

空*p*轨道与C-Si键近似平行

亲电试剂也可以加到芳基硅烷的硅基间位，生成 β-硅基碳正离子。但是这个碳正离子不能被硅稳定，因为这时碳正离子的空 *p* 轨道不能与 C–Si 键平行（C–Si 键仍然在六元环平面上），不能产生相互作用。

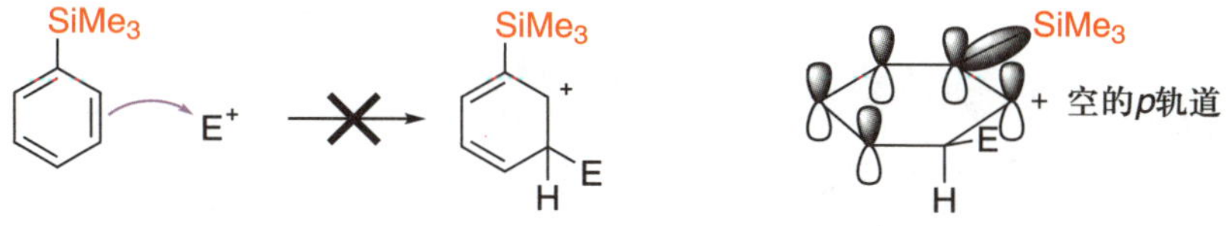

空*p*轨道与C–Si键不平行

芳基硅烷可以转化为醇类化合物。苯基硅烷与溴的反应能够生成溴苯和硅基溴化物。硅基溴化物在碱性条件下与过氧化氢反应，由 HOO^- 取代 Br^-，然后发生重排和水解反应生成醇。将硅基转化为羟基的反应称为 Fleming-Tamao 氧化。

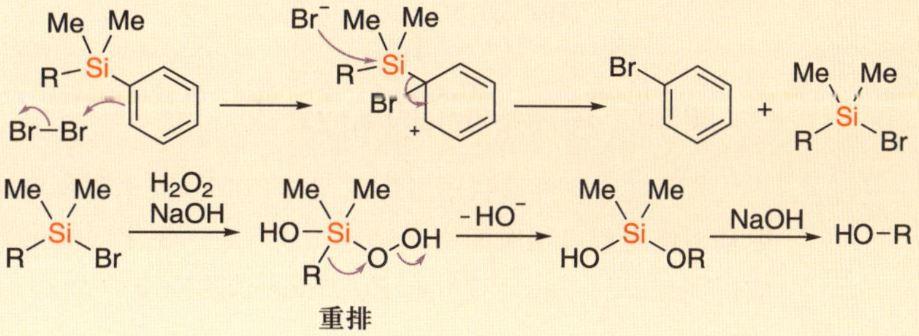

30.2.6 烯基硅烷的反应性质

烯基硅烷与亲电试剂的反应同样存在区域选择性问题，在反应过程中硅在原位被亲电试剂取代。烯基硅烷的立体选择性很重要，因为该反应通常在几何构型保持的情况下发生。

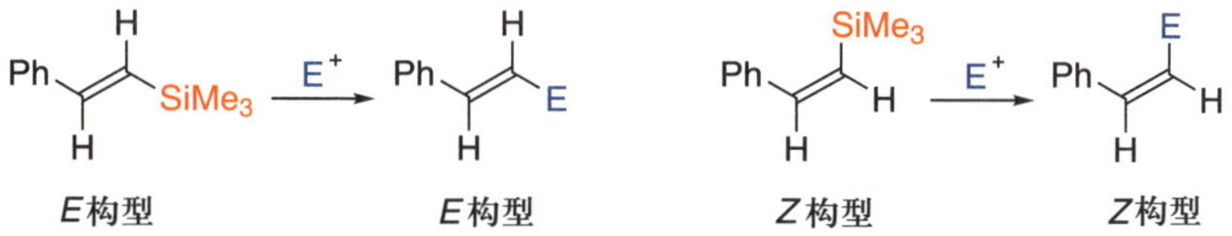

反应先生成碳正离子。中间体碳正离子中的碳碳 σ 键能够自由旋转，当碳硅键和碳正离子空 *p* 轨道平行时，碳硅键的成键电子对对碳正离子具有稳定作用。正是因为这个原因，*E* 构型烯基硅烷与亲电试剂发生反应时，亲电试剂直接取代三甲硅基生成构型保持的取代产物。*Z* 构型烯基硅烷与亲电试剂反应时也得到构型保持的取代产物。

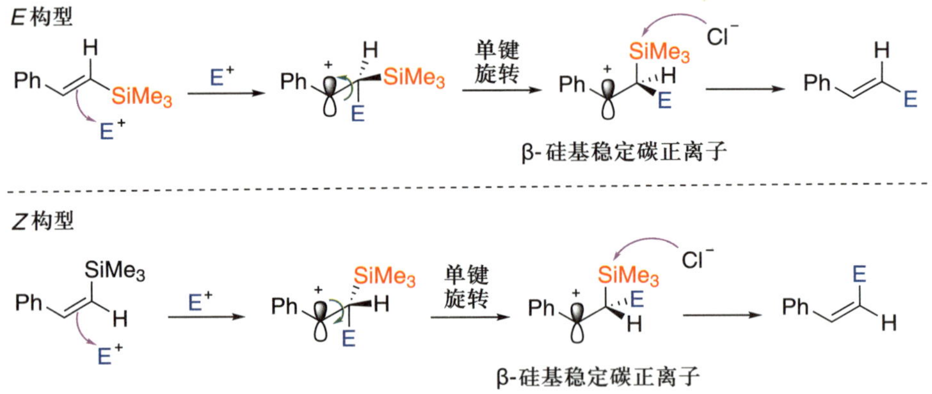

根据烯基硅烷的这一反应性质，可以用 Me_3Si–基作为导向基，在烯烃双键特定位置引入亲电基团。这是有机硅的一个特征反应。

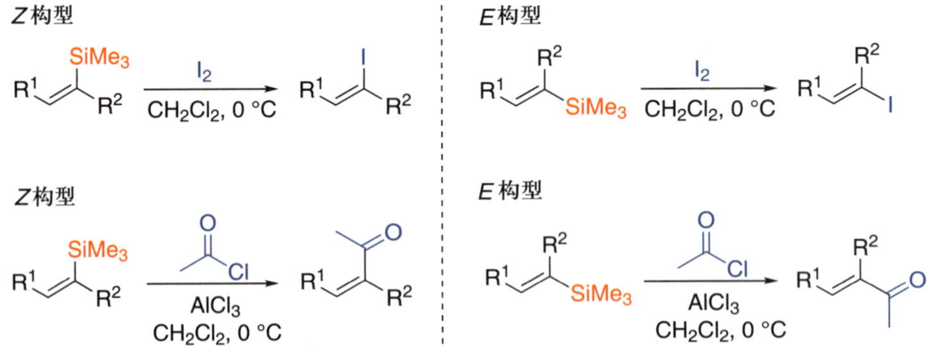

30.2.7　烯丙基硅烷的反应性质

烯丙基硅烷可以利用格氏试剂和 Peterson 消除反应进行合成。首先由三甲基硅甲基卤化物形成相应的格氏试剂，然后在三氯化铈催化下与羧酸酯发生两次加成反应得到相应的叔醇，叔醇在 Peterson 消除反应中失去一个 Me_3Si–基，得到烯丙基硅烷。

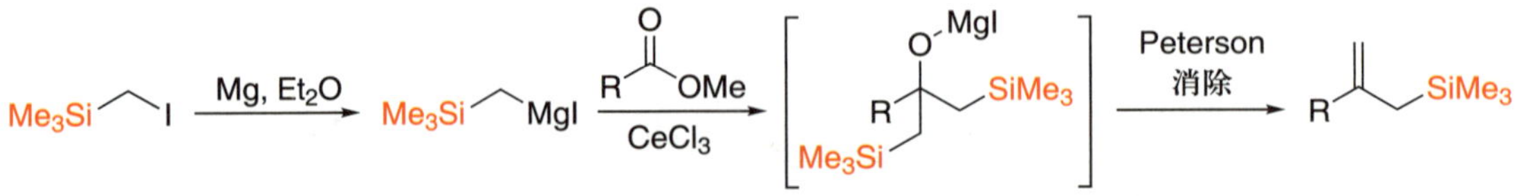

利用 Wittig 试剂也可以制备烯丙基硅烷。甲基 Wittig 试剂与三甲基硅甲基碘发生 S_N2 反应，由于 Ph_3P^+ 比 Me_3Si 具有更强的阴离子稳定作用，所以在丁基锂作用下生成磷叶立德。磷叶立德与羰基化合物 (如环己酮) 反应生成烯丙基硅烷。碳硅键对相邻烯烃有活化作用，能够降低亲电加成反应的过渡态能量，因此烯丙基硅烷比孤立的烯烃更容易发生反应。

烯基硅烷的碳硅键正交于烯烃的 *p* 轨道，碳硅键位于 π 键的节面上，所以碳硅键和 π 键之间没有相互作用。相反，烯丙基硅烷的碳硅键通常是平行于 π 键的 *p* 轨道，所以具有相互作用。

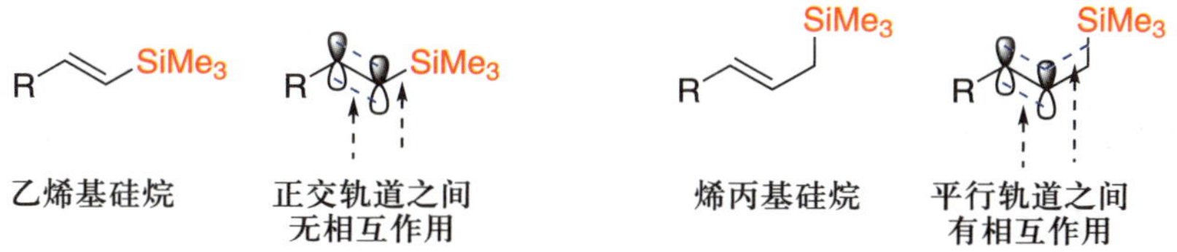

烯丙基硅烷与亲电试剂发生反应具有良好的区域选择性，因为三甲硅基的稳定作用，β-硅基碳正离子能够稳定存在。亲核试剂进攻三甲硅基，同时碳硅键断裂生成烯烃化合物。该反应中双键发生了位移。

烯丙基硅烷不仅能够与亲电试剂反应生成烯烃，而且能够与醛反应生成仲醇。反应通常利用 Lewis 酸作为催化剂，一般是金属卤化物，如 $TiCl_4$ 或 $ZnCl_2$，它们通过金属—氧键形成氧鎓离子活化羰基。烯丙基硅烷作为亲核试剂与活化的醛发生加成反应形成 β-硅基碳正离子，然后卤负离子脱硅并水解得到高烯丙基仲醇。

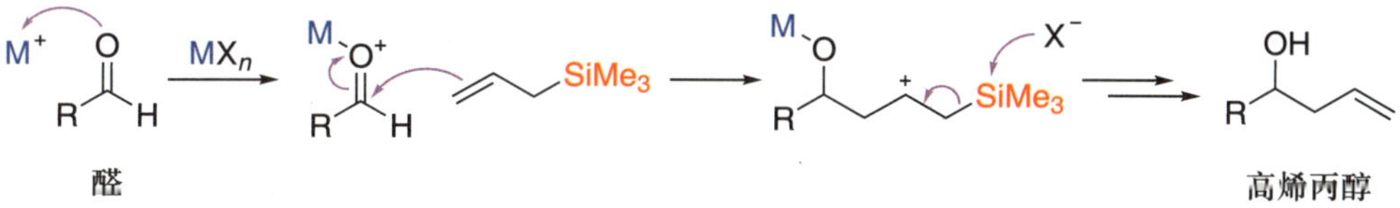

硅氧烷类化合物

硅氧烷是以 Si-O-Si 键为骨架的烃基衍生物。硅氧烷在有机硅化学中特别重要，性能优异的有机硅高分子如硅油、硅橡胶及硅树脂都是以这种 Si-O-Si 键为分子骨架的高分子化合物。硅油是低聚物，为无色油状黏稠液体。它在 200 ºC 高温也不挥发、不凝固且具有绝缘性，故工业上用作优质润滑油、高级变压器油、脱模剂、高真空用扩散泵油和密封脂等。

二甲基硅油是硅油中结构最简单，应用最为广泛而且产量最大的一类有机硅产品。结构式如下：

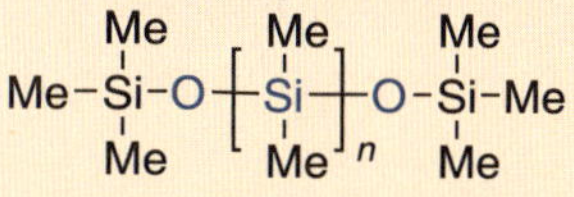

它具有聚硅氧烷的典型特点，如耐高低温性、耐氧化性、憎水性、低表面张力、黏温系数小、优良的抗剪切性能等。二甲基硅油的应用领域颇多，如橡胶塑料行业、食品行业，建筑行业、纺织业、汽车制造业、军事工业等，与人们的生产生活息息相关。为了提高或改变二甲基硅油的某些特性，人们相继开发了各种改性硅油，它们可以看作二甲基硅油中的部分甲基被其他基团代替的产物。其他基团的引入使得二甲基硅油的应用范围更加广泛。

硅橡胶的特性是耐高温和耐寒，加上它具有高度的耐腐蚀性和优良的介电性能，使硅橡胶在许多苛刻的条件下具有独特的应用。人们利用它的化学惰性制造人造心瓣膜和人造血管等很有发展前途的医用高分子材料。

硅树脂与硅油或硅橡胶不同，它一般是用来做弯曲性较好的柔软树脂或制造强韧的电气绝缘树脂等材料。

思考题 30.7

硅氧烷产品具有哪些优异的性能？

30.2.8　烯醇硅醚在有机合成中的应用

1. 烯醇硅醚在酯的双分子还原偶联反应中的应用

两分子正丁酸乙酯能够在金属钠存在下发生酯的双分子还原偶联反应，如果在反应中加入氯硅烷，可以减少副反应的发生，提高产物 α-羟基酮的产率和性能。

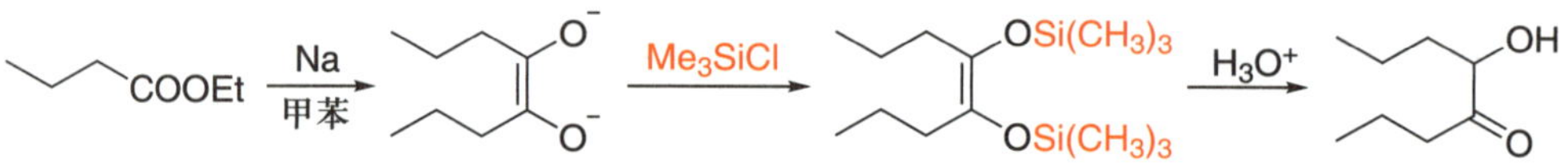

在反应过程中，烯二醇负离子中间体与 Me_3SiCl 作用生成**烯醇硅醚**(enol silyl ethers)。烯醇硅醚比烯醇更加稳定，因此减少了副反应的发生。

2. 烯醇硅醚在羰基化合物 α-取代反应中的应用

在碱性溶液中，醛酮等羰基化合物可以生成烯醇负离子，然后与三甲基氯硅烷反应得到烯醇硅醚。烯醇硅醚与亲电试剂发生加成反应产生碳正离子，再经过水解脱除三甲基硅得到羰基 α 位取代产物。

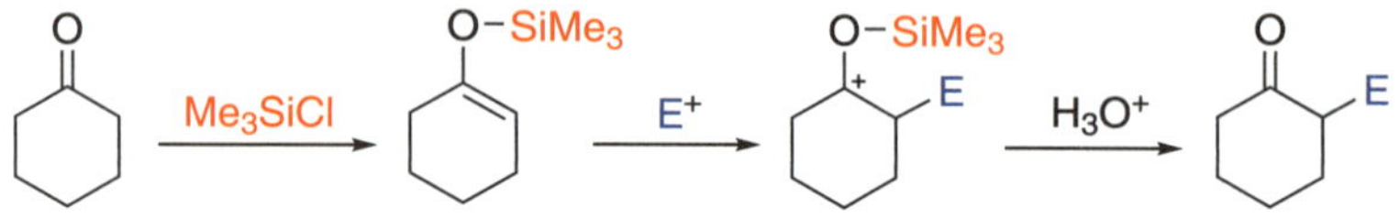

当发生反应时大位阻的 LDA 脱除空间位阻小的羰基邻位碳上的氢产生碳负离子，然后发生烯醇互变异构生成烯醇负离子。反应中加入三甲基氯硅烷有利于区域选择性反应的进行。

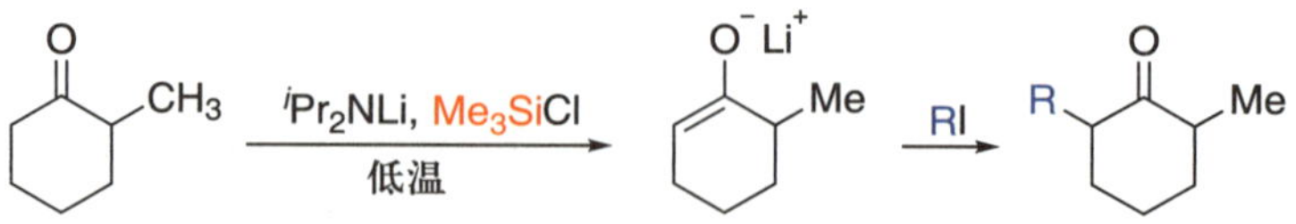

烯醇硅醚能够参与不同的反应，得到不同结构的羰基 α-取代化合物，而且反应的区域选择性很高，在有机合成化学中应用广泛。

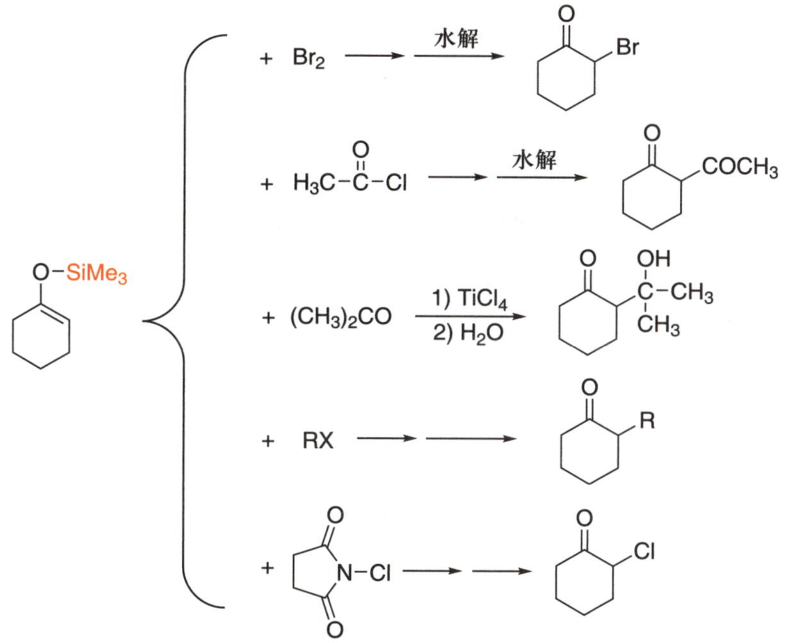

烯醇硅醚可以是环状化合物，也可以是开链化合物，同样可以制备不同结构的羰基 α-取代化合物。

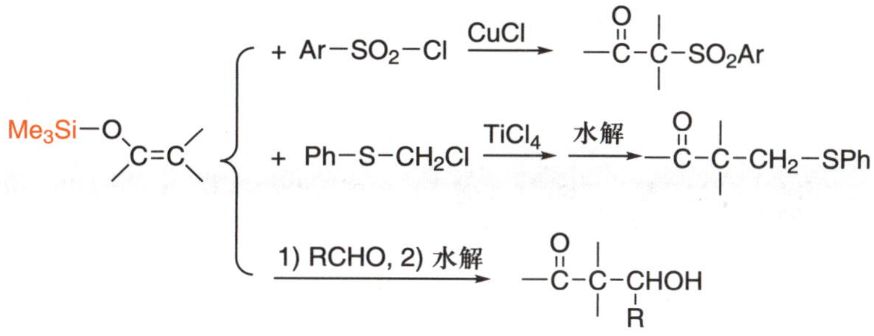

思考题 30.8

烯醇硅醚发生亲核加成反应或亲核取代反应的反应机理是什么？

30.3 有机磷化合物

磷 (phosphorus) 的外层电子排布为 $3s^23p^3$，磷化合物中磷的配位数可以是 1－6，最常见的含 P－C 键的有机磷化合物为 3－5 配位。

30.3.1 有机磷化合物的主要类型

磷能够形成与氮结构相似的化合物。例如，PH_3 (三氢化磷) 中的氢原子分别被 1－4 个烷基取代后，形成不同取代的烃基膦 (phosphine) 和季鏻盐 (phosphonium)。例如：

有机硅化合物在制药方面用途也很广泛。例如，用硅原子取代已有药物分子中的某个碳原子可以制备得到含硅药物（简称硅药），硅药不仅可以使原来药物的毒性降低，而且可以提高药物的活性，为新药的研究提供了一条新途径。在已知药物中引入含硅基团（称为药物的硅基化），可使含有极性官能团（如-OH，-NH，-COOH 等）的大多数药物的亲脂性提高，同时引入的硅基对有机化合物的活性基团起到保护作用，并可以提高药物的稳定性，延长其药效。

高分子液晶是一门新兴的边缘科学，是现代高分子科学飞速发展的前沿之一。液晶高分子区别于其他高分子材料的根本特点是这类高分子能够以液晶态存在，能自动组织产生各种有序的结构，从而具有一些独特的优异性能。为了寻找一类相变温度较低的聚合物液晶，科学家合成了有机硅液晶聚合物。主链液晶聚硅烷和聚硅氧烷是兼有热致和溶致晶体与弹性的有机硅高聚物，目前已经广泛应用于液晶显示器的生产中。

RPH_2　伯膦　　R_2PH　仲膦　　R_3P　叔膦　　$R_4P^+X^-$　季鏻盐

相应化合物的命名为

$(CH_3)_2PH$　二甲基膦　　$(CH_3)_2PC_2H_5$　二甲基乙基膦

这些化合物为四面体构型。磷原子（sp^3 杂化）位于四面体的中心，与磷原子成键的三个原子或基团位于四面体的三个顶点，磷原子的孤对电子占据四面体的另一个顶点。含 P−C 键的有机磷化合物为膦酸（phosphonic acid）衍生物，如烃基膦酸，它们也是四面体构型。

相应化合物命名为

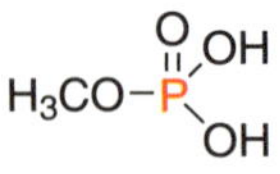

磷酸甲酯

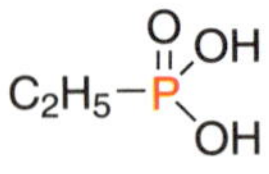

乙基膦酸

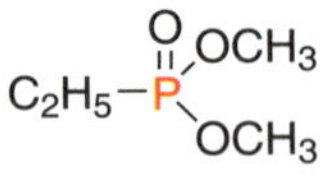

乙基膦酸二甲酯

亚磷酸及其酯与膦酸及其酯之间存在互变异构。例如：

亚磷酸双酯　　氢亚磷酸酯

生物体内含有多种有机磷化合物，在生命过程中起着非常重要的作用，如核酸、ATP、磷脂、葡萄糖磷酸酯等。只是它们不含有 P−C 键，而是含有 P−O 键，是磷酸的衍生物，以磷酸单酯、磷酸双酯、二磷酸单酯或三磷酸单酯的形式存在。

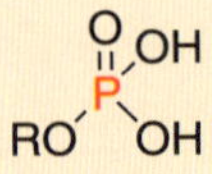

磷酸单酯

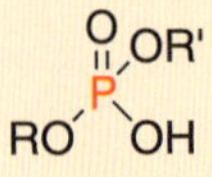

磷酸双酯

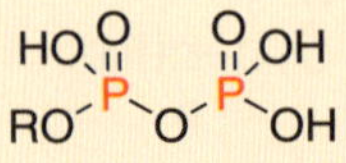

二磷酸单酯(焦磷酸单酯)

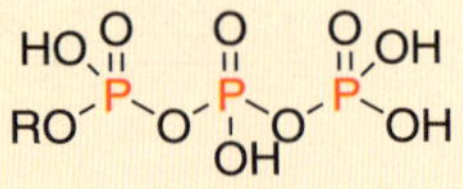

三磷酸单酯

含磷有机化合物的种类很多，同时具有广泛的应用，本节将重点介绍有机磷化学中的几个经典反应。

30.3.2　有机磷化合物的反应

有机磷化合物的种类很多，化学性质丰富，往往具有亲氧性、亲核性、配位性，能够发生亲核加成、亲核取代、消除、重排等反应，具有丰富的反应性能。

Appel 反应

Appel 反应是使用四氯化碳和三苯基膦将伯醇或仲醇转化为烷基氯代物的反应。烷基溴代物和烷基碘代物也可分别使用四溴化碳或溴，四碘化碳、碘甲烷或碘代替四氯化碳制得。该反应是将醇类化合物转化为卤代烃较为温和的方法。

反应机理是首先三苯基膦与四卤化碳生成鏻正离子和三卤甲基负离子离子对，三卤甲基负离子从醇夺取质子生成卤仿，同时醇转化为烷氧负离子。烷氧负离子对鏻正离子进行亲核取代反应，得到含 P−O 键的中间体 A 和卤负离子，然后卤负离子对中间体 A 进行亲核取代反应，产生三苯氧膦和产物卤代烃，反应通过 S_N2 机理进行，同时伴随构型翻转。如果以叔醇为底物，则最后一步生成卤代烃和三苯氧膦为 S_N1 机理。

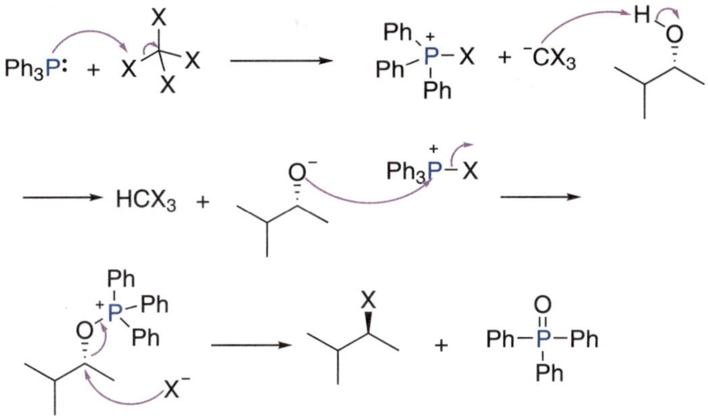

中间体A

反应的推动力是固体三苯氧膦的生成，它从反应混合物中分离出来。其中含有键能较大的 P=O 双键，利于反应进行。可以这样认为，四卤化碳中的一个卤原子在反应后转移到卤代烃中，自身接受醇的羟基氢生成卤仿；醇的羟基氧则被三苯基膦接受，三苯基膦变为三苯氧膦。反应几乎定量进行。

Wittig 反应

Wittig 反应是我们讨论过的反应，它是一种不涉及 H 消除而生成烯烃的反应，在前面章节中已经学习过 Wittig 反应的机理。

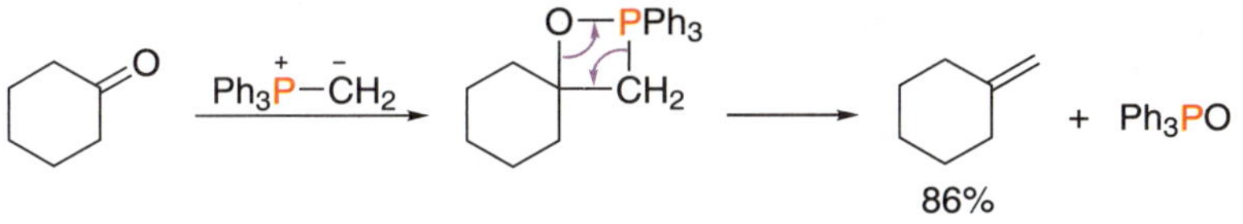

从概念上讲，Wittig 反应类似于碱促进的 Peterson 消除反应，它是一种由氧—杂原子键驱动的同步消除反应。因为副产物三苯氧膦中的 P=O 键键能很大，因此促进了 Wittig 反应的进行。Wittig 反应的消除步骤发生在中间体上，它是另一种生成烯烃的反应，它的应用比 Peterson 反应更广泛。

带有正电荷的磷原子可以增加碳骨架上与它们相邻碳上氢的酸性，因此季鏻盐可以被中等强度的碱去质子化，得到一种叫作磷叶立德 (ylide) 的物质。叶立德是指在相邻原子上带相反电荷的化合物。磷叶立德的结构也可以用双键表示，称为 Wittig 试剂。

季鏻盐能以类似于胺生成铵盐的方式制成，即通过烷基卤化物与三苯基膦的反应制得

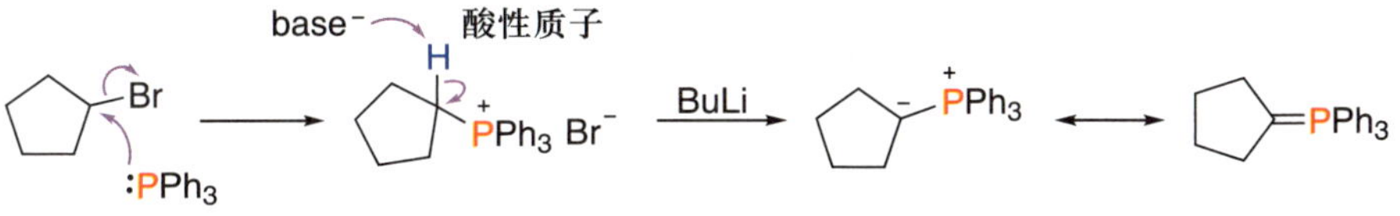

季鏻盐　　磷叶立德　　Wittig试剂

磷叶立德有较高的稳定性，可以被分离，但是通常不分离，在它们形成后立即用于反应。磷叶立德具有亲核性，能够进攻醛或酮的羰基，生成四元环氧磷烷中间体。氧磷烷不稳定，经过消除过程生成烯烃和三苯氧膦。

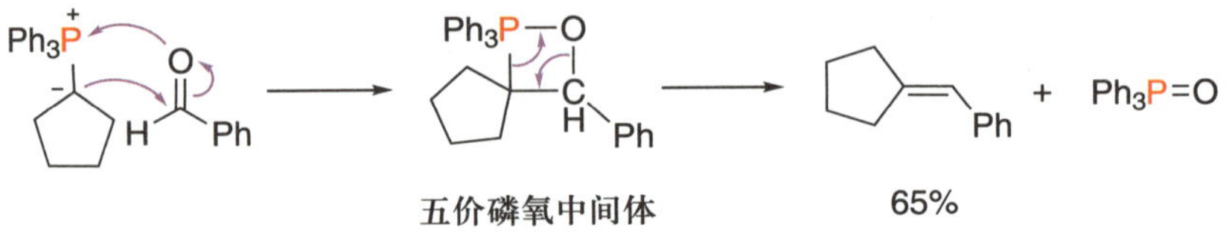

Wittig 反应的立体选择性

Wittig 反应常用于天然产物全合成，下面这些反应有的生成 *Z* 构型烯烃，有的生成 *E* 构型烯烃。反应的立体选择性取决于磷叶立德碳原子上取代基的结构。

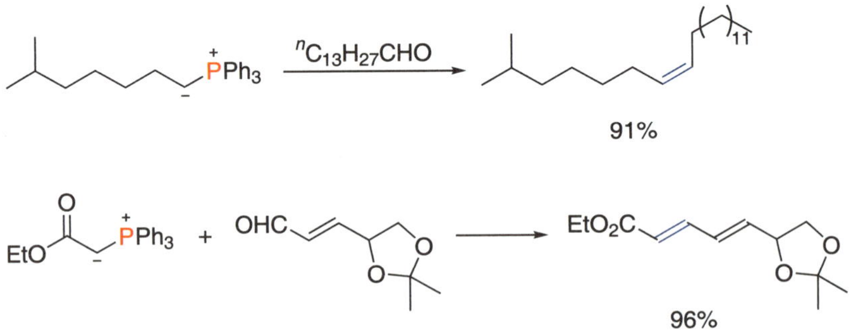

磷叶立德可以分为两种类型：一类具有相邻的不饱和键（如羰基），另一类没有相邻不饱和键。第一类称为**稳定磷叶立德**，因为碳负离子不仅被磷原子稳定，还被邻近的不饱和键稳定；其余类型磷叶立德称为**不稳定磷叶立德**。

Wittig 反应立体化学的一般规则

稳定磷叶立德参与的 Wittig 反应具有 *E* 构型选择性，不稳定磷叶立德参与的 Wittig 反应具有 *Z* 构型选择性。

对于稳定的磷叶立德发生 Wittig 反应生成 *E* 构型烯烃的原因：因为生成的磷氧四元环中间体环上的两个取代基存在空间位阻效应，处于反式（*anti*）可以减少相互排斥作用，这时发生消除反应只能生成 *E* 构型烯烃。

磷叶立德是德国化学家维蒂希（Wittig）于 1953 年发现的，所以也称为 Wittig 试剂。1897 年 9 月，Wittig 生于柏林，1956 年被聘为海德堡（Heidelberg）大学教授。因为他在将有机磷化合物应用于有机合成方面的杰出贡献，Wittig 荣获 1979 年诺贝尔化学奖。

思考题 30.9

阐明磷叶立德和硫叶立德与醛酮反应的异同并解释原因。

Mitsunobu 反应

在介绍醇的反应中，强调羟基是不好的离去基团，因此醇进行取代反应时首先需要将醇转化为磺酸酯（OTs）等容易离去的基团，然后进行取代反应。那么是否可以不将醇转化为磺酸酯而直接发生反应，一步生成 S_N2 取代产物呢？这就是以醇和亲核试剂为底物，在三苯基膦（Ph_3P）和偶氮二甲酸二乙酯（DEAD）作用下发生的 Mitsunobu 反应。

Mitsunobu反应:

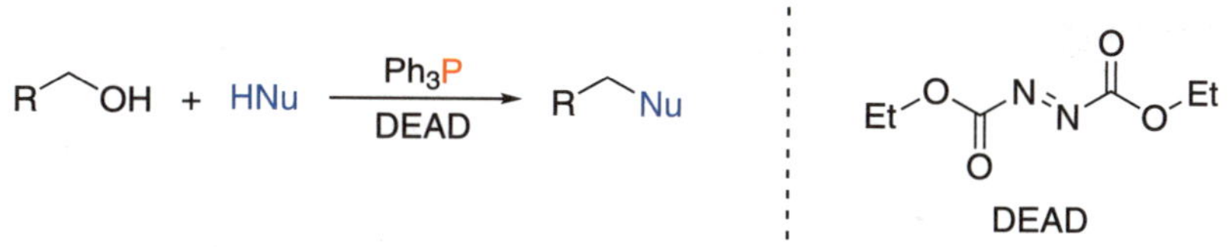

三苯基膦具有亲核性，反应第一步是三苯基膦对偶氮二甲酸二乙酯中偶氮 N=N 双键的加成，生成一个被酯基稳定的氮负离子。

Mitsunobu 反应第一步：

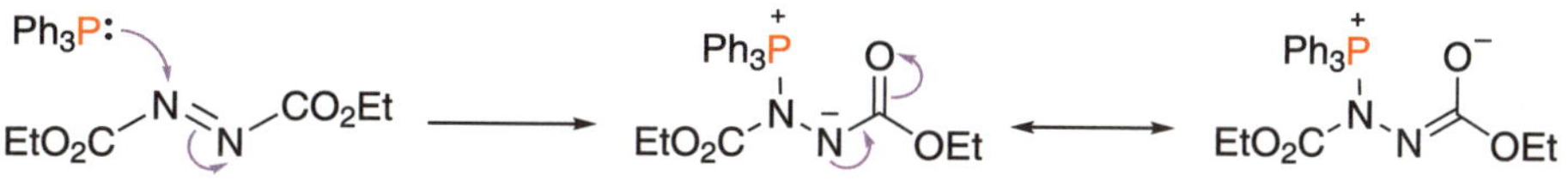

反应第一步产生的负离子具有碱性，能够夺取亲核试剂的氢，生成下一步反应所需的亲核负离子 Nu^-。

Mitsunobu 反应第二步：

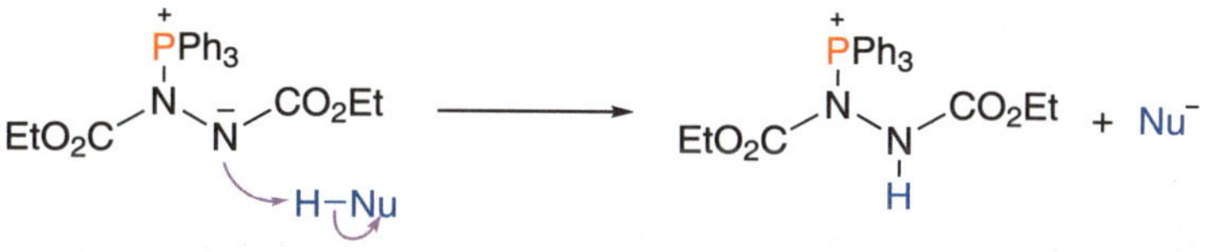

氧和磷的结合能力很强，带有部分正电荷的磷被醇进攻，产生了第二个氮负离子。这个氮负离子可以快速攫取醇的活泼氢，得到烷氧基膦正离子 $[R{-}O{-}PPh_3]^+$物种，同时生成 DEAD 的还原副产物。

Mitsunobu 反应第三步：

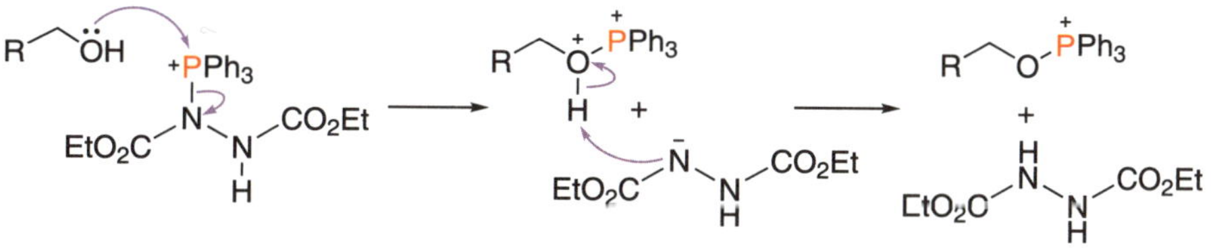

最后亲核负离子以 S_N2 反应机理进攻烷氧基膦正离子，三苯氧磷离去，得到 S_N2 取代产物。

Mitsunobu 反应第四步：

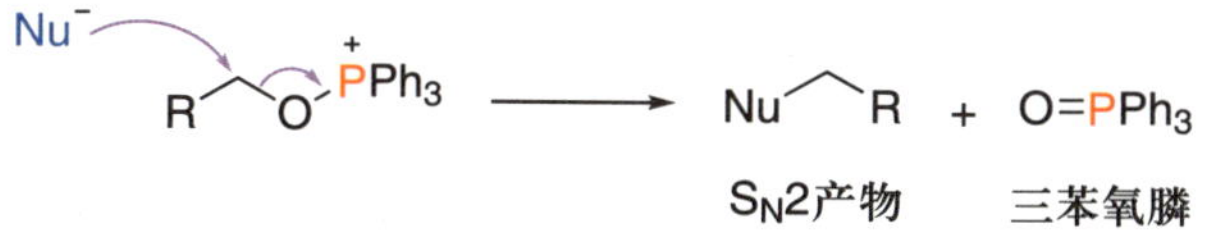

Mitsunobu 反应可以"一锅法"完成。Mitsunobu 反应是醇羟基被亲核试剂以 S_N2 反应机理取代的反应，同时失去一分子水。这里特别值得注意的是，S_N2 反应会导致产物的构型翻转，从 Mitsunobu 反应的机理可以看出，当使用手性醇反应时，产物的构型发生翻转。下面是手性仲醇构型翻转的 Mitsunobu 酯化反应。

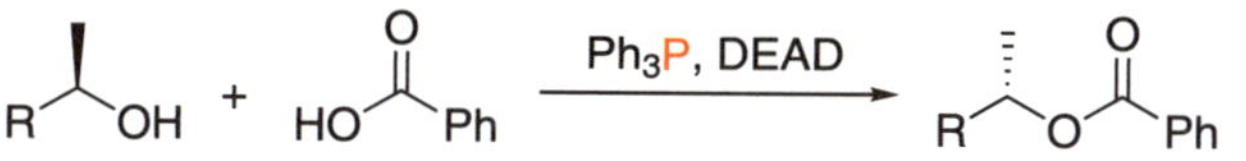

如果要在酯化反应中保持手性醇的构型，一般采用酰氯进行酯化反应，这样可以避免 C–O 键的断裂。

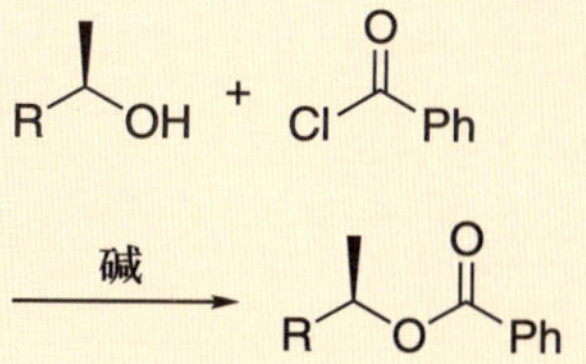

思考题 30.10

Appeal 反应、Mitsunobu 反应及 Wittig 反应中均会产生化学计量的三芳基膦氧化物，不利于反应的规模化生产，试提出合理的解决策略。

Arbuzov 反应

亚磷酸酯与卤代烃容易发生亲核取代反应，即 Arbuzov 反应。利用该反应可以从亚磷酸三酯制备烃基膦酸双酯。例如：

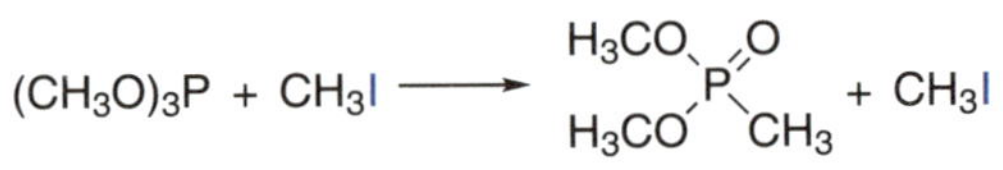

反应过程如下：

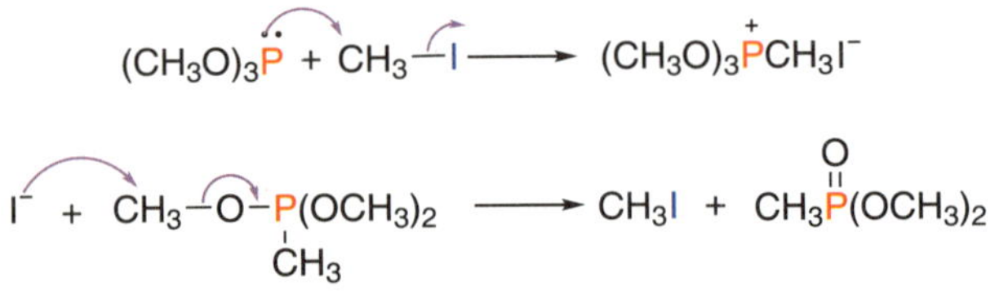

反应中 CH_3I 相当于催化剂，只需要亚磷酸三甲酯物质的量的十分之一即可促进反应完成，也可以用硫酸二甲酯代替碘甲烷催化该反应的发生。

Perkow 反应

Perkow 反应是亚磷酸三酯与 α-卤代酮合成磷酸烯醇酯的反应，例如：

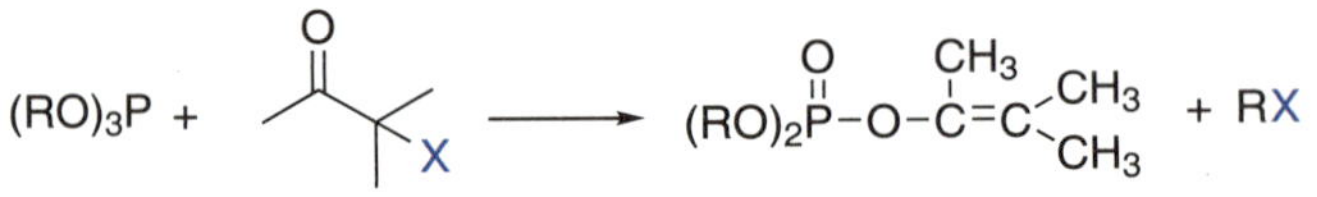

反应第一步是亚磷酸三乙酯与 α-溴代丙酮发生亲核加成反应，然后发生 P–O 重排和溴负离子的 S_N2 亲核取代反应，最终生成磷酸烯醇酯。

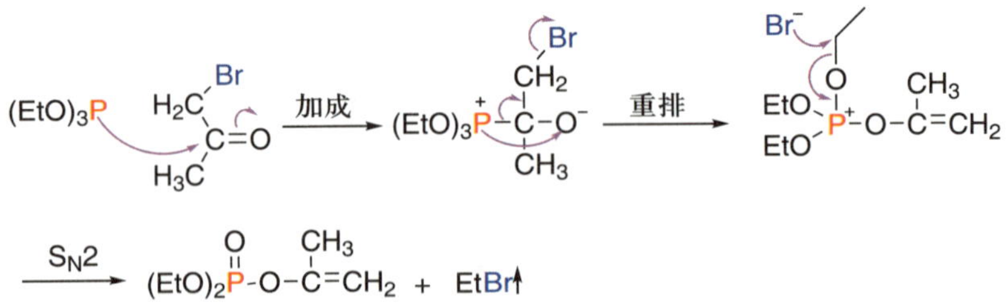

McCormack 反应

McCormack 反应以共轭二烯烃与卤化磷（Ⅲ）为反应底物，可用于制备环磷化合物，例如：

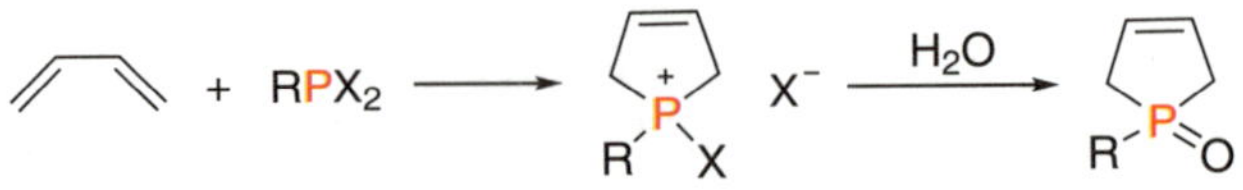

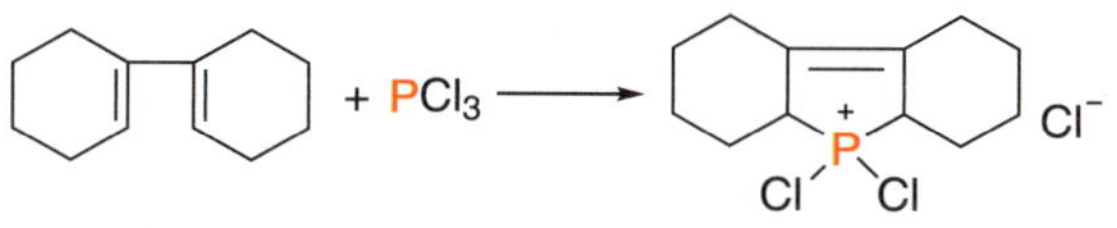

[1,2]-phospha-Brook 重排反应

phospha-Brook 重排反应是指 α-羟基膦酸酯在碱性条件下膦酰基由碳原子迁移到氧原子而发生的重排反应。[1,2]-phospha-Brook 重排反应是 Brook 重排反应在有机磷化学研究领域的应用，反应机理与 Brook 重排反应类似，发生重排的驱动力是生成热力学更加稳定的化合物。[1,2]-phospha-Brook 重排反应在有机合成化学研究领域具有重要应用，能够方便地合成 α-磷酰氧基酯衍生物和其他三元、五元和六元环功能化合物。这些化合物在农药、医药、表面活性剂、阻燃剂和天然产物全合成等领域具有广泛应用，是有机合成化学的前沿研究领域。

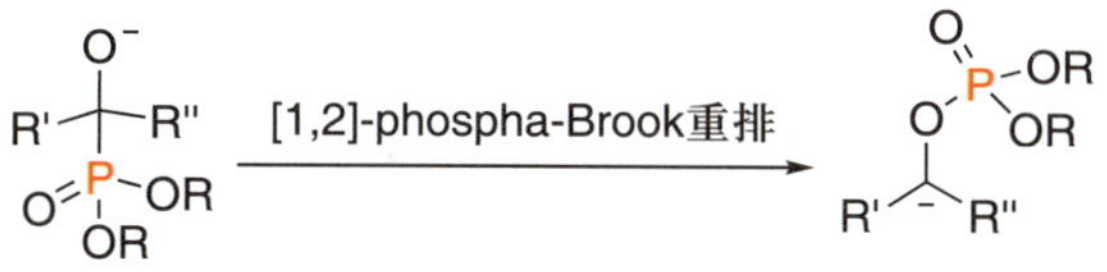

Horner-Wadsworth-Emmons 反应

霍纳尔-沃兹沃思-埃蒙斯 (Horner-Wadsworth-Emmons) 反应是改进的 Wittig 反应，可以制备 *E* 构型烯烃。反应使用稳定的膦酸酯碳负离子代替磷叶立德，与醛或酮反应生成烯烃。

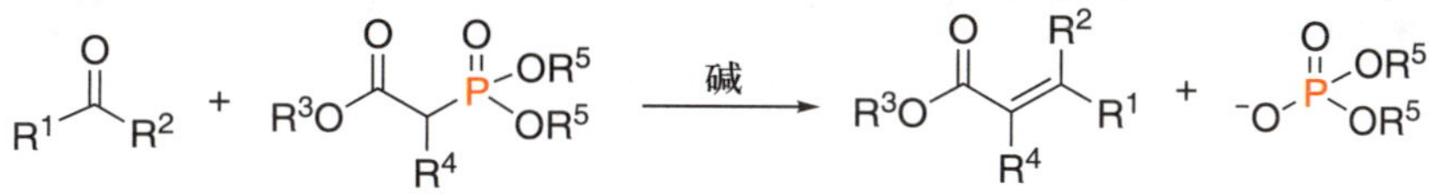

反应机理是首先膦酸酯在碱性条件下 α 碳的去质子化生成碳负离子，然后与醛或酮发生亲核加成反应，由于立体取向不同可以生成两种产物，这一步是决速步。生成产物中的氧负离子进攻磷原子，生成一个氧杂的四元环中间体 (oxaphosphetane)，最后通过电子转移脱除水溶性磷酸盐生成 *E* 型烯烃或 *Z* 型烯烃。反应生成的烯烃究竟是 *E* 构型还是 *Z* 构型异构体与碳负离子和醛酮加成时的方向有关，因为空间位阻效应的影响，Horner-Wadsworth-Emmons 反应主要生成 *E* 构型烯烃。

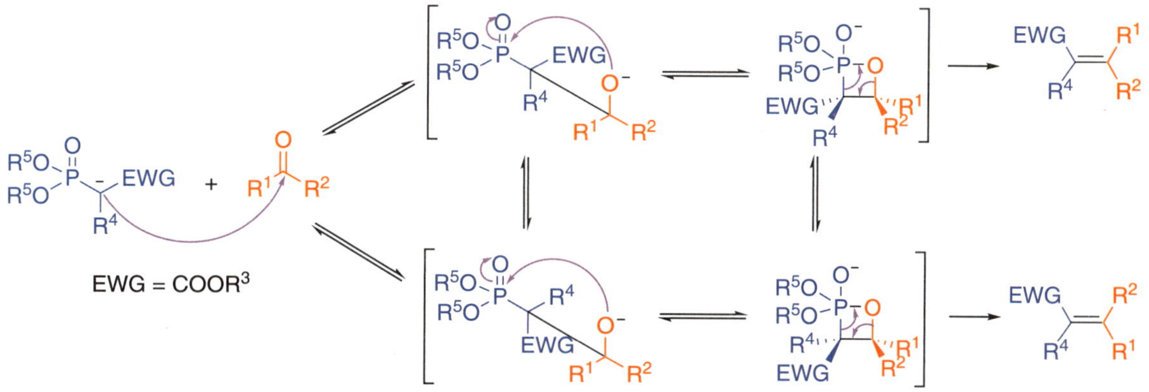

有机磷农药

许多含磷有机化合物具有毒性。例如，沙林（甲氟膦酸异丙酯）和梭曼（甲氟膦酸特己酯）均是神经毒剂，在第二次世界大战中沙林曾被作为化学武器使用。它们的毒性在于强烈地抑制胆碱酯酶，使人体内的神经中枢兴奋剂乙酰胆碱不能被水解，从而导致神经系统长时间地处于兴奋状态，表现为瞳孔缩小、呼吸困难、四肢痉挛，直至神志不清，呼吸停止。

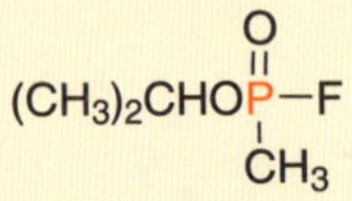

沙林 (sarin)

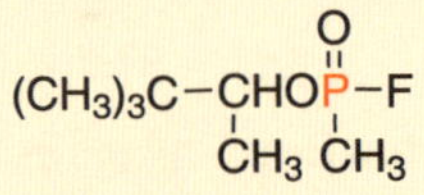

梭曼 (somen)

有机磷农药是一些毒性较小的化合物，多数为磷酸酯类和硫代磷酸酯类，少数为磷酸酯和磷酰胺类化合物。许多有机磷农药可被植物吸收，当害虫吃进含有农药的植物时会中毒。但这也导致了植物体内残余的农药也会对人、畜造成危害。近年来，高毒性的有机磷农药正逐步被毒性更低的农药代替。常见的有机磷农药有：

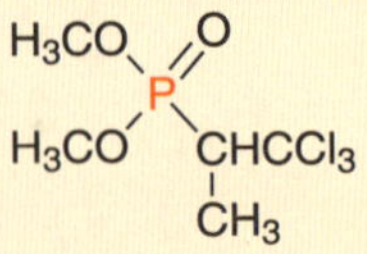

敌百虫

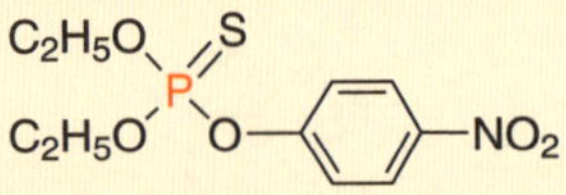

对硫磷

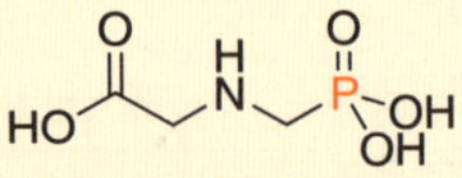

草甘膦

一些含磷药物的结构式：

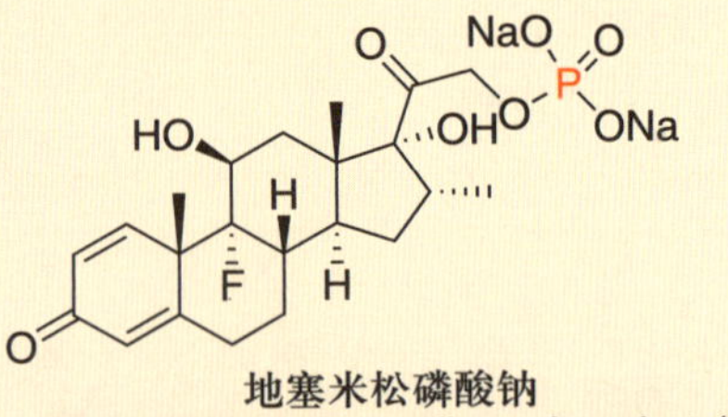

地塞米松磷酸钠
(Dexamethasone sodium phosphate)

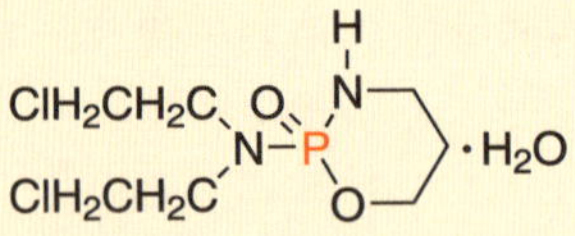

环磷酰胺/环磷氮芥
(cyclophosphamide)

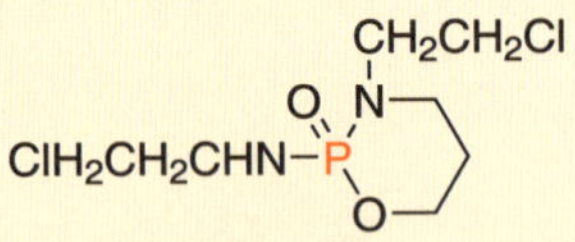

异环磷酰胺
(ifosfamide)

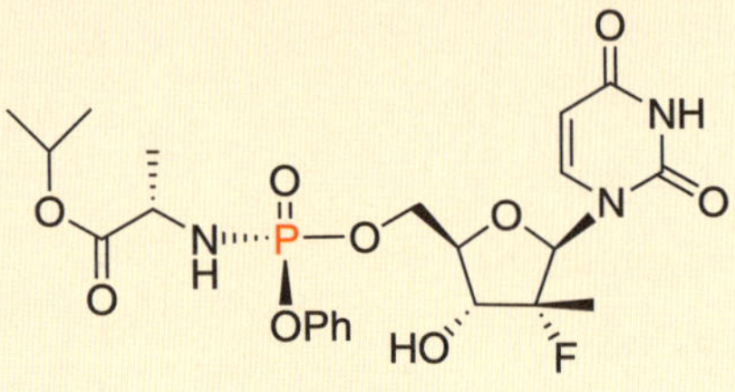

索菲布韦
(Sofosbuvir)

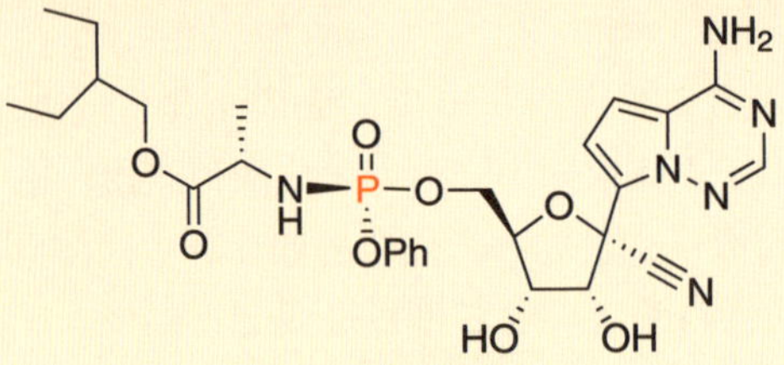

瑞德西韦
(Remdesivir)

思考题 30.11

有机磷农药中毒的生理机制是什么？

30.4　有机硫化合物

硫处于元素周期表中的第三周期、VIA 主族，也称“氧族元素”。一般情况下人们自然地会把硫和氧比较，但是作为有机硫化合物，含有 C–S 键，我们首先应该把硫和碳进行比较（表 30–2）。硫的电负性比氧小得多，而和碳的电负性几乎相同，所以 C–S 键不存在极性，硫和碳可以形成相当强的共价键，含有 C–S 键的化合物能够稳定存在。同时硫自身也可以形成很强的化学键，单质结晶硫就是由 8 个硫原子组成的环状化合物。

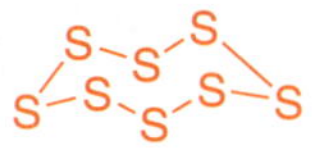

晶体硫

表 30–2　一些典型 C–X 键和 S–X 键的键能

单位：$kJ\cdot mol^{-1}$

化学键	X			
	C	H	F	S
C–X	376	418	452	362
S–X	362	349	384	301

因为硫处在元素周期表的第三周期，它可以形成许多氧无法形成的化合物。具有硫硫键和硫卤键的化合物相当稳定，而含有氧卤键和氧氧键的化合物非常不稳定，往往容易爆炸。硫的 *d* 轨道允许它有 0，2，4，6 四种不同氧化态，同时配位数可以从 0 到 7。表 30–3 是一些含硫化合物的例子。

表 30–3　不同氧化态和配位数的含硫化合物

氧化态	S(Ⅱ)			S(Ⅳ)		S(Ⅵ)		
配位数	0	1	2	3	4	5	6	7
实例	S^{2-}	RS^-	R_2S	$R_2S{=}O$	SF_4	R_2SO_2	SF_6	SF_7

有机硫化合物按照硫原子的氧化态分类包括以下类型：

氧化态=–2 的化合物：硫醇、硫醚、硫醛、硫酮、硫代羧酸、硫脲等；

氧化态=–1 的化合物：二烷基二硫化合物 R–S–S–R；

氧化态=0 的化合物：次磺酸 R–S–OH 及其衍生物、亚砜 R–(S=O)–R 等；

氧化态=+2 的化合物：亚磺酸 R–(S=O)–OH 及其衍生物、砜 R–(SO_2)–R 等；

氧化态=+4 的化合物：亚硫酸 HO–(S=O)–OH 及其衍生物、磺酸 R–(SO_2)–OH 及其衍生物等；

氧化态=+6 的化合物：硫酸 HO–SO_2–OH 及其衍生物等。

有机硫化合物的特性十分复杂，从气味方面比较，分子结构不同的含硫有机化合物表现截然相反。例如，臭鼬是一种分布在美国和加拿大的哺乳类鼬鼠科动物，能够放出奇臭的气味；然而松露的美妙气味却令人非常愉悦（松露的价格非常昂贵，超过了和它们等重的黄金价格）。但是这两种截然相反的味道都来自含硫有机化合物。

臭鼬的可怕臭味　　松露的迷人香味

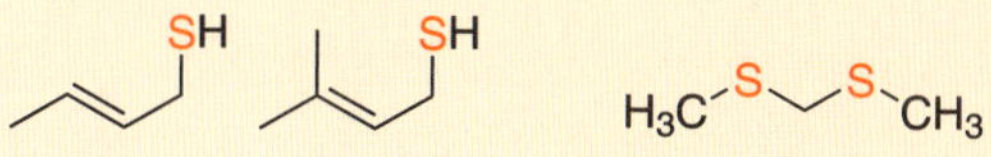

硫醇　硫醇　二硫缩醛

有机硫化合物在医药领域也有广泛应用，例如，治疗麻风病药物氨苯砜，治疗关节炎药物吡罗昔康，有毒氧化剂的清除剂谷胱甘肽（能够保护大多数生物免受氧化伤害），当然还有著名的抗生素青霉素。

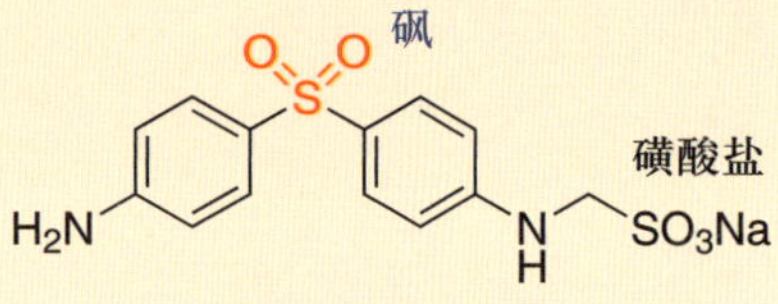

氨苯砜：用于麻风病的水溶性"前药"

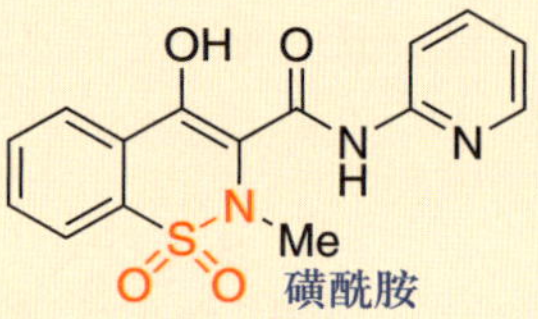

吡罗昔康：治疗关节炎

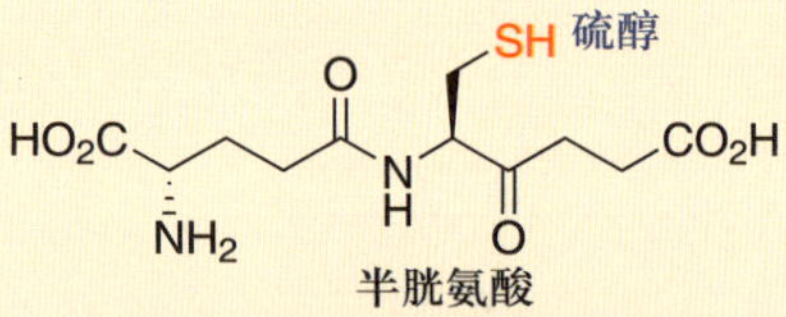

谷胱甘肽：有毒氧化剂的清除剂

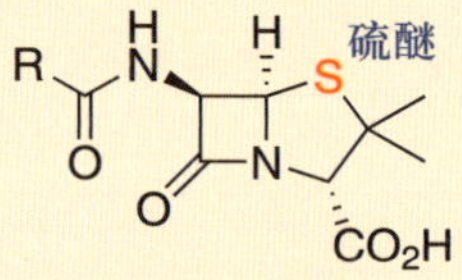

青霉素类抗生素

思考题 30.12

解释硫醇（酚）沸点低于相应醇（酚）的原因。

30.4.1 有机硫试剂的反应性能

有机硫化合物既可以作为氧化剂又可以作为还原剂，既能够以阴离子形式存在又能够以阳离子形式存在，既可以作为亲核试剂又可以作为亲电试剂，因此具有丰富的化学性质。在有机化学反应中，含硫化合物既可以作为亲核试剂也可以作为离去基团参与反应。

有机硫化物作为亲核试剂

除氧化态的多样性以外，硫还具有多功能性。二价硫化合物是很好的亲核试剂，硫醇（RSH）和氢氧化钠的混合物能够产生硫醇负离子（RS^-），通过与卤代烷反应生成硫醚，这是典型的 S_N2 反应。

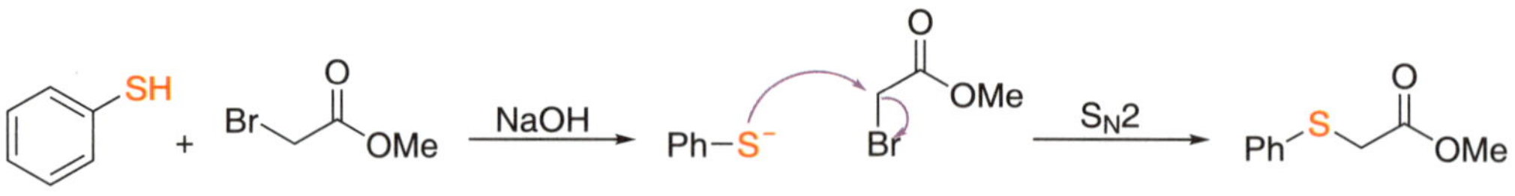

硫酚比苯酚酸性强，所以第一步是硫酚在碱性条件下脱去质子生成苯硫酚负离子，然后苯硫酚负离子与溴乙酸甲酯发生 S_N2 反应生成苯硫醚化合物。

在较高的氧化态下，随着硫上正电荷的增加，含硫化合物的亲电性增强。所以在高氧化态下硫不是一个好的亲核试剂，但是当对甲苯磺酰氯（TsCl）与金属锌反应时，锌提供一对电子使 Ts 变成负离子，这个负离子可以用其共振结构表示。

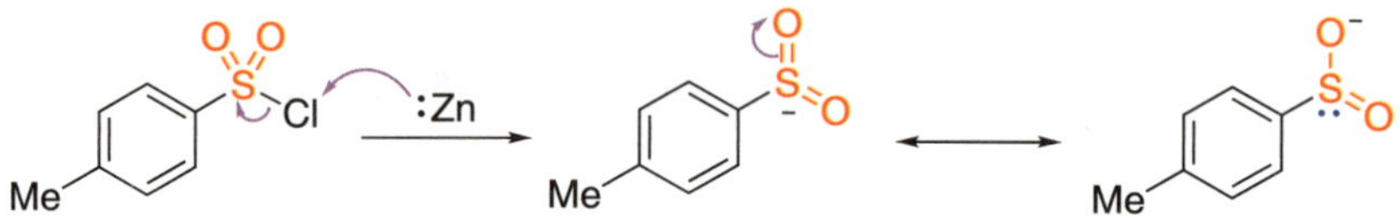

所形成的磺酰基负离子具有良好的亲核性，能够通过硫原子进攻烯丙基溴的碳原子发生亲核取代反应生成烯丙基砜。

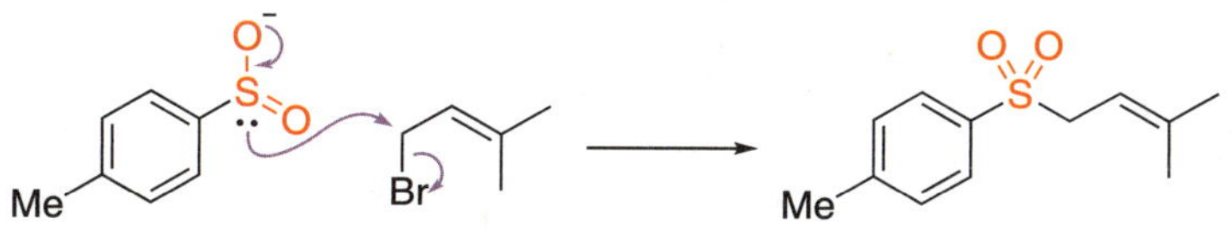

思考题 30.13

比较硫醇 (RSH) 和醇 (ROH) 的酸性和亲核性大小并解释原因。

有机硫化物作为亲电试剂

含硫化合物具有亲核性，是很好的亲电试剂。

在下面这个反应中的硫化氯 (RSCl) 是一个很好的亲电试剂，能够与烯烃发生亲电加成反应。这个反应很像烯烃溴化反应，会产生一个硫鎓正离子。反应具有立体选择性，得到反式产物。

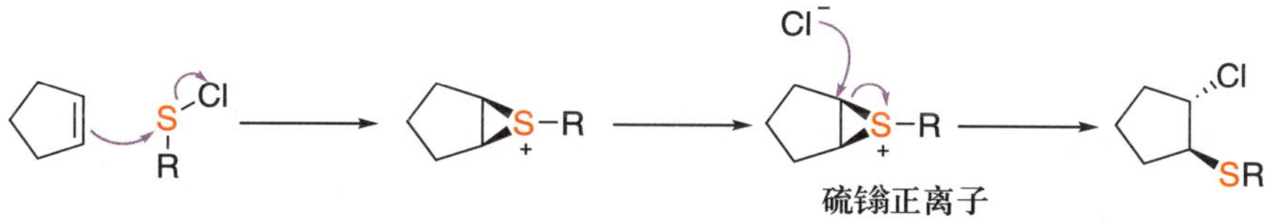

30.4.2 有机硫稳定的碳负离子及其反应

硫的最外层有 6 个电子，硫醚中硫原子带有两对孤对电子。在亚砜中其中一对孤对电子与氧原子成键，亚砜还可以用叶立德形式表示。砜中的硫原子用它的两对孤对电子与氧成键，通常用两个 S=O 双键来表示。亚砜是潜手性分子 (孤对电子作为最小的取代基)。

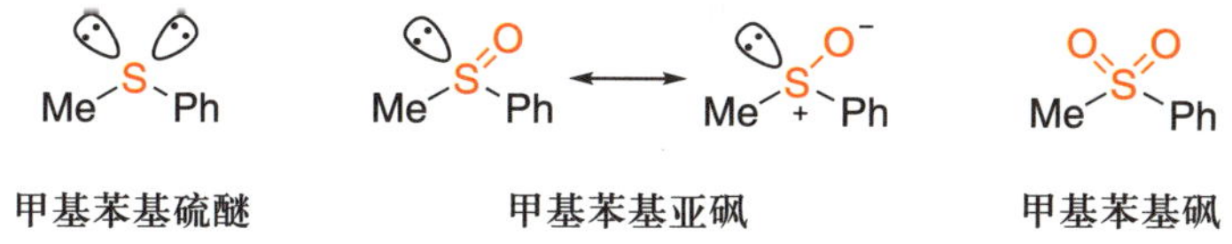

用强碱处理这类化合物会在 α 甲基上产生一个碳负离子。

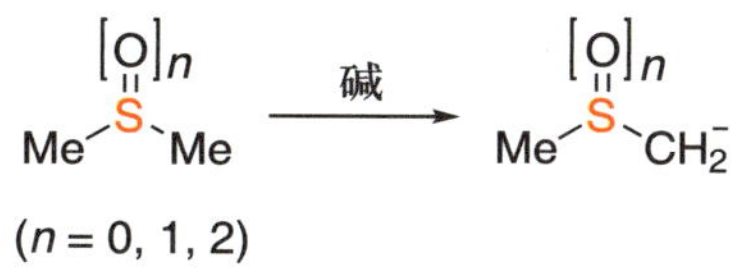

邻位的硫原子稳定碳负离子

人们很长一段时间一直认为，与硫原子相邻的碳负离子上的负电荷能够通过电子离域到硫原子的空 3*d* 轨道而获得稳定，但是通过近二十年的理论研究证明情况并非如此。因为通过从头计算方法 (*ab initio* calculation) 发现 $-CH_2SH$ 中的 C−S 键比 CH_3SH 的要长一些。如果离域理论正确，离域使 C−S 键具有部分双键的性质，应该使 $-CH_2SH$ 中的 C−S 键键长变短。实际上更可能的解释是，电子离域到硫原子另一边 C−S 键的 σ* 反键轨道。例如，1,3-二噻环己烷上平伏键的氢比直立键氢酸性更强，氢离去后产生的负离子也更稳定，就是因为电子离域到了相邻 C−S 键的 σ* 反键轨道。

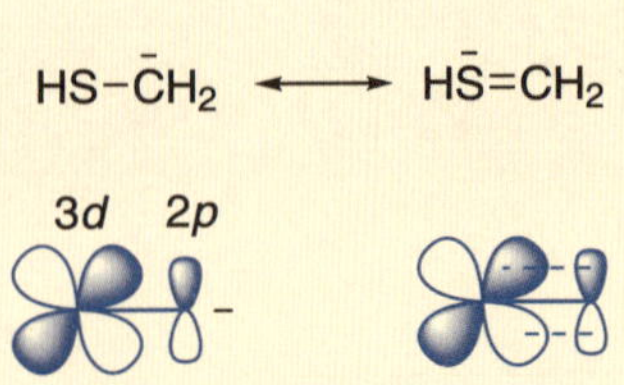

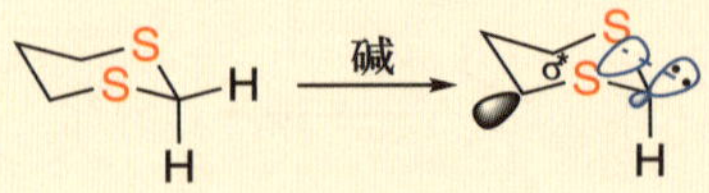

1,3-二噻环己烷

亚砜稳定的碳负离子反应（生物素的合成）

亚砜烷基化反应是合成重要维生素——生物素的关键步骤。生物素含有五元硫醚杂环并五元脲杂环结构，该双环骨架可以由一个简单的对称酯进行合成。关键步骤是伯碳原子上的双 S_N2 反应。

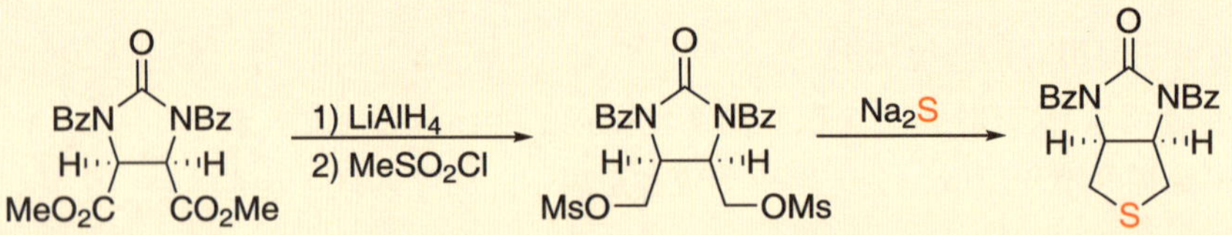

下一步是在硫醚的邻位引入烷基链。常用的方法是先用高碘酸钠将硫醚氧化成亚砜，然后亚砜在 ^{n}BuLi 作用下脱去质子，并与碘代戊酸叔丁酯发生亲核取代反应，亚砜经还原和水解后生成生物素。

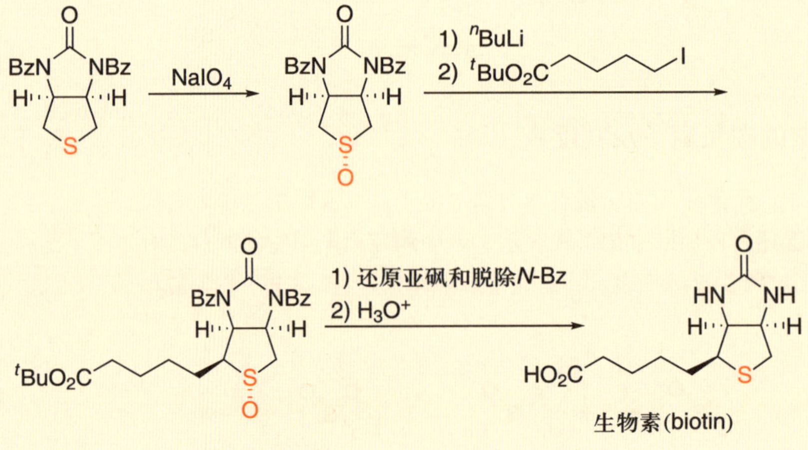

生物素(biotin)

硫缩醛参与的反应

虽然硫醚 α 碳脱质子是可能的，但是与两个硫原子直接相连的硫缩醛碳上氢的酸性更强，更容易发生烷基化反应。

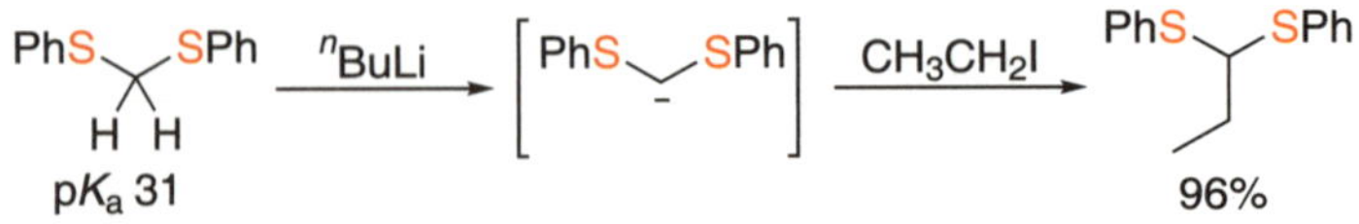

一般来说，硫缩醛的合成方法与缩醛的合成方法类似：在酸催化条件下（常使用 Lewis 酸如 BF_3）用硫醇与醛或酮反应。由 1,3-丙二硫醇与醛反应可以直接生成环硫缩醛，称为二硫缩醛。

二硫缩醛在有机合成中是非常重要的化合物，因为从羰基化合物到硫缩醛会使原来羰基的碳原子发生极性反转。醛的羰基碳原子是亲电基团，能够被亲核试剂进攻，而二硫缩醛通过脱质子反应变成负离子，同一个碳原子由亲电基团变为亲核基团，进一步与卤代烃发生烷基化反应实现碳链增长。

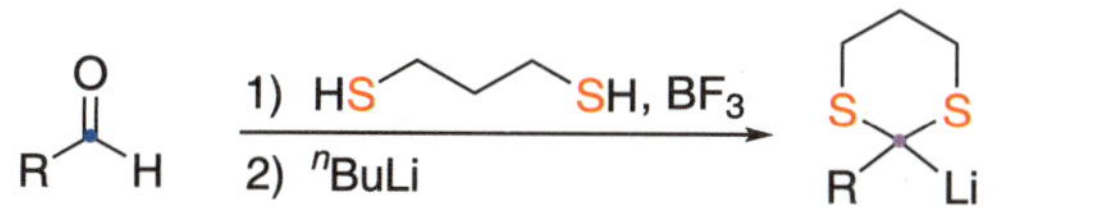

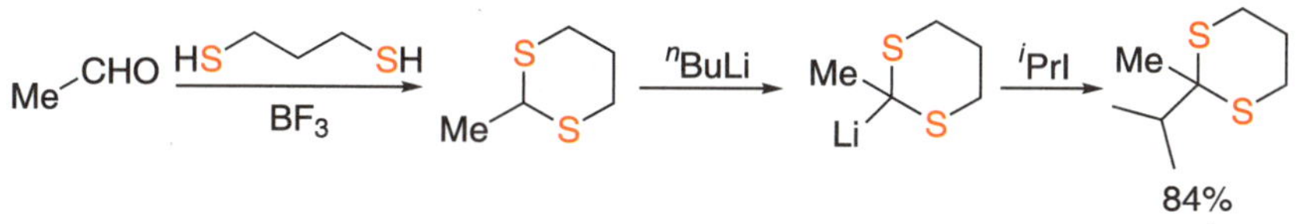

用二硫缩醛合成间环芳烃

首先将间苯二醛制成二硫缩醛，然后在碱性条件下与双苄基溴发生亲核取代反应生成双硫缩酮中间体。

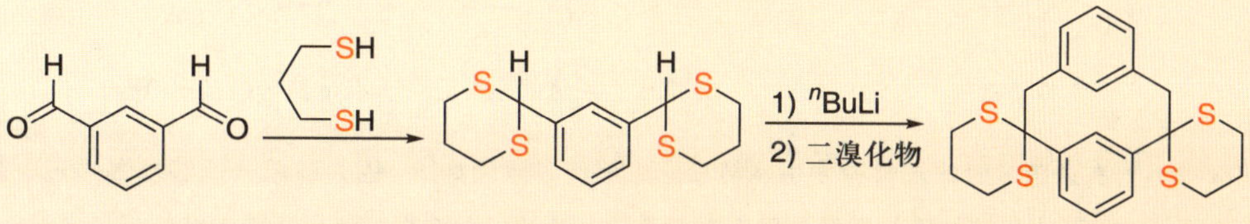

双硫缩酮中间体可以在 $HgCl_2$ 催化条件下酸性水解得到羰基，或者利用 Raney Ni 氢化得到未取代的间环芳烃。

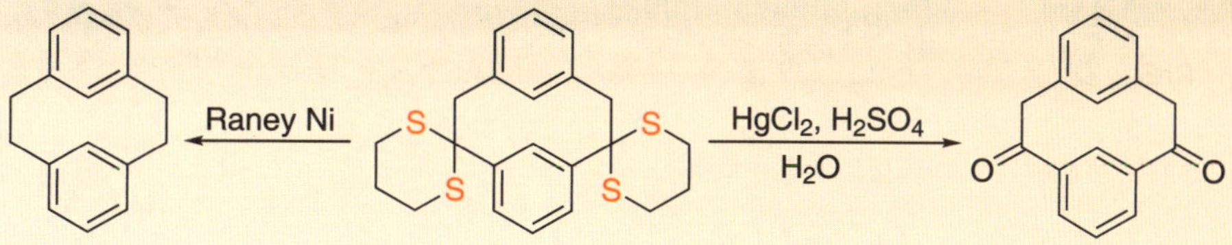

砜类碳负离子参与的反应

高氧化态的硫更容易在其邻位形成碳负离子，例如，烯丙基砜可以在碱性条件下脱去质子形成碳负离子，然后与 α,β-不饱和酯反应得到环丙烷衍生物。注意，这里用 MeO^- 就可以脱除砜基邻位碳原子上的氢，因为所形成的碳负离子可以被砜基和烯基稳定。

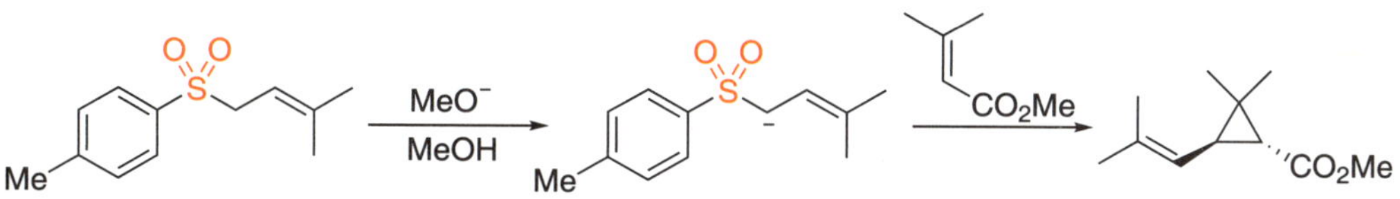

反应机理如下：第一步是碳负离子与 α,β-不饱和酯发生共轭加成反应，形成中间体烯醇负离子，然后通过烯丙基负离子的分子内亲核取代反应关环形成环丙烷衍生物。该反应的离去基团是对甲苯磺酰基负离子，反应的立体选择性来自关环反应最有利的过渡态。该产物是天然除虫菊杀虫剂——菊酸甲酯。

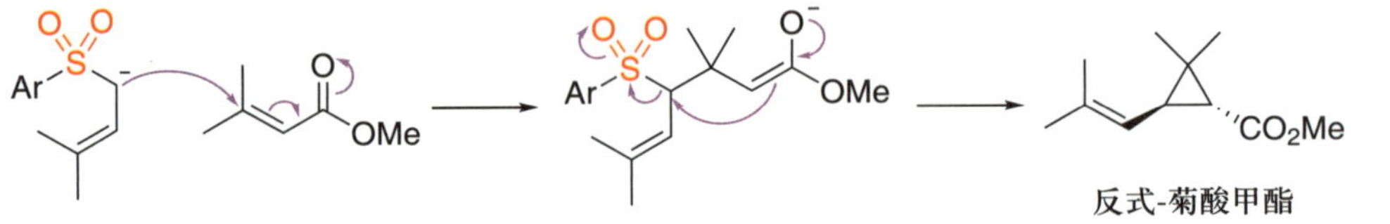

30.4.3　锍盐参与的反应

硫醚具有亲核性，硫原子能够进攻卤代烷形成锍盐。

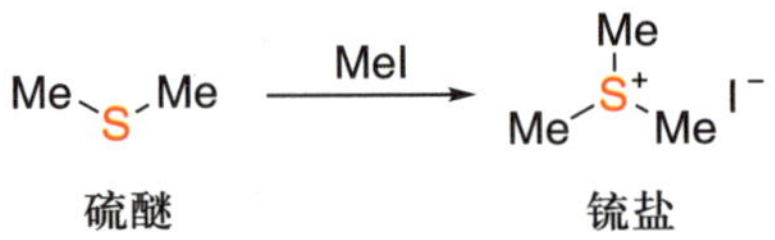

在第一次世界大战期间，芥子气被开发成一种化学武器——它会导致皮肤起泡，对呼吸道有强烈的刺激作用。芥子气对人体组织的侵害作用与下列反应有关。

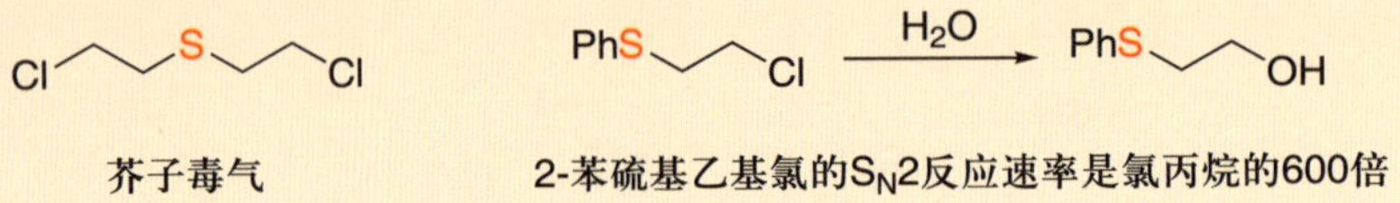

这个反应表明碳链上含有苯硫基时能够快速发生水解反应生成醇，原因如下：因为硫原子能够发生“邻基参与”反应，产生一个三元环锍离子中间体，这时水能够快速与之发生反应生成苯硫基乙醇。无论是水还是皮肤的结构蛋白，都能够很快参与反应，因此该类硫化合物毒害性非常大。这里的锍盐阳离子中间体是亲电试剂，具有非常高的反应活性。

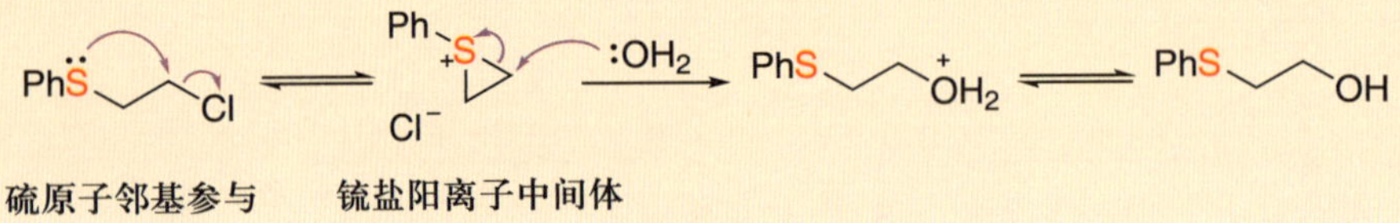

30.4.4　硫叶立德及其反应

由硫醚制得的锍盐在碱性条件下脱除硫原子 α 位的氢生成硫叶立德(sulfonium ylids)。

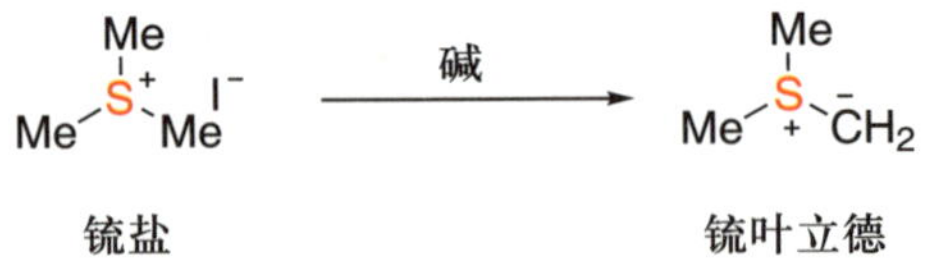

硫叶立德也能够与羰基化合物发生反应，但是与 Wittig 反应的方式截然不同。

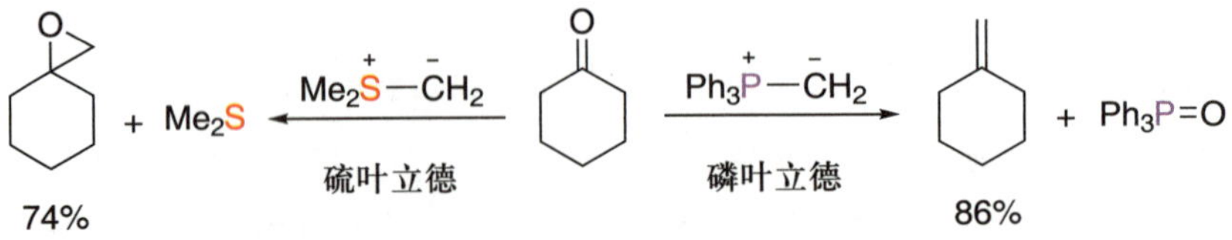

磷叶立德与醛酮反应生成烯烃而硫叶立德生成环氧化合物。这是什么原因呢？因为在 Wittig 反应中反应的驱动力是形成 P=O 双键化合物，而在硫叶立德参与的反应中，如果按照 Wittig 反应模式生成 S=O 双键化合物，S=O 双键的键能为 367 kJ·mol^{-1}，P=O 双键的键能为 529 kJ·mol^{-1}，这种键能的差别导致反应驱动力明显不同。两种叶立德与醛酮反应的第一步过程相同，都是叶立德碳负离子对羰基发生亲核加成反应，然后磷叶立德发生 Wittig 反应形成磷杂四元环中间体，而硫叶立德则是发生分子内亲核取代反应形成环氧化合物，二甲硫醚从反应中离去。因此，硫叶立德可与醛或酮反应来合成环氧化合物。

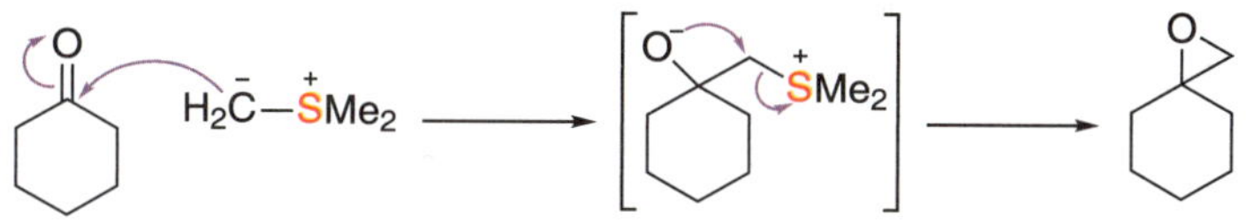

β-阻断剂药物合成的关键中间体是环氧化物。用 4-环丙基苯甲醛作为起始原料，利用硫叶立德试剂一步合成环氧化物，进一步与二级胺反应可以顺利得到 β-阻断剂药物。

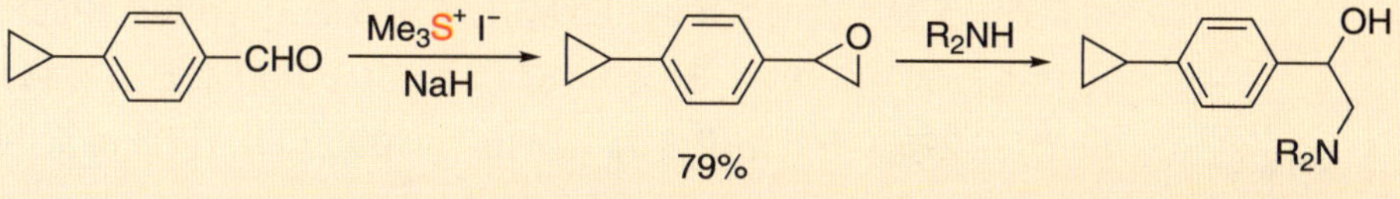

30.4.5 Swern 氧化

Swern 氧化是将醇氧化成醛的一种重要方法。

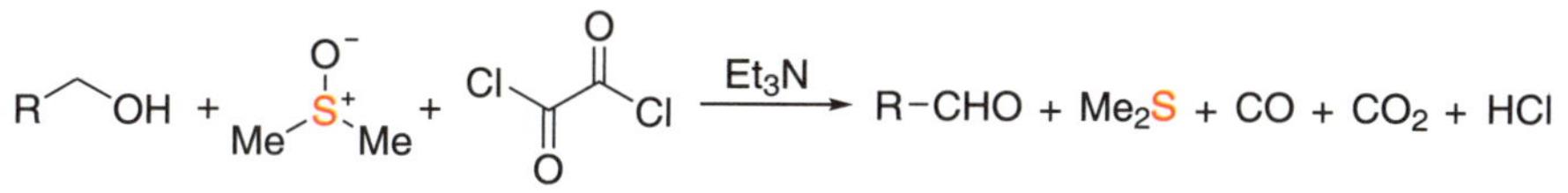

反应第一步是二甲亚砜 (DMSO) 与草酰氯反应生成亲电的含硫化合物，进攻羰基的是带负电荷的氧原子而不是硫原子。在这个酰化过程中氯负离子离去，然后氯负离子进攻带正电荷的硫原子，并断裂 S−O 键形成离去基团。离去基团分解成三个部分：CO_2、CO 和一个氯负离子。该反应是一个熵增过程，有利于反应进行。

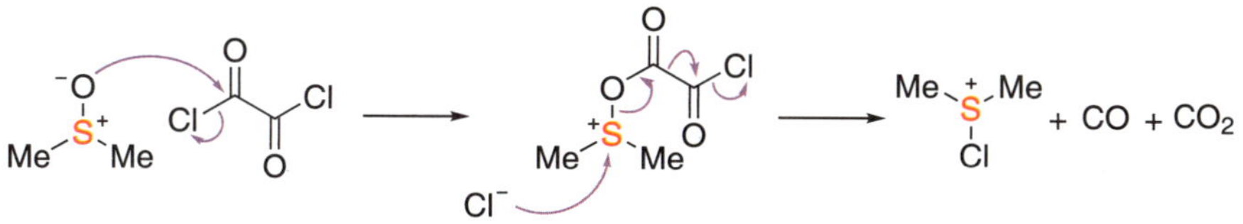

反应生成的氯代硫鎓离子可以与醇反应，生成一种新的锍盐，这种锍盐被碱 (Et_3N) 脱质子后形成硫叶立德。最后一步完成氧化还原反应：一个质子转移到碳负离子上并生成醛，二甲亚砜则被还原为二甲硫醚。

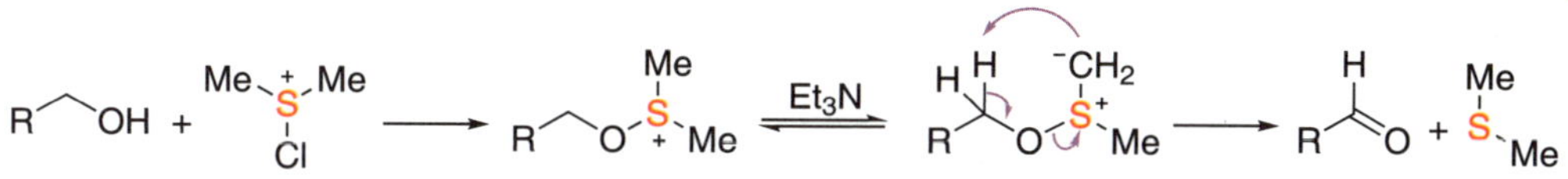

硫代酰胺通常由普通酰胺与 P_2S_5 或 Lawesson 试剂反应制备，由于 C=S 键比 C=O 键稳定性差得多，因此需要用磷来去除氧。这种情况与 Wittig 反应中的情况很相似，在 Wittig 反应中 C=C 键比 C=O 键更不稳定，所以用磷来脱除氧，因为 P=O 键的稳定性更高。

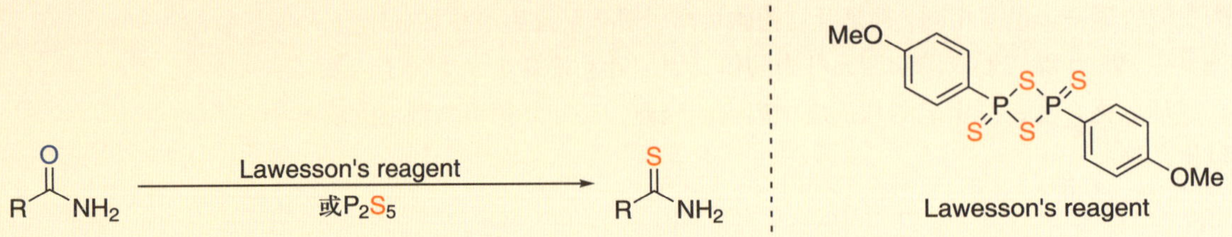

30.5 有机氟化合物

Henri Moissan 于 1886 年通过在铂金装置中电解氟化钾/无水氢氟酸溶液，首次合成了氟气，这是一项重大的科学突破，他因此发现而获得 1906 年诺贝尔化学奖。

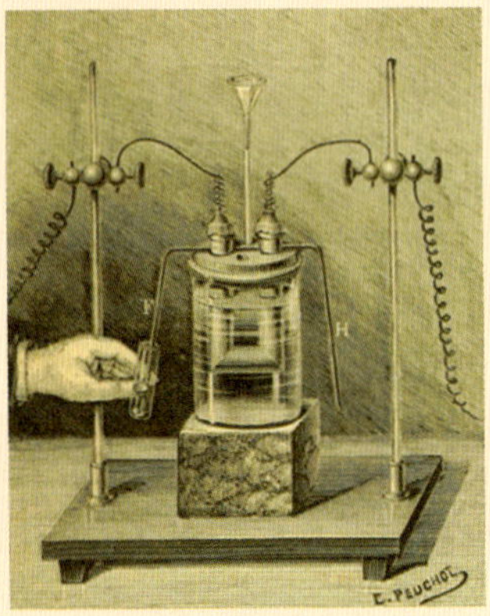

电解合成氟装置

氟是元素周期表第九号元素，最外层电子排布为 $2s^22p^5$，其拥有主族元素中最强的电负性。天然存在的氟是由 ^{19}F 纯同位素组成的，其在地壳中的相对丰度为 0.027%（相比之下，Cl 为 0.19%，Br 为 6×10^{-4} %）。由于其最重要的矿物氟石（CaF_2）的溶解度极低（在 298 K 下的溶解度为 1.7×10^{-10}g/100gH_2O），因此海水中的氟化物浓度非常低（约 1.4 mg·L^{-1}）。

氟气是一种黄绿色气体，在−219.6 ºC 时熔化，在−188.1 ºC 时沸腾。它具有刺鼻的气味，即使质量分数为 1×10^{-3}% 也可以察觉。氟气具有极强的反应性，一方面由于其易于均裂分解为自由基（仅 158.1 kJ·mol^{-1}，而 Cl_2 为 243.4 kJ·mol^{-1}），另一方面归因于其极高的氧化还原电位。在酸性和碱性水溶液中分别为+3.06 V 和+2.87 V。

30.5.1 有机氟化物的特殊性质

C−F 键拥有极高的偶极矩（表 30-4），但是全氟烷烃却属于极性最低的化合物，对这种现象的解释是全氟烷烃分子中所有局部的偶极矩相互抵消，导致分子整体没有极性。

表 30-4　C−X 键的特征比较

X	H	F	Cl	Br	I
键长 C−X/Å	1.09	1.38	1.77	1.94	2.13
电负性	2.20	3.98	3.16	2.96	2.66
范德华半径/Å	1.20	1.47	1.75	1.85	1.98
键能 C−X/(kJ·mol^{-1})	410	484	323	269	212
偶极矩 μ_{C-X}/D	(0.4)	1.41	1.46	1.38	1.19
原子极化度 α/(10^{-24}·cm^{-3})	0.667	0.557	2.18	3.05	4.7

与 H 相比，F 的半径略大（范德华半径大 23%），加上 F 具有较低的可极化度，也对全氟烷烃的结构和分子动力学产生了影响。直链烷烃具有“之”字形构型。相反，全氟烷烃具有螺旋结构，这是因为在相对 C1 位和 C3 位上与碳原子键合的氟原子的空间排斥。烷烃骨架具有一定的构象柔韧性，而全氟烷烃是刚性的棒状分子。刚性可以归因于 1,3-二氟亚甲基的排斥性拉伸。除此之外，全氟烷烃较低的可极化性质引起

的另一个结果是分子间很低的散射作用。全氟烷烃的一个突出特征是与相近分子量的烷烃相比，其沸点要低得多。

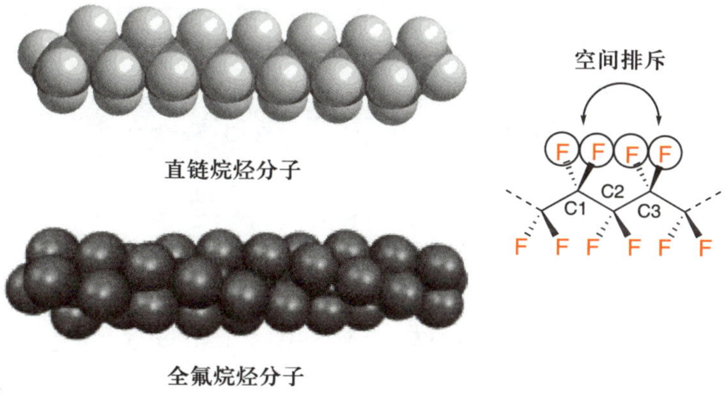

有机氟化合物的最明显特征是碳氟键的极端稳定性。稳定性随着与相同碳原子键合的氟取代基数量的增加而增加。除这种热力学稳定性之外，全氟烷烃通过氟原子对中心碳原子的空间屏蔽作用而获得了额外的动力学稳定性。每个氟原子的三对孤对电子和部分负电荷可以提供有效的静电屏蔽和空间屏蔽，可防止亲核试剂对碳中心的进攻。

由于其强烈的吸电子诱导作用，氟取代往往会显著增加有机酸及醇的酸性（表30-5）。例如，三氟乙酸的酸性（pK_a 0.52）比乙酸（pK_a 4.76）高四个数量级。即使很弱的质子酸，如叔丁醇（pK_a 19.0），其对应的全氟叔丁醇也是一种中等强度的酸（pK_a 5.4）。

聚四氟乙烯（polytetrafluoroethylene，缩写为 PTFE），又名“特氟龙”，是一种耐酸耐碱、几乎不溶于所有溶剂的有机高分子材料。其同时又具有耐高温、摩擦系数低等特点，是一种理想的涂层材料。

表 30-5 有机酸及醇与其氟代物的酸性比较（pK_a）

酸	pK_a	氟代酸	pK_a
C_6H_5COOH	4.21	C_6F_5COOH	1.75
CH_3COOH	4.76	CF_3COOH	0.52
$(CH_3)_3COH$	19.0	$(CF_3)_3COH$	5.4
C_6H_5OH	10.0	C_6F_5OH	5.5
CH_3CH_2OH	15.9	CF_3CF_2OH	12.4
$(CH_3)_2CHOH$	16.1	$(CF_3)_2CHOH$	9.3

30.5.2 氟化反应

亲核氟化反应

氟离子的亲核能力在不同的反应条件下有很大的差异，氟离子在质子性溶剂中是一种极差的亲核试剂；但是在极性非质子性溶剂中，尤其是存在大的亲脂性阳离子的情况下，氟离子是一种非常强的亲核试剂。

碱金属氟化物作为一种廉价易得的氟离子来源，广泛应用于亲核氟化的反应中。碱金属氟化物的亲核反应性以 CsF>RbF>KF>NaF>LiF 的顺序降低，这是氟化物的晶格能增加，阳离子的离子半径减小所致的。

增加氟离子的亲核性主要是通过选择合适的亲脂性抗衡离子和反应溶剂来实现

的，该方法可以抑制氢键或其他配位作用，从而使氟负离子“裸露”出来。例如，可以使用四丁基氟化铵 (TBAF) 来实现环氧化合物的亲核开环反应。另外也可以使用 Brönsted 酸或 Lewis 酸活化，增加离去基团的离去能力，提高亲核反应的反应速率，使反应方向偏向于生成强的 C−F 键。

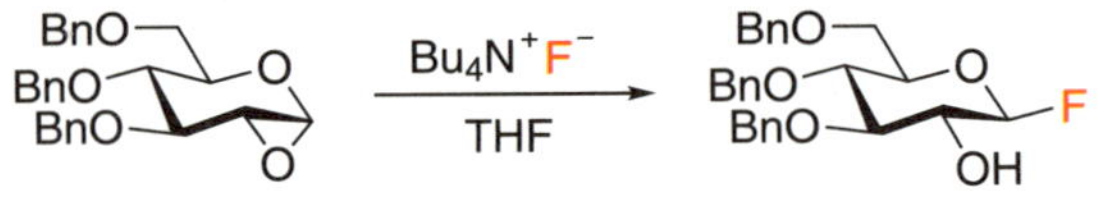

HF 是一种无色有刺激性气味的有毒气体，为了能够安全、方便地使用 HF 试剂，科学家进行了多种尝试，通过添加氢桥受体 (如四烷基脲、胺或醚) 来稳定强缔合液体 HF 的氢键网络 (^{19}F NMR 研究表明，聚氟化氢网络中的每个氟都被四个氢原子包围)。Olah 试剂 (70% HF-吡啶) 及其基于聚合物的类似物广泛地用作无水氢氟酸的替代品。含有 70% HF 化学计量的“吡啶·9HF”是一种强酸性液体，最高可稳定至 55 °C。

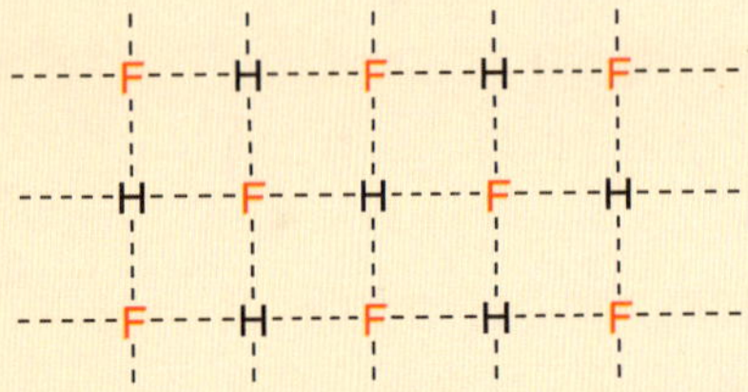

可能的吡啶·9HF (70% HF-吡啶) 的结构

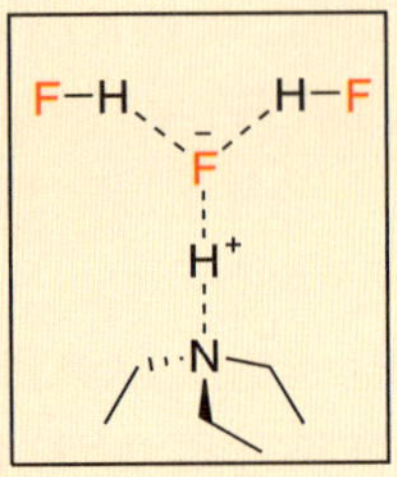

可能的 NEt_3·3HF 结构

除碱金属氟化物之外，目前比较常用的亲核氟化试剂是 SF_4 与二乙胺基三氟化硫 (DAST)。SF_4 常被用于烷基醇的脱氧氟化等一些氟化反应。当 SF_4 与 HF 溶液组合共同与羧酸反应时，可以通过脱氧氟化使羧酸生成相应的酰氟产物，随后 SF_4 继续与酰氟作用，脱除羰基氧生成相应的三氟甲基产物。尽管 SF_4 有着非常强的反应性，但是由于它的沸点极低 (熔点 −121 °C，沸点 38 °C)，且具有相当强的毒性，导致涉及 SF_4 的反应必须在高压釜中加压处理，反应条件较为苛刻。为了克服这些困难，科学家通过使用二烷基氨基交换 SF_4 中一个氟原子合成了挥发性较小的 SF_4 类似物 DAST。

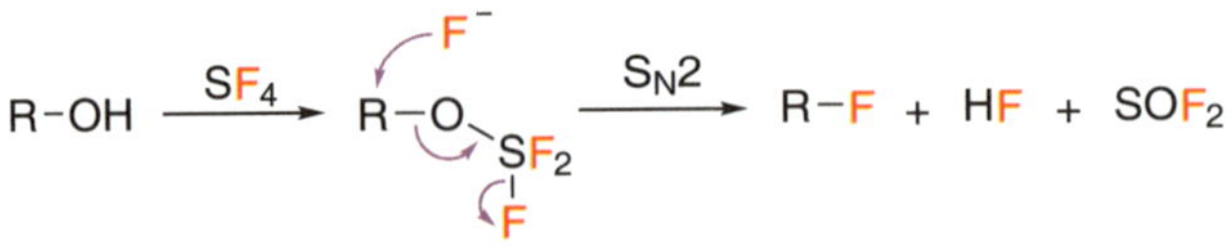

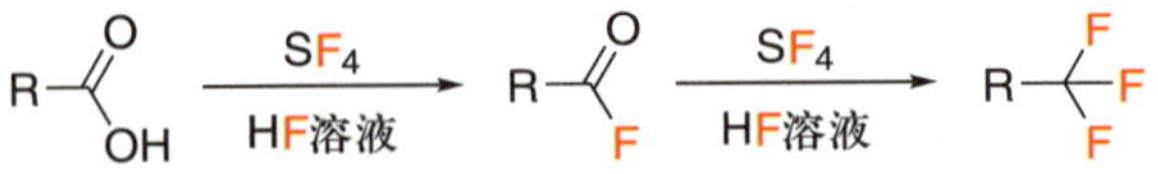

虽然 DAST（沸点 47 ℃）的反应性略低于 SF_4，但在小规模反应中 DAST 更容易处理。其作为 SF_4 的替代物，可以用于羟基、羰基、羧基的脱氧氟化反应，可以转化为相应的单氟、二氟与三氟化合物。**注意：由于硫氮键具有不稳定性，当加热超过 50 ℃ 时，DAST 可能发生剧烈爆炸。**与 SF_4 相比，DAST 及其类似物的反应性较低，可能的原因是其较大的空间位阻和二烷基氨基部分的较弱诱导作用，大位阻的羟基氟化使用 DAST 难以实现可以证明这一点。用吗啉和二(2-甲氧基乙基)胺交换 SF_4 中一个氟原子得到的 MOST 和 deoxofluor 试剂也被用作羟基、羧基等的脱氧氟化反应。

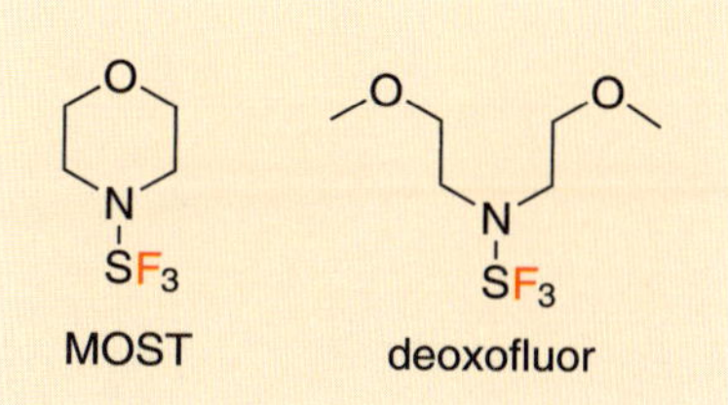

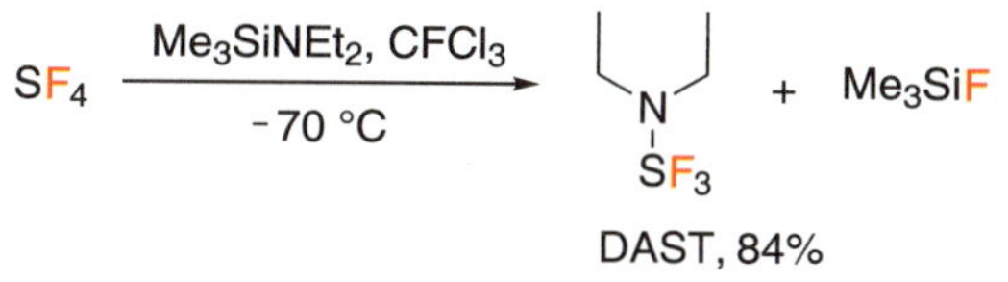

亲电氟化反应

最早使用的亲电氟化试剂是氟气，但氟气是一种剧毒的强氧化性气体，并且几乎没有选择性，于是科学家开发了一系列的试剂来代替氟气进行亲电氟化反应。最早由巴顿（Barton）等人开发出了 CF_3OF 作为亲电氟化试剂，随后科学家又陆续开发出了 $FClO_3$、NOF 等亲电氟化试剂。但是这些试剂缺乏稳定性，且有些试剂沸点很低，在实验室中操作极其困难。之后，人们使用相对更稳定的且易于处理的 XeF_2 作为亲电氟化试剂。XeF_2 的反应性与氟气相当，同样具有很强的氧化性。使用 XeF_2 不仅可以实现芳香化合物的典型“亲电”氟化反应，而且可以实现羧酸的 Hunsdiecker 脱羧反应，以及羰基化合物的氟化重排成二氟甲基醚。

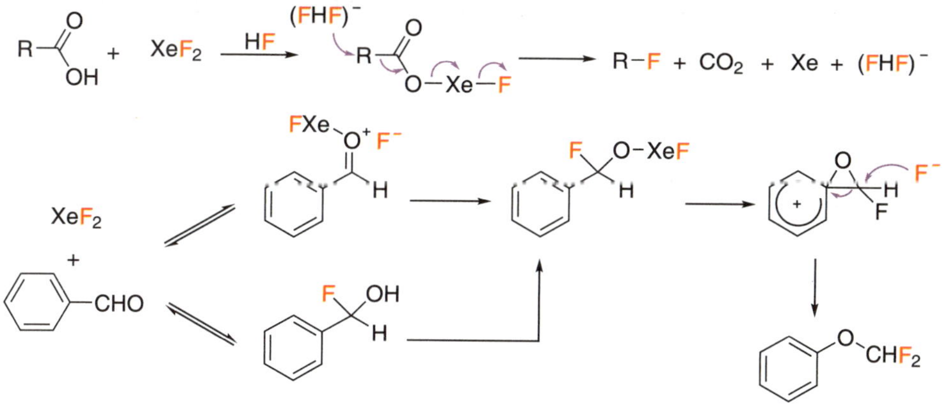

虽然 XeF_2 处理方便，具有很强的反应性，但是其高昂的价格与较差的选择性，仍然制约着其在化学合成中的应用。在最近二十年，科学家发展了一类新的具有 R_2NF 或 $[R_3NF]^+X^-$ 结构的亲电氟化试剂。与之前的亲电氟化试剂相比，这些试剂更稳定，反应更温和、更安全且生产成本更低。

1991 年，Edmond Differding 等人在−40 ℃ 的条件下，用 10% 氟气-氮气混合气体在乙腈中氟化苯磺酰亚胺，成功合成了 *N*-氟二苯磺酰胺（NFSI）。NFSI 可以作为氟正离子（F^+）的来源，参与亲电氟化反应，包括不对称亲电氟化反应。此外，由于 N−F 键的解离能较低（在乙腈中为 263.9 $kJ \cdot mol^{-1}$），因此 NFSI 可以用作烷基自由基氟化反应的氟源。另一方面，NFSI 也可以用作形成 C−N 键的有效氮源。

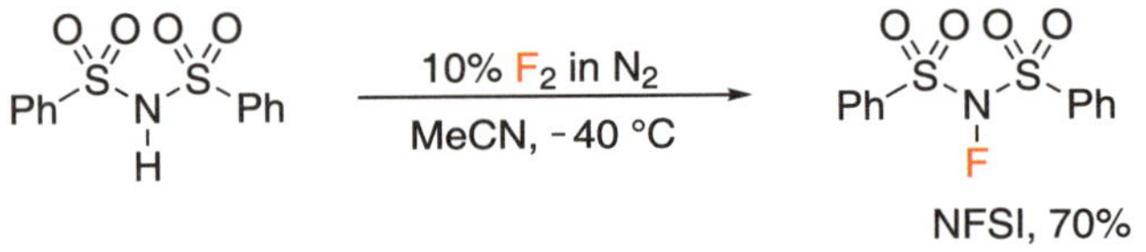

1-氯甲基-4-氟-1,4-二氮杂双环 [2.2.2] 辛烷二(四氟硼酸) 盐也被称为 Selectfluor，它是通过 1,4-二氮杂双环 [2.2.2] 辛烷 (DABCO) 经过三步反应所合成的。Selectfluor 是一种非常稳定、几乎不吸水的结晶固体，且在高达 195 °C 的温度下是稳定的。另外，Selectfluor 的毒性相对比较低，反应的选择性好，这使得 Selectfluor 成为了较常用的亲电氟化试剂，在很多亲电氟化反应及过渡金属参与的氟化反应体系中均有作用，如烯烃的双官能团化反应。

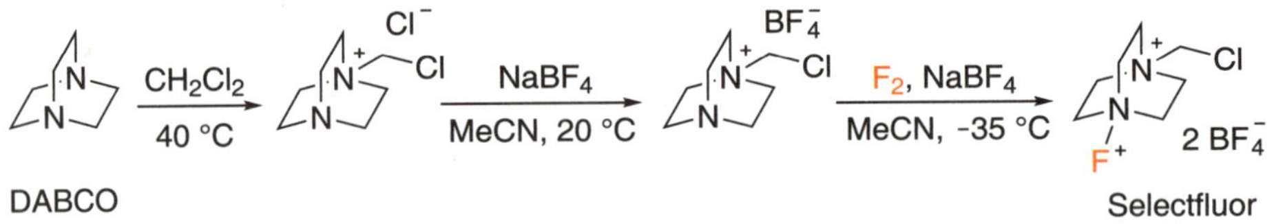

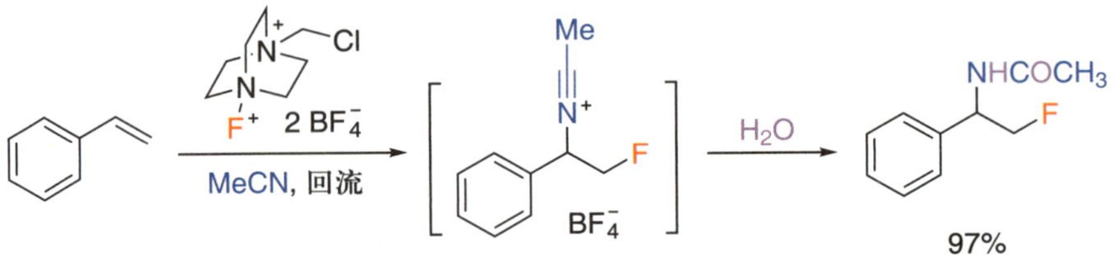

亲电氟化的机理一直存在争议，通常认为有真正的氟正离子转移或两步单电子/氟自由基转移这两种可能的机理。但是人们普遍认为，气相中 F^+ 的高生成焓 (1 756 kJ·mol^{-1}) 排除了真正的 "亲电" 机理。在不同反应条件下对 N–F 型试剂的详细研究表明，亲电氟化可能是通过电子转移 (ET) 和随后的氟自由基转移的两步机理实现的。此外 N–F 型亲电氟化试剂的氟化能力还受到其还原电位的影响，还原电位越高，氟化能力越强。

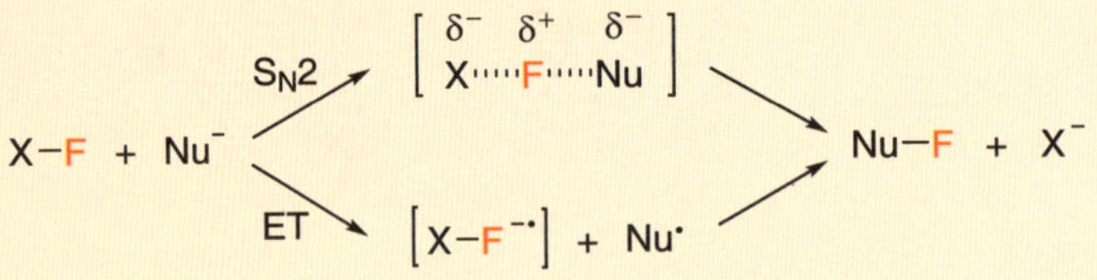

亲电氟化的可能机理

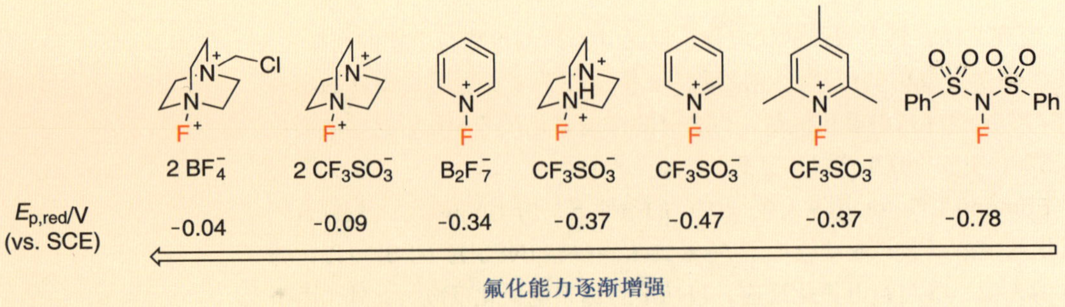

N–F 型亲电氟化试剂的氟化能力与还原电位之间的关系

芳香化合物的氟化反应

氟化芳烃广泛用作合成农药和药物的前体。目前在临床测试中，超过 20% 的药物包含氟代芳香亚结构。对于某些类型的农药，含有氟原子的品种比例甚至超过 50%。全氟芳香化合物可以通过全氟脂环族前体进行芳构化获得。例如，全氟萘烷可在 500 ℃ 条件下通过铁或氧化铁完成脱氟，得到全氟萘。

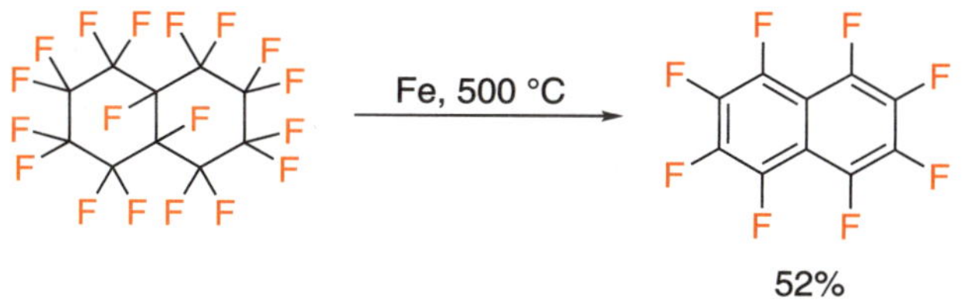

与其他卤素相比，氟原子具有完全不同的化学性质。氟原子取代药物分子中的其他原子可以改善药物的代谢途径和速率，使药物具有更好的生物利用率和生物选择性。2011 年 1 月至 2016 年 1 月，美国 FDA 共批准新药 188 个，其中含氟药物 42 个，占比为 22.34%。含氟药物的治疗领域主要为抗肿瘤、抗感染，以及治疗心血管系统、呼吸系统和神经系统。以下为几种常见的含氟药物：

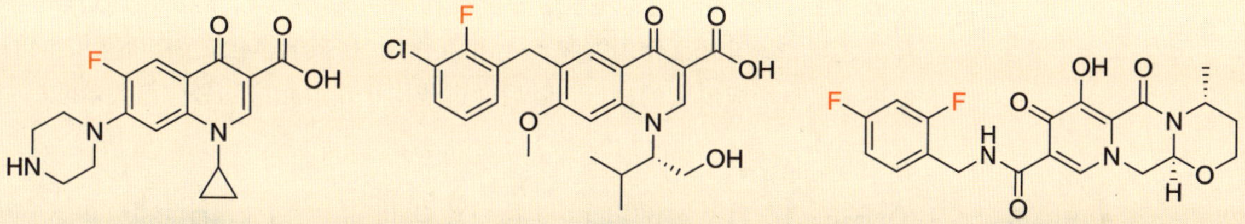

环丙沙星 Ciprofloxacin　埃替格韦 Elvitegravir　多替拉韦 Dolutegravir

最早将氟选择性地引入芳香化合物特定位置的方法之一是 Balz-Schiemann 反应，该反应是将芳烃重氮四氟硼酸盐在 120 ℃ 下热解，生成相应的芳香氟化物。四氟硼酸阴离了芳香重氮盐是比较稳定的，它是由芳香胺在四氟硼酸（HBF_4）存在下重氮化得到的。由于对芳香四氟硼酸重氮盐进行热分解有爆炸的危险，该反应的应用受到限制。后来科学家们发现，重氮盐可以不经分离，而是通过在 0－5 ℃ 下用 $NaNO_2$ 处理合适的芳胺前体，在氢氟酸水溶液或 70% HF-吡啶溶液中原位生成芳香重氮盐，随后在 55－160 ℃ 下热解生成相应的芳香氟化物。该反应经常用于具有极性取代基（如 OH、OMe、CF_3 等）的芳基氟化物的制备。

$$Ar-NH_2 \xrightarrow[HBF_4]{HNO_2} Ar-\overset{+}{N}\equiv N\ BF_4^- \xrightarrow{\Delta} Ar-F + BF_3 + N_2\uparrow$$

Balz-Schiemann 反应涉及带正电荷的中间体。芳香重氮盐在失去一分子氮气之后，生成了芳基正离子，随后被四氟硼酸根阴离子进攻，得到相应的氟代产物及一分子的三氟化硼。

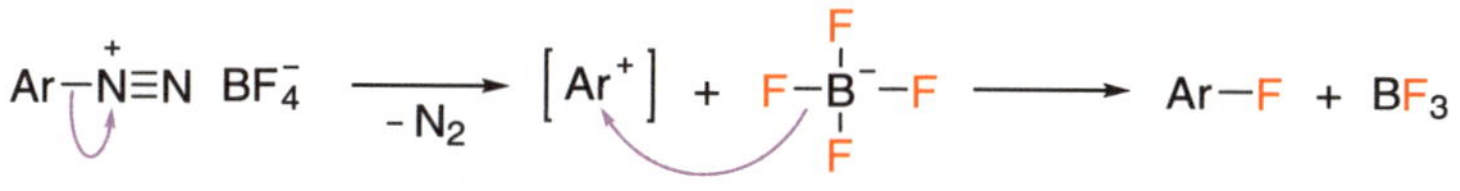

芳香化合物的选择性氟化也可以通过卤素交换的方式进行，该方法是目前工业生产含氟芳香化合物的主要方法之一。卤素交换选择性氟化具有起始原料容易获得、不使用氟化氢而使用金属氟化物作为氟源等优点。为了提高无机氟化物的亲核性并提高反应的效率，通常使用相转移催化剂 (phase transfer catalysts，PTC)。但是，这个方法要求芳环上具有能够活化卤素的吸电子取代基，一般是硝基。在某些条件下，硝基自身也可以作为离去基团实现芳香化合物的选择性氟化。

在化学实验中，neat 条件一般是指无溶剂反应。

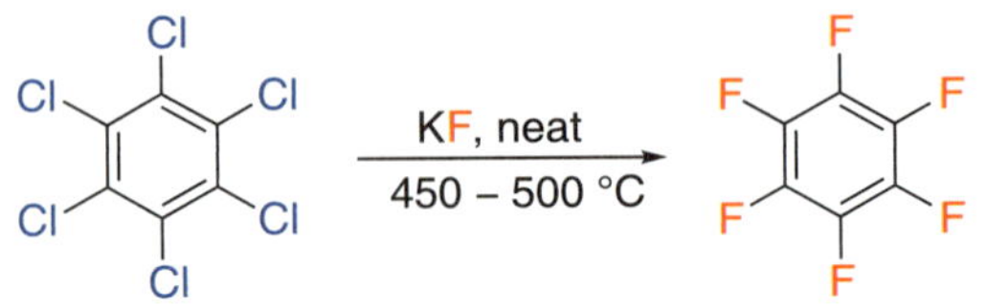

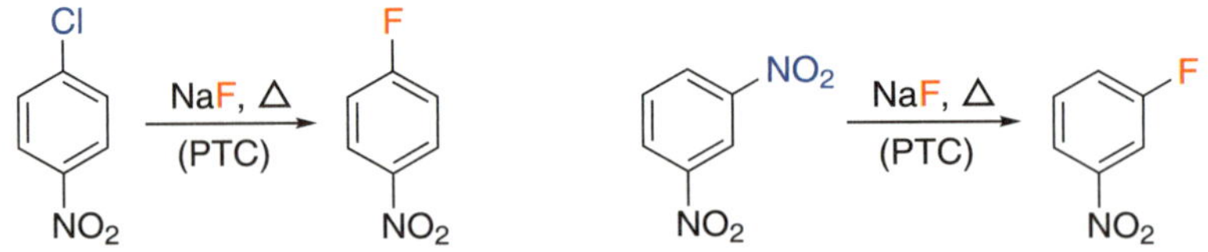

芳香化合物的选择性氟化还可以通过亲电氟化试剂的加成反应实现。例如使用 *N*-氟吡啶-2-磺酸内盐实现苯酚邻位的选择性氟化反应。该反应通过磺酸阴离子与酚羟基之间的氢键相互作用力和 π−π 相互作用，将亲电氟化试剂与底物之间的距离拉近，促进了亲电加成反应的进行，随后通过芳构化获得相应的邻位氟代苯酚。

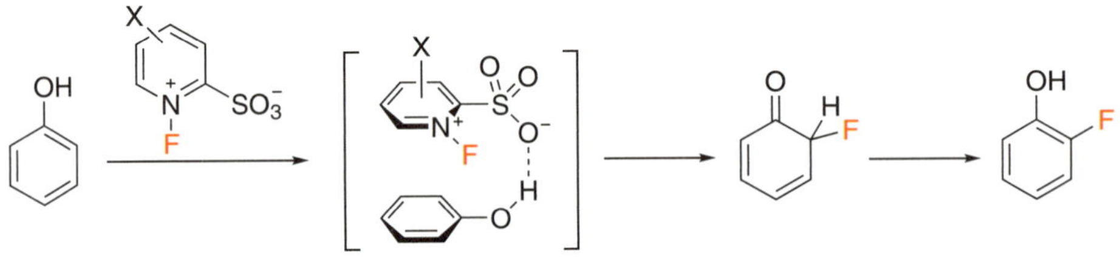

全氟烷基官能团的引入

全氟烷基碳负离子中氟的吸电子诱导效应 ($-I_\sigma$) 对其有稳定作用。同时，氟上的孤对电子和碳负离子上的孤对电子之间的 *p*−π 电子排斥作用 ($+I_\pi$) 会降低全氟烷基碳负离子的稳定性。这种效应导致 CF_3H 比氯仿和溴仿的酸性弱 (不同卤仿及甲烷的 pK_a：CHF_3 30.5，$CHCl_3$ 22.4，$CHBr_3$ 22.7，CH_4 68 – 70)。

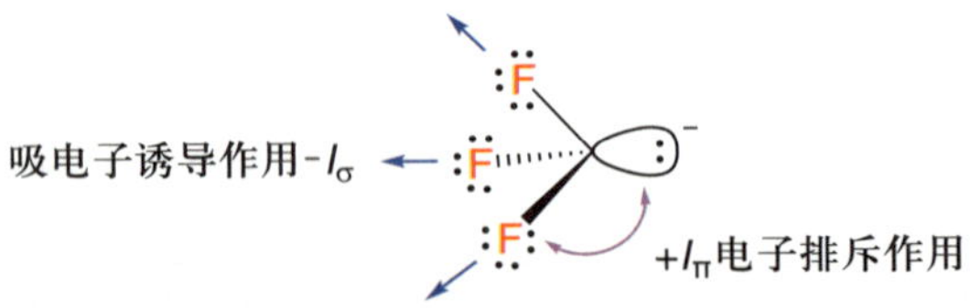

α-氟代的碳负离子可以被氟取代基的吸电子超共轭效应稳定。例如，在全氟叔丁基阴离子中，负电荷不是完全分布在碳原子中心，而是有很大一部分分散在 β 氟原子上面。

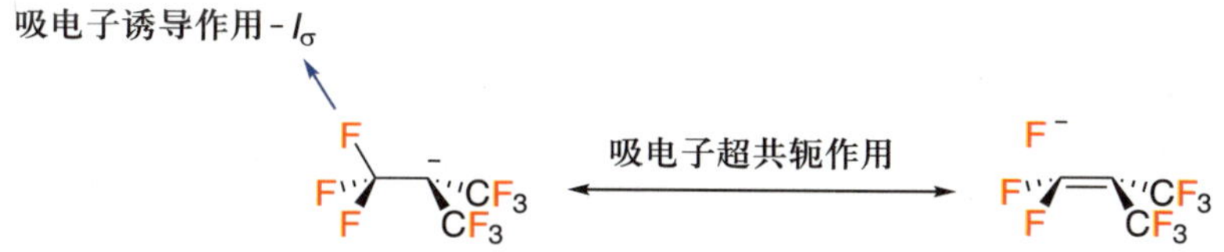

目前 Me_3SiCF_3 ($TMSCF_3$) 及其更高的全氟烷基同系物已成为常用的亲核全氟烷基化试剂。在氟负离子或其他 Lewis 碱的作用下，$TMSCF_3$ 可以转移“CF_3^-”到亲电的底物上。例如，氟负离子活化的 $TMSCF_3$ 与酮反应生成 TMSF 与 α-三氟甲基烷氧基负离子。烷氧基负离子也可以活化另一分子的 $TMSCF_3$，生成烷氧基三甲基三氟甲基硅酸酯，该硅酸酯可以和另一分子酮结合，生成一分子 α-三氟甲基烷氧基三甲基硅酸酯与一分子 α-三氟甲基烷氧基负离子，从而以一个链反应的形式继续活化 $TMSCF_3$。

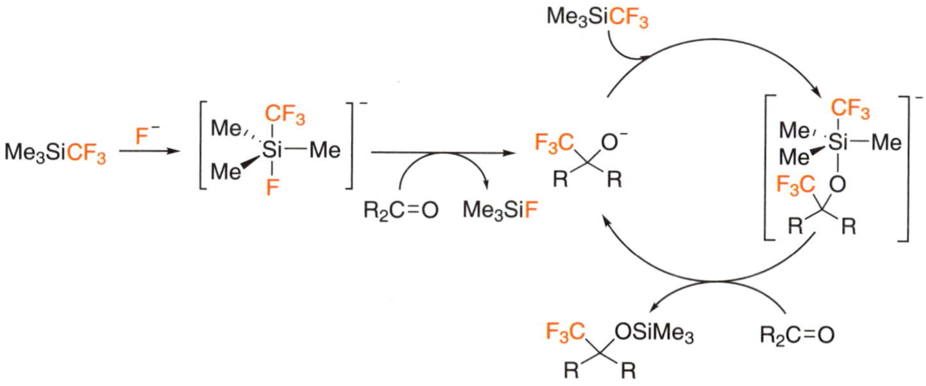

近年来有机氟化学有了巨大的进展，由于氟原子具有最强的电负性及较小的原子半径，含氟化合物渗透到了我们日常生活的方方面面。本节仅是对有机氟化合物的性质及氟原子和含氟官能团的引入作了简单介绍，这仅仅是有机氟化学的冰山一角，更多有趣、巧妙的有机氟化反应期待着大家的探索。

思考题 30.14

为什么氟原子取代药物分子中的其他原子可以改善药物的代谢稳定性等性质？

本章学习要点

(1) 元素有机化合物的成键特点及反应活性的影响因素。

(2) 有机硼化合物的反应性质：硼烷与烯烃的加成反应；硼烷参与的重排反应；烯丙基硼烷与醛的加成反应；Miyaura 硼化反应；Suzuki-Miyaura 偶联反应。

(3) 有机硅化合物的结构及反应性质：亲核取代反应；Peterson 消除反应；Brook 重排反应；涉及不同结构硅烷的反应；烯醇硅醚在有机合成中的应用。

(4) 有机磷化合物的类型及反应性质：Appel 反应；Wittig 反应；Mitsunobu 反应；Arbuzov 反应；Perkow 反应；[1,2]-Phospha-Brook 反应；Horner-Wadsworth-Emmons 反应。

(5) 有机硫化合物的类型及反应性质：有机硫化合物分别作为亲核试剂或亲电试剂参与的反应；硫缩醛参与的反应；锍盐参与的反应；硫叶立德及其反应；Swern 氧化反应。

(6) 有机氟化合物的类型及反应性质：亲核氟化反应；亲电氟化反应；芳香化合物的氟化反应。

习题

30.1　完成下列反应。

(1) 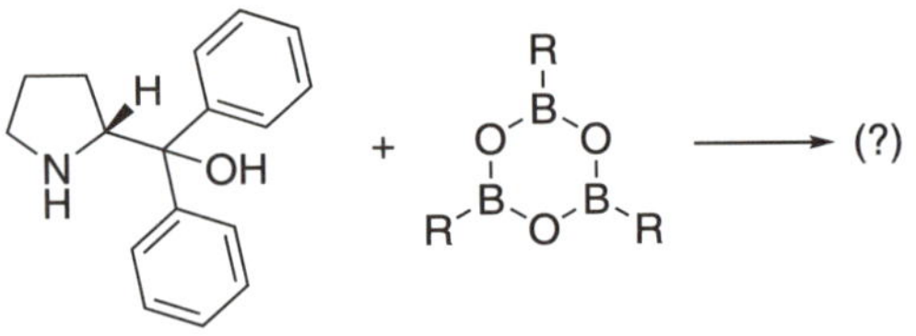

(2) 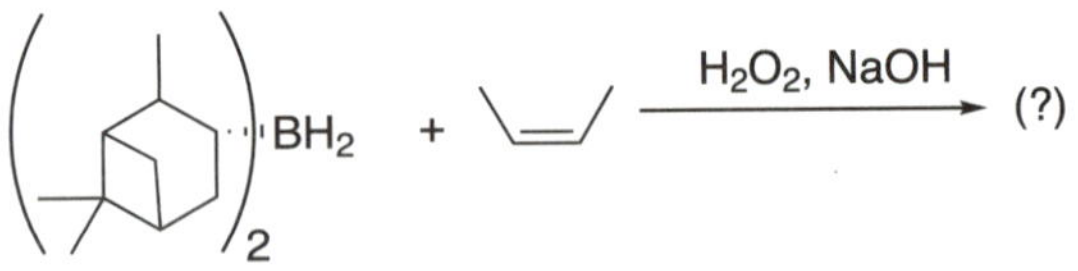

(3) 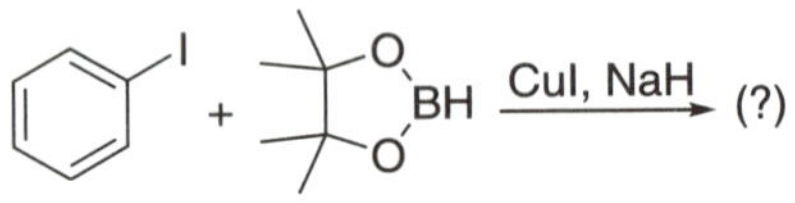

(4) 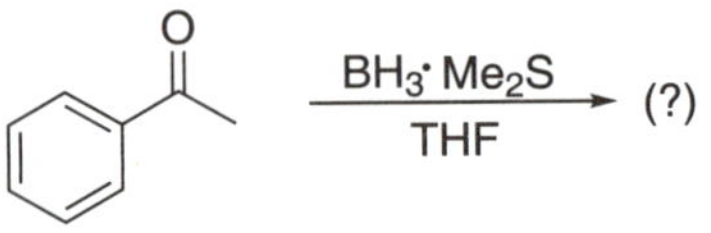

(5) 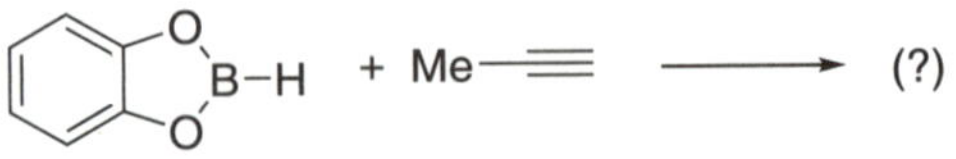

(6) 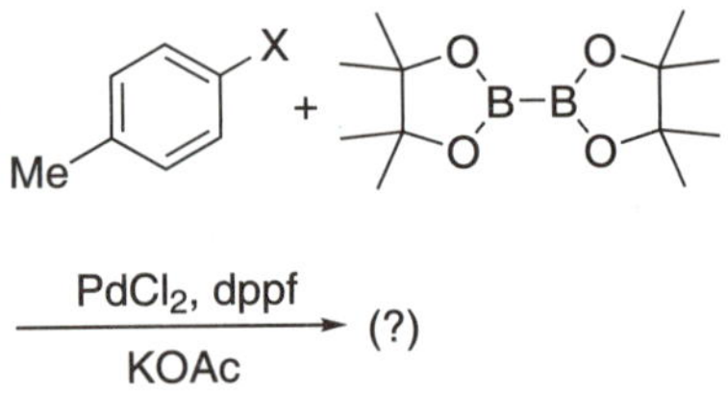

(7) 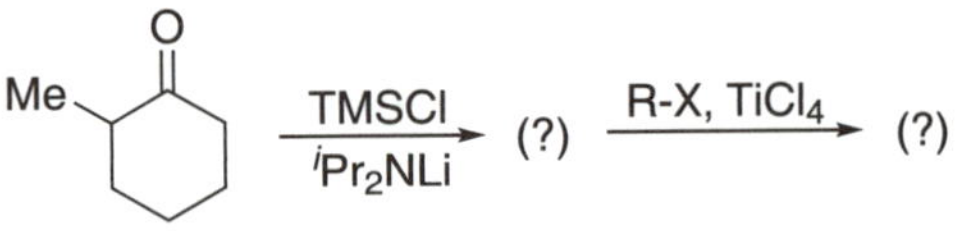

(8) 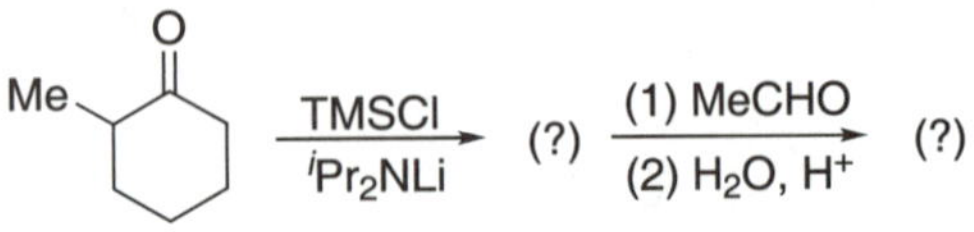

(9) 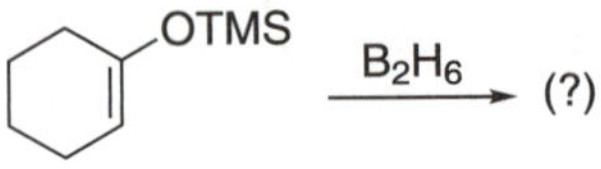

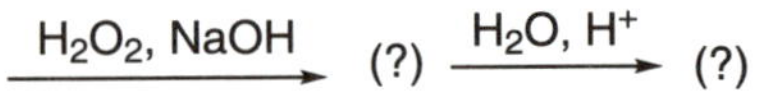

(10) 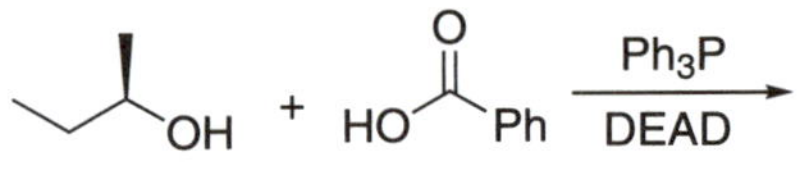

(?) + (?) + (?)

(11) $(C_2H_5O)_3P + BrCH_2COOC_2H_5 \xrightarrow{\Delta}$ (?) + (?)

(12) 

(13) 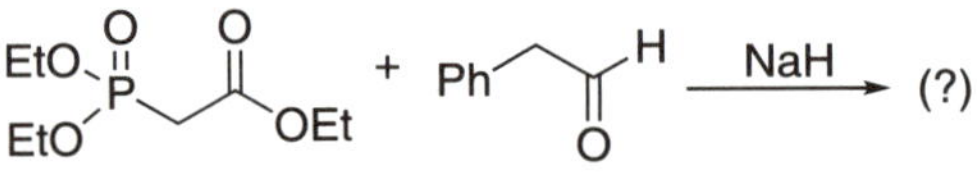

(14) 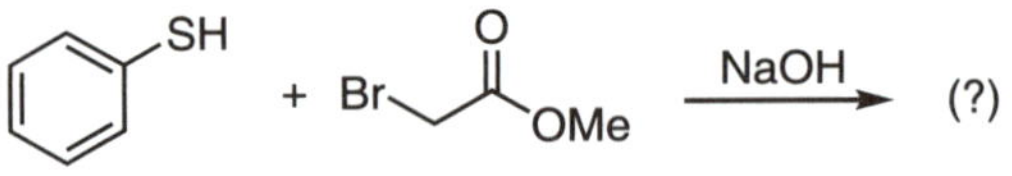

(15) 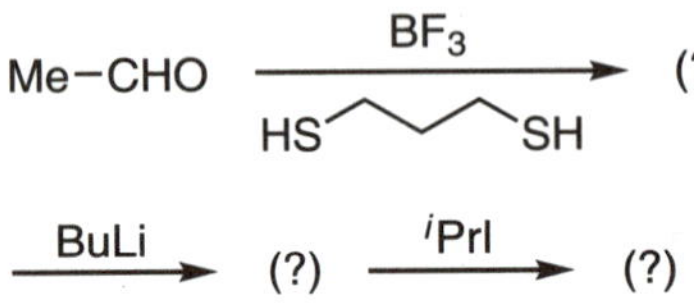

(16) 

(17) 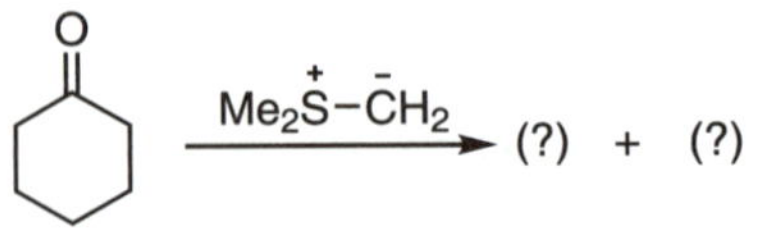

(18) 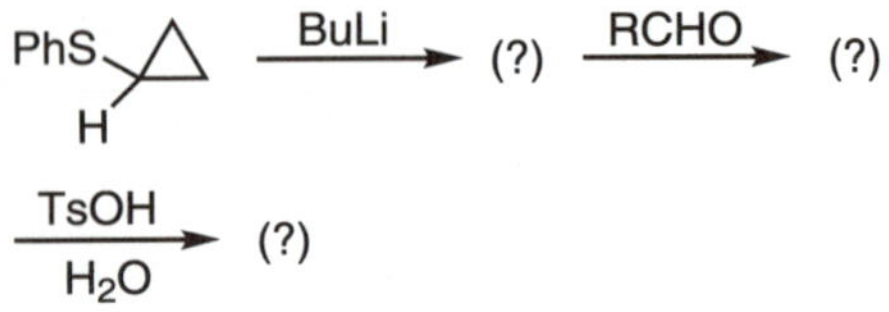

(19) 

(20) 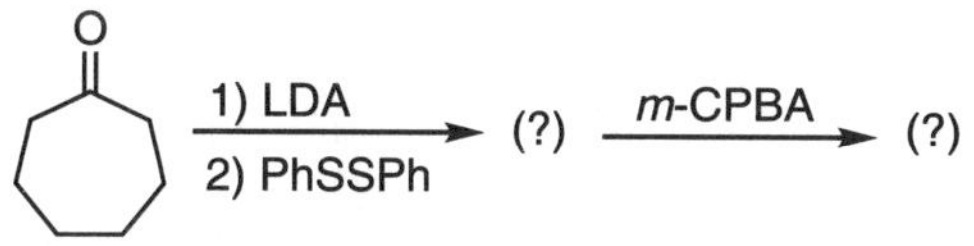

(21) 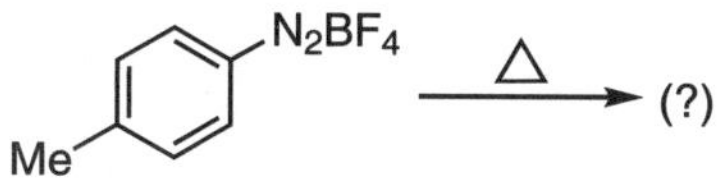

(22) 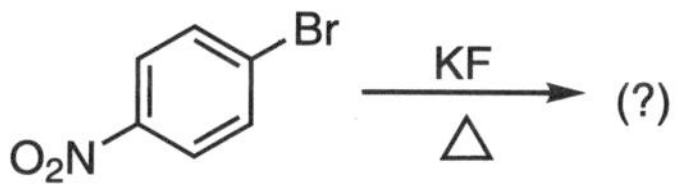

(23) 

(24) 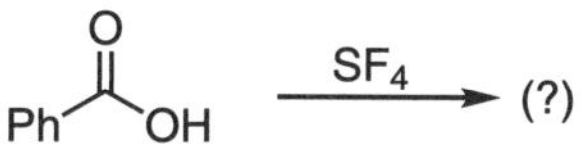

(25) 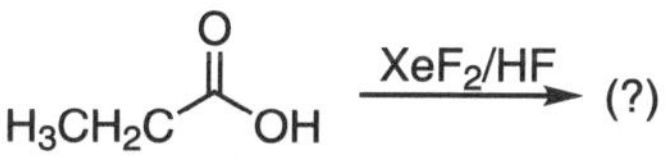

(26) 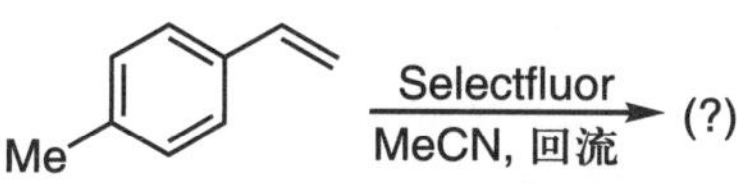

30.2 比较下列化合物的碱性大小，并说明理由：$Me_3SiCH_2NH_2$、CH_3NH_2、$Me_3CCH_2NH_2$。

30.3 写出如下反应机理，用箭头表明电子转移方向。

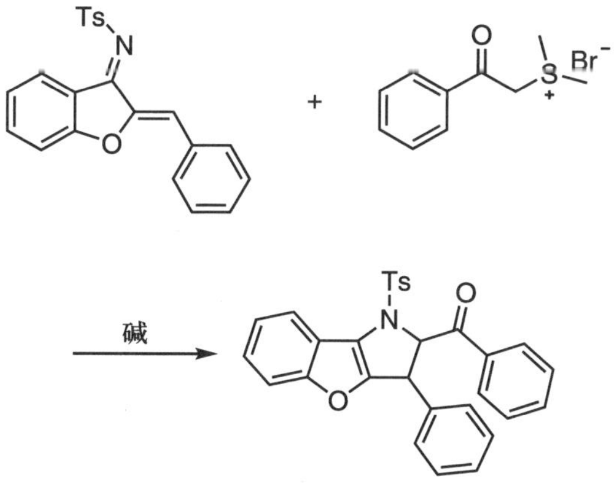

30.4 写出下列反应中间体 **A** 和 **B** 的结构并写出反应机理，用箭头表示电子转移方向。

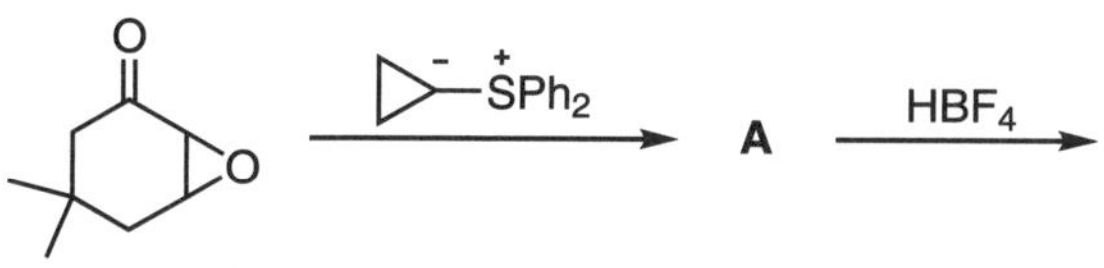

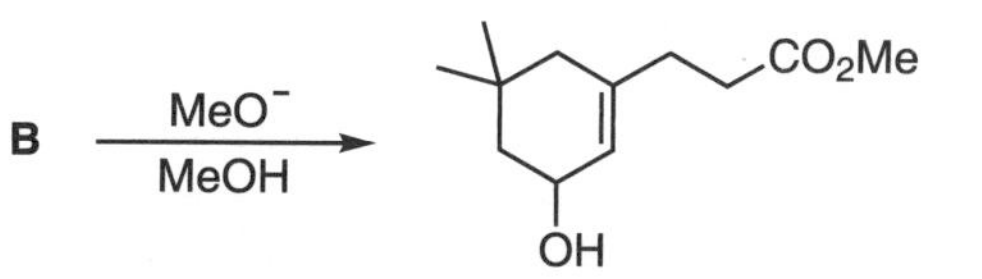

30.5 写出下列反应机理，用箭头表示电子转移方向。

(1) 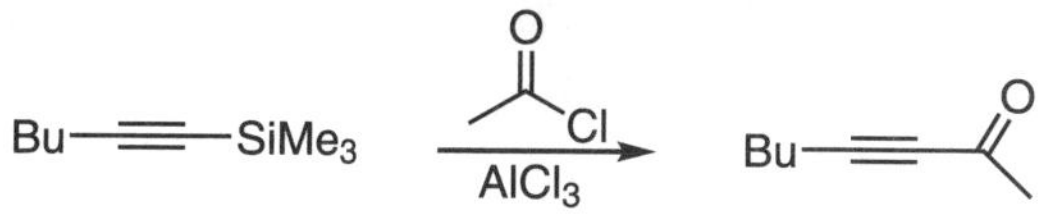

(2) 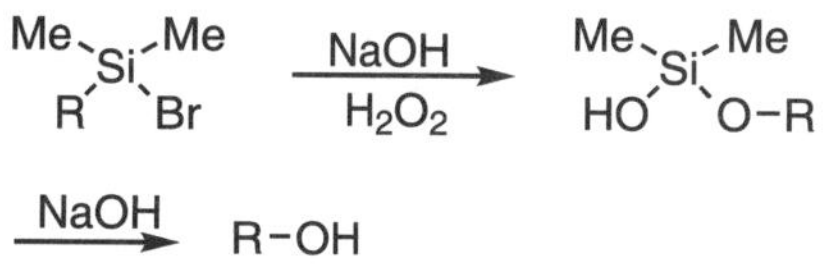

(3) 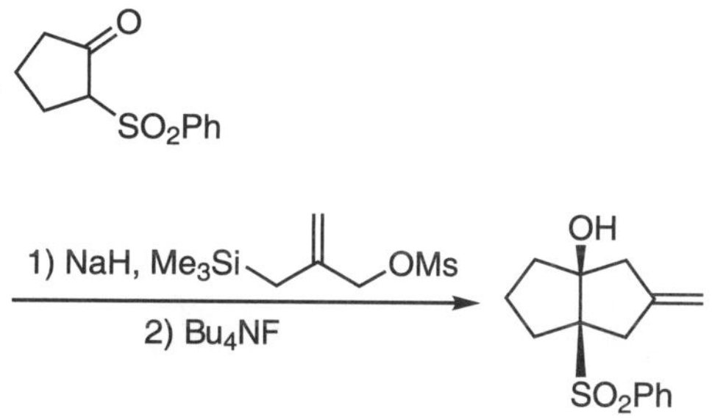

(4) 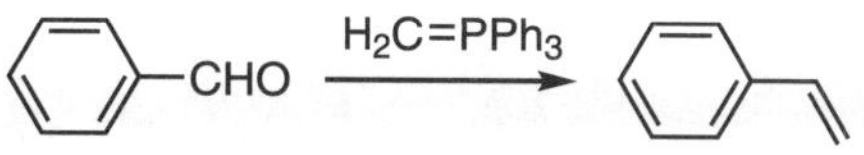

(5) 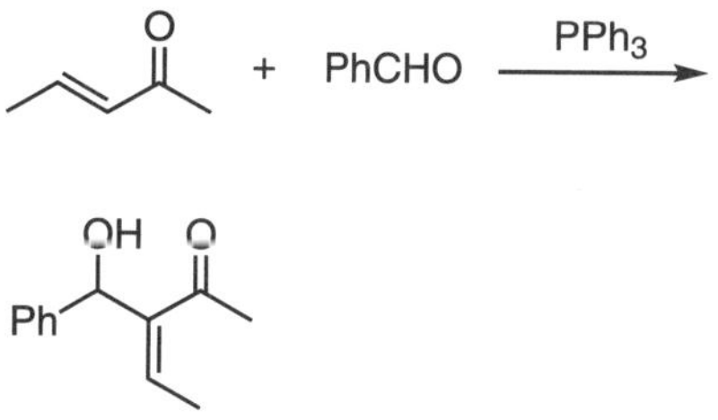

30.6 苯与三氧化硫作用生成苯磺酸的反应体现了三氧化硫的亲电性，写出反应机理。

30.7 写出 Lawesson 试剂参与反应的作用机理。

30.8 写出如下反应中 **A** 和 **B** 的结构并且画出反应机理。

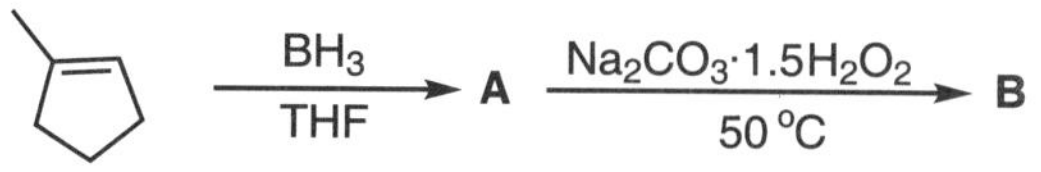

30.9 写出如下反应中的产物结构。

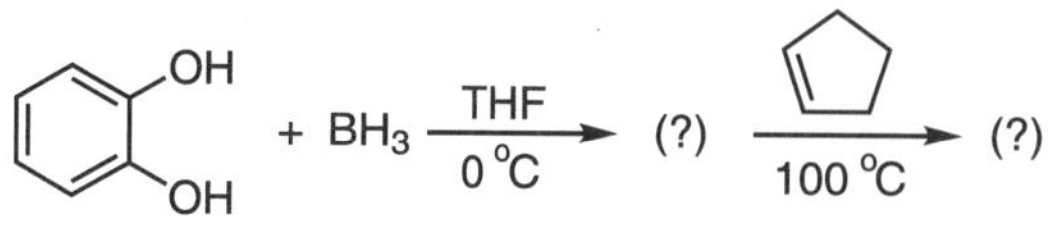

30.10 比较如下化合物的酸性顺序。

(1) (a) CH_3COOH (b) CHF_2COOH

(c) CH_2FCOOH (d) CF_3COOH

(2) (a) CH_2FCOOH (b) $CH_2ClCOOH$

(c) $CH_2BrCOOH$ (d) CH_3COOH

30.11 写出如下反应机理，用箭头表明电子转移方向。

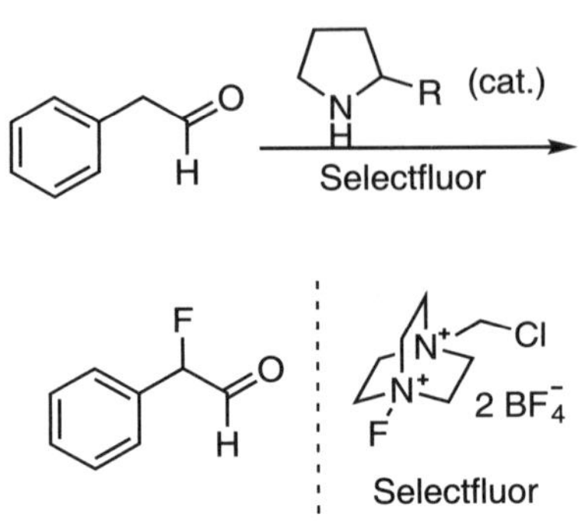

第 31 章

绿色化学

第 31 章 绿色化学

31.1 绿色化学原则

绿色化学是指，在化学品的设计、生产和使用中，利用科学原理与技术减少或消除有害物质的使用或产生。因此，绿色化学（green chemistry）是一门从源头上防止污染的化学，即重新设计化学合成工艺，以避免污染产生。从科学观点来看，绿色化学是对传统化学思维和理念的更新。从环境友好、经济可行的绿色产品的设计出发，发展原子经济性的、高选择性的新反应来完成目标产物的合成。从环境保护角度来看，绿色化学倡导从“源头”上防止污染的理念，将处理环境污染问题从“先污染、后治理”改为“从设计开始，从源头上根除污染”。从经济的角度考虑，绿色化学能有效利用资源和能源，降低生产成本，减少了用于环境治理的花费，体现出经济效益。因此，绿色化学是解决环境问题的理想方法。

绿色化学的定义采用了 Anastas 和 Warner 的定义“Green chemistry is the utilization of a set of principles that reduces or eliminates the use or generation hazardous substances in the design, manufacture and application of chemical products”（Anastas P T, Warner J C. *Green Chemistry: Theory and Practice*. Oxford: Oxford University Press, 1998.）。

绿色化学围绕原料、试剂、反应、催化剂、溶剂和产品的绿色化开展。采用无毒、无害原料，使用可再生资源（如生物质、水、二氧化碳等）和环境友好的试剂（如绿色氧化剂、还原剂、羰基化试剂等）。设计“原子经济性”反应，要求反应物的原子最大限度地转化到目标产物中，避免副产物的生成。理想的原子经济性反应要求原料分子中的所有原子全部转化到产物中，实现“废物零排放”。采用可回收、环境友好的催化剂，如固体酸碱催化剂代替无机强酸强碱催化剂，采用酶催化、膜催化技术，以提高产物的选择性和减少有害物质的排放。开发环境友好的溶剂，如使用水、离子液体、超临界流体作为溶剂。采用温和的反应条件以降低能源消耗，以及步骤经济性的合成路线。设计安全、无毒害、可生物降解的化学品，如可降解塑料、绿色农药等，以降低对人类的危害，并减少污染物的富集，避免对环境的污染。

实现绿色合成必须遵循以下基本原则，也称为“绿色化学十二原则”：(1) 绿色化学理念（图 31-1）：从源头上减少或消除污染，防止废弃物的生成，而不是“先产生后治理”；(2) 原子经济性（也称原子利用率）：设计合成反应时，应使反应物的原子最大程度地转化到目标产物中；(3) 只要可行，尽量不使用和不产生对人类健康和环境有毒害的物质；(4) 化学品的设计应在保留其功效的基础上，降低毒性；(5) 尽可能避免使用辅助物质（如溶剂、分离试剂等），如需使用，则其应是无毒的；(6) 应设法降低能耗，最好在温和条件下进行反应；(7) 只要技术和经济上可行，原料或反应物应是可再生的，而非将耗竭的；(8) 尽可能避免不必要的衍生化步骤（如保护/去保护、暂时修饰等）；(9) 尽可能使用性能优异的催化剂，催化反应优于化学计量反应；(10) 化学品的设计应考虑在其使用后，不应持久残留在环境中，而能降解为无害的物质；(11) 应发展实时分析方法检测反应过程，在有害物质形成前能够即时进行跟踪及控制；(12) 化工

2001 年诺贝尔化学奖得主野依良治（Ryoji Noyori）提出“完美合成化学”概念：**未来的合成化学必须是经济、安全、环境友好、节省资源和能源的化学。即只以 100% 产率和 100% 选择性生成目标产物而没有废物产生**。要实现“完美的合成化学”，与其说是技术的进步，不如归结为基本的科学问题。

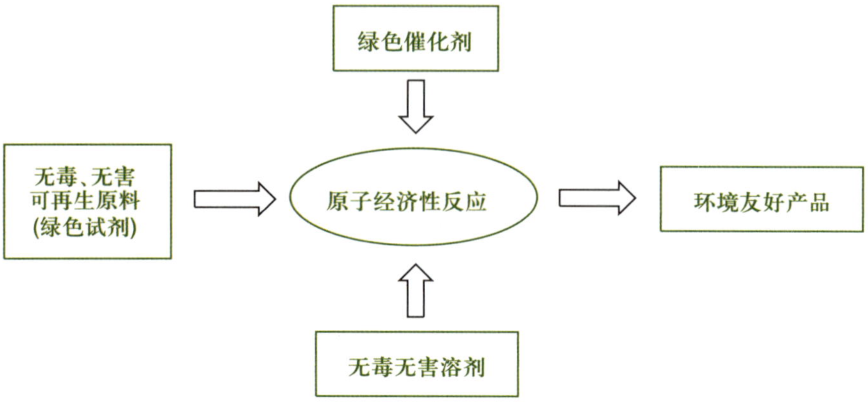

图 31-1　绿色化学理念

生产过程中各种物质的选择与使用应使化学事故的隐患最小，所选用的物质和物质的形态应尽可能地降低发生化学事故的可能性。

思考题 31.1

分析绿色化学污染防治与环境污染治理的异同。

思考题 31.2

总结环境运动的发展历程，分析发展绿色化学的必要性。

31.1.1　原子经济性

传统合成化学主要以产率来评估化学合成过程。事实上，即使是产率接近 100% 的转化反应，也往往产生废弃物。因此，使用“产率”作为主要评价指标评估一个合成过程的效率和效益不够全面。**原子经济性 (atom economy)，也称原子利用率，即原料分子中原子转化成目标产物的比例**。理想的原子经济反应是原料分子中的原子 100% 转化成产物而不产生废物，实现废物的“零排放”(zero emission)。原子经济性可表述为

原子经济性 (原子利用率) = (产物的分子量/所有反应物分子量之和) × 100%

因此，取代反应、消除反应一般都伴有副产物，原子利用率较低。而在重排反应和加成反应中，所有反应物的原子都被转化进入目标产物中，原子经济性达到 100%。

EWG，吸电子基团，electron withdrawing group。

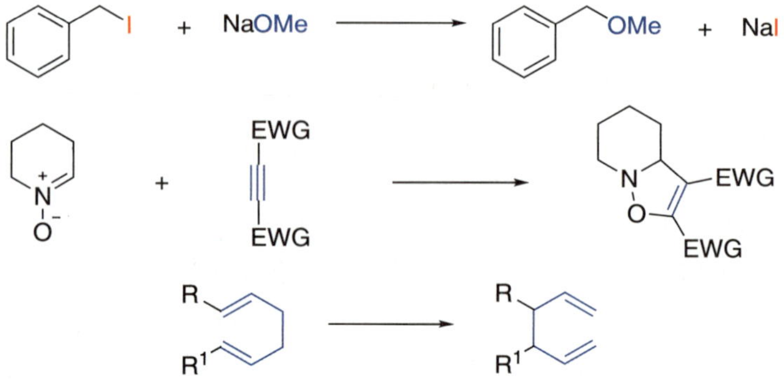

Wittig 反应作为构建 C=C 键的重要方法，其步骤简单、产率高，已广泛应用于复杂分子和天然产物的合成。如果以绿色化学来评估，Wittig 反应的原子经济性较低（图 31–2），只有 29.8%。鳞叶立德的分子量为 276，但只有亚甲基“CH_2”部分（分子量为 14）被利用，三苯基氧化膦是废弃物。

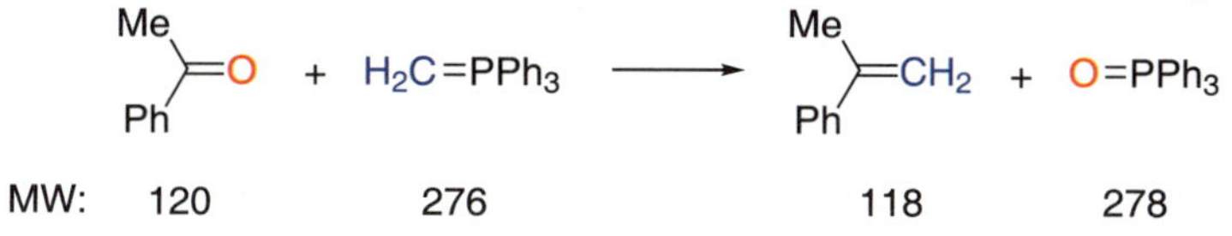

$$\text{原子经济性} = \frac{118}{118 + 278} \times 100\,\% = 29.8\,\%$$

图 31–2　Wittig 反应原子经济性

烯烃复分解反应是理想原子经济性反应的范例，已经广泛应用于有机合成、药物合成和聚合物材料制备。在烯烃复分解反应中，两种烯烃原料通过交叉的烯烃复分解反应产生两种新的烯烃产物，原料分子中的所有原子都进入产物分子中，具有 100% 的原子经济性，不产生废物。

例如在以下反应中，两种烯烃通过分子间烯烃复分解反应生成目标烯烃和乙烯，产物乙烯也是一种重要化工原料。

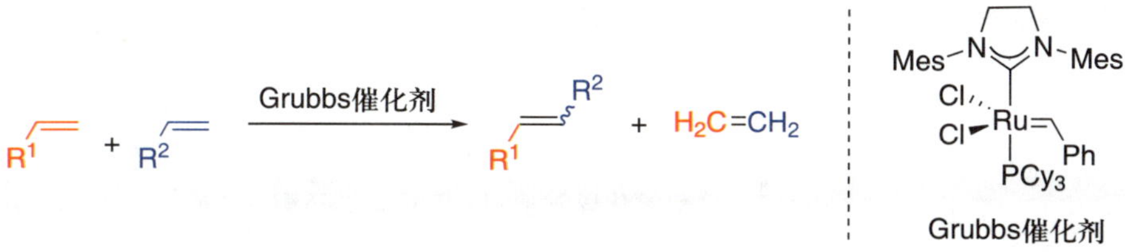

提高反应原子经济性的方法有三种：(1) 重新设计合成路线，(2) 提高产物选择性，(3) 副产物的合理利用。

(1) 重新设计合成路线　例如，工业中制备环氧乙烷的氯醇法分为两步（图 31–3），首先乙烯、氯气和水反应生成 2-氯乙醇，然后 2-氯乙醇和氢氧化钙水溶液发生消除反应得到环氧乙烷。反应中使用过量的氯气，但是氯原子并没有进入产物中去，而是以氯化钙的形式进入废水中。反应的原子经济性为 25.4%，这意味着有三倍于产物质量的废物产生。

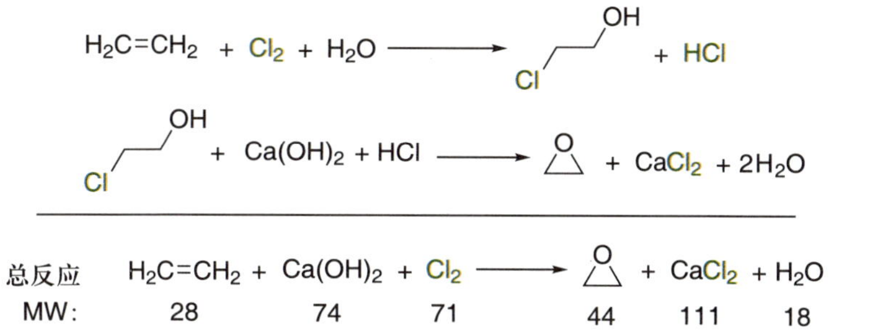

$$\text{原子经济性} = \frac{44}{44 + 111 + 18} \times 100\,\% = \frac{44}{28 + 71 + 74} \times 100\,\% = 25.4\%$$

图 31–3　氯醇法制备环氧乙烷反应的原子利用率

又例如，在乙烯直接环氧化制备环氧乙烷的一步法（图 31–4）中，使用氧气作氧化剂、银作催化剂，反应的原子经济性为 100%。产物的实际产率为 99%。因此，这是一个制备环氧乙烷的环境友好方法。

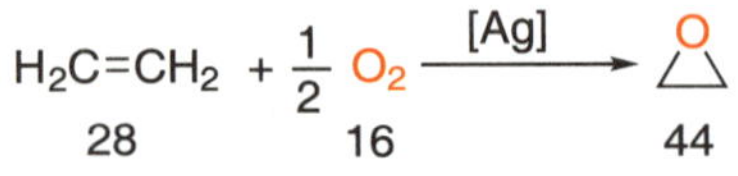

$$\text{原子经济性} = \frac{44}{28+16} \times 100\ \% = \frac{44}{44} \times 100\ \% = 100\ \%$$

图 31–4　乙烯环氧化反应的原子经济性

(2) **提高产物选择性**　对于合成反应，产物选择性是一个非常重要的参数，直接决定反应的实际原子经济性。以工业上催化氢化异佛乐酮制备三甲基环己酮（图 31–5）为例，在反应过程中，深度氢化的副产物三甲基环己醇和三甲基环己烷的形成降低了反应的原子经济性。此外，这些副产物的沸点与产物很接近，导致产物的分离和提纯困难，也增加了生产成本及能耗。采用超临界二氧化碳作为介质钯催化的异佛乐酮氢化方法，原料全部转化，目标产物选择性大于 99%，极大地简化了分离和提纯过程。因此，反应的实际原子经济性大于 99%。

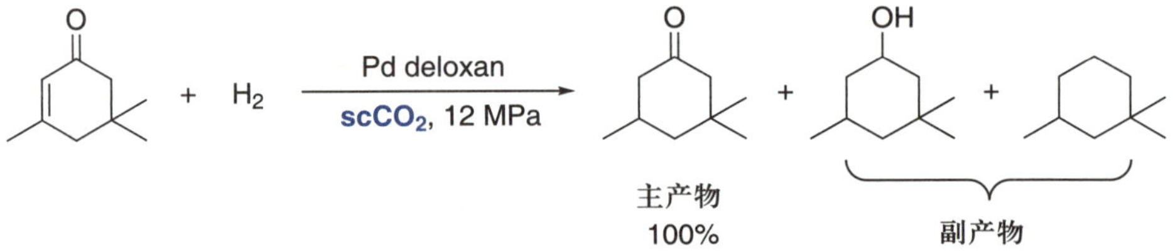

图 31–5　催化氢化异佛乐制备三甲基环己酮

(3) **副产物的合理利用**　在传统生产过程中，副产物常常作为废物处理，从而降低了反应的原子经济性。事实上，如果能够将副产物加以合理利用，就可以提高反应整体的原子经济性。例如，尿素与甲醇反应制备碳酸二甲酯（图 31–6），副产物氨气可以再被用于合成尿素。整个过程可以看成甲醇与二氧化碳直接生成目标产物碳酸二甲酯和副产物水，而氨气被循环利用。

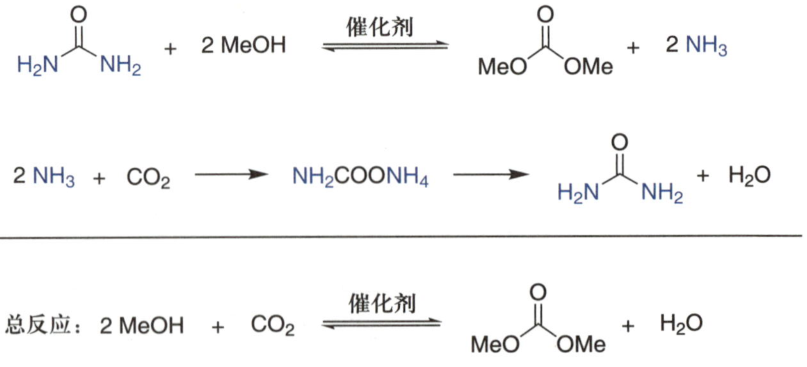

图 31–6　尿素与甲醇反应制备碳酸二甲酯

思考题 31.3

举例说明如何设计零排放的原子经济性反应。

31.1.2 原料与试剂

对于绿色合成，选择原料时还要评估其来源及其对环境的影响。目前，大多数化学品与合成材料采用消耗型的化石资源，如煤、石油、天然气。可再生原料，如生物质、二氧化碳、水、氮气是绿色化学的主要研究领域，符合可持续发展要求。

生物质 (biomass) 具有来源广、可再生等优点。生物质通过一系列化学过程可以转化为高附加值的化学品和材料。淀粉、植物油脂、纤维素等源于二氧化碳和水的光合作用，将其转化为燃料和化学品就相当于将光合作用与化学合成方法相结合，从而实现二氧化碳的循环利用。淀粉和植物油脂转化为燃料和化学品相对较容易，淀粉可利用发酵方法制备乙醇，植物油脂可以通过酯交换和催化加氢制备高品质燃料。纤维素是自然界中最丰富的植物生物质组分，但化学转化难度较大。通常纤维素首先被降解为单糖，然后由单糖脱水生成 5-羟甲基糠醛 (5-HMF)。5-羟甲基糠醛可以通过氧化、加氢等反应转化为合成燃料和重要化学品，如 2,5-二甲酰基呋喃、2,5-呋喃二羧酸、2,5-二羟甲基呋喃、2,5-二甲基呋喃等，可用作合成高分子材料的单体及燃料添加剂。

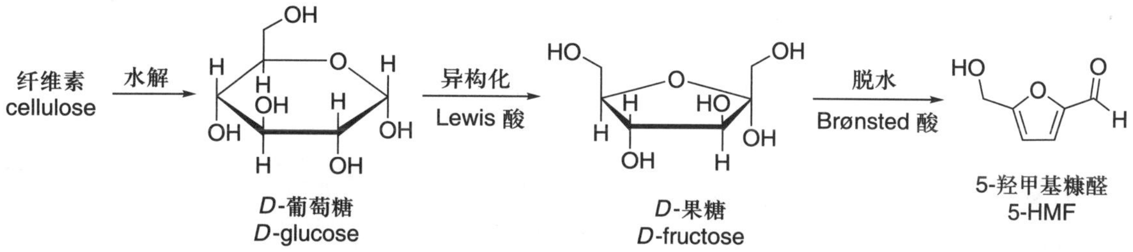

纤维素、淀粉等多糖水解获得的葡萄糖通过发酵可以制备重要的生物质平台分子 (图 31-7)，如乳酸、琥珀酸、3-羟基丙酸、衣康酸、谷氨酸等。

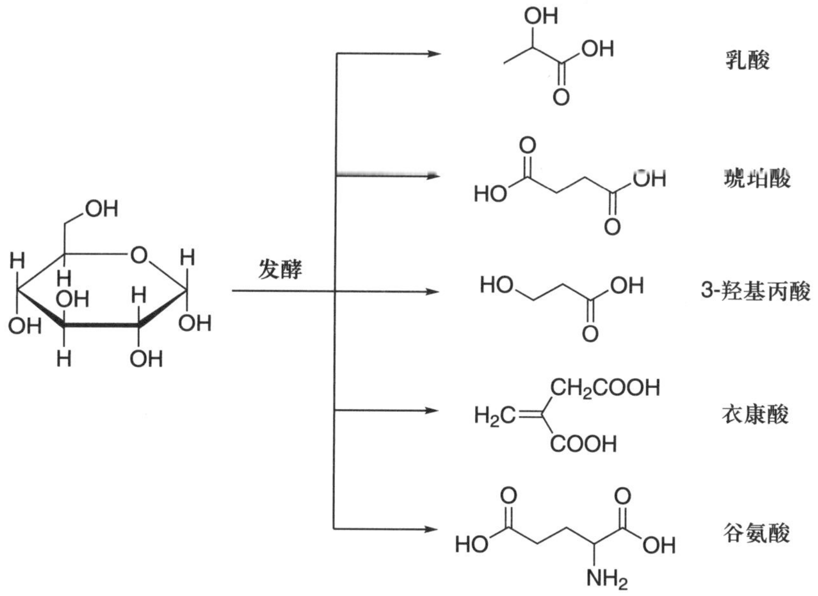

图 31-7　葡萄糖发酵制备生物质平台分子

目前全球二氧化碳的年排放量已超过 400 亿吨，将二氧化碳转化为化学品既可减轻对化石资源的依赖，又有利于减少二氧化碳的排放。以二氧化碳为原料，通过形成不同的化学键可以合成多种化学品（图 31-8）：通过形成 C–O 键可得到有机碳酸酯、聚碳酸酯；通过催化氢化反应形成 C–H 键得到甲酸、甲醇、二甲醚和烃类物质等能源产品；二氧化碳还可作为羰基化试剂，通过形成 C–C 键得到内酯和羧酸衍生物；通过形成 C–N 键得到尿素、脲的衍生物、氨基甲酸酯、异氰酸酯、聚氨酯、噁唑烷酮、喹唑啉等。目前二氧化碳作为原料，其年利用量已达到 1.8 亿吨，主要用于生产尿素、甲醇、碳酸酯及高分子材料。

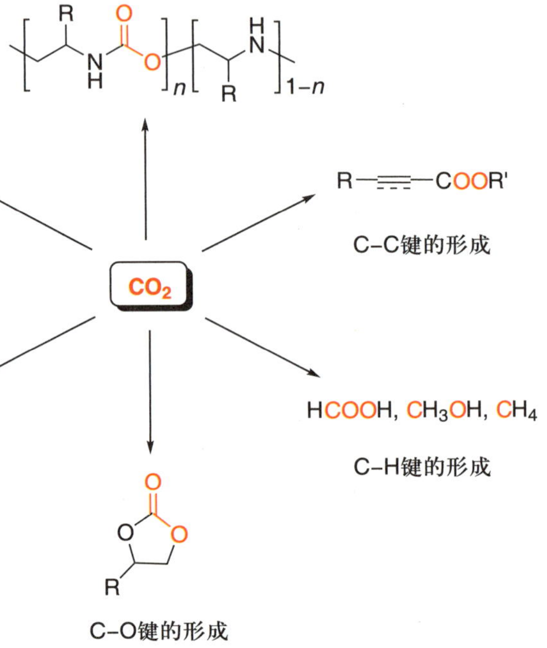

图 31-8　二氧化碳的转化利用

生物质平台分子是指在生物质转化利用过程中，首先将生物质原料转化为含有多个官能团的小分子化合物，再将小分子化合物通过加氢脱氧、胺化、醚化、酯化等化学反应转化为目标产物，这些从生物质原料衍生的小分子化合物称为生物质平台分子，是连接生物质资源、生物燃料和精细化工产品的纽带。

2004 年，美国能源部从超过 300 种来源于生物质的高附加值化学品中，筛选出 12 种具有代表性的生物质平台分子，包括：丁二酸、谷氨酸、乙酰丙酸、2,5-呋喃二甲酸、3-羟基丙酸、天冬氨酸、葡糖二酸、3-羟基丁内酯、甘油、山梨糖醇、木糖醇和衣康酸等。这些生物质平台分子具有活泼的化学反应性能，可以通过不同化学反应制备各类化合物，也被广泛应用于医药中间体、精细化学品、聚合物等合成。

在有机合成中经常使用还原试剂与氧化试剂。常见的还原剂有 $LiAlH_4$、$NaBH_4$、R_3SiH、Zn、Fe/HCl、H_2 等，其中氢气的原子经济性高，属于环境友好的还原剂。其他还原剂的原子经济性不高，并且会产生较多的废物，因此需要寻找更加环保的替代品。

常用的氧化剂有 $KMnO_4$、$Na_2Cr_2O_7$、MnO_2、*m*-CPBA、^{t}BuOOH、H_2O_2、氧气（O_2）、空气等氧化剂。其中氧气是典型的绿色氧化剂，不会产生废弃物。氧气在空气中含量丰富（体积分数 21%），是理想的绿色氧化剂。在催化剂作用下，氧分子可以选择性地氧化烷烃、烯烃、芳烃、醇、生物质平台分子等。

醇的氧化以前都是使用化学计量或大于化学计量的氧化剂如高价态铬、锰等，由此会形成铬、锰金属废弃物。近些年发展的以氧气为氧化剂，以钯配合物为催化剂，可以选择性地将脂肪醇、苄醇、烯丙醇氧化到醛、酮等化合物，反应条件温和，最显著的特点是不会产生氧化剂关联的废物。

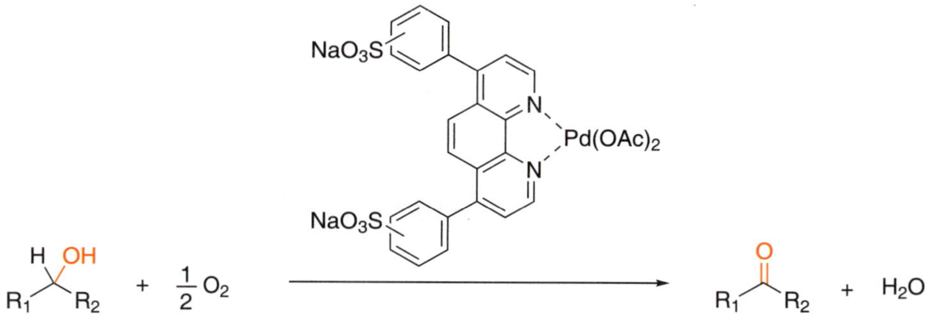

碳酸二甲酯（dimethyl carbonate，DMC）在常温下为无色无毒的透明液体，略带香味，能以任何比例与醇、酮和酯类有机溶剂混合，没有腐蚀性，是一种对环境无污染的绿色化工原料。碳酸二甲酯可替代光气、氯甲酸甲酯、硫酸二甲酯等作为羰基化试剂或甲基化试剂，应用于聚碳酸酯、异氰酸酯、碳酸酯等的生产，以提高生产操作的安全性，降低环境污染。例如工业需求量很大的甲苯二异氰酸酯，其合成可以由甲苯二胺和碳酸二甲酯反应生成甲苯二氨基甲酸甲酯，随后分解得到相应的异氰酸酯。

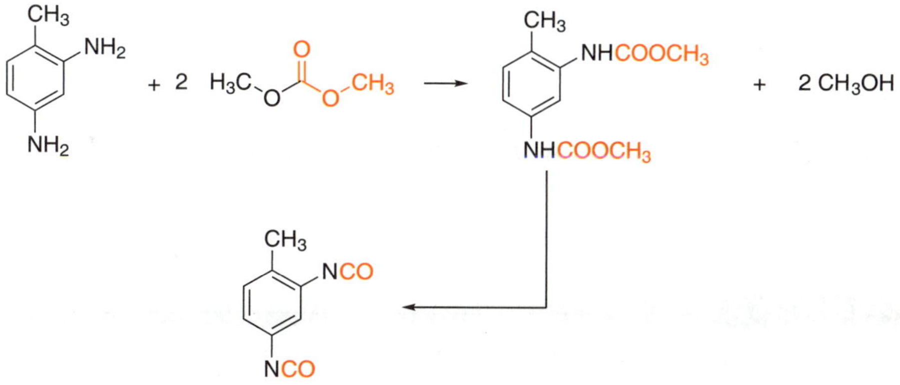

碳酸二甲酯还可以作为甲基化试剂。烷基化反应是有机合成中一类重要的反应，工业上常用的甲基化试剂是硫酸二甲酯或卤代甲烷，但这些试剂毒性较高，并且产生含盐废水。使用碳酸二甲酯作为甲基化试剂，副产物是甲醇和 CO_2，可以避免环境污染。相比于传统的甲基化试剂，使用碳酸二甲酯具有操作安全、工艺简单、选择性好等特点。例如，在 NaY 型沸石催化剂的作用下，以碳酸二甲酯为甲基化试剂，能以高产率、高选择性地实现苄醇化合物的甲基化反应，而酚类化合物则不发生这一反应。

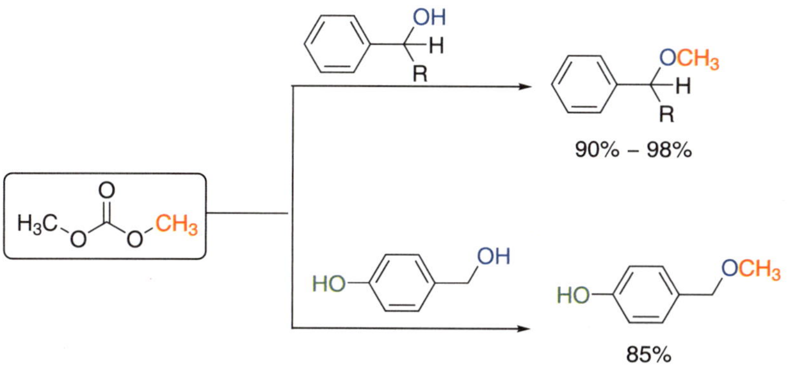

在设计合成路线时，尽可能不使用有毒的试剂、原料、溶剂、催化剂和助剂等。必须使用时，应尽量选择低毒试剂，并考虑操作过程中的安全性。

碳酸二甲酯（dimethyl carbonate）简称 DMC，常温时是一种无色透明、略有气味、微甜的液体，熔点 4 ℃，沸点 90.1 ℃，密度 1.069 g·cm^{-3}，难溶于水，但可以与醇、醚、酮等有机溶剂混溶。DMC 在常压下和甲醇共沸，共沸温度 63.8 ℃。DMC 毒性很低，1992 年，欧洲化学品管理局将碳酸二甲酯登记为非毒性化学品（non-toxic substance）并给予其“绿色化学品”称号。因其分子结构中含有羰基、甲基和甲氧基等官能团，故 DMC 具有多种反应性能，能发生羰基化、甲基化、甲氧基化和羰基甲基化等有机合成反应，应用于生产聚碳酸酯、异氰酸酯、聚氨基甲酸酯、聚碳酸酯二醇、烯丙基二甘醇碳酸酯、甲氨基甲酸萘酯、苯甲醚、四甲基醇铵、长链烷基碳酸酯、丙二酸酯、碳酸二乙酯、三光气、呋喃唑酮、肼基甲酸甲酯、苯氨基甲酸甲酯等多种化工产品。所以，DMC 是重要的化工原料和有机合成中间体。

作为溶剂，DMC 可替代氟里昂、三氯乙烷、三氯乙烯、苯、二甲苯等用于油漆涂料、胶黏剂的生产。作为汽油添加剂，DMC 可提高其辛烷值和含氧量，进而提高其抗爆性。此外，DMC 还可作清洁剂、表面活性剂和柔软剂的添加剂。

例如，亚氨基双乙酸二钠是生产除锈剂的重要中间体，工业上采用 Strecker 反应合成，所采用原料是氨气、甲醛和氢氰酸。其中氢氰酸属于剧毒品，对操作人员、环境都有很大的危险。而且，每生产 7 kg 产品会产生 1 kg 废物，这些废物含有氰化物和甲醛。

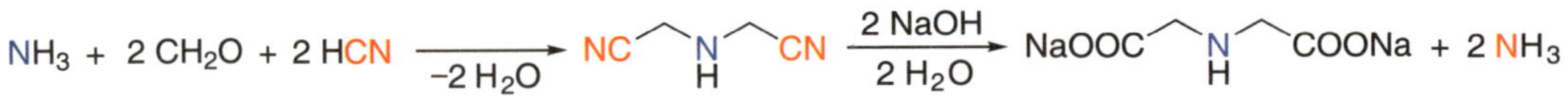

以铜催化的二乙醇胺脱氢合成亚氨基双乙酸二钠的生产路线避免了 Strecker 反应中剧毒物质氢氰酸的使用。这是采用低毒试剂进行合成的典型案例之一。

思考题 31.4

举例说明光气在化学合成中的应用，并说明光气的绿色替代物。

思考题 31.5

什么是化学家在设计化学合成时所需考虑的传统因素？分析传统方法与绿色化学方法（绿色化学从设计开始）的异同点。

思考题 31.6

举例说明传统还原剂和绿色还原剂各有什么特点。

31.1.3　辅助物质与反应介质

在化学品加工、生产和使用过程中，每一步都会用到辅助物质，如溶剂、分离试剂等。这些辅助物质常常会给人类健康及环境带来问题。例如，有机溶剂具有低沸点、易挥发的特点，因此，避免有机溶剂的使用已经成为绿色合成化学的重要研究内容。可替代传统有机溶剂的绿色介质包括水、离子液体、超临界二氧化碳、二氧化碳/水混合介质、聚乙二醇和聚乙二醇/水混合介质等。离子液体（ionic liquid，IL）一般是指室温离子液体，即 100 ℃ 以下为液体的离子型化合物。离子液体对有机物和无机物均具有较好的溶解性、较低的蒸气压、不易挥发，对大气环境影响小等特点。因此，离子液体可以作为反应介质替代部分挥发性有机溶剂。必须使用溶剂时，应遵循溶剂的一般选择原则，将溶剂危害降到最低。表 31-1 给出了一些常用溶剂，优先次序自左到右（优先、可用、不宜）、自上而下。

表 31-1　常 用 溶 剂

优先溶剂	可用溶剂	不宜溶剂
水	环己烷	戊烷
丙酮	庚烷	己烷
乙醇	甲苯	异丙基醚

续表

优先溶剂	可用溶剂	不宜溶剂
异丙醇	甲基环己烷	乙醚
正丙醇	甲基叔丁醚	二氯甲烷
乙酸乙酯	异辛烷	二氯乙烷
乙酸异丙酯	乙腈	氯仿
甲醇	2-甲基四氢呋喃	二甲基甲酰胺
丁酮	四氢呋喃	*N*-甲基吡咯烷酮
正丁醇	二甲苯	吡啶
叔丁醇	二甲亚砜	二甲基乙酰胺
	乙酸	1,4-二氧六环
	乙二醇	二甲氧基乙烷
		苯
		四氯化碳

超临界二氧化碳：超临界流体是温度和压力同时高于其临界值的流体。这类流体具有许多特殊的性质，如具有很强的溶解挥发性物质的能力，表面张力为零，黏度低，扩散系数大。超临界流体作为反应介质已经用于很多类型的有机化学反应。超临界流体中的化学反应的优点主要包括溶解性能可用压力连续调节、传质速率快、催化剂寿命长、溶剂容易循环利用、可实现反应-分离一体化等。由于二氧化碳廉价易得、具有临界条件温和等优点，超临界二氧化碳中的化学反应研究得最多。在超临界二氧化碳中使用负载的钯催化剂催化异佛乐酮生成三甲基环己酮的连续氢化反应已经实现工业化生产。超临界二氧化碳的使用，大大提高了反应选择性，目标产物的选择性达到100%，只生成碳碳双键氢化的产物。

无溶剂反应：从绿色化学的角度看，反应过程中不使用溶剂是最佳方案，其方法是在不加溶剂条件下将固体-固体、液体-固体或液体-液体反应物直接混合搅拌或研磨，也可以使用光、热、微波及超声等方法促进反应的进行。无溶剂反应主要包括光化学反应、环加成反应、Michael 反应、Wittig 反应、Suzuki 反应、Heck 反应、还原反应等。无溶剂反应策略也用于不对称催化反应，例如，将芳香醛和酮混合并加入催化量的 *L*-脯氨酸，通过高速间隔研磨的方法促进反应发生，当芳环上连接吸电子基团时，以很高的产率得到反式为主的 aldol 产物。

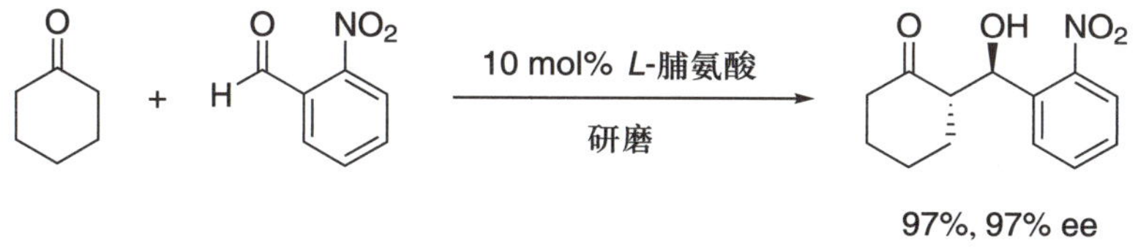

思考题 31.7

根据绿色化学的观点，如何选取合适的反应溶剂？

31.1.4　催化剂

催化剂可以降低反应的活化能，加快反应速率，提高选择性，减少反应能耗。

工业生产中 85% 以上的化工过程都采用了催化剂。例如，以环氧化合物和二氧化碳的环加成反应制备环状碳酸酯，工业上使用季铵盐或碘化钾为催化剂，在高压高温条件下反应。该反应对仪器设备要求较高，安全风险比较大。因此，有必要发展高效催化剂，使反应能够在温和条件下进行。例如，Lewis 酸和亲核试剂的协同催化剂能够对二氧化碳和环氧丙烷进行有效活化，即 Lewis 酸的金属（如 Mg、Al、Zn、Co、Fe 等）对环氧丙烷底物进行活化，亲核试剂（如氮杂环卡宾、超强碱等）活化二氧化碳，降低环加成反应的活化能，提高反应速率；并且，整个反应能够在温和条件下进行，从而降低了反应能耗。另外，同一类催化剂，配体不同则得到的产物也不同。例如，在 $[Cu(PR_3)_2]_2CO_3$ 催化的二级胺与二氧化碳、苯基氢硅烷的反应中，使用 Ph_2CyP 配体时得到甲酰化产物；然而，使用 DPPB 配体时得到甲基化产物。

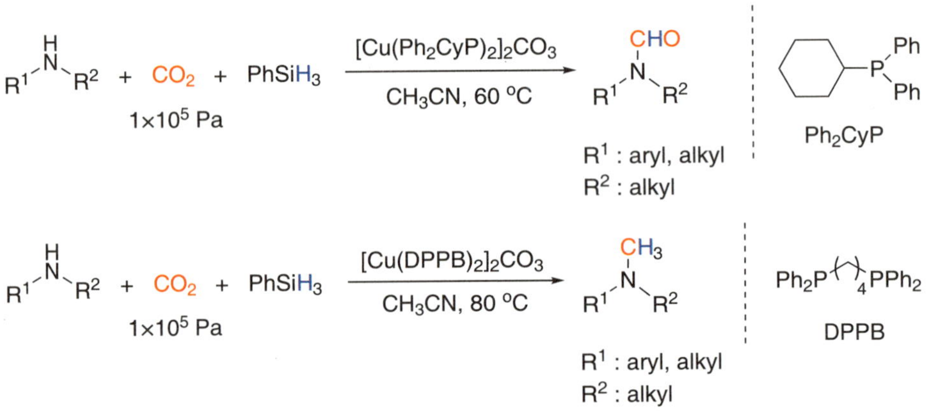

固体酸催化剂：固体酸一般指金属氧化物、金属硫化物、沸石分子筛、杂多酸、阳离子交换树脂、天然黏土、固体超强酸等。固体酸催化剂的催化活性来源于固体表面上的酸性催化中心。固体酸催化剂具有活性可调节、腐蚀性小、适用温度范围宽、可循环利用等优点。苯和烯烃的烷基化反应是工业上一类非常重要的反应，传统工艺常以三氯化铝、氟化氢为催化剂，条件温和。然而，这些酸性催化剂容易腐蚀设备，且反应后产生的废水、废渣容易对环境造成污染。使用酸性分子筛作为固体酸催化剂代替三氯化铝、氟化氢催化苯和烯烃烷基化反应，具有催化活性高、产物选择性好、对环境污染小等优点，是绿色催化反应的范例。

负载型催化剂：将可溶的催化剂负载在固体载体上用于催化有机反应，以便于催化剂的分离、回收利用。在不对称合成领域，由于很多高对映选择性的手性金属配合物催化剂非常昂贵，负载是十分必要的。其中一个典型的例子是手性金属-Salen 催化剂的负载研究。该类型催化剂在不对称环氧化、不对称环加成、不对称环丙烷化和不对称共轭加成等反应中都表现出很高的反应活性和对映选择性。例如，将手性金属-Salen 催化剂负载在树脂、硅胶、寡聚物或树状分子上，制备成可以回收利用的负载型手性金属-Salen 催化剂，能够得到和均相催化剂同样好的催化性能。回收后的催化剂通过简单的再生可以循环使用，并保持原有的反应活性和对映选择性。

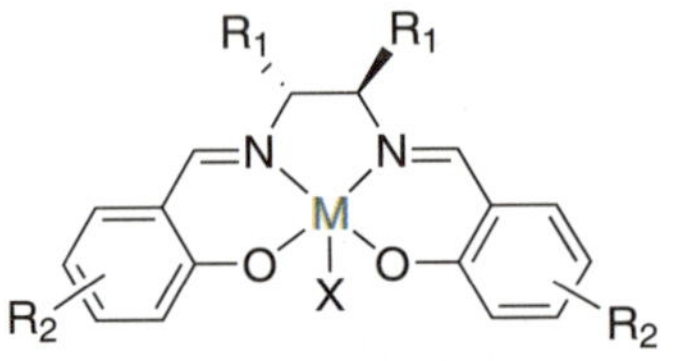

手性金属-Salen 催化剂

酶催化剂：酶是一种由生物体产生的特殊蛋白质，广泛存在于动植物细胞及微生物中，能够在温和条件下催化生物体内的各种反应。酶除了能催化生物体内的反应，还能催化一些非天然的化学反应。酶具有催化效率高、立体选择性高的优点，是一种绿色催化剂。例如，脂肪酶催化烯醇酯的酯交换反应已成为酶催化合成光学纯羟基化合物的一种通用方法。

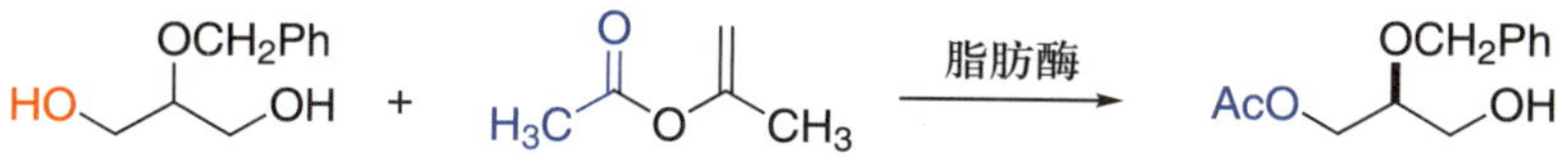

相转移催化剂：相转移催化是通过反应物与相转移催化剂所形成的离子对在两相间转移来实现有机相与另一相之间的反应。与常规催化剂相比，相转移催化反应具有明显的优点，如反应速率快、不需要无水条件、操作简单、副产物少、产物与催化剂可以通过两相分离。相转移催化剂主要类型有鎓盐类（季铵盐、季鏻盐等）、包合物（冠醚、环糊精等）、开链聚醚类等。例如，反应控制的相转移催化技术已经成功地应用于杂多酸催化的烯烃环氧化反应，催化剂自身不溶于反应介质，但随着反应物的加入，催化剂溶于反应体系并与反应物相互作用，从而形成目标产物。催化剂也不溶于反应产物，反应后，催化剂与产物分离，即"均相反应、两相分离"。相转移催化剂已广泛应用于醇氧化、烯烃氧化、苯羟基化、酯化、缩合、偶联等反应。

31.1.5 安全化学品

设计绿色化学品时不仅要考虑其功效，还需要考虑其毒性及其对环境和人类健康的影响。当产品使用后，还要考虑其能否再循环利用或者降解为无毒无害的物质。有机氯杀虫剂是人类最早使用的合成农药，曾在防止害虫方面发挥了巨大作用。如滴滴涕（双对氯苯基三氯乙烷，dichlorodiphenyltrichloroethane，DDT）是高效杀虫剂，曾经广泛用于粮食、果树、蔬菜的害虫防治和公共卫生领域的害虫防治。但是，由于滴滴涕结构稳定、不易降解，在环境中迁移并通过生物富集和食物链传递，其影响生态环境及人类健康。滴滴涕现在已经被禁用。

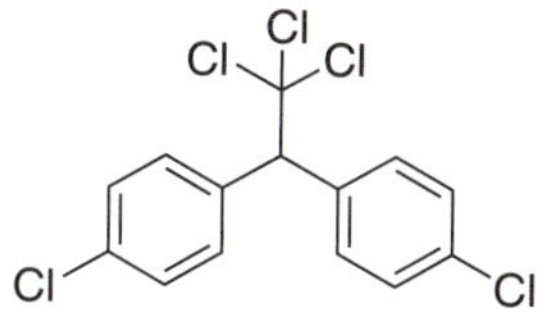

滴滴涕（DDT）

Rohm & Haas 公司开发的杀虫剂二酰基肼 Confirm™ 能有效地和选择性地控制鳞翅目害虫而不会对人和生态环境产生明显有害的影响。Confirm™ 的杀虫机制独特，是通过模拟昆虫的 20-羟基蜕化素起作用的，这种蜕化素可以诱发昆虫蜕皮（蜕皮阶段不能进食）并调控昆虫生长。Confirm™ 能延长鳞翅目害虫的蜕皮过程，致使昆虫因停食、脱水而死亡。但由于 20-羟基蜕化素对于非节肢类动物没有如此的生物作用，因此，Confirm™ 对于各种益虫（蜜蜂、瓢虫、寄生蜂和脉翅目昆虫等）、食肉昆虫和寄生昆虫、植物、水生动物、哺乳动物都是安全的。Confirm™ 不具有生物累积性和挥发性，是一种高效、安全的杀虫剂。

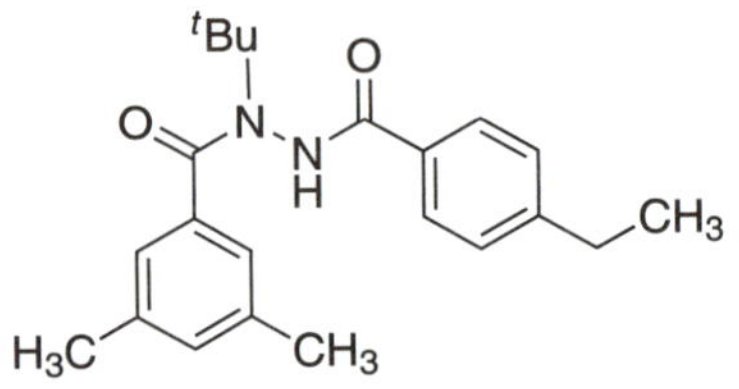

ConfirmTM

人类生活离不开塑料等高分子材料，在全球每年生产大量的塑料中，其中只有一小部分被回收利用。由于塑料不易生物降解，因此废弃塑料会导致环境污染。基于植物油、乳酸和 CO_2 的聚合物材料具有低毒、在一定条件下可生物降解的特点，该类聚合材料是今后的发展方向。例如，用钴催化 CO_2 与环氧化合物共聚制得的聚碳酸酯塑料（图 31-9）利用 CO_2 作为原料，不仅从源头上减少了污染，而且用其生产的饮料瓶、快餐盒、食品和药物包装材料等能通过生物降解，从而避免了二次污染。

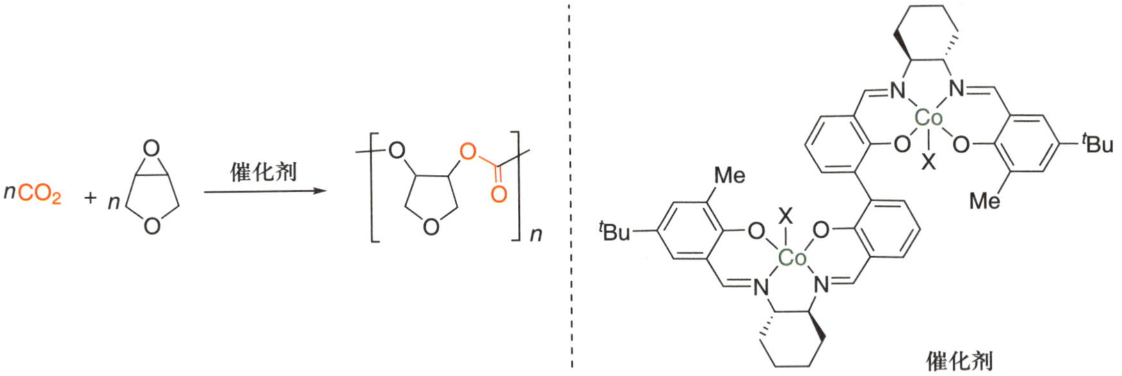

图 31-9　钴催化 CO_2 与环氧化物共聚制备聚碳酸酯

思考题 31.8

举例说明如何优化构效关系来设计安全化学品。

31.2　绿色化学评估

绿色化学提倡从源头上消除污染，最大程度协调经济发展与保护环境之间的关系。绿色化学又称环境友好化学、环境无害化学、清洁化学，它是利用化学科学技术，减少或消除有害物质的使用与产生，最理想的是不使用有害物质，不产生有害废物，把污染治理转变为污染预防。因此，评估反应的绿色化程度及化学品的风险评估（如原料、产品、辅助物质、催化剂）是必要的。

化学品的风险评估包括直接毒性（如急性毒性、慢性毒性、致癌、致畸），可燃、易爆、腐蚀性等危害，以及对局部环境、全球环境的影响。有些化合物对动植物都没有直接毒害，但是会对生态环境造成不同程度的影响，从而间接地影响动植物的健康。例如，二氧化碳本身无毒无害，对动植物并无影响，而且是植物光合作用的原料，但过度排放会引起气候变化；氟利昂作为制冷剂、发泡剂和清洗剂，广泛用于家用电器、泡沫塑料、日用化学品、汽车、消防器材等领域，其化学性质稳定，对动植物毒性也很低，但它会引起臭氧层损耗，会对全球环境产生负面影响。

31.2.1 原料评估

在绿色化学评估过程中，化学原料的来源、种类、理化性质、毒性、反应性等都是需要考察的重要因素。评估化学原料的影响不仅要充分考虑原料本身对生态环境和人类健康的直接影响，也要考虑原料的来源，即开采、加工操作对生态环境和人类健康的间接影响。

首先要选择无毒无害的原料，即化学原料本身没有毒害作用，在化学反应过程中也不会产生有毒害的物质，不会危害生态环境及人类健康，并能方便地处理废弃物，这是绿色化学评估对化学原料的基本要求。其次，副产物、废弃物应回收与循环利用，以提高原料利用率，减缓对化石资源的依赖。最后，选择可再生物质为原料——相对于消耗型的有限资源，可再生资源有利于可持续发展。

原料的选择对下游合成步骤的影响，甚至能够超过原料自身的毒害作用带来的影响。此外，还要考虑辅助试剂的使用，辅助试剂有助于化学品的转化但其自身不是化学品的组成部分，所以应尽可能采用无毒无害的辅助试剂，尽量避免辅助试剂（用于保护、脱保护、物化过程的暂时修饰、溶剂、分离剂等）不必要的衍生化。

己二酸是一种重要化学品，是生产尼龙-66 的原料，传统合成方法是以苯为原料的环己烷氧化工艺（图 31-10），该方法的己二酸产能约占世界总产能（2015 年为 450 万吨）的 90%。该方法采用苯在镍催化作用下，先通过催化氢化获得环己烷，环己烷经氧化成环己醇和环己酮的混合物（即酮醇油，又称 KA 油），产率为 5%－12%，选择性为 70%－90%，然后以铜、钒作为催化剂，用质量分数为 63.5% 硝酸氧化 KA 油获得己二酸。这种以苯为原料的方法工艺技术成熟，产品易分离、纯度高。但是，该工艺的缺点是需要使用致癌物苯为原料，以硝酸作为氧化剂，对管道、设备腐蚀严重；由此导致生产过程中排放氮氧化物，这类废弃物会引起酸雨、光化学烟雾、臭氧层破坏及温室效应等。并且，KA 油的单程产率低、能耗高。

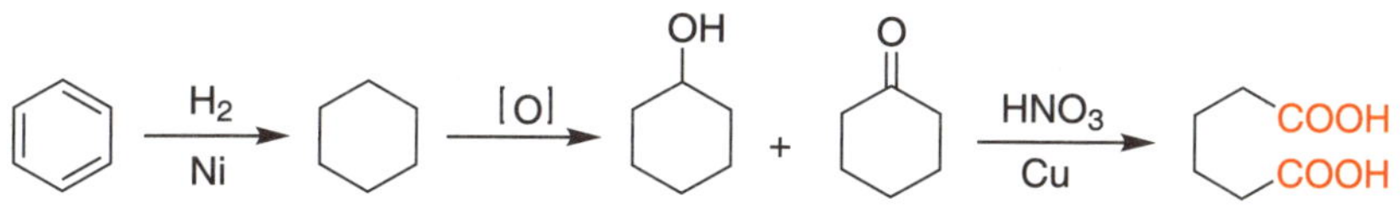

图 31-10 以苯为原料的己二酸合成方法

生物法利用 DNA 重组技术对大肠杆菌进行修饰，改变大肠杆菌中葡萄糖的代谢途径，使葡萄糖在大肠杆菌的生物催化作用下转化为 *cis,cis*-己二烯二酸（粘糠酸），粘糠酸通过化学催化加氢生成己二酸（图 31-11）。以葡萄糖为原料的生物催化方法制备己二酸，不仅采用可再生资源，减少了毒性试剂的使用，而且反应可以在水相中进行，避免了挥发性有机溶剂的使用。不过，粘糠酸需要通过贵金属铂的催化氢化来获得己二酸，增加了工艺成本。生物法工艺尚处于研发阶段。

图 31-11　以葡萄糖为原料的己二酸合成方法

溶剂也是典型的辅助性试剂，绿色化学倡导优先使用无毒无害的溶剂。为避免挥发性有机溶剂对大气环境的影响，使用环境友好的替代溶剂（如超临界 CO_2、水、离子液体、乙二醇、表面活性剂/水等）是非常必要。此外，如果反应需要使用易挥发溶剂，要尽量回收，减少其对大气环境的影响。

31.2.2　反应类型评估

按照反应类型进行绿色化学评估是非常有必要的。常见有机化学反应包括**加成反应**、**取代反应**、**消除反应**、**氧化/还原反应**、**周环反应**等，这些反应的绿色化程度是不一样的。

加成反应的原子经济性高达 100%，如卤素对烯烃的加成、乙酰乙酸乙酯对 α,β-不饱和羰基化合物的加成等。

在取代反应中，通常离去基团作为副产物废弃，从而影响反应的原子经济性。因此，离去基团的本质特性及其对环境的影响很大程度上也决定着这类反应的适用性。在大多数情况下，所关注的是采用的反应试剂，以及这些试剂在反应后将生成所需的产物。不过，在有些例子中，离去的基团实际上就是所需的产物。在各种采用保护基团的合成方法中，分离所得到的离去的分子，本身就是令人感兴趣的化合物。例如，羧酸甲酯与碘化钾发生脱甲基化反应所生成的羧酸盐。

更复杂的反应（通常有不饱和底物的参与）是加成反应和消除反应相结合的反应，最后的结果是净的取代反应。芳香亲电加成与芳香亲核取代是这类转换的典型例子。

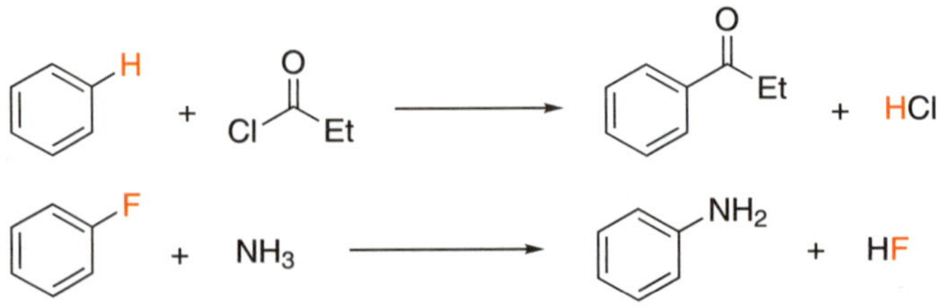

消除反应是制备不饱和化合物的重要方法。如醇脱水和卤代烃脱卤化氢都是消除反应的经典例子。与取代反应类似，消除反应也必然会产生副产物（往往是小分子的消除）。因此，需要评估副产物对环境的影响。

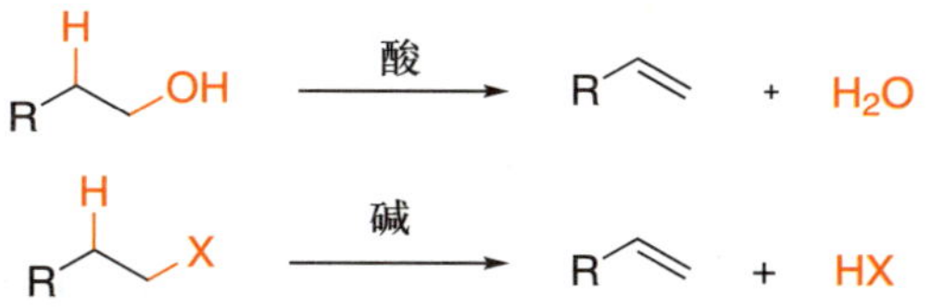

此外，两个离去基团在分子中处于合适位置发生的分子内消除反应，可视为重排型的消除反应。这是理想的原子经济性反应，没有废弃物排放。例如，在环酮内酯的分子内消除反应中没有产生任何副产物。

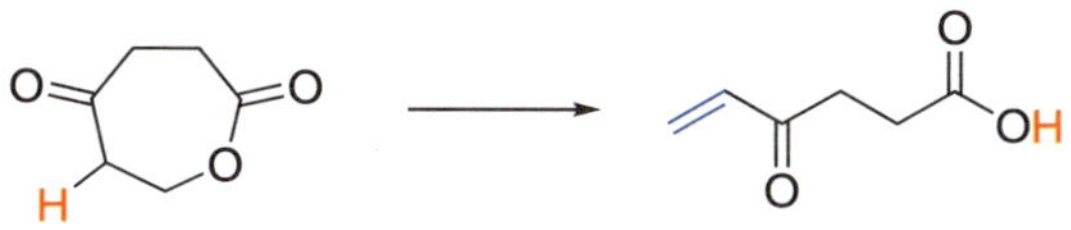

氧化/还原反应是重要有机化学反应。例如，从最简单的碳氢化合物甲烷开始，经氧化可生成甲醇，甲醇还可以氧化为甲醛，甲醛又可以进一步氧化成甲酸，甲酸最终可氧化为二氧化碳，这是典型的氧化反应系列。相反的过程是代表性还原反应系列，即二氧化碳还原为甲酸，甲酸还原为甲醛，甲醛还原为甲醇，甲醇最终可还原为甲烷。

在绿色化学评估中，要考虑所使用的氧化剂、还原剂的毒性。在化学反应中，往往需要超过化学计量的氧化剂或还原剂。从这个角度来讲，电化学氧化/还原反应直接利用电流，避免使用化学计量的氧化剂、还原剂。因此，电化学氧化/还原反应对环境更友好。

周环反应是由分子前线轨道控制的有机合成反应，如 Diels-Alder 反应、1,3-偶极环加成反应、[3,3]-σ 重排反应等都是经典的周环反应。周环反应的原子经济性为 100%，例如，在环己二烯和马来酸酐的环加成反应中没有产生任何副产物，没有损失任何原子。

环境友好反应具备如下特点：(1) 所需的能量来自可再生能源，如风能、太阳能、地热能、潮汐能、水能等而非化石燃料；(2) 原料来源可再生资源，如水、氮气、二氧化碳、生物质等可再生资源而非化石资源；(3) 不产生废弃物或尽可能少地产生废弃物；(4) 具有 100% 的原子经济性、高产率、高选择性（化学选择性、区域选择性、立体选择性）；(5) 不需外加催化剂、不使用有机溶剂；(6) 低毒、安全。

31.2.3 化学工业过程评估

化学工业对环境的负面影响主要有两方面，一是化学工业生产过程中的“三废”，二是某些化学工业产品在使用中产生的二次污染。如含磷洗衣粉所引起的水环境富营养化；使用塑料薄膜和一次性餐具所引起的白色污染；化学农药通常只有 0.1% 击中靶标害虫，而剩下 99.9% 的农药污染了环境。绿色化学通过原子经济性、环境因子、环境商、环境负担因子、全生命周期评价等指标评估化学过程的绿色化程度。

原子经济性：理想的化学反应是原料分子中的原子百分之百地转化成产物，同时不产生副产物和废弃物。不过，原子经济性只考虑了反应物，没有反映出催化剂、添加剂、溶剂等对环境的影响。

环境因子（*E*）：环境因子是评估化学工业生产过程绿色化程度常用的指标之一。**环境因子是废弃物总质量与目标产品总质量的比值**，即生产单位质量的产品所产生的废弃物质量。这个指标直观地体现了一个反应对环境的影响，尤其在化学工业生产领域。***E*** 值为零最为理想，因为 ***E*** 值越大意味着废弃物越多，对环境负面影响越大（表 31-2）。化学工业产品的附加值或精细程度越高，其环境因子越大；涉及多步反应的生产过程环境因子大，如精细化学品和药物生产领域。石油化工生产过程的 ***E*** 值近似为 0.1，大宗化学品生产过程的 ***E*** 值为 1－5，精细化学品生产过程的 ***E*** 值为 5－50，医药工业生产过程的 ***E*** 值为 25－100。降低环境因子的关键是设计新工艺，从源头上减少甚至消除废弃物的产生，这是绿色化学的核心内容之一。

表 31-2　化学工业领域的环境因子

化学工业生产领域	规模（年产量）/t	环境因子 *E*
石油化工	10^6-10^8	<0.1
大宗化学品	10^4-10^6	1－5
精细化学品	10^2-10^4	5-50
制药工业	$10-10^3$	25-100

环境商（*EQ*）：仅仅用副产物（废弃物）的量来评估不同的化学工艺路线过于简单，更为精确的评估应该考虑废弃物的数量及其内在性质（毒性、危害性）。为了对化学反应及化学工业生产过程进行合理评估，需要对环境因子进行修正，因而提出了“环境商”（EQ：environment quotient）的概念：环境商等于环境因子（*E*）与任一指定的不利商 *Q* 的乘积。

$$EQ=E\times Q$$

式中，*E* 是环境因子，*Q* 是根据废弃物在环境中的行为给出的其对环境的不友好程度（不利商）。规定低毒无机物（如 NaCl）的 *Q* 值近似为 1，铬盐的 *Q* 值为 100－1 000，含氟化合物及某些有机中间体的 *Q* 值视其具体毒性不同而确定为 100 到 1 000 不等。环境商（*EQ* 值）是一个综合评价指标，用以衡量合成反应、工艺路线等对环境造成影响的程度，也是环境效益的一个评价指标。

环境负担因子（environment load factor，ELF）作为一种衡量环境损害的指标，表示每生产单位质量产品所需的原料、溶剂、催化剂等的总质量。这个参数反映出对环境潜在影响的所有物质质量的总和。即为投入量与产出量的差值占产出量的比例。该值越小，则表明该生产过程对环境危害和负担越小，其绿色化程度越高。

全生命周期评估（life cycle assessment，LCA），指某一产品从取得原材料，经生产、使用直至废弃的整个过程。全生命周期评估是用于评估与某一产品相关的环境因素和潜在影响的方法。结合绿色化学基本原则，全生命周期评估可以全面认识产品的设计、研发、生产、使用，以及废弃后对人类健康、生态环境的影响。将污染控制与减少消耗联系在一起，有利于通过全过程控制来预防污染，符合绿色化学从源头上减少、消除污染的宗旨。将绿色化学理念贯穿产品的设计、研发、生产甚至销售、运输、使用等整个过程。

思考题 31.9

以绿色化学评估化学过程的五个方面是什么？

思考题 31.10

分析人类避免有害化学品毒性的途径。给出生物利用度(bioavailability)的定义。这种方法是如何减少有害物进入生物体的可能性？

31.3 绿色化学应用

绿色化学作为从源头上防治污染的科学，不但可减少污染物的产生，还可减少污染治理的费用。绿色化学应用体现在原料的绿色化、反应过程的绿色化、溶剂的绿色化、产品的绿色化，以及环境友好合成技术开发。

31.3.1 可再生资源

煤炭、石油、天然气等化石资源的过度使用导致环境问题日益突出，因此发展可再生资源和新能源备受关注。太阳能是取之不尽用之不竭的清洁能源。太阳能的利用形式有太阳能的光热转换、光电转换及光化学转换三种主要方式。目前较为成熟的太阳能发电技术主要有太阳能光伏发电技术和太阳能热发电技术，预计到 2030 年，我国太阳能发电装机容量将超过 1×10^8 kW。模拟植物光合作用，将太阳能转化为化学能是解决当前能源短缺和环境问题的理想方案之一。

光化学反应的原理是以光为激发手段，利用具有光吸收能力的金属配合物、有机染料或半导体等作为光敏剂或催化剂，使其与底物发生诱导电子转移，形成底物正离子自由基或负离子自由基，从而引发后续反应，实现化学转化。其中，太阳能分解水制氢，由于其潜在的工业应用价值，是目前最受关注的研究热点之一。通过太阳能分解水制氢不仅能利用太阳能制取高燃烧值的氢能，同时氢能还可以与 CO_2 的综合利用结合起来，在减少碳排放的同时生产燃料和高附加值产品。

氮气是最丰富、最廉价的氮源。研究氮气的活化和转化，如何用化学方法模拟生物固氮过程，也是最具挑战性的重大研究课题。

二氧化碳是储量丰富、安全的可再生碳资源。通过化学转化实现对 CO_2 的资源化利用，获得如羧酸及其衍生物、碳酸酯、聚碳酸酯、甲酰胺、氨基甲酸酯、杂环化合物、甲醇、甲酸、芳烃、烯烃、C_5 以上烷烃等化工产品、材料和燃料。构建高效催化体系是实现 CO_2 化学转化的关键。

CO_2 还原官能化策略，是将 CO_2 还原与 C−C 键、C−O 键、C−N 键形成相结合，制备化学品如醇、醚、酯、亚胺、酰胺等。例如，*N*,*N*,*N*-三甲基甘氨酸可催化 CO_2 的还原反应，将 CO_2 选择性地还原为甲酸、甲醛和甲醇。将二氧化碳与酶催化反应、生物质、可见光能源等相结合可以实现原料绿色化、过程绿色化、产物绿色化。以下是二氧化碳催化转化的一些例子(图 31−12)。

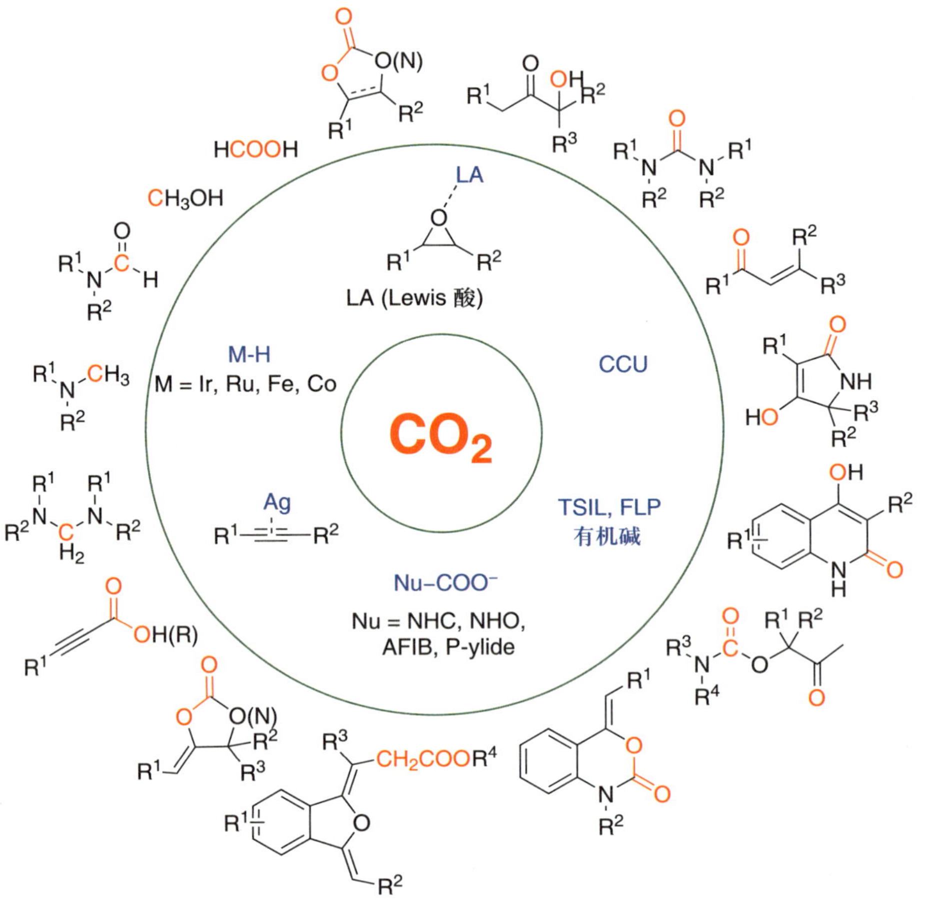

图 31-12　CO_2 催化转化实例

31.3.2　绿色产品

低毒化学品设计: 腈类化合物可用作溶剂、合成中间体、药物、聚合物单体等,应用广泛。腈类化合物的毒性主要体现在急性毒性上。腈类物质急性毒性相差很大，结构上的微小变化会导致毒性的显著差异。例如，乙腈急性毒性较弱 (LD_{50}=6.55 mmol·kg^{-1})，丙腈的毒性是乙腈的约十倍 (LD_{50}=0.65 mmol·kg^{-1})。烷基碳链再增加一个碳，即丁腈，其毒性只略微增加 (LD_{50}=0.57 mmol·kg^{-1})。烷基链长度进一步增加，其毒性则显著降低。

腈类化合物的急性毒性是其在体内代谢 (细胞色素 P_{450} 调控的 α 碳羟基化) 释放出氢氰酸所致的 (图 31-13)。因此，更容易释放出氢氰酸的腈类物质毒性更强，即结构上有利于生成稳定 α 碳自由基的腈的急性毒性高。苯乙腈和 2-甲基丁腈的结构相对更容易生成 α 碳自由基，更容易发生细胞色素 P_{450} 调控的 α 碳羟基化反应，因此它们具有更强的急性毒性。

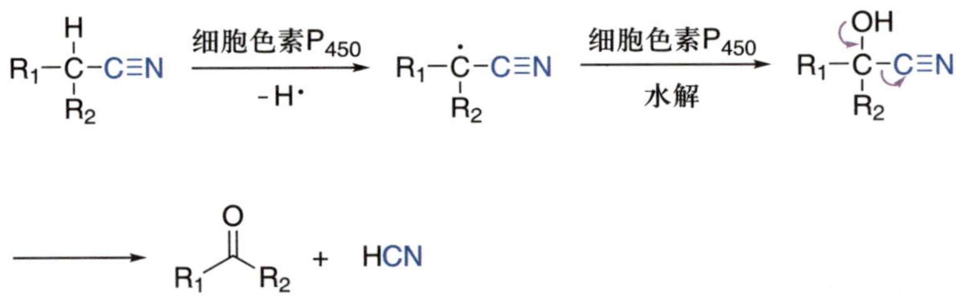

图 31-13　腈类化合物急性毒性的产生机制

当设计腈类化合物时，在确保功效的前提下，为尽量降低其急性毒性，应该避免引入容易在 α 碳生成自由基和发生羟基化反应的取代基，或者在非 α 碳上引入其他取代基使其容易产生自由基，促使其进行无毒的代谢过程。例如，可以在 β 碳上引入一个甲基，使其 β 碳更容易生成自由基，即 3-甲基丁腈比 2-甲基丁腈毒性更低。在 α 碳引入羟基或氨基也可显著降低腈类化合物的毒性。

环境友好生物质材料：2,5-呋喃二甲酸是一种生物质产品，用于制备可生物降解的聚呋喃二甲酸乙二醇酯（polyethylene furandicarboxylate，PEF）材料（图 31-14）。利用木质素来源的 2-呋喃甲酸为起始原料，在熔融碳酸铯作用下制备 2,5-呋喃二甲酸。碳酸铯并不消耗，可以循环利用。因此，本方法采用可再生原料生物质和二氧化碳，生产可生物降解的高分子材料 PEF，替代容易引起二次环境污染的石油基塑料聚对苯二甲酸乙二醇酯（polyethylene terephthalate，PET）塑料，是绿色化学的应用范例。

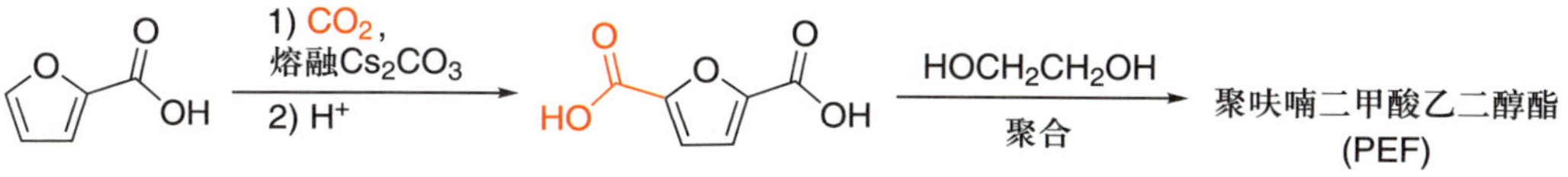

图 31-14　2,5-呋喃二甲酸的合成与其聚合物的聚合

“绿色”涂料：溶剂型涂料中含有高达 50% 的有机溶剂，这些有机溶剂在涂装、干燥、固化过程中会直接挥发到大气中，造成环境污染。使用环境友好涂料或降低溶剂用量可降低溶剂型涂料的危害。对环境较为友好的溶剂有高环烷烃类、混合二元酸酯（DBE）、*N*-甲基吡咯烷酮、超临界二氧化碳和 1,1,1-三氯乙烷等。

水性涂料是指用水作溶剂或作分散介质的涂料，包括水溶性涂料、水稀释性涂料和水分散性涂料三种。使用水作分散介质，不仅环保，且生产和使用更安全，同时降低涂料的生产成本。生产水性涂料的关键是制备水性树脂，水性树脂包括水性醇酸树脂、水性环氧树脂、水性丙烯酸树脂、水性聚氨酯树脂和水性聚酯树脂等。

固化涂料中挥发性有机物（volatile organic compounds，VOC）的含量较低（<40%）。固化涂料包括紫外光固化涂料、粉体涂料、无溶剂涂料等。其中，紫外光固化涂料的主要原料是流动性好的丙烯酸、甲基丙烯酸酯、丙烯酸醚、光引发剂、添加剂等，它们在辐射源的作用下发生固化，无须烘烤，在短时间内就可以完成固化过程，大大减少了能源消耗和有机溶剂的使用。

固化涂料的作用原理：在紫外光照射下，光引发剂分解产生自由基，自由基进一步引发丙烯酸衍生物单体的聚合反应，形成三维网状结构，使材料最终交联固化。

CO_2 作为泡沫塑料发泡剂也是其绿色应用的典型案例之一。CO_2 是生产聚苯乙烯泡沫塑料的环境友好发泡剂，它消除了原来的发泡剂氟利昂和脂肪烃对环境带来的负面影响。而且，以 CO_2 作为发泡剂生产的聚苯乙烯韧性更强，使用寿命更长。

思考题 31.11

如何理解烯烃复分解反应是绿色化学的范例。

思考题 31.12

简析废旧塑料的回收与资源化利用的方法。

31.3.3　环境友好合成方法

甲基丙烯酸甲酯合成工艺：传统的甲基丙烯酸甲酯的生产方法以丙酮作为起始原

料，需要使用剧毒的氢氰酸，并产生大量废水，处理废水也增加了生产成本。

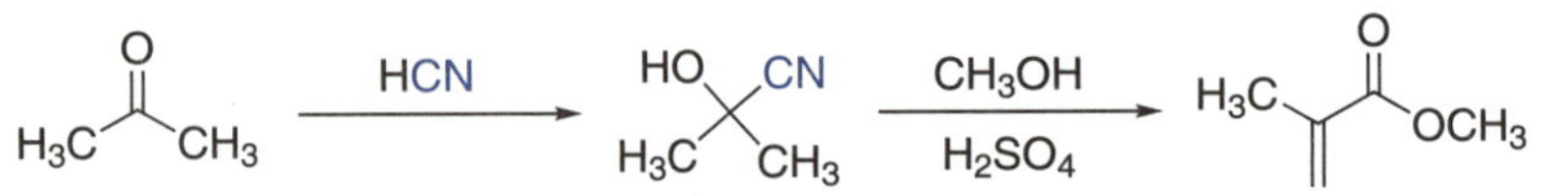

改进的合成工艺以丙炔作为起始原料，一氧化碳为羰基源，通过钯催化一步制备甲基丙烯酸甲酯。这个合成工艺降低了毒性，提高了原子经济性，做到了零排放，节约了处理废弃物的费用。

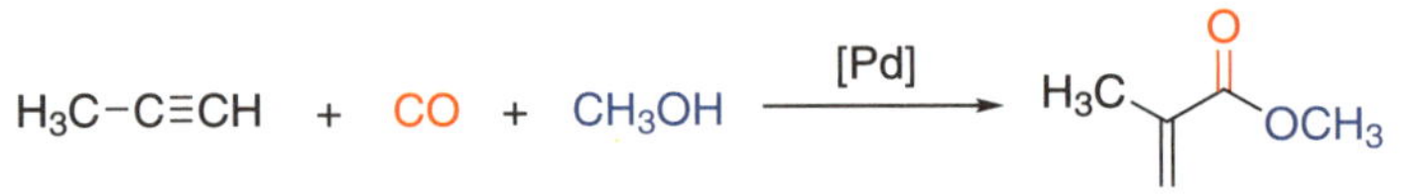

布洛芬合成工艺：布洛芬是重要的非甾体类消炎镇痛药物，自 20 世纪 70 年代末上市以来，由于其疗效高、副作用小而得到广泛应用。布洛芬的工业合成路线主要有 Boots 法和 BHC 法。Boots 合成路线是以异丁苯为原料，经 Friedel-Crafts 反应生成对异丁基苯乙酮，再与氯乙酸异丙酯发生 Darzen 缩合，产物经碱水解、酸中和、脱羧生成 1-(4-异丁基苯基)丙醛，再经肟化、水解制得布洛芬，或者直接经氧化得到。本方法步骤烦琐、原子经济性低、耗能大，且有大量无机盐产生，产品的精制也很复杂，生产成本高、污染较严重。

BHC 法采用异丁苯与乙酸酐反应生成异丁基苯乙酮，再氢化还原成 1-(4-异丁基苯基)乙醇，然后经钯催化羰基化反应合成布洛芬（图 31-15）。BHC 法将布洛芬合成工艺的原子经济性由 Boots 法的 40% 提高到 77%，而且工艺路线短，合成简单，没有大量废物产生，对环境造成的污染小，是一个典型的原子经济性反应。

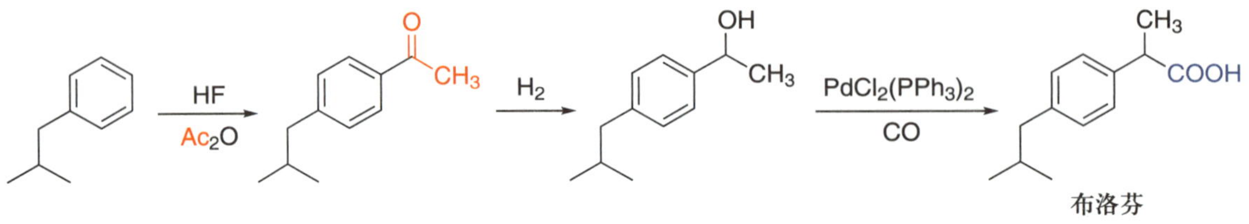

图 31-15　BHC 法合成布洛芬

有机小分子催化：有机小分子催化反应条件简单、温和、环境友好。例如，(*S*)-脯氨酸催化丙酮与对硝基苯甲醛的不对称 Aldol 反应，获得了很好的产率和对映选择性。

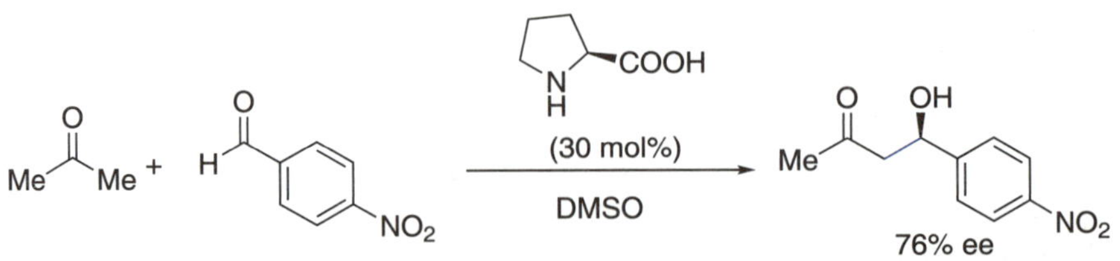

负载型催化剂：将活性催化剂负载化，以克服均相催化剂难以回收的问题。例如，将磺酸催化剂通过化学键结合到聚苯乙烯-聚乙二醇树脂上（图 31-16），这种负载的磺酸（PS-PEG-SO_3H）能够高效催化 Biginelli-type 反应，并且能够方便地回收和循环使用。

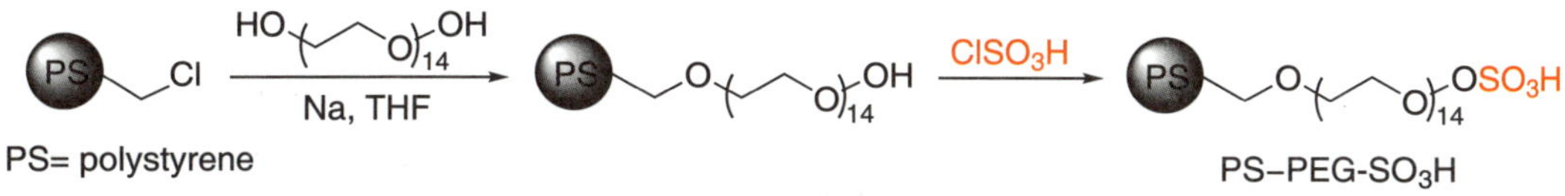

图 31-16　PS-PEG 负载磺酸催化剂的制备

31.3.4　溶剂绿色化

溶剂绿色化是设计绿色合成方法的一个重要方面，超临界二氧化碳、水、离子液体、聚乙二醇等绿色溶剂已被用于有机合成反应。处于超临界状态的流体具有液体的密度、溶解能力和传热系数，以及气体的低黏度和高扩散性。超临界流体有多种，如二氧化碳、水、氨、乙烯、丙烯、乙烷、丙烷、戊烷、甲醇、乙醇等，其中超临界二氧化碳（supercritical carbon dioxide，$scCO_2$）是目前研究最为广泛和应用最多的超临界流体。

超临界二氧化碳：$scCO_2$ 具有气体的特性，如低表面张力和良好的扩散性，还具有液体的溶解能力和密度。作为反应介质具备如下良好特性：(1) 超临界条件（31.1 ℃，7.39 MPa）易于达到，有利于工业化应用；(2) 通过改变 CO_2 的压力调控产物选择性；(3) 既可以溶解非极性物质，也可以溶解部分极性物质；(4) 无溶剂残留；(5) 可以任意比例与非极性气体混合，有利于加速反应，也有利于提高气体反应安全性。$scCO_2$ 作为反应溶剂替代挥发性有机溶剂，可用于许多有机反应，如氧化反应、氢化反应、碳碳偶联反应、羰基化反应、聚合反应等。

> $scCO_2$ 作为一种绿色溶剂，还广泛用于萃取、色谱分离分析、超细颗粒制备、染色喷涂等其他领域。

例如，Ru 配合物催化 CO_2 氢化合成甲酸的反应，在 $scCO_2$ 中的反应速率比有机溶剂中要快一个数量级，初始速率可达到 1 400 mol·h^{-1}，TON 7 200，远远快于在有机溶剂和水中的反应。

> TON，turnover number，转化数。

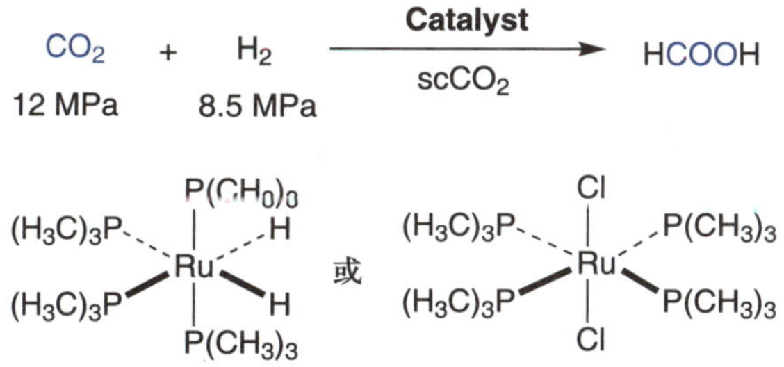

Catalyst 1　　**Catalyst 2**

$scCO_2$/PEG-300 两相反应：Wacker 氧化反应是用氯化钯/氯化铜为催化剂，将烯烃转化为醛、酮的反应，是过渡金属催化反应应用于生产的实例。在 $scCO_2$ 中的 Wacker 反应是以 Pd-Au/Al_2O_3 作为非均相催化剂，以过氧化氢为氧化剂，将苯乙烯选择性地氧化成苯乙酮，产率为 68%，选择性为 87%。采用 $scCO_2$ 有利于避免钯催化剂聚集失活。

在 $scCO_2$/PEG-300 两相体系中，用 $PdCl_2$ 催化苯乙烯的氧化反应，产物为苯甲醛；若添加 CuCl 助催化剂，则获得 Wacker 反应产物苯乙酮。采用 $scCO_2$/PEG-300 两相体系的优点包括：(1) 产物选择性好；(2) PEG-300 能避免催化剂聚集失活；(3) 由于产物溶于 $scCO_2$，而催化剂溶于 PEG 相，产物和催化剂易于分离，催化剂可回收、循环使用，使反应过程更加绿色化。

> PEG，polyethylene glycols，聚乙二醇。

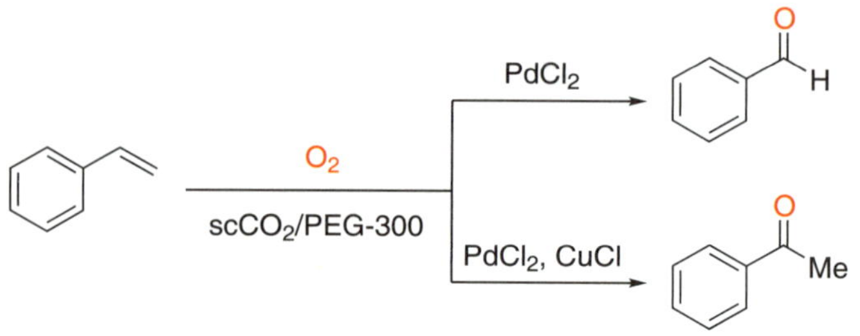

离子液体 (Ionic liquids，ILs) 是指室温或低温下为液体的熔融盐，也称为室温离子液体。结构上完全由阴阳离子组成，常见的阳离子有季铵盐离子、季鏻盐离子、咪唑盐离子和吡啶盐离子等，阴离子有卤素离子、四氟硼酸根离子、六氟磷酸根离子等。离子液体作为绿色溶剂替代传统挥发性溶剂是绿色化学的研究热点之一。与传统挥发性溶剂相比，离子液体具有独特的物化性质：(1) 蒸气压非常小，可忽略不计，避免了挥发性溶剂对环境的危害；(2) 具有较大的液态温度范围，从低于或接近室温到 300 ℃ 以上，稳定性好；(3) 性质可调，通过选择不同的阴阳离子调控离子液体的黏度、亲水性、极性、密度等；(4) 电导率高，电化学窗口宽，常常用作电化学研究的电解液；(5) 在离子液体结构中引入具有催化作用的官能团，可以制备具有催化活性的离子液体。因此，离子液体被认为是理想的绿色溶剂或催化剂，广泛应用于分离萃取和有机合成反应中。

阳离子：

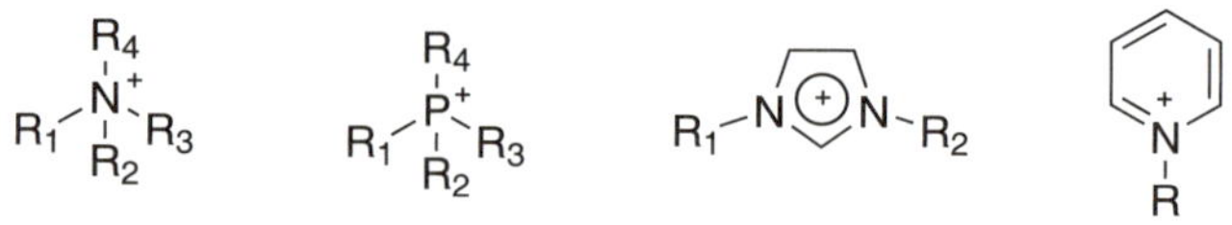

阴离子：　BF_4^-，PF_6^-，X^- (X = Cl, Br, I)，NO_3^-，$CF_3SO_3^-$，$PhSO_3^-$

例如，在离子液体 [Bmim]Cl 中用 $Ru_3(CO)_{12}$ 催化烯烃的氢化羧化反应，效果要远优于在有机溶剂中。

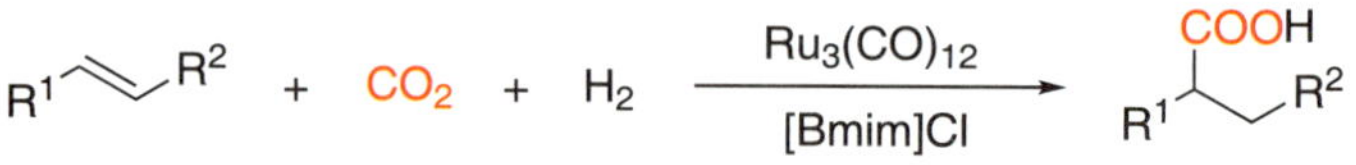

水相反应：与有机溶剂相比，水来源丰富、价廉易得、无毒无害。因此在水介质中进行的有机化学反应，具有成本低、安全、操作简便、环境友好等优点。但由于许多有机物难溶于水，有些反应物或试剂在水中不稳定，限制了水溶剂的使用。尽管如此，水作为溶剂已经应用于 Diels-Alder 反应、取代反应、转移氢化反应、聚合反应、自由基反应、光催化反应等。

Diels-Alder 反应不但能够在水中进行而且其反应速率比在有机溶剂中大得多 (表 31–3)。当非极性的反应物加入水中时，"憎水效应" 促进 Diels-Alder 反应速率加快。此外，水与反应过渡态之间的 "增强氢键作用" 也是水促进反应速率加快的因素。

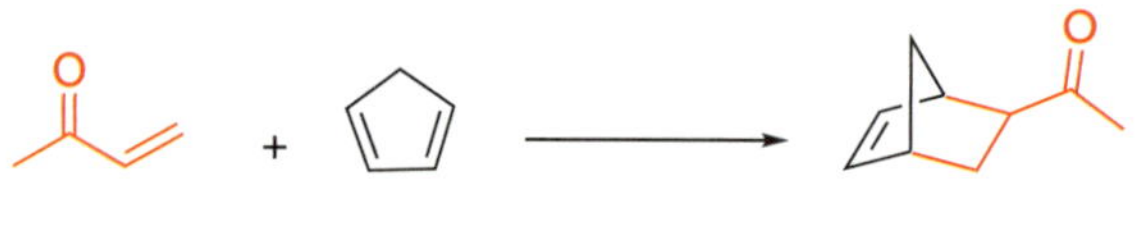

表 31-3 Diels-Alder 反应在水和其他介质中的速率常数比较

序号	有机溶剂	$k_{水}/k_{有机溶剂}$
1	异辛烷	740 (20 ℃)
2	甲醇	58 (20 ℃)
3	乙腈	290 (25 ℃)
4	异丙醇	57 (25 ℃)

使用过硫酸氢钾 (oxone) 为氧化剂，水为溶剂，硫醚可以选择性地被氧化为砜 (产率 88%-97%)；而使用乙醇为溶剂时，则可以得到亚砜。反应无须额外使用添加剂或催化剂，采用低毒或无毒的溶剂，利用 oxone 在乙醇和水中的溶解性差异及分子内、分子间的氢键作用，实现了产物选择性调控。

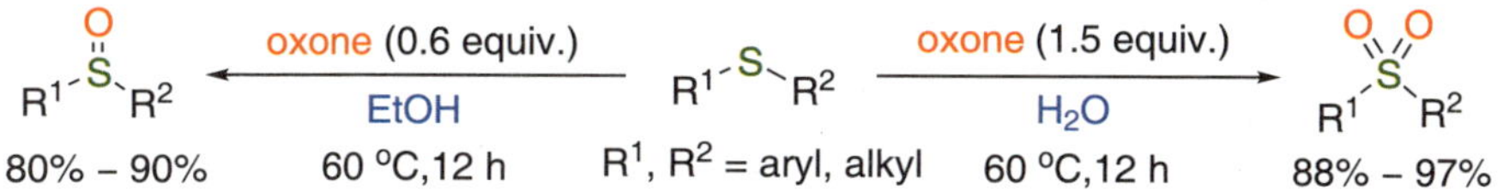

无溶剂反应：无溶剂反应包括固固反应、气固反应、液固反应及液液反应，通常采用光、热、微波及超声等技术加快反应速率。无溶剂反应具有如下优点：(1) 避免了溶剂处理、回收过程，减少了能耗；(2) 不使用溶剂，使得反应过程中反应物保持一个很大的浓度，加快反应速率；(3) 操作简单、设备成本较低。

相比溶剂法合成，无溶剂反应的环境因子 E 值小。例如，以 α,β-不饱和羰基化合物和甲基酰肼化合物为原料，分别在无溶剂微波辐射条件和甲醇作溶剂常规加热回流条件下，通过环缩合反应合成 4,5-二氢吡唑化合物，用无溶剂微波法仅仅 6 min 就可以得到跟传统溶剂回流法差不多甚至更高的产率 (表 31-4)。除了反应效率，无溶剂反应的环境因子均在 1 以下，而溶剂回流方法的环境因子则是无溶剂反应的环境因子的几十倍。如果加上产品分离过程的试剂消耗，在无溶剂反应条件的平均环境因子 (E=114) 也要小于溶剂回流方法 (E=188)，说明溶剂回流方法对环境的危害程度要远远大于无溶剂反应。多数无溶剂反应的环境因子在 0.1-4.9 之间，而溶剂回流法的环境因子在 5-100 之间，可以看出无溶剂反应对环境友好的特点。

表 31-4 无溶剂微波法与甲醇溶剂回流法的 E 值比较

1, 2	a	b	c	d	e
R^1	H	Me	Et	^{n}Pr	^{i}Pr
R^2	H	H	H	H	H
R	H	Me	Me	Me	Me

反应条件：A. 无溶剂微波反应, 45 W, 6 min, 50 - 55 °C
B. 甲醇回流反应, 24 h

产物	无溶剂微波法			甲醇溶剂回流法		
	反应时间/min	产率/%	E 值	反应时间/h	产率/%	E 值
2a	6	71	0.62	24	70	65.53
2b	6	70	0.78	24	72	60.60
2c	6	98	0.16	24	78	53.05
2d	6	92	0.28	24	75	52.73
2e	6	76	0.55	24	70	56.57

思考题 31.13

以己二酸或甲基丙烯酸酯为例，分析重要化学工业产品制备工艺的绿色化方法。

思考题 31.14

分析光化学污染的化学本质，如何从源头上避免光化学污染的产生？

思考题 31.15

常见的温室气体有哪些？简述温室效应与化学的相关性。

思考题 31.16

我国将提高国家自主贡献力度，采取更加有力的政策和措施，力争 2030 年前实现碳达峰、2060 年前实现碳中和。你是如何理解这一目标，分析有哪些可能的措施？

本章学习要点

(1) 绿色化学理念：源头防止污染，解决环境问题的绿色化学方案。

(2) 绿色化学基本原则。

(3) 提高原子经济性的方法及其原理。

(4) 绿色化学评估：对原料、产品、反应类型、辅助物质及反应过程的绿色化程度的评估。

(5) 绿色化学应用：可再生资源、绿色产品、环境友好的合成路线、催化技术及溶剂的绿色化。

习题

31.1　分析治理环境污染的层次，说明绿色化学方法的特点。

31.2　说明因在环境方面的工作而获得诺贝尔奖的科学家。他们是谁，涉及的是哪些环境问题，他们的贡献是什么。

31.3　简述绿色化学十二原则。

31.4　简述绿色化学与可持续发展的关系。

31.5　什么是反应的原子经济性？举例说明通过合成路线设计，可以大大提高反应的原子经济性。

31.6　如何理解绿色化学的可设计性，如何体现从源头上防止污染的优点？

31.7　举例说明设计低毒化学合成路线。

31.8　以绿色化学的观点看，使用挥发性溶剂和非挥发性溶剂的优缺点是什么？在化学反应中传统溶剂的某些替代物(即绿色溶剂)有哪些？

31.9　在评估危险性时，哪些是基本的因素？绿色化学方法是如何降低危害，有哪些优点，为什么？

31.10　举例说明直接产生毒性与间接产生毒性的物质；下面所列出的情况中，哪些是直接毒性？哪些是间接毒性？并说明理由。急性致死、藻类过度生长、神经毒性、臭氧的耗竭、内分泌失调、全球气候变化、酸雨。

31.11　如何评价化学反应或化工过程的绿色化程度？全生命周期评价主要包括哪些过程？

31.12　鉴定在某些已知的化学反应(如 Friedel-Crafts、

Wittig、Aldol 反应）中，是否需要辅助性物质？废弃物是否是固有产生的？

31.13 分析设计更安全化学品的五种方法，并用实例加以说明。这些方法中的哪一种需要利用的毒性数据最多？

31.14 可再生的生物质原料有哪些优点？给出一个可再生原料应用的例子。

31.15 相比于传统氧化剂，哪些是绿色氧化剂？举例说明它们各有什么特点。

31.16 举例说明催化剂在化学反应中的作用及催化技术对绿色化学发展的重要作用。

31.17 通过本章的课程学习，举例说明如何让化学化工更“美丽”。

知识点导引

T

V

W

X

Z

读者意见反馈

为收集对教材的意见建议，进一步完善教材编写并做好服务工作，读者可将对本教材的意见建议通过如下渠道反馈至我社。

咨询电话　400-810-0598

反馈邮箱　hepsci@pub.hep.cn

通信地址　北京市朝阳区惠新东街4号富盛大厦1座

　　　　　高等教育出版社理科事业部

邮政编码　100029